1 MONTH OF
FREE
READING

at

www.ForgottenBooks.com

By purchasing this book you are eligible for one month membership to ForgottenBooks.com, giving you unlimited access to our entire collection of over 1,000,000 titles via our web site and mobile apps.

To claim your free month visit:
www.forgottenbooks.com/free1238751

ISBN 978-0-332-74902-0
PIBN 11238751

This book is a reproduction of an important historical work. Forgotten Books uses
state-of-the-art technology to digitally reconstruct the work, preserving the original format
whilst repairing imperfections present in the aged copy. In rare cases, an imperfection in
the original, such as a blemish or missing page, may be replicated in our edition. We do,
however, repair the vast majority of imperfections successfully; any imperfections that
remain are intentionally left to preserve the state of such historical works.

Actensammlung

zur

Schweizerischen Reformationsgeschichte.

Actensammlung

zur

Schweizerischen Reformationsgeschichte

in den Jahren

1521—1532

im Anschluss an

die gleichzeitigen eidgenössischen Abschiede

bearbeitet und herausgegeben

von

Dr. Joh. Strickler

Staatsarchivar des Cts. Zürich

— — — · · ·

Vierter Band

(1531, Oct. 11 — 1532, Dec.)

ZÜRICH

In Commission bei Meyer & Zeller

1881

Druck von J. Schabelitz in Zürich.

1. (October 11), Seengen. Wolfgang von Weingarten, Sulpitius Haller und andere hauptleute etc. an hauptmann und räte bei dem B e r n e r panner «im fäld». BM. und Rat von Zürich, auch die befehlshaber zu Bremgarten haben in den beiliegenden briefen, und die Freiämtler mündlich, zu treuem aufsehen gemahnt; da nun die sache schwierig sei, und man sich hüten möchte, zu viel zu tun, doch aber auch diese guten leute nicht gern verliefse, so habe man beschlossen, eine botschaft nach Bremgarten zu schicken, und derselben befohlen, den Zürchern vorzustellen, man wisse nicht, wie, wo und wann sie (den feind) angreifen wollen; sie möchten es also verschieben auf die ankunft des Berner panners; inzwischen wolle man bis Hendschikon rücken und da von beiden seiten her bericht erwarten. Man bitte hierauf um unverzüglichen bescheid. **Bern, A. Capp. Krieg.**

Vgl. III. nr. 1599.

2. (Oct., ad 11). «Diss sind die umkumen sind an der schlacht zuo Kapel, mit namen» ... (130 mann, von stadt und landschaft; offenbar unvollständig;* zu vergleichen ist das verzeichniss von B u l l i n g e r; Ref.-Chronik, III. 142—157, oder E E g l i, die schlacht von Cappel, p. 60—72). **Bern, A. Capp. Krieg.**

* Auch sehr roh geschrieben und nicht genau; Jacob F r e i z. b. ist hier angeführt.

3. (Oct. 11 f.), (Mittwoch nach Dionys f.). Rechnung über besoldung und verpflegung der von E i n s i e d l e n ausgehobenen truppen.
Stiftsarchiv E i n s i e d e l n (mitg. v. Th. v. Liebenau).

4 a. Oct. 12 (Donnerstag vor Galli), 3 uhr morgens. Hauptleute, pannerherr und Räte (auf dem Albis) an BM. und Rat in Z ü r i c h. Dem schriftlichen befehl, bis auf die ankunft der Eidgenossen ruhig zu bleiben, werde man nachkommen. In dieser stunde sei vom schaffner von Wädenswyl die beigeschlossene aufforderung (von den V Orten) eingetroffen; bitte dieselbe zurückzuschicken, um sie den rottmeistern der betr. gegend vom see auch vorzulesen; dem schaffner wie den Freiämtlern (von Knonau) habe man indess gute zusagung gegeben. Bitte um mehr «schiff und geschirr» für die masse der zugeströmten leute. ... **Zürich, A. Capp. Krieg.**

Den text der huldigungsaufforderung hat B u l l i n g e r's Ref.-Gesch. III. 171, 172; vgl. Absch. p. 1190. — Sollte das datum nicht eher auf F r e i t a g lauten?

4 b. Oct. 12 (13) (Donstag spät oder Freitag früh?), in grofser eile, Wädenswyl. Hans Wirz an hauptmann etc. auf dem Albis. In dieser stunde sei dem hiesigen gericht der beiliegende brief zugekommen; man wolle aber den boten bis zum eintreffen einer antwort von der obrigkeit etc. zurückbehalten; darum bitte man um eiligsten bescheid; da die herrschaft gegenüber den hofleuten (von Schwyz) ruhig bleiben

wni, so wollen diese es auch tun; man wolle aber eher den tod erleiden, als andern herren huldigen und schwören. Bitte um gutes
aufsehen. — Die freien Aemter (von Knonau) sollen sich bereits an
Zug ergeben haben. . . .   Zürich, A. Capp. Krieg.

5. Oct. 12, nachm. 7 uhr, Albis. 1. «Nach dem und dann ir unsre
herren uns mit dem paner, ouch sendli wider die fünf Ort usgeschickt,
also habend bemelten fünf Ort dero von Luzern trummeter mit einem
absagbrief mir Jörgen Goldlin zuogeschickt, uff welchen wir uns uff
einen guoten vortel gelegert und uff das trülichost in die wer dem
figend widerzestond uns versechen, demnach wir den figend mit unserm geschütz treffenlich geschedigot und mit namen sy zum andern
mal in die flucht geschlagen, aber zuoletst durch etlich unrüewig luren,
so noch dann den figend nit gesechen, ein geschrei usgangen und durch
die sellbigen ein flucht leider gemacht, welche uns nun ser bekümbert,
dann wir mit unsern selbs liben unsern ernstlichen flifs angekert, sind
ouch noch dess innerlich geflissen, zuo lob und eer einer statt Zürich
die unser, so uns begegnet, ouch alles das, so üch zuo gefallen dienen
mag, trülich widerzebringen und darin ze handeln uff das trülichest....
Der unruow halben habend wir die sach zuo guoten ruowen gebracht
etc... 2. Witer, lieben herren, so ist an uns gelangt durch die frigen
Empter, wie die fünf Ort an sy haben langen lassen, wellend sy sich
an sy ergeben, so müesse inen aller kost und schad abgetragen und
widerumb begnadet werden; daruf sy vereinbart mit einandern und
uns angezöigt, wellend wir sy annemen, so begerents sunst dhein andern herren, welchs wir nun den Räten, so by uns sind, ze verstond
geben, nach wellichem wir uns dess embotten, als wir hoffen, üch unsern herren nit missdient haben, sy söllend sich halten, als frommen
biderben lüten zuostand, so wellend wir inen biständig sin mit lib
und guot, dass sy nun zo guotem zefriden etc. »
Zürich, A. Capp. Krieg.

6. Oct. 12, nachm. 3 uhr, Albis. Hauptleute, pannerherr und Räte
an BM. und Rat in Zürich. Antwort auf die missive des inhalts,
dass man nicht gar zu eilends wieder gegen den feind rücken solle.
Da man höre, dass er drei tage auf dem eroberten erdreich verharren
und dieses hernach als freies zugehöriges gut innehaben wolle, so
finde man nicht löblich, die empfangene schmach ungerochen zu lassen,
zumal man den Freiämt(l)ern leib und gut zugesagt; darum bitte man
die obrigkeit, dies nicht zu hindern. Weiter begehre man zündseile,
pulver, halbarten, degen, auch böcke für die wieder gefundenen haken
etc.   Zürich, A. Capp. Krieg.

7. Oct. 12, nachm. 1 uhr, Mellingen. Hans Hab und die verordneten an Zürich. In dieser stunde vernehme man, dass die durch die
Aemter ziehenden feinde mit macht vor Bremgarten liegen und hinein-
schiefsen; daher bitte man um hulfe, damit sie nicht so mutwillig
herrschen können; denn es heifse, dass sie die beiden städte bis auf
die «wurzel» verbrennen und den letzten mann daran setzen wollen.
Bitte um geschütz und einen kriegskundigen mann. Zürich, A. Capp. Krieg.

8. **Oct. 12** (« Mittwoch vor Galli »), nach Mitternacht, Bremgarten.
Heinrich Werdmüller, hauptmann, fähndrich und Räte (von Z ü r i c h)
an ihre obern. «Wie wir üch zuogeschriben haben, uns zuo berichten, wie wir uns halten sölten uff den vergangenen handel, und aber
debein antwurt von üch enpfangen, das uns befrömbdet etc., uf sölichs
sind üwer biderben lüt uss dem frygen Ampt zuo uns komen und
hilf von uns begert, wölten wir gern yleuds von üch (bescheid) eupfachen,
wie wir uns halten söllint.» — «Ouch wo ir zuo uns ald wir zuo
üch komen sölten, dass wir mit einem geschütz versechen werdind.»

Zürich, A. Capp. Krieg.

9. **Oct. 12,** nachm. 5 uhr, Bremgarten. Heinrich Werdmüller etc.
an Z ü r i c h. Der hauptmann in den Aemtern, der bei den hauptleuten zu Lenzburg gewesen, zeige an, dass das banner der Berner
diesen abend dort eintreffen und bis morgen mittags hier ankommen
werde; auch sei von denselben begehrt worden, dass die leute auf
dem Albis einen angriff verschieben bis zu ihrer ankunft; denn sie
wollen den Zürich begegneten schaden treulich rächen und alles daran
sötzen. . . .

Zürich, A. Capp. Krieg.

10 a. **Oct. 12** (Donstag vor S. Gallen t.), (morgens?). Z ü r i c h an
die hauptleute etc. auf dem Albis. Man schicke hiemit eine büchse,
habe jedoch nicht mehr; aber hauptmann Frei und Joh. Bleuler werden bald mit 7 stücken eintreffen; auch hoffe man, dass die chr. mitburger zum schiersten anrücken werden; ebenso kommen die Thurgauer und Toggenburger; so sei man gänzlich der hoffnung, dass Gott
das leid in freude verkehren werde.

Zürich, A. Capp. Krieg.

10 b. (Oct. 12, vorm.?). Z ü r i c h an hauptmann G ö l d l i, auf dem
Albis. «Damit du dester bas gefasset syest, haben wir dir den seckelmeister (Jörg) Berger und «pfiffli» (Hans) Ziegler zuo miträten zuogeordnet. So kumpt (ouch der) houptman Fry mit den Gotshuslüten,
1500 stark, dessglych die Toggenburger, Thurgöwer etc., dass du, ob
Gott will, mit einem frischen redlichen hufen widerum versehen wirst,
und bittend dich früntlich, fürohin wie bishar das best ze tuond und
dich gegen den fygenden zuo halten, als wir dir aller eeren hoch und
wol vertruwend. Doch soltu nützit anfahen und nit verrucken, unz
du mit gemelten hufen versähen und verfasset bist.»

Bullinger, Ref.-Chr. III. 173.

11. **Oct. 12** (Donstag vor S. Galli), nachm. 3 uhr. Z ü r i c h an hauptleute, pannerherr und Räte im lager auf dem Albis. «Ilends, ilends,
ilends.» Antwort: Geschütz habe man leider nicht mehr; proviant
werde man aber zur genüge zufertigen; als schreiber werde m. Joh.
Bleuler dienen können. Weil Bern und Basel auf diese stunde geschrieben, dass sie mit ihrer macht aufgebrochen, so sollen die leute
jetzt nicht weiter rücken, sondern ihren vorteil behaupten bis auf
weitern befehl, und bis sie einer frischen tapfern hülfe sicher seien;
denn es sei nicht geraten, mit erschrockenen leuten viel zu versuchen. . . .
Bitte zu berichten, was die gemeinde ermehre.

Bullinger, Ref.-Chr. III. 174. Zürich, A. Capp. Krieg.

12. Oct. 12, nachm. 7 uhr, Zürich. BM., Räte und Burger an
hauptleute und Räte auf dem Albis. Da morgen viel volk in die stadt
kommen werde, so dass schwerlich brot genug vorhanden wäre, so
begehre man, dass von stund an 4 pfister heimgeschickt werden....

Zürich, A. Capp. Krieg.

Aehnliche begehren kommen nicht selten vor.

13. Oct. 12, 11 uhr vor mitternacht. BM., Räte und Burger von
Zürich an die hauptleute etc. auf dem Albis. Da man heute vernommen, dass die Thurgauer, Toggenburger und viele andere biderbe
leute angelangt, und auf den gestern nachts ergangenen sturm der zulauf aus dem Thurgau gar grofs sei, so begehre man eilig zu wissen,
ob volk genug beisammen sei, damit man aus dem übrigen eine auswahl treffen könne, da viel «unwichtiges» junges zulaufe, das man besser
heimweise. Da sodann die hauptleute der Berner von Burgdorf aus
geschrieben, dass sie diese nacht bis Lenzburg und morgen bis Bremgarten oder weiter kommen, und den begegneten schaden treulich
rächen wollen, so befehle man hiemit, wie heute schon geschrieben,
in dem vorteil zu verharren und teils weitern bescheid, teils die ankunft der Berner und anderer Eidgenossen, die mit geschütz versehen
seien, und den mit ihnen zu machenden ratschlag abzuwarten. Das
erbieten gegen die Freiämter lasse man sich gern gefallen....

Zürich, A. Capp. Krieg.

14. Oct. 12, früh morgens. Zürich an m. Bleuler in Wädenswyl.
Da hptm. Frei in dieser stunde angezeigt, dass er mit seinem kriegsvolk zu Küti angekommen und weitern bescheid erwarte, so habe man
sofort einen ratsfreund dahin geschickt mit dem befehl, diese völker
über den see nach Thalwyl zu führen; desshalb soll er, Bleuler, deren
ankunft erwarten und sobald er vernehme, dass sie dort angekommen,
mit ihnen auf den «berg» (Albis) gegen «der Buche» zu den andern
leuten rücken....

Zürich, A. Capp. Krieg.

15. Oct. 12 (Donnerstag nach Dionysii), um 1 uhr mittags. Zürich
an seine hauptleute in Bremgarten. (Antwort:) «Wir werdent bericht
durch den botten, den ir uns zuogesandt habend, was üch hütt früe
vor der statt von den 5 Orten begegnet, und wie ir willens syend,
sy grad gestrax by üch anzuogryfen, darab wir ein beduren empfangen, dass ir grad uss der statt den fygend angryfen und also uns hiemit den pass oder die statt Bremgarten übergeben und verlassen woltend, und ist hieruf unser ernstlich geheifs, will und meinung, diewyl
ir ein kleinfüeg volk, und so ir üch von der statt lassen, die figend
üch die abloufen möchtend, und wir also zuo unsern eidgnossen von
Bern, oder sy zuo uns, nit me kummen, dass ir zuo Bremgarten bis
an wytern bescheid gwarsamklich und sorgsam verharren und nit verrucken, ouch mit unserm fygend nützit anfahen söllend. Wir achtend,
unser eidgnossen von Bern und Basel, die schon mit iren panern uszogen sind, werdint in zweyen tagen by üch sin.»

Bullinger, Ref. Chr. III. 165, 166.

Für wörtliche treue kann nicht garantirt werden.

16. Oct. 12, nachm. 9 uhr, Mellingen. Joh. Haab, Hans Blass etc. an Zürich. Das schreiben vom Mittwoch nachts haben sie erst vor einer stunde erhalten und damit die nachricht von dem leider geschehenen unfall, von dem aber schon heute morgen etwas gemeldet worden... Da sie, wie heute schon geschrieben, einen angriff besorgen müfsen, so haben sie eilends nach Lenzburg um verstärkung geschickt und 35 knechte erhalten, mit der anzeige, dass die Berner jenen schaden treulich rächen wollen. Von Bremgarten haben sie noch 150 mann erhalten. Diese verstärkung sei sehr nötig, weil gestern zahlreiche dringende warnungen eingelaufen, und in der stadt selbst keine ordnung und leitung geherrscht, auch kein geschütz vorhanden gewesen; nun stehe die sache besser, und hoffe man sich einstweilen tapfer halten zu können. Die Berner lassen hoffen, dass sie mit ihrer macht noch morgen von Lenzburg aufbrechen können; darum möge Zürich über seinen schaden nicht zu viel trauern, seien doch alle bereit, ihn nach vermögen wieder gut zu machen. ... Zürich, A. Capp. Krieg.

17. Oct. 12, nachm. 4 uhr, Bremgarten. Hauptmann, fähndrich und Räte an BM. und Rat in Zürich. Da der feind sich sogleich vor Mellingen legen wolle, so habe man 250 mann dahin geschickt; auch vernehme man, dass die Lucerner mit ihrem panner und der macht vor Bremgarten zu kommen vorhaben. ... Zürich, A. Capp. Krieg.

18. Oct. 12, Zurzach. Niklaus Brunner an Zürich. Er habe nach Baden geschrieben, was dorther im fall eines angriffes am Rhein zu erwarten wäre, und zur antwort erhalten, die stadt wolle keiner partei zuziehen etc. Es seien jetzt 200 mann aus der grafschaft Baden und dem Regensberger amt beisammen, ein anfall aber nicht zu besorgen, bis « da oben im heer » etwas vorgehe. Die leute zeigen sich indessen unwillig über die kosten. Zürich, A. Capp. Krieg.

19. Oct. 12, 12 uhr, Zurzach. Niklaus Brunner, Räte und gemeinde und Heinrich Buchter an hauptmann Hans Rud. Lavater. Da man allerlei höre, wie es den Zürchern ergangen, so bitte man um den wahren bericht. Hier sei alles still; man halte noch hinter dem berg. ... Egg von Rischach habe letzte nacht das fahr zu Coblenz besichtigt.
Zürich, A. Capp. Krieg.

20. Oct. 12, Rheinau. Lorenz zur Eich an Zürich. Zusendung von 4 mann im namen des klosters. Obwohl der landvogt (im Thurgau?) denen von Rheinau mündlich und schriftlich gebieten lassen, je den dritten mann zu schicken, wollen sie doch nicht mehr als drei absenden. ... Zürich, A. Capp. Krieg.

21. Oct. 12, mittags 11 uhr, Rheineck. Ulrich Stoll an Zürich. Die gestern von hauptmann Frei erhaltene anzeige, dass er mit den Gotteshausleuten nach Rapperswyl aufbreche, mit der mahnung, dass die Rheintaler auch nachziehen sollen, habe er dem eilig berufenen Landrat vorgelesen; weil aber der brief nicht von Zürich gekommen, so haben die leute zwei boten abgeordnet, um eilig in Zürich selbst zu erfragen, wie es stehe. Bitte um bescheid, da er auf ihre bitte kaum imstande zurückzuhalten bis auf bestimmten befehl. Zürich, A. Capp. Krieg.

22. Oct. 12 («Mittwochs [st. Donstag!] vor S. Gallen tag»), bei anbruch des tages. Zürich an Bern. Ilends, ilends, ilends. «Ir sind noch wol ingedenk, mit was schwärem gemüet wir den vorteil uss den händen geben, und uns üch zuo gefallen bewegen lassen, die abstrickung der profiand an dhand ze nemen, dessglychen ouch bewilligt, uns zuo merklichem schaden, den fünf Orten den vorstreich ze lassen, dardurch wir disen abent leider einen schaden empfangen, und zuo ersorgen, wo man uns nit trüwlicher zuospringen, wir zuo noch meererem nachteil gefüert werden mögend. Und diewyl wir dann üch willfaren und wider üwer fründtlich ansinnen nit tuon, sunder· ee ein schaden lyden wellen, so ist an üch unser gar trungenlich hochgeflissen ernstlich bitt und vermanen. ir wellent bedenken das früntlich und vilfaltig vertrösten und zuosagen, so ir uns hierob getan, und dass wir üch zuo früntlicher willfarung in disen schaden und verlurst kommen sind, und also umb aller fründschaft willen uns dest trostlicher und ilender zuospringen, üch dest bas mit geschütz verfassen, unser land und lüt in trüwen helfen schirmen und retten, ouch üch unsers leid üwers leid sin lassen und so trostlich, trüwlich und tapferlich uns zuozühen, üch ouch mit christenlichen pflichten so brüederlich gegen uns bewysen, als uns nit zwyfelt, ir dess uss cristenlichem ganz geneigtem gemüet schuldig und guotwillig sigent. Das wellent wir allzyt umb üch haben mit lyb und guot, warzuo wir jemer guot sind, zum allerfrüntlichisten zuo beschulden. Es wirt ouch von nöten, dass wir nun talamee die päss zuo Bremgarten und Mellingen mit zuosätzen verwarind, damit wir dest bas zuosamen komen mögind; da bitten wir üch, uns üwers willens zuo verständigen, damit des ends nützit versumpt werd.» *Bern, A. Capp. Krieg.*

23. Oct. 12 (Donstag vor S. Gallen tag), um mittag, «ilends, ilends, ilends und allerilendist.» Zürich an Bern oder dessen hauptmann etc. Antwort auf dessen schreiben vom 11. d., worin es bericht begehre, ob man sich zur gegenwehr erhoben oder nicht. Man könne sich darüber nicht genug verwundern, da man meine, man habe es seit Dienstag so freundlich, dringlich und ernstlich ermahnt, den leuten in den freien Aemtern zu hülfe zu kommen, dass man solche wohl habe erwarten dürfen; aber ob solche schreiben unterschlagen worden, oder wie es (sonst) damit zugegangen, wisse man nicht; man habe jedoch auf viel früheren zuzug gehofft. Nun sei man gestern, weil man Bern in allem habe willfahren wollen, leider geschädigt worden, und hoffe daher, dass man desto mehr hülfe erhalte, und da man sehr bedrängt werde, so bitte und ermahne man Bern des allerernstlichsten und dringendsten, eilends nach Bremgarten und dann weiter dahin zu ziehen, wo es die not erfordere, etc. etc. *Bern, A. Capp. Krieg.*

Bei der adresse steht ilends, ilends, ilends, ilends und die weisung: «Doch soll mans nüt dest minder gan Bern fürschicken.»

Cyro begleitete diesen brief mit folgenden zeilen, nach der unterschrift «Ersamen lieben getrüwen, uss disem brief sechend ir, dass die höchste not erfordert, dass ir ilends ilends unser g. herren panner nachzüchend; darumb sumend üch nüt und tuond als die frommen. Datum zuo Arburg um mittenacht.»

Bei der adresse: «All houptlût von statt und land, so jetz uff dem weg sind, söllend disen brief lesen.»

24. Oct. c. 12, Z ü r i c h. Verhör mit Rud. Gyfslinger, nach der schlacht bei Cappel gefangen, aber als bruder eines Lucerners geschont, von diesem sofort heimgeschickt. Schultheifs Feer frägt, woher er gekommen etc. «Uff solichs fragte er inn, wie vil iren (der Zürcher) überal an dem angriff gesin werint; antwurt er im, dass er es uff die vj⁰ oder viij⁰ man schätze; spreche der schulthess daruf, er lüge, dann sine herren im geschriben, dass sy by xvjᵐ mannen stark gesin, und als es darnach uff den abend wurde, keme der schulthess widerum zuo im vor dem schergaden und sagt, du leckers buob, hast hütt gesagt, das erhygt und erlogen ist; antwurt er im, es were, wie er es im gesagt hette; spreche der schulthess daruf, mach dich uss der statt hinwäg, oder aber ich wil die gassen mit dir teilen(?), dass gott ein jamer nach dir muofs schryen.» ... — Weiter: Die V Orte haben allen gefangenen tannäste aufgesteckt. Z ü r i c h, A. Capp. Krieg.

25. (Oct. c. 12 o. 13). Peter Meyer von Z ü r i c h an BM. und Rat. Bericht wie die leute von Wettingen sich willig gezeigt, aber bitten, sie als anstöfser nicht blofs zu stellen, und der abt anerboten, eine kleine besatzung aufzunehmen; der landvogt erkläre jedoch, sobald die gemeinde mit Zürich hielte, sie und das kloster als feinde zu behandeln; darum bitte er (der bote) um weitern bescheid. Von Baden vernehme er durch den abt, dass dort alle umtriebe für die «Länder» begünstigt werden.... Z ü r i c h, A. Capp. Krieg.

26. (Oct. 12?), Z ü r i c h. Ratschlag (als instruction) für die boten nach Lenzburg oder Aarau. Sie sollen den Bernern in kürze erzählen, wie es (zu Cappel) ergangen und für den geäufserten guten willen zum höchsten danken, ihnen dann vorstellen, wie Zürich längst ursache genug gehabt, gegen die V Orte anders vorzugehen, aber Bern zu lieb in den abschlag des proviants und zuletzt in die erwartung eines angriffes gewilligt, woraus nun dieser schaden gefolgt sei, demnach die mitburger zum dringlichsten bitten, diese schmach rächen zu helfen etc. Die nötigen anschläge wolle man den beidseitigen kriegshauptleuten überlassen, die doch am besten je nach den umständen zu handeln wissen etc. Z ü r i c h, A. Capp. Krieg.

27. Oct. 12. Hans Bleuler (resp. Konrad Rollenbutz) an BM. und Rat in Z ü r i c h. Da leider ein merklicher unfall begegnet und bei dem banner mangel an geschütz sei, so habe man gestern abends um 7, als man die sache näher erfahren, dem schaffner zu Wädenswyl angezeigt, dass man den herren zuziehen wolle, indem die feinde wohl so viel schaden gelitten haben möchten, dass sie nicht sogleich an mehreren orten angreifen werden.... Darum sei man heute morgen früh aufgebrochen und auf «das» Albis gezogen; zu Horgen habe man hptm. Frei mit vielen biderben leuten getroffen; die Thurgauer kommen und die Toggenburger fangen auch an einzurücken, und noch in dieser nacht hoffe man alle beisammen zu haben. Man hoffe bald bessere nachricht schreiben zu können; denn die leute seien fröhlich und recht begierig « es » zu rächen. Bitte um spiefse und halbarten, die man tapfer brauchen wolle. . . .   Zürich, A. Capp. Krieg.

28. **Oct. 12,** vorm. 6 uhr, Chur. Hans Edlibach an BM. und Rat in Zürich. Heute um 5 uhr habe er den ihm zu Rüti zugekommenen befehl den boten der III Bünde eröffnet; weil aber nur zwei mann von jedem Bunde da gewesen, so haben sie eilends je einen heim verordnet, um auf Sonntag den 15. d. mit vollmacht in Chur zu erscheinen; sie hätten übrigens wohl gewalt gehabt, die früher schon zugesagten 1000 mann zu schicken. Er habe heimkehren und die antwort schriftlich erbitten wollen, sei aber zurückgehalten worden, damit er selbst mit den boten rede, da die V Orte dem obern Bund geschrieben haben. Von einigen gönnern sei ihm geraten worden, dass die 1000 mann samt den Gastelern, Toggenburgern und etwa 200 von Zürich in die March einfallen und gegen Einsiedeln ziehen. . . . .   Zürich, A. Capp. Krieg.

29. **Oct. 12,** Constanz. Einsetzung eines kriegsrates aus fünf personen. Sofortige aufsetzung von artikeln betreffend die nötigen sicherheitsmafsregeln gegen Oesterreich (merkwürdig durch den sofort festgesetzten detail der anordnungen; 27 seiten fol., concept von G. Vögeli).   Stadtarchiv Constanz.

30. **Oct. 12** (Donstag vor S. Galli). Sch. u. R. von Wyl an hauptmann Jacob Frei. Auf die antwort, die er wegen Hans Ziegler letzthin gegeben, habe dieser vor Rat den entschluss erklärt, ins lager der Zürcher zu ziehen und mit leib und gut zu ihnen zu halten, wesshalb man ihn bestens empfehle, etc.   Lucern, A. Capp. Krieg (original).

31. **Oct. 12,** vormittags 10 uhr. Basel an Zürich. Auf die durch diesen boten empfangene (zweite) mahnung habe man sofort den aufbruch des geschützes und des banners auf morgen früh verordnet, um alles zu leisten, was man schuldig sei, bitte aber, inzwischen keinen vorteil zu übergeben, sondern vorsichtig die ankunft aller zu erwarten, damit man zur erhaltung von Gottes ehre und gemeiner wohlfahrt tapfer handeln könne. . . . Bullinger, Ref.-Chr. III. 178, 179. Zürich, A. Capp. Krieg.

32. **Oct. 12,** nachmittags 2 uhr. Basel an Schaffhausen. Antwort auf die vor einer stunde empfangene zuschrift. Auf die mahnung Zürichs habe man sich entschlossen, heute noch mit dem geschütz und morgen früh mit dem zeichen auszurücken, obwohl man an der grenze liege, indem man bünde und burgrechte (halten wolle). «Der barmherzig Gott sende uns allen sinen friden, gnad und sig.» — Nachschrift: Es verlaute, dass Marx Sittich von Ems in Würtemberg rüste und landsknechte sammle; man bitte um bezügliche kundschaft.   Schaffhausen, Corresp.

33 a. **Oct. 12** (Donstag vor Galli), Schaffhausen. «In der sach der ufruor und des kriegs zwischen Zürich, Bern, Basel, Schaffhusen und andern burgerstetten ains und den fünf Orten anderntails ist zuo hoptman erwelt Hainrich Schwarz, hoptman; Francisc Ziegler, lütiner, Jacob Klingenschmid, fendrich,» etc.

33 b. **Oct. 16** (Galli). 1. Ernennung eines ausschusses, der über « den auszug der knechte » sitzen soll. 2. « In die rais, so man Hain-

chwarzen dem hoptman nach Münster (??) (ze) ziechen (be-
.?) oder was (sunst) ufstüend, (sind verordnet) herr BM. Ziegler,
uı; Alexander Offenburger, pannerherr; Wilhelm Rietmaier, lü-
Hans Ziegler am Rin, hoptman zum fendlin; Ludi Sigk, fend-

Schaffhausen, Raub. f. 62, 63.

et. 12, ilends, ilends, ilends. Bern an Zürich. Auf die viel-
nahnung melde man, dass das panner gestern ausgezogen und
eilends vorrücke, so dass es (bald) bei den Zürichern eintreffen
darum rate man, dasselbe zu erwarten, da man ... alles tun
was man schuldig sei.... Es sollen auch die Thurgauer, Grau-
ır, Toggenburger und andere ernstlich gemahnt werden, da jeder
ı sache des andern wie die eigene sich müfse angelegen sein
Da die Walliser Aelen zu überfallen drohen, so sei man ge-
die pässe gegen sie auch zu versehen; dies solle aber das pan-
:ht hindern, Zürich trostlich und eilig zu hülfe zu kommen....
ıhnung an Biel sei nicht mehr nötig, da man es schon ge-
und es in solchem fall mitzuziehen schuldig sei.

Bern, Teutsch Miss. T. 140. Zürich, A. Capp. Krieg.

Oct. 12), nachm. 8 (al. 10) uhr, ilends ilends ilends. Bern an
h. .... Uns ist ergangner unfall, so den üwern zuo Cappel
et, so nit minder üwer dann unser, von ganzem herzen und ge-
eid, hand ouch allweg anders nit besorget, dann dass in il söm-
ıit den üwern, eb und wir zuo üch mögend kommen, fürge-
ın wurde; dann uns nit möglich, schneller dann jetz geschicht
, ursachen halb dass die unsern gar wit gesessen. Wie aber
llem, wellend wir üch guots vertrösts herzens ze sin ermant
dass ir üch fürhin in guoter huot und gewarsame enthalten,
wir zuo üch komen mögend, wellend wir ganz dapfers gemüets
ih widerumb in dem namen Gottes daran geraten und Gott
ılten, in hoffnung alles widerumb mit eeren ze erholen. Wir
ıuch noch einen andern uszug zur panner angesechen, mit
verden wir halten und warten, was sich witer inlassen und
ıen wurde, ungezwyflet, dass begangner unfal vil geschrey
ı und uns (ze) schaffen gnuog gen werde. Es ist aber kein
, dann dass wir Gott lassen walten, dapfer in den handel gan-
ın hoffnung, (dass) er sin schifflin nit lassen versinken, son-
ɜ allem kumber erlösen werde, dass wir guoter hoffnung unge-
mäers libs, lebens und des hinderisten bluottropfens uns dapfer
ɛnnlich darhinder strecken wellend. Wir pitten aber üch zum
ın, dass ir uns eigentlich bescheiden wellend, wie es doch da
, was ir verloren habend an lüt und guot, üwer geschütz oder
, damit wir uns (dest) bas bewaren mögen; dann wir des ge-
wo wir schon an einem ort angriffen werden, dass wir etwas
schanz schlachen und mit üch den handel an einem ort usmachen
ı •.... Bern, Teutsch Miss. T. 142, 143. Zürich, A. Capp. Krieg.

Oct. 12, nachmittags 3 uhr. Bern an hauptmann und räte.
llerlei zuschriften von Zürich, auch Wolfgang von Weingarten,

dem vogt von Lenzburg und andern komme man zu dem schluss, dass
sich im felde am besten erkennen lasse, was zu tun sei; desshalb gebe
man hauptmann und räten anheim, zu handeln, wie sie der stadt Bern
ehre und wohlfahrt zu wahren glauben; sie mögen sich also vorsichtig
halten, beförderlich zu den Zürchern ziehen, mit ihnen beraten und
danng Gott walten lassen; die übrigen mannschaften seien nachgemahnt
und sollten ohne säumen eintreffen können. . . .

36 b. Oct. 12. Bern an Seb. v. Diefsbach. «Wir befelchend dir
ernstlich in il, dass du sampt und sonders gepietist ze brennen, sonderlich zuo Sant Urban, dann ein züg da liggen sölli, (und) wo es möglich, dich ilends ab statt fertigen und dem rechten hufen zuozüchend (?);
darin wellend üch erzeigen, als wir üch vertruwen.» — Ilends, ilends.

Freiburg, Diessb. Pap.

37. Oct. 12, abends 9 uhr. **Bern an hauptmann und räte.** «Wir
habend den kläglichen handel, so unsern getrüwen lieben eidgnossen
und christenlichen mitburgern von Zürich zuo Cappel begegnet ist,
verstanden, darab höchste beschwerd und kumber empfangen, wellend
harumb, dass ir zum fürderlichesten zuo inen ziechen, doch allweg
gewarlich siend und üwern vorteil nit übergebend, und was üch gemeint ze tuond, so ir zuo den gedachten . . . von Zürich komend und
ir verhoffend gnuog stark ze sin, dass ir recht im namen Gottes fürfaren und Gott lassend walten, und ouch üch versechend, so bald es
not sin, dass wir mit unser anderen paner nachin ziechen und unser
lib und guot zuo vermelten . . . mitburgeren setzen werden, und wiewol uns etwas tröuwung von wegen Aelen harkompt, werden wir
doch das in die schanz schlachen und üch nachziechen, willens an
einem ort den handel uszemachen; darumb ir uns berichten, ob wir
üch nachziechen oder an einem andern ort infallen söllend.» . . .

Freiburg, Diessb. Pap.

**38. Oct. 12. Wolfgang von Weingarten und Sulpitius Haller an
S. v. Diefsbach.** Dringliche bitte um eiligsten zuzug («ilends ilends
ilends»); denn es habe sich in dem freien Amt ein (so starkes feindliches) heer gesammelt, dass man besorgen müfse, es werde die von
Bremgarten und Mellingen (schon) diese nacht überfallen; um diese b.
leute vor grofsem schaden zu bewahren, bitte man, eilends nach Lenzburg vorzurücken, etc.   *Bern, A. Capp. Krieg.*

39. Oct. 12, abends, Aarburg. **Hauptmann, lütiner. pannerherr, Räte
und Burger von Bern an Zürich.** Antwort auf das schriftliche und
mündliche anbringen seines boton. Sie haben die nachricht über den
schaden mit grofsem herzeleid empfangen und erbieten, leib und gut
trostlich einzusetzen und mit Gottes hülfe dies rächen zu helfen; sie
werden morgen früh hier abziehen, können es nicht früher tun, weil
ihr haufe noch nicht stark sei, führen (aber) 16 stück geschütz auf
rädern, und hoffen morgen nachts in Lenzburg anzukommen. Dahin
haben sie bereits geschrieben, damit in dieser nacht Mellingen noch
mit einem zusatz verwahrt werde; Bremgarten werde nach dem bericht des boten für einmal noch wohl genug versehen sein. Eines

wollen sie zum höchsten bitten, dass Zürich nicht zu eilig vorgehe,
sondern ihre ankunft erwarte; dann könne man einen satten ratschlag
tun. Sie würden keine stunde säumen, wenn sie alle mannschaft beisammen hätten. . . .　　　　Bullinger, Ref.-Gesch. III. 179. Zürich, A. Capp. Krieg.

40. Oct. 12. Hans Waldspurger, schultheifs zu Hutwyl, an Sebastian von Diefsbach. Nachricht über die mit den vögten von Trachselwald und Sumiswald gemachten erkundigungen an der grenze. Die
Lucerner haben drei haufen und gedenken « einen stand zu tun »; den
herren habe man gestern abend schon nachricht gegeben. Der hauptmann möge daher seinen vorteil nicht übergeben, auch die leute nicht
so leicht « für inhin schiefsen » lassen, damit « sie » (die feinde?) nicht
geschädigt (und dadurch gereizt?) würden; wäre es je noch möglich,
die sache zu gutem zu bringen, so möge er es dazu kommen lassen,
etc.　　　　　　　　　　　　　　　　　　　　　　Bern, A. Capp. Krieg.

41. Oct. 12, nachts. Hans Waldspurger, schultheifs zu Hutwyl, N.
Küpfer, vogt oder schaffner zu Rüegsau, Anton Schwarz von Trachselwald und andere an Sebastian von Diefsbach. Antwort auf eine mündlich überbrachte weisung. « Das füegen wir e. gnaden zuo wüssen,
dass wir jetzmal söliche abfordrung ires abzüchens oder blybens, uns
da ja oder nein zuo offenbaren, will uns nit fuocklich dunken ze tuond,
ursach sy tryben ir pomp zuo angender nacht mit ablassen des gschützes
und mit langem trummen und hochmuot, dass uns die eigenliche warheit ires fürnemens nit so eigentlich zuo wüssen, denn inen nit allwegen der worten zuo truwen. So sind wir ouch nit so fast dermafsen mit lüten im zuosatz verwaret, dass wir wüssen mögind, was
bstands wir inen oder gegen inen tuon möchten. » . . . Bitte um weitere
bezügliche befehle, etc.　　　　　　　　　　　　　　Bern, A. Capp. Krieg.

42. Oct. 12. Hans Jacob Erk, schaffner zu Biberstein, an Bern.
Er höre viele warnungen, wie die Laufenburger und andere herüber-
fallen und den hier eingelegten wein austrinken wollen. Nun wissen
die herren, dass er weder geschütz noch leute habe, die ihm behülflich sein könnten; er bitte desshalb um bescheid. Die strafse über
den Benkenberg, die Staffelegg und das Rotholz zu Ober-Er(n)lisbach
habe er indessen bereits « versehen », etc.　　　　Bern, A. Capp. Krieg.

43. Oct. 12. Wilhelm Rümsi, landvogt zu Interlaken, an Bern.
« Edlen etc. etc. Uf xij tag dis monats sind iiij Eschentaler kommen
uss Sibental mit ix houpt fech; die hand sy gewunnen (als sy mir
fürgend) mit ir arbeit, und als ich eigentlich bericht, dass die Eschentaler uf sind wider üch min herren mit lxxx mannen, und ist eim j
kronen ze sold worden (als ich bericht bin) bis gon Uri, da soll inen
der sold gar werden; uff das hab ich sy nidergeworfen bis uff üwer
gfallen. Ouch so sind ij man von Hasle zuo mir komen, die jetz
ouch ins feld sind, und mir gseit, dass einer von Underwalden einen
gewarnet, habe er etwas, das im lieb sig, das soll er ab dem weg
tuon. Gnädige min herren, ich will üch pitten, sölichs im besten von
mir uf(ze)nemen und mich üwers willens (ze) berichten, und die iiij
Eschentaler sind worlich guotwillig gsin und nit wider mich kempft

und sprechen, sy haben daran kein schuld, und zöiger dis briefs ist
der iij euer. »   **Bern, A. Capp. Krieg.**

44. Oct. **12,** 4 uhr (nachmittags). Hänsli Brugger, statthalter zu
Hasle, an Bern. Zusendung eines aus Wallis zurückgekommenen
spähers, (Uli Schreibers sohn), der nun anzeige, dass die Walliser
heute mit 1000 mann auf seien und für den fall weiterer mahnung
6000 mann aufgeboten haben. Wie es mit dem nach Uri geschickten
kundschafter stehe, wisse er (Brugger) nicht. etc.   **Bern, A. Capp. Krieg.**

45. Oct. **12.** Thun an Bern. Antwort auf die weisung, den kirchherrn von Marbach und seinen tochtermann gefänglich einzuliefern,
etc. Um kosten zu ersparen, habe man sie gestern entlassen, da sich
wohl sechs burger für sie verbürgt haben; der tochtermann sei inzwischen irgendwohin in die reben gegangen, so dass man ihn nicht
finden könne; den kirchherrn schicke man jetzt, den andern sobald
man ihn treffe, etc   **Bern, A. Capp. Krieg.**

46. Oct. **12,** abends 7 uhr. Hans Rosen(stock?) an Hans Rudolf
von Graffenried, hofmeister zu Königsfelden. 1. Antwort, grüfse etc.
2. Es sei alles in sicherheit gebracht, auch das fahr mit wächtern versehen, weil es wirklich nötig erscheine. 3. Uebersendung eines briefes
von den Zürchern zu Mellingen, betreffend das fahr im Lind; da sei
nun vorgesorgt. 4. Er vernehme, dass Klaus Brunner, der vogt zu
Regensberg, den hofmeister anspreche, um Leuggern zu besetzen, da
heute Klingnau und Koblenz besetzt werden ..., um den Rhein zu
verwahren; desshalb sei der vogt zu Schenkenberg benachrichtigt;
bitte um baldige weisung. 5. (unerheblich, vielleicht fremd). 6. Eck
von Rischach wolle Waldshut und die (andern) städte am Rhein mit
fremdem volk besetzen. 7, 8. (verwaltungssachen, grüfse). 9. Bitte,
Leuggern nicht zu vergessen, etc.   **Bern, A. Capp. Krieg.**

47. (Oct. **12).** Konrad Lienhart an schultheifs Hans von Erlach in
Bern. Es verlaute, dass die Walliser in das land einfallen werden,
wesshalb mancher biedermann sich vorsehe; nun zeigen etliche an,
dass hier gute büchsenschützen seien, die aber weder steine noch pulver haben, und andere keine büchsen, die aber solche wohl zu brauchen wüssten.   **Bern, A. Capp. Krieg.**

48. (Oct. **12?**), Aarburg. Hauptmann und Räte etc. von Bern an
die obrigkeit. «Grofsmechtigen edlen, etc. etc. 1. Wir haben etlich
brief von Zürich, ouch von den iren, so zuo Bremgarten liggen, an
üch stande, uff der strafs verlesen und die üch verbitzet (verbütschiert?
neu besiegelt) by der posty zuogeschickt, darus ir vermerkend, was
schaden unser eidgnossen und christenlichen mitburger von Zürich leider gelitten. So nun uns immerdar manungen, ilends inen zuoze-
springen, zuokomen, dessglichen der paner houptman Wolfgang von
Wingarten und Sulpitius Haller uns ouch ernstlichen ansuochen, ilends
(für) ze züchen, daran wir uns uusers dunkens nüt gespart und ein
stund nit wo die andre liggen welltend, wo die üwern by uns wären;
dann noch diser stund hie zuo Arburg niemands by uns ist dann die
üwern von Thun und Burgdorf mit iren venlinen, desshalb wir mit so .

wenig kriegsvolk nit wol törfen mit dem geschütz fürfaren wyter dann
gan Lenzburg, darumb von höchsten nöten, dass nun talamee handlich
zur sach getan werde, und ü. g. die zeichen und knecht, so noch dahinden, ilends ilends ilends harnach fertigen, vermanend und ernstlichen gebietend, sich nit ze sumen, dann es an der not ist. 2. Wir
sind ouch durch den amman in der Murgeten und ander bericht, dass
hinacht ein paner von Lucern gan Sant Urban kommen soll; sind
ouch dry hufen gegen dem Emmental, als ir durch den vogt von
Trachselwald, der uns ouch das hüt vor tag zue Burgdorf anzöugt hat,
So nun dem also, will uns bedunken, dass nunmee nit ze firen, und
ir unser g. h. dapferlich insehen tüend; dann es stat an unser aller
eer, vatterland und allem dem, das Gott der allmächtig von sinen
gnaden uns gonnen hat etc. 3. Es haben uns ouch zwen ratspotten
von Zürich glichen fürtrag tan mundlich, wie der brief von Zürich,
dat. Mittwuch vor S. Gallen tag inhaltet, und darzuo ir statt und land
ze retten etc. 4. Fürer, g. h., so hat der amman zuo Töringen und
der in der Murgeten offen versiglet schriften uns bebendigot, dero eine
wir üch hiemit zuosänden. Datum in yl zuo Arburg zwüschen tag
und nacht Anno etc. xxxj.» — Nachschriften: 5. «So dann, g.
herren und obern, haben wir üwern mitrat Jacoben Wagner verhört,
ouch üwer schriben, desshalb an uns gelanget, verstanden, und hat
uns all fruchtbar gedüecht, noch bishar anzegrifen, weder mit brand
noch sunst, sonders uns vor allen dingen zuosammenzutuon. 6. Es
will uns ouch bedunken notwendig ze sin uff ü. g. gefallen, dwyl ir
einen ij (andern) uszug zur paner getan, dass ir gegen Willisouw und
über den Brünig angrifend, ob ir iren anslag damit zerrütten möchtend
und wir meniden luft empfachind. 7. Den potten von Zürich haben
wir antwurtswys uff iren fürtrag ze erkennen geben, fast die meinung,
dass wir uns wol verfassen und morn fast früe ilends gan Lenzburg
uns verfüegen und unser lyb und guot trostlich zuo inen setzen, den
schaden helfen rächen, ir statt und land retten, mit hilf des Allmächtigen, mit klag ires verlursts und anzöug, wie ir leid unser leid sye,
daby gebätten, dass sy nit zuo gäch syend, sonders erwartend, dass
sy und wir vor allen dingen uns zuosamen tüend, doch sofer möglich
und an(e) schaden beschechen mag, glichen zuosatz wie sy gan Bremgarten und Mellingen schicken.» Bern, A. Capp. Krieg (handschr. v. Cyro).

49. Oct. 12 (Donstag vor Galli), bei anbruch des tages, Boswyl.
Houptleute und Räte an die houptleute, pannerherren und Räte (der
V Orte in Cappel. «Unser fründlich gruoz, etc. etc. 1. Uf hüt etwan
ij stund vor tag ist uns zuokon die unussprechenlich frölich trostlich
botschaft* üwer hochloblichen eregemäfsen tapfern handtlichen taat,
dess wir Gott den allmächtigen mit demüetigem (ge)bett gelobt, darnach freud geschossen und abermals by dem geschütz Gott trülich lob
und dank geseit mit unserm armen pätt v Paternoster, Ave Maria und
ij glouben, und achten üch in sömlichem mit höchster danksagung als
die, denen künklich, keiserlich, ritterlich und höchste eere zuozemes-

_____
* wohl erst mündlich.

sen sig imer (und) ewig, und ûch all so noch in leben, in rittermäfsi-
gen eeren hie fürhin achtend und halten, ouch denen so ir bluot ver-
gossen mit ufgebung ires edlen lebens, ir bestattung in die erden nach
loblicher alt cristenlicher haltung in ritterlicher mafs mit schilt, helm
und aller zuogehörde zuo vollstrecken; dann ir höchste eere, so je ein
volk uf erden sidt anfang der cristenheit erlangt und erworben hand,
dess wir Gott in ewigkeit, ouch siner userwelten wirdigen muoter, der
reinen junkfrowen Marie und allem himelischen heere uss ganzem
vermögen und herzen lob, pris, eer und dank sagen söllend und wöllend.   2. Und darum so wöllend wir nochmals zuo Boswyl verharren
zuo guoter wart, ouch keinen anschlag noch beschluss keins dings mee
(tuon), dann allein was uns von üch, unsern lieben herren, vätteren
und frûnden angeben und zuogeschriben wirdt; dem wöllen wir nach
unserm besten vermügen statt und erfolgung tuon.   3. Ouch so hand
wir unsre lieben herren mit der andren panner har gen Boswil zuo
uns bescheiden, die ouch, als wir achtend, hinant (!) zuo mittag ald darum
by uns sin werden.   4. So ist dann unser meinung dergstalt, diewyl
der Allmächtig uns die gnad üwers erlichen sigs verlichen, den trülich anzuorüefen und mit ernst bitten, dass er uns sin allmächtige
hilf fürer zuosetzen und zuo guotem end der sach verhelfen, ouch
dass wir (die) fürgenomne sach im feld mit aller handlung usmachen
und nit ee darus noch von einandern züchen » (wöllen). . . . Bitte um
die entsprechenden weisungen.   Das « frölich bottenbrot » habe Hans
Wy von Merischwanden gebracht, etc.   Lucern, A. Religionshändel.

50. Oct. 12 (Donstag vor Galli), nachm. 8 uhr, Boswyl. Schultheifs
Hug, hauptmann und kriegsräte an Sch. und hauptmann Golder etc.
in Cappel.   Zusendung von eben aus Lucern eingelangten schriften,
die auch den vier andern Orten vorgelegt werden sollen; was dann
gemeinsam darüber beschlossen und geraten werde, sollte nach Lucern
und hieher beförderlich gemeldet werden; denn heute sei das (andere)
panner angekommen, sodass man sich stark genug fühle, um der Berner drohungen nicht zu fürchten, und wenn auch der Bär ins land
käme, so hoffe man ihn wohl wieder daraus zu treiben.   Man bitte
auch, bei den andern Orten dahin zu wirken, dass sie ihre stehenden leute nicht wegnehmen und in ihren gebieten alles tun, was die
vorsicht erfordere; es halten sich nämlich diese Eidgenossen so gut
und freundlich, dass man sich eines guten erfolgs getröste.   Eben jetzt
habe man (ja) die schriftliche nachricht (von dem sieg) empfangen, für
den man dem Allmächtigen ewigen dank sage, und morgen werde
Baptist (de Insula) mit 200 (wälschen) büchsenschützen kommen;
« dorum, ob ir uns hörtend schiefsen, wellend nit erschrecken darab
old verwundrung han » etc.   Lucern, A. Religionshändel.

51. Oct. 12 (Donstag vor Galli), abends. Schultheifs, Räte und Sechser
der grafschaft Willisau an Sch. und Rat (?) von Lucern, jetzt in Hochdorf.   « Wir schribent üch für und für, wie sich die Berner versamlet
und gestärkt; wenn sy uns aber wellent angryfen old wo, mögend
wir nit wüssen; kompt von üch . . niemand zuo uns, da wir rat und

hilf mögend (han), da wir uns anders versechen hetten, es wurde ein paner by uns und mit uns der Berner warten; ir mögend wol wüssen, dass wir inen ungmäfs, wiewol wir ane zwyfel unser best(s) tuon werden. Darum bittend wir üch ernstlich, ir wellent uns hilf ylends zuoschicken, dann wir all stund wartend, wenn sy uns angrifent, dann si sind noch nit verruckt. Wir hand ouch eigentlich von einem erenman uss Bernpiet mundlich ghört, sofer den Zürichern ein leid beschehe, wellend sy (die Berner) in (die) grafschaft Willisow mit aller macht fallen; so inen nun ze wüssen getan wurd, wie unser l. Eidgnossen den Zürichern obgelegen von Gottes gnaden, werdent sy sich nit lenger sumen und uns angrifen; darum so wellent demnach ein ufsechen uf uns han, das ir denkent unser aller eer sin und uns by zyt entschütten, (so) wellent wir mit üch frölich und dapfer wider unser fyend stryten.»

Lucera, A. Religionshändel.

52. Oct. 12 (Donstag vor Galli), Cappel, (vormittags früh?). Hauptleute etc. der V Orte an die befehlshaber in den Höfen und zu Einsiedeln. «Demnach der allmächtig, ewig und güetig Gott durch sin unendliche gnad und barmherzigkeit uns wider unsre fiend sig und überwindung ggeben und verlichen, desshalb dann wir im iemer und ewiglich hoch lob und dank sagen sollen, uff das so sind wir rätig worden, alle die so hie disenthalb dem Albis und die im gericht Wädiswil und hie disent dem see sitzen, ufzuofordern, sich mit ir lib und guot an uns zuo ergeben. Wenn si sich dann an uns ergebend, habend wir inen zuogesagt, si vor gefarlichem schaden zuo beschirmen und zuo verhüeten, dessglichen si bi iren fryheiten, gerechtigkeiten und altem herkomen, wie si von denen von Zürich gehabt, beliben zuo lassen etc. Uff sölichs hat uns für guot angesehen, ist ouch unser ernstlich will und meinung, dass ir glicher gestalt die genannten von Wädiswil und die, so hiedisent dem see gesessen, (? erfordern, sich an) uns zuo ergeben und uns zuo hulden und schweren, dessglichen dass si trostung geben, bis dass si uns gehulde(t) und geschwor(en haben). Wann si sich aber dess widrigen und das zuo tuon nit vermeint(en), alsdann so wöllen (ir)* si mit tätlicher handlung und gwalt angrifen und si darzuo halten, dass solichs durch si erstattet werde».....

Stiftsarchiv Einsiedeln. — Geschichtsfrd. XII. 228.

Der am genannten orte (von P. Gall Morel) gegebene abdruck, der hier ungeschrieben ist, hat an dieser stelle in parenthese, als zur ergänzung, gesetzt: wir allein das wöllen (wollen, wellen) fordert dies nicht; es kommt sehr häufig vor, wo es sich nur um 2. pers. handelt; zudem liegt es nahe genug, dass die missive einen angriff auch von den Höfen her vorbereiten sollte; um dies anzudeuten, füge ich das entsprechende pronomen ein. — Vgl. nr. 4.

53. Oct. 12 (Donstag vor Galli), nachmittag, Leuk. Bischof, Hauptmann und Landrat von Wallis an die V Orte. 1. «Wir sind bericht, wie dann uff gester unser puntgnossen von Bern mit krieglicher ufruor ufsygent. Die wil nun wir dess bericht, uff üwer vilfältig vermanen lut der pflicht, so wir zuo tuon schuldig sind und vermant uf zuo sin, verruckent also die unsern in dem namen des Almächtigen zuo euch, und so nun die unsern verluffnes zugs, (so) gan Zug beschehen, mit ufsatzung und belestigung unzimlicher yrtinen, des

glichter (!) mit ufschlag an win und brot, ouch mit innemung (von)
münz, wölche jedoch am andern ort nit werschaft geben noch enpfänklich,
beschwert sind; hierumb ist unser trungelich ernstlich vermanen an
ü. g. w., solichs diser zyt, domit es nit wyter beschech, zuo verhüeten
und guoter gestalt fürzekomen und allen dingen zimlicher gestalt ordnung geben, domit den unsern, so mit grosser arbeit ü. g. w. hilf zuo
bewisen wegfertig jetz sind, sich zu beklagen (nit) werden verursachet.
2. Wyter langt uns an durch landsmär, wie dann u. puntgnossen von
Bern habent fürgenommen, ein grossen hufen luten in ir mandament
Aelen zuo legen an unser gmärchet. Hierumb um bewarung unsers
lands . . . habent wir ü. g. w. im besten sölichs wollen anzeigen,
wölche Gott in hochen eren langwirig wöll bewaren. » Lucern, Missiven-

54. Oct. 12 (Donstag vor Galli). Urs Dürr von Solothurn. Heute
vor tag habe er gewisse nachricht erhalten, dass Eck von Reischach
mit etlichen tausend landsknechten über die Aare (den Rhein?) rücken
wolle; wo, wisse aber niemand. Desshalb sei er (Dürr) heute mit
den vögten von Biberstein, Schenkenberg, Brugg und Lenzburg in
Aarau gewesen, um zu verabreden, wie man sich gegenseitig durch
wortzeichen warnen könnte. Dort sei dann auch « gründliche » botschaft eingelangt, dass die Zürcher und « Länder » gestern am Albis
über vier stunden lang mit einander geschlagen und jene mehr denn
300 mann, 4 büchsen und ein fähnchen verloren haben; es sei aber
zu fürchten, dass noch mehr geschehen. Hienach sei zu besorgen,
dass die Kaiserlichen nicht saumen werden, hereinzufallen; darum bitte
er um weisungen, wie er sich zu den Bernern verhalten sollte. Im
gebirg halte er wachen bei tag und nacht, zudem zwei mann zu
Laufenburg und Rheinfelden, um heimlich alles zu erkunden, was
vorgehe. In Wartenfels seien 2 mann und 4 haken, aber zu wenig
pulver; solches möge die obrigkeit nach ihrem gutfinden schicken.

Solothurn, Reform.-A.

55. (Oct. c. 12), vormittags 9 uhr, (Olten?). Lorenz Aregger an
Solothurn. Eilige anzeige, dass heute früh der vogt zu Aarwangen,
Heinrich Kämmer(?), das sturm-wortzeichen anher geschickt und den
sturm gegen Aarau bin habe ergehen lassen. Nun habe er noch nicht
den erbetenen bescheid, wie es zu Olten gehen solle; ein sturm sei
übrigens noch nicht ausgegangen. Solothurn, Reform.-A.

56. Oct. 12 (Donstag vor Galli), nachm. 5 uhr. Solothurn an
Freiburg. Antwort auf das gestern empfangene schreiben. Man
wolle nicht verbergen, dass bei ankunft der am letzten Montag nach
Lucern gesandten botschaft die Eidgenossen bereits mit dem panner
ausgerückt gewesen, und der statthalter (des schultheifsen) dem läufer
gesagt, er möge anzeigen, dass zu Wangen und am Bodensee 10,000
mann liegen, die gemustert, bezahlt und willig seien, ihnen zuzuziehen,
wenn der handel nicht zu gutem ende gebracht werden könnte.
Aufserdem vernehme man durch gerüchte, dass zu Laufenburg und im
Schwarzwald sammlungen stattfinden, was man sehr bedaure, da solche
leute, als die erbfeinde, in den eidg. landen nie gutes gestiftet haben.

un heute Bern zum dritten mal um eiligen zuzug gemahnt, so
man 600 mann zu einem fähnchen bestellt, die bis morgen aus-
n sollen und zwar mit der weisung, bestmöglich zwischen den
en zu handeln und im fall eines wirklich ausbrechenden krieges
Bernern beizustehen, wenn diese an land und leuten geschädigt
en, und um fremde kriegsvölker abzuwehren, habe man einen
n auszug verordnet, was man in bester meinung anzeige, indem
Freiburg geflissen ermahne, in dem fall dass ein fremdes volk in
Eidgenossenschaft einbräche, gutes aufsehen zu halten und mit
r macht herbeizuziehen.   Auch habe man abermals eine ansehn-
botschaft abgefertigt, um wo möglich zwischen den parteien zu
len, und wolle Freiburg (einladen), das gleiche zu tun.

Solothurn, Miss. p. 756. Freiburg, A. Solothurn.

Oct. 12 (Donstag vor Galli). **Solothurn an Bern.** 1. Ant-
auf dessen mahnungen und äußerung des bedauerns über den
ausbruch. Man habe nun eilends 600 mann zu einem fähnchen
duet, um morgen den Bernern zuzuziehen, doch mit dem befehl,
and und leute von Bern verteidigen zu helfen. 2. Nachrichten
die von Oesterreich her drohenden angriffe (wie an Freiburg,
56).

Bern, A. Capp. Krieg.

Oct. 12 (Donstag vor Galli), **Solothurn**, vormittags.   «An
herren von **Bern**, si zuo berichten der rede, so Utenberg gebracht
echen tusend mannen halb, die ännent dem Bodensew ligen umb
ten,» da min herren willens, wo si harinbrächen, inen zuo begeg-
» Dessgelychen gan Friburg und mit inen ze handlen, ob sich
frömd volk erheben wurde, sampt minen herren denselben helfen
begegnen, und wo sich solichs zuotragen wurde, uff min herren
sträw ufsechen ze haben und trostlich nachzezüchen. »   ·

Solothurn, Ratsbuch 20, p. 430. Miss. p. 752.

VgL nr. 56. — ** Gestrichen: „Es ist geändrot und angesechen, ein bot-
hinuf ze schicken."

Oct. 12, nachmittags, **Solothurn.** 1. Verlesung aller mah-
en, des bundes mit den VIII Orten und des burgrechts mit Bern.
ieser bund (hülfe) gegen jedermann bedingt und in der vereinung
len VIII Orten vorbehalten ist; da zudem Bern und Solothurn
eher mit einander gezogen, was beiden städten «wohl erschossen»,
bickt man ein fähnchen mit dem beding, dass es land und leute
ngriffen soll schützen helfen.   Der fremden kriegsvölker wegen
ein auszug von 1000 mann gemacht; zu dem fähnchen kommen
mann; hauptmann Thomas Schmid, etc.   Der auszug soll bis
en mittags geschehen.   Endlich wird noch eine botschaft ins feld
ickt, um zu versuchen, ob sich etwas gutes handeln lasse: Seckel-
er (Niklaus) von Wenge, Hieronymus von Luternau, Burkhart
ger und Wolfgang Stölli.   Auftrag an die in Kestenholz liegenden
, bei den Bernern soweit möglich für den frieden zu wirken, da
der gemeine mann so sehr daranf dringe. . . .

Solothurn, Ratsb. 20, p. 432, 433. Miss. p. 754, 757.

59 a. Oct. 12 (Donstag vor Galli), S o l o t h u r n. Anordnung eine
aufgebotes von 600 mann wider die V Orte, auf das mahnen vo
Bern...   ⁚

59 b. Oct. 13 (Freitag v. G.). Fremder kriegsleute wegen, die in
das land fallen möchten, erfolgt ein aufgebot von 1200 mann....
(Detail mufs unberücksichtigt bleiben).   **Solothurn, Reform.-A.**

60. Oct. 12. F r e i b u r g an B e r n. 1. Erinnerung an seine mehrfachen zusagen betreffend (die kirchlichen angelegenheiten) in den herrschaften Grandson und Orbe, und besonders an das letzthin getane
versprechen, boten zur erkundigung (über gewisse vorgänge) dahin zu
senden und die ermittelten schuldigen zu bestrafen. Nun ergebe sich
aus dem bericht der letzthin (zu Grandson) gewesenen boten, dass die
Berner gesandten nichts von solchem befehl haben wissen wollen, und
vernehme man ferner, wie der dort gemachte «anlass» von etlichen
unruhigen übertreten werde. Das finde man schmählich und höchst be-
dauerlich; weil man aber der steten zuversicht lebe, dass Bern nicht minder geneigt sei, mutwillige leute («knaben») zu strafen, so bitte man
es, desshalb dem amtmann zu schreiben, damit er dergleichen abstelle
und dem minderteil nicht gestatte, die mehrheit zu regieren. 2. Sodann erfahre man zu nicht geringem bedauern, dass es dem vogt zu
Grandson befehle, die diesseitigen weisungen nicht zu beachten; damit
werden aber die rechte, die man habe, hintangesetzt; um bei dem
herkommen zu bleiben, bitte man dringlich, zu vermeiden, dass man
über diese dinge ein rechtserkenntniss suchen müfste, etc.
                                                    Bern, A. Capp. Krieg.

61 a. Oct. 12, F r e i b u r g. 1. Ein anwalt des grafen von G r e y e r s
eröffnet, dass sein herr im fall des bedürfnisses zur erhaltung des
alten glaubens leib und gut einsetzen würde und auch sonst zu diensten bereit sei. 2. Die von Greyers sagen ebenfalls hülfe und treues
festhalten zu; dessgleichen die aus den (eigenen) ämtern. 3. Abordnung an den herzog von S a v o y e n (eventuell?): alt-schultheifs (Humbert von Perroman?) und Rudella. 4. An bischof und capitel zu
L a u s a n n e (? zu schreiben, man wünsche zu wissen), wessen man
sich ihrerseits zu versehen hätte. 5. An Solothurn; an Bern, betreffend Grandson, etc.

61 b. Oct. 13. 1. Die landleute wünschen, dass die obrigkeit auf
angeordneten sturm verzichte und andere verfügungen treffe. — Antwort, es solle bei dem geschehenen (mandate?) bleiben. 2. P a y e r n e
sagt durch eine botschaft hülfe zu. 3. Antwort an Solothurn. 4. Des
verfahrens der Zürcher in betreff der büchsen will man s. z. eingedenk
sein. — (Vgl. III. nr. 1549).   **Freiburg, Ratsbuch nr. 49.**

62 a. Oct. 12, M a i l a n d. Verbot des weglaufens in (auswärtige)
kriege und fremden solddienst und befehl zur rückkehr innert zehn
tagen, an die bereits ausgezogenen, mit ausnahme der mit fürstlicher
erlaubniss dem könig von Frankreich dienenden personen; unter androhung der confiscation, etc.   **Zürich, A. Müsserkrieg (lat. copie).**

18, Zürich. Bericht von Panizonus. 1. Lateinischer
antwort des herzogs (von Mailand) in betreff der söldner
schental. 2. Die brücke bei Lecco sei jetzt erobert; etwa
les feindes haben sich ergeben; die fremden seien entlassen
f den eid hin, dem Müſser nicht mehr zu dienen; die unter-
Herzogs werden zurückbehalten, um sie zur abschreckung
strafen. Aufserdem sei dem statthalter Bentivoglio aufge-
er die fortsetzung der belagerung Leccos mit den haupt-
zu pflegen. Unter den müfsischen kriegsleuten habe sich
erhoben wegen der verteilung der vorgefundenen lebens-
auf lasse sich die hoffnung bauen, den ort sehr bald zu ge-

ib. ib. (Lat. orig.).

26, Zürich. 1. Mitteilung von a) durch secretär Panizono.
he von schriften, in denen sich der herzog von Mailand zum
schiedsmann erbietet; er verspricht, desswegen persönlich an
zu kommen, den die parteien bestimmen mögen; in diesem
er auch den V Orten geschrieben. Bitte um freundliche
3. Ueber den gang des Müfserkriegs (nichts neues).

ib. ib. (Lat. orig., übers.).

12/13?), «uff dem berg» (Albishöhe?). Hauptleute etc.
ch an die von Bern. «Strengen, etc. etc. Wie ir wüs-
wir uns uff den berg gelägert, wäre unser begeren, ir wel-
ts üwer machtpotten hinuf schicken, mit uns witer, wie wir
wellen, ze ratschlagen. So ist diss das wortzeichen, wie
verschriben.» (Fehlt!). — (Handschr. v. Frid. Murer, in

Bern, A. Capp. Krieg.

rung auf den 23, 24. Oct. ist nicht ganz ausgeschlossen.

12, 13 f.?), Kaiserstuhl. Mathis Bollinger, leutpriester, an
in, wirt zum Affenwagen (in Brugg?). Zu wissen, dass
uoten-tal bei Stühlingen knechte annehme und einem 3 gld.
in sie geschickt werden sollen, wisse er nicht. Der andere
le von Küssenberg; bitte denselben weiter zu fertigen. . . .

Zürich, A. Capp. Krieg.

13, Bern. Aufgebot in stadt und land zu einem zweiten
0 mann); ferner, — in anderer fassung, — zur verstärkung
s in Lenzburg.

Bern, Ratsb.

13, mittags 12 uhr. Bern an Zürich. 1. Man empfange
l stündlich warnung, wie die Walliser an allen orten ein-
llen, wesshalb die angehörigen zum teil bei hause bleiben,
nicht gerne wegziehen; ferner höre man, dass der Savoyer
und sei dadurch genötigt, mit dem andern panner zu war-
nelde man in der meinung, dass Zürich nicht zu eilig vernen vorteil übergeben, sondern seine kräfte wohl zusammen-
warten solle, bis die andern kommen, auch dann sich immer
he, bevor es etwas unternehme. . . . 2. Man habe noch in
reiben vernommen, wie die Thurgauer, Toggenburger, Rhein-
lner, St. Galler, Gotteshausleute u. a. sich halten, ob sie

ausgezogen etc., wisse auch nicht. wie stark Zürich sei. Für den al
fälligen abgang bei dem panner habe man einen besondern auszug g
tan, um ihn nachzuschicken, ... da zu besorgen sei, dass die leu
heimziehen würden, wenn das Berner gebiet angegriffen wäre, da di
Oberländer und die von Aelen einfälle der Walliser erwarten müfsen
ebenso die von Saanen und Greyerz; zudem habe der herzog von Sa
voyen eine rüstung ausgerufen. Dies alles berichte man, damit Züriel
behutsam sei und sich desto eher zu bewahren wisse. Nichts dest
weniger sei man willens, geschehen zu lassen, was es mit denen be
dem panner unternehme, und werde zuletzt, wenn es sein müfse, ar
ein ort ziehen und Gott walten lassen. ... **Zürich, A. Capp. Krieg.**

67. Oct. 13, mittags 12 uhr. **Bern** an die seinigen im feld. 1. «Uewer
schriben hand wir verstanden und ein grofse beschwerd empfangen,
dass die unsern nit herzlicher (sic) der paner nachziechend, habend
ouch sy vorhin stäts vermant und vermanen abermals mit offuen briefen, in yl üch zuozeziechen. 2. Und nachdem sich aber vil und m engerlei
tröuwung und warnung von den Wallisern, Savoyern und andern zuokomen, als uns der graf von Gryers, die von Sanen, ouch die unsern
von Obersibental, Frutigen (und) Hasle anzöugt hand, wie die Walliser gewüsslich inen verkunden (lassen), so bald wir wider die v Ort
ziechen, dass si unser land, es wäre zuo Aelen. Sanen, Obersibental
und Hasle, ouch anderswo uberfallen wellend, daher die unsern ganz
verschücht, unwillig hinab von heimen ze ziechen, so es inen an der
gefar stande, und begert dahem ze beliben, das wir inen nit gestattet,
da sy aber an der utgelegten anzal der lüten ein abbruch getan und
iren nit vil, dieselben ouch mit grofsem unwillen üch nachziechend,
daher wir an allen orten in sorgen stand: harum wir für den abgang
ein summ lüten, namlich v^c man, in schneller il üch nachschicken
werden, und wellend üch damit zum hochsten erinnert haben, dass ir
üch wol zuosamen halten, üwern vorteil nit übergebend und nützit ze
tuon furnemend, ir siend dann wol vergwusst, dass ir dem handel
starch gnuog syend. 3. Uns hat ouch uf üwer schriben gan Willisow
nit für guot angesechen, dass wir einchen angriff tätend, damit wir
nit ze vil zerteilt werden, von (dess) wegen turnemlich, wenne der
inbruch von (den) Wallisern solte geschehen, und die unsern schon
im feld warend, dass sy von der paner heimloufen und jeder sines
huses und heimen wellte hüeten. 4. Es verwundert uns ouch, wie starch
ir doch siend, des-gelichen wer by unsern lieben eidgnossen und christenlichen mitburgern vn Zürich sye, wie sich die Thurgöwer, Rintaler. Doggenburger, Punter und ander halten wellend; dess alles, was
üch desshalb ze wussen, ir uns m it ch verständigen mögen. 5. Es
sind ouch unser eh. mitburger von Basel uf hat uszogen und (werden)
in ...s... h nachz enen, dessgelichen die von S ... harn mit vj^c mannen
ufzebr ...en, unser land reichlich ze retten, was inbrechen werde, ouch
ein ustig ... ...p ...r ...tun, wer ... ...ser land schedigen welte, dem
ze widerstan, d ... üch ... ... hand, damit es nit
... ...er ... ...ne und einen unwillen gebare, ouch disen

ɔrief sicherlich in il gan Zürich verfertigen ».... (Wieder-
ınung zur vorsicht, etc.).

Bern, Teutsch Miss. T. 144, 145. Freiburg, Diessb. Pap.

ß, (abends), Lenzburg. Hauptmann und Räte von Bern
ı. 1. Dem schreiben von heute morgen 8 uhr würden sie so-
chen, wenn sie schon alle mannschaft bei einander hätten;
aber so bald möglich gegen Bremgarten aufbrechen, aber
r ziehen, bis sie den haufen der Länder, der zu Boswyl
zwingen können sich zu entfernen; sonst wäre ja grofser
besorgen, wollte man den feind im rücken liegen lassen,
pässe verlegt werden könnten. 2. Auch wolle man nicht ver-
ıs heute eine botschaft von Solothurn zu Aarau und in
ɔrschienen und begehrt habe, sie freundlich handeln zu
ı habe dies abgeschlagen und sie gemahnt, mit ihrer macht
ɔn, worauf sie geantwortet, 6—700 mann seien ausgeschos-
ɛits in Olten beisammen liegen; auch ein auszug zur panner
ʋrieben. Darum bitte man Zürich, eher für den augenblick
Freiamt) zu opfern und in sicherer stellung zu bleiben, bis
ʒr macht herbeirücken und gemeinsam handeln könne, da
sei, alles zu erstatten, was man von Aarburg aus ver-
e. .... Zürich, A. Capp. Krieg.

13, vorm. 3 uhr (« dritte stunde vor mittag »). Wolfgang
ʋrten und Sulpicius Haller an die Berner hauptleute im
sendung einiger briefe (näheres fehlt). Man habe nun dem
ʋenkenberg befohlen, beide von Mülinen, jk. Lüpold Effin-
ıultheifs Grülich von Brugg und etwa sechszig mann zu sich
und das kloster Leuggern zu handen Berns zu besetzen;
ʋann habe man Grülich bestimmt und befohlen, dass der-
Jaus Brunner von Zürich, der die andern plätze eingenom-
werde?), das weitere tue. Bitte um eiliges vorrücken, so
ʋöglich. Bern, A. Capp. Krieg.

13 (Freitag vor Galli), vorm. 6 uhr, Bremgarten. Der
ıauptmann, fähnrich etc. an die Berner in Hendschikon.
ı. etc. Wir sind gruntlich bericht, wie unser fynd under-
rüschent Bremgarten und Mellingen [hin] über die Rüfs
nd hinab gen Baden ze ziechent etc., und wo dasselb be-
« beschechen wurde, dem Gott der herr vorsin wölle, wurde
ch ein grofser nachteil davon entstan; darumb ist unser
ɩt und beger, ir wöllind uns ylends zuoziechen, so wurd
ʒhlag gebrochen, und uns nit verlassen, wann wir üch so-
lles guots genzlich vertruwen »…. Nachschrift: Da man
ɛchütz nicht versehen sei, so bedürfe man schleunigen zu-
ı mehr. — Vgl. nr. 73. Bern, A. Capp. Krieg.

ß, vorm. um 10 uhr, Lenzburg. Wolfgang von Wein-
Sulpitius Haller an die Berner hauptleute etc. im feld.
g eines briefes von den Zürchern in Bremgarten (nr. 70?).
ɩchs unser höchste pitt und begär wäre, ir von stund an

und ane verzug mit üwer paner und ganzer macht zuo uns gan Lenzburg ze züchen, damit wir gemeinlich mit einandern rätig mögen werden, wie der sachen ze tuond sye[nd], und demnach mit der hilf
Gottes den handel dapferlichen angrifen, so (wie) die notdurft erforderen wirt, und sölichs angends, dann es nit beit will haben. Zuo
denen von Bremgarten jetzmal ze züchen, will uns nit fruchtbar bedunken, diewyl und die fyend die statt noch nit beläger(en)t; so sind
ouch vil biderber lüten darinnen, dass sy die statt wol mögen, bis
dass ir uff hütt zuo uns komen mögen, ufenthalten; dann so wir vor
üwer zuokunft sölten verrucken, müefsen wir besorgen, dass uns die
fyend (so zuo Boswyl, ein halbe myl von Bremgarten, under Muri,
ligend, wölich dann sich uff hinacht ze nacht mit einer paner von
Luzern gesterkt) etwa schaden möchten zuofüegen. Harumb, günstigen herren, wöllend nit lenger usspliben.» — 3. Nachschrift: «Wir
vermeinen ouch, so sich die fyend für Bremgarten lägern, dass es
unser grofser nutz, ouch glück und heil wäre.» Bern, A. Capp. Krieg.

72. Oct. 13, nachm. 1 uhr, Mellingen. Hauptleute und Räte «von
Zürich, Bern und Mellingen» an die Berner hauptleute zu Lenzburg.
«Edel, etc. etc. Uewer verschribung, (betreffend) den abschwank unser widerpart uff Baden zuo, habend wir verstanden, und darmit wir
hie by uns oder an andren furten der Rüfs, do sy sich dann hinüber
ze lassen understüendind, dest bas widerstan und inen ze passieren
erweren mögind, wär unser will und beger, by zweihundert knechten
mit etwas gschützes uns zuozeschicken; understand wir dennmals mit
Gottes hilf semlich irem fürnemen hinderzehalten, bis wir entschüttet
werden mögind».... Bern, A. Capp. Krieg.

73. Oct. 13, nachm. 3 uhr, Bremgarten. Hauptmann etc. von Zürich an die Berner in Hendschikon. «Wir sind ernstlich bericht,
wie dass unser fynd mit beiden hofen für uns sich legern wellend;
hierumb so wöllend uns ilends ilends ilends by tag und nacht ze hilf
kommen und uns nit also lassen erwürgen und undergan».... Nachschrift: «Wir haben kein geschütz.» Bern, A. Capp. Krieg.

74 a. Oct. 13, (vormittags?). Hauptleute und Räte «von Zürich,
Bern und Mellingen» an die Berner in Lenzburg. Antwort auf die
schriftliche meldung von der näherung des Berner panners. Sobald
dasselbe (in L.) angelangt, begehre man es zu vernehmen, um dann
eine botschaft verordnen und dienliche ratschläge fassen zu können.

74 b. Oct. 13, abends fünf uhr, Mellingen. Der Zürcher hauptmann etc. an die Berner in Lenzburg. Antwort auf die schriftliche
anfrage, ob die feinde nach Baden hin rücken wollen. Man habe bisher nur solcher absicht gar nichts gewusst; ein späher, der heute in
Wohlen gewesen, habe dort etliche mannschaft gesehen; aber eine annäherung sei hier unbekannt. Nachschrift: Bitte um mitteilung weiterer nachrichten. Bern, A. Capp. Krieg.

75. Oct. 13 (Freitag vor Galli), nachm. 8 uhr, Bremgarten. Der
Zürcher hauptmann etc. an die Berner hauptleute in Lenzburg.
Dank für die meldung ihres heranrückens. Auf die frage, ob die V

nach gegen Baden hinab ziehen, lasse sich noch keine
gében, da sie « an beiden orten » (?) liegen, und man‹
₃ anschläge vernehme. Man bitte aber die Berner ernst-
kommen; denn man sei zwar entschlossen, den em-
len wieder gutzumachen, aber mit geschütz nicht wohl
sei zu wünschen, dass Bern die Mellinger schirme.

Bern, A. Capp. Krieg.

«Freitags»), abends 9 uhr, Mellingen. Die Zürcher
an die Berner in Lenzburg. «Unser früntlich gruofs
st zuovor; getrüw lieb herren und christenlich mitbur-
pt für, wie unser fyend sich ze Luukhofen über die
ınd jetz zuo Zufikon by Bremgarten liggend; semlichs
ıseren, so am far ze Sulz wacht haltend, bericht sind,
₃ inen diss ze tuon unmüglich bedunkt, hand wir üch
ellen verhalten; dann ze besorgen, dass sölichs durch
ertigen fürggeben, darmit ir und wir dester minder sorg
ın(e) zwifel unsere fyend wol bericht sind, dass ir üch
gelassen (und) an zweyen orten liggend, (und so) sy
ıem ort schmach bewysend (b. könntènd?), das keins
urdind. Ob aber glich semlicher anschlag uff üch nit
fsend doch wir besorgen, (dass) semlichs uff uns an-
t wellend wir üch ermant und gebetten, ein trüw uf-
:e han, als wir üch gänzlich wol vertruwend»... Denn
ın hier eine verdächtige person, des namens Vierschröt,
man über die absichten der feinde ernstlich befragen
ın schädliches erfahre, werde man wieder berichten.

Bern, A. Capp. Krieg.

Caspar von Hallwyl an den obervogt zu Lenzburg,
›der dessen statthalter. « Hie schicken ich üch einen
han ich lassen uffachen, dann er on zeichen, on pass-
t argwenigen reden von mir erfunden, als ir auch bas
₃n werden von im selbs und (dem) zeigern diss briefs.
ıt ir handlen, nach dem es üch für guot ansehen will.
›tt befolchen. »

Bern, A. Capp. Krieg.

reibt Aarau an Bern betreffend zwei auf höhern befehl
schuld nicht angedeutet ist (Hans Uoli Seman und sein sohn).

Andres Zülli, «schatlen» (tschachtlan?) zu Frutigen,
trengen, etc. etc. Uff üwer... schriben han ich ein
is abverfertiget und bin bericht durch denselbigen, dass
der do ist der zwelft tag Winmonet, die von Wallis
‹knecht usgezogen, und die zal derselben sibenhundert
gemein man ganz unwillig, den v Orten zuozeziben,
merken, wo ir.. wären still beliben, wolten sy ouch
gen. Ouch so haben sy den botten allerding(en) unbe-
ſ... .

Bern, A. Capp. Krieg.

Hans Richli an Bern. «Es ist (sind!) uff hüt kom-
ıdman von Obersibental in zwei tagen von Ougstal

ilen(d)s, hand mich bricht, dass sy uff Mittwuch znacht nächst ver-
gangeu zuo Martinach gsin sind; ist ein castellan und ouch ein bott
von Wallis da gsin, und gewüss und war ist, dass der herzog von
Safoy v tusent den Wallisern zuoschickt, denn zuo Ougstal sy solichs
ouch verstanden hand; ob sy aber gan Aelén oder Jenf zuo wend,
hand sy kein wüssen. Witer, dass dise red ouch doselbst gat, der
Herzog kome mit vil lanzknächten».... **Bern, A. Capp. Krieg.**

80. **Oct. 13.** Hans Waldspurger, schultheifs zu Hutwyl, Anton
Schwarz von Trachselwald und das Emmental an B e r n. 1. «Ich(!)
füeg üch in yl zuo wüssen, dass wir von Hutwil und das Emmental
von e. gnaden begeren vj haggenbüchsen, uns in yl zuo schicken;
denn die inren (enneren?) vil pomps mit dem zeichen am anstofs und
mark triben, ouch mit ju(ch)zen etc. 2. Ouch, gnädig wys min herren,
als denn üch wol fürkomeu, dass der sturm by uns allen gangen ist,
...söllend ir kein beduren daran han, dann es der guoten meinung
geschechen, dass sich die unsren har gan Hutwil und an die anstöfs
füegind, sittenmal wir uss irem pomp und gepräg, so sy mit irem
zeichen tag und nacht hend, nit wüssen mögen, was ir tuon oder
lassen sin wirt; harumb ist es guoter meinung geschechen; dann wir
all tuon wend, was sich aller eeren zimpt».... **Bern, A. Capp. Krieg.**

81. **Oct. 13** (Freitag vor Galli), Escholzmatt. Weibel, Räte und gemeinde im E n t l e b u c h an landvogt, Räte und gemeinde im E m m e n -
t a l. Durch ihre botschaft haben sie schon angezeigt, dass die herren
von Lucern ihnen befohlen, gute nachbarschaft zu halten und das
Berner gebiet nicht anzugreifen, wenn nicht etwas feindliches (dorther)
geschehe; das erkläre man nochmals, in der zuversicht, dass die Emmentaler das gleiche tun und zwar in betracht der von den altvordern
hergebrachten freundschaft, begehre aber hierüber schriftlichen bescheid.
Bern, A. Capp. Krieg (orig.).

82. **Oct. 13.** Vogt Heinrich Kamm(erer) und gemeine herrschaftsleute der grafschaft Aarburg an B e r n; «ilends ilends ilends.» ...
1. «Wir füegent üwer wisheit zuo wüssen, dass und nachdem üwer
mi(ne)r herren pauer hie von Arburg hinweg zogen, siud wir uss
trüwer warnung verursachet und uns in ratswis versammlet, üch ein
handel zuozeschriben; namlichen so sind wir bericht mit der warheit,
dass sich ein mächtiger züg unser widerwertigen, der Luzereren, versamlet hand und liggent stark zuo Bodenberg im ampt Willisouw,
und ist genzlich ir anschlag, dass si understand die üwren undertanen,
gesessen allenthalben im ampt Arburg, von Pritnouw hin bis gan Arburg zum schloss, zuo schädigen an sel, eer, lib und guot; dorzuo
sind allenthalben die schlösser, namlich und in sonderheit Wiggen. die
anstöfser, ouch ander passeien wol versetzt mit lüten. Uff sömlichs,
so wir dess warhaftig bricht sind, habend wir geratschlaget, und ist
namlich unser anschlag, dass wir unser ampt(s)lüt, so vil noch im
ampt sind, schicken wellend in ein dörflin gelegen im ampt under
Britnow, heifset Strengelbach; daselbs werden si sich versamlen bi
hundert mannen, und so vil wir vermögen; die werden acht nemen

mit ir(er) starke(n) wacht, wo unser figend herin brechent. Dess
wellen wir üch brichten, dass ir ein guot trüw ufsechen habend uff
uns und die üweron mit hilf und mit rat, und mit lüten üwrer hindersäfsen uns ein zuoschuob tüegind mit zuosätzeren; dann unser ist zuo
wenig; ob es üwer wisheit guot bedunkti, dass ir die üwren uss der
grafschaft Wangen und Arwangen zuoordnind, sölichs in il beschäche,
wo es dann üch guot ansicht, domit und wir vor schautlichem mör-
derischem überfal nit genötiget und geängstiget werden, sonders in
guoter sicherheit von üch geschirmpt mögen werden, als von unsren
gnedigen lieb(en) herren und obren; so wöllen wir uns halten an einer
frommen herrschaft von Bern, als sich den(n) iren frommen undertanen
gezimpf und gebürt, damit und grechtikeit und billikeit gepflanzet und
die eer Gottes geufnet würd; doran und dorzuo wöllen wir setzen all
unser sel, eer, lib und guot etc.   2. Demmach ist unser beger von
üwer wisheit, dass ir uns brichtind, wo hinus ir mit dem andren paner züchen wellind, damit und wir sin bi zit guot wüssen tragen, so
könden wir uns mitsampt unseren amptlüten in gegenwer stellen, domit und wir nit wie vorgemelt so schantlich um das unser kummint,
und ir bi üwer herlikeit als von altem harkommen mögen beliben.
Dann die lüt (die fyend) die hand thein firtag, die glider Cristi zuo
schädigen, sunders wo si mögent, do tuond si ir flifs und ernst an, wie
könig Pharaohs gsind mit den kindern von Israhel gehandlet hat. Dorum so wöll uns der Herr im himmel geben kraft und sterke, die
schantlichen erzbuoben und Nimroten zuo übersigen, dass ir schantlich wüetery ein endschaft nem und usgerütet werd, domit und die
glider Cristi in einikeit mögen bliben und an dem einigen houpt Cristo
Jesu mögen verharren; dess helf uns der einig Gott im himmel, der
hab allzit sin göttlich hand ob uns; dann der krieg ist sin; dorum
ist er unser aller houptman und füert und leitet sin völkli nach sinem
gfallen. ·   Bern, A. Capp. Krieg.

    Sollte hier ein geistlicher die feder geführt haben? Schrift und orthographie
sind auffallend gut.

83. Oct. 13. Heinrich «Kamberer», vogt zu Aarburg, an Bern.
1. In der feste habe er einen gefangenen, Hans Krus, hintersäfse von
Brittnau, der wahrscheinlich aus zorn über scheltungen des Hiltbrand
von Einsiedeln, die er an der gemeinde erzählen gehört, unter anderm
gesagt habe, die Schwyzer werden bald kommen und seiner kuh ein
«junges machen»; dessen sei er geständig, wolle jedoch nicht aus
bösem eifer so geredet haben. Bitte um bescheid, wie er gegen denselben verfahren solle. 2. Auch sollte er wissen, wie es mit der besatzung im schloss, jetzt 4 mann aus der gegend, zu halten, ob er sie
mehren oder mindern sollte, ob die herren leute aus Bern oder von
andern orten her lieber da hätten; denn die amtsleute seien nicht gar
zufrieden, dass die einen in der feste liegen, die andern in «ströwi-
nen» häusern bleiben und ihr schicksal erwarten sollen; die leute meinen
auch, man sollte ihnen keine mannschaft entziehen, da sie in Strengelbach wache halten, und sie eher verstärken....   Bern, A. Capp. Krieg.

84. Oct. 13, Langental. Matthäus Knecht, vogt zu Wangen, und Jacob Koch, vogt zu Aarwangen, an B e r n. 1. Als der hauptmann Kaspar v. Diefsbach gestern hier durchgezogen, habe er eine botschaft nach Hutwyl verordnet, worauf er antwort empfangen, wie der Nuwagende brief laute, der ihn aber nicht mehr erreicht habe, wesshalb man denselben hier aufgebrochen und gelesen habe; er berühre man gr_fstenteils die hiesige gegend. Man sei dadurch veranlasst, dahin sowie an die obrigkeit zu melden, dass die herrschaftsleute dieser swei amter beschlossen haben, eine besatzung in Langental zu halten und im notfall von Hutwyl her hülfe beizuziehen; man bitte aber um bescheid, was hierin weiter zu tun wäre. . . . Nachschriften: 2. «Wir mangien geschütz, ylents.» 3. Man vernehme, dass sich die «inneren» stark sammeln gegenüber Hutwyl und bis an die grenze, wisse aber nicht, was sie eigentlich wollen.   B e r n, A. Capp. Krieg.

85. Oct. 13. Vincenz Brenzikofer und Albrecht Sigwart an B e r n. 1. «Als üwer gnaden (und?) wysheit uns ernstlich in entpfelch geben, guot sorg und acht ze tragen, domit niemans unversächenlich überfallen, und als wir eigenlich bericht, dass die Entlibuocher grofs sorg habind und all eggen und rick mit wachten versorget und ouch sich gan Aeschlismatt niden ufher uss dem land versamlind; dessglichen thuond sy ouch gegen Hutwil und Eriswil etc., daruf wir, uff üwer gnaden wisheit schriben, ein sölich an[ge]sächen tan habend, dass die üwren an denen orten, so wir üch hievor zuogeschriben, dass sy uff die anstöfs wartin(d) etc., verordnet und uff üwer gnaden wysheit gefallen, dass dieselben kilchhörinen ein uszug tuon söllind, glicher gstalt als einer jetz ins feld zogen ist, und derselbig uszug sich leggen sölle angents, namlich jᵉ man gan Truob und fünfzig man in Schachen, und die tag und nacht da warten und sorg tragen söllind; dessglichen die übrigen, so nit uszogen, nüt dess der (!) minder ein guot ufsächen tragind, wenn inen die wortzeichen geben oder der sturm gange, ilends inen zuoloufind, wie dann sölichs vor angesehen ist. Dessglichen ist ouch beschechen zuo Hutwil und Eriswil. Solichs haben ouch uns üwer trüwen landlüten erbetten, dass man dise ding mit iren nachpuren versäche und nit e(t)wa fremb(d) dartüege, dann sy bas sorg han wöllin(t) und mit mindern kosten; dessglichen sy es (syg!) inen alle gelägne wol kundt, das uns ouch also verdunken (!) ist, etc. 2. Dessglichen ist uff hütt botschaft harus komen durch disen zuogeleiten brief, den sy begerten einer ganzen gmeind zuo eroffnen,* das wir (aber) nit gestattet, sunders den botten wider heim gefergget mit diser mündlichen antwurt, tüegind sy das best gegen uns, (so) werdin(t) sy desglichen von uns entpfinden, und söllind uns fürhin rüewig lassen mit sölichen potten und in ander weg». . . . Nachschrift. 3. «Ouch ist unser pitt, dass üwer g(nädig) wysheit etwa an jᵉ spiefs harus schicken, dann (hier) vil redlicher dienstknechten ist, die ouch das best tätind, so äben (aber?) nit werung (!) habind.» B e r n, A. Capp. Krieg.

---

* Bezieht sich wohl auf nr. 81?

, « um die acht stund » (abends). Landvogt Rümsi an
ute abend um 6 uhr sei der statthalter von Brienz ge-
der anzeige, von Lucern sei nach Unterwalden ein gegen, dass zu Interlaken oder am Brünig eine starke
zung liege; darüber sehr erschrocken, haben die (Obwald-
ht am Brünig gewacht; einer von Hasle, der dort zu
hte, sei zurückgekommen und habe daheim bericht gewisse man das nähere nicht; die Unterwaldner aber haben
n können, ob hier eine besatzung liege, desshalb, nach
atschlag, einen ratsboten und den weibel von Lungern
geschickt, im begleit amman Schilter's von Wylen. Bei
r haben sie dann gefragt, ob wirklich eine truppenabtei-
als dies verneint worden, antworteten sie: «Das ist uns
nds gern, und alldiewil ir kein zuosatz hand gegen uns,
ouch keinen gegen üch han;» da sie bestimmten bescheid
ie sich darauf verlassen dürften, habe der statthalter er-
essen nicht «beladen» zu können und die antwort den
1 überlassen. Er selbst habe gefragt, warum sie die
m Bern aufgeboten; antwort, dieselben seien nicht gegen
it; etwa 1000 Walliser und 300 Eschentaler werden wohl
ziehen, aber nicht gegen Bern; ... wenn es übrigens
ge käme, so würden sie wohl vorher absagen, was man
tun möge. 2. Gemäfs dem schreiben der obrigkeit habe
chultheifsen von Unterseen überall vorgesorgt, dass man
en könnte, wenn etwas (gefährliches) wahrgenommen
1 Brienz oder Hasle hülfe zu leisten.... **Bern. A. Capp. Krieg.**

, Bern an Freiburg. 1. Antwort auf dessen schrei-
ge wohl etwas geschehen sein, was man nicht billige;
ber bei der jetzigen unruhe die sachen nicht ändern und
ald, bis die gefahr vorüber («unser sachen bas gestillet»)
1 heimgekehrt seien; dann wolle man sie über alles ver-
lt Freiburg so übereinkommen, dass es wohl zufrieden
interdessen wolle man den gemachten anstand nicht ver-
und den Farel vorberufen, um ihm zu sagen, dass er
eingriffe enthalten solle, etc. 2. Erinnerung an die zu-
e für den fall eines angriffes auf bernisches gebiet; ein
reits geschehen; sofern das nun ferner begegnete, wie
begehre man freundlich zu erfahren, wessen man sich
zu versehen hätte, und ersuche um schriftliche um-
ort, wie man sie den bünden und burgrechten gemäfs
ne, etc. **Bern, Teutsch Miss. T. 146, 147. Freiburg, A. Bern.**

(Freitag vor Galli), morgens, Boswyl. Sch. Hug, haupt-
iegsräte an Sch. und Rat in Lucern. «Uff nächt Donstag
er geschrift sampt der Berner tratzschribung empfangen,
ch wenig bedurens, dann die selb absagung der Berner
nden könnend, vor der eerlichen taat, so die unsern zuo
en gnaden Gotts vollbracht, beschechen, und achtend wol,

sy die Berner haben sich nuntalame eins andren besinnt. Und nun
uff das haud wir gemelte geschriften unsern lieben eidgnossen .. gen
Cappel zuogeschickt, dass sy sich darob beratschlagen, wie und was
nun fürzuonemen sig, etc. Und darum so können wir noch nit von
Boswyl ufbrechen, sunders unser lieben herren antwurt und was inen
zuo handen stofsen werd, da zuo erwarten. Aber sind dess ongezwyflet, sobald der Bär üwer und unser landschaft, lüt old guot überzüchen, schädigen old anrüeren wellte, werdend wir mit der hilf des
Allmächtigen im von stund und sobald wir in vernemen, in mafs entgegen kommen, dass wir im ob gott will (dem wir der sach zum besten vertruwend) sin fürnemen und anschläg tapferlich zuo rugg tryben und umstofsen wellend,» etc. etc.   L u c e r n, A. Religionshändel.

89. **Oct. 18** (Freitag vor Galli), anfangs der nacht. Boswyl. Hauptleute und kriegsräte an hauptleute und räte der V Orte, jetzt in
Ottenbach. «Uewer schryben uns zuokon, ouch redhaltung so beschehen mit houptman Jacoben Stocker, ouch dem comissari Uff der
Mur etc. (habend wir vernomen?) und uns daruf aller ding wol und
vil underredt, und als ir dann (ze wissen) begerend, ob die von Bern
zuo Bremgarten syend, hand wir durch unser kundschaft gwüss und
guot (bericht?), dass si noch uf hüt abend .. nit dar sind kon, aber
wol dass sy by und zuo Lenzburg zamen züchend (und) sich versamm-
lend; (wir) wüssend aber nit, was ir fürnemen sig; doch hand wir
vil durch kundschaft, dass sy uf unser erdrich nit ziechen wellend
etc. Und dorum will uns am besten dunken und hand uns beraten,
uf üwer schrift, .. dass es ouch also üwers gefallens sig, dass ir hiehar zuo uns züchen.., darmit wir unser land .. und unser macht
by einandern habend, was uns joch immer zuokumm, und dass wir
alsdann mit einandren hie ennend für ab für Mellingen züchend, uns
darfür zuo leggen; wellend sich denn die Berner dis beladen und
dero von Mellingen annemen, so sind wir doch by einandren und nemend ein schlacht mit inen; so ist der krieg, so wir die (als wir
guoter hoffnung zuo Gott dem allmächtigen sind) gwünnend, erobert;
beladend sy die Berner denn sich sin nüt, so farend wir an Mellingen
und darnach mit dem angefangnen krieg wyter nach unserm fürnemen
ungeirrt der Berner»....   L u c e r n, A. Religionshändel.

90. **Oct. 18** (Freitag vor Galli), auf Bodenberg. Schultheifs, Räte
und Sechser der grafschaft W i l l i s a u samt etlichen Ruswylern, an
Statthalter und Rat in L u c e r n. 1. «Wir hand nächt uf der nacht
unseren herren, so by der nachgenden panner zuo Hochdorf versampt,
verschriben, wie die Berner mit ir panner verruckt und hinacht zuo
Arow über nacht gelegen, und hand drü fäuli uf die anstöfs gegen
uns geleit; (doch so) vernemend wir nüt, dass sy uns sinnent ze überfallen; wir mögend ouch nit wüssen, ob sy noch mit einer panner
gegen uns ziehen wellend old nit, dann sy zuo dryen panern uszogen
haben. ... Wir wellend ouch allweg für und für guoter sorg pflegen,
und was wir uns gegen inen verkundschaftend, wellend wir üch und
den andern unseren herren zuo Hochdorf by tag und nacht ze wüssen

wellend (darby) ùch allweg ernstlich gebetten han, uus
ot tuot ze eutschütten. • Ansuchen um blei und pulver, etc.
rift: •Wir füegent (ich ouch ze wüssen, dass der schultheifs
sich der houptmanschaft erwert, und hett ee (uss) ir statt
rellen ziechen, eb er es hab wellen tuon, und ist Bast(i)on
ich houptman und Graffenried vendrich etc. •

Lucern, A. Religionshändel.

, 13 (Freitag vor S. Galli), vorm. 1 uhr. LA. und Rat der
Toggenburg an Statthalter und Rat zu Wyl. Auf 1 uhr
macht sei von Utznach ein brief gekommen, der unter an-
e, dass die Zürcher von den V Orten im feld einen schaden
haben. Die vom Gaster liegen im städtchen Utznach; nun
lass sich ein haufe Walliser und anderes volk in der March
im die von Gaster zu überfallen; desshalb rufen sie dring-
ige hülfe an, da sie gewarnt seien, dass man sie am Freitag
rerde; diese mahnung wolle man hiemit verkünden, damit
ler mit leib und gut beistehen könne, etc.

, 18 (Freitag vor S. Galli), vorm. 10 uhr. Dieselben an
er, statthalter zu Wyl. Es sei ernstliche warnung gekom-
die V Orte die Gasterer mit zwei haufen überziehen wol-
mau ihnen nicht zu hülfe ziehen könnte. Desshalb wäre
ler macht leute anher zu schicken, da die von hier aus nach
I geschickten knechte nicht herkommen könnten, und die
sonst überwältigt werden möchten, etc.

Stiftsarchiv St. Gallen (copien).

13 (Freitag vor Galli), Leuk. Bischof, Hauptmann und
n Wallis an Freiburg. Antwort auf dessen entschul-
die unterlassung eines auszuges für die V Orte, etc. Ge-
burgrecht mit denselben habe man ihnen hülfe zugeschickt
nicht finden, dass Freiburgs entschuldigung den bünden
ig • sei; denn von oben bis unten stofse die diesseitige
auch an Bern, und dennoch habe man brief und siegel
en; hienach ermahne man Freiburg, wie man selbst ge-
len, zum beistand der V Orte eilends aufzubrechen; geschähe
so hätte es grofsen unwillen zu erwarten; es möge sich
irmer des hl. christlichen glaubens erweisen, etc.

Freiburg, A. Wallis.

13), •Freitag früh•, Cappel. Hauptleute, pannerherren und
Lucern an statthalter und Rat. 1. Antwort auf ihre zu-
an gedenke nun heute aufzubrechen und zu den andern
1, die in Boswyl liegen, zu ziehen, sofern inzwischen nichts
falle. 2. •So denne .. vernemen wir, wie dann die üwern,
sind, allerlei, es sye vich und anders rouben, und dasselb
igen zuo iren hüsern, das uns, ouch die übrigen unser Eid-
m aller höchsten beduret; dann wir daher nit vil gelückes
in die harr erlangen mögen, also arm lüt zuo schädigen
rderben; desshalb so langt an üch unser trungenlich bitt

und begere, dass ir allenthalb in üwere ämpter, (die so by uns sind),
schriben und entbieten lassen, dass alle die so ützit geroubet, ... dasselb fürderlich und ane ufziechen wider hindersich gan Zug (da dann
die ander büt ouch ist) füeren und fertigen; daran werden ir den übrigen üwern Eidgnossen, ouch uns treffenlich gefallen und dienst bewysen. »
Lucern, A. Religionshändel.

94. Oct. 13 (Freitag vor Galli), um 2 uhr nachm. Schultheifs und
Räte von **Lucern** an ihre hauptleute etc. im feld. 1. ... « So erst
wir schriftlich verstanden den grund des ergangnen handels des grofsen
erlichen sigs und göttlichen glücks, sölcher üwer grofsen erlichen ritterlichen trostlichen und tapfern tat, sagen wir vorab Gott dem allmächtigen, ouch siner würdigen muoter Maria und allem himelschen
heere und üch allen sampt und jedem insunders grofs übertrefflich
lob, eer und dank zum allerhöchsten üwer trüwen ritterlichen tapfern
darstreckung üwers lybs und guots zuo rettung vorab des göttlichen
waren cristenlichen gloubens, ouch unser aller vatterland, hus und
heim, das üwer und unser frommen altvordern mit grofser müeg und
arbeit ritterlich und erlich erobert haben, mit allerhöchster erbietung,
(das) mit unser lyb, eer und guot umb üch allesampt und jeden insunders zuo beschulden und verdienen, und umb jeden zuo eeren und
allem guotem niemermer zuo ewigen zyten vergessen werden soll.
Und alles das üch begegnet und angelegen, (mögen ir) uns by tag
und nacht zuo wüssen tuon, wöllen wir als die willigen getrüwen
vätter üch nit verlassen und alles das wir vermögen mit lyb und guot
trüwlich und trostlich zuo üch setzen; so wöllen wir ouch ufsechen
haben und zum besten, und was uns begegnet, üch by tag und nacht
berichten mit hilf des allmächtigen ewigen Gotts, der üch und uns
fürer in siner göttlichen huot und schirm halten und haben wölle.
2. Ouch als ir schriben der röubern und (des) hinwegfüerens halb,
das nit an gmeine püt kommen möcht, wellen wir versorgen und habends angends versorgt by allen toren und sunst, was wir innen
wurden und werden möchten, wenig oder vil, das argwönig daher
käme, soll und muofs angends widerum dahin es gehört on alles
mittel gefüert und geton werden, denn wir sölchs dheins wegs gestatten noch gedulden wöllen. » ...
Lucern, A. Capp. Krieg.

Das original hat R. Cysat nach seinem gutdünken interpolirt; hier sind
diese vermeintlichen verbesserungen weggelassen. — Vgl. Archiv f. schw. R.-G.
III. 264.

95. Oct. 13, (nachm. 3 uhr), **Ottenbach.** Hauptmann, pannerherr
und Räte von **Schwyz** an hauptmann und fähndrich von Einsiedeln
an der Schindellegi. Man habe ihren brief über die « Pündter » verstanden, inzwischen auch sichere nachricht erhalten, dass die Zürcher
einen haufen am Albis sammeln, und diese nacht die Basler und Berner zu ihnen stofsen werden; man glaube auch, sie werden die Bündner dahin berufen; es sei desshalb (an der Schindellegi) wohl noch
keine not; sollte dem aber nicht so sein, so sollen sie sich als die
«frommen» beweisen. Diesseits wolle man die vereinigung des feindlichen heeres zu verhindern suchen; die in Muri liegenden truppen

desshalb nach Ottenbach kommen; je nach dem stande der
eiten und dem eintreffen der kundschaften werden sie dann
« Frytag abentz umb die drüy. »

Stiftsarchiv Einsiedeln (mitg. v. Th. v. Liebenau).

t. **13**, vorm. 4 uhr, Bremgarten. Hch. Werdmüller etc. an
. Lavater, hauptmann von Cappel(!). Auf seinen befehl, eine
in die Freien Aemter zu schicken etc., habe man zwei dahin
, die nun anzeigen, dass die leute treulich zu Zürich halten
davon nicht scheiden lassen wollen, so weit sie vermögen.

Zürich, A. Capp. Krieg.

t. **13**, mittags 12 uhr, Bremgarten. Heinrich Werdmüller etc.
. Jörg Göldli und Hans Rud. Lavater zu Cappel(!). Es komme
Freien Amt bericht, dass die feinde sich unterstehen, die
zzunehmen und zu verbrennen; da rate man, ihnen solches zu
jedoch den vorteil nicht zu übergeben und mit dem angriff
:hen, bis die Berner kommen; denn sie haben ernstlich ge-
l, dass sie eilends zu hülfe kommen wollen. . . .

Zürich, A. Capp. Krieg.

t. **13**, nachm. 3 uhr, Bremgarten. Hauptleute, Räte etc. an
. In dieser stunde komme glaublicher bericht, dass die knechte
)rte), die zu Cappel gelegen, gegen die Aemter aufgebrochen
n von oben her einen angriff, den der andere haufe von un-
i die stadt anfangen solle, zu unterstützen, bitte also um ge-
ifsehen. Den Bernern sei bereits nachricht gegeben.

Zürich, A. Capp. Krieg.

t. **13**, nachmittags 6 uhr, Bremgarten. Hauptmann etc. an
dleute und Räte vor Cappel. Die anzeige dass die V Orte
emgarten ausziehen wollen, scheine sich zu bestätigen, wozu
list brauchen wollen. . . . Man habe neun Lucerner gefangen,
auch melden. Die Berner haben dem zu Boswyl und Bün-
nden volk auf letzte mitternacht einen absagebrief zugeschickt.

Zürich, A. Capp. Krieg.

t. **13**, vorm. 10 uhr. R a p p e r s w y l an Z ü r i c h. Antwort:
aure von herzen, dass es den seinigen nicht glücklich ergan-
.hoffe, Gott werde solches leid in freuden ergetzen. Weil nun
en verlust allerlei gesagt werde, so wolle man hiemit ver-
dass von der stadt aus kein schade zugefügt werden solle,
i man um nähern bericht, wie sich die sache zugetragen; auch
pulver und blei im notfall von Zürich bekommen könnte. . . .

Zürich, A. Capp. Krieg.

t. **13**, nachm. 7 uhr. D i e f s e n h o f e n an Z ü r i c h. Man
komit eine anzahl knechte mit dem fähnchen der stadt. Erst
stunde habe man nachricht von dem geschehenen unfall er-
Man hoffe aber, es komme bald ein besseres « geschrei ». . . .
auch zu weiterm erbötig, bitte aber um rücksicht auf die
niemand sonst den pass hüten würde; denn gestern abend
dem sturm nachgelaufen. . . . Ueber den Rhein her vernehme
r noch nichts von gefahr. . . .   Zürich, A. Capp. Krieg.

102. Oct. 13 (Freitag vor Galli). Christian Fridbolt an D. Joachim von Watt (in St. Gallen). «Wissen, dass (es) vast übel gangen ist; dann uss hoffart haben die Züricher verloren den Zwingli, den pannermaister, den wirt zuo dem roten hus, (den) abt von Cappel, den comentur von Küssna(ch), . . Ransperg, her Wolfen und her Bastian, Turs Haben (?) und so vil eren lüten, dass mich verwundert. Ich truw zuo Gott, mir wellen es rechen. Mir (wir) komen uff dato zuo dem zug, der ligt uf dem Albis».... Vad. Bibl. in St. Gallen: Litt. Misc. XL. 104.

103. Oct. 13, mittags 11 uhr. Basel an Zürich. «Wir habend üwer schriben am dato Mittwochen ze nacht. . . . allen inhalts mit betrüebtem herzen vernomen und in warheit ob dem, dass die üwern geschediget, grofs bedurens empfangen. Der barmherzig Gott welle üch und uns fürer behüeten, unserer sünden nit me gedenken, und umb der eere sines helgen namens und wortes willen alle sachen zuo sinem lob und wolfart unser allen schicken. Und demnach ir uns, wie es ergangen, ob ir mit üwer macht an einandern gsin oder nit, dhein satten bericht geschriben, und aber in beden landen Sontgow und Prifsgow schon ein grofs geschrei gat, wie ir übel gelitten, geschütz und zeichen verloren, da wir zuo Gott hoffend, es sye nit also ergangen, so ist an üch unser früntlichs begeren, ir wellen uns ilends und eigentlich sölcher dingen berichten und das nit underlassen, damit wir üwer und unser christenliche mitburger von Strafspurg, die one zwyfel ab solchem unfal, den die Länder schon wit us verkündet, grofsen schrecken empfachen, getrösten mögen. Die unseren sind uff den füefsen, werden, ob Gott will, morn früeg zuo Arow sich samlen, daselbst schweren, und demnach im namen Gottes den üwern zuoziehen. Lieben christenlichen brüeder, wir habend allwegen besorgt, dass ir zuo hitzig sin (und) damit etwas übersehen wurden; darum wir allweg für guot geachtet, dass ir dheinen angriff tuon, ir werend dann zevor wol gefasst, und so dann der anfang leider also geraten, so wellend fürobin dester besser sorg, darzuo üwer guote kundschaft haben, und mit zitigem rat in rechter gottesforcht handlen.»

Zürich, A. Capp. Krieg.

104. Oct. 13 (Freitag vor S. Gallen tag). Zürich an die seegemeinden etc. Die hauptleute und kriegsräte im lager haben heute der obrigkeit eine aufforderung zugeschickt, worin die V Orte sich unterstehen, die gemeinden zum abfall und untreue zu verlocken, woraus ihre lügenhafte böse gesinnung sich genugsam zeige, indem sie wider alle wahrheit vorgeben, man habe sie nicht bei dem recht und den bünden wollen bleiben lassen, während sie doch Zürich alle unbilligkeit und schande zugefügt haben. Da nun die vordern immer treue und glauben gehalten, und man hoffe, dass sie (die gemeinden) auch jetzt keine ursache hätten, sich abzuwerfen, so bitte und ermahne man sie freundlich und väterlich, dem beispiel der vordern zu folgen, zumal man nicht als herren, sondern immer als väter gegen sie gehandelt, sich also durch solche drohungen nicht abwendig machen zu lassen, und sich als biderbe leute zu halten; denn mit Gottes hülfe

ı sie nicht verlassen und könne ihnen zum troste melden,
und andere Eidgenossen mit aller macht auf den füfsen
Zürich die zugefügte schmach rächen zu helfen; man ver-
dem allmächtigen, dass er der gerechtigkeit und seinem
ıben, für alles leid ersatz gewähren und den feinden ihre
ht nachlassen werde.   Zürich, A. Capp. Krieg.

105.

ı. **13**, vorm.?). Zürich an seine hauptleute etc. auf dem
ıer ufforderung halben deren von Wädischwyl und der un-
ûrichsee, von unsern fygenden beschächen, lassend wir uns
rie irs vor üch hand, dass ir die rottmeister berüefind, die
ichisten und obristen ermanind, dass sy uns trüw und glou-
ı, und sich von tröuwens wegen nit von uns abwärfind,
ıtfest syend, ir eer und eid bedänkind; dess wöllend ouch
ıh zuo inen setzen; dann wir zuo Gott dem allmächtigen
versicht sind, er werde uns nit verlassen und von unserer
ıluotigen händen gnädiklich erretten, inen iren so schant-
ımuot zum höchsten leid keren, dass ir fürgenomne tyranny
ı keinen fürgang haben werde. Giyche meinung haben wir
unsern am see zuogeschriben, der zuoversicht, sy werdint
ıderb lüt und wie ire altvordern an der statt Zürich halten.ı

Bullinger, Ref.-Chr. III. 172.

104. Die daten der betreffenden stücke (nr. 4, 5, 52, 106, 109, 113)
ht sonderlich gut zusammen.

ı **13**, vorm. 8 uhr, Albis. Hauptleute und Räte an BM.
ı Zürich. Die leute aus der herrschaft Knonau haben an-
ı die V Orte sie «aufgefordert», und eilige antwort begehrt.
bereit, weiter hinab in einen sichern boden zu rücken, um
leute zu schützen; weil aber die obern immerfort mahnen,
Eidgenossen zu erwarten, so bitte man, deren ankunft zu
ıen; unterdessen sollte man immerhin 1000—1500 mann
ıgten zu hülfe schicken, bitte aber darüber um eiligen rat...
ıl, ın il».   Zürich, A. Capp. Krieg.

ı. **13**?). «Uff dem Albis, um die x. stund (vormittags) etc.»
etc. an Zürich. «Uff hüttigen morgen sind unser figend
abgezogen und züchend in das Knonower ampt; da ist
ır, ir wellend uns ileuts ileuts embieten, ob wir den bider-
bistendig (sin) oder wie wir uns halten söllind, damit die
(nit?) verkürzt werdind. — Wir sind ouch dermafs verfasst,
ıns nützit entsitzen.»   Zürich, A. Capp. Krieg.

ı **13**, (vorm.?) 9 uhr, Albis. Hauptleute und Räte an BM.
ı Zürich. Da der feind mit den schlachtschwertern grofsen
ıap, so begehre man ernstlich, dass 50—60 äxte mit recht
ıuı wie die «mordachsen», gemacht und eilends zugeschickt

ı **13**, mittags 11—12 uhr. Dieselben. Heute morgen habe
ı verräter» gerichtet und schicke hiemit etliche gefangene,
ınzufragen nicht zeit habe.   Zürich, A. Capp. Krieg.

109. Oct. 13, 11 uhr vorm. BM., Räte und Burger von Zürich an hauptleute und Räte auf dem Albis. Antwort: ... 1. Man werde soweit möglich das begehrte geschütz, geschirr etc. nachfertigen, schicke hiemit die an die Wädenswyler gerichtete aufforderung zurück und billige den gemachten vorschlag; es sollen also die rottmeister zum freundlichsten und höchsten ermahnt werden, treue und glauben zu leisten, sich nicht schrecken und etwas abdrohen zu lassen, wobei man ihnen leib und gut zusagen solle; auch sei ihnen anzuzeigen, dass Bern und andere mitburger mit ganzer macht unterwegs und des besten willens seien, den geschehenen schaden nach vermogen zu rächen, «also dass wir guoter zuoversicht zuo Gott dem allmachtigen, (dass) er uns nit verlassen, sunder unsere tygend gar bald zuo grund richten und uns alles leids trostlich und glücklich ersetzen, ouch von iren bluotigen händen gnedigklich erretten, solicher hochmuot inen ouch zum höchsten leid, und ir fürgefasste bosheit keinen furgang haben werd.» Dasselbe habe man den gemeinden am see auch geschrieben. 2. Da die Berner von Aarburg aus heute morgen abermals gar freundlich angezeigt, dass sie ernstlich vorrücken und bald eintreffen werden, so begehre man, dass die hauptleute unterdessen sorgsam bleiben, den vorteil nicht preisgeben, solche hülfe getrost erwarten und Gott vor augen haben. ... 3. Weil die von Thalwyl inne geworden, dass ein feindlicher späher das lager genau besichtigt habe, und man sonst vernehme, dass mit wachen und andern dingen «ubel und bos» vorgesorgt sei, was man höchlich bedaure, so bitte und ermahne man die hauptleute, sich keine mühe reuen zu lassen, sondern alle pässe nach bedürfniss zu versehen, die säumigen zu strafen oder der obrigkeit anher zu schicken...

                               Zürich, A. Capp. Krieg.

110. Oct. 13, mittags 12 uhr. BM., Räte und Burger von Zürich an hauptleute und Räte auf dem Albis. 1. In dieser stunde habe der hauptmann von der stadt St. Gallen angezeigt, dass seine herren ihm befohlen haben, mit den zugegebenen leib und gut für Zürich einzusetzen; auch soll seine mannschaft in spätestens zwei stunden hier eintreffen, zu morgen essen und dann weiter ziehen. 2. Indessen sei eben die anzeige eingelangt, dass die V Orte morgen wieder angreifen wollen; darum habe man beschlossen, jenes volk sofort an den Albis zu weisen, und erwarte man hierüber schleunigsten bericht aus dem lager; es soll auch diesen leuten ein platz «ausgetreten» werden. Man könne aber nicht billigen, dass das heer geteilt werde, sondern begehre, dass es beisammen bleibe, um die ankunft der Berner und Basler (deren beiliegende schriften zu verlesen seien) zu erwarten ..; wem sollten denn die feinde in Knonau den eid abnehmen, als etwa den weibern, da doch wohl wenige männer zu hause sein werden?...

                               Zürich, A. Capp. Krieg.

111. Oct. 13, nachm. 2 uhr. Zürich an die hauptleute und Räte auf dem Albis. Da infolge des stürmens viel unnützer «fasel» und junges volk zugezogen, das aber besser daheim bliebe, so sollen die hauptleute die gar zu schwachen leute ausziehen und heimschicken, damit sie dreschen und andere hausgeschäfte verrichten, und man desto

nötige nahrung bekomme; dies halte man in jeder bezie-
el vorteilhafter. . . Zürich, A. Capp. Krieg.

13, nachm. 5 uhr. BM., Räte und Burger von Zürich
te und Räte auf dem Albis. Ilends ilends ilends. 1. Ant-
die letzten Mittwoch nach Bern geschickten boten soeben
ass 7000 Berner diesen abend nach Lenzburg kommen und
fziehen wollen, und auch andere mitburger mit der macht
jen seien, so soll das lager jetzt nicht geteilt, sondern die
er hülfe erwartet werden. 2. Ferner zeigen jene boten an,
rnischen kriegsanwälte zu wissen begehren, wie und wo
jind angreifen solle; . . . darum sollen etliche zu solchen
taugliche ausgezogen und morgen früh über Mellingen zu
n hinabgeschickt werden; was dann abgeredet werde, wolle
hen lassen. 3. Die von Bischofzell empfehlen ihre leute
chreiben, was man hiemit auch tun wolle. . . 4. Man bitte
ne indessen zum ernstlichsten, hinfür umsichtig zu sein,
unsorge nichts mehr versäumt werde. . . .

Zürich, A. Capp. Krieg.

13, nachm. 7 uhr, Albis. Hauptleute u. Räte an BM. und
ich. Diesen abend seien die boten von Richterswyl aber-
nen mit der anzeige, dass vogt Merz und vogt Weidmann
gs zur ergebung aufgefordert etc.; allein sie seien gesonnen,
u tun, sofern man ihnen hülfe schicke; im andern falle
annehmen, was ihnen gar nicht gefiele. Man habe sie
hre gelübde und eide gemahnt und ihnen verdeutet, dass
nicht entlassen und im äufsersten fall zurückerobern werde;
h geraten, heimzukehren und mit den ihrigen zu bestim-
für eine hülfe sie nötig finden, und dies zu berichten; die
erde schwerlich säumen, ihnen zu entsprechen.

Zürich, A. Capp. Krieg.

52, deren text und note hier bestätigung finden.

13, in der nacht, Zürich. Da hauptmann Göldli samt
dneten vor Räten und Burgern erschienen, und mit grofsem
ählt, wie die feinde durch das land herabziehen und die
gen, so dass weiber und kinder sich teuer beklagen, und
gehrt, ihnen vollmacht zu erteilen, dem feind zu begegnen
mutwillen ein ende zu machen etc., so wird, da sie weg-
rohl versorgt sind; da es auch schimpflich wäre, die guten
chtet des tröstlichen zusagens so schädigen zu lassen, um
u «besuchen», der vielleicht Baden zu rücken und vielleicht
er Oesterreicher noch schlimmeres unternehmen würde etc.,
uptmann und den kriegsanwälten vorher gegebene voll-
uert «mit dem zaum», dass sie je nach umständen tun
sie zur erfüllung der zusagen und zur unterdrückung des
mutwillens am geratensten finden. Besiegelt zugestellt.

Zürich, A. Capp. Krieg (concept).

13 (Freitag nach Dionysii), auf dem Albis. Empfangschein
s der Gotteshausleute von St. Gallen, Jacob Hugentobler

von Wuppenau, über 500 kronen, die von Zürich zu handen der
Gotteshausleute bezahlt worden.

Oct. 22 (Sonntag nach Galli). Jacob Geister, hauptmann der Gotteshausleute im feld bei Baar, bescheinigt, von Zürich 500 kronen als darlehen für seine
mannschaft erhalten zu haben.

Oct. 28. Empfangschein der lütiner der Gotteshausleute über 200 gulden,
von Zürich als vorschuss bezahlt. (Zweifach vorhanden).

Nov. 2. Bestätigung des empfanges von 500 kronen durch hauptmann
Gerster, der « leider » umgekommen, als teilzahlung an die 2000 gl., welche
Zürich den Gotteshausleuten zugesagt hatte.

Stiftsarchiv St. Gallen (fünf besiegelte scheine).

116. **Oct. 13,** 9 uhr vor mitternacht, Wädenswyl. Hans Wirz an
hauptleute und Räte auf dem Albis. Da sie auf die anzeige von der
abermaligen « abforderung » (durch die V Orte?) sich bereit erklärt
haben, zur errettung des gerichts etwa 3000 mann zu schicken, um
den feind rasch anzugreifen, so begehre er hiemit im namen des ge-
richtes 3000 mann und umgehenden bericht, wann sie kommen werden; dann wolle man in Gottes namen aufbrechen und sieg und ehre
erkämpfen. In dieser stunde vernehme er gerüchtweise, dass die Toggenburger und Bündner das städtlein Utznach eingenommen, und wie
die Einsiedler, Hofleute und Märchlinge hinaufziehen, worüber er sofort genauen bericht einziehen werde; denn es würde sich ja eben
recht schicken, wenn jene von oben herab und « wir » von unten herauf
ziehen könnten.   Zürich, A. Capp. Krieg.

117. **Oct. 13,** 10 uhr vor mitternacht. Niklaus Brunner, vogt zu
Regensberg, an BM. und Rat in Zürich. Antwort: Ihrem befehl,
wachsam zu bleiben, werde er nach kräften gehorchen. Von einer
rüstung jenseit des Rheins sei erst in dieser stunde nachricht gekommen, dass nämlich auf ein solches gerücht zu Kaiserstuhl ein sturm
ausgegangen ..; jetzt heifse es, dass die Berner das kloster Leuggern
eingenommen, was er binnen 4 stunden genau erfahren werde. In
Zurzach und umgegend seien indess so viele leute für Zürich, dass
man den Rhein wohl zu verteidigen hoffen dürfe. . . .

Zürich, A. Capp. Krieg.

118. **Oct. 13** (Freitag vor S. Gallen tag), vorm. 8 uhr. Zürich an
hauptleute und Räte von Bern auf dem wege. « Ir wissend, wie die
unsern in nöten und an den fynden liggend, desshalb wir üch als unsere mitbrüeder nun oftermalen zum früntlichisten und ernstlichisten
gemant, uns ernstlich mit üwer macht zuozezühen; diewyl wir aber
leider (wie ir wissend) schaden empfangen, unser fygend uff unserem
ertrych liggend, ouch uff gesterigen tag mit tröwung fygentlichen angriffs die unsern am Zürichsee mit offentlichem brief ufgefordert, und
nuntalameer der dritt tag uff ergangene tat harzuo ruckt, da sich wol
zuo versechen, (dass) sy uns wyter zuo schädigen und anzegrifen understan werdent, so vermanend und bittend wir üch zum höchsten,
trungenlichisten und ernstlichesten, diewyl es uns an aller not ligt,
dass ir den unsern uffs allerilendist und strängest by tag und nacht
zuozühen, uns und die unsern trüwlich und trostlich retten, inen by-

l beholfen sin und nit erwinden wellint, unz ir zno den Albis komend, so sind wir guoter hoffnung, (dass) Gott ·tig uns durch üch und ander biderw lüt so vil sigs und yhen, dass diser schad gerochen und göttliche eer geschirmt

Bern, A. Capp. Krieg.

·dresse das häufig vorkommende zeichen J⟨lende lende lende⟩, dessen wiedergabe ·nterbleiben muss.

18 (Freitag nach (irrig vor!) S. Gallen t.), nachm. 1 uhr. · die hauptleute der Berner. «Es kommen uns für und ·ngen zuo, wie die fünf Ort die unsern allenthalben, sich geben, als sy ouch hüttigs morgens die unsern von Kno- ·ordert; zuodem so werden wir gruntlich und eigentlich be- ·sy die unsern als uff hinacht zaben(t) oder uffs lengst morn ·g on alles fälen an(ze)gryfen und zuo schädigen understan ·, sy schon ir läger zuosampt aller gelegenheit besichtiget ·et haben. Und so dann der fründ nienau bas dann in nö- ·en, und man ouch in nöten billich etwa ein überigs tuot, ·a und bitten wir üch als unser ganz vertruwten fründ und ·en brüederen, dass ir in disem fal und in disen unseren ein überigs tuon und den unseren uffs allerstrengest der für Bremgarten haruf, den nächsten uff Knonouw oder dem ·zuozüchen und üch weder tag noch nacht sumen, ouch ·nderen lassen, sunder zuo uns setzen wellen, als unser ·tliche und hohe not erfordert, und ir üch ouch nun zum ·u üwerem fründlichen schryben erbotten hand ».. .

Bern, A. Capp. Krieg.

18 (Freitag vor Galli), Glarus. Der «rat» an der ge- ·dem Sand, (die im sturme zusammengelaufen war). «Als ·ein zwytracht under den Eidgnossen ist, und wir allent- ·ant sind, in(en) hilf ze tuon, . . . haben sich min herren ·nt, wie hiernach stat zum allerkürz(est)en. 1. Namlich ·vir leider ein lange zit in unserem land ein unfründlichs ·einander brucht, der selb unwill und nid und hass soll ·sin und (dess) zuo argem nümme mer gedenken. 2. Zum ·llen wir nuhinfür einanderen das best tuon, als frommen ·tostat, und den nid und hass uss unseren herzen duon und· ·nun hinfür (nit so) nydig und so hässig sin, als bishar be- ·. Es söl ouch fürhin niemen den anderen tratzen weder ·noch mit werchen, sunder mit einandren leben, als from- ·en zuostat. 3. Zum dritten, diewil wir in sorgen müef- ·ra wir uss dem land züchen, dass wir all stund müefsen ·n, wo man in unser land fallen und das unser ze grund ·l, söllen wir in unserm vatterland beliben und da erwar- ·ans jeman schädigen wett in unserm land; da söllen wir ·l guot zuosamen setzen und tuon, als frommen landlüten ·Zum vierten, ob es sich dann begäb, dass eintweder ·und vilicht gredt wird zuo beden teilen, ja glit der teil

ob, wir wend üch wol leren, dargegen das ander glich als wol ouch
geredt wirt wie vorstat, haben sich min herren vereinbart und gemeret
an einer ganzen gmeind wie vorstat, es wär dann, wie es unser Hergott falte (?) und gott geb weder teil oben geläg, so söllen doch wir
landlüt einandren das best tuon und einanderen behulfen und beraten
sin und da niemen lassen sunders uszüchen, .. (unleserlich) .. sunders
wer der wäre, der uns etwas gwaltigs und wider billichs und wider
recht tuon wellt, da söllen wir eer, lyb und guot zuosamen setzen
und tuon, als frommen landlüten zuostat. 5. Und dess alles so haben
wir landlüt gmeinlich ein eid zuo Gott all zuosamen geschworen, dem
nachzegan... 6. Demnach söllend dann wir landlüt rätig werden, wahin wir uns lägeren wellen, es sy gen Biberen oder in beide Urnen,
gan Näfels oder wahin min herren guot dunken will. 7. Dessglich
söllend die landlüt ouch rätig werden, was man allenthalb well für
ein antwurt schriben uf die manung, so uns geschechen ist; das ouch
alles beschechen ist. »   **Schwyz, A. Glarus.**

Aeg. Tschudi bemerkt ob dem anfang, es sei vogt Schiessers handschrift,
was sich nicht beanstanden lässt. Der act ist nicht gut geschrieben und zudem
durch feuchtigkeit beschadigt; am mangelhaftesten erscheint die rohe redaction,
die unzweifelhaft dem berichterstatter (Schiesser) zuzuschreiben ist.

121. Oct. 13, (Zürich), «ex hospitio». Panizonus an den stadtschreiber. Antwort auf die beschwerde, dass 1500 Italiener nach
Bellinzona gekommen und zwar durch das gebiet von Mailand, und
dass er desshalb dem Herzog schreiben solle. Es sei nicht glaublich,
dass derselbe solches gestatten würde; dennoch schreibe er darüber
und lobe, dass die herren (von Zürich) in ihrem namen per post es
tun, damit der Herzog desto bälder nachricht erhalte... Wahrscheinlich seien es Luganesen, weil ein beamter von Lucern in Lugano sei
(quia Lugani est officialis Lucernæ).   **Zürich, A. Capp. Krieg.**

122. Oct. 13 (xiij. d. m.), Dongo. Heinrich Rahn und die andern
commissarien, hauptleute und Räte an Zürich. 1. Bericht über die
verhandlung mit dem Herzog über den aufbruch von (söldnern für die
V Orte); hinweisung auf dessen beiliegende antwort und das erlassene
verbot. 2. Bestätigung des kürzlich erneuerten ansuchens um baldige
zusendung von pulver. 3. Es sei durch einen pfaffen etwas verräterei
(versucht) worden; den hoffe man bald zu handen zu bekommen.
4. Der Herzog habe «mit ilendem ernst» einen tag in Lecco bestimmt,
zu welchem Heinrich Rahn (der schreiber dies) und die andern verordneten sich eilig verfügen; mit dem Herzog habe er jener aufbrüche
wegen schon geredet und die antwort erhalten, Zürich müfse nicht
besorgen, dass der Papst, die Spanier oder andere den V Orten mit
truppen beistand leisten; da nun der innere krieg («anheimsch k.»)
den leuten im felde auch angelegen sei, so bitte man um jeweiligen
bericht, damit man sich zu verhalten wisse, etc.   **Zürich, A. Müsserkrieg.**

123. Oct. 14, Freiburg. Eine botschaft von Solothurn bringt
die bitte an, vermitteln zu helfen.

Es wird auch eine mahnung von (an?) Genf erwähnt, ohne nähere andeutungen.   **Freiburg, Ratsbuch nr. 49.**

14, vorm. 6 uhr, Mellingen. Joh. Blass und Joh. Haab
l **Rat in Zürich.** 1. Die gutwilligen von Birmenstorf
haben gebeten, sie nicht zum auszug wider irgend jemand
da sie des gotteswortes wegen noch kein mehr haben er-
en und der landvogt gedroht, alle für meineidig zu halten,
Bern oder Glarus zuziehen würden; da man hier nicht zu
, so bitte man darüber um schriftlichen bescheid. 2. Die
en haben vorgestellt, wie viele kosten sie bisher mit wa-
, und gebeten, auf ihr fähnchen zu verzichten, da sie der
ft nicht zu wohl trauen dürften und die stadt sonst nicht
önnten, wenn der zusatz einmal wegziehe; sie bitten viel-
ein dutzend knechte ihnen zurückgelassen werde.... 3. Aus
er lager sei ein späher, namens Vierschröt gekommen, den
zehörig ausfragen wolle. . . Zürich, A. Capp. Krieg.

14, 7 uhr (morgens), (Albis). Hauptleute und Räte an
at in Zürich. Nachdem man vollmacht erhalten, dem
enzurücken, habe man erwogen, dass die strafse nach Mett-
gar enge, so dass der feind leicht einen vorteil ergreifen
m nicht beikommen könnte, und nach vielfältiger betrach-
ig beschlossen, gegen Birmensdorf und Bremgarten hinab
n der hoffnung, einen solchen vorteil zu erlangen, dass
ehre einlegen und den feind zum trefflichsten schädigen
ilends eilends den Bernern kundzutun. Zürich, A. Capp. Krieg.

14, nachm. 3 uhr. BM., Räte und Burger von Zürich
te und Räte auf dem weg nach Bremgarten. Mitteilung
ogelangten schreibens von Bern. Da man höre, dass der
inen nächtlichen überfall sinne, dass auch der zug gar
g • und langsam vorrücke, so wolle man freundlich mah-
lk näher zusammenzuhalten und keine vorsicht zu versäu-
Zürich, A. Capp. Krieg.

.**14, nachm. 4 uhr.** BM. und Rat von Zürich an haupt-
täte auf dem weg nach Bremgarten. Die ratsfreunde zu
aben soeben schriftlich angezeigt, dass Peter Füfsli samt
rgauern und einem boten von St. Gallen heute um 10 uhr
imen in der erwartung, vier boten von dem Berner heere
1; sie haben aber erst nach Lenzburg reiten müfsen. Dies
ıg ihres längern ausbleibens.
wähnte schreiben, d. d. 10 uhr vormittags, fügt noch bei, dass die
iren, einen zehnten, den der abt zu Muri (zu Sulz) in der nähe
eschen und zu verbrauchen, da es ihnen zu teuer werde, ihre zeh-
p zahlen...

.**14, nachm. 3 uhr, Mellingen.** Obige boten an hauptleute
if dem Albis. Bericht über ihre sendung zu den Bernern...
iese auf dem weg gefunden, in der absicht, den zu Bos-
nzen liegenden feind anzugreifen und dann auf Bremgar-
:ken etc.; sie seien auch sehr wohl mit geschütz und an-
et und fest entschlossen, den bei Cappel geschehenen un-

fall treulich zu rächen. Der hauptmann habe endlich versprochen, bericht nach Zürich zu geben, sobald er das lager geschlagen...

Zürich, A. Capp. Krieg.

128. Oct. 14. Hauptmann und Räte zu Bremgarten an hauptmann Frei zu Birmenstorf. Antwort: Der haufe (von den V Orten), der die schlacht getan, liege jetzt in Ottenbach, Jonen, Affoltern etc., der andere zu Boswyl und Bünzen, jenseit der Reufs. Zürich, A. Capp. Krieg.

129. Oct. 14, nachm. 9 uhr. Hauptmann und Räte (von **Zürich**) zu Bremgarten an die hauptleute und Räte zu Birmenstorf. Vor einer stunde seien zwei gesellen vor das tor gekommen, einlass und unter-redung mit dem schultheifsen begehrend, was ihnen bewilligt worden; sie melden, dass ein teil des heeres zu Boswyl schon aufgebrochen, um sich mit dem haufen diesseit der Reufs zu verbinden und Zürich anzugreifen. Die Berner haben einen scharmutz mit ihnen gehabt und einen hauptmann von Lucern mit zwei andern gefangen... Zürich, A. Capp. Krieg.

130. Oct. 14, anf. nachts, Birmenstorf. Hauptleute und Räte an BM. und Rat in **Zürich.** Nachdem sie diesen abend hier angekommen, sei der mönch (?) Gyslinger vor einigen erschienen und habe angezeigt, wie er von Cappel weg nach Lucern geschickt worden, der schultheifs ihn aber drohend weggewiesen und geketzert habe. Man schicke denselben zu weiterer nachfrage mit... Mangel an «achsen» zu den büchsen. — Vgl. nr. 24, die wohl um etliche tage später datirt wer-den dürfte. Zürich, A. Capp. Krieg.

131. Oct. 14. Die gemeinde Horgen an BM. und Rat in **Zürich.** Nachdem die ihrigen vernommen, wie die Fünförtischen alles zerschlei-fen und wegnehmen, haben sie von dem hauptmann auf dem Albis erlaubniss ausgebeten, das ihrige zu beschützen..., und nachdem ihnen zugesagt worden, dass die obrigkeit sie nicht verlassen werde..., haben sie sich entschlossen, in das Zuger gebiet einzufallen und die feinde auch zu «strafen»; sie haben dann ennet der Sihl 19 kühe, 1 stier, 3 schweine, bei 30 käsen, 1 ctr. auken weggenommen und heim-geführt, seien auch willens, mehr zu tun, bitten aber vorerst um wei-tern bescheid... Zürich, A. Capp. Krieg.

132. Oct. 14, Kaltbrunnen. Clas Bebi, Christen Knecht und Hans Jäckli (von Grüningen) an BM. und Rat in **Zürich.** Am Freitag seien sie mit den amtsleuten in das Gaster eingerückt; die Utznacher haben angefragt, wie man sich gegen sie verhalten wolle; antwort: Sofern sie nichts feindliches unternehmen, werde man sie ruhig lassen; die nahrung wolle man bezahlen etc. Die Gasteler haben sie wohl aufgenommen. Die Glarner bewahren nur ihr land. Ein haufe Wal-liser soll in der March liegen, um herüberzufallen; dies müfse man berichten, da das amt ganz «eröst» sei und leicht einen schaden em-pfangen könnte; aus Toggenburg sei noch niemand erschienen; im ganzen liegen jetzt 600 mann beisammen. Zürich, A. Capp. Krieg.

133. Oct. 14, Kaltbrunnen. Hans Jäckli an BM. und Rat in **Zü-rich.** 1. Bitte um mehr pulver... 2. Die Toggenburger seien heute

it 600 mann, mit dem banner, hier angekommen; es gehe
age, dass sie die Schwyzer auffordern wollen, aus der March
en; da die V Orte ins Zürcher gebiet gekommen, so könne
auf ihren eigenen boden ziehen....   Zürich, A. Capp. Krieg.

. 14, nachm. 9 uhr, Chur. Hans Edlibach an BM. und Rat
h. ... 1. Er hoffe zu Gott, dass er sein wunderwerk un-
es geschehenen unfalls erzeigen werde... 2. Ferner vernehme
h, dass (seit dem) 12. d. ein fähnchen Spanier an der Tresia
enz hinauf ziehe, hoffe aber, dass die Bündner sie zu Hospental
halten werden; doch könnten sie auch wohl durchkommen,
ündner «darzu tun.» 3. Auch sei zu melden, dass von den
in bote über den andern durch Sargans nach Feldkirch eile;
em landvogt wohl geschrieben, er solle sie niederwerfen,
r besorgen, dass es nicht geschehe, habe dies auch in Chur
und von dem vogt zu Maienfeld das gleiche begehrt...
ge hier so «wilde» dinge, dass es ihn dränge, nach hause
n...   Zürich, A. Capp. Krieg.

. 14, abends 6 uhr. Constanz an Zürich. In dieser
die nachricht gekommen, dass die von Rotweil, Villingen
gen den V Orten zuziehen wollen und den weg nach Schaff-
schlagen; können sie dort nicht durchkommen, so werden
en vier Waldstädten ziehen und dort übersetzen...
Zürich, A. Capp. Krieg.

14, (11 uhr) mittags. Basel an Zürich (und Bern). In dieser
e Strasburg vertraulich mitgeteilt, dass der r. König von
a geschrieben, er sei von dem Kaiser beauftragt, in Strasburg
oberdeutschen landen eine anzahl landsknechte zu werben,
len Niederlanden ziehen sollten.... Man dürfe aber anneh-
dies eine list sei, um den christl. städten ihre knechte zu
und sie gerade gegen dieselben zu brauchen; darum zeige
an, habe auch Strasburg geraten, nicht mehr zu bewilligen,
il entbehren könne.... 2. Man erwarte bestimmt, dass die
ute diesen abend in Mellingen seien und sich dann gebühr-
werden, und denke, dass Gott den ersten unfall so gefügt,
desto ernstlicher zu ihm als dem Vater schreie und ihn
habe. Darum ermahne man Zürich zum allerhöchsten,
t gutem vorbedacht zu handeln.
          Bern, A. Capp. Krieg. Zürich, A. Capp. Krieg.
rner exemplar ist zunächst antwort auf eine missive Bern's dd. 12.
llt demgemäss § 2 voran; datirt „zuo mittagzit."

. 14. Rapperswyl an Zürich. Mitteilung einer kund-
r Hans Konrad, kessler von Unterwalden, der gefangen wor-
ss verdachtes willen, dass er am Mittwoch im lager der V
sen: Vier männer haben übereinstimmend bei dem eid ge-
sei nachmittags in der stadt gewesen und habe bei einem
einen degen gekauft in der absicht, morndess in das Zür-
ga geben...   Zürich, A. Capp. Krieg.

138. Oct. 14, 11 uhr mittags, Zurzach. Niklaus Brunner an BM.
und Rat in Zürich. Leuggern sei nun auch besetzt, nämlich von
schultheifs Grülich zu Brugg mit 60 knechten; hier halte sich «alles»
still; es seien etwa 100 knechte vorhanden und einstweilen genug,
um in Zurzach und umgegend alle dinge wohl zu versehen; die ganze
grafschaft «hinab» sei zugezogen, Schneisingen, Lengnau, das Siggental, und habe den eid geleistet. Darum mögen die herren sich beruhigen... Er werde sich nun auch mit hptm. Grülich verständigen...
Zürich, A. Capp. Krieg.

139. Oct. 14. Kaiserstuhl an Zürich. Antwort auf dessen
schreiben. 1. Man werde wachsam und vorsichtig sein, damit der
stadt wie Zürich kein nachteil begegne... 2. Hiebei melde man nach
guter kundschaft, dass bei 100 mann zu Waldshut liegen und in den
nächsten tagen noch mehr dahin kommen sollen, was man so bald
möglich genauer berichten werde... Zürich, A. Capp. Krieg.

140. Oct. 14. Vogt und Rat zu Klingnau an Zürich. Antwort
auf das schreiben betreffend das nach Coblenz verordnete geschütz.
Gestern habe man sich mit dem vogt von Regensberg in Zurzach unter-
redet und dann einige haken nach C. geschickt, werde auch noch mehr
dahin schicken, so viel man entbehren könne, wiewohl man einen angriff über die Aare besorgen müfse, die breit und «dünn» sei, so dass
man einiges geschütz behalten müfse. Man bitte, verunglimpfungen
kein gehör zu geben, indem man tun wolle, was frommen leuten und
getreuen Eidgenossen zustehe. Zürich, A. Capp. Krieg.

141. Oct. 14, früh (morgens), Lenzburg. Hauptmann, venner etc. von
Bern an Zürich. Ilends, ilendist. Antwort auf die anzeige, dass
die feinde nach Lunkhofen gerückt, und die Zürcher sie angreifen
wollen. Man bitte und ermahne, nichts zu übereilen. Man habe sich
beraten, heute mit den Baslern und Bielern, die auf mittag auch eintreffen werden, aufzubrechen und nach Bremgarten vorzurücken, und
dort einen anschlag zu machen. Zürich, A. Capp. Krieg.

142. Oct. 14, morgens, Lenzburg. Hauptmann, «lütinand» und räte
von Bern an die Solothurner im felde. «Ir sind nunmer durch üwerer
herren und obern potten, so by uns gsin, bericht der not, darin unser
getrüw lieb eidgnossen und christenlich mitburger von Zürich und wir
stecken; harumb wir üch zum höchsten vermanen, (dass) ir ane allen
verzug üch erhebind und uns zuozüchend, und wo üwer und unser
eidgnossen von Biel by üch sind, (inen) disen brief* anzöugend, sich
darnach wüssen ze richten; wo sy aber nit by üch, alldann verschaffen, dass inen diser brief behandot werde.» Solothurn, Berner Schr.

* Vermutlich handelt es sich um eine beilage, die uns fehlt.

143. Oct. 14, nachm. 4 uhr, Bern. Befehl an Sulpicius Haller,
obervogt zu Lenzburg, oder dessen statthalter. Befehl zu schleuniger
aussendung von spähern (specht) in die gegend beim Heitersberg, auf
welchem laut aussagen einer heute verhörten person fremdes volk liegen soll, und zu sofortiger berichterstattung an die obrigkeit und die
hauptleute... Freiburg, Diessb. Pap. (orig.).

. Oct. 14, vormittags 4 uhr. Bern an Solothurn. •Wir ha-
d üwer schriben verstanden und darab hoche fröud empfangen,
i ir so fromklich an uns faren und uns nit verlassen werden,
i wir in dankbarkeit gegen üch niemer vergessen werden, und
idem die unsern von Arburg ein überfal von den Lucernern be-
end, wellend wir üch gepetten han, die üwern so usgezogen sind
ir land ze retten, schützen und schirmen, ilents dahin ze keren
mögen, den unsern trostlich, hilflich und byständig ze sind und ir
i ze tuond, dess wir uns gänzlich zuo üch und inen versechend
wol vertruwend; wellend wir allzit guotwillig in allweg gegen
haben ze verdienen. Und ob wir aber an andern orten angriffen
geschediget wurden, werden wir üch dess berichten in guoter zit
ilents, uns ze hilf ze komen; ob aber etwas inbruchs und angriffs
ie unsern von Langental und daselbs umbher von Sant Urban in-
gescheche, wellend wir üch gebetten (haben), den üwern ze schry-
dass sy daselbs helfen weeren und je da zum ersten retten und
ihütten, da es zum nötisten tuot, und da wir geschediget werden,
lie üwern von den unsern dess wol bericht werden, und so sy
den unsern komend, so ganz starch wachen halten, wol gesechen
verstan werden; das wellend wir gegen üch in guotem niemer
essen. Damit sind Gott in gnaden befolchen. •

Bern, Teutsch Miss. T. 150, 151. Solothurn, Berner Schr..

. Oct. 14, früh (morgens), Lenzburg. Hauptmann, fütiner, ven-
Räte und Burger von Bern an ihre obern. •Grofsmechtigen,
etc. 1. Uewer schriben dat. Donstag xij Octobris haben wir gester,
ander, dat. gester, haben wir hütt früe umb die dry empfangen,
wol verstanden den unwillen üwerer Oberländern; wellen wir
nit verhalten, dass uns dessglichen zuo Langental, ouch von denen
Zofingen, Arburg und andern anstöfsen begegnet ist, da wir inen
ihs ganz abgeslagen und nit wellen nachlassen, dass sy anheimsch
end; also sind sy trostlich harnach zogen. 2. Zum andern, g. h.,
ir begärend von uns ze wüssen, wie stark wir syend, können wir
i nit gespüren, dass wir über iij° stark [noch nit] sind; es sind
i hinacht zuo Arouw vij fänlin gelägen, die werdend an(e) zwyfel
zuo imbis sin etc. 3. Der Turgöuwern, Rintalern, Pündern etc.
i tragen wir noch kein wüssen, ob sy by unsern eidgnossen und
tenlichen mitburgern von Zürich im läger syend; dess sind wir
i bericht, dass gedacht unser chr. mb. von Zürich uffem Albis
stark liggen, und die Länder zuo Capell, (in) der Zürichern ert-
, mit ganzer macht (liggen) und Knonouw, dero von Zürich herr-
ft, schon inhabend. 4. Zum dritten sye ü. g. zuo wüssen, dass
Länder zuo Bofswyl, zwüschen Bremgarten und Muri, etwas me
[...] stark ungefarlich, als unser kundschafter sagen, und mit viij
[...] uff rädern liggen, ab welchen sich der zuosatz zuo
ngarten treffenlich besorgt, und doch an(e) not, wo sy dapfer lüt
wellend, als wir inen truwen. 5. Sodenne.., als u. e. u. ch.
von Zürich uns stäts zum allerhöchsten manen, den iren so uffem
i sind, dann sy den angriff besorgen, zuozüchen sollend, daruf

wir inen trostlichen zuogeschriben, wann wir und die üwern von statt
und land wol verfasst, wellend wir erstatten, das so die not fordert
etc., und daby, wie uns nit welle guot sin bedunken, den hufen zuo
Bofswyl also unangefochten fürzefaren, sonders vorhin mit sattem ratslag understan sy dannen ze triben, damit wir nit zwüschen tür und
angel züchend. 6. Wyter, g. h., uns will bedunken, dass üwer zwen
obangeregt brief und vilgemeldter üwerer chr. mb. von Zürich vilfaltig
schriben und manen und unser trostlich zuosagen einandern etlicher
gstalt widrig; nüt dester minder wellend wir unser bests tuon nach
unserm verstand und vermögen, uns der hilf Gottes getröstende, dess
diser handel ist etc., und werden uff hütt im namen Gottes mit andern unsern eidgnossen und helfern einen ratslag tuon, wie die sach
an die hand ze nemen, und hütt verrucken; Gott wells zum besten
schicken. 7. Wir haben abermals unsern chr. mb. von Zürich geschriben, nit ze gachen, die schanz wie vor nit (ze) übersechen und
ee etwas verschetzen, dann den ganzen handel vernetzen, bis wir wol
verfasst, die zuo Bofswyl das läger ze rumen (zuo) begwaltigen. Damit sind wir guoter hoffnung, den zuosatz zuo Bremgarten und unser
eidgn. von Zürich von gfar und sorg ze ledigen. Dess welle Gott
walten etc. 8. Wir schicken üch hieby gelegte schrift (?) der Ländern,
darus ir vermerkend, mit was pratiken sy umgand. 9. Uewer unzüch-
tiger knecht (?) ist noch nit by uns; wellend den ilends harab schicken.
10. Hütt hand wir die houptlüt und rottmeister von üwer statt und
land besamlen (lassen) und inen glimpflicher mafs den handel anzöugt
etc. » — Nachschrift: 11. » Diser stund sind wir gwüsslich bericht,
dass unser eidgnossen von Basel zuo imbis hie sin werden. » — (Schrift
von Cyro). **Bern, A. Capp. Krieg.**

146. **Oct. 14,** vorm. 9 uhr, Mellingen. Hauptleute und Räte von
Zürich an die Berner in Lenzburg. »Wir sind gloublich diser
stund bericht von der unseren einem, so uff der wacht zuo Sulz ist,
dass sy warhaftenklich bericht sigind, wie ein treffenlicher züg uff die
hinächtige (letzte!) nacht zuo Ottenbach und Maschwanden en(ne)tsyt
der Rüfs für nider uff Bremgarten (und) daselbst fürhin willens sigind ze zühen. Glich dise meinung sagt diser gfang(n)er, der Vierschröt genampt, von unser(n) widerwertigen uff gesterigen abend semlichs ouch verstanden haben, und dass semliche Walliser sin söllind.
Sitmal nun der fyend nit ze verachten, wär unser beger, dass ir, so
erst ir möchtind, üch uff Bremgarten mit üwer(m) züg hinliefsind;
dann wol ze gedenken, sölte diser obgedachter züg fürabhin, der ander hie disert der Rüfs für hinuf zühen, und dessen von niemand gehindert (werden), dass uns semlichs ze schwär sin wurde. Hierum
ist unser früntlich bitt an üch, ir wöllind unserem guoten vertruwen
nach alles das handlen, so uns ze errettung und ufenthalt dienen
mag. » **Bern, A. Capp. Krieg.**

147. **Oct. 14,** (mittags?). «Ratgeber und verwalter» von Zürich und
Bern in Mellingen an die Berner heerführer. Die besatzung, die zu
Sulz an der furt liege, habe um 11 uhr gemeldet, dass laut einer war-
nung die V Orte bei Bremgarten herabrücken und Mellingen angreifen

; wenn ihnen dieses vorhaben nicht gewehrt würde, so wäre
er viel zu schwach, wesshalb man dringend begehre, dass die
unverzüglich heranziehen und jene unternehmung verhüten, da
diesem passe liege, und eine behauptung der stadt sonst nicht
h wäre... (Schrift v. Hs. Haab). **Bern, A. Capp. Krieg.**

Oct. 14, 2 uhr (nachm.?). Hauptmann und Räte zu Mellingen
Berner hauptleute bei Leuzburg. Dringende bitte, auf dem
dass die hier liegenden Berner zum hauptheer rücken, nicht zu
an, weil die feinde sich nähern, so dass eher eine verstärkung
wäre, damit dieser pass nicht etwa, zum gröfsten schaden der
elischen), in des feindes gewalt komme; zudem könnte die ge-
zahl, die hier stehe, dem heer nicht viel helfen.

Bern, A. Capp. Krieg.

Oct. 14 (Samstag vor S. Gallen tag), mittags. BM., Räte und
von Zürich an Bern. 1. «Wir haben üwer früntlich trost-
bryben und ernstlich schmerzlich klagen unsers unfals verstan-
und dass ir trüwlich und trostlich zuo uns ze setzen willens,
wir üch (als billich) dess zum höchsten unsers vermögens frünt-
und herzlichen dank, mit gar früntlicher erbietung, sölichs umb
ewigkeit zuo beschulden, (2.) und können üch daneben nit
ten, als wir durch die unsern im Knonouwer ampt berichtet
n, wie dass sich die Länder understüendend gan Bar in Boden
arn, haben wir houptman Göldli mit ein fännli und einem züg
r uff die anstöfs geschickt, den biderwen lüten zuo trost, unz
s mit dem paner verfassen möchten. Wie uns nun nächstver-
Mittwuchs durch gemelten Göldli zuogeschriben, dass kein fy-
ner da wäre, dann dass sy durch die Länder angriffen wurden,
wir unser paner hinüber geschickt, das zuo allem angriff kom-
dann die Länder die unsern schon uff unserem boden an-
hatten, und wie die unseren [sich] mit ernstlichem schiefsen
tränger gegenweer etlich stunden tapferlich und mannlich ge-
und die fygend zwürend in dflucht geschlagen, also dass die
ganz vertröst, (dass) die sach schon erobert wäre, sind sy (die
!) leider einer flucht hinder unserem paner sichtig worden und
umb ein rung versuocht, desshalb die unsern wychens halb wor-
as geschütz verlassen, das schützenfännli und sunst ein fännli
lich biderw lüt, deren zal wir noch nit wissens haben mögen,
so die schlacht verloren. 3. Und so dann gesterigs Frytags
fygend ab der walstatt ufbrochen, durch unser ertrich unz gan
nach gezogen, und uns kundschaft zuokommen, dass sy willens,
r Brämgarten und demnach für unser statt zuo lägeren, und
dun die unseren weinend und klagend, uns nachloufend, dass
vermög unsers trostlichen zuosagens retten und schirmen sol-
daby die unseren im feld besorgend, so sy länger verharren,
er vorteil unserer fygenden je länger je stärker werde, und so
den erlangen, dass dann die pratik mit den Oesterrychischen über
überher erst zuo fürgang bracht, dardurch wir zuo mererem

nachteil kommen möchten, so sind die unseren bedacht, sy wyter nit verrucken ze lassen, sunder inen nachzehängen (?) und sy mit göttlicher hilf niderzeleggen. ˙4˙ Desshalb so langet an üch, unser fürgeliepten fründ und brüeder, unser trungenliche hoche bitt, ir wellind mit den üweren verschaffen, dass sy unden inhär den unsern trostlich zuozühend, inen rätig, trostlich und hilflich sigind, und sich unserem hochen vertruwen nach bewysind als biderw lüt, (so) sind wir ganz trostlicher zuoversicht zuo Gott unserem Heiland, diewyl die fygend jetz zwischen ross und wand, wenn sy da nidergeleit, dass uns dardurch besser luft, und unserer fygenden allenthalben minder werdent, üch trungenlich bittende, uns ilends ilends zuozezühen und üch zuo bewysen, als unser aller grofse notdurft das erhöischt. Dann lassen wir die fygend bas erstarken, (als wir ouch durch unseren vogt zuo Luggarus gruntlich bericht, dass diser tagen xvᶜ Italiener uff Belliz zuo zogen), mögend ir wol gedenken, zuo was statten uns das reichen möcht. Das haben wir üch getrüwer meinung unanzöigt nit wellen lassen, üwer hilf wissen mögen dest ilender ze fürderen. In grofser yl. ˙   **Bern, A. Capp. Krieg.**

150. **Oct. 14** (Samstag vor Galli), nachm. 7 uhr, Birmenstorf. Hauptleute etc. von **Zürich** an die **Berner.** Man sei heute aus dem lager am Albis hieher gerückt, um den feind, der sich vor Bremgarten scheine lagern zu wollen, aufzusuchen (und anzugreifen). Die inzwischen ausgesandten spüher («kuntlüt») melden nun aber, dass dieselben sich zurückziehen; desshalb sei man entschlossen, am morgen aufzubrechen und ihnen nachzurücken, und bitte daher um ein getreues aufsehen.   **Bern, A. Capp. Krieg.**

151. **Oct. 14** (Samstag vor Galli), 11 uhr nachm. **Zürich** an die **Berner** hauptleute im feld. Mit dem schreiben von gestern abend habe man gemeldet, dass die angehörigen willens seien, dem feinde weiteres vordringen zu wehren; jetzt haben sie soeben angezeigt, dass sie nach Birmenstorf und Bremgarten rücken, was man auf ihren wunsch berichte, damit die Berner sie zu finden wissen; man bitte nun die herren Berner, nicht länger zu säumen und eilends herbeizuziehen; dann sei zu hoffen, dass die vereinigten heere grofsen vorteil erringen und die feinde empfindlich schädigen werden.   **Bern, A. Capp. Krieg.**

152. **Oct. 14,** nachm. 2 uhr, (Hutwyl). Haus Pastor an **Bern.** 1. Hieher durch obrigkeitlichen befehl verordnet, habe er da alles wohl bestellt gefunden und unter andern ehrenleuten die vögte von Trachselwald und Sumiswald, den schultheifsen von Hutwyl, samt Anton Schwarz von Trachselwald und schaffner Küpfer von Rüegsau getroffen. Die befohlene eröffnung an die leute habe er besorgt ... und dann erfahren, dass c. 200 mann völlig bereit stehen für den wachtdienst und alle notdurft, und wenn ein sturm erginge, so würde jedermann das beste tun. 2. Die feinde liegen etwa 1500 stark zu Bodenberg und Schwertschwendi, was man alltäglich sehen könne; die wachen stofsen zusammen, und es sei nun ausdrücklich verboten, mit

von der gegenpartei zu verkehren und deren boden zu betreten
besondere erlaubniss; so halten es auch die gegner; doch werde
orsicht geübt. Bis auf weitern bescheid werde er nun hier ver-
1. 3. Die Hutwyler haben, wie sie sagen, in bester meinung,
hnchen aufgestellt, damit jedermann wisse, wohin er gehöre;
ihnchen habe Küpfer von Rüegsau geliehen; es sei aus Mailand
ht, zur einen hälfte braun, zur andern blau und weiſs; ein kreuz
dadurch. Hierüber mögen die herren entscheiden. 4. Ueber die
ser könne er noch nichts sicheres erfahren. 5. In Truob liegen
nann, da dem kloster gedroht worden, und 50 im Schachen; die
n kirchhören seien so gerüstet, dass jedermann, sobald ein sturm
wisse, wohin er ziehen soll. Die leute seien überall, nach der
nerung der vögte von Trachselwald und Sumiswald, gehorsam
rillig. 6. Ersterer melde, dass im Entlibuch nicht über fünfzig
zum banner gezogen, die andern also noch daheim seien; dess-
habe man einen posten • dahin • gelegt. 7. Die untertanen dan-
ler obrigkeit zum höchsten für das bewiesene treue aufsehen,
ie an den zu ihnen gesandten boten spüren.   Bern, A. Capp. Krieg.

Oct. 14, nachm. 6 uhr, (Interlaken). Landvogt Rümsi an Bern.
n, etc. 1. Ich han üwer brief enpfangen, antreffen(d) den us-
uff das hab ich beschickt den statthalter, landvenner und ander,
lbigen statt ze tuon; im selben ist mir üwer schriben in der il
men, wie dass ich sölle mit den üwern (von) Inderlappen, Hasli
Brienz den Brünig [ze] besetzen. Uff das sind wir ze rat wor-
nd hinin kert zuo dem schulth(essen) und den üwern von Un-
ven. Also hand wir sy guotwillig fuunden, und wend init uns
n und das best tuon, und will der schultheiſs ouch mit inen
1, und wend ouch guot sorg han mit der Gotts hilf. 2. Ich lan
uch wüssen, dass ich han gon Hasli und gon Brienz geschriben,
sy guot sorg habind. 3. Wir wellen morn wills gott ufsin und
n schriben statt tuon. 4. Ist ouch unser pitt, gnädige min her-
r wellend ein trüw ufsechen uff uns han und uns üwers willens
ten. 5. G. m. h., es wirt ouch von nöten sin, dass ir uns wel-
in und brot haruf schaffen, und das in der il. Wir ziechen mit
m und deren von Undersewen landspanern und manglen wol
n büchsenschützen •.... Nachschrift: 6. Wie stark man sei,
man heute noch nicht melden, werde es aber baldigst tun.
           Bern, A. Capp. Krieg.

Oct. 14, • nach dem nachtessen •, Lenzburg. Hauptmann etc.
ädte Basel und Solothurn an die Berner. •Uewer ernst-
nd ileodist manen, dass wir üch glich nach dem nachtessen in
nacht zuoziehen solten etc., haben wir by N, zeigern diss briefs,
men, und wiewol wir in dem, zuodem dass wir darum usge-
ouch selbe williklich ze erstatten ganz gneigt, üch ze wilfaren
lein begirig, sonder schuldig, so sind doch unser deren von So-
n knecht noch nit all ankomen, ein teil von emsigem und ilen-
ziechen diser hitz (?) müed, ungeschickt, und zuo ersorgen, wo

jetzo also ein gächliger ufbruch geschechen, dass sich die knecht us-
schleichen wurden. Der und anderer ursachen halp, diewil üch ...
ob gott will dhein ilender überfal ze begegnen noch ze ersorgen, haben wir uns beraten und wellen umb mitte diser nacht von Lenzburg
ufbrechen und am tag by üch sin»... (Schrift von H. Ryhiner, Basel).

Bern, A. Capp. Krieg.

155. Oct. 14. Ulrich Megger, amtmann zu Schenkenberg, an den
hauptmann der Berner, Sebastian von Diefsbach. 1. Antwort: Er vernehme mit befremden, dass der schreiber von Königsfelden, den er
doch desshalb express abgeordnet, dem hauptmann die besetzung des
klosters Leuggern nicht angezeigt habe.... Die einnahme sei gestern
mit etwa 200 mann geschehen, und das haus nun dem schultheifs
Grülich von Brugg übergeben, der circa 40 amtsäfsen und sechs
hakenbüchsen zur verfügung habe; diese leute könnte man zwar sonst
brauchen; aber der wille der obrigkeit werde billig vollzogen. 2. Gestern seien zu Waldshut 500 fufsknechte eingezogen; etwa 200 sollen
ferner zur bewachung des Rheins verwendet werden. Gestern habe
Eck (von Reischach) seine leute gemustert und dabei gesagt, es gelte
nicht einen angriff zu tun, sondern nur einen etwaigen überfall abzuschlagen. So viel ergeben die bisherigen kundschaften.

Bern, A. Capp. Krieg.

156. Oct. 14. Freiburg an Bern. 1. «Wir haben uwer schriben
empfangen, und betreffen(d) Granson so wellend verschaffen, dass dem
anlass gelebt werd; dann so das nit beschäche, wurden wir die, so
darwider tuon(d), strafen nach irem verdienen. 2. Und als ir wiler
meldung tuond, uch hilf und trost zuo bewysen, inhalt des burgrechtens, ob ir in üweren gebieten und landen überfallen wurden, als wir
üch vormals zuogesagt, sagen wir, dass wir noch nit des willens sind,
wo ir wider recht angriffen wurden und in üwern landen und gebieten beliben; so aber ander lüt ursach geben, und von des gloubens
wegen zuo krieg kommen, hand ir vormals uns durch uwer botschaft
verstendiget, die pündt und burgrecht gangen den glouben nützit an,
und so solichs sich von des gloubens wegen begeben wurd, diewil
ouch uns vil tröuwungen beschechen, so lassen wir (es) by unser
jüngsten antwurt beliben. Wellen (das) von uns guoter meinung vermerken und damit Gott wol befolchen sin. »

Bern, A. Capp. Krieg.

157. Oct. c. M. Die V Orte benutzen einen Peter Gürmi von Freiburg (mehrfacher mörder, strafsenräuber, dieb etc.) als spion im Zürcher lager. Seitdem in Bremgarten gefangen, verhört, nach Zürich geschickt und wahrscheinlich gerichtet.

Zürich, A. Capp. Krieg.

158. Oct. 14 (Samstag vor Galli), vor tag, Boswyl. Sch. Hug, hauptmann, und Räte an sch. Golder im lager zu Ottenbach. «Uewer
schryben jetz harüber getan hand wir wol vermerkt und darüber gesessen, doch um dass es in der nacht (komen), hand wir in (den
brief?) den übrigen Orten noch nit angezeigt, sunders hand wir darob
und darin uns bedacht, dass so wir üch etlich knecht zuozeschicken
verordnetend, wärend unser knecht nit beheben, sunder wurd der in-

broch by uns in mafs, dass wir unser panner und läger gar und in
mafs entblöfstend, dass wir mit ganzem zúg hinach villicht müefstend;
söttend wir dann mit unserm zúg hinüber uns gar zuo úch tuon, so
mögend ir wol ermessen, was uns darus erwachsen, namlich dass alles
das wir bishar tan und überkumen, es sye mit kundschaften und anders, gar umsust wurd sin, und so die Berner uns ein schmach tuon
wettend und bekriegen (als wir dann nit wüssen mögend, was meinung sy sind), möchtend sy hinden uf uff Münster zuo züchen und
úwer landschaft gar zerschleipfen, verbergen und ein ungemessnen
schaden zuofüegen, ob wir sy jemer mit keinem zúg erreichen möchtend, ist wol zuo gedenken, und dorum ist unser meinung, dass wir
den brief.. den übrigen Orten nit anzeigen wellend, bis wir hieruf
wyter úwer antwurt hand, und dorum, was úch hierin gfallt, wellend
uns wider in yl berichten; dann was ir fürnemend, dem wellend wir
gefölgig sin, denn wir wellend úch das unverholen han, dass die Berner mit grofser macht in Lenzburg ligend, daruf sich dann die Bremgarter gar vertröstend; dann wir wettend der ij^c knechten gern ent-
beren und wettend, dass sy by úch wärend; aber sond wir verordnen
ij^c, so wellend sy die übrigen all hinüber,.. und wär all handlung
umsust, wurden ouch die fryen Empter wider umschlachen, wann die
puren von Hitzkilch mit irem commentur und all die uns dann gewichen, sind all noch zuo Bremgarten; doch nit das wir, sunder was
ir wellend, dem wellend wir, so wyt lyb und leben langet, statt und
erfollung (sic) tuon. Ouch herr Ecken halb von Rischach han ich aber
ein redlichen gsellen gon Baden geschickt zuo kundschaften und schaffen, dass derselbig handel ernstlich geüebt werd »....

Luoern, A. Religionshändel.

159. Oct. 14 (Samstag vor S. Gallen t.). Ulrich Martin (propst zu
Münster: Cysat) an Hans Hug, alt-schultheifs. «Mir ist uf hüt Samstag um das j nach mittag kundschaft zuokommen, die gwüss und war
sin soll, dass (die) Berner uf Fritag znacht x^m stark gelegen zuo Lenzburg und min herren besuochen (wellen) zuo Boswyl, und sönd gar
erzürnt sin. Dorum hand sorg, Gott der geb úch glück. Darby hat
diss kundschaft inn, sy habent ein andre panner mit viij^m mannen uf-
gerüst, die sig ouch underwegen; wo sy aber angrifen wellend, hat
man mir nit können sagen, besorg wol, es werd miner herren landschaft antreffen. Und in dem so ich das schrib, kunt für mich,..
dass by x büchsenschützen uf die landmarch zuoher geruckt, und söllen mer komen, wellend die Berner ein starken zuosatz dahin legen;
sobald und das ich vernim, will ich úch witer berichten »....

Luoern, A. Religionshändel.

160. Oct. 14 (Samstag vor Galli), Münster. Ulrich Martin an den
stathalter (des schultheifsen) in Lucern. «Min gehorsam gruofs, etc.
Unser gnädig herren, so by der grofsen paner (sind), hattend entpfolen,
inen zuo(ze)ziechen mit unserem fändlin, ouch andren unseren nachbaren ze verkünden, ouch ze komen, und als wir gan Boswil in das
läger komen sind, ist kundschaft kommen, dass man uns hat wider
heim bescheiden, ouch ander unser nachburen gewendt. Und hat herr

schulthess Hug mit sampt andren miner herren erloubt, nach bulver und blyg ze schicken, dann unser schützen sind sin mangelbar, ouch nach vj haggenbüchsen. Also schick ich üch min knecht zuo, bittend uns das zuozeschicken; wir wends in guoten eeren han, (üch) ouch wider zuo handen kommen lassen ob gott will. Ouch tuon ich ü. w. kund, dass mir kundschaft zuokomen, wie dann (die) Berner mächtig sich samlent und in willen, min g. h. zuo Boswil ze besuochen, und louft alles das so spiefs und stangen tragen mag, und kan nit verstan, dass jemand anders by inen sig, sunder sy allein, bruchend grobe scheltwort. Sömlichs han ich minen g. h. kund tan, dass sy sorg habent, und botschaft um mitnacht zuogesandt».....

Lucern, A. Religionshändel.

161. Oct. 14 (Samstag vor Galli), zu nacht, im kloster Muri. Schultheifs, hauptmann und Räte an Sch. und Räte von Lucern. Der herr von Hohenrain sage, es sei ihm von sch. Golder und dem vogt zu Willisau versprochen worden, sein haus zu Reiden zu verwahren; nun vernehme er aber, dass der vogt zu Wiken, Renward Göldli, das sacrament und die priester auf das schloss gebracht, und etliche das korn dreschen und wegführen, und dabei drohen, auch kisten und kasten aufzubrechen, vielleicht um alles zu flöchnen. Der gute herr wünsche nun, dass das sacrament bei der kirche und die priester im hause bleiben, damit die heiligen ämter, die besonders gegenwärtig nötig seien, nicht versäumt werden; dessgleichen begehre er, dass das korn und anderes, was man wegführe gemessen und aufgeschrieben werde, damit er seiner zeit rechnung geben könne; und dass man seine kisten und schränke nicht aufbreche, sondern anderswie für sicherheit sorge. Da er selbfünft bei dem heere sei und sich gut halte, so werde seine bitte bestens empfohlen, etc.   Lucern, A. Religionshändel.

162. Oct. 14 (Samstag vor Galli). Solothurn an den vogt zu Gösgen. Antwort auf dessen schriftliche anzeige über die mit den ratsboten getroffene abrede, die man gänzlich billige; man wolle da wirklich nichts verwahrlosen und vertraue ihm und seinen biderben leuten, dass sie ihr bestes tun. Man schicke ihm desshalb etliche büchsen zu, um die obrigkeitlichen häuser desto mehr zu sichern; gestern habe man auch zwei fässchen pulver nach Olten geliefert, deren eines er abholen soll. Wegen des bevorstehenden auszugs begehre man ferner, dass er 10 malter korn mahlen lasse; auch soll er melden, was er den krieg betreffend vernimmt.   Solothurn, Miss. p. 759, 760, 761.

Noch gleichen tags wurde ein anderes schreiben des vogtes beantwortet, und zwar mit der anzeige, dass ein läuferposten in Wietlisbach und einer zu Egerkingen errichtet werde. Wenn etwa die landsknechte im Schenkenberger amt etc. einbrechen wollten, so sollen die angehörigen sofort dahin eilen, etc. Entsprechende winke erhielten die vögte zu Falkenstein und Bechburg.

163. Oct. 14 (Samstag vor Galli), nachm. 4 uhr. Hauptmann, pannerherr und gemeine knechte von Glarus an Solothurn. Ausdruck des bedauerns über den begonnenen krieg, und eröffnung des waltenden bedenkens gegen eine parteinahme. Auf den fall nun, dass die güte nichts hölfe, sei man geneigt, mit der macht zwischen die par-

m ziehen und gewaltsam frieden zu machen; doch wisse man
dass die diesseitigen kräfte dazu nicht hinreichen. Darum bitte
um freundlichsten, in aller eile anzuzeigen, was Solothurn zu
denke, und diesen vorschlag auch an Freiburg zu melden; denn
penzell habe man auch geschrieben und gewärtige dessen ant-
Hier sei man wohl aufgebrochen, werde aber vor einer erklä-
Solothurns nicht weiter ziehen.   Solothurn, Reform-A.

Oct. 14. Ulm an den landgrafen von Hessen. Mitteilung
opie von dem schreiben könig Ferdinands, betreffend eine wer-
nach Holland etc. Es werde aber vielfach geredet, der Kaiser
mit diesen landsknechten den V Orten in der Schweiz gegen
und Bern behülflich sein oder sie wider die städte im Reich
ndere christliche verwandte brauchen.... Dennoch habe die
der drohenden lage wegen, sich entschlossen, das begehren des
nicht abzuschlagen etc. Bitte um genauern bericht.

Zürich, A. Kaiser (cop.).

(Oct. c. M. 1?), Zürich, kundschaft. 1. «Felix Bachofner, un-
t zuo Uster, sagt, wie dann jetz etlich Thurgöwer knecht zum
n inzogen, wäre ein pfaff von Bischofzell, genannt Jung (am
ist ein corherr daselbs), by inen, derselbig fragte sy die knecht,
ouch daran welltint; sprachen sy ja; uff das der pfaff sagte,
iy für sich luogtint, dann sy hettint lüt an der hand (gegen
die wärint isin und stüendint da wie die muren und liefsint
nasen und oren a(b)howen; dessgelychen wenn man sy schon
den steche, so stüendint sy wider uf; darum sölltint sy luogen
not sorg han, dann die lüt wärint nit zuo gewünnen. Und dem-
hett er) witer gesagt, wie sy inen hettint ross und wagen, dess-
en das geschütz, stein und pulver angewunnen, und hettint sy
e geifalen in der hand und wärint so vil dest stärker. 2. Hans
l von Uster sagt gelychergestalt, wie der undervogt, dann allein
wyter, dass er der pfaff sagte, die lüt wärint so mächtig wol
rnasch und anderen dingen verfasst, dass wenn iren vjᵐ by ein-
l wärint, so griffint sy xvjᵐ man an.»   Zürich, A. Nachfolger.

**Oct. 15, morgens, Birmenstorf. Hauptleute und Räte von Zü-
Bern etc. an BM. und Rat in Zürich.** Da man jetzt mit
schweren» zeug im feld liege, so dass es Zürich kaum mög-
äre, alle mannschaft mit proviant zu versehen, so habe man
Baden, Klingnau und Zurzach geschrieben, dass von dorther ge-
ures geld feiler kauf zugelassen werden solle, und bitte nun,
begehren auch zu stellen.   Zürich, A. Capp. Krieg.

**Oct. 15, nachm. 5 uhr. BM., Räte und Burger von Zürich
und Räte in Zufikon.** 1. Man höre viel klagens, dass
dem letzten angriff (zu Cappel) grofser mangel an unterneh-
auch die ordnung auf den flügeln und andere notwen-
nicht gehörig versehen gewesen, dass vielmehr unordnung
kein anschlag gemacht, den biderben leuten keine rechte
kein trost gegeben und dadurch namentlich der unfall

verschuldet worden sei. Weil nun dies unwillen und ungehorsam
wecke, so mahne und warne man hiemit die hauptleute, dass sie von
stadt und land die des krieges kundigen, anschlägigen leute beiziehen,
ihre meinung hören und niemand verachten, tüchtige leute aus den
ämtern neben die ordnung stellen, die dem volk im gefecht tröstlich
zusprechen, und in allen dingen nach wohl erwogenem rate handeln...
2. Weiter vernehme man, dass die von Rotweil etc. den pass zu Schaffhausen oder bei den Waldstädten nehmen wollen und in wenigen tagen etliche tausende ins Klettgau kommen sollen; darum mögen die
hauptleute desto ernsthafter vorgehen ... und die Berner benachrichtigen, damit sie Leuggern und andere orte auch versehen.
                                             Zürich, A. Capp. Krieg.

168. Oct. 15, nachm. 9 uhr. BM., Räte und Burger von Z ü r i c h
an die hauptleute und Räte in Zufikon etc. Man vernehme mehrfach,
dass der feind noch ein fähnchen zu Knonau habe, so dass ihrer wenige leicht einen « untuss » zufügen könnten, nachdem alles volk ab
dem Albis weggezogen; um solchen schaden zu verhüten, begehre man,
dass eine genügende anzahl leute verordnet werde, um die gegend zu
schützen...
                                             Zürich, A. Capp. Krieg.

169. Oct. 15, nachm. 7 uhr, Mellingen. Joh. Blass und Joh. Haab
an die hauptleute zu Bremgarten. Ein hier durchpassirender fuhrmann
habe heute gemeldet, dass er in Siglistorf und Schneisingen stürmen
gehört und viele bauern nach Baden oder Zurzach laufen gesehen, und
zu Waldshut ein ansehnlicher haufe liegen solle... Hans Schmid von
Zürich, silberkrämer, habe u. a. berichtet, es seien vier fähnchen im
Fricktal, und drei landsknechte, die zu Olten nach dem weg gen Lucern gefragt, schnell « ausgewiesen » worden. Was daran wahr sei,
wisse man nicht...
                                             Zürich, A. Capp. Krieg.

170. Oct. 15, nachm. 10 uhr, Kaltbrunnen. Hans Jäckli an BM. und
Rat in Z ü r i c h. 1. Von einigen Räten von Gaster und Weesen höre
man, nach berichten von landleuten, die auf dem markt zu Varese gewesen, dass sie bei 4000 Spanier durch Bellenz haben ziehen sehen,
und in einem fähnchen derselben der tod gemalt sei; wenn dem so
wäre, so sollten die banner rasch vordringen, um vor der ankunft
jener truppen an den feind zu kommen. 2. Die Glarner liegen mit
ihrem banner zu Näfels und Niederurnen; sie wollen die gutwilligen
mit gewalt verhindern auszuziehen... 3. Die Gasteler seien des willens, die in der March abziehen zu heifsen; wo es nicht geschähe,
wollen sie mit hülfe und rat der Toggenburger und Zürcher sie mit
gewalt vertreiben, was doch wohl geschehen sollte, damit man « ab
dem kosten käme »... 4. Die Appenzeller und andere handeln hier
zwischen den parteien; dies sei aber den Zürcher hauptleuten (« uns »)
nicht angenehm, da man wisse, wie es Zürich (beim unterhandeln) ergangen. 5. Nach Pfäfers werde er knechte schicken, sobald solche
gefordert werden...
                                             Zürich, A. Capp. Krieg.

171. (Oct. c. 15). Die gemeinde Güttingen an (Z ü r i c h ?). (Instruction). Der landvogt habe geboten, den see und die zwei schlösser zu

bewachen; der bischof von Constanz weigere sich aber, etwas dafür zu tun; nun habe die gemeinde die schlösser besetzt; auch die zehrung und besoldung schlage jedoch der bischof ab; darum bitte, der letztern wegen rat zu geben. Die gemeinde habe, wie die nachbarn den domherren und andere fremde jenseit des sees, die güter des bischofs «in brauch angelegt», was der vogt auch abschlage; bitte um rat. Man wolle auf des bischofs renten und gülten hin alles aufs beste versehen und begehre schriftlichen bescheid, wie man hierin handeln solle.   Zürich, A. Thurgau.

Die besatzung und ein ziemlicher „brauch" nachgelassen, Donstags post Galli (19. Oct.).

172. Oct. 15, nachts, Frauenfeld. Jacob Locher, landschreiber, derzeit statthalter des landvogtes, an Zürich. Bericht über die reden eines als verdächtig verhafteten weinhändlers, — die jedoch nichts erhebliches oder verfängliches enthalten. Bitte um bescheid, ob er loszulassen sei.   Zürich, A. Capp. Krieg.

173. (Oct. c. 15?). Jacobus Effinger an hauptmann Rudolf Lavater. Mitteilung «dess bett Mosis, des houptmans und füerers des folks Gottes etc.». — «Diss, lieber herr houptman, hab ich üch uss guoter meinung zuogeschickt, damit und ir Gott mit ernst ermanint und anrüefint, wie der fromm houptman Moses getan hat, und also in im wol getröst dapfer daran gangint, ongezwyflet, Gott, dess geschäft ir handlent, wirt sin gnad mitteilen und sin handel glücklichen enden zuo einen eeren und unserem guoten»...   Zürich, A. Capp. Krieg.

174a. Oct. 15, «12. stunde». Niklaus Brunner, vogt zu Regensberg, jetzt hauptmann in Zurzach, an den abt zu Wettingen. «Gnediger herr, es ist abermals durch verreteri ein sturm usgangen und ist nüt daran, (so) dass wir nit (ze) besorgen (haben); darum wellends ilends minen herren zuoschriben in das lager, dass es nünt sige.»

174b. Oct. 15. Derselbe an BM. und Rat in Zürich. Der abermals ausgegangene sturm komme von verrätern her, die in der grafschaft seien; im übrigen seien erst 100 mann zu Waldshut; es walte aber die besorgniss, dass Egg von Rischach von Laufenburg her gegen Leuggern einfallen wolle; dieses sei indessen von Bruggern besetzt worden; am Rhein werde auch immerfort geschanzt, um nichts zu verwahrlosen. — E. v. Rischach rüste sich im niedern Wald.   Zürich, A. Capp. Krieg.

175. Oct. 15. Hs. Jb. Heideck, vogt zu Küssenberg, und die grafschaft Klettgau an Zürich. 1. Bedauern über den durch ihre botschaft gebrachten bericht von dem unfall. 2. Weil die vier Städte am Rhein besetzt werden und noch mehr volk dahin kommen soll, die grafschaft also zwischen ross und wand und zu grofsem schaden kommen möchte, so bitte sie nocmals, sie des zuzugs zu entlassen; dagegen wolle sie die ausgezogenen knechte gerüstet halten, die grenzen wohl versehen und den herrn (grafen von Sulz) desshalb berichten, dessen bescheid sie gewärtigen müfse...   Zürich, A. Capp. Krieg.

176. Oct. 15, (Kaiserstuhl). Cornel Schulthess vom Schopf an Zürich. Seinem jüngsten schreiben gemäfs zeige er weiter an, dass nach Thüngen in der grafschaft Küssenberg 200 büchsenschützen gekommen sein sollen; es sei wohl zu besorgen, dass von deutschen und wälschen landen her ein schwerer überfall erfolge, wenn die Eidgenossen sich nicht bald vertragen, da viele leute sich über diese zwietracht freuen. Da man jeden augenblick einen angriff zu erwarten habe und die gemeinde ‹ungeschickt› sei, so wäre wohl besser gewesen, einen anschlägigen mann hier zu lassen und den hauptmann nicht zurückzuziehen; er werde übrigens näher berichten, wie es hier stehe, und zeigen, wie notwendig es wäre, an Schultheifs und Räte zu schreiben, damit die winkelräte und der heimliche ungehorsam abgestellt würden... *Zürich, A. Capp. Krieg.*

177. Oct. 15, nachm. 3 uhr. Zürich an Ulrich Stoll im Rheintal. Man erfahre durch kundschafter, die der sache gewiss sein wollen, dass Mark Sittich von Ems ein grofses heer sammeln wolle. Darum soll er das land mit wachen wohl versehen, durch vertraute leute bericht einziehen, das nötige hieher melden und alles tun, was man ihm ohnehin zutrauen dürfe; denn laut der kundschaft haben die V Orte mit den Kaiserlichen so viel ‹geleichet›, dass man von dieser seite kaum unangefochten bleibe; desshalb könnte der vogt etwa von Lindau her sich insgeheim zuverläfsige nachrichten verschaffen. Da das geschrei über den erlittenen verlust wohl gröfser sei, als wie es ergangen, so soll er dasselbe so viel möglich ‹mildern›; man lebe indess der zuversicht, dass diese rute gekommen, damit man desto vorsichtiger sei... *Zürich, A. Capp. Krieg.*

Ungefähr gleichlautend wurde vermutlich an Constanz geschrieben unter gleichem datum (Sonntag vor Galli, 5 uhr nachm.).

Nachträglich ist bemerkt, dass vor schluss des briefes die gesandte kundschaft über die Rotweiler eingetroffen sei, und die bitte angeknüpft, der sache weiter nachzufragen, etc. Die adresse fehlt. *ib. A. Müsserkrieg.*

178 a. Oct. 15 (Sonntag vor St. Gallentag). Zürich an die landleute von Sargans. Der abt von Pfäfers melde, dass sie sein schloss und kloster mit 16 mann im namen der VII Orte besetzen wollen; weil aber Zürich den abt und convent und das gotteshaus in seinen schutz und schirm und sein burgrecht aufgenommen, so begehre es ernstlich, dass derselbe nicht mit einer solchen besatzung belästigt werde, indem er angewiesen sei, das schloss zu handen Zürichs zu behaupten.

178 b. Oct. 15. Zürich an den abt zu Pfäfers. Auf dessen schreiben habe man den landleuten befohlen, ihn ruhig zu lassen; getraue er sich, das schloss mit seinen leuten zu verwahren, so wolle Zürich es nicht hindern; für den andern fall habe man dem vogt zu Grüningen geschrieben, getreues aufsehen zu halten und auf des abtes begehren einige zusätzer zu schicken; was ihm überhaupt anliege und zustofse, möge er demselben oder seinen obern berichten.

Zürich, Tschud. Doc. Sammlg. IX. 71, 72.

a) abschriftlich in Lucern A. Religionshändel (von G. Tschudi mitgeteilt).

Oct. 15 (Sonntag vor S. Gallen tag), «zuo mittem tag.» Zü-
n hauptleute und Räte im lager zu Dongo. 1. «Wie ir des
halb, dem Herzogen fürzesetzen, vor etlichen tagen geschriben,
lich beger hinder sich zuo tagen gewachsen, ist mitler zyt zwi-
uns Eidgnossen grofs empörung und unruow ingefallen, dass
m des sinen selbs bedarf, dann wir schwärlich gegen einander
d und gar an einander liggend, dass man kein stund weifst,
wir einander angryfend, und nimpt uns wunder, dass der Herein fürst nit bas mit munition verfasst, so er sich eines soli-
andels undernemen wellen, und mögend im desshalb wol an-
dass er sich umb bulver bewärbe, wo er möge, dann wir im
eigenen not halb nit gehelfen mögen. 2. Und als uff Mitt-
achstverruckt ein scharmutz zwischen uns und den fünf Orten
ppel ergangen, da die unsern etwas schadens empfangen, darus
r geschreis, dann aber an der sach ist, erwachsen, dann dem
il sin wärschaft ouch wol dargegen worden; ob dann neifswas
ers üch zuotragen wurde, wellint demselben keinen glouben
sunder da innen verharren, kein ufbruch machen und üch un-
shen nützit lan anfächten, aber üwerm krieg tapferlich und
ich obliggen und dem fygend kein ruow lassen, damit im nit
rde, sich unsern fygenden anhängig ze machen, damit wir in
dest meer zuosch(uob?) überkämind. Wyter so wellend mit
erzogen ernstlich und zum türisten la(n rede)n, dass er die
ler und ander, so uss siner landschaft unsern fygenden, den fünf
tbmanen, (zuozüchend?), sy strafen und fürhin versechen welle, dass
verhüetet belybe, und niemant wider uns durch sin landschaft
ssieren gestattet, ouch unsern fygenden kein hilf noch zuoschuob
verde, als wir uns dann aller fründschaft zuo sinen gnaden ver-
wellind; dann solte er solichs nit abstellen, möchte er wol ge-
, zuo was fründschaft das reichen, oder was guoten willens es
möchte ».... Ilends ilends ilends ilends.

St. Bibl. Zürich, Simml. Samml. T. 29 (original).

Oct. 15 (Sonntag vor Galli), nachm. 4 uhr, Muri. Hauptmann,
berr und Räte (von Lucern) an diejenigen zu Maschwanden.
st uff dise stund zuokon gwüssliche guote kundschaft, dass die
mit xv fänlinen, so an einem hufen gezelt sind, gen Bremgar-
l, als wir meinend, hinüber züchen wellend zuo den Zürcheren.
so wellend üch erwelen und ustretten einen platz üch fuok-
o dem handel, wann ir wol, und bas denn wir üch raten kön-
wüssen und ermessen mögend, was üch darzuo notwendig und
den sin wirt, und ist nochmals unsers bedunkens, es werde
nd guot sin, dass wir hie mit unser panner und züg volfarend
als wir üch hüt by Ofrion schriftlich zuogeschickt hand; da-
komend hundert oder zwei sampt (des) Baptisten schützen zuo
d begerend hieruf noch disers abends üwer antwurt; dann wir
nun wol ane verdenken und nachreden da dannen und obsich
mit altem glimpf, so der Bär überfart. »

180 b. Oct. 15 (Sonntag v. G.), 5—6 uhr (nachm.), Muri. Dieselben
an dieselben. Abermals sei gewisse nachricht gekommen, dass die
Berner insgesamt und alle anstöfser auf dem marsch begriffen seien;
darum wolle man (die hauptleute etc.) nochmals ernstlich und freundlich ermahnen, sich (rechtzeitig) an einem geeigneten platze zu decken,
um schaden abzuwenden, etc. Lucern, A. Religionshändel.

181. Oct. 15 (Sonntag vor Galli), nachmittag, Muri. Hauptmann,
pannerherr, Räte und Hundert (von Lucern) an H., P. und Räte zu
Maschwanden. Antwort auf ihr schriftliches begehren, dass man nach
Meyenberg zurückziehen sollte, etc. (Nun) « tuond wir üch zuo wüssen, . . dass sömlichs hindersich ziechen uns under den unsern ganz
ein grofsen widerwillen und verdriefs, ouch mengerlei reden under uns
und ander lüten gebären und bringen will; dann sy die unsern all
gar begirigs willens, fürsich zuo züchen und nit hindersich. Zuodem
söllend wir uns uf die unsern trüwen lieben von Meyenberg lägeren
und leggen, mögend ir gar wol ermessen, was merklichen schadens
und abbruchs den guoten frommen lüten an dem iren, so sy nun in
den schüren (hand), und aber hiemit undertriben und verwüest wurd,
die aber sust so trülich und wol ir lyb und guot zuo uns setzend,
und dorum so tunkte uns, diewyl dann und wir gwüsse kundschaft
hand, dass die Berner einen zuosatz zuo Hilfiken, und ein teil irs
volks sich zuo Vilmeringen uf dem kilchhof mit irem geschütz gelägert, und der huf und (die) panner lyt zuo Lenzburg, desshalb wir
achten, (dass) sy nit uf uns ziechen wellend, dass wir dann, ob üch
hilf der lüten manglen, ein freven begirig jugend, die wir dann wol
hand, uf hundert oder mer zuo üch ze schicken und unsre biderben
lüt, so dann by uns, heimschicken den grösten teil und die panner
sampt unserem geschütz gen Honrein zuo leggen, damit die unsern
von Merischwand, Meyenberg und ander trost und bystand desshalb
sich zuo uns getrösten, und ob sich denn der Bär harfür tuon und
üch . . und üwer landschaft anzüchen wellte, dass wir dann bald in
yl durch ein angestellten sturm zamen wärind, im dem Bären zuowider » . . . Bitte um schleunigen bescheid und nachricht über die von
dem boten gemeldete « verräterei. » Lucern, A. Religionshändel.

182. Oct. 15 (Sonntag vor Galli), in der nacht, Maschwanden. Hauptleute und kriegsräte von Lucern an Statthalter und Rat. Man vernehme als wahrhaft, dass die Zürcher wieder ein ansehnliches heer
gesammelt haben, und dass die Berner (heranrücken), so dass auf
morgen ein angriff zu erwarten sei; desshalb bitte man dringlich, (zu
verschaffen?) dass Gott und seine würdige Mutter wie auch alle lieben
Heiligen um barmherzigkeit und beistand angerufen werden. Auf morgen wolle man nach Baar oder Knonau rücken und da den feind empfangen; darum sei nötig, das volk mit proviant zu versehen, damit
unter den knechten kein unwille erwache, etc. Lucern, A. Religionshändel.

183. Oct. 15, 3 uhr vor tag. Bern an hauptmann und Räte.
1. Antwort auf die eben eingegangene zuschrift: Billigung des gemeldeten anschlags, mit dem beding, dass nicht zu leicht etwas gefähr-

liebes unternommen werde. 2. Bedauern über den langsamen zuzug der mannschaften . . . (vgl. nr. 145). Die ausrede wegen der Walliser habe zu wenig grund, da nach glaubwürdiger kundschaft nicht über 700 mann zu den Ländern ziehen, und zwar mit unwillen, und im lande zwietracht herrsche; zu viel wolle man jedoch nicht vertrauen. 3. Durch andere späher vernehme man übrigens, dass in des Kaisers landen noch nicht ein mann aufbreche; was über einen hauptmann mit 500 landsknechten gemeldet worden, .. sei nicht gewiss; die nachbarn halten sich nicht unfreundlich; Eck von Reischach möchte sich wohl feindselig zeigen, vermöge aber nicht zuweg zu kommen. Es sei also einzig darum zu tun, die nächsten feinde zu zähmen. 4. Das schreiben der Länder(?) werden die führer wohl zu beantworten und zu widerlegen wissen; solche schriften, die unwillen (unter dem kriegsvolk?) erregen möchten, könnten inskünftig verschwiegen werden. 5. Die knechte aus Saanen seien im Emmental durch einen sturm zurückgehalten, werden aber bald ankommen. Mit dem zweiten banner sei man gerüstet und erwarte dafür noch besondere weisung. . .

Freiburg, Diessb. Pap.

184. Oct. 15, nachm. 3 uhr. **Bern** an hauptmann und Räte. 1. Soeben seien 40 wohlgerüstete büchsenschützen angelangt, aber sehr ermüdet; sie bleiben nun hier über nacht und werden um 4 uhr morgens aufbrechen, wozu man ihnen einen läufer (als führer) mitgebe. 2. Der überreuter Peter Schwizerli habe jetzt angezeigt, wie die Walliser uneinig seien, und die Länder fünf mahnungen haben schicken müssen; es verlaute sogar, dass man eher mit einander schlagen als mehr mannschaft senden wolle. . .   Freiburg, Diessb. Pap.

185. Oct. 15, nachm. 5 uhr. **Bern** an hauptmann und Räte. Ilends ilends ilends. Von drei gesellen aus Neuenstadt, die nach Musso haben ziehen wollen, habe man eben erfahren, dass sie in Bellenz heim gewiesen worden, und auf dem rückwege durch Walliser gebiet gesehen, dass 600 büchsenschützen aus dem Eschental oder überhaupt Italien mit zwei fähnchen letzten Donnerstag über den Gotthard zu den Ländern gezogen, was man zur warnung melde; das möge auch denen mitgeteilt werden. In Bellenz sollen jene büchsenschützen 1 krone erhalten haben. Da über den verlust der Zürcher geredet werde, so begehre man darüber genauen bericht.

Freiburg, . . . Pap.

186. Oct. 15. **Bern** an **Solothurn**. 1. Durch die zweiseitigen zuboten habe man kenntniss erhalten von dessen vorschreiben an die Städte (am Rhein) und das Regiment in Ensisheim halten. Das sei die frage zu stellen, ob sie die erbeiung halten mit der zeit . . . man nicht nötig und (besorge vielmehr), dass für einmal gutes brächte; man wolle es daher unterlassen auszug des S. . . wie der handel zu ende komme. 2. Das und wolle das . . . habe man mit herzlicher freude vernommen all eines sturmes . . . nicht vergessen. 3. Dass Solothurn im . . . auf beiden seiten der Aare wolle aufbrechen und zuziehen lassen, habe man den angehörigen an den grenzen geschrieben; man bitte es nun, dies auch an seinem orte zu tun.

Bern, Teutsch Miss. T. 152. Solothurn, Berner Schr..

187. Oct. 15 (Sonntag vor Galli), Langental. Matthäus Knecht, vogt zu Wangen, an **Bern**. «Ich füeg ü. g. ze wüssen, wie sich die innern vast zesamen hüfen, nämlich nit fer von Sant Urban, uff dem Steinberg, lyt ein hufen uff der höchi, demnach zuo Bodenberg ein hufen und zuo Schwertschwendi ein hufen, und warten mit wachten uff uns, also dass wir nit wüssen, was sinns sy gegen uns sind, diewyl sy sich also hüfen; hat uns doch herr Sebastian von Diefsbach, houptman, und ander myner herren empfolchen, gar nüt mit inen ze handlen oder anzefachen, diewyl sy mit uns nit handlen. Uff sölichs sind die grafschaftlüt mit mir rätig worden, ü. g. ze schryben, wenn es ü. g. wölte gefallen, so wölten wir mit der hilf gottes die innern von iren plätzen tryben in dem, als die üwern mit der paner im feld angriffen, doch soferr dass uns ü. g. etlich geschütz und sust hilf zuoschicken; dann es ist ze besorgen, dass sy uns überfallen werden; darumb wäre guot, dass wir vorman sin möchten. Desshalb welle uns ü. g. haruf ylents berichten, wie wir uns halten söllen; dann niemant weifs, wohin das glück fallt.» — Nachschrift: «Es wäre ouch guot, dass man mit ü. g. botten redte, dass sy nit alle ding, so sy wüssen, eroffneten vor gemeinem man; dann etlich hend zuo Langental in der abentürti geredt, wie der Zwingli und der best rogen von Zürich sye umbkou, das villicht dem gemeinen man schrecken gebären möchte.»   Bern, A. Capp. Krieg.

188. Oct. 15 (Sonntag vor Galli), vorm. 4 uhr, Birmenstorf. Hauptleute etc. von **Zürich**, Schaffhausen, St. Gallen, Diefsenhofen, Thurgau, Toggenburg und den Gotteshausleuten an die **Berner** im feld. «Edlen, etc. etc. Uff hüttigen morgen um die vierd stund ungefarlich ist. ein gloplidie kundschaft für uns komen und uns verstendigt, wie die fünf Ort, so gestern uff Maschwanden verruckt, in willens, hüttigs morgens über die Rüfs ze faren und die üwern daselbs anzegrifen. Hieruf so ist unser ernstlich begeren, ir wellend uns ilents berichten, ob ir dess etwas wüssens tragen, damit wir üch zuo trost und hilf bistendig sin mögind, oder uns bescheiden, was üwer will gen inen fürzenemen.»   Bern, A. Capp. Krieg.

189. Oct. 15, Bremgarten. Hauptmann und Räte von **Bern** an ihre obern. 1. «Damit ir bericht habend dess, so sich sid nächstem unserm schriben verloffen hat, füegend wir üch zuo wüssen, dass wir von Lenzburg verruckt sind und bis gan Filmergen gezogen, daselb(s) uff einem büchel das läger geslagen und all samenthaft gewachet, das geschütz in ordnung gestellt, welches die fyend, so zuo Boswyl, wie wir üch geschriben, gelägen, gemerkt, sind sy ilends ufgebrochen und hinwegzogen gan Muri zuo, und ist inen so not beschechen, dass sy etwas spis, harnisch und spiefs, wie die spächer uns angezöugt, gelassen hand. 2. Hütt morgens sind wir mit üwern eidgnossen und christenlichen mitburgern von Basel und Soloturn ufgebrochen und hargezogen,

…ch hütt zuo Knonouw gesechen sind worden. 3. Und als uns
…chen ansechen, so muofs es eintweders bald geslagen sin, oder
…fyend understand uns mit ufzügen die knecht unwillig ze machen;
…ib ist hütt mit ganzem ernst geratslaget, dass wir den fyenden nach-
…n wellend und inen obhalten dermafs; dass die sach unserhalb
…ich geendet werde; dess pitten wir Gott trüwlich, dann uns allen
…enig daran gelägen will sin; wir hoffend aber zuo Gott, dwyl es
…ndel ist, er werd uns erhalten und die, so sich im widerstellen,
…1.« — Nachschriften: 4. «Und damit ir wüssend, was zeichen
…is sind, sollend ir vernemen, dass Schaffhusen, Sant Gallen,
…nhofen, Turgöw, Gottshuslüt und grafschaft Toggenburg by den
…ern sind; von Glarus, Appenzell und Pündern wüssen wir noch
5. Wir schicken üch der üwern von Bruck brief zuo» (nr. 190?).

Bern, A. Capp. Krieg.

Oct. 15. Brugg an Bern. Antwort auf den befehl, noch 30
zum panner zu schicken. Man habe schon 50 ins feld gestellt
…ände bedenklich, bei der geringen vorhandenen mannschaft die
weiter zu entblöfsen, indem man fremde leute zu erwarten habe,
also, die verlangten knechte daheim zu lassen. . . .

Bern, A. Capp. Krieg.

Oct. 15 (Sonntag vor Galli). Statthalter und Rat in Burgdorf an
…l. Der für das (zweite) panner befohlene auszug sei bereit; aber
…en viele arme leute darunter, die kein geld mitnehmen können,
…ler grofsen teurung wegen sei auch der stadtseckel leer; darum
…man um überlassung (eines zinses?) von Hans Kollers sel. gut zu
…orf, 10 mütt dinkel, 1 ℔ pfenning, 4 alte und 8 junge hühner
…00 eier betragend, wofür genügende versicherung geboten werden
…l. . .

Bern, A. Capp. Krieg.

Oct. 15, Zofingen. Schaffner Konrad Tübi und (Vincenz) G…
…ern. Man werde hier mangel an gutem «büxenpulver» ha…
…itte daher um zusendung von wenigstens einer tonne (fässche…
…war mit dem neuen fahrschiff, das nach Aarburg gehöre;
…lbe bereits fort sein, so nähme der fuhrmann, der Gatti's …
…n nach Bern geliefert, das pulver ohne besondere koste…
…e man auch mehr, wenn es komme; «dann die Losaune…
…l •. , .

Bern, A. …

Oct. 15. Venner und landleute zu Frutigen an …
…die schriftliche weisung, den Wallisern die pässe…
…sei zu dergleichen anstalten keine gelegenheit, …
…decart, so .wäre es doch von keinem vorteil; d…
…immer offen. . .; man bitte daher, die nachgefor…
…lassen, damit den Wallisern nicht könne …
…ohne hut; übrigens habe man vorläufig…
…einige mannschaft ausgezogen.

194. Oct. 15, nachm. 7 uhr, Brienz. Wilhelm Rümsi, vogt, der schultheifs von Unterseen und der landvenner an Bern; (eigentlich nur Rümsi).
Hieher gekommen, habe er einen Unterwaldner, der herüber geschlichen,
gefangen legen wollen; aber die von Hasle und Brienz haben eingewendet, seine eltern seien von Brienz, obwohl jetzt in Unterwalden
sesshaft; auch stehen 600 mann bereit, ins land hereinzufallen, wenn
er bis abends nicht zurückkehrte; das habe man bedenklich gefunden,
weil die von Hasle noch nicht eingetroffen und durch den « tod », der
noch vorhanden, sehr geschwächt worden seien; der Unterwaldner habe
erzählt, wie die Zürcher dritthalbtausend mann und 16 stück « wagen-
büchsen » verloren, was man sehr bedaure.   Man habe ihn nun entlassen; die landleute wollen es vor den herren selbst verantworten;
daher bitte man, es im besten aufzunehmen. Auch bedürfe man hülfe,
proviant und weitern bescheid. Der Unterwaldner habe auf die letzthin
gestellte frage antwort verlangt; nach gehabter beratung habe man ihm
aber gesagt, die sache stehe bei der obrigkeit. Es werden noch drei
fähnchen hieher kommen. . .   Bern, A. Capp. Krieg.

195. Oct. 15. Konrad Lienhart an Bern. Antwort auf die zuschrift
betreffend die langsamkeit des aufbruchs.   Hier seien alle rechtzeitig
ausgezogen; für das zweite aufgebot (100 m.) seien auch 80 schon bestimmt; die leute bitten aber, ihnen 20 nachzulassen, da sie nicht so
viel mannschaft besitzen. . .   Bern, A. Capp. Krieg.

196. Oct. 15, (Hutwyl). Hans Pastor an Bern.   Der vogt von
Trachselwald zeige an, dass er die neulich verlangte mannschaft zum
panner nicht zu finden wisse; denn in Trub stehen jetzt 500, und der
feinde, Entlibucher, seien auch so viel, so dass man einen überfall
besorgen müfse; auch in Hutwyl dürfe man nicht weichen und hätte
wohl mehr leute nötig. Man wolle sich einem abzug nicht widersetzen,
bitte aber die herren, die gesammelten truppen beisammen an den
grenzen zu lassen. Das (eine?) fähnchen von Trachselwald sei in Trub,
das andere bei dem panner. Länger hier zu bleiben scheine ihm überflüssig, da schon alles in guter ordnung sei, und mehrere amtspersonen . . . ihr bestes tun . . .   Bern, A. Capp. Krieg.

197. Oct. 15, drei uhr (nachm.), (Hutwyl). Hans Pastor an Bern.
1. Heute habe er hier musterung gehalten und dabei alles in ordnung
befunden. 2. Da die landleute eine unterredung mit den Willisauern
begehrt, so habe er, obwohl mit grofsen bedenken, einen ausschuss
von sechs männern wählen lassen und sich mit denselben an die « undermark » begeben, am Aeschenbächli, um zu vernehmen, was die gegner
anbringen würden, aber zum voraus entschlossen, nicht viel mit ihnen
zu reden.   An der grenze haben sich dann nur zwei von denselben
eingefunden, der Sandweg und Bastian Vogel. Er habe nach ihrem
begehren gefragt, auch eröffnet, dass man ungern sehe, wie sie eine
so grofse wacht unterhalten, da man doch immer zu erkennen gegeben,
dass man nichts unfreundliches vorhabe; aber sie lassen sich dadurch
nicht begütigen etc. Sandweg antwortet, die aufstellung solcher wachen
sei nicht in böser meinung geschehen, sondern durch allerlei drohreden

veranlasst worden; wenn die Berner abzögen, so würden auch sie es tun... Diese äufserungen haben ihm aber den verdacht erweckt, es sei auf eine «finanz» abgesehen; desshalb habe er keine zusage gegeben, sondern auf den bescheid der obrigkeit abgestellt, den er sofort einholen werde; dabei aber auch den argwohn ausgesprochen, dass sie wohl abziehen, aber zu ihrem panner rücken und dort die Berner schädigen möchten; dem wolle man sich nicht aussetzen, sondern lieber hier mit einander schlagen. Darauf haben auch sie sich nicht weiter erklärt... 　　　　　　　　　　　　　　　　　　　　Bern, A. Capp. Krieg.

198. (Oct. c. M. ?). Hans Pastor an (Bern). «Edlen, etc. etc. Es ist für mich komen, wie dass einer von Eriswil, genannt Uoli am Langacker, geredt hab uff der wacht am Hembüel, hett der Tüfel den Zwingli nit gnon, so wölt er, dass er in noch neme, und alle die mit dem krieg umgan(d), und er möge wol ein profet sin gsin, er sig aber ein grofser böswicht gsin.» Angabe von zwei zeugen, aus der gleichen gemeinde. 　　　　　　　　　　　　　　　　　　　Bern, A. Capp. Krieg.

199 a. Oct. 15 (Sonntag vor Galli). Solothurn an hauptmann Thomas Schmid. Der vielfältigen und ungleichen gerüchte wegen habe man die französischen gesandten vermocht, für die «postery» bis ins lager (der Berner resp. Solothurner) zu sorgen; der zeiger dieses soll nun dort bleiben, und da man jetzt ohne eigene kosten nachrichten erhalten könne, so begehre man «all stunde» bericht, was der hauptmann vernehme. Namentlich wünsche man auch, dass er sich au geeigneten orten erkundige, wie die schlacht zwischen Zürich und den V Orten ergangen, wie grofs beider parteien verlust an leuten, und welche namhafte personen umgekommen; darüber möge er bald und gründlich bericht geben. 　　　　　　　　　Solothurn, Miss. p. 765.

199 b. Oct. 15 (Sonntag vor Galli). Solothurn an hauptmann und Räte im feld. Erinnerung an den anlass und zweck des auszugs mit Bern. Man erneuere nun den befehl, das gebiet der Berner schützen zu helfen, aber mit deren hauptleuten freundlich und eindringlich zu reden, sie möchten die folgen des krieges bedenken und nichts übereilen, da vielleicht Gott der Herr noch seine gnade dazu gebe, dass etwas gutes gefunden werde. Wenn die Berner über ihr gebiet hinausziehen, so soll die diesseitige mannschaft nicht mitziehen, überhaupt die gegenpartei nicht angreifen und in allen dingen vernünftiglich und nicht zu hitzig handeln. Auch begehre man fleifsig bericht, besonders über den erfolg der schiedleute, etc. 　　　　　　　　　ib. 766.

　　Gleichen tags wurde infolge einer zumutung Berns der befehl gegeben, an die grenze bei Zofingen und Aarburg vorzurücken, aber den Berner hauptleuten vorzustellen, dass sie nur deren gebiet sollen schützen helfen; weitere zumutungen wären anher zu berichten. 　　　　　　　　　ib. 766, 767.

200. (Oct. c. 15. ?), (Bern?). «Barthlome Halder hat des ersten verjächen, wie im Jacob Marti von Luzern ein brief ufgen hab und im befolchen, den ze tragen, da er allermeist lüt und Berner by einandern finde, und sölle inen denselben überantworten und sölle ilends ein antwort bringen, und zuo im gesprochen, ob du aber gefangen

wurdest, so du für die houptlüt gebracht wirst, so beschicht dir nüt.
Er aber heige nüt gewüsst, was im brief stande; dann er Jacob Martin
gefragt, was im brief stande; heig er im geantwort, es sye nüt dann
ein früntlicher brief, und dass dorin stande, dass die von Bern söllend
denen von Bremgarten und Mellingen schriben, dass sy inen die strafs
uftüejend, so wellend sy widerum heimzüchen. Sunst heig er keins
wegs gewüsst, was im brief stande, heig auch gar kein befelch von
Jacob Marti ghan, weder ze spächen noch anders nüt. — Uff anzug
dass er sölle an etlichen orten geschruwen han, ketzer, küeghier etc.,
hat er geantwort, dass er semlichs keinswegs getan noch daran schuldig sye.» Bern, A. Capp. Krieg.

201. **(Oct. 15 f.).** Die hauptleute der V Orte an diejenigen der städte
Bern, Basel, Schaffhausen, Mühlhausen etc. «Demnach und
ir uns abgesagt und wider die pünd, so wir zuo üch allen gemeinlich
und sunderlich haben, und unser vilfaltig rechtbott uf unser erdrich
gezogen, dasselb geschädiget, verherget und verderbt, ane einich ursach,
und dass wir solichs umb üwer stetten dheine nie beschuldet, ouch
üch mer dann ein male ersuochen und bitten lassen, uns zuo rechte
und der billigkeit nach lut unser pünden zuo verhelfen, haben ir uns
harin dhein hilf nie getan, dess wir uns zuo üch nit, sunders vil
eins andern und bessern versechen und dass ir die pünd bas an uns
gehalten, ouch bedacht hätten die trüw, lieb, dienst und gefallen, so
unser altvordern und wir üwern vordern und üch getan und bewisen;
diewyl aber solichs nit beschechen, und die pünd uns gegen üch nit
mer helfen mögen, ouch wir uns deren gegen üch nit getrösten können,
desshalb wir dann solicher pünden zuo üch nützit bedörfen, diewyl sy
uns dhein nutz bringen, so ist an üch all sampt und sunders unser
begere und erfordern, dass ir uns unser pünd harusgeben und überantwurten; dessglychen so wöllen wir üch die üwern ouch hinus geben.
Das wolten wir üch nit verhalten, üch dester fürer wüssen ze halten,
wo wir etwas wyters fürnemen wurden; wir wöllen ouch hiemit unser
eer bewart haben.» Lucern, A. Religionshändel (Concept).

Das datum fehlt; vielleicht wurde ein solches schreiben nicht expedirt.

202. **Oct. 16,** morgens 5 uhr. Hauptleute, pannerherr, fennrich und
Räte zu Zufikon vor Bremgarten an BM. und Rat in Zürich. «Wie
dann ir uns zuo merern malen ermant, mit den Bernern und andern
unsern getrüwen lieben eidgnossen und cristenlichen mitburgern um
den krieg ze ratschlagen, also uff hinacht so sind wir zuo Bremgarten
zesamen komen und uns mit einandern vereinbart und geratschlagot,
dass wir im namen Gottes mit dem paner, ouch unsern lieben eidgnossen von Basel, Schaffhusen, Sant Gallen, Diefsenhofen, Turgöw,
Toggenburg und den Gotzhuslüten im namen Gottes von stund an uff
Zug zuo ziechen wellen, und die übrigen von Bern, Soloturn, Biel,
Fryämtern, mit houptman Werdmüllers fändli uff Luzern den nechsten ze verrucken und den figend uff das ernstlichost ze besuochen
in willens. Wir berichtend ouch üch, dass wir mit aller notdurft,
kriegsvolk und geschütz treffenlich versechen, etc.» Zürich. A. Capp. Krieg.

203 a. Oct. 16, »auf der nacht«. BM., Räte und Burger von Zürich an hauptleute und Räte im Reufstal. 1. Man zeige ihnen in vertrauter heimlichkeit an, dass man nur noch für 2—3 tage proviant schicken könne, wenn sie nicht eine anzahl junger bauernsöhne, welche zum kriege nicht taugen, zum dreschem heimschicken; doch soll es insgeheim und nur mit passporten geschehen; sie können dies um so eher, als sie ohnehin leute genug haben... Auch sollen die leute im Freien Amt das ihrige ausdreschen und zu kaufen geben, da sie doch jede nacht darum kommen könnten... 2. Ferner häufen sich die warnungen, dass eine macht gegen Waldshut anrücke; man möchte wünschen, dass das land, das jetzt entblöfst sei, an jener grenze auch versehen würde, zumal in der grafschaft Baden nicht jedermann zu vertrauen sei...   Zürich, A. Capp. Krieg.

203 b. Oct. 16, morgens 9 uhr. Dieselben. 1. Vorstellung des drobenden mangels an nahrung und dringender rat, aus den nächsten dörfern je einige der schwächsten leuten, die dem sturm nachgelaufen, zum dreschen und zu andern werken heimzuschicken, jedoch nur heimlich und mit schriftlichen ausweisen... 2. Ferner müfse man darauf dringen, dass die pässe hinter dem vereinigten heer dennoch gehörig versehen werden.

204. Oct. 16, mittags, Zurzach. Niklaus Brunner und Heinrich Buchter an die hauptleute zu Birmenstorf. Sie vernehmen soeben schriftlich, dass die leute von Klingnau und Zurzach proviant liefern wollen, vorläufig 30 mütt kernen und 30 mt. roggen, was sie selbst führen können; sie begehren nur zu wissen wohin, und ob es jetzt oder in zielen bezahlt werde. Es sei indess wohl noch mehr aufzubringen. Am Rhein sei alles wohl versorgt; Egg von Rischach halte sich noch still. Erhielte man eilig bericht, so könnte die fuhr morgen schon abgefertigt werden.   Zürich, A. Capp. Krieg.

205. Oct. 16. Die edelleute und gerichtsherren im Thurgau an Ulrich von Hohensax. Von dem landvogt gemahnt, mit ihm auszuziehen, haben sie tapfere wohlgerüstete leute geschickt, so dass er ihnen schriftlich sein wohlgefallen bezeugt; dennoch hören sie jetzt, dass unter dem gemeinen mann ausgestreut worden, sie seien letzter her zu Zell gewesen, um ein fremdes volk in das land zu führen; ferner, sie haben den sturm verhindert etc., womit ihnen aber gänzlich unrecht geschehe; sie müfsen besorgen, dass im fall einer not das volk sich wider sie wenden und sie berauben würde, obwohl sie ganz willig wären, für die landschaft leib und gut einzusetzen. Sie bitten daher, bei Zürich auszuwirken, dass es diese frevelhaften reden abstellen und die aufregung beruhigen lasse, ... da sonst wenig gutes folgen dürfte. ...   Zürich, A. Thurgau.

206. Oct. 16 (St. Galli), nachm. 7 uhr. Diefsenhofen an Zürich. Laut glaublichen berichten ziehen die Rotweiler, Villinger und andere österreichische städte eilends mit einigen fähnchen auf Waldshut und Laufenburg zu, um den V Orten hülfe zu bringen...   Zürich, A. Capp. Krieg.

207. **Oct. 16** (Montag S. Galli). Jeronymus Schowinger und etliche Räte der landschaft St. Gallen an Jacob Gerster, hauptmann der Gotteshausleute, auf dem Albis. «Lieber statthalter und houptman, üwer jüngst schriben uns zuokomen habend wir mit inhalt vernomen. das uns nit wenig tuot erfröwen, dass unser lieb Aidgnossen sich also zesamen verfüegend und mit sölicher macht zuoziechend. Nun ist nit minder, ain gröulich geschrai in St. Gallen statt kommen, wie übel es doch ergangen, desshalb wir hoffend nit also bös sin. Darum . . (ist) unser meinung, dass ir guot sorg habind und nit den vorteil überfgebind, dann alle menschen uf uns losent; so wend wir als die willigen hie ussen Rins und anderswo halb sölichs ouch zum besten (und) trüwlichsten versechen, damit, als wir achten, mit hilf gotts uns nünts args widerfaren soll, hat uns gott ain schaden um besser verhüetung willen und uns dardurch gewarnet, in hoffnung, den sig darum nit entzogen. Darum sind frölich und kech und gotsförchtig und hand nu guot sorg, dass uns nit witer begegni, und was dann witer gehandelt, uns allwegens ilents berichten. Witer, des gelts halb achten wir kein mangel sin werd, dann die geginen umendum gelt entlichen; doch ist es warlich ain arm ding, dann sy niendert gelt hand; so ist der best rogen hinus. Das gelt wirt üch glich werden ». . .

Lucern, A. Capp. Krieg (orig.).

208. **Oct. 16,** 8 uhr morgens. Schultheifs und Rat zu Baden an Zürich. . . . «Üwer schriben uns jetz zuogesandt habent wir irs inhalts wol verstanden und füegen üwern 'gnaden zuo vernemen, dass wir noch niemant gewert noch gespert haben profant noch anders durch und wider hindurch unser statt ze faren, werden ouch sölichs hinfür ouch nit tuond, sunder jedermann lassen faren und füeren, das ein jeder getruwe ze verantwurten, von uns ungehasst noch ungefecht; das wellent von uns guoter meinung und im besten vermerken. . . . Gestern sei auf ähnliche schreiben von andern herren die gleiche antwort gegeben worden.

Zürich, A. Capp. Krieg.

209. **Oct. 16** (Galli). Baden an Schaffhausen. Antwort: «Als ir in . . üwerm schriben melden, wie ir des willens und gemüets syent, etwas üwern knecht(en) in das läger zuozeschicken, und desshalb an uns begert, ob wir üch mit sölichem durch unser statt und landschaft passieren lassen wellent oder nit, uff das füegen wir üch zuo vernemen, wo ir mit profland und essiger spifs durch unser statt wellent faren, dass wir das also güetlich wellent lassen beschechen; wo aber ir mit büchsen und das darzuo gehört understüenden ze faren, das wurden wir nit lassen beschechen; dann wir je des willens sind, dewedrer party hilf oder fürschuob ze tuonde ». . . .

Schaffhausen, Corresp.

210. **Oct. 16.** BM. und Rat von Basel an hauptmann und miträte im feld. 1. Bestimmte weisung täglich zu berichten, wie es bei ihnen stehe, und ihre nachrichten in die Krone zu Aarau zu schicken, wo immer jemand darauf zu warten habe, etc. 2. «Fürer . . so ist unser ernstlichs begeren, dass ir gemein unser burgere, hindersäfsen und

landlüt von stund an (in) ein gemeind zuosamen berüefend, inen anzöigend, demnach wir üch und sy unsern christenlichen mitburgern
und brüedern Zürich, Bern und allen andern, so by üch im feld sind,
der ursachen zuogeschickt, dass sy mit der gnad Gottes das helig göttlich wort, die evangelische warheit, darzuo unser vatterland, witwen
und weisen vor dem grofsen gewalt, so jetz vorhanden, und so es mit
Gottes hilf jetz nit abgelegt, vil grimmer dann wirs schriben noch reden könnend, uns und den unsern begegnen wurde, ze schirmen, ze
schützen und ze handhaben, in dem namen Gottes usgesandt, so sye
unser höchste bitt, darzuo unser vätterlich vermanen an sy alle sampt
und sonders, dass sy die gröfse diser handlung trüwlich zuo herzen
fassen und bedenken wellen, wo sy mit gottes hilf jetziger zyt gegen
Gottes, sines helgen worts und unsern fyenden ritterlich fechten, den
sig (das gott gnädenklich füege) erlangen, dass sy damit Gottes eer
retten, ir vatterland, wyb und kind in ewigen friden setzen, da aber
hinwiderum, wo sy, das gott wende, flüchtenklich niderligen, unser
aller vatterland, wyb und kind in ewig verderben, darzuo Gottes eer
und wort zum höchsten verlesteret wurde, und darum unserm höchsten vertruwen nach sich, als christenlichen brüedern und frommen
burgern gebürt, ritterlich, mannlich und tröstlich halten, Gott trüwlich
vor ougen haben, alle laster der gotteslesterung, trunkenheit und
huory vermiden, darzuo einer den andern vor ougen, lieb und wert
haben, gehorsam, und ob es zuo nöten käme, mannlich unverzagt sin,
nach sig und eeren trachten und striten wellend, wie ir das alles mit
geschickteren fuogen wol wüssend anzezeigen ».…

Lucern, A. Capp. Krieg (orig.).

211. (Oct. c. 16 ?). Hauptmann etc. von Mühlhausen an ihre
obern. «Edlen etc. etc. 1. Als dann euer streng ersam wysheit uns
zuo unsern getrüwen lieben eidgnossen und christenlichen lieben mitburgern von Zürich abgefertigt, füegen wir üch daruf zuo wissen, dass
wir uf gesterigen Sunntag zuo Vilmergen mit dem ganzen hufen zuosamen komen und den nächsten gon Bremgarten verruckt und daselbs
gwisslich erkundschaftet haben, dass die fünf Ort sich ouch zuosamen
geton, so geschetzt sind uf sibentusent stark und haben zweihundert
büchsenschützen uss dem Eschental, und ist Schönbrunner ir houptman, und sich gon Maschwangen (!) gelägert haben. Daruf sich .. Zürich, Bern, Basel (und) Solotorn vereint und beratschlagt haben, dass
unser eidgnossen von Bern, Solotorn und ein fänlin knecht von Zürich,
mit den fryen Aemtern, so uf nüntusent stark geschetzt sind und uf
hüt datum gon Muri ziehen werden, und dann das houptbanner von
Zürich, deesglichen Basel, Schaffhusen, Sant Gallen mit sampt den
Gotteshuslüten und der grafschaft Dockenburg ouch an einen hufen, so
ouch nüntusent stark geschetzt sind, und wiewol unser eidgnossen von
Bern wol eins guoten willens wären, den nächsten an die find ze ziechen und si an(ze)grifen, so wellen doch ü. e. von Zürich (das) nit
nachlassen, sonder sich mit der hilf Gottes selbs underston an unsern
finden zuo rächen und daruf beschlossen, dass wir mit unserm hufen
uf hütigen tag den nächsten gon Maschwangen ziehen und daselbs

unsere fiud angrifen (söllen). 2. Und wiewol euer .. eid luter vermag und uswist, dass wir on unser herren die miträt sampt den sechsern nützit endlichs beschliefsen, sonder mit inen handlen söllen, das
wir als billich zuo tuon geneigt sind, so haben doch unser eidgnossen
von allen Orten für guot angesechen, damit nit etwas wyters unrats
darus, als etwa durch unnütz schryer beschechen, erwachsen möcht,
dass man von beiden hufen vier oder sechs man verordnen, die daun
was die notdurft erfordere, an hand nemen und usrichten werden, damit wir uns hiemit in unserm getonen eid unvertieft, sonder e. st. e.
w. anzeigt haben (wellen).» 3. Bericht über die tätigkeit der Glarner,
um eine neutrale macht zur vermittlung herzustellen. 4. «Man ist
ouch der Pündten all tag wartend. Wir sind ouch bericht, dass die
Walliser mit sibenhundert stark uszogen, und haben aber nit wissen,
ob sy by den fünf Orten syen, aber wol die red von u. e. von Bern,
dass sy solichs mit unwillen ton haben»... **Lucern, A. Capp. Krieg.**

Copie ohne unterschrift, datum und adresse, jedoch unzweifelhaft gleichzeitig.

212. Oct. 16, Constanz. Instruction für Konrad Zwick, als gesandten nach Zürich. 1. Entschuldigung der späten beileidsbezeugung; erst gestern habe man erfahren, wie schweren verlust an guten
leuten Zürich erlitten. 2. Erbietung zu treuer beobachtung der burg-
rechtspflichten. 3. Mitteilung der gesammelten kundschaften über
allerlei besorgliche vorgänge im Reich, und anzeige von den getroffenen vorsichtsmafsregeln. **Stadtarchiv Constanz.**

213. Oct. 16 (Montag S. G.), vorm. 2 uhr, Muri. Hauptmann und
Räte von Lucern an Schultheifs und Rat. Anzeige, dass gestern
das ganze bei Lenzburg gelegene heer der Berner über Bremgarten zu
den Zürchern gezogen, worauf sich die Lucerner jenseit der Reufs,
da sie dies rechtzeitig vernommen, auch gesammelt haben und mit dem
feind, so bald sie ihn treffen, schlagen wollen. Da nun dort kein angriff mehr zu besorgen sei, so habe man verordnet, dass heute das
panner, das hier gewesen, samt dem geschütz nach Hohenrain ziehe
und da lagere, und etwa 100 mann mit schultheifs Hug über die
Reufs zu den andern Lucernern gehen, die das ernstlich begehrt haben;
bei dem panner zu Hohenrain wollte man zwar eine genügende besatzung lassen, aber das andere volk aus den ämtern wieder heimziehen lassen. Nun bitte man, das ausbleiben Hug's zu entschuldigen;
denn sofern, wie man hoffe, «an jetzigem ort» ein sieg erlangt werde,
sei wohl der ganze krieg ausgemacht und entschieden, etc.
Lucern, A. Religionshändel.

214. Oct. 16 (Galli). Jacob am Ort an Schultheifs und Rat von
Lucern, im feld zu Boswyl. «Demnach ir guot wüssen tragend,
wie sich die Willisower zuosammen uf Bodenberg ze feld gleit, das
dann die anstöfser in (den) herrschaften Arwangen, Wangen und Emmental bewegt, und sich entgegen ouch mit zuosätzen verwart, da-
zwüschen sind botten von beiden syten an die anstöfs komen, hand die
usseren an die unseren begert, wo wir unser läger schliffent, wellent

sy ir zuosätz ouch verfaren lassen und daby sy nit überziehen noch
schädigen; uf sölichs sind sy von einandren heimzogen; doch hand
wir ein zuosatz gan Willisow zuo guoter fürsorg verordnet, ouch die
anstöfs mit heimlichen wächtren versehen, und ob sich in mitlerzit
etwas ufruors zuotrüeg, ist angsechen, im sturm zuosamen ze loufen. •
Bitte um bezügliche weisung und berichte überhaupt, etc.

Lucern, A. Religionshändel.

215. Oct. 16 (Galli), nachm. 11 uhr, Hohenrain. Hauptmann, pannerherr und Räte an Schultheifs und Rat in Lucern. • Als wir uff
hütt von Muri verruckt (wie wir üch dann entbotten) und haruf gen
Hohrain kon, ist uns von stund an botschaft ylends nachkon, wie
etwas zügs von Bremgarten haruf glych uf unser dannen ziehen gen
Muri kon, da wir aber die unsern hand lan verloufen, und uf semlich
geschrei hand wir nun willen, unsern hufen wider zuo besamlen und
zuo der paner stellen, und dorum wellend so wol tuon und was ir
kriegbar mann in der statt, ouch um die statt, als zuo Kriens, Horw,
Malters, und wo dann lüt vorhanden, uns von stund und in yl zuoschicken, damit wir nit so blofs mit unser panner standen, was uns
joch zuo hand stofse, dass wir zuo guoter notdurft verwart syend,
dann wir denen von Meyenberg törften lüt und hilf zuozeschicken •...

Lucern, A. Religionshändel.

216. Oct. 16, Freiburg. Bischof und (Dom)capitel von Lausanne
sagen ihre hülfe zur handhabung des alten glaubens zu, durch herrn
(de) Vernetis. — Beschluss, ihre untertanen desshalb zu erforschen.

Freiburg, Ratsbuch nr. 49.

217. Oct. 16, nachts, Muri. Hauptleute und Räte von Bern, Solothurn, Biel etc. an die hauptleute etc. von Zürich, Basel, Schaffhausen etc. 1. • Als üch hütt durch unser eidgnossen von Bern
geschriben, wie wir har kommen sind, dem ist also, und damit wir
zusammen kommen möchtend, wellt uns für guot ansechen, ein bruck
über die Rüfs ze machen, damit, ob es zuo fal käme, dass wir zuo
üch oder ir zuo uns rucken, dass es komlicher beschechen möcht.
2. Wir begären ouch von üch ze wüssen, wie es umb üch stand, wo
ir das läger geslagen, ob die fyend noch vorhanden und wo die syend,
mit gewüsser spächung us(ze)gan und uns dess verständigen. 3. Wir
wellend üch ouch unanzöugt nit lassen, dass unser herren und obern
uns bericht, wie nüwlich vj° Eschentaler büchsenschützen den Ländern
zuo über den Gotthart gezogen sind. •

Zürich, A. Capp. Krieg.

218. Oct. 16, Muri. Hauptmann und Räte von Bern an hauptleute
und Räte etc. von Zürich, Schaffhausen, St. Gallen etc. Ein
bi Bünzen gefangener habe angezeigt, dass die Fünförtischen das lager
bi Muri vor kurzem verlassen und sich in drei haufen geteilt haben,
und zwar Jacob Marti mit den 80 wälschen büchsenschützen über die
Rüfs, das panner und schützenfähnchen von Lucern nach Hohenrain
und Hochdorf, die von Meyenberg und Münster heim gezogen. Darum
sei und nach Cappel gezogen und dort gelagert. Da nun leicht ein
angrif von den feinden erfolgen könnte ..., so sei notwendig, dass

andere heer gute kundschaft mache, eine furt suche und im fall
ₛ angriffes berichte, wo man über die Reuſs setzen und ihm zu
ſe kommen könne.　　　　　　　　　　　　　　Zürich, A. Capp. Krieg.

ꝰ. **Oct. 16.** B e r n in stadt und land. Wiederholte klage über die V
te, mit erwähnung des angriffs gegen Zürich und der von ihnen und
n Wallisern ausgehenden drohungen; demzufolge neue mahnung an
le und an jeden besonders, der wehrfähig sei, sich zu rüsten und
·eitern befehl zu erwarten, da die obrigkeit des willens sei, die anstöſser
ꞁit ihrer macht zu schützen und zu erretten, etc.

Oct. 17, Bern. Aufruf zum dienst bei dem zweiten panner, auf Donstag
ꞁbends (18.) in der stadt einzutreffen, u. s. f.　　　Bern, Teutsch Miss. T. 153—156.

220. Oct. 16 (Montag S. Gallen t.), Dongo. Heinrich Rahn an Z ü-
r i c h (adresse fehlt). Verweisung auf den bericht vom 13. d. m.
1. Seitdem habe man gemeinsam beratschlagt und den obersten feldherren zugemutet, entweder Lecco oder Musso eilends zu beschieſsen;
sie meinen aber, es fehle dazu an pulver, und ohne dessen genug zu
haben, um eine entscheidung (zu erzwingen), wollen sie so etwas nicht
unternehmen. Hierauf sei vereinbart worden, drei boten zu den Eidgenossen (und Graubündnern?) zu schicken, und pulver herbeizuschaf-
·fen, jedoch gegen bezahlung durch den Herzog; desshalb bitte man,
hierin so weit möglich auszuhelfen, damit der krieg (bald) mit freuden und ehren vollendet werde, da es nur an pulver fehle. 2. Wegen
der knechte, die den V Orten zuziehen sollen, habe man dem Herzog
mehrmals geschrieben, ihn auch mündlich ersucht, das zu verhüten;
er antworte· aber immer, er könne nicht glauben, dass solches geschehe, wolle aber die schuldigen abmahnen und strafen, etc. Der
graf von Arona, mit dem man hierüber auch geredet, verspreche das
gleiche. Zwei (italienische) hauptleute haben sich dann erboten, tausend büchsenschützen oder mehr aufzubringen, wenn man sie brauchte
und besolden wollte. 3. An vorsicht (und guter ordnung) mangle es
hier nicht; auch sei man willig, eilends heimzurücken, sofern es begehrt würde, um beistand zu leisten, und der feldherr habe für den
fall eines angriffs (von seiten der V Orte?) zuzug verheiſsen.* 4. Aus
den herrschaften Luggaris und Lauis solle niemand gegen Zürich ausgezogen sein; man glaube auch nicht, dass der haufe so groſs sei, als
gesagt werde. 5. Bestätigung obiger nachrichten (§ 2) betreffend die
aufbrüche mailändischer untertanen. Ob der Herzog hierin verräterei
übe, wisse man nicht; er, Rahn, glaube es nicht; er wolle aber gutes
aufsehen halten und bitte um bezügliche nachrichten. 6. Gesuch um
bericht über die andern händel, zumal auf mehrere briefe noch keine
antwort angelangt sei. — Nachschrift: 7. Eben vor schluss des briefes
seien nachrichten gekommen, dass das schloss Luggaris (von den gegnern) eingenommen und der vogt gefangen worden, und Zürich in
einem zusammenstoſs mit den V Orten einigen schaden gelitten und
geschütz verloren habe, was man noch nicht glauben möge; sofern
dem aber also wäre, bitte man um schleunige weisung, ob man hier

* Es ist wohl nur an das lager in Dongo zu denken.

bleiben oder aufbrechen solle; denn der Herzog habe längst die erlaubniss gegeben, zur hülfeleistung heimzuziehen, etc. etc.
Zürich, A. Missenkrieg.

221. Oct. 16, (Valangin). Claude Baillod an B e r n. Auf dessen am
12. d. empfangene zuschrift sei er sofort bereit gewesen, mit den leuten der grafschaft zu dem Berner panner zu ziehen; es sei dann aber
befehl gekommen, den hiesigen pass zu hüten und (sonst) zu dienen,
worauf er nach Lothringen und Burgund ... einige später ausgesandt,
die nun nichts anderes melden, als dass der bischof von Besançon und
etliche äbte bei dem herrn von «Liseuw» versammelt seien, deren
abeichten aber niemand kenne, und dass nirgends truppensammlungen
oder unruhen stattfinden... Weiteres werde er auch berichten, wie
er es schuldig sei.
Bern, A. Capp. Krieg.

222. Oct. 16, Brienz. Landvogt Rümsi u. a. an B e r n. Dem Unterwaldner boten, den man zurückgeschickt (vgl. nr. 194), habe man alsbald einen dort stark «verfründeten» mann nachgesendet, um zu erfahren, wie stark die gegner seien und was sie etwa im sinne haben;
sie haben denselben wohl empfangen, sich zur unterlassung von feind-
seligkeiten erboten, wenn es diesseits auch so gehalten würde, auch
abzuziehen verheifsen, falls es diesseits geschehe, dabei das recht angerufen und den boten dann sofort zurückgeschickt. Nun habe man
den gemeinden von Hasle und Brienz die wahl gestellt, den Unter-
waldnern einfach zu vertrauen (oder gerüstet zu bleiben); sie wollen
aber die entscheidung der obrigkeit überlassen und bitten nun um bericht; sollte man hier verharren, so wäre geschütz nicht zu entbehren.
Die Hasler sähen den abzug gerne, weil doch so wenig volk da sei;
von Interlaken seien (wirklich nur) 200 vorhanden, von Unterseen
26, dazu die Brienzer...
Bern, A. Capp. Krieg.

223. Oct. 16 (Galli). Statthalter und Rat zu Burgdorf an B e r n.
Infolge der gestern erschienenen botschaft ... seien hundert mann zu
den büchsen verordnet; doch bitten die leute für den fall, dass es in
Hutwyl not täte, sie da (dienen) zu lassen; auch fürchten sie, den
umlaufenden reden nach, dass sie zu einer schlacht (zwischen den ge-
walthaufen) zu spät kämen. Doch wollen sie dem befehl der obrigkeit nicht widerstreben.
Bern, A. Capp. Krieg.

224. Oct. 16. Schultheifs und Rat von Brugg an B e r n. Die 30
mann, welche die obrigkeit zu dem zweiten auszug gefordert, bringe
man hier kümmerlich auf, da viele leute abgegangen oder krank seien;
50 habe man schon ausgeschickt; müfste man noch 30 senden, so
würden nicht über 12 gesunde streitbare männer zu hause bleiben;
damit nun ein solcher ort im notfall verteidigt werden könnte, möchte
man bitten, mit dem aufgebot verschont zu werden; sei dies aber
nicht möglich, so werde man sich gehorsam erweisen.
Bern, A. Capp. Krieg.

225. Oct. 16, nachm. 5 uhr, (Hutwyl). Hans Pastor an B e r n.
Heute habe er vernommen, dass ein mädchen aus dem innern gebiet nach Gundiswyl herüber zu seinen brüdern gekommen, um an-

zuzeigen, dass gestern abends die besten leute ausgezogen und zum
(Lucerner) panner berufen worden, was er melde, ohne sich dessen
versichern zu können. 2. Auf die gestrige anzeige (s. nr. 196) habe
er leider noch keine antwort erhalten, wesshalb er bitte, die boten zu
höchster eile anzuhalten... 3. Er werde noch diesen abend versuchen,
etwas mehr zu erfahren, und nicht versäumen zu melden, was er vernehme. Nachschrift: 4. Seitdem habe er noch gehört, dass oberwähn-
tes mädchen gesagt, die Inneren reden, «hinnen morn etlicher hirten»*
werden sie wohl zu wissen bekommen, wo hinaus es wolle...

B e r n , A. Capp. Krieg.

  * d. h. nach wenigen hirtezeiten (fütterungsterminen), resp. in 1—2 tagen!

226. Oct. 16, Truob. Vincenz Brenzikofer und Vincenz von Werd,
vögte, und Hans Kamerman (?), hauptmann, an B e r n. Gestern sei
er (Br.?) hieher gekommen, um die lage zu erforschen, und zu nacht
erfahren, dass durch verwandte im Lucerner gebiet gemeldet worden,
dass die Eschentaler und alle Unterwaldner, diese etwa 800 stark, heute
nach Escholzmatt kommeu werden. Darüber habe man sich beraten
und jemanden zu seinem bruder hinübergeschickt; da sei dann erzählt
worden, wie die feinde den Zürchern 1500 mann erschlagen, 18 stück
büchsen abgenommen, drei fähnchen und unzählige hakenbüchsen und
sonst vielerlei gefunden, den Zwingli gevierteilt und verbrannt und
acht ratsherren getödtet haben; die Walliser sollen den Bündnern
3000 erschlagen haben; übrigens seien letztere nicht einig;... doch
werde gesagt, die Lucerner wollen das diesseitige gebiet in ruhe lassen, wenn man sich entsprechend verhalte. Man bitte nun um getreues aufsehen; denn stark sei man nicht und stehe desshalb in sorgen. — Nachschrift: Die spiefse seien noch nicht gekommen; sie sollten aber, weil sehr nötig, nicht ausbleiben.   B e r n , A. Capp. Krieg.

227. Oct. 16. Heinrich Kammerer, vogt, und die herrschaftsleute
von Aarburg an B e r n, «ilends ilends ilends.» ... J. «Nachdem und
wir entstanden (!) hand üwer jüngst zuoschriben, beschwachet uns
(das) zum teil von wegen des kleinen zuosatzes zun unsren amptlüten,
dass ir nit me dann xiiij man zuo uns gschickt hand. Nun wüssent,
wie vor im ersten brief gemeldt, dass sich die Luzerner zuo Bodenberg gesterkt hand, uud dess hand wir warhaftige kundschaft, dass
iren vij° bi einandren liggen und si sich sufer zuosammenhand und
da by einandren verharren tag und nacht, bis si sächent, wo hinus
diser angefangner krieg wölle. Dorumb so begåren wir abermals an
üwer wisheit, ir habint ein guot trüw ufsechen uff uns und uich da
nit lassind beduren, sunder ein guoten starken zuosatz und zuoschuob
uns tüeind, und ir da under inen ein houptman usschiefsend, der, so
es zuo fal kämi, ein volk regierti und füerti, als dann der bruch und
notdurft erhöuschet etc. Dann .. ir hand nit ein volk in üwer herrschaft Arburg, die da neiwes der kriegschen löufen und hendlen bricht
sigent; dann sy könden bas matten und güeter buwen; dann unser
widersächer sind gschwinder pratica und firent nit wäder tag noch
nacht, und hiemit bedenkint, dass die frommen amptlüt in iren strö-

wisen hüsren zuo schiter giengint, als si (die fyend!) uns vor anfang
des kriegs hand lassen merken, wann es zuo kriegscher empörung
kumme, so wöllen si das ampt schleipfen. 2. Item demnach so be-
giren wir, dass ir uns zuoschickint ein guot farschiff, damit und unser lieben nachpuren änet der Aren im Göuw uns dapfer köndent zuospringen; dann die amptlüt und die zuo Bodenberg liggen nit so wit
von einandren, dann dass einer in einer stund mag uss einer wacht
in die ander komen, und wo es neiwen zuo eim stand sölte komen,
so müefstend unser amptlüt abzüchen mit schanden; dann die xiiij
man bschiefsend nüt; wären es vij^e , als vil als der figenden, so hetten
si dester besser zuo warten. «
                                      Bern, A. Capp. Krieg.

228. Oct. 16 (Montag Galli), zwischen tag und nacht (abends), kloster Muri. Hauptmann und Räte von B e r n an ihre obern. 1. «Als
wir hütt von Bremgarten verruckt und hiedisent der Rüfs, und unser
eidgnossen und mitburger von Zürich sampt iren mithaften ennent der
Rüfs unsern fyenden entgegen gezogen und gan Boswyl komen, haben
wir das läger unserer fyenden ler gefunden, und als uns gseit, wie
sy gan Mure in das closter gelägert, dahin sind wir verruckt, und als
unser harst von büchsenschützen, die Hubelman füert, das feld entdeckt, sind die fyend von stund dannen gewichen, ja geflochen, das
faner von Lucern gan Honrein zuo, das fenli von Meyenberg gan
Meyenberg, und das fenli von Münster gan Münster, aber Jacob Marti
von Lucern mit lxxx weltschen büchsenschützen über die Rüfs zum
grossen hufen, der vij^m stark sin soll, und unser eidgn. von Zürich
uff inen band (!) gezogen. Wir haben sy ze beiden syten so hart an-
getruckt, dass sy einen sturm haben lassen gan durch das ganz land,
das wir glouben, der sturm sye nunme zuo hinderst in Underwalden
und Uri. Dess haben wir üch dennocht berichten wellen, damit ir
dahar, wo irs vernemend, und doch dest bas sorg habind und ufsechen uff
üwer hus Truob, dann disers hie gar (bald?) überrumplet und gerumpt
und alles zerschlagen. 2. Uewer warnung berüerend die vj^e büchsenschützen, mag wol etwas daran sin; wir werden uns ouch darnach
halten und sind guoter hoffnung zuo Gott, den krieg bald ze enden,
ob gott will unserthalb mit glück, es wäre dann sach, dass sy sich
zu Bar im Boden lägern oder im Emmenfeld by Lucern, wie das
dafür geschrei ist, und wellen wir üch ouch gern anzöugt haben, wie
es sag under uns, dass die anstöfser an üwer landschaft sich merken
lassen, wie ir mit üwer paner ufsyend und gan Willisouw zuo zühend; das hat den lüten den klupf ins herz bracht, ouch unser ern-
sten anhalten (vordringen!); desshalb sy, die anstöfser, sich heiter
sechen lassend, sy wellind heim und ire[r] büser[n] bewaren etc.
3. Und als ir begärend üch zbrichten der letsten schlacht zuo Capell,
tüegen wir üch ze wüssen, dass es durch verräter zuogangen, und hat
sich also begäben, dass dero von Zürich undertan(en) zuo Knonouw
sich geschlagt haben und anzöugt, wie die Länder ufbrochen und gan
Zürich zogen wärend; da hend die von Zürich einen sturm gan lassen,
und als sy vorhin ein fenli lüt gan Capell geleit, sind die v Länder,

so mit ganzer macht zuo Bar lagen, durch anzöug eins Züricher ver-
räters, dem (der) Schönbrunner etwas gelt geben, dass sy die Züricher
angrifen sölltend, ee das paner käme, das sy getan, und in dem ist
das paner harzuo geruckt, und aber die knecht nit darby; so nun der
angriff beschechen, die Züricher sich dapferlich gewert und die Länder zum andern mal zeruck geslagen, soll einer hinder der paner gestanden sin und geschruwen, fliend, lieben Züricher; also ist die flucht
hinder der paner beschechen, das die v Ort gesechen und aber angefangen den strit, und also die slacht behouptet, xvj stuck büchsen
sampt ross(en) und aller munition gewunnen, das schützen und ein
anders fenli erobert, vil biderber lüten verloren (!), und namlich by
den lx von Räten und Burgern, und ir paner in die dritte hand kon
etc. Dorab die Züricher treffenlich erstunet und by glouben gar er-
haset, wo ir sy nit mit üwerm zuozug getröst hettend etc. Sodann
sollend ir wüssen, dass der Zwingli, der comendur von Küssnach und
meister Tumysen mit dryen sünen umbkomen, ein stuck uss ir paner
gerissen. Wir könnend üch den kleglichen handel nit gnuogsamlich
erzelen etc.» — Nachschrift: «Wir finden die üwern ganz willig.»

Bern, A. Capp. Krieg.

VgL hiezu nr. 5 und 149.

229. **Oct. 16** (S. Gallen t.), vorm. 8 uhr. Zürich an die Berner
hauptleute etc. Man vernehme als fast gewiss («schier als vil als
gloiplich»), dass die Rotweiler, Villinger und Hüfinger versuchen werden, bei Schaffhausen, event. bei den Waldstädten einen pass über den
Rhein zu gewinnen, um den feinden (Zürichs etc.) luft zu machen;
auch sollen sich im Kleggau 400 zu ross und 6000 zu fufs besammeln, die in 4—5 tagen da sein möchten; zu Thüngen sollen schon
200 büchsenschützen stehen. Da nun diesseits die grenzgegenden fast
entblöfst, und denen von Klingnau, Coblenz etc. nicht zu viel zu vertrauen sei, so wolle man nicht versäumen, dies anzuzeigen und zu
empfehlen, dass auch Bern dort einige vorsorgen treffe; denn im fall
eines sturmes wäre wenig zulauf zu erwarten, und der unordnung
wegen nicht viel damit auszurichten. Man habe den vogt zu Regensberg mit einiger mannschaft dort, besorge aber, dass im notfall daran
nicht genug wäre; diesseits teile man das heer nicht gern, so lange
man den feind auf dem eigenen boden habe; darum bitte man, hierin
bestens zu handeln, etc. Bern, A. Capp. Krieg.

Gleichlautend an die stadt Bern.

230. **Oct. 16** (S. Gallen t.), nachm. 7 uhr, Mettmenstetten. Hauptleute etc. von Zürich u. s. w. an die Berner, Solothurner etc. «Wir
füegen üch ze vernemen, wie wir uff hütt ob sich gefaren, haben wir
den (die) figend an etlichen orten vertriben, die ouch ein teil guoter
hab hinder inen gelassen; zuoletst sind wir gen Metmenstetten komen
und (uns da) gelägert. Nun sind wir glouplich bericht, dass etlich
hundert Walliser den fünf Orten (zuo)komen, uff welches wir witer
vernomen, dass die selben fünf Ort mit uns schnell end machen wellen und wol als bald morn als über lang, und so wir nun gar am

figend liggen, und all stund sinen wartend sind, so ist unser ernstlich
ermanen, ir wellend ilents ilents ufsin und zuo uns verrucken, damit
wir uns dester bas versechen mögind. • *Bern, A. Capp. Krieg.*

Das gleiche schreiben, von derselben hand, liegt auch in etwas kürzerer
fassung vor; wurde es der vorsicht wegend oppelt expedirt?

231. Oct. 16-17 (Galli), •um die mittnacht•, Mettmenstetten. Hauptleute und Räte von Z ü r i c h, B a s e l etc. an die B e r n e r und S o l o-
t h u r n e r. •Wie ir an uns begert ze vernemen, wie es um uns stand
und was uns begegne, findend wir ein gar unrüewige nacht mit mengerlei anritens; aber spächung halb haben wir merklichen flifs ange-
keert und darin uns berichten lassen, die figend liggend zuo Bar im
Boden. Aber wie üch angender (nacht) wir geschriben, dass unser
beger, ir zuo uns ilents ze ziechen, ist noch unser ernstlich fordrung,
dass ir das tüegend, und damit und man villicht brugge, so schickend wir unsern werchmeister zuo dem wasser, dahin ir üwern ouch
schicken wellen, (durch) dieselbigen ein brugg über das wasser ze
machen.• Nachschrift: •Ir wellend ouch in il knecht gen Maschwanden zuo schicken; da werdend sy zwei schiff finden; die wellend
schnell zuo denen gen Luukhofen ferggen.• *Bern, A. Capp. Krieg.*

232. Oct. 17 (Dienstag nach Galli), vorm. 8 uhr. Die Z ü r c h e r
hauptleute etc. an die B e r n e r im lager bei Muri. Da man jetzt in
starken haufen gesammelt sei, die viel proviant bedürfen, welchen
Zürich allein nicht zu liefern vermöchte, so begehre man, dass eilends
vorsorge getroffen werde, damit aus dem Aargau und andern gebieten
solcher zugeführt werden könne, und zwar gegen baares geld; sonst
könnte man in grofsen mangel geraten. *Bern, A. Capp. Krieg.*

233. Oct. 17 (Dienstag nach Galli). (Die Z ü r c h e r) hauptleute etc.
an die B e r n e r. Mitteilung der warnung von Zürich betreffend die
Rotweiler etc. (vgl. nr. 244?) und ansuchen um schleuniges vorrücken,
damit man mit einander ratschlagen könne. — Bitte um nachricht und
empfehlung an die herren von Bern, dass die pässe gegen den Rhein
hin gehörig zu versehen seien. *Bern, A. Capp. Krieg.*

234. Oct. 17 (Dienstag nach Galli), abends, Mettmenstetten. Hauptleute etc. (von Z ü r i c h) an die von B e r n, Solothurn etc. Man wundere sich über die meinung, man hätte die zwei in einer stunde (d. h.
gleichzeitig) erlassenen schreiben nicht senden sollen; doppelt habe man
aber geschrieben, damit wenigstens auf einem wege der brief ankomme.
Man begehre nun und mahne nochmals ernstlich, eilends herbeizu-·
ziehen; denn von den herren sei die warnung gekommen, nach aussagen der ihnen zugeschickten gefangenen, dass die feinde das diesseitige lager bei nacht in weifsen hemden zu überfallen gedenken;
auch sammeln sie sich so stark, dass gegenwehr und guter ratschlag
nötig sei. — Vgl. nr. 225. *Bern, A. Capp. Krieg.*

235. Oct. 17, Merischwanden. Hauptmann und Räte von B e r n an
Herrschaft. 1. •Ü. g. syend unser undertänig dienst zuovor und
damit ze wüssen, als wir hüt von Mure gan Merischwanden verrucken
wellen, haben wir die fryen Aempter in eid genommen, wie ir hie-

nach von uns verstan werdend. Demnach sind wir harkomen und
aber befunden, dass unser fyend noch bisshar unser nit warten wellen;
glicher wys haben unser eidgnossen und mitburger von Zürich sampt
ir(en) zugsgnossen ire hufen vertriben und, als die kundschafter sagen,
ir läger zuo Bar im Boden geslagen. So wirt uns ouch gesagt, wie
unser fyend, wiewol sy vor mit flucht ir heil gesuocht, sich wider
besamlen. So strengen u. eidg. u. mb. von Zürich uns täglich an,
zuo inen ze züchen, das uns nit bedunken will tuonlich; dann wo
wir dise landsart verlassen, wurden sy dardurch luft empfachen und
uns umbtriben. Nun wüsst ir, dass der winter vorhanden, desshalb
ze besorgen, dass lange belägrung zuo Bar nit mög verharret werden;
darumb uns von grofsen nöten ze sin bedunkt, damit es einmal zuo
ustrag gebracht, dass ir ein fenli lüt gan Hutwyl, das ander an (den)
Brünig angends schicktend, üwer paner usstacktend und fürgebind,
alle stund ufzesin; dadurch wurden die Willisouwer und ander zuo
unwillen bewegt und hiemit uns liberung gemacht, und der schrecken
dest gröfser ingetrungen unsern fyenden.» 2. Uebersendung eines
briefes. 3. Ansuchen um zusendung von geld.   **Bern, A. Capp. Krieg.**

236. Oct. 17. Schultheifs und Rat von Aarau an die von Lenzburg.
Mitteilung aus einem eben empfangenen briefe des prädicanten von
Kienberg, im auftrag des vogtes zu Farnsburg, junker Hemmann, dass
ein jüngling von Laufenburg angegeben, es kommen bauern ab dem
«Wald» dahin, und täglich oder stündlich 9000 mann da erwartet
werden.... Ansuchen um benachrichtigung des vogtes.
                                                  Bern, A. Capp. Krieg.
     Gleichen tags von dem obervogt in L., Sulp. Haller, den Berner befehls-
habern zugesandt, mit der nachricht, dass noch zwei fähnchen, die von Grielz (?)
und Payerne (Betterlingen) kommen.

237. Oct. 17. Vincenz Brenzikofer, vogt zu Trachselwald, an Hans
Pastor zu Hutwyl, in dessen abwesenheit an den schultheifs daselbst.
Seit der rückkehr von H. habe er Trub besucht und gestern nachts
erfahren, wie die Eschentaler nach Escholzmatt gekommen, und etwa
800 Unterwaldner noch erwartet werden, was er glaube melden zu
sollen; er könne desshalb nicht wegkommen und bitte hinwider um
nachrichten. Auch gehe ein geschrei, dass die herren auf morgen
«ihr heil» mit den widersächern versuchen wollen. **Bern, A. Capp. Krieg.**

238. Oct. 17 (Dienstag nach S. Gallen t.), Langental. Jacob Koch
an Bern. Antwort auf die weisung, in L. bis auf weitern befehl
beisammen zu bleiben, um bei da oder dort erfolgenden angriffen zur
hülfe bereit zu sein. Von Melchnau her werde nun täglich zuzug begehrt, da die feinde hart an der grenze liegen; seinerseits wäre er geneigt, mit allen angehörigen der grafschaft Aarwangen dahin zu ziehen,
wenn dies den herren gefiele, wesshalb er bescheid erbitte.
                                                  Bern, A. Capp. Krieg.

239. Oct. 17, Langental. Matthäus Knecht und Jacob Koch, vögte
zu Wangen und Aarwangen, an Bern. 1. «Wir tüend ü(wern) g(naden) ze wüssen, wie wir die lüt uss beiden grafschaften versamlet und
mit denen zuo Langental ligen; ouch so haben wir die wachten unden

uf von Rogkwyl bis an die von Hutwyl an allen orten besetzt und wellen also warten und ü. g. schriben guotwillig nachkommen, wiewol uns die innern angemuotet, wir söllen abziechen, so wellen sy ouch abziechen mit iren wachten; wann sy begären uns in dheinen weg nüt ze tuon; welches aber wir nit tuon wellen; dann wir können nüt anders darus ermessen, dann dass sy villicht gern den andern hufen ersterkern oder uns sust etwas heimlicher schmach zuofüegen woiten. 2. Wyter, des potten halb, als uns ü. g. geschriben, wüssent dass Durs Sebach söliche wort zuo Langental uogstofsen und geredt hat; darbi und mit ist ouch gsin ü. g. pott Bartlome der kirsner; daran mag sich ü. g. witer erkunden, ouch etlich mer von Langental hend es ouch gehört. ●　　　　　　　　　　　　Bern, A. Capp. Krieg.

240. Oct. 17, (Zofingen?). Konrad Tübi an den hauptmann etc. von Bern. 1. Er schicke hiebei einen wagen voll brot und erbiete sich zu senden, so viel er vermöge, finde aber leider keine fuhrung. — Nachschrift: 2. Die Lausanner seien mit einem fähnchen angekommen und bleiben hier bis auf weitern bescheid.　　　　Bern, A. Capp. Krieg.

241. Oct. 17. Die gemeinde Küttigen an die hauptleute von Bern. Antwort auf die weisung, das zehnten(korn) unverzüglich zu dreschen und dem lager zuzuführen. Man bitte nun, etwas für die armen leute nachzulassen, damit man die eigenen knechte auch zu erhalten wisse; zudem habe man darauf so viel entlehnt, dass man keine neuen vorschüsse erhielte; wenn der krieg vorüber, wolle man dann gern entrichten, was gefordert werde, etc. etc. — (Schrift des Aarauer stadtschreibers).　　　　　　　　　　　　Bern, A. Capp. Krieg.

242. Oct. 17, Grandson. Hans Reif, vogt z. G., an Bern. «Strengen, etc. etc. 1. Als dann ufrüerig kriegsmäre gand, ist der houptman Sancte Furni(?) zuo Iverdon gesin und do angeschlagen, dass si ir wasser la Teilla (Thiele) töifer vor dem stettli und umb das schloss graben wellen, hat sich sunst nit lenger do gesümpt, und gat wol ein noch es sol heimlich ein zuosatz darkomen, und insunders so sol des herzogen bruoder von Safoy sin possess do innemen». . . Zusicherung wìterr nachrichten und getreuen gehorsams. — Nachschrift: 2. Etliche prädicanten und ihre anhänger wollen die alten priester aus den pfarhäusern vertreiben; er bitte, dieselben zur ruhe zu weisen bis auf gemeinsame verfügung der zwei Städte.　　　　Bern, A. Capp. Krieg.

243. Oct. 17, morgens 6 uhr, Mettmenstetten. Hauptleute und Räte von Bern und Rat in Zürich. Ihr gestriges schreiben habe man fürwar mit grofsem schrecken empfangen; denn sollte der proviantvorrat abnehmen, so wüsste man die folgen für diesen krieg nicht zu ermessen; würden die Eidgenossen daran mangel haben, so wäre unschwer zu besorgen, vielleicht bald der abzug. Die rücksendung der losen leute sei ebenso bedenklich; denn sonst möchten die ausgezogenen heimkehren wie die zugelaufenen, und die freiwilligen unter den bürgern dies auch zum vorwand nehmen, sich zu entfernen. Darum wünsche die obrigkeit, die bereits beurlaubten desto ernstlicher zum rechten anzuhalten und von Schaffhausen, Stein etc. her eilends

kernen zu beziehen, damit kein mangel eintrete; man lasse übrigens
so still wie möglich noch einige junge leute heim. Das fehlende
trockne («digne») und schweinene fleisch bitte man aus den klöstern
oder dem spital zu beschaffen. Man habe gestern morgen den feind
an mehrern orten auf beiden seiten der Reufs verjagt; er habe sich
dann, einige waffen, kleidung und speisevorrat hinterlassend, nach Baar
zurückgezogen; man wolle jetzt aber zusammenziehen und über das
weitere ratschlagen. . .　　　　　　　　　　　Zürich, A. Capp. Krieg.

244. Oct. 17, früh morgens. BM., Räte und Burger von Z ü r i c h
an hauptleute und Räte bei Maschwanden. Es kommen gehäufte anzeigen, wie die von Rotweil, Villingen etc. nach den vier städten am
Rhein auf den füfsen seien, um den V Orten hülfe zu bringen; man
habe zwar alle pässe nach möglichkeit versehen; wenn aber ein angriff käme, so wäre der zulauf klein, und zudem kein geschütz mehr
vorhanden; darum wünsche man, dass hierüber mit den Bernern geredet werde, die wohl noch mehr leute zu hause haben, damit man
im fall der not wüsste, woher man hülfe erhalten könnte. . .
　　　　　　　　　　　　　　　　　　　　　Zürich, A. Capp. Krieg.

245. Oct. 17 (Dienstag nach Galli). BM., Räte und Burger von Z ü -
r i c h an hauptleute etc. auf dem weg nach Zug. «Es haben uns die
gfangen, so by unsern fygenden enthalten worden, berichtet, wie der
fünf Orten . . kryg syge, sich in wyfsen hembdlinen anzetuon und üch
by nächtlicher wyl ze überfallen; diewyl wir aber üch vor schaden
ze retten und ze warnen nit allein schuldig, sonder von herzen begirig, so haben wir üch solichs unangezöigt nit wellen lassen ». . .
　　　　　　　　　　　　　　　　　　　　　Zürich, A. Capp. Krieg.

246. Oct. 17, nachm. 2 uhr. BM., Räte und Burger von Z ü r i c h
an hauptleute und Räte zu Mettmenstetten. «Ilends ilends ilends ilends.»
Antwort auf ihre beschwerde über die weisung, die jungen leute heimzuschicken etc. Wenn sie dies für nachteilig ansehen, so wolle man
mit rücksicht auf die erteilte vollmacht ihnen freistellen, nach gutfinden zu entlassen oder nicht. Indessen habe man nichts gespart, in
Schaffhausen, Stein etc. kernen zu bekommen, aber wenig gefunden,
wolle aber keine mühe scheuen, das nötige herzuschaffen. . . Da sie
melden, dass die Berner und andere mitburger zusammenrücken, aber
nicht anzeigen, ob sie mit dem panner von Zürich vereinigt vordringen
wollen, so möchte man hiemit raten, dass dieselben über die Reufs
kämen und alle sich zu einem haufen versammelten und dann rat-
schlagten, wie man dem feinde beikommen könnte; besonders gut
möchte es sein, wenn diese macht den bühel ob Blickenstorf hinter
dem wald gewinnen könnte; das möchte dann die V Orte erschrecken,
während sie mut fassen dürften, wenn dort nur ein teil der macht
sich aufstellte. . . Proviant werde man immer genug schicken, wenn.
man wisse, wohin er gehen solle. . .　　　　Zürich, A. Capp. Krieg.

247. Oct. 17. Konrad Escher (vogt zu Eglisau) an Z ü r i c h. Antwort: Er habe noch immer gute wache gehalten und wahre kundschaft
bekommen, finde aber nicht nötig, jeden tag einen boten zu schicken

wegen eitlem gerede; begehre auch keine hülfe, da man die leute sonst brauchen könne. Alles was er vernehme, sei darin gesagt, dass der adel sich ruhig verhalte, einzig Egg von Rischach die vier städte beschütze. Gegen klagen hoffe er sich zu verantworten. Auf die Rotweiler werde er wohl achten; die pässe seien versorgt etc.

Zürich, A. Capp. Krieg.

248. Oct. 17 (Dienstag nach S. Gallen t.), gegen tag. Zürich an Schaffhausen. 1. « Des getrüwen klagens unsers schadens sagen wir üch zum früntlichisten dank, zuo Gott hoffende, ob er uns schon ein ruoten zöigt, er uns doch zum schieristen alles leids widerumb ergetzen werd; dann als unsere fygend durch unsern boden nider unz schier gan Brämgarten zogen, ruckend sy jetz widerumb hindersich und zühend inen die unsern mit einer starken macht uff dem fuofs nach, mit geschütz und anderen kriegsrüstungen wol verfasst; so ziehend die überigen von Bern, Solothurn, Biel, Fryämpter mitsampt eim fännli unserer knechten den nächsten uff Luzern zuo. Und so ir den üwern profiand nachschicken wellend, mögend ir die bescheiden biehär zuo uns, so wellend wir sy wyter bescheiden. 2. Sodenn kompt uns diser stund abermaln als vil als glouplich von Diefsenhofen zuo, wie die von Rotwyl, Vilingen und ander österrychisch stett mit etlich fännlinen knechten ilends uff die vier stett am Ryn zuosamen ziehen. Darumb bitten wir üch fast fründtlich, dest wachtbarer zuo sin, guot sorg ze haben, üwer kundschaft hierüber (ze) machen und was ir befindet, uns dess allweg zum ilendisten zuo berichten. 3. Und ob etwas korns by üch wäre, dess ir jenan empären möchten, uns das fründlich umb unseren pfenning fürderlich zuokommen ze lassen; dann wir zuo eim solichen mächtigen und grofsen volk (als ir wol habend ze erachten) vil profiand dörfen, und aber noch nützit tröschen und jedermann im feld bim heer ist. Tuond in allen dingen, als wir üch aller fründschaft zum höchsten vertruwend. »

Schaffhausen, Corresp.

249. Oct. 17. Schaffhausen an Zürich. Antwort auf das schreiben wegen des zuzugs der Rotweiler etc. Man habe glaublichen bericht, dass die Rotweiler mit 100 und die Villinger mit 30 mann diese nacht in Waldshut anlangen sollen, der gemeinen sage nach den V Orten zu hülfe. Sonst könne man von keiner seite her von rüstungen etwas vernehmen, werde übrigens, was man weiter erfahre, nicht verbergen. . .

Zürich, A. Capp. Krieg. Luzern, A. Capp. Krieg (orig.).

Desgleichen an hauptmann Heinrich Schwarz im felde.

250. Oct. 17. Baden an Zürich. Bedauern über die ausgebrochene feindschaft. In den letzten tagen habe der abt von Wettingen einen burger gefangen und auf bezügliche anfrage eine genügende antwort gegeben; aber gestern seien etliche von Mellingen, die bei dem abt gegessen und getrunken, auf dem heimweg in das haus eines burgers vor der stadt, nämlich des wächters, eingedrungen und haben genöthigt, ihnen allerlei zu sagen. Zudem haben die zusätzer in Wettingen sich in dem walde vor der stadt im harnisch gezeigt und dadurch einen « aufruhr » veranlasst. Weil man nichts unfreundliches

unternehmen, sondern gegen alle gute nachbarschaft halten wolle, so
bitte man nun freundlich und ernstlich, an beide orte hin zu schreiben,
damit solcher trotz und unrat vermieden bleibe... Zürich, A. Capp. Krieg.

251. Oct. 17 (Dienstag nach Galli), nachm. 1 uhr, Wyl. Peter Weber, statthalter im hof, an hauptmann Frei. 1. Bedauern über den
verlust der Zürcher; doch als demütigung aufzufassen mit der hoffnung auf reichen ersatz, etc. 2. Da er, Weber, zu einem hauptmann
ernannt sei, so bitte er um bescheid, ob er hier zu bleiben habe, oder
ein anderer für ihn hier eintreten solle. 3. Die 150 knechte, die er
auf ernstliches ansuchen der Toggenburger nach Kaltbrunnen geschickt,
hätten gern ein eigenes fähnchen; einstweilen haben sie zu dem der
Toggenburger geschworen; als rottmeister sei der ammann (von) Zuz-
wyl ihnen vorgesetzt. Bitte um bescheid. 4. Dessgleichen wegen eines
fasses voll harnische, die einem fremden gehören, der jetzt abwesend
sei; ob man sie schätzen und verteilen, auch je an einen gulden ein
ort (¼) geben sollte, um in andern auszügen besser gerüstet zu sein
als jetzt. 5. Wegen des mangels an geld bitte er den hauptmann um
rat, wo man in der stille etwa 1000 gl. bekommen könnte. 6. In
gutem vertrauen sei auch anzuzeigen, dass dem vogt im Rheintal, Ulrich Stoll, ein tapferer gehilfe beigesellt werden sollte, da jener keinen
eifer für einziehung von kundschaften zeige, wiewohl es (eigentlich)
ennet des Rheins noch « federstill » sei. Bitte um bescheid. 7. Das
volk sei (noch) tapfer und gutwillig. 8. (Aber) die Glarner und Appenzeller bleiben still und versuchen, mit Freiburg ein heer aufzustellen, das zwischen die parteien ziehen sollte. 9. Die knechte in Kaltbrunnen, etwa 2000, seien noch guter dinge; von den Bündnern werden täglich etwa 2000 erwartet; ein gerücht sage indess, die böswilligen von Glarus halten dieselben in Walenstadt zurück. — Nachschrift: Ankunft von geld und proviant. Bitte um besondere rücksicht
auf die kosten der knechte aus dem untern Amt, etc. — (Handschrift
von L. Appenzeller). Lucern, A. Capp. Krieg (orig.).

252. Oct. 17, nachm. 1 uhr. Schultheifs und Rat von Rapperswyl an Zürich. Antwort auf das schreiben betreffend die forderung
der III Länder, den prädicanten Jos Kilchmeyer nach Lucern auszuliefern: Dies sei ihnen allerdings zugemutet; aber sie seien nicht willens, folge zu leisten, sondern wollen ihn behalten und schirmen, so
weit sie vermögen... Zürich, A. Capp. Krieg.

253. Oct. 17, Kaltbrunnen. Hans Jäckli und Klaus Bebi von Grüningen an BM. und Rat in Zürich. Glarus, Appenzell und Rapperswyl haben zwischen der March und dem Gaster einen anstand zu
machen unternommen; man habe den Gastelern gestattet, einen solchen
anzunehmen, aber des proviants halb nichts einzugehen; den text der
abrede der schiedleute finde man beiliegend.... (Folgt ein auszug).
Bitte um weisungen, « dann wir werden unbillicher dingen angezogen.»
Zürich, A. Capp. Krieg.

A tergo: «der hüpsch anstand zuo Wesen.»

254. Oct. 17, Mörsburg. Hans von Goldenberg an Zürich. Er habe
guten bericht, dass sich «enthalb» Rheins ein grofses volk sammle
und aus fremden landen gegen Waldshut heranziehe...
Zürich, A. Capp. Krieg.

255. Oct. 17 (Dienstag nach Galli), nachmittags 3 uhr, Altstätten.
Ulrich Stoll an Zürich. Er habe heute einen verhaftet, der sich
Konrad Hildbrand von Speyer nenne und erzähle, wie er letzten Mittwoch im frauenhaus zu Zürich mit dem nachrichter gezehrt und demselben das schwert um 2 pfd. und ein vierteil «spetzy» abgekauft,
dann den weg über Utznach genommen und im sinn gehabt habe, zu
dem von Ems zu gehen und um das richteramt zu bitten; er habe
sich aber im Rheintal seit dem Sonntag aufgehalten etc. Bitte um
nachfrage bei dem «frauenwirt» und bericht etc. Da er (Stoll) jäm-
merliche dinge höre, so bitte er um nachricht, wie «es» ergangen. Die
Rheintaler halten sich wohl und bewachen den Rhein, wie man ihnen
befohlen; es sei aber jenseits noch nichts wahrzunehmen als einige
wachen.
Zürich, A. Rheintal.

256. Oct. 17 («Dienstags»), nachm. 9 uhr, Zurzach. Niklaus Brunner
an Zürich. Er habe sichere kundschaft, dass die von Rotweil, bei
300 stark «diese nacht», in Waldshut eingezogen seien, und von Leuggern her, was der gesendete .brief enthalte; darum bitte er um 3—4
leichte büchsen mit pulver und steinen, da nur hakenbüchsen vorhanden; die zwei von Klingnau nach Coblenz geschickten «fagünli» seien
zu wenig; zudem fehle pulver, während die zu Waldshut wohl mit
geschütz versehen seien; es müfse alles bezahlt werden; «der bischof
von Kostenz ist ouch in der ürten.»
Zürich, A. Capp. Krieg.

257. Oct. 17. Freiherr von Hewen an Ulrich von Sax. Mitteilung
von schreiben ab Twiel (kriegsnachrichten enthaltend), die auch nach
Diessenhofen und Zürich geschickt werden sollen. Im Hegau sei den
bauern geboten, binnen zwei tagen gerüstet zu sein...
Zürich, A. Capp. Krieg.

258. Oct. 17. Hs. Hch. von Rischach und Seb. von Lier, verwalter
zu Twiel, an Diefsenhofen. Durch ihre knechte haben sie gestern erfahren, dass der adel in der umgebung überall den bauern bei strafe
gebeten, sich mit waffen zu versehen; namentlich seien die von Singen aufgefordert, in zwei tagen gerüstet zu sein; dies melde man in
guter meinung, damit es auch in Zürich angezeigt und dabei ein herz-
liches bedauern über ihren unfall bezeugt werde...
Zürich, A. Capp. Krieg.

259. (Oct. o. 17 f.), Mellingen. Hans Blass an seckelmeister Edlibach und Hans Escher, jetzt in Bremgarten. Er vernehme von bauern
aus den drei Aemtern, die hier im zusatz liegen, dass leute von Vilmergen, Wohlen und Sarmenstorf bei den V Orten im feld liegen,
- sie heimkommen, dreschen und ihnen wieder vorrat zuführen; er
habe wohl junge leute, um dies näher zu beobachten, habe aber von
den oberen noch keine erlaubniss empfangen. Ferner zeigen jene bauern
an, dass 200 mann aus dem Meyenberger amt ob Muri gegen Hohen-

rain hin liegen, wo sie gut «suchen» wären; dazu seien alle gerne bereit.   **Zürich, A. Capp. Krieg.**

260. (Oct. 17 ?) «uff Zinstag uf die achtet stund». Hauptmann und fähndrich zu Meyenberg än hauptmann . . . (adresse fehlt). Es sei nachricht gekommen, dass sich die widerwärtigen zu Merischwanden gelagert haben und sich bis an das fahr zu Sins ausbreiten, und ferner dass sie zu Au einen überfall machen wollen; desshalb habe man hier gemeinde gehalten und beschlossen, in das städtchen Meyenberg zu ziehen; nun bitte man um bescheid, wie man sich halten und wohin man rücken solle, auch ob man hülfe zu erwarten habe, etc.
Lucern, A. Religionshändel.

261. Oct. 17 (Dienstag nach Galli), üm 8 uhr vorm. Statthalter und Rat von Lucern an hauptleute, fähnriche, Räte etc. im feld. Mitteilung einer soeben eingegangenen kundschaft. Man habe nun eine anzahl knechte wieder «zuo derselben panner» hinaus geschickt und wolle auch künftig bei tag und nacht bericht geben, etc.
Lucern, A. Capp. Krieg.

262. Oct. 17 (Dienstag nach Galli). Arnold Brandenberg, statthalter (in Zug), an Lucern. Nachdem sich die Eidgenossen in Baar gelagert haben, zeige sich grofser mangel an brot; desshalb bitte er, für ununterbrochene zufuhr für das lager besorgt zu sein.
Lucern, A. Religionshändel.

263. Oct. 17 (Dienstag nach Galli), Baar. Hauptmann und Räte von Lucern an statthalter und Rat. «Wir sind nun by vier oder fünf tagen umbhar gezogen in der fyenden land, uss ursach dass man allweg uns fürbracht, die fyend sind jetz hie, dann dört, und also unser zyt mit hin und widerzüchen verloren; ouch so ist von wegen mangel der provand und spys under den knechten ein grofser unwill entstanden, also dass wir verursachet worden sind, har gan Bar der provand nachzezüchen; wie lang wir aber an dem ende verharren werden, können noch mögen wir nit wüssen, weder stund noch tag unsers ufbruchs; was uns aber wyter begegnet, das wöllen wir üch underrichten.» — Anzeige wie Michel Hanfgarter, nachdem er geflohen, sich mit gewissen reden vergangen, und begehren, ihn gefangen zu nehmen.
Lucern, A. Religionshändel.

264. Oct. 17 (Dienstag nach Galli), mittags, Hohenrain. Hauptmann etc. an die führer des lucernischen heeres jenseit der Reufs. Man verwundere sich darüber, dass man gar nicht vernehme, wie es gehe, besonders da man heute früh einige schüsse gehört. Indessen wolle man erwarten, was weiter begegne. Einige truppen lagern zu Muri, darunter leute von Merischwanden und Meyenberg; was die unternehmen, wolle man auch gewärtigen. Bei dieser sachlage bitte man um bericht, um so dringender, als soeben kundschaft gekommen, dass ein banner der Berner bei Muri liege.   **Lucern, A. Religionshändel.**

265. Oct. 17 (Dienstag nach Galli), nachm. 4 uhr, Hohenrain. Hauptmann, pannerherr und Räte an Sch. und Rat in Lucern. «Uns langt an, wie man üch vil und mengerlei reden von uns zuotrage, als namlich für eins, dass wir by unser panner zehen tusend stark sin sottend, daran gar wyt und vil gefält ist; dann wo wir ein vil mindere macht, hettend wir üch nit geunrüewiget, uns lüt ze schicken, und hand nit tusend man alls unsers zügs. Demnach sye üch ouch fürgeben, wie wir ein uneerlichen abzug von Muri dannen getan; das soll noch wirt sich mit keiner warheit nimer erfinden, sunders hand wir den abzug von Muri nit anders getan dann mit gunst, wüssen, rat und willen unser lieben herren und obern, herr schulthess Golders und (der) Räten by der paner, ouch der übrigen unser herren von den vier Orten, die uns durch vilfaltig schrift (die wir noch, so die notdurft das erfordert, dorum anzeigen könnend), darzuo erfordert und erbetten; dann wir vermeint und noch, so wir inen . . . willfarend irer bitten und geheifs, sölle uns das zuo guotem und keinem argen gemessen werden. Zuodem, als sy von uns begert, inen (des) Baptisten büchsenschützen sampt houptman Jacob Martis gsellschaft hinüber zuo inen ze schicken, und wir mit der panner uf unser gewarsami, damit uns nüt zuostan, das uns nachteilig sin wurd, sind wir in(e)n dess zuo willen, von Muri Mentags morgen harus uf das feld zogen, da uns ein guot zyt enthalten, red mit den knechten gehan und darnach den zug teilt, dass die obgemelten mit guoter ruow und muofs über die Rüfs und wir gen Honrein zogen ane einich schand und schaden. Darum, lieben herren und vätter, wellend nit jedem, so mit erdichten reden kunt, glouben geben, dann wir üch die warheit zuo keiner zyt verhalten, sunder allweg by tag und nacht grundlich berichten • (wellend), etc.

Lucern, A. Religionshändel.

266. Oct. 17 (Dienstag nach Galli), nachm. 4 uhr, Hohenrain. Hauptmann etc. an die Lucerner im feld bei Baar. Vor zwei stunden habe man den boten zurückgeschickt; seitdem sei schultheifs Hug von den Meyenbergern zurückgekommen, bei denen er vernommen, dass die Berner ihr lager bei Merischwanden geschlagen und ihr geschütz abgeräumt haben; da sie lust verraten, zu den andern zu ziehen, so habe man kundschaften ausgeschickt, so dass man es ohne zeitverlust wissen könne, wenn sie hinüber rücken; bis auf weitern bericht sei also die begehrte hülfe nicht nötig; man rate auch, nicht jedem gerade glauben zu schenken, etc. — Mitteilung der heute erhaltenen zuschrift Jacob am Ort.

Lucern, A. Religionshändel.

267. Oct. 17 (Dienstag nach Galli), nachm. um 8 uhr, Hohenrain. Hauptmann, pannerherr und Räte von Lucern an diejenigen im lager bei Baar. »Den brief und schrift von üch uns zuokon hand wir vernomen, und dass ir nit wüssen mögend, wo die fyend syend etc., und euch desshalb dass die Berner die Merischwander beschädiget und ettliche erschlagen und uf üwerem erdrich jetz ligend mit einer macht, ist wol zuo gedenken, wenn da ist ir paner sampt xxx stuck büchsen uf räderen; ob aber etwas lüt me by inen, mögend wir nit wüssen; und war sy nun morn wellend, mögend wir nit vernemen; dann wie dem aber ist, sy wellend haruf gen Sins und aber wyter und uns, so wir am jetzigem platz zuo Honrein blibend, villicht umzüchen oder an die brugg uf Gysiken; dann sy je nit umsust (als wol zuo gedenken) da sind; (nu) sind ouch die Merischwander und Meyenberger von einandern zerstoben und inen da niemand zuowider; dorum begerend wir hierin üwers rats und bystands, und ob üch geliebte, der übrigen u. l. eidgnossen von den vier Orten ouch, ob funden werden möcht, dass uns so vil zuoschuob, hilf und bystand kon möcht, dass wir eim hufen begegnen und angryfen möchtend; dann wir sy je nit länger noch wyter also können züchen lan, als wol zuo bedenken; dess schickend uns ylends üwer rätlich antwurt zuo, dann die paner von Rotenburg wirt darzuo nit gnuogsam syn.» <small>Lucern, A. Religionshändel.</small>

268. Oct. 17. Jacob Feer, landvogt zu Lauis, an Lucern. «Frommen etc. etc. 1. Uff nächst Sunnentag (15. Oct.) ist mir botschaft von Belletz zuokon, die erlich tat, so ze Kapel geschechen, dess ich Gott trülich lob; denn wir hie noch nit wüssen gehan hend, dass kein ufbruch noch wär beschechen; es ist ouch desselben tags das schloss Luggaris ze unsern handen ingeno(me)n. 2. Witer, gnädigen herren, so hand die Zürcher und Berner und Pünter die vergangen wuchen mit dem Herzogen getaget und an in begert tusend haggenbüchsenschützen, iren herren hin(us) ze schicken wider üch, het er inen noch nit wellen zuosägen, het mir der bischof von Werelan uf gester zuogeschriben; ich bin ouch bericht, dass die stett Zürich und Bern den iren im läger zuogeschriben, dass si söllend zuo diser landschaft Louwis und Luggaris grifen und Belletz und üch des pass hie ouch berouben und inne(me)n, damit ir gar intan syend, so hend wirs inen mit Luggaris verkon. 3. Aber diser landschaft halb ist es sorglich; denn si uns fast tröuwend und all stund wol har möchtend kon; denn es ein offen dorf ist; han ouch mine kind gan Belletz geschickt, hend die landschaft gefürcht, ich wellt ouch von inen, und sind fast unrüewig worden; han ich si tröst und geredt, ich well nit von inen, ... sofer si mir ouch zuosegend, biderb lüt an üch m. h. den fünf Orten und an mir ze sin und ir landschaft ze schirmen vor überfall, hend si mir zuogeseit, lib und guot zuo mir ze setzen und daruf etlich rick in bergen besetzt und wachten und anders geordnet; ich sorg aber fast übel, wo etwas kem, (dass) si nit fast trostlich wärend, denn was mit worten zuogieng; aber der werchen halb ist es ein untrostlich volk. Ich sorg ouch, so bald ich von inen kem, dass si von den luterschen ingenon wurdend und inen schwüerend und ir m. h. die fünf Ort um disen pass kämend, das Belletz und Luggaris ein grofser nachteil wär; so möcht ich es allein ouch nit behalten. 4. Ich han etwan xx knecht, so uss dem läger abzogen sind, hie angenon, damit ich dennocht von üwer wegen nit so blofs hie si(e); han mir die zoller heifsen gelt gen, damit ich si enthalten mög; so mag ich nüt von inen bringen; bitten üch, m. h., inen ze schriben, dass si mir gelt uss dem zol von üwer wegen gebend, damit ich das und anders, so jetz in disen löufen ufgat, bezalen mög; düecht mich ouch guot, ir hettend inen geschriben, dass si üch etlich knecht von diser landschaft ouch hettend zuogeschickt; wiewol, diewil die im läger sind, man ir hie

wol tarf; aber man hett versuocht, was doch (in) inen gestecket wär;
denn si den andren Eidgnossen bür ouch etlich knecht gen hend, aber
ouch mit unwillen. Ich wöllt sust jetz am Langensee und ze Luwin
wol me knecht finden, wenn ich gelt hett, schützen üch hinus ze
schicken. 5. Es het mir ouch der bischof von Werelan ein brief zuogeschickt, hört Baptisten Genueser, den ich üch ouch hie schick; es
wär ouch sin meinung, dass ir . . die fünf Ort dem Herzigen früntlich
schribend, achte er, (er) wurd die luterschen irs begerens halb fast
hindern, denn er irem glouben fast fyend sy(e), und all sin volk ist
inen fiend; bitt üch m. h., ir wellend mich ilends berichten, was ich
hie mit der landschaft handlen oder tuon und lan sölle, damit mir
nüt ze verwisen stand. 6. Ir . . hattend mir geschriben, hinus ze kon,
ist mir bishar nit möglich gesin; denn ich sid Sant Bartholomes tag
uf kein ross han mögen kon und nit wandlen ». . . 7. Bitte um schriftliche weisungen, auch um bericht, ob der büchsenschmied meister
Peter, der jetzt nach Luggaris verordnet sei, in dem krieg der V Orte
etwas nützen könnte, da er ihnen gerne dienen würde, obwohl er auch
diesseits nötig wäre, etc.   *Lucern, Missiven.*

269. Oct. 17 (lendemain du jour de St. Gall), Utznach. Anonymus
(«celui que savez») an (die V Orte, oder Lucern?). «S. p. d. . .
Jai prins une affaire a cause de vostre bonne doctrine que vous avez
encore en vos pays et pour la cause que je vous voudrois . . volontiers
servir et faire quelque bon service, que vous eussiez honneur et profit,
je vous certifie, et ne vous souciez de vos lettres, car je les ai prins
en ma charge et les ferai tenir la ou je dois, je vous (le) promets,
et non autre chose.» . .   *Lucern, A. Religionshändel.*

    Die adresse fehlt. Cysat schreibt diesen brief einem savoyischen am-
bassador zu (?).

270. Oct. 17, Freiburg. Nach verlesung der schreiben von Wallis
und Genf wird Ulrich Nix nach Wallis abgeordnet mit einer instruction. — (Diese lautet dem unter gleichem datum an die V Orte gerichteten schreiben fast wörtlich gleich. Beigefügt ist die bemerkung,
dass die V Orte Freiburg von ihren anschlägen nicht benachrichtigt
haben, und dass es über den stand der dinge überhaupt nichts sicheres
wisse, wesshalb es um bezügliche nachrichten bitte, etc.).

        Freiburg, Instr. II. 26 b, 27 a.

271. Oct. 17. Ulrich Mögger (?), amtmann zu Schenkenberg, an hauptmann und Räte der Berner im felde. «Edle etc. etc. Hiemit wiss
üwer g(naden), dass die nidren die stätt träffelich wol besetzent mit
kriegsvolk, und wartent eins reisigen zügs, wölcher gwüss sol komen.
Aber vom Bomgarter noch von sinem züg ist nützit warhaftigs vorhanden, dan (dass) man im eins sölichen hufens vertruwte(, ist) ganz
nit, dann er wider ins Keisers land nit darf kommen. 2. Wyter ton
ich ü. g. (so) wissent, dass vil tröwworten beschicht, wie dass ein züg
neiswan her sölte komen und namlich gen Laufenberg, hab ich kundschafter uggeschickt uff den Wald und allenthalb, damit ich üch . .
möchte mine kundschaft zuoschicken. Mir ist ouch uff dise stund

botschaft mit warnung komen, wie dass sich Egk von Ryschach heiter hab lassen merken, er wölle die Schwarzwalder nemen zuo eim fänlin und welle gen Lüggeren; dann die sinen habent ouch etwas dargeben, wölle er understan mit gewalt ze reichen, ... und so etwar zuo uns harüber übern Rin (dess ich lass erkundschaften), wöllent mir uns mit Gottes hilf wie trüw Berner erzeigen und weren, und als bald ich waren bericht hab, will ichs üch in yl kunt ton, es sye oder nit, damit und ir die warheit vernement; dann will er etwas zuo wegen bringen, muofs ers durch främpt (!) und Schwarzwalder zuo wegen bringen; dann das volk zwüschen Rin und Ar will rüewig sitzen, so lang Gott will, und ir hüser ufrecht behalten ».. .

Bern, A. Capp. Krieg (irrig zum 1. Oct. eingeordnet).

272. Oct. 17, frühe, Muri. Hauptleute etc. von **Zürich, Bern, Solothurn** etc. an die von **Zürich, Basel'** etc. Antwort: Sie haben nun beschlossen, näher zu rücken, schicken jetzt auch leute aus, um den weg zu erkunden und die lagerstatt an der Reufs «auszugehen», damit sie, wo es not wäre, den vorausgerückten zuziehen oder diese sich zurückziehen könnten; denn für einmal finde man nicht vorteilhaft, auf einen haufen zu ziehen, sondern weitaus am besten, den feinden an zwei orten unter die augen zu stehen; sobald man aber näher sei, werde man sich weiter beraten. *Zürich, A. Capp. Krieg.*

273. Oct. 17, (Merischwanden). Hauptmann und Räte von **Bern** an hauptleute etc. von **Zürich, Basel, Schaffhausen** etc. Nachdem man hier angekommen, erachte man für hochnotwendig, einen satten ratschlag zu tun, bitte also eine botschaft zu schicken, mit vollmacht zu einem endlichen anschlag; aus verschiedenen gründen sei es aber nicht rätlich, ihrem haufen näher zu rücken; das nähere werde man den boten eröffnen. *Zürich, A. Capp. Krieg.*

274. Oct. 17, nachm. 4 uhr. **Bern** an hauptmann und Räte. Ilends ilends ilends. Antwort: Dass die feinde von Muri gewichen, sei nicht zu überschätzen, da die hauptmacht, etwa 7000 mann, beisammen bleibe; es möchte eine list dahinter stecken, um die Berner von den Zürchern zu trennen und zu «ranzen»; dabei sei zu bedenken, dass die feinde auch geschickte kriegsleute haben; daher erscheine als dringend, nicht die Reufs zwischen beiden lagern zu lassen, sondern zu den Zürchern (hinüber) zu ziehen. Die Oberländer, ausgenommen Hasle und Interlaken, auch die «ab dem See» und die Landgerichte seien auf Donnerstag hieher beschrieben, um dann zu beraten, wohin das zweite banner rücken solle, um den krieg so bald wie möglich zu ende zu führen; was hiefür ratsam wäre, möge desshalb eilig angezeigt werden... *Freiburg, Diensb. Pap.*

275. Oct. 17. **Bern** an **Solothurn.** «Es haben üwere und unsere getrüwen lieben eidgnossen etc. von Zürich uns schriftlich bericht, wie die von Rottwil mit sampt denen von Vilingen und Hüfingen understandint, unsern fygenden am Rin luft ze machen und den pass zuo Schaffhusen oder, wo es da nit sin möge, sunst by den vier stetten am Ryn ze nemen. Darzuo kompt inen ouch durch vertruwt lüt warnungen, wie sich ein züg im Klecköw uff die iiij° zuo ross und sechs oder mer tusent ze fuofs samlen und innerhalb iiij oder v tagen da ankomen und schon ij° büchsenschützen zuo Thüngen in der grafschaft Küssenberg sin söllen, (..?) uns dann von allen teilen des ends wol ufsechend, und niemands weist, was denen zuo Klingnow, Kobelz und da umbhär ze vertruwen syge. Das haben wir üch .. unberichtet nit wellen lassen. Wellend ouch ein getrüw ufsechen uff uns haben. Wir füegend üch (ouch) ze wüssen, dass wir die unsern von statt und land in unser statt beschickend, so zuo unser andern panner verordnet sind; wo wir beleidiget werden an üwern und unsern landen, wurden wir mit hilf des Allmächtigen dem vorsin ...; wellend üch dermafs ouch versechen, damit wir üwer, als ir üch unser, habend zuo getrösten und uns zuo heil erschiefslich möge sin »....

Solothurn, Berner Schr.

276. Oct. 17 (Dienstag nach Galli), Solothurn. Die Räte haben der zwietracht halb, die etliche leute (zu stiften begonnen) wegen der absendung eines fähnchens, in erwägung gezogen, dass daraus allerlei schaden erwachsen könnte, und gefunden, dass man in lieb und leid zusammenhalten müfse, desshalb alles vergangene aufgehoben, also dass es niemand dem andern vorwerfen soll, welche partei (je?) siegen oder unterliegen würde; bei jedem mehr soll es bleiben, die minderheit sich darein fügen. Das soll in den zünften verkündet und auf die landschaft geschrieben werden; gegen messpriester oder prädicanten soll keine gewalt gebraucht werden; falls sich einer ungeschickt hält, so ist es anzuzeigen, wenn dieser handel vorüber sein wird. Es ist auch in das feld zu schreiben, dass an prädicanten und priestern nichts thätliches verübt werden soll. Die unruhigen weiber sollen «abgestellt» und gestraft werden. Jeder soll mit seinen söhnen und dienstleuten verschaffen, dass sie nachts heimgehen; die wirte sollen nach neun uhr keinen wein mehr ausschenken. Das ist bei dem geschwornen eide zu halten. Binnen acht tagen soll jeder harnisch und gewehr haben, sonst würde man ihn von stadt und land verweisen. Die fremden leute, die nicht zünftig und burger sind, sollen von der stadt gewiesen und nicht hereingelassen werden.

Solothurn, Ratsb. 20, p. 441–448; Reform-A. (copie in mandatsform).

277. Oct. 17 (Dienstag nach Galli), Solothurn. Die ammänner von Kriegstetten und Aeschi und zwei andere zeigen an, dass die (nachbarn) von (Herzogen-)Buchse ihnen zumuten, im fall eines sturmes ihnen zuzulaufen, worüber sie der herren rat begehren. Sodann sprechen sie die hoffnung aus, zwischen den landleuten von Bern und Locern, die bei Hutwyl einander gegenüberliegen, «doch sonst nit ganz hitzig», etwas gutes zu erreichen, damit doch an einem orte angefangen würde, frieden zu machen; sie wollen aber nur mit erlaubniss der obrigkeit zu handeln versuchen. — Es wird hierauf die anordnung bestätigt, bei einem sturm aus der vogtei Bechburg nach Aarburg und Zofingen zu laufen; (die leute zu Kriegstetten etc.) sollen zu hause bleiben und auf das panner warten. Eine unterhandlung zu versuchen wird gerne gestattet.

Solothurn, Ratsb. 20, p. 440, 441.

278. Oct. 17 (Dienstag nach Galli), um 12 uhr mittags. Solothurn an hauptmann, venner und Räte im feld. Antwort auf zwei schreiben und den bericht von ausgesandten schiedsboten, dass eine gütliche handlung bisher unfruchtbar gewesen. Man sei darüber sehr erschrocken und sehe nur schlimmes daraus erwachsen, habe indessen mit Appenzell und Neuenburg wieder eine botschaft nach Bern geschickt, um dort etwas zu versuchen; was da erreicht werde, wisse man nicht. Inzwischen habe man sich heute im grofsen Rat freundlich vereinbart, alle vergangenen händel gütlich aufzuheben, etc. etc. (vgl. nr. 276). Hienach werden die führer samt ihrer mannschaft ermahnt, auch unter sich selbst alle parteiung abzutun etc.   Solothurn, Miss. p. 771, 772.

Gleichen tags an alle v ö g t e in entsprechendem sinne.   Ib. 774, 775.

279. Oct. 17 (Dienstag nach Galli), nachm. 5 uhr. Thomas Schmid, hauptmann der Solothurner, an seine obrigkeit. 1. Verweisung auf den gestrigen bericht. 2. Heute sei man aus dem kloster Muri nach Merischwand gerückt, während die Zürcher mit Basel u. a., über 14000 stark, auf der andern seite der Reufs vordringen. Feinde habe man noch nicht getroffen, vernehme aber, dass sie zu Baar im Boden lagern. Die Zürcher begehren, dass man zu ihnen hinüber rücke; man finde aber, es würde dann der haufe zu grofs; denn die Berner seien 10000 stark; die Freiämter haben sie eingenommen und schwören lassen. Wenn noch zwei tage ohne schlacht vergingen, so dürfte man hoffen, es geschähe dann keine mehr; aber stündlich sei man eines treffens gewärtig. 3. Den ihm zugestellten brief, den er heute empfangen, wisse er nicht weiter (in die V Orte?) zu fertigen; doch wolle er's versuchen. 4. Bitte um einen boten mit einer stadtbüchse. 5. Es sei befremdend, dass niemand zu mitteln versuche; man müfste aber zuvor erfahren, ob die V Orte dazu «reden lassen» wollten; denn diesseits würde es nichts nützen, indem die Zürcher ihren schaden rächen wollen. 6. Bitte um anordnung genügender geldsendungen aus der landschaft.   Solothurn, Reform.-A.

280. Oct. 17 (Dienstag nach Galli). Untervogt und gemeinde zu Reinach an die Berner. Zu der hiesigen wache seien zwei gekommen mit der anzeige, dass man am Sonntag in der nacht die mannschaft habe aufheben und das dorf plündern wollen, ebenso «Gundischwil»; es seien etwa 300 büchsenschützen dazu bereit gewesen; aber etliche nachbarn im St. Michelsamt, darunter Peter und Jörg Schüpfer, haben sich widersetzt und das unternehmen diesmal verhindert. Die gegner wissen auch immer früher, wie es «des berichts halb» stehe; darum fürchte man, sie könnten das hier missbrauchen, sobald sie wüssten, dass kein friede zu stande komme; das bitte man der folgen wegen in betracht zu nehmen.   Bern, A. Capp. Krieg.

281. Oct. 17, (Zofingen). Vincenz Gatti und Konrad Tübi an Bern. «Wir lassend üwer gnaden wüssen, wie dass sich unser nachpuren von Wyken träffenlich merken lassen, wie sy mit uns handlen wellen, und triben vil übermuots, und bsunder etlich, so in dem schloss ligen, namlich einer (so) heifst Peter Jägki, der vor under üch .. gsässen ist und von des gloubens wegen uss üwerm gebiet zogen ist, und ist ouch der rechten redliſüerern einer, der vil lugen und fuler pratiken under die üwern gesäit het. Nun ist nit an(e), er het den zenden zuo Bottenwyl; das ist nun üwer... und gehört gan Lenzburg, und lit das korn alls bi einandern in einer schür, und ist sin eigen guot, und uff das so sind die üwern und wir hie des willens und wöttend ouch gern etwas tuon, soferr und es üwern gnaden gfellig wär; so ist unser will, sy zuo schädigen an lyb und guot, wo wir sy ankommen mögen, soferr und es üwern gnaden gefallen will; wo aber das nit sin mag, so tuond doch ir eins und nemend den zenden und das korn zuo üwern handen. Wir bitten üch aber uff das höchst, ir wellend uns erlouben, etwas ze tuon, diewil sy doch sich so mechtig gerüst hand wider uns, es sy(e) mit stygleitern und ander(n) tröuwungen ze stürmen». .... Bitte um schleunigen bescheid. Bern, A. Capp. Krieg

282 a. Oct. 17 (Dienstag nach Galli), um 8 uhr abends. Solothurn an Sch. und Rat in Olten. Antwort auf ihr schreiben betreffend das ansinnen des vogtes von Aarburg. Schon letzten Samstag habe vogt Willading hierselbst das begehren angebracht, dass im fall eines angriffs der Lucerner auf Zofingen etc. das Solothurner landvolk aus den benachbarten ämtern den Bernern zulaufen dürfte. Darüber habe man den vögten zu Falkenstein und Bechburg geschrieben und lasse es dabei bleiben. Die Oltner sollen aber zu hause bleiben, das schloss bewahren und sich bereit halten; gleichen befehl habe der vogt zu Gösgen, den fall ausgenommen, dass landesfremde einbrechen würden. Die vögte hätten nicht eigenmächtig nach Olten geladen werden sollen, da sie die schlösser zu hüten haben. Solothurn, Miss. p. 776.

282 b. Oct. 18 (Mittwoch n. G.). Solothurn an Olten. Seit gestern abend habe man aus Bern die märe vernommen, dass im Oberen ein heer gesammelt werde, etwa 400 zu ross und 6000 oder mehr zu fuſs, und schon 200 schützen zu Thüngen liegen, und dass in 4—5 tagen versucht werden solle, irgendwo durchzubrechen. Auf diesen fall mache man sich bereit und bestätige daher die weisung, irgends hin zu ziehen, etc. Solothurn, Miss. p. 777, 778.

Entsprechend an die vögte zu Gösgen und Dorneck.

283. Oct. 18 (Mittwoch nach Galli), nachm. 3 uhr, Reichenburg. Hauptleute, fähnrich und Räte aus der March, Einsiedeln und den Höfen an hauptmann, pannerherr und Räte «zu Schwyz». Seit dem ansuchen um 600 knechte habe man gewisse kundschaft erhalten, dass bei 2000 Bündner in nächster nacht in Wesen ankommen sollen, sodass man hülfe bedürfen werde; man bitte also, eiligst so viele knechte zu schicken, als entbehrlich seien. Lucern, A. Religionshändel (orig.).

284. Oct. 18 (Mittwoch nach Galli), morgens 5 uhr. Jacob am Ort an Statthalter und Rat in Lucern. Infolge einer verständigung mit den anstöſsern im Berner gebiet seien beiderseits die lager geschleift, jedoch diesseits die grenzen mit heimlichen wachen versehen, eine besatzung von 100 mann nach Willisau verordnet, und 200 mann nach Hochdorf geschickt worden. Da verlautet habe, dass die Berner, wenn ihnen schaden zugefügt würde, es mit aller macht vergelten wollen, so habe er das sofort nach Hochdorf geschrieben. Nun bitte er um bericht, ob die Walliser im felde stehen oder nicht, und ob die Schwyzer, wie ein gerücht sage, mit den Zürchern wirklich geschlagen haben.

Luzern, A. Religionshändel.

285. Oct. 18 (Mittwoch nach Galli), nachm. 5 uhr. Jacob am Ort an hauptmann, pannerherr und Rat zu Hohenrain. Er vernehme, dass sich die grenzbesatzungen der Berner überall verstärken, und die annäherung lebensgefährlich sei, so dass man angriffe befürchten müfse; da nun der amtsleute wenige seien, so bitte er ernstlich um rat; denn die lage gefalle ihm nicht, und die amtsleute klagen, man habe sie entblöfst und die kornvorräte weggeführt; desshalb begehre er rat auch für den fall, dass der feind mit überlegener macht einen angriff versuchte, etc.   *Luzern, A. Religionshändel.*

286. Oct. 18 (Mittwoch nach Galli), Hohenrain. Hauptmann etc. an Schultheifs und Rat in L u c e r n. Antwort auf die eben erhaltene zuschrift und die vorwürfe gegen sch. Hug etc. Man habe in einem andern briefe bereits gemeldet, warum und wie der abzug geschehen, nämlich auf die wahrnehmung hin, dass kein feind in der nähe sei, zudem in der absicht, kosten zu sparen und das gotteshaus Hohenrain vor schaden zu bewahren, den der grofse zulauf von ‹ ungemeistertem › volk hätte verursachen können; darum habe sch. Hug die leute heimgeschickt. Die herren wissen übrigens wohl, dass man nicht alle anschläge dem gemeinen mann vorbringen könnte, da nichts gutes daraus entspringe, und mögen daher nicht jedem gerede glauben schenken, da auch in viel geringeren sachen mancherlei erdichtet werde; man gedenke allezeit so zu handeln, dass man es mit ehren verantworten könne, etc.   *Luzern, A. Religionshändel.*

287. Oct. 18 (Mittwoch nach Galli), Hohenrain. Hauptmann etc. an die L u c e r n e r bei Baar. In dieser stunde sei gewisse kundschaft eingelangt, dass die Berner von Merischwanden nicht weiter herauf gezogen, wohl aber mit einigen fähnchen auf dem wege nach Rickenbach seien; ob sie mit dem panner und dem geschütz auch hinüber wollen, wisse man nicht, wolle aber sofort berichten, was man erfahre. Man vernehme, dass ein fähnchen Solothurner bei den Bernern stehe, und ihr panner aufgesteckt sei; es werde nun gesagt, dass sie damit zwischen die parteien ziehen wollen. Ferner berichten die wächter, die letzte nacht auf den bergen gewacht haben, dass sie an zwei oder drei orten grofse feuer gesehen, aber die zahl der leute nicht erkannt haben. . .   *Luzern, A. Religionshändel.*

288. Oct. 18 (Mittwoch nach Galli), vorm. 9 uhr. L u c e r n an seine hauptleute etc. im feld. In dieser stunde habe Kotmanns sohn eilig mündlich berichtet, dass die Berner mit macht gegen Meyenberg vorrücken, etc.   *Luzern, A. Capp. Krieg.*

289. (Oct. 18 ?), ‹ Mittwoch ›, um 4 uhr nachm. Jacob Martin, ˅ogt Steffan, vogt Ulrich und vogt Weifsenbach an gemeine hauptleute im Boden in Baar. Seit man von ihnen weggezogen und nach Meyenberg

gekommen, habe man durch gewisse kundschaft vernommen, dass die
feinde über die Reuſs teils gegen Maschwanden, theils gegen Bremgarten gerückt seien; was sie da tun wollen, wisse man nicht, werde
aber hier verharren bis auf weitern bescheid. Eine über die Reuſs
nach M. hin geschlagene brücke zu beseitigen sei man nicht verfaſst.
Was die ausgeschickten kundschafter bringen, werde man wieder melden. Zusendung eines gefangenen, etc.   Luzern, A. Religionshändel.

290. Oct. 18, Zürich. BM., Räte und Burger an hauptleute und
Räte zu Mettmenstetten. Es sei aus dem Gaster ein gerücht gekommen, wie die Wädenswyler und Richterswyler mit den feinden, ihren
nachbarn, einen anstand gemacht hätten, in der meinung, dass sie einander nicht schädigen sollten; sie haben sich aber verantwortet und
begehrt, dass man ihnen etwa 2000 manu zuschicken solle; dann werden sie die ihnen gemachte zumutung alles ernstes rächen.... Man
habe sie nun an die hauptleute gewiesen, denen überlassen werde,
ihnen zu entsprechen oder nicht. Die Bündner kommen ungeachtet
alles mahnens noch nicht; kämen sie endlich, so könnte man vielleicht
die Toggenburger und andere, die zu Kaltbrunnen liegen, zu einem
unternehmen brauchen...   Zürich, A. Capp. Krieg.

291. Oct. 18, vorm. 8 uhr. Hauptleute etc. zu Mettmenstetten an
BM. und Rat in Zürich. «Wie ir uns dann zum merern mal ermant, wir wellend in der sach nüt gächen, sonder alls mit wol er-
wegnem rat und mit hilf unser lieben Eidgnossen fürnemen und handlen, aff dis sind wir und unser lieb eidgnossen von Bern und andern
Orten nach geheptem rat all zesamen ze ziechend eins worden und
den figend im namen des Herren unerschrockenlich anzegrifen; wir
wellend ouch uff hütt uff der figenden ertrich ze verrucken anheben»...
    Zürich, A. Capp. Krieg.

292. Oct. 18 (Mittwoch nach Galli), nachm. 4 uhr, (Mettmenstetten?).
Hauptleute etc. von Zürich an ihre obern. Sie wünschen, dass der
proviant und das geschütz nicht mehr über den Albis, sondern über
Knonstorf gehen; proviant so viel möglich, da die Berner, Solothurner und Mühlhauser schon eingetroffen. Der gefangene wirt zur Stegen soll bis auf weitere kundschaft behalten werden.
    Zürich, A. Capp. Krieg.

293. Oct. 18 (Freitag nach Galli). Schultheiſs und Rat von Kaiserstuhl an Zürich. Herr Egg von Reischach habe hier einen
wingarten, den ihm ein burger besorge; nun seien ihm da 14 saum
wein gewachsen, die er zu beziehen wünsche, und zwar sollte Heini
Lüti von Koblenz denselben wegführen; man wisse aber nicht, ob
man ihm denselben überlassen solle, und halte ihn doch ungerne (ohne
bessere gründe) zurück; da man nicht wisse, ob er (Rischach) auch
unser «abgesagter» feind sei, so bitte man hiemit um auskunft und
rischung, etc.   Zürich, A. Kaiserstuhl.

294. Oct. 18 (Mittwoch nach Galli), vorm. 10 uhr. Zürich an
Bremgarten. Da der gefangen gelegte Jacob Gyslinger von Lucern

an der stadt Zürich ein grofser verräter sei, so begehre man, dass derselbe bis auf weitern bescheid in verhaft gehalten werde, etc.

Stadtarchiv Bremgarten.

295. Oct. 18, vorm. 8 uhr, Mellingen. Joh. Blass und Hans Haab an Zürich. Dem befehl vom letzten Samstag (14.) zufolge haben sie die hier liegenden knechte zurückgehalten; da nun aber die feinde zurückgetrieben worden, und der « zusatz » nicht mehr nötig scheine, so erwarte man befehl aus dem lager... Der vogt von Lenzburg melde, dass er den gesuchten Gislinger von Lucern nicht erfragen könne... Der überbringer dieses solle pulver und blei abholen, das man so sparsam wie möglich verteilen werde.... Zürich, A. Capp. Krieg.

296. Oct. 18, morgens 6 uhr, Kaltbrunnen. Hans Jäckli und Klaus Bebi an hauptmann und Räte bei dem Zürcher banner. Bedauern über « den schaden », der hoffentlich wieder zu ersetzen sei. Es seien jetzt 300 von Grüningen, 600 Toggenburger mit dem landesbanner, 400 Gasteler und noch 1000 Bündner, die heute nach Schännis gekommen, einig geworden, in die March zu fallen, wo die feinde 1100 mann haben; doch hoffe man sie zu teilen. Nun bitte er alle hauptleute um genauen bericht bei diesem boten, wie es stehe, damit man wüsste, was von dem feind zu erwarten sei. Zürich, A. Capp. Krieg.

297. Oct. 18, 3 « uhr » nachmittags, Rheineck. Ulrich Stoll an BM. und O.M. in Zürich. Bedauern über den « schaden ». Gleich nach empfang ihres schreibens habe er um mitternacht zwei tüchtige männer über den see nach Lindau geschickt, die ihm diesen brief von BM. Varnbüler's eigner hand gebracht; auch nach Feldkirch seien leute geschickt, aber noch nicht zurückgekehrt; indessen werde er das beste tun und wachsam bleiben; da er wegen pulver und blei grofse kosten habe, auch keine leute zum geschütz finden könne, so sei St. Gallen um aushülfe ersucht. Der Rhein sei nun zwar sehr klein, dafür aber an einigen stellen doppelte wache verordnet. Am Montag haben die Appenzeller versprochen, bald eine gemeinde zu halten, und gute antwort hoffen lassen. Zürich, A. Capp. Krieg.

298. Oct. 18, Lindau. Hans Varnbüler an Ulrich Stoll zu Rheineck. Es sei wohl ratsam, bei dieser « wankelmütigen » welt sich vorzusehen; er könne aber nicht annehmen, dass von dieser seite her ein angriff geschehe, so lange die Oesterreicher nicht angegriffen werden; so hoffe er, dass ihm, resp. seinem haus und weinlager im Rheintal, auch von seite der Eidgenossen nichts geschehe.... Von einer sammlung zum kriege sei nichts vorhanden; wohl möge Mark Sittich zu Bregenz geschütz aufgestellt haben, aber nur für den fall einer gefahr... Zürich, A. Capp. Krieg.

299. Oct. 18. Ulm an Zürich. Bedauern über den ausgebrochenen krieg... Darum habe man sich entschlossen, alle oberländischen städte sofort nach Lindau zu beschreiben, wo man am Samstag (21.) eintreffen werde, um ohne verzug auf dem nächsten weg zu beiden teilen zu reiten und mit Gottes hülfe einen frieden zu vermitteln, bitte also, in betracht der folgen, die für die Eidgenossenschaft, die deutsche

nd besonders die reichsstädte aus einem solchen krieg erwach-
iten, bis zur ankunft der boten stille zu stehen und nichts
zu versuchen. . . Gleichförmig habe man auch an dio gegen-
sehrieben. *Zürich, A. Capp. Krieg.*

Oct. 18 (Mittwoch nach Galli), abends 9 uhr. Solothurn
.ch (hauptmann und räte). 1. ‹Wir sind bericht des schwä-
dens, so üch leider begegnot und zuogestanden, und wie ir
llens, solichen ze rächen und gegen üwerm widerteile harum
er wyse zuo felde sollen ligen etc., da fürwar ir uns mögen
n, dass solicher schaden uns in ganzen guoten trüwen (als
.ich) zuo dem höchsten leid, und mögen wol erkennen, dass
:raf und rache desselben gesinnot.› 2. Man befürchte aber,
fortsetzung solcher tätlichkeiten die Eidgenossenschaft vernich-
le, und müfse trachten, den frieden wieder herzustellen; desse-
e man nebst Appenzell und Neuenburg mit Bern verhandelt,
ntwort man beischliefse. Darüber hoch erfreut, sende man
ı botschaft nach Zürich, mit Appenzell und lade auch Glarus
ıstanz zur mitwirkung ein. Da man nun zu Gott verhoffe,
ieine gnade dazu gebe, so bitte man zum höchsten, gegen den
nicht weiter vorzurücken, sondern in gewahrsame den be-
er obrigkeit zu erwarten, etc. — Aehnlich an die Berner
ıaft. *Solothurn, Miss. p. 779, 780, 785.*

Oct. 18, abends 9 uhr. Solothurn an Glarus. Mittei-
eben empfangenen antwort Berns; ansuchen um schleunige
ng einer botschaft nach Zürich, um gemeinsam zu arbeiten,
ıge, dass auch Constanz um teilnahme angesprochen werde;
ıleute im feld seien von diesen schritten benachrichtigt, etc.
n Constanz etwas kürzer. — Vgl. nr. 302. *ib. 781, 785, 786.*

t. 18 (Mittwoch nach Galli). Solothurn an Bremgarten.
ıg etlicher missiven, «nit klein achtbars ertragens», an Glarus
stanz, mit dem begehren, dieselben in aller eile sicher dahin
ın, auf kosten Solothurns.
lbe gesuch wegen schriften an Glarus und Appenzell wurde gestellt
‘och vor Simonis et Judä, 9 uhr vorm. (25. Oct.).
Solothurn, Miss. 782. Stadtarchiv Bremgarten.

Oct. 18 (Mittwoch nach Galli), nachmittags, Solothurn.
:hörung der antwort Berns . . . (folgt ein auszug) wird be-
ı, eilends nach Zürich zu senden, auch Glarus und Constanz
dnung einer botschaft dahin zu ersuchen.

Oct. 19 (Freitag nach Lucä). Solothurn an den haupt-
ı feld. 1. Verwundern über den verspäteten empfang «des
billigung, dass er denselben (niemandem) gezeigt; meldung
ı nach Bern und Zürich geschickt. 2. Auftrag alles zu tun,
frieden fördern könne, etc.
Solothurn, Rqtsb. 20, p. 444, 445. Miss. p. 787, 788.

ıt. 18, mittags 11 uhr. Basel an Zürich. Es drängen
‘warnungen, dass ein fremdes volk zu ross und fufs jenseit

des Rheins gesammelt werde, um über den Rhein gegen Baden vorzudringen und den V Orten luft zu machen. Da die Oestreicher die
vier städte besetzt und gestern in Rheinfelden die zulassung einer
fremden besatzung begehrt haben, und im ganzen « kaisertum » immer
mehr rüstungen vor sich gehen, und eine absage von dieser seite nicht
zu erwarten, bis der feind vor den toren stehe, so halte man für
hochnotwendig, dass Zürich alle pässe so stark wie möglich besetze
und damit das land bewahre . . .; sollte Basel angegriffen werden, so
erwarte man trostlichen zuzug, da man Bern in gleicher weise geschrieben . . . « Land uns wachen, denn es nie so not gewesen » . . . .
Zürich, A. Capp. Krieg.

304. Oct. 18. Basel an Zürich (und Bern). In dieser stunde (?)
sei glaublicher bericht eingelangt, dass die von Rotweil mit einem
fähnchen in Waldshut angekommen, und heute noch mehr knechte zu
ihnen stofsen sollen, um Baden einzunehmen etc. Was daraus folgen
würde, sei leicht zu denken . . .   Zürich, A. Capp. Krieg. Bern, A. Capp. Krieg.

305. Oct. 18. Basel an die kriegsherren in Strafsburg. Antwort auf ihre zuschrift, die anzeige enthaltend, dass der Kaiser eine
anzahl landsknechte zu werben gedenke etc. Man habe dieselbe auch
Zürich und Bern mitgeteilt und inzwischen sich mit der voraussetzung
beruhigt, dass (die herren) jene rüstung so weit möglich hindern werden, indem sie wohl erwägen können, dass diese nur dazu dienen
sollte, die gegenpartei an leuten zu schwächen, damit einen vorteil zu
erringen und die städte im christlichen burgrecht zu schädigen; desshalb und weil man über (den bisherigen verlauf des krieges) einige
nachricht zu geben gedacht, habe man eine antwort zurückgehalten,
wolle jetzt aber nicht länger säumen zu melden, was zwischen Zürich
und den Ländern sich zugetragen:

     « Als die von Zürich durch die iren im Knonower ampt bericht
worden, wie die Länder unversehener dingen ufgebrochen, sich gen
Bar in Boden zuo lägern understüendend, habend sy am Zinstag zoben
houptman Göldlin mit einem fändlin knecht den iren zuo trost hin—
über uf die anstöfs geschickt, bis sy sich mit ir panner verfassen
möchten. Als nun der gemelt Göldlin inen am Mittwochen früeg zuogeschriben, dass dhein firens me da wäre, dann dass die Länder sy
angrifen wurden, habend sy von stund an ir paner mit etwas weniger
anzal (dann sy erst am Mittwochen den sturm angan (lassen), sich nit
so schnell gnuogsam versehen und doch die iren, die sy am abend
hinus geschickt, nit verlassen mögen) den iren zuo hilf geschickt, die
ouch zuo allem angriff (dann die Länder schon die iren uf Züricher
ertrich und boden, nach empfangener verrätery, angriffen hattend)
kommen, daruf die unsern (!) etliche stunden tapferlich und mandlich gestritten und die fyend zwürend in die flucht geschlagen, also dass unsere mitburger von Zürich ganz vertröstet, (dass) die sach schon erobret wäre; in dem, als die Länder in der flucht gewesen, sind deren
von Zürich pursame hinder irem paner abgewichen, dess die von (den)
Ländern gewar worden, sich wider gewendt, noch ein rung versuocht,

desshalben unser mitburger wychens halben worden (sic), das geschütz verlassen, das schützenfändlin und sunst ein fändlin sampt iij° biderwen mannen ungeforlich und also die schlacht verloren. — Daruf nun wir von den Burgerstetten ilends ufgebrochen mit unser macht, uf Montag nächst vergangen zuo Bremgarten zuosamen gezogen und des tags den nächsten gegen den fyenden verruckt, des willens mit der gnad gottes den fyent anzegryfen; Gott gebe sin guad•.... Versprechen weiterer berichte und bitte um gute kundschaften.

Zu diesem schlachtbericht vgl. nr. 149.   Basel, Missiven.

306. Oct. 18. Bern an General Meigret. Da er posten bis ins lager bestellt habe, so bitte man um zusendung von allem, was hieher bestimmt sei, nach Fraubrunnen, wo man einen posten halte; dessgleichen wünsche man, dass die von hier aus in das lager gehenden sendungen dahin zu fertigen übernommen werden, etc.

Bern, Welsch Miss. A. 224 b.

307 a. Oct. 18. Bern an Zürich. Bericht über den antrag der botschaften von Solothurn, Appenzell und Neuenburg, betreffend die beabsichtigte vermittlung, und die darauf gegebene antwort.... (Vgl. Absch. p. 1195).

307 b. Oct. 18, mittags 11 uhr. Bern an hauptmann und räte. Entsprechender bericht...., damit sie durch die zu Aarau den schiedleuten gegebene antwort, die man billige, sich nicht hindern lassen zu bestatten, was Zürich für gut finde.   Freiburg, Diessb. Pap.

308. Oct. 18, vorm. 10 uhr. Basel an Bern. 1. Verbindlicher dank für die warnung wegen der ennetrheinischen rüstungen. Man bedenke nun, mit wie viel mühe und gefahr man die feinde zurücktreiben müfste, wenn sie über den Rhein hereingekommen wären, wogegen es leicht erscheine, sie abzuhalten, wenn man sich an der grenze rechtzeitig vorsehe, und da es jetzt brauch (geworden), eine absage erst zu senden, wenn man vor des gegners toren stehe, so empfehle man, eilends den Rhein und die Aare wohl zu decken und vorsorge zu treffen, dass im fall eines feindlichen angriffs jedermann bereit wäre, ihn abzuwenden und eine verstärkung der V Orte zu verhüten. Das wolle man auch tun, was dazu dienen werde. Man habe dafür bereits ein fähnchen gerüstet. 2. In dieser stunde erfahre man, dass die stadt Rheinfelden letzte nacht zugemutet worden, hundert burger hinauszugeben und eine fremde besatzung aufzunehmen, was die gesandte zu beschwerlich gefunden habe; was dergleichen zu bedeuten habe, sei wohl zu ermessen; auch mache das bisherige verhalten der von Baden alle vorsicht nötig..., da doch einmal die vier städte am Rhein besetzt worden seien...   Bern, A. Capp. Krieg.

309. Oct. 18 (Mittwoch nach Galli), (vorm.?), Mettmenstetten. Hauptmann und Räte (von Zürich etc.) an die (Berner etc.) in Meriswenden. «Strengen, etc. etc. Nachdem uff hinacht durch üch und üwere botten etwas ratschlag(s) beschechen, in dem finden wir an unser herren rat und meinung, dass wir uns genzlich nit teilen (sölten), als unser ratsbotten üch berichten werden. Haruf so ermanen wir üch, dass ir ilents ilents zuo uns verrucken und mit uns im namen Gottes den handel fürnemen und mit namen uns dheinswegs teilen; harumb so wellend von stund an zuo uns verrucken. »   Bern, A. Capp. Krieg.

310. **Oct. 18** (Mittwoch nach Galli), Maschwanden. Hauptmann, Räte und Burger (von Bern) an die obrigkeit. 1. «Wiewol wir willens und fürnemens, unsern fyend zum nechsten, wo wir den betretten möchtend, anzegrifen und ze schädigen, will doch solichs unsern eidgn. und chr. mitburgern von Zürich und iren zugsgnossen nit gefallen; desshalb sy uns ankeert, uns zuo inen ze tuond und also samenthaft dem fyend, so zuo Bar im Boden lit, ze nächern etc. So nun uns bedunken will, der krieg werde einen langen schwanz haben, wo nit dapferer darzuo getan, wellt uns wie vor der sach zuo guotem und ustrag diss kriegs ganz fürständig ze sin ansechen, dass ir mit zweyen starken fenlinen, einem gan Hutwyl, das ander über den Brünig schicktend und daby mit üwer paner gerüst wärend, wo die not das erhöuschen, dass alsdann ir mit heresgwalt die sach' angrifind und der fyenden land innemind und uffordrint, wie sy unsern eidgn. und chr. mitb. von Zürich getan hand; dann söllte der krieg länger harren, mögend ir als die hochwysen wol ermessen, dass die üwern, es wäre wetters, gelts oder andrer mänglen halb, verdrützig und unwillig wurde(n). 2. Wir sind hütt ouch durch die houptlüt (des) Zürichischen hufens bericht, wie die Pündter und Toggenburger uff die von Schwyz an der Schindellegi angriffen haben. Harum, wo ir dem krieg end geben wellend, könnend ir das kommlicher nit tuon, dann dass ir ane alles fälen und verzug da oben .. angrifind; damit wirt der sach geholfen; sunst (ist zuo) besorgen, wir müefsend mit schaden, spott und schand abzüchen; dann ir wol gedenken mögend, dass sy nit guot uss dem starken läger zuo Bar ze triben sind. Nütdesterminder werden wir (ein) versuochens tuon und brechen im namen Gottes hütt uf und züchen über die Rüfs; Gott walts. »   Bern, A. Capp. Krieg.

311. **Oct. 18** (Mittwoch nach Galli), Maschwanden. Hauptmann und Räte von Bern an ihre obern. 1. «Wir haben üwer schriben, bemeldend wie ir üwer Oberländer beschriben uff morn inzezüchen, und mit üwer (andern) paner gerüst syend; mögend ir uss unserm schriben hütt an üch usgangen verstan, und will uns bedunken, wo ir dem krieg kurz end geben wellend, dass ir mit üwer paner ane verzug uf syend, uff Willisouw angrifend, dieselbe landschaft uffordrint und innemint, eidspflichten von inen fordrind und hierin nit firind, dann die not das erfordert. 2. Ir söllend wüssen, als wir hütt zuo Merischwanden ufgebrochen und zuo unsern eidgnossen und mitburgern von Zürich uns zuogetan, dass wir ein lermen ghan haben und der fyenden (an)sichtig worden, mit inen uff irem ertrich gescharmutzt und (si) in die flucht gericht. Morn werden wir unser fyend wyter besuochen und den nechsten gan Bar zuo rucken; Gott geb glück. 3. Wo ir dem krieg end geben (wend), so brechend ane verzug mit üwer macht uf, (so) sind wir guoter hoffnung, (dass) der fyend darab schrecken empfachen werd. »   Bern, A. Capp. Krieg.

312. Oct. 18. Heinrich Kammerer, Matthäus Knecht, Konrad Tübi und (ein ausschuss von) Zofingen an B e r n. «Uff üwer gnaden schriben haben wir uns zesamen verfüegt, namlich üwer gnaden vögt von Arburg (und) von Wangen, (der) schaffner von Zofingen, ouch ein ratsbotschaft von den üweren von Zofingen eins, und anders teils unser lieben eidgnossen und mitburger von Soloturn, namlich der vogt von Falkenstein, der vogt von Bechburg und der schultheis von Olten, und ein beredung und abscheid zuo Olten mit einandren getan und beschlossen von wegen des stürmens und der wortzeichen halb, damit wir einandren, wo (es) die not erfordret, trostlich zuoloufen und behulfen syen, und namlich also abgeredt, wohar uns die fiend beleidigen wöllten, dass wir dann daselbs den sturm gan und von stund an botten mit dem wortzeichen loufen lassen den nechsten zuo den obgemelten von Soloturn, die uns ouch uss befelch irer herren und obren ungesäit trüwen bystand mit lyb und guot; doch so hand die von Olten bescheid, ir(er) statt ze warten etc.». . .   Bern, A. Capp. Krieg.

313. Oct. 18, (Hutwyl). Hans Pastor an B e r n. Antwort auf die weisung, immer gerüstet zu sein etc. An dem guten willen dazu fehle es nicht, wie auch jedermann hier sein bestes tue und bei jedem befehl der obern tun werde. Die feindlichen mannschaften zu Bodenhag und Schwertschwendi seien abgezogen und aufgelöst; sie scheinen sich sogar mehr zu fürchten als die Berner, die also einen überfall leicht abgewehrt haben würden. Dennoch halte man bei tag und nacht wachen, als ob das ganze (feindliche) heer gegenüber stünde. Jedoch meinen die leute, es sei jetzt nicht mehr nötig, hier zu liegen, und wünschen heimzukehren, damit sie, wenn die not käme, desto tapferer einstehen könnten; das melde er nun und gewärtige darüber den bescheid der obern. — (Das original leidet an häufigen wiederholungen).   -Bern, A. Capp. Krieg.

314. Oct. 18. Hans Meyer, hauptmann des lagers zu Truob, an Albrecht Sigwart, vogt zu Signau. «Lieber vogt, ich wirden bericht, wie ein uszug zum panner geschechen und daruf von unsern gnedigen herren verordnet, dass zweihundert uss dem landgricht Konelfingen har sich ilends verfüegen söllind, das nu beschächen. Nu sin(d) die uszognen zur panner willens, heimzuokeren und zur paner zuo ziechen, dardurch aber die zweihundert zum teil hinnen verrucken wurdin(t), und (man) dann (hie) nit versächen wäre, als aber verordnet (ist); dem vorzuosin und domit wir dess minder überfallen werdin(t), ist min will und meinung, dass die har verordneten, sy syend uszogen oder nit, hie bliben und nit verrucken söllind, by der straf, und ir morn an min gnedigen herren ritend und sy sölichs berichten söllind, und wo sy wöllen, dass die verordneten zur panner der panner zuolassind, ob etlich hie wärind, dass ir uns ander an ir statt schicken; als wir hie nit versächen; lassens dann unser gnedigen herren hie wüssen, so berichten dess mich ilends.»   Bern, A. Capp. Krieg.

315. Oct. 18, Schenkenberg. Ulrich Megger an hauptmann etc. (der Berner). Wegen der gerüchte über den anzug von Kaiserlichen habe

er kundschafter ausgesandt, aber nichts von volksansammlungen erfahren; doch seien die städte am Rhein wohl besetzt. Die obrigkeit
dürfe also von dieser seite her ruhig sein. Zur vorsorge gegen einen
angriff habe er aber heute gemustert; auch sei für den notfall von
Solothurn und Basel hülfe zu erwarten. Da die besatzung in Leuggern kein pulver habe, so mögen die herren dafür sorgen.

Bern, A. Capp. Krieg.

316. Oct. 18, Biberstein. Hans Jacob Erk an hauptmann und Räte
von Bern. Zusendung von 175 laib brot in zwei fässern, aus dem
zehnten des propstes von Münster, mit erörterung des disponiblen
quantums korn und haber, und bitte um entscheid über die zu machenden lieferungen, etc. Bern, A. Capp. Krieg.

317. Oct. 18. Schultheiß und Rat von Thun an Bern. Drei Walliser, die hieher gekommen, haben auf befragen geantwortet, sie wollen
nach Diefsbach und ins Emmental; darauf habe man sie gefangen gelegt, da man vermute, die feinde schicken solche leute ins land, um
etwas auszuforschen. Man gewärtige nun besondere weisung, wie mit
den dreien zu verfahren sei. Bern, A. Capp. Krieg.

318. Oct. 18. Ammann und landleute zu Hasle an Bern. Die
nachbarn im obersten zehnten von Wallis haben das begehren gestellt,
dass man in dieser kriegszeit den Grimselpass ihnen gegenüber nicht
benutze, wogegen sie denselben auch meiden wollen; obschon sie sich
immer freundlich erweisen, habe man ihnen doch nicht von sich aus
antwort geben wollen; man werde hierin tun, was die obrigkeit für
gut erachte. Bern, A. Capp. Krieg.

319. Oct. 18. «Amman und fünf zeichen zuo Hasle» an Bern.
Bericht über reden betreffend den verlust der Zürcher. Einer sagte,
wenn die Unterwaldner dabei gewesen, so wollte er, dass sie kühe
angegangen hätten; einer entgegnete, die Zürcher seien (selber schuld,
weil) immer unruhig; darüber zurechtgewiesen, sagte er, man fände
noch mehr leute von seiner meinung. Darauf habe man ihn verhaftet;
er sei aber ein törichter alter geselle, und der kosten halb bei ihm
nichts zu finden; desshalb gewärtige man bescheid, ob man ihn (sofort entlassen dürfe). Bern, A. Capp. Krieg.

320. Oct. c. 18, (Interlaken. * Landvogt Rümsi an Bern). 1. «Ich
tuon üweren gnaden ze wüssen, dass uff den 18. tag Octobers sich
die von Underwalden uff den Brünig verfüegt hand, namlich der vogt
im (!) Brunnen, vogt Burrach, vogt Berchtold mit sampt (in) drifsig
mannen, und die unseren, so uff der wacht sind gesin, (mit) solcher
red angetriben wie hernach folgt, dass sy begerend dass wir abzüchind,
so wellend ouch sy abzien, und bietend abermals recht, und sprechend, wir wachind uff irem erdrich, und uns angemuotet, dass wir
die brief, so harüber (vorhanden?) sind, besehend, und darum ein antwurt begert. Witer so hand uns die wachtmeister angezeigt, mit welchen sy geredt hand, dass den(en) von Underwalden die ougen über-

---

* Datum, ortsangabe und unterschrift fehlen; dennoch ist der act als original und ächt anzusehen.

gangen syend iren etlichen, hand sy (sich?) übel gehan gegen üch, unseren herren, von wegen dass sy in zwytracht sollen gegen üch stan;
sy hand ouch vermeint, ir .. soltend üch dess nit beladen han, dass
sy die iren strafend. Daruf hand wir den wachtmeisteren befolchen,
inen ze antwurten, wir wellind solch üwer (ir!) anmuotung üch ..
zuschriben, ouch inen witer lassen antwurten, sy syend an allen
sachen selbs schuldig; hettend sy den schidlüten gefolget, wäri wol
solchs vermitten; darzuo so habend sy den zuosatz zum ersten an
(den) Brünig geleit und damit uns geursachet, in glicher wis die unseren ze bewaren. Die von Underwalden hand uns treffenlichen guoti
wort ge(be)n und sich erbotten, die iren an lib und guot ze strafen,
wo sy den unseren ein(ich)erlei unzucht embuttend, ouch uns gebetten, sy und die iren solchs ze überhan; hand unseren gsellen nüt dann
guoti wort geben, ouch embotten, ich oder der schultheifs, oder wer
von uns zuo inen kome, solle frien zuogang überhin und umhar on
alle forcht han und sicherheit. Daruf hand wir den unseren, so uff
dem Prünig wachend, nach lut üwer .. schriben abermals wie vor gebotten und ernstlich lassen sagen, dass sy inen ouch kein unzucht
oder einicherlei anlafs gebind, weder mit worten noch mit werken,
ouch dass sy sich genzlich uff unserem ertrich enthalten. »

Bern, A. Capp. Krieg.

321. **Oct. 19** (Donstag nach S. Gall), Zürich. Die gemeinde Güttingen lässt durch eine botschaft anzeigen, der landvogt habe ihr befohlen, die schlösser zu verwahren, während der bischof von Constanz
erkläre, er wolle desshalb keinen schaden tragen, auch seine güter
nicht besteuern lassen, und bittet hierüber um bescheid, da sie (den
wachdienst) aus des Bischofs renten und gülten und den steuern von
dessen gütern zu bestreiten gedenke. Darauf wird geantwortet, sie
mögen und sollen das tun, da es nicht billig wäre, wenn sie des Bischofs häuser auf ihre eigenen kosten verwahren müfsten; nur soll
dabei kein unmafs gebraucht werden, etc.   *Zürich, A. Thurgau.*

322. **Oct. 19,** morgens 5 uhr. Hauptleute etc. auf dem weg nach
Baar an Zürich. « Ilents ilents ilents. » Sie wollen hiemit anzeigen,
dass die Berner, Solothurner, Basler etc. ihnen so trostlich zugezogen,
dass sie es nicht genug rühmen können, seien auch der hoffnung, den
feind bald zu überwinden, da ihrer wenigstens 25000 mann seien, mit
einem mächtigen geschütz versehen. Zudem werden sich die Berner
morgen mit einem « pannermächtigen » heer und geschütz auf das gebiet des feindes legen; ferner seien die leute zu Kaltbrunnen, mit den
Toggenburgern, Bündnern etc. gesonnen, heute den feind anzugreifen,
wozu die obrigkeit sie ermuntern solle. Sie rücken jetzt mit einander
an den feind. « Wir wellend ouch üch nit verhalten haben, dass unser eidgnossen von Bern insonderheit unsern schaden ze rechen so inbrünstig sind, dass es kum ze glouben. » Der gefangene wirt zur
Stegen könne freigelassen werden, da man nichts gegen ihn finde.

Zürich, A. Capp. Krieg.

323. **Oct. 19,** « als man die liechter anzündt ». BM., Räte und Burger von Zürich an hauptleute und Räte auf dem weg nach Baar.

Vor ungefähr zwei stunden habe man die antwort empfangen, welche
Bern den boten von Solothurn, Appenzell und Neuenburg einer gütlichen unterhandlung wegen erteilt, (abschrift jener antwort war beigelegt), und über dieses «teure standhafte gemüt» die höchste und
herzlichste freude empfunden, dafür auch zum freundlichsten gedankt
und die bitte daran geknüpft, in dieser gesinnung zu beharren und
den krieg mit tapferer tat zu ende zu führen, da man keinen frieden
annehmen wolle, bevor man die ehre (mit göttlicher kraft) wieder erholt und die feinde gestraft habe. Den Burgermeistern sei desshalb
befohlen, die genannten schiedleute nicht vor die Räte zu lassen. . . .
Dies melde man, damit die hauptleute sich in allem zu verhalten
und desto kräftiger vorzugehen wissen, damit der übermut der feinde,
die bereits Luggarus eingenommen und den vogt daraus verjagt haben,
gedämpft und zu nichte gemacht werden möge. «Das füege Gott, der
üch vil sigs und glügks verlyhen und unsere fygend für üwere füefs
leggen welle, Amen.» — Vgl. nr. 335.   Zürich, A. Capp. Krieg.

324. Oct. 19, vorm. 10 uhr. Schultheifs und Rat zu Bremgarten
an oberste hauptleute und Räte von Zürich, Bern etc. Nachdem
ihre heere über die Reufs zusammengerückt, sei der feind schon
wieder bis Boswyl, Bünzen und umgegend gesehen worden; weil nun
derselbe der stadt besonders aufsätzig sei und den pass vielleicht in
der eile erzwingen wolle, und man nicht genug leute habe, so bitte
man ernstlich um einigen zusatz. . . . Jetzt fangen die bauern wieder
zu flüchten an, da der feind sich schon bei Muri sammle und die
pässe von Bremgarten und Mellingen mit gewalt zu nehmen gedenke;
man bitte um so dringender, die stadt in guter hut zu halten; dabei
sei auch wohl zu bedenken, dass den Eidgenossen nichts mehr zukommen könnte, wenn der feind die Freien Aemter in seine gewalt
bekäme.   Zürich, A. Capp. Krieg.

325. Oct. 19, vorm. 7 uhr, Mellingen. Joh. Blass und Hans Haab
an Zürich. Antwort auf den befehl, hier zu bleiben und zu berichten, was aus dem lager begehrt werde; derselbe sei gestern um 7 uhr
abends eingetroffen. Die hauptleute im feld verlangen nun, dass man
den pass behaupte etc. Da aus allem zu vermuten, dass Zürich an
andere gefahren denke, so bitte man um rechtzeitige nachricht, damit
man sich zu verhalten wisse. Man werde nun sofort gegen Baden
hinunter kundschaft einholen. . .   Zürich, A. Capp. Krieg.

326. Oct. 19, Maschwanden. Heinrich Werdmüller, hauptmann etc.
an Zürich. Antwort: Von Dietikon seien über 150 mann dem sturm
nachgelaufen; diese haben dann über ihre grofsen kosten geklagt und
ihr begehren wegen des zehntens angebracht, den der abt von Wettingen beziehe; der hauptmann habe nichts weiter zugesagt, als dass man
dafür sorgen wolle . .; sie beharren aber auf ihrem gesuche. . . .
                                                Zürich, A. Capp. Krieg.

327. Oct. 19, früh vor tag, Kaltbrunnen. Andres Wirt und Konrad
Luchsinger an BM. und Rat von Zürich. Antwort auf ihr schreiben
betreffend den anstand zwischen den Gastelern und den «Märchischen»,

Glarner, Appenzeller und Rapperswyler gemacht, und den
laus Jäckli gefangen wegzuschicken etc. Die verordneten Räte
doch sofort erkannt, dass ein missverstand obwalte, denn der
si anders ergangen: Die von Glarus etc. haben wohl einen
vorschlag gemacht, aber alle Räte denselben abgeschlagen und
;keit diese « liederlichen » artikel angezeigt, nicht um zur an-
u raten, da niemand eine so schmähliche zumutung gebilligt;
bedauern dieses missverständniss und stimmen überein, dass
kli mit den Glarnern ernstlich geredet und ihr begehren ab-
; demnach bitten sie, die artikel und die andern schriften
ı zu lesen. Dagegen haben die Räte und die ganze gemeinde
wenn die Gasteler diese vorschläge annehmen wollten, so
sie es nicht hindern. Am Mittwoch (18.) seien drei haupt-
· Bündner auf mittag eingetroffen, mit der anzeige, dass 1000
1—2 tagen kommen werden, worauf man sie gebeten, deren
zu beschleunigen; dessbalb bitten die schreiber dies um eine
ъe instruction, damit die Bündner hier bleiben und nicht zum
 siehen, wie sie es im sinne zu haben scheinen.... Gestern
ı Glarner abermals erschienen mit der werbung um einen an-
ıan habe sie aber so abgefertigt, dass sie kaum wieder kom-
ьden. Die Toggenburger zeigen sich etwas verdächtig, indem
zu erkennen geben, dass sie auch in die March ziehen wol-

Zürich, A. Capp. Krieg.

ro: Beschluss des Rates, betreffend Jäckli, der obige ehrenboten erst
hören wollte, desswegen gefangen nach Zürich geführt, auf die erklä-
s dem lager hin wieder entlassen und dahin geschickt worden; der
ıfgeschoben bis auf ruhigere zeit.

ct. 19, mittags, Kaltbrunnen. Der hauptmann der Toggen-
ı den hauptmann von Zürich «im feld zuo Cappel». Ant-
sein schreiben: Glückwünsche zu dem vorhaben, den erlitt-
fall zu rächen. Der angriff auf die March sei aber noch nicht
da die Glarner beschlossen haben, ihr land zu decken, und
drechtische » mahnung bei ihnen nichts gefruchtet; auch seien
lner noch nicht eingetroffen; doch erwarte man sie und werde
sr ankunft das weitere melden. Bitte um gegennachricht.

Zürich, A. Capp. Krieg.

ct. 19. Künzli und Jud, hauptleute der Toggenburger und
an Zürich. Boten von Glarus, Appenzell und Rapperswyl
:h in bester absicht unterwunden, einen anstand mit den fein-
er March zu machen; da man vernehme, dass Jäckli beschul-
le, dazu eingewilligt zu haben, so zeige man hiemit der wahr-
ıfs an, dass derselbe gar nichts bewilligt habe...

Zürich, A. Capp. Krieg.

ft. 19. Schultheiſs und Räte von Rapperswyl an Zürich.
ť letzter tage schultheiſs Heer und Heini Pfister zu den III
ıchickt, um zu begehren, dass die leute in den Höfen zum
a angehalten werden, da man ihre schmähungen nicht mehr
wolle, und namentlich Heini Schmid von Pfäffikon zum recht

zu stellen oder zu strafen; dabei haben sie auch auftrag gehabt, zwischen Zürich und den V Orten zu handeln, aber keine gute antwort empfangen etc. Nun höre man, dass die beiden bei Zürich verdächtigt worden, als ob sie mit praktiken umgegangen; dies sei nicht der fall, etc. etc.   **Zürich, A. Capp. Krieg.**

A tergo: „Man lassts ein geschrift sin."

331. Oct. 19 (Donstag nach Galli), morgens, Hohenrain. Hauptmann etc. an Statthalter und Rat in L u c e r n. Da gestern das ganze heer der Berner über die Reufs gerückt und zu den Zürchern gezogen, so haben die leute (bei den pannern der andern Orte) angezeigt, dass sie heute oder so bald möglich den feind suchen und mit der hülfe Gottes etc. schlagen wollen; darum habe man den gröfsten teil der mannschaft zu ihnen geschickt, und wolle man noch diesen abend mit dem panner und dem geschütz heimkehren, was man hiemit anzeige, um erdichteten sagen zuvorzukommen. Die feinde haben nämlich die gegend ganz geräumt und zwar nur ausgeplündert, aber nicht «gebraunt.»   **Lucern, A. Religionshändel.**

332. Oct. 19 (Donstag nach Galli), morgens, Hohenrain. Pannerherr etc. an hauptmann und Räte von L u c e r n, im feld bei Baar. Gemäfs der abrede mit sch. Hug, der heute früh hinweg geritten, habe man hinüber laufen lassen, wer dazu lust gezeigt, im übrigen sich auf die heimkehr gefasst gemacht. Nun seien aber warnungen gekommen, die erheischen, dass man in allen ämtern an den grenzen sich vorsehe, damit im fall eines geläufs das land nicht gänzlich entblöfst wäre... Nachschrift: Es verlaute, dass die Berner bei Cham liegen...
.   **Lucern, A. Religionshändel.**

333. Oct. 19 (Donstag nach Lucä), Leuk. Bischof, Hauptmann und Landrat von W a l l i s an F r e i b u r g. «Wir habent abermalen manbrief empfangen von üwern und unsern mitburgern und landlüten den v Orten, geben zuo Maschwanden in Zürich piet... So nun ü. e. w. denselbigen und wir glicher gestalt antreffend den heilgen glouben zuo beschirmen hilf zuo tuon schuldig, unangesehen elter püntuiss und burgrecht, vermanen wir euch (sic) abermalen, als wyt wir euch lut der pünten ze manen habent, ir mit üwer macht ufzesin und egemelten unsern eidgnossen und uns hilf bewysen, ouch diewyl sy in ir eigen lant überzogen sind, (sy) verhelfen zuo entschütten, ir ouch wol mügt ermessen, sölten sy und die unsern doselbs lyden, was euch darus stüend zuo erwarten. Stat uns umb ü. w. in die ewikeit zuo verdienen mit Gottes hilf, der euch in eren bewar.»
                                                   Freiburg, A. Wallis.

334. Oct. 19, Mailand. Ennius, ep. Verulanus, an die V O r t e. «Mag⁰ᶜ, cet... Receptis literis magnificarum dominationum vestrarum xij. præsentis Lucerne obsignatis non potui non commoveri in planctus et lachrymas, quod natio illa invictissima, quam ipse vidi ob eius vires universæ Europæ jam esse formidini, nunc divisa sit et simultatibus adeo periculosis agitetur, ut inter sese dimicando suos interficiat et perdat. Itaque deplorandum esset potius quam letandum, tametsi quorundam hereticorum extinctionem ad Dei gloriam, p(at)riæ quietem et multorum salutem cedere speretur, quod si absque patriæ et confœderatorum pace succederet, non laudem, sed intestina bella cum totius patriæ discrimine adepturos vos·fore timeret. Gratius n(obis?) extitisset, m^{ci} domini, sicut sæpissime scripsimus, b^{nis} Pontificis et cæsareæ Maiestatis consilio, ab armis abstinuisse usque ad Spyre dietam, in qua cum multa tractari debeant ad christianorum pacem, dubium non fuisset, quin Elvetica natio, quæ summo Pontifici præ cæteris cordi esse debet, se non conformasset cæteris principibus tanta prudentia præditis. Hoc ego scribo non absque causa, cum præsertim s^{mus} d. n. perseveranter mandaverit et mandet a bello abstineri, et hac de causa r. dominus meus protonotarius Caracciolus, cesareæ Maiestatis orator, et ego absque principum nostrorum mandat(is) persolvimus m^{is} d. Stephano et Baptistæ de Insula, oratoribus vestris, scuta quingenta in emendis frumentis, pro indigentium populorum vestrorum substentatione exponenda, ut ad dictum dietæ tempus se facilius intertenerent. Sperabamus itaque nos, sicut et principes nostri, hoc vobis difficile non esse, et propterea in aliis provisionibus bellicis eo minus cogitatum fuisse, quo nullus de bello movendo consilium præstitissent. Nunc autem habito nuntio de tam felici successu, de quo sicut ratione fidei gavisi fuimus, ita seductorem illum ac pernitiosum virum fuisse interfectum gratulamur, sed, induoluimus tam potentem et ita unitam ligam iam esse non disiunctam, sed quod deterius foret, in omnium derisum et obprobrium pene redactam. Sed ut vobis quinque Cantonis, qui non nisi Dei manu remansistis victores, non deficiamus, omni qua potuimus diligentia ad urbem statim expedivimus ac auxilium postulavimus, quod (ut nostis) eo tardius expectari potest, quo nihil minus quam armorum strepitum et hunc vestrum conflictum expectandum non (?) censebatur, quare v. m. d. tanquam prudentes perpendere debent, quod Itali vel aliæ quævis gentes aut nationes ad vos venturæ, antequam moveantur, non pauca requirunt ad eorum necessitatem simulac securitatem, cum pauci non confidant, et numerus magnus ordinem exposcat, in quo recte perficiendo credere debetis principes nostros et nos omni sollertia usuros, cum præsertim non solum nostri, sed principes omnes et quosvis fideles christianos et nos ad vota vestra vos iam habere et ea circa fidem et pacem vestram quæ vosmet desideratis, omnes concupiscere, et nihil aliud opus fore quam in finibus vestris vos preservare, continero et tueri, donec responsa ab urbe huiusmodi et auxiliares vires advenerint, quod ante quatuor aut quinque dies futurum speramus; statim m^{ss} d. v. de omnibus procul dubio certiores faciemus. Et quia d. Stephanus de Insula tanquam patriæ zelator et fidissimus orator vester huiusmodi parvulam moram egre fert et ideo de auxiliis desperat, volui in hoc mihi satisfacere ac omnem fidem et sollicitudinem illis polliceri non aliter quam hactenus fecerim, ac si patriæ proprie curam gererem. Placeat igitur mihi fidem adhibere et in horas de omnibus responsum expectare. In cæteris vero p^{to} d. Stephano me remitto »...

335. Oct. 19 (Donstag nach S. Gallen), spät abends. BM., Räte und Burger von Zürich an Bern. Eilends (viermal!). 1. Antwort auf dessen bericht betreffend den getanen abschlag gegenüber den schiedleuten von Solothurn etc. (teilweise recapitulirt). (Wir haben) ... «ab sölicher billicher antwurt, ouch üwerem beständigen, geneigten und früntlichen gemüet, so ir zuo uns tragend, (nit unbillich) herzliche fröud und grofsen trost empfangen, dermafs dass uns nützit anmüetigers noch frölichers uff erden hette mögen begegnen; dann wir hierab wol gespürt, wie trüwlich üch unsers leid angelegen ist, das wir billich in die ewigkeit niemer vergessen, sonder unsere kind und nachkomen daran wysen sollen und wellen, sölicher fründschaft und guottät üch und üweren nachkomen allzyt zuo guotem ingedenk ze sin. 2. Wir werdent ouch gemelten schidlüten ganz kein verhör geben, sunder mit göttlicher und üwer hilf den krieg verharren, unsern schaden (so es Gott gefellt) rächen und unser eer erholen, ouch daran unser lyb und guot und was uns Gott beraten, binden und damit Gott vertruwen, mit höchster, trungenlichister und gar herzlichister bitt, ir wellind umb göttlicher und unser aller eeren, ouch gemeins cristenlichen wolstands willen uff üwerem fründtlichen und trostlichen willen und gemüet, wie ir üch dess gegen uns und gemelten schidlüten erlütert hand, beständig, verharrlich und standhaftig belyben, üch niemand von uns bewegen noch abwenden lassen und in keinen bericht noch anstand bewilligen; ob ouch neifswas wyters an üch langen wurde, demselben keinen gstand geben, sunder es abwysen und uns unser zuogefüegte schmach, wie ir dann dess on das ganz inbrünstig und willig sind, helfen rächen, strafen und disen göttlichen cristenlichen krieg zuo glückseligem end füeren und üch so früntlich und brüederlich gegen uns bewysen und halten, als wir gegen üch zum früntlichisten geneigt. 3. Wir sind ouch dises abends glouplich verständigt, dass unser fygend Luggarus ingenommen, und unser vogt inen kum entrunnen syge. Ob wir uns mit disen lüten berichten lassen solten, gedenkend, lieben eidgnossen, dass es nit allein unträglich, uneerlich, sunder ouch unmüglich syge; üch damit Gott unserem heil zuo säligen gnaden befälchende. »　　　　　Bern, A. Capp. Krieg.

336. Oct. 19. Heinrich Kammerer, vogt zu Aarburg, an Bern. 1. Bericht über einen Philipp Däster von Oftringen, der sich etliche tage zu spät eingestellt und sich vorher zu Froburg, bei den sich dort versammelnden wiedertäufern aufgehalten, sich auch noch nicht in die kirchliche ordnung geschickt habe ..., und frage, ob er denselben der obrigkeit zu handen fertigen solle. 2. Soweit man es irgend verstehe, seien sonst die angehörigen willig, dermafsen zu arbeiten, dass es zu der stadt und landschaft wohlfahrt gereiche, damit Gottes wort und ehre bestehen bleibe und nicht so schmählich von den lästerern und käsbäuchen (!) mit «fürsinen» getreten werde. ...　　　　　Bern, A. Capp. Krieg.

337. Oct. 19. Hans Rudolf von Graffenried, hofmeister zu Königsfelden, an Bern. 1. Antwort auf den befehl betreffend die beiden

ın. **Er** habe sich desshalb sofort nach Aarau verfügt und heute
s in gegenwart dreier ratspersonen zuerst mit dem alten, dann
n jungen geredet und ihnen das begangene vorgehalten. Der
ıaupte nun gänzlich unschuldig zu sein, dem abt von St. Urban
chrieben oder sonst etwas gemeldet zu haben, was etwa auf
erhandelt worden, sei auch noch gesonnen, sich als guter Ber-
l biedermann zu halten, wie er es bisher getan, auch sein leben
ım pfand zu geben etc. Auf den vorhalt, dass er dem •handel
ı immer zuwider gewesen, und daraus ein argwohn gegen ihn
ngen, entgegnet er, in der predigt sei er (doch) sehr fleifsig
a, auch einige zeit im ehegericht gesessen, habe da • redlich •
ı zu strafen und sonst zu leisten, was einem getreuen untertan
. Ueber seinen sohn wisse er nichts zu sagen, habe auch dem-
nichts befohlen. Die obrigkeit möge sich nur weiter erkundigen
enn sie ein vergehen finde, nach ihrem gefallen verfahren; im
 full zähle er aber auf deren gnade und hoffe, der gefangen-
entledigt zu werden. — Der junge gebe an, er habe seinem
zu St. Urban (zuletzt) auf St. Michels tag geschrieben, dass
lürich und andere christliche städte in Aarau versammelt seien,
rafsburg, Constanz und etliche eidg. Orte versuchen, den span
beizulegen; einige schiedboten haben sich desshalb nach Lucern
, aber bei den V Orten nichts ausgerichtet, so dass alles um-
ei. Als dann der bruder schriftlich zu erfahren gewünscht, ob
ıfse für den proviant wieder offen sei, habe er zur antwort ge-
dass die öffnung nicht stattfinde, weil die V Orte nichts haben
ıeu wollen; seitdem sei er nach St. Urban gegangen, habe da
ır hosen geholt, dann von dem bruder vernommen, dass die
er aufgebrochen, mit der warnung, sich heimzumachen. Weiter
• mit dem bruder nicht verkehrt, auch gar nicht mit dem abt,
uube übrigens, er wäre nicht allein schuldig, da viele andere
on diesen dingen gewusst; er hätte sich freilich gehütet, wenn
э vermuten können, dass dergleichen der obrigkeit missfalle;
э daher um verzeihung. — Die obrigkeit möge nun hierüber
iden; dem jungen falle noch zur last, dass er ohne des vaters
mit dem bruder verkehrte.   Bern, A. Capp. Krieg.

Oct. 19, Aarau. Der hofmeister zu Königsfelden, der amtmann
erstein und Sch. und Rat von A. an Bern. 1. Bei anlass der
ı mit den zwei Seemannen sei auch über die wachtanstalten
ı worden; der amtmann von Biberstein habe auch den befehl
ırn eröffnet, sich damit nicht zu befassen. Dadurch finde man
ranlasst zu melden, was im Aargau dieser sachen halb berat-
worden. Dieser tage nämlich sei der vogt von Gösgen von
ıach Aarau gekommen, um anzuzeigen, dass ihm die herren von
ırn befohlen haben, bei tag und nacht in dem gebirge gegen-
en Kaiserlichen gut zu wachen; damit aber nichts unbesonne-
•falle, fände er gut, dass alle anstöfser sich vereinbarten, über
:hten, heimliche wortzeichen, (sammlungs)plätze und andere not-

wendige dinge, um einem angriffe von fremden in guter ordnung begegnen zu können. Hierauf haben der vogt von Schenkenberg, die städte Aarau, Brugg und Lenzburg und der vogt von Gösgen verabredet, es solle jeder teil, der an die Kaiserlichen grenze, wachen halten und gerüstete boten haben, um bei tag und nacht einen allfälligen einbruch melden zu können, und dann leib und gut zusammen einsetzen. Als heimliches wortzeichen sei für diesmal bestimmt, *Jesus Christus sei mit uns allen*, was auch dem vogt zu Farnsburg angezeigt worden, der sich dann in diese übereinkunft auch eingelassen. Dem vogt zu Biberstein sei nun befohlen, in seiner herrschaft wachen zu lassen, weil aus dem kaiserlichen gebiet drei grofse landstrafsen herein führen; deshalb sei da nichts zu versäumen, zumal in Laufenburg und Waldshut etwelche bewegung sein soll; die leute von Biberstein haben die zumutung des vogtes, von dem wachen abzustehen, nicht willig aufgenommen und stellen gerne des tags vier mann und achte bei nacht. Das möge die obrigkeit günstig aufnehmen und in eile berichten, ob man dieser anordnung nachleben solle; diesseits wäre man zu allen opfern bereit... Bern, A. Capp. Krieg.

339. Oct. 19, Schenkenberg. Ulrich Megger an Bern. Trotz vielerlei umlaufenden gerüchten über volksansammlungen jenseit des Rheins könne er durch die täglich ausgesandten späher nichts (bestimmtes) vernehmen; auch eine nachricht von Basel her bestätige sich nicht; die obrigkeit möge daher um so mehr beruhigt sein, als er fleifsig wache; was er nun weiter vernehme, werde er eilends melden. Auf befehl der herren im lager und der Zürcher habe er auch das kloster Leuggern mit 40 mann besetzt, deren hauptmann der schultheifs Grülich sei; diese wünschen von der obrigkeit pulver zu erhalten. Im amt habe er gemustert, und mit Gottes hülfe getraue man das land wohl zu hüten; denn die vielen drohungen kommen (nur) von den neidern. Alle pässe seien «verstellt», wie auch Zürich die städte Klingnau, Zurzach und Coblenz besetzt halte, weil die Kaiserlichen in den Rheinstädten auch je 100 mann haben, in Waldshut noch etwas mehr; auch seien die Rotweiler dahin gerückt; sonst vernehme er aber von sammlungen noch nichts; der obrigkeit wolle er nur schreiben, wenn es not tue, und nur was wahr sei, soweit eben möglich. Bern, A. Capp. Krieg.

340. Oct. 19, morgens 9 uhr. Vincenz Gatti und Konrad Tübi an Bern. Durch zwei Basler metzger vernehmen sie, dass die Walliser mit zwei fähnchen, von Sitten und von Leuk, neben ihnen über den Urnersee gefahren, wobei sie haben verlauten lassen, es sollen ihrer viertausend «werden», und die Lucerner haben eine botschaft in das Mailändische geschickt, wo sie tausend büchsenschützen finden wollen; in Lucern haben sie geäufsert, sie wünschen sehr mit den Bernern zu schlagen. Dort sei kein gesunder mann mehr zu hause. Dies habe man auch in das feld geschrieben... Bern, A. Capp. Krieg.

Das an die hauptleute gerichtete exemplar liegt auch noch vor.

Oct. 19 (Donstag nach Galli). Sulp. Haller, obervogt in Lenz-
in hauptmann und Räte der Berner. Antwort auf die weisung
und die zufertigung von proviant aus den freien Aemtern und
argau. Er habe dafür allenthalben mit bestem fleifs gesorgt;
also Zürich etwas nötig habe, so werde es in Lenzburg er-
che aushülfe finden; das möge den Zürchern gemeldet werden.
. nr. 316.　　　　　　　　　　　　　　　　Bern, A. Capp. Krieg.

Oct. 19 (Donstag nach S. Gallen). Vincenz von Werd und
Meyer an Bern. Nachdem er (»ich»?), wiewohl »unkönnend»,
Truober tal verordnet worden, wo er gerne nach vermögen
zeige sich, dass wohl die hälfte der knechte heimgelaufen, weil
i den vögten zum panner aufgeboten worden; er habe daher
hundert noch, wesshalb er wünschen möchte, die Emmentaler
gnauer würden zu hause gelassen, damit die gegner nicht an-
kämen, hier schaden zu tun; denn in Escholzmatt sollen ihrer
rsammelt sein, die auf die entscheidung bei Bremgarten harren
renn derselbe auf ihre seite fiele, an drei orten über den berg
rechen wollen; wenn aber der sieg auf die andere (»üsere»)
ille, so werden sie sich stille halten. Am Montag, sage man,
echs schüsse aus grofsen büchsen gehört worden. Gestern seien
gehörigen und die Entlibucher auf der wacht zusammengestofsen;
: haben behauptet, die Schwyzer und Urner haben die Bündner
gen und viele umgebracht, und sich dabei gerühmt, ihre partei
lück in allem, was sie anfange; denn über ihrem volk habe
ine weifse taube gesehen; darum fürchten sie sich nicht. Solcher
brauchen sie viel und machen damit die (Berner untertanen)
g. Ferner sei nachts eine heimliche wache auf dem berge an-
i worden und nur ... mit mühe ... dem tod entronnen. Man
nun (desto weniger) etwas versäumen ... Die knechte würden
rne nach Schachen zurückziehen; aber es sei zu fürchten, wenn
schähe, so würden die feinde Truob überfallen und zu »pulver»
nen ... Die knechte bezeigen unwillen darüber, dass sie das
behüten sollen, wo so viel wein liege, von dem sie doch nie
men; er wollte ihnen lieber ein fass zu teil werden lassen, als
usammen verlieren. Ein mann habe die nachricht gebracht, es
einem kampfe?) gut gegangen, wofür er Gott lobe.... Nach-
: Bitte um bescheid, wie (teuer) die spiefse zu geben seien.
　　　　　　　　　　　　　　　　　　　　Bern, A. Capp. Krieg.
r schreiber scheint wenig übung gehabt zu haben.

Oct. 19 (Donstag nach Galli). Hans Richli an Bern. »Uff
ich ze nacht ist Matheus Has von Wallis komen, hat mich be-
dass er kum harüber komen ist. Witer so hat im ein guoter
geseit, dass uff hütt von jetlichem zenden (in Wallis) dryhun-
in ufsin werden, gan Aelen ze ziechen. Dessglich hat ein guo-
rr von Wallis harüber by einem hodler enbotten, es habind
nächt und Zafoyer wellen über Sant Bernhart ziechen; das hei-
ler Bischoff und die landlüt nit wellen lassen beschechen; also

müefsend sy ein andren weg ziechen; wo sy aber hin ziechen werdind,
ist nit geoffenbaret, oder wo sy hin wellind.» Er schicke täglich
«hodler um wein» hinüber als späher und werde weiter melden, was
er erfahre.　　　　　　　　　　　　　　　　　　Bern, A. Capp. Krieg.

344. Oct. 19. Konrad Lienhard an schultheifs Hans von Erlach in
Bern. Steffen Kunz von Erlenbach, der heute aus der Lombardei
gekommen, habe angezeigt, wie dort gemeine sage sei, dass die Eid-
genossen die von Zürich geschlagen und überwältigt haben, und die
Berner auch nicht stand halten können, weil die 8000 Spanier und
Landsknechte, die im Römerland gelegen, und die der Papst besolde,
nach Aosta hin vorrücken, um die Lutherschen zu bekriegen.
　　　　　　　　　　　　　　　　　　　　　　　Bern, A. Capp. Krieg.

345. Oct. 19 (Donstag nach Lucä). Solothurn an Bern. Antwort auf die zuschrift in betreff der «postery». Man habe darüber
mit den französischen gesandten geredet, die sich willig zeigen, Bern
zu entsprechen, und einen posten hier zu unterhalten, der auf den
bernischen in Fraubrunnen warte, wie sie selbst schreiben...
　　　　　　　　　　　　Solothurn, Miss. p. 784. Bern, A. Capp. Krieg.

346. Oct. 19, Echallens. Jost von Diefsbach, vogt, an Bern. Heute
habe er vernommen, dass zu Salins in Burgund etwa 6000 reisige
sein sollen, die nach Mömpelgard ziehen. Ueber den herzog von Savoyen wisse er jetzt nichts anderes zu melden, als dass im lande noch
guter friede sei. Gerne würde er, wenn es auch nur in drei worten
wäre, erfahren, wie es den Bernern gehe; denn es werde allerlei gesagt, was ihm besorgnisse mache; lieber wollte er daheim ehrlich
sterben als hier jämmerlich umkommen; darum wäre ihm eine weisung über sein verhalten sehr erwünscht.　　Bern, A. Capp. Krieg.

347. Oct. 19, (Hutwyl). Hans Pastor an Bern. 1. Heute seien
aus dem Solothurner amt Kriegstetten fünfundzwanzig mann...
(z. t. genannt) erschienen, und in ihrem namen habe ammann Lüti
vorgetragen, sie erscheinen, weil sie vernommen, welche zwietracht
jetzt unter den nachbaren sei, und wünschen, dass man sich nicht
übereile; vielleicht lasse sich zwischen den «hufen» (hauptban-
nern etc.) etwas zuwege bringen; man solle daher die «innern» nicht
schädigen, um einen frieden nicht zu erschweren; mit jenen wollen
sie in diesem sinne auch reden. Hierauf habe er, Pastor, mit den
ratgebern einig, geantwortet, man verwundere sich zum höchsten darüber, dass sie bei solcher lage der sachen etwas derart anbringen, da
doch alle welt wisse, dass es an Bern nicht gefehlt, und wie viel
mühe die schiedleute angewendet, wie Bern ihnen nachgegeben und
die bestrafung der vergangenen schmähungen dahingestellt und an sie
überwiesen habe, wogegen bei den V Orten nichts erreicht worden;
es möge also jedes fromme herz erkennen, wer an dem krieg und
der trennung der Eidgenossenschaft schuld sei... Zudem hätte man
hier keine gewalt, eine zusage zu geben; das stehe der obrigkeit zu,
die mit ihrem panner im feld stehe den V Orten gegenüber; man
wolle durchaus nichts tun, was den (bekannten absichten) der herren

zuwider wäre, werde sich aber ihrem willen fügen. Man glaube gern, dass diese zumutung wohl gemeint sei, könne sich jedoch nicht dem verdacht aussetzen, dass man die obrigkeit umgehen und selbst herr sein möchte; man stelle vielmehr alles ihr anheim, etc. Diese erwiderung habe den angehörigen wohl gefallen. Da die obern gewiss merken, wohin diese werbung ziele, so bitte er (desto mehr) um bestimmte befehle. 2. Die besatzung in Hutwyl sei etwas unzufrieden, da liegen zu bleiben, da doch die feinde abgezogen; ... sie meinen, so etwa 20 mann mit (denen von) Hutwyl und Eriswyl dürfte es genug sein, und sollte etwas plötzliches kommen, so glauben sie sich bald genug sammeln zu können; zu hause könnten sie sich nur besser rüsten und mit geld versehen... *Bern, A. Capp. Krieg.*

348. Oct. 20. Zürich an Schaffhausen und Appenzell. Hauptmann Stephan Zeller sei persönlich erschienen, um zu klagen, dass ihm von etlichen Orten seit längerer zeit keine bezahlung mehr zugekommen, wesshalb die knechte so unwillig seien, dass er sie nicht mehr lange zurückhalten könne, und er selbst von geld schon ganz entblöfst sei; da nicht wenig an der sache liege, so habe man ihn der gefahr wegen sofort wieder ins lager geschickt, bitte nun aber dringend, die ausstehenden sölde und anderes eiligst hineinzufertigen, damit weiterer schaden verhütet würde... *Zürich, Missiven.*

349. Oct. 20. Zürich an Glarus und Freiburg. Sie werden von den aus dem ersten zug nach Musso heimgekehrten leuten wohl bericht empfangen haben, wie die hauptleute, als die capitel mit dem Herzog aufgerichtet worden, dem hauptmann Zeller von jedem Ort zwei «plätze» oder übersölde für den monat zu verordnen abgeredet und zugesagt; dies haben etliche Orte bisher ihm erstattet; da er aber fortwährend grofse kosten habe, so sei er endlich genötigt gewesen, persönlich heraus zu kommen, um die ausstände und die darlehen, die er gemacht, einzutreiben; hätte man ihn nicht eilends wieder zu den knechten geschickt, so wäre er selbst erschienen, um die ausstehenden sölde zu fordern; darum bitte man, dieses schreiben an statt einer persönlichen werbung freundlich aufzunehmen und ihm die 42 kronen, die er anspreche, ohne verzug hieher zu schicken, damit man das geld ihm ohne schaden zuschicken und einem aufbruch der knechte zuvorkommen könnte... *Zürich, Missiven.*

350. Oct. 20 (Freitag nach S. Gallen), 1 uhr nachm. Zürich an Bern. Gesuch um beförderung der missive an Freiburg, unter andeutung des inhalts. *Bern, A. Capp. Krieg.*

351. Oct. 20, vorm. 8 uhr. BM., Räte und Burger von Zürich an hauptleute etc. auf dem weg nach Baar. «Uns zwyflet nit, ir lasset euch den schweren kosten, so mit hufen über uns gat, sunst anligen thun; destminder nit wellen wir üch aber fründtlich vermant haben, dass ir mit denen, so über wyn und brot geordnet, schaffen, dass sy ordenlich und mit guoten trüwen mit der sach und dem verkoufen guot sorg haben und das gelt trülich inziechen und den seckelmeistern zum fürderlichesten überantwurten »... *Zürich, A. Capp. Krieg.*

351. Oct. 20 (Freitag nach S. Gallen tag), nachmittags 3 uhr. **Z ü r i c h an die hauptleute etc. auf dem berg ob Steinhausen.** «Als dann unserer eidgnossen von Solothurn, Appenzell und Nüwenburg eersam ratsbotschaften uns hütt zum trungenlichisten angesuocht, das vergangen Gott zuo befälchen und künftig elend zuo fürkommen und inen fründtlich zwischen unserem handel ze reden und ze scheiden zuo vergünnen, denen (haben) wir geantwurt, dass wir bisshar alles das getan, das man uns angemuotet; dann diewyl sy uns allweg vermant und gebetten, nützit unfründtlichs noch tätlichs mit inen anzefahen, und wir uns dess allweg gehalten, sygend sy (die V Orte) über sölichs alles uns uff unser ertrich gezogen, uff uns angriffen, darus nun ein schaden gefolget, der uns nit also zuo verkiesen, sunder sygind wir des gemüets, denselben mit göttlicher kraft ze rächen und unsern fygend umb zuogefüegten hochmuot ze strafen; desshalb wir inen zum fründtlichisten gedankt und sy also abgewisen haben, und in kein güetliche underhandlung bewilligen. Dess haben wir üch in il verständigen wellen, als dann allerlei ufsätzen brucht werdent, ob neifswas an üch langen wurd, als ob wir güetlich darzwischen ze reden bewilligt, dass ir wissten, dass nützit daran were; dann diewyl wir üch ze kriegen vollen gewalt geben, lassend wir es gänzlich daby belyben, gänzlich hoffende, der allmächtig Gott uns und üch sig, gnad und glück verlyhen, und disen krieg, darzuo wir mit muotwillen genötet, zuo glückseligem end füeren werde.» Mitteilung an die Berner gewünscht. — Vgl. nr. 335. *Zürich, A. Capp. Krieg.*

352. Oct. 20, Steinhausen. **Hauptleute und Räte an BM. und Rat in Zürich.** Die von Mellingen klagen, wie der feind sie bedrohe, indem die Rotweiler auf Waldshut zu rücken und Baden einnehmen wollen etc., die stadt an geschütz grofsen mangel habe, und begehren dringend etwelche hülfe. Man wisse ihnen nicht zu entsprechen, wolle dies aber melden, damit die obern ihnen helfen können. *Zürich, A. Capp. Krieg.*

353. (Oct. 20). Z ü r i c h an Caspar Nasal und Felix Manz in (Bremgarten?). Da man in diesen schweren läufen mangel an ratspersonen habe, und ein gesandter an jenem ende die sachen wohl versehen könne, so begehre man, dass Nasal heimkehre und Manz dort bleibe und ferner das beste tue, wie es je die umstände erfordern mögen. Wenn ein zusatz in Bremgarten wäre, so soll er daselbst bleiben, wachsam sein und bis auf weitern befehl nicht wegziehen, damit an diesem passe, wie es auch gehen möchte, nichts verwahrlost werde. (Datum, adresse und unterschrift fehlen.) *Zürich, A. Capp. Krieg.*

354. Oct. 20. Schaffhausen an Zürich. Antwort auf das gesuch, für den pass in Zurzach einiges geschütz abzutreten etc. So gerne man willfahren würde, könne man doch wegen der gefährlichen lage, wo man im fall eines angriffs wohl alles selbst brauchte, nicht wohl mehr tun als etwa 4—6 hakenbüchsen leihen, sobald solche nötig sein werden, zumal man auch Diefsenhofen und Rheinau zu bedenken hätte. Mit korn sei man wegen mangel an dreschern ebenso

g verfasst wie Zürich, wolle aber, wenn es jemand auf den markt
ke, ihm bestens beholfen sein. Dank für die berichte aus dem
r.

. 'Oct. 20, nachm. 4 uhr. Basel an Zürich. In dieser stunde
le ein burger, der von Varese komme, dass er jenseit Bellenz zwei
aern aus den Ländern begegnet sei, die 1000 wälsche knechte
zwar so viel möglich büchsenschützen an sich ziehen und eiligst
i Zug führen sollen; von Flüelen weg seien zwei fähnchen Wal-
, ‚liederliches‚ volk und schlecht gerüstet, mit ihm gefahren,
auch nach Zug gehen; in den Ländern gehe die gemeine sage, sie
en noch einmal schlagen. In Lucern habe er (Mittwochs, 18.)
banner nicht gefunden, wohl aber viele heimgelaufene knechte;
weibel habe dann von haus zu haus geboten, wieder auszuziehen;
stadt hätte wohl mit 500 knechten eingenommen werden können.
habe man denen im feld auch angezeigt und lade nun Zürich
der Walliser halb weitere kundschaft einzuholen, und zu bedenken
wie man die Länder zu trennen vermöchte, bitte auch um be-
, ob die Bündner schon gemahnt oder auf dem wege seien...

Das im wesentlichen gleichlautende schreiben an den hauptmann etc., vom
ten tag, aber 3 uhr nachm., befindet sich im St.-A. Lucern: A. Capp.
(orig.). — An Bern, (4 uhr nachm.), a. Bern, A. Capp. Krieg.

. Oct. 20, vorm. 11 uhr. Basel an hauptmann Rudolf Frei,
den Krug, lieutenant, und miträte etc. im feld. 1. Antwort auf
gestern abend spät empfangene schreiben. Weil der krieg sich in
länge ziehe, und die feinde zurückweichen, um ihre kräfte in einer
à gegend zu sammeln, wo eine kleine macht einen grofsen haufen
schädigen könne, wie es den Zürchern geschehen, so befehle
ernstlich, zu jeder zeit gute wache zu halten und in einem ge-
e sich tapfer zu zeigen, um (wo möglich) sieg und ehre zu er-
en. 2. Da von Oswald Bannwart nur verräterei zu erwarten sei,
befehle man hiemit zum ernstlichsten, denselben zu verhaften und
aller vorsicht heimzufertigen, auch sofort bericht zu geben, damit
söldner entgegen schicken könne, um ihn abzuholen. Es wäre
ratsam, in den städten, als Bremgarten etc., je den schultheifsen
rufen, damit der gefangene über nacht in einen turm gelegt wer-
könnte. Die hände sollte man ihm auf dem rücken und die füfse
r dem ross zusammenbinden, damit er nicht entrinne.... Nach-
st: Man habe desswegen an Zürich geschrieben, das ohne zweifel
verhaftung nicht hindern werde.

. Oct. 20, Frauenfeld. Jacob Locher, landschreiber und statt-
r im Thurgau, an Zürich. 1. Da die Thurgauer an den gren-
überall wachen, so haben sie heute begehrt, das geschütz, welches
delleute auf ihren häusern halten, leihweise für den fall eines
fles brauchen zu dürfen ...; da sein schreiben aber weniger wir-
möchte als eine weisung von Zürich, so bitte er es hiemit, in der
wir tue, was es für gut ansehe, damit die Thurgauer mit dem
geschütz versehen würden. 2. Vogt Wacker zu Münsterlingen habe

soeben angezeigt, dass der abt von Salmansweiler dem gotteshaus 1200 gld. hauptgut ablösen werde, und gefragt, ob die frauen nicht 200—300 gld. davon für den haushalt brauchen dürften, da sie sonst geld aufnehmen müfsten; das übrige wollen sie ausleihen oder zinse daraus ablösen, und über alles ehrbare rechnung geben. Bitte um bescheid, was ihm zu befehlen sei. **Zürich, A. Thurgau.**

358. Oct. 20, Frauenfeld. Die acht verordneten der landschaft Thurgau an Zürich. Antwort auf dessen schreiben, veranlasst durch die klage des herrn von Sax und der edelleute etc. Man habe von solchen drohungen noch gar nichts gehört, finde daher solche verunglimpfung der gemeinden sehr befremdlich und unbillig; denn sollte auch ein unruhiger mensch dergleichen geäufsert haben, so dürfe dies· doch nicht den gemeinden zur last gelegt werden; dagegen sei wahr, dass der gemeine mann überall in grofsen unwillen geraten, weil die edelleute auf des landvogtes mahnung nicht (persönlich) ausgezogen, wie es doch ihren zusagen gemäfs wäre; denn die leute, die sie geschickt, seien aus den gemeinden gezogen, sollten aber im notfall das land schützen können; wenn sie aber damit ihre pflicht erfüllt haben, so lasse man es sich auch gefallen; man bitte also Zürich, die gemeinden für entschuldigt zu halten. **Zürich, A. Thurgau.**

359. Oct. 20 (Freitag nach Galli), Frauenfeld. Jacob Locher, landschreiber und derzeit statthalter des landvogtes, an Zürich. Es haben etliche voriges jahr (gewisse summen) an korn, kernen und haber gegeben, die auf St. Verenen und S. Gallen tag nächsthin hätten bezahlt werden sollen, und dafür bürgen angenommen, die sich ihrerseits durch «gülten» haben versichern lassen, worüber dann auch briefe errichtet worden. Da nun das geld noch nicht bezahlt sei, so meinen die gläubiger, die bürgen in die «leistung» mahnen zu können, die hinwider ihre gülten um enthebung mahnen; weil jetzt aber des krieges wegen keine gerichte gehalten werden, und die schuldner nicht zahlen wollen, so werde von allen seiten hülfe und rat begehrt. Um hierin recht zu tun und sich keine vorwürfe zuzuziehen, bitte er hiemit um bescheid, wie er sich verhalten solle, etc. **Zürich, A. Thurgau.**

360. Oct. 20 (Freitag nach Galli), Eglisau. Konrad Escher an Zürich. «Ich kan noch nüt warlichs vernämen, dass sich nieman unser an well nämen, es wer denn sach, dass es uns, dar vor Gott trülich sy(g), übel gieng, der von V Ort(en) halb; das acht ich nüt mit ierem wäsen; aber nüt desterminder so wil ich als guot sorg mit der hilf Gottes han, als wen ich vil und ein grofs grofs geschrei machti, und sy Gott mit uns.» **Zürich, A. Capp. Krieg.**

361. Oct. 20, nachm. 4 uhr, Zurzach. Niklaus Brunner an BM. und Rat in Zürich. Am Mittwoch (18.) morgens um 8 uhr sei ein lärm gegen den Rhein hin entstanden, aber bald bekannt geworden, dass nichts gefährliches vorhanden; etliche knechte haben dann einen von Waldshut her reitenden gefragt, und da er «zwiefalte» reden gebraucht, ihn über den Rhein her nach Zurzach gefertigt; hier habe man ihn weiter gefragt und seiner sonderbaren äufserungen wegen getungen nach Klingnau geführt. Am Donnerstag abends sei ein brief dahin gekommen (beiliegend), wonach man sich vereinigt, den gefangenen laufen zu lassen (heute), und dem Egg von Rischach auf sein drohen zu antworten, man kehre sich nicht daran; man merke wohl, «dass es den hund dem löwen vorgeschlagen was» (weil der brief an die Klingnauer adressirt gewesen?). ... Der gefangene sei nicht von Waldshut, sondern ein verdorbener kriegsmann (Hch. Hag) von Schaffhausen. ...   Zürich, A. Capp. Krieg.

362. Oct. 20, Kaiserstuhl. Hans Kaltschmid an Zürich. Die ihm aufgetragene spähung habe er nach mehreren seiten hin besorgt, aber nicht mehr erfahren, als dass zu Waldshut 200 knechte liegen, und zwar, weil Bern gedroht haben solle, einmal den nach Königsfelden gehörenden zehnten zu holen; ebenso seien die andern städte am Rhein besetzt, weil sie sich zu fürchten scheinen. Weiteres werde er nicht zu melden versäumen.   Zürich, A. Capp. Krieg.

363. Oct. 20. Bremgarten an Zürich. Man schicke hiemit einen gefangenen, Rudolf Hoppeler, den die Freiämtler von Boswyl überantwortet, weil er zwei proviantwagen für das Berner lager den feinden zugeführt. Man habe ihn verhört und von ihm vernommen, wie er die fuhrleute durch die teuersten versicherungen — man solle ihn als verräter und bösewicht vierteilen, wofern er sie «verführe» — gebracht und so seinen zweck erreicht habe. Zudem sei er des salzschmuggels und meineids schuldig geworden, und es könnte wohl noch mehr hinter ihm stecken. ...   Zürich, A. Capp. Krieg.

364. Oct. 20, nachm. 6 uhr. Schultheiss und Rat zu Bremgarten an hauptleute und Räte von Zürich und Bern. Antwort auf ihre (auf schriftliche anfrage erteilte) weisung, die französischen posten aufzuhalten und sich nach deren geschäften zu erkundigen. Jetzt sei auch der dolmetsch postenweise angekommen, der nun ins lager reite, von dem vielleicht eher zu erfahren sei, was die hier liegenden «führen»; deshalb bitte man um endlichen bescheid, ob man sie länger zurückhalten und was man überhaupt mit ihnen tun solle.
                                    Zürich, A. Capp. Krieg.

365. Oct. 20, vorm. 6 uhr, Mellingen. Joh. Blass und Hans Haab an hauptleute und Räte von Zürich. Sie haben auftragsgemäfs einen kundschafter nach Königsfelden geschickt und durch den schreiber des Ofmeisters die copie einer missive von Basel an den vogt zu Schenkenberg erhalten, worin gemeldet sei, dass die von Rotweil mit 500 mann auf Waldshut zu ziehen, um ohne zweifel Baden einzunehmen; dieselben sollen bereits alle pässe besehen und versucht haben, durchzukommen. Weiter sei nachricht eingegangen, dass ein teil der feinde zu Hohenrain liegen, kürzlich einem fuhrmann einen brotwagen abgejagt haben, hin und her streifen und den armen leuten schaden zufügen. Darum bitte man um etwas geschütz auf rädern und haken, da man sich sonst nicht zu erwehren vermöchte, «dann jetz geschütz die fürnemscht ursach alles sigs ist». ...   Zürich, A. Capp. Krieg.

366. Oct. 20, Rheineck. **Ulrich Stoll an Zürich. Klage übe geldnot.** Die Höfe haben gestern gemeinsam beschlossen, zur deckun der kosten in « der V Orten teil » zu greifen, was sie selber schreibe werden, wie er ihnen geraten. Die Appenzeller haben letzten Mittwoc nachts durch hauptmann Bärenweger angezeigt, dass sie 600 man ausgeschossen und sich treulich halten werden, wenn jemand d Rheintal angreifen wollte. Von Feldkirch her sei nichts anderes z vernehmen, als dass « sie » stille bleiben und zusehen wollen, « w die ball usloffen well »...   **Zürich, A. Capp. Krieg.**

367. (Oct. 20 ?), vormittags 9 uhr. **Zürich an (seine leute b Utznach?).** Man vernehme, dass sie das Kyburgeramt um einen stur ersucht, weil der feind sich « daoben » gestärkt habe; nun habe ma auf das dringliche schreiben der Gasteler bewilligt, dass die Bündn bei ihnen bleiben, so dass nun dort mannschaft und hülfe genug sei dürfte; man erwarte, dass sie sich tapfer zusammenhalten und n jenen die feinde mit guten anschlägen schädigen, ihnen keine ru¹ lassen und den andern luft machen...   **Zürich, A. Capp. Krie**

368. Oct. 20, 1 uhr nach mitternacht, Kaltbrunnen. **Andreas W¯ und Konrad Luchsinger an BM. und Rat in Zürich.** Die anku der Bündner sei auf Donnerstag (19.) abend verheissen worden; sie gestern aber nicht eingetroffen, habe man den (boten) Wiederk nach Wesen hinauf geschickt, um die boten derselben dringend zu suchen, die ihrigen förderlich « nachzumahnen », worauf sie eilen nach Walenstadt gefahren; es seien etliche Glarner bei ihnen gewese von deren handlung man nichts gutes vernehme; mehr als je suche sie nämlich Zürich zu hindern; sobald die Bündner kommen, gedenk man zu handeln, wie sich gebühre, obwohl die Toggenburger sic etwas bedenklich zeigen, die « Märchischen » anzugreifen. ....   **Zürich, A. Capp. Krieg.**

369. Oct. 20 (Freitag nach Galli). **Jacob Knobel, vogt zu Werden- berg, an den landammann von Glarus.** Ernstliche vorstellung, dass Glarus den Zürchern zugesagt habe, mit leib und gut für das gottes- wort einzustehen, welches aber die V Orte mit aller macht und soga fremder hülfe unterdrücken wollen; indem sie fremde gäste ins lan gezogen, haben sie die bünde gebrochen, und sei Glarus berechtig und schuldig, ernstlich zu handeln, um dieselben hinaus zu treiben.. Vorschlag eine landsgemeinde zu beraten, um einen den umstände gemäfsen entschluss zu fassen.   **Zürich, Tschud. Doc. Samml. IX. 74.**

370. Oct. 20, Baar. **Hauptmann und Räte von Bern an Züric** Sie bitten, dem zeiger dieses so viel « zeinenblei » als zu tragen mö lich zu geben und das übrige, bis auf 6 centner, herführen zu lasse Bezahlung zugesichert.   **Zürich, A. Capp. Krieg.**

371 a. Oct. 20. Bern an Constanz. Antwort auf dessen heu empfangenes schreiben. Von seiten des herzogs von Savoyen bemerk man noch gar keine rüstung; obwohl mit spähern so weit vorgesor sei, dass man zu jeder stunde erfahren könne, wie er sich verhalt auch von den Spaniern und Italienern höre man nichts. Für die g

troffenen wehranstalten und das sorgfältige aufsehen, auch für das getane erbieten sage man den höchsten dank und wolle das nach vermögen vergelten, etc. *Bern, Teutsch Miss. T. 157.*

371 b. **Oct. 21,** abends 7 uhr. Bern an Constanz. Mitteilung
eines berichtes von einem vertrauten Berner, der am hof des markgrafen von Saluzzo diene. Constanz möge sich darüber beraten und
nach gutdünken handeln; man bitte aber um mitteilung des gefassten
beschlusses, um sich darnach richten zu können. In grofser eile.
Ib. Ib. 160.

372. **Oct. 20.** Bern an Zürich. Heute habe man sich vereinbart,
mit dem zweiten panner nach Zofingen aufzubrechen, um gegen Willisau vorzurücken, da man keinen bessern weg für das geschütz finde.
Da von Basel warnungen kommen, dass die Rhein-grenze gefährdet sei
etc., so halte man für gut, dass Zürich einen kriegskundigen mann
verordne, um die pässe zu versehen, die gutwilligen zu sammeln und
mit dem hofmeister zu Königsfelden das nötige zu beschliefsen, von
diesen mafsregeln auch in das lager nachricht gebe und weiter berichte,
damit man das seinige tun könne; man müfse aber wünschen, dass
Zürich, als besonders jener örtlichkeiten kundig, die pässe besetze etc.
Zürich, A. Capp. Krieg.

373. **Oct. 20** (Freitag nach Galli), nachmittags 8 uhr. Franz Kalt
und Urs Dürr an Solothurn. Verweisung auf den heute geschickten bericht über den ritt nach Frick. Nun vernehme er (— es schreibt
Dürr —), dass gestern in Waldshut anderthalb (hundert?) wolgerüste-
ter Landsknechte angelangt seien, was der bote selbst gesehen habe.*
Zudem stärken sich die besatzungen in den städten täglich um dreifsig,
vierzig oder fünfzig mann, worüber die burger selbst zu klagen anfangen. Eck von Reischach sei wohl daheim, reite aber hin und her,
um etwas zuwege zu bringen. *Solothurn, Reform.-A. Bern, A. Capp. Krieg (cop.).*

* Nachschrift: Diese Landsknechte seien eigentlich büchsenschützen aus
Rotweil.

374. **Oct. 20** (Freitag nach Galli), 3 uhr nach mitternacht. Urs
Dürr an Solothurn. Er habe genauen bericht, wie Jacob Baumgarter von Basel « heute », um 3 uhr nachmittags, mit zwei fähnchen
« Landsknechten » bei Laufenburg habe herüberziehen wollen; da der
(vogt) es aber nicht geduldet, so ziehen sie jetzt gegen den Hauenstein
herauf, um auf Samstag mittags an die Aare zu kommen. Eck von
Reischach sei heute « aus den ländern » herab gekommen und wolle
nun mit macht daran. Die zahl knechte, die zu den fähnchen aufgeboten worden, möchte er bitten hier zu lassen, um die landespässe
desto besser hüten zu können; auch wäre etwas geschütz zu wünschen.
Auf schlimme fälle schiene es ratsam, zwei oder vier mann (boten)
durch das Gäu herab zu bestellen, damit man bei tag oder nacht
leichter verkehren könnte; denn einer käme damit nicht zurecht.
Solothurn, Reform.-A.

375. **Oct. 20,** Solothurn. Die gesandten von Freiburg an hauptmann und Räte von Zürich, im feld. . . . «Wie ir dann in früscher

gedächtnuss haben, als dann unser herren und obern vornacher sich
deheiner müeg, arbeit noch kostens bedurot, sonders sich in allen inen
möglichen dingen beflissen, das so zuo frid und ruowen dienstlich, wie
wol solichs alles bisshar unfruchtbar gewäsen, und zuo tätlicher ent-
pörung leider kommen, ab wölichem (weifst Gott der herr) sy grofs
leid enpfangen, also haben uns unser gedachten herren und obern
nochmalen abgefertigot, so üch soliche schidliche underhandlung angenäm wurde sin, allen flyfs anzewänden, kein müeg, arbeit noch kosten
uns harinne beduren ze lassen, als wir (weifst der Allmächtig) mit
geneigtem willen das wölten tuon, und desshalb hie zuo Solotorn sind.
Haruf so ist unser früntlich und hochgeflissen bitte an üch, uns sölichen üwern willen mit schriftlicher antwurt by disem harum allein
gesandten botten (zuo) eroffnen. »   Zürich, A. Capp. Krieg.

    Dieselben an die Berner befehlshaber übereinstimmend. (Bern, A. Capp.
Krieg).

376. **Oct. 20,** Mailand. Franciscus II. an die acht Orte der
Eidgenossenschaft. « Unsern günstigen grues bevor, etc. Wir haben
durch allerlei wege und warlichen mit sonderer beswerde und missfallen vernomen die verhandlung zwischen euch den Aidtgnossen, in
betrachtung was ende und abfallen solhs geberen möge; durch vil unsere schreiben habt ir vernomen und erkennt, wie heftig uns missfallen hat und zuwider gewest, dass sich zuotragen irrung und spenne
zwischen euch Aidtgnossen, welche wir allweg mehr geacht für sched-
lich dan nutzlich sein, und wie wol umb gemains nutz und friden
willen wir uns oft erbotten, soferr euch beiden tailen wir darzuo gefallen und tauglich sein geacht wurden, darinnen einzulassen und mit
ewerm willen und vergünstigung zu handlen zu versuchen müglichs
fleifs, ob wir möchten die sachen in der güete hinlegen, vertragen und
ausleschen zwischen euch baiden tailen; so hat uns doch für gut angesehen, aus obbemelten ursachen und begebener handlung wider umb
anzusuchen und uns zu erbieten, wo euch gefallen wolt, dass wir euch
beiden zu wolfart und gut darinnen handlen möchten, sein wir aller
begirlichst nichts zu underlassen, biss ain guter fride erfolge und so
vil dester mehr, so wir ewer aufnemen allweg ermessen und (ir) durch
solhe zwispaltung abfallen möchten, zu morglichem nachtail gemainer
cristenhait, und wir auch sonderlich genaigt, ewr aufnemen zu fürdern
und zu beschützen. Des halben, was euch in solchem will gemaint
und gefellig sein, mügt ir uns durch ewr schreiben zu wissen tun,
sein wir zu volnstrecken zu baider gemainer wolfart und hail ganz
willig und berait uns einzulassen, auch in eigner person, ob euch solhs
für nutzlich und fürtreglich ansehen wolt, zu komen an gelegne malstatt, durch beide tail benennt, verhoffende von dem Almechtigen des
halben ain sonder belonung zu empfahen; haben wir euch nit wellen
verhalten, ewr antwurt (wartende?). » Sig. Merbelius.
                Zürich, A. Capp. Krieg (orig.). Freiburg, Diesab. Pap. (cop. aus Zürich).

377. **Oct. 20,** Mailand. Herzog Franz an die V Orte. «Unsern
günstigen gruefs bevor. Edeln ersamen fürnemen besonders lieben
fründe. Die vergangen handlungen der spänn und irrungen halben

zwischen euch den Aidgnossen nu ain zeit her gewäret, haben wir
durch allerlei wege nit mit weniger freude, aber auch am andern tail
in bewegung euer aller wolfart und heil, auch aufnemen, mit sonderm
missfallen vernommen, darfür haltende warhaftiglichen, wie euer ain-
belligkeit euch erhohet und bishar erhalten hat, also besorgen wir,
werde zwitrachtikeit zwischen euch die fürnemist ursach sein der er-
niderung und abfallen. Wir bezeugen mit Gott, wie heftiglichen uns
solh euer spänn betrüeben, zu gesweigen was nachtail derselben halben gemainem nutz und der cristenhait daraus müge erfolgen, und
wiewol wir uns hievor, sofer euch bedeucht, dass wir darzu gut und
tauglich, auch beiden tailen annemlich, erbotten, zu gut und hail ge-
maines nutz in disem handel einzulassen, den selben zu vertragen und
hinzulegen, hat uns jetzt aus vergangner handlung halben abermals
für gut angesehen, werden sonderlichen bewegt, unser vorigs erbieten
wider zu erneueren, in ansehung dass die leufe und ausgänge der
kriege sind zweifelhaft, ungewiss und unbeständig. Deshalben, sofer
euch gut bedunkt, dass wir der sachen uns underwinden, dieselbe zu
vertragen, doch mit verwilligung beider tail, sein wir ganz willig uns
zu bemüehen und allen müglichen fleiss fürzuwenden, auszulöschen
das feur der zwitracht und euch, seyet des gewisse, wie euer wolfart
und erhöhung uns ain grofse freude, also auch euer zwitrachtigkait ist
uns ein überflüssigs laid und missfallen. Was euch in solhem will
gefallen, lasst uns wissen, (so) solle durch uns nichts underlassen
werden. Ob wir auch, sofer und euch solchs und der sachen fürträg-
lich und nutz gut bedunken wollt, sollten in aigner person komen,
wo uns darzu wurde bequemliche malstatt angesetzt durch euch. Auf
solche mainung haben wir den acht Orten auch geschrieben, wartende
euer antwurt, zweifeln ganz nit, hinlegende euer irrung, was belonung
wir von dem Allmächtigen wurden gewarten », etc.

　　　　　　　　　　　　　　Lucern, A. Religionshändel.

378. **Oct. 20,** Z ü r i c h. Geleitsbrief für einen diener des mailändischen gesandten. « Nos Burgimagister, senatus populusque Turicensis
concedimus liberum salvum conductum presentium ostensori Joanni,
qui servitor est secretarii illustrissimi Ducis Mediolani apud nos resi-
dentis, ut cum negotiis ducalibus transeat per dominia nostra sine impedimento, et rogamus Confederatos, ut cum pariter libere transire
permittant, et sic nos offerimus. »　　　　　　Zürich, A. Mailand.

　　Das bemerkenswerte liegt (ausser der kürze der fassung) darin, dass alles
von dem genannten secretär (Panizonus) geschrieben ist, aber wohl nur als
concept.

379. **Oct. 20** (Freitag nach Galli), Baar. Hauptmann etc. von L u-
c e r n an St. und Rat. Anzeige dass sie noch nichts (neues) haben
unternehmen können, da der feind in guter stellung in der nähe sei,
namlich zu Maschwanden und Knonau; indessen sei heute ein «volk»
ausgesandt worden, um den gegnern «den scharmutz zuo geben», und
zu erkunden, wo sie liegen. ... Ermahnung, die gefangenen wohl zu
bewachen.　　　　　　　　　　　　　　Lucern, A. Religionshändel.

380. **Oct. 20,** Mailand. **Stephan de Insula an die V Orte.** Er dringe bei dem bischof von Veroli sehr auf gewährung von hülfe mit büchsenschützen; derselbe habe nun drei posten hinter einander nach Rom geschickt, auf die in sechs tagen antwort zu hoffen sei; was komme, werde er sofort melden, und erhalte er geld, so wolle er schützen anwerben und schicken. Es wäre nun (auch) gut, wenn die V Orte einen boten nach Speyer schickten zu dem Kaiser und k. Ferdinand; sie würden hoffentlich viel ausrichten. Der herzog von Mailand bezeuge grofse freude über ihren sieg, wiewohl er sage, auch der gewinnende teil verliere, da die Eidgenossenschaft in langem krieg zu grunde ginge, und es wäre wohl besser, dass man wieder einig würde; er schreibe daher an die V Orte und erbiete sich, persönlich zu ihnen zu kommen. Er, Stephan, erachte auch für gut, dass sie zu der sache reden liefsen, damit man sähe, dass sie recht hätten, besonders des glaubens halb; er bitte also, darüber eine freundliche antwort zu geben und ihm alles zu schreiben, damit er wisse, was er zu reden habe. P. S. Zusendung der briefe des Herzogs und des Bischofs, zunächst an den vogt zu Lauis adressirt. Mit dem Bischof habe er zuweg gebracht, dass der Herzog eine vermittlung übernehmen würde.

Lucern, A. Religionshändel.

381. **Oct. 20,** Mailand. **Ennius, bischof von Veroli, an die V Orte.** «Edlen etc. etc. Ich hab mit fürstlicher durchleuchtigkait zu Mailand der vergangnen sachen halben, belangend die gemaine wolfart, friden und haile zwischen euern fründschaften und andern Aidgnossen rede gehabt und haben den sachen hin und her vil und lange mit ainander nachgedacht, in betrachtung dass e. fründschaften langherbrachte macht und aufnemen allain aus euerer ainhelligkait und ainigkait ersprungen und bestetigt, jetzt aber fürgefallende zwispaltung und zwitrachtigkait under euch wäre, könne nit ermessen (werden?), wie grofse abnemen und abfalle eurer hochachtung durch solche müge erwachsen, dass zu besorgen, dieselbe unwiderbringlich sey; befindende aber ire f. D' in disem handel fast wol geschickt und ganz guter naigung gegen ainer Eidgenoschaft, hat sich dieselbe erbotten, sofer sy darzuo tauglich und baiden tailen darzu annemlich, sich einzulassen, doch nit anders denn mit baider tailen verwilligung, und sich zu bemüehen und bearbaiten dermafsen, verhoffende die sachen auf begirig(?) und glückliche endschaft zu bringen, wie mir auch dieselbe ire f. D' gesagt, (dass sy) e. fr. auch geschriben und sich erbotten hab, dessgleichen auch den acht Orten geton. Dieweil ich dann irer D' gutwilligkait und fründlichs gemüet spüre gegen ainer Aidgenoschaft, so wellen e. fr. nicht abschlagen das fründlich erbieten irer f. D' und derselben geschicklichen wider antwurten, ganz darfür haltende, dieselbe ire f. D' werde ain erwünscht fruchtbarlich gut werk handlen. Ich rate, e. fr. wellen irer D' gut genaigt gemüet annemen; hat mich für gut angesehen, aus gutem herzen euch darzu zu raten», etc.

Lucern, A. Religionshändel.

Aus der canzlei des Herzogs: Handschrift von Merbelius; nur die unterschrift von Ennius (latein.).

Oct. c. 20, Luggarus. (Anonymus) an **Basel.** 1. «Ich tuon ninen g. h. ze wüssen, dass uff den xvj**ten** tag Octobris ist ko-Jacob de Pro von Ure, namlich am tag früeg, mit lx Lifner(n) elletzern; hant ein verstand gehan mit der v Orten knecht, wann acht an sy keme, so sölten sy das tor früeg uftuon, als in un-abwesen, als sich nun hat gen uff den obgenannten tag, sind rt wechter gsin, namlich Schwiz und Zug, hant ilents die fal-en nidergelan und den Lifner(n) und Belletzern gewinkt; do sind nts ins schloss gluffen mit lx halben haken und sind den nech-uff des vogts hus geilt und uff min herberg, und uff Zürich, und Schaffhusen herberg, und hand den vogt gfangen in namen Ort und uns ouch gfangen, namlich wie obstat, und hand uns ingen und darzuo gehan, dass wir einen ufgehepten eid hand en tuon, diewil der krieg da ussen wäri, nit wider die v Ort ze n, weder mit worten noch mit werken wider sy (ze) sin, und uns, was wir für essende spis hand gehan, alls im schloss be-ı, und hand das schloss gespist uff ein jar, und hand mir gno-ıll min win und korn, wol für ij° guldin in gold, und alle min b zum teil, und hant der übrigen Orten knecht behalten, nem-ılarus, Friburg und Solothurn zuo der fünf Orten knecht, die noch dienst als lang Gott will. 2. Witer, gnedigen min herren, sy die burgere wellen in eid nemen in namen der v Orten; ınd die burger nit wellen tuon, hand inen geseit, sy heigen den ten geschworen, den eid wellent sy stät halten, und heigen sy ' Orte) etwas spans mit den vij Orten, sye inen leid. 3. Witer, ı herren, ich tuon üch ze wüssen, wie wir sind verraten gsin, ' ob Gott wil wol werden vernemen vom landvogt, gehilft im Jarvon, und von denen zuosetzeren, die ouch sind vertriben. Ich etz den nechsten usher gfaren, so hant sy mir min frowen uff ›d geschlagen; han sy gen Meilant gfüert; wenn sy starch würt, ıh komen. Ich bitt ü. st. w., wann es sich zuo einem friden ir wellen mich ... üch lassen empfolen sin, dass mir das min werde von denen, die miers gnomen hant»...

Bern, A. Capp. Krieg (cop.). Zürich, A. Capp. Krieg (cop.).

Oct. 20 (Freitag nach St. Lux), zu nacht, Solothurn. Haupt-Michel Stettler an Bern. Eben in Speyer gewesen, wo er für ı herrn, markgraf von Saluzzo («Salissen»), bei einem doctor (ju-geschäfte gehabt, (habe er folgendes zu melden:) Am letzten ng (14. d.) sei «dem Ferdinando», etwa um 5 uhr nachmittags, aft zugekommen, wie die Länder die von Zürich geschlagen; nntag darauf habe der König rat gehalten, mehr als einen hal-ıg lang, und am Montag den reichstag abgekündet, um sofort ır ganzen begleitung nach Innsbruck zu verreisen; der sage nach ein tag zu Regensburg folgen; auch sei ein haufe kriegsvolk, das zeit in Friesland gelegen, nach Innsbruck beschieden, den haupt-geboten, sich bereit zu machen, etc. etc. Ein schreiber Ferdi-habe zu Speyer selbst angegeben, er wolle mit diesem volk ı den Ländern zuziehen... Ferner sei gewiss, dass die V Orte

eine botschaft zu Speyer gehabt; er, der schreiber, habe sie aber dreimal umsonst am hof gesucht; dagegen haben hptm. Michel Winz von
Strafsburg und der wirt zum «seidenen Faden» bestimmt angezeigt,
dass sie diese botschaft zu schiffe hinab fahren gesehen und sogar mit
ihnen geredet; weiteres sei nicht zu erfahren. Der Pfalzgraf lasse dem
König volk zulaufen wie der markgraf von Niederbaden, etc.

Zürich, A. Capp. Krieg (cop.).   Freiburg, Diessb. Pap. (cop.).   Bern, A. Capp. Krieg (orig.).

Am 21. (7 uhr abends) schickte B e r n abschrift eines briefes von hauptmann «S t e t t l e r», der mündlich das gleiche eröffnet habe, ins lager mit dem
bericht, dass derselbe beabsichtigt habe, von Solothurn her persönlich dahin zu
kommen. Es darf wohl diese notiz auf obigen act bezogen werden.

384. Oct. 20, (Speyer?). Anonymus (?) an landgraf Philipp von
H e s s e n. Da sich gestern könig Ferdinand zur abreise gerüstet, so
habe die stadt Speyer ihm vorgestellt, wie grofse kosten sie für den
dorthin gesetzten reichstag ausgeworfen, und gebeten, den nächsten
dort zu halten, damit sie einigen ersatz erhielte; er habe geantwortet,
der tag könne jetzt nicht stattfinden ..; dann sei bekannt geworden,
wie er eilposten erhalten, dass der Türke und der «Weida» in hefti-
ger rüstung stehen; darum werden viele hauptleute angenommen, und
überall sollen knechte geworben werden, bis auf 15,000, und bis Martini zu Köln sich vereinigen; ob sie dort den Türken finden, sei wohl
zu ermessen. Ferner seien dem König von Freiburg im Breisgau
briefe zugekommen des inhalts, dass die Schweizer einander geschlagen, und die von der alten «meinung», etwa 10,000 stark, über die
andern, bei 20,000, gesiegt, deren viele erschlagen und 14—18 stück
geschütz erobert haben; der bote habe dafür 50 gld. zum geschenk
empfangen. Ob der König auch desswegen so rasch aufgebrochen,
möge der Fürst selber vernehmen. ...   Zürich, A. Capp. Krieg (cop.).

385. Oct. 20 (Freitag nach Galli). Sulpitius Haller, obervogt zu
Lenzburg, an die B e r n e r befehlshaber im feld. Stölli von Solothurn
habe ihm als glaubwürdig gesagt, und zwar auf bericht des knechtes
von Wolf Hütschi von Basel, dass die V Orte durch eine botschaft im
Wallis eiligen zuzug von 4000 mann begehrt haben, da es ihnen not
tue, auch nach Mailand boten schicken, um da noch mehr büchsenschützen zu holen; das werde zur warnung angezeigt, etc. etc.

                                                    Bern, A. Capp. Krieg.

386. Oct. 20, Lenzburg. Sulp. Haller an B e r n. 1. Hieher verordnet, um den im felde stehenden mannschaften die nötigen vorräte
zuzuschicken, tue er hierin das mögliche. 2. Nebenbei vernehme er
eben von dem untervogt zu Eichen («uss den e.») bei Reinach, dass
die von Münster (und dem) Michel-amt heimgezogen, und Jacob Marti
von Lucern mit einigen leuten zu Hochdorf liege, was die grafschafts-
angehörigen etwas besorglich dünke, da ein schädlicher angriff möglich
wäre, wenn nicht rechtzeitig vorgesorgt würde. 3. «Sodanne... wird
ich ouch glouplich bericht, dass vil guotherziger uff der widerpart an
den anstöfsern syend, wo dieselben etzlicher gstalt ersuocht und überzogen, wurden sy guotwillig erfunden; dann sy in sorgen, wo es uff
unser siten glücklich und wol gieng, (als wir zuo Gott vertruwend),

nd demnach schwärer überzogen und grofsen schaden erliden
r bitte nun um treues aufsehen der obrigkeit für diese graf-
tc.   Bern, A. Capp. Krieg.

st. 20, (Zofingen). Konrad Tübi an den Berner hauptmann
iefsbach. Zusendung von zwei wagen nit brot. Er wisse
kaum zu weg zu kommen (vgl. nr. 316?) . . . und müfse, der
egen, um ausdrücklichen befehl bitten, ob er mehr schicken
laber wisse er nicht zu finden, da solcher noch nicht ausge-
und die bauern nicht zu hause seien; drei wagenlasten habe
Aarburg geliefert, die der vogt von dort aus zuführen werde;
nicht erhältlich gewesen.   Bern, A. Capp. Krieg.

st. 20, Brienz. Diebold von Erlach an Bern. Gestern abend
er angelangt und habe sofort dem landvogt von Interlaken,
ultheifs von Unterseen und den vorhandenen knechten seinen
öffnet, sich nach Hasle zu verfügen; sie haben ihm das aber
cherlei gründen abgeraten; darum sei heute mit den ältesten
n gemeinden und landschaften über allerlei händel geredet
was man nun verhandelt habe, wäre zum schreiben zu lang,
der landvogt und der fähndrich von Unterseen mündlichen
rstatten werden. . .   Bern, A. Capp. Krieg.

ct. 20, «Ursiken» (Uerzlikon). Die Berner hauptleute an
keit. «Damit ir bericht von tag zuo tag empfachind, wie es
stande, soll üwer gnad wüssen, dass wir gestern von Ma-
en verruckt und gan Knonouw gezogen, da über nacht gelä-
als wir hütt früe ufgebrochen, willens uns der fyenden läger
rn, haben unser büchsenschützen mit den iren gescharmutzt,
der fienden etlich erschossen. Also sind wir har gen Ursiken
; morn werden wir gan Cappel zuo rucken und understan
end ze besuochen mit vorteil; dann wir durch kundschafter
ngne bricht sind, wo der fyenden schutz (gschütz?) stat, (und)
nslag sye. Daby haben wir vernomen, dass sy sich täglichen
uss Wallis und Meiland, desshalb wir uns nit sumen werden.
ann dem krieg kurz end geben wellend, müefsend ir obenhar
so wirt die sach hie guot. »   Bern, A. Capp. Krieg.

ct. 21, Blickenstorf, auf dem berg. Hauptmann und Räte von
ihre obern. 1. «Gester sind wir von Ursiken (vgl. nr. 389)
und har gan Bliggistorf uff den berg komen, ligt ungefarlich
enschutz von Bar, da unser läger geslagen und unser eidgn.
mitb. von Zürich znech(s)t by uns; unser fyend aber, als die
so zuo Bliggistorf an der brucken gelegen, von unser(n)
chützen vertriben, haben Bar das dorf verlassen und sich hin-
sschütz, das an dryen orten am Zuger berg ligt, gestellt, ver-
, (dass) wir glich stutzlingen sy in irem vorteil angrifen söl-
das dorf Bar innemen, dess wir uns aber verhüet; nütdester-
ob wir glichwol das dorf Bar überfallen, darin die weltschen
chützen sind, möchten wir das lichtlich mit l oder lx schützen
ch werden wir hüt mit einandren ratslagen, wie die sach an-

zegrifen. 2. Sodann .. ist by uns ein geschrei, wie ir schon Willisouw ingenommen; pitten wir üch, uns dess ze verstendigen, ob ir mit der andern paner uszogen syend oder nit, uns dest bas wüssen ze halten.» 3. «Wüssend dass unser büchsenschützen hantlich sind, dass (die) der fyenden inen nit zuo mögend.» **Bern, A. Capp. Krieg.**

391. Oct. 21 (Samstag nach S. Gallen), «uff der nacht». **Zürich an Bern.** 1. Die anzeige, dass es heute mit dem zweiten banner nach Zofingen ausrücke, um dann gegen Willisau etc. vorzudringen, habe man mit inniger freude vernommen, indem man hoffe, die feinde werden dadurch so in die enge getrieben und bedrängt, dass der diesseits erlittene schaden gerächt und ihr hochmut nach verdienen gestraft werde. 2. Betreffend die von Basel gegebenen nachrichten über rüstungen jenseit des Rheins habe man auch von anderer seite her allerlei warnungen erhalten, besonders von Schaffhausen die anzeige, dass die Rotweiler mit hundert, die Villinger mit dreifsig mann gegen Waldshut gerückt, was sich auch als wahr erweise; desshalb sei der vogt von Regensberg als hauptmann nach Zurzach, Coblenz und Klingnau verordnet worden, der auch seit beginn des krieges mit 100 mann dort liege; er habe vollmacht, falls er etwas gefährliches wahrnähme, den sturm in diesseitige herrschaft (R.) ergehen zu lassen, was auch schon zweimal geschehen; denn die anstöfser, die anfänglich dem sturm für Cappel gefolgt, habe man wieder heimziehen lassen. Den hauptmann Kaltschmid habe man begnadigt und dann beauftragt, für Kaiserstuhl vorzusorgen und auf die pässe am Rhein zu achten, da er ein «anschlägiger» mann sei, der nun auch viel gutes versprochen habe und alles mögliche leiste. Diesseits fehle es also an vorsorgen nicht; denn man ziehe auch allenthalben kundschaft ein, so bei dem hm. Varnbüeler in Lindau, durch den verweser im Rheintal, den vogt zu Eglisau, den burger Cornel Schulthess in Kaiserstuhl, im Schwarzwald, in Würtemberg und anderswo. Man könne aber nichts erfahren, dass auswärtige sich des kriegs annehmen; falls man nicht sie selbst überziehe; die vier städte am Rhein haben eine besatzung allermeist wegen der besorgniss vor einem angriff Berns erhalten; es schreiben auch vertraute leute, man solle nur ohne alle sorge sein, dass von dieser seite her etwas feindliches vorfalle; wohl glaube man, wenn die evang. städte, was Gott ewig verhüten wolle, nochmals geschlagen würden, so möchten sie feinde genug bekommen; jetzt aber seien die jenseits vorhandenen rüstungen geschehen, weil man nicht gewusst, was die Eidgenossen eigentlich wollten. 3. Trotz diesen guten aussichten habe man, um keine vorsicht zu versäumen, den seckelmeister Edlibach zu dem hofmeister in Königsfelden abgeordnet, um mit vogt Brunner und hauptmann Kaltschmid alle wünschbaren ratschläge zu verfassen; ... denn diesseits wolle man leib und gut nicht sparen... 4. Den knechten im lager vor Musso habe man geschrieben, sie sollen nicht aufbrechen, sondern tapfer im krieg beharren; denn bekäme der Müfser wieder luft gegen die Bündner, so wären üble folgen zu fürchten. Der Herzog klage sehr über mangel an pulver; aber man könne ihm jetzt von hier aus gar nicht helfen. **Bern, A. Capp. Krieg.**

392. Oct. 21. Hans Rudolf von Graffenried, hofmeister von Königsfelden, an B e r n. 1. Antwort auf den befehl, alles zu melden was
ienseit des Rheins vorgehe. Er hätte geglaubt, die obrigkeit sollte es
durch den amtmann von Schenkenberg einläfslich vernommen haben...
Es sei nun folgendes zu melden: Durch sichere kundschaften und
ehreulente sei er benachrichtigt, dass die vier Waldstädte am Rhein
noch ziemlich kleine besatzungen haben, die sich aber verstärken; am
Mittwoch abends sei nämlich ein fähnchen von Rotweil, meist mit
büchsenschützen, nach Waldshut gekommen, nicht gerade viel; aber
aus dem Breisgau etc. erwarte man noch mehr, etwa 1200 zu fufs
und 300 reisige pferde, die in den vier städten warten sollen; was
ihre absicht sei, könne man noch nicht erfahren; es gehe freilich die
rede, man rüste sich auf den fall, dass Bern, nachdem es ‹ mit den
v Orten grech › (fertig) geworden, den zehnten in Waldshut erobern
(‹reichen›) wollte; aber man rede auch,· dass Eck von Reischach habe
verlauten lassen, es müfse ihm ein flügel vom Schenkenberger amt
werden; er wolle auch Leuggern einnehmen; die glaubwürdigste sage
gehe indess dahin, dass sie versuchen möchten, nach Baden und auf
dem kürzesten weg zu den v Orten zu kommen, wie es dem vogt zu
Schenkenberg durch einen burger von Basel geschrieben worden. . . .
Auf solche berichte und warnungen, die auch nach Brugg gekommen,
habe er sich gestern mit j. Lüpold Effinger nach Baden verfügt, hier
den Rat berufen lassen und zu wissen begehrt, was man im fall eines
angriffs durch fremdes volk zu erwarten hätte; darauf sei die antwort
gefallen, die stadt werde sich gegen jeden feind verteidigen und niemand heraus (herein?) lassen; fremdes volk werde sie nicht aufnehmen, wenn sie nicht durch gewalt gezwungen werde. Obwohl sie
gute worte geben, auch die von Klingnau, Coblenz und Zurzach mit
einem fähnchen unter dem vogt von Regensberg versehen worden und
demselben geschworen, sei doch denen von Baden und einem teil der
Klingnauer und Coblenzer nicht völlig zu vertrauen. Die obrigkeit
möge nun hier ein getreues aufsehen halten, da die Kaiserlichen bald
grofsen schaden anrichten könnten. 2. Die besatzung in Leuggern
habe zu den 6 hakenbüchsen, welche Brugg dahin geliehen, weder pulver noch andere munition; von dieser gegend aus könne aber niemand
heifen, so nötig es wäre; auch sonst fehle es an der erforderlichen
rüstung, um einem feinde widerstand leisten zu können. . . .

Bern, A. Capp. Krieg.

393. Oct. 21, Truob. Hans Meyer, Albrecht Sigwart und Vincenz
von Werd an B e r n. 1. Die schriftliche weisung, hier und im Schachen zu bleiben, errege unter den knechten grofsen unwillen, weil man
als sicher wisse, dass die gegenpartei, sobald sie vernehme, dass das
Berner panner ihr gebiet betrete oder den Zürchern zuziehe, gesonnen
sei, hier mit macht einzubrechen; da nun diesseits wenig mannschaft
sei und die Entlebucher mit ihren zuzügen wohl 600 gut gerüstete
männer beisammen haben, während hier die halbe zahl noch zerstreut
liege, so wollen die leute sich auch vereinigen und etwa auf die Ber-
egg (?) oder nach Langnau ziehen und nicht hier bleiben; zudem ver-

laute, dass die Truober selbst von den feinden nichts zu besorgen
haben, weil sie mit denselben immerfort freundlich verkehren, ihnen
auch alles melden, was hier vor die gemeinde (die mannschaft?) komme,
so dass man ihnen nicht viel trauen könne. Auch meinen die knechte,
mit einigem grund, der platz Truob sei nicht sicher und vorteihaft;
heute werde man sich zu einem haufen vereinigen und weitern befehl
gewärtigen. Denn heute, zwei stunden vor tag, sei man wegen vielfältiger warnung hier und im Schachen in der «ordnung» gestanden.
Auch vernehme man, dass die Entlebucher durch botschaften, welche
sie im felde haben, eilends erfahren, was vorgehe, und drohen, im
glücksfall den proviant hier auch zu holen; daher bitte man um bericht, damit man wisse, wo man «das völkli» an einen guten platz
legen und weiteren unwillen verhüten könnte. Hier abzuziehen,
möchte allerdings als eine schande erscheinen; aber bleiben könnte man
nicht ohne eine verstärkung von (wenigstens) hundert mann, etwa aus
den Landgerichten: man werde sonst im Emmental auch noch leute
suchen und sich zu behaupten versuchen; wenn aber die obrigkeit gestatte, einen andern platz, und zwar an der landstrafse, einzunehmen,
so werde man sich mit den zuzügern aus den nächsten kirchhören be-
gnugen. 2. Etwas anderes werde dieser bote mündlich eröffnen.

Bern, A. Capp. Krieg.

394. Oct. 21. Hans Marti an Bern. Die von Spiez erbieten sich
zu willigem dienst und haben nach dem letzten schreiben der obrigkeit auf (letzten?) Sonntag einen frischen auszug von 50 mann getan
in das panner und sie bestmög ich mit speise versorgt: nun höre man,
dass die nachbarn mit allem was stab und stange tragen könne, ausrücken, wegegen man hier den befehl bedenke, auf die (feinde) am
Brünig zu achten; um aufklarung zu erhalten, sei er nach Thun geritten, wo er um rat gebeten und den bescheid erhalten habe, den
eidern sehr sicheren bericht zu geben und ihren bescheid zu gewärtigen.

Bern. A. Capp. Krieg.

395. Oct. 21. zu nacht. Bern. Diebold von Erlach und Michel
Sigen, schützeels von Unterseen, an Bern. 1. Zusendung eines man-
.... der eben über die Grimse gekommen und in betreff der Walliser
.... die man nicht lange zurückhalten wolle.
2. Sein nachdem Vater bei begehen, dass man ihn ermahne, sich
.... gegen ihm zu verhalten, man habe aber darüber nicht mit
.... gespielt und erwarte die obrigkeit, es sei nun nach ihrem ge-
.... hielten sei die leute über die Brünig gegangen bis
.... und sie haben nichts gespürt,
.... gehalten, die wache halten und
.... «gnossen» haben. Wie es
.... werde dieser bote anzeigen

Bern A. Capp. Krieg.

396. Oct. 21. .... Diebold von
.... aus dem
.... so dann

im Lucerner gebiet zum teil ähnlich durchgebracht, gebe an, er sei
aufgeboten worden, um mit den Lucernern zu «reisen», habe aber nicht
gegen Bern ziehen wollen, sich desshalb fortgemacht, um durch Unterwalden hieher zu kommen; er sei aber genötigt gewesen, einen andern
weg zu suchen, endlich nach Hasle und Grindelwald gelangt, wo ihn
der weibel Wenger angehalten und dann hieher geschickt habe; da
nun der landvogt abwesend sei, so sende man ihn unter bewachung
dem hauptmann zu; man wisse nämlich nicht, ob er nicht etwa als
späher diene; denn hier kenne er bei tag und nacht berg und tal,
steg und weg wie «dalig» kein anderer; er sage auch, er sei so nahe
bei der schlacht (zu Cappel) gewesen, dass er fast jeden schuss gehört. Der hauptmann möge ihn nun weiter fragen und den landvenner, den heumeister (?) und den landweibel befragen, die seine umstände mehr oder weniger kennen.   **Bern, A. Capp. Krieg.**

 Diebold v. Erlach und Michel Sager schickten den gefangenen gleichen tags
mit obigem brief nach Bern, weil derselbe sich nicht befriedigend auslassen
wollte; laut schreiben dd. Brienz, zu nacht.

397. Oct. 21, abends, vor Zug. Caspar Nasal und Hans Felix Manz
an BM. und Rat in Zürich. Antwort auf den befehl für erstern,
heimzukehren, für letztern, bei hptm. Werdmüller zu bleiben: Beide
seien mit diesem nach Baar gezogen; zu Bremgarten kein zusatz mehr;
auf vorweisung des befehls habe hptm. Lavater dem hptm. Werdmüller bewilligt, ihn zurückzubehalten. Bitte um weitern bescheid.
            Zürich, A. Capp. Krieg.

398. Oct. 21 (Samstag nach Galli). Zürich an Niklaus Brunner,
vogt zu Regensberg. 1. Er wisse, dass man nach Schaffhausen um
einige «fakünli» geschrieben; nun sei heute die antwort eingegangen,
dass die Schaffhauser zwar gerne willfahrten, aber besorgen, denen
von Diefsenhofen und Rheinau mit geschütz aushelfen zu müfsen, von
der eigenen gefahr abgesehen; doch anerbieten sie 4—6 hakenbüchsen,
wenn solche nötig wären, etc. Dies wolle man nicht verschweigen,
damit der vogt, wenn er solcher büchsen zu bedürfen glaubte, dieselben zu finden wüsste, indem man sie zu gröfserer sicherheit wohl
brauchen könnte. Man begehre nun, dass er den pass mit aller vorsicht und treue bewache und in allem sein bestes tue. 2. Nachschrift
von Beyels hand: «Die unseren bim paner sind ouch schon ganz gerüst und verfasst, unsern fygend zuo Bar im namen Gotts anzuogryfen; der wolle inen und uns allen glück, gnad und sterke verlyhen,
Amen.»   **Schaffhausen, Corresp. (original!).**

 Auf der rückseite notirte der Sch. stadtschreiber: «Missiv von der hakenbüchsen wegen, so min herren gen Zurzach geliehen».

399. Oct. 21 (Samstag nach Galli), anf. nachts, neben Baar. Hauptmann, venner und Räte der Gotteshausleute an statthalter Weber
in Wyl. 1. Antwort auf seine anzeige, dass etliche aus dem untern
amt Toggenburg in die March gerückt seien, um da den feind zu
schädigen; da man aber nicht wisse, ob sie bei freunden oder feinden
liegen, so begehre man, dass der statthalter sich darnach erkundige
und in dem fall, dass etwas tätliches bereits unternommen oder an-

geordnet wäre, ihnen hauptleute und fähnriche verordne und sie vorrücken lasse; im andern fall sollen sie heimgefordert werden und auf
diesseitige weisung gefasst bleiben; am liebsten sähe man freilich, dass
sie den feind angriffen, damit er von allen seiten bedrängt und der
krieg desto bälder vollendet würde. 2. Von neuen vorgängen sei zu
melden, dass die Berner, Zürcher, Basler, Solothurner, Schaffhauser,
St. Galler, Mühlhauser, Thurgauer, Toggenburger und die st. gallischen
Gotteshausleute heute abend mit aller macht, mit tapferem volk und
fünfzig büchsen auf rädern vor Baar gekommen, worauf der feind
neben Zug hin an den berg gezogen sei, wo er sich in einem « vorteil » halte; einstweilen werde gegen einander geschossen, wobei die
gegner etliche mann verloren haben. Die Berner schicken ein anderes
panner mit starkem geschütz gegen Lucern, und es verlaute, dass die
Lucerner mit ihrem panner aus dem feindlichen lager abgezogen seien,
was den andern Orten übel gefalle und sie reuig mache. Nun hoffe
man die feinde derart zu schädigen, dass in wenigen tagen ein sieg
erfolge und die mutwillige tyrannei ausgereutet werde.... (Berichte
von gefangenen, wie die V Orte am Zugerberg für die verteidigung
drei plätze bestimmt haben, die Schwyzer den Toggenburgern den weg
zu sperren versuchen wollen, etc.). Noch sei die mannschaft gesund,
auch alles volk einig, unerschrocken, gehorsam und gottesfürchtig, so
dass man den empfangenen schaden und schimpf «von herzen schlage»,
und «lassend sölichs alles ein warnung und straf Gottes sin». Von
dem unternehmen der schiedleute lasse man sich desshalb nicht irren,
etc.   Stiftsarchiv St. Gallen (copie).

400. Oct. 21. Bremgarten an die hauptleute, pannerherren und Räte
von Zürich und Bern. Man schicke hier drei gefangene, die man
einige tage behalten habe, und die man nach allen verhören auf eine
urfehde mit passporten ledig gelassen; zwei geben sich für Zürcher,
der andere für einen Berner aus; es seien die bekannten, auf die sie
sich berufen, im lager ohne zweifel zu finden...   Zürich, A. Capp. Krieg.

401. Oct. 21, nachm. 10 uhr, Bremgarten. Johannes Mutschli, schultheiss, an Zürich. Antwort: Caspar Nasal und Hans Felix Manz
seien schon am letzten Montag (16.) mit dem fähnchen und dem ganzen hier gelegenen heer weggezogen, befehle an sie daher in das lager
zu schicken. — Vgl. nr. 397.   Zürich, A. Capp. Krieg.

402. Oct. 21, (Kaltbrunnen). Vogt und Räte von Grüningen an BM.
und Rat in Zürich. Sie vernehmen, dass man sie verunglimpfe, als
ob sie ungehorsam wären, die knechte hin und her laufen liessen und
ungeschickte worte brauchten; sie möchten nur wissen, wer dies getan, um sich gehörig zu verantworten, .. und bitten, solchen zuträgern
kein gehör zu leihen...   Zürich, A. Capp. Krieg.

403. Oct. 21, vorm. 10 uhr. Zürich an Ulrich Stoll im Rheintal.
Antwort: Billigung seines bisherigen verrichtens. Was BM. Varnbüler
zu Lindau im Rheintal besitze, möge er wohl beschützen und ferner
von ihm freundlichen bericht einholen; dabei fortfahren, wachsam zu
sein und das volk dazu anzuhalten. Denn heute seien die leute im

feld, um den feind mit starker hand anzugreifen und zu strafen; wenn der Allmächtige dazu den sieg verleihe, so hoffe man wohl, dass der krieg ausgemacht sei. . . *Zürich, A. Capp. Krieg.*

404. Oct. 21. Die kriegsräte von Strafsburg an Zürich und Bern. 1. Man sei der tröstlichen zuversicht, dass der barmherzige Vater den von den V Orten empfangenen schaden ersetzen und die sache zu dem ende führen wolle, dass sein hl. name zuvörderst in aller welt gepriesen, sein wort gemehrt, sein wille in allen dingen vollbracht werde, bitte also Zürich (Bern), sich alles kleinmuts zu entschlagen und stark im glauben auf seinem vorhaben zu verharren, etc. etc. Wenn es etwa mangel an pulver und dgl. hätte, so möge es nur an Basel schreiben, damit das dort hinterlegte ausgefolgt würde. 2. Der könig Ferdinand sei letzten Donstag (19.) nach Stuttgart gekommen, habe auch schriftlich die erlaubniss zu werbungen nachgesucht etc. etc.; es verlaute aber noch nichts von rüstungen. . . *Zürich, A. Capp. Krieg. Bern, A. Capp. Krieg.*

405. Oct. 21, vorm. 11 uhr. Basel an hauptmann R. Frei etc. «Wir habend üwer jüngst schriben by Heinrichen Batzendorfern und nebent demselbigen mundlich von im verstanden, wie under unsern knechten der ursach etwas unwillens sin sölle, dass ir mit andern von unsern lieben eidgnossen und christenlichen mitburgern in den vorzug verordnet, ab wölichem wir fürwar ein grofs bedurens empfangen, dass sich die unsern ab dem, das inen zuo eeren, und ouch ir und unser aller eer ist, söllend beschweren. Wir habend gänzlich darfür, ir werdend den angriff nit allein tuon, sonder so es je zuo striten kommen, alle unser Eidgnossen und chr. mitburger, die by üch sind, so trüwlich zuosamen setzen, dass Gott, um dessen eer und worts willen uns dise anfechtung begegnet, unangesechen, dass wir mit unsern sünden wol vil straf verdient, um der eere sines namens (willen) gnad und sig werde mitteilen; desshalben befelhen wir üch ernstlich, dass ir solchen unwillen by den knechten abstellend, sy eerlich und wol ze dienen fründlich und ernstlich ermanend, ouch niemandem dheinen ufbruch ze machen, by verlierung sines lybs und guots, gestattend, sonder was uns allen an denen dingen gelegen, trülich bedenkend, gott vor ougen, guot sorg und mannsherzen habind (und) nach eeren trachtind, so wirt üch Gott bystan ». . . Nachschrift: « Schribend uns, ob die Pündter by üch syend oder nit. » *Lucern, A. Capp. Krieg (orig.).*

406. Oct. 21. Bern an Basel. Antwort auf dessen kundschaft betreffend die Walliser und verdankung des bezüglichen schreibens in das feld, etc. Man sei gesonnen gewesen, heute mit dem panner und einer ansehnlichen macht ins feld zu rücken, um den andern luft zu machen, werde aber durch warnungen wegen der Walliser, der Burgunder, der vier städte am Rhein und anderer veranlasst, noch länger in der stadt zu bleiben und zu gewärtigen, wo der erste angriff geschehe, und ihn abzuwehren; dies habe man aber an die angehörigen im feld geschrieben und deren meinung zu vernehmen gewünscht. Im hinblick auf die feindlichen umtriebe bitte man nun, nach Mümpelgard und andern orten spälter zu senden und neues immer eilends anzuzeigen; « dann gegenwirtig löuf unser aller heil, wolfart und vatterland anrüeren. »   Bern, Teutsch Miss. T. 158.

407. Oct. 21. Bern an Solothurn. Dank für die nachricht, wie die Landsknechte von Rotweil her sich nach Waldshut und in die andern städte am Rhein verfügen. Wenn jemand hereinbrechen wollte würde man Solothurn stattlichen beistand leisten; da nun diese practiken das gemeine vaterland belangen, so bitte man, auch ferner gut wache zu halten, etc.   Bern, Teutsch Miss. T. 159. Solothurn, Berner Schr..

408. Oct. 21 (Samstag nach Lucä), Solothurn. 1. An Bern Bericht von dem vogt zu Gösgen; ansuchen, bei Zürich für die annahme eines friedens zu wirken, und bitte um treues aufsehen, d man stündlich einen einbruch gewärtige, etc. 2. Weisung an die vögte wachsam zu bleiben, die posten zu eiliger fertigung der briefe anzuhalten, auf den sturm zu achten, die pässe wohl zu versehen, etc. 3. Nach Olten, die (durchziehenden) Italiener (Lamparter) anzuhalten, zu untersuchen und nach Wangen oder Aarwangen herauf « für mi herren » zu weisen. 4. An den vogt zu Dorneck, geld zu suchen, di vier städte am Rhein zu beobachten und zu erforschen, was in Ensisheim vorgegangen.   Bern, A. Capp. Krieg (1). Solothurn, Ratsb. 20, p. 447, 448. Miss. p. 789—794.

409. Oct. 21, nachm. 7 uhr. Bern an Zürich (BM., OM. und heimliche Räte). Obwohl man den schaden, den es erlitten, nicht weniger bedaure, als wenn man selbst betroffen wäre, und sich nicht zu sondern gedenke, wolle man doch nicht verbergen, dass dieser krieg eine schwere bürde mit sich bringe, indem das gebiet überall an feinde stofse, mehr als 10 wachposten an dessen marchen stehen, und dass von einem augenblick zum andern glaubliche kundschaft komme, wie überall grofse kriegsrüstungen vor sich gehen, ein heer von Mailand gegen Aosta vorrücke, den V Orten zu, oder die Walliser die herrschaften (Aelen etc.) überziehen wollen, oder aus Burgund ein kriegsvolk gegen Mümpelgard marschire, oder die vier städte am Rhein besetzt seien, dazu endlich die beiliegende nachricht (kundschaft aus Speyer, vgl. nr. 383), die mündlich bestätigt worden. So müfse man fürchten, nicht alle plätze gehörig decken zu können, vielleicht bald selbst um hülfe rufen; darum wolle man Zürich hiemit zum dringlichsten warnen und bitten, angesichts dieser umstände einen friedensantrag, der ihm annehmbar schiene, nicht abzuweisen, sondern so weit möglich gehör zu geben; dies betrachte man in höchster geheimde als zu gemeiner wohlfahrt dienlich. . .   Zürich, A. Capp. Krieg. Bern, Teutsch Miss. T. 161, 162.

410. Oct. 21. Bern an hauptmann und Räte. « Wiewol wir willens (als ir uss unserm vordrigen schryben vernomen), uff hüttigen tag mit unserm eerenzeichen und merklicher macht ufzesin und im namen Gottes an ort und end ze züchen, da wir üch luft, stäg und weg uftuon und schöpfen, damit ir dester fürderlicher unsern fyent gesigen möchtent, sind wir doch hiezwüschen durch gloublich kundschaft und

warnung dermafs bericht, dass wir angryfung und verlierung unsers
lands besorgen müefsent; dann je die warheit, dass uff gestrigem tag
die Wallisser, als man seit, uss jeklichem zenden drühundert man gan
Sant Moritzen ze züchen, ufgsin, dessglychen dass uss Burgund ein
kriegsvolk den nächsten gan Mümpelgart zuo ruckt, da nieman wüssen mag, wess willens, desshalb wir dann verursachet, noch hüt mit
den unsern in unser statt Bern also gerüst und verwart ze verharren
und ze blyben; dann wir guoter zuoversicht, unser christenlich mitburger von Zürich und ir mit sampt unsern christenlichen verwandten
also stark wider unser fyent im feld liggent, dass wir üver dheinswegs besorgen dörfint. Doch damit wir wüssint uns ze halten, so
langet hierin an üch ylents unser beger, will und meinung, wenn ir
üch so mächtig und stark achtint, dass ir unser fyent, wie sy jetz by
einandern versampt, ane unser wyter zuotuon (wölichs uns als anmüetig als von hochen nöten es wäre) anzegryfen fürnemen dörfint, dass
ir uns dess ylents so tag so nacht verständigen, uns anderschwo in
gegenwer schicken und unser land und lüt schirmen ze mögen; wo
ir aber üch ze schwach und den angriff mit schaden besorgen müefstind, dann je unser entlicher will und höchst vermanen an üch ist,
dass ir mit guotem zitlichem vorrat, in dheiner gäche, sonders mit wer-
lichem vorteil handlint und angryfint, ob desshalb unvermydenliche
not uns uszeziechen und üch luft ze machen erfordern wurde, söllent
ir glycher gestalt uns sölichs ylents verkünden; dann wir je geneigt,
üch in dheinen weg ze verlassen, sonders unser lyb und guot, soferr
uns möglich, für üch darzestrecken; wöllent also hie in unser statt
Bern diser üver antwort und willens erwarten. Dann ir ermessen
und erkennen mögent, so wir hinnen verrucken, und darüber die Walliser oder ander uns unser herrschaften, land und lüt angryfen und
schädigen, und wir erst uns von fürgenomenem weg wider hindersich
zuo errettung derselben keren müefstint, wir dess grofse nachred,
schand und schmach, ja auch erwarten, dass unser fyent ein grofses
herz, und alle die uns byständig sin söltent, merern schrecken darab
empfachen, und das das böst, villicht unser eigen undertanen verdrützig und unghorsam gemacht wurden; desshalb dann die sachen nit
mit yl, sonders satten ratschlägen wol ze erwegen, darzuo ouch die
anstöfser unser landen, die wir ze überfallen und inzenemen willens,
wurden sich uns, wenn wir wendig ab unserm fürnemen hindersich
an andre ort zugent, uff unserm fuofs nachmachen und uns in unser
land fallen und schädigen. Umb diser und ander ursachen willen
haben wir üch dise unsre anligende not und willen verständigen
müefsen, damit nüt versumpt werde. › Antwort durch die französische
postei zu schicken. — Nachschriften: 1) Dieses schreibens wegen solle
nichts übereilt werden. 2) ‹Dessglychen begären wir von üch in
höchster gheimd ze vernemen, ob ir von der widerpart dheinerlei gestalt krieklicher wys oder in ansuochen eins fridens angefochten werdint. › 3) Die botschaft des herzogs von Savoyen habe soeben gemeldet, dass ihm etliche personen aus Mailand gesagt, wie 2000 büchsenschützen von dort aus den V Orten zu hülfe ziehen.

Freiburg, Diessb. Pap.

Dieser brief wurde in z w e i ausfertigungen versandt, die eine durch d: postei der französischen botschaft; hier hat die nachschrift nur § 2 und 3, un zwar umgekehrt.

411. Oct. 21 (Samstag nach Galli), Inwyl. Hauptmann etc. von L cern an St. und Rat. Antwort auf deren zuschrift und (besonders die warnung, dass der feind schon Cham und andere dörfer besetz halte. Man bitte die herren, nicht jeder nachricht glauben zu schen ken; denn an jener rede sei nichts. Dass man etliche tage lang nicht geschrieben, rühre nur davon her, dass man nichts sicheres hätte mel den können. Heute sei man nun von Baar nach Inwyl in eine sicher stellung gerückt, um da zu erwarten, ob der feind, der heute frü auf dem berg ob Baar sein lager geschlagen, einen angriff macher wolle, etc.   *Lucern, A. Religionshändel.*

412. Oct. 21 (Samstag nach Galli). G l a r u s an Z ü r i c h. Antwor auf eine zuschrift wegen der soldansprüche hauptmann Zellers. Ma habe ihm bereits 10 kronen und später noch etwas geld geschickt jetzt lege man 20 kronen bei; den rest (auf 42 kr.) werde er bei d nächsten zahlung erhalten, etc.   *Zürich, A. Müsserkrieg.*

413. Oct. 21 (Samstag nach Galli), nachts, Dongo. Die commiss rien, hauptleute und Räte an Z ü r i c h. Antwort auf die jüngste z schrift. 1. Die beigelegten schriften für den vogt zu Luggaris, Jacob Werdmüller, haben nicht bestellt werden können, weil die V Orte vor ankunft des läufers Ulrich das schloss daselbst eingenommen und den vogt gefangen haben; auch haben sie der besatzung zugemutet, ihnen zu handen der «acht Orte» zu schwören, mit ausschliessung der knechte von Bern, Basel und Schaffhausen, und weil das volk die huldigung abgeschlagen, sei dann der vogt wieder freigelassen worden; doch halten sie das schloss besetzt und bewachen ihn. 2. (Wegen des zulaufs mailändischer söldner) haben die commissarien etc. eine botschaft zu dem Herzog geschickt, um zu verschaffen, dass solches (abgestellt werde); was sie ausrichte, wolle man eiligst berichten; bitte auch um weitere nachrichten und wolle in allen pässen und orten, wo es nötig sei, später halten, um einen allfälligen aufbruch rechtzeitig anzeigen zu können. In betreff der Spanier vernehme man nichts anderes, denn dass sie noch nicht aufgebrochen seien; der Herzog und seine feldherren geben auch auf alle anfragen den bescheid, man habe von denselben nichts zu befürchten; doch sende man ihrethalb auch späher aus, etc. etc. Nachschrift: Der bote sei erst am Sonntag mittags (wieder) abgefertigt worden.   *Zürich, A. Müsserkrieg.*

Noten in tergo: «Disen brief sollend ir ouch den unsern fürhalten, so sehend sy, womit die fünf Ort umgand, ob man dest handtlicher wider sy wäre.» — Der seckelmeister Edlibach und m. Hans Hab soltend uch gester disen brief fürgehalten (haben), habend sis vergessen.» (Beyel). — Vermutlich waren diese bemerkungen an die hauptleute des lagers bei Cappel (Baar) gerichtet.

414 a. Oct. 22, vorm. 8 uhr, Baarerberg. Hauptleute etc. an BM. und Rat in Z ü r i c h. Klage über zahlreiches ausreissen der knechte und bitte, den ungehorsamen in der landschaft nachfragen zu lassen, damit man gegen diesen übelstand einschreiten könne.

Zürich, A. Capp. Krieg.

414 b. Oct. 22. BM., Räte und Burger von Z ü r i c h an ihre hauptleute und Räte im lager am Baarerberg. Antwort auf ihre klage über das ausreifsen der knechte. . . Sie mögen sich mit den rottmeistern zu einem gebot verständigen, dass keiner ohne « passport » heimkehren dürfe, u. s. w.   Zürich, A. Capp. Krieg.

415. Oct. 22, vorm. 9 uhr, (vor Baar). Hauptleute und Räte an BM. und Rat in Z ü r i c h. «Wir füegend üch ze vernemen, dass wir uff morn den Zugerberg mit der hilf Gottes inzenemend in willens; harumb so wellend ilentz uff vj^m tusend man proband gen Horgen schicken.»   Zürich, A. Capp. Krieg.

416. Oct. 22, nachm. 10 uhr, Z ü r i c h. BM., Räte und Burger an hauptleute und Räte auf dem weg nach dem Zugerberg (ilends, 4 mal). Bern habe geschrieben, wie ein vertrauter freund gemeldet, dass k. Ferdinand den reichstag zu Speyer abgekündet und viele rüstungen befohlen habe, und dabei gewünscht, dass man einen frieden nicht gänzlich ausschlagen sollte etc. Man sehe daraus wohl, dass umtriebe gemacht werden, die sache so zu vertragen, dass man zum schaden noch den spott haben müfste, wolle also vor diesen drohungen und « prögeryen » zuvor gewarnt und die hauptleute vielmehr ermahnt haben, tapfer und unverzüglich, ohne jedoch den vorteil zu übergeben, den gefassten anschlägen nach zu handeln, da man wohl hoffen dürfe, fertig zu werden, ehe Ferdinand aus allen ländern sein kriegsvolk zusammengelesen und den feinden zu hülfe komme, und einen bessern frieden zu erlangen, als er jetzt möglich ware; zudem sei laut anderer kundschaften an diesen drohungen nichts; sollte man aber jetzt so viele leute aus dem feld entlassen, so dürfte es wohl lange währen, bis man sie wieder bei einander hätte. . . Darum wünsche man glück, heil und stärke zu dem unternehmen auf dem berge. . .   Zürich, A. Capp. Krieg.

417. Oct. 22, später nacht, Z ü r i c h. BM., Räte und Burger an hauptleute und Räte auf dem weg nach Horgen. Antwort: Man habe mit allem möglichen fleifs zu verhindern gesucht, dass jemand ohne passport durchgelassen würde, könne sich aber wohl denken, dass viele über den see oder die Limmat gegangen, werde nun durchaus niemand mehr ohne urlaub durch die stadt kommen lassen und die andern strenge bestrafen; dies werde dann wohl die knechte bewegen, im feld zu bleiben; denn jetzt in den dörfern nachzufragen, wer mit erlaubniss oder nicht heimgekehrt, sei nicht tunlich, wie die hauptleute selbst einsehen können. . .   Zürich, A. Capp. Krieg.

418. Oct. 22, Mellingen. Hans Blass an BM. und Rat in Z ü r i c h. Die zur besatzung hieher gelegten knechte zeigen sich unwillig, länger zu bleiben, da keine gefahr vorhanden scheine etc., woruber er jedoch erst bestimmte weisung erwarte. Sodann bitten die amtsleute von Rordorf, ihnen den vogt Ryhiner zu lassen, den sie schwer entbehren.   Zürich, A Capp. Krieg.

Ebenso an hauptleute und Räte von Zurich im lager « um Cappel ».

419. Oct. 22 (Sonntag nach S. Gallen tag), früh morgens. Z ü r i c h an Ulrich Stoll, pfleger im Rheintal. Antwort auf seine anfrage. Weil

die Appenzeller so willig seien, ihn und das Rheintal zu schützen, so
gebe man sich damit in gutem vertrauen zufrieden. Weil er nun geld
bedürfe, und die Höfe beschlossen haben, den teil der V Orte anzugreifen, so möge er nach notdurft davon brauchen, ihn aber zu eigenen
handen nehmen und alles so verwenden, dass er bescheid und rechnung zu geben wisse, dabei wachsam bleiben und alles berichten, was
er erfahre. Das lager stehe jetzt vor Zug; es seien auch bald bessere
nachrichten zu erwarten, « dann die Berner halten sich so handtlich,
dass nützit darvon zuo sagen ist » (!).   Zürich, A. Rheintal.

420. Oct. 22 (Sonntag vor Simon und Juda), frühe, Rheineck. Ulrich
Stoll an Zürich. Gestern sei glaubhafte kundschaft gekommen, von
einem burger von Isny, dass es draussen stille, nur der adel etwas
« rumörsch » sei, wesshalb die städte Ulm, Biberach, Memmingen,
Kempten, Isny, Lindau, vielleicht auch Wangen, sich gestern zu Lindau
versammelt haben, wodurch der adel « demüetig » geworden. . . Entschuldigung, dass er nicht jede kleinigkeit melde. . . Mark Sittich halte
sich still; doch halte man bei nacht gute wache.   Zürich, A. Capp. Krieg.

421. Oct. 22, Rheinau. Lorenz zur Eich an Zürich. Nachdem er
vernommen, dass zu Schaffhausen etliche wagen mit salz durchgegan-
gen, habe er sofort den vogt von Eglisau benachrichtigt, aber dort erfahren, dass sie durchgelassen worden, weil die fuhrleute vorgegeben,
nach Zürich gewiesen zu sein; der vogt habe sie dann auf dem weg
nach Baden ereilt und herausgebracht, dass das salz einem Lucerner
gehöre; offenbar sei hier betrug versucht worden, sie hätten sonst
nicht diesen umweg einzuschlagen gebraucht. . .   Zürich, A. Capp. Krieg.

422. Oct. 22, Rapperswyl. Jost Kilchmeyer an den stadtschreiber in Zürich. « Gnad und frid von gott, etc. 1. Zürnen nit, dass
ich in üwer jetz gegenwürtigen arbeit üch überlaufen, es gschicht uss
grossem vertruwen, und dass min anliggen ane bsundere müy wol
mag durch üch vollendet werden. Namlich herr Jacob (?), zöuger diss
briefs, hat mee denn ein halb iar by uns zuo Rapreschwil mit eren
und trüwen glebt und verkündt das heilig göttlich wort; nun aber hat
man im, warlich wider min willen, urlob ggeben, verstan wol allein
dorumb, dass er han sol ein frömde sprach, wiewol sy nit ganz frömd
und wol ze verstan ist; doch ist es gschechen fürnemlich, dass unsere
caplön, die bishar Junkeren gsin, fürohin selbs in der kilchen läsen
und predigen müessent. Ist also min ganz ernstlich pitt (wo es jenan
sin mag), dass er werde minen gnedigosten liebsten herren anzeigt
und befolhen, diewil und er zimlich glert, darzuo fromm ist und ganz
durstig zur warheit, er etwan versehen werde und entpfinde, dass
min schriben etwas guots gegen im erschossen habe. 2. Wyter lassen
mich nit uss dächtnuss komen gegen minen g. und liebsten herren;
denn ich bin und will bliben ir eigen, und wo es fallt, dass die dry
Ort Uri, Schwiz, Underwalden ze Rapreschwil oberherren bliben sölten, so wird ich nit bliben; denn iren gunst zuo mir wüssent ir wol,
namlich so hessig, dass under inen ze bliben mir gar nit ze raten sin
wurde. Ich setzen aber alle mine händel zuo Gott und minen g. lieb-

sten herren von Zürich; was die wend und mich heifsend, will ich gern tuon und bis in tod darby mich allwegen finden lan. Gott sye mit uns allen. ›　　　　　　　　Zürich, A. Rapperswyl.

423. Oct. 22. Glarus an Zürich. Antwort auf die beschwerde wegen der versuchten unterhandlung etc. Dass Zürich ein solcher schaden begegnet, bedaure man treulich; es sei aber von den Toggenburgern, sobald sie mit ihrem panner ins Gaster gekommen, eine botschaft an die gemeinde zu Glarus geschickt worden mit der dringlichen bitte, ihnen handeln und mitteln zu helfen, damit beide länder Gaster und March mit einander vertragen würden etc. Darauf habe man, zumal auch von der March aus eine solche bitte eingelangt, zwischen beiden parteien einige freundliche artikel gestellt, und da die Gasteler diese verworfen, sie ersucht, solche nach ihrem gefallen vorzuschlagen, aber umsonst; sie haben vielmehr erklärt, bei dem zu bleiben, was sie beschlossen; es sei die unterhandlung in guter absicht angeknüpft worden, weil die Toggenburger förmlich die erklärung gegeben, dass sie nicht gegen die March ziehen, sondern blofs Gaster beschützen wollen; dadurch glaube man also niemand gehindert zu haben. Als die bundesgenossen aufgebrochen und die rede ausgegangen, dass Glarus sie zurückhalten werde, habe man eine botschaft zu ihnen geschickt und verlangt, dass sie jeden Glarner, der sie hindern wollte, anzeigen möchten; sie haben dann gemeldet, es sei nur einer gekommen, der sich als Zürcher ausgegeben und zu etlichen gesprochen habe, ‹ es stüende wol, wann nu ir von Pünten anheimsch blyben und nit uszugen. › Demnach geschähe Glarus unrecht, wenn weiter solches behauptet würde... Auf die vielfältige mahnung an die gegebenen zusagen wäre zwar nicht unbillig, Zürich zuzuziehen; da man aber gewissen bericht habe, dass ein wälsches volk in Uri liege, das sofort das land überfiele, wenn man es verliefse, und zudem im lande grofse zwietracht herrsche, so sei man für einmal genötigt, daheim zu bleiben, was Zürich selbst zu würdigen wisse, wesshalb man es bitte, desswegen nichts unfreundliches vorzunehmen...　　Zürich, A. Capp. Krieg.

424. Oct. c. 22. St. Gallen an Zürich. Anfangs der nacht seien die botschaften von einigen schwäbischen städten, mit 23 pferden, hier eingetroffen, die zu beiden parteien und in die lager reiten wollen, um ihre freundliche vermittlung anzubieten; sie werden wohl auf Dienstag (24.) in Zürich ankommen. . .　　Zürich, A. Capp. Krieg (fragm.).

425. Oct. 22. St. Gallen an Zürich. Bitte um bescheid für etliche burger, die mit ihrer kaufmannswaare die messen zu Genf und Lyon besuchen wollen, wo sie bei dieser kriegsgefahr sicher in das gebiet von Bern gelangen können; sie seien indessen bis Winterthur gefahren. . .　　Zürich, A Capp. Krieg.

426. Oct. 22, Basel. Ryhmer, ratsschreiber, an Werner Beyel in Zürich, (seinen schwager). Da die widerwärtigen über den sieg (der V Orte) viele ‹grausame› reden ausstreuen, so bitte er um genauern bericht, namentlich was für angesehene leute umgekommen seien. Gott habe indess noch viele gutherzige, durch die er seine sache ausrichten könne. . .   Zürich, A. Capp. Krieg.

427 a. Oct. 22. Basel an Zürich. Stralsburg habe heute die antwort gemeldet, die der «herzog» Hans von Sachsen, der landgraf von Hessen und ihre verwandten des evangelischen handels wegen den unterhändlern des Kaisers gegeben, und dabei auch angezeigt, dass es trotz vielfachen nachfragen von keiner gefährlichen rüstung oder sammlung höre. . . Wolle nur Gott die sache wohl zu ende führen. . . Man wundere sich, dass die Bündner so lange säumen, den feind irgendwo anzugreifen, damit er zu Baar getrennt würde.
Zürich, A. Capp. Krieg.

427 b. Oct. 22, mittags 12 uhr. **Basel an Bern.** 1. Dank für die warnung in betreff Savoyens. 2. Abschriftliche mitteilung der antwort der evangelischen reichsstände an die anwälte des Kaisers, etc. Dass bei den feinden der göttlichen wahrheit viel freude über den schaden der Zürcher laut werde, befehle man Gott, in der hoffnung, dass er seine sache doch nicht verlassen werde; nichts desto weniger müfse man alle umsicht üben und bitte daher um fleifsige mitteilung von kundschaften, begehre auch freundlich, dass Bern sich diesen handel, bei dem es sich um leben und seligkeit handle, mit allem ernst empfohlen sein lasse und überlege, wie man am bäldesten dem feinde beikommen und ihn trennen möchte. . . Bern, A. Capp. Krieg.

Beilage: Missive von herzog Johann, churfürst von Sachsen, an den cardinal zu Mainz; datum fehlt.

428. Oct. 22. Bern an Solothurn. Man könne sich nicht genug darüber verwundern, dass die boten von Freiburg auf dem rückweg von Solothurn stillschweigend und heimlich über die hiesige neue brücke gefahren; da man nicht wisse, wie die sachen sich gestaltet haben, so bitte man freundlich um bericht, was erreicht worden sei, u. s. f.   Bern, Teutsch Miss. T. 163. Solothurn, Berner Schr.

429. Oct. 22, nachmittags 5 uhr. **Bern an Basel.** Es möge sich wundern, was man hier (s)ie oder unternehmen wolle; desshalb gebe man hiemit bericht. Auf dringendes ansuchen der leute im feld habe man einen auszug mit dem zweiten panner angeordnet, um ihnen gegen die V Orte weg und steg zu öffnen und den feind zu schwächen; man wäre auch letzten Freitag aufgebrochen, wenn nicht warnungen gekommen, wie die Walliser gerüstet seien, die herrschaften (Aelen etc.) anzugreifen, wie Ferdinand infolge der ankunft einer fünförtischen botschaft(?) den reichstag in Speyer abgekündet, sich eilends nach Innsbruck verfügt, einen haufen Landsknechte dahin berufen, die hauptleute bestellt und reisige aufgeboten; wie der markgraf von Nieder-Baden und der Pfalzgraf den ihrigen erlaubt, dem Ferdinand zu dienen, aber verboten, den (evangel.) städten zuzulaufen; wie der Kaiser alle städte am Rhein besetzen lassen, und nach der sage ein tag in Regensburg gehalten werden sollte. Da nun in allen landen kriegsrüstungen vor sich gehen, die ohne zweifel zur unterdrückung aller anhänger des göttlichen (wortes) dienen sollten, also nichts mehr zu versäumen sei, um denselben zu widerstehen, so bitte man Basel zum dringlichsten, diesen dingen nachzudenken, den mitburgern in Strafsburg nachricht zu geben, (und sie zu bitten,) kundschaften einzuholen, und was sie melden, eilends mitzuteilen, etc. etc

Bern, Teutsch Miss. T. 164, 165.

430. **Oct. 22.** Bern an den herzog von Savoyen. Man vernehme als gewiss, dass er den hülfstruppen, die den V Orten zuziehen, durchpass und vorschub leisten, also die feinde unterstützen lasse, während sein hier verweilender bote einen brief von ihm, dem Herzog, vorgelesen, in welchem er sich erbiete, die alte freundschaft zu beweisen und den gegnern keinen beistand zu gewähren, u. s. f. Dafür sage man ihm den besten dank und wolle das nicht in vergessenheit stellen, in der hoffnung, dass er in solcher gesinnung verharre; desshalb bitte man ihn, durch sein gebiet hindurch der gegenpartei keine hülfe zugeben zu lassen. Das werde man freundlich anerkennen und nach dem ende des krieges gern die alte verbindung erneuern, etc.

Bern, Latein. Miss. I. 303 b.

431. **Oct. 22** (Sonntag nach Ursula), Spangenberg. Philipp, landgraf von Hessen etc., an Zürich. Es sei ihm eine schrift zugekommen, des inhalts dass dessen angehörige nach tapferm kampfe von den V Orten geschlagen worden, dass auch m. Ulrich Zwingli umgekommen sei etc., was ihm treulich und höchlich leid wäre, wenn es sich so verhielte. «Nochdem wir aber bisshar von euch desshalb kein schrift empfangen haben, also dass wir nit aigentlich und gewiss wissen mügen, ob dem also oder nit, und wie es darumb gestalt und geton sey, haben wir gnediger treuer meinunge in eil euch derohalben schreiben wollen, und begeren mit gnaden, ir woilet uns bei disem unserm botten eigentlich zuoschreiben, wie es umb solche sach gestalt, ob dem so sei oder nit, und wie es zuogangen sey, wer auch nambhaftig tod plieben sei, sonderlich ob Zwinglin todgeschlagen oder gefangen seie, was schadens di ewern erlitten und den feinden zuogefüegt haben, und ob sich mitlerzeit etwas weiter zuogetragen hett, wie auch ewer meinunge und bedenken stehe, dass solchen sachen zuo beiegnen (sic) seye. Es deucht uns auch guot sein umb aller vorsorge, hinderhalts und zufals willen, wie sich das zutragen mücht, dass ir dan stargk gnug weret, dass ir den von Straspurgk und uns umb ein viertausend knecht angesucht und wir und di von Straspurgk euch die viertausend knecht ein monat zugeschickt und versoldet hetten, dergestalt dass sie die von Straspurgk droben umbher annemen und euch zuoschicken, so wollen wir den(en) von Straspurgk unser teil gelts zuo zwei dausent knechten hinuf (sic) zu schicken und euch dorin also gnediglich und mit trewen mainen und helfen; wo ir aber der nit bedürfen wurdet, halten wir, ir werdet uns dorum verschonen; doch raten wir, dass ir je nichts verachtet, dann wir euch zuo ehren und gnaden gneigt seint»...

Zürich, A. Capp. Krieg.

Beilage: «Wir haben auch den von Straspurgk geschrieben, ob ir umb die vier tausend knecht schreiben wurdet oder nit, wan sie sehen, dass di not,

als wir nit hoffen, so gross were, dass ir der knecht notdürftig weret, dass sie
zu stund an die annemen und euch zuschicken sollen, so wellen wir inen unser
gepür doran vergnügen, denn wir bedenken, biss ir uns schreiben und uns ewer
schrift zuokomen möcht, und wir euch aus unserm lande leute zuschicken solten, dass das zu lange weil nemen und sich verziehen wurde. »

432. **Oct. 22** (Sonntag nach Galli). Max Stumpf von Schweinberg,
amtmann zu Granten(?) und Neidenau(?), an L u c e r n. Grufs etc.
« Ich bin bericht, wie dass sich ein widerwill zwischen euch den fünf
Orten, so noch der alten christenlichen ordnung anhängig, an einem,
und den andern Orten, so der neuen secten, die will genemt werden
die evangelisch und gotswort (sic), andersteils erhalten (erhoben?), deren ich nun nit gern gehört, auch nit lieb. Dieweil mir aber von
euer E. und F. der Eidgnosschaft der fünf Orten, dieweil ich mich
bei euch gehalten, alle freundschaft und sonder gut willen bewisen
worden, wo ir dann mein mit meinem leib sampt andern guten gesellen euch zu dienen not(dürftig) wärent, wolt ich sampt inen (bei)
euch erscheinen, euch mit unsern leiben (zu) dienen, bitt ouch dienst-
lichs (fleifses, ir) wellent das nit anderst dann sonder guter freundschaft
und meinung versteen, » etc. etc. — (S. 3. Nov.) Lucern, A. Religionshändel.

433. **Oct. 22** (Sonntag nach Galli), 5 uhr vor tag. L u c e r n an
seine hauptleute etc. im feld. 1. « Uns ist warnung zuokomen in diser stund von Willisow, wie ir sechen, und als wir gewänt, die Walliser söllten uff die von Bern angryfen, will uns bedunken, dass sölchs
nit beschechen; darum wär unser meinung, dass ir im feld von gmeinen houptlüten ylends ein manung den Wallisern zuschickten sy ze
manen, angends die Berner anzuogryfen, so sy doch uff unserm ertrich
uns schädigen und überziehen.... 2. Wir haben unserm alten spitalmeister Jacob Feer* geschriben um etlich schützen uns zuo schicken
in yl; der hat uns geschriben, wie ir hie sechen; aber unser bott mit
unserm brief ist (hat?) noch nit by im mögen sin; (also) warten wir,
was wyter komme. »   Lucern, A. Capp. Krieg.

   * R. Cysat flickt irrig ein: « vogt zu Luccaris ».

434. **Oct. 22** (Sonntag vor Simonis et Judä), Inwyl. Hauptmann
etc. von L u c e r n an St. und Rat. Man vernehme, dass die knechte
von stadt und land, die mit dem ersten panner ausgezogen, ohne urlaub und ursache heimlaufen und ihren eid vergessen, was zum höchsten befremde; desshalb bitte man freundlich und ernstlich, den beigelegten auszugsrodel zu besichtigen und die weggelaufenen sofort zurückzuschicken, und ebenso in die ämter zu schreiben, damit die leute
zu dem panner zurückkommen, etc.   Lucern, A. Religionshändel.

435. **Oct. 22,** Bellinzona. Heinrich Püntiner, commissar, und schreiber de Pro an die hauptleute der V O r t e. Antwort auf ihre weisungen betreffend den commissar (zu Lugganis), die knechte und das
schloss. Mit gewalt hätte man das schloss nicht wohl einnehmen
können wegen mangel an leuten; darum habe man (gütlich) mit den
alten schlossknechten unterhandelt, ihnen aber zusagen müfsen, den
commissar an leib und gut nicht zu verletzen, da er den XII Orten
geschworen und sie ihm. Da die hauptleute für diesen handel unbe-

schränkte vollmacht gegeben haben, zu tun was sich mit ehren gebühre, so begehre man jetzt, dass sie das geschehene gelten lassen. . .
Den heimgezogenen knechten habe man den eid abgenommen, nicht
wider die V Orte zu ziehen. In das schloss sei einiger vorrat ge-
schafft, jedoch nicht so viel, dass man längere zeit da bleiben könnte,
indem man doch nicht im stande wäre, es im fall eines starken angriffes lange zu behaupten. Auch fehle es an geld, und die knechte
zeigen sich unwillig zu schwören; gewalt dürfte man nicht gegen sie
brauchen, etc. etc. Bitte um weitern bescheid, besonders aber um
bestätigung des getroffenen abkommens. Lucern, A. Capp. Krieg.

436. Oct. 22 (Sonntag nach Galli). Jacob Feer, landvogt zu Lauis,
an Lucern. Antwort und «gottlob» über den erlangten sieg. Er
habe von stund an einen boten zu dem bischof von Veroli nach Mailand geschickt und das begehren um knechte unterstützt; erst heute
nacht sei der bote zurückgekommen mit viel guten worten, wie der
Papst und der Kaiser, auch der Herzog gutwillig seien und die V Orte
nicht verlassen werden, wie sie wohl selbst aus den briefen (des Bischofs ersehen werden. Unterdessen habe er allenthalben hin (werber) um büchsenschützen geschickt und erwarte, dass binnen 3—4
tagen viele herkommen werden; «was» ihm gefalle, werde er immerfort zuschicken, obwohl er von den zollern kein geld für den sold
erhalte. Sodann bitte er die herren, etlichen leuten, die «im lager»
gedient haben, aber jetzt heimziehen, das nicht übel auszulegen; auch
schicke er 10—12 Italiener mit, denen er je 1 gl. rh. vorgestreckt
habe; sie seien von hauptmann Baptist bestellt. Die Lauiser vermöge
er nicht aufzubringen, so sehr fürchten sie die im lager (vor Musso).
Der Herzog erbiete sich zu einer vermittlung, sofern ihm geleit gegeben würde. Lucern, Missiven.

437. Oct. 22. Hauptmann, pannerherr und Räte von Schwyz an
hauptleute (und) fendrich der March, Einsiedeln und (der) Höfe zu
Reichenburg. «Wir fügen üch zuo vernemen, dass wir nachmalen
zu Bar im Boden, genant Iwyl, ligend, dz wir all augenplick die unsere widerwertigen ansechend, vermeinen, sy uns anzegryfen(?), dz sy
nit tuon, sunders wille(n)s in die harr mit uns zu kriegen, (als) wir
des gwüsslich von gefangnen bericht. Diewil nun wir in die harr krieg-
liche enpörung nit bedulden, zu verderbung unser landen (nit) lyden
mögen, haben wir etlich herren und fürsten des rychs angerüeft, uns
umb christenlichen gloubens erhaltung willen bistan(d) zuo bewysen
(nit dz wir unser fyend fürchtend), sunder dester ee wider zu ruowen
kämen, und namlichen herr(en) Mark von Ems unsere stryt (und)
gwünn zu wüssen zwüren schriftlich tan, und daby sin f. g. ermant,
uns (uss) obangezeigter ursach hilflich zu sinde, mögend aber nit wüssen, ob die schriften im haben zukommen mögen oder nit. Harumb
an üch unser ernstlich befelch, so ir dess jendret, diewyl ir in dem
anstand sind, zu wegen bringen mögen und können, (dass) ir bemeltem unserem herren und fründ von Ems alle handlung zuschriben und
dapferlich manent und bitten, uns hilflliche(n) schirm zu bewisen, daby

auch heiter meldung tüeind, wie im vor zwüren geschriben, (dass ir)
mit wüssen, ob im die worden, darum ir das tüeind, wellend auch
ernstlich solich geschriften mit einem gwüssen heimlichen botten, ob
ir dz mit fugen tuon mögen, versorgind(!). Hiemit sind Gott und
Marie befolchen. ⋅ (Sonntags nach Galli).

Stiftsarchiv Einsiedeln (mitg. v. Th. v. Liebenau).

438. **Oct. 22,** Freiburg. Zweite mahnung von seiten der Walliser, für die V Orte.

Oct. 23. Schnewli und Garmiswyl melden mündlich, dass Zürich und Bern
nicht für den frieden wollen unterhandeln lassen.

Oct. 24, 25. Schreiben an und von Solothurn. Botschaft dahin, zur
teilnahme an der vermittlung. Ulman Techtermann, W. Heid, Wolfgang Hoch,
Jacob Schnewli.

Oct. 25. Ulrich Nix gibt bericht über die verhandlung in Wallis. (Näheres fehlt). **Freiburg, Ratsbuch nr. 68.**

439. **Oct. 22.** Ulrich Megger, amtmann zu Schenkenberg, an Bern.
Antwort auf den befehl, über die rüstungen und drohungen der Kaiserlichen bericht beizubringen. Er habe immer kundschafter da draussen, finde aber unter den vielfachen drohreden nie eine tat. Rheinfelden sei wohl ordentlich besetzt. Laufenburg mit dreifsig mann; zu
Waldshut liegen hundert Rotweiler und siebzig Landsknechte; jene
verraten die absicht, das kloster Leuggern einzunehmen, und sollen
um verstärkung heimgeschrieben haben. Eck (von Reischach) habe im
ganzen Schwarzwald(-amt) mustern lassen, weil das gerücht bestehe,
dass Bern, wenn es mit den V Orten fertig sei, seinen zehnten in
Waldshut holen werde; dafür halte Eck eine anzahl reisige im stillen bereit. Diesseits wäre man aber gegen einen einfall auch gerüstet; wenn ein
sturm erginge, fände man die Farnsburger zu Oltingen, die von Gösgen in Erlisbach; dazu kämen die Aarauer etc. Die herren mögen
also beruhigt sein... 2. Die besatzung in Leuggern habe jedoch mangel an pulver und steinen, wie er schon gemeldet. **Bern, A. Capp. Krieg.**

440. **Oct. 22,** (Hutwyl). Hans Pastor an Bern. 1. Ein jüngling,
den die wächter hier gefangen, habe auf befragen gesagt, er sei von
Freiburg und komme von Musso her; auf die frage, welchen weg er
gekommen, geantwortet, über den Gotthard; ob er etwas von den
Wallisern gehört: ja, er sei mit tausend derselben nach Uri gekommen; am Mittwoch seien sie weiter gezogen nach Brunnen; im lande
sei noch ein fähnlein gerüstet, und 3000 mann erwarten den befehl
zum aufbruch. In Lucern sei er einen tag und eine nacht gewesen;
man sage aber nichts besonderes, als dass Zwingli gevierteilt und verbrannt worden; in der stadt seien nicht viele leute zu sehen; im
Willisauer amt ziehen die bauern heim, mit der angabe, sie müfsten
saen. 2. Als zuverläfsig werde berichtet, dass das diesseit der Reufs
gestandene Lucerner banner gestern heimgezogen, und die anstöfser
(gegen Bern) ebenfalls abziehen, dessgleichen die Entlibucher; man
höre, dass sie vermuten, es seien diesseits grofse haufen gesammelt,
des (zweiten) Berner banners gewärtig; nebenbei verlaute, die anstöfser,
überhaupt die landleute, seien friedensbegierig. Der jüngling melde

ferner, dass das « oberste » banner der Walliser, das weifs sei, bereits den Lucernern zuziehe. . . 3. Der gemeine mann liege mit unwillen hier, weil man zweifle, dass es nötig sei; man bitte nun vor allem um bericht (über die lage) und bescheid.   **Bern, A. Capp. Krieg.**

441. Oct. 22, Langental. Matthäus Knecht, vogt zu Wangen, an Bern. 1. Infolge der weisung, dass man sich für den auszug mit dem zweiten banner mit vorrat versehen solle, seien die hier versammelt gewesenen leute heimgezogen; da nun daran (?) nichts sei, so wisse er nicht, ob er sie wieder aufbieten solle, und bitte um befehl darüber. 2. Er habe erfahren, dass alle zeichen, welche die Lucerner an den grenzen gehabt, wieder abgezogen seien, und zwar wegen besorgniss vor dem Berner banner; das sei auch dem Jacob Müller von einem (bekannten) in St. Urban gemeldet worden. Hier habe man sich auf die ankunft des banners gefreut in der meinung, dass der krieg desto bälder ein ende nehme. 3. Die hiesige besatzung resp. wache habe von etlichen ochsen des abtes von St. Urban, die sie gefunden, einen geschlachtet und verteilt, am Freitag nach Galli (20. Oct.).   **Bern, A. Capp. Krieg.**

442. Oct. 22 (Sonntag nach Galli), morgens. Hauptmann Thomas Schmid an Solothurn. 1. «Lieben herren, wüssend, dass wir uff gestern Donstags (!) von Maschwanden bis Knonouw verruckt sind; do ist unser ganzer zug zuosamenkomen, ob den vierundzwenzig tusend stark, und ligen also an einandern, dass wir zuosamen schiefsen mögen, und uff hütt Frytag sind wir willens, gan Bar in den Boden ze rucken. Aber sy haben den wald darzwüschen verfellt, dass wir besorgen, es werde mit not zuogon. 2. Und als ich üch dann vor zweimal, und jetz zuo dem dritten geschriben, wo etwan lüt darzuo täten, dass die sach zuo guotem möchte zogen werden, das wäre eben jetz am besten; aber es ist niemand komen. Ich besorg, als ir min herren vor allweg umb tagsatzung geschriben, dass jederman uff üch warte. 3. Es ist ouch min begär, ir wöllend zuo statt und land, dessgelychen denen von der Landron, enbieten, dass man den iren gelt harnach fertige; dann es ist grofsen mangel. Ouch . . so wüssend ir wol, dass ich, dessgelychen der venner üch noch nit bekümbrot hand um gelt; doch so wüssend ir wol, wie ir uns abgefertigot hand; darum so bitten wir üch, ir wellend uns betrachten und in befilch haben; dann wir hand fast uszert. 4. Wyter . . bis (wir) gan Bar zum Boden komen, sind die fyend hinus geruckt in den berg hinuf, loufend ouch zno beiden syten zesamen uff den scharmutz. 5. Ouch hatt ich üch . . geschriben, soferr und ir etwas in der sach handlen wellten, die von (den) fünf Orten zuo dem allerersten erkunden, ob sis begärend oder nit; das nun nit beschechen. 6. Aber wie dem allem, so werdent wir hütt Sontag also hie zuo Baren verharren, damit man sich berate, wie man sy uss (dem) pirg möge triben, damit man nit also müefse in das geschütz loufen. Ouch wirt man uff den hüttigen tag mit inen scharmutzlen, und ist verordnet, wer uff den scharmutz sol, ob man sy damit möchte reizen, dass sy mit dem zug wider harab

züchend. Wir hand ouch guote kundschaft, dass sy das geschütz an
dryen orten an dem berg hand; ouch sind wir bericht, wie dass ir
anschlag sy(g), wie dass (sy) stets mit dem geschütz wellend wychen
und uns damit tryben, bis sy zuo der statt komen; do wend sy sich
zuo were stellen. • ... Nachschrift: 7. • Uff gestern hand die unsern
und(er) dryen malen by zechen oder zwelf der fyenden gefangen und
etlich erschossen uff dem scharmutz; aber den unsern ist sunst nützit
beschechen. •   **Bern, A. Capp. Krieg (copie).**

443. Oct. 22, • Bliggisdorf •. Hauptmann und Räte von **Bern** an
ihre obern. • Uewer zwyfach glichlutend schriben haben wir uff einandern empfangen und üch uff den ersten brief geantwurt, darby wirs
nochmalen beliben lassen, ü. g. pittende, ilends darzuo ze tuond, und
nit firen, dann es nit beit will haben, sind ouch guoter hoffnung zuo
Gott, wo ir dapferlich uff Lucern angrifend, ir vil schaffen werdind
und den krieg glücklich enden; dann wir einen brief von **Basel** gehört, inhaltend wie zuo Lucern jederman uf sye und niemands anheimsch bliben, dergstalt (dass) man mit v^e mannen die statt innemen
(wurde) mögen etc. Unsers teils werden wir mittlen und wegen nachtrachten, unser fyend mit vorteil anzegrifen, mit min(d)stem schaden
wirs tuon mögend. •   **Bern. A. Capp. Krieg.**

444. Oct. 22 (Sonntag nach S. Gallen), nachm. 10 uhr. **Zürich**
an **Bern** (•ilends•, 4 mal). 1. Antwort auf die mitgeteilten warnungen betreffend die rüstungen k. Ferdinands etc. Man habe gestern in
aller fülle berichtet, wie es damit stehe, und finde nun die nachrichten von Bern durchaus widersprechend, gebe auch zu bedenken, falls
Ferdinand wirklich rüstete, dass man diesseits mit dem feinde wohl
fertig werden könne. bis jener seine mannschaften aus Friesland, Mailand, der Pfalz etc. zusammenbrächte; zudem melden die commissarien und hauptleute zu Musso schon zum zweiten mal, wie sie der
herzog von Mailand bestimmt vertröste, dass man die Spanier nicht
zu fürchten habe. Auch wisse man, dass das Regiment (zu Innsbruck?)
dem herrn Eck von Reischach diese woche geschrieben, er solle sich
hüten, etwas feindliches anzufangen; die Hallauer haben ferner von
den grafen im Hegau infolge bestimmter anfrage freundlichen bescheid
erhalten, und dieser tage seien einem Thurgauer kloster von jenseits
her 1200 fl. abgelöst worden. welches geld man ohne zweifel dort behalten hätte, wenn etwas arges beabsichtigt wäre; von Zurzach her
vernehme man, dass die dortige besatzung mancherlei bedarf unge-
stört aus Waldshut erhalte. und dass die Rotweiler dort ganz unliebe
gäste seien; die städte am Rhein seien auch mehr aus furcht vor den
Eidgenossen als in böser absicht besetzt worden; endlich melde der
verweser im Rheintal. seine kundschafter finden durchaus keine an-
zeichen von feindlichen sammlungen. Man könne sich daher auf berichte über kriegsanstalten nicht einlassen und würde sich dem vorwurf aussetzen, den erlittenen schaden gering zu schätzen, wenn man
von dem gefassten vorsatze sich abbringen liefse und einen feind, der
vor der nase stehe, in ruhe liefse aus furcht vor einem in fernen lan-

den .. vorhandenen; man glaube sogar, wollte man es wirklich tun, so würde Bern sich dawider setzen und abraten. 2. «Und diewyl wir dann nach gruntlicher erfarung aller dingen erkonnet, dass dise ding, wie sy üch fürkommend, nit halb so grüselich sind, und der rychstag, diewyl die sächsischen herren den nit besuochen wellen, wol vor eim monat abkündt, und das nun lang geseit worden ist, wie Ferdinandus gan Insbrugk zuo verrucke, wir ouch gänzlich vergwisst, wenn er uns schon glych übel wölte, dass kein gelt da, so ist an üch, unser ver-truwte fründ und cristenlichen brüeder, unser gar hochflyfsig ernstlich und fründlich bitt, ir wellint üch dise erdichte prögeryen nit bewegen noch erschrecken lassen, denen ouch kein glouben geben und üch (wie ir in anfang üvers schrybens üch früntlich erbietend,) nit von uns sün-deren, sunder unsern schaden, der ouch der üwer ist, zuo herzen gan lassen, üch als fründ in nöten erzöigen und uns solichen schaden häl-fen trüwlich rächen, diewyl ir uns doch uss dem, dass wir üch all-weg gefolget, und sy uff irem ertrych nit hand wellen angryfen, darin bracht hand; dann wir je in keinen weg gesinnet, utzit zur sach reden ze lassen, unz Gott füegt, das ouch ob Gott will wol als bald morn als länger beschicht, dass unser schad gerochen wirt; dann unsern fygenden ir franschmüete wol halb vergangen; so dann ir .. (als wir gar nit zwyflend) by uns standhaft belybend, hoffend wir zuo Gott, dass villicht bald besser dann jetz zur sach ze reden werd « (sin)....

Bern, A Capp. Krieg.

445. Oct. 23, Bremgarten. Dem meister Caspar Nasal, als abgeord-neten der hauptleute und Räte des Zürcher und Berner heeres, wird auf die frage, ob man hier zur behauptung des passes einen zu-satz bedürfte, zuerst der untertänigste dank erstattet für das freund-liche anerbieten, sodann geantwortet, so lange die sachen sich nicht andern, halte man eine besatzung nicht für dringend nötig, indem man sich selbst zu decken versuchen würde; sobald aber der feind auf einer andern seite erschiene oder der pass sonst angetastet werden wollte, so würde man bericht geben und sich eines zusatzes getrösten; in-dessen wolle man nach kräften der gefahr begegnen etc.

Zürich, A. Capp Krieg.

446. Oct. 23, nachm. 2 uhr, Zurzach. Niklaus Brunner an haupt-mann Lavater (seinen gevatter). Er vernehme nichts weiter, als dass 100 zusätzer in Waldshut liegen, und 100 Rotweiler eingetroffen, die erwartet haben, dass ein haufe von 6000 mann bereit sei, um mit ihnen nach Baden zu rücken... Letzten Samstag (21.) sei zu Walds-hut ein «lärm» entstanden, so dass die besatzung (von Freiburg i. B.), die Rotweiler und die burger einen halben tag in «einer ordnung» gegen einander gestanden. Egg von Rischach warte mit seinen wald-bauern auf nachricht aus den hauptlagern. Bitte um schriftlichen oder mündlichen bericht .. (in vertraulichem ton)... Zürich. A. Capp. Krieg.

447a. Oct. 23 (Montag nach Galli), vorm. 10 uhr, Kaltbrunnen. Hauptleute und Räte an die hauptleute etc. zu Cappel. Antwort: Die Bündner seien, soviel man wisse, noch nicht alle über den See herab

gekommen; doch habe man heute eine botschaft zu ihnen geschickt
und sie zum höchsten ermahnt, eilig zu kommen, damit man ratschlagen könne, wie der angriff zu handen zu nehmen sei, da man sich
der rieter wegen wohl umsehen müfse. Was von den Glarnern zu
erwarten, wisse man nicht. Sobald man gehörig beratschlagt habe,
werde man schleunig berichten.   Zürich. A. Capp. Krieg.

447 b. Oct. 23 (Montag nach Galli), (mittags), Utznach. Hauptleute
und Räte von Grüningen und Toggenburg an die hauptleute und Räte
« im feld zu Cappel ». Antwort auf die weisung, in die March und
über den Etzel nach Einsiedeln zu ziehen etc. und darüber bescheid
zu geben etc. Wie man den herren von Zürich, die fast in gleicher
form geschrieben, hierüber geantwortet, so müfse man zu bedenken
geben, dass man noch mangel habe, indem die Bündner erst diesen
abend nach Kaltbrunnen gekommen und noch kein ratschlag mit ihnen
gemacht worden sei; doch morgen hoffe man etwas erspriefsliches zu
versuchen; es sei wohl zu beachten, dass man ein riet mit vielen
gräben vor sich habe, und einen feind in guter stellung, mit geschütz
versehen. Man sei nun nach Utznach gezogen, um zu erfahren, ob
Zürich gestatten wolle, den teil von Schwyz einzunehmen... (Gefan-
gennahme von 5 Schwyzern ...). Unterdessen erwarte man stündlich bericht, um den pass bei Grinau zu öffnen; man sei aber nicht
so stark, als die herren zu glauben scheinen, und dürfe den vorteil
nicht zu leicht übergeben...   Zürich. A. Capp. Krieg.

448. Oct. 23 (Montag nach Galli), nachm. 9 uhr, Utznach. Hauptmann, vogt und Räte von Grüningen an BM. und Rat in Zürich.
Heute mittag haben sie auf den erhaltenen befehl geantwortet, sofort
in die March hinüber zu fallen, darauf aber den Bündnern geschrieben
und boten geschickt, so dass man auf ihre ankunft in dieser nacht
hoffe. Unterdessen haben etliche Gäste.er, die ins Glarnerland gefallen, fünf (benannte) Schwyzer gefangen und nach Kaltbrunnen geführt,
wonach wohl zu erraten sei, was die « angesteckten » in Glarus tun
werden, so dass man kaum mitten finde, sich dagegen vorzusehen.
Ferner haben « unsere herren im lager? » einen gar scharfen brief
geschickt, wie beiliegende abschrift zeigt; sie scheinen zu glauben, man
sei viel stärker, und nicht zu ermessen, wie vorteilhaft die stellung
des feindes; darum bitte man, nichts zu übereilen, damit kein unfall
begegne; man sei wahrlich entschlossen, zu tun, was frommen Zürchern wohl anstehe; ich habe mit gedacht, ich keinen anschlag
empfangen, wo man zusammenst ich und warum die sache so kurz
angebunden sein solle, bitte um weisung, wie die gefangenen zu
halten. Konrad Lachenger wolle auch in die vorderste reihe treten
als schirmer sein.   Zürich. A. Capp. Krieg.

449. Oct. 23 Montag nach Galli, 12 uhr nachmittags, Kaltbrunnen.
Hauptleute, vogt und Räte in Zürich. Am letzten Freitag haben
sie feinde sieben pferde mit wein und karren zwischen Schmeriken
und Utznach weggenommen und man Grinau geführt; aber die hauptleute am Gaster haben dann mit sie Utznach, deshalb so ernstlich

gehandelt, dass sie die rosse und einen teil des weins zurückerstatten und für das übrige gutstehen. Ferner treiben sich immer viele kundschafter um, auch sonst leute, die mehr die feinde als Zürich begünstigen, so dass etwas schlimmes zu besorgen sei. Desshalb sei man samt den Toggenburgern nach Utznach gezogen, um da zu bleiben, bis die Bündner ankommen, die man durch boten und briefe mehrfach gemahnt. Die zugeschickten büchsen, mit denen der pass bei Grinau geöffnet werden sollte, scheinen einigen unnütz, weil der boden sumpfig und durchschnitten sei etc. Im hinblick auf die anschläge der feinde halte man für gut, die grafschaft Utznach einzunehmen, um sowohl die landschaft Zürich als das Gaster zu decken, die amtsleute schwören zu lassen und mannschaft auszuziehen, dem anteil von Glarus jedoch unschädlich. Bitte um bescheid.   Zürich, A. Capp. Krieg.

450a. Oct. 23. Zürich an hauptmann und Räte der III Bünde im Gaster. Auf die mahnung an Glarus, in dem fall dass es nicht zuziehe, wenigstens die bundesgenossen nicht abzuhalten, habe sich dasselbe zum freundlichsten verantwortet und namentlich angezeigt, dass einer, der sich (einen) Zürcher genannt, die Bündner zum rückzug habe bereden wollen; weil nun allerlei umtriebe gemacht werden, um Zürich zu schwächen, so bitte man freundlich, dergleichen leuten nicht nur keinen glauben zu schenken, sondern sie festzunehmen und auszuliefern... Dabei wolle man sie, die Bündner, zum allerhöchsten ermahnen, weil sie doch ausgesandt seien, die feinde zu schädigen, und man diesen jetzt nicht mehr abzubrechen wisse, als sie in der March und den Höfen zu überfallen und über die Schindellegi vorzudringen, zumal sie jetzt von Baar her keine hülfe mehr erhalten können, samt den Zürchern und den Toggenburgern, sofern dies irgend möglich, was auch wohl ohne schaden geschehen könne, ohne verzug dorthinüber zu rücken und die feinde (doch ohne brand) dermafsen zu schädigen, dass man sehe, dass ihnen das Zürich begegnete leid auch angelegen sei. ....   Zürich, A. Capp. Krieg.

450b. Oct. 23 (Montag nach der 11000 Mägden tag), anfangs der nacht. Zürich an die Bündner zu Wesen oder Kaltbrunnen etc. Wie wir üch hütt geschriben und ersuocht, unsere fyend in der March und in den Höfen zuo überfallen und zuo schädigen, habent die unsern hütt viijᵐ (†) man über den Horgerberg (!) und die Silbrugg uff die Schwyzer anzegryfen, ob man si trennen und uss irem vorteil bringen möcht, verordnet; dero sind hütt etlich, namlich die vorhuot, angezogen und wirt morn der hufen nachin trucken und daselbs hinden innen understan ufzeruman. Das wöllent wir üch bester meinung nit verhalten haben, ob ir diseres zugs gwar wurdint, dass ir wüssint was die meinung und der anschlag wär, und dass ir ouch dester trostlicher understüendint, oben ynher zuo inen ze rucken und inen hilf ze tuon, als sich das gebürt. Ob ir aber gedächtent, dass es villicht oben durch die March ynher zuo fast verschanzet wäre, und ir daselbs nit kommlich uff unsere fyend kommen möchtent, ob ir dann hiehinden ynher für Wädischwyl truckt (gruckt?) wärint, das wöllent

wir üch heimgestellt haben wyter zuo bedenken.» ... Bitte um antwort bei diesem boten, da die umstände dringlich seien.

Helvetia, II. 25.

451. Oct. 28 (Montag vor Simonis et Judä), vorm. 7 uhr. Landammann und Rat zu **Glarus** an Hauptleute, pannerherren und Räte
der sechs Orte **Zürich, Bern, Basel, Solothurn, Schaffhausen, St. Gallen** etc. im lager bei Baar. Antwort auf ihr schreiben
und besonders die mahnung, zu dem heer im Gaster zu ziehen: Man
werde morgen desshalb eine landsgemeinde halten und berichten, was
dieser gefalle; dass man bisher noch nicht ausgezogen, sei am meisten
dadurch verursacht, dass in Uri, nach glaublichem bericht, «ein wäl-
scher zug» liege, der sofort ins land einbrechen würde, wenn die
Glarner auszögen, und weil auch von Schwyz aus leicht grofser schaden zugefügt werden mochte. Weil aber ein kleines und dazu in sich
selbst geteiltes reich kaum bestehen könne, so habe man leider für
andere wenig trost und beistand übrig, und sei man genötigt daheim
zu bleiben und das eigene zu behüten, da auch am Rhein tägliche
gefahr zu besorgen stehe... Diese umstände bitte man freundlich zu
würdigen und den verzug nicht übel zu deuten. ... Da sodann verlaute, dass die V Orte allen anhängern des göttlichen wortes abgesagt,
so bitte man hiemit um eine abschrift dieser absage, um sie der gemeinde vorzulegen...

Zürich, A. Capp. Krieg.

Den wortlaut (modernisirt) gibt Helvetia, II. 203, 204.

452. Oct. 23 (?), morgens 4 uhr, vor Baar, «in il, in il, in il». Hauptleute und Räte an BM. und Rat in Zürich. Nachdem man dem feind
in den Baarer Boden nachgerückt, habe sich derselbe in das gebirge
zurückgezogen, wohl verschanzt und mit geschütz trefflich gedeckt, so
dass man ihm nicht beizukommen wisse, um ihn aus seinem vorteil
zu treiben; zuletzt habe man sich aber einhellig entschlossen, mit zwei
starken haufen morgen früh um 8 uhr aufzubrechen, über die Sihlbrücke in das Zuger und Schwyzer gebiet einzufallen, dort zu «räumen»
und den feind zu schädigen, wodurch er aus seiner stellung gelockt
werden könnte. Zürich möge nun für 6000 mann proviant nach Horgen
schicken. Der übrige haufe werde beisammen bleiben und einen angriff
des feindes erwarten.

Zürich, A. Capp. Krieg.

453. Oct. 23, vorm. 10 uhr, Zürcher lager vor Baar. Hauptleute und
Räte an die hauptleute im Gaster. Wie man schon geschrieben, dass
sie eilends in feindesland einfallen sollen, begehre man nochmals, dass
sie sofort in die March und gegen Einsiedeln vorrücken und bericht
geben, ob sie dies tun wollen oder nicht, damit man wisse, was (hier)
zu tun sei. — Vgl. nr. 447 b (antwort!).

Zürich, A. Capp. Krieg.

454. Oct. 23, anf. nachts, auf dem Schnueit. Hauptmann und Räte
von **Zürich** an die freunde von Horgen bei der wache an der Sihlbrücke. Da man diesen abend mit etlichen fähnchen auf diesen berg
gelangt, so begehre man, dass der rücken mit wachen wohl gedeckt und
proviant sicher nachgeliefert werde, damit der haufe, der morgen nachrücken sollte, freien weg finde; namentlich brauche man beförderlich

proviant; auf morgen früh sollten auch Adrian Fischli, Heinrich Sieg-
fried, Hans Hermann, Konrad Bollier und der alte Lüti hieher beschieden werden.   **Zürich, A. Capp. Krieg.**

Am fusse (note von Beyel): Am Dienstag morgen kam das geschrei, dass
der feind, in weisse hemdchen gekleidet, in der nacht die unsern angegriffen,
in die flucht gedrängt und bei 800 erschlagen habe: «doch so wirt mans bas
erfaren.»

455. Oct. 23, «uff der nacht», auf dem berg Schneit. Die ausgesandten hauptleute etc. an hauptleute und Räte von Z ü r i c h und B e r n.
«Als wir der getanen abred nach uff den fygend gezogen, sind etlich
schützen enethalb Nühein uff dem berg gesyn, gegen uns geschossen
und understanden, uns denselben vorzehalten. Also hand wir die gedachten schützen hinder sich triben und sind uff den berg, und da
dannen für und für bis uff einen berg genant Schneit, ob Meizingen
(sic) gelegen, onbeleidigot und unangefochten des fygends halb kommen
und daselbs unser leger geschlagen. Nu liggend die fygend uff dem
Zuger berg, hinder den Hegen genant, uff der höche mit einer erberen
macht, als wir die ersehen, und achten, sy werdint uns den weg, da
ein brugg über die Lorez gat und ein tüf tobel vorhanden ist, vorzehalten understan. Aber nützit dest minder sind wir retig und eins
worden, uff morn am morgen zuo erkonnen und ze luogen, wie wir
inen den andern berg, daruf sy liggend, mögind angewünnen und haruf
kommen. Doch ist unser entlich meinung, dass ir uns ilends dero von
Bern vorhuot, oder von jetlichem paner tusend kuecht, und darunder
etwa ij* büchsen schützen, lassind nachzüchen, dass sy für Nühein
umbhin, da wir für gezogen, zuo uns komind, damit, ob wir den berg
eroberten, als wir zuo Gott verhoffen, mit aller macht und dapferkeit
den Zuger berg ab hinder den fygend ziechen möchtind und nit der
kleinen macht halb hindersich halten müefsten. So dann dasselbig
beschicht, wellend wir(s) üch unverzogen ze wüssen tuon und witer mit
üch, wie wir beidersit angriffen wellten, ratschlagen; sofer wir aber
in solichem unserm fürnemen verhindert, der fygend uff uns trunge
und uns not anstofsen, so wend wir ein grofs für ufgan lassen, damit
ir ein getrüw ufsechen uff uns wüssind zuo haben» . . .
                                  Zürich, A. Capp. Krieg.
Die handschrift ist von Hans Escher, landschreiber zu St. Gallen. — Einen
auszug hat Bullinger, III. ,196, nach ihm U t i g e r, der Kampf auf dem
Gubel. (progr. 1877), p. 39.

456. Oct. 23, zu angehender nacht. BM., Räte und Burger von
Z ü r i c h an hauptmann Jacob Frei etc. auf dem weg nach dem Zugerberg. Anzeige, dass die Bündner mit 1000 knechten zu Kaltbrunnen
legen. . . «ob ir etwas anschlags mit inen machen wöllten, dass ir sy
rüstind ze finden, dann wir inen üwer fürnemen ouch zuogeschriben
haben, ob sy dest lustiger wurdint, hinüber in die March ze fallen
und gegen üch inhar ze riglen, damit unseren fygenden allenthalben
gebrochen werden möcht; Gott welle üwers fürnemen beglügken, dem
ir üch trüwlich befälchend.»   **Zürich, A. Capp. Krieg.**

457. Oct. 23, auf. nachts. BM., Räte und Burger von Z ü r i c h an
hauptleute und Räte zu Baar. Man vernehme, wie die proviantmeister
oder die brotausteiler die berner beschimpfen («bolz wunden, hat üch
der Tüfel zuo uns getragen, was dörfen wir üwer etc.») und das brot
viel teurer geben, als es «gebacken» sei (zu 10 hlr.). Da man jetzt
mehr gunst als unwillen brauche, so befehle man ernstlich, dass beides
abgestellt und von einem brot nicht mehr als 1 angster mehrschatz
genommen werde; zu diesem zwecke rate man, wie es sonst übung
sei, die einsetzung eines profosen an, damit die klagen ein ende nehmen. . .   Zürich, A. Capp. Krieg.

458. Oct. 23 (Montag nach der 11000 Mägden tag), anfang nachts.
Z ü r i c h an (seine mannschaften vor der Sihlbrücke). Sie werden wohl
bereits vernommen haben, dass die 1000 von den Bündnern geschickten
knechte sich zu Kaltbrunnen im Gaster aufhalten; man habe ihnen
den anschlag (. . . in das Zuger und Schwyzer gebiet einzufallen) auch
mitgeteilt, damit sie desto geneigter wären, hinüber in die March einzufallen und dem andern haufen entgegenzuziehen, um dem feind allenthalben abbruch zu tun. . .   Zürich, A. Capp. Krieg (concept.)

459. Oct. 23 (Montag nach der xj⁼ Mägden tag), zu angehender nacht.
BM., Räte und Burger von Z ü r i c h an ihre hauptleute bei Baar.
1. In dieser stunde sei berichtet worden, dass die feinde bei Zug jenseit des hölzlis einen grofsen graben gemacht und mit hürden und
rasen bedeckt haben, um den unsern, wenn sie dorthin kämen, mit
geschütz recht grofsen schaden beifügen zu können; dies habe man
warnungsweise anzeigen wollen. 2. Die Bündner, 1000 wohlgerüstete
männer*, liegen wohl zu Kaltbrunnen; ungeachtet alles schreibens und
ermunterns zu einem einfall in die March und die Höfe gehe aber
nichts vorwärts; man erfahre gar nichts, dass sie die feinde schädigen;
«welltend ir nei[s]was mit inen usrichten, wissend (ir) sy da zuo finden.»
                                                 Zürich, A. Capp. Krieg.
  * Nach einem bericht aus Kaltbrunnen hatten sie indessen wenig harnische.

460. Oct. 23, Blickenstorf. Hauptmann und Räte von B e r n an
Bremgarten. Man nehme wahr, dass die knechte haufenweise («hufecht»)
ohne erlaubniss heimziehen, wodurch das heer geschwächt werde; desshalb begehre man, dass die pässe gesperrt, leute ohne passporten zu-
rückgewiesen und beutestücke («plunder») bis auf weitere verfügung
zusammengelegt werden.   Stadtarchiv Bremgarten.

  O c t. 2 5. Erneuerung dieses begehrens nebst einem vorwurf über mangel-
hafte vollziehung. . .

461. Oct. 23 (Montag vor Simonis et Juda), Inwyl. Hauptmann und
Räte von L u c e r n an St. und Rat. Man sei noch im lager wie auch
der feind, wisse aber nicht, was er vorhabe. Zusendung einiger gefangenen, an denen etwas gelegen sei. Bitte um anordnungen für die
pfister, damit die brote alle gleich grofs (plapartwertig) gemacht werden,
da sonst beim verkaufe unwillen entstehe; auch sollte das brot jeweilen
zu guter zeit hergeschickt werden, indem daran kein überfluss
herrsche, etc.   Lucern. A. Religionshändel.

462. Oct. 23 (Montag nach der xj^m Magden l.). Jacob am Ort an
St. und Rat in Lucern. Seit dem gestrigen schreiben betreffend die
Berner verlaute das eine mal, dass sie mit dem panner aufbrechen und
das grenzgebiet brandschatzen («ranzen») wollen, um das lager bei
Baar zu brechen, wie die missive aus dem Entlibuch melde; dann
heisse es wieder, sie seien nicht «auf» (dem marsche), oder sie ziehen
aufwärts. Da man also nichts sicheres erfahre, so halte man sich
vorsichtig gefasst, etc. Die amtsleute klagen über mangel an salz und
bitten, ihnen darin behülflich zu sein... Lucern, A. Religionshandel.

Nachschrift (laut einem beiblatt, das aber nicht hieher gewiesen werden kann): Da der von Lucern zurückgekehrte bote als gewiss anzeige, dass
die Berner von den Zürchern weggezogen, und man nicht wisse, wo hinaus das
wolle, so bitte man um treues aufsehen; denn einer so grossen macht und so
vielem geschütz wäre man «ungemäss». Indessen werde man weitere kundschaft einziehen.

463. Oct. 23, Bellenz. Jacob Feer, (landvogt zu Lauis), an die hauptleute der V Orte. «Min undertänig gehorsam willig dienst zevor.
Guädigen herren, in diser nacht ist mir ein brief zuokon von üch,
antreffend die Italianer, tuon üch ze wüssen, dass si nit ufbrochen
sind, aber die Tutschen sind uss beden lägern in eins zogen zesamen;
was da ir anschlag sie, mag ich nit wüssen, si hand aber mich ze
Louwis wellen überfallen, bin so vil gewarnet, dass ich gan Belletz
(furt?) ein zit bin geritten und han allenthalben geordnet, dass die Italianer harkomend, der(en) ich gester etwe vil hinus geschickt; es komend mir uf Mittwuchen bi hundert, wend sich uss dem lager schlei-
ken. ist ein houptman mit der gesellschaft, der will üch ... gern dienen, han inen gester gelt dargeschickt, damit si mögend harkon. Min
herren hattend mir ouch nächst geschriben, ich sollt gelt im zoll ne-
(me)n und die knecht (da)mit hinus ferggen, so han ich mit grossem
unwillen füufzig kronen von inen bracht; denn si vermeinend, si syend
nüt schuldig bis Johannis und wellend den xij Orten kein furer tuon
denn dem andren, si syend all glich ir herren. und mit vil furworten;
denn ich han inen von minen herren eigen geschrift mitiefsen darum
gen und wollten .. sust nit gen, so übel fürchten sy die luterschen.
(Ich han?) das gelt langist usgen und uss minn seckel zweimal (als)
vil darzuo; denn ich han die knecht, so von (den) fünt Orten sind im
lager gesin, all beschickt und inen gelt und zerung gen, damit si hinus
komend. Es ist das geschrei in das lager kon, man nem sy hie an
ins land(?), und kumpt all tag knecht har, und wenn ich nun gelt
hett, so wellt ich knecht gunog finden; ir möchten ouch wol den Lou-
wisern tapfer schriben, dass si üch lüt und gelt fursatztend, denn ich
mit böse oder güete nüt mag von inen bringen, ouch dem bischof von
Verulan, denn hie wöllten wir guoter knechten gnuog finden, so wir
inn gelt hettend»... Bitte um weisungen, etc. Lucern, A. Religionshändel.
Das original ist etwas beschädigt.

464. Oct. 23, Rom. Papst Clemens VII. an die V Orte. «Dilecti,
cet. Optavissemus pro nostra et praedecessorum nostrorum Romanorum pontificum in universam nationem vestram charitate et benivo-

lentia, illam in veteri sua erga Deum pietate et solita inter se con-
cordia fuisse conservatam | nec humanum sanguinem inter vos ullum
effusum fuisse. (Quum quidem?) Sathan efficere potuit, ut natio for-
tissima semperque pientissima (sic) dissecaretur in partes, et pars etiam
numerosior a majorum suorum relligione (sic) aberraret, nos sicul | de
effusione ullius Helvetii sanguinis non dolere non potuimus, ita filii
sumus gavisi victoriam vobis potius contigisse et veram pietatem a Deo
fuisse adjutam. Ipsum quoque Deum suppliciter oramus, primum ut
sibi filios vo- | bis, fratres vestros, reconciliare dignetur, deinde si animi
illorum (q. d. nollemus (sic) obduraverint, ut vos sanctum nomen eius
pie colentes dexterae suae anxilio protegat et prosperet, nos quidem
ipsi qui universos potius vellemus aequa- | li fovere dilectione, Dei tum
et catholicae fidei causa vobis et authoritate nostra apud ser^{mum} Caesa-
rem aliosque christianos principes et nostris quoad poterimus viribus
nunquam deerimus, quemadmodum haec plenius ex venerabilis fratris |
Ennii, episcopi Verulanensis, apud Ducem Mediolau(ensem) nuntii nostri,
litteris intelligetis. Datum, cet. — (sig.) Blosius.

Lucern, Brevon. (Uebersetzung in den A. Religionshändel).

Abgedruckt im «Archiv f. schweiz. Reformationsgeschichte», II. 17.

465. Oct. 23 («uff Mentag»), Baar. Hauptmann (Heinrich Schwarz),
lütiner und venner von Schaffhausen an ihre obern. Bericht über
ihren auszug. über Eglisau nach Zurich, Birmenstorf, Bremgarten und
Baar. Da sich die feinde aus dem Baarer Boden an einen berg zurückgezogen haben und da eine so vorteilhafte stellung einnehmen,
dass man sie «under ougen» (von vorne?) nicht ohne grofsen schaden
angreifen könnte, so sei beschlossen worden, sie mit einem haufen zu
überhöhen und «die zwei» andern haufen unten warten zu lasseu.
Bitte um entschuldigung des langen schweigens und um zusendung
eines zeltes, da man jetzt in kalter nacht unter (freiem) himmel liegen
müfse. «Und witer so wüssent, dass da mit den andren ufziecht die
vorhuot von Bern, Basel, Schaffhusen, Sant Gallen, Mülhusen mit
sampt der grafschaft Toggenburg, das under und das ober Turgi, und
blibent die zwai panner (von) Zürich und Bern still liggen an dem
find und wend da warten»...   Schaffhausen, Corresp.

466 a. Oct. 23, mittags. Basel an Zürich. Mitteilung eines
briefes von Strafsburg. Nachdem Zürich die hälfte des hinterlegten
pulvers und mit Bern auch einen grofsen teil des roggens bezogen,
Bern auch schon 25 centner pulver empfangen, bleibe von beiden vor-
räten so wenig übrig, dass man dies fur den fall eigener not zu behalten wünsche, da nun wohl ... kein mangel mehr vorhanden sei.
Von kriegsrüstungen vernehme man nichts; dagegen drohen die böswilligen, Zurich, Bern und Basel müfsten jammerlicher denn Jerusalem zerstort werden, etc.   Zurich, A. Capp. Krieg.

466 b. Oct. 23, vorm. 11 uhr. Basel an Bern. 1. Hinweis auf
die morgen früh abgehende sendung pulver. 2. Da von korn und
pulver schon viel abgeliefert, der teurung wegen die vorräte aber nicht
erganzt worden, so bleibe ganz wenig übrig... 3. Von rustungeu in

Lothringen und Schwaben vernehme man nichts; wohl seien die Waldstädte besetzt, und sollen noch reisige dahin kommen; man rede auch
viel davon, dass der Kaiser und Ferdinand den V Orten hülfe zugesagt haben und in dem falle, dass es denselben übel ginge, das land
überziehen und die evangelischen städte schleifen wollen, so dass es
jämmerlicher zuginge als (einst) in Jerusalem; den feinden sei wohl
alles böse zuzutrauen, wenn man auf solche reden auch wenig gebe;
doch sollte man nichts versäumen und ernstlich trachten, die Länder
zu trennen und dem (hauptheere) luft zu machen. 4. Heute früh
habe man kundschafter nach Mömpelgard und Burgund hin geschickt.

Bern, A. Capp. Krieg.

467. **Oct. 23**, nachm. 4 uhr. Basel an Bern. 1. Antwort auf
dessen zuschrift von gestern nachmittag (5 uhr), die man heute um
mittag erhalten habe. Gerne entspreche man dem ansuchen, nach
Strassburg zu schreiben und weitere kundschaft einzuholen. 2. Den
vorsatz, mit einem zweiten panner auszurücken, billige man, und soweit man die sache diesseits verstehe, finde man den rat der leute im
feld, die Länder auch an andern orten anzugreifen, richtig; so käme
man am ehesten zum frieden, bevor die feinde von Oesterreich her
hülfe erhielten, wovon jetzt freilich noch nichts sichtbar sei. Bern
möge das also wohl erwägen... Nachschrift: Man besorge, die Länder ziehen sich mehr und mehr in ihren « vorteil » zuruck.

Bern, A. Capp. Krieg.

468. **Oct. 23** (Montag vor Simonis und Judä). Solothurn an
Bern. 1. Antwort auf dessen anfrage betreffend die botschaft von
Freiburg. Nachdem dieselbe hieher gekommen, habe sie einen diener
zu den hauptleuten von Bern und Zürich abgeordnet, um zu erfahren,
ob gütliche unterhandlung eingang fände; da sie abschlägig beschieden
worden, so sei sie heimgekehrt. 2. Abschriftliche mitteilung eines
berichts aus dem felde (von dem Solothurner hauptmann).

Bern. A. Capp. Krieg. Solothurn, Miss. p. 800.

469. **Oct. 23** (Montag vor Simonis und Judä). Solothurn an
Freiburg. 1. Mitteilung des in der nacht empfangenen berichtes aus
dem felde. 2. Da in diesem schreiben von den friedensmitteln geredet
sei, so habe man heute eilends noch zwei personen abgeordnet, um
etwas gutes schaffen zu helfen, da jetzt nichts versäumt werden dürfe;
dies zeige man in der absicht an, dass Freiburg nach seinem ermessen
das auch tun könne. 3. Und da die amtleute an den grenzen melden,
dass die besatzungen in den vier städten am Rhein sich täglich mehren, und im Schwarzwald viele leute gemustert werden, so dass ein
überfall zu besorgen sei, so halte man sich gerüstet und ermahne
Freiburg zum höchsten, kraft des burgrechts eilends hülfe zu leisten,
wenn fremdes volk in das land hereinbrechen sollte, etc.

Freiburg, A Solothurn. Solothurn. Miss. p. 797.

470. **Oct. 23** (Montag vor Simonis et Jude), Solothurn. 1. An
Bern, dem schreiben an Freiburg entsprechend. 2. An die von Landeron, den ihrigen umgehend geld zu schicken. 3. An hauptmann,
venner und Räte, man habe von den nach Zürich verordneten nichts

empfangen und nun eilends zwei andere boten abgefertigt. (4. An di
nach Zürich verordneten, Hans Heinrich Winkeli und Wolfgang Stölli,
einforderung eines berichts über ihre verhandlungen).

Solothurn, Ratsb. 20, p. 449. Miss. p. 795, 796, 798, 799.

471. Oct. 23, mittags. Bern an Basel und Solothurn. In dieser stund
breche man gegen Burgdorf hin mit dem zweiten panner und grosser
macht (?) auf, um den andern luft zu machen und vor dem einfall grösse-
ren schadens den krieg zum austrag zu fördern. Desshalb ermahne
man beide Orte zu bruderlichem aufsehen und tapferem beistand, wenn
weitere not einträte, etc. Solothurn, Berner Schr. Bern, Teutsch Miss. T. 166.

472. Oct. 23. Bern an Seb. v. Diessbach. resp. sein kriegsvolk in
Blickenstorf. Antwort auf das letzte schreiben. 1. Anzeige des aufbruchs mit dem zweiten panner und weisung, den hauptleuten bei
demselben alle begegnisse ebenfalls zu melden. 2. Die herrschaft
Aelen gedenke man nicht preiszugeben, überhaupt keinen fufs (breit)
boden zu verlassen; morgen werde ein fähnchen mit 2000 mann nach
Aelen vorrücken, um land und leute gegen Wallis zu schützen.

Freiburg, Diessb. Pap. Bern, Teutsch Miss. T. 168.

473 a. Oct. 23, Bern. Aufgebot für eine abteilung von 2000 mann
zur verteidigung der herrschaft Aelen gegen die Walliser. (Obersiebental, Saanen, Greyerz und Oesch eilends nach Aelen; Murten, Peterlingen, Lausanne, Neuenburg und Neuenstadt nach Greyerz und von
dort aus nach Aelen).

473 b. Oct. 24, Bern. Befehl an die vögte etc., die ohne passporten aus dem felde heimgekehrten eilends anher zu schicken, aber die
künftig unerlaubt abgezogenen einen tag und eine nacht gefangen zu
halten und dann bei dem eide wieder ins feld zu weisen.

Bern, Teutsch Miss. T. 167, 169.

474. Oct. 23. Bern an die welschen bundesverwandten. Wegen
des drohenden angriffs der Walliser habe man noch 2000 mann aufgeboten, wesshalb man ungesäumten weiteren zuzug begehre, etc.
(Neuenburg stadt und herrschaft je 8 mann, die andern nicht ausgesetzt). Bern, Welsch Miss. A. 226 a.

475. Oct. 23, Bern. I. 1. Ein bote von Genf eröffnet, wenn Bern
einiger hülfe bedürfe, so möge es sie nur begehren; die stadt sei dazu
bereit. 2. Der Herzog habe den adel in Chambery versammelt wegen
des hinscheids der mutter des Königs etc. II. Antwort: Man wolle
die stadt jetzt nicht ansprechen, ersuche sie aber, sich auf den notfall
gerüstet zu halten. Bern, Ratsb. 231, p. 171.

476. Oct. 23, Bern. «Steffan Caouz (hat) gredt, die Walliser (syen)
nit willens, min herren anzegryten, dwyl m. h. sy nit besuochent.
Item die Savoyer syent zuo Martenach glegen und durch Wallis den
v Orten zuo gwöllen, das inen die Walliser abgeschlagen und uss
jedem zenden iij° man verordnet dahin ze züchen, damit inen das
nüw gwunnen land nit ingnommen wurde. » Bern, Ratsb. 231, p. 170.

477. Oct. 23. Hans Rudolf Nägeli, gubernator zu Aelen, an Bern.
«Ich füegen üch zuo wüssen. dass ich bericht bin durch ein(en) spä-

cher, so ich ennet dem birg han gehept, dass der Bapst v^m man den
v Orten zuoschickt zuo hilf, und sind am xv^ten tag Winmonat zuo
Plesenz gesin, und soll messire Caboye (?), des von Müfs bruoder, dieselbigen füeren. Es sind die Ougstaler und Grischeneyer von Thum
gerüst, wann die Wallisser iren dörfen in irem land, so sind sy bereit inen zuozeziechen, wo ir min herren sy wellen überzüchen. Es
sind die Wallisser einmal ufgesin mit xv^e man und gan Martina zuo
zogen; doch sind sy erwunden uff dem weg; nit weifs ich, was sy
geirrt hat, denn dass man seit, sy entsitzent iich min herren. Der
Savoyern halb hie disent dem birg kan ich jetzmal nüt verne(me)n,
wiewol die posten vil in das Wallisland loufen, und ist nüt anders
dann dass sy warten, wo iich das spil wurde fälen, so wurde jederman wider iich .. sin etc. Uewer burger von Sanen hand mir vj man
geschickt, hatt inen umb xij geschriben, und sind vj tag uff der strafs
gsin, und hett es not tan, so wäre es ouch geschechen (?). Es ist
ouch nieman schuldig, als ich kan verstan, dann der statthalter von
Sanen. Sy hand sich erbotten, wo es wurde not tuon, so wend sy
lib und guot zuo mir setzen... Ich han ouch xvj man uss der herrschaft zuo mir gnomen in das schloss etc. Gnedigen min herren, wellend den krieg zuo end züchen, so bald ir mögen, damit üwer fiend
sy (sich!) nit mögen sterkern •....

Bern, A. Capp. Krieg (orig.). Freiburg, Diessb. Pap. (cop.).

Am 25. Oct. 9 uhr vorm. wurde diese copie von Bern eiligst nach Blickenstorf abgefertigt laut begleitbrief. auf welchem bemerkt ist, dass er (auf dem
wege?) in dem (zweiten) lager zu Langental verlesen worden.

478. Oct. 23. Jost von Diefsbach, vogt zu Echallens, an Bern.
Nach dem auftrag, sich über die nach Aosta ziehenden truppen und
die nach St. Maurice bestimmte besatzung der Walliser zu erkundigen,
habe er sich sofort daran gemacht, jedoch mit beirat des vogtes zu Aelen,
der eigentlich besser im falle sei, hierüber bericht zu erstatten; er
hoffe nun bald etwelche nachrichten geben zu können. Savoyen betreffend wisse er nichts anderes, als dass noch alles ruhig sei, und
von Burgund her nichts neues. Was er (erhebliches) erfahre, werde
er gewiss nicht säumen der obrigkeit kundzutun.
Bern, A. Capp. Krieg.

479. Oct. 23, Bern. Befehl (an landgemeinden, ohne nennung einzelner), dem ratsherrn Jorg Schöni, wenn er haber und andern bedarf
für fuhrungen verlange, solches zu verabfolgen, damit kein mangel in
der besorgung der «züge» eintrete. (Besiegeltes patent).
Bern, A. Capp. Krieg.

480. Oct. 23. Hans Rudolf von Graffenried, hofmeister zu Königsfelden, an Bern. Die amtsleute von Eigen, die mit einer kriegs-
schatzung von 100 gl. belegt worden, stellen vor, sie vermöchten dieselbe nicht aufzubringen, ohne korn zu verkaufen, und bitten um die
erlaubniss, solches nach Bremgarten zu führen und dort zu verkaufen,
da in Lenzburg und Brugg niemand kaufe; sie begehren das nur ein-
oder zweimal tun zu dürfen, bis sie die genannte summe erlöst haben
werden. Von sich aus habe er es nicht gestatten wollen und bitte
nun um bescheid bei diesem boten.
Bern, A. Capp. Krieg.

481. Oct. 23, «zuo Bliggistorf im läger uffem berg.» **Hauptmann und Räte von Bern** an ihre obern. 1. «Wir haben Michel Stettlers kundschaft vernomen und andren unsern zügsgnossen anzöugt; da haben unser eidgnossen und mitburger von Zürich uns ze erkennen geben, wie ir iren herren und obern gliche meinung zuogeschriben, und aber ir(e) kundschafter, die sy des orts hand, darumb dhein wüssen tragen. Nüt dester weniger wellends wir nit verachten. 2. Sodanne .. begegnet uns, wie die üwern treffenlich heimzüchen, das uns nit wenig beduret, so wir doch an (den) fyenden liggen und täglich mit inen scharmutzen und sy so wyt getrungen, dass sy das dorf Bar verlassen, darin dann unser knecht, als dick es inen geliebt, gand und plündern, vee abtriben etc. Si aber, die fyend, hand den berg an die hand gnon, all rick und päss versechen, dass wir sy an(e) merklichen schaden nit wol mögend in irem vorteil angrifen und wol als bald nüt schaffen wurden; daran nun vil gelägen, und wo es uns daran fälen, alles vernetzt wäre. Das wellend betrachten und oben har nit firen, wie ir erstmals angeslagen und wir begert hand, dadurch der krieg zuo end bracht, vor und ee (bös) wätter infalle und unsern fyenden hilf zuokome. 3. Ir wellend ouch die so heimzüchend nach irem verdienen strafen und wider harwysen».... Nachschrift: 4. «Unser fyend ze schädigen sind wir in stäter üebung, dann sy keiner rachtung begären, sonders ein stand tuon wellend.»   **Bern, A. Capp. Krieg.**

482. Oct. 24 (stunde fehlt). BM., Räte und Burger von **Zürich** an hauptmann und Räte auf dem berg Schneit. Wie man gestern nachts geschrieben, dass sie mit den Bündnern zu Kaltbrunnen etwas verabreden könnten, wolle man dies nochmals anzeigen, damit sie desto tapferer und stattlicher handeln und dem feinde zusetzen könnten. **Nachschrift:** Man habe dieselben, da ein geschrei gekommen, «Gott welle dass es nit so bös sige», in dieser stunde eilends auf Wädenswyl beschieden...   **Zürich, A. Capp. Krieg.**

483. Oct. 24 (stunde fehlt). **Zürich** an seine hauptleute und Räte zu Blickenstorf. Da die leute an der Sihlbrücke nach dem leider empfangenen schaden etwas besorgen, so begehre man ernstlich, dass jener pass mit der nötigen mannschaft und allem bedarf versehen werde...   **Zürich, A. Capp. Krieg.**

484. Oct. 24, vorm. 6 uhr, Blickenstorf. **Hauptleute und Räte** an BM. und Rat in **Zürich.** Man habe gestern mit einhelligem rat ein fähnchen von Zürich, mit denen von Basel, Schaffhausen, St. Gallen, Mühlhausen, Toggenburg, den Gotteshausleuten und Thurgauern auf den weg geschickt, um den feind in Einsiedeln und umgegend zu schädigen. «Also habend sy zuo Zug ald darob einen berg ingenomen; da sind die figend hinacht bim manschin in wissen hemptern über sy mit einem grofsen geschrei gefallen, aber die unsern sy zeruck und ze grund geschlagen; in dem habend die figend einen frischen hufen da gehept, der dann leider, der allmechtig ewig Gott erbarm sich dess, unsern züg wider angriff(en), das geschütz in das tobel geworfen und ein grofs zal der unsern erschlag(en) und in die flucht gebracht. » Nachschrift: « Uff dise stund sind wir bericht, unser lüt habend die figend noch ain mal unden am berg geschlagen, und wie uns nach verhör der kuntschaft bedunken wil, so verhoffen wir, unser zeichen sig noch vorhanden und habend das feld behalten. »

Zürich, A. Capp. Krieg.

485. **Oct. 24** (Dienstag nach der 11000 Mägden tag), vormittags 5 uhr, Kaltbrunnen. Hauptleute, venner und Räte der III B ü n d e an Zürich. Antwort auf die letzte zuschrift, die gestern nachts einge- troffen, worin es melde, dass 8000 mann über den . . . * berg nach Schwyz aufgebrochen seien, und begehre, dass die Bündner in jenes gebiet auch einfallen. Man habe darauf beschlossen, sich mit den in Utznach liegenden Zürchern zu beraten, wie man die sache an die hand nehmen sollte, damit es ihnen zu nutzen und ehre, den feinden aber zur strafe dienen möchte, da man befehl habe, treulich leib und gut für Zürich einzusetzen, wie es dies für die Bünde selbst getan, und von ganzem herzen bedaure, dass man dem ihm zugefügten scha- den nicht habe zuvorkommen können.   Zürich, A. Capp. Krieg.

* Das lesbare « Lochern » ist für mich sinnlos.

486 a. **Oct. 24**, morgens 5 uhr, Blickenstorf. Hauptleute etc. von Zürich und Bern an die B ü n d n e r im Gaster. « Es langt etwas an uns, desshalb wir üwer notdürftig; darum ist an üch unser fründt- lich ermanen, ir wöllent ilends ilends ufsyn und üch keins wegs su- men, sonder unserm läger zuoziechen, (und wellent) üch darmit er- mant haben, dass ir gedenkent, wie wir üch ouch so ilends in üwern nöten zuogezogen. »   Helvetia, II. 213.

486 b. **Oct. 24** (Dienstag nach der 11000 Mägden tag), vorm. 11 uhr. Zürich an die B ü n d n e r. « Die zyt verlouft, und es gat, wie ir wüssent, üch und uns grofser schaden darus, und werdent wir für und für von unseren fyenden, und aber nit (von) vil(en), überfallen und geschädiget, das uns allen grofsen schaden bringen und zuo nach- teil reichen wurd, wo nit hantlicher zur sach tan wirt. Desshalb so vermanent und bittent wir üch zum allerobersten und trungenlichisten, so wir gänzlich hoffent, üwer herren und obern üch uns zuo trost und hilf geschickt habent, dass ir angends in angesicht diss briefs uf- brechent und ilents ilents, so strengst ir mögen, mit üwerm zug uss Bünden (?) ufbrechen und den nächsten uff Wädischwyl zuo verrucken, üch nit sumen und allda unsers wytern bescheids erwarten, üch ouch harin so fründtlich und getrüw bewysen wöllent, als die notdurft er- fordert, und wir üch zum höchsten vertruwen. »   Helvetia, II. 214.

486 c. **Oct. 24**, (gegen mittag?), Blickenstorf. Hauptmann und Räte von Bern an die B ü n d n e r. « Ir sind nun dalame bericht des grofsen schadens, so üwer bundsgnossen von Zürich vergangner tagen leider zuo Capell empfangen, darum wir dann von unseren herren und obe- ren den zuo rächen usgesandt. Nun hat sich abermalen leider zuo- getragen, dass ein guote anzal unsers hufens understanden, die fyend zuo hinderziechen, die nun hinacht um mittnacht von (den) fyenden angriffen und in die flucht geschlagen worden, wie üch dann unser

eidgnossen von Zürich, so hie im läger sind, ouch anzeigt habent.
es nun an der not, und man den fründ niendert dann in der not spö
wöllent wir üch alles des guoten und (der) fründschaft, so uns
herren und obern üch im müfsischen krieg bewisen, und fürer ze tu
ganz bereit, sonderlich erinneret haben und hiemit gemant, dass
üch von stund an erhebent und uns trostlichen zuoziechent har
unser läger, ilends ilends. Das stat uns umb üch zuo ewigen zyt
früntlich zuo verdienen. »　　　　　　　　　　**Helvetia, II. 213, 2!**

487. ꞏOct. 24, nachm. 3 uhr. Burgermeister, Räte und Burger v
Zürich an hauptleute, pannerherr und Räte auf dem berg zu Blicke
dorf. « Es sind in diser stund vor uns erschinen der erbaren fry t
rychstetten, nemlich von Ulm, Memmingen, Lindouw, Biberach, Kempt
Wangen und Ysni erbar ratsboten, und uns mit vil früntlichen bew
lichen worten gebetten, inen früntlicher underhandlung zwischen
und unseren fygenden zuo gestatten, der meinung dass sy zuo unse
lieben eidgnossen von Bern, dessglychen zuo unseren fygenden o
ryten und da kein miteg noch arbeit sparen wellint. So wir üch n
gewalt, ouch unser und üwer sach ein büt ist und üch der friden
der krieg nit minder dann uns belanget, haben wir üch sölichs be
rens in il, ouch in geheimniss und höchstem vertruwen, verständi
wellen, mit bitt, uns ufs aller ilendist üwers gemütets und was
hierin gemeint und gefellig sin welle. hiezwischen morn früeg tags
berichten, damit wir inen dest mit füegklicher(er) antwurt begeg
und das tuon, das unser aller lob und eer sin möge, üch damit
gnad, kraft und stergke von Gott wünschend, damit wir nit ein u
legenen friden annemen müefsind »...　　　　**Zürich, A. Capp. Kri**

488. Oct. 24, abends. BM., Räte und Burger von Zürich
hauptleute und Räte zu Blickenstorf. «Wir werdent bericht, dass
unfal, so sich leider hinacht uff dem Zuger berg zuotragen, zum
uss ungehorsami der knechten, die nit in der ordnung belyben well
dessglychen dem kistenfägen und eigenem nutz, dass mancher
vier käs am spiefs getragen, und einer den berg uf, der ander ab,
dritt überzwärch dem roub nachgeloufen, und kein gehorsamkeit
gewäsen sige, verursachet worden, das uns zum höchsten beschwa
und beduret, dass sy ir eer, eid und geschworne ordinanz, ouch un
aller eer, frommen und wolfart so ring wägend, darus uns und i
merklicher schad, schand und laster uff den hals wachst. » Dar
befehle man hiemit ernstlich, dass die rottmeister berufen und ihi
die folgen einer solchen unordnung zum dringendsten vorgestellt w
den, damit sie die knechte zu gottesfurcht und gehorsam weisen. I
sen soll die ordonnanz mit allem inhalt vorgetragen und dabei z
höchsten verboten werden, wider die ordnung wegzuziehen oder
plündern, etc. etc., mit androhung der härtesten strafe für die wi
spänstigen... Nachschrift: Die hauptleute sollen um Gottes wi
sich mehr zusammenhalten, redliche leute neben und hinter die
nungen stellen, um ꞏ der welt » trost einzusprechen, damit sol

fliehen verhütet und den feinden, «die ungezwyfelt als lind bůch hand als wir», desto tapferer widerstand geleistet werde...

Zürich, A. Capp. Krieg.

489. Oct. 24, nachm. 5 uhr, Blickenstorfer berg. Hauptleute und Räte an BM. und Rat in Zürich. Nach dem was seit heute morgen bekannt geworden, finde man, dass nicht eine so grofse zahl von leuten verloren seien, als man besorgt; dagegen sei es notwendig, die vielen weggeworfenen gewehre zu ersetzen, wesshalb man bitte, das noch vorhandene hieher zu liefern. Ferner könne man nicht verbergen, dass sich unter den Gotteshausleuten seit diesem unfall grofser missmut zeige, obwohl gerade sie eifrig für diesen zug gestimmt, so dass man zu fürchten habe, sie werden gern einen frieden annehmen; die Toggenburger wollen dagegen bei dem banner der stadt beharren, doch mit dem beding, dass man ihnen (geld) vorschiefse und sie mit schiff und geschirr versehe, worum man bitte. Das ausreifsen der knechte habe so zugenommen, dass jeder fromme mann «ein grausen» darüber habe; desshalb müfsen die fehlbaren unabläfslich gestraft werden. — Auch nehme ein so entsetzlicher ungehorsam überhand, dass man die obrigkeit bitten müfse, die rottmeister schriftlich zu ermahnen...

Zürich, A. Capp. Krieg.

490. Oct. 24, (nach 5 uhr abends), Blickenstorfer berg. Hauptmann und Räte an BM. und Rat in Zürich. Es sei leider so, dass die fähnchen von Zürich, Basel, Schaffhausen, St. Gallen, Mühlhausen, Diefsenhofen, Bischofzell, Thurgau, der Gotteshausleute und Toggenburger, die alle an einem haufen gegen Einsiedeln ausgezogen, das feld verloren haben; man wisse aber noch nicht bestimmt, ob das eigene verloren sei, obwohl nicht viel zu hoffen; der mannschaft halb scheine der verlust nicht gar so grofs, da heute noch immer leute zulaufen, und viele an den Zurichsee etc. geflohen seien; nur eine kleine zahl sei dem panner übrig geblieben, von den feinden aber sehr viele umgekommen. Man erwarte jede stunde einen angriff. — Des unsäglichen ungehorsams der knechte wegen bitte man um rat.

Zürich, A. Capp. Krieg.

491. Oct. 24, nachm. 2 uhr. Zürich an seine hauptleute und Räte zu Blickenstorf. «Wir haben uwer schryben und märe, wie es leider der unseren übel und darnach widerumb wol gangen sin soll; Gott well, dass das letst war syge. So wir dann schon etwas verlursts erlitten, müefsend wir achten, dass Gott der allmächtig uns zu besserer erkantnuss sines willens, und damit wir dest trungenlicher zuo im schrygend und uns nit so gar uff unser macht verlassind, sunder unser sind dest bas erkennen mögind, dardurch inleiten und uns ob Gott will, nahn dest meer sterke und gnad verlyhen werd. Und die-wyl ir aber ... uuntalameer grundtlichen bericht habend, wie es doch gangen syge, und wie die sachen standind, wer ioch jüngst das fell behalten hab, und wer noch ufrecht syge, so ist unser ernstlich meinung an üch, dass ir uns ilends ilends diser dingen berichten, und doch noch bütt by tag unsere schand und schmach bedenken und dest

besser sorg haben wellind, es syge mit wachten, spähen oder anderen
dingen, damit fürer übel und schäden verhüetet werden und wir unser
eer und lob mit göttlicher hilf widerumb erlangen mögind. Das helf
uns der, dess eer und waarheit wir suochend, Amen. »

492. Oct. 24 (»September»), 10 uhr vor mitternacht. BM., Räte und
Burger von Zürich an hauptleute und Räte zu Blickenstorf. Man
habe auf die klagen über das weglaufen der knechte heute morgen,
nachdem man leider von dem (neu) zugefügten schaden berichtet worden, auf der Horger seite des sees angeordnet, dass niemand über den
see geführt werden solle, dessgleichen in der stadt die allerernstlichsten befehle gegeben, die leute ohne passporten ins lager zurückzuweisen oder gefangen zu nehmen, um sie zu strafen, begehre auch
zum höchsten, dass im lager das ausreifsen strenge verboten werde....
Man wolle zudem anraten, die alte ordonnanz, dass jeder den fliehen-
den niederstofsen solle, wieder aufzunehmen und beschwören zu lassen, die ohne zweifel gute wirkung haben würde, ... so dass man
ungeachtet zweimaliger züchtigung dem feinde obsiegen könnte, wie
Moses mit den kindern Israels dem Pharao. ... Man habe auch die
Gotteshausleute ermahnt zu beharren, indem sie wohl wüssten, was
für sie folgen könnte, wenn sie unwillig wären. Dem ungehorsam
könne, wie man heute schon geschrieben, nicht anders als durch strafen abgeholfen werden. ..　　　　　　　　Zürich, A. Capp. Krieg.

Das ziemlich weitschweifige schreiben ist ein sprechender beweis der stei-
genden beklemmung.

493. Oct. 24, mittags 12—1 uhr. Basel an Zürich. 1. Antwort
auf das schreiben vom 22. d., das man heute um 11 uhr verlesen
habe. Man vernehme mit grofser freude, dass die Bündner, Toggenburger etc. in die March hinüber ziehen wollen, und hoffe, dass Gott
sie nicht verlassen werde... 2. Soeben habe Bern gemeldet, dass es
gestern um mittag mit dem zweiten panner und grofser macht über
Burgdorf gegen feindesland aufgebrochen sei. Man habe für den fall
weiterer mahnung noch ein fähnchen ausgerüstet. ...

(In Zürich am 26. angelangt.) - An Bern: § 2 allein, mit etwelcher er-
weiterung.

494. Oct. 24, mittags. Basel an die hauptleute von Zürich und
Bern, im feld vor Zug. In dieser stunde vernehme man, dass sie
die Basler samt dem ehrenzeichen, aber ohne das geschütz, als strei-
fenden haufen auf den weg nach Einsiedeln geschickt, was man wahrlich sehr bedaure, da man besorge, dass der feind bei nacht, ohne
das lager anzugreifen, etliche gegen jenen haufen schicken und ihm
vielleicht schmach zufügen möchte; darum habe man ihnen geschrieben, dass sie vorsichtig zu den pannern zurückkehren und dort ihre
pflicht erfüllen sollen, und rate man zudem, das heer beisammen zu
halten, indem man hoffe, dass die Berner, die gestern mit einem andern panner aufgebrochen, damit etwas luft machen und die feinde
trennen werden. ...　　　　　　　　Zürich, A. Capp. Krieg.

495. Oct. **24,** nachm. 7 uhr. Landammann, Rat und ganze gemeinde von Glarus an hauptleute, pannerherren, fennriche und Räte von Zürich, Bern, Basel, Solothurn, Schaffhausen und St. Gallen zu Baar. «Wir haben üwer schriben und treffenlich manen uns zuokomen verstanden, und so ir darumb, wes ir üch zuo uns versechen, von uns antwurt begert, füegen wir üch antwurts wys ze vernämen, dass wir ein uszug üch und den unsern zuo trost ze tuon angsechen; darumb, so uns nüt witers not zuofallt, werden dieselben, so bald es müglich, ufsin und hinzüchen. »   Zürich, A. Capp. Krieg.

496. Oct. **24** (Dienstag vor Simonis et Judä). Hauptlente etc. von Lucern an St. und Rat. «Demnach wir üch hüt frue den erlichen sig, so Gott der allmächtig durch sin güetige gnad uns verlichen, üch zuogeschriben, wöllen wir üch jetz des handels grundlich underrichten. Namlich so ist ein grofse zal volkes durch wenig volkes der unsern erschlagen .. und einlif stuck büchsen uf rädern mitsampt vil haggen gewonnen worden. Dessgelychen so sind abermalen dry fändli erubrigot (sic), namlich das von Zürich, Frowenfeld und noch eins, ist wyfs und rot, und wüssen nit eigenlich, ob es dero von Solotorn oder Mülhusen ist. So denne so schicken wir üch hieby vil gefangnen zuo, die wöllen all in den wasserturn leggen, damit ir dester minder unruow mit inen haben müefsen, und inen muos und brot geben und dess gennog; aber als si uns den wyn abgeschlagen, mögen ir inen geben oder nit, wölichs üch geliebt. Aber burgermeister Zieglers sune, so wir üch ouch gefangen zuoschicken, den wöllen nit in den turn leggen, sunders sunst verhüeten und vergoumen lassen in einem wirtshus. Fürer füegen wir üch zuo vernemen, dass unser fyend noch nit willens sind abzestan, sunders züchen ouch den weg uf, da die geschlagen worden sind; aber wir verhoffen inen den pass mit der hilf Gotts wol zuo verhalten »...   Lucern, A. Religions-händel.

497. Oct. **24** (Dienstag vor Simon und Jude), nachm. 9 uhr. Lucern an seine hauptleute etc. in feld. «Uns ist in diser stund warnung zuokon von unserm lieben getrüwen ratsfründ Jacob am Ort, der persönlich ylends kon ist, und im angends ein loufer nach, dass (die) Berner mit ir banner gwüss uf sind und hinacht vergangen zuo Huotwyl gelegen, und uns die unsern von Willisouw in yl um hilf angrüeft; darum ist an üch unser ernstlich beger, dass ir uns angends von stund an widor schickend hein gan Willisow alle die so dar gehören und von Willisouw sind, ouch uns schicken etwas schützen — nachschrift: zum mindsten ijᶜ büchsenschützen — mit haggen und anderm, zuosampt denen, so zuo der letsten panner uszogen sind, und was ir wol emberen mögen, und etwas ross zuo unsern büchsen und büchsenmeister, darzuo unverzogenlich, damit wir die unsern nit also verlassen »...   Lucern, A. Capp. Krieg.

498a. Oct. **24** (Dienstag vor Crispini und Crispiniani), abends. Sch. und Rat von Willisau an Jacob am Ort, vogt zu W. Es kommen fortwährend warnungen, dass ein panner der Berner heraurücke, und zuletzt habe Hans Ruch, weibel von Uffhusen, gemeldet, dass dieselben

in dieser nacht bei Schwertschwenden und St. Urban einen überfall
machen werden; desshalb bitte man um schritte bei der obrigkeit, damit man in eile entschüttet werde. — Nachschrift: Jetzt eben zeigt
der weibel von Pfaffnau an, dass das Berner panner nach Langental
komme und die sache zu St. Urban » kläglich genug » stehe; desshalb
bitte um eile.

498 b. Oct. 27 (Simonis und Judä abend), nachm. um 2 uhr. Schultheifs, Räte und Sechser der grafschaft Willisau an hauptmann und
Räte in Sursee. Soeben vernehme man durch die zur heimlichen
wacht in St. Urban verordneten, dass die Berner anfangen, ihr lager
zu schleifen und » nidsich » zu ziehen; wohin, und ob sie das lager
ganz aufgeben, wisse man nicht, werde aber näheres unverzüglich
melden. Nachschrift: Eine andere botschaft ... melde, dass die Berner ihr lager ganzlich raumen und nach Aarburg rücken; laut einer
erklarung des schultheifsen von Erlach habe man allfällige ansuchen
da zu stellen, etc.   Lucern, A. Religionshändel.

499. Oct. 24 (Dienstag vor Simonis et Jude), Solothurn. 1. An
die fünf Ort ein fruntliche schrift, ob si mogen lyden, dass man zwischen beiden teilen guetlich handle. 2. Ist geandrot und angesehen,
gan Friburg ze schriben, dass si solchs by den fünf Orten sollen
warben und handlen, und dass unser herren botschaft (in Zürich) nützit
(hab) schaffen mogen, und antwurt erfordern uff vorgetane manung
(der vom Rhein her drohenden getan wegen) . 3. An den hauptmann, bezugliche nachricht, nebst anderm. 4. Weisung an die vögte,
die leute mit allem zu versehen, etc.
                               Solothurn. Ratsb 20 p 450, 451. Miss. p. 901—904.

500 a. Oct. 24 (Dienstag vor Simonis und Juda). Solothurn an
Constanz Antwort Man bedaure den schaden, welchen Zürich
empfangen habe; da aber noch viel grosserer (für die Eidgenossen) zu
besorgen sei, wenn der Allmächtige nicht seine gnade walten lasse, so
erachte man für notig, alles mögliche für die herstellung des friedens
zu tun, und bitte daher treulich um geneigte mitwirkung.
                                            Solothurn, Miss. p. 905.

500 b. Oct. 25 (Mittwoch vor St. Gallen) um 2 uhr. Solothurn an Glarus »Wiewohl ... unfruchtbarlich ange-
wandt ... und unsern lieben eidgenossen ... komen waren, den
... herze gefasst, wo
die parteien ... dass wir al gemeinlich der
... nach gar schwärlichen
... treffenliche bot-
schaft ... tage daselbs ...
... wen Margräfin von
... guter hoffnung und
... werde senden»...
... eine botschaft ab-
...   Solothurn Miss p 907, 908.

In dem entsprechenden schreiben an den S. hauptmann wurde gesagt: «wir werden ouch mit den künklichen botten reden und si ankeren, etlichen in irem namen ouch daselbs hin zuo fertigen. »

501. Oct. **24,** (vormittags?), Blickenstorf. Hauptmann und Räte von Bern an ihre obern. I. «Wir müefsend üwern gnaden anzougen den unfal, so leider uns allen hinnacht begegnet ist, und hat namlich die meinung, dass gmein houptlut gester ratig worden, ein anzal knechten ze schicken an die Silbruck, den pass daselbs ufzetuond; nun sind dieselben zuogefaren und die rick am Zugerberg, den fyend ze hinder-ziechen, bis an einen ingenomen, welches die fyend gespürt und ufge-brochen und den unsern entgegenzogen, dess die unsern gewarnet und zwo ordnungen gemacht, und als die fyend harzuo geruckt, all in wyfsen hembdern, und der angriff beschechen, haben die unsern den ersten hufen nidergelegt und verjagt; da ist der ander hufen der fyen-den ze ruck in die unsern gefallen und sy erslagen, dass sy gar zer-trennt und in die flucht geslagen, und also leider das feld und (die) slacht verloren, dermafs (dass) wir nit wüssen, wie vil der unsern umkomen sind, oder wie vil fenly verloren; der unsern sind by v^m gsin, namlich das fennli von Zürich, Basel, Schaffhusen, S. Gallen, Mülhusen, Toggenburg, Gottshuslüt, Turgower, Frouwenfeld, Bischof-zell und ander Turgöwer, die wir noch nit wüssen mögend, darzuo x stuck büchsen. Der üwern aber, die ir uns befolchen hand, und under üwerm eerenzeichen reisend, ist gar niemands darby, sonders hie by uns im läger gsin, dann etlich knecht, die irer feudlinen nit geachtet und ungehorsam gsin; doch sind wir mit mer dann einsen noch gwar worden, ist von Oest.» — Nachschrift aus dem zweiten läger, dd. 25. Oct. morgens drei uhr, Langental: Morgen werde man nach Zofingen rucken und da weitere befehle erwarten.   Bern, A. Capp. Krieg.

502. Oct. **24,** Langental. Hauptleute etc. beim zweiten panner an Bern. «Nachdem wir diss aben(d) mit üwer pauer gan Langental kommen, üwer vogt und spech(er) verhört und verstanden, wie der Lucernern vil anheimsch (zogen) und willens uns ze begegnen, und nachdem aber uff beger der üwern von Truob und Hutwil, von wegen der gegenwacht, wir sy nochmal anheimsch lassen beliben, doch also bescheiden, wo sy uns hienach uff der Lucerner ertrich vernemen und ir gegenwacht abzogen were, dass sy uns den nechsten zuozugend, uff sömlichs hat uns ouch für guot angesechen, dass ir unser lieben eid-gnossen und mitburger von Basel und Solothurn angends zum hoch-sten manend, uns den nechsten zuozeziechen; (das) wellend wir üch guoter meinung angezeigt haben; dann wir achten, wo ernempte zwei Ort ir zeichen by uns haben, dass sömlichs ein grofsen namen haben und uns wol erschiefslich sin wurde »...   Bern, A. Capp. Krieg.

503. Oct. **24,** abends acht uhr. Hauptmann etc. des zweiten pan-ners an Bern. Heute abend nach Langental gekomen, habe man wohl mancherlei warnungen erhalten, aber nichts sicheres schreiben können; ... man werde nun morgen in Gottes namen bis Zofingen vorrücken und alsdann melden, was man weiter erfahre.

Bern, A. Capp. Krieg.

504. Oct. 24. Heinrich Kammerer, vogt zu Aarburg, an Sebastian von Diefsbach, hauptmann der Berner. Dem durch den vogt zu Lenzburg gemeldeten auftrag betreffend zusendung von proviant sei er so weit möglich nachgekommen; bei diesem fuhrmann schicke er abermals einen wagen mit haber; korn habe er nicht, da die zinse noch nicht fällig seien, und die haberlieferung komme eigentlich von dem schaffner zu Zofingen; auch lasse sich noch nichts durch dreschen bekommen, weil die leute mit wachen zu tun haben; indessen habe der schaffner zu Königsfelden angezeigt, dass er noch ein quantum dinkel zu liefern hätte, das er auf befehl abführen werde; es sollen etwa 30 malter beisammen sein; zu wünschen sei aber noch bericht, in welcher form (gerellt oder in fäsen) diese frucht versendet werden sollte.　　　　　　　　　　　　　　　　　　　　Bern, A. Capp. Krieg.

505. Oct. 24 (Dienstag vor Crispinus), in der nacht. Albrecht Sigwart, vogt zu Signau, Vincenz von Werd, vogt zu Truob, und Hans Meyer, hauptmann daselbst, an Bern. 1. Antwort auf die anzeige von dem aufbruch des zweiten panners und die weisung, einem allfällig ergehenden rufe von diesem aus folge zu leisten. Nun sei daher ein brief gekommen des inhalts, dass man sich am Mittwoch bei demselben einstellen sollte, was man, wenn es möglich wäre, gerne täte; aber die feinde liegen hart an der grenze, so dass man strenge gegen einander wache; gestern seien derart 100 mann (engagirt) gewesen; zöge man nun hier ab, so wäre ein überfall zu erwarten; darum halte man nicht für gut wegzurücken; sonst wäre bald alles verloren, was man bisher behalten habe. Gestern habe man hundert mann nach Langnau beschieden, um da zu warten; zogen aber (die feinde ab), so würde man sofort dem panner folgen; darum verharre man hier bis auf weitern bescheid, bitte daher um eiligen bericht. 2. Gestern habe Hans im Adelboden ein gerede ausgehen lassen, das man bedenklich finde; nämlich, er habe gesehen (erfahren), dass in so grofsen dingen stadt und land zusammenberufen werden (sollten); aber die (herren) von Bern machen, dass man St. Antenen (?) in der stadt verbrenne, etc. Man habe ihn desswegen heimgeschickt... Das gleiche schreibe man ins feld.　　　　　　　　　　　　　　　　　　Bern, A. Capp. Krieg.

506. Oct. 24, Münster. Meyer, Rat und gemeinde des zehntens Goms an (die gemeinden von Hasle?). «Gnad, frid, einikeit unsers lieben hern Jesu Christi, das fürbitt der userwelten reinen junkfrowen magt Marien, das gmein verdienen aller userwelten lieben Heilgen syent mit uns hütt und alli zit. Ouch unseren fründlichen gruofs, ersamen lieben guoten nachpuren. Uewer schriben und guoten willen hand wir wol verstanden, darum wir üch zum höchsten lob und dank sagen, dass nun leider Gott der almechtig über uns armen sünder erzürnt ist und einer Eidgnoschaft hochmut und manigfaltigkeit der sünden nit wil ungestraft lassen pliben. und ein jetlich land in sich selbs zerteilt, das mag nit bestendikeit han, dadurch ze sorgen ist, dass [wir] durch nissglouben der heilgen christenlichen kilchen und ungehorsamkeit der botten Gottes zerstört werd ein löbliche Eidgnoschaft.

das aber Gott durch sine barmherzikeit welle wenden und uns zuosenden frid, gnad und alles das, dess wir notdürftig sint zuo der ewigen selikeit. So nun, lieben trüwen nachpuren, üwer beger, ze wüssen von uns, ist, wie wir uns gegen üch in disen krieglichen und
unfridlichen löufen halten wellend, so wellen wirs üch in kurzen worten zuo erkennen geben. Zum ersten, dass wir üch dankend üwers
früntlichen schribens und üwer guoten nachpurschaft, nit allein jetz,
sonderbarlich (!) vormalen allweg bewisen, dadurch wir in unser kilchen oder in ganzem zehenden Goms enkein unwillen im mindsten
noch im grösten mit konden gegen üch erfaren noch gespüren, und in
aller gestalt, wie ir in üweren briefen, zuo uns gesand, gegen uns ze
halten erbotten und zuogesa(g)t hand, desselben glich sind wir guotwillig, trüwlich an üch ze halten, und (mögend) uns dess vertruwen,
als wir üch ouch vertruwen »....   **Bern, A. Capp. Krieg.**

507. Oct. 24. Sulp. Haller, obervogt in Lenzburg, an hauptmann
und Räte im feld. Junker n. von Hallwyl und etliche seiner hinter-
säßen haben angezeigt, dass die zwei gesellen von « Schongen », die
gefangen auf dem schlosse liegen, sich immer als gutherzig gegen die
Berner gezeigt, und desshalb gebeten, sie freizulassen, damit sie von
kosten und strafe ledig würden; geschähe dies, so würden sie, wie er
hoffe, bei den anstößern mehr gutes als schädliches wirken.... Desshalb bitte er um bescheid hierüber.   **Bern, A. Capp. Krieg.**

508. Oct. 24. Hans Reif, vogt zu Grandson, an Bern. Bericht
über einen Simon Amiet, welchen es zur strafe mit dem halseisen begnadigt hatte, betreffend einen zwist desselben mit einem Genfer wegen einer feder (auf dem hute) ... und deren gefangenlegung, verhörung etc.   **Bern, A. Capp. Krieg.**

509. Oct. 25. Constanz an Zürich. Dass und warum in vergangener nacht ein sturm durch das Thurgau gegangen, werde es
wissen. Vor einer stunde sei nunb ericht gekommen, dass Mark Sittich
den Rhein an mehreren orten « bereiten » lassen und auf die letzte
nacht seinen untertanen geboten habe, mit gewehr und harnisch in
Bregenz zu erscheinen; ob es geschehen, und wozu es dienen solle,
werde man zu erfragen suchen, auch dem vogt zu Rheineck eilig bericht geben.   **Zürich, A. Capp. Krieg.**

510. Oct. 25, nachm. 5 uhr. Constanz an Zürich. In dieser
stunde vernehme man auf vertrautem wege, dass ein (rats)bote, der
eben von Speyer gekommen, angezeigt, es werden dort und zu Stuttgart knechte angeworben. Der König habe gestern zu Mündelheim
übernachtet und reite in großer eile, von 7—800 pferden begleitet,
über Kaufbeuren und Fußen nach Innsbruck. Caspar von Frundsberg
und der kleine Hess sollen befehl haben, 12000 mann anzunehmen,
und das geld schon in Speyer liegen. An vielen orten werde « umgeschlagen », um knechte zu bekommen...   **Zürich, A. Capp. Krieg.**

    Am fusse: Bitte um weitere kundschaft. Dem herrn Cornel (Schulthess in
Kaiserstuhl) zu schreiben.

1. Oct. 25. Basel an Zürich, (dessgleichen an Bern). Der
arkgraf Ernst zu Baden habe heute durch eine botschaft anzeigen
..ssen, wie sehr er bedaure, dass die Eidgenossen in solche zwietracht
eraten, auch seine vermittlung angeboten, und rat begehrt, ob er da-
..it gehör finden möchte. Man habe geantwortet, da es zu offenem
ausbruch gekommen, so könne man ihm hierin nicht wohl raten und
überlasse damit gänzlich seinem gutbedünken, was er tun wolle....

Zürich, A. Capp. Krieg. Bern, A. Capp. Krieg. Basel, Missiven.

Das schreiben gibt den vortrag der botschaft in längerem auszug; s. nr. 541.

512. Oct. 25. Basel an die kriegsherren (»Dreizehn«) in Strafsburg. Antwort auf deren beileidsbezeugung über den von Zürich erlittenen schaden etc. Man habe ihr schreiben sofort nach Zürich und
Bern geschickt und zweifle nicht, dass beide städte es mit hohem dank
aufnehmen und zu seiner zeit erwidern. Bern habe am letzten Montag (23. d.) geschrieben, wie die beilage zeige, die man nur in der
absicht zurückgehalten, noch mehr nachrichten beizufügen; dasselbe
habe dann noch angezeigt, dass es mit einem andern panner ins feld
rücke, um den seinigen luft zu machen etc. Nun ziehen die Graubündner durch die March gegen Schwyz, so dass die V Orte von vier
haufen belagert seien; man hoffe zu Gott, dass er die sache zu guten
ende führe. (Die kriegsherren) bitte man, dem ansuchen Berns zu
entsprechen und nachrichten, die sie empfangen, mitzuteilen, etc.

Basel, Missiven.

513. Oct. 25 (Mittwoch vor Simon et Juda), morgens, Altstätten.
Ulrich Stoll an Zürich. Man habe den gefangenen Hildbrand mit
einiger marter verhört, wobei er gestanden, dass er im sinne gehabt,
dem von Ems die nachricht zu bringen, dass Zürich gegen die V Orte
verloren, und dabei um das richteramt zu bitten; auch habe er etwa
gestohlen etc. Man gedenke ihn am nächsten Samstag vor das hoch
gericht zu stellen etc. Die wachen seien überall verdoppelt und wi.
bisher nichts gespart, da die Rheintaler sich dazu willig zeigen. Bi.
um nachricht aus dem lager...

Zürich, A. Rheintal.

514 a. Oct. 24—25 (»Dienstag«). 1 uhr nach mitternacht. Mellinge
Haus Blass an hauptleute und Räte (von Zürich). Da es leid
abermals übel ergangen sein solle, so zeigen die knechte sich unwilli.
indem sie meinen, er verberge ihnen die sache, und geben vor, si.
haben ihm nicht geschworen; weil etliche die ordonnanz noch nicht
kennen, so bitte er hiemit um eine abschrift, damit er sie vorlese.
und die leute zum gehorsam bringen könne; denn sie wollen nur au.
heute ausgehen, was er aber ohne befehl nicht nachlassen könne...

514 b. Oct. 26, 2 uhr nach mitternacht. Derselbe an dieselben. Ar
zeige dass die ordonnanz jetzt verlesen und die ruhe wieder hergestel
sei; doch begehren die knechte immerfort ungestüm zu wissen, w.
es zu Blickensdorf stehe...

Zürich, A. Capp. Krieg.

515. Oct. 25. Die Gasteler an BM. und Rat in Zürich.
sie vernehmen, dass Zürich die Bündner gemahnt habe, zu seine.
heere zu ziehen, die Toggenburger in Utznach liegen, der feind in d.

March sich beträchtlich verstärke, so stehen sie in der gröfsten gefahr und bitten desshalb zum allerdringendsten, die Bündner bei ihnen bleiben zu lassen, mit denen sie dann gern vorrücken und tapfer angreifen wollen.

Zürich, A. Capp. Krieg.

516 a. **Oct. 25** (Mittwoch nach der 11000 Mägde tag). Hauptmann und Räte der III Bünde, im lager zu Kaltbrunn, an Glarus. Auf das gestern durch eine botschaft vor der landsgemeinde angebrachte begehren habe Glarus beschlossen, 200 mann zu ihnen zu schicken; es sei jedoch noch kein einziger mann eingetroffen; desshalb bitten und mahnen sie, der zusage nachzukommen und jenen auszug ungesäumt abzufertigen, da die not dränge; sie hoffen dann vereint etwas fruchtbares zu handeln. Bitte um schriftlichen umgehenden bescheid.

Zürich, Tschud. Doc. Samml. IX. 75.

516 b. **Oct. 25,** nachts, Kaltbrunnen. Hauptmann und Räte der Bündner an Glarus. «Wir füegent üch zuo wüssen, dass uns uff bütt gewüsse kundschaft zuokommen ist, dass die v Ort mit siben fändlinen uff hüttigen tag in die March zogen sind und endlichs willens, uns (uff) die jetzig nacht zuo überfallen hie in disem Gastel. Harum manent wir üch als unsere getrüwe liebe bundsgnossen, so hoch wir üch manen könnent, zum allerhöchsten, dass ir uns ilends ilends ilends zuo hilf kommernt und uns entschüttent und helfent erretten von den fyenden. Wo wir soliches zuo ewigen zyten iemer mer umb üch und alle die üweren verdienen mögent, wöllent wir allzyt geneigt und guotwillig sin.»

Helvetia; II. 215.

517. **Oct. 25** (Mittwoch vor Simon und Judä). Glarus an Gilg Tschudi. Belohnung für den guten eifer des vogtes und der landleute, zwischen den Eidgenossen zu mitteln; einen boten zu schicken überlasse man ihnen; man könne aber nicht verbergen, dass nach einem schreiben von Appenzell eine ansehnliche botschaft der reichsstädte abgeordnet und am letzten Sonntag in St. Gallen erschienen sei, und dass gesandte von Appenzell gestern in Rapperswyl angekommen; zudem habe man schriftlichen bericht aus der March, dass die V Orte abermals einen grofsen sieg über ihre feinde erlangt, ihnen auch 9 fähnchen(?) und 12 büchsen auf rädern abgewonnen haben; das bestätige auch der «lange Laudolt», der eben aus dem lager gekommen und sage, dass beide teile grofsen schaden empfangen; es sei zu besorgen, dass sie einander seither «noch bas getroffen», da in letzter nacht grausam und ungeheuerlich geschossen worden. Wollte Gott mit seinem zorn ablassen, damit solches blutvergiefsen erspart bliebe und die neidigen herzen zu freundlichkeit und brüderlicher liebe bekehrt würden.

Zürich, Tschud. Doc. Samml. IX. 76.

518. **Oct. 25,** Mailand. Heinrich Rahn an Zürich. Auf empfehlung des herzogs von Mailand bittet er für graf Niklaus de Maffeis, der als botschafter des herzogs von Mantua durch eidg. gebiet zu dem reichstag in Speyer reisen soll, um gewährung freien passes und gute förderung, etc.

Zürich, A. Mantua.

Nur die unterschrift von Rahn: der text und die adresse von Merbelio geschrieben.

519. Oct. 25 (Mittwochs etc.), morgens 3 uhr. BM., Räte und Burger von Z ü r i c h an ihre hauptleute etc. am Blickensdorfer berg. Bezug auf zwei frühere schreiben, ungehorsam, »kistenfegen« (plündern) und fliehen etc. betreffend.... Die bezügliche stelle des ersten solle den knechten vorgelesen und die strengste ordnung anbefohlen werden...; die ordonnanz soll aufgerichtet und beschworen und jede übertretung ohne nachsicht bestraft werden, da dies allein den geboten wirkung verschaffe; wenn einer fliehe, so solle je der nächste ihn erstechen, wie es die altvordern gebraucht... Ferner wäre wohl zu beobachten, wie die Berner die ordnung handhaben und die feinde ihre »nebenhaufen« machen, durch deren geschick man schon zum zweiten mal abbruch erlitten, damit solches künftig zu vermeiden wäre...

Z ü r i c h, A. Capp. Krieg.

520. Oct. 25, vorm. 10 uhr. BM., Räte und Burger von Z ü r i c h an hauptleute und Räte zu Blickenstorf. Nachdem man ihre meinung über die anhörung der botschaft von den reichsstädten und den bericht über die gefahren, die aus dem ungehorsam der knechte entspringen möchten, »mit schmerzlichem gemüt« erwogen, habe man die botschaft mit dem bescheid abgefertigt, dass man den Räten im feld gar viel gewalt gegeben, und die sache zudem die andern kriegsverwandten ebenso wohl berühre, hinter denen Zürich nicht handeln dürfe; man wolle sie nicht hindern, zu denselben zu reiten, etc. Wenn sie nun kommen und die mithaften auch gehör bewilligen, so sollen die hauptleute tun, was zu einem göttlichen und beständigen frieden dienen könne, und das weitere wie billig berichten. Es sei aber hoch vonnöten, dies möglichst lange zu verhalten und zum strengsten dafür zu sorgen, dass kein aufbruch geschehe, bis man einen ehrlichen frieden habe; darum begehre man ernstlich, dass die hauptleute desto wachsamer und vorsichtiger seien, das volk zum gehorsam ermahnen, niemand ohne passporten wegziehen lassen; wer dies dennoch tue, werde an leib und gut zu wirksamem beispiel gestraft, etc. etc. Auch soll nichts versäumt werden, um dem feind nach kräften abbruch zu tun.... Da die schiedboten wohl diesen abend mit 23 pferden ins lager kommen, so sollen sie gastlich aufgenommen und nach aller gebühr versehen werden...

Z ü r i c h, A. Capp. Krieg.

521. Oct. 25, nachm. 3 uhr. BM., Räte und Burger von Z ü r i c h an hauptleute und Räte zu Blickenstorf. Man werde berichtet, wie die Berner an einem unsichern platze liegen, so dass der feind sie beschiefsen könnte, wie einen » lätsch «, und grofser schaden daraus folgen würde. Wie dem sei, so wolle man doch nicht verbergen, dass etliche meinen, die Lucerner hätten Bern von oben her nicht zu fürchten und könnten wohl mit 1000—2000 mann zu St. Wolfgang nach Steinhausen und Uerzlikon durchkommen, um das Zürcher lager zu hinterziehen und demselben eine schmach zuzufügen, was man treulich anzeige, damit nichts » vermuläfflet « werde, wie es leider schon geschehen sei. Ferner vernehme man, dass die rottmeister und andere kriegsverständige wenig zum rat berufen, und der gemeine mann nicht getröstet werde,

was eben den ungehorsam und unwillen vermehre; darum befehle man
ernstlich, dass die hauptleute mehr als bisher die kriegskundigen leute,
ohne unterschied ob von stadt oder land, zu den ratschlägen berufen,
sie um ihre meinung befragen, ihnen eröffnen, was sie zu wissen brauchen, und sich nicht schämen zu fragen, wer etwas gutes zu raten
vermöge; auch sollen die hauptleute, wie es das amt erfordere, den
knechten freundlich zusprechen, die wachen bei tag und nacht besuchen und den leuten trost einflössen, die rottmeister ermahnen, bitten
und heifsen, die «burs»-verwandten zu gehorsam, guter zucht und
gottesfurcht zu halten etc., wie man schon öfter geschrieben; geschehe
dies, so hege man die zuversicht, dass Gott desto mehr gnade geben
werde...   Zürich, A. Capp. Krieg.

522. **Oct. 25,** späten abends.   BM., Räte und Burger von Zürich
an hauptleute und Räte zu Blickenstorf.   Man habe die tore zum besten verwahrt, und zwar weil die Thurgauer entschlossen gewesen,
stracks wieder heimzuziehen, indem sie geklagt, dass ihr hauptmann
umgekommen.   Darum sollen die hauptleute sie freundlich zusammenberufen und vermögen, «ze hand um» einen neuen hauptmann zu
wählen; auch könnten sie vielleicht bewogen werden, noch eine anzahl frische leute nachzuziehen...   Zürich, A. Capp. Krieg.

523. **Oct. 25** (Mittwoch vor Simonis und Judä), Utznach.   Hauptleute und Räte von den III Bünden, Zürich, Toggenburg und
Gaster an statthalter P. Weber in Wyl.   «Uff den nächtigen abent, so
ir by uns zuo Utznach gesin und ein guoten trost mit etlichen knechten zuo uns vermögen, diewil dann unser l. bundsgnossen der drigen
Pündten ... hinab gen Wädischwll ze ziechen vermant sind, daruf
dann wir dester stärker sigint und blibent bi den frommen biderben
lüten im Gastel, ouch bi unsern eer und zeichen, pannern und fänlinen, (begeren wir), ir wellint uns zuoschicken vierhundert man, minder
oder mer, was ir dann vermögent, und das beschech ylends ylends
von stund an»...   Stiftsarchiv St. Gallen (copie).

524. **Oct. 25,** 12—1 uhr nachts.   Schultheifs und Rat von Winterthur an BM. und Rat in Zürich.   In dieser stunde seien zwei boten,
einer von Frauenfeld und einer von Elggau, gekommen mit der anzeige, dass im Thurgau ein sturm ergehe, woher und wohin sei noch
unbekannt; desshalb wünschen sie zu wissen, ob Zürich ihn angeordnet; ... man bezweifle dies zwar, bitte aber hiemit um schleunige
antwort und bescheid, wie man sich auch hier verhalten solle...
                                          Zürich, A. Capp. Krieg.

525. **Oct. 25,** Zürich.   Mandat (für das linke seeufer) betreffend
verhinderung unerlaubter heimkehr von knechten: Verbot solche über
den see zu führen; befehl zu verhaftung widerspenstiger; strafandrohung
für versäumniss...   Zürich, A. Capp. Krieg.

526. **Oct. 25** (Mittwoch vor Simon und Jude).   Lucern an seine
hauptleute etc. im feld.   «Uewer schriben uns jetzt getan haben wir
verstanden und befremdet uns, dass ir uns gar mitzit schickent noch
kein hilf tuond, und aber die fygend unser landschaft understand zuo

schleizen, dass wir nit künnden lassen undergan, dann Sant Urban
(als wir besorgen) talame ingenommen; darum ist an üch unser beger
dass ir doch zum mindsten die Willisower wider heim schicken und
darzuo etwa fünfzig schützen angends heim fertigen, bis wir sechen,
wie sich die sach erziechen will ».... *Lucern, A. Capp. Krieg.*

527. Oct. 25 (»nach mitternacht, Dienstag vor Simon et Judä»), Inwyl. Hauptmann etc. von Lucern an St. und Rat. Antwort auf
die zuschrift betreffend den auszug der Berner. Man habe dieselbe
den übrigen hauptleuten vorgelegt, die ebenfalls der meinung seien,
dass die Berner keinen angriff tun wollen, sondern einzig eine teilung
der V Orte beabsichtigen, um dann desto leichter »gestryten» zu
können. Die Willisauer zurückzuschicken finde man nicht räthlich;
zudem habe man 50 mann in die March geschickt, gröfstenteils von
dem auszug zum letzten panner. Weil aber die Unterwaldner von
den nachbarn keinen uberzug beforchten müfsen und jetzt nicht mehr
viele knechte hier haben, so habe man sie ersucht, im notfall hülfe zu
leisten, wozu die hier stehenden gutwillig seien; wenn also wider verhoffen etwas begegnete, so mögen die herren Unterwalden um beistand
anrufen, der ohne zweifel nicht ausbleiben werde, und schlimmeres
sofort hieher berichten, etc. *Lucern, A. Religionshändl.*

528. Oct. 25 (Mittwoch vor Simon und Judä). Uri an Lucern.
»Uewer schriben (so) ir uns getan, hand wir verstanden, üch knecht
zuozeschicken, ob wir etwer enbären möchten. Da wärend wir geneigt ze tuon alles dz üch gefellig und zuo guotem möcht erschiefsen;
aber jetz zuo diser zit uns enblözen knechten halb, dz wir nüt für
hand hie im land, dann wir durch notdurft selber bedürfen, das fe
zuo versorgen; ouch so hand (?) dry ort, da wir anstofsen, da wir
nit mogen wissen, was not uns da möcht angan, dz wir jetz zemal
kein mogen ersparen. Solichs wellend im besten von uns ufnemen;
denn (so) wir hetten vermogen, so welten wir das best getan haben.
Und als von der buchsen schutzen wegen, so der vogt von Louwis
uch zuoschicken (will), ze fertigen, in dem selbigen wellend wir unser
best tuon und sy fertigen, so baldist wir mogen; aber sy all mit geld
wend (?) han, da wir aber nit wol vermogen, allen geld (ze) gen, die
uns heischen. Solichs wellend ouch im besten vernemen, » etc.
Lucern, Missiven.

529. Oct. 25. Mailand. Herzog Franz an hauptleute, fähnriche
und Räte der V Orte. »Unsern g. gruefs bevor, etc. Wir haben
vernomen euer begeren von uns, zuzulassen dass unsere undertanen,
so euch zuzogen, mugen in euern diensten verharren, beswerende euch
ab dem geschrai durch uns tun lassen, dafs die selben sollten wider
zuruck und anheim zehen, und mit sampt dem auch sich beklagen
verstanden zu haben, dafs durch uns seien zwai tausent knecht m
hilt euern feinden zugeschickt sein. Darauf euch zu antwurten sagen
wir tar das erst dass solchs geschrai nit sey gescheen in betrachtung
euers schadens, noch vil minder ze tun ichts widerwertigs unserm
guten willen und begärde, so wir zu euch und euer wolfart tragen,

sonder allein dass uns sollts also hat für nutz und zur sicherheit unsers lands angesehen gelegenhait diser gegenwürtigen zeit, bedunkt hat. Aufs ander tail, der zwaitausend knecht halben, sagen wir dass ir in solhem unwarhaftiglichen bericht seyt, dann wir sollts nit entschlossen noch gedacht zu tun. Nit mügen wir (ver)schweigen, dass wir empfinden nit ain klainen missfallen (ab) diser euer aignen under ainander zwispaltung und begerten, dass wir solche auch mit ainem tail unsers aigen bluets möchten euch verainen und vertragen; wie wir uns oftmals haben erbotten, also tun wir von neuem hiemit widerumb), unverdrossen ainicher mühe deshalben », etc.   Lucern, A. Religionshändel.

530 a. Oct. **25,** 3 uhr morgens. Bern an die hauptleute zu Langental. 1. Auf ihre zuschrift hin habe man Basel und Solothurn gemahnt, mit ihrer macht zuzuziehen; auch an Schaffhausen und Zürich mahnungen erlassen, von welchen copie beiliege; dieselben abzusenden oder nicht, gebe man hiemit gewalt. 2. Eine botschaft des herzogs von Savoyen habe vor etlichen ratspersonen bei tische angezeigt, dass sie freundlich zu mitteln beauftragt sei, und viel gutes verheifse; vor Rat werde man sie heute verhören, wisse aber noch nicht, wie dann geantwortet werde.   Bern, Teutsch Miss. T. 176.

530 b. Oct. **25,** 3 uhr vorm. Bern an Basel und Solothurn. Da seit dem aufbruch des zweiten panners die Lucerner aus dem lager vor Baar gröstenteils heimgezogen, (der beabsichtigte angriff also erheblichem widerstande begegnen könnte?), so werden beide Orte gemahnt, unverzüglich mit ihrer macht nach Zofingen zu rücken, wo das (2.) panner heute ankommen werde, um dann den krieg beforderlichst zu ende zu führen.   Solothurn, Berner Schr.

530 c. Oct. **25.** Bern an Zürich. Da die zum zweiten panner verordnete mannschaft sich nicht vollzählig eingefunden, indem man die grenzen gegen Lucern, Unterwalden und Wallis hüten müsse, und ein bedeutender teil der Lucerner heimgezogen, so ermahne man Zürich kraft der bünde, 1500—2000 mann zu dem panner nach Zofingen abzuordnen, etc.   Bern, Teutsch Miss. T. 170, 171.

531. Oct. **25.** Bern in das lager bei Langental. 1. Heute habe man eine botschaft des herzogs von Savoyen verhört und unter anderm vernommen, dass er sich erbiete, für einen gütlichen frieden zu arbeiten, sofern man dies annehmen und ihm dazu raten wolle. Man habe geantwortet, eines friedens wäre man höchst begierig; es seien aber wenige mitglieder des kleinen Rates daheim, und die des grofsen fast alle im feld, so dass man nicht recht wisse, wie es da stehe, und wie die angehörigen darüber denken, und da die V Orte alle vergleichsartikel verworfen, Zürich angefallen und geschädigt haben und urheber des krieges seien, so lasse sich vermuten, dass man zu keiner unterhandlung einwillige, bevor man wisse, ob die gegner einer solchen (auch) begehren; raten könne man also hierin nicht, lasse es aber geschehen, wenn sich der Herzog (dessen botschaft) im felde um auskunft bemühe, u. s. f. Indem man dies anzeige, gebe man den hauptleuten gewalt, der botschaft einläfslichern bescheid zu erteilen,

sie auch nach Zürich und zu den V Orten zu weisen, zumal sich dieselbe alles guten erboten habe. 2. (Nachschrift). Vor schluss des
briefes habe man « den handel » (am Zugerberg) mit schrecken vernommen und darauf die botschaft ersucht, sich zu beeilen. Man begehre, dass gute wache gehalten werde, etc.   **Bern, Teutsch Miss. T. 174, 175.**

532 a. Oct. 25. Bern an hauptmann Nägeli, gubernator zu Aelen.
Man vernehme aus dem schreiben des amtmanns, dass die Walliser
besorgen, man wolle sie schädigen; darüber schreibe man dem vogt
zu St. Moriz, man sei gar nicht gesonnen, unfreundlich gegen sie zu
handeln. Darum begehre man, dass sie in ruhe gelassen, die capelle
auf der brücke nicht geräumt und keine ursache zu angriffen gegeben werde.

532 b. Oct. 25, nachm. 1 uhr. Bern an den landvogt zu St. Moriz.
Durch gewisse kundschaften, dass kriegsvolk über den St. Bernhard
nach Martinach rücken wolle, um das diesseitige gebiet zu schädigen,
sei man veranlasst worden, in die herrschaft Aelen eine besatzung zu
legen, was man hiemit anzeigen wolle, damit nicht der argwohn entstehe, dass man gegen die lieben nachbarn, freunde und bundesgenossen von Wallis dahin gezogen; denn sie irgendwie zu beleidigen sei
man nicht geneigt; man wolle das land nur vor fremdem volk bewahren, etc.   **Bern, Teutsch Miss. T. 172, 173.**

533. Oct. 25, vorm. 8 uhr. Die Berner bei dem zweiten banner
in das lager zu Blickenstorf. « Uewer schriben des jüngsten unfals
(halb) an unser herren getan haben wir ufgeschlossen und mit beküm-
bertem herzen verstanden, daruf ouch ilends unsern herren und obern
zuogeschriben, dass sy uns bescheiden, wie wir uns halten; dann wir
sind zuo Langental und werden teglich verstendiget, so wir uff die
Lucerner angrifen, dass dann die Wallisser schon gerüst, und man
da und an andern orten in unser land fallen wolle, darüber wir ouch
in sorgen (sind) und achten, so unser fiend verstan, so an unsern landen und bieten ze ringumb sitzend, dass aber ein schanz unsern fienden geraten, dass sy darab frefenheit empfachen. Hierumb wir die
unsern von statt und land berüeft und mit inen eins worden sind, des
hüttigen tags allhie zuo Langental ze verharren, witern bescheids unser herren, ouch ze erwarten, ob einicher inbruch uff uns geschechen,
dann wir ouch nit wol versampt, die anstöser noch anheimsch gelassen ze Truob und Hutwil »…. Bitte um verläßlichen bericht etc.
      Freiburg, Diessb. Pap.

534. Oct. 25, 10 uhr vorm. Zürich an Bern. « Wie wir unser
botschaft, uff über schryben hin, zuo überem hofmeister gan Künigs-
felden verordnet, die päss allenthalben zuo besichtigen und zum besten
ze versähen, als ouch beschechen, hat sy, dessglychen ouch die biderwen lüt am Ryn, für guot angesechen, ob wir von beiden stetten herr
Egken von Ryschach, dessglychen denen von Waltshuot geschriben
hetten, wir vernämend, wie sy etlich gest da enet enthieltind, und
allerlei reden und anstöss fürgiengind, das uns guoter nachburschaft,
ouch der erbeinung nit zum gemäßsisten, sunder eben verdächtlich und

unfrüntlich bedunken well; diewyl wir aber uns für und für guoter
nachburschaft und der erbeinigung zuo geleben beflissen, wie wir noch
des styfen willens, syge unser früntlich ansinnen an sy, dass sy solich
gest wider uns mit ufenthalten noch (inen) zuoschnob tuon, sunder der
erbeinigung nachkomen und uns hieruber ir antwurt, wess wir uns
zuo inen zuo versächen hetten, geben wellut etc. Da achtet man,
dass man allererst erfaren möchte, was hinder inen stuckte. Soferr
üch dann dise oder ein bessere meinung anmüetig sin wolte, in unser
von beiden Stetten namen ze schryben, wellint uns üwerer meinung
berichten, was üch hierin gefellig sin welle»...   Bern, A. Capp. Krieg.

535. Oct. 25, morgens, Blickenstorf. Hauptmann und Räte von
Bern an Sch. und Rat. 1. «Als wir üch gester bericht des unfalls,
so den unsern begegnet, befinden wir, dass es nit so übel, wie uns
aber die ersten bericht ergangen, dann alle fendli, so uszogen waren,
all widerkommen bis an ij, namlich das von Zürich und das von Mülhusen, und sind nit über ij° man umkomen, x stuck büchsen mit der
munition verloren. Die sach ist verwarloset wacht und sorg halb,
und als der merteil, so sich watlich(?) gstellt, sagen, den ersten hufen
der fyenden nidergelegt. Uff sölchs, g. herren, wir nütdesterminder
im läger blyben und guot sorg haben wellen, sind ouch den fyenden
noch stark gnuog und (werden), wie dsach wyter an dhand ze nemen,
hütt beratslagen, doch den fyend mit besuochen in sinem vorteil; dann
ouch die üwern von statt und land dess nit gesinnet; sy lassend sich
ouch etlicher gstalt merken, wie sy nit lang blyben, sonders heim-
zuchen wellend. Es schriben sich ouch vil krank, unsers dunkens
uss forcht und damit sy hinnen kommund. Nüt dester weniger wellend wir, so lang wir mögen, unser best(s) tuon. 2. Sodenne, gnedigen herren, als ir uns schribend, die so by u. g. ander(n) paner sind,
dess so uns begegnet ze berichten, wüssen wir noch diser stund nit,
wo sy sind. Das wirt aber by inen glych wie by uns von nöten sin,
dass sy guot sorg habind.»   Bern, A. Capp. Krieg.

536. Oct. 25 (Mittwoch vor Simonis und Juda). Bremgarten
an die Berner hauptleute (zu Blickenstorf). Ihrem schreiben(?)
habe man nachzukommen gestrebt; aber die leute kommen mit vor-
wänden, wie proviantsuchen, kaufen etc., die man nicht abweisen
könne, indem man fürchte, den herren wenig zu dienen, wenn man
die knechte aufhielte; man bitte daher um bestimmte weisung, unter
welchen bedingungen man sie passiren lassen solle oder nicht, ... da
man sich gerne als willfährig erweise.   Bern. A. Capp. Krieg.

537. Oct. 25, morgens 3 uhr, Langental. Hauptmann und Räte beim
zweiten pauner an Bern (den heimlichen Rat). «Als diser stund uns
der brief von den unsern im feld (s. nr. 501) zuokomen, und wir denselben verhört und verlesen hand, sind wir dess hoch bekümbert worden, und darby ist uns ouch in gedank komen, dass wir under einandern geredt, und uns für guot angesehen hat, dass ir mit Lambar-
ten (Lambert), des Herzogen botschaft von Safoy, in geheimbd geredt,
dass er sich früntlicher mittlen unsers kriegs gegen den v Orten un-

dernemen (wellte), in hoffnung, dass sömlichs uns ganz erschiefslich
sin; mögend ir darüber handlen, was uch gefellig sin wirt »....
Bern, A. Capp. Krieg.

538. Oct. 25, spät abends, Langental. Hauptmann und Räte des
zweiten panners an Bern. 1. Heute habe man die mannschaften gesammlet, beeidigt und gezahlt und nicht über zweitausend gefunden,
von denen auch viele mit gewehr und harnisch schlecht versehen seien,
während man durch die späher vernehme, dass die feinde im Wiggertal mit 4000 mann liegen und einen angriff erwarten; mit solcher
macht sich einzulassen finde man nun gefährlich, ziehe desshalb morgen nach Zofingen und wolle da weitern bescheid gewärtigen. 2. Nach
dem schreiben von Pastor und den vogten (nr. 540) habe man, da der
vogt am Ort eine unterredung begehrt, eine solche bewilligt und verhandelt, was die beilage zeige. Man erbitte nun hierüber die ansicht
der obrigkeit. Bern, A. Capp. Krieg.

Hieher gehört wohl ein zeddel vom 25. Oct. nachts, von obigen ausgefertigt: Bitte um schleunige zusendung von 200 spiessen.

539. Oct. 25. Sulp. Haller, obervogt zu Lenzburg, an Bern.
1. Uebermittlung eines soeben aus Münster gekommenen briefes.
2. Dessen inhalt entsprechend vernehme er allerlei, das auf gute
stimmung der nachbarn (im Lucernergebiet) deute; es seien da auch
noch viele gutherzige leute, bei denen man etwas erreichen könnte....
Wenn nun die obrigkeit ein fähnchen mit 5—600 knechten herab verordnete, so möchten diese viel gutes schaffen, da sie (die gegner) einen
starken überfall von Hutwyl her besorgen; ein fähnchen, das hier an
der grenze läge, möchte sie einschüchtern (ihnen »den klupf und
schrecken bringen«), so dass sie später desto bälder zahm gemacht
würden. 3. Betreffend die Walliser komme allerlei gerede, sowie
»auch sonst«.... Nachschrift: 4. Ansuchen um zusendung von 1—2
tonnen büchsenpulver und etlichen haken, da das schloss mit den sechs
haken, die er habe, nicht gehörig versehen sei. Bern, A. Capp. Krieg.

540. Oct. 25, (Hutwyl). Hans Pastor, (auch) der vogt von Trachselwald und der vogt zu Sumiswald an Bern. »Edlen, etc. etc.
1. Als denn ûch wol zuo wüssen ist, wie der vogt von Trachselwald
ûch zuo Langental anzeigt, wie dass für mich kommen sig durch etlich
hie zuo Hutwyl und ouch der muren, wie der vogt am Ort begerte, ein
bredens mit mir zuo halten, und uff das ich sömlichs nit han wöllen
tuon on rat üwer miner herren, und uff sömlichs ûch .. durch den
vogt von Trachselwald hab bericht (?), dass ich wol losen möchte, was
doch sin meinung also wäre, und uff das bin ich hinus kert, mitsampt
dem vogt von Trachselwald, ouch von Sumiswald; also sind wir zuosamen kon an dem Aeschi bächli an der undermark, und hab ich also
angfangen mit im zuo reden, so were ich hie und wölte im gern losen,
was doch sin meinung also were. Daruf er mir antwort gab, es were
nit an(e), es were im ouch durch sine undertanen im Willisouwer
ampt ouch anzeigt, wenn wir bed by einandren werind, so möchte da
etwas guots funden werden, und uff das habe er wyter empfelch nit

| obren. Antwort(et ich), mir were desshalb ouch
nen herren und obren, wenn hie zue losen, wie
ots möchte funden werden, darzuo wölt ich geru
` bed gegen einandren gestanden, und keiner sich
itschliefsen, und sind also abgescheiden, er wölle
und obren anzeigen; dessglychen möge ich ouch
vas guots möchte funden werden, möge(n) unser
) beden syten (es) uns also zuoschryben, so wöl-
osamen komen und einandren wyter losen. 2. Ist
` dunken, die märe die leider ir . . (uns) zuo-
uben sy erst fast gesterkt, düecht mich an irem
` dannästliuen, ouch paternostren; ist wol zden-
helten on zwyfel ein andre antwort geben; wann
sen, von wegen deren von Zürich, sy hetten inen
`) hetten bishar nit zuo recht mögen komen; das
sy zum höchsten bedurete; ouch so were noch
ol hulfe den friden machen, wann wir nit eiues
wir uns nit wöllen lassen tringen von unserm
d villichter ir ouch tuon. (Ich) gab im nit vil
louben (betreffend), wenn (dann!) dass min her-
louben haben erhalten mit der heiligen göttlichen
arby, wer der sig, der uns möge berichten mit
n gschrift, wöllen wir dasselbig geru annemen.
in glechterswys, wie es leider aber übel gaugen
leider von (ich . . bericht sind gsin, haben doch
u, als ob wirs wüsstind; doch so sprach er, es
d obren, ouch siner person halb, herzigklichen
dgnossen also mit einandren müefsten handlen;
lle nieman zürnen, dero von Zürich halb sige es
` gegen üch minen herren were es inen von her-
iedigen min herren, das füeg ich üch zuo im be-
wyter wölte gfallen, neufswas zuo reden wyter,
gen berichtend, so wil ich üwrem befelch nach-
l. h., so will ich üch bitten; ir wöllend nit für
ions ouch nit in der meinung, dass ich üch wölle
ott will wol wüssend, was ir zuo schaffen hand,
ls hend gstreckt und mit grofsem vorteil für und
darumb, g. m. h., so haud guot sorg; waun ir
ch, so werdend sy understan üch einen duck zuo
` oder mögend; waun der vogt am Ort hat mir
is sy iren züg haben lassen still liggen; und ha-
sondren züg, etwan by fünfzechenhunderten, der
e von Zürich neuwan sich wölten fürher lassen,
entkon (?), das ouch beschechen sig, und sigind
ampt andren fäulinen mit dem züg neben eim
haben die götzen in einer kilchen gestürmpt; da
nachen, bis dass sy in den boden (?) komen si-
nit dem züg in sy gfallen und haben da wüest

gwerchet und grofs hufens lut uff einandren gelegen (?), und wol ein-
liff stuck büchsen und etliche fännli, namlich von Zürich eins, von
Basel eins, und eis, das sig wyfs und rot gsin, und ein wyfs krüz
dardurch, dass sy nit wüssind. ob es deren von Solothurn oder Mülhusen gsin, (gwunnen), da wol zuo denken ist, sömlichs uns nit zuo
einer fröid anzeigt sige. Darumb .. zeigen wir üch (das) an, dass ir
dester besser sorg habend, (wie)wol mir nit zwytlet, ir tüinds sust.
5. Wyter sind wir bricht, dass sy mit irem paner uff disen aben(d)
wöllind gegen Sant Urban zuo zien; ob es aber gruntlich sige, das
mögen wir nit wüssen. Wir wöllend aber da nüt fyren, weder tag
noch nacht, und wöllen usspächen, wa wir können und mögend, und
was uns begegnet, üch desselbigen berichten. • 6. Mit dem kleinen
haufen, der hier liege, tue man das mögliche, wisse aber nicht, ob die
feinde nicht einen überfall im sinne haben, was die obrigkeit vielleicht
früher erfahren könne; man gewärtige daher bericht uud befehl, etc.

Bern, A. Capp. Krieg.

541. Oct. 26, Schopfheim. Ernst, v. G. g. markgraf zu **Baden** und
Hochberg, landgraf zu Susenberg, herr zu Roteln und Badenweiler
etc., an **Zürich** und seine mitverwandten (ebenso an **Bern**). • Unsern freundlichen gruos zuovor etc. Wir haben mit beswerden unserm
gemüts vernomen, dass die irrung und spenn, so sich etlich zeit her
zwüschen euch eins und den fünf Waldstetten anders teils beswerlich
ereigt und gehalten, dahin gewachsen, dass ir kurz hievor üch abermaln zu beiden seiten gegen einander mit heres kraft embört und in
das feld gezogen, darunder sich dann tätlich angriff und handlung begeben und zuegetragen haben, ab welchem allem wir. uss sondern
nachpurlichem willen, damit wir euch und gemeiner Eidgnosschaff
geneigt, und sonst uss ursachen ein jeglich cristen und vernünftig
mensch solicher sachen billich bedauren und mitleiden haben soll
zuovorderst ab vergiefsung des cristenlichen pluots, und dass hiedurch
land und lewt verhert, witwen und weisen gemacht und unzelich vi
ander beswerden erfolgen, sonderlich hoch, freuntlich und nachpürlich
laid empfangen. Und diewil wir dann uss nachpürlichem früntlichen
willen je die sonder naigung und begird haben (als billich ist), zu
hinlegung diser sweren widerwärtikeit zwüschen euch gütlich handlung zu pflegen, damit weiter zerrüttung cristenlicher einikeit und an
der unwiderbringlicher schaden vermitten mögen bleiben, (Gott der Almechtig well zuo solichem euch und uns sein göttlich gnad verleihen)
so ist dem allem nach unser freuntlich nachpürlich und fleifsig bit
und ermanen an euch, ir wellend bei euch selbs vernünftigklich erwegen, was grofsen übels uss disen sachen erwachsen mag, wie swe
auch pluotvergiefsen gegen Gott dem Allmechtigen ist, und euch vom
disem fürsatz des kriegs ab und wider zuo dem friden (der allain Got
gefellig ist) wenden und uns früntlich vergonnen und zuolassen, zwüschen euch und euwerem gegentail in disen sachen güetlich freuntlich
underhandlung zu pflegen, uns auch hiemit freuntlich berichten, ob ir
uns also zuo güetlichem undertädinger hierin leiden mögen, und s
ir uns leiden mögen, hieby uns und den unseren, so wir schicken uu

er handlung verordnen werden, tur euch und die enwern gein
als ein gemeinen und uns gelegen platz notdürftigklich vergläi-
amit daselbs anfengklich uff ein anstand und anders, so in soli-
ällen sich gepürt und die notdurft erfordert, gehandlet werden,
rir nachmoln selbs, ob solichs unsers libs gelegenhait zugibt,
vo dz mt, durch unser gesandte Rat zuo endtlicher hinlegung
sachen gutlich handlung pflegen mogen; so sind wir urbüttig
uotwillig, so und wann wir verstendigt werden, dass irs zu beiden also leiden mögen (dann wir enwern gegentail gleicher gstalt
usuchen und bitten), furderlich und one allen verzug solich güt-
andlung furzunemen und darin sovil fleis, müe und arbait zu
ichen, dass wir grofser hoffnung steen, dise spenn und irrung
lf und gnad des Almechtigen uff zimlich gütlich mittelweg, die
zu beiden tailen annämlich und leidlich, mit wissenden dingen
egen und zu vertragen, dadurch pluotvergiefsen, verherung land
eut und ander beswärden, so sonst hierus weiter erfolgen, verbleiben, und zwüschen euch frid und einikeit wider gepflanzt
fgericht werden mög. Hierin so wellend euch, Gott dem Al-
igen on zweifel zuo wolgefallen, und euch selbs zuo eren, nutz
rolfart, gegen uns mit freuntlicher willfariger antwurt by disem
furderlich und one verzug entschliefsen und hierin sonderlich,
etrewlich und gut wir es gegen euch gemainen, und anders, so
t alles schreiben können, ansehen und bedenken, damit dis unser
ch und getrew ansuochen mit vergebenlich sy(e). Das wellen wir
euch in guter fründlicher nachpurschaft genaigts willens allzeit
lich zuo beschulden haben.» **Zürich, A. Capp. Krieg. Born, A. Capp. Krieg.**
ssgleichen an die V Orte: Lucern, A. Religionshändel.

. **Oct. 26** (Donnerstag vor Simonis und Judä). **Solothurn**
·**eiburg**. 1. Die botschaft, die es zunächst hieher geschickt,
sich entschlossen, nach Bremgarten zu reiten und da zu erwar-
ᴐ die parteien eine unterhandlung zulassen wollen; denn den
.tigen boten, die man gestern in das lager abgeordnet, habe man
s geschrieben, sie sollen sich darüber erkundigen und den Frei-
· gesandten bericht geben; man hoffe, dass ein abschlag nicht
i. 2. «Wir wöllen üch ouch unangezöigt nit lassen, dass ver-
en Mentags unser eidgnossen von Zürich sampt iren mithaften
isend man uss dem läger geschickt: die haben üwer und unser
ssen von den fünf Orten nachtes angriffen und geschlagen.» Was
ienstag geschehen, wisse man nicht.
Freiburg, A. Solothurn. Solothurn, Miss. p. 811. 812.

. **Oct. 26** (Donnerstag vor Simonis und Judä), 1 uhr mittags.
.hurn an die Räte im feld. Freiburg habe infolge diesseitigen
ᴐens beschlossen, eine vermittlungsbotschaft abzuordnen, die sich
ist nach Bremgarten verfügen und dort erwarten wolle, ob ihre
andlung eingang fände. Auf bezügliches ansuchen, und beson-
reil man vernehme, dass die boten in guten treuen arbeiten sol-
egehre man nun, dass das mögliche getan werde, damit sie als
.eute angenommen werden und sofort nachricht erhalten, und

wenn dies geschehen, waren sie weiter in ihrem vorhaben zu fördern.
An die V Orte habe Freiburg bereits geschrieben, die antwort aber
hieher erbeten; sobald man sie habe, werde man sie schleunig ins
lager (zu ihren handen) schicken. **Solothurn, Miss. p. 809, 810.**

543. Oct. 26, nachm. 6 uhr, Zürich. BM., Räte und Burger an
die hauptleute und Räte (von Zurich) auf dem Blickensdorfer berg.
Soeben vernehme man, dass die feinde mit 7 fähnchen gestern den
ganzen tag der March zu gezogen, in der absicht, die Gasteler in dieser nacht oder morgen zu überfallen und die Zürcher, Toggenburger
und Bündner dort wegzuschlagen...; die letztern habe man beschei-
det, auf sie zu warten und sich als biderbe leute zu zeigen... Ob die
hauptleute nun versuchen wollen, wie dem feinde hinter die hut
zu kommen wäre, wolle man ihnen anheimsetzen... — Laut der
kundschaft haben etliche Rapperswyler die feinde hinaufziehen sehen;
es sollen schultheiss Hug und einige andere ehen. gesellen dabei sein.
Zürich, A. Capp. Krieg.

544. Oct. 26, abends 9 uhr, Utznach. Hauptmann und Räte von
Grinningen an BM. und Rat in Zürich. 1 Von allem, was ihnen
bisher befohlen worden, haben sie bei den III Bunden wenig erreicht;
nun seien heute die Glarner wieder gekommen, um für einen frieden
zu handeln; die Bündner und Toggenburger allein haben ihnen gehör
gegeben; die Glarner haben sich auch beklagt, dass ihre boten von
den Zürchern schmählich empfangen werden, und desshalb geleit begehrt; weil aber das kriegsvolk auf ihrem gebiet liege, so sei dies
nicht nötig befunden worden; das habe man bei dem nachtessen erfahren 2 Die Bündner und Toggenburger scheinen gleicher meinung
zu sein 3 Mit dem sturm sei es anders gegangen: am Mittwoch
(25) sei in später nacht warnung gekommen, dass sieben fähnchen
aus der March ziehen wollten; da man weit auseinander gelegen
und die leute von Utznach verantwortlich seien, so habe man zwei Zürchern befohlen, mit trommeln und pfeifen und einer anzahl knechte
zu berg so viel lärm zu machen, als ob ein grösser haufe käme, damit die Utznacher sich ... als zu stürmen habe man niemandem
befohlen 4 Kaum sei heute eine ... aus dem lager angekommen, um die Bündner zum ... zu mahnen, so habe man
den befehl erhalten, dass sie ... gegen die feinde mit vorteil
angreifen ... was ... erwarten ... wollen, sei
leicht ... vernügen **Zürich, A. Capp. Krieg.**

545. Oct. 26, ... Hans Kaltschmid an
... Zürich ... Ulg von Rischach
... im Wald soll
der ... Von Freiburg her-
... aber die V Orte
... spiess und stangen
... Es möchte
... nirgends leichter
... **Zürich, A. Capp. Krieg.**

(Donstag vor Simonis et Judä), Inwyl. Hauptmann
'n an St. und Rat. « Demnach 'wir ñch vil gefangnen
in einen grofsen unkosten uftryben mögen,' ist unser
ich guot schlecht gesellen uss dem Ergöw und von
rselben möchten ir etwa vier oder fünf uf ein urfechd,
schwüeren einen eid, niemer wider uns die fünf Ort
glassen, damit si die iren underrichten möchten, wie
andlet, dann die fyend uns merklich verunglimpfen,
iblich mit wyb und kinden handlen; doch die wetter-
icanten und ander, an denen etwas gelegen sin möchte,
und behalten. » Bitte um absendung des nachrichters,
isführer über die absichten des feindes auszuforschen,

Lucern, A. Religionshändel.

(Donstag vor Simonis et Judä), Inwyl. Hauptmann
'n an St. und Rat. Da die witterung (« zyt ») kalt
lang geworden, wesshalb die knechte überall die häu-
m aufsuchen, was leicht nachteil bringen könnte, so
mödlich, etwa zwei gute zelte zu erhalten, damit das
bleibe.

Lucern, A. Religionshändel.

Donstag vor Simonis et Judä). Hauptmann und fähnd-
ltheifs, Räten und Sechsern zu Willisau an St. und
n. « Min undertenig willig dienst znovor, etc. etc.
acob am Ort?) uss ůwer statt abgscheiden und zuo
gan Schötz in das läger komen, ist an mich durch
gelangt, wie die von Hutwyl mit Emmental begert,
c. Uf sömlichs bin ich sampt etlichen amptslüten gan
i und bis an das Escherbächli komen, daselb bin dry
s, namlich nüw und alt vögt zuo Trachselwald und
ald (komen sind?); hat der alt vogt von Trachselwald,
aacher, zuo mir geredt, was nun mir an(g)legen, sig er
zuo verhören; er achte ouch wol, ich sig in früst-
darkomen. Daruf ich geantwurt, dass sömlichs villicht
missverstanden; dann er sig darum komen, inen zuo
also ein wyl by einandern gestanden, dass sich nie-
te entschliefsen. Nach langem fragt gedachter Karten-
tlichen tugentlichen worten, wie er doch sölt anfachen,
eden söll(t), dagegen ich hinwider schimpflichen redt,
den pündten (und) by recht (bliben lassend) und uns
eidgnossen hand, sig der sach dest besser ze tuon.
en Emmentalern wol, und als wir in red zuosamen
gerlei gar früntlichen mit einandern geredt, han ich
rn worten ouch anzöigt die grofs tat jetz nüwlich voll-
unsern, an demselben sy nit sonderlich missfallens
zuoletst han ich inen ouch entdeckt, dass ir . . nit
chen ze suochen; aber wo sy uns überziehen, wellend
en mit gwalt weren, und was ich aller dingen mit
ich mit vorbehaltung tan, dass es uss mir selb und

(nit?) von fich . . befchech. In summa was ir antwurt, sömlichs an
ir herren und obern by der paner zuo Langental versampt in ţl ze
wüssen tuon. Darzwüschent sind ettlich uss der grafschaft Wangen
ouch an unser anstöſs komen und den unsern anzeigt, wie ir(er) herren paner inen unwüssend uf sy komen; habend ouch sich die grafschaftlüt insonder versampt und geratschlaget, dass sy mit ir(en) herren nit verrucken wellind, sy wüssent dann, wer recht old unrecht
hab, und hand also ir(er) herren paner still gestellt (und) begerent
von den unseren bericht ze werden. Uff sömlichs han ich mit rat
miner herren by mir, herr Wernhers von Meggen und vendrich
Mettenwylers, zwen amptsman zuo inen geschickt und lassen anzöigen,
wie wir zum dickeren mal die unseren und ouch (üch?) habend lassen
berichten ». Versprechen weiterer berichte. Bitte um anzeige, ob die
wälschen büchsenschützen hieher kommen oder nicht. Obige nachricht
möge allfällig auch den herren im lager bei Zug vorgelegt werden. —
Vgl. nr. 540.   Lucern, A. Religionshändel

549. Oct. 26 (Donstag vor St. Simon und Judas), nachm. 6 uhr.
Lucern an seine hauptleute etc. im feld. « Uns ist zuokomen in
diser stund die bygelegt geschrift, wie ir sechen, dass villicht die Berner landschaft wüssen will, warum ir herren mit uns kriegen wöllen,
und möcht doch durch Gottes schickung ir herren von Bern und anderer hochmuot und gwalt an tag komen, und wiewol wir inen gar
nützat vertruwen, und die unsern mit irem fähl mit wacht und anderm guot sorg (ze haben betolhen?), jedoch begeren wir hieruf üwer
meinung, uns ouch angends zuozeschriben, dass wir den unsern antwurten könden. Wir hand ouch uf hut ein gfangnen ledig glassen
uss Berner piet, ein guoten frommen schlechten gesellen mit einem
offnen brief, der anzöigen wirt dem gemeinen man, wie es stat »....
                                           Lucern, A. Capp. Krieg.

550. Oct. 26, Mailand. Der gesandte des Kaisers, protonotar Gara-
ciolo, an die V Orte. « Multum magnifici domini. Vidi binas literas d.
vestrarum decima octava et vicesima prima die huius mensis scriptas eas-
que quo decuit affectu perlegi. Semper ego et propter fortitudinem ac
earum erga christianam religionem fidem et animi constantiam d. vestras
et colui et magni feci et illis omne commodum desideravi, quemadmodum
a Stephano, earum nuncio, latius intellexisse potuerunt. Ad cæsaream
Maiestatem sæpius scripsi et literas dedi de iis quæ in dies occurrerunt
et quæ d vestris professe posse perspexeram. Habui a M⁹ sua responsum, in quo inspiciatur qua benevolentia et studio eas prose-
quatur et quantum d iis capiat profecisse. Sed omnia opportuno tempore
agere et procurare decrevit, et quamdiu M⁹ sua propediem ad con-
ventum Spirensem erat ventura, statuit semper, ut ab armis abstine-
retur, tum quia eo casu pax per eam posset et concordiae tractari
animorum vestrum eata tempus pacis flectetur, ut tam strenuus sanguis et reipublicae christianae lacessitus communi concordia conserva-
tur, tam etiam quia M⁹ sua arredes ad iidei, bonitate et sanis sus-
sionibus ad sanitatem reducere intendebat et sperabat et in hoc pro-

posito M^{tae} sua erat fixa hac tum sententia, ut si alii pagi aliquid per vim contra d. vestras tentarent, authoritas et vires suæ vobis de christiana religione bene meritis non deessent. Nunc vero aut necessario aut ex decreto ventum est ad arma et primas partes victoriæ consecutæ sunt d. vestræ. Intellexi etiam maximas auxiliares copias pagos alios contra vestras d. contraxisse, de earum victoria non possum nisi summopere lætari, præcipue cum in eo conflictu impiissimus in Deum et perfidus Ulricus Zuinclius et socii sceleris pœnas dederint. Optassem tamen ut reliqui resipiscentes vobiscum et bene sensissent et concordes fuissent. Illico audito nuntio pugnæ d. vestrarum ad urbem ad oratores Cæsareos, ut cum Pontifice consulerent, quid facto opus esset, et ad imperatorem festinantes literas dedi et ea quæ ad d. vestrarum rem pertinent explicavi. Ad horas expectatur responsum ab urbe et conveniens commodo et desiderio d. v. Propediem etiam expecto a cæsarea M^{te} literas beneficio earum promptissimas. Interea partes d. vestrarum erunt in loco munito copias firmare et pugnæ suam bonam fortunam non committere, et si forte per inducias aliquid temporis et dilationis poteritis adipisci, non erit ab re. Pro certo habeo Pontificem, cæs. M^{tem} et ser^{um} Regem Romanorum vestram defensionem suscepturos aut via concordiæ, aut si pax neglecta fuerit, via armorum et validissima, et in hoc negocio nullam operam, laborem et diligentiam meam desiderabunt d. vestræ. Locutus sum cum ill^{mo} duce Mediolani de his quæ d. v. ad me scripserunt. Exc^a sua respondit per ipsam nunquam stetisse quin avidissime earum amicitiam procuraverit, deinde successu temporis ad capitula cum octo pagis et Grisonis necesse fuit descendere, ut rebus suis in discrimine versantibus consuluerit. Publicæ proclamationes quæ iussu suo factæ sunt, ad utilitatem status sui factæ fuerunt et illæ in genere. Non solum duo milia peditum, sed ne unum quidem contra d. v. conduxit neque misit, asserit se nihil christiano principe indignum esse facturum. Ipse christianus est et ipsis propriis lutheranis christianam fidem clarissime profitetur. Semper desideravit pro bono publico et nunc magis exoptat concordiam d. vestrarum cum reliquis pagis, spondet operam et intercessionem ad hanc rem vehementissime accenditur existimans obsequium Deo et rem gratam M^{ti} cæs^æ præstare, qui omnes salvos, illæsos ac concordes vellent Helvetios et præcipue d. vestras de religione christiana strenuissime benemeritas. Deus conservet constantissimam fidem d. vestrarum, qui me semper earum commodo invenient promptissimum. »

Lucern, A. Religionshändel.

551. Oct. 26, Mailand. Der bischof von Veroli an hauptleute, pannerherren und Räte der V Orte. »Mag^{ci} cet. 1. Etsi mag^{re} d. v. admirari et dolere possint quod earum binis literis xviij. et xxj. præsentis mensis in castris eorum obsignatis hactenus non responderim, possunt tamen sibi persuadere tarditatem huiusmodi ex negligentia mea non processisse, cum postquam pervenit novum de victoria vestra, illico ad urbem expediverim iterumque atque rursus replicaverim et apud s. d. n. insteti, quod ad pacem inter vos tractandam partes suas interponeret aut providere dignaretur, quod boni christiani in fide et in

eorum statu conserventur et, si opus fuerit, defendantur. Et quia ta
pro pace inter vos tractanda quam pro bello vestro substinendo cre
ditur s^{tem} suam voluisse prius consulere principes omnes christiano
tum ad omnem eorum suspitionem (si qua inesset) abolendam, cu
ut omnes in eandem conveniant sententiam, tam in defensione quinq
Cantonum, quam ne hostibus vestris contra vos auxilia præstentur,
hoc, m^{ei} domini, ex vobismet ipsis tanquam prudentes potestis be
perpendere, summum Pontificem absque principum auxiliis parum v
bis prodesse posse, et cum eisdem principibus præsertim vobis amic
ad bella divertanda et pacem tractandam omnia posse, ad(!)que singu
credendum est s^{tem} eius convocasse ipsorum principum oratores Rom
degentes, quod, cum non sine temporis spatio fieri potuerit, miru
non est, si tantopere differtur responsum, quod tamen in horas expec
tatur, ad mag^{cas} d. v. quantocius transmittendum. Quare, ne intere
de tarditate nostra huiusmodi vos dolere et animo suspensos esse po
sitis, visum est his literis, quæ habeo et possum vera tamen vobi
significare atque quoad possum hortari et pro Deo rogare, ut exerci
tum vestrum jam victorem in ea, quam suis viribus adeptus est, re
putatione conservare studeatis, continendo vos exercitumque in vestri
locis fortibus absque aliquo alio cum hoste congressu, donec ab urb
responsum habeatur, quod, ut dixi, in horas expectatur; cedet hoc vo
bis eo maiori gloriæ, quo servato exercitu servatur et status vester
servabimini et vos in adepta reputatione nec exponitis vos amplia
dubiæ fortunæ, cum dubius sit semper belli eventus. Nam si vire
quas christiani principes cum s. d. n. deberent, ut spes est, adhibean
tur, nulli dubium quin post conservatam nationem illam semper in
victissimam ex auxiliis prestandis, speranda sit certa victoria aut fir
missima pax, quam Deus omnipotens sua clementia nobis conceda
2. Preterea, cum dominus Stephanus de Insula, orator vester, omnius
cogitatuum meorum sit particeps et eidem in cunctis me sæpius re
mittam, ipse poterit de me et de his quæ in vestrum servitium per
me hic aguntur, testimonium perhibere, et quantum ego laborem pro
subsidiis habendis et reliquis que ad rem vestram opportuna fuerint
procurandis. Et in primis, ut frumentum aliquod ex statu ill^{mo} d
ducis Sabaudie ad vos deferri queat, licentia ab ipso duce non sine
commodo obtenta, cuius ducis talem animum erga vos speramus fore
quod, ut brevi significabimus, re ipsa experientur nobiscum in omni
bus convenire. 3. De ill^{mo} d. duce Mediolani dubitandum non est quod
quinque Cantonos christianos offendat vel permittat a suis offendi
immo permanente illesa fide ac intelligentia cum octo Cantonis, ita
quod in aliquo violari non possit, nihil aliud sua exc^a cogitat et labo
rat quam in pace inter vos tractanda se intromittere, pro qua ad vo
tum producenda jam obtulit octo Cantonis omnem eius auctoritatem
et demum personam suam offert, similiter et quinque, cum videat ex
vestris intestinis bellis et discordiis parum quietis in statu suo expec
tare posse, sicut ex concordia speraret se habiturum securitatem
4. Proclama autem quod subditorum eius nullus ad aliorum stipendi
accedat, jam diu factum extitit, non in aliorum offensam, sed in pre

sentis expeditionis contra castellanum de Mus favorem, itaque mag^{co} d. v. possunt esse secure de eius exc^a, quod contra eas et earum statum uil temptabit nec unquam temptari permittet, immo eas in solita amicitia et vicinitate habere desiderat. Et si quid aliud interea occurret, d. Stephanus et ego curabimus mag^{cas} d. v. reddere certiores.» ..

Lucern, A. Religionshändel.

552 a. Oct. 26, mittags 11 uhr. **Bern** in das lager zu **Blickenstorf.** Aus dem gesandten briefe habe man den (am Gubel) begegneten unfall mit schrecken und grofsem herzeleid vernommen; man bedaure sehr, dass sich die leute geteilt und mit übergebung ihres vorteils eben das getan, wozu sie den feind haben veranlassen wollen, zu welchem zwecke man auch mit dem zweiten panner aufgebrochen sei. Da nun die gegner zum zweiten mal durch list und täuschung («beschyskeit») gesiegt («uns geschädiget»), so ermahne man (die hauptleute) auf das allerhöchste, «diesen spiegel» sich vor augen zu halten und nichts unbedachtes zu unternehmen, sondern vorteilhaften anschlägen nachzutrachten; sie sollen bedenken, dass man nach einer dritten niederlage in aller welt (zum gegenstand der) gassenrede, ja selbst von dem vogel in der luft verachtet und angefochten würde, und gerade an den feinden ein beispiel nehmen. Das zweite panner sei nach Zofingen vorgerückt; weil aber nur 2000 mann dabei stehen, die mit gewehren und harnischen schlecht versehen, die Lucerner aber mit 4000 mann im Wiggertal und vermutlich in guter stellung warten und mit dem panner nach St. Urban ziehen, so habe man, um einer einschliefsung vorzubeugen, befohlen, in Zofingen zu bleiben, bis verstärkung von Basel und Solothurn eingetroffen; auch sei (den hauptleuten) die weisung gegeben, ihre anliegen in das andere lager zu schreiben, und umgekehrt, damit jeder teil dem andern behülflich sein könne, etc. Freiburg, Diessb. Pap. Bern, Teutsch Miss. T. 177, 178.

552 b. Oct. 26, mittags 11 uhr. Dasselbe in das lager bei **Zofingen.** Antwort auf den bericht von gestern abend. Befehl in Zofingen zu verharren bis zum eintreffen (genügender) verstärkung, begründet durch die gefahr, von der feindlichen übermacht zwischen tür und angel gedrängt zu werden. Weisung, fleifsige kundschaft über das treiben des feindes einzuziehen und alles den hauptleuten bei dem ersten panner mitzuteilen, etc. etc. Ib. ib. 179.

553. (Oct. 26 o. ?), (Hasle?). N. N. (ein vogt oder hauptmann?) an **Bern).** «Gnedigen herren, wir hant in üwrem schryben verstanden, das uns von herzen leid ist, und ist ouch fast guot, dass es nicht (zuo?) fast geoffenbaret werd, insunders hie, und wär (doch?) wol unser will, dass ir uns eigentlich bericht(et)en, ob üch .. grofsen schad beschechen wär, damit wirs auch künnten verantworten; dann wann es uskumpt, wirt man gar redlich liegen und darzuo tuon, damit man ein schrecken bring; dann man findt mengerlei volks. Es ist auch nit jederman hie zuo truwen; dann sy hie oben fast under einandren gfründt sind mit denen ennendem Brüning.» (Ungeschickte hand). Bern, A. Capp. Krieg.

554. Oct. 26, Langental. Hauptmann und räte beim zweiten Berner banner an die beim ersten (in Blickenstorf). 1. Uebersendung vor eben angekommenen briefen aus Freiburg, mit entschuldigung dass si hier geöffnet worden. 2. Anzeige dass morgen das banner nach Zo fingen rücke; in Langental sei es so lange geblieben infolge von kund schaften, dass die Lucerner nach «Münchs Urban» zögen, wo mar einen versuch gegen sie hätte machen wollen; jetzt vernehme mar aber, dass sie im Wiggertal zu Reiden, unweit von Zofingen, liegen; dahin wolle man nun in «satter» ordnung rücken und sich dann weiter umsehen. *Freiburg, Diessb. Pap.*

555. Oct. 26, (Blickenstorf). 1. «Wir der houptman, venner und die Rät der statt Bern tuond üch, schulth(eifs)en Gold[n]er von Lucern zuo wüssen: Demnach üwer herold, den ir von losung wegen etlicher gefangnen zuo uns geschickt, fry an(e) alle beleidigung ankomen, ist an uns gelangt, wie, als bald er an unser wacht gestofsen und gerechtfertiget worden, ime ein gleitsman von den unsern zuogeben, syend die üwern, so by im gsin, zuogefaren und die unsern fündtlich angriffen und einen, nämlichen Hans Brenzikofer, gefangen, das nun wider kriegsrecht und bruch ist; dann üch und andern kriegsverstendigen wol zuo wüssen, dass die herolden ane allen anhang und ufsatz zuo dem sy geschickt ryten söllend, zuo dem dass obgedachter üwer herold, als er an die unsern gestofsen und von inen gerechtfertiget, [er] gesprochen, nützit anders dann guots und friden ze sin; so nun dem also, und die üwern in dem fal ein unkrieglich stuck, ja unerber begangen, ist unser begär, dass ir uns von stund an den obgedachten gefangnen ane verzug überantwurten und zuostellend an(e) alle engeltnus; dann bis dann werden wir üwern herolden enthalten, und üch hiemit anzöugt haben, wo derglichen stuck von üch und den üwern hinfür gebrucht, dass wir hinwiderumb glicher gestalt handlen werden; hierüber üwer antwurt by disem botten (begerende)» ... Nachschrift: «Wo ir uns jetzmal den unsern obgemeldt zuostellend, werden wir demnach der andern gefangnen halb ouch gebürlich antwurt geben.» Folgt siegel (noch hängend). 2. Nachschrift: «Ein schantlich mördrisch stuck ist an im begangen; dann nachdem sy in gefangen, hand sy in abzogen und zuo tod geslagen. Daruf (ist) der herold fenklich angnomen.» *Bern, A. Capp. Krieg.*

Von Cyro geschrieben: original oder doublette? Die nachschrift § 2 für die obrigkeit bestimmt?

556. Oct. 26, vorm. 10 uhr. Hauptmann und Räte beim zweiten Berner panner an ihre obrigkeit. 1. In dieser stunde sei die botschaft des herzogs von Savoyen erschienen, um ihren auftrag vorzubringen; man habe nun gütliches gehör bewilligt mit dem vorbehalt, dass sie zuerst bei den V Orten sich erkundige, ob dieselben einen frieden begehren; man schreibe desshalb in das lager zu Blickenstorf und gewärtige, dass die botschaft, wenn dort die gleiche ansicht bestehe, sich auch bei den mithaften um zustimmung bewerbe, und da man vermute, dass die Zürcher noch keinen frieden wollen, so sollten dann die hauptleute (von den andern Orten) nach Zürich gehen und dort den anschluss erwirken. 2. Das beiliegende schreiben von Zürich, betreffend eine zu erlassende zuschrift an Eck (von Reischach — nr. 534), halte man für ganz unfruchtbar und lasse es also auf sich beruhen; die hauptleute mögen indessen darüber nach ihrem ermessen antworten. 3. Man gewahre täglich, besonders auf den wachten, wie sich die feinde zu Reiden im Wiggertal gesammelt und mit geschütz und anderm bedarf versehen haben; morgen ziehe man nun nach Zofingen und werde da weiter ratschlagen, was nutzen und ehre bringen möchte. In Langental sei man so lange geblieben, weil die kundschaften gemeldet, dass die feinde nach St. Urban ziehen, wo man sie nahe genug gefunden hätte, wenn sie etwas hätten unternehmen wollen. Man bitte nun um weitere mitteilungen.... *Bern, A. Capp. Krieg.*

557. Oct. 26, (Blickenstorf). Hauptmann und Räte von Bern an die führer beim zweiten panner. 1. «Das schryben, hütt an üch von uns ... usgangen, hand ir nuntalame wol verstanden, darby wir die burger (?) es beliben lassen. 2. Wyter, günstigen lieben herren, wellend wir üch unanzöugt nit lassen, wie von schwebischen stetten, namlich von Ulm, Memmingen, Wangen, Isna, Biberach, Kempten und andern, ersam potschaften hütt vor gemeinen houptlüten unserer beder lägern erschinen und mit fründlicher red sich erpotten, zwüschen uns und unsern fyenden fründlicher underhandlung erpotten (!), mit pitt und begär, (dass) wir darin verwilligen, alles mit trungenlichen ernstlichen worten, hie unnot ze melden. Uff solichs wir uns zuosamen getan und inen mit (der) antwurt begegnet, die unser herren und obern uns zuogeschriben, dat. xviij tags diss manots (nr. 307 b), darvon noch darzuo wir gar nüt tuon noch nemen und doch üch solichs anzöugen wellen, üch dest fürer wüssen ze halten, und disen brief unser aller herren und obern ilends zuoschicken, damit sy irs willens und gefallens uns uffs ilendist berichten, dem wir mit der hilf Gottes statt tuon werden.» *Bern, A. Capp. Krieg.*

558. Oct. 26, Hasle. Ammann, venner und landleute an (die Walliser im Gomser zehnten). Dank für ihr freundliches schreiben (nr. 506). Sie begehren, dass man keine wachen gegen sie aufstelle; man erwidere, dass man sich genau nach ihrem verhalten richten werde; diesseits werde kein angriff geschehen. Man wundere sich aber darüber, dass sie sich «der sache» beladen haben, da die herren (von Bern) ihnen doch alles nötige kundgetan; noch mehr aber befremde, dass sie haben melden lassen, es sei kein mann ausgerückt, während genugsam erwiesen sei, dass landleute über die Furka und gegen Aelen gezogen. Man begehre hierüber schriftlichen und getreuen bericht bei diesem boten. *Bern, A. Capp. Krieg (copie).*

559. Oct. 26, Brienz. Wilhelm Rümsi, landvogt zu Interlaken, und Michel Sager, schultheifs zu Unterseen, an Bern. 1. «Es hat sich begeben, dass uff hütt datum diss zuo uns ist komen fender Brugger und Thoman Halter von Hasli, und uns angezeigt, wie ein bott von Wallis uss dem zenden Goms herüber sy(g) kommen mit einem brief,

welcher an die von Hasle stuond, (nr. 506), welchs copy wir üch hie
zuoschicken, uff welchen wir uns beraten, denen von Wallis ein and—
ren brief durch einen eignen botten zuozeschicken, welchs beschehen
ist nach lut diser copy, ... und hand das darum getan, dass wir
eigentlich möchten erfaren, wie es im Wallis stüend, und was ennet
zuohi an der Grimslen leg (läge), und darum, sobald wir die sach erfaren,
wend wir üch dasselb ilents zuoschicken. 2. Witer, g. h., dass wir
ü. g. lang nüt hand geschriben, ist uss der ursach beschehen, dass
wir des landvogts von Hinderlappen gewartet hand, was er uns von
üch .. brechte, damit wir üwers willens bericht wurdent, und als er
zuo uns komen ist, hat er uns üweren willen angezeigt, aber nit me
dann iiij haggenbüchsen und etlich handbüchsen und spiefs gebracht;
da hettend wir wol vermeint, ir hettend uns nach lut üwers schriben
etlich zuogeschickt, so schiefsens bericht werind, dann wir solche
fast übel hie manglen; denn was nützt uns das geschütz, so niemant
hie ist, der damit kan umbgan, und darum, gnedigen herren, wo es
müglich, wär unser beger, dass ir uns zum mindsten ioch einen verordneten, der schiefsens bericht wäri, damit, wo es die not wurd erhöuschen, dass wir nit allein uns sinen gedorsten (!) trösten, sunder
dass er ouch die überigen könte anfüeren und underrichten, es wär
mit ladung oder anderm, das darzuo gehört. 3. Wir wend ü. g. ouch
gern anzöugen, damit wir üch nüt verhaltend, dass wo sy wölten
mit einer grofsen macht von Underwalden inher ziehen, wir inen nit
möchtend widerstand tuon von wegen der vili der ricken, dess ir
gnuogsamlich durch den lautvogt und fender Rotten (?) sind bericht
mit so wenig lüten, so wir hie sind, dann unser nit me aller und
aller ist dann 200 und 70, ze Hasli nit me dann 100 und 20, und
minderint sich teglich durch die pestilenz, wiewol wir in hoffnung
sind, wir sient sicher, so lang es üch .. wol gat, es wär denn sach
dass sy den verlornen hufen, von welchem man seit, wagtend und
herüber schicktend, dess wir erwartend müefsend sin, welchen sy von
frömbdem volk zesamengelesen haben sollen(d). 4. Ouch .. wend wir
üch nit verhalten, dass wir die ij vergangnen necht, Mentag und Zin
stag ze nacht, ein unruow hand gehan, dadurch wir bewegt sind
worden, und uns not bedüecht, für das dorf Brienz ufhin ze ziehen
und uns in ein ordnung ze stellen, und da gewartet, wiewol es sich
nacher erfunden hat, durch missverstand der wortzeichen uns begegne
sin, und nit durch die find, dass sy neifswan vorhanden syent gesin
und do sich solchs begeben hat, sind etlich gesin, die sich im dor
verschlagen hand, welchi die wiber im dorf umher gejagt und gerecht
fertiget hand und uns solchs, als wir wider inhi gekert, angezeigt
gott geb was uns not angieng, hettend wir wenig trost an solchen
5. Ist abermals unser beger, dass ir ... (uns) berichtind, wo es me
ze fal käm, damit wir weder ze wenig noch ze vil tüind, wess wir
uns gegen inen halten sollen. 6. Witer so ist in unserem hufen vil
ungeschickter lüten zuo solchen sachen, ouch etlich redliche, guote
tapfer, aber dero sind nit vil, dann ir die tapferisten und wolmügen-
disten by üwer paner hand. Uff solches alles .. not wirt sin, ilents

uns alzit ze berichten, wie es im feld stand; dann, da Gott vor si(g), so es übel gieng, ist wol ze besorgen, sy wurden uns nit firen (anzegrifen?). . . . 7. Ouch so hat der lantvogt einen specher über die Gemmi geschickt; was derselbig bringt, wend wir üch berichten. 8. Ouch so land wir üch wüssen, dass wir tag und nacht xxxx man zur wacht müefsend han.» — Nachschrift in einem zeddel: 9. «Ouch so wüssend dass uff mittag des hüttigen tags der wachtmeister ab dem Brünig ist komen und angezeigt, wie die von Underwalden sich überuf uff die march hand gelassen, und sobald sy unserer wacht ansichtig sind worden, hand sy sich wider hinderzogen, wiewol sy der wachtmeister (zuo?) rod hat wellen antriben, hand sy kein antwurt wellen geben, welches noch nie geschehen ist; darum was es bedüte, ist uns nit wüssend.»   **Bern, A. Capp. Krieg.**

560. Oct. 26, schloss St. Maurice. Der landvogt und seine zugegebnen an Rudolf Nägelin, vogt zu Aelen. Die besorgniss, dass die Walliser Aelen überziehen wollen, sei unbegründet; von der obrigkeit haben sie keinen andern befehl, als sich gegen die Berner freundlich und nachbarlich zu verhalten, bis etwas neues an sie komme; darauf dürfe man zählen. . . . Dank für geschenkte «fornen».

                                                  Bern, A. Capp. Krieg.

561. Oct. 26, abends 9 uhr, Oesch, auf dem weg nach Aelen. Hauptmann etc. (name feht) an Bern. Antwort: Man wolle gerne leisten, was zu aller ehren diene; die obrigkeit dürfe sich dessen tröstlich versehen. Die von Ober- und Nieder-Siebental haben ihre knechte bereits hinüber geschickt; die von Saanen nur 50 mann; Frutigen habe man noch in ruhe gelassen. Bei den «Walchen» (al. Wälschen) zu lagern trage man bedenken, zumal der gubernator von Aelen soeben gemeldet, er besorge, es sei ihnen nicht zu trauen, da sie zum teil wenig willen (zur rüstung) zeigen. Man werde sich übrigens gänzlich nach den befehlen der obrigkeit richten. . .   **Bern, A. Capp. Krieg.**

562. Oct. 26, mittags 12 uhr. Basel an Bern. 1. Antwort auf die in letzter nacht eingegangene mahnung. Man habe nun anstalt getroffen, dass ein fähnchen morgen aufbrechen und nach Zofingen rücken werde, um mit Gottes hülfe die eidgenössische und mitburgerliche pflicht zu leisten. Dabei begehre man freundlich, dass die Berner diese leute bei sich behalten, das fähnchen nicht «verschupfen», wie es bei dem letzten zug (nach dem Gubel) geschehen, sie also nicht entgelten lassen, dass man für einen auszug mit panner zu wenig mannschaft habe, sondern bedenken, in welchen gefahren man stehe. Obwohl man früher 500 mann gesandt, von denen jetzt leider mancher verloren sei, habe man wieder 500 für den zuzug aufgeboten, was wohl den vorhandenen kräften nicht ungemäfs erscheinen werde. Man wünsche also dringend, dass diese mannschaft wohl aufgenommen und nach dem zweimal erlittenen schaden gegen die feinde aller ernst gebraucht werde, etc. etc.   **Bern, A. Capp. Krieg.**

563 a. Oct. 27, anf. nachts. BM., Räte u. Burger von Zürich an hauptleute und Räte zu Blickenstorf. 1. Nachdem man von den boten,

die gestern abend im lager gewesen, den ratschlag der Berner vernommen, — sobald sie erfuhren, dass ihr anderes banner mit erfol-
gegen Lucern vorrückte, das erste abzurufen und ebenfalls gegen di
Lucerner zu richten und diese dadurch aus ihrem vorteil zu bringen
etc. — habe man wahrlich den gröfsten kummer darüber empfunden
indem man wohl einsehe, dass dies Zürichs verderben wäre...; denn
es könne doch ein panner die Lucerner so wohl zu einem aufbruch
bewegen als zwei, da jenes stark genug sei, und wenn auch alle drei
panner zusammen über die Reufs gingen, so wäre man doch dessen
nicht sicher, dass der feind sich trennte oder den Lucernern hülfe
brächte; vielmehr dürfte geschehen, dass er, wenn die Berner abzögen,
durch irgend eine list die noch übrige macht zu schädigen versuchte,
dann wohl ins Zürcher gebiet, der Reufs nach gegen Bremgarten,
Mellingen und Baden fallen und jene pässe besetzen würde, so dass
man nicht mehr zusammenkäme, und während man vermeinte, Lucern
zu gewinnen, bei «dieser gehorsame» (der knechte) ebenso wahrscheinlich stadt und land verlieren würde. Aus diesen und andern gründen
sollen die hauptleute etwa vier Räte ausschiefsen und zu den Bernern
schicken, um ihnen zu eröffnen, dass man diesen plan keineswegs
billigen könne, und sie zum höchsten zu bitten und zu ermahnen,
nicht wegzuziehen, sondern das andere panner vorrücken zu lassen
und, sobald die Lucerner sich darüber unruhig zeigen und aus ihrem
vorteil weichen würden, gemeinsam mit aller tapferkeit etwas zu versuchen; da soll keine mühe gespart werden, um die Berner zum bleiben zu vermögen.... 2. Den Bündnern habe man gestattet, im Gaster
zu bleiben, begehre also, dass die hauptleute von ihrer mahnung abstehen, da man die Gasteler nicht verlassen könne.... 3. Da die
Thurgauer in grofser zahl heimkehren, und besonders zu Höngg über
die Limmat schwimmen oder waten, so möchte man wünschen, dass
ihre hauptleute bewogen würden, einen frischen zuzug einzuholen.

Zürich, A. Capp. Krieg.

563 b. Oct. 27, auf der nacht. BM., Räte und Burger von Zürich
an hauptleute und Räte zu Blickenstorf. 1. Man habe unzählige hel-
barten. spiefse und andere gewehre geschickt und nie besorgt, dass
die leute die waffen wegwerfen würden; nun sei man so unglaublich
entblöfst, dass man das wenige, was übrig geblieben, nicht wohl weg-
geben dürfe; es könnten aber wohl von den heimkehrenden die wehren zurückbehalten werden.... 2. Da der ungehorsam fortdaure, so
schicke man hiemit einen nachrichter, der den hauptleuten nach gutfinden zur verfügung stehe....

Zürich, A. Capp. Krieg.

564. Oct. 27, 11 uhr nachts. BM., Räte und Burger von Zürich
an hauptleute und Räte zu Blickenstorf. 1. Antwort auf den anhang
ihres heutigen schreibens über die augsburgischen schiedboten, die bitte
nämlich, 1—2 ratgeber zu schicken. Man sei leider selbst so gar entblöfst, dass man im notfall kaum einen oder zwei hin- und hersenden
könnte, und bedürfe der nötigen zu hause wohl. Da sich aber im
lager ohne zweifel geschickte leute finden, so mögen sie etwa vier

ausziehen und zu allen ratschlägen berufen, z. b. den Wäber von Egg, den Hans Huber von Teufenbach, und solche männer auf gemeine kosten bei dem panner unterhalten. 2. Von Bern seien 38 gld. für salz einzuziehen, die noch immer ausgeblieben. . . .

Zürich, A. Capp. Krieg.

565. Oct. 27, Utznach. Hauptmann und pannermeister etc. von Toggenburg an Zürich. 1. Antwort auf das schriftliche begehren, hier abzuziehen und zu dem panner zu stofsen; dies könne nicht wohl geschehen, da die feinde sich verstärken mit mannschaft und geschütz, so dass das Gaster, Toggenburg und das Grüninger amt in gefahr kämen; so habe man den knechten befohlen, bei den Zürchern (hier) zu bleiben. Auch ein angriff sei bereits bedenklich geworden, da die feinde sich in zu grofsem vorteil befinden und die Glarner und Utznacher dabei keine hülfe leisten würden, so dass es ohne grofsen schaden nicht ablaufen könnte. 2. Ferner melde man, dass die Glarner abermals eine vermittlung anerboten zwischen den Gastelern und denen in der March; man habe gehör bewilligt, um zu sehen, was sie eigentlich machen wollen. 3. Endlich melde Peter Weber, statthalter zu Wyl, dass er die versprochenen knechte — etliche hundert — nicht mehr schicken könne. . .

Zürich, A. Capp. Krieg.

566. Oct. 27 (Simon und Judä abend), morgens, Kaltbrunnen. Geleitsbrief für eine botschaft von Glarus. 1. «Uewer schryben nüwlich an uns getan habent wir eigentlich verstanden, dorinnen ir üweren ernstlichen flyfs, in den schweren kriegischen löufen betreffend die March und Gaster, (die) ze stillen, anzeigt, an welichem wir kein missfallen, sonder grofs wolgefallen habent. 2. Wyter, getrüwen lieben eidgnossen, wir von Pünten sind hiehar zogen, üwer land und lüt (ze) helfen schützen und schirmen; harum könnent wir weder abschlagen noch in disen bericht bewilligen; was aber ir . . guot(s), (zuo) rüd und ruow dienend, harin mögent finden, wurd uns nit missfallen. Des geleitsbriefs halb, als vil (es) unser volch und züg betrifft, versprechent wir willig. Wir uss der grafschaft Toggenburg sind ouch hiehar zogen, land und lüt (ze) helfen schützen und handhaben, mit rüssen üwer, unser lieben landlüten von Glarus. Harum gefallt uns üwer fürnemen wol, wend ouch guotwilliklich harin verwilligen. Des geleits halber, ist weder land noch lüt unser; was aber unser volch betrifft, wend wir guotwilliklich verwilligen, und ob es vonnöten wäre, und ir(s) begertind, wend wir üch geleitslüt entgegenschicken. Wir uss Gastal und von Wesen, diewil wir üwer unser herren schryben an uns getan verstanden, (dass) ir willens syent, uns zuo ruow (ze) helfen, verwilligen wir ouch also üch . . harzuo te reden, und wöllent wir losen in glycher gestalt jetz mal wie unsere helfer. Geleits halb gebent wirs ouch, so wyt es unser volch und land betrifft».... Siegel von Hans Jud, hauptmann der Gasteler.

Helvetia, II. 217.

567. Oct. 27. Zürich an Jacob Locher, statthalter der landvogtei, und die Acht im Thurgau. Man vernehme von mehreren pässen

und fähren her, wie die Thurgauer ohne erlaubniss, wider eid und
ehre abziehen und im notfall über die wasser schwimmen etc., was
nach der vielen freundschaft, die man ihnen bewiesen, höchlich befremden müfse; weil sie zudem vorgeben, man habe sie verraten und
verkauft, worin sie sich als unwahrhafte leute zeigen, und sie selbst
an ihrer unehrlichen flucht schuld seien, so begehre man freundlich
und ernstlich, dass der statthalter etc. Zürich gegen solche lügen allenthalben verteidige und die heimkehrenden knechte sofort wieder bei eid
und ehre ins lager ziehen heifse, um zu tun wie biderbe leute, und
ihren vielfachen zusagen nachzukommen. ——   Zürich, A. Capp. Krieg.

568. **Oct. 27,** Constanz. Hieronymus im Hof, alt-BM., und Barthol.
Welser an BM. und Rat in Zürich, (dessgleichen an die V Orte).
BM. und Rat zu Augsburg haben sie abgefertigt, um in dem span
zwischen Zürich und seinen mithaften und den V Orten gütlich zu
handeln und einen trieden herstellen zu helfen, wesshalb sie gestern
abend hier angekommen, was sie hiedurch anzeigen mit der bitte,
solche freundliche vermittlung zu gestatten und die antwort nach
Winterthur zu schicken, wo sie unterdessen eintreffen werden.
        Zürich, A. Capp. Krieg. Lucern, A. Religionshändel
Der eingang des schreibens wiederholt die gewohnten motive.

569. **Oct. 27,** mittags. Hans Aebli, ammann zu Glarus, an Rud.
Lavater, obersten hauptmann der Zürcher. Antwort auf die mehr-
fache mahnung: Es wäre wohl mancher biedermann, der gerne Zürich
helfen und die gegebene zusage halten würde; allein aus vielen ursachen sei dies unmöglich geworden; die V Orte stofsen auf drei seiten an das land, und da man 200 mann zu einem fähnchen verordnet,
um zu den Zürchern zu ziehen, haben die widersächer offen erklärt,
sie werden entweder dem feind beistehen oder es im lande «ausmachen»; so armselig stehe es nun, dass man niemandem hülfe leisten
könne. Bitte dieses schreiben nur wenigen vertrauten anzuzeigen. ...
        Zürich, A. Capp. Krieg.

570. **Oct. 27** (Freitag vor Simonis und Judä). Glarus an Solothurn. Antwort auf dessen einladung zur teilnahme an einer vermittlung. Man sei diesseits immer bereit, die wohlfahrt und einigkeit
der Eidgenossen zu fördern; in der nachbarschaft stehen jetzt aber
die dinge so, dass zu jeder stunde ein kampf zu besorgen sei; desshalb habe man eine bevollmächtigte botschaft abgeordnet, um da für
einen frieden zu wirken und blutvergiessen ersparen zu helfen. Damit
möge Solothurn das ausbleiben von boten entschuldigen, zumal man
hier «unter einander» auch «beschwert» (gespannt?) sei, bitte aber,
mit andern schiedboten in diesen sachen das beste zu tun.
        Solothurn, Reform-A.

571. **Oct. 27** (Freitag vor Simonis und Judä). vorm. 6 uhr. Hans
Hugi, Niklaus von Wengi und Hans Hug, spitalvogt, an Solothurn.
Am Mittwoch zu hause abgereist, seien sie gestern um mittag in das
lager gekommen, wo sie die Solothurner «fröhlich» gefunden; da seien
auch boten von Appenzell und den schwäbischen städten gewesen.

Darauf haben sie beschlossen, bei den V Orten um geleit zu werben; ein allarm habe dies aber verhindert. Doch schicke man heute den brief hinüber; wie die antwort lauten werde, sei freilich noch ungewiss.

Solothurn, Reform.-A.

572. Oct. 27 (Freitag vor Simonis und Judä), abends 9 uhr. Die schiedboten von S o l o t h u r n an ihre obern. 1. Fortsetzung des gestrigen berichts. Die botschaft von Appenzell habe im lager der V Orte den bescheid erhalten, sie könnten jemandem (Solothurn), der ihnen mit offenem zeichen gegenüberstehe, kein geleit geben; aber den drei Orten Freiburg, Glarus und Appenzell sei solches förmlich bewilligt. Bei Zürich und Bern haben sie dann auch um geleit geworben, aber die antwort empfangen, dessen bedürfe es für Eidgenossen überhaupt nicht; das ansuchen, gütlich handeln zu lassen, haben die zwei Städte abgelehnt. Dennoch wollen die drei Orte mit den V Orten unterhandeln; allein es sei zu besorgen, dass sich niemand (zuerst) über den frieden entschliefsen wolle. Man wolle nun trotz alledem 1—2 tage im lager verharren. . . . 2. Durch die boten habe man erfahren, dass die V Orte noch über 300 gefangene haben, die man für todt gehalten; auch verlaute, dass « etwas » botschaft von Augsburg da sei, die auch gütlich handeln möchte. 3. Die Solothurner knechte seien noch frisch, und es fehle nicht ein mann. 4. Nachschrift: Bitte um geld, besonders für die von Webern.

Solothurn, Reform.-A.

573. Oct. 27 (Vig. Simonis u. Judä). S o l o t h u r n an den vogt zu Dorneck. Antwort: Man billige sein benehmen und sei durch das erbieten von Basel sehr befriedigt, was er dorthin anzeigen soll. Die fragliche tagsatzung betreffend soll er aber melden, dass jetzt alle schiedorte ihre boten im felde haben, auch gesandte von den reichsstädten erschienen seien, und etwas gutes sich hoffen lasse; da nun viele ratsherren abwesend, so sei nicht möglich, in den sachen (der marchen halb) so schnell zu handeln; indessen soll der vogt freundlich zu erfahren suchen, was zunächst in verhandlung kommen sollte.

Solothurn, Miss. p. 812, 813.

574. Oct. 27. B a s e l an die kriegsherren in S t r a f s b u r g. Antwort auf ihr gesuch um weitere nachrichten. (Wir) « füegen üch desshalb mit beschwertem gmiet zuo vernemen, das sich uf nächst vergangnem Mentag begeben, haben ix fenlin, darunder das unser eins gwesen, den vorzug gehept und sich by Zug uf eim berg gelägert, die find überhöhen wellen, und als sy uf den berg komen, etliche der find, doch deren nit vil, uf einem andern berg dargegen über mit hantgeschütz gesehen, zuo denen sy mit irem geschütz geschossen, sy des orts vertriben; ist nit wenigers, inen ist warnung, dass die find vorhanden sigen, komen; desshalben sy ir schlachtordnung gemacht, darin gstanden, des finds erwartet, und als es um mittnacht worden, sind die find mit eim grofsen geschrei, geschütz, besonder halben haken, besits innen trungen, die unsern angriffen, sy zertrennt, in die flucht pracht, von den ix fenlin dry, namlich eins von Zürich, das

ander von den gotshusleuten St. Gallen oder uss der grafschaft Dockenburg und das dritt von Mülhusen, sampt dem geschütz, so sy by inen
gehept, gwunnen, und ist (nit) on, es haben die unseren ouch etwas
schadens, doch nit zum grösten, alda empfangen. Gott der herr well
uns fürter zuo erlangung sigs sin gnad nit entziehen. Und haben uf
den hütigen tag abermals ein fenlin und unser erenzeichen sampt v'
mannen dem andren banner von Bern, so uf Luzern zuo zücht, zuo
hilf abgefertigt, ▪ etc. etc. (Gewöhnliche schlussformeln).

Basel, Missiven.

575. Oct. 27. Schultheiſs, Rat und gemeinde von Frauenfeld an
Zürich. Heute sei nachricht gekommen, dass den ausgezogenen
knechten leider ein groſser schaden zugefügt und beide fähnchen verloren seien; dabei melden die boten (der landweibel und des stadtschreibers sohn), dass der hauptmann wahrscheinlich nicht mehr lebe,
der fähndrich schwer verwundet in Zürich liege, und die knechte nicht
mehr wissen, an wen sie sich halten sollen, da die obern Thurgauer
wieder ein fähnchen aufzurichten begehren; da sie nicht unter diesem
ziehen wollen und dürfen, um das alte herkommen nicht zu verlassen, -
so bitten sie um ein eigenes und einen neuen hauptmann. Da man
aber lange vor dem aufbruch durch ammann Fehr und burger Rupli
Zürich ersucht, die stadt bei dem alten herkommen zu schirmen, ...
und man ungeachtet des abschlags ausgezogen, obwohl man dies nicht
schuldig gewesen; da zudem denen von Frauenfeld von den andern
Thurgauern viel schmach begegnet sei, so dass unter den knechten
habe geschieden werden müſsen, ... so wolle man jetzt kein anderes
fähnchen in das feld schicken und niemand nötigen, dort zu bleiben,
indem man es nicht dulden könnte, wenn sich die angehörigen zu
dem andern fähnchen hielten, und hoffe man genug getan zu haben;
sobald aber Zürich die Thurgauer abweise, werde man allen gehorsam
erzeigen. ...

Zürich, A. Thurgau.

Das schreiben ist ziemlich weitläufig, aber weitern auszuges nicht wert.

576. Oct. 27, 9 uhr (abends?), Kaiserstuhl. Cornel Schulthess vom
Schopf an Zürich. Er erfahre durch gute kundschaft, dass Egg von
Rischach immerfort knechte annehme und innert acht tagen am Rhein
gewisslich einen angriff versuchen werde. Auch Mark Sittich werbe;
der adel im Hegau sei unruhig. Es werde jetzt nur fremdes volk
angeworben; aber bei einem sturm habe alles befehl, an den Rhein
zu laufen.

Zürich, A. Capp. Krieg.

577. Oct. 27 (Freitag vor Simonis et Judä). Inwyl. Hauptmann etc.
von Luzern an Statthalter und Rat. Antwort auf die anzeige der
handlung mit den Bernern. Man habe daran nicht viel gefallen, überlasse aber der obrigkeit, hierin nach gutfinden zu handeln. «Und wo
ir etwas an die Berner stoſsen möchten, wäre uns das lieb; aber wir
besorgen, es sye ein betrug und beschiſs in der sach: darum so wöllen üch mit zuo wyt inlassen, damit üch und uns dhein nachteil daher
zuostande» ....

Lucern, A. Religionshändel.

a. Oct. 27 (Freitag vor Simon und Judä). **Lucern** an seine ptleute etc. im feld. «Wir schicken üch hie ein brief, der den Orten (zuo)stat, deu wir im besten in disen löufen ufgetau haben, selben botten wir (aber) gauz kein antwurt geben, sunder üch inlich im antwurt zuo ordnen nach üwerm gefallen; was antwurt dann wirt, mögent ir uns ouch berichten. Wir schickend üch ouch zelten, und was üch allwegen begegnet und ir manglen, das wöl- uns berichten, wöllen wir allzyt willig sin; dann allein schickend kein gefangnen mer, dann wirs nit erschwingen mögen; wir hand vil korn me, (und) was wir hend, bedörfent wir wol mit den un- zuo bruchen».... Nachschrift: «Insunders begeren wir kein gnen zuo schicken, wir hand wenig korn me und niemand, der chen wöll.»　　　　　　　　　　Lucern, A. Capp. Krieg.

b. Oct. 27 (Freitag etc.), 12 uhr mittags. **Lucern** an seine ptleute etc. im feld. «Uewer schriben haben wir in diser stund ifangen und verstanden üwer meinung, dass ir villicht besorgen ein oder falsch. Uns ist ouch also; wir hand nüldesterminder ver- afft und versorgt guot wacht und sorg zuo haben und niemant zuo iven, bis man sicht, wie die sach stecket. Demnach werden wir icht, dass zuo üch ins feld kompt des herzogen von Savoy bot- ift, villicht in befelch von einem friden zuo reden; mögen wir nit ssen, was der bringt. Dessglich habend uns die unsern mit dem lli, so zuo Sursee liggen, ouch geschriben, wie ir hie sechend deu f,... dass ir dester bas üch darnach wüssen zuo halten und zuo jorgen, ob ouch darin ein betrug wäri, als üch gern uss dem läger l vorteil zuo bringen»...　　　　　　Lucern, A. Capp. Krieg.

. Oct. 27 (Vigilia Simonis et Judä), Sursee. Schützenhauptmann Räte an St. und Rat in **Lucern**. Iu dieser nacht habe der propst Münster geschrieben, wie er durch gewisse kundschaft vernommen, s die Berner das gegen Zug vorgerückte banner zurückziehen und h Münster und Sursee schicken wollen; man habe nun den propst uftragt, weitere nachricht einzuziehen und die wachposten bis an Reufs zu besetzen, etc.　　　　　　Lucern, A. Religionshändel.

. Oct. 27 (Vig. Sim. et Judä), Sursee. Schützenhauptmann und ıdrich an St. und Rat in **Lucern**. Mitteilung der beschwerde des pstes zu Münster über die eigenmächtige besitznahme, verteilung verwendung des zehntens zu Ruswyl, nebst empfehlung seines ıchens um hülfe, etc.　　　　　　Lucern, A. Religionshändel.

. Oct. 27 (Vigilia Simonis et Judä), Sursee. Hauptmann, fähnd- und Räte an hauptmann, pannerherr und Rat (von **Lucern**) zu yl. Meister Ulrich Martin, propst zu Münster, habe gemeldet, er se durch zuverläsige kundschaft, dass das gegen Lucern gerich- (Berner) panner im begriffe sei heimzuziehen; man könne dies t glauben, schreibe es aber in der hoffnung, dass, wenn die Ber- das feld «brächen», von den Zürchern und ihren anhängern keine nders grofse gefahr («trang») zu besorgen wäre. Man bitte nun genauern bericht über diese practik und für den notfall um zuzug.

Zugleich sage indess der brief des propstes, dass die Berner zunächst gegen Münster und dann gegen Sursee ziehen wollen; vielleicht aber werden sich die zwei panner bei Langental vereinigen. Was sie damit vorhätten, wisse man nicht, erwarte aber weitern bericht aus Münster etc. *Lucern, A. Religionshändel*

582. Oct. 27 (Vig. Simonis et Judä), Sursee. Schützenhauptmann, fähnrich und proviantherr an St. und Rat in Lucern. Heute sei eine botschaft des herzogs von Savoyen angekommen, die den entschluss kundgebe, nach Inwyl zu reiten, um da mit Gottes hülfe an einer vermittlung zu arbeiten, etc. *Lucern, A. Religionshändel*

583. Oct. 27 (Vigilia Simonis et Judä), Sursee. Hauptmann etc. an St. und Rat in Lucern. 1. Bitte um zusendung aufgerüsteter hakenbüchsen nebst munition, da die vorhandenen zu weit zerstreut seien. 2. Man habe heute den hauptmann Jacob am Ort hieher berufen und über allerlei geschäfte mit ihm geredet; er zeige an, dass ihm über die von Schötz aus gemeldete besprechung noch keine antwort zugegangen, verspreche aber weiteres eiligst zu berichten. 3. Renward Göldli begehre zwei falconen zu erhalten, sofern solche ledig wären, um sein schloss verteidigen zu können; man habe aber kein vorrätiges geschütz, etc. 4. Bitte um sofortige zusendung der ankommenden wälschen büchsenschützen, zumal es bestimmt heifse, dass die Berner mit ihrem panner ennet der Reufs herauf ziehen wollen. *Lucern, A. Religionshändel*

584. Oct. 27. Bern an Zürich. Antwort auf dessen rat, an Eck von Reischach und an Waldshut zu schreiben, dass sie der erbeinung gemäfs den «gästen» keinen aufenthalt geben sollten. Da man früher schon bedenken getragen habe, dahin etwas zu schreiben, so wolle man auch jetzt nicht dazu stimmen, indem es derzeit ganz unfruchtbar und schimpflich wäre; man wolle einfach erwarten, was dort weiter begegne, etc. *Zürich, A. Capp. Krieg. Bern, Teutsch Miss. T. 182*

585. Oct. 27. Bern an Basel. 1. Antwort auf dessen beschwerde, dass sein ehrenzeichen von dem Berner panner «verschupft» worden sei etc. Man bedaure das geschehene herzlich und hätte gerne gehört, dass der den Baslern begegnete unfall verhütet und ihr zeichen bei dem panner geblieben wäre; desshalb habe man in das lager bei Zofingen den ernstlichen befehl geschickt, dieselben bei sich zu behalten und in allem gemeinsam zu handeln, etc. 2. In gleichem sinne wie der markgraf von Baden habe sich der herzog von Savoyen erklärt; seiner botschaft haben dann die hauptleute in Zofingen geantwortet, sofern sie bei den V Orten neigung zum frieden finde, wollen sie zu gütlicher unterhandlung auch gehör geben und bei den übrigen hauptleuten und Orten darauf hinwirken. *Bern, Teutsch Miss. T. 183, 184*

586. Oct. 27, mittags 11 uhr. Bern in das lager bei Zofingen. Antwort auf das gestrige schreiben. 1. Bei der antwort, die man der savoyischen botschaft gegeben, beharre man und lasse sich den darüber gemeldeten ratschlag wohl gefallen, in der hoffnung, dass Gott es zum besten wende. 2. Denen von Zürich habe man abgeschlagen nach Waldshut und an Eck (von Reischach) zu schreiben. 3. Basel eige infolge der mahnung an, dass es heute mit 500 wohlgerüsteten euten ausziehe, und da es begehre, dass dieselben nicht abgesöudert werden, so empfehle man dringlich, sie gut zu empfangen und bei dem (Berner) panner zu behalten, und im übrigen nichts zu versäumen; «dann wo uns ouch ein schmach zuogefüegt und ein klapf geben möchte werden, wäre ir fröud alle erlanget»....   Bern, Teutsch Miss. T. 181.

587. Oct. 27, mittags 11 uhr.   Bern in das lager bei Blickenstorf.
«Den andren brief, uns von üch des unfalls halb überschickt, haben wir ouch verstanden und under anderm vermerkt, wie die unsern harab erschrocken und zaghaft worden, in mafsen (dass) ein schantlicher unerlicher abzug ze besorgen, darab wir gar nach nit minder dann (ab) dem schaden (der uns doch herzlich bekümbert) schreckens empfangen, der ursachen üch wol ze gedenken und das end ze betrachten. Doch sind wir dennocht guoter hoffnung, nit das gmein heer noch die erbarkeit, aber sondrig herzlos personen in den grimmen schrecken und forcht gefallen sin. Harumb unser höchst begeren an üch langet, dass ir die unsern gmeinlich, so üch befolchen, üch unerschrocken gehorsam ze sind, vermanent, nit von üch ze wychen, sonders dem krieg tapferlich ustrag geben ze helfen (als wir üch hievor geschriben), by lyb und guot die übersechenden ze strafen gepietent, inen trostlich zuosprechent, den grofsen schaden, so uss sölichem abzug erwachsen wurde, und namlich unser schwecherung und der fyenden sterkerung anzöugent und alles das, so einer statt von Bern eer fürdern und schaden verhindern, handlent, ouch guot sorg habent, den fyend nit verachtent, üwern vorteil nit übergebent», etc. etc. Wiederholte weisung, jederzeit dem panner bei Zofingen nachricht zu geben, etc.   Bern, Teutsch Miss. T. 180. Freiburg, Diessb. Pap.

588. Oct. 27, nachm. 11 uhr. Bern an hauptmann und Räte zu Blickenstorf, — Absch. p. 1198, 1199, n. 4 und 5.

Freiburg, Diessb. Pap.

589. Oct. 27. Hauptmann etc. beim 2. panner von Bern an Solothurn. «Wir füegend üch zuo wüssen, dass uns von unserm hofmeister zuo Küngsfelden sömlich warnung zuokomen ist, dass hoptman Grälichen zuo Lüggeren gwüsslich zuokommen, dass ein volk sich zuosamen getan und uss dem Kinzinger tal haruf komme uff x^m starch ze fuofs, weliche knecht von Egken von Rischach bestellt, versoldet und bezalt sind, ouch mit houptlüten sampt geschütz und geordnetem bruggwerk über die wasser; die söllend liggen im vorwald nit wit von Loufenberg und Seckingen, allein darum da verharrende, bis inen ein räsiger zug vj^c starch zuokomen sölle, deren, ouch aller so vorstat, dry hufen gemacht söllend werden, und der gröst hufen durch das Fricktal haruf züchen und den nechsten gan Luzern zuo etc. Dessgelichen die von Rotwil, so zuo Waldshuot liggend, die understanlind ouch über den Rin und Lüggern ze überfallen und in boden ze erbrennen, und sölle sömlichs in kurzem geschechen».... — Vgl. r. 590.   Solothurn, Berner Schr.

590. Oct. 27 (Freitag vor Simonis und Judä), 3 uhr vor tag, Königsfelden. 1. Hans Rosenstiel an obervogt Haller zu Lenzburg. In dessen auftrag sei der Hellmüller (?) erschienen, um zu erfahren, was an den gerüchten über die annäherung feindlichen volkes sei; darüber habe der hofmeister folgendes zu melden. 2. «Uff Donstag um die vij. stund zuo nacht hat houptman Grülich zuo Lüggeren haruf geschickt Michel Schriber, sin diener, und herrn hofmeistern anzögt mundtlich, wie im, genanntem houptman, durch sin spächer gewüsslich zuokomen, dass ein volk sich zuosamen getan, versamlet und uss dem Kinziger tal haruf komen, uff x tusent stark zuo fuofs, welliche knecht von Eggen von Rischach bestellt, versoldet und bezalt sind, ouch mit houptlüten, mit sampt einem guoten geschütz und .. bruggwerk über die wasser darzuo geordnet und versehen fast wol, und sond liggen im vorwald, nit wyt von Loufenberg und Seckingen, allein darumb da verharrende, bis inen zuokumen sol ein reisiger züg, wölicher uff vj^c stark soll sin, und sond dry hufen gemacht werden, und ein jetlicher besunder harin in das land fallen; namlich so sol der gröst huf durch das Fricktal haruf züchen und den nechsten gan Luzern zuo; aber dem spächer (sig) nit wüssent die strafs; allein (wirt) geacht, nach iren anschlegen, (dass) durch uns (unser gebiet?) und an uns sy kummen werden. 3. Denne so ist im angezögt worden von einem schererknaben, so zuo Waltshuot gedienet, und von Bern uss der statt bürtig und des Stryten seligen sun, also wie dass die von Rotwil, so zuo Waltshuot ligend, hinüber (!) den Rin zuo fallen und Lüggern zuo überfallen und in boden zuo verbrennen (willens). Ouch sind sy fürer gewarnot, dass sy ir vich nit mer für das kloster tuon sond. Und sol das beschechen als vor stat, in dryen (tagen?) uff das lengst, oder sobald der reisig züg zuo inen kumpt, und der tag, so jetz zuo Ensheim ist, ein end hat.» 4. Das wolle der hofmeister anzeigen lassen, damit man gutes aufsehen übe. Auch begehre er, dass der obervogt heute früh zu Königsfelden erscheine, um mit andern vögten . . . über die sachen zu ratschlagen. Obige warnungen habe er auch den herren im «Zuger lager» zu melden (befohlen). <small>Bern, A. Capp. Krieg.</small>

591. Oct. 27, morgens vor tag, (Langental). Hauptmann und Räte beim zweiten Berner panner an die obrigkeit. Nachdem man den (beiliegenden?) brief aus dem andern lager gelesen, habe man, da man der savoyischen botschaft gehör bewilligt, sofern sie zuerst die v Orte um einen frieden anspreche, die meinung anzeigen wollen, dass die obrigkeit an Zürich schreiben sollte, es möchte die sachlage ernstlich bedenken und zu einem frieden oder wenigstens zu einem anstand einwilligen, indem man diesseits einen ehrenhaften frieden nicht ausschlagen würde; denn nach dem schreiben vom 18. d. könnte man sich nicht richten, weil es unmöglich und überlästig wäre, lange im kriegszustande auszuhalten. Die obrigkeit möge sich also desshalb an Zürich wenden, wie es ihr gefalle. <small>Bern, A. Capp. Krieg.</small>

592. Oct. 27, nachm. 5 uhr, Brugg. Sulp. Haller, Ulrich Megger, die von Mülinen, von Brugg und der hofmeister von Königsfelden an

1. Hinweis auf den heute früh (« hinacht ») gegebenen bericht 0). 2. Infolge der von Grülich gemeldeten warnungen habe ch hier um den imbis versammelt, dann sofort zwei boten nach rn, Coblenz, Klingnau und Zurzach verordnet, um da genauen einzuziehen, was für volk da (drüben) versammelt sei; was ihren, werden sie bei tag und nacht eilends anzeigen. 3. Ein hen von Grülich gesendeter bote, eine unachtbare person, der iel zu vertrauen sei, sage, letzte nacht haben etwa 5000 mann rbrechen wollen, seien aber von Eck von Reischach abgehalten i; auf die frage, woher solche nachricht komme, gebe er an, er iie vom hörensagen von Waldshut aus. Ein kaufmann, der mit salz und anderer waare hieher gekommen, sei von dem ieifs, der ihn als wahrhaften mann kenne, gefragt worden, wokomme; antwort, von Laufenburg etc.; frage, was für ein s volk sich da gesammelt; antwort, er wisse von keinem andern i Rotweilern, die in den vier städten lagern; man glaube daher, an der vermuteten rüstung nichts; doch warte man auf die be- berichte. Dies habe man für gut erachtet ohne verzug zu ; weiteres wisse man jetzt nicht; übrigens werde man an sorge fer nichts fehlen lassen und was man noch erfahre, schleunig en. — Nachschrift: Gleiche nachricht habe man in das lager zu ın abgehen lassen.   Bern, A. Capp. Krieg.

eigentlicher verfasser dieses briefes ist wohl der hofmeister zu Königs:u betrachten, resp. das mehrmals betonte « ich » des textes auf ihn zu 1.

Oct. 27. Sulp. Haller, obervogt zu Lenzburg an die führer reiten Berner panners. Zusendung eines berichtes an den hof' zu Königsfelden (nr. 590). Darauf haben sich . . . etliche bewie man sich zur gegenwehr stellen wolle; doch sei noch kein über Rin » (herüber? drüben vorhanden?), was er eilends bemit bitte um verhaltungsbefehle.   Bern, A. Capp. Krieg.

Oct. 27, nachm. 10 uhr, Zofingen. Hauptmann und Räte beim ı Berner panner an die obrigkeit. 1. Mitteilung eines von ɔgt zu Lenzburg eingesandten schreibens (nr. 590?), worüber :hleunigen bescheid der herren erbitte. Abschriften davon habe ich nach Basel und Solothurn geschickt, damit dort desto besser it und gekundschaftet werde. 2. Hieher sei man unangefochten nen; es fehle zwar nicht an warnungen, und man werde auch wohl beraten, was tunlich sei. . .   Bern, A. Capp. Krieg.

Oct. 27, Brienz. Diebold von Erlach, Wilhelm Rümsi und Sager an Bern. 1. Heute mittag habe der wachtmeister am angezeigt, dass die vordersten wachen, die bis nach Lungern sehen können, den ganzen tag keine glocke mehr gehört haben, e vermutung erwecke, dass die Unterwaldner einen sturm erzu lassen gedenken; auch habe man bemerkt, dass mehr leute st zur kirche gegangen, und zwar möge da eine gemeinde geworden sein; nachher haben sie sich « umgestellt », als ob sie

wieder gemeinde hielten; letzter tage seien sie mit einem fähnchen
auf eine matte gezogen, wo man sie aus der ferne auf etwa hundert
habe schätzen können. Auch kommen sie nicht mehr zu den wachtposten herauf; diese veränderung und die verstärkung deuten auf eine
absicht, die man aber nicht erkenne, zumal es unmöglich geworden,
späher hinüberzubringen, wogegen die gegner alles vernehmen, was
hier vorgehe, so dass man besorge, dass die diesseitigen landleute
ihnen darüber nachricht geben, was man nicht (völlig) zu hindern
wisse; desshalb bitte man hierüber um rat. 2. Den Grindelwaldnern,
die hier liegen, habe heute ein bote den schaden angezeigt, den ihnen
der föhn an den dächern getan; er werde auf 500 fl. geschätzt; das
desshalb gestellte begehren um urlaub habe man abgeschlagen, obwohl
keine mannschaft mehr da sei; nur 12 mann schicke man weg, um
den schaden wieder gutzumachen; dies melde man, damit die obrigkeit allfällig andere knechte hieher weisen könnte. Ueberhaupt gewärtige
man ihre befehle. Bern, A. Capp. Krieg.

596. Oct. 27. Venner Kennel und Peter zum Brunnen, statthalter
im land Oesch, an Bern. Antwort auf die zuschrift der obrigkeit
betreffend die behandlung der ohne passporten heimgekehrten knechte.
Andres Achser habe sich für krank ausgegeben und seinen verwandten Bendicht Isler mitgebracht; letztern habe man in den auszug nach
Aelen gestellt; der andere sei sonst dahin geritten; mit strafe könne
man jetzt also nicht einschreiten; das land sei schon so entblöfst, dass
man kaum die wachen versehen könne, und in einem notfall keine
hülfe da wäre; darum möchte man wünschen, dass ein teil der mannschaft zurückkehren dürfte, setze es aber der obrigkeit heim.
Bern, A. Capp. Krieg.

597. Oct. 27, schloss St. Morizen. Landvogt Johannes zun Triegen
an den vogt zu Aelen. In dieser stunde habe er einen brief von den
Räten zu Bern empfangen, woraus er deren guten willen gegenüber
dem land Wallis erkenne...; an diese freundliche erklärung halte
er sich nun gänzlich; er sende sie auch eilig den herren zu, die ohne
zweifel die gleichen absichten kundgeben werden. Von einem reisigen
heer, das über den St. Bernhard gegen die Berner ziehen sollte, wisse
er noch gar nichts; wenn aber etwas daran wäre, so würde er es gewiss nicht verschweigen. Bern, A. Capp. Krieg.

598. Oct. 27 (« diss manats »). Konrad Lienhard an Bern. Er sei
heute ausgezogen, um in Aelen zu dienen; das schloss habe er einem
ehrbaren mann, Hans Jützeler, anvertraut; der sei aber bald mit dem
landvenner nachgeeilt und habe ihn veranlasst zurückzukehren; doch
erbiete er sich zu bestmöglichem dienst nach der obrigkeit gefallen,
ob bei tag oder nacht. Bern, A. Capp. Krieg.

599. Oct. 28. Bern an hauptmann Nägeli in Aelen. Antwort auf
seinen bericht über den bestand seiner mannschaft. Er solle sich jetzt
mit der vorhandenen zahl behelfen; denn grofse not sei nicht mehr
da, indem botschaften des herzogs von Savoyen, des markgrafen von
Baden, der städte Freiburg, Ulm etc. sich um freundliche unterhand-

ung bemühen, so dass ein friede zu hoffen sei. Auch haben die angehörigen nicht so viel gelitten, wie der mitgeteilte bericht angebe, sondern nur die fähnchen von Zürich und Mühlhausen 200 mann verloren. Doch sei desswegen wachsamkeit nicht zu versäumen, da die Walliser tückisch seien; den Wälschen soll bei dem eide geboten werden, gehorsam zu sein, keine flucht zu beginnen, sondern bis in den tod (bei den andern) zu beharren, mit androhung harter strafe für die fehlbaren; das möge ihnen zur warnung vorgelesen werden.

Bern, Teutsch Miss. T. 189.

600. Oot. 28, mittags 12 uhr, Zofingen. Hauptmann und Räte «der nachgenden paner» von Bern an die häupter des ersten lagers. 1. Zusendung eines schreibens aus Bern und ansuchen um rat und bescheid. Man sei gestern abend spät hieher gekommen und glaube nicht lange bleiben zu können; «unser fiend sind versampt und wartend, was an sy gesuocht werde»... 2. Nachschrift: Bis morgen sollen die Basler mit 500 mann eintreffen.   Freiburg, Diessb. Pap.

601. Oot. 28. Wilhelm von Mülinen an Sulp. Haller, landvogt zu Lenzburg. 1. Bei dem abschied von Brugg, gestern (abend), sei dem vogt von Schenkenberg ein brief von Eck von Reischach behändigt worden, des inhalts dass er den ihm zugesandten nach Innsbruck gefertigt und darauf den bescheid erhalten habe, er solle die erbeinung an allen Eidgenossen halten, so lange diese sie auch halten. Der vogt habe ihm diese zuschrift auch zu lesen gegeben und dann begehrt, dass er den vogt zu L. benachrichtige; auch werde der brief in das lager geschickt. Diese erklärung habe er gern gehört; nun werde man hier unten etwas sicherer sein, und könne die obrigkeit ihr vorhaben desto rascher durchführen. 2. Wie gestern mündlich, bitte er nun nochmals um etwas pulver, auch um etwa vier pfund blei, wenn solches vorhanden; von Aarau her habe er soeben nur 4 ℔ erhalten können.   Bern, A. Capp. Krieg.

602. Oot. 28 (Simonis und Judä). Jacob Koch an Bern. Durch den herrn seckelmeister und andere (ratspersonen) sei er angewiesen worden, in Langental zu bleiben; er wäre sonst mit dem panner gezogen und finde es wirklich unnötig, sich länger hier aufzuhalten, da sich die anstöfser in Reiden gesammelt haben; auch verursache dieser aufenthalt grofse kosten beim wirt; wenn es also die obrigkeit erlaubte, so würde er in Aarwangen warten und vorsorge treffen, dass er in einer halben stunde zuverläfsig vernähme, was etwa vorginge; er werde aber ebenso gerne zum panner ziehen und bitte desshalb um bescheid.

Bern, A. Capp. Krieg.

603. Oot. 28 (Simon und Judas), nachm. drei uhr. Zürich an Bern. «Es habend uns die unseren im feld diser stund geschriben, wie üwere houptlüt und anwält by üwer paner inen anzöigt, dass die üweren ufbrächen, von den unsern uss dem feld abzühen und anhei misch verrucken und länger nit belyben wellind, das uns, als billich herzlich beschwärt; dann ir wol gedenken und ermässen, so ir als abzühen, zuo was grofsem nachteil es üch und uns reichen, dass w das niemermeer überwinden möchten. Daruf wir unser botschaft zu üch uff dem weg habind, üch zum allerhöchsten in kraft der pünte und unserer cristenlichen burkrechten, ouch in bedenkung göttliche und üwerer eeren und alles liebs und leids, so wir je und je mit eir ander gelitten, darzuo üwers vilfaltigen früntlichen vertröstens und zuc sagens (ze) vermanend und bitten, den üweren ins fäld ilends ilend ze schryben und sy zuo vermanen und zum ernstlichsten ze heifsen, dass sy nit verrucken noch von den unsern, üch und uns zuo schwi-rem verderplichem nachteil und verlierung (von) land, lüten, eeren und guots, sich sünderen noch abzüchen, sonder unz uff wyteren üwe-ren bescheid und ir uns wyter verhörend, verharren, uns byständig und beraten sin und sich gegen uns bewysen wellind als biderw lüt; das wellent wir umb üch allzyt früntlich und in die ewigkeit zuo be-schulden geneigt sin. »   Bern, A. Capp. Krieg.

Am fusse ist durch den schreiber des lagers in Zofingen (zu handen der obrigkeit) notirt, dass dieser brief geöffnet und copirt worden am Sonntag vor tag, 29. Oct.

604. Oct. 28 (?), 1 uhr nach mitternacht, Aelen. Hauptmann Hans Franz Nägeli u. a. an Bern. 1. In dem schreiben der obrigkeit habe man den befehl empfangen, auszukundschaften, wie viel an der mann-schaft fehle, welche der graf von Greyers stellen sollte; viel mühe er-heische das nun nicht, indem man vordem schon gewusst, dass der Graf die gestellten leute aus den herrschaften Oesch und « Rutsch-munt » (Rougemont) genommen, aus Greyerz aber gar keine. 2. Man sende hiebei den brief, den der landvogt von St. Morizen durch den bernischen läufer Mistelberger geschickt, wobei derselbe gesagt, er habe innert einem jahre keinen angenehmern bericht (als den von Bern; nr. 532 b) empfangen; der landschaft würden dadurch wohl tausend pfund erspart, die man zusammensteuern müfste. Gestern und heute seien kundschafter in Sitten gewesen; aber man spüre noch nichts von einem zug gegen Aelen; dass dahin ein haufe komme, werde von den einen behauptet, von andern bestritten. Ueber das reisige volk, das über den St. Bernhard anrücken sollte, habe der von dem vogt von « Tschärli » (Echallens; s. nr. 478) ausgesandte späher nichts bedenk-liches erfahren; in Aosta soll nur die rede gehen, dass die Walliser, wenn sie überzogen würden, von dort aus hülfe zu hoffen hätten. Um weiteres (bald) berichten zu können, halte man den boten Mistelberg noch zurück. 3. Die von Lausanne erwarte man stündlich. 4. Etliche männer . . . von Saanen seien hinüber nach St. Morizen geritten, um (heimlich) zu erforschen, wer da sei, und dabei gefunden, dass der «sterben(t)» noch grofs (gefährlich) sei; als sie dem herrn von «Tscha-lun » (Challant?) nachgefragt und einen bezahlten trunk begehrt, seien sie freundlich empfangen, in das schloss geführt und gut bewirtet wor-den, neben dem landvogt und seinen knechten, («inen guot gschir (bonne chère?) gmacht»); im gespräche sei dann die frage gestellt worden, warum denn die Berner so stark in Aelen liegen, da doch die Walliser ihnen gar keinen schaden zufügen und die bünde ehrlich halten wollen; die von Saanen haben erwidert, man fasse nicht so ins auge, sondern das heer, das sich jenseit dem St. Bernhard sammeln möchte; die andern haben nun bemerkt, diesen pass werden sie selbst versehen, so dass kein fremdes heer auf den Berner boden gelange; sonst würden sie ja ihre bundespflichten versäumen; wesshalb sie begehren, dass die Berner da abziehen und ihnen vertrauen; nötigenfalls werden sie darüber brief und siegel geben; dabei sagten sie, den drei Orten haben sie wohl hülfe geschickt, aber mit der bedingung, dass sie das Berner gebiet nicht betreten, da sie wohl einsehen, dass sie dann den krieg auf sich lüden; den brief von Bern an den landvogt von St. Morizen habe man den landleuten vorgelesen und damit grofse freude erweckt; auch zeigten sie an, dass von jedem zehnten 20 mann als besatzung für St. Morizen bestimmt worden, da sie wissen, dass die Berner mit vier fähnchen und 4000 mann in Aelen stehen; endlich sei die bitte gestellt worden, bei den hauptleuten ernstlich für den abzug zu wirken, womit beiderseits grofse kosten erspart werden könnten. Man bitte nun um bescheid und werde unterdessen hier nichts versäumen. **Bern, A. Capp. Krieg.**

605. Oct. 28, mittags. BM., Räte und Burger von Zürich an hauptleute und Räte auf dem Blickenstorfer berg. 1. Heute sei von Frauenfeld beiliegendes schreiben gekommen, einen span wegen der fähnchen und zeichen betreffend; es soll nun der brief auch den Bernern und andern Orten, die am Thurgau teil haben, mitgeteilt werden, damit alle gemeinsam die Thurgauer berufen und ihnen vorstellen, dass sie jetzt der zeichen wegen keinen unwillen aufkommen lassen, sondern sich ruhig und besonnen verhalten sollen; komme man wohl aus dem felde, so werde man nicht versäumen, diesen span zu schlichten; wollten sie aber jetzt einen aufbruch tun, so könnte leicht den übrigen « ein schanz missraten », was dann für die Thurgauer nicht weniger schlimme folgen haben dürfte als für die andern, etc.... 2. Was den boten von Freiburg, Solothurn und Appenzell bewilligt worden, lasse man sich gefallen, wolle aber, da während der unterhandlungen die sache immer am gefährlichsten sei, zum höchsten ermahnen, desto vorsichtiger zu bleiben; man habe desshalb einen burgertag in Bremgarten bestimmt auf nächsten Dienstag (31. Oct.), um über den frieden und andere dinge zu handeln. Da auch der herzog von Mailand sich erbiete, freundlich zwischen den parteien zu handeln, (laut copie), so möge dieses schreiben den mitburgern angezeigt und ein gemeiner beschluss darüber gefasst werden; willigen sie ein, so könne eine antwort der hier liegenden botschaft gemeldet und dem Herzog durch die post übermittelt werden. **Zürich, A. Capp. Krieg.**

606. Oct. 28, nachm. 3 uhr, Blickenstorf. Hauptleute und Räte an BM. und Rat in Zürich. Heute sei durch eine post des markgrafen von Baden dieser brief gekommen; was für antwort man dem boten geben solle, bitte man schriftlich zu melden. **Zürich, A. Capp. Krieg.**

607. Oct. 28, (Sihlbrücke). Jörg Zollinger von Männedorf (hauptmann) an Hs. Rud. Lavater. Klage über mangel an büchsenschützen, da die leute am berg oben liegen wollen, wo sie nichts nützen, und

an haken, sowie an wein; ferner über ungehorsam der knechte; er
habe über nacht eine schanze gemacht, hinter welcher die schützen
wohl sicher wären, etc. Bitte um bestimmten bescheid.

Zürich, A. Capp. Krieg.

608 a. Oct. 28, nachm. 3 uhr, Mellingen. Hans Blass an BM. und
Rat in Zürich. 1. Die zwei boten, die er laut seines letzten schreibens zu den anrückenden Bernern geschickt, seien erst vor einer stunde
zurückgekehrt; sie melden, dass dieselben gestern nachts in Zofingen
eingezogen, 6000 mann und 160 büchsenschützen von Lausanne; es
heifse unter ihnen, sie sollen dort warten bis auf weitern bescheid, da
schon von einem « bericht » die rede sei. 2. Die wirtin zu Dietikon
habe die herren von Zürich gar grob geschmäht, z. b. sie hätten die
leute, die auf dem berg umgekommen, auf die fleischbank verkauft,
u. s. w. Da fast alle prädicanten vom land in das lager gezogen
seien, und niemand das volk unterweise und tröste, so sei die bitte
getan worden, etliche heimzurufen, damit sie das volk beruhigen könnten; darüber gewärtige er die befehle der obern.

608 b. Oct. 28. Hauptleute und Räte des zusatzes in Mellingen an
hauptleute und Räte « im feld bei Cappel ». ... (Personalien). Da
auf der landschaft Zürich die frauen fast allein zu hause geblieben und
fast verzagen, so möchte man raten, eine anzahl prädicanten heimzuschicken, « darmit die guoten wyber in irem leid und schrecken etwas
trostes und sterkens durch sy empfiengind, ouch zuo flyfsigem gebätt
und andacht, uns sig ze erlangen, vermanet wurdind, dwil diser unser
handel allein in Gottes forcht und ernstlichem anruofen zuo im erobret sin wil »...

Zürich, A. Capp. Krieg.

609. Oct. 28, vorm. 6 uhr, Benken. Hauptmann, pannerherr und
Räte von Wesen und Gaster an Zürich. Antwort auf die ermahnung, die feinde zu schädigen etc. Man habe den brief den Bündnern
und Toggenburgern vorgewiesen und sie freundlich gebeten, in die
March mitzuziehen; allein sie haben eingewendet, dass der feind sich
verstärkt, mit gutem geschütz versehen und eine allzu vorteilhafte
stellung inne habe; zudem haben die Glarner sie schriftlich um einen
anstand ersucht; man habe endlich auch bewilligt, sie anzuhören, weil
man allein doch zu schwach wäre, aber mit dem vorbehalt, die meinung von Zürich darüber einzuholen; man bitte also um eiligen rat...

Zürich, A. Capp. Krieg.

610. Oct. 28, nachm. 5 uhr, Utznach. Hauptmann, vogt und Rat im
lager daselbst an Zürich. Nachdem m. Stoll heute seine instruction
den III Bünden, den Toggenburgern und Gastelern vorgetragen, dass
sie ohne zulassung Zürichs keinen anstand mit den feinden machen
sollten etc., seien sie (die schreiber dies) ausgestanden; was darauf
beschlossen worden, werde sich zeigen, ergebe sich aber schon daraus,
dass der trommler « umgeschlagen » mit dem ausrufen: Wer unter
das panner von Toggenburg und die drei fähuchen von Bünden gehöre,
solle bis auf weitern bescheid gegen die March ruhig bleiben. ...

Zürich, A. Capp. Krieg.

unsern nöten geleistet werde. Dann wo unsere fiend oberhand (da
Gott ewenklich wenden welle) nemen sölten, was ir dess geniefser
geben wir üch zuo ermessen. Darum wellent der sach dest ernst
licher nachtrachten, was es uf im tragen mög; dann üch zuo schirmer
und aber ir in nöten von uns ziechen, wie sich das rymen, habent i
vom Gottshus ... guot zuo gedenken.»   Stiftsarchiv St. Gallen (copie).

614. **Oct. 28** (Samstag Simonis und Judä), St. Gallen. Hieronymus Schowinger, statthalter, an st. Peter Weber in Wyl. Antworl
auf die anzeige, dass die knechte im Gaster eine verstärkung begehren. Die heute desshalb versammelten Räte im obern amt haben sich
darüber beraten und beschlossen, keine leute mehr wegzuschicken,
weil das land durch den wegzug der besten mannschaft (der «recht
rogen») entblöfst sei, und man für den fall, dass ein angriff über den
Rhein her käme, ... (weitere ausführung) sich einigermafsen sollte
verteidigen können; wenn aber dringende not einen zuzug erforderte,
so wolle man wieder tun, was sich gebühre, etc.
                                       Stiftsarchiv St. Gallen (copie).

615. **Oct. 28,** um mitternacht, Zurzach. Niklaus Brunner an Zürich. Von aufsen sei nichts weiter zu vernehmen, als dass «Egg»
allerlei «bafelvolks» annehme, um die zusätzer in den vier städten zu
vermehren; die Waldbauern seien still... Die leute wenden ohne ursache diese oder jene not vor, um heimzukehren, und wollen dann
«kinder» zu der besatzung schicken; die obern mögen solche leute
nur an ihn weisen, da er hier die verhältnisse genügend kenne...
                                       Zürich, A. Capp. Krieg.

616. **Oct. 28,** 8 uhr nachts. Hauptleute, pannerherr und Räte des
Zürcher lagers an Bern. «Strengen, etc. etc. An unser herren und
obern ist verruckts tags etwas handels gelangt. darin dann ein grofser
missverstand, und wiewol sy desshalb einen ratsbotten für üch ze ritend abgefertigot, so ist jedoch unser ernstlich pitt und beger, ir wellend hierin verschlossne missif bemeltem botten, vor und e ir in verhören, überantwurten lassen etc.» — Der beischluss fehlt; vgl. nr. 608.
                                       Bern, A. Kirchl. Angelegenh.

617 a. **Oct. 28** (Simonis et Judä). Jacob am Ort an schützenhauptmann und Rat in Sursee. In dieser stunde sei durch Santweg gewisser bericht gekommen, dass das Berner panner in Zofingen stehe, die
Solothurner auch dabei seien, und dass sie bestimmt vorhaben, diese
amt (Willisau) einzunehmen; der eine rate zur eile, der andere aber
zum aufschub. Die Basler ziehen nach Cappel. Desshalb bitte er
dies alles eilends nach Zug und Lucern zu melden und beförderlich
zwei manner hieher zu senden, um gemeinsam zu ratschlagen. Da de
zusatz in Schöftland bis an 50 mann abgezogen, so könnten die von
Büren und Münster wohl (ohne gefahr) hieher kommen; er bitte also
sie herzuschicken. (Eine abschrift aus Sursee wurde am gleichen tag
nach Inwyl abgefertigt).   Lucern, A. Religionshändel.

617 b. (Oct. 28), «um die vj. stund». Sursee. Schützenhauptmann
und Räte an St. und Rat in Lucern. Zusendung des eben erhalt

von Jacob am Ort. Begehren, die vorhandenen büchsen-
ligst abzusenden und die etwa heimgezogenen knechte wie-
zu fertigen; denn von des Bären gehässiger und heimlicher
ke man so viel, dass man glaube die schützen und andere
nötig zu haben. Von dem beiliegenden briefe habe man
ist nach Zug geschickt.   · Luoern, A. Religionshändel. ·

28 (Simonis und Judä), Hohenrain. Comtur Hieronymus
»hützenhauptmann und fähndrich in Sursee. Heute um 4
·habe er nachricht erhalten, dass die von Hitzkirch wieder
men seien samt einem prädicanten, der gestern gepredigt
; auch verlaute, dass dahin eine starke ·besatzung komme,
wachen und posten der Lucerner unterdrücken würde.
aben die amtleute einen boten nach Sursee verordnet, um
alden und um hülfe zu bitten; da inzwischen der zeiger
es gekommen, so habe man jenen boten zurückbehalten. Mit
Hitzkirch habe man eines friedens wegen gehandelt; aber
ai alles betrug gewesen; hienach bitte man, den Heini Sig-
e andern leute, die vormals hier gewesen, wieder zu schi-
        · Luoern, A. Religionshändel. ·

28, Sursee. Schützenhauptmann und Räte an St. und Rat
1. In dieser stunde sei von ammann Schwander mündlicher
ommen, dass ihm von den herren befohlen sei anzuzeigen,
ie bauern von Hitzkirch wieder nach hause machen und
Eschibach und Hochdorf drohen, wesshalb man den frühe-
wieder nach Hochdorf schicken und die widerstrebenden
ollte, etc. Da keine schriftliche beglaubigung vorliege, so
nicht, was zu tun sei, und bitte daher um eiligen bericht,
bedenklich finde, jetzt die mannschaft zu teilen. Nach-
eddel): Man vernehme soeben, dass das panner der Berner
ital nach Zofingen gezogen, wisse aber nichts genaueres, etc.
        Lucern, A. Religionshändel.

· 28 (Simonis et Judä), Jacob am Ort an schützenhaupt-
Rat in Sursee. Er wisse nun genau, dass die Berner mit
ier nach Zofingen gerückt seien; desshalb gefiele es den
ohl, sich in besserer stellung (»bas«) zu lagern; doch halte
auf weitern bescheid zurück, ob man gemeinsam aufbrechen
lber bitte er um bericht bei diesem boten, sowie ob man
inander beraten sollte, und was etwa von Zug gemeldet
ie Entlebucher seien nun herbeschrieben.
        Lucern, A. Religionshändel.

t. 28 (Samstag St. Simon und Judas). Lucern an seine
etc. im feld zu Inwyl. »Uewer schriben haben wir ver-
n wegen etlicher botschaft, von einem friden zuo reden;
wol (ob üch etwas guots zuo handen stoß), wir üch mit
in werden.» Zusendung von »etwas briefen.«

t. 28 (Samstag etc.). Dasselbe an den hauptmann etc. in
»Wir schickend üch hie vier haggenbüchsen, bitten üch

dass darzuo sorg gehebt werde, dann vor an etlichen orten man d▓ ie
haggen hinder den zünen funden hat. 2. Sodann vernemen wir, da▓
etlich schützen uff dem weg übern Gotthart harus komen, villicht ▓ it
fast vil jetzmal, aber angends bericht, ein anderer huf uf (sye?), a.▓
wir hören, aber arms wetter und der berg verschütt ist gewesen, da▓
sy gesumpt; so bald die komend, wöllend wir üch die angends zuoschicken »... Lucern, A. Capp. Krieg.

622. Oct. 28 (Simonis et Judä), Inwyl. Hauptleute, pannerherren
und kriegsräte der V Orte an Freiburg. Auf zweimalige mahnung
um hülfe habe man noch keine antwort empfangen, was man sehr
bedaure, da doch Freiburg immer beistand versprochen habe, sofern
ein angriff wegen des glaubens geschähe; denn es sei ja offenbar, dass
man nur ausgezogen, weil die feinde beabsichtigen, die V Orte von
ihrem alten glauben zu drängen, und um zu seinen rechten zu kommen. Nun ermahne man Freiburg zum letzten mal (« endlich ») und
zum allerhöchsten, dem beschwornen burg- und landrecht genugzutun,
wie man es gänzlich erwarte, zumal die sache es auch nahe berühre,
indem man von etlichen gefangenen vernommen, dass die feinde im
fall eines sieges auch Freiburg und Wallis zu ihrem glauben zu bringen und unter ihr joch zu drücken unternehmen würden; wenn aber
Freiburg hierin säumig erschiene, so hätte man ernste ursache zu
klagen, dass die getanen zusagen nicht wären gehalten worden, u. s. f.
Freiburg, A. Geistl. Sachen.

623. Oct. 28 (Simonis et Judä). Solothurn an hauptmann und
Räte des zweiten lagers der Berner. Antwort: Dank für die nachricht betreffend die sammlung, welche Eck von Reischach betreiben
soll. Man schreibe desshalb nach Olten und Gösgen und befehle,
durch vertraute personen darüber bericht einzuholen; was man erfahren könne, werde man unverzüglich melden. Solothurn, Miss. p. 817, 818.

(1. Nov.) Solothurn an dieselben. Abschriftliche zusendung eingegangener
kundschaften. ib. p. 822.

624. Oct. 28 (Simonis und Judä), um 2 uhr nachmittags. Solothurn an die ratsherren im feld. Antwort auf ihre zuschrift von
gestern abend 9 uhr. Man vernehme gern, dass die V Orte den boten
von Glarus, Freiburg und Appenzell geleit gegeben, und erwarte, dass
wegen der grofsen zahl der gefangenen, die sie bei handen haben, bei
den gegnern desto leichter etwas zu erlangen sei. Obwohl den Solo-
thurnern geleit abgeschlagen sei, sollen die Räte doch im lager bleiben
und fortfahren, nach kräften die arbeit der schiedleute zu fördern, etc.
Solothurn, Miss. p. 815, 816.

625. Oct. 28 (Simonis und Judä). Solothurn an Freiburg.
1. Dessen läufer habe einen brief an die letzthin hier gewesenen ratsboten gebracht mit der anzeige, dass man denselben aufbrechen möge,
wenn sie abgereist wären. Da sie wirklich nicht mehr anwesend, so
habe man die missive geöffnet und darin gefunden, dass hier etwelcher
zwiespalt («misswillen») herrschen solle, und den boten befohlen sei,
in der sache zu mitteln, etc. Darauf habe man zu melden, dass man

ı widerwillen oder unruhen nichts wisse, sondern kürzlich mit dem
ıfsen Rat sich freundlich vereinbart, auch in alle zünfte und auf die
ıdschaft geschrieben habe und nur freundliche eintracht verspüre.
chts desto weniger sage man für das von Freiburg bewiesene brü-
rliche aufsehen geflissenen dank, u. s. f. 2. «Und antreffend üwer
ıd unser Eidgnossen jetz im feld ist uns von unsern ratsbotten ein
issif zuokomen, darinne si uns anzöigen, wie si verschinen Donstags
ı mittag in das läger komen, an dem orte üwer und unser eidgnos-
ı von Appenzell, dessgelychen der schwäbischen stetten sandtbotten
ıden und willens gewesen, zuo üwern und unsern eidgnossen von
ın fünf Orten ze schicken; in solichem ein lärmen zuogefallen, dass
desselben tages nützit haben mögen schaffen; aber uf gestern Fry-
g sind sy willens gewesen, wyter werbung ze tuonde; was si ge-
ıden, mögen wir nit wüssen.» ... Unterdessen sei wohl auch die bot-
ıaft von Glarus eingetroffen, etc.

Solothurn, Miss. p. 814, 815. Freiburg. A. Solothurn.

26. Oct. 28 (Simonis und Judä), nachm. 10 uhr. Die schiedleute
ın Solothurn an ihre obern. 1. Die boten von Freiburg und Ap-
ınzell seien heute wieder bei den V Orten gewesen, während Glarus
ıch fehle; dessen ausbleiben erkläre man sich durch die kürze der
ıst und erwarte eine botschaft auf morgen. Mit Freiburg und Ap-
ınzell sei auch eine savoyische botschaft in das (diesseitige) läger zu-
ıckgekehrt; die antwort der V Orte laute dahin, man solle sich zu-
ıt versichern, ob Zürich und Bern einen frieden wollen. Man bemerke
ohl, dass jede partei den frieden wünsche, sich aber scheue, es offen
erklären. Dieser bescheid werde morgen den beiden städten eröff-
t... 2. Die schiedboten (der andern Orte) habe man gebeten, Solo-
ırn's auszug (für Bern) zu entschuldigen.... «Uff solichs ist uns
ı antwort von den fünf Orten begegnet, es neme sy wunder, eb sy
e knecht?) von einer ganzen gemein in das feld verordnet oder nit,
d als wir dann allweg darwenden, wir syen mit unserm zeichen in
ıeidens wys in dem feld, so wäre ir beger, dass wir mit unserm
ıdlin hindersich uss dem feld ruckten oder hinüber zuo inen züchen,
möchten sy gespüren, dass wir unpartygisch wären, und dass wir
ı lang by ineu wären als by den Berneren, und begeren, dass wir
liche antwurt an ein ganze gemein bringen, so jetz in dem felde
der unserm fendlin ist; das nun uns ganz ungeschickt händel will
dunken, und mögend ir .. wol gedenken, was einer statt von Solo-
ıı darus möchte erwachsen.» Diese antwort, die eben spät einge-
ıgen, sei dem hauptmann und den knechten noch nicht eröffnet;
ıhalb bitte man um eiligen befehl. Die übrigen schiedboten begeh-
ı (immer), dass man bei ihnen bleibe und nicht wegreite; man sei
zu wohl geneigt, wolle aber tun, was den obern gefalle.

Solothurn, Reform.-A.

27. Oct. 28 (Simon und Judas), Dongo. Wilhelm Guidolaz an
ıhultheifs und Rat in Freiburg. Bitte um zusendung von geld,
enn wir haben allsammen nit ein pfennig», und gewährung des
ı vom (obersten) hauptmann überlassenen «platzes», etc.

Freiburg, Instr. B. XXIX.

628. Oct. 29, mittags. Die boten der landschaft **Thurgau**, zu landsgemeinde in Weinfelden versammelt, an **Zürich**. Antwort auf die schriftliche beschwerde über das ausreifsen der kneckte etc. Man bedaure, was geschehen sei, und werde mit den heimgekehrten in jede gemeinde so ernstlich reden, dass sie hoffentlich wieder ausziehen; der eingetretene abgang wolle man so ersetzen, dass je der dritte mann im lager sei, und zudem noch 1500 mann bis Mittwoch (1. Nov.) nach Winterthur schicken, um jedem befehle folge zu leisten; Zürich möge nun nach gutfinden die ergänzungsmannschaft sofort ins lager schicken oder dem zweiten auszug sich anschliefsen lassen; nur bitte man um bescheid, ob ein neuer hauptmann und ein anderes fähnchen aufzustellen seien; man hoffe auch, dass die leute sich gebührlich halten werden.   Zürich, A. Capp. Krieg.

629. Oct. 29. Vogt, Schultheifs, Rat und hauptmann zu Kaiserstuhl an Zürich. Bitte um leihweise verabreichung von acht haken mit pulver und steinen, damit man diesen pass und die stadt desto besser beschirmen könne...   Zürich, A. Capp. Krieg.

630. Oct. 29, Sihlbrücke. Jörg Zollinger an hauptmann Lavater. Er vernehme, dass die feinde ihr lager mit «grofsmächtig» weiten gräben umgeben, diese mit wasser füllen und «mit studen und herd verteckind»...   Zürich, A. Capp. Krieg.

631. Oct. 29 (Sonntag nach Simon und Judä), Reichenburg. Hauptmann und Räte von **Lucern** an die ihrigen zu Inwyl. Es werde hier von Glaris für einen frieden oder anstand gearbeitet; da man gerne zu allem mitwirken würde, wofür man keinen tadel gewärtigen müfste, und die fraglichen artikel den hauptleuten im lager vermutlich auch vorgelegt werden, so begehre man hiemit ihren rat und bericht, ob man sich einlassen solle oder nicht, und wie es bei ihnen stehe.   Lucern, A. Religionshändel.

632. Oct. 29 (Sonntag nach Simon und Judä). **Lucern** an seine hauptleute etc. im feld. «Wir schicken üch hie fünf schützen, die sind kon, und komend die andern ouch, dero wir warten sind, hand ouch ylends des sattlers sun mit gelt inen entgegen gschickt, und wa es üch not tuon wurdi um lüt, dass ir doch mögen schriben gen Münster und Entlibuoch und daselbs umb, bis die sach besser wirt»...   Lucern, A. Capp. Krieg.

633. Oct. 29, Inwyl. Die hauptleute und kriegsräte der V Orte an den **Kaiser** und den r. könig **Ferdinand**. Klagen über ihre gegenpartei, kurze nachrichten über die gewonnenen vorteile, beschwerde über die haltung anderer Eidgenossen (vermittelnder Orte?), vorstellung der obwaltenden gefahren für den alten glauben, die ordnung im Reiche etc.; erinnerung an die mehrfach gegebenen hülfsversprechungen, und dringendes ansuchen um tatlichen beistand durch angriffe gegen die Rheintaler, St. Galler, Thurgauer, Berner etc. Besiegelt von Rychmuth (warum nicht von Golder?).   Lanz, Briefe etc.

(Neudeutscher auszug im Zürcher Kt. Schulprogr. f. 1849, p. 28—30). Die einzelnen momente des inhalts sind in andern acten der art schon genügend verarbeitet.

634. Oct. 29, Chambery. Herzog Karl von Savoyen an die hauptleute der V Orte. Creditiv für einen ungenannten gesandten zur förderung einer friedensunterhandlung.   Lucern, A. Religionshändel (latein.).

Die jahrzahl fehlt, wie leider in sehr vielen erlassen der savoyischen canzlei.

635. Oct. 29, Schaffhausen. Jacob Hünerwadel an Ulrich Kambli
in Zürich. Eine gläubwürdige person habe gesagt, dass die Länder
dem Egg von Rischach, vogt zu Laufenburg, am letzten Dienstag (24.)
durch eine gemeine frau einen brief geschickt, der zwischen brettchen
gelegt iu ein brot hinein gebacken gewesen; die frau sei auf dem wege
dreimal ausgezogen worden, aber auf ihre bitte habe man ihr das brot
wieder gelassen, so dass sie den brief wirklich habe fertigen können;
dies habe der knecht des von Rischach letzten Donstag zu Waldshut
selbst gesagt, was einer aus dem Klettgau mit eigenen ohren gehört.
Auch höre man, dass der Egg in den städten volk sammle; wozu es
dienen solle, wisse man nicht...; im Hegau sei es ruhig; im Allgau
habe ein bote des Kaisers knechte anwerben wollen, aber keine gefunden. Auf die obige nachricht betreffend den brief können die herren von Zürich sich verlassen.   Zürich, A. Capp. Krieg.

636. Oct. 29 (Sonntag nach Simonis und Judä), Cassel. Landgraf
Philipp von Hessen an Zürich. Berichte über rüstungen, die verdächtig erscheinen (verweisung auf eine beilage), und seinen streit mit
graf Heinrich von Nassau etc., der als vorwand zu einem angriff auf
die Evangelischen dienen mochte, um sie zu trennen und nach einander zu erdrücken etc. Desshalb bitte er Zürich freundlich, für den
fall ernster gefahr oder wirklichen angriffs, um treues aufsehen und
eiligen beistand mit möglichst grofser anzahl von fufsvolk. Bitte um
bestimmte antwort bei diesem boten...   Zürich, A. Hessen.

637. Oct. 29. Basel an die kriegsherren in Strafsburg. Antwort auf ihr schreiben vom 25. d. (Mittwoch nach Ursule). 1. Da
man hier gleichartige nachrichten empfangen, so habe man desswegen
an die regierung zu Ensisheim geschrieben und zu wissen begehrt, ob
diese dinge auf ihren befehl geschehen oder nicht; darauf habe dieselbe
geantwortet, sie wisse nichts und wünsche genauern bericht, besonders
angabe der «malstatt», und werde dann handeln, was sich gebühre;
das nähere habe man heute gemeldet und erwarte nun entsprechende
antwort. 2. (Anerbietung geeigneter schutzmafsregeln für die Strafsburger, welche die Basler messe besuchen wollen). 3. Hinweis auf
den letzten bericht, und anzeige, dass der herzog von Savoyen, der
markgraf Ernst von Baden und etliche reichsstädte sich zu gütlicher
unterhandlung erboten, Zürich und Bern aber nicht einwilligen, bevor
sich die V Orte dazu geneigt erklärt haben würden.   Basel, Missiven.

638. Oct. 29, nachm. 2 uhr. Basel an Bern. Antwort auf dessen zwei zuschriften betreffend die eingeleitete friedensunterhandlung
etc. Es habe unzweifelhaft noch in frischem gedächtniss, dass man
allezeit begierig gewesen, frieden und einigkeit zu erhalten; darum
habe man an dem proviantabschlag nie gefallen, viel weniger noch
lust zum krieg gehabt, und auch mit allem ernst zu einem frieden

geredet; wie viel aber diese ratschläge gefruchtet, wisse es wohl. Weil es nun leider dazu gekommen, dass Zürich in seinem gebiete schwer geschädigt worden, auch diejenigen, die stets nach frieden gerungen, im kriege übel gelitten, leute und geschütz verloren haben, und überdies in schande geraten, wodurch, wenn kein ersatz geschaflt, das gotteswort in verächtlichen abgang käme, die burgerstädte vor der welt zum gelächter würden, so wäre man ganz begierig, solche schmach mit Gottes hülfe zu rächen und zur rettung von Gottes ehre alles einzusetzen. Da man aber sehe, wie wenig eifer (›kleinen ernst‹) gegen die feinde gebraucht werde, und bedenke, dass die annahme eines friedens besonders von Zürich und Bern abhänge, so wolle man den handel vorab Gott empfehlen und mit aller sorgfalt überlegen, um zu einer antwort auf (irgendwelche) anträge gefasst zu sein, etc.

Bern, A. Capp. Krieg. Basel, Missiven.

639 a. Oct. 29 (Sonntag nach Simonis et Jude), **Solothurn.** 1. Auf die nachricht von Bern, betreffend die ausländischen, wird Freiburg nochmals gemahnt und darüber antwort gefordert. ›Angestellt biss morn.‹ 2. An die vögte zu Dorneck, Thierstein und Gilgenberg: Mahnung zu aller vorsicht.

639 b. Oct. 29, nachmittags. Verhörung eines schreibens von Zürich. Verschiebung eines beschlusses auf morgen, um weiteres zu erwarten.

639 c. Oct. 30 (Montag etc.), (c. 9 uhr vorm.). Nach verhörung aller eingegangenen briefe werden die gesandten angewiesen, die zumutungen der V Orte (vor der mannschaft) zu verschweigen, da man sie nicht billigt (›schimpflich und ungestaltsam‹ findet); dagegen sollen sie bei den Bernern bleiben, jedoch fortfahren in Bremgarten für den frieden zu arbeiten; auf ein winterlager oder weiteren krieg will man sich nicht einlassen. **Solothurn.** Ratsb. 20, p. 457, 459, 460; Miss. p. 818, 819, 801.

640. Oct. 29, Bern. (Antwort an eine savoyische botschaft?). ›Wiewol min herren bericht, dass er (der Herzog) lasse die, so m. h. widerwertig, passieren, das aber m. h. von sinen potten vernommen mit sin, dann er sich guots erpotten, dess (well man?) im danken, mit vergessen zuo guotem getruwen, und pitten fürer, also nachbürlich halten und die, so wider uns, nit lasse passieren; dess (werd man) hernach indenk (sin) und m. h. gegen im erkennen, wo gott zuo truwen helfe, widens die alte fründschaft wider ze ernüwern.‹

Bern, Ratsb. 231, p. 191.

641 a. Oct. 29, Zofingen. Die führer des zweiten auszuges der Berner an die des ersten. Andeutung des inhalts zweier briefe von Zürich, betreffend den schlechten geist der mannschaften, die ansetzung eines tages in Bremgarten ... und die errichtung eines winterlagers... Man habe nun von hause bescheid begehrt, zumal die witterung unbsiquem sei. Bestimmte weisungen über weiteres vorgehen habe man aber noch nicht, und die knechte zeigen sich unwillig, zum teil der armut wegen, darum bitte man um bericht, wie es mit dem frieden stehen möge, und was sonst beschädigt sei. **Freiburg, Diesb. Pap.**

Oct. 29, um mittag. Dieselben an dieselben. Anzeige dass
leute von einem lager zum andern schleichen, sodass faule
zu besorgen seien; daher rate man, z. b. den Falkysen von
.d andere zu verhaften und nach verdienen zu strafen; der
habe jedenfalls seinen eid übersehen. . .   Freiburg, Diess. Pap.

t. 29 (Sonntag?) nach Simonis und Judä, um 11 uhr, Sursee.
.hauptmann, fähnrich und Räte an St. und Rat in Lucern.
.hren vogt am Ort's seien sie nach Schötz geritten; da haben
gründlichern bericht erhalten, wie die banner von Bern und
n bei Zofingen liegen, und der nächste angriff dem schloss
gelte, um dann «dieses» amt einzunehmen. Sautweg zeige
h gewisser kundschaft an, wie die Berner geredet, sie wissen,
mannschaft und geschütz man diesseits habe, und dass sie es
mit den V Orten (nicht auch mit Oesterreich!) ausmachen
etc.· Darum sei man jetzt entschlossen, heute früh nach Dag-
u hinab zu reiten und sich da genau zu erkundigen, wo man
vorteilhaftesten lagern könnte; desshalb bitte man um eilige
g einer zahl büchsenschützen, deren hier zu wenig seien.
                                  Lucern, A. Religionshändel.
ct. 29, um 12 uhr mittags, Sursee. Schützenhauptmann und
an St. und Rat in Lucern. Von Zofingen her seien in
unde (warnungen) gekommen, durch die man sich veranlasst
nach Dagmersellen zu rücken. Die von Münster seien mit
lichen hieher gekommen. Den Entlebuchern habe man dess-
                                  Lucern, A. Religionshändel.

)ct. 29 (Sonntag nach Simonis und Judä), Bellenz. Jacob
dvogt zu Lauis, an die hauptleute der V Orte. « Frommen
    1. «Uff gester ist uns märe kon, wie dann Gott durch sin
aber sig und glück ge(be)n, dass unser fiend aber mit schanden
lurst siglos worden, (das) han ich dem bischof von Weralan
von stund an bi eigner botschaft zuogeschriben, ouch ander
ief, so im wisend oder andren, von stund an, wenn si kon
weg gefergget. 2. Witer .. so ist mir uf nächt abends ein
u Meiland kon, zeigt an, wie die von Zürich dem Herzogen
en hand, dass der Zwingli umkon sie, und heigend tusend
loren und ir geschütz. (Sy) hend ouch ein ratsbotten mitsampt
iplüten, so hie inn im feld ligend, gan Meiland geschickt, mit
rzogen ze reden, dass er uns die päss gar abschlach, damit
lsch volk wider si üch .. zuo mög ziechen; denn si kla-
si(en) ob tusend welscher üch zuozogen, und sonders die
ller, und in ermant und betten, all die sinen wider von üch
en; si heigend ouch ein knaben gevierteilet, (der) heig üch...
sewarnet, und heigend noch etlich gefangen; si heigend ouch
k ander büchsen in das feld geschickt, und syend die von
d alle vij Ort bi inen im feld mit vil geschütz und xxx tusend
d die v Ort mit x tusend man, und vil ander stempny, so si

da handlend, sind dis wuchen da gesin, mag nieman wüssen, was si
da erlangind; (das) tuon ich üch im besten ze wüssen, damit ir mit
den Eschentaleren und andren wüssend ze handlen. 3. Witer, g. h.,
als ir schribend, all Italianer, so wir mögend ankomen, hinus ze ferggen, kerend wir hie allen flis an, denn es komend täglich vil har,
wenn wir nun gelt hettend, so welltend wir knechten vil hinus bringen. Ich schriben dem bischof von Werelan hertan um gelt, aber es
kumpt mir weder antwurt noch gelt; ich entlenen und verschrib mich,
wo ich kan gelt ufbrechen, damit ich si hertan für mög fergen. Uf
hüt ist ein houptman mit lxxxx knechten harkon, hend wir in angenomen und im zuogeseit, wie die andren Italianer by üch gehalten
werdent, also werdend ir si ouch halten mit der bezalung und allen
dingen, heifst miser Hercules von Modona; (ich) bitt üch, ir wellend
in ouch erlich halten, denn er für sich selbs guotwillig ist üch ze
dienen, han im ouch xxxx kronen ze Bellez daruf gen. Es kumpt
hertan vil knecht har, und manglet uns nüt denn gelts; doch wend
wir tuon, was uns müglich ist»....   **Lucern, A. Religionshändel.**

645. Oct. 29, Rom. Papst Clemens VII. an die V Orte. «Dilecti,
cet. Audita proximis diebus vestra victoria, tametsi moleste tulimus
eam necessitatem incidisse, ut aut fortissimæ nationis ac de nobis et
sede apostolica optime meritæ cum summo nostro | dolore sanguis mit-
tendus esset, aut ni id fieret, pars quæ sincera permanet atque incor-
rupta, periclitaretur; quoniam tamen vitari non potuit quin arma pro vestra
ac fidei sanctæ defensione ca- | peretis, magnopere lætati sumus Deo
ipso vestram constantiam ac pietatem adjuvante, partem quæ prior bello
vos lacessiverat, singulari virtute ac laude vestra rejectam atque fuga-
tam esse. | scripsimusque tum ad vos gratulantes quod initia belli illo-
rum culpa contracti vobis feliciter cessissent, pollicitique sumus, quan-
tum aut auctoritate apud Principes christianos aut nostris facultatibus |
efficere possemus, vobis non defuturos, in qua quidem cogitatione as-
sidue versantes licet speremus illos, quod christianos Principes decet,
facturos idque urgere ac summis precibus ab ipsis | contendere non
desistamus, scribente tamen ad nos ven^ll fratre Ennio ep° Verulan.,
nuntio nostro, dilectum filium Stephanum de Insula, oratorem vestrum,
recentiores isthinc litteras habere, quibus | significatur adversarios vestros
undique copias cogere, ut vos majoribus quam antea viribus aggredian-
tur, longum putavimus expectare aliorum auxilia, et quamvis in summa
pecuniæ diffi- | cultate versaremur, attritis ut scitis ac pene consumptis
nostris et sedis apostolicæ facultatibus, tamen ne vobis, quos merito
carissimos habemus christiane (?) etiam ac religionis causam agentibus
tam ne- ; cessario tempore deessemus, collegimus aliquantum pecuniæ
quæ subsidio ac defensioni vestræ serviret, ut potuimus tot undique
difficultatibus ac temporis angustiis oppressi, nec desistimus | tamen
curare, ut majora vobis subsidia tam a nobis quam a reliquis sum-
mittantur, si inimici vestri bellum facere perseverabunt. Vos, filii di-
lectissimi boni consulite hoc quicquid est auxilii | quod prestamus,
eoque non animum sed facultatem nostram metiamini, vestra autem

virtus atque constantia non æget (sic) cohortatione nostra, nec dubitamus quin erectioribus animis vestram ac majorum | vestrorum gloriam ac religionem defensuri sitis. Nos quidem ita vestram salutem pro viribus nostris defensuri sumus, ac si de nostra et sedis apostolicæ salute ageretur, quemadmodum ex præsentium la- | tore, familiari nostro, et Ep¹ Verulan. litteris plenius audietis. » Blosius.

Lucern, Breven. — Uebersetzung in den A. Religionshändel.

Einen abdruck enthält das « Archiv f. schweizer. Reformationsgeschichte, » II. 17, 18.

646. **Oct. 29,** nachm. 10 uhr. B e r n (an die hauptleute bei dem) ersten panner. 1. Zürich habe schriftlich angezeigt, wie es vernehme, dass die (Berner) mannschaft aus dem felde ziehen und nicht im lager verbleiben wolle, und desshalb eine botschaft hieher abgeordnet, um zum allerhöchsten zu mahnen, was die bünde und burgrechte vermögen, was auch die ehre und die gegebenen zusagen erfordern, und demnach zu begehren, dass ein solcher schädlicher abzug eiligst verhütet würde. Da man, wie früher geschrieben, selbst ermessen könne, wie schmählich und nachteilig dies wäre, so erneuere man den befehl, den knechten (das ausreisen) zum strengsten zu verbieten, etc. 2. Auf nächsten Dienstag (31.) werde man eine botschaft nach Bremgarten senden, um da mit andern (kriegs)verwandten zu handeln.

Bern, Teutsch Miss. T. 188.

647. **Oct. 29,** Blickenstorf. Hauptmann und Räte von B e r n an die führer des zweiten heeres. Heute früh habe man deren brief vom Freitag abend mit der eingelegten copie, sodann die botschaften von Savoyen und Freiburg verhört und darauf unter beirat der übrigen Orte geantwortet, wie jener brief laute, wolle nun also erwarten, was auf dem burgertag in Bremgarten beratschlagt, und was von den V Orten eröffnet werde; wenn sie sich friedensbegierig zeigen, so werde man sich auch gebührlich erklären. Beigeschlossen zwei briefe, auf welche die herren (hauptleute etc.) den beiden fürsten (?) antworten mögen.

Bern, A. Capp. Krieg.

648. **Oct. 29,** Blickenstorf. Hauptmann und Räte von B e r n an ihre obern. « Es hat Uoli Suter von Thun ein red usgestofsen, als meister Franz und ander predicanten von disen dingen red hieltend,* die pfaffen wärend schuldig an disem krieg und übel, und man söllte dess über sy uskon, weliche red, wahin sy langen mag, ü. g. wol ermessen (kan), und wiewol wir in gern hie darumb gestraft, haben wirs nit dören tuon uss besorgnuss wyterer unruow; desshalb wir im einen eid geben, ein nacht nit wie die andre ze liggen, bis er sich vor ü. g. stelle, darumb ü. g. in strafen mag nach irem gefallen. »

Bern, A. Capp. Krieg.

* Ueber die predigt von Franz Kolb gibt B u l l i n g e r, III. 213, 214, genügenden bericht.

649. **Oct. 29.** Hans Rudolf von Graffenried, hofmeister zu Königsfelden, an hauptmann und Räte von B e r n im lager vor Zug. Heute seien die boten, die an den Rhein geschickt worden (s. nr. 592), zurückgekehrt mit dem bericht, dass wohl etwelche drohungen seitens

der Kaiserlichen vorgefallen, und die Rotweiler in Waldshut sich noch
einigermafsen verstärkt haben, auch gerne einen übergang versucht
hätten; da aber die pässe diesseits gesperrt worden, und die leute auf
eigene kosten sich erhalten müfsen, seien sie etwas «unleidig» geworden, so dass man glaube, sie werden bald wieder heimkehren, zumal
die Waldshuter ihrer auch müde geworden; freilich werde daneben
auch gesagt, Eck von Reischach wolle sie mitsamt den knechten, die
er immer noch annehme, in die vier städte verteilen. Sonst aber sei
noch keine rechte rüstung und sammlung vorhanden; zudem habe
Klaus Brunner die pässe mit wackeren leuten versehen, was er selbst
habe beobachten können; es möchte sich also nicht so leicht ein fremdes kriegsvolk sammeln, ohne dass man dessen inne würde und sich
zum widerstand rüsten könnte. Was weiter zu erfahren sei, werde
er ebenfalls melden.   **Bern, A. Capp. Krieg.**

650. Oct. 29, Brienz. Diebold von Erlach, Wilhelm Rümsi und
Michel Sager an Bern. 1. «Wir hand üwer schriben verstanden, so
uff goster us ist gangen, darin wir verstanden hand üwern willen und
meinung, die von Hasli und uns zesamen ze verfüegen, wo es die not
wellt erforderen. Sömlichs wir allweg in willen hand gehan und etwan an einem ort ze warten, und diewil unser so wenig ist, (dass
wir) nit all rick hand mögen versehen; aber sid Donstag har sind etliche rick verschniget, wo der schnee so will verharren, mögen sy ij,
nit me an so menchem ort überfallen; aber noch hand sy ij, einen
zuo uns, den andren gen Hasli, welchi noch nit durch schnee beschlossen sind; da wellend wir das best tuon nach üwerem schriben. 2. Und
als ir uns hand bericht von wegen des sturms, wo es uns not deti,
so man ze Thun wurdi lassen gan, wend wir üch nit verhalten, so es
darzuo wurd kon, dass wir überfallen wurdent, wurd uns der sturm
ze spat kon; dann wir allweg in einer vierteil [einer] stund an einandren wärind. Aber eins welt uns bedunken, wo es ü. g. (für) guot
welt ansechen, dass ir üwerem schultheifsen von Thun schribend, wenn
wir im embuttend, dass er uns dann ein zal knechten zuoschickte, so
vil uns guot tuechti, weltend wir in allweg wol bi zit lassen wüssen,
dass sy by guoter zit wol mochten zuo uns komen; tüechti uns das
fruchtbarist; aber was ü. g. will gefallen, das bescheche. 3. Uff gester
sind aber vier us dem zuosatz von Lungeren uff die marchen uff
den Brünig heruf komen; (do) hand die unseren die von Underwalden
(um?) red angezogen; da hand sy nüt mit inen wellen reden; dann
wir eigentlich bericht sind, dass man inen verbotten hat, mit den unseren ze reden; ouch so denkend sy keiner sachen nüt, wiewol sy
alles wüssen, was in ihm lager bescheiht, und ziend sich nit fast heruf;
dann wie vor, wo sy der unseren innen werdent, ziend sy sich fast
abhin. 4. Gnedigen herren, wir hand ouch verstanden, wie üch unser
brief, so wir üch zugeschickt hand, unordenlich worden sind, ouch
die copy, so wir üch zugeschickt hand, die Walliser betreffend), ist
der schriber schuldig, dann er iren üch ze schicken vergessen hat, die
wir üch hie zuoschicken, wiewol nit vil daran gelegen ist, und achtend

wol, es habi kein bott hinüber mögen kon, dann die Grimslen der
nacht verschniet ist worden, dann uns noch kein antwurt ist komen»...
Bitte um häufige benachrichtigung, etc.　　　　**Bern, A. Capp. Krieg.**

651. Oct. 29, Aarberg. Dietrich «der zollner» an den schultheifs
zu **Bern.** Der vogt von St. Johann habe ihm gesagt, er habe sich
mit dem schultheifsen über einen mangel in der mühle besprochen und
sei dann der besichtigung halb an ihn gewiesen worden, damit sofort
abgeholfen werden könnte; jetzt könne er sich aber nicht damit befassen; denn der gefährlichen zeitläufe wegen müfse er immer bei der
brücke sein, zumal ihn jetzt niemand ablösen könnte; darum bitte er,
anderweit für die sache zu sorgen und diesen abschlag nicht übel zu
deuten, etc.　　　　**Bern, A. Capp. Krieg.**

652. Oct. 29. Tschachtlan, venner und landleute zu Saanen an hauptmann und vogt zu Aelen, Hans Franz - und Hs. Rudolf Nägeli.
Von mehreren landleuten..., die des handels wegen in der Lombardei gewesen und durch Wallis heimgekehrt, vernehmen sie, dass
angesehene personen daselbst ihnen erklärt haben, das land wolle gegen die Berner gute nachbarschaft leisten und deren gebiet durchaus
nicht schädigen, so lange sie selbst unangefochten bleiben, dass auch
bisher zu St. Morizen nur sieben mann gewesen; was nun auf die
vorgänge in Aelen geschehen werde, wisse man freilich nicht.
　　　　Bern, A. Capp. Krieg.

653. Oct. 29, (Bern?). «Anfang zur schweren frids handlung diss
fast schädlichen kriegs. Der stetten Zürich und Basel gschriftliche
antworten uff einer statt Bern gschriftlich ansuochen, etlicher frids-
handlung ze losen» (rote überschrift). Kurze erzählung der verhandlungen im städtischen lager vom 26. October an, — «hiehar (auf der
rückseite des bezüglichen Basler schreibens) ordenlich abzeschryben
angeheft.» (?)　　　　**Bern, A. Capp. Krieg.**
Hand eines alten, sonst wenig vorkommenden schreibers.

654. Oct. 30 (Montag), nachts um 9 uhr. Der «schattleni» zu Frutigen an **Bern.** Heute sei der späher aus Wallis zurückgekommen
und berichte, dass die Walliser den V Orten zugezogen, und zwar auf
deren dringliches mahnen und vorgeben hin, dass die Berner den alten
gottesdienst zerstören wollen; wie stark sie ausgezogen, könne man
aber nicht erfahren. Ferner vernehme er, dass vor acht tagen von
etlichen zehnten 300 mann ausgezogen worden. Der späher habe als
vorwand gehabt, schulden einzuziehen, sei aber heimgewiesen worden
mit dem bescheid, er bekomme jetzt weder geld noch wein. «Witer
so hat mir der bott ein anbringen (tan) von Birenocken von Baden (?),
mir (wir) sollen sy lossen wissen, was mir gegen inen gesinnet sygen,
derglichen wellen sy uns ouch tuon.» Hierüber wolle er der obrigkeit bescheid erwarten; den guten worten .. sei nicht gar viel zu
trauen...　　　　**Bern, A. Capp. Krieg.**

655. Oct. 30. Basel an Zürich. Antwort auf das schreiben betreffend die «tagsatzung» nach Bremgarten: Man werde dies an den
rofsen Rat bringen und ferner handeln, wie sich gebühre. Daneben

höre man, dass sich in Schwaben ein heer von 8000 Landsknechten sammle, die nach Ueberlingen ziehen sollen; da möchte man raten, von Constanz her genauern bericht darüber einzuziehen. . .

Zürich, A. Capp. Krieg.

656. Oct. 30, (Blickenstorf). «Wir der obrist, ouch ander houptlüt Züricher lägers gebieten allen und jeden, under welchen houptman die gehörend, so sich usserthalb der wacht unsers lägers enthaltend und gelägert, dass die von stund an, angesichts diss briefs, by verlierung irs libs und guots ufbrächind und in unser läger inthalb die wacht züchind».... Siegel von Hans Rud. Lavater.

Zürich, A. Capp. Krieg.

657. Oct. 30 (Montag nach Simonis und Judä). Zürich an Bremgarten. Nach zweimaligem verlust an geschütz bedürfe man anderes und begehre daher, dass die seiner zeit arrestirten hakenbüchsen, welche noch nicht verwendet worden, dem vorweiser dieser zeilen verabfolgt werden, etc.

Stadtarchiv Bremgarten.

Gehörten denn diese büchsen nicht nach Freiburg?

658. Oct. 30 (Montag nach Simonis und Judä). Instruction für die botschaft der Gotteshausleute von St. Gallen: Heini Witwiller, gen. Schlosser, ammann zu Rorschach, und der ammann von Rickenbach, an BM. und Rat in Zürich, sowie an den hauptmann im feld. 1. Auf die von Zürich gesandte missive, worin es begehre, dass die heimgekehrte mannschaft zurückgeschickt werde, haben die zusammenberufenen gemeinden beschlossen, alle aus dem lager heimgezogene mannschaft wieder dahin zu senden oder an deren statt andere, die ungehorsamen zu verzeichnen und zu seiner zeit nach gebühr gegen sie einzuschreiten, da die landschaft ihre zusage und die verkommniss treulich halten und mit Zürich lieb und leid teilen wolle. 2. Da sich die leute über die teurung der speise und des trankes beklagen, so bitte man, ihnen diese dinge nicht zum teuersten anzurechnen und darin eine milderung zu gewähren. 3. Weil etliche überseeische reichsstädte für eine vermittlung zwischen den parteien arbeiten, so bitte die landschaft für den fall, dass ein friede gemacht würde, ihre rechte auch zu bedenken und es bei der aufgerichteten verkommniss bleiben zu lassen.

Stiftsarchiv St. Gallen.

659. Oct. 30, vormittags 10 uhr, (Rheineck). Ulrich Stoll an Zürich. 1. Den ihm erteilten befehlen gemäß habe er immerfort späher auf dem weg; auch heute morgen wieder einen nach Bregenz geschickt, die wachen verstärkt, und zwar weil Mark Sittich am letzten Donstag (26.) vor freude über «die mär» (von dem unfall am Berg) drei schüsse losgelassen, so dass man in besorgniss gestanden, da er mit den V Orten in guter verbindung stehe; zwischen Gams und dem Wilden Haus sei nämlich keine wache... 2. Der arme mensch (?...) sei am letzten Samstag gerichtet worden, nachdem er bekannt, dass er die nachricht von dem ereigniss zu Cappel dem M. Sittich zu bringen gehofft, und einige andere (in fehlendem beizeddel benannte) mit ihm verbunden gewesen.

Zürich, A. Capp. Krieg.

660. Oct. 30, nachm. 4 uhr, Zurzach. Niklaus Brunner und etliche seiner Räte an BM. und Rat in Z ü r i c h. Es haben etliche aus den ämtern Siggental, Schneisingen und Lengnau vorbringen lassen, es sei ihr alter brauch, dass die stadt Baden, wenn die ämter zwei mann ausziehen müfsen, je den dritten zu geben habe, sich dann hierüber beraten und vereinbart, mit den oberen ämtern, nämlich Würenlos, Dietikon und Rordorf, zu beschliefsen, gemeinsam fremdes volk am Rhein abzuwehren, wozu sie dann befugt wären, die von Baden auch zu mahnen; darin lasse er ihnen freie hand, erwarte aber keinen er-folg. Ferner vernehme er, dass der von Blumenberg am « Rand » hauptmann über 4000 knechte sei, die sich um Laufenburg, Rhein-felden und Waldshut sammeln; es befinden sich auf letzterm platze wirklich 300 Landsknechte und Rotweiler, die noch 200 von Rotweil erwarten und immer davon reden, zu den V Orten zu ziehen. Da man viel untreue und falschheit spüre und manche über Zürichs unfall « durch die finger lachen », so dass man im fall der not auf niemand sich recht verlassen dürfte, so schlage man vor, die grafschaft Baden bis an die stadt hin einzunehmen, was hoffentlich wenig kosten würde; gefiele dies den herren, so könnten sie mit 2(00?) mann Rordorf, Die-tikon und Würenlos einnehmen, was keinen widerstand finden würde; dann würde man auch den hofmeister zu Königsfelden zu gewinnen suchen.   *Zürich, A. Capp. Krieg.*

661. Oct. 30 (Montag nach Simonis und Judä). Z ü r i c h an haupt-mann und Räte im feld (bei Blickenstorf). « Wir vernemend, wie die paner, so kurzlich von Bern uff Zofingen zogen, da still lige, uff wy-teren bescheid zuo warten. Desshalben wöllend mit unsern lieben eidgnossen von Bern red halten, wie man im fürer tuon wölle, damit die find hantlich oben nahin getrengt werdint. Dann so ir also zuo allen teilen still liggend, könnend wir anders nützit befinden, wenn niemand nüt tuon will, dann dass es hindennahen ein elenden uner-lichen abzug (das Gott verhüeten wölle) geben und unser sach ärger, dann (sy) noch nie gesin, werde. Dorum wöllend üch die sach dest herzlicher lassen angelegen sin und dest ernstlicher mit unsern lieben eidgnossen von Bern reden und handlen, dass sy unser aller lob und eer, und was grofsen spotts und schanden uns dardurch uff den hals wachsen, bedenken und den handel inen so ernstlich angelägen sin lassen wöllind, als unsere grofse notdurft das erforderet, und sy selbs on das wüssen mögend, was uns allen daran gelägen sye. »
                                   Bullinger, Ref.-Chr. III. 216.

Montag n. S. etc. war nicht 29. Oct., wie B. übersetzt.

662. Oct. 30 (Montag nach Simonis und Judä). Z ü r i c h an die hauptleute etc. der B ü n d n e r in K a l t b r u n n e n. 1. « Wir hättent je vermeint, ir hättent üweren vilfaltigen zuosagen und gestaltsame der sachen und was uns allen daran gelegen, (ouch) unserem vilfaltigen schryben und begeren statt geben und unserem botten, den wir by üch da oben gehept (diewil nützit dann zimlichs und billichs und das unser aller lob, nutz und eer und guot ist, an üch geforderet), frünt-

lichen gewillfaret. Und wiewol sich etlicher fürsten und herren und
stetten botschaften zwüschen uns und unseren fyenden zuo handlen
güetlich ingelassen, ist doch soliche güetliche underhandlung, wiewol
wir unsers teils nüt usgeschlagen, von unseren fyenden, den V Orten,
gänzlich nit bewilliget, sonder sind si die, so für und für uff unsern
schaden trachtent, und diewil dann aller handel in dem feld muofs
vertragen werden, und aber, wo ir ein anstand machent, unsern fyend
sicherent und villichter (dess wir uns doch zuo üch in keinen weg
versechen wöllent) uss dem feld verruckent, desshalb (?) dem gemeinen
friden und uns allen ein merklichen schwall und nachteil bringen
wurde, so ist nochmalen unser ganz trungenlich ernstlich bitt an üch,
ir wöllent bedenken, wohin die sachen langen, und wo ir ein anstand
machent, dass es eben dahin reichen, dass wir all dest minder ab der
sach zuo einem gemeinen friden komment, und nüt dann irrung und
hinderung darus folgen möcht, und also üch und uns zuo guotem von
solichem nachteiligen anstand abstan, sonder üwerem früntlichen zuosagen und vertrösten als biderb lüt gnuog tuon, üch ouch dermafsen
bewysen wöllent, als unser höchst vertruwen zuo üch stat. Das wöllent wir um üch zuo ewiger fründschaft haben niemer zuo vergessen.
Tuond als die frommen — wer weifst, wo es zuo verschulden kompt
— so müefsent ir uns finden als die getrüwen.» — Nachschrift:
2. «In dem, ouch vor und ee wir disen brief beschlossen, ist uns
üwer schryben und antwort, so ir uns uff unsers ratsfründs Ruodolf
Stollen anbringen und werbung geben, zuokommen, darin ir uns um
ein gewaltige, verfassto starche hilf zuosampt einem starchen geschütz
ersuochent, mit dem bericht, wie ir in einen anstand bewilliget, das
uns warlich herzlich beduret und bekümbert, und (hetten) wol vermeint, (dass) ir, wie wir gegen einanderen stönd, bas bedacht und
hinder uns niendert in das (so) uns nachteilig sin möcht, bewilligt
hettent, als wir ouch hoffent, (dass) ir es nit tuon werdent. Warum
ir uns aber um wyter lüt und geschütz ersuochent, ist guot zuo gedenken, lassent es desshalb gänzlich by nebent (resp. ob-) vergriffner
gschrift belyben, der hoffnung (dass) ir das (so) üweren eeren zimpt
und wir üch zum höchsten vertruwent, leisten und in keinen anstand
willigen wordent, das wir gwüsslich üch tätent, wo es ienen zuo schulden käme.»   Helvetia, II. 221, 222.

663. Oct. 30, Kaltbrunnen. Hauptleute, lütiner, fendriche und Räte
der III Bünde, der grafschaft Toggenburg und des Gasters an
Zürich. 1. Man sei durch glaubhafte personen gewarnt, wie sich
die Märchlinge letzte nacht mit einem grofsen kriegsvolk gestärkt haben
und immer noch verstärken. Desshalb habe man in den letzten tagen
die Glarner dreimal durch boten und schriften um zuzug gemahnt;
sie haben aber solchen geradezu abgeschlagen; auch der sturm, der
bis nach Wyl hinunter angeschlagen worden, habe keinen mann gebracht; zudem seien nicht mehr als 200 mann von Grüningen da, und
zwar in schlechtem zustand, woraus Zürich wohl ermessen könne,
wie schwach man sei. Darum habe Glarus durch seine botschaft

ernstlich um einen anstand geworben, und in betracht des vorteils, der
daraus entspringe, habe man ihn angenommen, doch mit dem vorbehalt, dass der haufe in der March dort liegen bleibe und nicht mehr
in das grofse lager ziehe, damit er Zürich und seinen mithaften abgenommen wäre, was doch wahrlich eine grofse erleichterung sei und
den feind erheblich schwäche; dies habe man auf einen tag und eine
nacht angenommen, aber noch von keinem frieden geredet. 2. Man
habe (nämlich) vielfach gehört, dass die Wädenswyler mit den feinden
einen anstand und frieden gemacht, und dass letztere gleich darauf in
die March hinauf gerückt, also förmlich von angehörigen Zürichs gegen
die bundesgenossen (« uns ») geschickt worden seien. Dies habe man
um so mehr bedauert, als Zürich in allen schreiben verboten, einen
anstand zu machen, der ihm doch nur vorteil und keinen schaden
bringen könnte, ... wie sich später wohl zeigen werde.... 3. « Uff
sölichs ist unser ganz trungenlich ernstlich hoch empsig pitt, beger
und mauung, wo ir uns keinerlei wegs nüt gstatten oder vergunnen
wellind, den armen lüten im Gaster gegen irem fygend zuo friden zuo
verhelfen, dess wir uns doch nüt versächend, ir wellind uns by angsicht des briefs in il und onverzogenlich ain gwaltigi wol verfassti
hilf ains wol gerüsten volks, ouch ain sterker merer gschütz uff rederen zuoschicken in das Gaster by tag und nacht » ...; dann werde
man auch nichts sparen, um den feind zu schwächen. Bitte um
eiligsten bescheid, damit man sich in allem zu richten wisse...

Zürich, A. Capp. Krieg.

Vgl. den wortlaut bei Tschudi, in Helvetia II. 218—220.

664. Oct. 30. Anhang zu Absch. p. 1200, n. 15: 1) Gesuch um
lieferung eines ersatzrades für eine zu Buonas liegende grofse büchse.
2) Ernstliche wiederholung des begehrens, dass die pfister angehalten
werden, alle brote gleich grofs zu backen, da dies immer noch nicht
beachtet werde. 3) Erneuerung des rates, dem (missfälligen) Sigmund
die läuferbüchse abzunehmen. 4) Bitte um zusendung von vier guten
«tortschen». — Nachschrift (auf einem beiblatt, dessen einordnung
nicht ganz sicher ist): Der venner von Meggen habe die ihm befohlenen artikel des geldes halb angebracht . . und wolle jetzt hier verharren. Da die französischen anwälte etwas geld vorgeschossen, so
habe man jetzt keinen empfindlichen mangel daran und habe desshalb
den Wallisern und den Wälschen geliehen; doch möge der Rat die
nötigen schritte tun, damit man im fall des bedürfnisses nicht gehindert sei.

Lucern, A. Religionshändel.

Es existiren ein fragment und ein vollständiges exemplar; letzteres hier
benützt.

665. Oct. 30 (Montag nach Simon und Judä), nachm. 5 uhr. Lucern an seine hauptleute im feld. 1. «Uewer schriben uns getan von
wegen eins fridens haben wir verstanden; daruf ist unser meinung,
was artikel gestellt von unsern fygenden old von üch, dass ir die
gründlich und eigentlich lassen stellen verständlich, und dass ir tapfer
handlen, was üch dann begegnet, uns das zuoschriben. Es ist ouch
unsers gfallens, wann ir rat haben wöllen im feld, dass ir dann ander

üwer miträl, sy sygent nebent üch im andern hufen oder sunst, ouch darzuo berüefen und verkünden, damit niemand verschmächt noch sich etwa eins mals erklagen künnden. • 2. Antwort auf klagen über das ungleiche brot; den bäckersfrauen, die jetzt das geschäft besorgen müfsen, gerate es eben nicht so recht, etc. 3. • Und insunders ist unsers gefallens, von wölchen Orten lüt wider uns im feld liggen mit iro zeichen, dass die nit söllen zum friden gebrucht werden, ouch dass unsers schweren kostens halb wol bedacht werde •....

Lucern, A. Capp. Krieg.

666. Oct. 30 (Montag vor Omn. Sanctorum). Hauptmann, fähnrich und Rat (in Willisau?) an St. und Rat in Lucern. 1. Nachdem man einige tage in Sursee still gelegen, habe man auf die warnung, dass die Berner einen überfall machen wollten, eine bessere stellung in Dagmersellen bezogen. Da die Berner den ihrigen streng verboten, auf diesseitiges gebiet zu gehen, habe man hinwider dasselbe getan; desshalb bitte man um bescheid, wie man sich ferner verhalten solle. 2. Der wälschen büchsenschützen halb wünsche man, dass die unterwegs befindlichen den sold erhalten; man wolle ihnen dann einen platz überweisen, wo sie wohl bleiben können. Endlich habe man auf diese nacht leute ausgesandt, um mit den Bernern zu reden; was man darüber bis morgen vernehme, wolle man wieder berichten.

Lucern, A. Religionshändel.

667. (Oct. 30 ?), • ein stund nach üwer hinfart. • Schultheifs und Rat von Willisau an Jacob am Ort, vogt zu W. Da in eile angezeigt worden, dass die Berner auf Hutwyl zu rücken, um gegen Lucern zu ziehen, so habe man für gut erachtet, sich auf dem bekannten platze zu sammeln, und bitte nun, dies den herren vorzutragen mit dem ernstlichen begehren, ohne allen verzug zu hilfe zu kommen.

Lucern, A. Religionshändel.

668. Oct. 30 (Montag nach Simon und Judä). Uri an Lucern. 1. • Uewer schriben, so ir uns getan, hand wir verstanden, als von etwas büchsenschützen wegen, so uf der strafs söllend sin, inen entgegend zuo schicken, da wir aber keine wissen und von keinen nüt hand gehören jetz zemal, dann wir in üweren willen gern wöllen leben, was uns müglich ist ze tuon, und inen geld ze schicken, dz ist uns jetz nit wol müglich, dann wir jetz nit wol mit geld verfasset sind, denn die unsern fast (vil) in das feld genommen hand; aber wir hand dem üweren und unserem vogt zu Louwis geschriben, ob er ankein wisse büchsenschützen oder knecht, die uf der strafs (wären), dz er verschaffe, dass (er) sy ilents zuo üch fertige, da duo er ein wolgefallen uns allen. und ob sach ist, dz da keiner har kumpt, so wellend wir unser(n) flifs ankeren und si fürderen als vil als müglich ist •.... 2. Beschwerde über einen aufschlag des korns und ernstliche bitte um mafsregeln gegen willkürliche erschwerung der teure, etc.

Lucern, Missiven.

Schon am 18. (Mittwoch nach Galli) verlangte auch Schwyz, dass der aufschlag des kernens verhütet werde, und warnte zugleich vor den zahlreichen bettlern, die einen schaden verursachen konnten, etc.

ib. ib.

669. **Oct. 30** (Montag nach Simon und Judä), Bellenz. Jacob Feer, landvogt zu Lauis, an Lucern. Antwort auf den gestern abend erhaltenen befehl, einige büchsenschützen hinaus zu senden; er habe sofort 15 mit dem läufer abgeschickt; am Samstag einen hauptmann mit 90 knechten; heute seien zwei hauptleute mit hübscher mannschaft, bei 250 Italiener, gekommen, die er mit eigenem gelde bezahle, damit sie eilends hinauskommen; er entlehne (solches) und verschreibe sich darum; denn sonst würde niemand etwas darstrecken; nur schenken etwa die Bellenzer den durchziehenden eine ürte. Dem bischof von Veroli liege er hart an um geld, bekomme aber keinen heller; knechte kämen wohl genug, wenn nur geld vorhanden wäre, um sie zu fertigen, und nehme man sie nicht an, so müse man besorgen, dass sie den feinden zulaufen, denen sie doch des glaubens wegen nicht hold («fast fyend») seien. Wollen die V Orte schützen haben, so mögen sie solche aus dem (müfsischen?) lager berufen; er könne sie nicht wohl söndern; zudem seien sie ein so räuberisches böses volk, dass sie nur um des raubens willen hinausziehen, so dass es nicht rätlich sei, sie in der stadt (Lucern) zu haben; besser sei es, die eigenen leute da zu behalten und die fremden an die feinde zu richten, denen sie tag und nacht keine ruhe lassen werden. Er bitte um fleifsige berichte, wie es stehe, da die Lutherischen mit dem Herzog gar viel unterhandeln. Den V Orten habe er auch in das feld geschrieben, etc.

Lucern, Missiven.

670. **Oct. 30,** Innsbruck. K. Ferdinand an die V Orte. «Lieben getreuen. Under den versehungen, die wir euch zu gnädigem schirm und erhaltung der erbainigung zu bestellen in übung sein, so bald wir vernomen, dass sich etlich reichsstett zu Schwaben eurn widerwärtigen hilf zu tun erzaigt, haben wir denselben als römischer künig ernstlich verpoten, niemands ainich kriegsfolk zuezeschicken noch bey inen durch ander anzunemen zu gestatten, und inen lauter anzaigt, dass wir solich kriegsfolk an unsern pässen gegen der Aidgnosschaft kains wegs passieren lassen wellen, inmafsen wir dann auch darauf bei unsern vögten und undertanen an denselben pässen gestrackts ordnung gegeben haben, die pass zu besetzen, auf solich kuecht zu straifen, sy wider zu rugg zu weisen, und wo sy sich mit gwalt durchzudringen understuenden, mit gwalt und macht hinder sich zu treiben und solichen lauf euch zu nachtail kains wegs zu gestatten, verhoffend, euch werde solchs zu gutem wol erschiefsen. Wolten wir euch gnädiger mainung nit verhalten.»

Schwyz, (original).

671. **Oct. 30** (Montag nach Simonis und Judä). Die schiedboten von Solothurn an ihre obern. Gestern habe man nicht geschrieben, weil (noch) nichts zu melden gewesen; heute haben nun die (übrigen) schiedleute die antwort der V Orte gebracht, dass sie über einen frieden wollen verhandeln lassen; das haben die Zürcher eilends an ihre herren berichtet, von denen sie bis morgen früh eine antwort erwarten; dann werden Zürich und Bern (im lager? auf dem angesetzten tage?) sich beraten; man hoffe, dass auch sie dem frieden gehör geben werden.

Solothurn, Reform.-A.

672. **Oct. 30,** Bern. 1. (Der) «pot von Zürich (hat) anzöug
wie die fyent Hans Bronzikofer gefangen, uszogen und mortlich uf de
tod verwundt und widerum gan Bar gefüert etc. 2. Item wie die vo.
Zürich ir gelt nit verloren, aber die von Basel ij^m guldin verloren.
— Vgl. nr. 555.   **Bern, Ratsb. 231, p. 201.**

673. **Oct. 31,** Blickenstorf. Hauptmann und Räte von Bern an
ihre obrigkeit. «Demnach wir ü. g. gester verstendiget, was die schidpotten uns fürgehalten, und inen für ein antwurt worden, dessglichen
wie unser eidgnossen und christenlich mitburger von Zürich irer herren und obern bescheids erwarten, haben sy uns hütt irer herren
schriben verhören lassen, die nun üwerm entsluss ganz glich, namlich
dass sy göttlichen bestendigen friden, der göttlichem wort unabbrüchig,
nit usschlachen und darvon reden lassen wellen, doch mit wüssent-
haften dingen, und ir hand offen behalten. Dess haben wir und all
houptlüt gmeinlich, so by uns sind, uns vereint, den schidpotten ze
antwurten und also ze erwarten, was uns wyter begegnet ». — Nachschrift: « Die Pünd(t)er und Toggenburger xvj^c stark zuo Utznang und
Kaltbrunnen und wider sy iij^m fyend. »   **Bern, A. Capp. Krieg.**

674. **Oct. 31,** Echallens. Jost von Diesbach an Bern. Dem vor
einiger zeit erteilten auftrag, sich über das von Aosta heranziehende
heer zu erkundigen, sei er bestmöglich nachgekommen; der eben zurückgekehrte späher, überbringer dieses briefs, zeige an, dass die Walliser von den Aostanern 3000 mann verlangt haben; die seien aber
verweigert worden; sonst habe er von keinem da herum befindlichen
heere etwas erfahren; übrigens werde derselbe mündlich weiteres melden, was er auf dem wege gehört. Es sei also auf dieser seite guter
friede, der mit Gottes willen lange bestehen möge... **Bern, A. Capp. Krieg.**

675. **Oct. 31.** Gemeine landleute von Frutigen an Bern. Nach dem
schreiben der obrigkeit sollten sie 40 mann ins Obersiebental schicken;
aber man bitte hinwider um eilige zusendung einiger mannschaft, da
(von Wallis her) ein überfall gedroht worden; die herren mögen bedenken, dass das land hier offen sei, und die leute, wenn sie daheim
bleiben, dem ganzen ebenso wohl oder besser dienen können, als wenn
sie ins Siebental ziehen; doch werde man sich einem (bestimmten) befehl der obrigkeit fügen. Auch bitte man um schleunigen bescheid,
wie es mit den hier wohnenden resp. dienenden Wallisern zu halten
sei.   **Bern, A. Capp. Krieg.**

676. **Oct. 31,** Aelen. Die rottmeister im feld — gez. Hans Oyer(?)
von Rüggisperg — an Christian Gurtner, freiweibel im landgericht
Seftigen. «Lieber fryweibel, tuond so wol und verschaffent disen brief
von einer kilchöri in die andern, damit das gelt harin kömme, namlichen denen von Räntigen(?) um dry kronen, denen von Ansollinger
iij kr., dem von Bluomenstein zwo kronen, denen von Gurzelen zwo
kronen, Dieracher(n) vier kr., dem von Kilchtorf ij kr., Durnen vj kr.
Balp v kr., und sölichs angends zuogschickt werd; dann wir lide
mangel. »   **Bern, A. Capp. Krieg.**

677. Oct. 31, (vorm.?) 9 uhr, Brienz. Diebold von Erlach, Wilhelm Rümsi und Michel Sager an Bern. 1. Erinnerung an den briefwechsel mit dem Walliser zehnten Goms. Der mit einer antwort dahin geschickte bote sei letzte nacht zurückgekehrt; er, Hans Hoggler von Guot[en]tannen, erzähle, wie es ihm organgen, in folgenden zügen. Als er in das dorf Münster gekommen, habe er viele lichter gesehen und grofsen lärm (« vil töubs ») gehört und desswegen einige besorgniss geschöpft; der bote, der dorther den brief gebracht, sei ihm aber voraus zum meyer gegangen, um zu fragen, ob er sicher sei; die antwort habe gelautet: Wolle Gott nimmer, dass ein bote nicht sicher wäre; der (meyer?) habe ihn dann auch wohl aufgenommen. 2. Zuerst habe er dann gefragt nach den 3000 mann, die nach Aelen hinabgezogen sein sollten; der meyer habe aber davon nichts wissen wollen und bemerkt, es sei von jedem zehnten ein mann bei dem Bischof, um jederzeit beraten zu können, was die umstände erfordern. 3. Nebenbei habe er vernommen, wie die V Orte die Walliser gemahnt, und darauf ein lebhafter briefwechsel im lande gefolgt, und die 3000 mann, die nach Aelen bestimmt gewesen, gewendet worden, die dann über die Furka gezogen, was der bote selbst gesehen, jedoch ohne die zahl zu erfahren; das sei am Sonntag (22.? 29.? Oct.) geschehen; etliche trosspferde haben indessen umkehren müfsen. 4. Ferner habe er gehört, dass ein haufe Eschentaler oder Wälsche nach Uri kommen, und von einem Walliser, Hiltbrand zur Frauen, dass 7000 Spanier oder Italiener heranziehen, und die Walliser desto lieber über die Furka gezogen, um nicht zu diesem kriegsvolke zu kommen; wäre dem also, so müfsten sie über den Gotthard, den Simpeler oder St. Bernhard, gegen Aelen hin, kommen, und zwar bald, da die Walliser sie nicht lange im lande dulden würden. 5. Der meyer habe endlich dem boten geleit gegeben bis an die Grimsel, obwohl es nicht nötig gewesen; desshalb bitte man um weisung, wie man sich mit einem Walliser boten zu verhalten hätte; denn dort meine man, einer der «aufrechte» briefe trage, müfse sicherheit geniefsen. 6. Der bote habe die sage vernommen, dass in dem scharmutz (am Gubel?) 2000 Berner umgekommen, und zwar durch (blofs) 100 Wälsche, 100 Walliser und 300 von den Orten. 7. Der landvogt (Rümsi) habe vor sieben tagen einen späher nach Wallis abgefertigt, der noch nicht zurück sei, so dass man über sein schicksal .. (beunruhigt sei?). Gestern habe man nach mitternacht einen nach Lungern hinüber geschickt, wo ein sohn desselben wohne; er sei (auch) noch nicht zurück, obwohl man wisse, dass er den Unterwaldner wachten ausgewichen und unbelästigt in seines sohnes haus gelangt; man erwarte ihn also noch und werde berichten, was er bringe. 8. Gestern habe der landvogt («ich»?) dem wachtmeister auf dem Brünig befohlen, die Unterwaldner, wenn sie etwa kämen, zu fragen, was für «geschrei» dort gehe; als dann sechs ehrbare männer gekommen, habe derselbe die antwort erhalten, sie wissen nichts neues als dass am Dienstag die parteien mit einander geschlagen haben, und zwar etwa 10,000 Berner, von denen wohl die hälfte geblieben, und die schlacht von etwa 800 Fünförtischen gewonnen worden, auch sieben fähnchen erbeutet, nämlich von Solothurn, Strafsburg, Schaffhausen, St. Gallen und etliche unbekannte; eines liege noch nebst leuten in einem graben, zu denen man nicht gelangen könne; ferner 8 stück büchsen auf rädern erobert; geblieben sei da Jacob Mai mit seiner goldenen kette, und einer von Hasle. Um den sieg auf ihrer seite (zu erhalten), seien beständig grofse gebete angeordnet. Sie (die V Orte) rufen immer noch um recht an, da Zürich ihnen land abgenommen, das sie gekauft haben; übrigens glauben sie mit (den Bernern?) sich wohl vereinbaren zu können, wenn man mit einander rede. Ueber das fremde volk sagen sie, das haben sie in ihrem lande nicht dulden mögen, sondern zum haupteer gewiesen; hier hüten nur die eigenen leute das land. 9. Weiteres werde wohl der später berichten. Für die von der obrigkeit gegebenen nachrichten danke man; jetzt könne man das geschrei, dass viele Berner umgekommen, gänzlich widerlegen. 10. Die Unterwaldner haben auch gesagt, sie wollen gutes kriegsrecht halten und das beste tnn, was sie auch von diesseits erwarten; man werde aber wachsam bleiben und ihnen nicht zu viel vertrauen.   Bern, A. Capp. Krieg.

678. Oct. 31. Constanz an die hauptleute und kriegsräte von Zürich und Bern. Man vernehme durch kundschaft, dass gesandte der V Orte zu Innsbruck bei dem König, und einige herren vom adel bei ihnen seien; was sie handeln, wisse man hier nicht; das aber sei wahr, dass am Bodensee und sonst allenthalben knechte angenommen werden und dieselben, obwohl sie nach Köln und Stuttgart bestimmt sein sollen, nicht aus dem lande ziehen, sondern, wie es vielfach heifse, in der nähe zu dienen hätten; ferner solle der Rhein überall besetzt werden, so dass es dringend nötig sei, die pässe, besonders gegen die Waldstädte, wohl zu versehen und die « grenizen » nicht zu entblöfsen. Daneben verlaute auch, dass die V Orte den anschlag haben, unversehens durchzubrechen und entweder an die « gränizen » bei Basel oder ins Thurgau zu ziehen und daselbst (fremde) hülfe zu erwarten...
                                                            Zürich, A. Capp. Krieg.

679. (Oct. E.?), Grüningen. Jacob Weber an BM. und Rat in Zürich. Er habe einen amtsangehörigen, N. Wyfs, der jahre lang im Lucernerbiet gedient, jetzt aber heimgekommen, um auf seinem gütchen dreschen zu lassen, auf die warnungen von dem prädicanten (zu Hombrechtikon) gefangen, weil derselbe den alten glauben empfehle und umtriebe mache; er habe ihn desshalb auf das härteste gefrägt, bitte aber um bescheid, ob er ihn hineinschicken solle, oder um jemand, der ihn weiter « brauchen » oder auf eine urfehde loslassen könnte... Beiliegende briefe über ihn zu lesen...   Zürich, A. Capp. Krieg.

680. Oct. 31, nachm. 9 uhr. Zürich an seine boten in Bremgarten. (Antwort über die 4 friedensartikel). Man könne nicht finden, dass die V Orte zu anfang etwas schwereres zu fordern hätten, und spüre wohl, dass sie meinen, die Städte ganz im sack zu haben und sie von ihrem christlichen vornehmen in den vogteien zu drängen; desshalb sollen die boten auf der begehrten erläuterung über den 4.

artikel beharren und bei den schiedleuten darauf dringen, dass die
feinde ihre meinung darüber bestimmt kundgeben; dann erst könne
man darüber reden lassen; denn von dem, was der landfriede des
göttlichen wortes und der darauf begründeten einrichtungen und zusagen halb vermöge, wolle man nicht mit einem buchstaben weichen.
Die bünde habe man allezeit gehalten und nichts anderes begehrt, als
dabei zu bleiben, was aber bei den feinden nie erhältlich gewesen;
von ihrem glauben habe man sie niemals drängen wollen, sondern nur
gefordert, dass sie den unsern in ihren landen und herrschaften nicht
anfechten und die schänder strafen... Es gezieme sich nach aller vernunft und billigkeit, dass sie zuerst auf die beschwerden, derentwegen
ihnen der proviant abgeschlagen worden und dieser krieg entstanden,
eine antwort geben, wonach man weiter handeln könne. Da nun dieser handel andere städte auch berühre, so soll dies ihren boten angezeigt und mit ihnen ein tauglicher ratschlag gefasst werden, was man
gemeinsam über die 4 artikel antworten wolle, was dann auch schriftlich oder mündlich berichtet werden soll... *Zürich, A. Capp. Krieg.*

681. **Oct. 31** («Erichstag»), Winterthur. Hieronymus im Hof, alt-
BM., und Barth. Welser, des Rats (von Augsburg) an Zürich.
Dass sie auf das schreiben vom 27. d. noch nicht geantwortet, komme
daher, dass sie zuerst auf eine antwort der fünf «Oerter» gewartet,
da diese dem überbringer ihrer zuschrift mündlich den bescheid gegeben, sie wollen das angebrachte begehren ihren obern berichten, und
wenn diese binnen drei tagen nichts antworten, so sei dies auch eine
antwort. Da sie nun auftrag haben, ihr bestes zur verhütung von
blutvergiefsen zu tun, so wollen sie noch heute und morgen hier verharren und des bescheids der Länder gewärtig sein; käme aber nichts,
so würden sie am «Pfinztag» wieder aufbrechen und heimkehren, ...
erbieten sich indessen, auf weitern rat von Zürich, in der sache handeln zu helfen. *Zürich, A. Capp. Krieg.*

682. **Oct. 31,** Frauenfeld. Jacob Locher, landschreiber und statthalter, an Zürich. 1. Es habe ihm seinerzeit befohlen, dem vogt
Wacker und den frauen von Münsterlingen nicht zu gestatten, auf das
gotteshaus etwas aufzunehmen, sondern von den abgelösten 1200 gl.
für den haushalt 100 gl. vorzuschiefsen und die übrigen 1100 gl. bis auf
weitern bescheid zu verwahren. Das habe er unverzüglich vollziehen
wollen und desshalb schriftlich wie mündlich mit vogt Wacker verhandelt, der nun anzeige, dass die frauen 500 gl. an schulden für
wein und brot bezahlt haben und die übrigen 700 gl. nicht von handen geben, bis ihnen das ihrige (?) auch eingehe, dass sie die ablösung
gerne verschwiegen hätten und haushalten wie immer, so dass er nichts
in seiner gewalt habe. Ein solches verfahren sei zu bedauern; damit
nun das übriggebliebene hauptgut nicht ganz verbraucht und das andere wieder herbeigeschafft oder wenigstens genau verrechnet werde,
bitte er (Locher) um bezügliche befehle. 2. Etliche gemeinden bitten
um die erlaubniss, von den zehnten der klöster etwas auszudreschen,
damit sie die ihrigen mit proviant versehen und alle kosten des krie-

ges bestreiten könnten, erbieten sich aber zum ersatz oder zu billiger bezahlung; sie wollen auch zulassen, dass die zehntherren ihre drescher verordnen und (die früchte) messen lassen, um jedem verdachte zu begegnen. Auch darüber wolle er nichts entscheiden und erbitte sich desshalb besondere weisung, etc.   *Zürich, A. Thurgau.*

683. Oct. 31, Frauenfeld. Jacob Locher, landschreiber und statthalter, an Zürich. «Edlen etc. etc. Demnach min her landvogt mich zuo sinem statthalter gesetzt und geordnet hat, das ich e. g. und im zuo gefallen angenommen und unzhar mitsampt minem son Hansen tag und nacht mit und one schriben vil müeg und arbait gehept hab, tragt sich immerdar zuo (als e. g. selbs wol gedenken mögen), dass je länger je mer zuo schaffen ist, und ich etwen dis ampts geschäften halb (dwyl ich nit mer ryten noch wandlen mag) obgenanten min son von der statt schicken muofs, und so dann etwas zuo schriben kumpt, bin ich ain alter man, der vor zitteren nit schriben noch das fertigen kan, das aber gefertiget werden sölte; zuo dem wirt gedachter min son zuo ziten mit schriben überladen, dass ers in der yl allain ouch nit geschriben mag, so er kain hilf hat, dadurch dann glich etwas verkürzt und versumpt werden möcht. Und damit aber semlichs nit bescheche, und mir darus kain nachtail oder verwysen entstande, füeg e. w. ich sölichs im besten zuo vernemen, mit underteniger pitt, sidmal min der ander son Thoman, der dann jetz im läger und vorher im Kapler krieg und müfsischen zug ouch gewesen ist, mir und dem andern minem son mit schriben wol hilflich sin möchte, wie dann die jetzgenannten min baid sön die schribery allhie etlich zit und jar on min znotuon versechen haben, dass e. g. min alter und übelmügende ansechen und betrachten und den genannten minem son Toman by disem botten in das läger schriben (welle), dass er zuo mir haim komm und die schribery helfe versechen, so doch semlichs von aim schulthaifsen und rat allhie ouch bewilgt, von denen er uszogen ist; bin ich urbütig und genaigt, das stathalter und landschriber ampt sampt gerüerten minen sönen nach allom minem vermügen erlich und getrüwlich zuo versechen, daran e. g. gefallen haben söllen», etc. — (Die schrift ist diejenige Hans Lochers).   *Zürich, A. Thurgau.*

684. Oct. 31 (Allerheiligen Abend), vorm. 9 uhr. Zürich an Bern. «Ir habend uns bisshar, zwyfelt uns nit, (in) guoter meinung und us eehafter notdurft, den üwern zuo vorteil und zuo gunst, üwere märkt verstrickt. Nun zwyfelt uns nit, ir wissind dass wir jetz ein grofs volk und nit allein die unsern, suuder ouch die üweren im feld mit brot und anderen dingen spysen und versehen und alle tägliche tag ob den hundert mütt kernen haben müefsend. So nun jederman in unser landschaft dem sturm nachgeloufen, desshalb an tröscheren mangel, und so wir sy uss dem feld erforderen, villicht ein gröfseren unwillen und ufbruch ersorgend, so langet an üch, unser fürgeliepte fründ, mitburger und brüeder, unser gar trungenlich bitt, diewyl wir anderswo, es syge zuo Lindouw, Schaffhusen, im Klegköw und an anderen end(en) ouch müglichen flyfs ankeerend, und aber für und für

mangels sin will, ir wellint bedenken, was grofsen nachteils sölichs
üch und uns bringen, wo es an profiand erwinden solt, und dass je
ein teil dem andern jetz helfen muofs, damit wir diss unser gemein
anliggen beharren und mit eeren usfüeren mögind, und also uf dissmal günstiklich verwilligen, uns den kornkouf im Ergöw zuo diser
zyt und umb diser gegenwürtigen not willen ufzetuon und uns den
kernen unverspert zuogan ze lassen, unz dise löuf, so sich ob gott
will schierist enden, hinüber kommend; dann sunst beide läger ze
spysen (als ir selbs gedenken mögend) ze schwer und unmüglich wurd.›
Bitte um baldige antwort. Bern, A. Capp. Krieg.

685. Oct. 31. Zürich an Glarus. Der abt von Pfäfers beklage
sich, dass der vogt zu Sargans ihn wegen etlicher vermeinter schmähungen ans recht gefordert und ungeachtet seines erbietens, im lande
zu bleiben und zu gelegener zeit nach dem landrecht vor unparteiischem
gerichte das recht zu gestatten, ihm eine bisher unerhörte trostung
von einigen tausend gulden auflegen wolle; weil man sein erbieten
für geziemend halte und nicht zweifle, dass er demselben nachkommen werde, und weil in dieser elenden unruhigen zeit, wo man für
schwereres zu sorgen habe, solche rechtfertigungen besser unterbleiben
dürften, so bitte und begehre man freundlich, den vogt einstweilen zur
ruhe zu weisen, da der abt in ruhigerer zeit ihm nicht entrinnen
könne... Zürich, Missiven.

In gleichem sinne, nur mit specieller entwickelten motiven, an Gilg
Tschudi selbst.

686. Oct. 31, Schaffhausen. Hofmeister an Ulrich Kambli in Zürich. In besonderm vertrauen zeige er an, dass einer, der als späher
verdächtigt sei, in dieser nacht in Zürich eintreffen und dort bleiben
wolle; derselbe komme angeblich von Worms, vielleicht aber von dem
landgrafen aus Hessen;... (beschreibung); er sage übrigens, es sei im
Niederland kein heer... Zürich, A. Capp. Krieg.

687. Oct. 31 (Vigil. Omn. Sanctorum). Hauptmann und Räte von
Lucern (zu Inwyl) an St. und Rat in Lucern. Antwort auf das
letzte schreiben. 1. ‹Erstlich sind wir selbs des willens, wo es zuo
fale komen, dass man artikel stellen wurde, dass wir die wol und
verständlich haben wöllen, ouch nützit ane üwer vorwüssen (wie billich) handlen. 2. Sodenne, als ir schriben, ander unser m{t}rät, wann
wir rat haben, ouch darzuo ze beruofen, haben wir ab sollchem ein
beduren, dass ir uns nit für verständiger halten; wir sind der vernunft wol, dass wir es tuon söllen. 3. Fürer, g. l. h., nachdem ir
dann uss dem Thurgöw und andern enden har by üch etwa gefangen(e)
haben, so von erenlüten und etwas ansechens sind, wäre unser begere,
dass ir mit inen redten, dass si heim schriben und den iren den handel anzeigten, namlich wie dass nach der schlacht und flucht man nit
über die belibnen gewüetet noch begert bluot zuo vergiefsen, sunders
si gefangen genomen und inen das best getan, und dass si den Thur-
göwern anzeigten, dass si nit zuo rache begirig wider uns die fünf
Ort syen, sunders wo si sich gegen uns schicken, wurden wir si als

gnädig herren begnaden und güetlich beherschen etc., wie dann si da
mit mer worten den iren wol schriben könnten, aber doch dass si üel
die brief .. wurden lesen lassen, und so das beschechen, möchten i
etwa ein guoten schlechten gsellen da dannen nemen, au dem nützi
gelegen wäre (und) mit solichen briefen hinus schicken und fertigen
Glycher gstalt werden unser eidgnossen von Schwyz und Zug mit irer
gefangnen ouch handlen »....   **Lucern, A. Religionshädel.**

688. Oct. 31 (Dienstag nach Simou und Judä), Bellenz. Jacob Feer,
landvogt zu Lauis, an die haupleute der V Orte. «Frommen etc. etc.
Uf hüt sind aber ij houptman harkon, heifst der ein capitani Schors
de Pelistrina, het bi ij[c] knechten, sind hübsch lüt, han im daruf gen
xxvj kronen. Der ander heifst capitäni Bernhardini Gors, hat bi l[c]
knechten, dem han ich gen xxj kronen (uud) hend inen verheifsen,
wie die andren Italianer gehalten werdent, also söllend si ouch gehalten werden, und die houptlüt ouch nach irem stat erlich; darum bitt
ich üch, si für empfolen ze han, insonders den capitani Schors de Pelistrina, denn si vorhar unerfordert sind harzogen. Den ersten houptman, so wir nächst Samstag abgefergget hend, han ich warlich mit
kosten uss dem läger har beschickt; dem han ich xxxx kronen gen
au den kosten harzeferggen, tuot alls, so ich inen allen dryen gen
han, lxxxvij kronen; jedem so vil wie obstat, mögend ir iuen, so ir
si mustrend, an der bezalung abziechen. Wir wollten knecht gnuog
finden, die gern dienst hettend, wenn wir nun gelt hettend. Die von
Belletz hend inen warlich ouch etliche mal bezalt und schuo kouft,
damit si dester williger wärend. Ich han dem herrn von Werelan
dick um gelt geschriben, ... aber nit ein haller mag man von im
bringen. Die welschen ziechend fast uss des Herzogen läger, denn
er bezalt si übel, und zugend ir(en) noch vil hinus, so wir inen hettend gelt ze gen »...   **Lucern, A. Religionshädel.**

689. Oct. 31 (Allerheiligen Abend), Leuk. Bischof, Hauptmann und
Landrat von Wallis an die hauptleute und kriegsräte der V Orte.
1. Antwort auf ihren brief dd. Donstag vor Simonis und Judä (26.
Oct.), worin sie einen aufbruch in das gebiet der Berner verlangen.
Auf dieses und das vormals «viel getane» schreiben habe man einen
auszug von 1400 mann verorduet gehabt, um an die landesmarche zu
rücken und dann weiter zu ratschlagen. Da die Berner davon gehört,
haben sie 3000 mann geschickt, die zu Aelen liegen. Indessen seien
schloss und pass zu St. Morizen versehen worden; da jetzt die berg
verschneit seien, und zu besorgen gewesen, dass die Berner wegen
eines einbruchs nicht abziehen würden, so habe man (wenigstens verhindert), dass ein haufe der Berner gegen die V Orte verfügbar geworden. Man habe nun für besser erachtet, ihnen noch 1000 mann
zuzuschicken, die jetzt abgezogen seien. 2. Die den wiederholten
mahnbriefen beigelegten schreiben an den herzog von Savoyen habe
man durch den läufer «dahin» gefertigt und die Freiburger zum dritten mal laut des burgrechts aufgefordert, den hl. glauben schützen zu
helfen; darauf haben sie zuerst schriftlich, dann durch einen ratsboten

und zuletzt wieder schriftlich ihre bedenken angezeigt, wie nämlich
die Berner entschlossen seien, sie zu überfallen, sobald sie auszögen;
zudem habe der bote von Unterwalden, der zur mahnung nach Freiburg geschickt worden, sich geäufsert, es werde (den V Orten) lieb
sein, wenn die Freiburger nur andere hindern, nicht gegen sie aufzubrechen; ferner wie der herzog von Savoyen gerüstet sei, den pass zu
Yverdon besichtigt, lange eine botschaft zu Bern gehabt und seine
hülfe zugesagt habe, im notfall mit seiner person; dessgleichen habe
Jost von Diefsbach, vogt zu Echallens, nach Freiburg geschrieben, dass
zu Salins am 20. d. m. 6000 mann gegen Mömpelgard gezogen seien,
deren ziel er nicht kenne; diese gründe habe man nicht genügend befunden und desshalb nochmals die mahnung geschickt, die Berner zu
schädigen. Der Herzog schreibe aber, er wolle seine botschaft senden,
um den schwebenden handel zu befrieden; damit nicht begnügt, habe
man zuletzt abermals einen boten an ihn abgefertigt mit dem befehl,
zu fragen, ob er den Bernern beistand leisten oder stillstehen oder der
partei, die den glauben verteidige, hülfe beweisen würde, wenn man
in das Berner gebiet einfiele; der bote sei noch nicht zurück; was er
aber bringe, werde man schriftlich melden. 3. Man bitte nun, die zu-
gezogenen wohl empfohlen zu halten und zu entschuldigen, dass man
nicht mehr tun könne; denn das gebiet stofse einerseits an das von
Bern, anderseits an des Herzogs land, dem man jetzt nicht trauen
dürfe; übrigens sei man gesonnen, die pflicht getreulich zu erfüllen,
etc. — Nachschrift: Die von Solothurn haben die Freiburger des ernstlichsten um hülfe gemahnt, mit hinweisung auf die truppenzüge und
sammlungen am Rhein und im Schwarzwald; auch begehren dieselben,
dass Freiburg sich um den frieden bemühe, indem sie besorgen, dass
ihre vermittlung den V Orten nicht annehmlich erscheine, weil sie ein
ähnchen bei den Bernern haben.   *Lucern, Missiven.*

690. Oct. 31, Bremgarten. « E. daura(n)ches » (der bischof von
Avranches) und die (bisherigen) französischen gesandten Meigret und
Dangerant an die hauptleute und ratsherren der städte Z ü r i c h und
B e r n. « Grofsmechtigen erenden lieben herren. Uech ist wüssend,
wie wir Boisrigault (al. Dangerant!) und Megret uss des Künigs geheifs hievor alles möglichs fridens und fründschaft zuo mittel zwischend
üch und denen von (den) fünf Orten zuo erdenken uns geüebt, in sölichem wir unser vermögen angelegt, und wenn es Gottes gefallen
gewesen wäre, dass es zuo unsers gnoten geneigten gemüets zuo end
und ustrag gelangt, hettend wir es gern bas verendet. Siderhar aber
als gesagter herr Künig gmeiner Eidgnoschaft frid, fründschaft und
einikeit mer dann keines dings, was es uff ertrich sig, begerend ist,
so hat er mich, den herren von Auranchen (d'Avr.) abgefertiget und
(mir) in befelch gegeben, mit den gedachten von Boisrigault und Megret minem vermögen nach alle mittel zuo erdenken, uff dass als oblut
erreicht mög werden, dess wir üch all mit einandren in dises ends
und gegne harkomens unserthalb durch disen zöiger bericht(en) wöl-
end, by wölichem wir sölichs (den) gezelten von (den) fünf Orten

ouch ze vernemen gegeben habend. Darbi wöll üch gefallen ze wüs
sen, dass inhalt küniklichen gepots zuo disem friden ze komen all
mögliche mittel ze ersuochen sind wir willens, dess wir Gott trüliche
pittend, uns die gnad ze verlichen, in hoffnung, die sach werd nac
üwerm benüegen, sofer sölichs uns durch üch wird zuogelassen, vo
füert. Uff das begerend wir fründlicher meinung üwer antwurt. De
Allmechtig well üch bewaren... Ü. brüederliche fründ und günner»..

Bern, A. Capp. Krieg.

Original, auf dem sich die drei unterschriften gut unterscheiden lassen. Vg
Absch. p. 1608, note zu p. 1206.

691. (Oct. E.). Des markgrafen Ernst von Baden und Hochber
etc, landvogt, canzler und Räte an (die V Orte). «Unser fründlic
willig dienst zuvor, etc. Dis ist die meinung, die wir nechten zulets
mit üch geredt haben, dass unser gnädiger herr ... solichen fründliche
guoten nachpürlichen willen zu üch und gemeiner Eidgnosschaft treg
und solich begird hat, dise sachen in der güetikeit hinzulegen und z
vertragen, dass uns sein fürstlich gnaden befolhen, üch in namen sine
f. g. uf das fest (?) anzusuchen und zu bitten, ob sach wär, dass dis
sach durch die jetzigen tädlingsherren nit möcht vertragen werden, da
doch sin gnad nit hoff, dass ir dann sin(er) gnaden bewilligen welle
eigner person hierin zu handlen uf einem gelegnen platz, als zu Oben
Baden oder ein andern der enden. dahin ir sin f. g. und die iren not
dürftiklich vergleiten und üwere sandbotten daselbs hin zu gütliche
handlung schicken; so dann dessen by dem gegenteil auch funden, al
glicher gstalt by inen auch gesucht soll werden, alsdann wird sich si
f. g. unverzuglich dahin verfugen. (wo anders sin f. g. solichs libs hal
müglich) und mit solichem flis und ernst in disen sachen witer hand
len, dass sin f. g. in hoffnung stat, die mit hilf und gnad Gotts de
allmächtigen zu friden und ruowen zuo bringen»... (Das rückbla
ist weggeschnitten).

Lucern, A. Religionshändel.

692. Oct. 31 (Dienstag nach Simonis und Judä), mittags. Die schied
leute von Solothurn an ihre obern. 1. Mitteilung der antwort vo
Zürich und Bern betreffend den frieden.... Infolge dessen seien di
schiedboten wieder in der V Orte lager hinüber geritten, um die a
tikel aufzusetzen. 2. (Nachschrift:) Der instruction gemäfs seien nu
zwei boten nach Bremgarten geritten, nämlich der seckelmeister vo
Wengi und Wolfgang Stoll; die beiden andern bleiben im lager, da
mit an beiden orten nach bedurfniss könne gehandelt werden.

Solothurn, Reform-A.

693. Oct. 31 (Dienstag nach Simon und Judas). Franz Kalt un
Urs Durr an Solothurn. Antwort auf die (anfrage?) betreffend da
v. Rk. das durch Eck von Reischach am Rhein sich erhebe. Die dess
halb ausgesandte kundschaft finde nichts derart; aber gestern sei au
dem markt zu Laufenburg die sage umgelaufen, dass Eck von Reischad
Landsknechte und Eidgenossen anwerbe, auch schon bereit sei mi
schaffen und brückengerät («brackwerk»), um bei Waldshut herübe
zu brechen; heimlich habe der iste vernommen, dass die Länder jet

gute worte geben und stille bleiben wollen, bis diese verstärkung ihnen zu hülfe käme.   Solothurn, Reform.-A.

694 a. Oct. 31 (Allerheiligen-Abend), nachts, Dongo. Commissarien und hauptleute an Zürich. 1. Sie haben eine botschaft zu dem Herzog geschickt, um ihm etliche artikel vorzutragen; diese selbst und seine antwort schicke man hiebei mit (?). 2. Die boten (Rahn und Stamp) haben sodann über andere dinge mündlich mit dem Herzog verhandelt; er habe geläugnet, «des glaubens» zu sein, dass die «christen» gewonnen haben, und teile die allenthalben geäufserte freude (über die niederlage der Zürcher etc.) nicht. Was an botschaften des Kaisers, des Papstes, des Herzogs Räte und Anton de Leva mit einander besprochen haben, könne man aber nicht erfahren. 3. Man vernehme, dass 2—300 «Dalluner» (? Italiener) über Bellenz hinausziehen, wie der vogt zu Mendris melde, wobei er um weisungen bitte, da er gerne abwehrte, wenn er dazu hülfe fände; auch sollen noch etwa zweitausend nachrücken, um den V Orten zu helfen. Darum bitte man um baldigen bericht, wie es stehe. 4. Man liege da, ohne etwas schaffen zu können, weil es an geschütz und pulver fehle; dafür habe man auf Zürich gezählt; da es aber mit den V Orten zu schaffen habe, sehe man wohl ein, dass es das pulver sonst brauche; man habe desshalb mit dem Herzog auch geredet, und seine antwort liege bei; dabei habe er zugesagt, im fall der heimmahnung durch die obern den platz selbst zu belagern. Der hinausziehenden Mailänder wegen habe man mehrfach dem Herzog vorgestellt, dass er dieses geläuf der seinigen abstellen sollte, indem sie gerade gegen Zürich dienen; was gutes das bringe, könne er selbst ermessen. Darüber gebe er jedoch keinen andern bescheid, als dass er dem begegnen wolle, oder es sei für abhülfe gesorgt; allein man spüre eben nichts davon. Die herren mögen daher wachsam sein und keinen vorteil übergeben; übrigens hoffe man zu Gott, dass er sie nicht verlassen werde. 5. Die 300, die vor Lecco und Mandello gelegen, seien abgezogen; schöne hülfe! 6. Soeben vernehme man (wieder), dass täglich 1—200 (Italiener) über Bellenz den V Orten zuziehen, und ein legat des Papstes, der in Mailand wohne, sie besolde; der Herzog wolle aber nichts davon wissen... Er scheine eben durch die finger zu «luogen» und sich der sache nicht anzunehmen... Man bitte nun um bescheid, den man hier gerne erwarten wolle; ein aufbruch werde jedenfalls ohne befehl von hause nicht stattfinden... Nachschrift: Antwort auf den letzten brief: Hauptmann Zeller sei noch nicht angekommen; was ihn hindere, sei hier unbekannt.   Bern, A. Müsserkrieg (orig.).

694 b. Oct. 31, (etwas später), Dongo. Rahn und Luchsinger an Zürich. Uebersendung von zwei eben angelangten briefen der hauptleute von Bern und Schaffhausen, betreffend die Spanier (resp. Mailänder); ... man vernehme indessen, dass die (den V Orten zulaufenden leute) «nütsöllend volk» seien, und hoffe, es seien deren nicht so viel, als man sage; dennoch wolle man nicht unterlassen zu melden, was man hier erfahre...   ib. (orig.).

und bei den schiedleuten darauf dringen, dass die
ung darüber bestimmt kundgeben; dann erst könne
den lassen; denn von dem, was der landfriede des
s und der darauf begründeten einrichtungen und zu-
öge, wolle man nicht mit einem buchstaben weichen.
man allezeit gehalten und nichts anderes begehrt, als
1, was aber bei den feinden nie erhältlich gewesen;
en habe man sie niemals drängen wollen, sondern nur
ie den unsern in ihren landen und herrschaften nicht
ie schänder strafen. . . Es gezieme sich nach aller ver-
keit, dass sie zuerst auf die beschwerden, derentwegen
int abgeschlagen worden und dieser krieg entstanden,
en, wonach man weiter handeln könne. Da nun die-
te städte auch berühre, so soll dies ihren boten ange-
inen ein tauglicher ratschlag gefasst werden, was man
die 4 artikel antworten wolle, was dann auch schrift-
ich berichtet werden soll. . .   Zürich, A. Capp. Krieg.

« Erichstag »), Winterthur. Hieronymus im Hof, alt-
1. Welser, des Rats (von Augsburg) an Zürich.
i schreiben vom 27. d. noch nicht geantwortet, komme
zuerst auf eine antwort der fünf « Oerter » gewartet,
erbringer ihrer zuschrift mündlich den bescheid gege-
das angebrachte begehren ihren obern berichten, und
en drei tagen nichts antworten, so sei dies auch eine
e nun auftrag haben, ihr bestes zur verhütung von
1 tun, so wollen sie noch heute und morgen hier ver-
bescheids der Länder gewärtig sein; käme aber nichts,
m « Pfinztag » wieder aufbrechen und heimkehren, . . .
lessen, auf weitern rat von Zürich, in der sache han-
                                          Zürich, A. Capp. Krieg.

Frauenfeld. Jacob Locher, landschreiber und statt-
ich. 1. Es habe ihm seinerzeit befohlen, dem vogt
1 frauen von Münsterlingen nicht zu gestatten, auf das
i aufzunehmen, sondern von den abgelösten 1200 gl.
; 100 gl. vorzuschiefsen und die übrigen 1100 gl. bis auf
zu verwahren. Das habe er unverzüglich vollziehen
shalb schriftlich wie mündlich mit vogt Wacker ver-
1 anzeige, dass die frauen 500 gl. an schulden für
ezahlt haben und die übrigen 700 gl. nicht von han-
hnen das ihrige (?) auch eingehe, dass sie die ablösung
en hätten und haushalten wie immer, so dass er nichts
habe. Ein solches verfahren sei zu bedauern; damit
bliebene hauptgut nicht ganz verbraucht und das an-
beigeschafft oder wenigstens genau verrechnet werde,
i um bezügliche befehle. 2. Etliche gemeinden bitten
is, von den zehnten der klöster etwas auszudreschen,
rigen mit proviant versehen und alle kosten des krie-

igels sin will, ir wellint bedenken, was grofsen nachteils sölichs
und uns bringen, wo es an profland erwinden solt, und dass je
teil dem audern jetz helfen muofs, damit wir diss unser gemein
ggen beharren und mit eeren usfüeren mögind, und also uf diss-
günstiklich verwilligen, uns den kornkouf im Ergöw zuo diser
und umb diser gegenwürtigen not willen ufzetuon und uns den
nen unverspert zuogan ze lassen, unz dise löuf, so sich ob gott
l schierist enden, hinüber kommend; dann sunst beide läger ze
sen (als ir selbs gedenken mögend) ze schwer und unmüglich wurd.»
e um baldige antwort.　　　　　　　　　**Bern, A. Capp. Krieg.**

5. Oct. 31. Zürich an Glarus. Der abt von Pfäfers beklage
, dass der vogt zu Sargans ihn wegen etlicher vermeinter schmä-
gen ans recht gefordert und ungeachtet seines erbietens, im lande
bleiben und zu gelegener zeit nach dem landrecht vor unparteiischem
chte das recht zu gestatten, ihm eine bisher unerhörte trostung
einigen tausend gulden auflegen wolle; weil man sein erbieten
geziemend halte und nicht zweifle, dass er demselben nachkom-
n werde, und weil in dieser elenden unruhigen zeit, wo man für
wereres zu sorgen habe, solche rechtfertigungen besser unterbleiben
ften, so bitte und begehre man freundlich, den vogt einstweilen zur
e zu weisen, da der abt in ruhigerer zeit ihm nicht entrinnen
ne...　　　　　　　　　　　　　　　　　**Zürich, Missiven.**
In gleichem sinne, nur mit specieller entwickelten motiven, an Gilg
audi selbst.

6. Oct. 31, Schaffhausen. Hofmeister an Ulrich Kambli in Zü-
h. In besonderm vertrauen zeige er an, dass einer, der als späher
lächtigt sei, in dieser nacht in Zürich eintreffen und dort bleiben
le; derselbe komme angeblich von Worms, vielleicht aber von dem
lgrafen aus Hessen; ... (beschreibung); er sage übrigens, es sei im
lerland kein heer...　　　　　　　　　　**Zürich, A. Capp. Krieg.**

7. Oct. 31 (Vigil. Omn. Sanctorum). Hauptmann und Räte von
cern (zu Inwyl) an St. und Rat in Lucern. Antwort auf das
te schreiben. 1. «Erstlich sind wir selbs des willens, wo es zuo
komen, dass man artikel stellen wurde, dass wir die wol und
ständlich haben wöllen, ouch nützit ane üwer vorwüssen (wie bil-
) handlen. 2. Sodenne, als ir schriben, ander unser mitrat, wann
rat haben, ouch darzuo ze beruofen, haben wir ab solchem ein
uren, dass ir uns nit für verständiger halten; wir sind der ver-
ift wol, dass wir es tuon söllen. 3. Fürer, g. l. h., nachdem ir
n uss dem Thurgöw und andern enden har by üch etwa gefangen(e)
en, so von erenlüten und etwas ansechens sind, wäre unser begere,
s ir mit inen redten, dass si heim schriben und den iren den han-
anzeigten, namlich wie dass nach der schlacht und flucht man nit
r die belibnen gewüetet noch begert bluot zuo vergiefsen, sunders
efangen genomen und inen das best getan, und dass si den Thur-
ern anzeigten, dass si nit zuo rache begirig wider uns die fünf
syen, sunders wo si sich gegen uns schicken, wurden wir si als

ouch ze vernemen gegeben habend. Darbi wöll üch gefallen ze wüs
sen, dass inhalt küniklichen gepots zuo disem friden ze komen all
mögliche mittel ze ersuochen sind wir willens, dess wir Gott trüliche
pittend, uns die gnad ze verlichen, in hoffuung, die sach werd nac
üwerm benüegen, sofer sölichs uns durch üch wird zuogelassen, vol
füert. Uff das begerend wir früntlicher meinung üwer antwurt. De
Allmechtig well üch bewaren. .. Ü. brüederliche fründ und günner».

Bern, A. Capp. Krieg.

Original, auf dem sich die drei unterschriften gut unterscheiden lassen. Vg
Absch. p. 1608, note zu p. 1206.

691. (Oct. E.). Des markgrafen Ernst von Baden und Hochberg
etc. landvogt, canzler und Räte an (die V Orte). «Unser fründlie
willig dienst zuvor, etc. Dis ist die meinung, die wir nechten zuletz
mit üch geredt haben, dass unser gnädiger herr ... solichen fründliche
guoten nachpürlichen willen zu üch und gemeiner Eidgnosschaft treg
und solich begird hat, dise sachen in der güetikeit hinzulegen und zu
vertragen, dass uns sein fürstlich gnaden befolhen, üch in namen sine
f. g. uf das lest(?) anzusuchen und zu bitten, ob sach wär, dass die
sach durch die jetzigen tädingsherren nit möcht vertragen werden, de
doch sin gnad nit hoff, dass ir dann sin(er) gnaden bewilligen wellen
eigner person hierin zu handlen uf einem gelegnen platz, als zu Oben
Baden oder ein andern der enden, dahin ir sin f. g. und die iren not
dürftiklich vergleiten und üwere sandbotten daselbs hin zu gütliche
handlung schicken; so dann dessen by dem gegenteil auch funden, al
glicher gstalt by inen auch gesucht soll werden, alsdann wird sich si
f. g. unverzüglich dahin verfügen, (wo anders sin f. g. solichs libs hal
möglich) und mit solichem flis und ernst in disen sachen witer hand
len, dass sin f. g. in hoffnung stat, die mit hilf und gnad Gottes de
allmächtigen zu friden und ruowen zuo bringen»... (Das rückbla
ist weggeschnitten).

Lucern, A. Religionshändel

692. Oct. **31** (Dienstag nach Simonis und Judä), mittags. Die schied
leute von Solothurn an ihre obern. 1. Mitteilung der antwort vo
Zürich und Bern betreffend den frieden. ... Infolge dessen seien di
schiedboten wieder in der V Orte lager hinüber geritten, um die a
tikel aufzusetzen. 2. (Nachschrift:) Der instruction gemäfs seien nu
zwei boten nach Bremgarten geritten, nämlich der seckelmeister vo
Wengi und Wolfgang Stölli; die beiden andern bleiben im lager, da
mit an beiden orten nach bedürfniss könne gehandelt werden.

Solothurn, Reform.-A

693. Oct. **31** (Dienstag nach Simon und Judas). Franz Kalt un
Urs Dürr an Solothurn. Antwort auf die (anfrage?) betreffend da
volk, das durch Eck von Reischach am Rhein sich erhebe. Die des
halb ausgesandte kundschaft finde nichts derart; aber gestern sei a
dem markt zu Laufenburg die sage umgelaufen, dass Eck von Reischa
Landsknechte und Eidgenossen anwerbe, auch schon bereit sei m
schiffen und brückengerät («bruckwerk»), um bei Waldshut herüb
zu brechen; heimlich habe der bote vernommen, dass die Länder jet

695. Oct. 31, Brienz. (Auszug eines berichts:) «Ouch hat er ghört, dass‘ die v Ort die Walliser gemant hand, uff semlichs die brief im land uf und nider sind gangen ilends und streng. Uff semlichs hand sich die iij^m man, so hinab solten sin zogen gan Aelen, gewändt und sind zogen über die Furggen, (die) hat er gesechen züchen; aber er weist nit die zal, wie vil ir sind, und ist das gschechen am Sunntag (Oct. 22.? 29. ?); aber etlich trossross hand müeſsen widerkeren, hand nit über den berg mögen kon. Ouch hat er ghort von einem Walliser, dass vij^m man Spanger oder Italиener kämend, und zugend die landlüt dester lieber über die Furggen, dass sy nit zuo den Spangern kämend. » — Vgl. nr. 677, § 2, 3.   **Freiburg, Diessb. Pap.**

696. (Oct. E. ?). «Gan Bern. 1. Gnädigen herren, es ist grofser mangel an gelt; darus erwachst, dass die knecht nit blyben wellen; darumb, hettend ir gelt, dess ir embären möchtend, wellend uns ilends das schicken. 2. Frischings ij^c kronen wellend by nechster post uns zuoschicken. »   **Bern, A. Capp. Krieg.**

Handschr. v. Cyro, bernischer feldschreiber. — Beilage zu einem brief, aber seitdem davon getrennt.

697. (Oct. E. ?). Zeddel ohne datum, unterschrift und adresse: «Gnädigen min herren, ich han gewüss vernommen, wie zwei fenle gan Willesouw uff Zinstag ze nacht komen sye(n), sönt frömd fenle sin; demnach han ich (für) gewüss, dass von Aeschlismatt nit me dann vij man zogen sint; sy hatten wol ein grofsen uszug tan, sy hant sy aber daheim gelan; mag ich nit wüssen, ob sy hie ein überfal wellent tuon. »   **Bern, A. Capp. Krieg.**

698. (Oct. ?). (Zeddel von unbekannter hand, ohne datum etc., für Bern oder Solothurn bestimmt?). 1. «G. h., der Franzos hat minen herren den Eidgnossen (als er spricht) zuo dienst, von Solothurn unz gan Chur post gelegt, und der postmeister zuo Chur uns anzöigt, wann ůwer g(nad) uns schriben well, mögend ir die brief gan Huttwil dem posten zuoschicken; da dannen werdend wir sy in yl erlangen; setzen wir ůwerm gfallen heim. 2. Gnedigen herren, die ůwern hand gar dhein gelt, und vermögen wir inen nüt fürzesetzen, desshalb etlich sich heiter merken land, sy wellen wider heimziehen; dem wellend als die hochverständigen etlicher gstalt vorsin. »   **Bern, A. Capp. Krieg.**

Scheint auf den Müsserkrieg bezogen werden zu müssen, was die datirung noch unsicherer macht.

699. (Oct. E. ?). Officieller bericht über die treffen bei Cappel und am Zugerberg. 1. «Demnach miner herren von Fryburg loufender bott minen gnädigen herren den fünf Orten ein(en) brief gebracht, und als er willens wider heimzekeren, hat er gedachten min herren trungenlich gebetten, diewyl man von der schlacht, so zuo Cappel beschechen, vil und mancherlei geredt wurd (sic), in den rechten grund und warheit in schrift zuo geben, solichs sinen gnädigen herren und obern mögen anzeigen; uff sölichs haben vermelten min herren mir dem undergeschribnen schriber befolchen, im solichs schriftlich zuo vergrifen, und hat die meinung. 2. Namlich so haben min herren die fünf Ort die von Zürich zuo Cappel mit iro pauer und ganzer macht mit der hilf Gottes, siner muoter Marie und lieben heiligen uss dem feld geschlagen und an sölicher schlacht und flucht ob xv° mannen umbgebracht, ouch xx\vj man kleiner und grofser Räten von Zürich umbracht, (ouch) den weltverfüerer Zwinglin sampt noch xvij predicanten und sunst vil fürnemer (lüten) uss der statt Zürich; dessglichen so haben si an derselben schlacht dero von Zurich schützenpanner, stattfändli sampt dem fändli von Audelfingen gewunnen, item xviiij stuck büchsen uf rädern mitsampt einer merklichen hübschen munition steinen und pulvers und einer grofsen zal haggenbüchsen (erobret). 3. Demnach hat es sich Zinstag vor Simonis und Jude begeben, dass die von Zürich, Basel, Schaffhusen, Mülhusen, statt Sant Gallen, nider und ober Thurgöw (und) die Gotteshuslüt (von) Sant Gallen, uf nün tusent geschetzt, min herren die fünf Ort, als sy zuo Inwyl gelegen an dem berg, an einem teil des berges hinuf gezogen, si begert ze umbzüchen und zuo überhöhen. Uf solichs, als min herren die v Ort das verstanden, haben si etwa by tusent mannen von iren knechten sampt etlichen Wallisern uf den berg geschickt, si hindersich ze halten. Uf das sind sechs hundert man in die vorhuot geordnet, hinuf uf den berg gezogen, die iiij° man hieniden in der nachhuot beliben, und als die sechs hundert man der fyenden gewar worden, haben si all wyfse hemli angelegt und umb die zwey in der nacht den ersten hufen der fyenden uf dem Aegreberg angriffen, und als si den verjagt, darnach den andren und den dritten hufen angriffen; dann die fyend dry hufen gemacht hatten, und haben (die) vermelten sechshundert man die dry hufen (der) fyenden mit der hilf gottes, siner werden muoter und lieben userwölten uss dem feld geschlagen und uf zwey tusent man, ee me dann minder, erschlagen und der fyenden ein grofse zal gefangen, das stattfändli von Zürich, dero von Mülhusen fändli, (das) fänli von Frowenfeld und dero im nidern Thurgow fänli gewunnen, dessglychen einlif stuck büchsen uf rädern, namlich vier stuck sind dero von Basel gesin, dry dero von Schaffhusen, zwey dero von Sant Gallen und zwey der Toggenburgern gesin, sampt der munition und einer grofsen zal haggenbüchsen erobriget (sic), etc. » — Gez. Gabriel zur Gilgen, geschworner schreiber zu Lucern.   Freiburg, A. Lucern (original).

700. (Oct. E.?), (Blickenstorf). Venner Hugi von Solothurn begehrt, vor Räten und Burgern einen vortrag anzubringen, und erzählt dann die ursachen des gegenwärtigen krieges, wie die V Orte sich zum höchsten beklagen, dass ihnen die untertanen in den gemeinen herrschaften abgezogen, in gelübde und eide (wider sie) gefasst worden etc., wie vormals (1529) wegen des vogtes von Unterwalden, der nach Baden aufreiten sollte, gütlich gehandelt und wie die damals gegebenen zusagen nicht gehalten worden, u. s. w. Dann ermahnt er zum dringendsten, ferneres blutvergiefsen zu verhüten und mit den v Orten einen frieden anzunehmen, da sie dessen begehren, und zwar wie folgt: «Zum ersten, dass wir ab irem ertrich wellind verrucken. Zum andern, dass wir die pündt an inen halten wellind. Zum dritten, dass wir in unser statt und landschaft, ouch oberkeiten söllind und mögind glouben, was wir wellind, und uns für göttlich und recht sin bedunke, darin sy uns gar nüts wellind reden, und dass wir sy in irem land ouch wellind glouben lassen, was sy göttlich sin bedunk, und sy die iren in iren landen ouch lassind beherschen mit gepieten und verpieten. Doch wo in den gemeinen vogtyen etlich unsern glouben mit frigem ungenötem mer angenomen, darby sy die selben ouch wellind pliben lassen; aber wo sy in den gmeinen vogtyen mit gwaltigem mer zuo sölichem glouben übermeret worden, die selben söllind wir güetlichen glouben lassen, was sy gern und mit frigem mer eins werden. Zum vierden, als dann wir und die fünf Ort im Thurgöw und endert dem gepirg etlich lüt und gemein vogtyen zuo beherschen habind, dass an den selben enden villicht etlich volk uns und etlichs den fünf Orten gern anhangotind, und also ein grofser widerspan unzhar darvon entstanden, solichs zuo verkommen, müefse man ein tusch in den selben vogtyen ansähen, damit uns ein(t)wäderi vogty allein zuoghöri, und die ander vogti den fünf Orten ouch allein zuogehöre; das wurde für vil zangg und spän sin, und vermeinind ouch, dass alle erberkeit sölle können erwegen, dass dis der fünf Orten fürnämen und anmuotung göttlich, recht und einem gnoten landfriden gemäfs sin etc.» — Darauf hat genannter venner antwort verlangt und zu bedenken gegeben, wie grofser schaden aus dem krieg noch folgen möchte, und dass man nicht so bald wieder schiedleute fände, wenn sie jetzt «ausgeschüttel» würden; zudem schreie das gemeine volk nach einem frieden; die Berner seien zu einem solchen nach obigen vorschlägen geneigt, werden auch morgen darüber antwort geben; darum sollen auch wir, die Zürcher, ihn nicht ausschlagen; wollte man sich nicht darauf einlassen, so würden die schiedleute begehren, dies vor die gemeinden zu bringen. ... Es haben anfangs die V Orte gefordert, dass man die gemeinen vogteien bei dem glauben bleiben lasse, den sie von alter her gehabt ...; da man aber hievon gar nichts wissen, auch nicht einmal darüber reden und die schiedleute ohne bescheid abfertigen wollte, so haben sie dann einen andern vorschlag eröffnet, in der hoffnung, dass dieser beiderseits angenommen würde, nämlich in den vogteien ein neues mehr zu gestatten. . .   **Zürich, A. Capp. Krieg.**

Von obigem art. 4 ist sonst nicht weiter die rede, desto mehr vom zweiten satz des dritten, als 4. punct.

701. (Oct. E.), Zürich. Verhör über einen wortwechsel zwischen Adam Sprüngli und «dem hauptmann» von Toggenburg, veranlasst durch des erstern erkundigung nach einem passport; schliefslich war es zu schlägen gekommen, sodass friede geboten werden mufste.   **Zürich, A. Capp. Krieg.**

702. (Oct.? Nov.?), «Zurzach, um die 9. stunde.» Niclaus Brunner an Zürich. Es sei heute irgendwo ein sturm ausgegangen, den aber nicht die Zürcher («wir») angerichtet haben, wesshalb er niemand irren und aufregen solle; es seien ihrer jetzt so viele, dass sie hoffen dürfen, bis auf weitern bescheid den feind, den sie noch (nicht?) erspähen können, wohl abzuwehren.   **Zürich, A. Capp. Krieg.**

703. (Oct. Nov.). «Hienach folget, das ich Sebastian von Diefsbach, altschulthess der statt Bern, houptman des zugs gan Ligistorf (!) wider die Leuder etc., in demselben zug miner g. herren undertanen von statt und land fürgesetzt hab».... Summa 732 kronen 15 batzen.

Freiburg, Diensb. Pap.

704. (Oct. Nov.), Schaffhausen. Uebersicht der aufgebotenen truppen, aus der stadt 183 mann, ab der landschaft 173, zusammen 356; die freiwilligen nicht gezählt; sodann der umgekommenen: 27 und 9 (36) aus der stadt, 27 aus der landschaft, also 63; der kosten für die gefangenen, und anderer opfer, zum teil mit erwähnung der andern parteigenossen. (Alles im detail, wenn auch ungleich). Datum 27. Mai 1563.

Schaffhausen, Corresp.

705. (Nov.?), Zürich. Vortrag des mailändischen gesandten. «Magnifici et potentes domini. Non debetis perturbari de ultima scaramutia facta in navali bello Mussiano, quia bellum est fortuna; sed quod ducales fugiendo perdiderunt, virtus vestratum pugnando recuperavit, ita quod hostis cum suis navibus sine nostra jactura in Leucum se recepit. Scitis preterea quod Dux meus habet Comi quadraginta naves et statim debuit providisse quod hostis e Leuco amplius non exibit. Nec debetis etiam dubitare de illo rumore quod frater castellani Mussii faciat exercitum in Pedemontibus, quia dux Sabaudiæ promisit alias Duci meo, quod id non pateretur; deinde scitis quod Dux meus habet exercitum cæsareum, de quo semper potest disponere ad resistendum omnibus conatibus.» Panizonus.

Zürich, A. Müsserkrieg.

706. (November A.), (Zürcher lager?). Auf anbringen der französischen botschaft und anderer schiedleute ist über die (4) artikel beratschlagt und beschlossen, durch hauptmann Füssli und Hans Weber an die obern zu bringen, was folgt: Man wolle die bünde an den V Orten treulich halten, jedoch das gotteswort ausdrücklich vorbehalten, wo sie etwa demselben nachteilig wären. Die boten sollen übrigens bericht einholen, was die bünde zugeben und ob sie das göttliche wort irgendwie verletzen mögen. Ueber den 4. artikel ist durch hauptleute, Räte und Burger und rottmeister gemehrt, denselben auf das glimpflichste milderu zu lassen, so weit man es bringen möge, damit er dem g. wort und den gegebenen zusagen am wenigsten nachteil bringe. «Aber desshalb well man ganz und gar nüt zerschlachen, uss der ursach, man mög mit uuser macht dheinen by dem glouben, so in nit ze herzen syge, behalten, dann es Gott allein, was er mit uns menschen würken welle, zuostand, were ouch nit loblich, wo wir durch dryger, vierer oder meer in bemelten herrschaften willen sölten noch zuo mererm unlidenlichem kosten kommen, wir wellend geschwygen, dass wir mit brand oder bluotvergiefsen sollten wyter genötigt werden etc. Und als villicht nach bedunken der schidlüten von einem anstand (uff) lij tag, damit diser bericht dest rüewiger ze end gepracht und die unsern dester minder geschedigt werden, geredt, haben wir (das) den schidlüten heimgesetzt.»

Zürich, A. Capp. Krieg.

707. (Nov. A.?), (Inwyl). Nachschrift zu einem bericht der L u c e r - n e r hauptleute an St. und Rat. «So denne, g. l. h., sind die schid- lüt nächt aber kommen und uns angezöugt, wie die von Bern sich er- botten und uf unser gestellten artikel uns also mit antwurt begegnet syen, namlich dass sy die pünd an uns halten und die provand uftuon wöllen; aber umb all ander artikel und zuospruch wöllen sy uns d rechten sin nach lut unser beider syt pünden etc. Uff das haben w es gänzlich by unsern vordrigen artikeln lassen beliben, werden ouch gar dheins wegs nit mit inen also annemen; dann wann si uns vor (dem) ufbruch des rechtens wären gesin, hätten wir den kosten und das bluotvergiefsen wol erspart, und wäre der krieg vermitten be- liben. Das wöllen den üwern zuo Dagmarsellen zuosenden und si 8 dess berichten. »   L u c e r n, A. Religionshändel.

Von R. Cysat zum 26. Oct. gewiesen.

708. Nov. 1 (Allerheiligen), Cassel. Ulrich, herzog zu W ü r t e m - b e r g etc., an Z ü r i c h. «Unsern freuntlichen grus etc. Wir haben verstanden, dass ir von üwern widerwertigen den vier Orten etw schaden entpfangen und sonderlich etwa vil eerlicher dapferer lüt ver- lorn, das uns dann in allen treuwen leid ist, und nit weniger dann ob die sach unser eigen wär. Nachdem wir aber darneben vernomen dass ir üch sampt andern, so üch des evangelischen verstands halber verwandt, widerumb gesterkt, des fürnemens, gegen üwern feinden mit ernst zuo handeln, und sich aber die handlung, als wir bericht, u ursachen, dass üwere feind hindersich in iren vorteil gewichen, in e was verwylung ziehen möcht, und uns darneben ouch angezeigt, ir an üwerm geschoss etwas und nit kleinen verlust empfangen, w ir dann geschoss notdürftig, mögt ir unsere befelhehaber uff unsern hus zu Twiel darumb ansuochen, haben wir inen hieneben befelhe ge- ton, ein getrew gut ufsehen, als ob die sach uns selbs betreffe, uf euch (!) zu haben, und üch an sölichem geschoss in üwern nöten ni (mangeln?) zu lassen, des freuntlichen versehens, wa ir das gebrucht ir werden uns sölichs mit guter gwarsami, wie wir üch on das ge truwen, widerumb hinuf antwurten; dann wa wir üch sampt ganze evangelischem verstand wissten hilflich und erspriefslich zu sind, soll ir uns nach allem vermögen lybs und guots gutwillig und geneig finden. »   Z ü r i c h, A. Capp. Krieg.

709. Nov. 1. C o n s t a n z an Z ü r i c h. Bestätigung der mehrfacher anzeigen von rüstungen jenseit des Sees. . . . Dennoch fordere Zürich Altnau und andere gemeinden am See und am Rhein zu weiteren zuzug auf, während sie grofse wachen unterhalten müfsen; sollten aber hier alle leute wegziehen, so möchte daraus gar leicht grofser schaden erwachsen; darum möchte es besser sein, die leute an den pässen zu schonen und sie zu guter wachsamkeit anzuhalten, und da- für die andern gemeinden, die keine solche lasten tragen, mehr anzu- sprechen; denn es sei noch immer zu besorgen, dass jene rüstungen den Eidgenossen gelten. . .   Z ü r i c h, A. Capp. Krieg.

710. Nov. 1, nachm. 9 uhr, Blickenstorf. Hauptleute und Räte an
BM. und Rat in Z ü r i c h. In dieser stunde sei der venner Hugi von
Solothurn erschienen mit dem begehren, seine instruction zu verhören,
und habe nach vielen vorstellungen über das glück der eintracht etc.,
wie beiliegende «copie» ausweise, (gebeten, sich in einen frieden zu
schicken). Weil die sache so wichtig sei, ... so habe man beschlossen,
dies zuerst an die obern zu bringen, und daher geantwortet, man
wolle sich morgen früh darüber erklären; man bitte nun um eiligen
schriftlichen bescheid; darüber werde man sich dann, auch mit den
rottmeistern, beraten; was die Berner morgen antworten, wisse man
nicht. — Hugi habe seinen vortrag vor der gemeinde anzubringen begehrt; es werde ihm aber wohl in beiden lagern abgeschlagen. —
Vgl. nr. 700 ?　　　　　　　　　　　　　　Zürich, A. Capp. Krieg.

711. Nov. 1 (Aller Heiligen). Hans Wirz, schaffner zu Wädenswyl,
an BM. und Rat in Z ü r i c h. Dank für die gegebene zusicherung...
Der vorschlag, 1500 Thurgauer hieher zu schicken, sei nicht nötig;
wie er vormals geschrieben, sollten 4000 tapfere leute unter kluger
führung gegen die feinde geschickt, und gleichzeitig von der andern
seite ein angriff unternommen werden; sonst wäre alles umsonst. Man
liege hier beisammen, um den pass desto leichter zu behaupten. ...
　　　　　　　　　　　　　　　　　　Zürich, A. Capp. Krieg.

712. Nov. 1, nachm. 4 uhr, Hombrechtikon. Konrad Spörli, prädicant, an die verwalter zu Grüningen. Bericht, wie er aus dem lager
heimgeschickt worden, um hier und in Gofsau zu predigen, wachen
zu bestellen etc. Nun sei heute ein «Wix», geborner «amtmann»,
der sich aber mehr bei den «erbfeinden», den Schwyzern, aufhalte
und auch mehr der messe anhange, als späher angezeigt worden; auch
soll er gesagt haben, die Zürcher werden bald wieder den brauch der
Schwyzer annehmen müfsen... Er werde diese nacht in Rapperswyl
bleiben, da ihn hier niemand beherbergen wolle, und seinem sagen
nach 1—2 tage zu Binzikon bleiben, um sein korn zu dreschen; da
möge man denn auf ihn fahnden. ...　　　　　Zürich, A. Capp. Krieg.

713. Nov. 1 (Allerheiligen). Z ü r i c h an den abt zu P f ä f f e r s. Auf
die klage über die anfechtung durch den landvogt von Sargans habe
man demselben, sowie seinen herren in Glarus, so dringend geschrieben und sie ermahnt, einstweilen von ihren zumutungen abzustehen,
dass man auf freundliche antwort hoffe; wenn er aber weiter bedrängt
würde, so wolle Zürich nach vermögen dazu helfen, dass er bei allen
seinen rechten und befugnissen bleiben könne.
　　　　　　　　　　Zürich, Tschud.ſDoc. Samml IX. 78.

714. Nov. 1, nachm. 2 uhr, Bremgarten. Hans Edlibach und Hans
Escher an BM. und Rat in Z ü r i c h. Ueber das winterlager haben sie
mit hauptmann Lavater und den andern Orten sich beraten, — weil der
erste der vier artikel besage, dass man vorerst ab dem gebiet der V
Orte ziehen solle, wogegen diese auf ihrem eigenen zu bleiben versprechen, — und vereinbart, das im feld liegende volk nach gefallen
der hauptleute auf folgende plätze zurückzuziehen: 1. Cappel, Heisch,

Hausen; 2. Knonau, Rifferswyl; 3. Mettmenstetten, Maschwanden, Affoltern; 4. Sihlbrücke, Horgen, Wädenswyl; mit dem vorbehalt, von da aus nichts desto weniger den feind zu schädigen. Die hauptleute (von Bern?) haben genügende vollmacht, auf hintersichbringen über den frieden handeln zu lassen. Die instruction von Basel laute zum teil scharf genug; die boten haben aber befehl, des friedens halb nichts vorzunehmen bis auf weitern befehl. Sonst dringen alle auf den frieden. Für den fall jedoch, dass ein solcher nicht gemacht würde, sollen die hauptleute einen platz für das winterlager aussuchen; die Berner verlangen heftig, dass das ihrige bei Bremgarten und Mellingen geschlagen werde; sie würden auch jetzt gerne sofort dahin ziehen, ohne rücksicht darauf, dass sie dort in keiner gefahr stünden, und Zürich dagegen allen schaden zu besorgen hätte. Die Thurgauer nach Wädenswyl rücken zu lassen sehe man für gut an. Von dem Landgrafen zuzug zu fordern sei nicht nötig; besser möchte eine aushülfe mit geld, munition und einer zahl büchsenschützen dienen. Weiter wisse man ohne instruction nichts zu handeln und bitte um solche. Die französische botschaft sei hier auch erschienen. Zürich, A. Capp. Krieg.

715 a. Nov. 1, nachm. 3 uhr, Bremgarten. Die verordneten boten (der burgerstädte) an hauptleute und Räte von Zürich, Bern etc. Antwort auf ein heutiges schreiben. Man habe darüber einen satten ratschlag gefasst, den die verordneten hauptleute morgen früh anzeigen werden. Den 1. artikel der V Orte, dass man ab ihrem erdreich ziehe etc., habe man nach reifer erwägung angenommen, wolle aber den schiedleuten ausdrücklich andingen, dass der feind davon nicht zurückgehen und nach dem abzug auf seinem boden bleiben solle. Ueber weiteres begehre man bericht… Zürich, A. Capp. Krieg.

715 b. Nov. 1 (2?), 1 uhr nach mitternacht, Bremgarten. Die boten der burgerstädte an hauptleute und Räte des Zürcher und Berner lagers. Antwort: Man sei nicht gesonnen, die von den schiedleuten vorgeschlagenen artikel anzunehmen, werde aber die hauptleute, die sich hier befinden, heute morgen ins lager schicken, um die gefassten ratschläge zu eröffnen. Zürich, A. Capp. Krieg.

716. Nov. 1 (Omn. Sanctorum). Konrad Bachmann, landvogt zu Baden, an abt Georg (Müller) zu Wettingen. Es sei ausgestreut worden, dass er (der vogt) dem abt, auch dem gotteshaus und der gemeinde W. abgesagt habe; das werde sich aber keineswegs erweisen; desshalb habe er (dieses gerücht) schriftlich bei Zürich und durch den untervogt bei dem abte mündlich widersprochen, aber keine antwort empfangen. Als amtmann der VII Orte begehre er nun für den fall, dass er mit dem abte oder den gemeinden Würenlos und Wettingen etwas zu verhandeln hätte, was die herren berührte, sicheres geleit dahin und zurück und hierüber umgehende schriftliche antwort. Zürich, Gr. Baden (original).

717. Nov. 1, mittags, Frauenfeld. Der statthalter (Locher) an Zürich. Die gemeinden Ermatingen, Tägerwylen und Gottlieben weigern sich, an die 1500 mann ihren anteil zu schicken, weil allerlei rüstun-

gen jenseit des Sees vor sich gehen und Constanz ihnen geraten, daheim zu bleiben und die grenze desto besser zu versehen. Die von
Rheinau und der vogt daselbst schreiben, dass der abt heute abend
von Waldshut her mit einem haufen versuchen wolle, dahin zu kommen, und dass Egg von Rischach leute annehme, so viel er finde, um
bei Laufenburg ebenfalls durchzubrechen; dessgleichen seien die Rotweiler wieder zum auszug bereit. . . Dies alles melde man nun, damit
Zürich nach gutfinden handlo, um solcher gefahr begegnen zu können.

Zürich, A. Capp. Krieg.

718. Nov. 1. F r a u e n f e l d an Z ü r i c h.   Nachdem . . . die landsgemeinde beschlossen, 1500 mann zu schicken, habe man den landweibel, der jetzt im lager vor Zug diene, zum hauptmann und Caspar
Engel, der zu Musso fähndrich gewesen, dazu neuerdings erwählt und den
ausgehobenen knechten befohlen, ins lager (nicht nach Wädenswyl) zu
ziehen, wo sich die übrigen von der stadt befinden; da die Thurgauer
einen eigenen hauptmann und fähndrich haben wollen, so finde man
diesen weg am rätlichsten, um weitern span zu verhüten und (zugleich)
das alte herkommen zu wahren, bitte also Zürich, diesen schritt
günstig aufzunehmen, da man zu allem gehorsam bereit sei. . . .

Zürich, A. Capp. Krieg.

719. Nov. 1. B e r n an Z ü r i c h.   Antwort auf das begehren, den
kornkauf im Aargau zu gestatten, um die lager speisen zu können etc.
Man habe daraufhin den hauptleuten geschrieben, sie sollen den amtleuten befehlen, den beiden lagern so viel zuzuführen als das bedürfniss erheische; die (früher) getroffene und so lange bestandene ordnung aufzuheben, halte man dagegen für unnütz und nachteilig. . . .

Zürich, A. Capp. Krieg.

720 a. Nov. 1, mittags 12 uhr.   B e r n in beide lager.   Die Burger,
die am Brünig als besatzung liegen, haben im namen der gemeinde
Hasle einen boten in den Gomser zehnten geschickt, der nun den abschriftlich beigelegten bericht erstatte.   Freiburg, Dienstb. Pap.

720 b. Nov. 1. B e r n an den hauptmann zu Brienz.   Antwort auf
die anfrage, wie es mit boten zu halten sei, welche «aufrechte» briefe
bringen. «Dwyl wir haruf kriegsrecht sin, gezeichnet potten mit
rechten unargwönigen briefen sicherheit und gleit ze haben bedacht,
harumb unser will und meinung ist, dass sölich gezeichnet unargwönig
potten mit ufrechten briefen, üch zuogehörig, zuo und wider von üch
sicher und unangefochten blyben; doch söllent ir sy fürer dann zuo
üch und wider hinder sich, dahar sy koment, nit passieren noch brief
fertigen lassen ».... Bern, Teutsch Miss. T. 194, 195.

721. Nov. 1, mittags 12 uhr.   B e r n an den hauptmann in Aelen.
Antwort auf den bericht, wie die Walliser begehren, dass man ab-
ziehe, und sich ihrerseits dazu erbieten, etc. Man habe das mit grosser
freude vernommen und hoffe, dass sie ihre zusage halten und nichts
unfreundliches vornehmen werden; daher befehle man, nachbarlich und
freundlich mit ihnen zu verhandeln, jedoch gute wache zu halten; aber
zum abzug könne man, so gerne man kosten ersparte, sich jetzt noch

nicht verstehen, da die Walliser auf die mahnung der V Orte die 3000 mann, die nach St. Maurice verordnet gewesen, am letzten Sonntag über die Furka hinaus geschickt haben, was ein bote von Hasle gesehen, und man noch nicht wisse, ob die botschaften von fürsten und städten, die sich um gütliche unterhandlung bemühen, einen frieden zu stande bringen, oder die entscheidung mit den waffen geschehen mufse. Doch mögen hauptmann (und Räte) überlegen, ob ein rückzug jetzt unnachteilig oder zu verschieben wäre; man erwarte darüber bericht, verlange aber, dass sie bis auf weitern bescheid in Aelen verharren.

Bern, Toutsch Miss. T. 192.

722. Nov. 1, nachm. 2 uhr. Bern in das «erste lager» (bei Blickenstorf etc.). 1. Zürich habe schriftlich gebeten, ihm den kornkauf im Aargau zu gestatten, so lange die not andaure, um die seinigen im feld mit proviant versehen zu können. Man finde nun aus wichtigen ursachen unzulässig, kernen nach Zürich führen zu lassen, sei aber geneigt, den verwandten auszuhelfen, damit aus dem mangel nicht ein schädlicher abzug erfolge; darum begehre man, dass den amtleuten im Aargau geschrieben und befohlen werde, in das gemeinsame lager den nötigen proviant zu liefern, jedoch nicht mehr als wirklich verbraucht werde. 2. Da den «ehrenleuten» vollständig bewilligt sei, zu einem frieden zu reden, so begehre man, dass jeweilen über den gang der verhandlung bericht gegeben werde.

Freiburg, Diesb. Pap. Bern, Teutsch Miss. T. 192.

723. Nov. 1 (Mittwoch nach Simonis und Judä), nachm. 3 uhr, Zofingen. Hauptmann etc. beim 2. Berner banner an die führer des ersten. «Als wir in üwerm schriben verstanden, wie die Pünter und Toggenburger im feld siend, also sind wir diser stund von gwüssen warhaften lüten von dem huten (von) unsern fienden, so wider uns liggend, eigentlich bericht, daruf wir ouch guoten glouben setzend, dass der Länder anschlag ist, die Pünter und Toggenburger nachts, wie denen am Zugerberg geschechen ist, ze überfallen und ze tod ze schlachen, dess wir uch verstendigen wellen, die Pünter und Toggenburger ze warnen; doch söllend ir disen brief in geheimd halten, damit nit kundbar werde, wohar uns sömlich kuntschaft zuokome. »

Freiburg, Diesb. Pap.

724. Nov. 1 (Allerheiligen), nachm. 10 uhr, Zofingen. Das zweite Berner lager an das erste. Auf das an Solothurn gerichtete ansuchen, über die ennetrheinschen rüstungen so viel möglich kundschaft einzuholen, werde nun gemeldet, dass bei Breisach allerdings knechte gesammelt werden, aber unter dem vorgeben, dass sie nach Köln hinab ziehen sollen. Auf dem jahrmarkt zu Laufenburg — letzten Montag — habe verlautet, Eck von Reischach nehme Landsknechte und Eidgenossen an und sei mit allem gerüstet, um bei Waldshut herüberzubrechen; ein spaher habe auch insgeheim gehört, die Länder wollen jetzt gute worte geben und sich stille halten, bis dieses hülfsheer anrücke. Das schreibe man sowohl nach Bern als auch nach Bremgarten.

Freiburg, Diesb. Pap.

725. (**Nov. 1**) (« Octobris »), nachm. 1 uhr, Brienz. Diebold von Erlach, Wilhelm Rümsi und Michel Sager an Bern. « Edlen etc. etc. In diser stund ist zuo uns kon ein erenman, in üwerm land sesshaft, und uns anzöigt, wie uff dise stund ist kon ein frow von Undersewen und hat iren man, so by uns im läger ist, beschickt für das läger hinus, ein wort mit im ze reden, und als er zuo ir ist kon, hat sy angefangen und gesprochen, ich bin haruf komen, dir zuo sagen, dass ich üwer besorgen, es sig verrätery under üch, und das in der gstalt, es ist einer kon zuo mim hus, der vor by mir dienet hat, ist bürtig von Mülhusen, der hat bisshar dienet in Underwalden, und hat gesprochen, das sig gwiss, wenn sich der krieg nit hett mögen wenden, und man einandern müefse schlachen, so syge das das wortzeichen, dass sy werden tragen tannestlin uf den höuptern, und die, so uff diser syten sind, die söllends tragen im buosen, (und) wenn man zesamen köme, so sollend sys dann harfür ziechen. Nit mögen wir wissen, ob dem also sig, wann es noch nie darzuo ist kon, dass sich sömlichs hett mögen öigen; sunst truwen wir ettlichen, als vil wir gsechen mögen, und truwend die landlüt selbs einandern nüt; dann uff dise stund ist uns aber ein warnung kon, dass wir darzuo sechind; dann solt es darzuo kon, so wurden wir wenig lüt by uns han, und wenn wir vermeinten, wir hettend lüt, so hetten wir nieman, als warlich wir schier gesechen hand in dem ersten lerman, so wir zuo nacht hattend; do was vil volk, die sich nit wol schicktend; dargegen warend ouch, die dapfer fürhin stuonden, an denen ouch kein felen was, geb was da kon wär. Semlichs .. hand wir üch nit wellen verhalten, domit ir wüssen doruf rat ze schlachen; dann gwiss und sicher so werdent unser fygend sich nit sparen, alle list ze bruchen, was sy können und mögend, und den Wallisern ist gar und ganz nüt ze vertruwen, gott geb was guote wort sy geben. Harum wirt not sin, dass wir uns dargegen rüsten, .dass ir anschläg ouch etwan einer brochen werd, wenn wir echt kriegen wend ».... 　　　　　Bern, A. Capp. Krieg.

726. **Nov. 1** (ersten tag des dritten Herbstmonats). Hans Buri, statth(alter) zu Diemtigen, an Bern. Umständliche entschuldigung, dass er nicht über den versuch hinausgekommen, dem ihn betreffenden aufgebot folge zu leisten, wegen krankheit. 　　　　　Bern, A. Capp. Krieg.

727 a. **Nov. 1** (Allerheiligen). Renward Göldlin an Jacob am Ort, lucernischer hauptmann zu Dagmersellen. Seit dem letzten schreiben habe er weiter durch kundschaft aus Zofingen erfahren, dass die Berner gestern eine gemeinde gehalten und die V Orte dabei hoch verunglimpft haben, « und vorab dass sy zuo ewigen zyten söllent und müefsent verachtet und verschmächt sin von den v Orten » (?) ... Die Basler haben hitzig auf fortsetzung des krieges und sofortigen angriff gegen Wikon gedrungen, und die Berner (herren?) sie unterstützt; doch sei das mehr geworden, noch drei tage zuzuwarten, bis der tag in Bremgarten vollendet sei, da die botschaften des königs von Frankreich, des herzogs von Savoyen, der reichsstädte und etlicher Orte dort für den frieden arbeiten. Die Berner (« sy ») zeigen sich darüber un-

zufrieden, dass die Solothurner nicht mit dem panner ihnen zugezogen...
Bitte um fernere weisungen, etc.

727 b. Nov. 1 (Allerheiligen), um mittag, Dagmersellen. Hauptmann
und Räte von Lucern an Statthalter und Rat und sodann an hauptmann und Räte bei Zug. Mitteilung obiger missive, mit dem ausdruck
des befremdens über die säumniss in der berichterstattung, so dass
man erst von feindlicher seite erfahre, dass in Bremgarten über einen
frieden unterhandelt werde; da man nun den feinden so nahe liege,
so bitte man abermals um sofortige nachricht, was im gange sei, damit man sich zu verhalten wisse.　　　　　Lucern. A. Religionshändel.

728. Nov. 1 (Allerheiligen), um 3 uhr nachm. Hauptmann, pannerherr und Räte von Lucern an Statthalter und Rat. 1. «Zuo diser
stund sind abermalen die schidlüt by uns gesin, haben uns angezöigt,
dass unser widerwärtigen in den übrigen artiklen uns villicht ein guot
antwurt geben wöllten; aber den artikel berüerend die gemeinen herrschaften und unser fordrung desselben haben si uns geantwurt, diewyl
deren halb vormalen artikel im landsfriden ufgericht, begeren sy das
es by demselben beliben sölle etc. Uf solichs haben wir den schidlüten antwurten lassen, dass wir es by dem vordrigen fürschlag beliben lassen, und wöllen dheinswegs harzuo nit bewilligen, dass die
unsern nit wider zuo unserm glouben gebracht werden söllten, zum
mindsten, wo es das mer wurde, dass die mess [nit] wider ufgericht
wurde etc., und also die schidlüt wider heim gefertiget.» 2. Vogt an
Ort äussere sein bedauern über den mangel an berichten; diesseits
habe man immer (nach Lucern) geschrieben, was begegnet sei, in der
annahme, dass solches auch nach Dagmersellen gemeldet werde, und
dorthin nur aus dem grunde nichts berichtet, weil man gefürchtet, die
botschaften könnten nicht sicher dahin gelangen, etc.
　　　　　　　　　　　　　　　　　* Lucern, A. Religionshändel.

729. Nov. 1 (Omn. Sanctorum). Uri an Lucern. Heute seien
etliche büchsenschützen angekommen; sie klagen aber, dass sie kein
geld haben; man habe sie desshalb bei den wirten ausgelöst; nu
sagen sie, dass noch etwa 200 (unsicher «iij°») kommen, die ebenfalls
mangel leiden; so viel habe man aber nicht; darum müsse Lucer
ihnen geld entgegenschicken, wenn es sie haben wolle; etwas geld,
ungefähr 1 dickpfenning, soll ihnen geworden sein, was ihnen aber
nicht genüge, etc.　　　　　　　　　　　　　Lucern, Missiven.

730. Nov. 1 (Allerheiligen), Bellenz. Jacob Feer an Lucern. Heute
habe Uri geschrieben, dass er die büchsenschützen, die er finde, hin-
aussenden solle; am Sonntag und Montag (29., 30. Oct) habe er drei
hauptleute abgefertigt, den einen mit 95, den andern mit 150, den
dritten mit 100 knechten, mit briefen an die hauptleute und einigem
geld; er hoffe, dass sie bis heute und morgen nachts in Uri eintreffen
werden. Zwei andere hauptleute, die er heute auch angenommen,
sollen ihn in fünf tagen 200 knechte bringen; etwa 26, unter denen
sich 4—5 Landsknechte befinden, schicke er jetzt; er habe 17 kronen

gegeben, um sie heraus zu bringen; die andern sende er nach, bitte aber um eiligen bericht, wohin er sie schicken solle, etc.

Lucern, Missiven.

731. Nov. 1 (2.?) (Allerheiligen tag in der nacht, zw. 12 und 1 uhr). L u c e r n an seine hauptleute etc. 1. «Uewer schriben uns geton, antreffend die schidlüt von des fridens wegen, haben wir verstanden, und wir achten und truwend üch wol, dass ir nit darvon fallen und zum besten handlen werden. 2. Demnach so sind uns etlich schützen kon, wälsch, die wöllend wir den unsern gan Tamersellen zuoschicken, und sind noch by ij⁰ uf der strafs; habend wir zuo Uri versorgt, dass dieselben angends zuo üch komen werden. Wir hatten unsern eidgnossen von Uri geschriben, dass sy den schützen etwas wöllten fürsetzen; das hand sy nit wöllen tuon, wie ir in disem hie by gelegten brief sechen werden. Daruf ist an üch unser fründlich bitt, dass ir sölchs anziechen gmeinlich vor den fünf Orten, dass die andern Ort ouch helfen die burdi tragen. 3. Wyter, ob ir etlich wüssend under unsern gefangnen, das redlifüerer ald derglichen wären, das schribend uns zuo, dann wir nüt von inen bringen künnden dann grofsen kosten und unruow, (so) wir mit inen hand».... 4. Nachschrift: «Wir sind bericht, wie Melchior Fruonz ein grofs gelt an barschaft habe und uns vor verheifsen zuo guotem teil. uns etwa jᵐ oder ijᵐ kronen zuo lichen, wär unser bitt, dass ir mit im darvon geredt hätten, dann wir dess bedörfen.»

Lucern, A. Capp. Krieg.

732. Nov. 1 (Allerheiligen), vorm. 10 uhr. S o l o t h u r n an seine gesandten im felde. 1. Antwort auf ihr gestriges schreiben. Man vernehme mit besonderer freude, dass beide parteien des friedens halb gehör geben wollen, und hoffe nun, dass der handel zu gutem ende gedeihen werde. Was man diesseits begehre, wissen die Räte. 2. Ueber die sammlung ennet Rheins haben die vögte von Dorneck und Gösgen berichte geschickt, die man abschriftlich beigebe; dieselben mögen nach gutbefinden (den freunden) eröffnet werden.   **Solothurn, Miss. p. 823.**

733. Nov. 1 (Allerheiligen), vorm. 11 uhr, Bremgarten. Niklaus von Wengi und Wolfgang Stölli an S o l o t h u r n. Dienstags um 1 uhr mittags seien sie von dem lager geschieden und heute bei den boten (der burgerstädte) erschienen. Der bote von Zürich habe zuerst das winterlager zur sprache gebracht; darauf haben sie beide ihre jüngste instruction eröffnet und den ausstand genommen. (Zürich und Bern) haben dann erklärt, sie wollen Solothurn diesfalls nichts zumuten und verdanken die (bisher) bewiesene freundschaft; ein beschluss über das winterlager solle später augezeigt werden...   **Solothurn, Reform.-A.**

734. Nov. 2, morgens 5 uhr, Sihlbrücke. Jörg Zollinger und die rottmeister vom Zürichsee an BM. und Rat. Dank für die eben erhaltene warnung, die sogleich allen mithaften verlesen worden; man sei ganz einhellig, wenn der feind anrücke, ihm tapfer entgegenzuziehen und sich redlich zu halten. Es sei aber eine irrung begegnet; es habe nämlich einer von Basel, der am Mittwoch in der nacht von den feinden herüber «gefallen», ihnen angezeigt, wie er in den V Orten, als

er vor etwa drei wochen habe nach Musso ziehen wollen, gefangen
und zurückbehalten worden, und geraten, das vieh über den berg weg-
zuführen und sich auf einen angriff gefasst zu machen; denn von den
V Orten liegen 1000 mann zu Neuheim, die einen überfall versuchen
werden, wenn der friede nicht zu stande komme, etc. Diesen habe
man in das lager geschickt, worauf die hauptleute sogleich ihn, Zollinger, berufen und Göldli geredet, der Basler sage ganz andere dinge:
nicht 1000, sondern 200 seien zu Neuheim, zudem zerstreut und uneinig; darum begehre und rate er, dass man «sich an den berg lasse»
und den feind zu schädigen unternehme, da die Berner doch immer
meinen, man sei so gar verzagt. Darauf habe er, Zollinger, geantwortet, er begreife diesen widerspruch nicht, .. und sich einfach ge-
weigert, mit seinen leuten auszuziehen, da er viele redliche männer
opfern und mit schaden und schande bestehen würde; wenn aber
Göldli mit seinem haufen an den berg rücke, so wolle man auch tapfer
dabei sein und das lager dort aufschlagen. Göldli habe hierüber ge-
schwiegen, vogt Steiger von Meilen aber ausdrücklich bezeugt, dass
der gefangene (von Basel) vor Göldli und andern das gleiche gesagt,
wie Zollinger gemeldet. Darüber seien die leute sehr unzufrieden, indem sie vermuten, dass Göldli sie gern «anhin» geführt hätte; dass
man sich aber nicht so blind in das spiel einlassen könne, werden die
obern begreifen. Dies habe man ihnen zu schreiben beschlossen, da
man bald nicht mehr wisse, wer freund oder feind sei, und man wohl
gehofft hätte, dass die obrigkeit ihre leute mit besseren, «anschlägigern»
führern versehen und die landschaft zuvor auch «beratsamet» haben
würde; denn unzweifelhaft seien «die zwei schanzen» verwahrlost,
und wenn der Lavater schon früher von einem überfall gegen den
See gewusst, wie er zu etlichen von daher geredet, so hätte er es wohl
anders sagen können als mit «streien», da der gemeine mann sonst
kein vertrauen mehr zu ihm habe.   Zürich, A. Capp. Krieg.

735. Nov. 2, nachm. 5 uhr, (Sihlbrucke). Jörg Zollinger an hauptleute und Räte von Zürich. Da der friede «zerschlagen» und man
vor einem angriff des feindes gewarnt sei, so habe er vermeint, die
Thurgauer sollten zu ihm kommen; wenn dies nicht möglich wäre, so
möge man morgen früh wenigstens die von Stäfa und Zollikon hieher
schicken, damit er desto tapferer widerstehen könnte...
                                                  Zürich, A. Capp. Krieg.

736. Nov. 2. Zürich an die hauptleute und Räte im lager ob
Blickenstorf. 1. Man werde glaubhaft berichtet, wie die feinde vernommen, dass die 1500 Thurgauer an die Sihlbrücke ziehen wollen,
und im sinne haben, vor deren ankunft das kleine dort liegende häuf-
lein «aufzureiben»; um dies zu verhüten, werde man die Thurgauer
mit aller eile dorthin schicken; auch begehre man, dass von dem
panner weg eilends noch eine anzahl hinauf verordnet und «das loch»
damit gesperrt werden könne; es werde auch nötig sein, desshalb den
feind zu beobachten, ob er sich etwa stark verminderte, damit man
wüsste, ob man ihm irgendwo abbruch tun könnte; denn sollte man

ange da liegen und von den feinden sich schadigen lassen, so konnte das
zuletzt nichts gutes bringen. 2. Da die boten von Bremgarten her
heute gemeldet, dass die hauptleute in der letzten nacht auf das dringliche ansinnen Solothurns die drei ersten artikel angenommen, den
vierten aber dahingestellt haben, doch auf gefallen der Räte und Burger
im lager, so hoffe man, dass sie heute überhaupt einen andern ratschlag
gefasst, und nichts bewilligen bis auf weitern bescheid von Bremgarten; des 4. artikels halb habe man sich bereits deutlich erklärt, und
hoffe man, dass sie dem nachkommen werden.　　　Zürich, A. Capp. Krieg.

737. Nov. 2, nachts, (Blickenstorf). (Die zürch. hauptleute an die
boten in Bremgarten). Es sei das mehr geworden, die schiedboten
weiter handeln zu lassen in den drei (ersten) artikeln, nämlich 1. ab
dem gebiet der V Orte zu ziehen, wenn sie dann auf dem ihrigen
bleiben; 2. die bünde sei man erbötig, in allem treulich zu halten,
dem gotteswort jedoch ohne nachteil; 3. die V Orte wolle man des
glaubens halb in ihren landen unangefochten regieren lassen, mit dem
beding, dass jemand der ihrigen, der den neuen glauben annähme,
ohne alle entgeltniss mit leib und gut wegziehen könne, und die des
glaubens wegen verjagten, die wieder heimzukehren (resp. am alten
glauben zu hangen?) begehren, eingelassen werden; 4. wo die gemeinen herrschaften das gotteswort angenommen, sollen sie dabei bleiben.
Doch wolle man hierin noch nichts vergeben, sondern den willen der
obern vorbehalten haben. Dennoch wolle man das lager aufheben
(‹brechen›) und behutsam abziehen und sich demnach weiter beratschlagen.　　　Zürich, A. Capp. Krieg (fragm.).

738. Nov. 2 (Donstag nach Allerheiligen), 11 uhr nachts. Zürich
an (die hauptleute zu Blickenstorf?). Da die schiedleute zu verstehen
gegeben, dass die feinde schlechterdings von dem 4. artikel, betreffend
die erhaltung der gemeinen herrschaften im alten zustand, nicht weichen, von dem landfrieden und dessen «beschluss» des gotteswortes
halb nichts hören und über alles von neuem abmehren wollen; und
ofern Zürich nicht darein willige, so wollen sie (die schiedleute) es
treulich gewarnt haben, da die V Orte sich etwas feindliches vorbehalten; da man aber keineswegs darauf eingehen könne, weil man
vorab für die erhaltung des gotteswortes und der eigenen ehre und
wohlfahrt eingestanden und die zusagen, die man überall des göttlichen
wortes wegen den biderben leuten gegeben, zu halten verpflichtet sei,
so bitte man hiemit ernstlich um geflissenes zusammenhalten, wachsamkeit und vorsorge für den fall eines angriffs. . . . ˙
　　　Zürich, A. Capp. Krieg.
　　Unter gleichem datum erging ein im wesentlichen übereinstimmendes schrei-
en an den schaffner in Wädensweil, das im original sich im Kantonsarchiv
Schwyz (A. Zürich) vorfindet.

739. Nov. 2, (mittags) 12 uhr, Utznach. Hauptmann, vogt und Räte
(von Grüningen) an BM. und Rat in Zürich. 1. Heute mittag haben
die hauptleute der Toggenburger einen brief von Constanz geschickt,
warnungen enthaltend über rüstungen ennet Rheins etc. . . . 2. Ferner
werde man vielfach gewarnt, dass die von Grüningen, wenn sie auf

ihr eigenes gebiet zurückkehren wollten, den weg versperrt finden
möchten, wesshalb man um weitern bescheid bitte, um so mehr als
mancherlei begegne, «daran wir als die torechtigen wenig gefallens»
(hand); in dieser stunde komme z. b. bericht, dass die hauptleute und
Räte von Toggenburg etliche nach Grinau geschickt haben; was sie da
handeln, wisse man aber nicht.   Zürich, A. Capp. Krieg.

740. Nov. 2, nachm. 8 uhr, Utznach. Hauptmann, vogt und Räte
(von Grüningen) an BM. und Rat in Zürich. Antwort: 1. Man
wisse nichts anderes, als dass dem feind vor einiger zeit 7 fähnchen
zugezogen, jedoch kaum mit vielem volk. 2. Ueber'den anstand habe
man sich diesen abend erkundigt und folgendes vernommen: Die Gasteler und die Märchischen sollen einander keinen schaden zufügen
und jeder teil auf seinem boden bleiben, keiner über die wasser ziehen.
Die Gasteler (einzelne?) mögen den Zürchern zuziehen, die in der
March aber den V Orten nicht, mit ausnahme der freiwilligen; die
Schwyzer sollen sie aber nicht dazu nötigen; die V Orte sollen an
keinem ende über die wasser vorrücken; die Bündner können zu den
Zürchern gehen, im Gaster bleiben oder heimziehen nach ihrem gefallen, dessgleichen die Toggenburger. Die von Grüningen sollen entweder ins Gaster oder heimziehen, jedenfalls Utznach räumen. Ein
bote für die vier Waldstätte habe in der sache mitgehandelt und soll
den anstand im namen der V Orte besiegeln. Dieser soll sechs tage
nach der «handlung» im lager bestand haben. Morgen werden die
Toggenburger desswegen eine gemeinde halten; hauptmann und pannerherr setzen bereits die annahme voraus. . . . Je nach dem ausgang
werde man um weitern rat bitten, da die Gasteler, wie man vernehme,
desshalb auch an Zürich geschrieben. Sollte man hier noch etwas
unternehmen, so müsste man jedenfalls mit mehr leuten versehen sein,
da der feind in grofsem vorteil sei. Von den Bündnern habe man,
obwohl sie angezeigt, dass noch ein auszug getan worden, nichts zu
erwarten, indem sie gefahr vom Etschland her vorschützen. . .
                                        Zürich, A. Capp. Krieg.

741. Nov. 2, (vorm.?) 11 uhr, Mellingen. Hans «Blasshart» an BM.
und Rat in Zürich. Er vernehme, dass etliche von Vilmergen, Wohlen und Sarmenstorf bei den feinden im felde liegen, dann etwa heimgehen und ihnen wieder «etwas» zufertigen. Die aus den Aemtern
raten, dass er mit c. 10 mann dahin gehe, um darüber nachzufragen.
Bitte um bescheid.   Zürich, A. Capp. Krieg.

742. Nov. 2, 11 uhr(?), Kaiserstuhl. Hs. Kaltschmid an Zürich.
Er höre, dass Egg von Rischach bei 10,000 knechten und eine grofse
zahl reisige habe; dies sei auf dem Wald von einem gebornen Eidgenossen einem burger von Kaiserstuhl angezeigt worden; Egg wolle
morgen bei Rüdlingen über den Rhein vorrücken. Dies sei nach
Eglisau und Zurzach bereits gemeldet, damit überall desto besser gehütet werde. . .   Zürich, A. Capp. Krieg.

743. Nov. 2, Altstätten. Ammann, Richter, Räte und Boten von der
landschaft Rheintal an Zürich. Beileid über den empfangenen schaden...

Dank für das väterliche schreiben an m. Ulrich Seebach (Stoll!), dass er sie trösten, stärken und zur wachsamkeit anspornen solle, bis Zürich oder andere Orte hülfe bringen können. Mit Gottes hülfe halten sie sich ganz unerschrocken gefasst, können aber jenseit des Rheins keinerlei rüstung oder unruhe entdecken, die unterhaltung von guten wachen ausgenommen. Endlich bitten sie Zürich, dass es sie weder im frieden noch im kriege vergesse, wiewohl sie ohne allen zweifel sich dessen getrösten.

                                      Zürich, A. Capp. Krieg.

744. Nov. 2 (Allerseelentag), spater nacht. Zürich. »Werner Bygel«, stadtschreiber, an die commissarien und den obersten hauptmann im lager zu Dougo etc. 1. »Miner herren zuosampt unserer eidgnossen von Bern pauer liggend noch hert und stark mit grofser macht, dann inen die Turgöwer und Gotshuslüt stark widerum zuogezogen, im lager zuo Bar und Bligkenstorf, und will sich der tygend nienan uss dem vorteil und uss der schanz lassen; so wellent die Togkenburger, Pündter und Gastaler, so im Gastal liggend, und man seit, sy habind ein anstand mit den Märchlingen gemacht, ouch nützit tuon.« 2. Desshalb habe sich Zürich entschlossen, Freiburg und Solothurn um einen frieden unterhandeln zu lassen; zudem seien boten des königs von Frankreich, der herzoge von Savoyen und Mailand und anderer herren in Bremgarten, um mit bewilligung beider parteien zu mittelm. Nun seien aus dem feindlichen lager vier artikel gebracht worden (folgt kurze angabe des inhalts), von welchen drei bereits angenommen, der vierte jedoch abgewiesen worden, indem die herren eher »haut und pelz« daran setzen als die vogteien des gotteswortes halb ungesichert lassen wollen. ... 3. Ansuchen um beförderung beiliegender briefe der mailandischen boten an den Herzog, etc.

                              St. Bibl. Zürich, Simml. Samml. T. 29 (original).

745. Nov. 2 (Allerseelen), »um einlife«. Hauptmann etc. (von Lucern) zu Dagmersellen an Statthalter und Rat. Antwort: 1. »Under anderem werdent wir bericht, wie ein gemein gassenred by uch, dass unser Santweg by unseren widerwärtigen gsin und mit inen red gehalten, daran wir nit wenig befremdung empfangen, hettend (ouch) wol geacht, was wir üch in gheim zuoschribent, ir liefsent es under üch bliben; dann sömlich offenbarung mochte einem biderman, so hierin gehandelt, zuo grofsem nachteil dienen, wo es die Berner vernämant. 2. Sodann hand wir in uwerem nachsten schriben verstanden, die Walliser söllten zuo uns kon, sind wir bericht, dass sy gan Zug sind; will aber uns guot dunken und zur künftigen bericht uns ordtzlich, so wir uns starktent, (so) wurdent unser fyend dest gnoigter zur bericht etc., desshalb unser meinung ware, sy kämend zuo uns. 3. Des schloss Wyken halb hand wir uch vormals verschriben um zwo halb fagunen daruf ze tuond, die sind uns noch nit zuokomen; ist noch unser rat, uns die zuo schicken. 4. Zum letsten ist an üch unser fründlich bitt, ir wellend uns allweg üwers willens, sampt was ir von den anderen uuseren herren und mitbrüederen (in) Zug vernement, by tag und nacht berichten«...

                                  Lucern, A. Religionshändel.

746 a. Nov. 2 (Donstag nach Allerheiligen), Inwyl. Hauptmann, pannerherr und Räte von Lucern an Statthalter und Rat. Antwort auf die zuschrift wegen der büchsenschutzen und des geldes. Man wünsche, dass nur 100 schützen in Lucern zurückbehalten werden, und 200 hieher kommen; sonst würde Lucern sie allein besolden müssen. Wenn aber der haufe in Dagmersellen mannschaft bedürfe, so begehre man desshalb nur bericht; man würde dann leute aus den ämtern dahin schicken, denen die sache näher liege als den fremden, «und (so) darzuo zuo dem schimpf besser sind.» Die burde des geldes halb sollten die V Orte mit einander übernehmen, da Lucern sonst mehr kosten habe als die andern Orte; man werde sich also in diesem sinne um geld bewerben, etc.

746 b. Nov. 2. Hans Golder an dieselben. Ablehnung des verdachts, dass er schultheifs Hug und Jacob Martin nie in den rat berufe. Der erstere sei jedesmal berufen worden, aber nie erschienen, der letztere nur einigemal gekommen; das seinige habe er in allen fällen getan, etc.

Lucern, A. Religionshändel

747. Nov. 2 (Allerseelen), Bellenz. Jacob Feer an Lucern. Erinnerung an seinen bericht vom letzten Montag etc. «Nun ist uff gester Steffan Geneweser harkon und ein wenig gelt bracht, so im der von Werelan gen hat, darus wir dann die ij° knecht, so uns jetz in vier tagen harkomend, fergen werdent, darvon ich üch xxvj knecht uff gester zuogeschickt han, hörend in die selb zal, denn die houptlüt hindersich sind und si uff unser bestellung harbringen; als bald si komend, wird ich si hinus fergen. Der von Weralan schript mir ouch, wie er all tag antwurt von Rom warten si(g), die er hoff guot werd sin, dass üch mit gelt und lüten witer hilf werd beschechen; denn in disem land vor wasser schier nieman wandlen mag, desshalb kriegslut und botten dester lenger gesumt werden. Er zöugt mir ouch an, dass der Herzog uwers sigs und eren wol zefriden si(g), wiewol er sich dess nit merken lat von wegen der püntnus, so er mit den luterschen het; er wöllt ouch gern ein friden helfen machen, ob es üch gefellig wär, mit vil guoter worten. Ir nun herren dörftent aber dem bischof ernstlich und tapfer ze schriben, dass er üch ilents gelt schickte, damit ir die Italianer bezalen kondent, denn si an(e) gelt nit lang im feld mögend bliben; ir dörftend ouch versorgen an passen und faren, dass si nit wider hinder sich möchten kon; denn uff hüt ir etlich hie durch sind zogen wider hindersich, so von ersten sind enweg zogen; hend wol etlich passporten gehan. Wir wettent knechten gnuog finden, so wir nun gelt hetten; ich han bishar min gelt dargestreckt und entlent, wie ich han gemögen, damit ich die iij° knecht oder me heig mögen ilents fergen. Von denen von Louwis mag ich nüt bringen, weder lüt noch gelt, so übel fürchten si die luterschen. Ich han ouch gewüssi kundschaft, dass mich die luterschen in dem läger hend wellen ze Louwis ufue(me)n, desshalb ich han müesen gan Belletz rucken, da ich mit den knechten dester bas köni handlen und ilents fergen.» Bitte um weisung. Hente gehe Stephan

wieder nach Mailand, und wahrlich wende er allen fleſs an, damit
(den V Orten) von den herren geholfen und das zugesagte gehalten
werde, etc.   Lucern, Missiven.

748. Nov. 2, Bellinzona. Stephan »von Insel« an Lucern. Er
habe hieher 200 kronen gebracht, um die knechte hinaus fertigen zu
können; indessen habe der landvogt von Lauis sein bestes getan, eine
anzahl eilends weggeschickt und aus seinem sacke bezahlt. Nun seien
zwei hauptleute da, die versperchen in funf tagen 200 mann und
zwar lauter büchsenschutzen; der commissarius von Bellenz, der
landvogt von Lauis und er (der schreiber dies) haben sich darüber
beraten und beschlossen, sie anzunehmen und jedem ¹/₂ krone zu geben (als zehrgeld)... Die herren mögen sich wundern, dass der Papst
die knechte nicht bezahle. Man habe schon dreimal nach Rom geschickt, aber bis auf den tag, da er (Stephan) von Mailand weggeritten, noch keine antwort erhalten, wiewohl der bischof von Veroli und
des Kaisers botschafter die besten vertröstungen geben; jener habe nun
(vorläufig) 200 kr. verabfolgt, die der landvogt erhalten werde, teils
um entlehntes zurückzuerstatten, teils um knechte anzuwerben... Er
gehe jetzt wieder nach Mailand und wolle, sei es geld von dem Papste,
sei es hülfszusicherung von ihm und dem Kaiser, sofort schicken. ...
Die boten in Mailand bitten (die V Orte), ihren vorteil nicht zu uber-
geben und wo möglich keine schlacht zu versuchen, bis die antwort
des Papstes bekannt sei; denn es werde gesagt, falls sie eine schlacht
verlören, bekämen sie kein »volk« mehr und würden sie unterdrückt.
Darum bitte auch er sie freundlich, die antwort abzuwarten, ob sie
beistand erhalten oder nicht... Dem bischof v. V. sollten sie schriftlich für das (bereits) bezahlte geld danken und ihn bitten, auch ferner
das beste zu tun, etc.   Lucern, A. Religionshändel.

749. Nov. 2. Bern an die hauptleute in Brienz. 1. »Uewer zwi-
fach schriben gester an uns usgangen haben wir alles irs inhalts verstanden, und wiewol wir uff die verrätery der tannkrifsîn nit vil
setzent, anders dann dass wir glouben, sich die Underwaldner des villicht merken lassint, und ettlichen zaghaften (und) herzlosen nit zuo
vil ze vertruwen sye; dester minder nit sollent ir allweg gnot acht
uf die argwömgen haben und namlich inen heiter ze wussen tuon,
dass wir unverwenklichs furnemens, alle die so in der not abwychen,
mit bestan, ein geschrei erheben, ein flucht anfachen oder sich hinder-
ziechen, dem fyend schonen oder eincherlei wys verrätery bruchen
wurden, an iren lyben, laben und guot hertiklich an(e) alle gnad ze
strafen, in mafsen men und iren ewigen nachkomen besser und nützer,
dass sy in unser not eerlich gestanden wärent; dann ob sölich schon
ir läben in der not retten, wurden sys erst schantlich verlieren; hienach wüsse sich menklich by üch ze halten und dheins andern ze
versechen. Wyter ist unser will, dass ir üch ernstlich erkundent, wer
die syent, so heimlich wandel, gerun, gespräch und verraterschen zuogang zuo unsern fyenden habint, und sy fenklich gan Wyfsenouw füerint und allda unsers willens und urteils in gefenknuss erwarten las-

sint. 2. Dass man aber von einem grofsen hufen, so der unsern umbkommen sin sölte, redet, ist im nit anders dann wie wir üch zuogeschriben, achten ouch dass unser fyent vil übeler dann wir gelitten; dass sy aber das feld behalten, ist durch hinlafsigkeit, unordnung und unsorgsame unsrer wachten beschechen; dann als gmein houptlüt rᵃ man geordnet, den fyent ze hinderziechen, und dieselben nachts u· den berg komen, müed, hellig und niendert by einandern gsin, sinc iro wenig durch ein hufen der tyenden, so all wyfse hembder angehept, überfallen worden; doch hand sy denselben wyfsen hufen niderglegt, erschlagen und das feld behalten; do ist ein andrer hufen der fyenden hinden in sy gefallen, dem sy dhein widerstand tuon mögen, sonders gewichen, dann iro wenig, ouch in dheiner ordnung, die Thurgöwer etc. niendert by inen gewesen etc. Desshalb ir harab ein spiegel nemen und guot sorg und wacht haben söllent. Dass man uns aber ein friden begeren und die v Ort denselben nit annemen wöllen fürgibt, hat die meinung, namlich so haben wir uns gegen allen fürsten, herren, fry und rychstetten, ouch andern underhandlungen uf ir ansuochen eins fridens halb an uns gelanget, dheins wegs wollen entschliefsen, wir wüsstint dann dass die v Ort fridens begartent; also haben die v Ort inen des ersten bewilliget, von einem friden ze reden, daruf wir jetz ouch losen wöllent; desshalb ir uns frölich versprechen und die reden, so uns, unsern ceren zum teil nachteilig,. inschlachen und hiermit alles das tuon und lassen söllent, so zuo einer statt Bern lob, nutz und wolfart dienstlich ·... **Bern, Teutsch Miss. T. 197, 198.**

750. **Nov. 2,** nachm. 2 uhr. Bern in das lager bei Zofingen. Antwort auf das eben eingegangene schreiben betreffend die fähnchen bei Breisach und den (besorgten) überfall von Eck von Reischach. Da jetzt auf dem burgertage zu Bremgarten über diese dinge beratschlagt und zugleich durch die schiedleute gehandelt werde, und man vermute, dass die V Orte des friedens begierig seien, und da es kaum zu glauben, dass noch jemand fremder in das land hereinzufallen gedenke, zumal weder Basel noch andere verwandte, denen solches ohne zweifel bekannt wäre, etwas davon vernommen, so könne man jetzt nichts anderes raten als zu gewärtigen, was (zu Bremgarten) geschehe; wenn aber ein kriegsvolk über das wasser kommen wollte, so wäre nichts zu versäumen; hiefür gebe man nochmals gewalt, u. s. f. **Bern, Teutsch Miss. T. 198.**

751. **Nov. 2** (Donnerstag nach Allerheiligen), vorm. 10 uhr. Solothurn an (hauptmann und räte im feld). Durch etliche heimgekehrte erfahre man, dass unter der mannschaft ein grofser unwille herrsche des wetters und der gefahr halb, und ein aufbruch beabsichtigt werde. Man bedenke wohl, wie hart es sei, derzeit im felde zu lagern, scheue aber den vorwurf, dass die Solothurner den anlass zum abzug gäben, und begehre nun, dass die leute im stillen, ohne versammlung einer gemeinde, ermahnt werden, bei den Bernern auszuharren, bis diese abziehen; wer ohne passport wegliefe, hätte strenge strafe zu erwarten, etc. **Solothurn, Miss. p. 824.**

752. Nov. 2 (3 ?), 3 uhr nach mitternacht, Bremgarten. Hans Edlibach und Hans Escher an BM. und Rat in Zürich. Um mitternacht
sei beiliegendes schreiben (?) aus dem lager gekommen; darauf habe man
sogleich beschlossen, es solle die ganze verhandlung den rottmeistern
und knechten angezeigt werden, in der meinung, dass diese artikel
nicht zu ertragen seien, damit sie nicht aufbrechen, wie leider zu besorgen sei; denn alle boten (der burgerstädte) « schreien », man solle
sich ins winterlager begeben; geschehe dies aber, so habe man grofsen
nachteil zu fürchten; die Berner wollen sich in Bremgarten festsetzen
und gegen die V Orte immer weniger etwas versuchen. Bitte um
weitern befehl.   Zürich, A. Capp. Krieg.

753. Nov. 3, Zürich. BM., Räte und Burger, auf ansuchen des
Landrates der gotteshausleute von St. Gallen, und in betracht der
obwaltenden unruhe und gefahr etc., ernennen Konrad Gull zu einem
verweser der durch Jacob Frei's tod erledigten hauptmannschaft, mit
allen vollmachten und pflichten dieser beamtung. . . .
                                    Zürich, A. Abtei St. Gallen.

754. Nov. 3, Zürich, ratschlag und beschluss. Die herren vom
panner, Peter Füfslin und Hans Weber von Egg, erscheinen vor Räten
und Burgern und legen die gestern in beiden lagern erläuterten 4 artikel vor, erstatten auch bericht, wie der ungehorsam unter den knechten zunehme und allerlei unbequemlichkeiten die fortsetzung des krieges erschweren, und begehren bericht und entscheid über die artikel.
— Nach wohl erwogenem rat . . . hat man bewilligt, die drei ersten
artikel laut der instruction (2. Nov. nachts) anzunehmen; den 4. hin-
gegen, der dem landfrieden und den christlichen zusagen, die man des
göttlichen wortes halb getan, gänzlich zuwider und nachteilig und
weder vor Gott noch der welt zu verantworten ist. . . . auch in ewigkeit der stadt Zürich zum vorwurf und laster gereichen und sie alles
vertrauens berauben würde, will man keineswegs zugeben, sondern im
feld beharren, bis man darüber völlig gesichert ist, da dies sonst kaum
oder nur spät zu erlangen wäre; man hat desshalb sofort eine botschaft nach Bern verordnet mit dem auftrag, die mitburger zum beharren auf der gleichen meinung zu ermahnen etc. Auch sollen im
lager zwei taugliche männer ausgewählt werden, welche die hauptleute
und Burger der verwandten versammeln und zum höchsten und dringendsten ersuchen sollen, sich nicht zu sondern, die göttliche ehre zu
bedenken, handfest bei Zürich zu stehen und es bei dem landfrieden
und seinen zusagen schirmen zu helfen etc. Wäre aber dies ohne erfolg, so dass sie keine weitere befehle gewärtigen und unverweilt aufbrechen wollten, so soll es den Thurgauern, Toggenburgern, Gotteshausleuten, Freiämtlern etc. vorgestellt werden; wenn dann auch diese
aus dem feld rücken wollen, so ist Zürich ihrethalb desto besser entschuldigt. Die angehörigen soll man ermahnen, sich noch einige zeit
zu gedulden, bis man der erhaltung des landfriedens . . . sicher sei. . . .
                                    Zürich, A. Capp. Krieg.

Den wortlaut gibt Bullinger. III. 221—223.

755. Nov. 3. BM., Räte und Burger von Zürich an hauptleut und Räte zu Blickenstorf. Nachdem man Bern ersucht, zu leichtere unterhaltung des im feld liegenden volkes den kornkauf zu öffner habe dasselbe geantwortet, wie die beiliegende copie laute (nr. 719 Weil man nun so weit entblofst sei, dass man ein so grofses hee nicht mehr versorgen könne, so sollen die hauptleute sich bei de Bernern verwenden, damit so viel möglich von ihnen brot geliefe würde; man werde unterdessen tun, was man vermöge. Um den artikel zu «erhalten», so lange man «im feld» bleibe, habe man Jo! Haab nach Bern abgeordnet, dem aber noch jemand aus dem lage eilends nachgeschickt werden sollte, so dass er in dieser nacht z Bremgarten denselben treffen und mit ihm gemäfs der instruction han deln könnte.　　　　　　　　　　　*Zürich, A. Capp. Krieg.*

756. Nov. 3, Zürich. Instruction für m. Niklaus Setzstab. Da die Toggenburger auf einen anstand zwischen den Gastelern und Märchlingen dringen, die Bündner und Gasteler auch dafür stimmen, ein solcher anstand aber Zürich ganz nachteilig wäre, indem der feind dadurch luft erhielte, so soll der bote alle drei parteien zum höchsten ermahnen und bitten, zu bedenken, was daran gelegen sei, indem der krieg desto länger dauern, die kosten also sich nur vermehren und im fall einer niederlage sie selbst ewig an ihren freiheiten und dem göttlichen wort gekränkt werden möchten; desshalb könne Zürich nicht dazu einwilligen, bitte vielmehr, davon abzustehen, im felde zu verharren und dadurch den feind in steter sorge zu erhalten. Die Bündner sollen erinnert werden, dass sie nicht als vermittler geschickt worden seien, sondern als helfer, wie man ihnen auch zugezogen. Die drei parteien sollen ersucht werden, das städtchen Utznach nicht zu räumen und die gefangenen nicht freizulassen. Denen von Grüningen sei zu melden, dass man von den schwäbischen und österreichischen rüstungen nichts mehr zu besorgen habe, indem dieselben für andere zwecke zu dienen scheinen; wenn aber die Toggenburger und Bündner durchaus heimziehen wollen, so soll dies eilig berichtet werden. Konrad Luchsinger soll da oben bleiben. Den Gastelern soll der bote vorstellen, dass man ihnen, wenn sie fort und fort unterhandeln, wenig glauben mehr schenken könne, im andern fall aber, wenn sie beharren, sie bestens in den frieden einschliefsen werde.
　　　　　　　　　　　Zürich, A. Capp. Krieg.

757. Nov. 3, nachm. 2 uhr. BM., Räte und Burger von Zürich an ihre hauptleute und Räte zu Blickensdorf. 1. Man habe zuverlässige warnung, dass der feind in folgender nacht die leute bei der Sihlbrücke überfallen wolle; desshalb begehre man, dass sofort eilends denselben hülfe zugeschickt werde, damit sie sich behaupten könnten... 2. Wenn der Basler, der letzthin angezeigt, dass von dem feind etwa 1000 bei Neuheim liegen, dem Jörg Goldli aber nur von 200 gesagt, sich noch im lager befinde, so solle bei dessen obern ausgewirkt werden, dass er hieher komme, um bestimmt die wahrheit zu erfahren. 3. Da die Thurgauer diesen abend schwerlich an die Sihlbrücke gelangen können

so sei ernstlich anstalt zu treffen, damit die auf dem Hirzel nicht versäumt werden.　　　　　　　　　　　　　　　　Zürich, A. Capp. Krieg.

758. Nov. 3, nachm. 5 uhr, Mettmenstetten.　Hauptleute und Räte
an BM. und Rat in Zürich. Sie wären gerne länger zu Blickenstorf
geblieben; aber unversehens haben die knechte haufenweise angefangen
nach Cappel zu ziehen und sich durch kein verbieten und mahnen
aufhalten lassen, ebenso die von Bern; so sei man genötigt worden,
das lager abzubrechen, und hieher gezogen, wo man ohne alle anfechtung mit geschütz und tross angelangt, und bitte nun um eiligen
befehl, wohin man rücken solle; die knechte seien so unsäglich unwillig, dass heute, wenn der feind etwas versucht hätte, schwerer
schaden gefolgt wäre; es seien der ungehorsamen so viele, dass auch
die strafe nichts mehr helfe...　　　　　　　　　Zürich, A. Capp. Krieg.

759. Nov. 3, nachm. 7 uhr. BM., Räte und Burger von Zürich
an hauptleute und Räte zu Blickenstorf. «Wir haben üwer schryben,
dass die Berner als uff morn ufzuobrächen und hindersich zuo verrugken willens, wie ouch unsere knecht, alle verbott, eid und eer
hindangesetzt, hüfligen hinwegloufend, verstanden, das uns elendklich
erbarmet, und so wir dann wol gedenken mögend, den gemeinen man
uunhinfür am wätter nit meer zuo erheben, und uns doch in keinen
wäg ze tuon sin, dass wir so schandtlich und elendklich gar uss dem
fäld zühind, so gebend wir üch gewalt, etwa mit vorteil und guoten
anschlegen (deren ir üch mit unseren lieben eidgnossen von Bern beratschlagen sollen), zum gewarsamlichisten ir immer mögend, hindersich uff unsern boden und üweren vorteil, nachdem ir gedengken mögen am geschigktisten sin, zuo verrugken, doch in keinen weg uss
dem feld gar ze züchen, derglychen ir ouch u. l. e. von Bern zum
fründtlichisten vermanen und ersuochen söllent, diewyl sy doch je
verrugken, dass sy nit gar uss dem feld zühen, sonder uff der nähi,
als etwa zuo Maschwanden, Ottenbach und da umbhär, dermaß ir einander erreichen mögind, belyben, und da wyters bescheids, unz wir
mit göttlicher und biderwer lüten hilf ein göttlichen lydenlichen friden
erlangen mögend, erwarten, und hierin tuon, ouch an uns faaren
wellint als biderw lüt und wir inen zum höchsten vertruwend; dann
uns sölicher abzug, wo sy und wir also anheimisch verrugken söllen
(darvor Gott syge), ein eewige schand sin wurd»....
　　　　　　　　　　　　　　　　　　　　　　　Zürich, A. Capp. Krieg.

　　Bullinger (III. 224) gibt einen auszug, dessen datum nicht zu obigem
stimmt.

760. Nov. 3, nachm. 4 uhr, Bremgarten.　Joh. Haab an BM. und
Rat in Zürich. Seinem befehl gemäß sei er hieher geritten, um den
boten aus dem lager zu erwarten und mit ihm nach Bern zu reiten;
nun habe er hier erfahren, dass unterdessen die Berner nachricht erhalten, es werde für proviant und anderes gesorgt, da sie zu Bremgarten sich lagern sollten; darüber habe er sich mit den boten von
Zürich beraten und vereinbart, bescheid zu verlangen, ob er dennoch
nach Bern gehen solle, bitte also um eiligen bericht....
　　　　　　　　　　　　　　　　　　　　　　　Zürich, A. Capp. Krieg.

761. Nov. 3 (4?), 4 uhr nach mitternacht, Mettmenstetten. **Haupt-leute und Räte an BM. und Rat in Zürich.** Nachdem sie einmal aus dem lager aufgebrochen und auf den eigenen boden gerückt, wären sie ganz willig gewesen, ihr lager in Ottenbach zu errichten; sie haben auch die Berner gebeten, bei ihnen zu verharren; allein dieselben haben erklärt, es sei ihnen nicht möglich, weil die knechte schon ganz entblößt seien und bei dieser witterung nicht mehr bleiben wollen; sie haben im gegenteil gebeten, mit ihnen nach Bremgarten zu rücken, wo sie die mannschaft leichter zu halten hoffen, dabei aber zugesagt, wenn der feind die Zürcher angreifen wollte, so würden sie mit ganzer macht getreulich zu ihnen setzen und alle schmach und schaden strafen helfen. Darauf habe man ihnen willfahrt, um bis auf weitern bescheid in Bremgarten zu bleiben; als man gestern abgezogen, habe man den zusätzern an der Sihlbrücke befohlen, dort zu verharren; es werden etwa 600 mann sein. Der fragliche gesell von Basel sei nicht mehr zu finden; er habe aber gesagt, es liegen von jedem der V Orte 50 mann zu Neuheim, was der trompeter von Lucern bestätige.   *Zürich, A. Capp. Krieg.*

762. Nov. 3, Rüti. **Hauptmann, vogt und Räte von Grüningen an Zürich.** Mit bezugnahme auf das gestrige schreiben, die artikel des anstandes enthaltend, den die schiedleute zwischen den Gastelern und den »Märchischen« gemacht, geben sie nun die versprochenen weitern nachrichten. Die Toggenburger haben erst heute gemeinde gehalten, die artikel angenommen und sich zur heimkehr gerüstet; man habe darüber bedauern geäußert, da man über den artikel, der die räumung von Utznach festsetze, einen gemeinsamen ratschlag hätte fassen wollen. Zu den Bündnern habe man einen boten geschickt mit dem gesuch, dass sie näher rückten, da man untreue besorge; die Toggenburger haben gemeldet, dass sie wegfertig seien und den anstand nur noch besiegeln wollen; unterdessen habe man selbst die gemeinde beraten und zunächst bei Statthalter und Rat von Utznach angefragt, was man von ihnen erwarten dürfe, worauf sie geantwortet, nach dem rate von Glarus wollen sie ruhig bleiben, im fall eines angriffes (von Schwyz aus) sich keines teils annehmen und wo möglich warnen; dies sei der gemeinde »eröngt«, in der anfrage dann von Luchsinger, Jäckli, junker Erhard Blarer, Christen Knecht, hptm. Bebi u. a. empfohlen worden, nach Kaltbrunnen zu ziehen und weitern befehl zu erwarten, von etlichen aber, auf das eigene gebiet zurückzukehren, weil die schiedleute lange heimlich über den anstand unterhandelt hätten; dies sei das mehr geworden, ein verzug nicht mehr möglich gewesen; die antwort von den Bündnern laute unbestimmt, sie wollen den entschluss der gemeinde abwarten und darnach das weitere tun. Nun seien viele zu Rüti, anderer befehle gewärtig; aber wahrlich, man habe wenig gutes kriegsvolk, alte männer, unreife knaben, schlecht bewaffnet, entmutigt, weil die besten leute im lager zu Cappel und viele arm seien etc. Darum bitte man die obrigkeit, diesen rückzug zu entschuldigen, indem die gemeinde nichts anderes habe annehmen

wollen . . .; doch werde man mit dieser oder besser gerüsteter mannschaft tun, was die herren befehlen. . .   Zürich, A. Capp. Krieg.

763. Nov. 3 (Freitag nach Simonis u. Judä). Aebtissin und convent
von Feldbach an Zürich. Antwort auf dessen empfehlung für die
gemeinde Ellikon (a. d. Thur) betreffend einen vorschuss von 20 mütt
kernen aus dem zehnten. Darlegung der darauf ruhenden lasten und
der augenblicklichen erschöpfung, jedoch anerbietung von 10 mütt gegen versicherung; sodann bitte um die erlaubniss zu etwelchen ver-
käufen und um gnädige annahme dieses vorschlags.   Zürich, A. Feldbach.

764. Nov. 3. Ludwig Teucher, vogt zu Gottlieben, an BM. Walder
in Zürich. Die von Tägerwylen haben bisher das schloss und den
pass ordentlich gehütet; nun wollen aber etliche Thurgauer diese gemeinde nötigen, auch wegzuziehen, was er nicht gestatten könne, da
man drohungen höre, die der bote anzeigen könne; darum bitte er um
befehl, dass «die beiden» gemeinden daheim bleiben und des schlosses
warten sollen.   Zürich, A. Capp. Krieg.

765. Nov. 3. Die edelleute und gerichtsherren im Thurgau an
Ulrich von Hohensax etc. Auf das schreiben von Zürich, des inhalts
dass man der landschaft Thurgau etwas geschütz leihen möchte, habe
man letzten Mittwoch (1. d. m.) zu Frauenfeld sich darüber beraten
und sei auch dazu ganz willig, und bitte nun, dies Zürich anzuzeigen,
sowie dass man auf die missive der gemeinden noch mehr knechte
geschickt; man bitte auch, Zürich zu vermögen, an die Acht im Thurgau zu schreiben, dass sie den edelleuten hierin vertrauen sollen. Da
man ennet Sees allenthalben knechte annehme, so sei nötig, dass man
zu hause bleibe und sich vorsehe. Wenn die edelleute bei Zürich
verklagt wären, so möge der herr von Sax sie verteidigen und ihnen
anzeige geben, damit sie sich verantworten können.   Zürich, A Capp. Krieg.

766. Nov. 3, Blickenstorf. Hauptmann und Räte von Bern an
schultheifs Mutschli in Bremgarten. «Wir haben gmeinlich fürgenommen, hie das läger zuo brechen not halb wetters; nüt dester minder sollend ir für und für verschaffen, dass die profand uns zuogefüert
werde, und daby versorgen, dass ir üch in der statt mit profand ver-
sechind; dann wir noch nüt anders wüssend dann (dass) wir gan
Bremgarten züchen werdind; doch sollend ir sölichs in höchster geheimd halten. »   Stadtarchiv Bremgarten.

767. Nov. 3, (3 uhr) nachm. Bern in beide lager (und an seine
boten in Bremgarten). 1. «Was zuo Bremgarten vorgester vor mittag
gehandlet worden, haben wir uss üwerm schryben verstanden und uns
wol gefallen lassen, dass der erst artikel, durch die v Ort fürgeschlagen, namlich ab irem ertrich ze rucken, angenommen, und fürgeben
worden, dass man in die stett Bremgarten, Mellingen etc. ein winterläger schlachen wölle etc. Dwyl aber der winter üben lang und unsere hufen grofs, ouch (weder) unseren landlüten armuot halb noch
uns selbs müglich, also grofse menge lüt(en) mit narung als lang ze
versechen und desshalb grofser unwill, in sölichem merklichen kosten
ze liggen, vor ougen, harumb, uss disen und andern ursachen, üch

wol ze gedenken, uns nit müglich, guot noch fruchtbar bedunken will,
ein winterläger ze beharren, dessglychen einen anstand anzenemen,
besonderlich so höchlich ze besorgen (als an(e) das die red gat), das
die v Ort nach endung des winterlägers oder anstands sich gegen ustagen mit merer macht wider uns versechen, der krieg und unfrid für
und für bestan, und die sach zuoletst unserthalb böser dann jetz werden möchte etc., sunders wär unser meinung und ane zwyfel uns zuo
allen syten das fruchtbarest, nach einem göttlichen eerlichen wärhaf-
tigen und beständigen friden ze [be]trachten, damit wir allenklich gegen einandern furohin sicher und ze rnowen sin möchten. • Erneuerung der bezüglichen vollmacht. etc. Nachschrift: 2. Vor beschluss
des briefes sei ein schreiben der boten in Bremgarten nebst der copie
einer zuschrift aus dem lager der Zürcher und Berner eingelangt und
verhört worden; nun bedaure man, dass die V Orte bei den ursprüng-
lich aufgesetzten artikeln ... nicht bleiben, sondern die forderung an-
hängen, dass in den gemeinen herrschaften über die messe auf- und
abgemehrt werden könne; jene vier artikel hätte man gerne angenommen, aber diesen zusatz keineswegs, da er den ehren Berns nachteilig wäre und vermutlich nichts gutes brächte; indessen gebe man
hauptleuten und Räten gewalt, nach umständen das beste zu handeln.
3. Um den unwillen und ungehorsam der mannschaft zu mindern und
eine bessere stimmung zu erwecken, möchte man empfehlen, in sachen,
welche leib, ehre und gut berühren, die hauptleute und rottmeister
(des landvolkes) zu beruten, da zu hoffen, dass sie dann das beschlos-
sene desto eifriger handhaben und lieber im felde bleiben würden,
wie man es früher augenscheinlich erfahren habe.
Freiburg. Diessb. Pap. Bern, Teutsch Miss. T. 300—302.
Ebenso an die boten in Bremgarten; nur § 3 weggelassen.

768 a. Nov. 3 (Freitag nach Allerheiligen), Zofingen. Das zweite
Berner lager an das erste. Aus einem eben empfangenen briefe des
vogtes zu Schenkenberg erfahre man in betreff der rüstungen Ecks
von Reischach, dass nichts daran sei, und derselbe nur des Türken
wegen knechte annehme; in den städten am Rhein liegen noch die
gleichen besatzungen, wie früher gemeldet worden.

768 b. Nov. 4. Dieselben an dieselben. Gesuch um unverzügliche
sendung des nachrichters, um einen gefangenen, der eines verrates
verdächtig sei, »zum hindersten« auszuforschen. Freiburg, Diessb. Pap.

769. Nov. 3 (Freitag nach Omnium Sanctorum), Inwyl. Hauptmann
etc. von Lucern an Statthalter und Rat. 1. Aufzählung der schiedleute, die bisher gehandelt haben, nämlich die botschaften von Frankreich, Mailand, Savoyen, sodann von Augsburg, Ulm, Memmingen,
Kempten, Isny etc., endlich von Glarus, Freiburg, Appenzell und der
markgräfin von Rothelen. Weiteres sei dermalen nicht zu melden.
2. Bitte um geld. 3. Die andern Orte haben bewilligt, gemeinsam bei
der Fruonzin so viel geld aufzunehmen, als sie geben wolle; die verschreibung möge Lucern aufrichten. Wenn dasselbe erlegt sei, so
wünsche man es sofort hieher zu bekommen, • damit wir darus be-

zalen das so in gemein uszuogeben sich gebüren wirt, es sye den Wallisern, Wälschen oder andern; dann wir ouch bishar nützit von der übrigen Orten wegen usgeben dann allein unser anzal.»

Lucern, A. Religionshändel.

770 a. Nov. 3 (Freitag nach Aller Seelen t.), um mittag, Dagmersellen. Hauptmann etc. (von L u c e r n) an Statthalter und Rat. 1. Da man nicht wisse, wie die bereits angelangten und zu erwartenden wälschen büchsenschützen von dem vogt in Lanis bestellt worden, so wünsche man, durch Jost Sattler mündlichen bericht zu empfangen, wie man sie halten solle. 2. Da die Walliser nach Zug gegangen, so habe man, weil ihrer oder anderer mannschaft sehr bedürftig, dahin geschrieben und hoffe, nicht «verspätet» zu werden. 3. Bitte um beförderliche zusendung von handgeschütz, pulver, blei und geld, etc.

770 b. Nov. 3 (Freitag etc.), mittags. Dieselben an die Lucerner hauptleute etc. in Zug. Antwort auf deren zuschrift: 1. Heute seien hundert schützen gekommen, und noch 200 sollen später eintreffen. Da die Walliser jetzt in Zug stehen, die Berner mit grofser macht gegenüber liegen, und man nicht wisse, ob friede oder unfriede zu erwarten sei, so bitte man um eilige zusendung der Walliser oder anderer leute. 2. Ueber die soldverhältnisse der walschen schützen wünsche man durch Jost Sattler, der sie heraus geführt, bericht zu erhalten. Bitte um fleifsige correspondenz betreffend den gang der unterhandlungen etc.

Lucern, A. Religionshändel.

771. Nov. 3 (Freitag nach Allerseelen). L u c e r n an seine hauptleute etc. zu Inwyl. 1. «Uewer schriben ... habend wir verstanden, und meldont von des gelts wegen zuo entlechnen, wir die fünf Ort gmeinlich, gfallt uns ouch fast wol, und ist ouch unser meinung, bitten üch, dass ir üch die selbig sach lassent empfolchen sin. 2. Zum andern, der ij^e schützen halb, die noch kommen werden, ist vorhin bestellt zuo Uri, sobald die komen, dass sy den nächsten zuo üch komen werden; so ist inen ouch entgegen geschickt 3. Der unsern halb zuo Tamersellen stat es noch von Gotts gnaden wol, dass wir nit achten, dass sy jetzmal hilf bedörfen; soferr sy uns aber wyter schriben, wöllend wir üch ouch berichten, und was sunst begegnet, wöllend wir üch allzyt by tag und nacht zuoschriben, das söllend ir uns ouch tuon. 4. Darby manglen wir übel salz, und schribend uns die unsern im feld und sunst um salz, so habend wir keins; aber wir vernemend, dass unser eidgnossen zuo Uri wol salz haben; bitten wir üch, dass irs by unsern eidgnossen von Uri und Underwalden by üch im feld anzöigen und bitten, dass sy sölichs iren herren und obern angends heim schribend, dass sy uns lassend zukommen, dass wir den unsern ouch mögen zuo hilf kon, und insunders kumpt uns für, dass zuo Belltz vil salz sin solle»...

Lucern, A. Capp. Krieg.

772. Nov. 3, Chastillon («Chastelen»). Melchior von Reinach an L u c e r n. «Mein ganz fründlich dienst, etc. Mich hat min schwager Maximilian Stumpf von Schweinsberg gebetten, üch disen hieby gelegten brief (22. Oct.), diewil er die (den) niendert zuo üch durch-

bringen mögen, üch die, wo mir möglich, zuozuoschaffen, das ich durch
Wallis, namlich durch den houptman Hansen Drieger (zen Triegen),
so von der von Wallis wegen zuo Sant Morizen in besatzung ligt,
getan, demselbigen wollet euer antwurt, und was glücklichen und
mannlichen sigs Gott der allmächtig üch und euern cristenlichen mit-
örteren, pundgnossen und getreuen helfern gegen euern feinden verlihen und gegeben hat, wie auch euer sachen und der krieg diser zeit
mit inen stat, und durch welche land und pass gut erlich kriegslüt
vom adel und ander, so üch und den euern um erhaltung cristenlichs
gloubens willen gern behilflich wären, am nächsten und schieresten
passieren und zuokomen möchten, .. oder welcher houptman von der
Walliser .. wegen zuo St. Morizen befelch haben wirdet, zuoschicken;
der wirts mir alsdann ouch fürderlich allhar schaffen. So dann ir
und euere cristenlich mitverwandten nit wol allwegen sicher botschaft
durch verhinderung euerer feinden uss euerm land in das land zu
Schwaben, Hegou, die vier Stett am Rin, gan Ensheim oder an ander
ort zuo euern fründen gehaben möchten, mögen ir mir wol zuo handen, wiewol es weit um und langsam ist, allzeit zu handen des houptmans von St. Moritzen zuosenden oder, so ir vermeinten, die sicher
gon Friburg in Uechtland zu schaffen, dass ir die zuo handen des
herrn von Font diener, genannt Hugo von St. Hippolit, und dem geschriben, dass er mir die brief sicherlich zuoschaffe, der dann ein geschickter vertruwter und cristenlicher man ist, und dass der brief in
seinem abwesen an gemelten herrn von Font, der mir ouch vertreut
ist, stande, so möchten die mir jederzit und herwider üch antwurt
werden und zuokomen. Das hab ich als ein cristenlicher mitfreund
üch guoter fründlicher meinung nit wöllen verhalten », etc. (Verweisung
auf Wernher von Meggen oder Reinwart Göldlin, als bekannte).

773. Nov. 3, Mailand. Ennius, ep. Verulanus, an hauptleute und
Räte der V Orte. « Mag^el cet. Ego scripsi domino Baptiste de Insula, civi vestro, ut mag^eis d. v. referat et eas consulat quem velint in
bello gerendo modum tenere, quo mihi rescribant, an cogitent inimicum
agredi, et eo casu scire vellem, quos pedites illis mittere oporteat, ut una
cum eis possint inimicum profligare, quo interim pecunias exponendas ad
copias cogendas possim praeparare, et si vellent inimicorum impetum
substinere et non agredi, cuperem pariter scire quot pedites illis sufficere possint. Proinde omnia bene consulant, rogo, et mihi rescribant,
ut ad impensas faciendas modum reperiam. Hec omnia ex opinione
mea tantum scripsi, ut sciam quem modum belli capere mag^ce d. v.
velint, et possim illis pecunias subministrare »... P. S. « D. Baptista
cumulatius omnia referet, cuius relationi me remitto. »

774. Nov. 3, Mailand. Ennius, ep. Verulanus, an hauptleute und
Räte der V Orte. « Mag^ei cet. 1. Receptis literis magnificarum d. v.
in castris felicissimis vestris xxviij preteriti mensis obsignatis ipsisque
perlectis cognovi animum vestrum erga me sincerum et quantum in
me confidant, quapropter visum est quam primum adire ill^mum d. ducem

eiusque ex^{tie} porrigere literas sibi directas et quoad potui explicare
quantum rebus communibus conduceret, ut eius ex^{tia} partes suas interponeret ad pacem inter vos et octo Cantones tractandam, sicuti vestris
literis cumulatius ad eam scribitur. Quarum quidem literarum teno-
rem cum primum sua ex^{tia} perlegit, mirum in modum exultavit et
tanto negotio animum adiecit decrevitque (ut est prudentissimus prin-
ceps) oratorem aliquem ex suis primatibus ad m^{cos} Turricenses primum destinare, apud quos dubitat maiorem difficultatem esse, quorum
dominorum Turricensium responso habito, quod spes aliqua concordiæ
supersit, ad vos m^{cos} dominos meos orator ipse declinabit. Et quia
huiusmodi res tante molis a me non possunt in momento temporis
conduci, cuperet ex^{tia} ducis et omnes qui vobis bene cupimus, quod
ab ulteriori congressu interea abstineatis atque consilium aliquod inter
vos fieret, quonam faciliori modo res ista ad finem optatamque pacem
deduci posset, de quo eius ex^{tia} et oratorem ipsum, prout facilius et
commodius contigerit, certiores reddere placeat. 2. Et qu(mm) apud
r^{am} d. n. eo quo semper consuevi amore et charitate res vestras pro-
movi et sollicitavi, sua Beatitudo, quæ nationem vestram presertim
christianam, ut sunt quinque Cantoni, maxima charitate diligit, ad pacem et unionem vestram antiquam animum adiecit et interim vos fo-
rere et eo quo potest auxilio iuvare intendit, dummodo intra limites
vestros vosmet contineatis, et a conserenda manu cum octo Cantonis,
quoad fieri potest, abstineatis, et iccirco breve in his inclusum m^{cie}
l. v. scripsit, ut bono animo eas esse faciat, studetque s^{tas} sua, ut ceteros principes christianos ad pacem et conservationem totius nationis
vestre alliciat, quo tanta potentia non destruatur, et si bellum omnino
suscipiendum sit, eosdem principes ad defensionem vestram et nominis
christiani deducere conatur, ne sola s^{tas} sua in eorum despectum videatur hoc bellum suscipere, quod si necesse fuerit, officiet. Proinde
vos bono animo esse volo et a me maiora in dies expectare et eadem
de me polliceri posse, quæ de cive suo, qui pro eis hic negotiaretur,
sibi promittere possent ». . . 3. « Post scripta: cum supervenerint mihi
quædam pecuniæ, decrevi cum aliquo peditum numero ad m^{am} d. v.
capitaneum Jacobum Bengarder (sic) de Basilea destinare, cuius virtu-
tem in rebus bellicis saepius expertus sum, propterea eum libenter ad
vos destinavi, et intra biduum spero meliorem et ampliorem expeditionem ad m^{am} d. v. transmittere ». . .

Lucern, A. Religionshändel (original und übersetzung).

775. Nov. 3, Mailand. Herzog Franz II. an die (eidg.) commissarien, hauptleute und Räte im lager zu Dongo, « Unsern gunstigen
grues bevor, etc. 1. Mit gröfstem missfallen haben wir verstanden
durch ewr schreiben des ersten tags dis monats, dass onangesehen
unserer geschrai, verbott und ander fürschung, durch uns bescheen,
wie wir euch vergangner tage geschriben, sollen unsere leut zuoziehen
den fünf Orten, welchs ganz wider unsern willen und mainung, und
it uns etwas beschwerlichen zu glauben, umb der grofsen strafen
villen in den geschraien verleibt. War ists, dass uns ist zu wissen
getan) worden, dass etlich, so in unserm solde gelegen wider den

von Mufs, geurlaubt von uns umb minderung willen des überflussigen
kosten, sollen auf Bellenz zu zogen sein, welchs, als pald wirs vernomen haben, darauf am ander geschrai tun lassen im felde zu Lecke
und Mandell, welche wir uns ganz versehen bescheen seien, dass bei
verliesung (sic) leibs und guts, auch der ungehorsame, niemands solle
verlaufen, und die so zogen, wider umbkeren, und mit sampt solhem
wollen wir nit underlassen, (straf)commissarien zu verordnen, die päss
und durchzüge zu sperren, auch zu erfragen die übertretter, so wir
dieselben ankomen, dermafsen zu strafen zu ainem ebenbilde (!) der
andern, dann unser ernstlich mainung ist, an dem so wir schuldig,
mit nichten zu mangeln, auch niemands rechtlich ursach zu geben,
über uns zu klagen, sonder vil mehr frunthchen, wo wir mügen, beweisen. 2. Belangen(d) das komen des newen legaten ins Babsts namen alher gen Mailand, wider euch zu haudlen, desselben seit ir übel
bericht, dan kein andere person von Bapsts wegen alhie ist, dan der
bischof zuo Verulan, des halben vergangner tage wir (euch) gnugsam-
lich geschriben. 3. Dass sich aus dem leger sollen ettlich Pavier, von
iiij^m biss in funftausent, euch zuo nachtail und schaden, erheben, haben
wir deshalben kein aigentlich wissen, und so wir sollhs erfüren, wie
wir euch vormals auch geschriben, wellten wir der billicheit nit mangeln; wir geben (aber) solhem allem kein glauben. 4. Der bezalung
halben der knecht zu Mandell haben wir ganze fürsehung geton und
solche zugeschickt, dermafsen dass dieselben nit ursach haben zu
klagen ....

                                       Zürich, A. Musserkrieg.

776. Nov. 3, «in aller eile». Strafsburg an Basel. 1. Antwort auf dessen schreiben vom 19. (29. ?) October: Bedauern über den
geschehenen unfall. ... Obwohl man immer zum frieden geneigt gewesen und seiner zeit, wenn auch vergeblich, dafur gearbeitet habe,
so wolle man doch jetzt erinnern, dass ein friede so beständig und
fest wie möglich geschlossen werden sollte, damit die V Orte dadurch
nicht etwa blofs luft gewönnen, bis sie sich mit proviant und hülfe,
die sie spater leichter bekommen möchten, besser versehen und dann
aus kleinlichen ursachen den frieden wieder brechen könnten, wie es
mit dem vorigen ergangen. Dies möge Basel auch Zürich und Bern
zuschreiben... Wenn es zur erreichung solcher mittel die hülfe einer
Strafsburger botschaft für dienlich ansehe, so sei man bereit, solche
zu schicken und zu tun, was sich gebuhre. ... 2. Aus allen kundschaften über die rustungen vernehme man indess nichts davon, dass
den V Orten hülfe zukommen solle; denn das gesammelte volk ziehe
nach Koln und gegen Dänemark. Weitere berichte werde man auch
mitteilen. — Beilage: ... Man könne durchaus nirgends erfahren, dass
es verboten sei, den Stadten zuzuziehen. ... Bitte, eine allfallige antwort von Zürich auf das landgrafliche schreiben beförderlich zu vermitteln...

                                       Zürich, A. Capp. Krieg (cop.).

777. Nov. 3, Freiburg. versammlung des grofsen Rats. Verhörung
eines berichtes der boten (schiedleute ?), sodann der mahnung der V
Orte. Abordnung von Anton Pavillard und burgermeister (Künzi ?)
nach Solothurn, «mit dem Franzosen.»

                                       Freiburg, Ratsbuch nr. 42.

778. Nov. 4. Constanz an Zürich. Antwort auf das schreiben betreffend die werbungen.... (Wiederholung von früherm). Dabei werde auch gesagt, das kriegsvolk solle durch die vier Waldstädte einbrechen und den V Orten hülfe bringen; von Rotweil etc. sollen dort 300 knechte liegen; es werden auch allenthalben knechte geworben, ohne dass man wisse, wohin dies ziele. Der reichstag in Speyer sei aufgeschoben; nach Weihnacht soll einer zu Regensburg stattfinden, vielleicht aber gar keiner...　　　　　Zürich, A. Capp. Krieg.

779. Nov. 4, morgens 3 uhr. BM., Räte und Burger von Zürich an die hauptleute und Räte zu Mettmenstetten. Wiewohl man sich eines solchen aufbruchs gar nicht versehen hätte..., so wolle man jetzt, da es ohne schaden abgelaufen, es im namen Gottes dabei bleiben lassen, in der hoffnung, dass die Berner nicht weiter als nach Bremgarten rücken, so dass beide lager einander wohl erreichen können, müfse aber die hauptleute ernstlich ermahnen, ihren vorteil zu behaupten und nicht aus dem feld zu ziehen, sondern die angehörigen insgemein oder wenigstens die rottmeister zu versammeln und zum höchsten und freundlichsten zu bitten und zu vermahnen, dass sie die gefahr eines aufbruchs ohne frieden wohl bedenken sollten; wie dann wohl niemand mehr sicher wäre und man um alles kommen dürfte etc. Achten sie es für geraten, sich darüber mit den Bernern zu verständigen, so dass beide teile gemeinsam die leute ermahnten und sich hülfe gegen die ungehorsamen zusichern würden, ... so möchte dies vielleicht noch besser wirken... Jedenfalls sollen sie dem ersten rat und befehl nachkommen und alles mögliche tun, um das volk im feld zu behalten...　　　　　Zürich, A. Capp. Krieg.

Auch von diesem act hat Bullinger einen auszug, der jedoch mehreres übergeht.

780. Nov. 4, anf. nachts. BM., Räte und Burger von Zürich an hauptleute und Räte zu Bremgarten. 1. Man hätte wohl erwartet, dass sie nicht ab dem eigenen gebiet gerückt wären, damit dieses besser geschützt werden könnte; weil aber alles raten, schreiben und ermahnen nichts helfe, so mahne man jetzt nochmals, desto wachsamer zu sein und den feind tapfer abzuwehren, wenn er das land verderben wollte, und die Berner im notfall an die jüngst gegebene zusage zu erinnern.... 2. Die anwälte der Gotteshausleute klagen über ihren grofsen verlust und ihre armut, so dass sie die 1200 knechte, die sie anfangs ausgehoben, nicht zu erhalten wüssten, und schlagen vor, von den 450—500 knechten, die noch im lager stehen, 200 der besten auszuwählen und dazu noch 400 frische knechte zu schicken; wollen nun die hauptleute sich mit diesen 600 begnügen, so habe man nichts dawider... — Vgl. nr. 781.　　　　　Zürich, A. Capp. Krieg.

Bullinger's auszug (III. 226) enthält nur § 1.

781. Nov. 4, nachm. 6 uhr, Bremgarten. Hauptleute und Räte von Zürich an BM. und Rat. Nur auf das vielfältige erbieten der Berner sei man nach Bremgarten gezogen; als aber die aus dem Freiamt sich darüber beklagt und ihre gefahr vorgestellt, haben jene auf die

getane anzeige zugesagt, dieselben nach bestem vermogen zu entschütten, wenn der feind sie schädigen würde, darüber eine besiegelte erklärung gegeben, die man heute den Freiämtern zugeschickt habe;
da man die drei ersten artikel (des friedens) schon angenommen, so
hoffe man zwar, dass der feind keinen angriff mehr unternehmen
werde; dennoch möchte man raten, den leuten für den andern fall
tröstlich zu schreiben, damit sie sich nicht zu rasch einschüchtern
liefsen... *Zürich, A. Capp. Krieg.*

782. Nov. 4, nachm. 10 uhr, Zürich. BM., Räte und Burger an
hauptleute und Räte zu Bremgarten. Die leute auf dem Hirzel haben
gar ernstlich (wie beilage laute) geschrieben und um treues aufsehen
gemahnt. Da nun an diesem pass viel gelegen und man ihnen hulfe
schuldig sei, so begehre und gebiete man hiemit zum höchsten, dass
angesichts dieses briefes ohne alles säumen hauptmann Werdmüllers
fähnchen, nämlich im ganzen 1000 mann, eilends bei tag und nacht
hinaufgeschickt werde; denn da die Berner so zahlreich in Bremgarten
liegen, und zwar weit vom feinde weg, so möge das lager wohl sonst
noch stark genug sein. Man erwarte desshalb unfehlbare vollziehung
dieses befehles. — Vgl. nr. 783. *Zürich, A. Capp. Krieg.*

783. Nov. 4, (früh morgens?), Sihlbrücke. Jörg Zollinger und gemeine rottmeister vom See an BM. und Rat in Zürich. Antwort
auf die anzeige von dem zuzug der Thurgauer und von dem panner;
aber « diese » haben geschrieben, dass sie nach Bremgarten ziehen, so
dass von ihnen wenig trost zu erwarten sei und man sich in gefährlicher lage befinde; denn der haufe, der « im Gaster » liege, sei jetzt
mehr zu fürchten als die ennet der Sihl (zu Neuheim); doch werde
man sich tapfer halten, wie die altvordern hier auch gelitten haben;
« und wenn wir verbrucht (sind), so liegend dann ins spil, wo ir mit
der sach us wellind »; darum bitte man um treues aufsehen und zusendung von proviant und geschütz. Man möchte übrigens gerne
wissen, warum die bei dem panner so weit zurückziehen.
Zürich, A. Capp. Krieg.

784. Nov. 4, (Sihlbrücke). Jörg Zollinger an hauptleute und Räte
zu Bremgarten. 1. Ihr schreiben von Mettmenstetten aus sei verhört.
Der hauptmann der Thurgauer begehre, die ordonnanz von Zurich den
knechten vorzulesen und beschwören zu lassen, bitte also um eilige
zusendung derselben. 2. Man wundere sich, warum die hauptleute so
weit rückwärts ziehen, und frage, ob sie zu Bremgarten den frieden
beschliefsen wollen, oder was denn vorhanden sei. Bitte um schriftlichen bescheid. *Zürich, A. Capp. Krieg.*

785 a. Nov. 4 (Samstag nach Allerheiligen), Rüti. Hauptmann und
vogt Jäckli und etliche Räte von Grüningen an die Bündner in
Kaltbrunnen. (Wenig abweichend von nr. 762).

785 b. Nov. 4 (Samstag nach Allerheiligen), vorm. 10 uhr. Zürich
an die Bündner in Gaster. « Uns zwytlet nit, ir syend nundaleine
durch unser zuo üch geschickte botschaft (s. nr. 756) bericht, dass
uns der fürgenommen anstand ganz widrig und nachteilig. So wir

üch nun zuo vilmalen geschriftlich und mundlich ersuocht, kein willen dorin ze geben, sonder uns unsere fyend, wie ir dann von ůweren herren in befelch hand, (ze) helfen suochen und schädigen; so ir aber der sach über unser verwilligung und hinder uns mit einanderen eins worden, müefsent wir es, wiewol mit beschwertem gemüet, beschechen lassen. Sittenmal wir aber wol wüssend, dass üwer herren will und gemüet ist, uns hilflich und byständig ze sin bis zuo end des kriegs, so langt an üch unser ganz früntlich, trungenlich bitt, ir wöllent also früntlich by den biderben lüten im Gastel bis uff wyteren bescheid erwarten und verharren, ouch nit uss dem feld verrucken, sonder üch so trostlich und guotwillig harinne bewysen, als uns nit zwyflet, (dass) ir uns früntlich byständig und beholfen ze sin ganz trostlich geneigt, und ouch nundalame uff gemachten anstand noch wol sicher sind, damit dennocht die biderben lüt im Gastel ein trost von üch gehaben mögent »...

Helvetia, II. 229—231.

786. Nov. 4, Rüti. Hauptmann Bebi, vogt Jäckli, jk. Erhart Blarer, Heini Weber, Christen Knecht und (Konrad) Luchsinger fassen die bis heute mit den Toggenburgern, Gastelern, Bündnern und Glarnern geschehenen verhandlungen und übrige begegnisse bis zum beschluss des anstandes und dem abzug von Utznach in einem berichte zusammen, um sich vor ihren obern zu rechtfertigen. (Schriftführer ist Luchsinger, amtmann zu Stein).

Zürich, A. Capp. Krieg.

787. Nov. 4, (Walenstadt). Jacob Nussbaumer an vogt Jäckli zu Grüningen. Es gehen viele boten von den V Orten nach Feldkirch hinüber und zu dem »Märk»; es heifse auch, dass »sie» sich rüsten; man besorge, dass sie hier durchbrechen werden und in einer nacht bis nach Wesen kommen können; doch werde er, so weit möglich, vorher gute warnung schicken.... Er fürchte, der anstand gegen die Marchleute daure zu lang und zum schaden Zürichs, denn die »scheider» seien ihm nicht günstig; er höre so viel, dass er weitere schmach befürchte..... Eines säumers knecht von Schwyz habe letzthin bei einem schlaftrunk gesagt, er sei auch bei dem scharmützel mit den weifsen hemden gewesen; sie haben den Zürchern 5000 erschlagen und 7 fähnchen gewonnen; das hören schultheifs Bünzli und sein haufe natürlich gern...

Zürich, A. Capp. Krieg.

788. Nov. 4, (Eglisau?). Konrad Escher an BM. und Rat in Zürich. Auf das geschrei, dass der von Rischach mit einem haufen nach Rüdlingen ziehe und am Freitag (3.) dort oder anderswo über den Rhein fallen werde, habe er von seinem kundschafter bericht verlangt, der nun dahin laute, dass nichts daran sei. Ein späher, der gestern in Waldshut gewesen, habe auch nichts davon erfahren und von dem herrn von Rischach selbst gehört, er sei damit nicht zufrieden, dass etliche seiner leute mit denen von Coblenz getrunken; denn da werde immer viel geredet und viel gelogen, woraus nur unwille folge; die vier städte habe er besetzt, wie es in zeiten der unruhe jedesmal geschehen; anderes sei ihm nicht befohlen; er werde auch niemandem etwas zu leid tun, etc...

Zürich, A. Capp. Krieg

789. Nov. 4, Stein a. Rh. BM. und Rat an Z ü r i c h. Antwort: Sie haben einen kundschafter nach Zell und Ueberlingen geschickt und durch denselben erfahren, dass noch immer knechte geworben werden, die 1—4 gulden erhalten, je nachdem sie «verfasst» seien; sie werden nach Stuttgart geschickt und dort gemustert und sollen dann durch Lothringen den V Orten zu hülfe geschickt werden; der sage nach werden auch um Innsbruck und Bregenz her leute angeworben.... <small>Z ü r i c h, A. Capp. Krieg.</small>

790. Nov. 4 (Samstag nach Allerheiligen), Z ü r i c h. Auf ansuchen der Landräte des gotteshauses St. Gallen wird, weil es jetzt an einer obrigkeit fehlt, und das volk nicht ruhig ist, Hans Konrad Escher als aufseher dem Landrat zugeordnet und ihm befohlen, bis nach vollendung des gegenwärtigen krieges in allen ihm begegnenden dingen sein bestes zu tun, wie er es als der landschaft nützlich und löblich ansehen wird, etc. (Concept für die zu besiegelnde vollmachtsurkunde). <small>Z ü r i c h, A. Abtei St. Gallen.</small>

791. Nov. 4 («Samstag»), «morgens prima», B e r n. Ratschlag für den hauptmann in Aelen. «Min herren besorgent, die Walliser begerent darumb abzezüchen. dass sy dester bas den v Orten ze hilf kommen möchten; dargegen ouch ze gedenken, ob man schon da belyben, ein kleiner huf die pass zuo St. Moritzen behalten und die Walliser nüt dester minder zuo hilf loufen (möchten). Min herren düechte, wann die Walliser, wie sy sich erpotten, brief und sigel ufrichten, dass sy min herren nit überfallen noch ein frömd volk durchpassieren uf m. h. ertrich wöllten lassen, dass sy alldann abzugend; was sy dunkt, mit den Wallisern darum red halten und min herren berichten etc., (doch) nit abzüchen bis uf wytern bescheid.» <small>Bern, Ratsb. 231, p. 215.</small>

792. Nov. 4, vormittags. B e r n an Z ü r i c h. «Uewer schryben, in summa das in sich haltende, dass wir mit unser andern panner die Lucerner angryfen, damit sy uss irem vorteil getriben und wir dester bas zuo einem göttlichen eerlichen friden kommen möchten, haben wir alles vergriffs verstanden, sind ouch geneigt und begirig, alles das disen schweren krieg zuo guotem glücklichem end bringen (mag), ze fürdern, daran wir dann (als ougenschynlich) alles unser vermügen streckent. Dann wiewol wir an vil orten grofs und stark zuosätz, unser land vor unsern fyenden ze retten, getan, haben wir dester weniger nit uf üwer, ouch deren im feld fordern unser ander panner usgeschickt, die fyend so gegen üch liggen hiemit ze schwechen und uss irem vorteil ze züchen. Wir vermeinen ouch schon ein grofse macht unser fyenden gegen üch abgebrochen, dann wir eigentlich bericht, dass ob iiij^m fyent sich zuo Reiden uf dieselbige panner ze warten enthalten. So wir uns nun über üwer schryben bedacht, haben wir ganz fruchtbar sin erfunden, dass die unsern zuo Zofingen verharrent, uss hienach bemelten ursachen. Ob sy schon fürer uf der Lucerner ertrich verrucken, (wurden sy?) uss der macht, so gegen üch zuo Bar lyt, villicht niemands mer bringen, sonders der bemelt huf zuo Reiden wol ingeschanzt in einem guoten vorteil unser warten und sich dermafs stellen wurde, dass ouch ein merklicher schaden zuo be-

sorgen; dann die macht zuo Zofingen von der zuosätzen wegen nit als
stark, als villicht darvon gehalten wirt; zuo dem, als dann an dem
ort une guot geschütz nüt fruchtbars fürgenommen noch geschaffet
werden, mag man durch das Wiggertal, so ganz eng, vol wasser und
mosecht, dhein geschütz dann mit grofsem nachteil fertigen, ouch unser
widerpart den unsern mit wenig lüten grofsen schaden lychtlich zuofüegen. Witer, wo die unsern fürer rucken, müefsen sy die Aergöu-
wer gmeinlich zuo inen berüefen und die anstöfs daselbs ganz em-
plöfsen, dardurch dann der gwalt, den wir wüssen am Rhyn liggen
und uf das spil warten, unverhindert harüber fallen, unser land ver-
hergen, den unsern in das eng tal nachzüchen, sy also zwüschen tür
und angel verstecken und merkliche schand und schaden angestatten
möchten, wölichen kriegszüg unser pauer ungezwyflet noch hinderhaltet.
Harumb wir üch selbs ze ermessen geben, ob nutzlicher zuo Zofingen
ze verharren oder mit nachteil fürer ze züchen, ouch ob wir die v
Ort, nachdem wir ouch schaden empfachen sölten, einen göttlichen
friden anzenemen mer fürdern oder verhindern wurden. Desshalb wir
uns zum höchsten gefallen liefsent, wo man sunst zuo einem göttlichen
eerlichen friden komen möchte; es ist ouch unser geflissen pitt, (dass)
ir üch so vil müglich zuo sölichem friden schicken und soferr (es)
uns unnachteilig, als ouch wir nachlassen wöllent. Wo aber je unser
fyent uns unmüglich und unerlich artikel anzenemen anmuoten, inmafsen uns sölich dheins wegs annemlich, und je dhein frid, sonders tätlicher ustrag ze besorgen, alldann wöllt uns für guot, nutzlich und unsern fyenden irer kraft abbrüchig ansechen, dass dem
fürschlag, so unser houptlüt by unser ersten pauer getan, gelebt
wurde, dass namlich, dwyl wir in unsern beiden lägern zuo Bar mit
sölicher merklicher starker macht verfasst, entwäders ir üch mit üwer
macht im läger inschanzen und in vorteil leggen, und die unsern uf
der v Orten ertrich verrucken, inen profiant verhindern und sy zer-
trennen, oder aber die unsern sich also inschanzen und die üwern uf
ir land angryfen söltent; mit der wys, gestalt und weg achten wir
unserm gegenteil sin kraft, sterke, zuoversicht und vorteil gebrochen
und etwas fruchtbars gehandlet werden möchte; dann fürwar wir gern
alles, das zuo unser aller nutz, lob und wolfart, vorus zuo Gottes eer
fürderlich, mit wenigestem schaden, (ouch) mit vorteil füruemen, ouch
darzuo raten und als fer in unserm vermügen helfen wöltent, dess ir
üch genzlich zuo uns versächen söllent.» Bern, Teutsch Miss. T. 203–205.

793. Nov. 4 (Samstag nach Allerseelen), früh. Lucern an seine
hauptleute etc. zu Inwyl. Antwort: ... «Als ir melden, dass ir gelts
manglen.., haben wir noch nie verstanden von unserm seckelmeister,
was er hab von gelt, ob etwas da syg oder nit; er spricht allwegen,
er habe wenig; doch habe er viij^c kronen usgen am hinzug, daran im
xxx kronen wider worden sygen von vogt Glestigen. So vermeinten
wir, ir lösten gelt ab brot; aber wann ir je doch manglen, wöllen
wir mit unserm seckelmeister reden und luogen, wie üch geholfen
werde. Und dann von des gelts halb zuo entlechnen mit den fünf
Orten gmeinlich, wie üch und uns gefallt, ist unser meinung nit, von

der frowen der Fruonzinen, sunders von Melchior Fruonzen, der by
üch im feld ist, als wir nit anderst wüssen, der sich hievor zuo etlichen zyten soll erbotten haben, uns zuo lychen, wa es not wär; ist
hie zum nächsten geschriben von der frowen der Fruonzin, so ists
übernon » (?) . . .　　　　　　　　　　　　　Lucern, A. Capp. Krieg.

794. Nov. 4, Mailand. Ennius, ep. Verulanus, an hauptleute und
Räte der V Orte. « Mag^{el} cet. 1. Quotiescunque m^{ei} domini literas
vestras (!) ad me perferuntur illasque perlego, me a lachrymis conti-
nere non valeo, et hoc ex recordatione felicissimorum temporum illorum, in quibus non nisi maxima (ut nostis) vestra, immo communi
cum gloria apud vos tractabam. Hoc idem evenit mihi nudiustertius,
cum vestras literas xxviij. præteriti mensis in castris vestris felicibus
obsignatis reciperem, tantæ quidem meæ erga nationem vestram incly-
tam affectionis testis est Deus, testari etiam poterunt domini Stephanus
et Baptista de Insula, qua diligentia quibusque modis usus sum ad res
vestras dirigendas [et] ad optatumque portum perducendas, non ut vos
contra vos ipsos excitare ad arma, sed ut ab armis vos retraherem,
cuius tam boni operis effectus, ut facilius succederet, persolvi ego eisdem dominis Stephano et Baptiste quingenta illa scuta pro frumento
emendo in populorum vestrorum magis indigentium subventionem,
quæ pecunia, cum preter mentem meam et magnorum quorundam
conversa fuerit in militum stipendiis, quibus in auxilium vestrum ascitis
hostes agressi estis, et cum pro justitia, pro fide et ecclesia strenue
pugnando Deo opitulante de hoste tandem triumphastis, agende sunt
gratie Deo optimo maximo et vestræ fortitudini ac virtuti, et quamvis
lætandum non sit, ubi sanguis vester effunditur, credendum est Deum
fuisse ultorem in illos perditionis filios, qui inter vos inviolabili fœdere
iunctos dissidium seminarunt et Christi vestem inconsutilem in tanta-
rum animarum perditionem sciderunt, quare, postquam eo deducta est
res vestra, quod deletis illis pessimis transgressoribus possent qui re-
manserunt ad sanitatem reverti, consultius videretur operam navare,
ut ignis iste paulatim extinguatur et bellicus iste furor evanescat, ex
quo non nisi deteriora quotidie expectari possunt, præsertim si tumul-
tibus istis vestris fomitem preberetis, quare cum s^{mo} d. n. cuncta que
hactenus acciderunt, significaverim, non potuit s^{tas} eius nisi ægre ferre
sanguinis vestri effusionem; sed cum Dei iuditio factum credatur quod
illi pœnas dederint, qui non solum tanto morbo initium dederunt, sed
deteriora in fide quotidie disseminabant, tandem s^{tas} sua se resolvit ea
vobis auxilia prebere quæ vobis in iuribus et statu vestro conservandis
sufficere possint, donec de pace inter vos tractari queat, pro qua nomine s^{tis} suæ offero quascunque partes meas; sed si inter tractandam
pacem præsidio opus sit ad vos continendos, illud ita moderari et res-
tringi debet quod s^{tas} eius et reliqui principes, quos in auxilium vestrum inducit, ferre possint expensas et belli huiusmodi onera, quas si
reliqui difficultatem patiuntur, credere debent m^{ce} d. v. quod eius s^{tas}
ad id redacta est, quod resistere nequeat provisionibus in custodiam
terræ et maris contra Turcas, et nihilominus committit mihi quod stu-
deam ac laborem undecunque pecuniam elicere, ut in tutandis conti-

nendisque vobis in finibus vestris exponi possint. 2. Opportunum
igitur videretur quod m^ce d. v. statuant numerum praefinitum militum
archibuseriorum, quibus honesta stipendia statuantur, ita quod iuxta
pecuniam ad manus meas perveniendam vobis dietim subministrari
queant, in quo sciant me eo minus vobis defuturum quo et vobis afficior et rei vestre adesse et prodesse cupio, et ut rei effectus non in
verbis, sed in facto appareat, ultra ducenta scuta quae d. Stephano de
Insula his diebus exolvi, expedivi hodie d. Jacobum (Bomgarter?),
Basiliensem capitaneum profecto mihi satis cognitum, strenuum ac
fidelissimum, cum quibusdam archibuscriis, quos pro nunc conducere
potuit, ea cum spe, ut plures usque ad praefinitum numerum per vos
statuendum in dies dirigam. 3. Et quum de auxilio vobis submittendo
saepius ad s^um d. n. et ad oratores ser^mi regis Rom. ac ill^mi ducis Mediolani in urbe scripsi, eius Beatitudo, quæ summa charitate ac filiali
dilectione totam Elveticam nationem prosequitur, ad pacem et concordiam inter vos componendam adiecit animum, iccirco per breve quod
pridie ad m^as d. v. destinavi, easdem hortatur, ut a conserenda manu
posthac abstineant satisque sibi esse existiment, si acquisitam gloriam confines suos tutando conservent, sed si ab hoste provocentur,
s^ua sua decrevit vos, qui nomen christianum defenditis, eis quibus potest auxiliis iuvare et ceteros principes christianos ad defensionem
vestram et conservationem convocare, ut cumulatius ex alligato s^tis suæ
brevi et relatione uberiori familiaris mei fidissimi, quem ad m^as d. v.
propediem destinabo, brevi intelligent. 4. Quod ill^mus d. dux Mediolani
auctoritatem suam interponere decrevit, ut pax et antiqua concordia
inter easdem et octo Cantonos resarciatur, per literas meas pridie signi-
ficavi, addere tum volui quod eius ex^tia hanc pacem et unionem vestram vehementer affectare videtur, ut ea confecta possit et vobiscum
amicitiam et bonam vicinitatem iamdudum tractatam inire. Iccirco oratorem ex primatibus suis ad m^cos Turicenses destinavit, qui ad vos
quoque deveniet, si eosdem m^cos Turicenses ad ineundam pacem pro-
pensos repererit. Interim ex^tia sua abstinendum esse a conserenda
manu censuit, ut ex literis meis tertio die praesentis mensis Mediolani
datis m^as d. v. intellexisse existimo » . . . .

Lucern, A. Religionshändel (original und übersetzung).

795. Nov. 4 (Samstag nach Allerseelen). Verzeichniss der von Einsiedeln nach Inwyl gesendeten truppen (126 mann).   Stiftsarchiv Einsiedeln.

796. Nov. 4, Dongo. Wilhelm Guidola(n) an Schultheifs und Rat
zu Freiburg. Dank für das zuletzt empfangene geld (100 kronen).
Bericht über streitigkeiten mit dem schreiber, wegen sold, etc. Rat,
sich des krieges zu entledigen, wenn es mit ehren geschehen könne,
da derselbe viel geld verzehre. Der Mufser habe vier schiffe aus dem
wasser gezogen und rüste sich wieder. Von Lauis und Luggaris her
solle ein überfall auf die truppen der acht Orte («uns») versucht werden, etc.   Freiburg, Instr. B. XXIX.

797. Nov. 5, Dongo. Commissarien, hauptleute und Räte an Zürich. Glückwünsche etc. Sie lassen es an aussendung von spähern,

boten und briefen nicht fehlen und sich dafür keine kosten reuer
wenden auch alle listen und fünde an, die sie erdenken können
schreiben fleifsig dem Herzog und ermahnen ihn ernstlich zu gutem
aufsehen, da der Italiener und Spanier wegen verlaute, dass volk z
den V Orten ziehe; sie haben daher kurzlich den Herzog ersucht, d
pässe zu sperren etc., und schicken nun seine antwort (3. Nov.) m
Sodann bitten sie Zürich, bei den andern Orten zu verschaffen, dass d
bezahlung ohne aufschub geschehe, da die knechte sonst unwillig würde
und ein schädlicher aufbruch erfolgen könnte, etc. Zürich, A. Müsserkrieg.

798. Nov. 5, (Dongo). Heinrich Rahn an BM. und Rat in Zürich.
Er wünsche ihnen glück und sieg (im Cappelerkrieg)... und bitte um
bericht, wie es mit seiner besoldung gehalten werden solle; denn er
empfange von niemandem etwas, während er im namen der acht Orte
und der III Bünde hin und her reisen, geld verbrauchen, briefe und
boten bezahlen müfse; er wünsche daher zu vernehmen, ob er von
den hauptleuten etwas fordern dürfe, sei übrigens bereit und willig,
ferner sein bestes zu tun, und wünsche nur bescheid, damit er sich
zu richten wisse, da hptm. Zeller ihm die erwartete antwort (der
obrigkeit) nicht gebracht. Er schreibe indessen alle seine ausgaben
pünctlich auf, wie man sehen werde...   Zürich, A. Müsserkrieg.

799. Nov. 5, morgens («am tag»), Bremgarten. Hauptleute und Räte
an BM. und Rat in Zürich. 1. Man habe über das letzte schreiben
einiges bedauern empfunden, (da es zu sagen scheine), man leiste den
befehlen und ratschlägen der obern keine folge, da man doch bisher,
so weit immer möglich, sich befllssen, ihrem willen nach zu handeln
und der stadt und landschaft wohlfahrt und ehre zu fördern..., werde
es auch ferner nach kräften tun; die anliegen und beschwerden, die
bis jetzt die ausführung mancher anschläge verhindert, habe man noch
nicht eröffnen wollen, weil die obrigkeit ohnedies mit sorgen beladen
sei; nun aber fordere die notdurft, dass man sich erkläre... 2. Man
habe warnung empfangen, dass die Berner ihre knechte im Blickenstorfer lager nicht mehr hätten zurückhalten können, die sonst schon
zahlreich weggelaufen; man sei nur mit grofsem herzeleid und schweren gedanken ihnen zu lieb nach Bremgarten gezogen, um zu verhüten, dass sie gänzlich das feld räumen würden; denn wäre dies geschehen, so hätte grofser schaden für stadt und landschaft daraus entspringen mögen, dem man habe vorbeugen wollen, zumal nach den
ernstlichen erbietungen, die sie gegeben; sie haben gebeten, ihnen nur
dies eine mal zu willfahren, und dabei alles gute versprochen... 3. Die
rottmeister ab dem Zürichsee seien bei dem mehr über die drei ersten
artikel auch gewesen, sodass sie wohl gewusst, warum man abgezogen.
Auch halte man nicht für nötig, ihnen einen solchen zuschub zu tun,
da der feind schwerlich gegen die an der Sihlbrücke oder andere etwas
tätliches unternehmen werde, wie man gestern abends geschrieben,
und sollte es doch geschehen, so wären jene bei gehöriger vorsicht
stark genug, bis man sie entschütten möchte. Wenn aber ein zusatz
dahin gehen solle, so könne doch nur die besatzung von Mellingen

samt Werdmüllers fähnchen, etwa 600 mann, abgetreten werden;
mehr sei nicht möglich, da wegen des ungehorsams die macht bei dem
panner gar nicht mehr so bedeutend. Im übrigen lasse sich die handlung besser an; denn die V Orte haben auch den herrn Meigret samt
den zugehörigen schiedboten zugelassen und ihm ein geleit überschickt...

Zürich, A. Capp. Krieg.

800. Nov. 5, vorm. 4 uhr, Bremgarten. Hauptleute und Räte an
BM. und Rat in Zürich. ...(Rechtfertigung des abzugs nach Mett-
menstetten˙ und Bremgarten, vgl. nr. 799). Hätte man den Bernern
nicht willfahrt, so wären sie wohl ganz aus dem felde gezogen, was
doch schwerlich vorteil brächte, da die feinde dann die uneinigkeit
wohl benutzen würden. ... Die Berner, die noch keinen schaden erlitten haben, seien eben ganz bereit, sich mit den V Orten zu vertragen. «Und so wir (aber) umb unser und ewer, ouch gemeiner statt
und land nutz, ere und wolfart willen uns gern flissind, damit wir sy
nit usschüttind, so müefsen wir on underlass dess von üch geschmützt
warden und uns das umb die oren in all ewerem schriben lassen
plüwen, das uns nit unbillich an üch beschwachet; ir söllen aber nit
gedenken, dass wir das uss einichem schräcken getan. Sofer üch für
guot ansicht, dass wir uns von inen söllint sondern, wellen wir uff
ewer beger mit unsern lüten, so by der panner sind, wiewol dero
wenig und nit mer so vil, als ir villicht achten wend, wohin sy komen und on all passporten hein geloufen, da wir aber nit können
spüren, dass ir derselben keinen strafind oder wider zuo uns schickind,
als billich beschähen sölt etc., und darum wie ob, so ir wend, wellen
wir mit unser panner gegen find gern ziehen, wohin ir uns beschei-
dent, damit wir ewers schmähen(s) überhaben syen; wohin üch das
erschiefslich und nutzlich sin wärd, lassen wir dann beschähen.» Man
halte aber für besser, was geschehen, da der feind immer zu fürchten
habe, dass man in das Lucerner gebiet einfallen werde, und desto
mehr zum frieden hand bieten müfse, zumal man ihnen zu merken
gebe, dass man es ihnen doppelt vergelten wolle, wenn sie jemand zu
schädigen waglen; man hoffe desshalb, dass die sache zu gutem ende
komme. ...

Zürich, A. Capp. Krieg.

801. Nov. 5, nachm. 2 uhr. BM., Räte und Burger von Zürich
an hauptleute und Räte zu Bremgarten. Antwort auf ihre beschwerde
über das dringende schreiben wegen des zusatzes für die leute auf
dem Hirzel. Es sei dieses gar nicht in der meinung getan worden,
dass sie der stadt und landschaft wohlfahrt nicht bedächten, sondern
weil sie so weit weggezogen, dass die eigenen angehörigen von ihnen
wie verlassen scheinen; gedrängt durch die häufigen schreckenden warnungen vom Hirzel her, habe man desto ernstlicher schreiben müfsen,
damit jene leute nicht zu unwillen und abfall gereizt würden, wenn
sie keine hülfe erhielten; man hoffe nun aber nach den zusagen der
Berner, dass sie die unsern nicht zu grunde richten lassen werden;
in diesem sinne habe man denen im Freiamt geschrieben, rate aber
immerhin, die wachen so weit auszudehnen, dass dieselben vor scha-

den gesichert werden mögen... Da nun die hauptleute bedenken tragen, 1000 knechte an den Hirzel zu schicken, und melden, dass die schiedleute heute mittag zu Bremgarten handeln wollen, so möge die absendung jener mannschaft noch anstehen, bis man wisse, was vorgebracht worden sei, wonach man sich wieder entschliefsen wolle... Bestellung des beiliegenden briefes an Basel aus dem lager von Musso...

Zürich. A. Capp. Krieg.

802. Nov. 5, nachmittags 7 uhr. BM., Rate und Burger von Zürich an ihre hauptleute und Rate zu Bremgarten. «Demnach ir uns etlichen beweglichen ursachen und zuo gunst unserer lieben eidgnossen und cristenl. mitburgern von Bern hinab von den unseren uff Bremgarten verrugkt und also die unseren verlassen, welichs nun uns ganz beschwarlich und widerig (als dann ir wol in unserem üch getanen schriben verstanden) gewesen ist, und so dann aber ermelte unser eidgnossen von Bern üch ganz getrüwlich und trostlich zuogesagt, soferr und die unseren in einich weg von unserem fygend belestigt oder geschreigt werden, sy alldenne mit Gottes hilf und üwerem zuotuon solichen schaden understan ze rechen und desshalb lyb und guot zuo üch setzen wellten etc., nun so fügen wir üch zuo wüssen, dass uff hinächten abent für uns von den unseren jensit dem Albis ganz erbermliche klegt komen, wie sy uff hüt von den fygenden, dären by den drü hundert gewesen, ganz gwaltigklich überloufen und angefochten, dermaſs dass sy inen alles das, so sy funden, genommen und enttreit, zuodem sy und wir ouch sorg haben, dass vilicht hieran nit gnuog, sonder der fygend solichs numee für und für, so lang und nit hierin insächung getan, furnemen werde, das aber ganz kläglich were, und ist desshalb an uch unser ernstlich geheiſs, will und meinung, dass ir ze stund und fürderlich obgenannte unser eidgnossen von Bern ires uch getanes zuosagens und versprechens zum aller träffelichesten erinneren und ermanen und daruf uch mit inen mit allem ernst beratschlagen, wie ir im tuegint, damit der fygend hindersich gehalten und die guoten biderwen lüt nit so gar von im geschädigt und zuo verderben gerichtet werden; wellend die sach herzlichen betrachten und dermaſs angelegen sin lassen, dass ermelte die unseren spüren und befinden mogen, inen trost, schirm und sicherung lybs und guots von uch begegnen und zuoflieſsen welle».... In gleicher weise habe man denen von Bern in beiliegendem briefe geschrieben, deren antwort eilends berichtet werden soll. Zürich, A. Capp. Krieg.

Ueber einfälle ins amt Knonau gibt Bullinger III. 226, 233 einige notizen. — Uebrigens sei beiläufig bemerkt, dass seine actenauszuge mancherlei zweifelhaftes bieten.

803. Nov. 5, «uff dem Hirsel by der Sihbrugg». Jörg Zollinger an BM. und Rat in Zürich. Antwort auf ihr freundliches und trösliches schreiben. Bitte um verordnung eines proviantmeisters für die Thurgauer. Deren hauptmann habe um 8—10 haken oder halbe haken gebeten, da sie leute haben, die wohl «damit können»; sie haben sich auch trostlich erboten, leib und gut einzusetzen. Ferner bedürfe

man alle zubehörde, feuerseile, blei, pulver, handbüchsensteine, damit
man auf jeden fall versehen sei.   Zürich, A. Capp. Krieg.

804. Nov. 5, nachm. 5 uhr. Jörg Zollinger und gemeine rottmeister
ab dem Zürichsee, an der Sihlbrücke versammelt, an die hauptleute
und Räte von Z ü r i c h im lager zu Bremgarten. « Ersamen und wisen, gnedigen lieben herren, uns verwundert, dass ir so ylents uff
Bremgarten zuo gezogen sind und uns nüt lassend wüssen, uss was
ursach, und aber unser fygend uff den hüttigen tag in das Fryampt
gefallen und da lüt und guot, was inen hat mögen werden, hinweg-
gfüert; ja ir möchtind reden, worum hand ir nit gwert; gnedigen
lieben herren, ir wüssend wol, dass niemands me vorhanden, und söltind wir uns zuo inen überhin lan, (wär) zuo besorgen, sy wurdent
uns mit der macht überfallen, dessglichen so bald und wir verruckt-
tind, so werind sy an dem Horger berg und verdarptind die biderben
lüt och daselbs. Dessglichen so vernemend wir, wie die da obnen im
Gaster ein a(n)stand mit einandren gemacht, und ruckend unser fygend
daselbs oben abhin ouch widerum gegen uns, und mögend nit wüssen,
wo mit man umgat. Darum, lieben herren, were unser will und meinung, dass ir mit andren unsern eidgnossen, so jetz by üch im feld
sind, redtint und luogtind ins spil, darmit die unsern nit so schantlich verderpt wurdind; dan welte jederman uff sinen vorteil machen,
wir wurdind ouch luogen, was wir zuo schaffen hettind, und bittend
üch also ylents um üwer schriftlich antwurt. »   Zürich, A. Capp. Krieg.

Eine wenig veränderte ausfertigung ging an den Rat in Zürich. Den wort-
laut(?) hat B u l l i n g e r, III. 228.

805. Nov. 5, Hirzel, bei der Sihlbrücke. Jörg Zollinger und die
rottmeister vom See an BM. und Rat in Z ü r i c h. 1. « Uff den gestrigen tag by guoter zyt hand wir den houptlüten bim paner ein brief
zuogeschickt, dass sy uns lassind wüssen, uss was ursachen sy doch
so ylents uff Bremgarten züchind, des glichen ir unser herren uns uff
die nechst nacht verschriben, dass uns vom paner noch ylents tusent
knecht söllind zuokommen etc. Aber wie dem selbigen, so sechend
wir noch weder lüt noch brief . . . und hettind wol vermeint, die bim
paner werind nit so liechtfertig hindersich zogen und die biderben lüt
. . so schantlich zvollen lassen verderben. . . . Harum, gnedigen lieben
herren, so ist unser meinung, dass ir und die bim paner uns ouch lassind wüssen, womit man umgange. . . 2. Witer, g. l. h., so sind wir
wol bericht, wie die vergangnen jar der von Underwalden vogt gen
Baden hat wellen ufziehen, und dasselbig ir nit hand wellen gestatten,
und doch denen von Solenthurn befolhen und gwalt geben, zuo der
sach ze reden und abzestellen, und über dasselbig ir min herren üwer
zeichen gen Bremgarten und gen Mure geschickt und das nit gehalten,
das ir den biderben schidlüten hand zuogseit; doch wo das die notdurft erfordert, werden ir des handels wol wyter bericht, und haruf,
g. l. h., so hand ir uns allwegen fürgeben, die fünf Ort habind den
unglimpf; aber so wir recht in (den) spiegel luogend, will uns schier
bedunken, ir habind uns disen krieg und den vordrigen Kapellerkrieg

an (sic) kleine ursache(n) und an(e) alle not angfangen. Darum g. l. h.,
so luogend eigentlich ins spil, dann wie erstgemelt, wend ir nit driu
luogen, so wend wir selbs versuochen, wie der sach ze tuond syge,
und bittend üch ylents um all artikel(?) und üwer schriftlich antwurt. »　　　　　　　　　　　　　　　　　　Zürich. A. Capp. Krieg.

A tergo (von Beyel): „**der bös brief ab der Silbrugk.**" — Die lücken sind aus
dem vorausgehenden zu ergänzen.

806. Nov. 5, Zürich. Instruction für m. Ulrich Stolz und Johannes Escher. Da von den b. leuten auf dem Hirzel eine « harte und
schwere » schrift ... eingegangen, so hat man diese boten verordnet,
um sie über alles zu berichten. Von der erwähnten zusage, die man
den schiedboten gegeben, aber nicht gehalten haben solle, wisse man
nichts; nur weil die Unterwaldner trotz dem rechtbieten von Zürich
und Bern ihren vogt mit gewalt haben aufführen wollen, so habe man
auch zur gewalt gegriffen; es seien übrigens diese dinge durch den
landfrieden erledigt; dabei soll aber auch das Ferdinandische bündniss,
der zu Schwyz verbrannte pfaffe und andere unbill nicht vergessen
werden. Die ursachen dieses krieges wissen die boten wohl anzugeben, wie die V Orte zuwider dem landfrieden b. leute um des gottesworts willen vertrieben, parteiisch gerichtet, den christlichen glauben
verfolgt haben, etc. etc. ... Nun behalte der beschluss des landfriedens
vor, dass man ihnen den proviant abschlagen könne, wenn sie denselben nicht hielten etc. Den anstand im Gaster haben die Glarner
samt den Bündnern und Toggenburgern zuweggebracht und « gebritt-
let », wider alles abmahnen von Zürich; die letztern seien dann « fräfenlich » aus dem feld gezogen, und alle mühe, diesen beschluss zu
verhindern, umsonst gewesen. Ebenso habe man über den abzug (von
Blickenstorf) nach Bremgarten grofses missfallen; die gründe der hauptleute können aber die boten aus dem beigegebenen schreiben dartun.
Indessen seien die Bündner an den Hirzel berufen, wo sie bald eintreffen werden. Nach Bremgarten habe man ernstlichen befehl gegeben, heraufzurücken etc. Schliefslich sollen die b. leute an das beispiel ihrer treuen altvordern erinnert und guter hülfe vertröstet werden, « alles mit den besten und früntlichisten vermanungen, es die
botten wol könnend. »　　　　　　　　　　　Zürich, A. Capp. Krieg.

807. Nov. 5 (Sonntag nach Aller Heiligen), **Zürich.** Creditiv für
seckelmeister Johannes Edlibach, für eine sendung nach Strafsburg.
... (Motive). Da die stadt sich freundlich zur hülfe erboten, so bitte
man sie, dem gesandten behülflich zu sein, damit er gegen ordentliche
verschreibung und gewöhnlichen zins etwa 10,000 gulden aufnehmen
könnte, und das etwa noch fehlende aus dem gemeinen gut vorzu-
strecken oder im notfall die ganze summe zu gewähren. ...
　　　　　　　　　　　　　　　　　　　　Zürich, A. Capp. Krieg.

808. Nov. 5. Bern an den hauptmann in Aelen. 1. Antwort auf
das schreiben von gestern früh. Man verweise auf die gestern gegebenen weisungen. Die beiliegende copie zeige an, wie es in den beiden (grofsen) lagern stehe, dass man nämlich keinen schaden gelitten,
sondern beide panner noch unversehrt in Blickenstorf(?) und Zofingen

liegen; sodann werde gemeldet, dass den V Orten (noch) 1200 Walliser zugezogen; ferner habe man vernommen, dass ihrer 700 nach St. Moriz geschickt worden. 2. Sendung von 100 kronen, als vorschuss für die knechte; dabei sollen die empfänger genau verzeichnet werden, um das geld später von ihnen einziehen zu können.

Bern, Teutsch Miss. T. 206.

809. Nov. 5. Bern an Freiburg. 1. Der bote, welcher briefe aus dem lager zu Aelen gebracht, zeige an, wie er durch die torwärter in Freiburg bedeutend aufgehalten worden sei, was man sehr bedaure, da doch solche boten wegen «ehehafter» notdurft ausgesandt werden, und man diesseits die läufer, welche Freiburg zu den feinden schicke, nicht hinterhalte; darum begehre man angelegentlich, dass es die boten, die briefe zu- oder wegtragen, früh oder spät bei tag und nacht passiren lasse, etc. Wenn es aber diesem gesuche nicht zu willfahren gesonnen wäre, so erbitte man sich darüber ungehenden bescheid, damit man sich darnach zu richten wüsste. 2. Verwendung für zeitweise entledigung des schwähers des hiesigen stadtschreibers (der in dessen auftrag nach Freiburg gegangen, um geld einzuziehen, dort aber gefangen worden war); zum mindesten bitte man um bericht, warum er gefangen sei.

Bern, Teutsch Miss. T. 206, 207.

810. Nov. 5 («Sunnentag»), nachm. 9 uhr, Bremgarten. Hans Hugi, Niklaus von Wengi u. a. an Solothurn. Hinweis auf den gestrigen bericht. Drei von den vier artikeln, welche die V Orte gefordert, seien angenommen; des vierten halb haben die schiedleute bei ihnen erwirkt, dass sie den untertanen in den gemeinen vogteien die freie wahl zwischen messe und gotteswort gestatten wollen. Den beiden städten sei dies gänzlich zuwider, da sie ihren glaubensgenossen leib und gut zugesagt, um sie bei ihrem glauben zu erhalten; so sei denn sehr zu befürchten, dass kein friede zu stande komme. Desswegen habe man beschlossen, den Bernern anzuzeigen, dass es Solothurn nicht mehr zieme, in dem kriege zu sein, da es sich (nur noch) um den glauben handle; denn in stadt (und land?) lasse es den glauben frei. Die herren mögen sich nun entschliefsen, ob sie weiter an dem kriege teilnehmen oder das fähnchen heimrufen wollen; darüber erbitte man sich schleunigen bescheid; es sei nämlich in der sache kaum mehr viel zu hoffen; «denn die schidlüt sind nit zum besten».... Solothurn, Reform.-A.

811. Nov. 5, nachm. 1 uhr. Basel an hauptmann etc. von Zürich im felde. Mitteilung einer kundschaft von Strafsburg über die werbung von Landsknechten etc.; bitte dies geheim zu behalten, damit die Strafsburger nicht bei den V Orten verdächtig würden. Das gleiche melde man Bern. . . Zürich, A. Capp. Krieg.

812. Nov. 5, (4?) uhr nachm. Basel an Sebastian von Diefsbach, hauptmann, und miträte von Bern im felde. Mitteilung der heute von Strafsburg eingegangenen schriften, enthaltend ratschläge betreffend den krieg und kundschaften über die da und dort angenommenen Landsknechte, jedoch mit dem ansuchen, dieselben geheimzuhalten,

damit die stadt bei den V Orten nicht verschrieen werde; auch Zürich
habe man abschriften zugesandt, etc. etc.   **Basel, Missiven.**

Ebenso vermutlich an S o l o t h u r n, das laut Ratsb. v. 6. Nov. seine Räte
im feld davon benachrichtigte.

813. Nov. 5. Basel an Urs Stark, vogt zu Dorneck. »Lieber vogt,
wir füegen dir hiemit güetlichen ze vernemen der knechten halp, die
da hin und wider angnomen werden etc., dass wir durch unser kuntschaft erfaren, dass die allein in namen keiserlicher Mt. angnomen und
alle gen Cöln bscheiden werden; da würt man sy wider den küng
uss Tenmarkt bruchen, desshalb dhein sorg, dass die wider uns zuo
hilf den v Orten gebrucht werden«...   **Solothurn, Berner Schr.**

814. Nov. 5 (Sonntag vor Martini), Inwyl. Hauptmann, pannerherr
und Räte (von L u c e r n) an Statthalter und Rat. »Herr amman Rychmuot zöigt uns an, wie dann im zuokommen sye, dass die knecht, so
in der March gelegen sind, mit unsern fyenden, so an dem end wider
si gewesen, einen anstand mit einandern gemacht haben; dessgelychen
dass ein merklicher unwill under den Pündtern, so dann ouch daselbs
gesin, vorhanden sye. So nun der anstand, wie obgemeldet, gemacht,
so werden die üwern, die dann ouch in die March geschickt waren,
uf hüt wider zuo uns komen«...   **Lucern, A. Religionshändel.**

815. Nov. 5, Dagmersellen. Schützenhauptmann und fähnrich an
Statthalter und Rat in L u c e r n. Meister Jeronimus Merk, comtur zu
Hohenrain, habe etwas pulver anerboten, das für die haken zu »klein«
sei, bedürfe aber gröfseres; daher bitte man, demselben solches von
stund an zu schicken, und zwar bei dem zeiger dieses briefes, ihm
auch das versprochene blei mitzugeben, damit er es sofort samt dem
andern pulver hieher fertigen könne.   **Lucern, A. Religionshändel.**

816. Nov. 5 (Sonntag nach Allerheiligen). L u c e r n an seine hauptleute etc. zu Inwyl. »Uewer schriben sampt den gestellten artikeln
haben wir verstanden, die uns wol gfallen, uss ansehung allerlei ursachen; so wüssend ir wol, dass wir üch (als billich) aller eeren und
guots vertruwen, mögend ouch wol spüren üwer grofsen trüwen müeg
und arbeit, die ir ungezwyfelt haben. Daruf befelchen und geben wir
üch einhällig ganzen vollen gewalt zuo handlen, zuo tuond und zuo
lassen zum allerbesten nach üwerm vermögen und gfallen, habend
ouch sölch üwer schryben sampt einer copy der artiklen den unsern
gan Tamersellen angends zuogschickt«...   **Lucern, A. Capp. Krieg.**

817. Nov. 6, M a i l a n d. Herzog Franz an die V O r t e. »Aus euerm
schreiben des achtundzwanzigsten tags des vergangnen monats haben
wir mit besonderm gefallen vernommen, dass ir euch gefallen lasst,
durch unser mittel den friden und vertrage zu handeln zwischen euch,
wie wir warlichen ganz berait, alles zu tun, so wir achten mügen
dem friden, gemainer wolfart nutz, auch euerm aufnemen dienlich,
waren (auch) entschlossen, ainen unsern oratorn zu euch zu schicken,
hetten auch den selben schon abgefertigt, sich einzulassen und anfang
zu geben dem genaigten unserm guten willen gegen euch, und dieweil
wir aber den acht Oertern auch geschriben, dass unser mainung und

gemüet sey, sich einzulassen fride zwischen euch zu machen, so sein wir doch durch unsern secretarien zu Zürich bericht, dass, dieweil die obern und herren daselbst iren gewalt und befelchhaber alle dismals im felde haben, welchen sy unser schreiben wellten zuschicken und antwurt von denselben erwarten, so uns dann von denselben bericht zukombt irs willens, on ferer verziehen wellen wir unser verordnete botschaft schicken und so vil dester lieber, dass durch unser mittel der fride zwischen euch zu erfolgen habe, in welchem wir kein müehe wellen underlassen, auf dass er fruchtbarliche und lobliche würkung erlange», etc.   Lucern, A. Religionshändel.

818. Nov. 6, Dagmersellen. Hauptmann, fähnrich und Räte an Statthalter und Rat in Lucern. 1. Antwort auf die erteilte warnung. Bitte um sofortigen erlass eines befehls an die herren in Zug, je nach allfällig vorhandenen nachrichten über den zweck des abzugs der Berner (hülfe zu schicken oder) gutes aufsehen zu halten, da der hier liegende haufe sehr schwach sei, oder genauere kundschaften einzuholen. 2. Ferner begehre man, dass die obrigkeit ohne verzug in alle ämter, mit ausnahme von Willisau, schreibe und verschaffe, dass die knechte, die wider alle verbote und ordnung aus dem feld gezogen, sich wieder bei dem hier verlassenen zeichen stellen, etc.
Lucern, A. Religionshändel.

819. Nov. 6 (Montag vor Martini), Inwyl. Hauptmann etc. von Lucern an Statthalter und Rat. Zeiger dies, hauptmann der wälschen büchsenschützen in Dagmersellen, habe angezeigt, dass 10—12 derselben keine büchsen haben; da man hier alle vorhandenen selbst bedürfe, so bitten sie, ihnen zu gewehren behülflich zu sein, und erbieten sich, den preis an dem solde abgehen zu lassen. Hienach begehre man, dass ihnen die obrigkeit solche verschaffen helfe, etc.
Lucern, A. Religionshändel.

820. Nov. 6 (Montag nach Aller Seelen). Uri an Lucern. Antwort auf das ansuchen um einen vorschuss an salz. Man habe nur noch 20—30 mäfs vorrätig und hätte gar nichts mehr, wenn jedem nach begehren wäre gegeben worden; aber man gebe einem nur je 1, 2 oder 3 becher, je nach dem bedürfniss seines haushaltes. Diesen abschlag bitte man nicht übel zu deuten; man wolle übrigens auch in das feld schreiben und gerne tun, was dort bewilligt werde, auch nach Ursern, ob da vielleicht etwas vorhanden oder von den Bündnern zu bekommen wäre.   Lucern, Missiven.

821. Nov. 6, Bellenz. Jacob Feer an Lucern. «Frommen etc. etc. 1. Uff nächt abends sind mir brief zuokon vom herren von Werelan, so an min herren die fünf Ort in das läger wisend, die ich inen hiemit zuoschick, het ouch darneben mir anzöugt, wie vilicht (die) bäpstlich heiligkeit eins guoten willens gegen minen herren sy(g) und für und für villicht so vil hilf tuon, damit die Italianer mithin bezalt werdent. 2. Es ist ouch uf nächt kon Jacob Boumgarter von Basel und het mir brief von Werelan bracht, dass er in zuo eim houptman bestellt und im ouch etwas gelt gen, damit er ij° knecht hinus ferg

zuo üch .. in das feld. Des glich han ich ouch uf üwer schriben ij
houptlüt mit ij⁰ knechten bestellt; desglich het mir der Werelan ouch
ein zuogeschickt, solt hundert bringen, sind der merteil hie; (ich) han
ouch inen von üwer wegen gelt daruf gen; des glich ist houptman
Boumgarter ouch hie und samlet knecht. . . . 3. Nun het mir der co-
misar hinacht ein brief zöugt, den im min herren die drü Ort schribend, Ure, Schwiz und Underwalden, wist wie man im feld so vil in
fründschaft und von friden handle, dass man keiner hilf me bedörf,
und er söll die kriegslüt, so witer hinus ziechen wellend, wenden und
abstellen, denn si wellend nieman kein dienst me zuosegen; nimpt
mich frömd, so doch ir .. und uss dem läger mir hertan geschriben
hend, ich söll all büchsenschützen und Italianer, so ich ankon mög,
ilents üch hinus schicken, das ich mit grofsem kosten und müe getan,
dass man mir doch nüt darvon schribt und lat knecht mich samlen,
daruf grofsen kosten gat. » Desshalb bitte er um eilige verhaltungsbefehle. 4. «Es het ouch der comisari und die von Belletz gester wol
iij⁰ man gan Lugaris geschickt, das best und gröst geschütz gan Belletz
ze füeren, hend vor ouch ein stuck oder vier dannen gefüert, dess ich
mich nit beladen han, denn ir .. mir ouch nüt darum befolen hend.»
Bitte um bericht über den stand des krieges, etc.   Lucern, Missiven.

822. Nov. 6, Sihlbrücke. Jörg Zollinger und die rottmeister an BM.
und Rat in Zürich. Antwort auf ihr schreiben wegen der 6 haken
und des stückes, das von Rüti herkommen solle. Der schaffner von
Wädenswyl habe letzte nacht warnung zugeschickt, dass die feinde
am tag einen überfall tun werden, indem sie «an der Egg» (?) mit
vielen fackeln und kerzen vorgerückt seien. Darum bitte man die
obern, mit den Bündnern u. a. zu verschaffen, dass sie eilends hieher
kommen, da der feind «der tagen eins» unversehens mit seiner macht
angreifen werde; die hauptleute im lager heben wohl zuzug verheifsen;
es gehe aber langsam zu. Ihre klage über das frühere schreiben, indem man zu solchem mehr selbst geholfen habe, das gebiet des feindes zu verlassen, sei insofern wahr, dass man zum rückzug gestimmt,
aber nur in der meinung, dass man nach Cappel und den nächsten
dörfern zurückgehen werde, damit man in jedem fall einander helfen
könnte und man die b. leute im Freiamt nicht so schäudlich verderben
liefse; so haben sie keinen trost mehr zu hoffen.   Zürich, A. Capp. Krieg.

823. Nov. 6 (Montag vor S. Martins tag). Jörg Zollinger und gemeine rottmeister vom Zürichsee an (BM. und Rat). 1. Sie erstatten für die abgeordnete botschaft und die gebrachten schreiben, sowie für die freundlichen zusagen den treuesten dank und wollen zu
einer löbl. stadt Zürich leib und gut setzen, bitten auch ihre herren,
nicht zu zürnen, dass sie hiemit ihre beschwerden entdecken: «Des
ersten, g. l. h., so ist unser pitt und beger, dass ir mit sampt üwern
mitburgern einen friden machind, wo das ienen möglich ist, und ob
etwan in einem artikel mangel welte sin, dardurch der friden (sich)
zerschlahen welte, dass ir uns ab dem Zürichse ouch lassind darzuo
reden, darmit, ob der friden zerschlagen, wir uns gegen unsern figen-

den wüsstind zuo verhüeten, und ob der friden nit gemacht mag werden, so sind wir des gmüets und willens, kein winterleger ze schlachen, sonder den krieg uszemachen; dann wir armen lüt kein winterleger erzügen mögend; dann wenn wir einandren usgfrefsind, was wir
hettind, so weris zuo ustagen böser dann jetz. Zum andren, g. l.
h., ob uns Gott um ein friden hilft, so wend wir üch bitten, dass ir
weder pfaffen noch andren kein schirm me zuosagind, noch kein krieg
anfahind ane üwer landschaft wüssen und willen. Zum dritten,
als dann ein lobliche statt von Zürich von je welten har mit zwei
hunderten des grofsen Rats und mit fünfzgen des kleinen Rats erlich
und wol gregiert hand, da ist unser früntlich pitt und beger, dass ir,
unser gnedig lieb herren, nochmals mit grofsen und kleinen Räten wie
von alter har statt und land regieren wellind und der heimlichen Räten abstandint; dann uns wil schier bedunken, (dass) der heimlich
Rat uns nit wol erschossen habe; dessglichen der pfaffen in offnen
und heimlichen Reten müefsig gangind, und sich die pfaffen der weltlichen sachen nüts beladint, in (der) statt und uff dem land, sonder
das gotswort verkündint, darzuo sy geordnet sind, und ob ir min he-
ren mit etwas artiklen beschwert, dass ir üwer biderb lüt uff dem
land beratsamind, in hoffnung, es werde üch minen herren wol so wol
erschiefsen, als der heimlich Rat üch und uns erschossen hat. 2. Dessglichen, g. l. h., ob die bim paner uns noch nit trostlicher ze hilf
weltind komen, dann wir noch spürend, und aber die im Oberland
ein anstand hinder uns gemacht ane üwer und unser gunst und willen,
und aber die fygend allenthalb nun uff uns ruckend, so müefstend
wir vilicht ouch luogen, wie wir der sach witer tetind. Haruf, g. l.
h. und obren, so ist unser früntlich pitt und beger, ir wellind som-
lichs guoter meinung von uns verstan; dann uns will bedunken, (dass)
die notdurft das erfordre, und einer loblichen statt und landschaft von
Zürich zuo langen tagen wol erschiefsen sölle.»   Zürich, A. Capp. Krieg.

Einen andern auszug hat die Actensammlung von Egli, nr. 1794; vgl. dort
nr. 1798, die etwa zum 6. Nov. gehört.

824. Nov. 6, Sihlbrücke. Hans Schalch, (hauptmann), lütiner und
gemeine knechte aus dem Thurgau an Zürich. Nachdem die landschaft diesen haufen hieher geschickt, habe man erfahren, dass die
panner von Zürich und Bern nach Bremgarten zurückgezogen, aber
nicht, aus welchen gründen dies geschehen; nun liege man hier allein,
ohne geschütz, blei und pulver; darum möchte man wissen, wie man
sich zu verhalten habe, bitte also um rat und hülfe, damit man nicht
so verlassen wäre und den proviant gar noch doppelt bezahlen müfste,
und begehre gnädige botschaft und eiligen bericht, wie die sachen
stehen, da es gefährlich scheine; dann wolle man tun, was frommen
b. leuten wohl gebühre.   Zürich, A. Capp. Krieg.

Ein etwas kürzeres, aber in den äusserungen des missfallens uber den abzug nach Bremgarten schärferes schreiben an hauptmann Göldli, mit begehren
ungehenden berichts etc., ebendort.

825. Nov. 6, nachm. 4 uhr. BM., Räte und Burger von Zürich
an hauptleute und Räte zu Bremgarten. Antwort auf ihre beschwerde

über die vorwürfe wegen des abzugs etc. Aus ihrem **mehrfachen**
schreiben erkenne man ihre gründe wohl; da man aber fort und fort
von den untertanen angerufen werde, ab dem Hirzel ein brief über
den andern komme, wie aus beiliegendem zu ersehen, und man die
verderbung der b. leute billig beherzige, so müfse man doch wohl anzeigen, was geschehe; denn sollte die « schanze » dort « fehlen », so
wäre grofser schaden zu befürchten; desshalb ermahne man die hauptleute zum allerernstlichsten, sich solche not angelegen sein zu lassen
und wege zu suchen, wie man den b. leuten genügende hülfe bringen
könnte, damit sie stand zu halten vermöchten und sich nie zu beklagen hätten. Man habe auch den Bündnern geschrieben, spüre aber
wenig eifer bei ihnen; kämen sie aber ins lager, so soll ihnen ernst-
haft gesagt werden, man habe keine stunde gesäumt, um ihnen beistand zu leisten, und dürfe kraft der bünde erwarten, dass sie sich
jetzt auch hülfreich beweisen. . . .   **Zürich, A. Capp. Krieg.**

826. Nov. 6 (Montag nach Allerheiligen), nachm. 4 uhr. **Zürich**
an die **Bündner** in **Kaltbrunnen.** Durch die am Sonntag dahier er-
schienene botschaft haben sie anerboten, sich an andere plätze weisen
zu lassen und da leib und gut für Zürich einzusetzen, was man zu
dank und gefallen angenommen. Da nun die angehörigen auf dem
Hirzel fortwährend gewarnt werden, dass der ihnen nahe stehende
feind sie zu überfallen gedenke, so begehre man ernstlich und zum
allerdringlichsten, dass sie, die Bündner, sich der ihnen mehrmals und
zwar ohne verzug geleisteten hülfe erinnern, die man auch nicht ohne
erheblichen schaden geleistet, und der mannigfach bewiesenen freundschaft und den bünden gemäfs, zur vollziehung des befehls ihrer obern
und ihrer eigenen zusagen, sofort aufbrechen, ohne verzug und aufenthalt auf dem nächsten wege nach dem Hirzel rücken, um da tapfern
beistand zu leisten, damit man spüre, dass die diesseits geleisteten
dienste nicht vergessen worden, und man hinwider ermuntert werde,
zu seiner zeit ebenso freundlichen willen zu zeigen. . . . Hierüber begehre man schleunige schriftliche antwort, um sich nach den umständen verhalten zu können. . .   **Helvetia, II. 231—233.**

827. Nov. 6 (Montag nach Allerheiligen), »uff der nacht«. **Zürich**
an **Bern.** «Ir sind villicht nuntalameer wol bericht, wie üwere, ouch
unsre lüt mit den beiden panern ungewitters und allerlei unkomlig-
keiten, ouch unwillen und verdruss halb des gmeinen mans, ab der
fygenden ertrich unz gan Bremgarten hindersich verruckt, das uns
und den unsern im Fryen Ampt, die jetz ganz blofs den fygenden erloubt und von jederman (also zuo reden) verlassen sind, zuo merklichem schaden und verderplichem abbruch reicht, und hettend wol gemeint, da sy je verrucken, (dass) sy doch uff unserm boden beliben,
sich in unsere die nechsten dörfer gelegert, damit die unsern, so jetz
jemerlich beroubet, überfallen, verjagt und (Gott und üch, unsern
christenlichen brüedern, müefs es klagt sin) zuo grundlichem verderben
gerichtet werden, etwas trosts, schirm und hilf von inen hetten mögen
haben, dass sy mit so erbärmklich um das ir kämind. Nun könnend

wir wol bekennen, dass es villicht von unwillen des volks (wegen)
also sin müefsen und im besten beschechen syg, damit sich beide läger
nit von einandern tränntind; so uns aber die unsern als vil als all
stund kläglich um hilf anschryend, und wir uns je in kraft unser
christenlichen fründschaften zuo üch, unsern vertruwten und fürgelieb-
ten fründen, genzlich vertröstend, (dass) ir üch solich elend erbarmen,
·　ouch uns und die unsern nit so gar verlassen werdent, und dann die
üwern in sölichem abzug den unsern ein versigleten zuosag getan, wo
sy durch unsere fygend einichs wegs geschediget, wellind sy sampt
uns nach höchstem irem vermögen die unsern helfen trostlich entschütten und retten als biderb lüt, welicher zuosag aber den unsern
nit volstreckt werden mag, sonder die beid züg (dwyl sich keiner gern
vom andern sündert) zuo Bremgarten liggend, und die unsern für und
für und all stund erbärmklich geschädigt und verherget werden; desshalb wir die üwern mit sampt den unsern zum höchsen vermant, wider uff unsern boden ze verrucken und die unsern fromklich und eerlich ze entschütten, und wellend üch also der biderben lüten not und
trüebsal, dessglichen der üwern obbestimpten zuosags, ouch unserer
pündten und christenlichen burkrechten, und wie gar hoch irs billich
für übel hettent, wann wir die üwern also schedigen liefsind, und so
wir es wol geweren möchtind, zuosächind, als leider den unsern beschicht, zum höchsten und ernstlichsten, was ir uns schuldig, erinnert,
ouch zum trungenlichisten, oberisten und treffenlichisten vermant uud
gebetten han, üch sölich geschrei, elend und not der unsern zuo herzen gan ze lassen und zuo bedenken, wenn sy (sc. die fyend) uns in-
getan, dass dann üwer vorteil ouch klein ist; dass wir ouch einander
vil anders getröst und zuogeseit, und also umb göttlicher, ouch unser
aller lob, eeren und wolfart willen mit den üwern by beiden panern
zuo verschaffen und sy daran ze vermögen, dass nemlich das ober
paner, so zuo Zofingen lit, uff der fygenden ertrich verrucke, uns und
den unsern damit luft mache, und die hieniden by uns widerumb gegen den fyenden von Bremgarten uff unsern boden, den unsern zuo
trost, züchind und die unsern lüt irs zuosagens understandnd zuo
retten und zuo entschütten, sich ouch gegen uns und inen ze tragen
und zuo bewysen als biderb lüt, und als die hoche, unvermidenliche
und trängende notdurft der unsern, ouch die billigkeit und christenliche liebe sölichs erfordert. Dann wo ir uns hierin willfarend, als
wir uns dess genzlichen zuo üch versechend, sind wir ungezwifelter
hoffnung, (dass) die fygend sich trennen und zuo eim christenlichen　·
eerlichen friden gar vil ee dann sunst begeben, üch, ouch uns und
allen mit eeren ab der sach geholfen, sölichs ouch zuo unser aller
gröstem nutz, eer und wolfart reichen werd ... Bitte um freundliche
eilige antwort.　　　　　　Freiburg, Diessb. Pap. (doppelt: in 2. und 3. abschrift).

828. Nov. 6. Bern an Zürich. Antwort auf das ansuchen betreffend den kornkauf im Aargau. Man habe desswegen den hauptleuten geschrieben und den amtleuten (befehlen lassen), das für die
lager nötige fleifsig zuzufuhren; damit möge sich Zürich begnügen,

denn die aus dringenden gründen getroffene und seit längerer zeit ge-
handhabte ordnung könne man nicht ohne nachteil bei seite setzen,
etc.　　　　　　　　　　　　　　　　　　　　　**Bern, Teutsch Miss. T. 212.**

829. Nov. 6. Bern an die hauptleute beim ersten panner. Zürich
habe schriftlich begehrt, dass das zweite panner die Lucerner angreife,
damit sie genötigt würden, einen geziemenden frieden anzunehmen;
darauf antworte man, wie die beilage laute, dass es nämlich auf alle
fälle gut sei, die abteilung bei Zofingen an der hand zu haben; dabei
(behalte man immerhin vor), was die hauptleute in beiden lagern unter
einander und mit den beteiligten bundesverwandten beratschlagen und
handeln werden; man bestätige auch die vollmacht, etwas anderes,
was gut und ersprießlich erscheine, anzunehmen; denn die führung
des krieges betreffend könne man keine vorschriften geben; dagegen
bleibe man bei dem gestrigen schreiben über die friedensartikel.
　　　　　　　　　　　　　　　　　　　　Bern, Teutsch Miss. T. 211, 212.
　Dasselbe an die hauptleute in Zofingen. (Im wesentlichen gleichförmig, nur
etwas kürzer).

830. Nov. 6. Bern an die hauptleute in Zofingen («letste paner»).
1. Auftrag, den Brönnisen vor gericht zu stellen, aber im fall einer
fürbitte nach gefälltem urteil zu begnadigen und eine zeit lang nur
ins halseisen zu stellen, um ihn für seine aufrührischen und gottes-
lästerlichen reden zu strafen. 2. Aus dem schreiben von dem andern
lager ersehe man, dass die hauptleute willens gewesen, mit dem panner
abzuziehen, was man aber nicht glaube; man begehre jedoch ausdrücklich, dass vor sicherm ende (des kriegs) und ohne rat der leute bei
dem ersten panner kein aufbruch getan und niemandem gestattet werde
wegzuziehen; vielmehr sollen boten nach Bremgarten geschickt und
der ausgang der dort begonnenen verhandlungen erwartet und allem,
was die abgeordneten da beschließen, nachgelebt werden, damit man
nicht nach einem abzug zu einem schimpflichen frieden genötigt werde.
　　　　　　　　　　　　　　　　　　　　Bern, Teutsch Miss. T. 208.

831. Nov. 6. Bern an die hauptleute beim ersten panner. 1. «Uss
üwerm schryben den abzug von Bliggistorf gan Bremgarten belangend,
haben wir nit mit wenig schreckens und beduurens verstanden, dass ir
von der unsern unghorsame wegen verursachet, schier mit blofsem
paner sampt dem gschütz ab der v Orten ertrich ze züchen, da dhein
wunder (gewesen), dass (wenn) üch grofs schad und schand begegnet
(wär); so es aber beschechen, so ist unser ernstlich will und begär (dann
hüttigs tags unser g. l. eidgnossen und chr. mitburger von Zürich ersam potschaft darum pittlich ersuocht, dass ir zuo Bremgarten unverruckt beharrent, den knechten by eid und eer nit wyter abzeziechen
noch von sich ze loufen gepietent, so lang unzit die sach fridlicher
oder krieglicher gestalt zuo end gebracht wirt. » 2. Erwähnung des
soeben nach Zofingen gefertigten schreibens betreffend den abzug.
　　　　　　　　　　　　　　　　　　　　Bern, Teutsch Miss. T. 210.

832. Nov. 6, Zofingen. Das zweite Berner lager an das erste.
Zu Aarburg sei die weisung gegeben, die leute, die aus dem ersten lager ohne passporten kämen, zurückzuweisen; nun melde der

vogt, dass solcher zu viele und zwar je 3—4 mit einem wagen kommen, und zwar mit dem vorwand, es sei erlaubt worden, speise oder geld zu holen; der zudrang sei so grofs, dass der vogt ihn nicht abwehren könne; dies berichte man, damit eine andere einrichtung getroffen werde, und nicht der unwille auch diesseits um sich greife.

Freiburg, Dienst. Pap.

833. Nov. 6, nachm. 2 uhr. Landammann und Rat von Toggenburg an Zürich. . . . Glarus habe eine ansehnliche botschaft gesandt und einen anstand zwischen ihnen samt den Gastelern und denen in der March zuweg gebracht, den sie hiemit in copie übermitteln. Indessen sei ihnen von verschiedenen seiten her warnung gekommen, namentlich von Constanz, wie die beiliegende schrift ausweise, dass böse anschläge vorhanden seien; darum haben die ihrigen nicht mehr im feld bleiben wollen, sondern sich entschlossen, heimzukehren und einen überfall zu verhüten; zudem sei es ihnen nicht möglich gewesen, gröfsere kosten zu tragen; auch haben die Schwyzer mit schwerer strafe gedroht, wenn sie das glück begünstigen würde. Da die V Orte viele gefangene von ihnen haben, denen sie nicht selbst helfen können, so bitten sie Zürich, sich derselben anzunehmen und im frieden zu erwirken, dass sie den Schwyzern nicht zur bestrafung verfallen. . . .

Zürich, A. Capp. Krieg.

834. Nov. 6, Chur. Niklaus Setzstab an BM. und Rat in Zürich. Schon in Rapperswyl habe er (4. d.) vernommen, dass die Toggenburger und Gotteshausleute und darnach auch die Grüninger heimgezogen, worüber er sehr erschrocken sei; in Utznach habe er niemand mehr getroffen, also seinen befehl nicht mehr ausrichten können, dann aber zu Kaltbrunnen mit den Bündnern geredet; diese haben sich entschuldigt und vorgestellt, die unterhandlung sei ihnen leid, ohne ihr wissen und willen geschehen; sie hätten übrigens bereits vier boten nach Zürich geschickt, um bericht zu geben etc. Die Gasteler, zu Benken versammelt, haben sein anbringen günstig aufgenommen und angezeigt, dass schon ein bote nach Zürich verordnet worden. Nach alldem sei er nach Chur geritten, um vorerst zu erfragen, wo und wann der nächste bundestag stattfinde; die antwort laute, auf Samstag Martini zu Davos; so müfse er leider lange warten, was er hiemit melde. . .

Zürich, A. Capp. Krieg.

835. Nov. 6. Basel an die geheimen Räte (al. Dreizehn) in Strafsburg. 1. «Euwer jüngst schriben sampt üwers geträuwen ratschlags (sic) und unsers gnomenen schadens beklagung, so wir uss herzen und freundlichem gmiet bescheen sin wissen, haben wir alles inhalts mit höchster danksagung vernomen, ouch solichen üwern getruwen rat ganz unverlangt unsern eidgnossen. euern und unsern christlichen mitburgern von Zürich und Bern (wiewol wir besorgen. (dass) es nut erschiefsen werde) zuogeschriben und tüegen uch darby ze wissen, dass beide läger (von) Zürich und Bern uf verruckten Fritag ufbrochen, hinder sich gen Bremgarten verruckt. aldo durch kön. Mt. von Frankrychs, des herzogen von Saphoi, deren von Friburg und Appenzell botschaften ferrer von einem friden oder aber durch die unseren, so der frid nit sin fürgang nemen, von einem winterläger gehandlet wirt; was dann die zyt bringen (wirt), sol (üch) unverhalten bliben. 2. Des landgrafen von Hessen .. halb ist noch nichts ankomen; sobald aber etwas, es sigen geschriften oder anders, uns überschickt, wellen wir üch das, ylents fürer haben zuo verfertigen, mit ylender botschaft zuosenden.» 3. Abschriftliche mitteilung von nachrichten aus Zürich und Bern, behufs näherer beobachtung gewisser personen und allfälliger haftnahme derselben.   **Basel. Missiven.**

836. Nov. 6 (Montag vor Martini). Solothurn an den vogt zu Dorneck. Antwort: 1. Es werde von eidg. und französischen boten zwischen den parteien gehandelt, so dass man auf (baldigen) frieden hoffe; nichts desto weniger soll an vorsorge nichts gespart werden. 2. Gerüchtweise höre man, dass das hochgericht zu Gempen gänzlich beseitigt sei, was hier unwille erwecke; man verlange nun darüber genauen bericht; der vogt soll sich selbst dahin verfügen.
       Solothurn, Miss. p. 826.

837 a. Nov. 6 (Montag vor Martini), nachmittags, Solothurn. Auf das schreiben der boten im feld und mündlichen bericht des spitalvogtes Hans Hugi, (resp. die frage), ob die knechte in dem kriege beharren sollen, weil der friede an dem 4. artikel gescheitert, und man hier jedermann freien willen lässt, wird beschlossen, den grofsen Rat auf **morgen früh** zu berufen. Vorläufige nachricht zu geben beschlossen, aber wieder verschoben.

837 b. Nov. 7 (Dienstag v. M.). Wiederholung. . . . Beschluss (mit weglassung des unerheblichen): Weil man hier des glaubens halb niemand zwingt, so kann man desswegen auch mit niemand kriegen, was auch die bünde nicht «vermögen»; den boten und dem hauptmann ist daher zu schreiben, sie mögen noch eine weile beharren, indem man hofft, der 4. artikel werde angenommen; im andern falle wäre den Bernern anzuzeigen, dass es sich nicht mehr um ihre lande und leute, sondern um den glauben handelte, dass man sich also des krieges nicht weiter beladen könnte, etc. Doch sollen sie sich so lange möglich für den frieden bemühen.   **Solothurn, Ratsb. 20, p. 462—464.**

838. Nov. 7. BM., Räte und Burger von Zürich an hauptmann Hans Schalk, lütiner, fähndrich etc. der Thurgauer an der Sihlbrücke. Antwort auf die beschwerde wegen mangel etc. Es sei desshalb eine botschaft verordnet worden, die hoffentlich so viel ausgerichtet habe, dass sie keine ursache zu klagen haben werden; man begehre demnach, dass sie für und für das beste tun, ihrem tröstlichen zusagen nachkommen und sich immerfort handlich und tapfer beweisen. . . .
       Zürich, A. Capp. Krieg.

839. Nov. 7, vormittags 9 uhr, Zürich. BM., Räte und Burger an ihre hauptleute und pannerherren zu Bremgarten. Da man von den botschaften, die gestern bei ihnen und auf dem Hirzel gewesen, vernommen dass hptm. Werdmüller mit seinem fähnchen noch nicht dahin gezogen, die dort stehenden leute aber immerfort um hülfe rufen,

so begehre man hiemit zum höchsten, dass angesichts dieses briefes
Felix von Jonen, als lieutenant statt seines vetters Werdmüller, mit
dessen fähnchen dahin abgeordnet werde, und dass die hauptleute
auch eilends berichten, ob sie dies getan, damit man « sie » versehen
könne; ... und da hptm. Aeberli mit seinen knechten zu den andern
Thurgauern am Hirzel ziehen möchte, so rate man, ihn auch zu
schicken, damit dieselben desto lieber bei Zürich bleiben; denn sollten
sie wegziehen, so sei wohl zu gedenken, was die Seeleute tun würden. ... 　　　　　　　　　　　　　　　　　　Zürich, A. Capp. Krieg.

840. Nov. 7, (vorm.?), Wädenswyl. Haus Wirz an BM. und Rat
in Zürich. Die feinde seien heute morgen mit einem grofsen haufen
durch das gericht gegen die brücke (an der Sihl) gezogen, und die
von Einsiedeln und aus den Höfen liegen ganz in der nähe; wollte
man wegziehen, so würden sie am see hinab rücken; auch haben sie
das geschütz gestellt; so lange man aber hier bleibe, werden sie nicht
wagen vorzudringen; wollten sie es doch versuchen, so würde man
auch tun, was sich gebührte. 　　　　　　　　　Zürich, A. Capp. Krieg.

841. Nov. 7, vorm. 8 uhr, Bremgarten. Hauptleute und Räte an
BM. und Rat in Zürich. Warum man dem gestrigen befehl hinauf-
zuziehen nicht entsprochen, werden die boten (Füfsli, Weber) schon
angezeigt haben. Auf den bericht, was den leuten im freien Amt begegne, und das begehren, sich nicht abzusöndern, haben die burgerstädte den vorschlag gemacht, über ein winterlager zu reden, und
zwar in Bremgarten und Mellingen, da sie es für unmöglich erachten,
ihr volk noch lang im feld zu behalten, und besorgen, dass es dieses
langsamen ratschlagens in wenigen tagen müde werde; sie bemerken
auch, dass es im Zürcher lager nicht besser stehe. Man könne nun
aber wohl ermessen, dass es keinen nutzen brächte, ein winterlager
selbst in Knonau zu schlagen. ... Die burgerstädte seien einig und
schieben alles auf Zürich; leider spüre man unter dem volk einen
grofsen unwillen. Die burgerstädte haben vorgeschlagen, 3000 mann
in das winterlager zu verordnen, um mit hülfe der Zürcher anstöfser
den feind zurückzuhalten; da man sich jedoch der sache nicht verständig genug fühle, so stelle man die ernstliche bitte und ermahnung,
zwei ratspersonen herüberzuschicken und schriftlich zu berichten, ob
man hierüber unterhandeln solle. 　　　　　　　Zürich, A. Capp Krieg.

842. Nov. 7, nachm. 1 uhr, Bremgarten. Hauptleute und Räte an
BM. und Rat in Zürich. Antwort: Man hätte hauptmann Werdmüller's fähnchen gerne an den Hirzel geschickt, dies aber bei den
Amtleuten lange nicht zuweggebracht; endlich, heute morgen, habe
hauptmann Lavater sie bei den eiden gemahnt, aufzubrechen; man
habe auch 500 mann von dem panner dazu verordnet, dabei aber
neuerdings gesehen, wie wenig volk übrig geblieben. Hauptmann
Aeberle wolle hier bleiben, und laut der beigeschlossenen missive
würden die Thurgauer, die am Hirzel liegen, dort abziehen und zum
panner rücken, wenn man sie nicht eilig ermahnte dort zu bleiben.
Ferner sei nötig nachzusehen, ob die vom Zürichsee, die man dahin

gewiesen, noch vorhanden seien. «Uns truckt ouch ... des Zollingers und siner rott unerberlich schmützen, daby wol zu ermessen, wess sy gesinnot, so sy also frävenlich und nit mit der warheit uns sölches abzugs .. verunglimpfet ...; dwil aber üch unsern herren und obern ir statt und lands lob, nutz und ere (wir) ze fürdernd pflichtig, so wellend one verziechen denen am Hirzel ein houptmann uss der statt zuoschicken; dann so sy regieren wellten, was darus werden ald wohin es reichen möcht, wellend selbs gedenken.» Die anwälte der drei Bünde haben gefragt, ob sie als schiedleute dazwischen reden sollen; man habe ihnen bemerkt, dass die V Orte schon die Solothurner, weil sie hier zu feld liegen, nicht haben hören wollen; das gleiche möchte ihnen auch geschehen; dagegen begehre man, dass sie dem ansuchen der obern entsprechen... *Zürich, A. Capp. Krieg.*

843. Nov. 7, nachm. 1 uhr. BM., Räte und Burger von Zürich an hauptleute und Räte zu Bremgarten. Die leute auf dem Hirzel haben eilends durch einen läufer angezeigt, dass sie einen baldigen überfall zu besorgen haben, den sie nicht abwehren könnten, wesshalb sie hülfe begehren oder dann einen andern herrn suchen wollen. Weil es der stadt eine ewige schande wäre, die ihrigen so zu verlassen, so mahne man hiemit die hauptleute bei eiden und ehren, ein fähnchen sofort vorauszuschicken und mit der macht nachzurücken, auch die Berner und andere aufzumahnen. — Nachschrift: Soeben komme nachricht, dass die am Hirzel abgezogen, wohin aber, wisse man nicht; desshalb eilends eilends nach Birmenstorf und gegen die stadt zu rücken. *Zürich, A. Capp. Krieg.*

844. Nov. 7, nachm. 3 uhr, eilends eilends. BM., Räte und Burger von Zürich an hauptleute und Räte zu Bremgarten. Der feind sei heute mit der macht an die Sihlbrücke gekommen, habe die dort stehenden leute vertrieben und ziehe in drei haufen nach, schleize und verderbe alles, was er am Horgerberg finde, und könne jede stunde vor der stadt erscheinen. Darum mahne man alle hauptleute etc. und ihre untergebenen bei eid und ehre, eilends und angesichts dieses briefes aufzubrechen, um stadt und land schützen zu helfen. ... *Zürich, A. Capp. Krieg.*

Den wortlaut gibt Bullinger, III. 235.

845. Nov. 7, nachm. 3 uhr. BM., Räte und Burger von Zürich an Diethelm Röist, Jörg Berger, Rudolf Kambli, Rudolf Stoll und Johannes Escher, jetzt im lager zu Bremgarten. Aus der mitgeschickten schrift werden sie sehen, dass die not nahe sei; desshalb sollen sie die leute bei dem panner ernstlich und bei eid und ehre ermahnen herbeizuziehen, da die übrigen schon bis nach Thalweil zurückgewichen, wo sie das panner zu erwarten gedenken. Dessgleichen werden die mitburger durch die beiliegenden mahnungen ersucht, tröstlich retten und schirmen zu helfen. Wenn etwa die vorigen hauptleute zögern wollten und die verordneten sähen, dass das volk zu einem andern hauptmann gröfseres zutrauen hatte, so seien sie hiemit be-

vollmächtigt, einen solchen zu ernennen, damit die leute versorgt
wären.   Zürich, A. Capp. Krieg.

846. Nov. 7 (Dienstag vor St. Martins tag), nachm. 4 uhr, eilends
eilends. «Wir BM., Rät und Burger der statt Zürich, allen unsern
hauptlüten, pannerherren, fänrichen, rottmeistern, Räten und gemeinen
knechten unser st. Z. zuosampt unsern crist. mitburgeren, wie die jetz
by den unsern mit ir eer und zeichen im feld liggend, darzuo unsern
zuogewandten und undertanen von den gemeinen herrschaften, von
welichen vogtyen ioch die jemer sigend, enbieten wir unsern gruofs
und geneigten willen. füegend üch ouch darby zuo vernemen, dass
uns unsere fygend von den fünf Orten hüt mit ir macht mit fünf panern ins land gefallen; die unsern ab dem Zürichsee von der Silbrugk
abgetriben, ouch die unsern zu Horgen und da umb schleizend und
verderbent, wie dann von allen gemeinden botten vor uns erschynen,
uns solichs mit jämerlichem herzen klagt und umb ilenden trost und
hilf angesuocht. Diewyl nun uns und den unsern die hand under
dem fass lyt, wir von unsern fygenden benötigt, an land, lüt und guot
bekrenkt und beschädiget werden, so manen wir üch all sampt und
sunders by den pünten und cristenlichen burkrechten, damit ir uns
verwandt, und die unsern, die uns zuo versprechen stand und uns
geschworen sind, by iren eiden und eeren, so hoch wir jeden zuo manen und zuo heifsen hand, dass ir angends, ilends und angesicht diss
briefs mit üwer macht ufbrächen, den nächsten uff unser statt den
fygenden entgegen züchen, uns und die unsern, ouch unser land und
lüt helfen retten, schirmen und entschütten, den fygend hindersich
heben, uns trüw und glouben leisten und sich in disen unsern nöten
bewysen wellind als fromm und biderw lüt. Dess wellent wir uns
gänzlich zuo üch alien versächen, (dass) ir uns nit verlassen, sunder
üwer geschworne pünt, eid und eer bedenken und denen geläben
werdint.»   Zürich, A. Capp. Krieg.

847 a. Nov. 7, anf. nachts. BM., Räte und Burger von Zürich an
hauptleute und Räte. «In diser stund ist unser mitrat Hans Felix
Manz, darzuo etlich unserer biderwen lüten von Meilen botschaften
vor uns erschinen und uns anzeigt, dass unsere fygend mit macht by
x^m stargk zuo Horgen und darfür nider sygend, die unsern schädigend
und verderbend, Gott müefse es im himel klagt sin. Daruf vermanen
wir üch uffs allerhöchst wir jemer können und mögend, dass ir by
eid und eer und üweren getanen pflichten, so ir statt und land schuldig sind, angesicht diss briefs mit unser eer und paner üch erhe-
bend und ilends ilends on all wyter sumen und verziechen den unsern den nächsten (weg) uff Rüeschliken zuo by tag und nacht zuo
hilf ziehen, sy retten und entschütten, ouch üweren eid und eeren
gnuogtuon wellint, als frommen lüten zuostat; dann so ir üch sumen,
ist zuo besorgen, dass es umb statt und land, darvor göttlich und
üwer hilf sin welle, getan sige. Land üch die sach zuo herzen gan,
als unser und üwer hoche notdurft das erfordert; dann es uns nie
nöter tet, und bewysend üch als die frommen.»

847 b. Nov. 7. Dieselben an Diethelm Röist, Rud. Kambli, Jörg Berger, Rud. Stoll, Joh. Escher zu Bremgarten. Auszug von obigem; sodann begehren, dass sie die hauptleute sowie die mitburger und zugewandten bei den bünden und aller treue mahnen, eilends bei tag und nacht auf Zürich zu ziehen, um es zu retten. Zürich, A. Capp. Krieg.

Entsprechend, nur weniger speciell, als mahnung an die Berner hauptleute. „Ilends ilends ilends ilends". Bern, A. Capp. Krieg.

848. Nov. 7 (Dienstag vor S. Martinstag), nachm. 10 uhr. Zürich an seine hauptleute auf dem weg nach Birmenstorf. Der feind liege so nahe bei der stadt, dass seine wachen mit den zu Rüschlikon aufgestellten an einander stofsen, und auf morgen früh ein angriff zu besorgen sei; desshalb mahne man sie nochmals zum höchsten und dringlichsten, bei ihren eiden und ehren, immer vorwärts zu rücken, um die leute zu Rüschlikon zu retten; geschähe dies nicht, so würde der feind vor die stadt kommen. « Ilend ilend, lieben getrüwen, dann es traffenlich not tuot und ist nöter tät. Bedenkend unser fromme statt und üwer fromms vatterland, dass es nit in frömbde händ müefs, das Gott ewigklich wände, und land üch die sach in trüwen angelegen sin, als unser und üwer notdurft das erfordert. » Zürich, A. Capp. Krieg.

849. Nov. 7, nachts. Heinrich Wunderlich an BM. und Rat in Zürich. « Ich enbüt üch und kund tuon (sic), wie hinacht botschaft von houptman Zolinger komen ist, zuo erfaren, wo die Pünter syent oder uszüchent, darmit sy nit verschiefsint; uff das hand die botten ir houptlüt zuo Meilan in der hab funden; da ist der Pünter meinung, morn znacht bis gen Küsnacht zuo faren mit ir(em) züg und uff üch miner herren beschend dann fürbas zuo zächen. Guedigen ir min herren, es ist die sag, dass ir min herren mit üwerem panner die biderben lüt wellint verlan, wie vor ziten beschechen ist; me ist die sag, Wedischwil und Richtischwil habint sich an unser fyent ergeben.» Zürich, A. Capp. Krieg.

Notiz des stadtschreibers: „M. Wunderlichs hüpscher brief."

850 a. Nov. 7 (Dienstag vor Martini), nachm. 3 uhr. Zürich an die Bündner im Gaster. « Wir werdent von unserem fyend in unserem land und lüten angriffen, und sind die unseren, so uff dem Hirzel gelegen, (uss) iren vorteilen ze wychen hütt geträngt worden. Und diewil wir üch gester an (den) Hirzel bescheiden, manent wir üch zum höchsten und ernstlichisten, so hoch wir üch in kraft der pündten ze manen hand, dass ir üch unser not angelegen sin lassent, ilends ufbrechent, uff Meilen an unserem see zuo truckent und hilflich syent, land und lüt (ze) schützend, rettend, schirmend, und uns glouben leistend; dess wöllend wir uns trostlich zuo üch versehen und solches um üch haben zuo beschulden in ewigkeit. » — Nachschrift: «Tuond als die frommen und (ver)lond uns nit in unseren nöten.» Helvetia, II. 255, 256.

850 b. Nov. 7 (Dienstag vor Martini), abends 10 uhr. Zürich an die Bündner (auf dem wege). « Diewyl uns der fyend mit ganzer macht und allem gwalt uff unser erdrych kommen, und sich jetz zuo

Rüeschliken und Horgen herab und da um am Zürichsee enthalte(t),
und kum ein halb myl von unserer statt ist, und dann uns in diser
stund ganz gloublich angelangt, des fyends meinung und anschlag syn,
die unseren uff morn zuo angendem tag gewaltiklich zuo überfallen,
so vermanent wir üch abermalen in kraft der bündten, zum allertref-
fenlichsten (so) wir üch ze manen hand, dass ir by jetzgemeldter pflicht
in angesicht diss briefs, on lengeres versumen, üch angends erhebent,
den nächsten uff Küsnacht zuo ilends ilends zuoziechent, doselbs üch
den nächsten hinüber(!) den see gan Rüeschliken zuo den unsern
verfüegent und üch die sach trüwlichen und ernstlichen angelegen
sin lassent; dann es nie so not tät.» Darum etc. etc.

Helvetia, II. 236, 237.

851. Nov. 7 (Dienstag vor S. Martins tag). **1.** «Als dann mine herren by der paner durch ir ersame botschaft, nemlich Peter Füeslin
und Hansen Wäber von Egk, minen herren Burgermeister, Räten und
Burgern der statt Z ü r i c h die lüterung und das meer, so gesterigs
tags des vierden artikels, nemlich des meerens halb in gemeinen vogtyen, under inen bedacht, fürhalten, sy ouch alles dess, das uns allen
daran gelegen, dass nemlich alle sach uff gemelte mine herren gespilt,
niemands zuo kriegen lustig, und wäger ein guot eigentum dann ein
bös lechen behalten, dass ouch sy m. h. von niemanden kein sundern
trost noch hilf, ouch von den iren kein gehorsamkeit habind, und dise
sach wäder an lyb noch guot zuo beharren vermögind, wie ouch den
fünf Orten von dem geistlichen hufen hilf und zuoschnob nit mangle,
und aller anderen beschwärden und unkommligkeiten, so statt und
land überlegen sin und nachteil bringen möchten, zum flyssigisten und
ernstlichesten der länge nach erinnern und berichten lassen, und daruf
ires rats und guotbedunkens, diewyl sy nützit hinder inen ze handlen
willens, und nemlich ja oder nein ze haben begert, dann sy ein tag
(oder) zwen sovil uf und nider mit einander geredt und gehandlet,
dass da nit vil mee zuo arguieren oder zuo kranglen were; so nun
gemelte m. h. nach gruntlicher erwägung alles dess, so hieruf zuo
bedenken, nit können finden, statt und land wäger und nützer ze sin,
dann dises handels mit eim friden und bericht güetlich abzuokomen,
und dann also hin und wider ze ryten und ze fragen vil kostens,
müeg, arbeit und sümniss bringt, da aber der handel kein verzug ly-
en mag, und ouch gemelte m. h. vornaher den iren im feld ein ver-
igleten gewalt zugestellt, den sy hiemit bekreftigt und bestätigt, so
aben sy umb meerer und bessern rats, ansechens, beständigkeit und
treffen willen, dem handel und uns allen zuo gnotem, diewyl sis ouch
egert hand, noch fünf mann, nemlich m. h. burgermeister Röisten,
a. Camlin, m. h. seckelmeister Bärger, Johannsen Äscher und m.
ludolf Stollen, an Hansen Zieglers statt, usgezogen und denen, dess-
lichen der iren im läger houptlüten, Räten und Burgern, vollen be-
üch und gewalt geben, mitsampt m. h. crist. mitb., wie die disem
rieg verhaft und un fäld sind, und mit irem rat, wissen und gefallen
i gemeltem vierden und allen andern artiklen, so disen friden be-
ngen und von den eerenschidluten jetz oder folgends bracht oder

fürgewändt werdend, uff das glimpflichest und eerlichest, so wyt sis
jemer bringen und erheben, dass es göttlichem wort, Gottes und m. h.
eeren und irem cristenlichen zuosagen am min(d)sten nachteilig sin
möge, on wyter fragen und hindersichlangen unz uff ein beschluss ze
handlen, ze raten, ze reden und zuo bewilligen, das sis glimpflichest,
nutzlichest und eerlichest dungkt, und sy by gemelten iren crist. mith.
und kriegshaften jeder zyt im rat findend, mit heiterem zuolass, anhang und bewilligung, so unsere fygend je uff irem sinn des meerens
und der pünten halb bestan und darab nit wychen wölten, dass sy je
nach gstalt der sach tuon und was sy nit erheben, dasselb wol fallen
lassen mögind, damit an m. h. nützit, das zuo eim zynlichen eerlichen
friden erfunden werden dienstlich und erschiefslich sin möge, erwinde
noch zerschlahe, diewyl doch aller last uff inen liggen will. 2. Des
artikels der pünten halb, als man meinen will, dass sy uns villicht
an die heiligen ze schweren wysen oder ouch in kraft des vorbehalts
des Stuols ze Rom zuo erhaltung des bapstums nöten, mögend m. h.
obgemelt den schidlüten m. h. beschwärd, was sy darin trugkt, wol
anzeigen, dass man sy daran nit gefaaren wölte, doch alles wie vorstat, was sy nit erheben, dass sy das wol fallen lassen und das an
dhand nemend, das sy erheben mögend. — Doch so gefallt m. h.
dass mans den Thurgöweren und anderen gemeinen herrschaften, so
vil deren noch im feld sind, des meerens halb fürhalte und lose, was
sy darzuo sagind, damit mans allweg dest bas zuo verantwurten habe.
— Des anstands halb uff vier tag lassends mine herren by der an-
sechung und antwurt der iren im feld, wie sis den schidlüten heimgestellt, belyben. »   Zürich, A. Capp. Krieg.

852. Nov. 7 (Dienstag nach Allerheiligen), vormittags 6 uhr, (Wyl).
Hans Konrad Escher, verwalter der hauptmannschaft, und der Landrat des gotteshauses St. Gallen an Zürich. Die gemeinden Ober-
und Nieder-Stammheim, Basadingen, Guntalingen und Züniken (?) wollen die eingesammelten korn- und haber-zehnten, die dem Gotteshaus
gehören, zurückbehalten, für ihre reismannschaft verwenden und zu
seiner zeit «vielleicht» wiedergeben. Das finde man befremdlich, da
(die Gotteshausleute) mit viel gröfseren kosten als sie im felde liegen,
für deren bestreitung man keine andere quellen kenne. Gemäfs dem
jüngst durch gesandte gestellten begehren bitte man jetzt untertänig,
freundlich und ernstlich, die von Stammheim etc. abzuweisen; sonst
wüsste man sich nicht anders zu helfen als mit gleichem verfahren
gegen diejenigen, welche zehnten in des Gotteshauses landschaft haben,
was mehr unwillen als freundschaft bringen würde, etc.
         Zürich, A. Abtei St. Gallen.

853. (Nov. c. 7), (Altstätten?). Hans Vogler an Hieronymus Schobinger, statthalter zu St. Gallen, oder hauptmann Escher. In dieser
stunde erhalte er von einer vertrauten person schriftliche warnung,
dass die V Orte, auf anstiftung Balzenheimers und anderer, die Toggenburger auf morgen Mittwoch bei einer landsgemeinde durch boten
von Schwyz und Glarus zum abfall von Zürich verlocken wollen, indem

sie ihnen zusagen würden, auch wenn sie nur still säfsen, alles zu
verzeihen und die erkauften gerechtigkeiten ihnen zu lassen; es seien
auch unzweifelhaft besiegelte briefe desshalb ins Toggenburg gekommen. Auch bei den Gotteshausleuten werden sie dieses versuchen,
indem sie den entlassenen gefangenen briefe an gewisse personen übergeben haben könnten. Dies zu eiligem bericht nach Zürich. . . .

Zürich, A. Capp. Krieg.

854. Nov. 7. Basel an Zürich (auch Bern). 1. Die fuhrleute
von Baden, die hier durch in das Elsafs fahren, beschweren sich, dass
der abzug (der beiden panner) der stadt Baden gelte, die eingenommen
werden solle, wie es zu Luggarus mit den «unsern» gegangen. Man
finde dies sehr befremdlich, da man von einem solchen anschlage nichts
wisse und nun zu erwarten sei, dass die stadt sich zur gegenwehr
schicken werde; wenn also Zürich einen solchen plan hätte, so möge
es stiller handeln, damit es desto weniger misslänge. 2. Mitteilung
der copie eines eben eingegangenen schreibens von den zusätzern in
Luggarus . . (vgl. nr. 856).

Zürich, A. Capp. Krieg.

Am 8. Nov. abends von Bern abschriftlich in die lager geschickt mit begleitbrief.

Freiburg, Diessb. Pap.

855. Nov. 7, vorm. 10 uhr. Constanz an Zürich. Da sich
allerlei schwere sachen zutragen, so habe man sich mit Ulm verständigt, von Zürich bis dorthin eine post zu halten, bitte also, den zeiger
dies, Hans Kölli, in der stadt liegen zu lassen und ihm jeweilen zu
melden, was in den angelegenheiten der evangelischen städte etc. begegne; hinwider werde man auch berichten, was man hier erfahre.
So höre man in dieser stunde, dass das jetzt angeworbene kriegsvolk,
das nach Köln beschieden sei, wider den landgrafen von Hessen und
dann gegen alle seine anhänger gebraucht werden solle; desshalb sei
um so nötiger zu wissen, wie es hier oben stehe.... Zürich, A. Capp. Krieg.

856. Nov. 7, Zofingen. Das zweite Berner lager an das erste.
«Nachdem uns ansicht, dass der handel des fridens sich verlengen,
und wir schier besorgen, dass nit vil darus werden will, hierumb uns
gemeint wäre, wo ir achten, dass der friden sich stutzen, und sömlichs üch ouch für fruchtbar ansechen wirt, dass ein ansechen geschechen (sölt), und (dass!) wir für Baden geruckt wärend, dasselbig belägert und ingenomen hettend, (und luogen), ob wir demnach zuo besserer rachtung komen möchten; was üch desshalb gefellig, sönd ir
uns ílents in geheimd bescheiden.»

Freiburg, Diessb. Pap.

857. Nov. 7 (Dienstag vor Martini), nachts, Bremgarten. Bernhard
Tillmann an den seckel(amts)schreiber von Bern, Eberhard von Rümlang, jetzt feldschreiber zu Zofingen. Da hier die gröfste not sei, so
gedenke er jetzt da zu bleiben, und ersuche, den hauptmann von Erlach davon zu benachrichtigen, der es ihm hoffentlich nicht zürnen
werde. Folgt auftrag zur übersendung von harnisch, schlinge (?), halbarte etc. Er hoffe übrigens, bald das zweite banner hier zu sehen,
etc.

Bern, A. Capp. Krieg.

Beigeheftet ein zeddel mit detail zum auftrag, der noch ergänzt wird: «vergüss(ent) der laternen nit.»

858. **Nov. 7** (Dienstag vor Martini), vorm. 9 uhr. Solothurn an
seine gesandten etc. 1. Antwort auf ihren schriftlichen und mündlichen bericht über die von den V Orten geforderten artikel. Dass die
drei ersten von Zürich und Bern bewilligt worden, sehe man gern;
da aber am 4., der die gemeinen vogteien berühre, der frieden zu
scheitern drohe, so habe man sich darüber ernstlich beraten und begehre nun, dass dem hauptmann der Berner vorgestellt werde, wie
man diesseits zum aufbruch gekommen ...; da nun land und leute
nicht mehr in frage stehen, sondern einzig der glaube, und die V Orte
darin jedermann frei wollen bleiben lassen, so erinnere man daran,
dass solches diesseits für stadt und land auch gelte; desshalb könne
man um den glauben mit niemandem kriegen und etwa dazu verhelfen, die freiheit, die man selbst geniefse, jemandem abzustricken.
Darum möchte man die Berner zum höchsten ermahnen, dieses artikels wegen den frieden nicht scheitern zu lassen. ... Jedenfalls sei
man hier entschlossen, sich des krieges nicht weiter anzunehmen, sofern es sich blofs darum handle, und wenn sich der friede zerschlüge,
sich zurückzuziehen; falls aber Bern an seinem gebiet geschädigt werden sollte, werde man pflichtgemäfs zu ihm stehen. ... 2. Wenn die
boten es für gut erachten, mögen sie diesen brief vor den Bernern
verlesen; käme der friede nicht (alsbald) zu stande, so sollen sie auf
Berner gebiet zurückgehen, jedoch noch 1—2 tage beharren, um nicht
anlass zu einem allgemeinen abzug zu geben. Von einem winterlager
u. dgl. wolle man nichts wissen. Solothurn, Miss. p. 828—830.

859. **Nov. 7** (Dienstag vor Martini), vorm. um 4 uhr, Menzingen.
Hauptleute und Räte der an den Horgerberg abgeordneten mannschaft
der V Orte an die hauptleute zu Inwyl. Dank für die gegebene lehre
und warnung, und antwort auf den tadel des allzu langen verzugs.
«Ist aber uns ... nit möglich gsin, ee fürzuofaren, ursach des langsamen nachzüchens unser zuoverordneten knechten. Ouch sind wir
bericht, dass nun der pass, so wir vermeint zuo treffen, verfällt, versperrt und uns abgestrickt, also dass wir nit daselbs über, sunder
dem Wädischwyler stäg zuo züchen, dass wir angends tags da syend;
so dann werden ouch die unsern von Höfen ander syt ouch uff gemelt zyt da syn, und dorum, dwyl und uns nit will bedunken noch
so vil in der handlung der schidlüten begriffen sin, dass es üt fruchtbars bring, wellend wir im namen Gotts des allmächtigen ... dem
anschlag jetz gemelt nachkomen und hinüber zuo züchen fürnemen.»
Empfehlung zu gutem aufsehen etc. Lucern, A. Religionshändel.

860. **Nov. 7** (Dienstag vor Martini). Inwyl. Hauptmann etc. (von
Lucern) an Statthalter und Rat. 1. «Uff gestern sind etwa by drytusent knechten der unsern bis gan Menzigen gezogen des willens,
etlich so zuo Horgen liggend, uszuonemen; in dem sind in der nacht
die schidlüt kommen und an uns begert stillzestan und nützit unfründlichs anzuofachen; nachdem sy aber noch nützit gebracht, das zuo
fride dienstlich, haben wir denen, so gan Horgen wollten, solichs zuogeschriben (und) inen die wal geben, harin ze tuon das so inen ge-

ällig. Uff das sind si hüt früe fürgefaren; was (nun) da gehandlet
ind sich zuotragen wirt, wöllen wir demnach angends berichten.
!. Item, als die von Dagmersellen schriben, ir kuecht fast hinweg ge-
affen sin, und soferr etlich by uns wären, dieselben wider hinuber
:uo inen zuo bescheiden etc., wöllen wir üch nit bergen, dass by uns
noch nit vil kuechten sind; wol ist nit ane, wir haben etlichen Wil-
isowern und Münster(er)n erloubt, jedoch dass si sich zuo dem and-
en zug fuoglen; also vernemen wir, dass weder wir noch sy kuecht
aben, das uns beduret. 3. Sodenne langt an üch unser ernstlich begere, dass ir uns by dem nächsten bolten so harkompt, gelt schicken,
ann wir es haben müefsen, wann wir den Wallisern, Wälschen und
unsern Aemtern fürsetzen müefsen, und als ir dann vormalen geschriben, (dass) vogt am Len uns brot gelt losen (söllt), dass wir nit wyer bedörftend, (so) wüssend dass sölichs gar nützit erschiefsen mag·...

Lucern. A. Religionshändel.

861. Nov. 7 (Dienstag vor Martini), «um die viert stund». L u c e r n
in hauptmann, pannerherr und Räte zu Inwyl. 1. «Uewer schryben
uns getan, des datum wyset uf hüt Zinstags vor Martini, haben wir
empfangen, in wölchem ir meldent die teilung, so ir hinüber gan Men-
ongen getan, etlich so zuo Horgen liggen, ze besuochen etc. Wöllo
uns Gott und sin liebe Muoter hilf zuosenden, dann wir allwegen wol
bedacht, sy zächent nit ab ane argenlist; darum ist guot sorg ze haben
und sich der schidlüten nit ze vil (zuo) trosten; doch was uch harin
begegnet, das wöllen uns by tag und nacht zuo wüssen tuon. 2. Dero
halb so zuo Dammersellen liggen, lassent üch dismals nüts irren;
dann wir in alle ämpter geschriben, dass alle die, so von inen gezogen, by tag und nacht, by eid und eeren wider zuo inen ziechen sollent; dessglych ist unser meinung, welche von üch abtretten, uns dess
ze berichten, wöllen wir glycher wys handlen. 3. Zum dritten, als
ir uns schrybent um gelt, haben wir einandern erkonnet und insunders
unsern seckelmeister; da will mangel sin, wiewol er uch ein klein-
eg summ zuoschickt, so ist doch der seckel leer. Hierum ist an
üch unser beger, dass ir üch by dem züg erkondent, dass jeder dem
andern fürsetze, bis wir wyter kommen mögent, dann wir (als ir
wüssent) dhein münzer habent; (so) hetten wir uns des Fruonzen gelts
tröst, da gibt uns ouch niemant dhein antwurt. Hetten wir ein
münzer, so wurden wir angryfen alles das so wir vermöchten. 4. Wyer so wüssend dass wir so grofsen mangel habent an salz, dass es
ein grofs gotts erbärmd ist, und als ir uns anzöigt an unser eidgnossen
von Uri, haben wir ein eignen botten dahin geschickt, und was sy uns
schriftlich geantwurt, schickent wir üch zuo»..... 5. N a c h s c h r i f t :
«Der summ des gelts, so üch diser bott geben wirt, sind iij kronen,
dran hand vor guot.»

Lucern, A. Capp. Krieg.

862. Nov. 7 (Dienstag nach Allerheiligen), abends, Bellenz. Jacob
eer, landvogt zu Lauis, an die houptleute der V Orte. «Diser stund
id mir dis brief von Meiland zuokon, hoff es sien märi, die üch ..
erden gefallen; denn als mir anzöigt wirt, erbüt sich der Papst, uch

hilf ze tuon mit lüt und gelt. Dabi .. so begert der herr von Werelan, dass man im die rodel zuo well schicken, so man mit den Ita-
liänern ufrichten wirt; denn ich han inen jetlichem houptmann und
geschwader allweg etwas summ an gelt daruf gen, wie ich üch .. bi
jedem (sic) rott oder houptman zuogeschriben han; (nu) begert er, so
ir si da uss mustrend, dass man im oder mir die rödel zuoschick,
damit nieman betrogen oder ze kurz beschech. Witer .. so ist dem
comissari von Belletz geschriben, die knecht abzestellen, und ist mir
nüt geschriben, und aber vor mir geschriben und befolen, knecht an-
zene(me)n und ushin ze fergen, das ich nach mim besten vermügen
getan und inen vil daruf gen; bitt ich üch .. um bescheid, was ich
tuon und lan söll, damit üch durch mich nüt versumt werd; denn
mich dücht das gwüsser und besser, dass man nit abschlüeg, wer
uns ze hilf kon wöllt, bis man den friden gewüss in der hand het,
denn man villicht list suochen möcht, damit man söliche hilf jetzund
üch abwandte *.... Bitte um schleunigen bescheid, etc.

Lucern, A. Religionshändel.

863. Nov. 7 (Dienstag vor Martini), Leuk. Bischof, Hauptmann und,
Landrat von Wallis an Freiburg. Antwort: (da) « möchten wir
lyden, dass die krieglich ufruor (doch an(e) wyter verletzung des h:
gloubens) wol betragen wär; wir besorgen aber, ob schon die miss-
glöubigen ein mal darzuo verwilligen, wie vormalen beschechen, damit
aber der züg zertrennt werde, der gestalt und keiner anderer uns versechen, ir zuosag doch nit halten etc. Wir habent ouch diser zyt
kein ander mär, denn dass sich die fygent beklagent, iij tusent man,
xxvj stuck büchsen und v fendlin in der letzten nachtschlacht (am
Gubel) verloren haben. Was aber wyter begegnet, werden wir ü. g.
w. nit verhalten; es habent ouch unser und ü(wer) lieb mitburger und
landlüt von v Orten uns brief zuogesandt, wölche wir hiemit ü. w.
überantwurten *...

Freiburg, A. Wallis.

864. Nov. 7 (Dienstag vor Martini). Abt Diethelm (von St. Gallen)
an die hauptleute, pannerherren und kriegsräte von Lucern und
Schwyz. « Unser unverdrossen willig dienst, etc. etc. Wiewol wir
vermeint uff den grofsen schaden, so unsere gottshuslüt, ouch die grafschafter und ander von ewer fromm(en) wyshait und irn cristenlichen
mitaidgnossen bishar empfangen und erlitten, sich die selbigen zuo er-
kanntnus der grechtigkait widerumb gewendt und die untrüw verfüerung dero von Zürich ersechen und begriffen, dass sy dardurch ursach
genomen, sich gegen ewer f. w. umb gnad zuo bewerben, und nit
als irn herren zuo erkennen; nünts dester weniger uff dero von Zürich und der redlinfüerer unbestendig fürgeben sind sy also bis anher
wider ewer f. w. wie ander zuo feld gelegen, doch der mertail, als
wir vernomen, nit mit willen; dann sy solchs under inen selbs nit
verhaimlichen mögen, sonder, als uns jetz dickermal fürkomen, begar-
ten sy gern der gnaden und ruowen, so men jendert darzuo geholfen
werden möchte. Diewyl wir nu semlchs und fürnemlichen dass ain
grofser unwill allenthalben under inen erwachsen ist, verstanden, ouch

ir darnebent mit höchster begird genaigt wären, ewer fromm(en) rysbait die unsern und ouch ander, so jetz wider sy im feld ligent, bwendig ze machen, dadurch sy ussem feld und von den(en) von Zürich fielen, bedunkt uns nit unfruchtbarlich sin, wanne wir unsern gottshuslüten und denen uss der grafschaft jetz früntlichen geschriben hetten, uff den grofsen verlurst, kost und schaden, so sy von ewer f. w. empfangen und sonders zwyfels noch füran, so si nit abston, schädlicher erholen möchten, dass sy dann sölichs angesechen und ferner(s) zuo vermiden sich gegen ewer f. w. und irn cristenlichen mitaidguossen keren und der gnaden und zimlicher straf begeren sölen, wellten wir, so sy uns als irn herren erkanuten, sy ouch in gnäliger straf halten und ewer f. w. von irtwegen ouch zum früntlicheten anrüefen und pitten, wie dann sölche mainung wol zuo vergrifen wäre etc. Alldiewyl wir uns aber semlichs schribens on üwer vorwüssen und billichen nit underwinden wellen, und aber darus, dass sy von denen von Zürich wider abfallen und glicher gestalt ander abwendig machen möchten, wol zuo verhoffen wäre, darumb so gelangt an ewer f. w. als unser schutz und schirmherren unser pitt und begeren, uns dess wegen schriftlichen zuo verständigen, ob und welchermafsen wir semlich schriben tuon söllint ald nit; dann was uns von dero in dem und anderm ze tuon ghaifsen und befolchen wirt, wend wir mit sondern genaigten willen gern tuon und volstrecken, ouch fürnemlichen Gott den allmächtigen und sin liebe muoter Maria demüetiklich anrüefen und pitten, ewer f. w. und dero mithelfer fürterhin wie bishar irs cristenlichen begerens, glücklichen sigs und oberhand zuo verlichen, als uns ganz nit zwyfelt; dann je wir zuo wider inkommen des unsern all unser trost und hoffnung zuo ewer f. w. tragen und sunst niemands anderm »...   *Lucern, Missiven.*

865. Nov. 7 (Dienstag vor St. Martins tag), Villingen. Priorin und convent von St. Katharinental bei Diefsenhofen an die V Orte. »Gestrengen edlen etc. etc. Wir füegend üch ze wissen, dass uns von ganzem herzen wunderet, wie es üch gang, denn wir sorg hand für üch als für uns selbs; doch hand wir guot fründ, die schribend uns von üwerm handel vil guots, lob und eer von üch; gott hab lob, der die sinen nit verlat, die ir hoffnung in in setzend. Ir söllend ouch wissen, wo es üch nach üwerm willen gat, dass es uns ain besundere grofse fröd ist von üch ze hören, ouch nit unbillich, denn wir wol erkennend, dass ir uns vätterlich und vil guots bewisen hand; darum und wir üch brief und sigel wellen halten; wir hand ouch nit von üch wellen fallen; darum hand wir uns wol und we lassen geschehen; wir sind ouch e von hus und hof gangen und zühend im elend um, wie die elenden bilgeri, unser noch xxj frowen. Wir hand ain frowen zuo Engen verloren, die het unser Herr zuo im genummen. Noch thend wir also mit a(i)nandren um, daby ir sehind, dass wir nit äwlos an gott und an üch wellind sin. Wir bittend ouch gott und sin wirdigen muoter, ouch all hailgen und engel und die lieben seelen ellich und erustlich für üch, dass sy üch gebind und erwerbind kraft

und macht, ouch wishait und vernunft und uch helfind striten wider
üweri figend, darmit der cristenlich gloub erhalten werd, und ir und
mir zuo frid und ruowen kumend; denn wir wol möchtind liden, dass
unser Herr ain benüegen an uns hett; uns facht an gar übel haim-
belaugen. Wir fuegend üch ouch ze wissen, dass wir von Engen us
dem Hegow hand müefsen wichen, des sterben(t)s halb, und het uns
unser gnediger herr graf Jerg von Lupfen mit samt der ritterschaft
im Hegöw jetz verordnet gen Vilingen; da sind wir in Sant Antonius
hus und sind herkumen uff Donstag vor Sant Simon und Judas tag.
Wir fuegend üch ouch ze wissen, dass unser gnädiger herr von Lupfen,
ouch die ganz ritterschaft im Hegow so vil eren und guots uns alles
hand bewisen, dass wir es numan nie verdienen könnend. Hiermit
bittend wir üch hoch und trungenlich, als unser getrüwen schirmherren und vätter, dass ir unser nit vergessen wellind und unser ingedenk wellind sin, wo ir zuosamen kumend, da(ss) es uns zuo guotem
erschüfsen mög, und lond üch uns allzit in trüwen befolen sin, ist
üch ienen müglich, so schribend uns wider. Darmit befelend wir üch
in den schirm der hailgen drifaltigkait, ouch der muoter gotts und
aller engel und hailgen, die wellind üch bewaren.» — Nachschrift:
«Uns ist fürkummen, Jacob Stocker und der Schönbrunner sigind um-
kummen; darum land uns wissen, wie es um sy stand; wir hoffend
zuo Gott, es sig nit war.»   Lucern, A. Thurgau.

866. Nov. 8, vorm. 9 uhr, Bremgarten. BM. Diethelm Röist und
andere boten an BM. und Rat in Zürich. Sie haben die Berner
noch nicht «anbringen» mogen; auf die ernstliche mahnung haben
aber dieselben versprochen, heute Räte und Burger zu besammeln,
deren antwort man noch gewärtige; die von St. Gallen und Bischofzell werden bald in Zürich eintreffen... Man säume hier etwas länger,
in der hoffnung, die Berner aufzubringen..., wolle aber bald erscheinen.   Zürich, A. Capp. Krieg.

867. Nov. 8, morgens 5 uhr, Rüschlikon. Felix Manz und Ulrich
Stolz an BM. und Rat in Zürich. Die feinde seien nicht mehr zu
Horgen, sondern auf dem berg gelagert. Man höre nun so viel klagen
über hptm. Lavater und Jorg Göldlin, dass dieselben hier kaum sicher
wären.   Zürich, A. Capp. Krieg.

868. Nov. 8, vorm. 10 uhr. BM., Räte und Burger von Zürich
an Hans Felix Manz und m. Ulrich Stolz im lager zu Rüschlikon.
Man bedaure wahrlich, dass sich die leute in dieser not eines solchen
unwillens gegen die hauptleute anmafsen; desshalb sollen die beiden
vor die gemeinde treten, sie zum dringlichsten und höchsten bitten
und mahnen..., sich jetzt im namen Gottes ruhig zu verhalten, der
obrigkeit zu gefallen ihren verdacht fahren zu lassen und allfällige
klagen zu anderer zeit anzubringen, wenn diese not ein ende habe,...
wo man dann gebührlich handeln werde, da die hauptleute sich selbst
zum recht erbieten...; desshalb hoffe man auf eine gute schriftliche
antwort...; sollten aber die leute auf ihrem unwillen verharren,
soll dies eilends schriftlich gemeldet werden, damit man sich weit...

entschliefsen könnte. — Vor schluss dieses briefes sei der läufer, der dem Berner hauptmann die mahnung überbracht, zurückgekehrt mit der nachricht, dass derselbe sofort aufbrechen wolle; dies zur anzeige an das volk, um es damit zu trösten. . . *Zürich, A. Capp. Krieg.*

869. Nov. 8, vorm. 10 uhr, Rüschlikon. Felix Manz und m. Stolz **an BM.** und Rat in Zürich. Sie möchten gern vernehmen, ob die **Berner** im sinne haben, hülfe zu leisten oder nicht; wenn ja, so wäre zu wünschen, dass sie auf Cappel zögen, da auf dieser seite schon genug volk sei, und dass man, sobald die Berner nahe genug wären, dem feind entgegenrückte. . . Man habe übrigens gute kundschaft, dass derselbe wieder in das lager zurückgezogen sei. Die Thurgauer begehren die ordonnanz, um sie zu beschwören, und wenn ein sturm ins Thurgau ergangen wäre, so sollte derselbe abbestellt werden, da schon leute genug da seien. *Zürich, A. Capp. Krieg.*

870. Nov. 8, Rüschlikon. Manz und Stolz an BM. und Rat in Zürich. Da sie erfahren, dass die Berner wirklich herbeiziehen, so möchte man wünschen, dass ihnen geschrieben würde, sie sollten nach Cappel rücken, da hier volk genug sei; dann wolle man einen anschlag machen, wie «ihm zu tun sei». Bitte, die post wohl zu versehen. *Zürich, A. Capp. Krieg.*

871. Nov. 8, nachm. 3 uhr. BM., Räte und Burger von Zürich an Diethelm Röist und die andern boten zu Bremgarten. Da in dieser stunde ein grofser lärm gegen die stadt ergehe, dass der feind und die zu Rüschlikon abermals an einander seien, und es um die stadt und alles geschehen wäre, wenn jetzt noch einmal etwas misslingen sollte, so sollen die boten die Berner (denen hierüber auch geschrieben werde) und andere verwandte abermals zum teuersten ermahnen, ihren zusagen gemäfs eilends hieher zu ziehen, etc. etc. — Nachtrag: Der lärm scheine nun allein in der absicht gemacht zu sein, um die knechte aus der stadt zu bringen. *Zürich, A. Capp. Krieg.*

872. Nov. 8, 7 uhr nachts, (Rüschlikon). Felix Manz und (Hans) Steiner von Pfungen an BM. und Rat in Zürich. 1. Sie müfsen ernstlich bitten, sie beförderlich mit hauptleuten zu versehen, mit denen alle versorgt wären, und weitern bescheid zu geben; denn der feind liege nahe, nämlich bei Morschwand diesseit der Sihlbrücke... 2. Die feinde, die zu Rifferswyl geplündert, seien wieder in ihr lager bei Baar zurückgekehrt. Man habe zwei gefangene von Zug, die aber wenig anzeigen wollen... *Zürich, A. Capp. Krieg.*

873. Nov. 8 (Mittwoch vor S. Martins tag), abends 7 uhr, Thalweil. Hauptleute und Räte an BM. und Rat in Zürich. Antwort auf ihr schreiben betreffend den unwillen gegen hptm. Lavater und hptm. «Göldi», deren erbieten, jedermann recht zu gestatten, doch ganz billig scheine. Man sei durch nachrichten von einer bewegung des feindes verhindert worden, darüber zu beraten, bis man zu Thalweil das lager bezogen; dann habe man aber Räte und Burger befragt und sich entschlossen, um der ruhe willen, wie auch die obrigkeit meine, die sache nicht vor den gemeinen mann zu bringen, sondern vorerst

dem hauptmann Zeller und seinen rottmeistern, von denen die gröfsten klagen kommen, und dann den übrigen zu empfehlen, dass sie bis
zu ende der wichtigern geschäfte die sache ruhen lassen und sich mit
dem rechtbieten begnügen. . .   **Zürich, A. Capp. Krieg.**

874. Nov. 8, 8. stunde (?). Die von Hedingen, Bonstetten und Stal-
likon an die herren von Zürich. Antwort auf ihr schreiben: Es
wäre jetzt nicht gut auszurücken, da die feinde sich im Amt immer
weiter verbreiten und rauben. Nachdem sie dem Jacob Stocker und
seinen söhnen einen pelzrock und ein ross «abgejäukt», habe er
durch eine frau ansagen lassen, er werde die häuser verbrennen. Sie
wollen bei einander bleiben und weitere befehle erwarten; ihre zusage
wollen sie treulich halten, wiewohl sie gemeint hätten, vom Albis her
hätten sie den feind wohl abwehren können. . .   **Zürich, A. Capp. Krieg.**

875. Nov. 8 f., (Zürich). Zwei bei dem überfall am Hirzel gefangene
von Unterwalden und Lucern, die zu Horgen sich verspätet, weil sie,
von den weibern um schutz gegen die gefürchteten Wälschen angerufen, ihnen behülflich gewesen, geben die zahl des ganzen haufens
auf etwa 4000 an (drei wälsche «fähnchen», mit viel geschütz etc.).
          Zürich, A. Capp. Krieg.

876. (Nov. c. 8 f.), Zürich. Verhör mit zwei gefangenen von Zug:
Jacob Tischmacher, Stoffel Brandenberg. . . . «Des überfals halben, so
an der Silbrugg beschechen, sagt er (B.), dass sy mit vier weltschen
fendlin sampt dem von Einsidlen durch des schaffners von Wädischwil
gericht über ein stig gegen der Silbruggen zuo (zogen), da sy die unsern uff der höchi gesehen; aber sy zugent ab; do fuorent sy mit
dem züg nachin und ein wenig den berg nider; da kemen brief us
dem läger, und mante man sy heimb, und sygent iren mitsampt denen
jensit der Rüfs, dären xv°, by iiij° mannen stargk gesin, und wüsse
von dheinem andern anschlag, dann wo sy die unsern beträtten, hetten sys geschlagen. . . Der spys halb, wo sy jemerdar ze essen nämind,
sagt er, vor und ee man den krieg angefangen, habe man den puren
allenthalben gebotten, die zechenden ze tröschen; darus haben sy sich
bisshar beholfen; aber jetz sygent sy fast geräch. Der zeichen halb
sygend by inen iiij Wallisser und iiij weltsche fendli. Sygend keiner
hilf jetzmal meer wartent. Item die v Ort haben by iiij° gfangner.
Die gefangnen hand geseit, dass der gemein man von Ländern fast
unlustig und schlechtlich die (sic) meinung syge, wenn unser eidgnossen von Bern mit dem andern paner uff die Lucerner trugken, dass
niemand meer im lager belyben, sonder jederman heimbloufen wurde.
Die Länder haben noch grofse vertröstung uff den Keiser. »
          Zürich, A. Capp. Krieg.

877. Nov. 8 (Mittwoch vor Martini), eilends (fünfmal!). Zürich an
die Bündner (auf dem weg über Stäfa etc.). «Wir achtent wol, ir
(habent) nundalane durch unser an üch ergangne manbrief so vil er-
lernt, dass ir uff unser anligende not so vil verursachet, dass ir üch
nit sparen werdint, den unsern und uns zuo trost und hilf ilends by
tag und nacht strengklich zuoziechen und uwer lyb und guot zuo uns

nit dest minder wöllent wir üch abermals erinneren, dass der
ch mit aller macht unz uff ein halbe myl wyt von unser statt
ebsee gelegt, die unseren ganz gewaltigklich geschedigt, das
zenommen, ouch des willens ist, (das) fürer ze tuon. Und
vir des fyends halb gänzlich belästigt, so vermanent wir üch
m, nach lut und sag üwer und unser geschwornen bündten, zum
/isten, treffenlichisten und höchsten wir üch ienen ze manen
d vermanen könnent, dass ir ilends ufbrechent, wo das (noch)
lechen, (dess wir aber uns nit versechent), hinab gan Küss-
renklich one alles verziechen und do dannen üch hinüber den
Rüeschliken zuo den unseren verfüegent und die unseren, die
fyenden schwerlich beladen, rettent, schützent und schirment,
guot trostlich zuo inen setzent und üch bewysent und erzei-
iss wir befinden mögent, ir, wie dann wir in üweren nöten
ganz begirig, uns vor schand und schaden ze retten. Darum
nt üch die sach in trüwen angelegen syn lassen und üch nit
sonder tuon als die biderben. • Helvetia, II. 257, 258.

ov. 8 (Mittwoch vor Martini). Zürich an die Bündner.
mn wir üch jetz zuo vilmalen treffenlich den unseren zuoze-
gemant und sonderlich jüngst üch gan Küsnacht bescheiden,
an üch nochmalen unser früntlich bitt und begeren, manent
h zum höchsten, als wir üch ze manen hand, dass ir angends
einichen wytern verzug üch zuo schiff hinüber gan Rüeschli-
wir uns jetz enthaltent, fertigen lassent, damit wir mit der
es unseren fyend hindersich zuoruck tryben mögent; dann die
üwerer hilf notdürftig sind. Bewysent üch harin nach unserm
m; stat uns umb üch in ewigkeit zuo verdienen. • — Nach-
• Unser paner ist jetz ouch uff den füefsen, mit macht den
zuozeziechen; (das) wöllent wir üch nit verhalten. •
Helvetia, II. 268.

ov. 8, mittags. Bern an Zürich. Antwort auf das mahn-
n vom letzten Montag (6.). Da der kleinste teil der Räte und
daheim sei und die bei den pannern vollmacht haben, nach
en zu handeln, was unser aller lob und wohlstand erheische,
e man ihnen die sache anheim); • wir vertruwen ouch und
sy mit wysheit und fromkeit dermafs begabet, dass sy nützit
dann so unsern eren, nutz und frommen fürderlich, als biderb
enemen und als wit ir vermögen reicht, ze tuond willens;
ir fürohin, was üch angelägen, dasselbig den unsern by unden pannern fürtragen, zuoschriben und irs willens darüber
, mögent • ... Bern. Teutsch Miss. T. 214. Zürich, A. Capp. Krieg.

ov. 8. Bern an Freiburg. Die boten beider städte haben
letzten zusammenkunft in Grandson beschlossen, dass die
vo sie abgestellt worden, nicht wieder aufgerichtet, und wo
sswort angenommen, die messe mit ihrem anhang nicht mehr
en sei, bis nach vollendung des krieges ein definitiver austrag
werde. Diesem abschied werde nun nicht nachgelebt, son-

dern an orten, wo die messe mit dem mehr oder sonst beseitigt gewesen, dieselbe wieder eingeführt, was man um so mehr bedaure, als
man auf Freiburgs ansuchen bewilligt habe, Farel da wegzunehmen.
Man bitte nun freundlich, dem vogt zu Grandson, wie man es auch
getan, zu schreiben, es solle der abschied bis auf die ankunft der boten gehalten werden. **Bern. Teutsch Miss. T. 217. Freiburg, A. Geistl. Sachen.**

881 a. Nov. 8, abends. Bern an Basel. Antwort: Man wisse
zwar von keinem anschlag, Baden einzunehmen, danke aber für das
bewiesene freundliche aufsehen und warnen; zur erkundigung habe
man diesen bericht in beide lager gesandt, etc.

881 b. Nov. 8, abends. Bern in beide lager. Mitteilung des Basler
schreibens mit dem auftrag, insgeheim zu berichten, ob ein solcher
(hier unbekannter) anschlag wirklich vorhanden gewesen; (jedenfalls)
sei es geheim zu halten. **Bern. Teutsch Miss. T. 220, 221.**

882 a. Nov. 8. Bern in das erste lager. Antwort auf den bericht
vom Montag abend. Man erkenne daraus noch nicht, ob ein friede
zu stande komme, gewärtige aber weitere nachricht. Auf das beiliegende schreiben von Zürich habe man geantwortet, es sei den hauptleuten bei beiden pannern vollmacht gegeben, in allen dingen nach
ermessen zu handeln. Man begehre aber, dass die hauptleute unter
einander und mit den kriegsmithaften alles beraten und geschäfte, die
ihnen zu schwer vorkämen, eilends anbringen, damit man allseitig der
umstände kundig sei und einander behülflich sein könne, etc. etc.

882 b. Nov. 8. Dasselbe in das zweite lager. Gleichlautend, mit
einem zusatz, der das entschuldigungsschreiben (betreffend den abzug)
mit einigen worten erwidert.
Freiburg, Diessb. Pap. Bern, Teutsch Miss. T. 215, 216.

**883. Nov. 8, (Bremgarten? Hauptleute und Räte von Bern an die
führer des zweiten haufens?).** Es kommen immerfort mahnbriefe von
Zürich, und die Zürcher boten haben beharrlich begehrt, dass man
aufbreche; man habe dies an die mannschaft gebracht, die gröfsern-
teils gutwillig wäre, den krieg zu ende zu führen, wenn nur geld
vorhanden wäre; abhülfe dieses mangels habe man zugesagt. Man
schicke hiebei die (erwähnten) mahnbriefe und melde nun auch, dass
die leute sich die vier artikel, namentlich den vierten, wie man ihn
hier gefasst, gefallen lassen und die obrigkeit dabei handhaben wollen.
Den schiedboten ..., die noch eine erklärung über den art. 4 gefordert, habe man geantwortet, man bleibe bei dem frühern beschluss...;
die schiedboten seien nun weggeritten. Nichtsdestoweniger gedenke
man morgen früh aufzubrechen und nach Zürich zu rücken, um zu
erstatten, was bünde und burgrechte erheischen; darum begehre man,
dass (das andere banner) eilends heranziehe, um gemeinsam den krieg
zu ende zu bringen. — Nachschriften: 1) Ansuchen um rücksendung der abschrift des 4. artikels; 2) empfehlung, die von Brugg des
geforderten (neuen) zuzugs zu entlassen ... (motive schon früher mitgeteilt). **Bern, A. Capp. Krieg.**
Es liegt nur eine flüchtige copie vor, die weder unterschrift noch adresse
hat und wahrscheinlich im Zofinger lager gefertigt wurde.

884 a. Nov. 8, Zofingen. Das zweite Berner lager an das erste. Antwort: Man wolle nächsten morgen aufbrechen und nach Aarau rücken; wenn not vorhanden wäre, so möge nur eilig berichtet werden; wegen der mahnung der Zürcher möchte man übrigens nähere auskunft wünschen, um nach der vereinigung der banner etwas fruchtbares zu unternehmen.

884 b. Nov. 9. Das zweite lager an das erste. Anzeige der ankunft in Aarau. Morgen werde man in Lenzburg frühzeitig eintreffen und dann nach Bremgarten ziehen; sollte etwas anderes rätlich sein, so bitte man um eiligen bescheid. Dass die Zofinger, die zu Bremgarten liegen, heimkehren wollen, missbillige man; sie sollten aber zurückgehalten werden, zumal (der Rat von Z.) beschlossen habe, dass sie bleiben sollen. **Freiburg, Diessb. Pap.**

885. Nov. 8 (Mittwoch vor Martini), Inwyl. Hauptmann etc. (von Lucern) an Statthalter und Rat. Der zug nach Horgen habe zu nichts geführt, was man hier berichten könnte. Die schiedleute haben indessen noch keine antwort auf die artikel gebracht; man wolle nun zuwarten bis morgen, und wenn nichts komme, etwas unternehmen (was die sache vorwärts bringe). . . **Lucern, A. Religionshändel.**

886. Nov. 8 (Mittwoch vor Martini). Lucern an seine hauptleute etc. im feld. « Als ir uns dann vil gefangnen zuogeschickt, darunder warlich vil und der merteil arms volk ist und nüt an inen zuo gewünnen dann ein merklicher schwerer kost, müeg und arbeit, so sechend ir dass jederman nun den kosten allermeist uf uns tricht. So sind under den gefangnen . . . zwenzig und hundert ungfarlich wund, die zun Schmiden und zum Fritschi liggen mit grofsem kosten, und muofs der wirt zum Rössli all tag han . . iij° und lx brot, on die (so) zum Fritschi liggen, das uns nun in die harr zuo schwer sin will. Hetten wir vil brots, das bedörften wir wol üch und uns zuo gebruchen, dann wir ouch wol bedörfen, das wir hand, und wär unser meinung, sofer es üch gefallen wöllt, dass wir etwa vierzig oder fünfzig die armen, so gar nüt hand, sy sygend wund oder nit, lassen hinweg loufen; doch wo wir ienen künnden darunder finden etlich, die versprächen oder sich verschriben um den kosten für die zerung für sich old etwa einer old zwen für ander ire mitgsellen, wöllten wir luogen und zum besten handlen, dass uns doch der grofs kost etwa ein wenig liechter wurde; bitten üch hierin uns üwers willens (ze) berichten und ob not wurd, mit den andern Orten ouch darvon zuo reden und uns hierin hilflich (ze) sin ». . . **Lucern, A. Capp. Krieg.**

887. Nov. 8 (Mittwoch vor Martini). Bischof, Hauptmann und gemeine landschaft Wallis an die V Orte. Grufs und erbietung «G. l. herren, so dann die unsern jetz im feld by euch durch ir vilgetan schriben an uns langent merklichen beklagent gelts gebrest und mangel lyden, und wiewol sy ir(em) befelch nach von uns den selbigen unsern lieben lantlüten ufgelegt guotwillig wölten nachkommen und statt geben, je doch, ob in nit in der yl mit versechung gelts, sich wyter ufzuoenthalten hilf bewisen werd und zuogeschickt, muefsen sy armuots

halber verursachet uss dem feld ufbrechen. Was nun darus euch und
uns fals wär zuo erwarten, mag ü. g. w. wol ermessen. Hierumb,
sölichem fürzuokomen, die wyl und uns in yl sölichs zuo wegen (ze)
bringen nit müglich, hierum bitten wir und vermanen, ü. g. w. wöll
hierin fürsechung tuon und verhelfen, domit under euch ein summ
gelts an etlichen orten und enden ufgebrochen unsern lantlüten werde
fürgesetzt, und was sölich summ gebringen mag, es sygen tusent kronen oder mer, geloben wir für uns und in namen unser gemeiner
landschaft zem fürderlichesten wider (ze) geben und gnuog tuon,
wie den eren gebirt » .... Siegel und notarial. unterschrift.

Lucern, Missiven.

888. Nov. 8, M a i l a n d. Herzog Franz II. an hauptleute, fähnriche
und Räte der V Orte. (Nach?) «beschliefsung unsers schreibens
haben wir (von) unserm secretarien zu Zürich bericht empfangen, dass
die acht Ort auch zu friden, dass wir in den sachen ewrer irrungen
handelu mügen. Auf solchs haben wir verordnet, dass auf morgen
unsere botschaft von hinnen solle ausreiten und alle mittel und wege
versuchen, die sachen in der güte hinzulegen, trostlicher hoffnung zu
Gott, es solle gescheen; (das) haben wir euch guter mainung nit verhalten wollen. »

Lucern, A. Religionshändel.

889. Nov. 8, Dongo. Heinrich Rahn und Stephan Zeller an stadtschreiber Beyel in Z ü r i c h. Antwort auf dessen (verlornen) letzten
bericht. Sie haben die dem Herzog gehörigen briefe sofort in das andere lager spedirt, wie bisher, aber seitdem erfahren, dass der bote
von den feinden gefangen worden, wogegen freilich gemeldet werde,
er habe die briefe weggeworfen. Man habe diesen vorfall bereits dem
Herzog gemeldet und zeige das an, damit (Zürich) demselben auch
schreiben könne. . .

Zürich, A. Müsserkrieg.

890. Nov. 8. B e r n an Simon Ferber, hauptmann zu Musso. «Din
schriben, den ersten tag dis monats an uns usgangen, haben wir der
Spangeren halb und sunst alles inhalts verstanden, füegen dir ouch uf
din beger zuo wüssen, dass unser eidgnossen von Zürich erstlich von
verrätery wegen übel gelitten. ir schützen und sunst ein fennli, darzuo
xvj stuck büchsen mit den wägen und aller munition verloren, doch
vor und ee die v Ort zum andern mal zuoruck geschlagen. Nach
etwas zyts sind durch gmein houplüt v^m man uss Züricher und unserm läger verordnet, ein pass by der Zilbruck inzenemen und die
v Ort, so sich im Zugerberg ingeschanzet, damit sy uss irem vorteil
getriben mochtent werden, ze hinderzüchen; als aber nachts ein teil
desselben hufens uf den berg komen, hellig, müed und inen (die) gelegenheit unwüssend gewesen, der merteil aber nit by inen gsin, sind
sy ungemeinter (sic) sach durch ein hufen der v Orten, mit wyssen
hembdern angetan, angriffen, den sy ganz niderglegt; da ist ein fri-
scher hufen (der) fyenden hinden in sy gefallen, dem sy gewichen, by
ij^c mannen. x stuck büchsen und ij fennli, namlich dero von Zürich
und Milhusen, dahinden gelassen; doch haben wir im selben hufen
allein ein man von Oesch verloren; ouch ist unser burger Hans Bren-

zikofer in einem scharmutz gefangen und schautlich ermurt worden. Ueber sölichs alles hand vil eronlüt darzwüschen fridlich ze handlen begärt, denen die v Ort mit vorbehalte iiij artiklen bewilliget,* wölche mit einem kleinen vorbehalt angenommen worden. Hiezwüschen die unsern von Bar gan Bremgarten verruckt und die v Ort über ir zuosagen in die fryen Aempter mit roub und wüesten gefallen, ouch die von Zürich uf irem ertrich geschädiget, inmafsen sy verursachet, von Bremgarten gan Zürich ze züchen. Unser nachgeuds paner ist ouch von Zofingen verruckt. Sovil ist bishar gehandlet worden.» Ermahnung zur vorsicht, etc.　　　　　Bern, Teutsch Miss. T. 218, 219.

*) Hier folgt im original eine gestrichene stelle, die den inhalt der artikel andeutet und einige andere bemerkungen beifügt, die in sachlicher hinsicht nichts neues bieten; die zweite redaction (s. o.) steht am rande.

891. Nov. 9. Constanz an Zürich. Heute sei kundschaft gekommen, dass herr Egg von Rischach denen von Rotweil geschrieben, er habe endlichen befehl anzugreifen und mit brand anzufangen, worauf die Rotweiler gestern von neuem 200 mann gemustert haben sollen. Zudem verlaute, dass die V Orte nicht in der absicht unterhandeln lassen, um frieden zu machen, sondern um einen aufschub zu gewinnen, bis von aufsen her ein angriff geschehen könne; auch sei zu spüren, dass man jenseit des Sees alles wisse, was zwischen den Städten und den Ländern gehandelt werde, und zwar werde dies durch frauen in Coblenz vermittelt, die briefe im brot erhalten und so nach Waldshut bringen; was daran sei, könne man freilich nicht bestimmen...　　　　　Zürich, A. Capp. Krieg.

892. Nov. 9. BM. und Rat von Zürich an hauptmann und Räte zu Horgen. Man erfahre, dass krämer und namentlich weiber mit allerlei kleinigkeiten in das lager der V Orte durchziehen, die nun leicht verrat üben könnten, begehre also, dass solche leute nicht durchgelassen, sondern gefangen und hieher geschickt werden. Da vielerlei «bofel» und junges unnützes volk dem letzten sturm nachgelaufen, so solle der hauptmann solche leute, wenn sie urlaub begehren, in der stille, aber nur mit passporten heimlassen, auch taugliche ersatzmänner annehmen, wo solche geboten würden, die «abwechslung» aber nicht ganzen gemeinden gestatten...　　　　　Zürich, A. Capp. Krieg.

893. Nov. 9 (10!), 3 uhr nach mitternacht, aus dem Wüeribach (bei Horgen). Hauptleute und Räte an BM. und Rat in Zürich. Sie hatten nach den schriftlichen und mündlichen mahnungen, die an die Berner gelangt, wahrlich erwartet, dass dieselben mit einigem zuzug erschienen wären, wollen es jetzt aber Gott befehlen; in Bremgarten des friedens und anderer dinge wegen zu handeln, stellen sie der obrigkeit anheim, etc. Wie sie sich heute (?) zu Thalweil bei dem panner versammelt, sei nachricht gekommen, dass der feind mit geschütz von Zug her gegen die Sihlbrücke komme, worauf sie sich nachts im Wühribach gelagert haben; am «kunftigen» morgen wollen sie sich vereinigen und dermafsen verwahren, dass sie dem feind mit Gottes hülfe tapfer widerstehen können. Dabei dürfen sie nicht verbergen, dass die Seeleute beständig auf einen frieden dringen und scharfe worte brauchen; wohin aber deren absicht ziele, können sie nicht erraten. Damit die Berner sich nicht mehr zu beklagen haben, so bitte man die obern, die botschaften immer mit genügender vollmacht zu schicken.

Zürich, A. Capp. Krieg.

894. Nov. 9, Zürich. Da die leute im feld die obrigkeit schriftlich ersucht haben, sie mit hauptleuten zu versehen, zu denen sie vertrauen haben könnten, so ernennen BM., Räte und Burger den Johannes Escher (gen. Klotz-Escher) zum obersten feldhauptmann, dem alle nochmals gehorsam schwören sollen; für kriegsanschläge mag er alle diejenigen von stadt oder land zu sich berufen, die er als sachverständig kennt; für friedenshandlungen soll er jedoch ohne bewilligung der obern nichts zusagen. ...   Zürich, A. Capp. Krieg.

895. Nov. 9, Zürich. Jörg Göldli an .... Klage über die unbill, die ihm begegne, obwohl er alles getan habe, was zu der stadt ehre und nutzen gereiche. .. Bitte ihn zu verantworten und ihm gehör zu geben, ihn auch bei ihnen zu dulden, da er nicht mehr begehre. ....

Zürich, A. Capp. Krieg.

896. Nov. 9, nachm. 9 uhr, Zürich. BM., Räte und Burger an hauptmann und Räte zu Horgen. Man habe heute morgen Rudolf Stoll und Hans Wäber nach Bremgarten geschickt, um mit den Bernern zu beratschlagen, wie man den feind am besten schädigen könnte; sie haben es jedoch nicht weiter gebracht, als wie beiliegende schrift von den Burgerstädten laute, die auch kürzlich eingetroffen; darauf habe man nach ihrem begehren eine botschaft verordnet, um den frieden zu beraten, die morgen frühe abreisen werde. — Vgl. nr. 900.

Zürich, A. Capp. Krieg.

897. Nov. 9, nachm. 3 uhr, Thalweil. Hans Escher an BM. und Rat in Zürich. Die hauptleute der Bündner haben ihm geklagt, dass ihre leute grofsen mangel an geld haben und solches nicht so bald von hause her erhalten können, und um 300, 400, 600 gld. oder mehr gebeten. Da er annehme, dass die obern ihr eigenes wohl brauchen, so möchte er raten, bei gewissen (benannten) personen in der stadt nachzufragen, ob sie für einen monat so viel leihen könnten, im andern fall dem pfleger der abtei zu Schaffhausen, der früher etwas angeboten, zu schreiben, ob er es verfügbar hätte, etc.

Zürich, A. Capp. Krieg.

898. Nov. 9. Zürich an Strafsburg. Gesuch um ein darleihen von c. 10,000 fl. oder verwendung bei privaten, um solches zu erhalten. (Bote Hans Edlibach). — Vgl. nr. 807.   Zürich, A. Strassburg.

899. Nov. 9, Bremgarten. Hauptmann, lütiner, venner und Räte von Bern an Zürich. Antwort auf die vielfältige mahnung. Man habe gestern kundschafter ausgeschickt und erfahren, dass der feind schon frühe von Horgen aufgebrochen und wieder nach Mettmenstetten gestreift und dann in sein lager zurückgekehrt sei; weil demnach keine not dränge, so sehe man als überflüssig an, hier wegzuziehen, obwohl man dazu willens gewesen, wenn diese kundschaft nicht gekommen

wäre, zumal wohl zu gedenken sei, dass die knechte desto unwilliger
würden, wenn man sie umher führen sollte. ... Damit man aber des
kriegs und friedens wegen handeln könne, begehre man, dass Zürich
eine vollmächtige botschaft sende.   Zürich, A. Capp. Krieg.

900. Nov. 9, (Bremgarten). Hauptleute und Räte von B e r n , B a -
s e l , S c h a f f h a u s e n , M ü h l h a u s e n und B i e l au Z ü r i c h . Verweisung auf das heutige schreiben von Bern. Nach gemeinem rat-
schlag bestätige man dasselbe und begehre nochmals abordnung einer
vollmächtigen botschaft, da m. Stoll, der in dieser stunde angekommen,
keine vollmacht habe und dabei melde, dass vier fähnchen des feindes
zu Horgen liegen. Weil nun aber die erhaltene kundschaft anders
laute, nämlich dass die feinde schon gestern früh nach Cappel abgezogen, den raub ins lager geschickt, und mit einem haufen, etwa 2000
stark, mit 10 büchsen und 5 fähnchen, nach Mettmenstetten gestreift,
der andere haufe sich in ein wäldchen verborgen, und etwa 600
Wälsche in den dörfern geplündert haben, der feind also nicht stark
sei, so dass Zürich ihm wohl widerstehen möge, so finde man nicht
nötig, herbeizurücken; wenn etwa der feind wieder einen streifzug ins
Freiamt unternähme, wolle man indess tun, was sich gebühre. Indessen erwarte man eine bevollmächtigte botschaft, wolle auch nicht
verbergen, dass das panner von Zofingen her sich nähere. . .
                                                      Zürich, A. Capp. Krieg.

901. Nov. 9, B e r n . Befehl in stadt und land, die aus dem zweiten
lager ohne passporte heimgezogenen leute, die speise und geld holen,
nicht zu verhaften, da es den hauptleuten nicht möglich gewesen,
solche (scheine) auszustellen; dagegen sollen sie dringlich ermahnt
werden, mit proviant und geld sich eilends wieder zu dem panner zu
verfügen.   Bern, Teutsch Miss. T. 236.

15. Nov. Befehl zu sofortiger rückweisung gesunder feldflüchtigen; besonders sollen die heimgebrachten harnische eilends in das lager geliefert werden.
                                                      ib. ib. 233.

902. Nov. 9, vorm. 9 uhr. B e r n an S o l o t h u r n . Heute brechen
die beiden panner zu Bremgarten und Zofingen auf, um einander zu
unterstützen; da nun das diesseitige land in frage stehe, so dass man
sein heil « an eine stunde binden » müfse, so bitte und mahne man
Solothurn des allerdringlichsten, zum ersten, andern, dritten und letzten mal, ein treues aufsehen zu halten und eilends mit ganzer macht
herbeizuziehen, um zu leisten, was es kraft der bünde und burgrechte
schuldig sei, etc. Eilends, eilends.
                    Bern, Teutsch Miss. T. 222. Solothurn, Reform.-A.

903. Nov. 9, vorm. 9 uhr. B e r n an den hauptmann in Aelen. In
dieser stunde sei das beigelegte schreiben aus dem lager in Bremgarten angelangt; da nun das erste panner den Zürchern nachziehe, und
das andere heute morgen von Zofingen aufbreche, um sich dem ersten
zu nähern, halte man für nötig, die besatzungen zurückzuziehen; wenn
es also möglich wäre, von den Wallisern eine besiegelte zusage auszuwirken, dass sie das Berner gebiet weder selbst betreten noch andere darüber ziehen lassen wollen, wozu bereits durch ein früheres

schreiben vollmacht gegeben worden, und wenn dann eilends darüber
berichtet werde, so moge die mannschaft abziehen und heimrücken,
jedoch auf weitern befehl gerüstet bleiben; doch soll (die absicht) verschwiegen und blofs die (gröfse der) kosten vorgeschützt werden.

Bern, Teutsch Miss. T. 221.

904 a. Nov. 9, vormittags 10 uhr. Bern in das erste lager. Antwort: Ueber die furcht der Zürcher sei man in grofsen schrecken geraten, da man keinesweg erwartet habe, dass sie sich in den 4. artikel schicken würden; die antwort der hauptleute lasse man sich gefallen, wiewohl man auch vermeine, die V Orte hätten auf ihrem boden
bleiben sollen. Da jetzt aber die sache sich so gestalte, dass man
denen von Zürich zuziehen müfse, so lasse man zu, dass das panner
ihnen nachrücke; doch begehre man, dass dies mit aller behutsamkeit
geschehe, also kein vorteil übergeben, nichts « geteiltes » angefangen
und das glück nicht eilig an eine stunde gebunden werde; in allem
sollen auch die führer bei dem andern panner beraten werden, etc. etc.

904 b. Nov. 9, vorm. 10 uhr. Dasselbe in das andere lager. Antwort auf das gestrige schreiben. Da die umstände es erfordern, so
lasse man den abzug geschehen, wolle jedoch gebeten haben, gute
späher vorauszuschicken, um zu erfahren, wie viele Lucerner zu Reiden gelegen; denn es sei zu vermuten, dass die V Orte sich einer
andern macht trösten, wenn sie jener mannschaft nicht bedürfen;
würden die hauptleute weit wegziehen, so möchte jener haufe gegen
St. Urban vorrücken oder auf diesseitigem gebiete grofsen schaden
tun; darum rate man, auf dem eigenen boden zu bleiben und nicht
weit von Zofingen wegzuziehen, damit man im fall eines angriffes das
land beschützen könne; doch gebe man hiemit gewalt, im einverständniss mit den hauptleuten bei dem ersten panner teils tätlich zu handeln, teils zum frieden hand zu bieten. Solothurn habe man gemahnt,
mit der macht zuzuziehen. Diejenigen, welche unehrlich abziehen,
sollen angezeigt werden, damit man sie strafen könne. Das haus Aarburg werde man versehen und sonst zur gegenwehr tun (was möglich sei).

Bern, Teutsch Miss. T. 224, 225.

905. Nov. 9, nachm. 8 uhr. Bern an die führer beider panner.
Antwort auf das gestrige schreiben, mit dem man auch die drei mahnbriefe von Zürich verhört habe. Die über den 4. artikel gegebene
antwort billige man, da die landleute dazu eingewilligt und die V Orte
den ersten artikel nicht gehalten haben. Da nun Zürich von den V
Orten auf seinem gebiet geschädigt werde, und vermutlich ein friede
nicht (so bald) zu hoffen, so herzlich man dessen begehre, so bitte
und ermahne man die hauptleute (mitträte etc.), zu bedenken was für
kriegstüchtige gegner (« geschwind, vorteilig, kriegswys lüt ») sie vor
sich haben, die sache also nicht leicht zu nehmen, sondern sich wohl
zusammenzuhalten, nichts unbedachtes zu unternehmen, sondern mit
vorsicht, tapferkeit und gottesfurcht zu handeln, da sie wissen, was
jetzt auf dem spiele stehe, etc. etc.

Bern, Teutsch Miss. T. 227.

906. Nov. 9 (Donstag vor Martini), (Inwyl). Hauptmann etc. (von Lucern) an Statthalter und Rat. 1. Da die Walliser, die Wälschen und die Aemter durchaus geld haben wollen oder wegzuziehen drohen, was zu grofsem nachteil dienen würde, so bitte und ermahne man (die herren) nochmals ernstlich, alle auf dem beigelegten zeddel verzeichneten sowie andere, die etwa geld haben mögen, um solches anzusprechen und samt den übrigen Orten aufzunehmen, wofür dann alle genügende versicherung geben werden. Die sache sei um so dringender, als die andern Orte «dheines geltes sich merken wöllen lassen», und die last endlich für Lucern erleichtert werden könnte. 2. Der schneider Niklaus Wolf habe ungeachtet der den Wädenswylern in dem geschlossenen anstand erteilten zusage, sie nicht anfechten zu lassen, denselben ein ross entführt; desshalb begehre man, dass der genannte genötigt werde, das ross zur rückerstattung hieher zu schicken.

Lucern, A. Religionshändel.

907. Nov. 9 (Donstag vor Martini), vor mittag, Dagmersellen. Hauptmann etc. an Statthalter und Rat in Lucern. Antwort auf deren zuschrift und die mitteilung des schreibens aus Inwyl. Man habe nun anstalt getroffen, dass diesen abend an vier orten den Bernern angezeigt werde, woran es fehle, dass der friede nicht vorwärts komme. Wie man früher geschrieben, bleibe noch jeder teil auf seinem gebiet; man wäre aber, sofern es den obern gefiele, geneigt, den feind zu suchen. Sodann bitte man um beforderliche zusendung von salz, blei und pulver. Der hauptmann der Wälschen verlange ohne unterlass, dass man sie gegen den feind brauche oder mustere und bezahle (resp. entlasse); darüber bitte man um bescheid, etc.

Lucern, A. Religionshändel.

908. Nov. 9 (Donstag vor Martini), Dagmersellen. Hauptmann, fähnrich und Rat an die lucernischen hauptleute etc. zu Inwyl. 1. «Es ist diser stund zuo uns komen der üwer commendur von Hochrein und Reiden und uns anzeigt, wie dann sines schwagers Thoman Zimmermans sun mit etwas fürworten, so er gehebt, damit er durch die wacht Berner piets hab mögen durchwandlen, jetz von Klingnow zuo im kommen sig, und dwyl wir vernement, dass ein keiserischer zug ufsig, desshalb wir denken mögent, dass ir nit botschaft zuo dem selben noch von im haben mögent, darum füegent wir üch ze wüssen, ob ir willens wärind, herr Eggen von Ryschach old anderen des Rychs houptlüten etwas ze schriben, old wir in üwerem namen schriben sölltent, dess wellent uns by disem botten berichten; dann der jüngling getruwet, die brief sicherlich mögen verferggen. 2. Sodann wyter sind wir bericht, dass der Berner züg, so gegen uns ligt, het angefangen zuo verrucken, wohin, old ob er gar verruckt, mögent wir nit wüssen; wir hand ouch an acht orten an anstöfsen Berner piets ire lüt berichten lassen, wie ir herren sich widersperrent, die bericht anzenemen» etc. 3. Bitte um bescheid betreffend die soldverhältnisse der Wälschen. 4. Anerbieten eines ausfalls gegen die Berner, etc.

Lucern, A. Religionshändel.

909 a. Nov. 9 (Donnerstag vor Martini), vorm. 10 uhr. **Solothurn** an seine gesandten. Antwort auf ihre zuschrift von gestern abend 7 uhr. Man billige ganz, dass sie bei den Bernern zu Bremgarten geblieben, wolle aber nicht gestatten, dass sie mit denselben ohne vorgängige nachricht anderswohin ziehen. Da die mehrzahl der knechte schon heimgezogen sein soll, so werde man mit dem höchsten ernste verschaffen, dass sie wieder in das lager kommen, und auch für geld sorgen.

909 b. Nov. 9, 1 uhr nach mittag. Ausschreiben in die vogteien, dass alle unerlaubt aus dem felde abgezogenen sich unverzüglich wieder dahin verfügen sollen, bei schwerer strafe, und weisung an die vögte, die leute mit geld zu versehen...   **Solothurn, Miss. p. 832—834.**

910. Nov. 9, Dongo. Heinrich Rahn und Stephan Zeller an **Freiburg.** 1. Klage über den ordnungswidrigen abzug von 11 Freiburgern, welche die obrigkeit je nach ihrem gefallen bestrafen möge oder nicht; inzwischen seien sie durch andere leute wieder ersetzt worden, etc. 2. Bitte um fernere zusendung des soldes und besonders für den hauptmann um bezahlung der sieben rückständigen sölde und anderer vergünstigungen, die ihm von andern Orten gewährt seien; dessgleichen bitte um schriftliche antwort.   **Freiburg, Kriegss.**

911. Nov. 10, vorm. 10 uhr. BM., Räte und Burger von **Zürich** an hauptmann und Räte im Wühribach bei Horgen. 1. Antwort auf das begehren, den Bündnern geld zu verschaffen etc. Wiewohl man ihnen gerne willfahren würde, so könne man jetzt doch nicht viel versprechen, da man schon genötigt gewesen, einen eigenen boten auszusenden, um geld zu bekommen, und nicht wisse, ob er etwas bringe; man werde tun, was möglich sei, wie man bisher den Bündnern immer gefällig gewesen; dies soll ihnen angezeigt werden. 2. Vor schluss dieses briefes sei das schreiben von heute morgen 3 uhr verlesen worden; man habe über den gemeldeten beschluss grofse freude empfunden und lebe der zuversicht, dass Gott ihnen gnade und mut zusende, um alles leid wieder gut zu machen. 3. Der bote von Constanz,[*] der gestern von Horgen wieder hieher geritten, habe angezeigt, wie er 100—200 knechte hinter der « ordnung » in ställen und scheunen zerstreut gesehen, die dem « lärm » nicht gefolgt seien; darum begehre man, dass hierauf besser geachtet, die ungehorsamen ernstlich gestraft oder hieher geschickt werden.... 4. In dieser stunde sei endlich ein schreiben des herzogs von Würtemberg eingetroffen, wie er seinen befehlshabern auf Twiel befohlen, ein getreues aufsehen zu haben und auf verlangen einiges geschütz senden wolle.... 5. (Nachtrag:) Man bitte gar freundlich, keine kosten zu sparen, um genauere kundschaft über die stellung und zahl der feinde zu erhalten, da die Berner immer über nichts anderes klagen, als über mangel an vorsicht und gewisser kundschaft; wenn die leute öfter durch « heifse mären » hin und her gesprengt werden, so finden sie jedesmal, dass es nirgends

---

[*] Constanz unterhielt in Zürich einen accreditirten berichterstatter für diese kriegszeit.

auch nur halb so schlimm gestanden; dadurch werde das volk mehr «erzegt» und ermüdet, als aufgerichtet; darum, «diewyl doch guote späch wol halb gekrieget ist», sollen die hauptleute sich keine mühe bedauern lassen. Die Berner haben an dem abend, wo das panner nach Rüschlikon gerückt, ihre späher zu Horgen gehabt und erfahren, dass dort kein mensch mehr gewesen, und dennoch das Zürcher panner zu Thalweil und Rüschlikon stehen geblieben sei, so dass sie (spotten), sie hätten zu Bremgarten bessern bericht gewusst als wir, die ihnen wegen grofser not geschrieben.... — Vgl. nr. 893.   Zürich, A. Capp. Krieg.

912. Nov. 10, nachm. 1 uhr, Horgen. Hauptleute und Räte an BM. und Rat in Zürich. Den hauptmann Escher haben die knechte gestern freundlich empfangen. Unterdessen sei so schlechtes wetter eingefallen, dass dieselben unwillig geworden; heute morgen früh habe man desshalb Räte und Burger versammelt und beratschlagt, was man tun wolle; da man sich nicht verständigt, auf dem Hirzel ein lager zu schlagen, so habe man die sache dem gemeinen mann vorgebracht; das volk wolle aber durchaus nicht am wetter stehen, sei aufgebrochen und nach Horgen hinab gezogen, so dass kaum 150 mann bei dem panner und geschütz geblieben und man bei einem angriff des feindes das ärgste zu befürchten gehabt. Da die leute arm und ungehorsam seien und immerfort auf einen frieden dringen, so möchte man immerhin raten, desto emsiger an einem solchen zu arbeiten, da sonst die sache einen ganz «lätzen» ausgang nehmen könnte.

Zürich, A. Capp. Krieg.

913. Nov. 10, anfangs der nacht, Zürich. BM., Räte und Burger an hauptleute und Räte zu Horgen. Antwort auf ihre nachricht, wie das volk auf Horgen zu gelaufen und das panner samt dem geschütz beinahe gänzlich verlassen. Man habe dies mit herzlichem bedauern vernommen und es sofort den boten zu Bremgarten gemeldet, damit sie desto emsiger am frieden arbeiten. Da nun dies geschehen, so wolle man sie nochmals zum ernstlichsten ermahnt haben, die unsicherheit ihres lagers zu bedenken und desto wachsamer zu sein, indem sie gar leicht bei nacht überfallen oder «hinterzogen» werden können, wie sie ja den feind als geschwind und untreu bereits erfahren haben . . .; denn es gelte jetzt nicht mehr «ein riemen, sunder die ganze hut»....

Zürich, A. Capp. Krieg.

914. Nov. 10, 10 uhr vor mitternacht, Horgen. Hauptleute und Räte an BM. und Rat in Zürich. Antwort auf ihre diesen abend empfangene mahnung zu gröfserer vorsicht, damit die Berner nicht immer ursache hätten, sie für ihre hinläfsigkeit zu strafen. Man habe sofort späher ausgesandt und keine mühe und kosten gescheut, um die absichten des feindes zu erfahren. Inzwischen habe eine vertraute person, die fleifsig gekundschaftet, von der widerpart die folgenden artikel gebracht, mit deren annahme «dem krieg der boden aus sein würde»; da nun etwas an der sache gelegen sei, und der gemeine mann auf nichts anderes trachte als auf einen baldigen frieden, so wolle man diese artikel beisetzen. (Folgt text, s. Absch. p. 1214, n. 1). Hienach

möchte man raten, durch jenen späher um einen anstand werben
lassen, bis die friedenshandlung vollendet wäre, wolle dies aber (
obern anheimsetzen.   Zürich, A. Capp. Erl

915. Nov. 10, nachmittags 1 uhr. **Z**ürich an herzog Ulrich \
Würtemberg. Antwort mit verbindlichstem dank für sein hül
erbieten... «Nun ist minders nit, (gnediger herr), dass wir uss un
trüw, dass wir unserer fygenden verschonen und sy nit von erst
überfallen noch schädigen, sunder glimpfs faaren und uns zuovor üb
ziehen lassen wellen, ee sich unser macht allenklich versamlen mög
in einer unordnung die schanz übersechen (sic) und an frommen r
lichen lüten von statt und land, und nemlich nün von unserem klein
Rat, nit die geringisten, mitsampt meister Uolrichen Zwingli und and
eerlichen fürträffenden lüten, da fast zuohin der rogen unser st
umbkommen, dessglychen ouch an unserem geschoss, das im abwych
verlassen worden, leider nit ein geringen schaden empfangen; G
welle es zuo besserem wänden. Und wiewol wir uns ... mitsam
andern, so uns des evangelischen stands halb verwandt, mit träffe
licher macht widerumb gesterkt, und aber sich unsere fygend jem
dar birgs und vorteils halb enthaltend, dass wir on grofse gefaar u
nachteil inen nützit abbrächen mögend, habend sich underzwischen l
Mt. von Frangkrych, des herzogs von Meiland und anderer fürst
herren und stetten botschaften in handel, den fründtlicher wys hin
leggen, gelassen, leggend ouch sovil flyfs, müeg und ernst an, d
zuo verhoffen, villicht ein fründtlicher bericht jetz im feld zwisch
uns gemacht werde.» Wenn aber der krieg fortdauern sollte, u
man etwa mangel an geschütz etc. litte, so würde man von dem a
erbieten des fürsten gebrauch machen und ohne seinen schaden d
geliehene nach Twiel zurückliefern lassen...   Zürich, Miss.

916. Nov. 10. Ammann und gemeinde zu Egnach an Züric
Nachdem sie zum zweiten mal bei 60 mann geschickt, um ihre 1
sagen ehrlich zu halten, Mark Sittich aber die grenze beunruhige,
haben sie dem vogt zu Arbon, junker Jacob Christoffel von Bernh
sen, dies angezeigt und seinen rat begehrt, der dahin gehe — den
auch billigen — für eine anzahl mannschaft urlaub zu begehren, t
das schloss zu besetzen, den See zu bewachen und die zahlreich
wachtposten zu unterhalten, was sie zu berücksichtigen bitten. ...
                                                      Zürich, A. Capp. Kri

917. Nov. 10. Bern in beide lager. «Diser stund hat uns un
burger, der vogt zuo Trachselwald, einen brief lut hierin gelegter co
fürbracht; dwyl dann dise reden einen grofsen unwillen, ja ein ufru
under dem gemeinen man gepären möchten, harum, wiewol wir a
ten ander unser zuogewandten glychs willens des vierten artikels h
und mit üch eins syent, usgenommen unser christenlich mitburger v
Zürich, nütdesterminder langet an üch unser beger, (dass) ir uns d
selbigen, namlich ob jederman die artikel, wie die von Zürich nach
lassen oder wie ir antwurt gäben, ouch ob die v Ort vor erwart
üwer antwurt uff unser eidgnossen von Zürich angriffen, und

scheidpotten noch darin handlint, oder jetlicher anheimsoh verritten, oder wie es ein gestalt habe, damit wir (unser eer?) bewaren mögint.» — Vgl. nr. 918.

918. Nov. 10. Bern an den schultheifs in Hutwyl. Der vogt zu Trachselwald habe dessen schreiben betreffend die reden Bastian Vogels mitgeteilt, über die man nicht geringes bedauern empfinde; denn den hauptleuten habe man vollmacht gegeben, alles zu handeln, was zu einem guten frieden und gemeiner wohlfahrt dienlich wäre; sie haben dann den schiedboten eine unterhandlung bewilligt und über die vorschläge der V Orte mit wissen und abmehren der (knechte) von stadt und land ihre antwort gegeben, ohne zweifel in bester meinung, und nicht ohne beirat der kriegsmithaften. Dass die fragliche äufserung unwahr sei, möge der schultheifs auch mit der tatsache vergleichen, dass man diesseits früher schon alle vorschläge der schiedleute angenommen; auch sonst dürfe er sich keines andern versehen, denn dass man zu tun begehre, was göttlich und ehrbar sei. Das gerede Vogels sei (daher) ganz geheim zu halten.   Bern, Teutsch Miss. T. 228.

919. Nov. 10, nachm. 9 uhr. Bern in beide lager. Solothurn antworte auf die (jüngst) erlassene mahnung, der krieg berühre den glauben der gemeinen herrschaften und nicht land und leute von Bern; zudem wisse es nicht, wohin die zu Freiburg i. B., Breisach, Offenburg etc. stehenden fähnlein ziehen wollen; schlage also (einstweilen) den zuzug ab, erbiete sich aber, bünde und burgrechte treulich zu halten, wenn jemand das diesseitige land zu schädigen unternähme. Demzufolge sei auf die Solothurner nicht mehr zu warten. Verweisung auf einen beigelegten brief.   Bern, Teutsch Miss. T. 230. Freiburg, Diessb. Pap.

920. Nov. 10. Hans Meyer, hauptmann zu Trub, an Bern. Bericht, « dass ich ein geschwornen amptman, der dann ein lyblichen bruoder in Lucerner piet hat, nechst an anstöfsen sitzende, zuo demselben geschickt, etwas in höchster geheimd ze erfaren, hat er erkundet und ist im gewüsslich geseit, dass die Lucerner ilents ins Endlibuoch geschriben, dass die nechst wuchen die Züricher mit iiijm mannen zuo den Püntern haben wellen ziechen; do sye schultheis Hug von Lucern mit iiijm mannen zuo inen komen; do syend die Züricher angends geflochen ufs wasser, namlich neiwo uff ein see, und haben nit derglichen tan, als (ob) sy sich wöllten weren, und das geschütz und alles haben stan lassen, und sy haben ross müefsen reichen, dass sy das geschütz könnden dannen fueren; darumb uns verdunken, wo es jena mit eeren möge sin, dass man ein bericht anneme etc. Sprechen ouch, dass sy der Bernern hert anschouind (?) und ungern mit inen schlachen.» Folgen noch äufserungen über das « bös Fryburg » und einen Schaffhauser, durch welche alles verraten werde.   Freiburg, Diessb. Pap. (cop.)

921. Nov. 10, 3 uhr (?), Aarau. Venner und Räte des zweiten lagers an hauptmann Hans von Erlach. Bericht über eine verhandlung mit vier boten von Baden, veranlasst durch ein gerede vom vorigen abend, (mit Hartmann Spross), betreffend eine absicht der Berner, 1000 mann

nach Baden zu werfen. . . . Missverständniss oder « finanz »; verweis;
unbestimmte abfertigung. . . — Vgl. nr. 881. 　　　**Freiburg, Diessb. Pap.**

922. Nov. 10, nachm. 5 uhr, Bremgarten. Diethelm Röist, Ulrich
Kambli, Jörg Berger, Rudolf Stoll, Joh. Haab und die vier ab der
landschaft **Zürich** an hauptleute und Räte am Horgerberg. Antwort
auf die gestellten fragen: Heute vormittag um 10 uhr habe man über
den 4. artikel mit den Bernern zu handeln angefangen; die antwort
ihrer Räte und Burger sei aber noch zu erwarten. Mit den schiedleuten habe man ernstlich geredet und sie ermahnt, die feinde anzuhalten, dass sie die unsern nicht täglich schädigen, weil man doch in
der annahme der vorgeschlagenen artikel nicht säumig gewesen und
es an Zürich darin nicht mehr fehle. Die schiedleute haben erwidert,
sie hätten ihr möglichstes getan; allein die V Orte wenden ein, sie
hätten über die artikel noch keine gemeinsame erklärung der annahme
empfangen, und wollen auch ferner tun, was sie gut bedünke. Hienach begehre man ernstlich, dass die hauptleute weder kosten noch
mühe sparen, um gute kundschaft einzuholen, da der feind nicht
schlafe. . . . 　　　　　　　　　　　　　　**Zürich, A. Capp. Krieg.**

923. Nov. 10, 2 uhr nach mitternacht, **Bern.** Unterschreiber Hans
Eckart an **Zürich.** Erzählung der verhandlung über die vier friedensartikel, bis 7. November. « Fürer, gnädigen herren, nachdem ir
üwer potten abgefertigt, daruf sy sich ir antwurt vor den unsern, den
burgerstetten und gemeinen schidlüten entdeckt, (dass ir) den vierten
artikel, wie die v Ort den fürgeschlagen, annemen wellend, und wo
damit nit gnuog sye, habend sy üwere potten wytern gewalt, darab
sy nit wenig schreckens empfangen, dann ir die allweg und noch vermeintend gesin wärind, sich der antwurt nit merken lassen, dann ir
üwer potschaft zum dickern mal gan Bern geschickt, sy ze pätten und
vermanen, gedacht artikel keinswegs anzenemen noch niemands witer
lassen darvon in iren inhaltenden vergriffen ze reden, noch die biderben lüt ze verlassen, so sich üch glichförmig in gottes wort gemacht;
darüber ir in aber angenomen; also ist der sag by uns vor Räten und
Burgern vergangen; also weiß ich, ob im also ist, dess ich mich doch
in kein wis noch wäg versich noch glouben. . . . Dann es ein grofser
unwillen in den gemeinen mann und (die) herrschaft bringt, ursach ir
alweg die gesin, (so) sy angereizt, by üch ze verharren, und ir jetzund
ungewarneter sach, das Gott klagt sye, darvon fallend, und so vil biderben lüten verlassend, dass nit ein wunder ist, uns Gott witer strafen wurde, wo im . . . also wäri. Wyter so bin ich eigentlich bericht
durch ein geschwornen unsers lands, der dann ein liblichen bruoder
in Lucerner piet hat, nechst an anstöfsen sitzende, zuo dem selbigen
geschickt etwas in höchster geheimbd zuo erfaren, hat er erkonnet und
ist im gewisslich geseit, dass die Lucerner ilends ins Entlibuoch geschriben, dass die nechst wochen die Züricher mit iiij^m mannen zuo
den Pündern haben wöllen ziechen; do sye schultheis Hug von Lucern
mit iiij^m mannen zuo inen komen; do siend ir angends geflochen uffs
wasser, namlich neiwa uff ein see, und haben nit der glichen tan, als

ölten weren, und habent das geschütz und sunst alles
und haben ross müefsen reichen, dass ir das geschütz
en füeren.... Fürer ist mir zuogeschriben, wie dass da
hen werde und in warnungs wys fürkommen, Fryburg
lich und ein verderblich bös Fryburg, dessgelichen einer
sen, dann sy alles das, so angeschlagen und gemacht
rend es glich vernemend und bericht werdind»....

Zürich, A. Capp. Krieg.

0 (St. Martins Abend). Schwyz an Lucern. Antwort
isuchen um salz. Man schicke abermals 10 mäfs, mit
en bitte, den geldbetrag, nämlich 20 krouen, sofort zu
in dessen sehr bedürfe; komme noch mehr salz, so wolle
s brüderlich teilen. Für die 16 mäfs, die man früher
man aber noch nicht bezahlt, was man nicht recht be-
aber Lucern in der meinung stünde, mit den vorgeschos-
onen genug geld erlegt zu haben, so müfse man erin-
sselbe wohl in Walenstadt angelegt, das salz aber da-
et sei wie das für Schwyz gekaufte. Daher bitte man
hlung, werde aber, sobald das salz in W. frei werde,
len teil überantworten, etc. — Nachschrift: Es können
äfs abgeführt werden; das übrige folge am Montag (13.

Lucern, Missiven.

0 (Freitag St. Martins Abend), vorm. 5 uhr. Lucern
s, hauptmann etc. im feld zu Inwyl. «Uf hinachtige
s brief zuokomen uss dem läger von Tammersellen, die
r zuoschicken, damit ir üch dester bas wüssend zuo hal-
en. Und als der ein brief wyst einen abtusch des schult-
steins von Sempach sun gegen dem Hemig, da wöllent
ûwers willens berichten... Glicherwys so berichten uns
ndschaft ir mögend haben von der Berner läger zuo
amit wir uns ouch wüssen dester bas zuo schicken; dann
isher (über) der Berner zügs abzug nie so vil kundschaft
als sy uns da schriben, dessglichen von des keiserschen
a wüssen getragen dann in landmärs wys. Der Wälschen
geschrift meldet, setzen wir üch heim in beden lägern,
bescheids, wie sy angenommen, gar nüt bericht sind»....

Lucern, A. Capp. Krieg.

0, Bellenz. Heinrich Püntiner, commissarius, an haupt-
nerherren von Uri, Schwyz und Nidwalden, — in
1. Er habe das geschütz von Luggaris hieher gefertigt,
grofses sei auf dem wege zurückgeblioben, weil die rä-
gebrochen; er werde es aber nachzuliefern versuchen.
isung, «ich soll uff üch niemau heifsen kon noch lan kon»,
ass dem («disrem») hauptmann Gabriel vordem «platz»
en; er wäre auch gerne weiter gezogen; aber er, der
1 zurückgehalten und mit den Bellenzern «hinab» ge-
as geschütz (der XII Orte) zu holen, damit nichts ver-

v.   20

wahrlost würde, da er nicht gewusst, was etwa die Luggarner und
die zu Dongo tun würden. Er bitte nun, das im besten aufzunehmen
und zu betrachten, dass das geschehene auch den III Orten diene,
also zu entschuldigen, «dz är (Gabriel) nit vor den letsten briefen
kon ist». Man habe ihn auf die empfehlung des von Verulan augenommen, ihm aber der bezahlung («psalig») halb nichts verheifsen,
sondern erklärt, er möge wieder zu dem v. V. kehren, und wenn
dieser ihn bezahle, vorwärts rücken; so sei er nach Mailand gereist,
schicke (aber) seine leute zu den III (V) Orten, wofür der vogt zu
Lauis ihnen etwas vorgeschossen. Er, der vogt, bitte nun, den hauptmann für empfohlen zu halten; denn würde derselbe verkürzt, so
wäre er daran schuld, jedoch im dienst seiner herren. 3. Die obern
Graubündner haben einen boten hieher geschickt, «mit fil erbietungen,
und wz sy tan habint der 1000 knechten halb, habint sy müefsen tuon
oder mit den andern 2 Pünten ze unfriden sin; jedoch so sigents des
willens, sich nachpürlich (ze) halten und uns alles ze tuon, was uns
lieb ist, und fragten, ob sy sicher uff den mercht in Bolentz faren
möchten etc, ouch anzogen, wie die Züricher begert habint, dz sy uns
hie sölten angrifen, darmit sich üwer züg schweinerte, oder inen 4000
mann zuo hilf gen; solichs sy inen alls habent abgschlagen etc.»
4. «Witer hat mir der kommissary von Ruffle entpotten heimlich, wie
die Züricher inen empotten habint, sy sollent uff Ure durch ire täler
zuo zien und da anfan, des (halb) sy jetz ein tag uff morn zu Lac
by Ylanz (halten werden); doch so habint sy irem botten entpfolen,
solichs inen nit ze gestatten, sonder abzekünden; aber doch mög er
nit wüssen, was man uff dem tag mach.» Er habe für diese warnung gedankt und um fernere berichte gebeten; dem andern boten
habe er gute worte gegeben, man werde gerne freundliche nachbarschaft halten; des marktes halb stehe ihm nichts zu, da «es» eine
andere vogtei sei; sie werden aber ohne zweifel nichts leides zu besorgen haben, etc.   **Zürich, A. Müsserkrieg (orig.).**

927. Nov. 10, Turin. Johann Angelus de Medicis, protonotarius apo-
stolicus, an die V Orte. «Illustres cet. Marchio Mussio, frater meus,
nuper mihi in mandatis dedit, ut ad ill. dominationes vestras scriberem
et simul vos certiores facerem, nihil se gravius in his suis calamitati-
bus tulisse, quam quod non potuerit vobis, ut debebat et iam pridem
pollicitus fuerat, auxilium afferre ad id bellum quod contra communes
vestros et suos hostes assumpsistis; decreverat enim et per suas literas
vobis notum fecerat, quarum vos puto memores esse, quandocumque
opus fuisset, cum duobus sclopettariorum millibus atque omnibus suis
vobis auxilio venire, qua de causa lutherani isti, cum id praesensissent,
tanto illum odio prosecuti sunt ac prosequuntur. Itaque quem his
temporibus vobis auxilium ferre decuerat, fortuna eum in praesentia a
vobis opem petere coegit. Ego igitur illius nomine ac mandato a vobis
auxilium peto et vobis supplico uti Mussium ac Leucum (sic) ab obsidione et manibus communium hostium liberetis, quod si feceritis, et
marchio ipse iussis vestris semper obediens erit et quicquid habebit

a vobis recognoscet ac beneficio vestro habere putabit, et simul eam
vobis partem faciet et rerum suarum omnium et dominii sui, quam
vos faciendam judicaveritis, præterea et ipse et fratres eius, quanta vi
poterunt, vobis auxilio venient, quam primum ab obsidione liberati
erunt, commeatus, machinæ militares, tormenta, sulfurei pulveris magna
vis et quæcunque sua vobis non deerunt, præterea salis magnam co-
piam, quam ipse Leuci cumulatam habet, sine precio habebitis. Ego
vere a marchione, fratre meo, omnimodam ac plenam authoritatem
habeo ac facultatem ea omnia conficiendi, quæ ipse, si præsens esset,
facere posset, et si vos oportere iudicaveritis, quandocunque vobis placebit, ad vos me conferam aut fratrem meum alterum me cum plena
authoritate mittam, vel si forte vobis videbitur ex vestris aliquem ad
me mittere res secretius ac tutius transigetur, cum interventu etiam
ill^{mi} Sabaudiæ ducis, si vobis placebit. Et ut intelligatis nos esse ob-
servaturos quæcunque vobis promiserimus, dabimus vobis, si opus erit,
unum ex nobis fratribus obsidem ac pignus apud vos futurum, eorum
quæ inter nos convenerint, rogo vos, ut præsenti exhibitori plenam
fidem in omnibus detis atque omnia bene consideretis meque marchionis nomine ac meo vobis commendo, et si quid in his nostris temporibus possumus, id omne vobis libentissimo animo offerimus ac Deum
rogamus, uti vobis adversus hostes vestros victoriam, uti cœpit, et fœl-
licem semper vitam largiatur. »   L u c e r n, A. Religionshändel.

928. Nov. 10. Jacob Feer, landvogt zu Lauis, an die hauptleute
der V Orte. «Ich schicken üch hie ein houptman, heifst capitäni
Thomas, het i^c knecht, han im daruf gen lvij kronen, ouch l oder lx
knecht, gehörend under ein anderen houptman, heifst capitani Gabriel
von Ferrer, han demselben daruf gen xx kronen, sond alls büchsenschützen sin, den(en) allein hend wir inen nachgelan in hundert x (?),
mit andren geweren zuo den fänlinen, sond ir si da uss mustren und
die rödel machen und lüt darzuo ordnen, dass es recht zuogang; denn
der herr (Verulan) will die rödel inbar han, damit er mög wüssen,
was man für lüt und kosten heig; hat mir gar eigenlich darum geschriben, dass er well, dass es recht zuogang . . ., damit der Papst
nit unwillig werd. Bitt üch, ir wellend den houptman Thomas für
empfolen han, denn er gerüemt wird für ein redlich houptman; dem
andren tuond ouch das best. Ich bitt üch, ir wellend mir ilends
schriben, ob ir me begerend, oder was üwer will sie; denn ich üch
dick han geschriben, darum mir kein antwurt ist worden. . . . Sust
weifs ich üch nüt nüws anzezöigen, denn dass hundert Italianer, so
der Herzog vor Legg het gehan, sind von im gefallen zuo dem von
Müfs in Legg; darum ist not, dass ir sorg heigend, dass si da uss
ouch nit zuo unsern fienden mögend handlen oder fallen » . . .
L u c e r n, A. Religionshändel.

929. Nov. 10 (Freitag vor Martini), Solothurn. 1. Verhörung der
schreiben von boten und hauptmann, der mahnung Berns und des
burgrechts. 2. Antwort an Bern: Man sitze an den grenzen, sei täg-
licher angriffe gewärtig, da man nicht vernehme, dass die (Lands-

knechte) weiter hinab ziehen, müfse also auch die landschaft **Bern** be
schirmen; das fähnchen in Bremgarten wolle man da bleiben lasse
und die heimgekehrten wieder dahin schicken; was bünde und burg
recht fordern, wolle man halten, wenn Bern an seinen landen und leu
ten angegriffen würde; aber mit dem panner will man noch dahein
bleiben. — Vgl. nr. 858.　　　　　Solothurn, Ratsb. 20, p. 466, 467. Miss. p. 835, 836.

930. Nov. 10 (St. Martins Abend), Dongo. Heinrich Rahn und Stephan Zeller an BM. und Rat in **Z ü r i c h**. Nachdem sie jüngst gemeldet, wie im «Mundris» ohne unterlass ein «fürzug» geschehe,
habe der vogt von Mendris persönlich angezeigt, dass dieser tage abermals viel volk, in sammt und seide gekleidet, auch wohl gerüstet, mit
starkem tross vorbeigezogen, etwa 200 auf einmal; viel anderes volk
solle nachrücken; man wisse aber nicht woher es komme.... Bitte
um bescheid, ob man hier verharren solle, da die knechte lieber bei
ihren herren im feld wären als hier; man wolle übrigens, wenn es
den obern gefalle, hier treulich dienen.... Sie mögen indessen vorsorge treffen, dass «die sach mit dem Herzogen nit fele», da es täglich langsamer zugehe, und ihm die knechte aus dem felde weglaufen.
— Soeben berichte ein bote, dass alles kriegstüchtige volk zu Bellenz
mit gewehren, das andere «mit schaufeln, hauen, bickeln und andern
instrumenten» nach Luggaris ausgezogen, um das schloss zu schleifen,
und dass die V Orte beabsichtigen, von den Luggarnern einen eid zu
fordern... Die lage in fremdem lande, zwischen ross und wand, sei
jetzt gefährlicher als je, und sollte man wieder verkürzt werden, so
wollte man lieber daheim drei leben verlieren als hier eines, indessen
fortfahren in Gottes namen alles daran zu setzen....
　　　　　　　　　　　　　　　　　Zürich, A. Müsserkrieg.

931. Nov. 11 (Samstag S. Martin), «gegen tag». Zürich an hauptleute etc. im lager zu Horgen. Dass man ihnen befohlen, gute späher
und kundschafter auszuschicken, sei nicht in der meinung geschehen,
dass sie durch solche mit der widerpart articuliren, sondern blofs dass
sie erfahren sollten, wo, in welcher stellung und wie stark der feind
sei, und wie demselben abbruch zu tun wäre, damit sie sich vor
schmach zu hüten wüssten; hätte man für gut gefunden, hinter den
ehrenschiedleuten und den mitburgern etwas der art vorzunehmen, und
für vorteilhaft und ehrlich, so würde man es bereits früher den gesandten vom Zürichsee, die darum angesucht, durch eine mittelsperson
unterhandeln zu lassen, bewilligt haben; man habe es aber nicht für
passend und zweckmäfsig ansehen können, den schiedleuten die sache
aus der hand zu nehmen und hinter ihnen durchzugehen; desshalb
sei man noch nicht willens, über einen anstand oder «artikel» mit
dem feind besonders zu unterhandeln; denn bekanntlich habe man anwalte zu den gesandten der mithaften nach Bremgarten abgefertigt
mit der vollmacht, über alles zu ratschlagen, was den frieden oder
krieg belange; man zweifle auch gar nicht, dass sie so förderlich als
immer tunlich auf frieden dringen und nichts versäumen werden;
wenn es ihnen gefalle, durch diese einzige person* hinter den schied-

leuten etwas zu versuchen, so werden sie es wohl berichten; es sei
aber nicht fruchtbar, an zwei orten und hinter den andern zu tagen
und zu tädingen; desshalb solle hierin weiter nichts geschehen ohne
wissen und willen der boten zu Bremgarten, bei denen sich auch an-
wältei von der landschaft befinden. . . . Dagegen begehre man nochmals
ernstlich, dass die hauptleute umsichtig, wachsam und tapfer seien,
den feind wohl beobachten und sich vor schmach und schande bewahren. Es sei auch dringend nötig, die von dem späher gebrachten
artikel in strengstem geheimniss zu halten, da sonst bei dem gemeinen
mann kein halt (« heben ») mehr wäre.　　　　Zürich, A. Capp. Krieg.

* Den spaher, der die neuen friedensvorschläge der V Orte gebracht. --
Vgl. nr. 914.

932. Nov. 11, Z ü r i c h. BM., Räte und Burger an hauptleute und
Räte zu Horgen. 1. Man vernehme, dass ihre mannschaft bis in die
umgebung der stadt zerstreut sei und kaum in einem halben tage zusammenkäme; desshalb sei es nötig, sie wieder zum lager zu mahnen ..; wenn einer ungehorsam wäre, so wolle man ihn gehörig bestrafen. 2. Sodann zeigen sich viele Thurgauer, die durch die stadt
heimlaufen; das soll ihren hauptleuten angezeigt und ihnen zugemutet
werden, dass sie es abstellen, da man keine mehr durchlassen wolle
ohne passport; auch sollte jeder heimkehrende zuvor einen ersatzmann
stellen, endlich ins Thurgau geschrieben werden, dass die entlaufenen
als ehrlose leute zu bestrafen seien.　　　　Zürich, A. Capp. Krieg.

933. Nov. 11 (S. Martins tag). Z ü r i c h an hauptmann, pannerherr
und Räte zu Horgen. Sie werden bereits wissen, was die gesandten
in den letzten tagen « da jenseits » gehandelt und was ihnen zugemutet
worden etc., und die schiedleute angezeigt, wie die feinde (weil ihnen
auf die vier artikel keine antwort werde) ihre ehre bewahrt (d. h.
einen angriff sich vorbehalten) haben; weil nun die Berner sich über
jene artikel noch nicht erklärt, so richte man, da dem feind noch nichts
gutes zuzutrauen sei, an die hauptleute etc. die freundliche mahnung,
sich mehr zusammenzuhalten, für gute wache und kundschaft zu sorgen, um auf jeden fall gefasst zu sein, etc.　　　　Zürich, A. Capp. Krieg.

934. Nov. 11, nachm. 3 uhr, Horgen. (Hauptleute und Räte an BM.
und Rat: Instruction?). 1. Ungehorsam... 2. Zweifelhafte gesinnung...
3. Klagen über die armut... 4. Unordnung... 5. Mangel an hülfe von
Bern... Darum dringend nötig, den frieden rasch abzuschliefsen. —
Vgl. nr. 936.　　　　Zürich, A. Capp. Krieg.

935. Nov. 11, nachm. 8 uhr, Horgen. Hauptleute und Räte an BM.
und Rat in Z ü r i c h. Sie haben heute abend und durch ihre botschaft
schon berichtet, was hier begegne. Weil heute ein schöner tag gewesen, so habe man die rottmeister zusammenberufen und ihnen angezeigt, dass man auf dem Hirzel kein lager schlagen könne, wenn
die knechte sich mit hütten nicht begnügen. Da sei dann allerlei geraten worden, von dem einen und andern, den feind auf seinem gebiet zu schädigen; ein dritter habe « geschworen » und die sache ver-
wünscht; man hätte das volk nicht erst jetzt, sondern zu rechter zeit

fragen sollen; es sei nicht viel auszurichten mit leuten, die man in
die ordnung nötigen müfse etc.; hptm. Escher habe angezeigt, dass in
Bremgarten über den frieden gehandelt werde. Nach allem reden sei
einhellig ermehrt worden, noch zwei tage hier zu verharren und zu
erwarten, was für den frieden geschehe. Wiewohl «sie» an den feind
begehren, so dürfe man doch wenig hoffen, dass sie stand halten würden, «dwil und der friden so mechtig in inen lyt». Ja wenn die
obrigkeit den frieden nicht schliefse, haben sie lust, ihn für sich allein
zu machen. Man habe heute vielfach erfahren, dass aller ungehorsam,
untreue, heimliche anschläge und merkliche zagheit herrsche und grofse
schmach zu erwarten wäre, wenn der friede nicht zu stande käme.
Ganze schiffe voll knechte fahren weg über den see, ohne dass man
es zu hindern vermöchte. . . . — Von einem gemeinen mann aus den
V Orten vernehme man, dass dort noch kein friede bekannt sei. . . .

Zürich, A. Capp. Krieg.

936. **Nov. 11**, nachts 11 uhr. Zürich an seine hauptleute zu Horgen. Antwort auf den vortrag ihrer boten, über den ungehorsam des
volkes und ihr dringen auf baldigen abschluss des friedens. Man habe
ungeachtet alles schadens in den letzten tagen vollmächtige anwälte
nach Bremgarten abgefertigt, um mit den christlichen mitburgern alles
zu handeln, was zu einem göttlichen ehrenfrieden dienen möchte, und
besonders in den 4. artikel, wie er durch die schiedleute vorgeschlagen
worden, gewilligt, ihnen auch ausdrücklich befohlen, sich beförderlich
dem frieden zu «nähern» und fallen zu lassen, was sie nicht erlangen
möchten, damit es an ziemlichen dingen von seiten Zürichs nicht fehlte.
Weil aber die Berner noch nicht vollmacht genug gehabt, jenen artikel
anzunehmen, und der überfall der feinde am Hirzel dazwischen gekommen, so habe die sache wieder verzug erlitten; sobald jedoch die
andern mithaften um fortsetzung der unterhandlung nachgesucht, habe
man wieder eine botschaft mit vollmacht geschickt, auch vier von der
landschaft dazu verordnet, damit nichts versäumt würde; während die
Berner gestern abermals den 4. artikel abgeschlagen, habe man bisher
ohne unterlass, angelegentlich und stunde um stunde an dem frieden
gearbeitet, auch bei tag und nacht keine mühe gespart. . . . Desshalb
begehre man ernstlich, dass die hauptleute die rottmeister vor sich
berufen, ihnen vortragen, wie eifrig und unablässig man für den frieden gehandelt und nichts mangeln lasse; ihnen aber auch vorstellen,
welche unehre der stadt und landschaft in ewigkeit daraus folgen
müfste, wenn man ohne frieden aus dem felde wiche und die feinde
meister werden hiefse, und sie zum freundlichsten und dringendsten
ermahnen, die umstände wohl zu bedenken und sich einen, zwei, drei
oder vier tage, bis man unter mitwirkung der landleute einen frieden
erlangen könne, zu gedulden und keinen unehrlichen aufbruch zu tun,
zumal man den boten zu Bremgarten desshalb neuerdings alles nötige
zugeschrieben und befohlen habe, mit allem möglichen fleifse eiligst
einen frieden abzuschliefsen, und immer hoffe, dass Gott es bald bald
zu einem guten frieden schicken werde etc. Die zwölf «banditen»

von Rotweil sollen sie ferner bei der panner behalten und speisen; vielleicht lasse sich am ende auch etwas für sie erringen. . . .

Zürich, A. Capp. Krieg.

937. Nov. 11 (S. Martins tag), nachts, St. Gallen. Ulrich Seebacher (Stoll), «landvogt» im Rheintal, und Hans Konrad Escher, verweser der hauptmannschaft, an Zürich. Die Rheintaler und ammann Vogler haben freundlich gebeten, ihnen anzuzeigen, ob wirklich ein friede vorhanden sei, und wenn dem so wäre, Zürich dringlich zu ermahnen, dass es sie darin bedenken und bei ihren rechten handhaben wolle; sie hören nämlich von etlichen, man habe sie ganz vergessen und sich ihrer nicht angenommen; darüber bitten sie um schriftliche antwort.

Zürich, A. Rheintal.

938. Nov. 11. Schaffhausen an Zürich. Antwort auf das schreiben vom 10. d. Man höre wohl allerlei reden, die aber keinen grund haben; denn die burger, die täglich nach Waldshut oder Laufenburg gehen, vernehmen gar nichts besonderes. Man werde aber auch ferner sich fleifsig erkundigen und in eile fleifsig berichten. . . .

Zürich, A. Capp. Krieg.

939. Nov. 11, Bremgarten. Hauptleute und Räte des Berner heeres an die führer des zweiten haufens, in Aarau. Gestern haben die schiedleute artikel gebracht, die man nicht annehmen könne; darauf habe man andere aufgesetzt und (abends) an die gemeinde gebracht, die sich dagegen ausgesprochen, aber heute morgen sich bewegen lassen, dieselben zu genehmigen; diese seien dann den schiedleuten vorgelegt worden mit der erklärung, dass man dabei beharre; was weiter komme, werde man auch berichten. — Beiliegender brief an die obrigkeit zu liefern.

Bern, A. Capp. Krieg.

940. Nov. 11. Basel an den landgrafen von Hessen. Antwort auf dessen nachrichten über rüstungen des Kaisers etc. Es sei ihm kaum unbekannt, wie die V Orte, vermutlich auf anstiftung der feinde evangelischer wahrheit, sich erhoben, Zürich an land und leuten leider stark geschädigt, wesshalb dann Bern und Basel unternommen haben, Zürich zu retten und bei dem ewigwährenden worte Gottes zu schirmen, zu welchem zwecke jetzt zwei hiesige fähnchen im felde liegen; nun sei nach vielerlei gütlichen verhandlungen derzeit noch kein billiger friede zu hoffen, wohl aber zu gewärtigen, dass die V Orte, durch ihr glück und die grofse hülfe von (glaubensverwandten) hochmütig und stolz geworden, sich nicht so bald zum frieden schicken werden, wenn Gott es nicht ändere. Da man nicht wisse, wann dieser krieg enden werde, wiewohl man einen guten ausgang hoffe; da man nebenbei mit dem von Musso schon lange in offener fehde stehe, darum an beiden orten nicht blofs der eigenen leute, sondern auch anderer hülfe sehr bedürftig sei, so möge der Landgraf leicht ermessen, was für beistand man ihm in solcher not leisten könne, und dass es nicht möglich wäre, ihm jemand zuzuschicken. Denn die Oesterreichischen halten die grenzen so stark besetzt, dass man nicht ohne heereskraft passiren könnte; zudem zeigen sie sich so parteiisch für die V Orte, dass man ursache habe, sich vor ihnen zu hüten. Indessen scheine es den practiken der widersacher gegenüber hoch vonnöten, dass alle liebhaber des gotteswortes sich zur gegenwehr rüsten, damit jene (im fall eines krieges) nicht (zum voraus) allen vorteil hätten, etc. — Vgl. nr. 941.   *Basel. Missiven.*

941. Nov. 11, nachm. 6 uhr. **Basel** an die geheimen Räte in **Strafsburg.** 1. Die zuschrift des landgrafen von Hessen habe man erhalten und setze voraus, dass ihnen eine gleichlautende zugekommen, habe auch sofort Zürich benachrichtigt und wolle, was dieses antworten werde, eilends übersenden. Dem Landgrafen gebe man folgenden bescheid: ‹ Dwyl wir diser zyt mit eigenen kriegen, als gegen den v Orten und dem tyrannen von Müfs, do noch niemands, wie sich die enden werden, wissen mag, beladen; dorzuo die österrichischen anstofsenden grenzen mit reisigen und fuofsvolk versechen, dass zuo ersorgen, dass sy sich in dise gegenwertige ufruor und vechd, so die nit vertragen, inwickeln möchten, der ursach wir der unseren, wo soliches bescheen, bas anheimsch dann usser land ze schicken bedörften, wie dann ir f. g. by ir selb zuo ermessen, und uns diser zyt die unsern usser land loufen ze lassen ganz beschwerlich sin will; so aber die vorerzelten ursachen nit vor ougen, wellten wir uns unverwyslich und der verein gemäfs halten und was irer f. g. von wegen des göttlichen worts (widrigs?) zuostüend, für unser teil und so vil an uns helfen abwenden etc. › Hiebei bitte man (die kriegsherren) freundlich, die von ihnen gegebene antwort auch mitzuteilen. 2. Bericht über den stand des krieges mit den V Orten: Ihre vier friedensartikel habe Zürich ungeachtet seiner zusagen für die gemeinen herrschaften angenommen; Bern werde sie auch nicht abschlagen, und da nun der krieg zunächst diese zwei städte berühre, so habe man dies nicht wehren können; es sei jetzt also ein friede zu erwarten, oder ein winterlager zu errichten, etc.   *Basel. Missiven.*

942. Nov. 11, Bern. **Caspar Grofsmann (Megander)** an **Zürich.** Trost- und mahnschreiben. ... ‹ Dann was alle menschen zuo diser zit üwerthalb sagt (sic), will sich hie nit schicken ze melden, denn eben umb so vil, es ist bisshar umb ein statt von Zürich by aller wält gestanden, wie unser her Christus Jesus von Capernum sagt, sprechende, und du Capernaum, die bis an den himmel minen(?) und der wunderzeichen halb, die in dir beschächen, erhöcht bist, wirst gar genidert werden; also will es mit einer statt von Zürich ouch zuogan, das aber darumb alles beschicht, damit sich niemands dess, das (aber) Gott allein zuogeschriben soll werden, rüemen könnde›... (Von unterschreiber Eckart's hand). — Nachschrift von Megander, an den stadtschreiber: Gratiam etc. Non tam dolet nobis .. prior calamitas, tametsi magna fuerit, quam præsens illa tergiversacio, etc. etc. Estote viri, viri sitis, o Tigurini, Tigurini. ›   *Zürich, A. Capp. Krieg.*

943. Nov. 11, Mailand. **Ennius,** ep. Verulanus, an hauptleute und Räte der V Orte. ‹Mag[el] cet. Literas magnificarum dominationum vestrarum accepi, quas paulo acerbiores existimavi quam mihi alias consueverint scribere; nihil est profecto quod me damnent, cum res suas ac si meæ fuerint semper procuraverim, sed cum bellum preter opinionem s^{mi} d. n. et aliorum principum quasi ex improviso susceperint, non potuit s^{tas} sua in tanta pecuniarum egestate statim providere, sed mihi mandavit, ut pecunias quoad possem undequaque colligerem; feci quod potui, et magis in dies laboro, ut ex decima et ex amicis pecunias congregare possim. Nunc autem ad m^{as} d. v. dom. Franciscum, secretarium meum, cum ea scutorum solis quantitate quam colligere potui, una cum d. Stephano destino, qui easdem nomine meo salutabit et que illi commisi referet. Rogo m^{as} d. v. ut fidem adhibere velint»...

Lucern, A. Religionshändel.

944. Nov. 12. Zürich an (seine boten in Bremgarten). Heinrich Rahn und andere commissarien von den acht Orten schreiben, dass die knechte im lager vor Musso kein geld mehr erhalten und desswegen unwillig geworden, so dass ein schändlicher aufbruch zu besorgen sei, wenn ihnen nicht rasch geholfen werde; da leicht einzusehen, wie grofser nachteil daraus entstünde, da dann auch alle bisher gehabten kosten umsonst wären, so sollen die boten den gesandten von allen beteiligten Orten, die sich zu Bremgarten befinden, dies ernstlich vorstellen und darauf dringen, dass sie es ohne verzug heimschreiben, damit das nötige geld verordnet und nach Musso geschickt werde...

Zürich, Missiven.

945. Nov. 12, mittags, Bremgarten. Die boten von Zürich an stadtschreiber Beyel. Während die schiedleute zu den V Orten reiten, um deren antwort über den vereinbarten (4.) artikel zu holen, möchte man den landfrieden, den beschluss zu Baden und den proviantabschlagbrief genauer prüfen, um desto besser handeln zu können, begehre also copien davon. — Auf das letzte schreiben (11. d. m., 11 uhr nachts) habe man zwei boten von der landschaft nach Horgen geschickt, um mündlich bericht zu geben, was besser sein dürfte, als wenn man geschrieben hätte.

Zürich, A. Capp. Krieg.

946. Nov. 12 (Sonntag nach Martini). Michel Luchsinger an Glarus. Nachrichten über verschiedene vorkommnisse in der besetzung der ennetbirgischen plätze, namentlich über seinen verkehr mit dem vogt von Mendris, der rat und hülfe begehre zu allfälliger sperrung der pässe für die wälschen, den V Orten zulaufenden truppen; bitte um die nötigen weisungen.

Zürich, Tschud. Doc. Samml. IX. 79.

947. Nov. 12 (Sonntag nach Martini), Inwyl. Hauptmann etc. (von Lucern) an Statthalter und Rat. 1. Die schiedleute seien wider verhoffen noch nicht erschienen; man erwarte sie heute noch. 2. Da jetzt von Toggenburg her die strafse offen sei, auf welcher man salz erhalten könne, so habe Schwyz eine person beauftragt, für die V Orte solches anzukaufen, damit die fürkäufer nicht den gemeinen mann beschweren; desshalb habe man 100 kronen (voraus) bezahlt. 3. Zusendung eines nach Dagmersellen bestimmten zeddels.

Lucern, A. Religionshändel.

948. Nov. 12, nachm. 2 uhr. Bern an Frutigen, Aeschi und Spiez. Da die besatzung in Brienz einen starken überfall besorge und desshalb hülfe begehrt habe, so gebiete man ernstlich, dass (alle mannschaft) sich gerüstet halte, um auf die erste mahnung, geschehe solche durch briefe, boten oder wortzeichen, ihr tapfer zuzulaufen und das land vor den feinden zu retten, etc. Bern, Teutsch Miss. T. 23l.

949. Nov. 12 (Sonntag nach Martini), 1 uhr in der nacht. Ammann und gemeinde im St. Michels-amt an schultheifs Golder von Lucern. «Es sind die unsern von Pfäffiken zuo uns komen und anzöigt, wie von Rynach kommen syg eigentliche warnung, dass die von Bern mit einem zug gan Rynach uf morn kon werden und daselbs gheifsen kochen und zwen ochsen abhin triben zuo metzgen, und syge der Bernern anschlag, wo der friden nit gemachet werden möge, wöllend sy mit eim zug, so von Zofingen mit der panner geruckt, von Arow hieruf für Rynach, und die so denn in Zofingen ligend, ennend für mit eim zug heruf ziehen, so wyt und sy mögend, und darby ouch gseit, dass sy etlich vorufhar gan Pfäffiken schicken und den herren daselbs helfen mess haben und luogen, wie es um (die) kilchen stande»... Bitte um eiligen bescheid, mit der anzeige, dass die schiedleute zu Bremgarten gesagt haben sollen, sie wissen noch nicht, ob sie den frieden zu stande bringen, etc. Lucern, A. Religionshändel.

950. Nov. 13, vorm. 11 uhr. BM., Räte und Burger von Zürich an hauptmann und Räte zu Horgen. Die drei ausgeschossenen von der landschaft, die den gesandten zu Bremgarten bei dem frieden handeln helfen, haben nach eröffnung der antwort, die sie gestern zu Horgen erhalten, in guter meinung angezeigt, dass sie die stellung des heeres gar unsicher, das volk zu sehr zerstreut, (bis nach Wollishofen), den raum zu eng und einen überfall vom gehölz her leicht gefunden, zudem dass die feinde die absicht haben, wenn bis nächsten Mittwoch (15.) der friede nicht erreicht würde, mit 4000 mann aufzubrechen und leib und leben daran zu setzen; dies zeige man als freundliche warnung an, damit die hauptleute desto wachsamer seien und sich bemühen, die mannschaft mehr zusammenzuziehen etc.; denn sollte noch ein unfall begegnen, so wäre, wie sie wohl einsehen, alles gar gefehlt. Zürich, A. Capp. Krieg.

951. Nov. (13.) («Montag»), «um 12 nach mittag», (Horgen). Hans Escher an BM. und Rat in Zürich. Um 4 uhr nachmittags seien alle rottmeister von beiden seiten des Zürichsees bei einander gewesen, um über den (von den V Orten empfangenen) brief, von dem er bereits copie geschickt, zu ratschlagen, wozu sie auch Räte und Burger berufen haben; da man ihn um rat gefragt, habe er angezeigt, dass er keine vollmachten für friedensunterhandlungen besitze und alles an die obern weisen mufse; darüber haben die leute grofses missfallen gezeigt; er sei nun seinem befehl nachgekommen, bitte aber die herren, grofsere unruhe — «ich sorg, es werd sus kum zergan» — zu verhüten und den handel wohl zu betrachten; «Gott erbarms»... Zürich, A. Capp. Krieg.

952. Nov. 13, nachm. 3 uhr, Horgen. Hauptleute und Räte an BM. und Rat in Zürich. Bitte um freilassung des gefangenen Schönbrunner von Zug, da er sich immer freundlich und wohl gehalten; (auf das begehren des schaffners zu Wädenswyl, in dessen gerichten er gefangen worden, der auch bemerklich mache, dass dann der anstand für seine herrschaft verletzt wäre etc.). *Zürich, A. Capp. Krieg.*

Entsprochen. Passport für Sch. und Andr. Trachsel noch vorhanden.

953. Nov. 13, nachm. 4 uhr, Horgen. Jacob Rapold und Hans Syber an BM. und Rat in Zürich. Da sie den auftrag erhalten, den urhebern der gegen die obrigkeit in den letzten tagen ausgestreuten rede — «dass man niemer Rät und Burger versamle, man find (dann) xx verräter darunder» — nachzufragen, so haben sie Dietrich Weber und Wolfgang Kuchimeister darüber verhört, die sich aber auf «den Ackli» berufen; diesen haben sie hier befragt, aber ohne erfolg, indem er standhaft läugne und recht biete. *Zürich, A. Capp. Krieg.*

954. Nov. 13 (Montag nach Martini), Zürich. Todesurteil über Peter Gurni (?) von Freiburg. § 1. Er «hat verjechen, er sye dero zum Affen trossen (?) gesin, und als er uss dem läger gan Bar gangen und öpfel und anders wellen reichen, habind die von Zug in gefangen und by acht tag im läger behalten und darnach im sechs batzen geben und in geheifsen, er sölle in unser läger gan und eigentlich losen, was wir handlen wellind, und wo unser geschütz lige oder stande; das habe er getan und darnach wider zuo denen von Zug gangen, inen unser macht und geschütz anzeigt; do habind sy in wider zuo uns geschickt und geheifsen, er sölle luogen, wohin wir jetz verrucken und ziehen, oder was wir tuon wellind, und als er überhin gangen und das wellen erkunnen, syen wir im ufbruch gesin und hinweg zogen; (do) sye er mit uns gezogen, und uf dem weg syen zwen zuo im rytend kommen, dann er sich ein wenig verhindert; die habint im ein halben guldin geben, er sölle mit uns ziechen und luogen, was wir handlen oder wohin wir ziechen wellind, und im darnebent verheifsen ein kleid und fünf kronen zuo geben, und sölle wider gen Bar zuo inen kommen und inen das anzöugen, und zuo wortzeichen an ir wacht sagen hü hü.» — (Es folgen achtzehn absätze betreffend diebstähle, mordo etc. Der delinquent wurde gerädert). — Vgl. nr. 157. *Zürich, Ratsb. p 213b, 214, 215.*

955. Nov. 13. Ulrich von Hohensax an Hans Escher, «oberster feldherr und hauptmann» von Zürich. Zusendung von Heinrich von Helmstorf's sohn und des schreibers Joseph, die er aber gerne wieder hätte, da er ihrer bedurfe. Bitte um nachrichten. . . . «dann ich besorg, min herren von Bern wellen m. h. von Zürich ganz verfüeren». . . . Heute habe der von Hewen geschrieben, dass der ennethalb Sees gerüstete haufe wider Constanz und das Thurgau ziehe. . . . *Zürich, A. Capp. Krieg.*

956. Nov. 13 (Montag nach Martini), Dagmersellen. Hauptmann etc. an die hauptleute der Lucerner zu Inwyl. «Es ist uf hüt für uns kommen der eignen von Knutwyl erber botschaft und uns ir anlig-

gend not entdeckt, fürnemlich, demnach sy einer stift Zofingen und
mit der stift reisen solltent, und jetz von der stift vogt zum dickern
mal ufgmanet, da aber sy anheimsch bliben, vermeinent, dwyl diser
krieg ganzlich von des gloubens wegen angefangen, und das malefiz
by inen über . . ist, sigent si nit schuldig, uf dissmal mit den Bernern
ze reisen; nun hand sy von gedachter stift vogt vilfaltig scharpf tröwung empfangen, darum sy besorgent und von (den) Bernern künftig
schaden und straf erwarten, begertent und suochtent by uns unser hilf
und rat etc. Uf sölichs hand wir die benemplen von Knutwyl für
üch . . als den vollmächtigen gwalt mit diser unser fürgschrift geschriben, üch fründlich bittende, den frommen lüten ires anligens trostlich
und hilflich ze sin, iren, wie es üch guot bedunkt, in der bericht old
darnach old durch ander mittel bedenken; dann sy uns zuogsagt, so
es not werde tuon, ir lyb und guot (zuo) uns zuo setzen; sy welltend
ouch (wellend ir in gheim han) vil lieber Lucerner dann Berner sin;
darum so wellend ir iren nit vergessen, damit sy vor gwalt geschirmt
werden » . . .
Lucern, A. Religionshändel.

957. Nov. 13 (Montag nach St. Martins tag), Dagmersellen. Hauptmann und Räte an Statthalter und Rat in Lucern. In dieser stunde
sei von Münster her heimliche warnung gekommen, dass « der Bär »
vorhabe, das amt zu überfallen. Da man nun wenig mannschaft mehr
habe, die knechte täglich «fast» heimlaufen, und trotz den aufgebot
das volk nicht zunehme, so begehre man (nochmals) ernstlich, das
sofort in die ämter geschrieben und das volk hieher geschickt werd,
damit man einem angriff des « listigen Bären » begegnen könnte; denn
die Münsterer melden, dass er auf diese nacht mit dem panner
Reinach sein wolle.
Lucern, A. Religionshändel.

958. Nov. 13 (Montag nach Martini), Bellenz. Jacob Feer, landvo
zu Lauis, an die hauptleute der V Orte. «Uewer schriben mir näch
getan, han ich verstanden, und wird der knechten halb stillstan b
uf witer über bescheid. Ich han üch by vj° Italianer geschickt, h
(dem) Steffan (de Insula) und dem Secretari (Verulans) in rechnun
gen, was ich den houptlüten daruf gen han, und man inen abziech
soll. Darüber ist grofsen kosten ufgangen mit botten us und in
ferggen, ouch ob xx knecht von den fünf Orten zuo üch ushin
ferggen, die nit ein haller hattend, und ich uss dem läger in über
namen beschickt han, ouch zerung (für die?) kriegslüt, botten und
ders. so ich usgen han, die Italianer uss dem läger und allenthalb
ufzebringen und har ze beschicken; darum ich guot rechnung wi
gen. So spricht der secretari, er heig kein empfel darum, mir sölich
uszerichten; bitt ich üch . . . ir wellen dem herren schriben, dass
sölichen kosten ouch bezalen tüe, denn ich vier ganz wuchen (da)
ze schaffen gehan, und grofsen kosten ufgangen ist; denn welch
kriegslüt will ufbringen und han, muofs sölichen kosten ouch h—
meint der secretari, ir . . söllend in han, der krieg sie über; du
mich, ir heigend sust kosten vil und gnuog. Darum mögend ir d
herren schriben nach üwerm gefallen, damit der kost nit gar uf

werd ligen, und land mich ilends wüssen, was ich witer von üwer wegen handlen söll; denn ich kein gelt von denen von Lonwis bringen mag und bishar alle ding fast uss mim seckel usgen han •....

Lucern, A. Religionshändel.

959. Nov. 13, um mitternacht, Bremgarten, in grofser eile. Hauptleute und Räte beider panner von Bern an Solothurn. Dessen hauptmann und boten haben die absicht erklärt, mit ihren knechten heimzuziehen, gemäfs einer schriftlichen weisung der obern.... Darüber empfinde man grofses bedauern, da man sich jetzt auf eigenem boden befinde und stündlich eines angriffs gewärtig sei; denn die vorgeschlagenen friedensartikel seien so unbillig, dass man sie nicht annehmen könne, zumal sie die kosten des Unterwaldner handels (zurück-) fordern. Darum habe man den hauptmann zum bleiben gemahnt und mahne hiemit auch (die obrigkeit), nicht blofs die knechte hier zu lassen, sondern ein treues aufsehen zu üben, wie die altvordern getan.

Solothurn, Berner Schr.

960. Nov. 13 (Montag nach Martini), nachm. 10 uhr, Bremgarten. Hans Hugi, venner, Niklaus von Wengi, Thomas Schmid, hauptmann, und Wolfgang Stölli an Solothurn. Die schiedleute seien heute von den V Orten zurückgekommen und die ihnen verheifsene antwort schriftlich diesen abend eingegangen; die V Orte weichen darin nicht um ein haar breit, sondern halten die vier (ersten) artikel (unbedingt) fest; zudem verlangen sie die aufhebung der christlichen burgrechte und die rückerstattung der früher bezahlten kriegskosten. So sei ein friede nicht wahrscheinlich. Demzufolge werde man morgen früh den Bernern abermals anzeigen, was die obrigkeit befohlen, da (der streit) den glauben berühre. Inzwischen haben die Berner selbst eine beratung gewünscht; man habe ihnen die absicht erklärt, morgen heimzuziehen, was sie nicht zulassen wollen; desshalb sei versprochen worden, die frage morgen früh an Räte, Burger und gemeinde zu bringen; man vermute übrigens, dass niemand bleiben wolle; denn es sei zu fürchten, dass man sonst mit dem feinde so verwickelt würde, dass man nicht mehr weichen könnte. Bitte um eiligen bescheid.

Solothurn, Reform.-A.

961. Nov. 14, vorm. 3 uhr, Bremgarten. Die boten von Zürich an BM. und Rat. Die schiedleute seien gestern, wie schon gemeldet, mit der erläuterung des 4. artikels in das feindliche lager gegangen, in der meinung, dass man denselben annehme, wie Zürich es getan, wenn die V Orte sich nicht bewegen liefsen, den erwähnten vorschlag anzunehmen. Sie haben dann aber nur mündliche antwort darüber empfangen, die schriftliche von deren obern erst um 9 uhr abends mitgeteilt, dabei die vier neuen artikel der feinde (copie a, jene antwort beilage b). Die schiedleute haben jedoch gewarnt, dass man sich fortwährend hüten solle. Demnach habe man die hauptleute der Thurgauer und Bündner vorbeschieden und ermahnt, in das lager zu reiten und das nötige anzuordnen; auch Peter Füfsli und Hans Weber nach Zürich geschickt, um weitern bericht zu erstatten. Die schiedleute gehen jetzt wieder zu den feinden, da die neuen artikel unleidlich

seien. Bitte um bescheid, da die Berner sich in Rät und Burgern
beraten. . .   Zürich, A. Capp. Krieg.

962. Nov. 14, mittags, Bremgarten. Die boten von Z ü r i c h an BM.
und Rat. Antwort auf das schreiben von heute morgen, des inhalts,
dass den b. leuten (von der landschaft) bewilligt sei, über einen frieden zu unterhandeln; darum breche man sofort auf, um heimzukehren, in der hoffnung, dass Gott wieder frieden und einigkeit gebe.
                                          Zürich, A. Capp. Krieg.

963. Nov. 14, «gegen tag», Z ü r i c h. Vor Räten und Burgern er-.
scheint eine botschaft vom Zürichsee mit der anzeige, was für eine
«schwere und sträfliche» schrift die feinde ihnen zugeschickt, und wie
sie durch boten gedroht haben, wieder tätlich vorzugehen, damit sie
der sache los würden, worüber sie antwort bis heute morgen um 7
uhr haben wollten etc.; darauf haben sie, die gemeinden, mit gunst
und rat der herren bei dem panner den 4. artikel anzunehmen und
über anderes auch zu handeln bewilligt, und eine botschaft in das
lager der feinde geschickt, um dies zu erklären; sie bitten, diesen entschluss in betracht ihrer armut und der not, die sie seit etlichen jahren erlitten, sich gefallen zu lassen und den Räten bei dem panner
gewalt zu geben, weiter in der sache zu handeln, damit man endlich
zur ruhe käme, mit dem freundlichen erbieten, bei der stadt in guten
treuen zu bleiben etc. Meine herren haben dann der b. leuten
vorgestellt, wie dringend sie der botschaft zu Bremgarten befohlen,
unabläfsig an dem frieden zu arbeiten, und was bisher darin getan
worden, sodass sie erwartet hätten, dass es dabei bleiben könnte; weil
aber die sache schon geschehen, so wollen sie es gelten lassen und
den Räten bei dem panner befehl geben, einen frieden zu schliefsen,
welcher für die stadt annehmbar und ihren christlichen zusagen gemäfs sei; dies haben sie auch nach Bremgarten geschrieben, um dort
die handlung ebenfalls zu befördern, dabei aber zu bedenken gegeben,
dass man die huld der christlichen städte behalten und die schiedleute
nicht so hintansetzen («usschütten») sollte, um desto eher zu einem
ehrlichen frieden zu kommen. . .   Zürich, A. Capp. Krieg.

964. Nov. 14, Z ü r i c h. BM., Räte und Burger an hauptleute und
Räte zu Horgen. «Ungefaarlich vor einer stund haben uns unser gesandten von Brämgarten dise uneerliche schandtliche artikel, so uns
vom gegenteil angemuotet werdent, zuogeschickt, daruf wir inen ilends
widerumb geschriben, sich mit unseren eidgnossen von Bern und anderen darüber zuo beratschlagen, was inen darin gemeint und anmüetig sin . . ., und was sy also by inen findend, uns dess ilends widerumb zuo berichten. . . Dazwischen mögend ir ouch darüber sitzen und
die artikel erduren und beratschlagen, welicher gestalt die anzuonemen
oder zuo miltern und was darin ze handlen sige; dann wir hoffend,
dass kein redlicher Zürcher sige, dem die nachganden artikel über
die ersten vier gefallen; wir könnend und mögend ouch dise fürschleg
in keinen weg annemen, wir werdent es ouch nit tuon, und ob wir
lyb, leben, eer und guot und was uns Gott beraten, daran binden söl-

ten, wie wir ouch uns gänzlich zuo den unsern versechen wellend, (dass) sy nit von uns stan, ouch disen elenden uneerlichen bericht in keinen weg annemen, sunder uns byständig sin und an uns faaren wellind als biderw lüt. » Erneuerte mahnung, die so gar unsichere stellung des lagers aufzugeben und eine bessere zu wählen, da ihnen leicht eine schmach begegnen könnte; die Thurgauer und Bündner hauptleute werden auch bald zu ihnen kommen und desshalb mit ihnen beraten helfen.　　　　　　　　　　Zürich, A. Capp. Krieg.

965. Nov. 14, nachts 8 uhr, Horgen. Hauptleute, ·pannerherr, Räte und Burger an BM. und Rat in Z ü r i c h. «Wie wir üch uff gestrige nacht bericht, was geschrift üwern biderben lüten am Zürichsee von den fünf Orten zuokommen, ouch was sy an die berüerten biderben lüt erfordert, dessglich wie das meer under denen am Zürichsee, vier botten zuo den fünf Orten ze schicken, worden, welich hüttigs morgens zuo inen geritten und namlich ein anstand bis uff morn die einlife den mittentag gemacht, wellend sy am Zürichsee inen ein entlich antwurt von wegen des vierden artikels bringen, uff welches wir hinacht Rät, Burgre, rottmeistre, sampt den zuogwandten houptlüten versamlen laufsen (!), und demnach inen fürgehalten, was ir unsere herren uns zuogeschriben, dessglich sy ouch verhören laufsen, was die vier obbe-melten botten by inen den fünf Orten geschaffet, ouch die artikel, so sy inen in geschrift gegeben, läsen laufsen. Nach sölchem, ouch allem begegnen, haben wir houptlüt, Rät, Burgre und rottmeistre uns ein-hellenklich vereinbart und one alles widerreden gemeeret, dass wir die iiij artikel (wie irs dann angenomen) uff ein nüws angenommen, zuo-gesagt, bestet und ingangen haben wellen, ouch die durch unsre botschaft uff morndrigen morgen, so wir zuo unsern finden ze riten verordnot, ze wüssen ze tuond in willens, daby ouch an sy begeren einen wytern an-stand, umb die übrigen vier artikel, so sy uns noch fürgeschlagen, darin wir dann ratschlagen wellen, ze machen; dann die biderben lüt je der meinung, dass sy kurzumb einen friden haben wellen, fragend ouch desshalb den Bernern, ob sy den friden mit inen annemen wellen oder nit, ganz und gar nützit nach; dann ein nar spüren mög, uff was spil sy gangind, geschwigen do ir unsre herren unlanger tagen sy, die von Bern, mit beschlossnen und offnen briefen, ouch üwern und unsern herrn burgermeister Rösten und andern üwern ratsfründen, üch in anligender not zuozeziechend, uff das ernstlichost, mit fürhaltung, was guotes ir, ouch unsre vordern einer statt Bern bewisen, gemant, aber doch an inen nützit erschossen, sonders uns trostlos gelassen. Und so wir nun uss erhö(i)schung trengender not, ouch gröfsers (wie ir wol wüssen tragen) fürzekommen, so ist an üch unser ernstlich beger und meinung, ir wellend uns ilents etlich ratsbotten, die dann mit uns handeln söllen und wellen, zuoschicken; dann man die sach nit länger verziechen mag, angesächen dass witer und vil ein gröfsers daruf sin und gelegen (!). Wir wellend üch ouch hiemit heimgesetzt haben, ob ir dis unser fürnemen gen Brämgarten schriben wellen. Die rats-botten wellend uff morndrigen morgen by uns zuo Horgen er-schinen. »　　　　　　　　　　Zürich. A. Capp. Krieg.

966. Nov. 14, nachts, «bym liecht». Hans Stumpf, pfarrer zu Bubikon, an Georg Berger und Hans Escher, hauptleute bei dem Zürcher panner. «Es sind uff hüt Zinstag zuo abent etlich burger und ratsfründe der statt Rapperschwyl, der statt Zürch nit zum ungünstigsten, zuo mynen kilchgnossen für die schmitten komen und inen mit grofsem truwren kleglich anzeugt, dass die von Schwyz inen ein missive zuogesandt habint mit angehengter und trutzlicher begere, inen zuo bewilligen dry tusent welscher und gesamleter knechten one iren schaden durchzelassen ins Grieniger ampt uff die füeteri. Uff solchs ist uff morn Mittwoch ein gemeind zuo halten zuo Rapperschwil angesehen, die aber ganz geferlich ist uss nachfolgender ursach; der Schwiter party wachset und meret sich teglich, dargegen fallent vil ab unser party von forcht wegen etc. Der kantengiefser (?) ist hinus in die fach gefaren; dem habent etlich Schwiter guoter meinung heimlich anzeügt, dass die Schwiter genzlich des fürnemens syent, so man sy zuo Rapperschwil nit durch wölle lon, die March hinuf und für Utznach hinab ze ziehen.... Uff morn bin ich willens gon Rapprischwil, und was («wess») an der gmeind gehandlet wirt, will ich ilents schriben»...

Zürich, A. Capp. Krieg.

Sachlich vollkommen übereinstimmend schreibt Joh. Stucki, pfleger zu Bubikon, an den obersten hauptmann etc.

967. Nov. 14, nach mittag. Ammann und Räte von Altstätten geben dem Martin Zander eine instruction an BM. und Rat in Zürich. 1. Anzuzeigen dass man jenseit des Rheins nichts mehr bemerke, und die sage gehe, dass das vorhandene kriegsvolk sich abwärts ziehe, vielleicht gegen den landgrafen von Hessen. 2. Wie die Rheintaler früher sich für den abschluss eines friedens empfohlen, damit sie bei dem gotteswort bleiben könnten, so habe der bote befehl, je nach dem rate, den er empfange, in das lager zu reiten oder nicht, und im fall eines beschlusses die artikel sich zu verschaffen. Zürich, A. Capp. Krieg.

968. Nov. 14, nachts, (St. Gallen). Hans Konrad Escher und Hieronymus Schobinger an BM. und Rat in Zürich. Sie senden hiemit die missive von ammann Vogler, betreffend die landsgemeinde im Toggenburg etc., die sie vor acht tagen erhalten, samt einer instruction (für diese botschaft?). — Vgl. nr. 853 u. 967. Zürich, A. Capp. Krieg.

969. Nov. 14, Bremgarten. Hauptleute und Räte beider Berner lager an die obrigkeit und die führer in Aarau. 1. Hinweis auf den letzten bericht; übersendung der artikel der V Orte* und der diesseits gegebenen antwort. 2. Da man nun das ganze heer nicht mehr hier zu behalten vermöge, so besetze man die städte Bremgarten und Mellingen mit 1000 mann und etwas geschütz; die knechte könne man schlechterdings nicht mehr zurückhalten. Die leute in Aarau sollen desshalb nicht ausrücken, bevor man in Lenzburg sei und bericht gegeben habe; aber der teil der mannschaft, der zur besatzung hieher und nach Mellingen verordnet worden, soll dennoch sofort abgesandt werden; dessgleichen die 16 mann, welche die von Lausanne zu stellen haben. 3. Es gehe hier die allgemeine sage, Bern habe in Aelen

2000 mann und 2 fähnchen verloren, und zwar durch die Walliser, worüber man nachricht begehre. 4. Aufbrechen werde man morgen.

Bern, A. Capp. Krieg.

* Diese — vgl. Absch. p. 1212, n. 6 — finden sich in doppelter abschrift, (die eine von Cyro); die antwort Berns liegt ebenfalls vor; einen abdruck geben die Absch. p. 1213, 1214, n. 9. — Ein entwurf (copie) der acht friedens-artikel (art. 1—3 von einem schreiber der französischen gesandten, die übrigen von Cyro geschrieben, der auch erstere corrigirte) liegt bei den undatirten stucken.

970. Nov. 14. Bern in das erste lager. « Uewer schryben gester an uns usgangen haben wir empfangen und darin verstanden, dass ir beratschlagint, Bremgarten und Mellingen mit zuosätzern ze versächen und mit dem schweren züg abzezüchen etc., das aber uns unfruchtbar bedunken will; dann wir besorgen, ob ir glych jetz mangel halb gelts vor entlichem ustrag .. des handels anheimisch züchen, werden wir aulang rüewig blyben, sonders villicht angents widerum ufzebrechen und uns in die gegenweer ze stellen getrengt, das dann mit noch gröfserm kosten und unwillen der unsern beschwärlich zuegan wurde; harumb uns nutzer sin bedunkte, mit dem ganzen züg ze verharren, unzit der friden beschlossen, oder der sach sunst entschaft möchte ge-ben werden; doch schryben wir üch dise unsre meinung nit zuo, üch hiemit was ze tuond sye ze lernen, sonders wüssen wir üch fürsichtig und hochwys, dem besten nachzetrachten und was guot an die hand ze nemen.» Erneuerung der bezüglichen vollmacht.

Bern, Teutsch Miss. T. 232. Freiburg, Diessb. Pap.

971. Nov. 14 (Dienstag nach Martini). Lucern an Schultheifs, haupt-mann etc. zu Inwyl. Antwort: Mitteilung der namen der gefangenen Toggenburger (auf einem beigelegten zeddel: «Hans Räbsam, Bernhart Fry, Marti Holst, Rudolf Fölch, Rudi Rnoz, Jacob Bruggmann, Uoli Mannherz, Andres Fischbacher, Haus Müller von Lesighus, Hans Bruggmann von St. Johann, Klaus Loser und Cristen Meyer, v. S. J., Lienhard Meyer von Wildenhus, Peter Holenstein, Michel Huwen-doben »).

Lucern, A. Capp. Krieg.

972. Nov. 14 (Dienstag nach Martini), Dagmersellen. Hauptmann etc. an St. und Rat in Lucern. Antwort: 1. Infolge der warnung, dass die Berner an einen überfall denken, habe man späher ausgesandt und wolle einem angriff (tapfer) begegnen; der weisung aber, den Bären nicht in seinem nest zu suchen, werde man folge leisten. 2. Den Kaiserlichen zu schreiben und sie an ihre verheifsungen zu erinnern, gezieme dem hier lagernden haufen nicht wohl, da er nur ein fähn-chen habe; viel besser wäre es, wenn die V Orte von Inwyl aus mahnten, da sie durch das Toggenburg freie strafse haben. 3. Den zehnten des commenturs von Hitzkirch wolle man nachfragen und so-fort berichten, was man erfahre.

Lucern, A. Religionshändel.

973. Nov. 14 (Dienstag nach Martini), Dagmersellen. Hauptmann etc. an Statthalter und Rat in Lucern. 1. «Es ist uns diser stund durch herren Propst zuo Münster kund getan, wie er kundschaft er-fren, dass die Berner kein anschlag habent, uns zuo überziehen, und ig die red, sobald die bericht gemacht, wellent sy für Waldshuot ziehen und daselbs ir usständigen zins und zehenden reichen. Dessglich vernemeut wir, dass die Berner noch ein uszug getan ob Sant Urban die selbig landschaft uf, (und) ist die red, sy müefsent gan Aelen zuo; wir sind aber uf hinacht gwüsser botschaft wartend....

2. Sodann unser Wälschen halb, die uns dann ane underlass nachloufent, sich klagent, wie sy nüt ze gwünnen und die andern ire mitgsellen by unsern herren im feld zuo Inwyl vil (habind); nun hand wir nit gelt, sy zuo vernüegen, desshalb ein grofser uuwill und gemurmel under inen ist; dann zuo besorgen, (ir wüsseut wol, dass inen nüt ze truwen), sy habent in beiden lägern etwas verstands zuosamen und möchtent, so wir uns nit versechent, von uns fallen; darum wellent uns hilflich sin, by unsern herren zuo Inwyl rat suochen, ... damit wir wüssent, wie wir sy halten söllent, dass wir sy in hulde und gehorsam behaben; wellent uns (ouch) unverzogenlich berichten»...

Lucern, A. Religionshändel.

974. Nov. 14 (Dienstag nach Martini), 7 uhr abends, Dagmersellen. Hauptmann etc. an Statthalter und Rat in **Lucern.** 1. Da die Wälschen unaufhörlich bezahlung fordern und sich sehr unruhig zeigen, so wünsche man beförderlich 300 kronen zu erhalten; wenn gerade kein geld vorhanden wäre, so sei zu melden, dass ammann Dottiker zu Münster noch 2000 gl. und Peter Zukäs 1000 gl. baarschaft haben sollen; man bitte daher, für die genannte summe zu sorgen, um einen abzug (der Italiener) zu verhüten. 2. Sodann werde berichtet, dass die Zürcher ihre zusagen des friedens halb nicht halten, sondern 1200 Bündner an sich gezogen haben und noch mehrere erwarten. Von den Bernern höre man ebenfalls drohungen, dass sie an mehreren orten angreifen wollen. 3. «Wyter sind wir von einem erenman von Zofingen in gheim mundlich bericht, dass sy die Berner wüssent eigenlich, wie vil unser und der Walschen ist; so nun die bericht nit ein fürgang nimpt, werdent wir on zwyfel stark überzogen, (da) mögent ir wol ermessen, dass unser züg gegen irem gar unglych; darum wellent unseren herren und mitbrüedern im feld zuo Inwyl sömlichs zuoschriben, damit, ob es villicht nit gericht wurde, sy uns by ziten entschütten»....

Lucern, A. Religionshändel.

975. Nov. 14, Dongo. Heinrich Rahn und Stephan Zeller an BM. und Rat von **Zürich.** Die knechte aus der grafschaft Toggenburg seien bei nacht ohne allen urlaub abgezogen; Zeller habe ihnen etwa 18 kronen geliehen, die sie ihm schuldig bleiben. Den Appenzellern sei von ihren herren geschrieben, dass sie «keineswegs» gegen die V Orte ziehen sollen, — etwas befremdlich; so wisse man bei den stündlich drohenden gefahren nicht, was man von ihnen hoffen dürfe. Auch 10 knechte von Freiburg seien weggelaufen, bei nacht und unerlaubt. Nur die knechte von Zürich, Basel und Thurgau seien bezahlt, die andern noch nicht, wesshalb sie aufzubrechen drohen, wenn man sie warten lasse; Zürich möge daher ernstlich verschaffen, dass die andern Orte die bezahlung beförderlich schicken, da sonst nichts gutes daraus werden dürfte. Des Herzogs benehmen werde je länger je bedenk-

licher, da « sin volk für und für usen zücht», wie man schon öfter
geschrieben; er habe auch weder pulver noch steine geschickt und
zeige sich sehr verdächtig. Man bitte daher um fleifsigen bericht (über
den Cappeler krieg); denn ginge es übel, so läge man hier, ohne geschütz und munition, in grofser gefahr, wolle aber ehrlich und redlich
beharren, und wenn auch jedermann wegliefe... Die hauptleute von
Bern und Schaffhausen, die zu Mandello liegen, sollten die vom Herzog versprochenen 1200 mann haben; es seien aber kaum noch 300,
da die leute auch dort nach belieben weglaufen. Bitte um weitern
bericht...   Zürich, A. Müsserkrieg.

976. Nov. 15, nachm. 5 uhr, Mellingen. Hans Blass an BM. und
Rat in Zürich. Er vernehme, dass die Berner aufgebrochen seien
und heimziehen, aber einen zusatz, c. 800 mann, zu Bremgarten liegen
lassen und c. 400 hieher schicken wollen. Die aus den Aemtern laufen heim unter allerlei bedenklichen reden. Bitte um weisung, was
bei der ankunft der Berner besatzung zu tun sei. Die Mellinger zeigen sich über den rückzug der Berner bekümmert und wissen nicht,
was aus der sache werden solle, da sie einen so grofsen zusatz nicht
lang ertragen können...   Zürich, A. Capp. Krieg.

977. Nov. 15, Inwyl. Hauptleute, pannerherren und kriegsräte der
V Orte erteilen für 12 personen aus dem lager von Zürich geleit
zum zweck der unterhandlung über die von ihnen vorgeschlagenen
artikel etc.   Zürich, A. Capp. Krieg.

978 a. Nov. 15 (Mittwoch vor St. Othmar). Lucern an Schultheifs,
hauptmann etc. «Uns ist zuokomen von den unsern von Tamersellen
diser bygelegt brief, daby ir wol sechen, dass wir gelts bedörfen; so
künden wir (doch) keins ankon. Wir hetten wol zuo münzen, so
mag uns kein münzmeister werden. Aber der tusend guldin halb by
Peter Zuokäsen, der ist by üch, wär unser bitt und beger, dass ir mit
im verschiefen, dass er uns die selben tusend guldin werden liefs.
Des amman Tottikers halb zuo Münster haben wir von das selb gelt
(sic) ein eignen botten angends gen Münster geschickt und luogen, ob
das uns werden mög. Wa wir hie hinkomen, so finden wir wenig
gelt; aber jederman ist guotwillig, silbergeschirr und kettinen darzuo-
strecken, dass man darus mög münzen»...

978 b. Nov. 15 (Mittwoch etc.). Dasselbe an dieselben. «Wir schicken üch des burgermeisters Schmids sun von Zürich, der zuo Muri
ist ein münch gsin, und den predicanten von Rickenbach, hat sich hie
genempt Lenz Blaser, den hat der comentur von Hitzkilch dahin verordnet zuo eim predicanten, als er selbs gichtig ist... Item wir sind
bericht, dass zuo Zug gefangen sind einer von Wyl, genanut Diebolt
Vyts, und der fändrich von Steckboren, die grösten anfänger und un-
ligsmacher dises handels»....   Lucern, A. Capp. Krieg.

979. Nov. 15. Bern an Biel. Antwort auf dessen mahnung. Man
sei ganz geneigt, mit leib und gut zu leisten, was man kraft der bünde
und burgrechte schuldig sei; (hinwider) begehre man, dass nach jener
seite genaue kundschaft eingeholt werde, etc.   Bern. Teutsch Miss. T. 287.

980 a. Nov. 15. Bern an Basel. Gesuch um ein darlehen von 10,000 kronen, eventuell um günstige verwendung bei Strafsburg.

980 b. Nov. 18. Bern an Strafsburg. Creditiv für N. Tillier, behufs aufnahme eines anlehens von 10,000 kronen.

Bern, Teutsch Miss. T. 236, 241.

Diese angelegenheit beschäftigte Bern noch längere zeit, worüber die zahlreichen missiven am gleichen orte aufschluss geben.

981 a. Nov. 15, nachm. 2 uhr. Bern in das erste lager. Von dem befehlshaber in Brienz erhalte man soeben die anzeige, dass Hans Glatthar von Lütschental, der in ungnaden stehe, heimlich zu den wachten gekommen, um gnade zu begehren, wobei er feindliche anschläge eröffnet habe, wie die beilage zeige; nun solle Jacob Wagner über ihn näheres wissen; man ersuche daher um bericht, damit man ihn weiter zu brauchen (?) wüssto, etc. — Beilage:

981 b. (Nov. 15). «Wyter hat er ouch geredt, was hie under den gemeinen man kome, und ouch im läger by der paner, das wüsse it (der Lucerner etc.?) obrigkeit von stund an. Ouch hat er .. gseit, dass sy verbotten haben, es solle keiner mer mit unsern wachtmeistern reden, dann er gebe guote wort und rede von Gott, von unser Frouwen und von heilgen, und wenend, er sig irs gloubens, und damit beschyfs er sy, und ziech mit solchen worten, was da hinder inen sig(?), darzuo ouch er bsorge, hüt oder morn, möcht es nit bericht werden, so wurden sy witer einandern schlachen. Er meint ouch, sy werden sich am Brünig still halten, unz dass sy dussen gar grecht werden und den bschluss wüssend; dann werden sy einest mit güete hie versuochen; möchte es dann mit güete nit syn, so wöltents mit rüche darhinder. Ouch hett er geredet, es ligend noch zwen hufen am Gotthart ennet nacher, da sygen in eim hufen iij fennli; am andern weifst er nüt wie vil; es sig ouch neifswas herren, ein bischof, des namens ist vergessen, der sig uff der Fort (fart?) mit eim grofsen zug; wo es nüt gericht werd, so wellend sy vier hufen machen, und wenn in dunke, dass es well umbschlachen, so well er wib und kind in die schanz schlachen und harüber (fallen), gott gob wie es im gang, und wellt jetzundan harüber syn kon, dann dass sy (?) im gwert hand, er. solls nüt tuon, er solle da ennet bliben, ob er etwas witer möcht erfaren »....

Freiburg, Diesab. Pap.

982. Nov. 15, Aarau. Die führer des 2. Berner banners an die des ersten. Antwort: So weit möglich werde man die mannschaft beisammenhalten; es sei aber gewiss, dass bei tag und nacht leute weglaufen und, wie zu fürchten, wenige bleiben, (z. t.) des mangels wegen; nach Zofingen und Aarburg seien wohl die nötigen befehle ergangen; man besorge aber, dass des «schwals» wegen niemand aufgehalten werde.

Freiburg, Diesab. Pap.

983. Nov. 15, nachm. 5 uhr. Bern in beide lager. Antwort auf die letzte zuschrift mit den artikeln der V Orte; morgen werden die Burger darüber beraten. Die lage zu Aelen betreffend sei zu melden, dass man dort noch keinen mann verloren, indem die Walliser sich

erbieten, die bünde zu halten und gute nachbarn zu sein, diesseitiges
gebiet also nicht zu betreten, auch (andere) feinde nicht passiren zu
lassen; gegenseitig haben die leute freundlich mit einander verkehrt,
abendtrünke getan und alles gute erboten, so dass man keine besorgniss mehr habe; das dorthin geschickte fähnchen sei jetzt in Thun und
werde morgen bei zeiten fröhlich hier (wieder) einziehen...

Freiburg, Diessb. Pap.

984. Nov. 15, (11 uhr mitt.). **Bern in die lager.** 1. Das jüngste
schreiben habe man mit grofsem schrecken empfangen, da sich leider
kein friede hoffen lasse; desshalb begehre man die antwort der V Orte
zu vernehmen, damit man sehe, woran es noch fehle; obwohl man
die (neuen?) artikel nicht kenne, halte man doch für nützlicher, wo
immer möglich und annehmbar, einen frieden anzunehmen, indem das
volk mangel leide und im fall eines üblen ausgangs gröfsere unruhen
als anderwärts ausbrechen möchten, von dem verlust an ehrbaren tapferen leuten und anderm schaden zu schweigen. Weil man aber die
hauptleute als verständig genug kenne, alle dinge zu bedenken, so
gebe man ihnen nochmals gewalt zu handeln, was der herrschaft Bern
zu ehre und wohlfahrt gereiche. 2. Man schreibe nach Basel und
Strafsburg um 10,000 kronen geld, sofern es möglich sei, so viel zu
bekommen; das müfse aber geheim bleiben. 3. Empfehlung bester
vorsicht. 4. Ansuchen um bericht über die stellung der Zürcher.

Freiburg, Diessb. Pap. Bern, Teutsch Miss. T. 234. A. Capp. Krieg (cop.).

985. Nov. 15 (Mittwoch nach Martini), **Solothurn.** Nach verlesung
der schriften aus dem felde .. wird beschlossen, an hauptmann und
Räte zu schreiben, sie sollen die Berner ersuchen, den artikel betreffend den glauben anzunehmen; sie mögen in Bremgarten oder in
Aarau, Lenzburg, Zofingen etc. bei denselben bleiben zur beschirmung
der grenzen; des glaubens wegen zu kriegen, glaubt man nicht schuldig zu sein, aber gegen fremde sie vor schaden (bewahren zu helfen);
gegen die V Orte weiter zu ziehen .. wird bei strafe untersagt. —
Entsprechendes schreiben an **Bern** und dessen hauptleute.

Solothurn, Ratsb. 20, p. 468, 469; Miss. p. 837—840.

986. Nov. 15 (St. Othmars Abend). **Baden an Schaffhausen.**
«Frommen, etc. etc. Als dann üver ratsfründe diser nacht by uns
gelegen, hat er sich vor etlichen unsern burgern lassen merken, wie
dass üver fenuli und die üvern understandent heimzuoziechen und
villicht durch unser statt zuo wandlen, und diewil wir noch niemant
von dewederm teil durch unser statt haben lassen ziechen, haruf so
ist an üch unser gar früntlich pitt, wo dem also wäre, dass die üvern
understan wurden heimzuozüchen, dass dann ir mit inen verschaffent,
dass si ein ander strafs .. ziechent und uns an dem selben end rüewig ze lassen, damit wir es verantwurten mögent»....

Schaffhausen, Corresp.

987. Nov. 16, morgens 2 uhr, **Zürich.** BM., Räte und Burger an
die ins lager der V Orte verordneten boten, jetzt in Horgen. Antwort
auf ihren bericht: Man lasse die vollmacht, die man ihnen erteilt, un-
gemindert bleiben, in der hoffnung, dass sie nach bestem vermögen

handeln werden. Weil aber unter den vier angenommenen artikeln
einer sage, dass man zu beiden teilen stracks bei den bünden bleiben
solle, diese jedoch ausdrücklich sagen, dass Zürich mit fürsten, herren,
städten etc. sich wohl verbinden, burger annehmen und burgrechte
machen könne, so halte man dafür, dass es diese burgrechte behaupten dürfe, da man von kaisern und königen dessen »gefreit« und dieselben den bünden gar nicht nachteilig seien; denn sonst würde Zürich an seinen freiheiten, die es in den bünden selbst vorbehalten,
schmählich verletzt, was man ohne recht nicht nachlassen könne.
Sofern aber die V Orte dies nicht zugeben wollten, so sollen die boten darauf dringen, dass diese frage laut der bünde an ein recht gewiesen oder dieses bestimmt vorbehalten werde, da man nicht darauf
verzichten wolle, und wenn etwa die ausschüsse von der landschaft
meinten, es seien diese burgrechte nicht gehalten worden, so sei ihnen
zu erläutern, dass etliche verbündete, wie Strassburg, Constanz etc.,
ihre pflichten redlich erfüllt haben, und namentlich wie vorteilhaft es
für »unsere lande« wäre, wenn Constanz im fall einer gefahr von
jenseit Rheins her zu den Eidgenossen hielte. Die andern artikel, betreffend diejenigen, die bei der sperre und dem krieg mitgeholfen,
auch Rapperswyl und andere, sowie die gefangenen, sollen die boten
sich ebenfalls zum treulichsten angelegen sein lassen. . . .

Zürich. A. Capp. Krieg

988. Nov. 16. Schultheiss und Rat von Bremgarten an Zürich.
Antwort auf die anfrage, ob der zusatz der Berner genüge: Die Berner haben etwa 600 knechte hieher verordnet, mit geschütz und allerlei
versehen, wie sie meinen genugsam; ob Zürich dies ebenso ansehe,
stelle man demselben anheim, mit untertäniger bitte, dass es die stadt
auf jeden fall sich befohlen halte und sie nicht verlasse, wogegen sie
auch nach vermögen leib und gut für ihre herren einsetzen wolle. . . .

Zürich. A. Capp. Krieg.

989. Nov. 16 (Othmari). Appenzell an Zürich. Man habe vor
kurzer zeit den läufer mit geld in das lager vor Musso gefertigt; der
berichte nun, dass es um die eidg. knechte gar übel stehe und man
besser für sie sorgen müsse als bisher, da der Herzog den krieg nicht
nach seiner zusage führe. Auch habe er vernommen, dass der Müsser
wieder auf dem see regiere, was man bedenklich finde; . . . Zürich
werde übrigens nicht unterlassen, mit der botschaft des Herzogs nach
gebuhr zu handeln. . . .

Zürich. A. Müsserkrieg.

990. Nov. 16. Rapperswyl. Jost Kilchmeyer an Zürich. Das
schreiben der III Länder an Rapperswyl, seine auslieferung begehrend,
sei wohl in der gemeinde vorgelesen, aber kein rat darüber gehalten
worden. Einige wochen später haben ihm Schultheiss und Rat zugesagt, ihn nicht wegfahren zu lassen; es sei aber wenig mehr zu
trauen, da der anhang der Länder stark zugenommen und die andern
schweigen müssen. Am letzten Maitag (15.) haben die III Länder
öffnung der stadt begehrt, um von hier aus durch ihre Wälschen oder
durch ihre eigenen leute Zürich zu schädigen; es sei noch abgeschla-

gen, bis alle IV Länder dies begehren, was wohl nicht lange anstehen werde; wenn auch der friede unterdessen zu staude komme, so werden sie wohl das schloss trotzdem einnehmen etc... Nun sehe er die gröfste gefahr vor sich, wolle auch nicht im gebiet der Länder wohnen, da sie ihm ebenso aufsätzig seien (wie Lucern), bitte also Zürich um gnädige hülfe. Das abschlagschreiben sage nebenbei, es sei von der stadt aus bisher heimlich viel proviant geliefert worden etc., was Zürich desto vorsichtiger machen möge... **Zürich, A. Capp. Krieg.**

991. Nov. 16 (Donstag nach Martini), nachts. Die hauptleute (von Lucern) bei dem panner an schultheifs (Hug?) und hauptmann Jacob (Martin). «Unser etc. etc. Demnach ir willens sind, uf morndrigen tag mit den wälschen büchsenschützen zuo verrucken und uff die in das Waggental zuo züchen, und aber willens sind, durch unser eidgnossen von Zürich land und über ir erdrich zuo faren; nun ist üch unverborgen, wie die Wältschen angriffig sind und nützit leiben (schonen?); soferr si dann iren undertanen schaden zuofüegen, wurde dasselb dem friden ungemäfs, dessgelychen unserm zuosagen nit gelych sin; desshalb so wäre unser beger, dass ir die Wältschen über unser eidgnossen von Zürich erdrich nit züchen lassen, sunders ander weg an die hand nemen. Und als ir dann willens sind, mit den büchsenschützen uff die Waggentaler zuo faren, wöllen wir üch nit bergen, dass schon etlich von Hitzkilch und Bofswyl by uns sind gesin und gnaden begert. Nun ist üch wol wüssend, dass der artikel, so wir unsern eidgnossen von Zürich versprochen, iren und andrer halb, so wyter gnad suochen wurd(en), eben vil zuogibt; zuodem so erbüten sich die, so by uns erschinen, dass si erkennen können ein strafe verdienet haben, dass wir si strafen und der Wälschen des roubens (sic) überheben wöllen, damit schuldig und unschuldig nit gelych gestraft wurden, das nun nit billich (wär), sind ouch urbüttig ein ranzon uf si gelegt werden. So ir nun ouch wol ermessen können, dass wo die Wälschen oder röuber also fürfaren, dass solichs allein (für) xl oder jᶠ erschiefsen, (aber) wir und ander unser Eidgnossen also unsers merklichen kostens nit zuokomen möchten, den wir villicht erlangen wurden, wo wir inen ein ranzig uflegten, und wurd ouch an dem end (als wir achten) allein der schuldig und nit der unschuldig betroffen. Zuo dem, wo solichs fürgang söllte haben, wurde man üch beid, dessglychen die Lucerner harin schuldigen, als ob si ursächer wären, so inen die Wälschen uf den hals geladen hätten. Die obgenannten von Hitzkilch und Boswyl werden ouch morn früe für die übrigen unser Eidgnossen ouch keren; desshalb so wöllen nit ufbrechen, (sonder) verzüchen bis nach vollendung des rats und unsers wyters bescheids. Wir werden ouch bericht, als wir von denen von Uri gelt erfordert, dass einer von dem bischoffen von Verulan kommen, der ein musterherr sye, der bringe gelt, (die) gedachten Wälschen zuo besölden »... **Lucern, A. Religionshändel.**

992 a. Nov. 16, Aarau. Das zweite Berner lager an das erste, in Lenzburg. Ankündigung eines zuzugs von Valendis (7 mann), mit

der bitte, ihnen vorläufig bei einem wirte credit zu verschaffen, bis
das für sie bestimmte geld eintreffe.

992 b. Nov. 16, nachm. 4 uhr. Dasselbe an dasselbe. Erneuerte
klage über das weglaufen der mannschaft, so dass nur sehr wenige
übrig bleiben, wenn die vereinigung nicht bis nächsten morgen stattfinde. Die Basler bitten um bescheid, nach dem sie sich richten
können.   Freiburg, Diessb. Pap.

993. Nov. 16, Lenzburg. Hauptmann und Räte bei dem ersten panner von Bern an Bremgarten. Da der dorthin verlegte zusatz viel
proviant verbraucht habe, so dass jetzt mangel herrsche, so habe man
den grafschaftsleuten befohlen und erlaubt, korn und anderes zuzuführen; damit die sache befördert werde, möge nun Bremgarten ein
oder zwei mann mit geld hieher zu dem landvogt schicken, um mit
dessen hülfe korn zusammenzukaufen, etc.   Stadtarchiv Bremgarten.

994. Nov. 16, Bern. Die botschaft des herzogs von Savoyen zeigt
an, wie derselbe bedaure, dass der friede (noch) nicht zu stande gekommen, und sich desshalb erbiete, persönlich zu unterhandeln und
in die Waat zu kommen. Diese eröffnung wird verbindlich verdankt.
                                               Bern, Ratsb. 231, p. 248.

995. Nov. 16 (St. Othmar). Schaffhausen an Schultheiss und
Rat zu Baden. Antwort auf deren zuschrift von gestern: Man sei
nicht gesonnen, das diesseitige fähnlein durch die stadt Baden zu
schicken und ihr damit unwillen (bei den V Orten) zu erwecken, den
sie nicht verantworten könnte; wenn aber die leute zerlaufen und
einzelne dort durchziehen würden, so wünsche man, dass denselben
ungehinderter durchpass gestattet werde. — Vgl. nr. 986.
                              Eidg. Arch. in Aarau: Abschiedsacten I.

996. Nov. 16 (Donstag nach Martini). Solothurn an Freiburg.
Abschriftliche mitteilung des von den zuzügern im Berner lager erhaltenen schreibens, woraus zu ersehen, dass der krieg sich zum ausgang
zu neigen scheine, was auch Freiburg ohne zweifel mit freuden und
wohlgefallen vernehmen werde.   Freiburg. A. Solothurn.

997. Nov. 16. Demikon. (Friedensverhandlung). Der in der Helvetia 1826, p. 240—245 abgedruckte bericht (von Gilg Tschudi)
findet sich im Staatsarchiv Zürich (A. Copp. Krieg) in einer stellenweise verschiedenen redaction, die nach ihrer instruction, einzelnen aus-
drucken und andern kennzeichen ursprünglicher scheint als jene, die
im 17. oder 18. jahrhundert überarbeitet sein dürfte; doch lohnt es
sich nicht, diesen text neu zu geben, zumal die erwähnte abschrift
erst dem 17. oder 18. jahrhundert angehören dürfte. Der titel derselben heisst: »Copia einer papistischen verschrybung, wie Zürich und
die V Ort im Cappelerkrieg a° 1531 sich miteinander
betrogen: Wann in dem also ist.»

Da erste abschrift giebt sich selbst .... des XVII.
.... dass das mer
.... verhalten worden,
.... so zuo solchem mer

nit helfen wellen.» — «Diss wirt von mund fürgangs wys auch zur glegenheit anzezüchen syn.»

998. Nov. 17 (Freitag nach Othmari), 4 uhr nachm. Zürich an die hauptleute uud kriegsräte der V Orte zu Sins. 1. «Wir haben üwer fründlich geneigt schryben, dass ir (als dise gegenwürtige fechd mit göttlicher hilf hingelegt worden) unsern commissarien zuo Luggarus siuer gefangenschaft erlassen und zuo der verwaltung der vogty widerumb ingesetzt, sampt wylerem inhalt verstanden und dasselbig zuo fründlichem dank und gefallon von üch angenommeu, mit erbietung, sölichs in aller fründschaft zuo erwideren; diewyl aber die schlyfsung des schlosses uit allein uns, sunder ouch ander Eidgnosscn, so teil daran hand, belanget, so dann dieselben (als wir hoffeud bald geschechen solle) zuo tagen zuosamen komend uud darüber ratschlagend, wellend wir uns, was zuo unser aller nutz und wolfart dienen mag, mitsampt inen aller zimligkeit beflyfsen. 2. Und wiewol wir den üwern uud unsern ins Ryntal geschriben, üwern vogt wider zuo siuer vogty kommen und insitzen ze lassen; diewyl aber ir mitsampt unsern botten, so wir zuo beschliefsung (des) fürgenommenen und abgeredten fridens zuo üch hinüber verordnet, noch mit einandern handlend und die artikel des fridens erlüterend, die uns noch nie zuogestellt worden, so bitten wir üch gar fründlich, ir wellind in bedenkung voriger und jetz ernüwerter fründschaft zuo noch merer handfesti und beständigkeit derselben sölichs, nemlich gedachts laudvogts und des houptmans halb im Gotshus, unz die unsern widerum von üch anheimsch kommen, und wir aller handlung, wie der frid abgeredt und beschlossen syge, völligen und grundlichern bericht von inen empfahen mögend, güetlich und fründlich, uns zuo sundern eeren, anstan und beruowen lassen, diewyl üch doch nützit an üweren gerechtigkeiten hiemit benommen ist, und uns nit also trungenlich anfangs, ee wir die notel des fridens gehaben mögend, überilen; dann so erst uns dieselb behändigt und zuogestellt, wir ouch des beschlusses gemelten fridens grundlich und eigentlich von den unsern verständigt und berichtet werdent, wellent wir die bünd und den friden, was uns die wysend, trülich und redlich vollziehen und alles das wir in kraft derselben schuldig, one weigern und verziechen erstatten», etc.

Lucern, A. Capp. Krieg.

999. Nov. 17. Zürich an Jos Kilchmeyer, prädicant zu Rapperswyl. ... «Ersamer lieber besunderer, wie wir üwer schryben, das ir in bedengkung der gefaarlichen ufsätzen, so durch etlich wider göttlichs wort und desselben liebhaber understand fürgenommen ze werden, der sach nit wol dörfind truwen, verstanden, hetten wir wol gemeint, die sach sich villicht anders zuotragen und ir zuo sicherer gewaarsami komen wärind; diewyl ir aber besorgend, so die sach umbschlahen, dass villicht aller unwill und last uff üch fallen möcht, soferrs üch dann nit gefallen und ir in sorgen üwers lybs oder lebens stan müefsten, mögend ir üch in ein schifflin setzen oder sunst den weg, wie ir mögend, uuder die füefs nemen und zuo uns keeren, wellend wir üch nit verlassen, sunder in allweg das best tuon, wie wir üch vormaln ouch vertröstet hand »....   Zürich, Missiven.

1000. Nov. 17 (Freitag nach Othmari). **Zürich** an die schiedboten von Freiburg. Während der zeit der sperre seien etliche büchsen, die nach Freiburg geführt werden sollten, in Bremgarten angehalten worden, in der meinung dass sie für die V Orte bestimmt sein könnten. Auf die desshalb geschehene einfrage habe man befohlen, dieselben liegen zu lassen, später aber auf verwendung Berns die antwort gegeben, man wolle sie abliefern, wenn sie über Berner gebiet weggeführt werden; ob dieser bescheid nach Freiburg gemeldet worden, wisse man nicht. Als dann der krieg ausgebrochen, haben die von Bremgarten etliche davon gefasst und gebraucht; die übrigen habe man, wegen des grofsen verlustes an geschütz, zu eignen handen genommen, da Peter Füfsli anerkannt, dass Freiburg die büchsen noch nicht bezahlt, dass sie also noch ihm gehören, und sich dabei erboten, für Freiburg zum bäldesten anderes geschütz abzuliefern; auf sein ansuchen gebe man nun über den hergang bericht und bitte gar freundlich, das geschehene bestens zu entschuldigen, etc. etc.
      K. Bibl. Freiburg, Girard. SammL T. XV.

1001. Nov. 17, Zurzach. Bartlome Altenhofer an seinen schwiegervater Heinrich Wolf, des Rats in Zürich. ... Hans Haupt, untervogt zu Regensberg, zeiger dieses, und der «lütiner» von Zurzach seien abgeordnet, um zu erfragen, wie es mit dem frieden stehe, da verlaute, dass die V Orte sich vorbehalten haben, etliche in der grafschaft Baden zu strafen nach ihrem gefallen, was hart genug geschehen würde; doch hoffe man, dass Zürich die von Zurzach, die doch immer zu ihm gehalten, nicht verlassen werde....   Zürich, A. Capp. Krieg.

1002. Nov. 17 (Freitag nach Othmari). **Diefsenhofen** an **Zürich.** Man vernehme, dass im Hegau eilends ein haufe kriegsvolk gesammelt werden solle, und reisige sich um Zell und Tuttlingen zeigen; was daraus werde, wisse man nicht. ..   Zürich, A. Capp. Krieg.

1003. Nov. 17. Hs. Hch. von Rischach und Seb. von Lier, befehlshaber des hauses Twiel, an **Zürich.** Ein guter freund habe ihnen geschrieben, dass man eilends einen reisigen haufen zu ross und fufs im Hegau und am Rhein sammeln werde; die nachricht komme von einem, der dazu gemahnt sei. Am letzten Dienstag (14.) seien etliche reisige nach Zell gekommen. Was daraus werden solle, wisse man nicht. ..   Zürich, A. Capp. Krieg.

1004. Nov. 17. Bernhard Koch, schaffner zu Tobel an BM., Räte und Burger in **Zürich.** Antwort über die klage der im feld liegenden knechte. Es dünke ihn, dass etliche gesellen ihn gerne verleumden; denn während dieses krieges habe die gemeinde Tobel noch keinen «brauch» angelegt, sondern er die leute mit dem tross, proviant und geschirr, z. t. auf kosten des hauses, versehen; er habe der gemeinde bei 400 gld. an geld, brot, mehl aus dem vermögen des hauses vorgestreckt ...; es scheinen also die knechte nicht zu wissen, dass alles von ihm komme und er helfe, so viel ihm möglich, die gemeinde aber

fast nichts tue; er gebe einen mütt kernen, statt für 26—28 batzen
oder 2 gld., um 20 batzen; zudem habe er alles silbergeschirr für 100
gld. versetzt und diese der gemeinde geliehen; ... aber je mehr er
leiste, desto weniger seien sie dankbar; .. täten sie auch, was ihnen
gebührte, so wäre zu klagen kein grund mehr vorhanden; allein sie
liegen und « tengelen » immer nur auf ihm. Er hoffe sich damit und
ferner, wenn der friede gelinge, genugsam verantworten zu können...
Die andeutung, dass Zürich den leuten erlauben würde, auf des hauses
einkünfte zu greifen, wenn er sich weigerte, sei nicht mehr nötig, da
sie ohnehin gröblich genug damit umgehen; er habe sich übrigens
schon früher förmlich erboten, güter des hauses zu versetzen, wenn
die gemeinde geld darauf zu entlehnen wisse; überhaupt mehr getan,
als irgend ein anderer gerichtsherr im Thurgau. Dies alles werde er
der wahrheit gemäfs in der rechnung dartun, etc. Zürioh, A. Capp. Krieg.

1005. Nov. 17 (Freitag nach Othmari), Rheineck. Ulrich Stoll an
stadtschreiber Beyel in Zürich, seinen vetter. ... Er bitte, den oberst-
meistern zu melden, dass sie des Marx von Sittich halb ohne sorge
sein dürfen; denn der Rhein habe « seine furt(en) verloren », sodass
man weder durchreiten noch waten könnte. ... Von Vogler und den
Höfen sei eine schrift ausgegangen, von welcher sie nichts vorher gesagt haben; darum wisse er nicht, was sie begehren; wenn aber das
schreiben etwas wider ihn enthielte, so möge Beyel es nicht verbergen;
denn Vogler habe « den unwillen an ihn (Stoll) geworfen », weil er
nicht allem « gehorchen » wolle, was derselbe anschlage; der wäre
gerne vogt und ammann, um alles zu verdecken (?), wie man ihn
wohl kenne. Bitte um genauen bericht, da man hier allerlei rede...

Zürioh, A. Rheintal.

1006. Nov. 17 (Freitag nach Othmari), Dagmersellen. Hauptmann
etc. an Statthalter und Rat in Lucern. « Es hat uns der üwer vogt
uf Wyggen zuogschriben, wie er gwüsse kundschaft hab, dass beid
panner von Bern uf nächt Othmari zuo Morgental über nacht gelegen
und zühent heim, welle niemant der hinderst under inen sin; es sig
ouch ein fast grofser unwill in irem gmeinen man, dann sy grofsen
mangel an gelt, ouch hunger ghebt. Als ouch die Berner erstlich ir
läger gschlissen, und die knecht gan Zofigen komen, sind sy daselbs
dem pfaffenvogt für sin hof kert und in zwungen, dass er inen
zo essen und gelt darzuo hat müefsen gen. So dann habent die Berner ein starken zuosatz dahinden gelassen, disers kriegs beschluss und
end ze erwarten »... Bitte um fernere weisungen und mitteilung dieser
nachrichten nach Inwyl. Lucern, A. Religionshändel.

1007. Nov. 17 (Freitag nach St. Othmar). Lucern an Schultheifs,
hauptmann etc. zu Inwyl. « Uewer schriben uns getan, antreffend den
friden, so von den gnaden Gott des allmächtigen gemacht, haben wir
verstanden und danken üch allen sampt und sunders zum allerhöchsten üver erlichen frommen trüwen handlung, ouch üver schweren
merklichen grofsen müeg und arbeit, da wir wol ermessen, dass die
nit klein ist, mit allerhöchstem erbieten sölchs umb üch als unser

sunder lieb herren, getrüw vätter und brüeder sampt und sunders zuo
allen eeren mit ganzen trüwen zuo verdienen und zuo guotem nit vergessen. Darby schicken wir üch nach üwer beger den versigelten
friden » (wider zuo)...   Lucern, A. Capp. Krieg.

1008. Nov. 17, 4 uhr vor tag. Bern in das lager. Infolge des letzten berichtes und der zuschrift des schultheifsen von Hutwyl, die man
abschriftlich beilege, habe man einen reitenden boten mit einem offenen
briefe abgefertigt, auch in die ämter geschrieben, es sollen die heim-
gelaufenen knechte bei ehre und eid zu dem panner zurückgeschickt
werden; den im felde gebliebenen soll nun eröffnet werden, dass man
den (unordentlichen) abzug höchlich bedaure, da die gegner nichts versäumen; man gebiete auch bei allen pflichten, nicht ohne erlaubnis
des hauptmanns wegzuziehen; den fehlbaren sei schwere strafe anzu-
drohen, etc.   Bern, Teutsch Miss. T. 239, 240.

1009. Nov. 17, vormittags, Bern. Befehl in stadt und land (an die
vögte etc.), die unerlaubt heimgeschlichenen knechte anzuhalten, sofort
zu den pannern zurückzukehren; dabei soll ihnen angezeigt werden,
dass man sie im fall eines treffens ohne gnade an leib und leben strafen werde.   Bern, Teutsch Miss. T. 239.

1010 a. Nov. 17, Lenzburg. Hauptmann und Räte beim ersten Berner banner an Ludwig von Diefsbach, hauptmann der Berner besatzung in Bremgarten. Man rücke nach Aarau, um da gemeinsam
zu ratschlagen, was weiter zu tun sei; das solle den schiedleuten angezeigt werden, damit sie nötigenfalls das lager zu erreichen wissen.

1010 b. Nov. 17, 5 uhr abends, Aarau. Die hauptleute beider banner
an denselben etc. Von zwei seiten her vernehme man, dass die besatzung bald belagert werden solle; desshalb begehre man bericht,
wie lange sie sich mit mundvorrat und anderm zu behaupten hoffe;
inzwischen verharre man hier...   Freiburg, Diessb. Pap. (hds. v. Cyro).

1011. Nov. 17, «zwischen tag und nacht», Aarau. Hauptleute und
Räte beider panner von Bern an Zürich. «Wir haben üch nun
zum andern mal gebätten, uns die artikel des fridens zuozeschicken;
so wir nun diser stund von (den) französischen und savoyschen potten
bericht, wie ir gestrigs tags den friden mit den v Orten allenklich be-
slossen, und wir aber nit wüssen mögend, wie und welicher gestalt,
pitten und vermanen wir üch nochmaln, uns ileuds die artikel des
fridens ilends zuozeschicken, damit wir wüssens haben, wie es beslos-
sen, und ob die biderben lüt von Bremgarten und Mellingen darinne
versorgt syend.»   Zürich, A. Capp. Krieg.

1012. Nov. 17, 11 uhr vor mitternacht, Aarau. Hauptleute und Räte
beider panner von Bern an Solothurn, «ilends ilends ilends». Abschriftliche mitteilung eines berichtes über die absichten der V Orte,
durch welche Bern in allem bedroht sei; desshalb dringendste mahnung um schleunigen zuzug mit aller macht, da es sich nicht mehr
um den glauben handle, und die V Orte sich mit dem rechterbieten
nicht begnügen...   Solothurn, Berner Schr.

1013. Nov. 17 (Freitag nach Martini), Neuenburg. Jacob Wildermut an Bern. «Wüssend dass ein ganz lutere red by uns gat durch die burgunschen kouflüt, wie dass ein zúg von Lantsknecht(en) sich im Pfirter ampt samlen und nu fast by einandren syend, weliches ich úch gern zuo (in!) guoten trüwen verkünd. Es ist ouch grofser handel mit pfaffen und edellüten, so dann in Valendis us und in riten; was ir anschlag ist, mag ich nit wüssen; aber grofse heimlikeit gat la für»....   Bern, A. Capp. Krieg.

1014. Nov. 18, früh morgens. Zürich an Ulrich Stoll, verweser ler «hauptmannschaft» im Rheintal. «Wie sich die Togkenburger und andere mit uns gehalten (wie dann amman Vogler in sinem schriben ... von einer pratigk ... meldung tuot), lassend wir diser zyt beschechen, könnend im nit tuon, wiewol wir uns vil ein anders zuo nen und andern versächen; die wort sind guot gsin; was aber an wärchen, ist aller welt offenbar. Sovil ist uns aber gehalten worden, dass wir uff hüttigen tag gegen unsern eidgnossen von den fünf Orten einen friden ufnemen müefsen, Gott weifst wol wie, da jetzgemelte fünf Ort uns über den Hirzel herin in unser land an (den) see herab uoz schier gan Talwyl fielend, und wir unser crist. mitburger, so zuo Brämgarten lagend, zum höchsten mit botten und schriften einest uffs ander, uns trost zuo bewysen, mantend, hettend sy uns nit angesechen, sunder sind sy all von uns uss dem feld heimzogen und uns verlassen, desshalb wir von unsern b. lüten getrungen, friden mit inen zo machen. Luogind nun die andern ouch, wie trutzlich und frisch sy sin wellind; dann den Ländern ein unsäglich volk von Wälschen zuorücht. Was nun göttlichs worts halb in disem friden gelütert ist, dess müefsend sich die b. Ryntaler wol halten ..; diewyl sy aber uns wäder in abschlachung der profiand noch mit offenen zeichen anhängig oder hilflich, ist von unnöten gewesen, sy in disem friden zuo vergryfen, diewyl sy der handel nützit angangen, und sy wider die fünf Ort nützit gehandlet hand. Was aber in gemeinen herrschaften verhandlet, ist alles in disem friden ufgehept worden, desshalb die b. Ryntaler wol rüewig und on sorg sin mögend»... Obwohl man jetzt nichts mehr zu fürchten habe, sollen die wachen noch nicht ganz entlassen werden, bis man sehe, wohin die sache sich ziehe; nach einigen tagen werde man weitern bescheid geben können. Zürich, A. Capp. Krieg.

1015. Nov. 18, 11 uhr (vorm.), Zurzach. Niklaus Brunner etc. an Zürich. Der landvogt zu Baden habe heute allenthalben im «Sicmpt» etc. mehren lassen, um durchzusetzen, dass die Rotweiler etc. on Waldshut her zu den V Orten gegen die Berner ziehen könnten; man habe sich aber eidlich verbunden, den Rhein zu verwahren. itte um bescheid, namentlich über den frieden, aber eilends, da man gedrängt sei. Zürich, A. Capp. Krieg.

1016. Nov. 18 (Samstag nach Othmari). Baden an Bremgarten. a es den V Orten gegenüber in einiger besorgniss und gefahr stehe, so man in treuen bedaure, so erbiete man sich, weder mühe noch kosten zu sparen, wofern man etwas gutes schaffen möchte, wesshalb man bitte, eiligst benachrichtigt zu werden. **Stadtarchiv Bremgarten.**

1017. Nov. 18 (Samstag nach Othmari), 9 uhr vorm. Hauptmann etc. zu Dagmersellen an St. und Rat in Lucern. Dank für die anzeige des friedens mit Zürich. . . . Bitte um weitere berichte über die vorgänge in den Freien Aemtern. . . . Man wolle jetzt den Zofingern feilen kauf abfordern und sofort berichten, was sie darüber antworten.
Lucern. A. Religionshändel.

1018. Nov. 18 (Samstag nach Othmari), Sins. Hauptmann und Räte von Lucern an St. und Rat. 1. «Uff nächtigen abend sind wir har gan Sins kommen, uff hüt willens, zuo Muri, Boswyl und Bünzen das läger ze schlachen und morn etwas wyters an die hand (ze) nemen... 2. Sodenne . . so haben die übrigen unser Eidgnossen und wir den commissari zuo Luggarus wider ingesetzt, jedoch mit denen gedingen, dass unser eidgnossen von Zürich daran syen, dass unser houptman zuo Sant Gallen und (der) vogt im Rintal (ouch) wider ingesetzt werde. »
Lucern, A. Religionshändel.

1019. Nov. 18, Aarau. Hauptmann und Räte (von Bern) an S. v. Diefsbach, Bernh. Tillmann und Henz Schleif in Lenzburg. Caspar von Hallwyl habe angezeigt, wie von den feinden etwa 10 mann nach Fahrwangen gekommen und übergabe gefordert haben; doch seien sie dann durch die schnell gesammelten leute vertrieben («abträtten») worden; da er hülle begehre, so sei beschlossen, ihm Wolfgang von Weingarten zu erkundigung beizugeben und im fall eines angriffs den sturm anzuschlagen. . .
Freiburg, Diessb. Pap. (hds. Cyro).

1020. Nov. 18 (Sabato post Othmari), 7 uhr (vorm.), Lenzburg. «Ill.¹ principis marchionis Hernesti (!) a Baden nuncii ac oratores» an die gesandten von Frankreich und Savoyen. «S. P. Cum obsequio reverend°. Generosi ac illustres viri, domini colendissimi. Quamvis nos omnino huius intentionis fuerimus, v. d. hodie primo mane ad oppidum Arau sequi, quemadmodum heri quibusdam vestris famulis, simul etiam qua ex causa hic pernoctandi nobis animus esset, indicavimus, tamen quod ex nunciis trium illorum cantonum qui in Zug, ut v. d. noverunt, apud quinque cantones legatione functi sunt, et e Bremgarten nos huc sequuti, clare intelleximus predictos quinque cantones cum suis omnino remanere articulis nec unum digitum recessisse, nos consilio cum eisdem nuntiis habito inanum duximus ad Arau proficisci, nisi vellemus esse despectui omnibus nichil agendum, porro rem indicandam litteris dominis Bernensibus, quemadmodum fecimus hoc tabellario, et v. d. pro prudentia vestra ore quoque facere poterint. Movit preterea nos nonnichil feecialis ille qui heri noctis hic transiit ad bellum indicendum dom. Bernensibus, ex quo arbitrati sumus nullas deinceps hac in re mediatorum partes esse. Latere tamen vestras d. nolumus esse adhuc duos (dominos?) scil. prefectum Toller(?) et quendam alium qui etiam apud quinque cantones in legatione fuerunt in Bremgarten, qui hodie ad meridiem huc venturi dicuntur, hos morabimur aliquot horas, an forsan (quod tamen sperare non ausi sumus)

melius et mitius responsum ferrent. Vel si v. d. uterentur consilio
pro singulari sapientia vestra de illo nos certiores reddere possint, nos
erimus omnino obsequentes. V. d. Quod si ad meridiem usque v. d.
vel dᶦᵉ Bernensibus nullum nuntium venerit, nos discessum paramus.
Gratias itaque agimus d. v., non quas debemus, sed quas possumus,
pro singulari illa humanitate plus quam gallica (!) nobis exhibita deque
honoribus quibus a v. d. excepti sumus. Et quia his debitam talionem
reddere facultates nostre non sinunt, nos hec principi nostro verbis
amplissimis referemus atque jactabimus, in hunc rejicentes onus huiusmodi beneficia rependendi, si tamen rependi possunt. Postremo precamur d. v. dignentur eundem principem nostrum apud cristianissi-
mum Regem digne comendare, nosque benigne comendatos habere
tanquam v. d. humiles servitores. Bene valeant d. v. inclitæ. » —
P. S. «Dignentur etiam d. v. nobis in hoc operam prestare quod nostro
nomine valedicant optimis viris capitaneo Ambrosi(o) (Eigen?), et Joanni
Wunderlich interpreti, d. v. »   Bern, A. Capp. Krieg (orig.).

1021. (Nov. 18?). (Die Berner hauptleute etc.) an die schiedboten
von Frankreich, Savoyen, Baden, Neuenburg, Glarus, Freiburg und
Appenzell. «Hochwürdigen, etc. etc. 1. Demnach unser potten, so
by üch gewesen, widerumb zuo uns komen, haben sy uns nach der
länge erzelt, was ü. g. und g. inen und sy üch fürgehalten des fridens
halb zwüschen uns und den v Orten; hettend wir wol vermeint, dwyl
wir den vierden artikel angenomen und von friden und ruowen wegen
zuogelassen, ir in den übrigen so vil an den v Orten vermögen, dass
sy üch gewillfaret, früntlicher wyse darinne ze handlen, oder aber,
wo das by inen nit hett mögen erhebt werden, es zuo rechtlichem
entscheid kommen wäre, dess wir nochmalen an ü. g. und gunst ganz
trungenlich begären, in ansechen (der) gestaltsame der sach, und dass
wir nüt unbillichs anmuoten, dass ir anfangs solichs an die v Ort
langen lassind und understandind (es) zuo erheben bis uffs letst.
2. Wo es je aber nit anders sin möcht, gebend wir üch gewalt, in
gedachten punkten ze handlen, nachdem üch der billigkeit gemäfs bedunken will, und ir als die hochwysen wol ermessen könnend, usge-
genommen die summ der iijᵐ kronen (des) Underwaldischen handels,
dwyl dieselbe summ uns zuobekannt uss billichen ursachen; dass wir
die widerlegen, könnend wir nit gedenken, dass jemands uns solichs
der billigkeit nach anmuoten sölle; dann wo wir je nit daby blyben
möchtend, wie es der iijᵐ kronen . . (halb) früntlichen usgesprochen,
sind wir noch hüt by tag urpüttig, darumb des rechten ze erwarten.
3. Sodann g(nädig) und g(ünstig) lieben herren, wellend in disem tractat der biderben lüten von Bremgarten, Mellingen und in den fryen
Aemptern nit vergessen und uns, als ouch unser ganz vertruwen zuo
üch stat, bedenken. »   Bern, A. Capp. Krieg (cop.).

Datum und unterschrift fehlen; die abschrift ist von Cyro's hand.

1022. Nov. 18, Dongo. Heinrich Rahn an stadtschreiber Beyel in
Zürich. Dank für 2—3 maligen bericht (über den Cappelerkrieg),
und hoffnung auf bessern erfolg, etc. Klagen über den geldmangel

und das «elende, liederliche» kriegsvolk der Bündner; «aber diewil
sy bliben mögen, so han ich kein sorg, dan dass wir erlich dienen
wend und unerschrocken.» Bitte um weitere nachrichten...

Zürich, A. Müsserkrieg.

1023. Nov. 18 (Samstag nach St. Martins t.), (Dongo). Heinrich
Rahn an BM. und Rat in Zürich. 1. Antwort auf einen bericht über
den verlauf des Cappelerkriegs und die weisung, «strengklich und dapferlich da innen zuo verharren» etc. Da die herren berichten, dass
des Müfsers bruder ein heer sammle, so habe man nach allen seiten
späher ausgesandt, bitte übrigens um weitere anzeigen. Man habe sich
indessen wohl eingeschanzt und gedenke dem feinde tapferen widerstand zu tun. 2. Aller mangel liege am geld; er (Rahn) bitte daher
abermals ernstlich, die andern Orte dahin zu bringen, dass sie je auf
anfang des monats ihre knechte bezahlen... 3. Die weisung betreffend
seine besoldung habe er den hauptleuten vorgelegt, die sich dazu willig
zeigen, damit die kosten, welche Zürich habe, gemindert würden. ...
4. Dass er dem hessischen büchsenmeister 8 kronen verdienten sold
schuldig sei, bezeichne er als schändliche lüge desselben; er habe ihn
und dessen «jüngling» auf dem herweg «verzehrt» und dazu geld
geliehen, ihm einen unverdienten sold zugewendet, zu Mandello einen
guten posten verschafft (10 kronen 1 monat); allein derselbe gefalle
dem «obersten herrn» nicht, sei auch nicht bei der beschiefung der
brücke zu Lecco gewesen, und soll in einer kirche oberhalb Mandell
an gold und silber viel entwendet haben, etc. (Folgen noch andere
einzelheiten, aus denen hervorgeht, dass der Hesse den abschied genommen, um heimzukehren, u. a. m.).

Zürich, A. Müsserkrieg.

1024. Nov. 19 (Sonntag vor St. Katharinen tag), Meilen. Die hier
versammelt gewesene gemeinde von beiden seiten des Zürichsees an
die hauptleute, panuerherren und Räte der V Orte. «Frommen etc.
etc. Als dann unser lieb nachpuren von Raperswyl jetz in ungnaden
gegen üch sind, da ist unser fründlich bitt und beger, ir wellind den
guoten biderben lüten gnädig und barmherzig sin und sy iro handlung
an iro fryheit und gerechtigkeiten nüts entgelten lan und üch gegen
inen als die gnädigen erzeigen, darmit sy mögind spüren unser fürbitt
genossen (ze) haben»... Siegel von Heinrich Wirz von Uerikon, ammann des gotteshauses Einsiedeln in dem hof Stäfa.

Lucern, A. Religionshändel.

1025. Nov. 19 (Sonntag nach Othmari), Zug. Hans Escher, Ulrich
Kambli, Hans Hab etc. an Zürich. Gestern abend sei ihnen bei
Cappel ein läufer von Zug begegnet, der einen nach Zürich bestimmten brief gebracht; den haben sie dann aufgebrochen, um zu vernehmen, ob den V Orten etwas neues eingefallen, jedoch darin gefunden,
dass Jacob Werdmüller, vogt zu Luggaris, wieder eingesetzt worden
sei, was ihnen grofse freude bereitet habe. Heute um 1 uhr nachmittags habe sodann Klaus Arnold briefe vorgewiesen, die er dahin
tragen solle, und um eine empfehlung gebeten; nun finden sie (die
boten) nicht nötig, «diesen» boten hinein zu schicken, und weisen ihn
desshalb heim.

Zürich, A. Luggarus.

1026. Nov. 19. Constanz an Zürich. Heute morgen sei vertrauliche anzeige eingetroffen, dass sich in Würtemberg kriegsvolk zu ross und zu fufs versammle, und dass im Schwarzwald etc. noch mehr aufgetrieben werde, um plötzlich über den Rhein zu brechen, ob es den Ländern gefällig wäre oder nicht, u. dgl. m.   Zürich, A. Capp. Krieg.

1027. Nov. 19, nachmittags, Zürich. BM., Räte und Burger an hptm. Joh. Escher und seine miträte von stadt und land, in Zug. 1. Der landvogt zu Baden habe gestern seine amtleute nach Wettingen hinaus geschickt und gefordert, die zusätzer zu entlassen und die gewehre in das schloss Baden zu liefern, dabei auch zu verstehen gegeben, dass die acht männer, die bisher im namen der gemeinde gehandelt, besonders der vogt und der ammann, dessgleichen der prädicant, vielleicht sogar der abt, nicht sicher wären ..., so dass jene beiden schon entflohen seien und nicht wissen, woran sie sich halten sollen. Da man nichts anderes wisse, als dass alle, die Zürich in diesem krieg behülflich gewesen, im frieden begriffen worden, so sollen die boten dies den V Orten ernstlich vorhalten, damit sie den vogt anweisen, die leute ruhig beim frieden zu lassen und sie an leib und gut zu sichern. 2. Sodann habe derselbe gestern im «Sickamt», zu beiden Endingen und Tägerfelden abstimmen lassen, um dadurch zu erreichen, dass die Rotweiler und andere truppen, die zu Waldshut liegen, durch Baden gegen die Berner ziehen könnten. Nachdem aber in dem frieden ausdrücklich anbedungen sei, dass es unverrückt bei den bünden bleiben und damit die zerrüttung der Eidgenossenschaft verhütet werden solle, so verlange man, dass die V Orte den vogt zur ruhe weisen und die fremden draufsen lassen, da sie doch ohnedies stark genug seien, und der friede mit Bern wohl auch bald zu stande kommen werde, so dass sie keiner hülfe mehr bedürften. 3. Zur antwort auf das eben empfangene schreiben über die burgrechtsbriefe lege man dieselben zur überantwortung bei; doch sollen die V Orte an ihr erbieten gemahnt werden, wenn man später beraten wolle, was der Eidgenossenschaft nützlich und löblich wäre, dazu behülflich zu sein, da ja die boten wohl wissen, wie trostlich die stadt Constanz den Eidgenossen sein könnte. ...   Zürich, A. Capp. Krieg.

1028. Nov. 19, Frauenfeld. Sigmund Rupli, ammann des gotteshauses Reichenau, an (hauptmann) Hans Escher von Zürich. Bitte um verwendung für einige gefangene in Zug, Lucern etc., namentlich ammann Fehr, Hans Mörikofer, (Rupli's schwager), Moriz Teucher, bruder des vogtes zu Gottlieben, Klaus Kappeler, Bastian Hug von Wyl...   Zürich, A. Capp. Krieg.

1029 a. Nov. 19. Basel an Zürich. Antwort auf dessen schreiben betreffend den sold für die «Müfserknechte». Man sei denselben gar nichts schuldig, indem man erst dieser tage den rottmeister, der hier gewesen, mit weiterem gelde abgefertigt, so dass es bisher an Basel nicht gefehlt habe...

1029 b. Nov. 22. Dasselbe. Auf das letzte schreiben wegen der Müfserknechte zeige es an, dass es dem jetzt nach Bremgarten verordneten ratsboten befohlen habe, mit den andern beteiligten Orten über die sachen zu reden und sich zu vereinbaren, wie es des kriegs wegen ferner zu halten sei.   Zürich, A. Müsserkrieg.

1030. Nov. 19, nachm. 4 uhr. Basel an Bern. Antwort auf dessen (jüngste) mahnung. Man wäre, was man kraft der bünde und burgrechte zu leisten schuldig sei, zu erstatten geneigt, wolle aber nicht verbergen, dass man in der gleichen stunde, wie den mahnbrief, aus Aarau die nachricht empfangen, wie die Berner am Samstag abend beschlossen haben, den frieden anzunehmen wie Zürich, indem die (führer und Räte) spürten, dass die untertanen jetzt um ehre und eid nichts gäben etc. Das habe man wahrlich schmerzlich bedauert; denn jedes fromme herz möge ermessen, wie beschwerlich es sei, die geschwornen burgrechte aushinzugeben. Nun fühle man sich ratlos (»besteckt«), bleibe aber gerüstet und erbiete sich, nochmals zu den Bernern zu ziehen, sie aber auch vom frieden nicht abzuhalten; nur müse man sie zum höchsten ermahnen, Basel nicht auszuschliefsen, sondern als helfer einzubegreifen und nicht, wie Zürich getan, bei seite zu setzen; man bitte auch, der Schaffhauser und Mühlhauser gleicherweise bestens zu gedenken, etc.   Basel. Missiv.

1031. Nov. 19, (Aarau). »Instruction und gewaltsbrief den edlen... Sebastian von Diefsbach, Hans Jacoben von Wattenwyl, Bernharden Tillman, Peter Stürler, venner, all der Räten, Hans Ruodolf von Erlach, Lienhard Tremp, Henz Sleif und Albrecht Sigwart, der Burgern von Bern, was sy zuo Lenzburg by den schidpotten uss befelch miner herren Räten und Burgern handlen sollend,« zum abschluss des friedens; »wie sy das tuond, das wellend min herren houptlüt, Rät und Burger stät und fest halten.« Siegel von Joh. v. Erlach (hängt noch). Sig. Stattschryber von Bern (Cyro's hds.). — Der text ist auffallend kurz gefasst.   Freiburg, Diessb. Pap.

1032 a. Nov. 19, nachmittags 7 uhr. Bern an Basel, Solothurn und Freiburg. Die beiden panner zu Aarau brechen heute auf, um die angehörigen an den grenzen zu retten; da nun das eigene gebiet in gefahr stehe, so bitte und mahne man hiemit zum höchsten und dringlichsten, eilends mit aller macht aufzubrechen und herbeizurücken, etc. etc.   Solothurn, Berner Schr. Bern. Teutsch Miss. T. 242.

1032 b. Nov. 19, (kurz vor mitternacht). Dasselbe an Biel, Neuenstadt, Neuenburg, Boudry. Mahnung zu sofortiger rücksendung der zwei durch Solothurn heimgekehrten fähnchen.   ib. ib. 242.

1033. Nov. 19 (Sonntag nach Othmar), nachmittags 6 uhr. Urs Dürr an Solothurn. Vor drei stunden sei er zu Aarau gewesen, wo er vernommen, dass die Berner zu Lenzburg drei mann aus den V Orten gefangen, die bekannt haben, dass jetzt die »Länder« mit ganzer macht in Vilmergen übernachten wollen, um dann auf Berner gebiet zu ziehen. Das habe ihm venner Imhag auf der gasse angezeigt und demnach begehrt, dass er die seinigen dem sturme auch nachlaufen lasse, und dabei an die gegebene zusage erinnert. Doch habe er nicht entsprochen, und lasse darüber die herren entscheiden.   Solothurn, Reform.-A.

1034. Nov. 19, abends 6 uhr, (Aarau). Hauptleute und Räte von Bern an Solothurn. «Wir habend üch uff(s) ilendist gemant, uns mit üwer ganzen macht zuozezüchen, das aber noch nit erstattet (ist); so nu unser fiend hierab geruckt und mit ganzer macht sich uns genächert, darzuo hüt mit den unsern, so im zuosatz zuo Brem-garten und Mellingen gesin, uff unserm ertrich by Lenzburg geschar-mützt, die unsern an den anstöfsen beroubet, verjämert und geschreit und daby sich merken lassen, unser statt und land unzit an die statt Bern gar uszemachen, das dem wol glich sicht; dann wiewol wir die vier ersten artikel angeno(me)n und daby den schidbotten gwalt geben, in den übrigen früntlichen uszesprechen, wo aber das nit beschiefsen möchte, des rechten lut der pünden gestendig ze sin, das alles nützit erschossen; hierum ... vermanen wir üch abermals zum höchsten, ernstlichesten und treffenlichesten, (dass) ir von stund an ilends ilends ilends mit üwer ganzen macht ufsiend, uns trostlichen zuozeziechen, dann es nie so not tät.»   Solothurn, Berner Schr.

1035. Nov. 19, ratszeit (al. morgens früh). Bern in beide lager. «In üwerm schryben haben wir vermerkt, dass unser eidgnossen von Zürich den friden angenomen, und wir uns iren nit fürer getrösten dörfent, darab wir nit wenig verwunderns und bedurens empfangen, dwyl wir unser lyb und guot zuo inen gsetzt, sy (aber) uns jetz in unsern nöten verlassen; doch so wöllen wir es recht Gott befelchon und üch vermant und gepätten haben, dass ir als die wysen bedenkent unsrer widerwertigen geschwindikeit und macht, und besonderlich dass sy sich gmeinlich zuosamen getan, ir land (als ir uss denen briefen, üch von uns hievor zuogeschickt, erlernet habent) gerumpt und dass sy mit grofsen vorteilen, anschlägen, verlornen hufen etc. angryfint, als in beiden vergangnen schäden ougenschynlich beschächen, und dess-halb glycher gestalt fürsichtiklich, wyslich, mit guoten anschlägen und vorteilen wol zuosamen verfasst üch in die gagenwer stellint; dann die unsern gmeinlich üch dapferlich und trostlich nach ergangnem sturm zuoloufent. Es ist ouch abermals unser meinung, dass ir mit gunst der unsern handlint, damit der last und die sachen, darin sy verwilligen, glych uff inen als uff üch ligge, wie es joch usschlachen sölte. Wir wöllent üch nit verhalten, (dass) meister Caspar (Grofs-man), dem prädicanten, von Zürich von sondrigen personen brief zuo-komen, inhalts wie dero von Zürich landlüt den friden gemacht und die oberkeit in annämen müefsen, und ist haruf unser meinung, ob die schidherren noch darzwüschen rytent, und by den v Orten noch-maln ein berednuss möchte erfunden werden, dass ir zuo einem friden bewilligotint und mer frids dann bluotvergiefsens und etwas bösers erwartetint; dann wir ufsätz, pratiken, und besonders besorgen wir, dass villicht unser landlüt ouch einen sorklichern bösern friden haben wöltint, wo sy lust finden möchten, oder wo die sach unserthalb (das Gott wenden wöll) übel ergan wurde, desshalb unserm wolstand für-lerlicher wäre, dass ir selbs friden machtint etc., als ir selbs wyter ratessen könuent. Wöllent uns berichten, ob ir ouch die von Zürich

gemaut, dessglychen ob üch die Pündter, S. Galler, Thurgöwer etc.
zuozüchint, dessglichen ob die schidlüt noch underhandlint, und was
üch fürer begegnet, dess verständigent uns allwegen ylents by tag und
nacht›.... Nachschrift: Im Oberland habe man den sturm ergehen lassen; die mannschaft bleibe aber in Thun, weil man nicht
wisse, ob am Brünig oder anderswo ein überfall stattfinden werde;
indessen wolle man sie den bannern zuziehen lassen, wenn die führer
es für nötig erachten. **Freiburg, Diessb. Pap. Bern, Ratsm. 231, p. 256.**

1036. Nov. 19, nachm. 6 uhr, Aarau. Hauptmann, Räte und gemeinde von stadt und land (Bern) an Seb. v. Diefsbach u. a. in
Lenzburg. 1. Man vernehme, dass ein teil seiner mannschaft gegen
die feinde zu weit vorgegangen, was man einzig darum missbillige,
weil man unfälle vermeiden möchte; daher bitte man dringlich, die
leute zurückzuhalten, bis man besser gestärkt sei; denn nach sichern
berichten seien zuzüge aus dem Oberland etc. auf dem wege. 2. In
der versammelten gemeinde habe man von der savoyischen botschaft
vernommen, dass die Länder in dem frieden von Bern mehr fordern
wollen als von Zürich; darum wollen die leute tapfer (zu der obrigkeit) stehen; morgen gedenke man nach Lenzburg zu kommen, doch
nicht bevor man gehörig verfasst sein werde; ... vereinigt wolle man
dann den feind ‹besuchen.› **Freiburg, Diessb. Pap.**

1037. Nov. 19 (Sonntag nach Othmari), vorm. 8 uhr, Lenzburg. Die
gesandten von Frankreich und ‹ander(n) fürsten und herrschaften› an
hauptleute und kriegsräte von Bern. ‹Wir haben üwer schriben,
uns in diser nacht zuogesandt, empfangen und alles inhalts verstanden,
sagen üch solicher bewilligung und zuolassung früntlichen dank und
wellen uns daruf in der sachen witer arbeiten und allen müglichen
flis fürwenden, die sachen zum besten zuo keren und ein guoten bericht zuo machen, als vil wir dess by dem gegenteil immer erlangen
und gehaben mögen. Uns sähe aber hieby für guot an, wär ouch
unser begeren, dass ir zuo fürderung der sach etlich uss üwerem Rat
mit vollkommenem gwalt und befelch alher gen Lenzburg hetten gelegt und verordnet, damit, was uns begegnete, wir möchten an dieselben fürderlich langen lassen; dann wir nit anders dann mit üwerm
guoten willen und vorwissen handlen werden› .... **Bern, A. Capp. Krieg (orig.).**

1038. Nov. 19, nachmittags 4 uhr, Bern. ‹Die von Murten, diewil sy uf der strafs, das best tuon; in ein andern weg gegen inen
erkennen; xxv kronen lichen. 2. Potten von Soloturn verhört; sy
(haben) anzügt, wie inen manung zuokommen, und aber vij oder viij
fennli by inen im fürziechen gelegen (?), dass dieselben heim wöllend;
sy ankert und verständiget, sy ouch vermanen, (dass sy) wider hinder
sich kerind. 3. Anzügt, wie die von Zürich gar erhasset; min herren
sy für sich genommen und m. h. die nachhuot muosten han. Witer
wie die Züricher zuo ir statt geluffen und wellen verhüeten, die gemeinden sy (?) darin gefallen und den friden angenommen. (Darum wellen) sy uns vermanen, (dass wir) lassen darzuo reden; dann die v

inserm glouben nit zwingen; allein sy an den gmeinen
ils wol als wir gewalt haben wellend; wo der artikel
möchte werden, wäre die sach guot. Die schidlüt, nam-
tosen, (habint) wellen verriten, (doch) wider gewendt
iernommen, etwas guots (ze) handlen. Anzöugt, wie ire
an fürhalten, die v Ort an Bremgarten als vil als wir ..
wellen mit liebi (?) nit wider sy züchen, werdens ouch
Nachts 11 uhr: Nach verlesung der briefe aus dem lager
:h werden die boten ersucht, sich um einen frieden zu
Bern, Ratsb. 231, p. 257—259.

19. Freiburg an Bern. «Uewer schriben haben wir
tem begriff dess, so den üwern und andern, (so) jetz
7 Orten im felde ligen, von denselben zuokommen, diser
t und nachgends fürderlichen verlesen lassen, da nun
befrömdens empfangen von wegen dass in solichem gess nunzemal den glouben ganz nützit belange. So nun
lass) ir in guotem wüssen tragen das, so ein guote zyt
päunigen wesens halb gehandlet, besonders dess so jüngst
rch üwer gesandten in bysin der unsern und andrer
iten verluffen, benantlich dass dozumal üwer gesandten
mittel one begünstigung üwer und unser eidgnossen von
nit bewilligen noch nachlassen, souders allzit ires für-
insechens (ze) beharren willens gewesen, namlich dass
, v Ort das nüw und alt Testament in iren eiguen bieten
ngefecht und ungestraft lesen und darvon reden liefsen,
emelten v Orten abschlegig befunden worden und inen
ier ufbrechung und tätlicher handlung zum teil ursach
wo es domaln so verbarrenklich nit verlassen, und ir
: ir ertrich nit gezogen, wäre villicht diss schwere und
momue handlung, so (leider) vorhanden, gemitten beliben.
insers bedunkens üch gelicher gestalt in guotem wüssen,
en wir unser botten diser sach halb ussländig, wir ouch
iss) si sich zuo guot des handels ganz nützit beduren
lers allzit das best sampt andern iren mithelfern und
udlen, wir ouch bericht von inen genommen, dass üwer
gnossen von Zürich sich der angesechnen mitteln henflegt
u an die hand genommen, wollten wir üch nochmalen
er gestalt erinnert und gebetten haben, (dass) ir üch den
r gestalt ab und die sach zuo betrag und friden liefsen
o dann ir an einichen üwern gebieten wyter getrengt
, wurden ir unser trost vermög üwer und unsrer zuo-
i pflicht befinden. Dass aber wir üch jetzmaln mit eini-
iacht hilf oder zuozug wider unser mandata, besonders
i glouben gelichförmig, zuosenden oder tuon, so wir
i endknopf allein an dem glouben hangen, können wir
finden, wöllen aber hieby üch dess, so uns angelegen
von den üwern und den unsern begegnet, unbericht nit

lassen, namlich dass von inen geredt und usgossen worden den an
schlag in dem läger by üch sin, sobald ir daniden mit bemelten
Orten gerech, dass ir alldann von stund an uns wöllen, das nun wi
diss zyt belyben lassen wellen, aber üch solichs zuo ermessen geben
daby nochmaln zum höchsten gebetten haben, üch zuo güetigem betrag
und friden zo leinen, zuo wölichem verhelfe üch der allmächtig Gott,
der üch und uns beware. •   **Freiburg, Miss. Bd. 9 u. 10.**

1040. **Nov. 19** (Sonntag nach Othmari), **Solothurn.** Auf die mahnungen von Bern wird, da Zürich den frieden angenommen hat, zu
schreiben beschlossen, man sehe täglich, wie die leute heimziehen, so
dass es nicht mehr möglich sei, die unwilligen untertanen aufzubringen und wegzufertigen; Bern möge (nur) den frieden auch annehmen
und bedenken, wie es die V Orte vor jahren auch getan; in Bremgarten und Mellingen habe es ja nur den achten teil; daher möge es
seine besatzung dort abfordern; wenn es aber auf seinem lande angegriffen werde, so wolle man bund und burgrecht halten. — Geändert
in dem sinne, dass man zwei boten in das lager und zwei nach Bern
schicken will, da man erwartet, dass dies wirksamer sei als briefe;
nach Bern: Venner ... (†) und Konrad Tägescher, in das lager Hans
Heinrich (†) und Hieronymus von Luternau; vom grofsen Rat der
Spitalvogt und Wolfgang Stölli.   **Solothurn, Ratsb. 20, p. 470, 471.**

1041 a. **Nov. 19**, Rom. **Clemens VII.** an Zuchero, capitaneus uni-
versi comitatas nostri: Auftrag zur anwerbung von 4000 mann fufsvolk und zu verhandlungen, um die Schweizer zur einheit des glaubens
zurückzuführen, oder wenigstens die katholischen Orte zu schützen.

1041 b. **Nov. 19.** Creditiv für Ennius Verulanus, als legat zum schutz
des glaubens bei den Eidgnossen. — Ernennung desselben zum gene-
ralcommissar bei dem katholischen heere (†).
                              Erwähnt im Geschichtsfrd. XII. 234.

Vgl. ebendort die notizen von p. 230—233.

1042 a. **Nov. 19** (Sonntag nach Othmari). **Lucern** an seine hauptleute etc. im feld bei Muri. Mitteilung eines briefes aus Dagmersellen,
betreffend die ungefügsamkeit der Wälschen, und begehren um genauere auskunft über die bodungenen soldverhältnisse, etc.

1042 b. **Nov. 19** (Sonntag etc.). Dasselbe an dieselben, im feld zu
Hägglingen. Antwort auf ihre letzte zuschrift, mit erneuerter danksagung (für das errungene) und die gehabte mühe etc. Bestätigung
der früher gegebenen vollmacht. •Wol (wär guot?), wa jenen sit
möcht, gegen Bernern old andern, dass man fast den alten unsern
waren cristenlichen glouben anzöigt und versuochte fürzuohalten zum
besten, diewyl uns Gott der allmächtig die gnad mitteilt•...
                              Lucern. A. Capp. Krieg.

1043. **Nov. 19** (Sonntag nach Othmari), nachts, **Münster.** Hans
Schüpfer und Heini Bachmann an schultheifs Golder. Heute haben
sie auf der landmarch zu Pfäffikon mit etlichen Bernern geredet und
dabei vernommen, dass deren herren in ihrem gebiet einen sturm haben ergehen lassen, dessgleichen Solothurn und Basel, um einen (neuen

aufbruch zu machen, weil die V Orte ihnen abgesagt, und sie die ihrigen nicht verlassen wollen. Sodann haben die Reinacher gemeldet, dass die besatzungen in Bremgarten und Mollingen nach Lenzburg abgezogen seien.   Lucern, A. Religionshändel.

1044. Nov. 19 (Sonntag nach Othmari), Dagmersellen. Hauptmann und Räte an Statthalter und Rat in Lucern. Auf das ansuchen um bericht, wie Jost Sattler die Wälschen angenommen, habe man noch keinen genügenden bericht empfangen; man habe nun denselben viel «mitgeteilt», wisse aber nicht, wie es mit der besoldung im lager gehalten werde, und bitte desshalb um schleunigen bericht; denn die Wälschen fordern für den monat etwas mehr als 4 kronen. Wernher von Meggen, der schützenhauptmann, habe ihnen nun zugesichert, sie in allem gleich zu halten wie im andern lager. Man bitte auch um anzeige, wie viel überhaupt schon bezahlt worden sei.
      Lucern, A. Religionshändel.

1045. Nov. 19 (Sonntag vor U. l. Frauen tag «Templ.»). Heinrich Schönbrunner an schultheifs Golder. Klage über den ungehorsam des kriegsvolkes etc. und anfrage, ob er nicht morgen zu den pannern in das lager ziehen sollte, um aus der vollen stadt (Zug?) wegzukommen.
      Lucern, A. Religionshändel.

1046. Nov. 20 (Montag nach Othmari), zur ratszeit. Zürich an Constanz. «Unser fründlich willig dienst, etc. etc. Uech hat unser (üwer?) ratsfründ, den ir in disen empörungen hie innen by uns und unsern lägern gehebt, nuntalameer ungezwyfelt wol bericht, wie die unsern ab der landschaft uf empfangne schäden und unfäll hin uns ungehorsam und ganz unwillig, und wir dardurch (diewyl sy schlechts ein friden, wie der wäre, haben und fürer nit kriegen wellen) vom krieg abzuostan und alle burgrecht, so wir mit üch und anderen in oder ussert der Eidgnoschaft gemacht, darzuo ouch den gemachten landsfriden ufzuosagen, nüt gelten ze lassen, besunder ouch die hinus wo unserer eidgnossen von den fünf Orten handen wider (Gott müefs es klagt sin) ze geben und inen die byhändig ze machen, zwungenlich geträngt worden, das nun uns von herzen leid und leider nit sin könnte, und wellent üch ouch hiemit uss gehörten ursachen zum höchten, oberisten und fründlichesten wir jemer könnent, sollent oder mögend, ermant und gebetten haben, üwer fründlich und cristenlich gemüet darumb nit gar von uns ze sündern noch abzuowenden, sunder was da vergangen, dass das zwungenlich (diewyl wir der unsern nit her mächtig warend) und mit not beschechen, und dass es mit der zyt, als wir zuo Gott trüwlich hoffend, besser werden mag, bedenken, einem argen oder unfründschaft zuomessen, sunder uns also zum beten und fründtlichesten entschuldiget haben, ouch gemeldten burgrechtens, das wir üch leider nit mer halten könnend noch mögend, üetlich erlassen. Dann wiewol wir unsern gesandten machtbotten, under disem friden gehandlet, by gedachten unsern eidgnossen von den fünf Orten zum ernstlichesten und höchsten ob disem üwerem und unserem burgrechten als dem, so inen und uns, ouch gemeiner

Eidgnoschaft ganz loblich, nutzlich und fürständig, ze halten und da
kein flyfs, müeg noch arbeit ze sparen, ob wir üch doch jenan in fründschaft behalten möchten, ufs aller trüwlichest befolchen, habend sy
doch solichs diser zyt nit erheben gemögen, dann dass sy inen fründlich bewilliget, so wir widerumb zuosammen ze tagen kommend, und
uns dann üwernthalb neifswas wyter angelegen, wellint sy mitsampt
uns und andern Orten unverzogenlich darüber sitzen und uns da helfen handlen und betrachten, das gemeiner unser Eidgnoschaft nutz und
eer sin von uns allen gemeinlich erfunden werden möge, der zuoversicht, ob üch mittler zyt von jemands etwas widerwärtigs an dhand
stofsen, ir von inen und uns nit verlassen wurden, wie ir dann solichen trost uss hie bygelegter copy wol witer haben zuo erlernen.
Desshalb ir üch so liederlich nützit abschrecken noch abertröwen lassen, sunder in Gott muotig, unerschrocken und getröstet sin, ouch üch
zuo uns destminder nit aller fründschaft, trüw und liebe, wo wir
üwer lob, nutz und eer gefürdern möchten, gänzlich wol versechen
mögend. Wir wellent ouch, so erst sich dise unruowen niderlassend,
by unsern Eidgnossen so strengklich und treffenlich anhalten, dass wir
gänzlich der hoffnung, ir uf ir fründlich erbieten hin inen und uns
mit sterkerer, besserer und ewiger fründschaft (das Gott füegen welle)
zuogetan und niemermer von uns gesündert werdint; (das) wöllten
wir üch trostwys nit verhalten, sunder ouch uns aller geneigter fründ-
ligkeit gegen üch allzyt guotwillig erbotten haben. » **Stadtarchiv Constanz.**

Abgedruckt im Anzeiger f. schweizer. Geschichte u. Alterthumskunde, VI
(1860), p. 116, 117.

1047. Nov. 20 (Montag nach Elisabeth), eilends. Zürich an Hans
Escher und miträte in Zug. «Uff ansuochen der biderwen lüten allenthalben uss den gemeinen herrschaften här werdend wir geträngt, üch
zum ernstlichesten anzehalten, uns ein copye des nüwufgerichten fridens angends und one verzug zuozeschigken, damit wir den biderwen
lüten uff ir beger mit antwurt begegnen, wie und welicher gestalt sy
in (dem) friden vergriffen, und wess sy von uns daruf vertröst werden und sy sich ouch fürer halten söllend; dann für und für den
guoten biderwen lüten mit blinder antwurt zuo begegnen, will uns
(als ir selbs wol zuo gedenken hand) eben schimpflichen anstan, ouch
inen, ermelten biderwen lüten, diewil und sy nit wissen mögen, woran
sy sind, und wess sy sich halten söllend, eben geringen und schlechten trost gebären. »   **Zürich, A. Capp. Krieg.**

1048. Nov. 20 (Montag nach Othmari). Zürich an Schaffhausen, Bern (und andere Orte?). 1. Auszügliche mitteilung des letzten
berichts aus dem lager vor Musso, der gestern eingegangen . . . (s. nr.
975). 2. Da nun der Herzog nichts zur sache tun, sondern sein volk
gegen die evangelischen Städte laufen lasse, und man keine begierde
habe, vergeblich so schwere kosten zu tragen und die leute auf den
«halsacker» zu richten, so sei man gänzlich entschlossen, von dieser
fehde abzustehen und die angehörigen heimzurufen, habe ihnen heute
schon geschrieben, dass sie einstweilen noch weitern bescheid erwar-

ten, aber im falle böswillig bereiteter gefahr sich an einen sicheren ort
zurückziehen sollten. Da nun, wie auch Appenzell geschrieben, die
lage so gefährlich sei, so bitte man Schaffhausen ... ernstlich, vorerst
eilends eine zahlung hineinzuschicken, sodann umgehend zu melden,
ob es die knechte abmahnen oder was es sonst tun wolle etc. Den
Bündnern habe man geschrieben, sie mögen im fall eines aufbruchs
den krieg mit dem Herzog selbst «vertreten», u. s. f.
Bern, A. Müsserkrieg. Schaffhausen, Corresp.

1049. **Nov. 20.** Bern an Freiburg. Antwort: Man hätte sich
wohl versehen, dass es Bern in der not nicht verlassen würde, habe
dies aber Gott befohlen. Ueber die klage, dass man willens gewesen,
es zu beleidigen, empfinde man grofses befremden, da man solche absichten nie gefasst, viel weniger etwas der art unternommen habe;
man bitte also, diesen reden keinen glauben zu schenken und die personen, die das ausgestreut haben, anzuzeigen; dann werde man erweisen, dass (Bern) damit unrecht geschehen sei. Bern, Teutsch Miss. T. 245.

1050. **(Nov. 20?)** («Montag»), nachm. 2 uhr. Bern an Solothurn.
Klage über den angriff der V Orte und ihre drohungen, und höchste
und letzte mahnung um allereiligsten zuzug mit ganzer macht, auf
dem nächsten wege nach Aarau. Solothurn, Berner Schr.

1051. **Nov. 20,** Aarau. Hauptmann und Räte (von Bern) an die
gesandten zu Lenzburg. Statthalter Suri von Stäffisburg und ein anderer haben angezeigt, wie unter dem gemeinen mann ein grofser unwille herrsche und allerlei seltsame reden gehen, z. b. dass die leute
erklären, sobald sie zusammenkommen, auch ausschüsse wählen und
mit den V Orten selbst verhandeln zu wollen; der vogt von Wiken und
Am Ort haben bei Zofingen auf der grenze mit etlichen geredet, es
fehle wenig zum frieden, nur die öffnung der strafsen; die V Orte
wollen nichts als friede und recht. Der schultheifs von Thun, Rein-
hard von Wattenwyl, soll dort geäufsert haben, sein bruder würde
nirgends lieber vogt als in Unterwalden, und Frisching zu Muri: «Lö-
schent, es gibt ein guote vogty»; der venner Imhag wolle den frieden
nicht zu stande kommen lassen, und es gehen «sondrig personen»
damit um (intriguiren in der sache), u. dgl. m.
Freiburg, Diesab. Pap. (hds. v. Cyro).

1052. **Nov. 20,** 12 uhr mittags. Bern in das lager. «Wir haben
üwer schryben, (die) annemung der fürgeschlagnen artiklen belangend,
alles inhalts fürwar mit grofsem schrecken und herzleid verstanden,
und besonders grofs missfallen ab der unsern ungehorsame, ouch dero
von Zürich handlung empfangen, fügen üch ouch ze vernemen,
demnach wir den sturm ergan und die unsern zuo üch ylents bescheiden lassen, dass wir sy ganz unwillig, arm, inmafsen wir üchs nit
gnuogsam anzöugen könnent, befunden, desshalb wir uns üwer antwurt, so ir den schidlüten des iiij^ten und andrer artiklen halb geben,
wie irs müefsen annemen, also müefsent gefallen lassen; doch wöllen
wirs Gott dem allmechtigen klagt haben, dass uns, die allweg nach
erhaltung der Eidgnoschaft betrachtet, jetz aller unwill und schuld des
kriegs ufgetrochen wirt etc. Dwyl dann wir von den unsern und

sunst aller welt verlassen, dermafs wir jetzmalen (dheinen widerstand erstatten mögent, so übergeben wir üch vollmächtigen gwalt, die artikel, wie irs zuogsagt, und ob ir ferrern gwalts notdürttig, dasselbig ze volstrecken und anzenemen, allein dass wir jetzmalen zuo frid und ruowen komen mögen ».... **Bern. Teutsch Miss. T. 244. Freiburg, Dissch. Pap.**

1053. Nov. 20, Bern. Boten von Peterlingen bitten, die ihrigen der grofsen entfernung wegen daheim zu lassen, wenn ihr zuzug nicht (dringend) nötig sei. Antwort, sie sollen «nachinfaren.»

Bern, Ratsb. 231, p. 201.

1054. Nov. 20, Brienz. Diebold von Erlach, Wilhelm Rümsi und Michel Sager an Bern. «Uff gester und hütt sind harheimkom(en) von üwern panern, so im feld ligend, namlich von Hasli xv oder xvj man, in der herrschaft Ringgenberg xxviij, von Undersewen v, von Gottishuslüten ... und sind aber noch da ussen by der paner von Hasli ı, von der herrschaft Ringgenberg viij, von Undersewen xij, von Gottishuslüten... Und als dem vogt und dem schulthessen üwer brief sind zuokon, hand wir von stund an spys und gelt, wie üwer brief wyst, hinab gefergget, und ouch die so haruf sind kon, vermeinten (si) ouch wider hinab ze ferggen. Uff semlichs sind hütt früe kon zwen man von Hasli, namlich Thoman Halter und Hans ab Planalp, und ouch die rottmeister so hie ligend, und hand vermeint, man solte dieselben hie lassen, dann man iro lne dorfe, ir müefsen doch (sonst) ander har beschicken, und uns gebetten üch ze schriben, vermeinend, ir unser herren werdend nüt darin (darwider?) sagen; wo es aber nit möge sin, so wellend sys wider abhin schicken. Darumb, g. h., was üwer will ist, mögend ir uns berichten.» **Bern, A. Capp. Krieg**

1055. Nov. 20. Basel in alle ämter. Neues aufgebot, mit zusicherung eines erhöhten soldes («alle wuchen ein ort eins gulden me») für schützen, um deren desto mehr zu gewinnen, etc. **Basel. Missiva.**

1056. (Nov. 20), 1 uhr nach mittag, Aarau. Hieronymus (von Luternau), Wolfgang Stölli, H. Heinrich W., Hans Hug an Solothurn. «Heute Montag» um 7 uhr morgens haben sie hier ihre befehle den Bernern eröffnet, worauf nach einiger zeit die antwort gegeben worden, ihr vortrag werde freundlich verdankt; dem rate, sich zum frieden zu schicken, sei mit der annahme der vier ersten artikel schon entsprochen; die besatzungen zu Bremgarten und Mellingen seien bereits abgezogen und die Freiämter sich selbst überlassen, die burgrechtsbriefe mit Strafsburg und Constanz herausgegeben (?), der anteil an den 2500 kronen bewilligt; das seien die schiedleute den V Orten zu melden beauftragt; die antwort der letztern stehe aber noch aus; dabei verlaute, dass sie den Bernern einen schwereren frieden aufzwingen wollen als den Zürchern, oder das land bis zur hauptstadt verheeren etc. Daher dringen die Berner auf die gegebene zusage, bünde und burgrechte und geben zu bedenken, was Solothurn zu erwarten hätte, wenn die V Orte ihre meinung durchsetzen könnten. Man verreite jetzt nach Lenzburg zu den schiedleuten. **Solothurn, Reform.-A.**

1057. Nov. 20 (Montag nach Othmari), nachmittags, Solothurn. Beratung über die mahnung der Berner (im lager) und andere schriften ... nebst dem bericht der aus Bern zurückgekehrten boten. Den gesandten in Aarau wird nun befohlen, sich ernstlich für den frieden zu verwenden, und da es jetzt « an dem geld gelegen », so sollen sie, wenn etwa ein artikel anstofs gäbe, sich (der parteien?) vermächtigen, damit ein blutvergiefsen erspart werde, und eilends berichten, wie die dinge stehen. Den vögten ist zu befehlen, sich auf einen sturm gefasst zu halten, etc. — Vgl. nr. 1058. Solothurn, Ratsb. 30, p. 474, 475.

1058. Nov. 20 (Montag nach Othmari), nachm. 2 uhr. Solothurn an seine gesandten in Aarau. Seit ihrem schreiben aus Olten habe man von Bern eine dringende mahnung um zuzug empfangen, da es jetzt in seinem eigenen gebiete angegriffen sei. Da es nun die vier ersten friedensartikel angenommen und den schiedleuten zugelassen, in betreff der übrigen zu vermitteln, eventuell aber sich zum recht erboten, hoffe man doch zu einem guten ausgang zu kommen. Es mögen wohl einzelne knechte der V Orte auf Lenzburger boden vorgerückt sein; dass die Orte selbst dahin ziehen, könne man nicht so leicht glauben. Weil es sich nun eigentlich nur noch um geldfragen handle, so begehre man, dass die boten und schiedleute sich ernstlich bei Bern verwenden, dass es sich nicht in weitere gefahr begebe; nötigenfalls sollen sich die schiedleute seiner « mächtigen ». damit der friede hergestellt werde, etc. Solothurn, Miss. p. 842, 843.

Um 3 uhr wurde indess an die vögte ein befehl erlassen, ihre amtsangehörigen zu bester bereitschaft anzuhalten.

1059. Nov. 20 (Montag vor Katharine). Ammann Troger von Uri und ammann Rychmuot von Schwyz bitten hauptmann, Räte und kriegsrecht von Bern, ihre gefangenen landsleute gnädig und nach kriegsrecht zu halten, was sie hinwider zu verdienen anerbieten. Offener brief mit siegel von Troger. Freiburg, Diessb. Pap.

1060. Nov. 20 (Montag vor St. Katharina), schloss Bregenz. Röm. kön. Majestät verordnete Räte und commissarien: Johann (Fabri?), bischof zu Wien, Wolf und Hug, grafen zu Montfort, Mark Sittich von Ems, vogt zu Bregenz, Ulrich von Schellenberg, vogt zu Feldkirch, und Burkhard von Ems: an hauptleute, pannerherren und kriegsräte der V Orte. Cittissime (sic). «Unsern günstigen grufs etc.

etc. Aus guter wolmainung wir füegen zu vernemen, dass die röm. kaiserlich und küniglich Majestäten, unser allergnedigister und gnedigisten herrn kurz verschiner tag von zwayen orten zwo eilend verraut botschaften zu euch verordent (sic), und wiewol wir verhoffen, dieselbigen numals bei euch ankomen oder doch bald ankommen werden; dieweil aber denselbigen gesandten durchzukomen gefarlich und beschwerlich, so haben wir euch dennest (sic) aus sonderm genaigten villen, den wir gegen euch und euerm cristenlich tun und fürnemen tragen, solichs unangezaigt nit lassen wollen, ungezweifelter hoffnung, ı dieselbigen ankommen, sy werden oder haben vielleicht euch allerlai

anzaigen und bringen, daran ir sonders wol gefallen und freud empfahen werdent. Wir sein auch allhie diser zeit euch und unserm
hailigen cristenlichen glauben zu guet bei ainander, darzu syent auch
ander etlich treffenlicher der kün. Mt. commissari zu Zell am undersee
auch bei ainander und in disen sachen, auch obligen treulichen handeln, welches sich aber von wegen allerlai gefar nit schreiben oder der
feder vertrauen lasst; wir wellend euch aber unangezaigt nit lassen, dass
euer widersächer derselbigen anhänger(n) under anderm ausgeben und
ain geschrai machen, dass ir mit euern widerwärtigen vertragen seind,
und dieweil dasselbig vilfeltig an uns gelangt, so macht und bringt
uns dasselbig geschrai vil irrung; darum wellent uns fürderlichen und
on verzug desselbigen mit allen umständen und anzaigen berichten,
darmit wir und ander verordnet uns auch darnach wissen zu richten.»

Lucern, A. Religionshändel

Das schreiben wurde doppelt (auf zwei verschiedenen wegen?) abgesendet;
das andere exemplar hat das cito im fünften grad, ausser dem superlativ.

1061 a. Nov. 20 (Montag nach Othmari), 8 uhr morgens, Dagmersellen. Hauptmann etc. an hauptmann etc. von **Lucern**, in den
Freien Aemtern. «Wir sind nächst verruckter nacht durch unser
wachten bericht, wie die Berner ir wortzeichen mit fürwerfen und
schiefsen ir landschaft uf haben lassen gan, und loufe alls nidsich gan
Lenzburg zuo. Sodann unserthalb werdent wir durch unser frommen
heimlichen kundlüten bericht, wie sy uf der landschaft ir herren, den
friden anzenemen, bittlich angsuocht, da sy aber nüt guots, das zuo
friden dienstlich, befinden mögent»... Bitte um weitern bescheid.

1061 b. Nov. 20. Dieselben an Statthalter und Rat in **Lucern.**
Bericht über die bewegung im Berner gebiet, — mit unerheblichem
detail, das dem schreiben an die hauptleute fehlt.

1061 c. Nov. 20 (Montag etc.), um mittag. Dieselben an den hauptmann etc. Anzeige der kundschaft betreffend den in Bern etc. ergangenen sturm, etc. Infolge dessen bitte man um bericht über den stand-
ort des panners und alles, was vor sich gehe, etc.

1061 d. Nov. 20 (Montag n. O.), Dagmersellen, 6 uhr abends. Dieselben an St. und R. in **Lucern.** «Zuo diser stund sind zuo uns
komen die üweren, der vogt uf Wyggen und Hans Santweg, und uns
anzöigt, wie dann schultheifs Huober sampt schultheifs Gränicher und
etlich mit inen von Zofigen uss befelch irer herren von Bern zuo inen
komen, inen zuo sagen, dass sy uns söllent anzöigen und wir üch,
dass sy sich der fryen Aemptern, (ouch der stett) Bremgarten und
Mellingen nützit beladen wellent und sy lassen strafen, doch vorbehalten ir gerechtigkeit an Bremgarten und Mellingen, (die) wellent sy nit
übergeben haben; allein wo man sy uf irem ertrich suochen, müestent
si sich schirmen etc. Daruf hand si den Berner botten geantwurt,
wenn sy die strafs uftätend, wäre man gneigter, iren ze verschonen.
Daruf sy wyter geantwurt, sy getruwent, es werde in kurzem beschechen»...

Lucern. A. Religionshändel

1062. Nov. 21, früh morgens. Zürich an die III Bünde. Es vernehme von Appenzell, das kürzlich einen boten mit geld zu Musso gehabt, sowie von den commissarien und hauptleuten zu Dongo, wie grofser unwille und ungehorsam unter den knechten herrsche, und viele, namentlich die Toggenburger, bei nacht weglaufen, so dass bei Mandello kaum noch 300 mann stehen; zudem tue der Herzog gar nicht, was er zugesagt; da sie mit allem schlecht versehen werden und nicht wissen, was sie von ihm erwarten sollen, und da man wirklich müde sei, so schwere kosten ohne erfolg zu tragen und die angehörigen verderben zu lassen, die gefahr auch wieder zunehme, indem der Müfser wieder auf dem see herrsche, so habe man die andern Orte eilig benachrichtigt und um bescheid ersucht, indessen aber den hauptleuten und commissarien befohlen, sich noch einige zeit zu gedulden und nur im notfall einen sichern platz aufzusuchen. Dies zeige man in guter meinung an, damit die Bünde nach ihrem gutfinden zu handeln wissen, da man die knechte nicht wohl nötigen könne, sich länger ohne nutzen aufzuopfern; was sie nun hierin zu tun gedenken, mögen sie eilig berichten.   *Zürich. Missiven.*

1063. Nov. 21 (Dienstag nach Othmari), vorm. 8 uhr, Zürich. Gemeine burger von Bremgarten an Sch. und Rat in B. «Uewer schriben (uns) getan hand wir wol verstanden des bedurens der vill (des) abwichens; das sond ir nit zum höchsten von uns ufnemen, uss (der) ursach, (dass) üch noch wol indenk soll sin, wie uf Mentag ein ganzi gemeind 'uns das erloubt und nachgelassen hand, ouch in ratswis beschechen, und fürnemlich von denen, so zuo inen gunst und bywonung gehebt hand, darzuo sunder guot gesellen, die uss trüw einer den anderen gewarnet habend, dess wir all zuo dank von üch ufgenomen hand und zuo verdienen geneigt sin wend, und derwil wir dann kein anderi antwurt frides halber noch suster empfahens halb sind, könnend wir unsers fürnemens nit wychen, es wäri dann sach, so etwelich hinin kämind, und sy der handel bedunken wellti inen zuo schwer sin, dass ir im wider luft wettind lassen an sin gewarsami (ze komen), darmit und nieman verkürzt wurd; so dann uns das zuogeschickt wurdi, so sind deren menger, die die sach an die hand nemen wurd(en)»....   *Stadtarchiv Bremgarten.*

    Nach dem etwas unbehülflichen original gedruckt in Argovia VI. 91 (N. XX).

1064. Nov. 21, Zürich. Des herzogs von Mailand orator, Franciscus Sfondrati, (an Zürich). Antwort auf die beschwerde, dass zuwider dem freundschaftsbündniss truppen zur hilfe der V Orte durchgelassen worden. .... Der Herzog habe nicht blofs das getan, was er schuldig sei, um solches zu verhindern, sondern viel mehr; sobald er vernommen, dass etliche seiner untertanen den V Orten zuzögen, habe er dies überall offen verbieten lassen und die ausgezogenen bei schweren strafen heimgemahnt; es sei dies auch nicht umsonst gewesen, da viele niedergeworfen worden. Auf die erneuerte klage, dass immer noch leute durchziehen, habe er den hauptleuten der acht Orte erlaubt, solche leute niederzuwerfen, auch schiffe bestellt, um niemand über den see zu lassen; dennoch mögen etliche durchgeschlüpft sein weil sie unversehens einen andern weg eingeschlagen; das herzogtum sei eben so weit und breit, dass man nicht überall zu hüten vermöge. Durch den eifer aber, den acht Orten zu dienen, sei der Herzog bei den freunden der V Orte in verdacht gekommen, als ob er deren feind wäre, die «noch auf dise stunde sich desselben beklagen bis gen himel.» Daraus gehe genugsam hervor, dass er die pflichten der freundschaft nicht versäumt habe. ... Wie man ihm gestern geraten, werde er nun zu den V Orten reiten. ...   Zürich, A. Capp. Krieg.

1065. Nov. 21 (Dienstag vor Katharinä). Schaffhausen an Zürich. Antwort auf dessen schreiben vom Montag nach Othmari, betreffend den müfsischen krieg. Dieser sei anfanglich blofs der Bündner sache gewesen; aber auf Zürichs ernstliche mahnung sei man auch darein gekommen und habe nun grofse kosten erlitten; sollte man jedoch jetzt davon abstehen, so wäre alles umsonst und verloren und müfste man erst noch viel «unlob» gewärtigen. Wenn daher Zürich, die Bündner und andere in dem kriege beharren, und derselbe anders als bisher geführt werde, so wolle man sich auch nicht entziehen. Den sold habe man letzthin vollständig bezahlt bis auf den laufenden monat, in dem die knechte erst acht tage gedient haben; es solle auch ferner darin kein mangel begegnen...   Zürich, A. Müsserkrieg.

1066 a. Nov. 21 (Dienstag nach Othmari). Landammann und Rat von Glarus an Zürich. Das schreiben wegen des müfsischen krieges sei so inhaltschwer, dass man nicht so eilends darauf antworten könne; man habe aber zu förderung der sache «ein gwald angesehen» um sich zu beraten, und werde das weitere melden.

1066 b. Nov. 24 (Freitags vor Katharinä). Dieselben: Man habe heute das schreiben betreffend den Müfser abermals verhört und erkannt, was für unlautere dinge in dem kriege vorgehen; man finde aber bedenklich, die eigenen knechte ohne vorwissen der andern Orte abzuberufen, und möchte daher raten, dass Zürich eilends den beteiligten Orten einen tag ansetze, um über die sache gemeinsam zu raten; was da beschlossen würde, wolle man dann gelten lassen; aber ein heimlicher aufbruch, der andern Orten grofsen schaden zuziehen könnte, gefalle Glarus nicht. ..   Zürich, A. Müsserkrieg.

1067. Nov. 21, «Viglevano». Herzog Franz II. an Zürich. Antwort auf den schriftlich geäufserten wunsch, dass er zu den kosten des «Mussianischen» krieges mehr beitrage etc. Er würde diesem ansuchen gerne willfahren, wenn er nicht durch die täglichen kosten dieses krieges sowie der mehrjahrigen früheren kriege so sehr erschöpft wäre, dass ihm unmöglich sei, seine hülfsgelder zu erhöhen, und bitte desshalb um entschuldigung. «Voluntas enim optima est, sed vires non suppetant.» Im übrigen werde von seiner seite nichts vernachläfsigt, was zur baldigsten ausrottung des feindes (ad extirpandum.. illum latronem) diene, wie Zürich von dem kürzlich ins lager veror-

neten gesandten und den berichten der hauptleute des weitern vernehmen könne.　　　　　　　　　　　　　　　Zürich, A. Müsserkrieg.

1068 a.　Nov. 21. Basel an Zürich. »Wir habend üwer schriben,
uns von wegen des fridens, den ir mit üweren und unsern eidgnossen von den fünf Orten angenomen, und darus, was üch zuo solchem friden getrungen, allen inhalts vernomen und ab dem, dass ir
den unermesslichen schaden und abfal, so dem helgen göttlichen wort
und dessen liebhabern von disem krieg und angenommenen friden begegnet, mit unser verunglimpfung ze verantworten understand, ein
treffenlichs hochs beduren empfangen. Dann so ir (als ir mee dann
wol wüssend) ermessend, wer dises kriegs ursach, befindet sich, dass
wir als die den merklichen unrat und schaden, so gemeinlich von
kriegen entstat, zevor trüwlich bedacht, für und für zuo allen tagen
fridens begert, den krieg mit allem ernst widerraten und was wir dem
friden dienlich sin erachten mögen, anzuozeigen nit underlassen haben.
Wie vil aber unsere trüwe rät by üch, die sich leider zuo vil uf ir
grofse macht getröst, erschossen, ouch was danks wir zun ziten erlangt, ist uns noch wol ingedenk. Und wiewol wir uns disers kriegs,
den ir mit abschlahung der proffiant und sunst allerlei ingriffen, so
ir in die gmeinen herrschaften getan, verursacht, wol nützit beladen
mögen, jedoch haben wir uf üwer manen üch die unsern zuogeschickt,
die ouch nach der üweren befelch sampt andern uf den Zuger berg
gezogen, daselbst übel gelitten, und (wie wir bericht) in iren nöten
gar dhein rettung noch entschüttung von denen, so by den panern im
läger verpliben, befunden; desshalben die unsern, so uf dem berg
überpliben, gneigter gewesen anheimsch ze ziehen, dann by der kleinen trüw und mannheit, so sy leider hin und wider befunden, lenger
ze verharren. Jedoch haben wir uss ganz trüwem gemüet den unsern by üwern panneren im läger zuo Bar dapferlich ze verharren, vor
und ee üwer paner abziehen, gar nit ze verrucken ernstlichen zuogeschriben, aber ouch darby befolchen, wan üwer paner ufbrechen (und)
zeruck ziehen wurde, dass dann die unsern sich erheben, mit üwern
und unsern eidgnossen von Bern den nächsten anheimsch ziechen söllen. Wir habend ouch neben dem uf unserer eidgnossen von Bern
ernstlich vermanen, als uns die selben, wie sy mit ir andern paner
ufbrechen, den üwern zuo Bar luft machen welten, zuogeschriben,
inen zuo volstreckung solchen fürnemens ein fendlin mit v° wolgerüster
knechten zuogeschickt, der hoffnung, disen krieg mit mannlicher handlung oder ernstlicher beharrung zuo göttlichem eerlichen friden ze
bringen. Dorumb wir ouch uf üwer ernstlich vertagen zuo Bremgarten in ein winterläger und die anzal knecht, so uns ufgelegt, zuo erhalten willens gsin. Diewyl sich aber demnach zuogetragen, dass die
paner zuo Bar ufgebrochen, hindersich gen Bremgarten gezogen, und
als unser eidgnossen von den fünf Orten die üwern zuo Horgen witer
angriffen, daruf die üwern den anschlag des winterlägers fallen lassen,
were offene landschaft (das doch nit wol möglich) ze schirmen un-
erstanden, ist nit on, es sind die unsern mit den üwern also hin und

wider zuo ziehen, den anschlag des winterlägers ze verlassen nit lustig, aber allwegen, so man den krieg mit ernst beharren, daran nützt
abzeziehen urbütig gsin etc. Es habend aber in denen dingen die
üwern den friden allein für sich selbs, one vorwüssen aller deren, so
mit üch im feld gsin, angenomen und erst nach demselben die unseren inen ze raten ankert, und als die unsern ein schrift, so unser eidgnossen von den fünf Orten an üwere landlüt getan, gehört, wie die
üwern den friden schon zuogesagt, aber darnach widerum darvon abstan (wellen?), habend die unsern, und nit unbillich, den üwern nützt
raten, sonder für und für angezöigt, so man den krieg mit ernst beharren, wellen wir unser vermögen trüwlich zuo üch setzen; wo nit,
und ir friden haben, wellend wir daran niemanden verhinderen. So
ir nun den krieg nit harren (sic), sonder einen friden angenommen,
unsere geschworne burkrecht on unser und anderer unserer christenlichen mitburgern vorwüssen abgetan (und) hinusgeben, üch damit in
ruow gesetzt, aber uns, die ir in disen krieg gebracht, in verderpliche
gefar gesetzt, müefsend wirs geschehen lan und Gott befelchen; der
wirt mit der zyt, wer an dem onwiderbringlichen schaden schuld habe,
wol offenbaren. Allein haben wir dise meinung, nit dass wir üch
ützit verwisen, sonder uss erheuschender notdurft, uns damit üwers
verunglimpfens zuo entschuldigen, üch nit unangezeigt lassen wöllen.•
                                                      Basel, Minutea.

1068 b. Nov. 21, nachmittags 4 uhr. Basel an Schaffhausen.
Klage über den einseitigen friedensschluss der Zürcher und die absicht der Berner, ebenfalls (blofs für sich) einen friden anzunehmen,
und bitte um eröffnung der diesfalls waltenden absichten, etc.
                                                      Schaffhausen, Corresp.

1069. Nov. 21. Basel an die V Orte. «Es habend üwer und
unser getruw lieb eidgnossen von Bern uns diss vergangene tag ein
abschrift des briefs, den üwere houptlüt, lütinant, pannerherren, Rät
und ganze gemeinden den stetten Bern, Basel, Schaffhusen, Mülhusen
und andern, so wider üch zuo feld ligend, geschriben, zuogesandt,
welche wir allem inhalts vernomen, daruf wir üch antwortswise
wellen verhalten, dass uns nit zwifelt, üch sye unverborgen, dass wir
als die jeder zyt zuo friden und ruowen gneigt gewesen, uusers teils
die pundt an üch und menklichem gehalten, ouch der zyt, als üch
von üwern und unsern eidgnossen von Zurich und Bern die profiant
abgeschlagen, haben i wir üch nit allein nützit abgestrickt, sonder wo
(an der?) absmalung der profiant dheen gefallens gehept, darumb wir
zuo allen tagen gern das best daruider gehandlet, ouch die üwern
fryg one entgeltnus wandlen, weteren, kouten und verkoufen, darzuo
den üweren in hangen en spannen etliche guetere durch unsere bur...
zuotragen lassen, und as es rer leider dahin kommen, dass ir wider
die von Zurich ufgezogen, so zogen und geschediget, haben
uns erstgenempt unser eidgnoss von Zürich uud Bern uss kraft der
pundten uud burkrecht ... hamit wir inen verwandt, zuo dem trungen
...esisten ... ...et. Dewyl wir nun uss dem landtfriden
vergangener jaren ... Cappel ugericht, dass unsere burkrecht und

zuosagungen des gloubens halben beschehen, by kreften bestan und pliben, eigentlich vernomen, habend wir eeren halb nit können über sin und also die unsern benannten von Zürich und Bern zugeschickt. Dass wir aber, wie ir melden, üch nit abgesagt, ouch die unseren uf üwer ertrich gezogen etc., ist darum geschehen, dass wir discs kriegs dhein ursach, üch die profiant nit abgeschlagen, der krieg wider üch nit unser, darum es von unnöten gewesen, dass wir üch absagen söl-ten. Zuo dem sind die unsern wider iren willen uf üwer ertrich zuo ziehen gemeret worden. Desshalben lassend wir bedacht unser eid-gnossen von Zürich und Bern, denen wir uf ir ernstlich manen zuo-gezogen, solches verantworten. So nun dem also, könnend wir nit gedenken, dass die pündt mit dem, dass wir in kraft unser burkrech-ten, so ir in angeregtem landfriden kreftig sin bestetiget, bedachten unsern mitburgern zuogezogen, überfaren, und wir die von üch ze nemen oder hinus ze geben schuldig syend, sonder wann ir und be-nannt unser eidgnossen von Zürich und Bern als die, deren diser krieg ist, zuo friden komen, sind wir unsers teils die pündt und alle trüw an üch ze halten, feilen kouf, den wir üch nie abgeschlagen, verfolgen ze lassen urbütig, wie ir, wann es üch unsere ratsbotten zuo üch ze komen ze vergleiten und sy muntlich ze verhören gefallen wellt, das und anders, so üch und uns zuo friden und einigkeit dienen, witer vernemen möchten. Das alles wir üch uf obgemelt üwer schriben nit wöllen verhalten, der zuoversicht (dass) ir uns by disem erbieten und den pündten güetenklich werden pliben lan, üwer ferner antwort by disem bringer begerende. »   Basel, Missiven.

1070. Nov. 21, 1 (al. 3) uhr nachm. **Basel an Bern.** Auf dessen mahnung habe man heute mit dem panner auszuziehen gedacht; in-zwischen sei aber von den ratsboten in Aarau schriftlich gemeldet worden, dass die Berner gestern (Montag) abend die absicht erklärt, in den frieden zu willigen wie Zürich, und dabei angezeigt, dass die Zürcher die burgrechtsbriefe zur entkräftung herausgegeben, was man als höchst beschwerlich empfinde; als dann die boten den (Berner) Räten vorgestellt, dass Basel auf die mahnung Berns in den krieg gekommen und jetzt besorgen müfse, auch von seiner seite nicht in den frieden ingeschlossen und demzufolge von den V Orten zu einem ihnen ge-älligen frieden gedrängt zu werden, haben die Räte das bejaht. Diese intwort müfse nun höchst befremdlich erscheinen, da doch Bern wisse, lass man den krieg nicht verursacht, den Ländern die zufuhr nicht ibgeschlagen, ja (nicht einmal) dazu eingewilligt habe, auch nicht für ich selbst gegen sie gezogen, sondern einzig auf das ernstliche mah-ien von Bern aufgebrochen, durch ein mehr zu den Zürchern an den Zuger) berg geschickt und damit in schweren verlust und kosten ge-:ommen sei. Darum halte man die angehörigen noch zurück und abe den boten befohlen, bei den Berner häuptern nochmals ernstlich ie frage zu stellen, ob sie einen frieden annehmen oder im kriego eharren und in einer unterhandlung Basel mitbegreifen wollen; im tztern falle werde man sofort ausziehen und die beschwornen pflichten redlich erfüllen. Man bitte nun um schleunige antwort. Durch die sorge wegen des friedens geängstigt, habe man dieses anliegen nicht verbergen wollen und ermahne nun Bern um aller liebe und freundschaft willen, den seinigen eilends die weisung zu geben, Basel in dem frieden nicht zu vergessen, etc. etc.

Basel, Missiven. Bern, A. Capp. Krieg.

1071. Nov. 21. Bern an Michel Jontein (?), hauptmann von Lausanne. Man sei genötigt, so gut wie alle mannschaft ins feld zu schicken; desshalb begehre man kraft des burgrechts, dass er mit den ihm untergebenen leuten so bald möglich anher komme, um dann dahin zu ziehen, wo es dienlich sein werde.

Bern, Welsch Miss. A. 226 b.

1072. Nov. 21. Bern an Biel. Dessen gestrige antwort auf die mahnung verdanke man höchlich wie den geleisteten zuzug und das brüderliche zusagen. Dem gesuch um bericht über den stand der dinge entspreche man durch abordnung Anton Nolls, der alles vortragen werde, wie nämlich Zürich mit den V Orten frieden geschlossen und die gemeinen herrschaften, nachdem die fürbitte fruchtlos gewesen, zur bestrafung übergeben; wie dann die V Orte von den Bernern die öffnung der sperre gefordert, ihnen abgesagt, endlich das land angegriffen und in einem scharmützel etliche leute verloren haben; wiewohl die schiedleute (immer noch) unterhandeln, sei doch nicht zu hoffen, dass sich die gegner mit billigem begnügen lassen; darum warten 3000 mann zu Lenzburg des feindes, und komme es nicht zum frieden, so werden die zwei panner in Aarau dorthin rücken, etc.

Bern, Teutsch Miss. T. 246, 247.

1073 a. Nov. 21, vorm. 10 uhr, (Aarau?). Hauptmann und Räte (von Bern) an Seb. v. Diefsbach u. a. in Lenzburg. Antwort auf ihr schreiben. Man habe es samt der zuschrift der schiedleute und den artikeln der v Orte in der gemeinde beraten und folgenden beschluss gefasst: Man wolle den frieden annehmen, wie er vorgeschlagen und zugesagt worden, gemäfs der erteilten vollmacht; es möchte noch versucht werden, den handel der Unterwaldner und der verräter ans recht zu weisen; gelinge dies nicht, so sei der friede laut der eingesandten artikel förmlich zuzusagen. Mitteilung eines briefes von Bern...

1073 b. Nov. 21, nachm. 7 uhr. Dieselben an dieselben. Antwort: Da der friede nun abgeschlossen, so habe man den stadtschreiber in eile heimgeschickt, um die christl. burgrechtsbriefe herabzubringen und die leute, die er auf dem wege finde (zuzüger), zurückzuhalten. Da hier viel volk («ein grofse welt») liege, so wisse man nicht was tun und bitte daher um bescheid.

1073 c. Nov. 22, vorm. 10 uhr. Bern an seine hauptleute und Räte zu Lenzburg. Nach ankunft des stadtschreibers habe man eilig alle burgrechtsbriefe samt dem landfriedens- und beibrief mit der post versandt; doch liege der eigentliche hauptbrief des landfriedens nicht hier, sondern in Zürich.

Freiburg, Diessb. Pap.

1074. **Nov. 21,** Lenzburg. Hauptmann und Räte (von **Bern**) an die führer in Aarau. 1. « Uff üwer, ouch unserer g. herren, so noch zuo Bern anheimsch, zuogsandten missiven haben wir in namen Gottes den friden zuogesagt mit etwas witer(er) lüterung, die wir den schidlüten fürghalten, in hoffnung, sy werden sölichs an den v Orten erlangen. Wir hand ouch unser lieben eidgnossen von Basel, Biel und Mülhusen sampt andern, so uns zuogezogen, in den friden verlibt, damit sy glich als wir zuo ruowen komend und etwas erbarlicher dann wir von denen von Zürich bedacht werden etc. 2. Denne so ist von nöten, dass ir angends die angenomnen christenlichen burgrechte, das von Zürich, Basel, Schaffhusen, Mülhusen, Biel, Strafsburg, Costenz, S. Gallen zuosampt dem landsfriden und dem brief (so) darüber geben, ylends ylends herab fertigend; dann wir dieselben hinus geben werden und dannenthin im namen Gottes heimrucken, wiewol wir vilicht morn den züg wellen vorab lassen trätten. Die schidlüt werden morn guoter zit die brief ufrichten und uns, sobald die burgrecht hinus komend, sölichen überantwurten. »

Bern, A. Capp. Krieg (cop.).

1075. **Nov. 21** (Dienstag post Otmari), mittags, Lenzburg. Hieronymus von Luternau, Wolfgang Stölli, H. Heinrich W., Hans Hug, spitalvogt, an **Solothurn**. 1. Bericht über die verhandlungen mit den Bernern, betreffend die fortdauer der waffengemeinschaft und die annahme des friedens. 2. Ueber die beratungen mit den schiedleuten, betreffend die friedensartikel (in der hauptsache wie für Zürich; für brandschaden 6000 kronen gefordert; abschluss nur für Bern). 3. Beschwerde der Berner über die ausschliefsung der bundesgenossen; rückkehr der schiedleute zu den V Orten, zu bezüglicher verhandlung; ermäfsigung der ersatzsumme auf 3000 kr. bewilligt, aber sonst nichts; entscheidende antwort auf heute abend gefordert. 4. Beruhigung wegen des ausschlusses, da die schiedleute Solothurn bei den V Orten kräftig verantwortet haben.

Solothurn, Reform-A.

1076. **Nov. 21.** Freiburg an Wallis. Die V Orte haben geschrieben, dass sie mit Zürich frieden gemacht, « Gott hab lob », den aber die Berner nicht annehmen wollen; auf ihre abermalige mahnung um treues aufsehen sei man zwar geneigt, das burgrecht zu halten; man hoffe aber, dass der friede beschlossen werde. Die boten seien nämlich nicht heimgekehrt; man habe daher, der erteilten weisung gemäfs, noch ihre antwort zu gewärtigen, ob Bern den frieden annehme. Geschähe dies nicht, so würde man diesseits dem burgrecht mit den V Orten und Wallis gänzlich folge leisten; doch hoffe man auf den frieden; sonst versehe man sich zu Wallis, dass es dem burgrecht auch nachkommen würde. Hierüber bitte man um gütige antwort und allfälligen weitern bericht über den stand der sachen, etc.

Freiburg, Miss. Bd. 9 u. 10.

1077. **Nov. 21** (Dienstag vor Katharine). Freiburg an Solothurn. Nachdem durch Gottes gnade zwischen Zürich und den V Orten ein friede geschlossen worden, habe man die hoffnung geschöpft, dass auch

Bern und seine mithaften sich dazu entschliefsen werden, vernehme
jetzt aber, dass ein besonderer unwille zwischen Bern und den V Orten sich kundgebe, was man höchlich bedaure; da nun Solothurn eher
erfahre, (wie es damit stehe,) so bitte man es dringend, diesem läufer
einen bericht zu verabfolgen.   **Solothurn, Reform.-A.**

1078 a. Nov. 21 (Dienstag nach Othmari), Solothurn. Es wird
ein schreiben der boten in Aarau und die mahnung von Bern verhört
und beschlossen, sofern die V Orte (wirklich) keinen frieden annehmen und das gebiet von Bern verheeren wollen, zu leisten, was man
nach bünden und burgrecht schuldig ist; damit aber Bern hiedurch
nicht gestärkt und der friede verhindert werde, wird der beschluss
über einen auszug verschoben, bis man weitern bericht hat, ob die V
Orte mit gewalt in die landschaft von Bern ziehen wollen. Wie dann
dieser handel ausschlage, soll man einig bleiben.

1078 b. Nov. 22 (Mittwoch n. O.). Die boten im felde zeigen an,
dass der friede auf guten wegen sei; daher lässt man die sache ruhen
und will dahin wirken, dass die schmachworte vermieden werden;
wer dawider handelt, soll gestraft werden, indem man befürchtet, dass
ärgeres daraus erwachsen könnte...   **Solothurn, Ratsb. 20, p. 476, 477.**

An Basel wurde 8 uhr abends, zur antwort auf eine beschwerde über den
sonderfrieden Zürichs, geschrieben, man habe aus dem felde guten bericht, und
zwar auch über die frage der ausschliessung, wie die V Orte sie fordern; so sei
dem general Maigret von den andern französischen boten ausdrücklich gemeldet
worden, « dass alle diss krieges verwandten und mitgenossen in den friden begriffen und niemand usgescheiden sye »; — « Gott dem Herrn sye lob und
dank. »   **Miss. p. 845.**

1079. Nov. 21, Waldshut. Iteleck von Rischach und Vit Suter an
die kriegsräte und hauptleute der V Orte. « Edlen, strengen, etc.
etc. Uns hat herr Colman, so helfer zuo Waldshuot gewesen, welchen,
wie er sagt, ir zuo Bar, dannzuomaln in euerm läger, zuo uns abgefertigt, verschiner tagen zum getrüwlichisten anzeigt, wie ir ime befolchen, mich Iteleggen von Ryschach zum höchsten und ernstlichisten
zuo bitten und zuo ermanen, uf die von Bern (als) euere fygend anzuogrifen, derglichen herr Mark Sittichen von Emps, rittern, dass er
uf die Ryntaler (und die) gotshusleut zuo Sant Gallen auch angrifen
welle, zuoschriben, mit mer ernstlicheren freundlichen ermanungen (on
not zuo melden), zuodem uns des ritterlichen sigs, so ir und euer
kriegsvolk uss gnaden und mit hilf des allmächtigen Gottes und seiner
werten muoter Marie zum zweiten mol gegen euern fygenden erobert,
bericht, uns auch neben dem allem der eerlich friden, so ir euers
willens und gefallens gegen denen von Zürich erholet, angelangt. —
Solichs euers ritterlichen sigs und erlichen erlangten fridens haben
wir (als billich) sonder herzliche höchste freud entpfangen; der allmächtig Gott welle euch fürterhin darinnen erhalten, gnad und sig
verlihen, wie uns dann in diser euer christlichen handlung und fürnemen beschehen werd gar nit zwyfelt. Und wellen euch nit bergen,
dass wir (der) Schultheifsen und Rat zuo Lucern schriben, so dieselben mir Sutern by einer frauen überschickt, und gemelts herr Colmans

werbung der römischen kün. Majestät etc. . . . . gestracks und mit höchstem flifs ylends zuogeschickt und also genädigs befelchs, darinnen bishar ou zwyfel nit on sonder hoch beweglich merklich ursachen verzogen, hierüber erwartet; wellen ouch kein zwyfel haben, wo uns beiden je einicher befelch zuokomen (wäre) oder noch zuokäme, dann dass wir demselben zum getrüwlichisten und fleifsigisten nachkomen, euch auch, so die päss offen gewesen, oder wir die brief sicher zuo euch bringen mögen, solichs vor langem zuogeschriben hetten. — Dann euch und den euern in dem, so uns von höchstgemelter röm. kün. Mt. befolchen, sonder für unsere personen in diser euer cristlichen ritterlichen und eerlichen handlung mit darstrecken unserer liben und vermögens zuo dienen wären wir allzyt so tag so nacht sonders flifs willig. • — Postscripta: « Lieben herren, ir mögen selbs wol erachten, dass uns als dienern usserhalb höchstgedachter röm. kün. Mt. befelch anzuogrifen und dermafsen (wie ir begert) zuo handlen nit gebüren wellen, wie gern wir das geton hetten und noch gern täten, uns aber in der handlung, so wir in befelch gehabt, dermafsen gehalten, dass die von Zürich und Bern uns zum erustlichisten mit schriften ersuocht haben. • — (Von Rischachs hand:) « Lieben herren und fründ, wüss Gott dass ich als gern üwern willen erstattet wolt haben, und acht warlich lieber weder irs (?) gesehen hetten und noch gern tuon wellt, so mir befelch geben wurd, ane den ichs nit tuon darf; doch bin ich jetz erforderet, dass ich ilents riten muofs, desshalb ich fast guoter hoffnung (bin), ich well noch frue gnuog kumen, dann ain williger werkman kam nie zuo spat ». . .   Lucern, A. Religionshändel.

1080.   Nov. 22 (Guten tag nach St. Othmars t.), Waldshut.   Bonaventura, abt von R h e i n a u, an die Räte und gewalthaber der V O r t e im feld.   Bezeugung der höchsten freude über den ihnen von Gott, seiner Mutter und dem himmlischen heer verliehenen sieg, mit bitte um weitere gnade, damit sie zu frieden und einigkeit und wieder zu dem ihrigen kommen.   Nun rufe er sie zum allerhöchsten an, ihn und seinen convent in das gotteshaus einzusetzen, damit die gottesdienste mit singen und messehalten wieder hergestellt werden, wie es auf allen tagen auf den fall des sieges verheifsen worden, etc. Bitte, dieses schreiben wohlgefällig aufzunehmen, etc. etc.   Lucern, A. Rheinau.

1081.   Nov. 22 (Mittwoch nach Präsent. Mariä Virg.).   R o t w e i l an die hauptleute und kriegsräte der V O r t e.   Man vernehme in glaubwürdigen schriften, dass sie mit denen von Zürich befriedet seien und ihr begehren durchgesetzt haben, sowie auch dass die knechte, die man ihnen zugeschickt, nachdem sie sechs wochen in Waldshut gelegen, zu ihnen unangefochten gekommen sein sollen.   Darüber empfinde man unaussprechliche freude, zumal man gewünscht hätte, dass die leute ohne aufenthalt hätten zu ihnen ziehen können, und bitte man den Allmächtigen, dass er den V Orten gegen die übrigen widerwärtigen auch seine göttliche hülfe zu teil werden lasse; auch sei man diesseits, wenn ein weiteres ansuchen gestellt würde, jederzeit zu allem beistand bereit, etc.   Lucern, Missiven.

1082. Nov. 22 (Mittwoch nach Othmari). **Appenzell an Zürich.**
Antwort auf das letzte schreiben betr. den Müfserkrieg. Die sache
sehe besorglich aus, und es scheine gewagt, die leute heimzurufen,
während der feind sich stärke; da nun andere Orte die ihrigen abfordern wollen, und Appenzell, weil der krieg es nicht angehe, nur
der mahnung Zürichs gefolgt sei, so fühle es sich zu « einfaltig »,
darum bescheid zu geben, und wie es anfangs geschrieben, dass es
tun werde, was Zürich gefalle, so überlasse es abermals ihm, nach
seiner besonderen kenntniss der sachen zu handeln, um schaden abzuwenden, wiewohl man lieber noch so grofse kosten trage als einen
mann verliere und einen « freundlichen abzug » der gefahr eines starken verlustes vorziehen möchte. Den knechten habe man in den letzten drei wochen jedem 10 kronen geschickt, so dass sie wohl keinen
mangel haben werden.   Zürich, A. Müsserkrieg.

1083. Nov. 22. Augsburg an Zürich. Dank für die schreiben,
die den nach Winterthur gesandten boten und später dem einen, alt-
burgermeister Hieronymus im Hof, von seckelmeister Georg Berger
besonders zugeschickt worden; condolenz über den erlittenen schaden;
glückwünsche zu dem von Berger gemeldeten frieden etc.
                    Zürich, A. Capp. Krieg (perg.).

1084. Nov. 22, nachm. 4 uhr, Rheineck. **Ulrich Stoll an BM. und
Rat in Zürich.** Antwort: Der wache halb wolle er tun, was ihnen
lieb und dienst sei, könne aber nicht verbergen, dass die päpstler
grofse freude verraten und triumphiren; aber Gott werde Zürich nicht
verlassen, wenn es tapfer und mit dem herzen an ihm hange. Gestern
habe man etwas gehört, dass ein bischof aus Oesterreich mit 16 pferden, die grafen von Montfort, etliche herren von Innsbruck ... — doch
wisse man noch nichts rechtes; er werde sich indessen erkundigen...
Er bitte nun um genauen bericht über den frieden, da er die leute
bisher mit guten worten habe vertrösten müfsen, und weisungen, was
er ferner zu tun habe, wenn etwa Seb. Kretz käme, indem sein lidlohn und das dargeliehene geld noch nicht bezahlt seien. . .
                    Zürich, A. Capp. Krieg.

1085. Nov. 22, Rheinau. **Lorenz zur Eich an Zürich.** Die von
Rheinau haben ihn heute angefragt, wie es sich mit dem frieden verhalte, da vielerlei darüber geredet werde, und niemand wisse, wer
darin begriffen sei; sie verwundern sich auch nicht wenig, dass Zürich
ihm darüber noch gar nichts gemeldet; da es zu Bremgarten und Mellingen « seltsam » zugehe, so müfsen sie schlimmes besorgen, wenn
das Thurgau nicht im frieden wäre; demnach bitten sie durch ihn als
amtmann um schleunige nachricht. . . . (Wiederholung in eigenem namen). . .   Zürich, A. Capp. Krieg.

1086. Nov. 22 (Mittwoch nach Präsent. Mariä), Bremgarten. **Die**
gesandten des königs von Frankreich und anderer herren an hauptleute und kriegsräte von Bern. Auf das anbringen von ammann
Eisenhut und vogt Vogel (?) habe man mit dem Rat von Bremgarten
verhandelt, der nun glaube, wegen der Berner gegenwart keinen scha-

den besorgen zu müfsen; er wolle ihnen als herren alle ehre beweisen und die burger dazu auch anhalten; dies melde man, weil man wünsche, dass (ihre gesandten?) sich bald hieher verfügen.

Freiburg, Diessb. Pap. (deutsch).

1087. Nov. 22, Hägglingen. Franz Sfondrati, orator des herzogs von **Mailand**, an hauptleute und Räte von **Bern**, zu Lenzburg. Von dem Herzog, seinem anerbieten gemäfs, zur förderung des friedens abgefertigt, sei er hieher gekommen, wo er vernehme, dass der friede schon gutenteils gesichert sei, was ihn hoch erfreue; obwohl er sie ohne geleit erreichen könnte, bitte er nun doch, dem brauch gemäfs, ihm ein geleit zu senden, (und zwar) nach Bremgarten, wie die V Orte es bereits gegeben haben; dann wolle er seinerseits zum besten handeln helfen...

Freiburg, Diessb. Pap. (dts. orig.).

1088. Nov. 22. **Freiburg an Bern.** Antwort auf dessen jüngste zuschrift betreffend die angezeigten warnungen. Die begehrten näheren nachrichten werde man zu seiner zeit geben; denn die sache rühre von etlichen Bernern her, die im lager («daniden») zu Saanen, im Siebental und anderswo solche reden geäufsert haben sollen, etc.

Bern, A. Kirchl. Angelegenh.

1089. Nov. 22, morgens, Aarau. Hauptmann und Räte von **Bern** an Seb. v. Diefsbach und die (andern) verordneten zu Lenzburg. «Wir hand üwer schriben verstanden und grofs wolgefallen empfangen, dass die so uns sind zuogezogen, ouch in sömlichen friden verlibet, habend also üwer missiven unsern eidgnossen von Basel angezöugt und inen fürgehalten, dass sy sömlichs denen von Mülhusen, ouch Schaffhusen wol mögend anzöugen, was inen desshalb gemeint, üch desselben mögen verstendigen. Sovil die von Biel belanget, wüssend ir, wie die schuldig, uns zuozeziechen, die vorus mit uns im friden vergriffen werden, als die, so uns uss schuldiger pflicht zuogezogen sind etc. — Das grofs geschütz und den züg lassend wir hüt vorzüchen, und morn werden wir mit den panern ufbrechen etc.» Als boten nach Bremgarten seien verordnet Tillmann, Stürler, Wagner und Tremp, die den frieden förmlich abschliefsen sollen.

Freiburg, Diessb. Pap.

1090. Nov. 22, vorm. 10 uhr, Birr. Georg Schöni und Peter Kessler an hauptmann und Räte von **Bern** zu Lenzburg. Mit 300 mann (doch kaum 200 vorhanden) ins Eigen hinab verordnet, bitten sie um bericht, wie es mit dem frieden stehe; wäre solcher jetzt nicht zu hoffen, so müfsten pulver und steine geliefert werden, weil daran mangel sei. Dringende bitte um auskunft bei dem überbringer dieses.

Freiburg, Diessb. Pap.

1091. Nov. 22, nachm. 7 uhr, Aarau. Hauptmann und Räte von **Bern** an die verordneten in Lenzburg. Auftrag zu dringlicher verwendung für schultheifs Frei von Mellingen, damit er (von den V Orten?) begnadigt werde und seine treue an Bern nicht entgelten müfse; was sie erwirken, mögen sie hieher berichten, wo er inzwischen bleiben wolle.

Freiburg, Diessb. Pap.

1092. Nov. 23. Zürich an Ulrich Stoll im Rheintal. Da bei dem gemeinen mann in den vogteien viel zweifel und sorge herrsche, ob sie von den V Orten ungnade zu erwarten haben, und allerlei irrung und missverstand des mehrens halb daraus entspringen möchte, so schicke man hiemit den gemachten «frieden» zu, nicht in der meinung, dass er alle artikel verbreite, da manche das volk nichts angehen, sondern damit er die b. leute trösten und beruhigen und über das, was des glaubens halb geschehen dürfe, gehörig berichten könne... — «Behalt den friden by dinen handen und lass in nienan in die wytreite kommen.»   Zürich, A. Capp. Krieg.

1093. Nov. 23 (Donstag vor Katharinä), Dongo. Heinrich Rahn und Stephan Zeller an BM. und Rat in Zürich. Der wiederholten ermahnung, einen abzug zu verhüten, haben sie bisher bestens nachgelebt; es fehle nur an geld, welches von einigen Orten seit 2—3 monaten nicht mehr gekommen sei; darum seien schon viele Berner und alle Toggenburger weggelaufen; daher bitte man dringend um weitern bescheid und unterhandlung mit dem Herzog, damit man des kostens ledig werde...   Zürich, A. Müsserkrieg.

1094. Nov. 23. Bern an Zürich. Auf dessen zuschrift betreffend den Müsserkrieg könne man keine einläfsliche antwort geben, weil viele personen von den Räten und Burgern sich nicht zu hause befinden; sobald man wieder samthaft bei einander sei, wolle man sich weiter entschliefsen.

Gleichförmig wurde am 25. Nov. auch eine bezügliche missive von Freiburg erwidert.   Bern, Teutsch Miss. T. 250, 251.

1095. Nov. 23 (Donstag vor St. Katharinen tag), Bremgarten. Statthalter und Rat besiegeln eine kundschaft betreffend einen wortwechsel zwischen schultheifs Hedinger und einem Zacharias von Rot, wegen glaubenssachen.   Lucern, A. Capp. Krieg.

1096. Nov. 23, Gutenberg. Balthasar von Ramschwag, vogt z. G. an die V Orte. Zusendung eines dreifach ausgefertigten briefes an Bregenz, mit dem bericht, dass die heimgezogenen Bündner verlauten lassen, es sei zwischen den V Orten und den widersächern ein friede geschlossen in der absicht, sie, die V Orte, aus ihrem vorteil herauszulocken; sobald dies geschehen, wollten sie, die Bündner, dieselben dann so «hinterziehen», dass sie sie «erobern» könnten...   Lucern, A. Religionshändel.

1097 a. Nov. 24, Zurzach. Heinrich Buchter an Zürich. «Wir sähend ietz und je lenger je mee, dass der trost, den ir uns allweg gend, nüt ist, denn die lüt die handlend mit uns nach irem gfallen. Sy hand den custer gfenklich angenomen und schwärlich trostan wellen nemen. So bin ouch ich täglich wartend, was mit mir fürgenomen werd, wie wol ich kein schuld uff mich weis, denn die ir anghenkt hand; noch sag ich, ich werde kein bystand üwerhalb finden, doch hoff ich bessers. Aber wie Gottes ordnung sy, so bitt ich ir wellend üch den herr custer lassen befolen sin; denn man ist im streng, und sorg übel, dem guoten man werd unguediklich grichtet

Wir hand streng richter; das wir bishar uss güete versumbt hand, müefsend wir jetz selber büefsen und liden. Gott sy(g) unser trost und hilf. »   Zürich, A. Capp. Krieg.

1097 b. Nov. 28, Klingnau. Hans Grebel an Zürich. Antwort: Die V Orte haben ihm und dem Rat laut der beigelegten copie befohlen, gegen den custer von Zurzach zu handeln, was er sich eben dadurch zugezogen, dass er geflohen; doch sei er auf zutun der Räte von Zurzach gegen trostung der gefangenschaft entlassen worden, noch ehe das schreiben von Zürich gekommen...   Zürich, A. Capp. Krieg.

1098. Nov. 24 (Freitag vor Katharinä), St. Gallen. Hans Konrad Escher, verweser der hauptmannschaft, an Zürich. Da unter den Gotteshausleuten grofse zwietracht und unruhe herrsche, und viele unzufrieden seien, dass man ihn hieher verordnet, so bitte er dringend um verhaltungsbefehle. Ferner sei heute ammann Vogler zu ihm und dem Statthalter gekommen mit dem begehren, ihm sofort die rechnung abzunehmen, da er das amt nicht mehr bekleiden wolle; sie haben ihm geantwortet, dass die sache nicht so hinterrücks abgetan werden könne, und gewärtigen hierüber weitern bericht.   Zürich, A. Abtei St. Gallen.

1099 a. Nov. 24. Freiburg an Zürich. Antwort auf das schreiben wegen des müfsischen handels. Man ersehe daraus, dass Zürich von dem benehmen des Herzogs anlass nehme, die seinigen heimzurufen und die fehde aufzugeben; es werde jedoch wohl ermessen können, « zu was ehren » solches dienen würde, und dass zudem alle aufgewendeten kosten vergeblich wären. Da Freiburg vornehmlich auf die mahnung von Zürich und Bern sich der sache angenommen, so begehre es desshalb rat von seinen mitburgern und werde, sobald es deren antwort empfangen, bestimmten bescheid geben, auch die rückständige zahlung erlegen...   Zürich, A. Müsserkrieg.

1099 b. Nov. 24. Freiburg an Bern. Zürich habe der müfsischen fehde halb unter anderm geschrieben, dass es gesonnen sei, die seinigen heimzufordern etc. Da nun dies gar schimpflich erscheine, und alle bisher aufgewendeten kosten vergeblich wären, und man (nur) auf die ernstliche mahnung Berns sich der sache angenommen habe, so gebe man jetzt noch keine antwort und bitte Bern, die angelegenheit zu erwägen und seinen ratschlag beförderlich mitzuteilen, etc. — Vgl. nr. 1094 note.   Bern, A. Müsserkrieg. Freiburg, Miss. Bd. 9 und 10.

1100. Nov. 24 (Freitag vor Katharinä). Solothurn an Zürich. « Üwer schriben, uns by zöigern getan, berüerend den müfsischen kriege, haben wir sampt aller gelegenheit desselben inhalts verstanden, und ist nit ane, ir tragen guot wüssen, dass soliche fechde, nachdem wir üwern puudtgnossen, unsern guoten fründen von den dryen Pündten, deheiner wyse verpflicht, uns gar nützit berüert, und (wir) dessbalb mit eren und fuogen stillsitzen mögen, haben wir doch inen, üch, ouch andern unsern lieben eidgnossen zuo gefallen die unsern daselbs hin geschickt uud desshalb nit ein ringen kosten erlitten. Diewyl wir iun uss üwer missiv erlernet, dass beide, der herzog von Mailand,

ouch (die) vor(ge)melten ... uss den Pünden, denen billich diser handel
anders und wyters zuo herzen gan sölte, nachdem sy nutzens und
schadens für ander an dem orte wärtig, sich in diserm handel so ganz
law und liederlich erzöigen, sind wir ouch unlustig worden; dann wo
sölicher krieg durch die rechten houptsächer nit anders noch ernstlicher getüert sölte werden, wüssen wir desselben deheinen ustrag noch
ende zuo verhoffen, und letst, so der kost noch schwärer, und villicht
mit schaden darvon ze stan verursachet; desshalb so sind wir rätig
worden, soferr einichs unser Eidgnoschaft Orten, so mit uns in sölichem kriege verhaft, darvon stan wölte, dasselb zuo unserm teil ouch
ze tuon, und langet daruf an üch unser fründtlich beger, vorbemelten
üwern pundtgnossen von den dryen Pünden anzuozöigen, was inen ir
landschaft des Veltlins, Clefen etc. halb, wo diser tiran wider begruo-
nen sölte, gelegen sin wölle, ouch dass wir und etlich ander mit unserm grofsen kosten, mer dann wir schuldig gewesen, getan, zuo bedenken, und nunmer von uns benüegen zuo entpfahen, mit sölichem
ernste sampt dem Herzogen den handel anzegrifen und fürzenämen,
damit si denselben zuo fruchtbarem ende bringen »....

Solothurn, Miss. p. 846. Zürich, A. Müsserkrieg.

1101. Nov. 24 (Vigilia Katharinæ virginis). Hauptmann und Räte
der stadt Rotweil an die V christlichen Orte Lucern etc. in Bremgarten. Da Rotweil mit Zürich ... (lücke) ... am nächsten zusam-
menstofse und verkehre, so begehre man dringend zu wissen, wie die
obern sich künftig gegen dasselbe zu verhalten haben, damit sie nichts
den V Orten missfälliges täten. — (Stark beschädigt).

Zürich, Tschud. Doc. Samml. IX. 82 a.

Unter gleichem datum schrieben dieselben an die V Orte wegen der stadt
Schaffhausen, in durchaus entsprechendem sinne; den text hat Tschudi
in Helvetia II. 333.

1102. Nov. 24 (St. Katharinen Abend). Hans Mutschli (von Bremgarten) an die herren (gesandten) von Bern. Erinnerung an die teilnahme bei dem proviantabschlag, die schirmszusagen von Bern und
den bewiesenen gehorsam der stadt; daher hoffe sie nicht verlassen
zu werden; denn die der stadt und ihm persönlich auferlegten strafen
.... wären zu schwer und den alten freiheiten offenbar nachteilig.
Darum bitte er dringend, den ursprung solches drohenden schadens
in betracht zu ziehen und hierin das beste zu tun....

Freiburg, Diessb. Pap.

1103. Nov. 24. Bern an Freiburg. Antwort auf dessen schreiben betreffend gewisse personen, die durch ihre nichtsnutzigen reden
zwietracht zu stiften versucht haben. Man begehre zum höchsten,
dass bei dem gegenwärtigen boten die namen derselben (oder ihre
heimat) gemeldet werden, damit man beweisen könne, wie grofses
missfallen die obrigkeit an der sache habe, etc. Bern, Teutsch Miss. T. 281.

1104. Nov. 24, Mailand. Ennius. ep. Verulanus, an die V Orte. «Mag^{cæ}
cet. 1. Ex literis magnificarum dominationum vestrarum XIX. præsentis
in castris vestris felicissime obsignatis ac d. Stephani de Insula, oratoris

vestri cum secretario meo intellexi summo cum gaudio felicissimos illarum progressus contra Christi hostes, quos ultra zelum fidei et pacem ex huiusmodi iustissimo bello sperandam tanto libentius intellexi, quanto a primo colloquio cum prefato d. Stephano, postea cum d. Baptista memini me significasse s^mo d. n. non aliter successuros quam hactenus Dei munere successerint; gaudeo iterum atque m^cis d. v. gratulor, quod manus Dei illas non deserat, quæ pro Dei honore, pro fide et pro iustitia acerrime pugnant, sed quod maius est, ut egrotos ad sanitatem reducant, quos nisi obdurati fuerint, spero tandem bonorum supplicationibus et virtute vestra in veram fidei cognitionem brevi redituros. 2. Preterea misi literas m^arum d. v. ad urbem instetique quoad potui, prout ego hic laboro non solum pro pecunia habenda, sed si fieri possit et ille oportunum iudicaverint pro augendis copiis vestris in quattuor millibus archibuseriis et ducentis equestribus levis armature, quapropter m^ce d. v. in hoc cogitabunt et prudenter perpendant, si eis indigeant ad exitum belli, non taceant opinionem suam, ut videamur in cunctis convenire, prout de his et reliquis occurrentiis cumulatius scribo ad secretarium meum, cui fidem adhibere placeat»...

Lucern, A. Religionshändel.

1105. **(Nov. 24 ?)**, vorm. 7 uhr, Lenzburg. Die gesandten des markgrafen von Baden etc. und der drei Orte Freiburg, Appenzell und Glarus an die führer des Berner heeres in Aarau. «Uff den abscheid (so) ir von den französischen herren und uns zuo Bremgarten verschinen Donstags getan, haben dieselben und wir uff witer antwurt der fünf Ort bis gestern verzogen; also ist gester umb x ur uns ein schrift von unsern gesandten der dry Orten, so by den fünf Orten gewesen, zukommen, darin sy uns angezeigt haben, dass die fünf Ort sich uff üwer antwurt entschlossen, by iren artiklen endtlich zu bliben, aber solicher schrift angehenkt, dass wir sollen zu Bremgarten verharren und iren warten, ob noch etwas guots in diser sach möcht funden werden. Destminder nit sind die französischen herren, dessglichen wir die marggrefischen gesandten nach essens (zit) verritten, der meinung, sich zu üch zu verfüegen und üch den handel anzuzeigen. So haben wir die sandtbotten der dryer Ort üwerm hauptman zu Bremgarten nach irem abriten vorgemelte antwurt der fünf Ort auch entdeckt, ungezwifelt solichs sy(e) üch nunmer durch ine zugeschriben, dessglichen von den französischen herren, so nechten by üch ankomen, auch angezeigt worden. Und als nach solichem etlich von unsern gesandten herab von den fünf Orten komen, sind wir ufgesessen und gen Lenzburg geritten, daselbs wir die marggrefischen gesandten, so gen Arow nechten nit komen mögen, (als die etwas speter dann die Franzosen usgeritten) funden, und wiewol wir des willens gewesen, uns samentlich zu üch auch zu verfüegen; jedoch dieweil wir von den gesandten, so von den fünf Orten herab komen, luter vernomen, dass nichts anders by denselben fünf Orten hab mügen erlangt werden, dann dass sy by ir letst gebnen antwurt bliben wellen, so hat uns nit von nöten bedunkt zu verwilen, sonder üch solches in schriften fürderlich anzuzeigen, und also hie zu verziehen,

ob villicht die zwen gesandten, so noch da oben beliben und uechten
spat gen Bremgarten komen sind und hütt uff mittag zu uns komen
werden, etwas anders und bessers brechten, wo das beschech, wellen
wir üch solichs unverzugenlich auch zu wissen tun; denn wir je diser
zit witers oder merers nichts zu der sach zu tun wissen, dann dass
uns der handel zum allerhöchsten leid und beswerlich ist, dass wir
nit besser mittel zu hinlegung und befridung diser sach haben finden
und erlangen mögen, wellen uns aber hieby erbotten haben, ob Gott
hernach mer gnad verlihen wollt, an allem dem das zu gutem diser
sach und hinlegung diser spenn wir fürdern oder helfen mügen, an
unserm müglichen flis, müe und arbeit nichts erwinden zu lassen, besonderlich wir die marggrefisch gesandten uns von unsers herren wegen witer persönlicher und ander underhandlung, so solichs von nöten
sein (wurd) und angenommen will werden, früntlich erbieten. Ob aber
ir by üch selbs ander weg und mafs bedenken möchten, so wir diser
zit hierin in der gütikeit zu suchen und fürzunemen hetten, dess mögen ir uns fürderlich allher berichten, wellen wir ganz gutwillig sin;
hiemit dienstlich und früntlich bittende, ir wellend solich unser biss-
her gehabte underhandlung von uns als den kleinverständigen zu gut
haben, inmafs (als?) unser höchste begird wär, dass die zu hinleggung
diser sach bas erschossen hett, wiewol an unserm flis nichts erwunden
ist; das wellen wir unsern herren und obern anzeigen und für uns
selbs gutwillig verdienen. »   **Bern, A. Capp. Krieg.**

Die handschrift ist eine den schweizerischen canzleien unzweifelhaft fremde.

1106. **Nov. 25.** Z ü r i c h an (S t e i n a. Rh.). Man vernehme, dass
die reiter aus Zell und Stockach bis nach Hemmishofen und weiter
herein gekommen und in den saaten grofsen schaden anrichten, sodass
zu besorgen, sie würden nichts sparen, um das städtlein «abzulaufen»,
da ihrer letzten Montag bei hunderten gewesen seien... Desshalb begehre man, dass die stadt auf sie achte und auf dem berge gute wache
halte, damit sie desto eher erführe, ob etwa auch fufsvolk anrückte;
wenn sie dann gefahr sehe, so werde man ihr trostlich zu hülfe kommen...   **Zürich, Missiven.**

1107. **Nov. 25.** L u c e r n an Z ü r i c h. Antwort: Man habe den
hergeschickten boten, von den schreibern begleitet, zu allen gefangenen
kommen und sogleich die wichtigsten kosten aufschreiben lassen, für
speise, arztlohn, diener und hüter, was ziemlich viel ausmache, sodass
für jeden etwa 10 gld. Luc. währung aufgelaufen; alle begehrten gefangenen habe man dem verordneten diener schriftlich genannt und
« gegeben » (?).   **Zürich, A. Capp. Krieg.**

1108. **Nov. 25.** B e r n an F r e i b u r g. Antwort auf dessen zuschrift
betreffend das im B. gebiet liegende kriegsvolk. Da wenige personen
von Räten und Burgern daheim seien, so könne man jetzt eine einläfsliche antwort nicht geben; sobald man beisammen sei, werde man
es tun, « wie man auch Zürich geschrieben habe. »   **Freiburg. A. Bern.**

1109. **Nov. 25.** F r e i b u r g an B e r n. «Wir haben abermaln durch
üwer by diserm uns zuogesandten botten (übergeben) schriben ver-

standen das, so ir uf die untougenlichen wort, bishar ergangen, an
uns tuond begeren, namlich dass wir üch die personen, so solich(e) usgossen, benampsen wellen. Diewyl dann wir vermerken, (dass) ir •
dess nit abstan, sonders (ein) wüssen begeren zuo haben, füegen wir
üch zuo vernemen, wie dann verruckter zyt, vor und ee sich diss vergangen schwere fechd zuogetragen, begeben, dass einer von üwer und
unser herrschaft Schwarzenburg, genannt Dietrich Schuochmacher, in
unser herrschaft und dorfe Tüdingen kommen, allda das crucifix mitsampt der bildnuss unsers seligmachers gesechen, dasselbig angeredt
oder angeschruwen in bysin etlicher der unsern also: Was tuost du
daoben, du muost bald herab; sagten die landlüt, warumb; sprach er,
das wurden si bald sechen. Ueber solichs, als die bemelt zweyung
angangen und etlich der unsern hinüber in üwer statt zuo dem üwern
Jörg Treyern kommen, hat derselb Jörg sich also merken ·lassen und
geredt: Wie kompt es, dass ir von Fryburg nit mit uns ziechen, ir
werden sin übel engelten; wir hand zum dickermaln üch und mit üch
geschlagen, und ir hand üwer paner ze Loupen verlorn. Als nun der
unsern einer seite, solichs nie gehört haben, spräche Jörg, wie man
semlichs und anders mer in geschrift befunde. Uf sölichs (hat) sich
gefüeget, dass einer der üwern, mit namen Andres Escher, des ven-
ners Escher von Eschi sune, mitsampt einem genant Hans Werlin von
Zürich sich zuo Sanen befunden, der nun in einer ürti in bysin des
kilchherren daselbs, Petern von Richenbach, Peter Huswürts, Peter
Zwalen und andrer, unverholen harus geredt: Der frid mag sich wol
machen zwüschen den v Orten und denen von Zürich, und wann es
sich schon allenthalben gestillet und befridet, so werde es sich gegen
den Fryburgern nit friden; da söll sich erst ein krieg anfachen und
werden dem Bären ein stand müefsen tuon, dess gelichen nie geschechen sig; er wüsse ouch wol, dass semlichs der anschlag under denen
von Bern sige, und hab es zuo Bar im läger von vil gewaltigen uss
der statt Bern gehört, darum dass si nit mit inen sind gezogen und
das burgrecht, eid, brief und sigel an inen nit gehalten, ouch darum
dass die von Bern wol bericht, dass ein gemeind von Fryburg inen
für die statt hand wöllen züchen etc. Daran uns gewalt und unrecht
zuogemessen, würt sich ouch niemer befinden. Diewyl nun semlich
wort von etlichen, so von bemelten v Orten fänklich behandot, gelich-
lich eroffnot, und hievorbemelter Escher semlichs im läger zuo Bar
von etlichen gewaltigen uss üwer statt gehört haben offenlich geseit,
mögen ir wol von im erinnerung nemen, wer dieselbigen sigen. Als
ouch in solicher red bemelter Escher von den bygesessnen abgewisen
worden, ist er genzlich daruf beliben und sovil mer geredt, wie wir
in vergangnen kriegen ein paner verlorn, das by üch sig, und werde
in kurzem ein andre darkommen, mit vil andrer worten, die er und
sin gesellen, ouch etlich der knechten, so von üch gan Aelen geschickt,
geredt, die nun mit der zyt erkundet werden. » Folgt zusicherung
weiterer berichte nach mafsgabe der erhältlichen kundschaften.

1110. Nov. 26, Kaiserstuhl. Cornel Schulthess an **Zürich**. Antwort: Er habe hier so viel gehandelt, dass die stadt den frieden wohl
' annehmen und dabei bleiben, von den V Orten also keine weitere gewalt gebraucht werde; sie haben allerdings etwas nicht gestatten wollen, was «vorhanden» gewesen.   Zürich, A. Capp. Krieg.

1111. Nov. 26 (Sonntag nach Katharine), Zürich.   Jörg Müller, abt,
und convent von Wettingen an **Bern**. Es wisse, wie sie zur erleichterung der befangenen gewissen und um mehr friede und einigkeit zu
stiften, der mönchischen secte sich entschlagen und die V Orte damit
zu nicht geringer ungunst bewegt haben, was sich jetzt darin zeige
dass der landvogt sofort nach dem beschluss des friedens die besatzung
weggetan, silbergeschirr, schlüssel, büchsen und gewehre, wovon doch
ein guter teil nach Zürich gehöre, in das schloss geliefert, einen andern zusatz in das kloster gelegt, dem prädicanten seinen wein genommen und scharfe drohende reden ausgestreut habe, durch die man
veranlasst worden, nach Zürich zu fliehen.   Da nun Bern nicht bloß
mündlich, durch venner Manuel sel., sondern auch schriftlich zugesagt
abt und convent bei dem göttlichen wort zu schirmen, jetzt aber mit
gewalt und mutwillen gegen sie gehandelt werde, so müssen sie es in
ihrer trübsal an jenes vertrösten erinnern und bitten dringlich, ihrer
eingedenk zu sein und bitten den boten, der ohne zweifel bald auf den tag
zu Baden geschickt werde, ernstlich zu befehlen, treulich die hand ob
ihnen zu halten und unbill zu verhüten, auch dahin zu wirken, dass
sie wieder zu haus und heim gelassen, in gnaden bedacht und kraft
des neuen friedens bei dem gotteswort und ihrem unternehmen ge-
schirmt werden, etc.   **Bern, A. Kirchl. Angelegenh. (aus der Zürcher stadtkanzlei)**

1112. Nov. 26 (Conradi). **Uri an Lucern**. «Wir hand üwer schreiben verstanden, das uns frömd und unbillich bedunkt des schwären
handels (halb); dann wir ein lange landschaft hand, dass man iij oder
iiij tag muos han, ee dz man dadurch mag kon; aber nüt dester minder werden wir das best tuon, als vil als uns vermöglich ist ze tuon.
Doch so ist unser bitt und beger an üch, dass ir uns hilflich und
rätlich sigen, dass wir bezalt mögen werden, so es der tagen einkommen werde, so man es bezalen werden sölle (sic), dass es ge-
widerleg(t) und usgericht und bezalt werde, dann es ein grofse sach
wird werden. »   **Lucern, Missiven**

1113. Nov. 26. Adrian, bischof, und der stadtrat von **Sitten** an
Freiburg. Antwort auf dessen zuschrift vom 21. Nov. Das an-
rufene bündniss gedenke man redlich zu halten und habe desshalb
eine bedeutende anzahl kriegsvolk bei den V Orten, könne aber der
schneelast wegen nicht erfahren, wie es mit ihnen stehe; man bitte
daher Freiburg, von vorfallenden dingen bei zeiten bericht zu geben,
was man erwidern wolle; seinen brief werde man indessen an den
grofsen rat der landleute bringen, der sich dann weiter darüber entschliefsen möge.   **Freiburg, A. Wallis**

1114. Nov. 27. Basel an Zürich. «Demnach ir uns verrucki-
ziten von wegen dass herr Ecken von Ryschachs diener einer in si-

h. E. namen uff dem Schwarzwald zuo St. Blesin, im Spital vier
lantfarer umb etwas gelt, dass sy die vier stett, üwere, Bern, Winterthur uud unsere, mit brand verwüesten sölten, bestelt, warnung zuogeschriben, haben wir siderhar der sachen ufsechens gehept und einen
glichförmig der kuntschaften und anleitens, so Magdalena Meigorin von
Burtolf gegeben, ergriffen, in unser gefangenschaft geleit. Der hat uf
gepürlich erfragen, wie ir ab hierin verwarter copie ze erlernen, verjechen »...   Zürich, A. Capp. Krieg.

1115. Nov. 27. Zürich an (Hans Vogler von Altstätten). Auf sein
begehren, dem verweser der hauptmannschaft und dem statthalter zu
St. Gallen rechnung abzulegen und sein amt aufzugeben, habe man
ihm zu melden, dass eine botschaft am nächsten Donnerstag (30.) in
Zug der hauptmannschaft halb mit den V Orten handeln werde, so
dass wohl ohne langen verzug ein hauptmann dahin gesetzt werde;
unterdessen soll er sein amt noch treulich versehen, die Rheintaler
trösten, dass sie, als im frieden begriffen, keine gefahr zu besorgen
haben und das göttliche wort unangefochten behalten können, wie
Ulrich Stoll des nähern berichten werde; im übrigen werde er dann
nach umständen bescheid finden. Da die Rheintaler geschrieben, dass
vogt Kretz ihnen unerträglich wäre, so habe man den boten nach Zug
befohlen, mit allem fleiß darauf zu dringen, dass ein anderer dahin
gesetzt werde, hoffe auch bestimmt, « nachdem als wir bisshar von
inen verstanden », dass die V Orte dies nicht abschlagen. . . .
                                                   Zürich, Missiven.

1116. Nov. 27. Schwyz an Zürich. « Nachdem ier mit uns und
wier mit üch unser hargewachsnen spennen halb etc. durch göttlich
hilf, fürschuob und grundlos barmherzikeit befridet und widerum zuo
unser alten angebornen früntschaft kommen, weliche der Allmechtig
durch sin kraft und miltikeit zwüschen uns in merung cristenlicher
trüwen und liebe beständlich in ewig zyt erhalten welle », und in diesen spänen und handlungen etliche gefangene gemacht worden, ...
denen die hauptleute eine « ranzung » auferlegt, die man aber gern ledig
haben wollte, so ersuche man Zürich, die verwandten der betreffenden
anzufragen, ob sie die angehörigen auslösen oder ihr lösegeld vertrösten wollen, und auf dem nächsten tag in Zug darüber antwort zu
geben.   Zürich, A. Capp. Krieg.

1117 a. Nov. 27. Bern an Zürich. Auf dessen schreiben betreffend
den Müfserhandel habe man wegen abwesenheit vieler Räte keine endliche antwort geben können; nun habe man heute bedacht, wie viel die
beteiligten Orte bereits an diesen krieg gesetzt, und wolle daher den
knechten einen neuen monatsold zukommen lassen, bitte darum auch
Zürich, die seinigen zu bezahlen. Um aber die sache stattlich zu
beratschlagen, habe man einen tag nach Aarau angesetzt, auf den
nächsten Sonntag abends dort zu erscheinen. Zürich möge denselben
besuchen, auch die botschaft des Herzogs bewegen, so lange zu bleiben und den tag zu « verstan », dessgleichen den übrigen, ihm näher

gelegenen beteiligten den tag zu verkünden; denen von Basel, Freiburg
und Solothurn habe man selbst geschrieben.

Zürich, A. Müsserkrieg. Bern, Teutsch Miss. T. 253, 254.

1117 b. Nov. 27. Bern an Basel, Freiburg und Solothurn.
Man setze voraus, dass Zürich ihnen des müfsischen krieges wegen
auch geschrieben habe, dass es seine knechte abzufordern gedächte etc.
Das finde man aber keineswegs rätlich und ziehe vor, dass die mannschaft da bleibe und bis auf weitern beschluss besoldet werde; denn
im fall eines abzuges wären alle bisher gehabten kosten vergeblich
(aufgewendet), und zudem wäre es spöttlich; darum schicke man den
eigenen knechten geld und lasse sie mustern und ermahne (die drei)
Orte das gleiche zu tun; um aber weiter ratschlagen zu können, setze
man hiefür einen tag in Aarau an, auf nächsten Sonntag abend da zu
erscheinen, etc.

Solothurn, Berner Schr. Bern, Teutsch Miss. T. 255. Freiburg, A. Bern.

1117 c. Nov. 27. Bern an die mailändischen gesandten, Joh. Dom.
Panizono und Peter Merbelio (?), in Zürich. Die eidgen. knechte, die
bisher das schloss Musso belagert haben, erklären davon abstehen zu
müfsen, wenn sie nicht verstärkung erhielten, sodass dann alle gehabten kosten und anstrengungen verloren wären. Darum habe man es
der mühe wert erachtet, einen tag in Aarau auszuschreiben auf nächsten Sonntag, auf welchem auch die gesandten des Herzogs erscheinen
mögen, etc.   Bern, Latein. Miss. L 304a.

1118. Nov. 27, Bern. Wegen allerlei reden, die vor und nach dem
kriege ergangen, haben Räte und Burger sich vereinbart, bei der reformation und den bezüglichen mandaten zu beharren und übertretungen zu bestrafen, etc.   Bern, Ratsb. 231, p. 276, 277.

1119. Nov. 27 (Montag nach St. Katharine), Dongo. Heinrich Rahn
an Zürich. 1. Antwort auf den letzten bericht, den er am Samstag
erhalten, dass die herren einen frieden mit den V Orten angenommen
und die mitburger, die von St. Gallen ausgenommen, sie in der not
verlassen haben etc., mit klagen über diesen abfall etc. 2. Er sei entschlossen, hier redlich und tapfer zu dienen, soweit seine kräfte reichen. Den Berner knechten habe er 30 kronen geliehen, um sie zurückzuhalten, da sie seit 3 monaten keinen sold mehr empfangen
haben. Komme das gold nicht bald, so werden sie doch abziehen und
mit ihnen die leute aus andern Orten, Schaffhausen etc.; denn sie seien
bei dieser kälte nicht genug bekleidet und leiden hunger. Hätte er
aber gewusst, dass die Berner Zürich so verlassen, so hätte er ihren
knechten kein geld vorgestreckt, da er ihnen auch nicht trauen dürfe.
3. Was er mit den Bündnern bisher gehandelt, haben sie noch wenig
gehalten; sie haben die eidg. knechte beurlaubt und das «heilloseste»
kriegsvolk (geschickt), aber auf ernstes drängen eine anzahl der entlassenen knechte wieder eingestellt; sie bleiben nicht im lager, sondern wirten, säumen und handeln, sodass man sie nie bei einander
finde... 4. Man habe kein geschütz, kein pulver noch steine und sei
nicht «einen haller nütze», dem schloss zu schaden... 5. Die Bündner

tun nichts, und es scheine, dass der krieg ihnen weniger angelegen
sei als den Zürchern; sie setzen jeden monat neue commissarien und
trauen einander gar nicht; es sei auch von solchem volke wenig erfolg zu hoffen. 6. Der Herzog verspreche viel, aber halte es nicht;
an 1200 knechten, die er haben sollte, fehlen über 400; die truppen
zu Lecco und Musso werden vermindert, und es habe den anschein,
dass es dem Herzog leid wäre, wenn der Müfser vertrieben würde,
und dass sie mit einander bald eins werden könnten.... Von den
hauptleuten habe er noch keine besoldung empfangen; Zeller biete ihm
per monat (nur) 4 kronen. Der Herzog habe auf das bezügliche schreiben von Zürich geantwortet, wie beiliegende (?) übersetzung laute, er
vermöge diese sölde (die er doch anfangs zu 10 kr. p. m. versprochen)
nicht mehr zu zahlen (folgt weiteres detail); er (Rahn) wolle aber,
wie er bisher für sich noch keinen heller gefordert, von ihm nichts
verlangen, sondern als commissar der acht Orte und der Bünde dienen...
7. Bitte um geld für seinen bedarf, für die knechte aus den andern
Orten, und um ein mahnschreiben an die Büudner, ihre commissarien
wieder herzusenden... Zusendung von drei briefen des Herzogs (resp.
auszüge, 20., 22., 25. Nov.?)...   Zürich, A. Müsserkrieg.

1120. Nov. 27 (Montag nach Konradi), mittags, Dongo. Heinrich
Rahn und Stephan Zeller an BM. und Rat in Z ü r i c h. 1. Antwort
auf das schreiben vom Samstag nach Othmari, das sie mit grofsem
bedauern vernommen, besonders über den «schändlichen abfall» fast aller
mitburger, den schrecken des volkes und den schweren frieden....
2. Dass die obrigkeit sich entschlossen habe, mit den an diesem krieg
beteiligten zu beratschlagen, was ferner darin zu tun, sei jetzt das
allernotwendigste, da es nur mit grofser mühe und mit vorstreckung
von 30 kronen gelungen sei, den abzug der Berner zu verhüten. Die
andern knechte seien bis auf den 3. monat nicht bezahlt, sodass man
sie nicht länger zurückhalten könne. Stephan Zeller sei desshalb bei
den wirten so sehr «versetzt und versteckt», dass er «weder us
noch an» wisse; er habe hier und zu hause geld entlehnt und
sich damit tief eingelassen, da die Orte ihn nicht bezahlen, wie es
geschehen sollte; er bitte daher, ihm hierin hülfe zu schaffen und
ihm ohne verzug etwas geld zu schicken, damit er dem drohenden
aufbruch zu wehren vermöge. 3. Dabei finde man, dass die sache
dem Herzog nicht besonders angelegen sei, da es heute noch an pulver
fehle, und alles, was man mit ihm oder seinen commissarien handle,
nicht geschehe; alle briefe und gesuche, das «hinauslaufen» der seinen
(zu den V Orten) abzustellen, seien fruchtlos geblieben. 4. Ferner
bitte man um bericht, wie sich die Bündner gehalten; denn hier zeigen sie sich fürwahr recht schlecht und «vorteilig»; sie haben jetzt
alle ihre commissarien abgedankt und die bürde «uns» allein auf den
hals gebunden, einen neuen hauptmann gesetzt und alle, die das ganze
jahr gedient haben und die umstände kennen, heimberufen; der neue
hauptmann habe die eidg. knechte, die von anfang gedient und «alle
berge erstiegen» haben, entlassen und kuh- und schafhirten, die eben

ab den alpen heimgefahren, angenommen, was unter den andern knechten wenig guten willen mache; doch habe man die entlassenen wieder
eingestellt. «Es ist ouch das elendist kriegsvolk, dass nun darvon
nit ze sagen ist; under inen ist nit anders denn koufen und verkoufen,
gremplen, schinden und schaben, als sigind wir an einem jarmerkt.»
Die Zürcher werden aber mit ihren 80 mann nicht weichen, auch
wenn ein aufbruch geschähe, bis sie abgemahnt werden, und eher alle
sterben. . .   **Zürich, A. Müsserkrieg.**

1121. Nov. 27. Bern an Genf. Da man in dem letzten kriege mit
den V Orten grofse kosten gehabt, und die untertanen ihres soldes
halb, den ihnen Genf versprochen, befriedigt werden wollen, so bitte
und ermahne man es, auf seine verschreibung gestützt, das fragliche
geld zu bezahlen und umgehende antwort zu geben; denn wofern es
seinen versprechungen und dem burgrecht nicht nachkomme, so werde
man sich zu weiteren schritten entschliefsen.   **Bern, Welsch Miss. A. 271a.**

1122. Nov. 27 (Montag nach Katharine), Solothurn. «Antreffend
die handlung des predicanten, dessgelichen herrn. Bernharten, denen
etlich burger Samstag ze nachte für ir häser geluffen, den predicanten
eigens gewaltes abgestellt und herrn Bernharten sin hus und hof by
nacht und nebel ufgebrochen etc., haben min herren geraten und angesehen, dass inen dise handlung nützit gefallt, dass sonder personen
sich diss muotwillens undernemen und minen herren in iren gewalt
grifen etc., dass man dieselben morn für min herren beschicken, fragen und erkunden sölle, wölicher sy das geheifsen, demnach inlegen
und strafen.» — Am Dienstag wurde nichts bezügliches aufgezeichnet.
— (Vgl. 30. Nov.).   **Solothurn, Ratsb. 20, p. 462.**

1123. Nov. 27 (Montag vor Andres). Glarus an Lucern. «Ir
sind, als uns nüt zwyfelt, wol bericht, wie üwer und unser lieb eidgnossen von Schwyz die iren und unsern uss dem Gastel um das,
so sy wider sy (als) ir herren ghandlet, mit gwalt und tätlicher handlung strafen wöllen, und aber durch unser mittlen und fründlich ansuochen sölichs underlassen; doch so haben sich gemelte von Wesen
und uss dem Gastel an irer herren gnad oder ungnad ergeben müefsen.
So aber sölichs inen eben schwär und irs lebens nit sicher sind,
(hand!) sy uns abermalen ankeert mit trungenlicher pitt, inen nochmals ze scheiden und fürdrung ze tuond, damit sy doch irs läbens(!)
gefrist und gnädiklich ghalten werden, inen ouch gegen üch und andren unsern lieben eidgnossen von den übrigen vier Orten fürdrung ze
tuon, guoter hoffnung, (dass) ir fürhin wie vorhar inen ouch das best
tuon werden. Diewyl wir dann durch unser botten, so wir nächst
vor üch und andern u. l. eidgnossen ghept, bericht, was ir und andere der vier Orten anwält hierzwüschen ghandlet, so sagen wir (üch)
dess zum höchsten dank (und) pitten und ermanen üch nochmals, so
früntlich wir jemer können, ir wöllen mit gemelten üwern und unsern
lieben eidgnossen von Schwyz wie vor reden (und) sy petten, damit
sy doch umb üwer und unsert willen die armen lüt joch irs lebens
fristen und inen gnad und barmherzigkeit mitteilen und bewysen wöl-

len, und namlich aller gstalt hierin so guotwillig bewysen, wie wir
üch aller fründschaft und eeren wol vertruwen; das wöllen wir umb
üch getrüwer meinung haben ze verdienen.»   Lucern, Missiven.

1124 a. Nov. 27 f., R a p p e r s w y l, verhandlungen der vier schirmorte.
1. «Erstlich habent mine herren die vier Ort einen (andern) schultheifsen
gesetzt, namlich schulthess Gruonouer, dessglychen die klynen Rät, und
demnach habent die klynen Rät den grofsen besetzt, wie jeder bott davon
zuo sagen weifst. 2. Es ist ouch geredt, dass jeder bott hinder sich an
sine herren und oberen soll bringen, wie man die von Rapperswyl fürer,
einen schultheifsen ze setzen, halten wöll(e), ob man si bliben lassen
wöll(e) wie von alter har. 3. Es habent sich ouch die Hoflüt an mine
herren die vier Ort und an ein Schultheifs und Rat ergeben; wie man
die strafe, so wöllent sis erwarten. Also ist inen zur straf uferlegt,
dass si von stund an und unverzogen das ampt der heiligen mess und
alle anderen christenlichen cerimonien widerum ufrichtent; dessglychen
sind die fürnemsten je nach gestalt der sach an gelt gestraft, und
dann der gemein man jeder um ein guldin, wie jeder bott davon zuo
sagen weifs. 4. Dessglychen weifs ouch jeder bott, wie und was mit
den gefangnen gehandlet ist, wie die gestraft und uff urfechd usgangen
(geflohen?). 5. Sodann weifs ouch jeder bott, wie man den gewich-
nen burgeren ein geleit zuogeschickt, demnach inen geschriben, wann
si sich ergeben wöllent wie die Hoflüt, dass man si uff gnad und
straf ufnemen und wie dieselben strafen wölle. 6. Es kann ouch jeder
bott wol anzeigen, wie dem Stapfer und ieklichem (andern flüchtigen?),
mit dem gleit an das recht, zuogeschriben (worden, wie) aber si das
nit annemen wöllent, und diewyl sy das recht nit wend erwarten, wie
man inen ire hüser beschliefsen (wirt?); desshalb von nöten, dass dorin
gehandlet werde, es sye zuo tagen oder sunst. 7. Fürer weifs jeder
bott zuo sagen, wie die unsern, Schultheifs und Rat, ernstlich bittent,
si by iren fryheiten, herrlichkeiten, altem harkomen und guoten gewon-
heiten blyben lassen und si (das geschechen) nit lassen entgelten;
das wöllent si mit lyb und guot verdienen. 8. Dessglychen bittent sy
ouch, dass man si der münz halb im besten bedenke und anseche,
dass unser herren von Schwyz lüt, welicherlei man inen abkouft, guote
münz haben wend; dessglychen dass die von Zürich und die iren zuo
märkt zuo inen farent und guote münz haben wend, wie dann die
botten wüssent zuo sagen. 9. Als dann mine herren von den iij Orten angezogen des artikels (!?) im vertragsbrief zuo Rapperswyl, und
aber mine herren die botten von Glarus geantwurtet, si habent dessen
kein befelch, soll darvon wyter gehandlet werden, wie jeder bott
weifs.»

1124 b. (Nov. E.). Anbringen der geflüchteten burger. 1. «Erstlich
so ist ir anbringen, dass si gar nüt gehandlet habent one wüssen und
willen eines ganzen Rats und besammleter gemeind doselbs. 2. Zum
andern begerent die biderben lüt einer underrichtung und bescheids,
ob nit ein Rat und ganze gemeind zuo Rapperswyl mitsampt inen
gegen iren herren und oberen den iiij Orten ires handels halb in ver-

ouch (die) vor(ge)melten ... uss den Pünden, denen billich diser handel
anders und wyters zuo herzen gan sölte, nachdem sy nutzens und
schadens für ander an dem orte wärtig, sich in diserm handel so ganz
law und liederlich erzöigen, sind wir ouch unlustig worden; dann wo
sölicher krieg durch die rechten houptsächer nit anders noch ernstlicher gefüert sölte werden, wüssen wir desselben deheinen ustrag noch
ende zuo verhoffen, und letst, so der kost noch schwärer, und villicht
mit schaden darvon ze stan verursachet; desshalb so sind wir rätig
worden, soferr einichs unser Eidgnoschaft Orten, so mit uns in sölichem kriege verhaft, darvon stan wölte, dasselb zuo userm teil ouch
ze tuon, und langet daruf an üch unser früntlich beger, vorbemelten
üwern pundtgnossen von den dryen Pünden anzuozöigen, was inen ir
landschaft des Veltlins, Clefen etc. halb, wo diser tiran wider begrun-
nen sölte, gelegen sin wölle, ouch dass wir und etlich ander mit unserm grofsen kosten, mer dann wir schuldig gewesen, getan, zuo bedenken, und nunmer von uns benüegen zuo entpfahen, mit sölichem
ernste sampt dem Herzogen den handel anzegrifen und fürzenämen,
damit si denselben zuo fruchtbarem ende bringen ».....
Solothurn, Miss. p. 846. Zürich, A. Müsserkrieg.

1101. Nov. 24 (Vigilia Katharinæ virginis). Hauptmann und Räte
der stadt Rotweil an die V christlichen Orte Lucern etc. in Bremgarten. Da Rotweil mit Zürich ... (lücke) ... am nächsten zusam-
menstofse und verkehre, so begehre man dringend zu wissen, wie die
obern sich künftig gegen dasselbe zu verhalten haben, damit sie nichts
den V Orten missfälliges täten. — (Stark beschädigt).
Zürich, Tschud. Doc. Samml. IX. 82 a.
Unter gleichem datum schrieben dieselben an die V Orte wegen der stadt
Schaffhausen, in durchaus entsprechendem sinne; den text hat Tschudi
in Helvetia II. 333.

1102. Nov. 24 (St. Katharinen Abend). Hans Mutschli (von Bremgarten) an die herren (gesandten) von Bern. Erinnerung an die teilnahme bei dem proviantabschlag, die schirmszusagen von Bern und
den bewiesenen gehorsam der stadt; daher hoffe sie nicht verlassen
zu werden; denn die der stadt und ihm persönlich auferlegten strafen
.... wären zu schwer und den alten freiheiten offenbar nachteilig.
Darum bitte er dringend, den ursprung solches drohenden schadens
in betracht zu ziehen und hierin das beste zu tun. ....
Freiburg, Diesb. Pap.

1103. Nov. 24. Bern an Freiburg. Antwort auf dessen schreiben betreffend gewisse personen, die durch ihre nichtsnutzigen reden
zwietracht zu stiften versucht haben. Man begehre zum höchsten,
dass bei dem gegenwärtigen boten die namen derselben (oder ihre
heimat) gemeldet werden, damit man beweisen könne, wie grofses
missfallen die obrigkeit an der sache habe, etc. Bern, Teutsch Miss. T. 31.

1104. Nov. 24, Mailand. Ennius, ep. Verulanus, an die V Orte. «Mag^d
cet. 1. Ex literis magnificarum dominationum vestrarum XIX. præsentis
in castris vestris felicissime obsignatis ac d. Stephani de Insula, oratoris

scheiden, so in üwer statt kommen sin sollen, kein wissen noch schuld
gehept. » Aus allen diesen gründen wird er zur begnadigung behufs
rückkehr bestens empfohlen.   Zürich, Missiven.

1129. Nov. 28 (Dienstag vor St. Andreas), Meilen. «Hie nachfolgend
die artikel, so ein fromme landschaft gestellt hat, unsern gnädigen
herren und obern von Z ü r i c h uss notdurft fürgehalten. »
                                         Lucern, A. Religionshändel.
Abschrift von der hand des Schwyzer landschreibers; ein anderes exemplar
kam G. Tschudi zu handen und findet sich nun im Staatsarchiv Zürich: Tschud.
Docum. Sammlung IX. — Vgl. den abdruck in H e l v e t i a II. 338—341.

1130. Nov. 28 (Dienstag nach Katharinä), Rheineck. Ulrich Stoll an
Z ü r i c h. Antwort auf dessen weisung. 1. Er habe sich in Bregenz
erkundigen lassen, könne aber nicht vernehmen, dass (die versammlung?) gegen Zürich bestimmt sei; auch seien die leute schon wieder
weggeritten; er werde indessen auch ferner melden, was nötig sei.
2. Des lohnes halb hoffe er billig gehalten zu werden wie bisher andere diener; die gleiche zumutung (eine mäfsige summe zu fordern)
haben die Eidgenossen in einem briefe gestellt, den ihm ammann
Eisenhut gebracht habe. Nun habe er früher schon geschrieben, wie
grofse kosten ihm obliegen; auf den erteilten befehl hin habe er ein
fuder wein veräufsert gegen ein darlehen; sonst sei nichts weggegeben,
sodass er gute rechenschaft zu geben wisse; er bitte jetzt, ihm den
dienst abzunehmen und ihn sonst für empfohlen zu halten, etc.
                                         Zürich, A. Rheintal.
1131. Nov. 28 (Dienstag vor Andreä), (Lucern). Bartlome Brust . . .
(defect) an F r e i b u r g. «Demnach üwer gnaden ratsbott hie zuo
Lucern gewesen umb erkundung etwas rede, so von üwer gnad ufge-
luffen ist, namlich wann die von Bern mit den fünf Orten geräch
,worden, alsdann so wöllen si üwer gnad angryfen und ouch usmachen;
uff solichs, gnädigen lieben herren, hab ich dem handel nachgefragt
und an herrn schultheifsen Golder so vil erfunden, dass nit an(e) sye,
es hab sich ein red im läger ufgetragen, dass die von Bern des willens syen gesin; aber dass es von denen von Bern geredt sin sölle,
darum trag er dhein wüssen. Das wollt üwer gnad ich im besten nit
verhalten, damit dieselb zuo ruowen käme und nit vil uf die red legte,
diewyl man derselben ursprung nit grundlich weist».... (Handschrift
von Gabriel Zurgilgen!).   Freiburg, (A. Krieges.?).

1132 a. Nov. 28 (Dienstag nach St. Katharinen). M ü h l h a u s e n an
die botschaften der V O r t e in Zug. Bezeugung der freude und des
dankes über den frieden mit Bern und dessen mithaften. Man bitte
nun dringlich, Mühlhausen in denselben einzuverleiben und das vergangene nicht zum schlimmsten zu deuten. Entsprechend dem besiegelten abschied überschicke man hiemit die burgrechtsbriefe und 100
kronen als den diesseitigen anteil von den seinerzeit erlegten iij^m kronen, mit dem erbieten, sich dem frieden und den bünden gutwillig
gemäfs zu halten, etc.

1132 b. Dec. 2 (Samstag nach Andre), Zug. Die boten der V Orte an Mühlhausen. Antwort auf obige zuschrift. Man habe über das verhalten der stadt ein grofses bedauern empfunden, da die V Orte um sie nichts arges verschuldet und « substanzlich » nichts anderes als das recht begehrt und (die andern Eidgenossen) darum gemahnt haben, etc. Um aber zu beweisen, dass man sich wegen des von dem All-mächtigen, auf fürbitte der Mutter Gottes und des himmlischen heeres verliehenen glückes nicht in hochmut überhebe, ... habe man die über-sandten briefe und die 100 kronen angenommen und wolle hiemit M. in dem frieden mit Bern vollständig eingeschlossen wissen, in dem vertrauen, dass es seinen versicherungen nachkommen und den land-frieden treulich halten werde; sonst würde man ihm unzweifelhaft die bünde abkünden und sich seiner nicht mehr « beladen ». Damit nun aus allfälligem missverständniss des artikels betreffend die kosten keine irrung entstehe, wolle man hiebei ausdrücklich erklären, dass derselbe sowie Zürich und Bern auch Mühlhausen nach verhältniss berühre, etc.

Lucern, A. Religionshändel.

1133. Nov. 29, St. Gallen. Hans Konrad Escher an Zürich. Es herrsche unter den Gotteshausleuten so viel ungehorsam und wider-wärtigkeit, dass nichts gutes daraus erwachsen werde; es wolle jeder-mann so gar « verrucht » sein, dass ein grofser abfall vom gotteswort zu besorgen sei; denn viele freche leute schreien stets nach einer landsgemeinde, und auf der nächsten versammlung der gemeinden, auf Sonntag nach Andreas (3. Dec.), werden sie sich wohl vereinbaren, eine solche zu halten; darum bitte er um schleunige weisung, ob er eine solche gestatten solle oder nicht, da für Zürich nachteil daraus folgen und unter den gemeinden selbst grofse zwietracht entstehen könnte... Es scheine auch, dass sie auf der ehrbarkeit und den zwölf Landräten nichts mehr halten; diese aber bitten, sie dessen nicht ent-gelten zu lassen ..; endlich möchte man hier auch wissen, wann der neue hauptmann komme, damit sich jedermann darnach schicken könne...

Zürich, A. Abtei St. Gallen.

1134. Nov. 29, Zürich. Instruction für den tag in Zug. (Vgl. Absch. p. 1229, 1230). Dazu noch folgende puncte: 1. « Da man günstig-lich nachgelassen », dass Lucern seinen hauptmann zu St. Gallen ein-setze, so ist nötig zu erfragen, wem oder wie er schwören wolle; je nach dem bescheid wird man sich weiter zu richten wissen, indem dann wohl zu merken ist, wie «sie» des abtes halb gesinnt sind. 2. Für etliche gefangene Thurgauer und Gotteshausleute sollen die boten trostung anbieten und wo möglich verschaffen, dass sie auf diese hin ledig gelassen werden. 3. Da dem Marx Murer, obschon er gestorben, 25 gld. für zehrung und 12 kronen für arztlohn gefordert werden, so ist dise all-zuhohe forderung möglichst zu ermäfsigen. 4. Die leute aus dem Frei-amt haben bis nächsten Sonntag (3. Dec.) 100 gulden zu erlegen zu-gesagt, die sie aber noch nicht aufbringen können.... 5. Da Zürich dem Hans von Herznach von Münster auf bitte der V Orte alles ver-langte zurückgegeben, obwohl es ihm während des offenen krieges abgenommen worden, so sollen die boten auch für lösung des einigen Zürchern verhefteten sich bemühen. 6. «Gedenkend der tannesten.»

Zürich, A. Capp. Krieg.

1135. Nov. 30 (Andreä).　Zürich an den abt zu Pfäffers. Antwort auf sein schreiben: Weil Gott über Zürich seine strafe und rute verhängt habe, so rate man dem abt, sich (einstweilen) in Chur aufzuhalten; desswegen habe man die Bündner schriftlich ersucht, ihn freundlich aufzunehmen; was man später für ihn tun könne, werde man nicht versäumen.　　　Zürich, Tschud. Doc. Samml. IX. 84.

1136. Nov. 30 (St. Andres).　Zürich an die landleute des gotteshauses St. Gallen.　«Es kompt uns für, wie allerlei unwill, ungehorsami und widerwärtigkeit under üch, und darus zuo ersorgen, wo ir nit davon abstan, sölichs zuo merklichem abfaal göttlichs worts, üwers heils und wolstands reichen und üch jüngst zuo verderplichem nachteil füeren werde, das uns billich beduret, als üch Gott mit sinem heiligen wort und sunst in ander weg so rychlich begnadet, dass ir göttliche eer, ouch üwer heil und glück so ring schetzend und nit verschonend, üch mit disen widerwärtigkeiten in schwärer und gröfser unruow zuo begeben. So wir aber villicht zwyflen müefsend, dass ir uss mangel des fridens etwa unrecht berichtet sin und abgeschreckt werden möchten, als ob üch fürer nit gezymen, by Gottes wort zuo belyben, und ir sorgen und gefaren darob erwarten und in kraft gemelten fridens darvon abstan und den alten glouben widerumb annemen müefsten, so haben wir üch solicher sorgen und zwyfels zuo entladen und zuo vergwissen, dass üch on alle raach und straf by göttlichem wort und üwerem angenom(m)en cristenlichen glouben unverruckt zuo belyben gezimpt und üch niemand nützit (so ir selbs wellent) darin ze reden noch ze tragen hat, ein copy des artikels, wie es des gloubens halb gehalten werden soll, uss dem friden gezogen, wie ir die hieby finden werdent, um meerern berichts und sicherheit willen zuoschicken, üch ouch darneben nit bergen, sunder fründlich trösten und vermanen wellen, dass ir in disem friden vergriffen und beschlossen, ouch gefryget sind, by göttlichem wort ze belyben, und unser lieb eidgnossen von den überigen Orten nit gesinnet sind, üch darob ze vechden, zuo bekümbern noch zuo strafen oder einiche ungnad darob zuozefüegen noch ützit unfründlichs wider üch fürzenemen, sunder gestracks und ufrechtlich by disem friden zuo belyben und üch in keinen weg darvon ze trängen noch ze nöten, ouch des gloubens halb nützit entgelten ze lassen, als sy uns ouch heiter bewilligt und zuogeseit, dass es ungeweigert by disem friden bestan und ja ja sin soll, derglychen ouch wir gegen inen bedacht sind», etc. etc. (Die angerufene copie liegt bei).　　　Zürich, A. Abtei St. Gallen (original).

1137. (Nov. c. E.).　Uli Wedeschwyler an meister Meyer zu Zürich. Es gehe die sage, dass die Aemter und alle gemeinden am See am Sonntag gemeinden wollen, und über die hauptleute und pfaffen unsäglich grob geredet werde; wenn die herren nicht zuvorkommen, so sei nichts gutes zu erwarten . .; schon am letzten Sonntag seien etliche vom See zu Grüningen gewesen, um zu erkundigen, was man dort tun wolle. Zürich, A. Capp. Krieg.

1138. Nov. 30 (St. Andres). Zürich an Lucern. «Es hat uns des unsern Wältin Cuonzen von Kämpten uss unserem ampt Grüeningen husfrow, bewyserin (dis briefs), gar fründtlich und trungenlich angesuocht, iren zuo erledigung ires manns, gemelten Wältin Cuonzen, der ouch bishar in üwer statt fänklich enthalten worden, gegen üch mit fründtlicher fürbitt beholfen ze sin. Diewyl wir dann üch und andern unseren lieben eidtgnossen von den fünf Orten zuo fründtlichem gefallen etlich uss Zuger biet fry on alle entgeltniss hingelassen, und an dem ort nützit dann die gällende armuot ist, und überal nützit vorhanden dann v arme kleine kind, die wäder zuo bifsen noch zuo brächen hand, so ist an üch, unser fürgeliebte Eidgnossen, unser gar fründtlich bitt, ir wellint mit disem armen gesellen barmherzigkeit teilen und in vorab Gott und uns zuo sundern eeren dem armen wyblin zuo ufenthalt der armen kindlinen on entgältniss andhand geben, ouch der atzung und kostens gnediglich erlassen und wider zuo sinen kindlinen schicken. Daran tuond ir, zwyfelt uns nit, vor Gott ein grofs almuosen; wir wellend es ouch, umb üch allzyt fründtlich und in aller geneigter guotwilligkeit haben zuo verglychen. Tuond hierin ein wärch der barmherzigkeit, als ir an disem völklin selbs wol sechen mögend, die grofse armuot sölichs erforderen, damit Gott üwer allzyt seligklich pflägen welle.» Lucern, Missiven.

1139. Nov. 30. Basel an den landgrafen von Hessen. «Durchleuchtiger etc. Wir sind ungezwifelt, es sye ü. f. g. unverborgen, mit was ungefell der krieg zwüschen den fünf Orten und den stetten Zürich und Bern geendet, wie es leider von ungehorsame der undertonen dahin kommen, dass unser eidgnossen von Zürich ire pundtbrief des früntlichen verstands, den ü. f. g. mit inen und uns, ouch die christenliche burkrecht, so wir mit uns (?) und anderen gehept, abgetan (und) den fünf Orten zuo handen ergeben und uns (die doch irs kriegs dhein ursach, sonder uf deren von Zürich manen und also umb irentwillen unschuldenklich darin kommen) dahin getrungen, dass wir glich wie sy unsern früntlichen verstand und christenliche burkrecht hinusgeben oder den krieg allein uf uns laden müefsamb, welichs uns (und nit unpillich) zuo dem höchsten beschwert. Dann wiewol, gnediger fürst und herr, wir unsers teils die gemelte fründschaft und verstand trüwlich ze halten me dann geneigt, so ist es doch uns ein so schweren krieg zuo beharren, und nach vil weniger mit unser macht, dwyl wir von menklichem verlassen, etwas eeren darob zuo erjagen nit möglich, und so es dann uns an die not komen, dass wir mit übergebung vilgenannter briefen den friden mit den fünf Orten erlangen, oder so wir uns sölchen verstands gegen ü. f. g. nit begeben, den tödtlichen krieg uf uns laden, unser statt und arme lüt zuo verderben richten wurden, welichs ü. f. g., dess wir dhein zwifel tragen, uns christenlicher liebe und angeporner güete zum höchsten leid, und wir aber noch uf dise stund also gehalten, dass wir zuo bewarung unserer

eeren angeregten verstand one ü. f. g. und der statt Strafsburg .. vorwüssen nit hinusgeben, so gelangt an ü. f. g. unser ganz undertenig
ernstliche bitt, sy welle die grofse not, darin wir leider stecken, gnedenklich zuo herzen füeren, und diewyl die von Zürich mit irer macht,
so ü. g. und uns, wo es Gott gefellig gewesen, wol erschiefsen mögen,
zuosampt der statt Bern und andern unsern christenlichen mitburgern
von uns abgetretten, nunme den angeregten verstand gnedenklich mit
uns ufheben, den ze übergeben bewilligen oder, so wir vor ü. f. g.
antwort die hinus ze geben ... getrengt wurden, uns in solchem gnedenklich entschuldiget haben ».... Zusicherung aller dienstwilligkeit
und bitte um freundliche antwort. Basel, Missiven.

1140. Nov. 30 (Andreä), Solothurn. «Als dann min herren klein
und grofs Rät zesamen komen von wegen des predicanten, dem dann
der canzel zuo Sant Ursen abgeschlagen, und verschinen Samstag ze
nachte ein unfuor vor sinem huse verluffen, desshalb er sithar predigens müefsig gestanden, und aber die Evangelischen vermeinen, dass
(nach) inhalte der vor ufgerichten beträgen der predicant zuo Sant
Ursen beliben und predigen sölle wie bisshär, es wäre dann sach, dass
man dartuon möge, dass er unrecht lere etc., wöllen si in ouch nit
schirmen; uff solichs sind gehört worden die alten und nüwen beträg
des geloubens und beider partyen vereinbarung halb bisshär ufgericht,
und haben demnach min herren von beiden Räten angesechen und geraten, einen lütpriester zuo Sant Ursen ze haben, der den text des
Evangelii und Epistel predige und mess halte wie von alter har, und
darzuo einen predicanten zuo den Barfuofsen, und darby beiden partyen zuogelassen sin, zuo beiden kilchen ze gand, wo es jedem gefällig, und söllen dieselben beid partyen by dem mere beliben, so
under minen herren Räten und Burgern gemacht würt, und zuo beiden
syten gegen einandern zuo guotem friden und ruowen sin, und sol
der lütpriester von frides und ruowen wegen by dem text des Evangelii und Epistel beliben, und dessgelichen der predicant die mess nit
schelten, uff frid und ruowe predigen, einandern nit schmützen noch
sich miner herren oberkeit und regimentes annemen noch beladen;
dann wölicher darwider handlen, den wurden m. h. Rät und Burger
abstellen. Und wölich iren touf und kilchgang nach altem bruche
wöllen haben, mögen sölichs zuo Sant Ursen halten; aber die, so das
in tütsch vermeinen ze bruchen, dasselb zuo den Barfüefsen halten
und Sant Ursen kilchen rüewig lassen ». . . Solothurn, Ratsb. 20, p. 484, 485.

Am 11. December (Montag vor Luciä) wurde dann der propst von Liech-
tenfels (in Münster) ersucht, einen tauglichen, nicht zu hitzigen prädicanten zu
schicken. ib. 491; Miss. p. 858, 859.

1141. Nov. 30. «Instruction was unser der fünf Orten verordnete botten von unser wegen mit dem Landammann und der Landts-
gemeind zuo Glarus reden und handlen söllend, wie das uf dem
tag zuo Lucern (?) uf Andreä Apostoli im xxxj. jar geratschlaget und abgeredt worden. 1. Erstlich söllend ir inen fürhalten und erzellen, was
sy uns vormalen an iren offnen landtsgmeinden, namlichen uff Zinstag
in Pfingstfyrtagen im xxvij. jar, demnach uf Sonntag Oculi im xxviij.

jar, zuogesagt und darumb gschriftliche abscheid geben, die ir inen
verlesen söllend lassen, namlich dass sy sich von uns in dem alten
waren cristenlichen glouben, brüchen und ordnungen, als der mess
und anderen stucken, wie die von unseren (fromen) altvordern an uns
komen und gewachsen (sind), nit sündern, sonders darby bliben, wie
das die abscheid zuogebind; über das alles habend sy sölich ir zuosagen veracht, den nüwen glouben angenommen, die mess und sacrament abgeton, die pildnussen der heiligen und die altar geschleizt und
gänzlich von althargebrachten cristenlichen brüchen und ordnungen,
wie die von unseren frommen altvordern an sy und uns gewachsen,
abgetretten, das uns gröfslich an sy beschwert, und hettind uns versechen, sy wärind by dem zuosagen, (so sy) uns geton, stifer und
redlicher bestanden, dann aber beschechen ist; wann zuosagen und
halten jeder erbarkeit gebürt und wol anstat. Diewil aber das nit
beschechen, söllend ir sy fründtlich und ernstlich ermanen, dass sy
irs angenomnen nüwen gloubens abstandind und in irem land in allen
kilchhörinen die mess wider ufrichtind und den alten waren cristenlichen glouben, wie dann ire und unsere biderbe vorderen geüept und
an uns gebracht, gänzlich wider pflanzen, die kilchen mit altären, bil-
deren und cerimonien wider zieren und allem dem nachkomen, wie
sy uns vormals mer dann einist an iren lantsgmeinden versprochen
und verheifsen; wann das unser eutlich will und meinung (ist), und
soferr sy das guotwillig annemend und sich dess verschribend, söllend
ir inen anzeigen, dass wir das von inen ze dank ufnemen und sy in
(den) nüw ufgerichten landtsfriden empfachen, sy für unser (lieb) Eidgnossen haben und inen das, so vergangen (sofer sy irem zuosagen
fürbas gnuog tuond), ze argem niemer mer gedenken, etc. 2. Wo aber
das by inen durch ein volkomen mer nit funden möcht werden, und
sy (sich) dess widerend, söllend ir inen alsdann fürhalten, diewil wir
uns sölichs abschlags keinswegs zuo inen versechen und sy irem vor-
beschechnen zuosagen nie gelept und noch nit statt tuon wellind, so
könnind wir inen nit verhalten, so durch sy nit allein sölichs an uns
nit geleist worden, sonders über das uns unverschuldt schand, schmach,
schaden, abschlachung (der) profant, überziechung (!?) und anders wider Gott, eer, recht und unsere geschworne pündt unabgesagt und unbewart der eeren zuofüegen wellen (!) und zum teil zuogefüegt (?), dass
sy hiemit uss den pündten getretten, dieselben an uns gebrochen und
nit gehalten und desshalb unverricht und unversüent gegen uns stand
und nit mer unser Eidgnossen sind noch genempt werden söllend.
3. Und namlich habend sy in nachfolgenden stucken ir eid, eer und
geschworne pündt an uns gröblich on alle redliche ursach frävenlich
gebrochen und tätlicher findlicher wys überfaren, als sy dess nit loug-
nen könnend und offenbar am tag ist. 4. Item sy wüssend, dass wir
sy oft und dick durch brief und botschaften nach unser geschwornen
pündten sag ufs aller ernstlichest und trungenlichest mit höchstem pitt
gebetten und ermant, uns zum rechten zuo verhelfen nach der pündten inhalt. Das habend sy nie wellen tuon, sind also den pündten
und manungen usgangen und uns nit allein zum rechten (das wir all-

weg begert) nit geholfen, sonder si selbs uns wider recht in mer stucken understanden ze notdrängen, als sich uss nachfolgenden artiklen
wol beschynt. 5. Item sy habend herren apt von Sant Gallen über
und wider brief und sigel, so sin gnad von inen und iren vordern hat,
frävenlich on alle recht und unbefuogt (dann es nit das iro gewesen)
geholfen sin kloster und güeter verkoufen, über das dass sy wol gewüsst, dass wir von Lucern und Schwyz ouch allda schirmherren,
und sin gnad unser burger und landman ist, und (wir) so vil als sy
alda zuo verwalten habend, und sy da nichts zuo verkoufen hattend.
Sy habend ouch demselben herren apt sin land und lüt ghulfen vorhaben und entweren und also an im noch an uns der enden weder
brief noch sigel gehalten. Desshalb wir billich vermeinend, dass sy ir
burg und landsrecht, schirmspflicht und rechtsame an gesagtem herr
apt, sinem convent und uns verwürkt und zuo inen, irem gotshus,
lüten und landen niemermer kein rechtsame noch pflicht haben sollind.
6. Item als wir von Schwyz vor zyten sy von Glarus uss fründschaft
zuo uns in das Toggenburgisch landrecht empfangen, wie das die brief
luter zuogebend (wann sy sunst Toggenburg nichzit angangen hette,
sonder sölich landrecht und pflicht uns von Schwyz allein zuostuond),
habend wir dardurch nit mer fründschaft an inen erholt, dann dass
sy jetz ein zyt lang in unsern nöten den Toggenburgern aller ungehorsame und widerdriefses, so sy uns erzeigt, gehellet, als ob sy ein
wolgefallen daran trüegind, und so dick wir sy ermant und gebetten,
sy ze underwysen, uns schuldige pflicht des landrechts ze leisten, habend sy nie nützit darzuo geton, sonder sy mer wider uns gestärkt
dann abgewendt, sind zuogefaren und gehulfen, die grafschaft mit aller
herlicheit ze verkoufen und dem gottshus Sant Gallen (dem sy zuogehörig) mit gewalt zuo entfrömbden. Diewyl dann unser vorderen
und unser guotwilligkeit (sy zuo uns in das landrecht zuo empfachen)
an inen nit bas angelegt und sy uns durch die, so sy von uns habend, ze schedigen und nit ze fürdern begert, vermeinend wir nit,
dass sy sölichs landrechts niemermer genoss noch teilhaftig, sonder
gänzlich darvon sin und uns von Schwyz allein fürbas angehören, wie
dann anfangs sölich landrecht ouch allein uns angehört hat. 7. Item
als die Gasterer, so iro von Glarus und unser von Schwyz eigen sind,
uns fünf Orten die profant abgeschlagen und an uns von Schwyz ir eid
und eer gebrochen, und wir von Schwyz sy von Glarus so dick und
vil, dass wir die zal nit wüssend, ufs höchst ermant, dass sy uns die
Gasterer hulfind zuo gehorsame wysen, habend sy das nie wellen tuon
und den Gasterern mithin zuogelassen, uns allen muotwillen, schand,
schmach, schaden und verachtung zuo erzeigen. Diewyl dann sy weder manungen noch pündt an uns harin gehalten, gedenkend wir nit,
dass sy jemermer kein teil noch gemein mit uns an dem Gaster haben söllind, sonder ganz darvon sin. 8. Item es ist nit gnuog gwesen, dass sy den Gasterern gestattet, uns fünf Orten die profant ab-
zeschlagen, sunder die von Glarus habent uns die ouch abgeschlagen
(über dass sy unlang darvor uns zuozegon lassen versprochen hattend),
wiewol wir die durch ungewonliche arbeitsame birg durch ir land

bringen müefseud; habend also uns unverschont der geschwornen
pündten uns, unser wyb und kind ze hungers not wellen trengen und
verderben; wie christenlich, brüederlich und eidgnössisch das sig, kan
jetlicher verständiger wol ermessen. 9. Item als wir von Schwyz unsern mitrat vogt Merzen, amman Hegner und ander zuo inen gen
Glarus gesandt, habent die uss dem Gaster dieselben eerenpersonen in
iro von Glarus land und uf iro eignen erdrich gefangen, fänklich mit
vil schmächungen hinüber in das Gaster gefüert, darzuo sy von Glarus
nie nützit geton noch erzeigt, als ob es inen leid, sonders darzuo geschwigen und erst über das den Gasterern, so derzit trüwlos an uns
warend, wider uns die fünf Ort wellen zuo hilt ziechen, welichs ouch
beschechen wäre, wo uns nit Gott der allmächtig in mittler zyt sige
verlychen, und wir uns demnach mit unsern eidgnossen von Zürich
verricht hettind. Sölch verachtliche schmächung, so die undertanen
uss dem Gaster in irer oberherren von Glarus land mit fachung gemelter eerenlüten begangen, söll(t)end sy von Glarus billich zuo höchstem widerdriefs und enteerung irs lands fryheiten ufgenomen haben
und nit tätlicher hand ungerochen nit bliben lassen, wo es inen leid
gewe~en wäre. 10. Item so hand sy von Glarus offenlich under ir
landsfändli usgenomen und den Gastrern, unser der fünf Orten offnen
finden, als vorstat, wellen zuoziechen und inen wider uns hilf tuon,
über das dass sy ire botschaft dero zyt von scheidens wegen by uns
gehept und sich als unser fründ und unpartysch glychsnetend, weliche
scheidung dem kuss Jude glych sach, diewyl doch sy darnebent über
uns usgenommen und denen gehulfen woltend haben, die uns profant
abgeschlagen, trüwlos an uns warend und in offner fechd gegen uns
stuonden. 11. Item dass etlich Glarner, als der vogt Brunner, *Peter
Simen, der Anshelm,* der Blocher etc. offentlich wider uns gezogen
als bundbrüchig meineide lüt und darum weder an eer, lyb noch leben
gestraft worden. 12. Solicher stucken wol mer ze erzelen wärind, die
wir jetz underlassend, derhalben si von Glarus, als die weder zuosagung, pündt, eid noch eer an uns gehalten und uns in mengen weg,
so zum teil hie oberzelt, wider recht beleidiget und geschmächt, unabgesagt und unbewart aller eeren, fürhin für unser Eidgnossen nimer achten noch haben, mit inen weder tagen noch bisitzen, ouch la
gemeinen vogtyen kein schaltung noch waltung mit uns haben noch
geniefsen werdend lassen, und werdend darneben nachgedenken, wie
wir witer der schand, schaden, verschmächt und widerdriefs, so si uns
erzeigt, an inen zuokommind. 13. Und in allen disen artiklen und
beklagungen wellend wir alle die von Glarus, so bishar an uns gerad
ir zuosagung, pündt, eer und eid gehalten hettind und an sölichen
misshandlungen kein schuld tragend, dero noch (als wir bericht) meng
biderman ist; dessglich alle die, so uns nochmalen obbenempt zuosagen und pündt ze halten willens sin wurdind und das mit den werken erzeigtind, für unser getrüw lieb Eidgnossen halten und acht
und si hiemit diser beschuldigung halb nit gemeint noch verdacht haben. 14. Und was üch witer von mund ze erzelen und fürzehalt

* Diese zwei namen sind von Aeg. Tschudi beigefügt.

fruchtbar bedunk(t)e, söllend ir nit underlassen und daran nützit sparen.» — «Nota: Vorgemelter fürtrag ward nie fürgehalten, sonders geschach allein ein früntlich pitt von mund vor den landlüten, und wurdend die vorigen abseheid der zuosagungen, hie nach gemeldet, verlesen; do ward geantwurt, wie harnach folgt. Darbi liefsend es der fünf Orten botten bliben und fuorend heim.» — Vgl. Absch. p. 1234.

Das Kts.-Archiv S c h w y z hat zwei abschriften dieses actes; diejenige, in welcher die «Nota» beigefügt ist, halte ich der handschr. wegen für die ältere, die höchstens 20 jahre nach der verhandlung gefertigt sein dürfte; die andere mag ein bis zwei jahrzehnde jünger sein. Eine viel modernere copie hat die Tschudische Abschiedesammlung in Z ü r i c h; eine noch dem 16. jhd. angehörige das Staatsarchiv L u c e r n

Dr. J. J. B l u m e r nimmt in seiner Reformationsgeschichte von Glarus (Jahrbuch 11, p. 20) an, es sei diese instruction von der altgläubigen partei der Glarner ausgegangen. Directe beweise für diese ansicht fehlen noch; dafür sind die im texte selbst gegebenen indicien für diesen ursprung hinreichend deutlich. — Das tatsächliche, durchaus in feindlichem sinne gedeutet, scheint bedächtig gesammelt, und die abfassung schon um die mitte Nov. begonnen zu haben; der autor setzt alle rücksichten auf sein eigenes vaterland bei seite und verficht nur die interessen von Schwyz, Lucern etc. Dass A e g. T s c h u d i hiebei nahe beteiligt gewesen, machen frühere und spätere acten sehr wahrscheinlich.

1142. (December A.?). Z ü r i c h an landgraf Philipp von H e s s e n. Antwort auf die von Basel aus erhaltene instruction seines hofdieners Peter Baidel, seine beschwerden über den frieden mit den V Orten etc. enthaltend. Es scheine, dass ihm die sachen etwas schlimmer vorgetragen worden, als sie seien; denn obwohl Zürich grofsen unfall erlitten, von jedermann verlassen und der eigenen untertanen nicht mehr sicher gewesen, der feind zuletzt auch nahe an die stadt gekommen, ohne dass jemand hülfe gebracht hätte, so dass man einen frieden anzunehmen und den christl. verstand mit dem Fürsten samt andern burgrechten fahren zu lassen genötigt gewesen, sei doch die göttliche wahrheit nach aller notdurft darin verwahrt, so dass man bei dem gotteswort etc. unangefochten bleiben könne, von dem man auch gar nicht abzutreten gedenke. Da der Landgraf gar spät hülfe zugesagt; da der feind einen aufschub nicht zugelassen; da man zudem nicht sicher gewusst, wie es mit den 2000 knechten von Strafsburg her gemeint sein sollte; da man auch nicht gewohnt sei, fremde knechte zu brauchen, und diese wohl in den österreich. landen hätten aufgehalten werden können, und da man jeden tag auf eine bessere wendung gerechnet, so habe man auf solche hülfe in guter meinung verzichtet und dem Fürsten diese kosten nicht aufladen wollen. (Schluss fehlt).   Zürich, A. Capp. Krieg.

1143. Dec. 1 (Freitag nach Andreä). Konrad Bachmann, landvogt zu Baden, an Z ü r i c h. Felix Herzog von Stadel habe dem Lüti Widmer von Schneisingen fehde angesagt, laut beiliegender copie (fehlt). Da aber laut der bünde dergleichen nicht gestattet sei, sondern der ansprecher den «ansprächigen» an dessen wohnort suchen solle, und da er (Herzog?) zudem angebe, er habe etliche erkenntnisse der Eidgenossen, so hätte er sich hier anmelden sollen; es wäre ihm dann zu allem recht geholfen worden. Nun bitte er (der vogt), den Herzog

von solchen drohungen abzumahnen und zum recht zu weisen und
hierüber bei diesem boten schriftliche antwort zu geben, damit Widmer sich (nach umständen) zu verhalten wisse, etc.

Zürich, A. Grafsch. Baden.

1144. Dec. 1. Philipp Brunner, landvogt im Thurgau, an Zürich.
Es gehe zu Constanz und ennethalb Rheins die sage, der prädicant
von Zurzach sei vor der kirche gehängt worden; desshalb besorgen
viele leute im Thurgau, es könnte ihnen oder ihren predigern das
gleiche widerfahren; das volk sei überhaupt ganz unruhig, weil der
landfriede nicht eröffnet werde, und drohungen verlauten, dass die
Thurgauer auch strafe zu erwarten haben. Ueber all dies wisse er
ihnen keinen rechten bescheid zu geben, wesshalb er um auskunft und
namentlich um eine weisung bitte, ob er den ihm zugeschickten «frieden» allenthalben solle verlesen lassen.   Zürich, A. Capp. Krieg.

1145 a. Dec. 1. Bern an abt (Jörg Müller) und convent zu Wettingen. Antwort: Man schreibe hierüber dem landvogt zu Baden
laut beiliegender copie, etc.

1145 b. Dec. 1. Bern an n. Bachmann, landvogt zu Baden. «Wir
sind landmärs wys(!) bericht, wie du glich uf gemachten bericht zwüschen unsern eidgnossen den v Orten und uns zuogefaren syest und
den zuosatz zuo Wettingen, das silbergeschirr, slüssel und anders hinweg genommen und dergestalt an dem ort gehandlet, dass der apt und
die conventbrüeder verursachet, dadannen ze wichen und sich an ir
gewarsame ze machen, das nun (wo dem also ist) uns nit wenig beduret, in ansehen dass soliche handlung dem jüngst gemachten friden
zewider; harumb unser will und meinung ist, dass du obgedacht apt
und convent widerumb an(e) alle entgeltnuss insitzen und sy rüewig
und unbekümmert lassest und an dem ort dem ufgerichten friden ha
dann vor gelebest, .. hierüber din verschriben antwurt, ob du das tun
wellest oder nit, » (begerend).   Bern, Teutsch Miss. T. 256, 37.

1146. Dec. 1. Bern an Zug. 1. Zusendung von 1500 kronen, gemäfs dem frieden. 2. Aus besorgniss, an leib und leben gestraft
werden, haben sich etliche aus den freien Aemtern geflüchtet u
alles verlassen; nun wisse Zug ohne zweifel, wie ihrethalb auf de
tage zu Bremgarten geredet worden, und ammann Toss der di
gen botschaft erklärt habe, dass dieselben fröhlich heimkehren m
indem blofs eine geziemende strafe vorbehalten sei; darum bitte
jene personen gemäfs dieser zusage und dem frieden einzulassen
in gnaden gegen sie zu verfahren.   Bern, Teutsch Miss. T. 260, 1

1147. Dec. 1. Bern an den markgrafen (Ernst) von Baden. V
dankung seiner zuschrift vom 26. October und der unterhandl
seiner botschaft, mit erbietung zu gegendiensten.

Bern, Teutsch Miss. T. 26

1148. Dec. 1. Bern an (Strafsburg) und mut. mut. an Co
stanz. «Unser fründlich willig dienst, etc. Uns zwifelt gar i
(dass) ir nuntalame gruntlichen bericht syend alles dess, so sich
nächstem krieg verloufen hat, und wie wir getrungenlich condition

des fridens mit beschwertem gemüet und grofsem herzleid haben
müefsen annemen, und besonders uns zum höchsten betrüebt, dass
wir die verbriefte brüederliche verwandtschaft, damit ir und wir zuosamen gebunden, hinus geben müefsen. Wer schuld an allem dem
habe, mögt ir als die hochwysen lichtlich erkennen. Nüt dester minder, dwyl ir und wir fürter einandern lieb und dienst bewysen mögend, dess wir unsers teils ganz bereits unverruckts gemüets und
willens und üch gegen uns glichgesinnet ze sin ganz ungezwifleter
hoffnung und zuoversicht sind, söllend ir dess zuo uns ganz vergwisst
und versichert sin, dass wir unser herz, brüederlichen und nachbür-
lichen willen dheins wegs von üch züchen werden, sonders alles unsers vermögens, fründschaft, dienst und liebi erzöigen, dess wir von
üch ganz ungezwifelt ouch gewärtig sind, hiemit Gott bittende, uns
allen sin gnad ze geben, dass wir by sinem göttlichen wort beliben
und nach demselben unser leben richten mögind. » (Copie nach dem
Constanzer exemplar).   **Bern, Teutsch Miss. T. 258, 259. Stadtarchiv Constanz.**

Abgedruckt im Anzeiger f. schweizer. Gesch. u. Alterth.-K. VI. 117, 118. —
Zu bemerken ist noch, dass Bern das schreiben an Strassburg abschriftlich
Basel vorlegte und demselben anheimstellte, sich in gleicher oder besserer
form zu erklären; 1. December. T. M., T. 263.

1149. Dec. 1 (Freitag nach Andreä). Solothurn an Bern. Be-
gründung des begehrens der altgläubigen von Egerchingen, dass
der prädicant das pfrundhaus räume, etc. « Uf solichs, .. diewyl solich unser mandat, so durch üwer und ander schidbotten domaln sampt
uns zuo frid und ruow angesechen, heiter zuogibt, dass die under-
tan(en) harinne vollen gewalt und macht söllen haben, mit dem meren (die mess oder das gottswort?) anzenemen, wöliches inen das ge-
fälliger, und wir also alle die unsern by irem mere beliben lassen,
so will uns gar nit gebüren, (wie ir selbs zuo ermessen wüsst) si
darvon ze trängen, und langot haruf an üch unser früntlich bitte, zuo
bedenken und anzesechen, dass wir uff die pfarren, da uns die collation und lychung zuoständig, bishar die gesatzt, so üch und üwern
mandaten gelichförmig, solichs an dem orte ouch ze tuonde, und namlich mit dem predicanten daran ze sind und zuo verschaffen, das
pfruondhuse ze rumen und demnach si mit einem priester unserm
mandat und irem mere nach zuo versechen », etc.
                 Bern, Solothurn B. M. 59. Solothurn, Miss. p. 851. Ratsb. 20, p. 487.

1150. Dec. 1 (Freitag nach Andreas). Solothurn an Lucern.
Antwort auf die zuschrift wegen der zu Merischwanden und Muri ent-
führten kelche, monstranzen etc. Von diesen dingen wisse man noch
gar nichts; sollte dies aber so geschehen sein, wie es angezeigt werde,
so hätte man kein gefallen daran; in abwesenheit des hauptmanns
könne man aber keine kundschaft aufnehmen; doch werde man nach
seiner heimkunft sich darüber erkundigen und dann weitern bericht
geben, etc.   **Lucern, Missiven. Solothurn, Miss. p. 850. Ratsb. 20, p. 487.**

1151. Dec. 1, Mailand. Der statthalter des herzogs Franz II. an
die Eidgenossen zu Mandello. Der Herzog werde ersucht, den
söldnern, welche aufser seinem gebiete und gegen seine verbote im

solde anderer gedient, verzeihung zu gewähren; er gedenke das nicht
zu tun, «quia non est res maioris momenti apud unum principem
quam obedientia». Da nun aber verlaute, dass die aus dem dienst
der V Cantone entlassenen das mailändische gebiet passiren wollen,·
und sie als verbannte und ihrer güter beraubte wohl einen verzweifelten
streich versuchen möchten, so zeige man dies zur warnung an, zumal
dieselben mit ihrer grofsen zahl einen schaden verursachen könnten...

Zürich, A. Müsserkrieg (cop.)

1152. **Dec. 1** (Freitag nach Andreä), Rapperswyl. Die boten von
Uri, Schwyz, Unterwalden und Glarus, nebst Schultheiß
und Rat an Zürich. «Wir werdent von herr Heinrich Felder, alt
schaffner zuo Buobikon, b(e)richt, wie er von Buobikon komen,
und dwil der friden denen, so von dem iren vertriben, etwas zuogebe,
wellte er, soferr er dess gnad an üch funde, gern widerum zuo dem
sinen gen Buobikon oder aber, wo das dismal nit möcht sin, dass ir
im einen güetlichen tag ansetzen und bestimmen, so welle er sin anligen gegen üch eroffnen, bat uns daruf umb unser fürdernus. So wir
in dann zuo fürdern geneigt, bitten wir üch mit allem ernst ganz
früntlich, ir wellen in ermessenheit (!) des landfridens den guoten
herrn im besten [zuo] bedenken».... Bitte um antwort.

Zürich, A. Johanniter.

Note von Beyel: «Hand kein span mit im, ist mit guotem willen darvon
gangen; wenn er uns haltet, wellent wir im ouch halten.» — Eine gütliche
auseinandersetzung mit dem orden erfolgte am 12. Dec. 1532; s. Egli, Acten.
nr. 1911.

1153. (ad **Dec. 1,** Absch.). Die dem Lucerner exemplar beigelegte
instruction (woraus die namen der boten) nennt eine anzahl artikel,
die nach den vorhandenen zeichen auf diesem tage auch behandelt
worden sein müfsen: 1. Mit denen von Bremgarten ist zu reden, dass
sie die ehrenleute, die sie (früher) aus dem Rat gestofsen, wieder darein
kommen lassen, weil der friede zugebe, dass niemand des alten glaubens wegen angefochten und gehasst werden dürfe. 2. Von den französischen anwälten die bezahlung der ausstehenden summen zu fordern und ihnen deutsch heraus zu sagen, dass man ihnen kein gehör
geben wolle, sie bezahlen denn vorher, was der König laut der «erbeinung» schuldig sei. 3. Auf das begehren der Walliser, den bischof
von Sitten bei dem Papst und dem bischof von Verulan zur bestätigung
im bistum zu empfehlen, sollen sich die boten zu deren gunsten verwenden. 4. Betreffend das anbringen der Walliser, der (erbeuteten)
fähnchen halb, schliefst man sich der meinung der übrigen Orte an.
5. In sachen des hrn. Sebastian zum Stein und des Hans Müller, ihre
förderung berührend, und der passporten der Eschentaler etc. haben
die boten volle gewalt. 6. (Zu s). «Ir söllen anzüchen von eines
liedes wegen, so vom (über) Zwingli gemacht, dass solichs und
ander schmütz- und schmachwort, ouch reizungen abgestellt werde
dann solich(e) unfründschaft und unwillen gebären»... 7. (Zu ii). «Si
ingedenk, von unsern eidgnossen den vier Orten zuo fordern ir am
der siben kronen, die Bartli Kessler von Pfeffikon verzert hat, die wy

er zuo Lenzburg gefangen gsin, und ist gemelter Bartli gefangen worden, als er in namen unser der fünf Orten einen brief denen von
Bern gebracht hat, namlich als si uns geschriben hatten, dass si die,
so inen in abschlachung der profand beholfen wären gesin, entschütten
wölten etc., daruf dann wir inen schriben liefsen, dass si sich des
handels wol nützit beladen etc.; den brief hat diser bott gefertigot. »
8. (Zu uu). « Clausen zum Bären von Russwyl halb söllen ir anzüchen, dass im des fendlins halb, so er gewunnen soll haben, zuo
rechte geholfen und es rechtlich ustragen werde. »

1154. Dec. 2 (Samstag nach Andreä), Z ü r i c h. Instruction für Ulrich Kambli und SM. Edlibach, auf den «Müfsischen tag» in Aarau. Da
nach den berichten des commissarius Rahn und des hauptmanns Zeller
die sachen in jeder hinsicht bedenklich stehen (recapitulation der bisherigen klagen etc.), so soll den sieben Orten nochmals die frage vorgelegt werden, ob man den krieg dem Herzog und den Bündnern
übergeben und die eigenen leute heimmahnen wolle; dazu haben die
boten gewalt. Wenn aber nicht alle Orte dieser meinung sind, so ist
mit den boten der andern ernstlich zu reden, dass die knechte ohne
verzug bezahlt und die weggelaufenen sofort ersetzt werden; dessgleichen den Bündnern zu schreiben und des Herzogs botschaft zu
ermahnen, den krieg mit gröfserem ernst zu betreiben etc., damit man
nicht veranlasst würde, von der sache abzustehen. In dem fall, dass
nicht alle boten gewalt haben, die knechte jetzt schon abzumahnen,
sondern mittel beraten wollen, der sache mit ehren los zu werden,
haben die gesandten von Zürich gewalt; doch soll der ratschlag erst
noch heimgebracht werden. . .   Z ü r i c h, A. Müsserkrieg.

1155. Dec. 2. B e r n an B a s e l. Antwort auf dessen schreiben betreffend Madel Meyer von Burgdorf, wegen etlicher kundschaften über
die von Zürich gemeldeten nachrichten über landstreicher etc. Man
habe dem schultheifs zu Burgdorf desshalb zweimal geschrieben; er
habe aber die Meyerin weder finden noch ihren namen erfragen können.
                                    B e r n, Teutsch Miss. T. 265.

1156. Dec. 3, Mailand. Ennius, ep. Verulanus, an L u c e r n. «Mag^{ci}
cet. 1. Vestras literas xxij. die mensis Novembris conscriptas magno
cum gaudio accepi, præsertim cum pacem inter vos Turricensesque et
alios qui nimium pertinaces videbantur contractam esse cognovi; hac
in re Deus optimus maximus imprimis laudetur, deinde vestra in re
militari singularis prudentia atque fortitudo dignis extolletur præconiis,
sed de his alias. Nunc sat erit, si vos monuero, me in his officiis
quæ vobis prodesse cognovero, nunquam esse defuturum. Vestrarum
autem literarum omnibus clausulis non respondeo, cum ex d. Francisco, secretario meo, ad quem quid in hac provintia faciendum sit,
diffusius scripsi, clare intelligetis. Unum autem vos scire volo, hisce
cum militibus italicis cautius agendum esse, nam hic recte computa-
tione deducta eis parum vel nihil nos debere comprehendimus, quam
ob rem eorum verbis sive mitia sint sive superba, absque nostris ad-
monitionibus fidei nihil præstabitis eorum minas que vanæ erunt, pa-

rum curantes. 2. Quod de absolutione sacerdotum petitis, in nostra non
est manu, sed ex nostro d. d. Clemente, summo Pontifice, habere cu-
rabo, ut vobis iuxta sententiam satisfacere possim; nam tanta vos pro-
sequor benevolentia, ut nihil magis optem quam vobis prodesse posse,
et hoc re ipsa, non verbis, cum occasio oblata fuerit, videbitis • . . . .

Lucern, A. Religionshändel.

1157. Dec. 3 (Sonntag vor Nicolai). Konrad Bachmann, landvogt zu
Baden, an Zürich. « Strengen etc. etc. Uewer schriben hab ich sin
inhalts verstanden und ab des predicanten unwarhaftem fürgeben beduren empfangen, dass ir einer sölichen lichtfer(t)igen person glouben
geben; dann fürwar ich sölichs nie gedacht noch in willen gnomen,
in fenklichen annemen zuo lassen, wiewol ers verdient; dann er syt
gemachtem friden geprediget, dass das ampt der mess die gröst ketzery
sye, mit andern worten, da ir wol ermessen, ob er den friden gehalten. Ich hab aber für und für minen herren den fünf Orten gschriben
und gebetten, dass ir von den acht Orten gmeinlichen ein tag har gan
Baden ansetzen; da wölle ich inen allen verloufnen handel mit der
warheit erzellen, und was dann mir daruf von üch minen herren
gmeinlichen in befelch geben, dem will ich trüwlichen nachkomen,
und züg mich an Gott, dass ich des gemachten fridens gröste fröd
empfangen und ouch urbüttig (bin), den (dem) trülichen mit aller in-
haltung nachzuokommen und zuo geleben, und bitt üch .., ir wöllen
nit so glich sölichen predicanten, so üch min gnedig herren zuo beiden
teilen in grofs not und liden gebracht, so lichtenlichen glouben geben;
dann wo ich üch .. gedienen könnde, wöllte ich des allzit willig und
bereit sin. »

Zürich, A. Kusnacht.

1158. (Dec. 3 ?), Zug, Abschied (fragmente). 1. « Jeder bott weifs
sinen herren und oberen anzuobringen, wie herr abt von S. Gallen
(persönlich?) vor uns erschinen ist, und sich erklagt, wie er und sin
convent vertriben (gewesen) und sich in sechs klöster verteilt und sich
mit ir(er) hand arbeit erneeren müefsen, desglichen wie und was
grofsen schadens inen an irem gottshus by S. Gallen beschehen an
heiligtum(en), liberey, silber und gold; desshalb uns mit höchstem
flyfs ermant, inen zuo verhelfen, damit si wider ynsitzen, Gott allein
loben und dienen mögent, ouch darby zuo vergonnen, ir amptlüt mit
dem houptman Jacob am Ort von Lucern, so jetz ufrytet, zuo faren (?),
weliche ouch vorhin um den handel gewüsst, damit si ouch anzeigen
und rechnung geben könnent, alles mit vil merern worten. Doruf man
siner gnaden geantwortet, dass wir allen müglichen flyfs wöllent ankeeren, inen zuo verhelfen, als wyt und feer uns gebüre, wiewol die
ding nit alle so ylends mögint beschechen und zuowegen gebracht
werden. » 2. (Ad eee, ergänzung des vortrags des österreichischen gesandten:) Es komme ihm vor, dass die von Constanz ein Ort der
Eidgenossenschaft zu werden begehren. Auch empfiehlt er die aufnam
der von den vorfahren der fürsten gestifteten kirchen und begehrt abschriften der friedensschlüsse mit Zürich und Bern. — Antwort in
freundlichem schreiben, mit beilegung der gewünschten copien; « der

handlung der Costanzer halb habent wir (die V Ort) kein wüssen; es syg ouch nit von nöten (abzuwinken?), dann wir inen ab disem tag ein missiv sampt einem getruckten büechli, so zuo Costanz mit unwarheit des kriegs zuo Cappel halb usgangen, zuogeschickt, an welichem sy wol spüren mögent, sich anderst in den handel zuo schicken, ob (ob?) sy ützit derglychen uns zuomuoten wurdent »....

Helvetia, II. 348, 349.

Diese stücke dürften in dem Schwyzer abschiedexemplar gestanden haben, das nicht mehr vorhanden ist; an der ächtheit derselben ist nicht wohl zu zweifeln.

1159. Dec. 4 (Montag vor Nicolai), Zug. Die boten der V Orte schreiben an Zürich (und andere Orte?): 1. Während des letzten krieges haben sie das schloss mit dem vogt zu Luggaris in ihre gewalt gebracht und anstalt getroffen, dasselbe zu schleifen; nachdem man sich aber wieder vereint und befriedet habe, sei der vogt wieder eingesetzt worden, und weil die V Orte da nicht aus eigner gewalt zu handeln begehren, so haben sie (vorläufig) schriftlich befohlen, bis auf weitern bescheid an dem schlosse nichts zu ändern; indessen finden sie, dass dasselbe wenig nutzen gewähre, und da jetzt das wasser grofsen schaden getan, und (die XII Orte) damit immer grofse kosten haben, so schreibe man den mitregierenden Orten, ob sie (nicht) das schloss weiter zu schleifen wünschten, worüber man auf den tag zu Baden bestimmte antwort geben sollte. 2. Es werde glaublich berichtet, wie die von Luggaris sich unwillig und ungehorsam gegen gemeine Eidgenossen gezeigt, und (z. b.) mit etlichen Bellenzern sich zusammengerottet haben, so dass man für nötig halte zu beraten, wie man sie strafen und gegen sie verfahren wolle; auch darüber wären die botschaften auf den tag zu Baden zu instruiren, etc.

Zürich, A. Luggaris.

1160. Dec. 4. Freiburg an Lucern. In dem bekannten rechtshandel des herrn von Font seien wohl die urteile der zugesetzten ergangen, aber zwiespältig, und desshalb die sache an den obmann gekommen, aber der seither eingebrochenen unruhen wegen eine entscheidung verschoben worden; da nun der friede wieder hergestellt sei, und die französischen herren bewilligt haben, den handel auf den 15. d. m. zu vollenden, so bitte man Lucern freundlich, seinen zugesetzten auf den genannten tag nach Solothurn zu schicken, damit das geschäft ohne weiteren aufschub erledigt werde, etc. etc.

Lucern, Missiven.

1161. Dec. 4, (Freiburg i. B.). Claus Harnester an die V Orte. 1. Glückwünsche zu ihren siegen für den hl. christlichen glauben etc. 2. Erzählung, wie er, früher als wechsler in Basel tätig, wegen der dortigen glaubensänderung nach Freiburg gezogen und damit in etwelche ungnade gefallen sei und rechtlich beklagt werde, wesshalb ihm die Basler hab und gut in arrest gelegt haben, und zwar in ganz unbilliger weise, da er vormals über seine verwaltung genügende und gebilligte rechnung abgelegt etc. Er erbiete sich nun, da er die Basler nicht als richter leiden könnte, zum recht vor den V Orten oder

vor dem Regiment im Ober-Elsafs, oder vor dem Rat zu Freiburg i. B.
und bitte die V Orte um schriftliche fürsprache bei Basel, damit ihm
seine habe verabfolgt werde und er bei den erbotenen rechten bleiben
könne, etc. etc.   Lucern, Missiven.

1162. Dec. 4, Bern. I. Eine botschaft von Saanen trägt vor,
1. es verlaute, dass die obrigkeit mit den angehörigen von stadt und
land nicht einig sei, wesshalb sie sich erbietet, zum besten zu reden.
2. Dann stellt sie das ansuchen, den Sebastian vom Stein und andere
alte Räte wieder einzusetzen. 3. Ferner ziehen die boten an, es sei
den ihrigen im felde vorgehalten worden, sie wären lieber bei den V
Orten als bei den Bernern. 4. Endlich begehren sie das burgrecht zu
erneuern. II. Antwort: 1. Von einer uneinigkeit wisse man nichts;
wohl sei ein tag angesetzt, um die gemeinden anzuhören; wenn sie
etwas geziemendes verlangen, werde man es tun, unziemliches aber
nicht annehmen. 2. Das burgrecht zu erneuern sei man erbötig, jedoch ohne beeinträchtigung des göttlichen wortes und der reformation.
3. Die schmähungen stelle man nicht ganz in abrede, da in kriegs-
läufen dergleichen viel ergehen; seien ihnen solche unleidlich, so mögen sie personen anzeigen, etc. 4. (Ablehnung der fürsprache für S.
v. Stein, mit gedrängter erzählung des handels). 5. Dank für das
gute, das den nach Aelen geschickten knechten erwiesen worden. —
(Es folgen noch angaben betreffend oberwähnte verdächtigungen).
                                                    Bern, Ratsb. 231, p. 295—297.

1163. Dec. 4 (Montag vor Nicolai), **Zug.** Hans Golder, von Lucern, und Oswald Toss, von Zug, an Solothurn. 1. «Nachdem
und unsere herren und obern gegen einandern in kriecklicher fecht gestanden, und aber durch die gnad und mittel Gottes sömlichs zerlegt,
uff sömlichs, nachdem und die schidlüt zuo unsern herren und obern
von den fünf Orten gan Hegkligen ins läger komen sind, und den
friden zwüschen unsern eidgnossen von Bern und unseren herren abgeredt, ist ouch .. abgeredt und hand die schidlüt an unser herren erfordert, wie man der sach tuon welle unser eidgnossen halb von Basel, Soloturn, Schaffhusen und Mülhusen. Uf sölichs ward inen geantwurt, wann die jetzgemelten stett wurdent komen und sich muntlich oder geschriftlich erzoigen, und begerten in (den) friden ingelibt
(ze) werden, dass inen sömlichs söllte vergönnen(?) und nachgelassen
werden. Da nun aber (die) gemelt(en) schidlüt witer anzeigten, wie
dass ir .. eben vil und fast mit denen von Bern redten und schidlichs
handelten, damit der friden gemacht wurde, dess man üch billich
sölte lassen geniefsen. Uff sölichs gab ich schulthes Golder für mich
selbs antwurt, ich achten wol, es werde unser eidgnossen von Solothurn halb dehein not haben,* damit sy also hinweg gescheiden; habend wir ouch nit anders gemeint, dann dass ir üch ouch also wurdent erzoigen, weliches doch aber nit beschechen.» 2. Nun seien die
V Orte hier versammelt gewesen und haben denen von Basel, Schaff-

_____
* Notiz am rande: «Uff sömlichs hat ouch niemants witers weder ja noch
nein darzuo geredt etc. Das wellend von uns beden in geheim vermerken.»

hausen und Mühlhausen, die um frieden geworben, guten bescheid gegeben; weil aber Solothurn nicht merken lasse, ob es frieden zu haben
wünsche, so sei dies ganz befremdlich erschienen, und beinahe ein
(besonderer) widerwille daraus entsprungen; um solchen zu verhüten,
haben die unterzeichneten auf sich genommen, hierüber bericht zu
geben und Solothurn zu dem tag in Baden zu laden, um da über den
frieden zu handeln; folgt angabe des datums.

Solothurn, Reform.-A. (Handschrift von J. Kollin).

1164. **Dec.** 5 (St. Niklaus Abend), Dongo. Rahn und Zeller an BM.
und Rat in Zürich. 1. Heinrich Rahn sei als abgeordneter gemeiner
commissarien und hauptleute mit dem commissar von Glarus, dem
hauptmann « aus dem Bund » und des Herzogs botschaft auf schriftliche einladung von junker Jacob von Marmels nach Morbegno gereist, um einen gefangenen pfaffen zu verhören. Unterdessen sei er
(Rahn) von den hauptleuten benachrichtigt worden, dass sie von den
Wälschen, die von den V Orten zurückgekehrt und einige tage in
Bellenz geblieben, einen überfall zu besorgen hätten, indem Baptista
von Musso sie angeworben. Diesen brief habe er zu Morbegno vorgelegt und sofort den heimweg angetreten, auf der reise eine neue,
dringendere warnung erhalten, 500 büchsenschützen mitzubringen, und
diesen brief dem von Marmels eilends zugeschickt; der sei mit zwei
fähnchen und einem zahlreichen volke nach Dongo aufgebrochen. Man
habe den feind getrost erwartet und hätte ihn gerne aufgesucht, in
der meinung, dass das den frieden nichts angehe; allein er müfse gewarnt worden sein, sei nach Lauis vorgerückt und habe da die leute
so bedrängt, dass sie hieher um hülfe geschickt haben; der haufe habe
sich indessen entfernt und ziehe nach der Tresa ab. Den vögten zu
Bellenz und Lauis habe man geschrieben, man begehre kraft des friedens zu wissen, was man von ihnen zu gewärtigen habe. ... 2. Die
knechte von Bern haben einen neuen vorschuss verlangt, der aber
nicht mehr möglich sei; werden sie nicht eiligst bezahlt, so müfsen
sie heimziehen, da ihnen niemand etwas geben könnte. ... Die von
Solothurn seien bis in den 3. monat unbezahlt; auch die von Freiburg
leiden mangel... Bitte um treue verwendung...   Zürich, A. Müsserkrieg.

1165. **Dec.** 5 (Dienstag vor Nicolai). Zürich an Lucern. Eine
(ungenannte) frau klage bei dem Rat, wie ihr mann, ein armer schmied-
knecht bei dem burger Heinrich Kramer, immer noch zu Lucern in
verwahrung liege, da sie ihn wegen ihrer armut nicht auslösen könne.
Die obrigkeit, « als begirig, den armen zuo verhelfen », empfehle nun,
den gefangenen ledig zu geben, « angesehen dass wir vergangener
tagen ouch etlich aso arm gesellen, deren vermügen nit was sich ze
ledigen, sust und one alle en(t)geltnuss us und widerumb heimb gelassen haben », etc.   Zürich, Missiven.

1166. **Dec.** 5. Basel an Bern. Bericht über den erfolg der sendung nach Strafsburg zur aufnahme eines anlehens etc. (Abschläge
teils von capitalisten, teils von dem stadtrat).   Basel, Missiven.

1167. Dec. 6 (St. Niklaus). Rudolf Jerli (?) an Freiburg. Bericht über die volksbewegung im Berner gebiet, mit einschluss einer auswahl der beschwerden und forderungen. — (Der beobachter war von dem Freiburger Rate heimlich abgeordnet).   Freiburg, (A. Bern).

1168. Dec. 7 (Donstag nach Nicolai). St. Gallen an Zug. Durch Gottes reiche gütige gnade sei der unleidliche krieg geschlichtet worden; allein der inhalt des geschlossenen friedens sei der stadt sehr verspätet bekannt geworden; als darin auch verfasst, sei man darüber von herzen froh gewesen und habe ohne verzug nach Zürich boten geschickt, um die annahme zu erklären und die summe, die man von den 2500 kronen früher empfangen, zurückzugeben und überhaupt alles zu tun, was der friede in sich halte. Da nun derselbe unter anderm vermöge, dass die neuen burgrechtsbriefe herausgegeben werden sollen, so überschicke man den brief, den man mit Zürich und Bern gehabt, durch den hauptmann Ambrosi Eigen, um damit zu handeln, was sich gebühre. Dabei bitte man Zug und die andern Orte, die allfällige säumniss nicht zu verargen, indem man keinen frühern bericht erhalten habe, auch alles dasjenige, was man während des krieges gegen die V Orte getan habe, um Gottes gnade und barmherzigkeit willen zu verzeihen und nicht zum höchsten zu messen, «sonder unser unverstendigkait zuo(ze)legen», und also die stadt wieder als treue liebe eidgenossen anzunehmen, etc. etc.   Lucern, Missiva.

1169. Dec. 7, Rheinau. Lorenz zur Eich an Zürich. Antwort: Von stund an habe er kundschaft gemacht und erfahren, dass etliche grafen, als der von Fürstenberg, der von Stühlingen und der adel vom Hegau, auch Dr. Fabri, bischof von Wien, zu Zell seien; von den V Orten soll Schönbrunner selbsechst zu Lottstetten durchgeritten, aber nur selbander nach Zell gekommen sein. In Zell werde tag und nacht ernstlich gehandelt, posten laufen hin und her; weiter vernehme man nichts. Letzte woche sei ein bote von Zug in Stein durchgereist, dem Hegau zu, wohin aber, unbekannt. — Letzten Dienstag (5. Dec.) sei ihm von den V Orten beiliegender brief zugekommen, den die herren ihm wieder zurückschicken mögen. — (Fehlt).   Zürich, A. Capp. Krieg.

1170. Dec. 8 (Freitag nach Nicolai), Frauenfeld. Jacob Locher, landschreiber und derzeit statthalter, an Zürich. Da es den Thurgauern nicht mehr möglich sei, die nach Musso geschickten knechte zu besölden und im feld zu erhalten, so haben sie gestern zu Weinfelden eine landsgemeinde gehalten und sich entschlossen, die ihrigen wieder abzumahnen...   Zürich, A. Müsserkrieg.

1171. Dec. 8. Bern an den bischof von Avranche, (als) gesandten des königs von Frankreich. «Tres reverend seigneur, etc. etc. 1. Nous avons veu le memorial quavez donne par escript a nos ambassadeurs qui dernierement sont estes en la conclusion de la paix a Bremgarten, sur lesquels touchant de ouclroyer au roi nos gens de guerre, vous respondons que quant a cela avons adverti ledit roi et aussi ses ambassadeurs de lordonnance quavons fait touchant les pensions et les guerres; pour autant ny savons faire autre, sinou dobser ver la paix traitee et conclute a Fribourg, de quoi summes en ferme vouloir et de bonne affection etc. » 2. Verdankung der in dem friedensgeschäft geleisteten freundlichen dienste und bitte um bestellung des bezüglichen, an den König gerichteten briefes, etc.

Bern, Welsch Miss. A. 228 a.

1172. Dec. 8. Bern an Lucern. Antwort auf die schreiben vom 30. Nov. und 6. Dec. 1. Auf das erste sei zu erwidern, dass Bartli Kessler von Pfeffikon wirklich gefangen, in Lenzburg verhört, sein brief ihm abgenommen und er selbst im gefängniss behalten worden, und zwar nicht ohne grund, da er als ein späher ergriffen worden, indem er weder farbe noch büchse getragen, wie es sonst üblich sei; zudem wisse Lucern, dass in kriegszeiten die briefe von einem heere zum andern nicht durch solche personen, sondern durch trompeter oder trommelschläger gefertigt werden; es sei also das kriegsrecht nicht an ihm gebrochen, davon zu schweigen, dass der brief in verdächtiger weise nicht an die hauptleute, sondern an die untertanen adressirt gewesen, und der träger selbst bekannt habe, dass er beauftragt worden, ihn dahin zu bringen, wo er deren am meisten fände; endlich sei er ohnehin eine argwöhnige person, und hätte ohne zweifel leicht ein anderer bote bestellt werden können. Hierin könne man also nichts ändern. 2. Ueber den letzthin zu Hutwyl begegneten handel wisse man nichts; man werde sich aber gründlich darüber erkundigen und alsdann tun, was zu freundlicher nachbarschaft diene.

Lucern, Missiven. Bern, Teutsch Miss. T. 271, 272.

1173. Dec. 8. Lucern an Zürich. Antwort auf das anbringen von dessen boten auf dem tage zu Zug, betreffend die zahlung der kosten für die gefangenen aus dem Freien Amt: Man wolle die frist bis Weihnachten erstrecken, indem man auch zu gröfserem bereit wäre. Sodann seien etliche noch nicht ausgelöst..; auch sei BM. Schmid's sohn noch etwas schuldig, und zwei (genannte) seien ihren eidespflichten zuwider entlaufen..; alle kosten zusammen betragen 76 Lucerner gulden, die man bis Weihnachten zu bezahlen bitte....

Zürich, A. Capp. Krieg.

1174. Dec. 9, Zürich. J. D. Panizonus (an Zürich). Er entnehme dem letzten schreiben des Herzogs, dass dessen secretair bei dem r. König ihm anzeige, wie dieser neulich Marx Sittich von Ems beauftragt habe, «ut describat» eine anzahl fufsgänger für den dienst des Kaisers ..; es sei nicht zu zweifeln, dass das dem castellan von Musso angehe, weil der r. König dem von Ems verboten habe, dem castellan irgend welche hülfe zu leisten; dabei bemerke man aber, dass die regenten zu Innsbruck ihm nicht gestatten werden, etwas für denselben zu tun. ... Damit indessen der Herzog nichts versäume, so habe er durch seine agenten bei dem Kaiser darauf gedrungen, dass sowohl bei dem r. König als bei dem cardinal von Trient «vorgesorgt» werde. Er erachte aber für gut, dass Zürich von sich aus eine botschaft an den König abordne und die regenten schriftlich ersuche, dem von Ems weder direct noch indirect eine hülfeleistung für den castellan zu er-

lanben. . . . Mitteilung der copie eines schreibens aus Mailand an die
Eidgenossen zu Mandello. . . . Zürich, A. Münserkrieg.

1175. Dec. 9. Bern an den herzog von Savoyen. «Illustrissime
etc. Vos ambassadeurs quavez envoye par deca pour traicter la paix
entre nous et les V quantons, soi sont travallie de si bonne sorte et a
si grosse diligence, que a vous et a leurs personnes ne pouvons ni sca-
vons assez remercier; toutesfois nous offrons a le deservir aidant Dieu,
auquel prions, ill. excellent prince et seigneur, allie et confedere tres
honore, que vous doint prosperite. » Bern, Welsch Miss. A. 271b.

«Dem Küng von Frankrich gliche meinung, mutatis mutandis.» — Vgl
nr. 1171.

1176. Dec. 9 (Samstag nach Nicolai). Lucern an Freiburg. Antwort auf dessen begehren betreffend alt-schultheifs Hug. Derselbe sei
jetzt abwesend; aber sobald er heimkomme, werde man desshalb mit
ihm reden und hoffe, dass er auf den bezeichneten tag erscheinen
werde, sofern nicht leibes- oder andere not ihn verhindere.
Freiburg, A. Lucern.

1177. Dec. 9. Strafsburg an Bern. «Wir haben euer schreiben,
so zeiger diss uns behendiget, verlesen und wes üch vergangens kriegs
begegnet, auch euer freuntlich erpieten gehört und tragen alles dess,
so euch widerwertigs begegnet, getreus und christenlichs mitleiden;
wollten Gott der allmechtig, dass alles nach euerm willen, eer und
wolfart gefüegt und geschickt hette; wir müfsen und wollen das aber
sampt euch zu dem guedigen und barmherzigen Gott setzen; der woll
uns allen sein göttliche gnad und güte mitteilen, euch euers widerwertigen widerfaren(s) ergetzen und geben, dass wir nach seinem göttlichen willen handlen und wandlen. Aber euers früntlichen daneben
erpietens bedanken wir uns gegen üch früntlichs fleifs, seind euch nit
mit wenigerm willen und freundschaft geneigt, erpieten uns auch solichs hinwider in aller nachpürlicher guotwilligkeit mit fleis und willen
zu vergleichen und verdienen, euch dem willen und schirm des allmechtigen Gotts zu glückseliger regierung zu behüten befelchend.»
Bern, A. Strassburg (orig. in perg.)

1178. Dec. 10, Bern. Mandat gegen schmähungen.
Bern, Teutsch Miss. T. 272.

1179. Dec. 10 (Sonntag nach St. Niklaus), Dongo. Commissar, hauptleute und Räte an Zürich. Antwort auf die anzeige, dass ein tag
in Aarau stattfinden werde, dessen abschied man erwarten wolle.
Nun schwächen sich die beiden haufen zu Lecco und Mandello von
tag zu tag, woraus denn leider ein schaden erfolgt sei, wie man befürchtet habe; denn die von Lecco seien am 5. d. (Nikl. Abend) in der
nacht ausgebrochen, haben das lager überfallen, das volk vertrieben
und den obersten herrn gefangen. Darauf seien die von Bern und
Schaffhausen zu hülfe gekommen, auf weitere mahnung der Mailänder
auch die 400 von Zürich dahin gerückt; indessen seien die Müfsischen
in die stadt zurückgetrieben und ihnen ein erobertes geschütz wieder
genommen worden; die Wälschen allein hätten das lager ganz aufge-

geben.... Auf die bitte des gefangenen feldherrn habe der castellan
mit den obersten des Herzogs zu reden begehrt, die aber ohne die
gegenwart eines eidgen. boten nicht haben handeln wollen; man habe
den commissarius Rahn nach Lecco geschickt, wo er am letzten Samstag einlass erhalten. Der castellan habe die beidseitigen boten in der
stadt umher geführt und in allem merken lassen, dass er den Herzog
zu gewinnen wünsche, sich beklagt, dass die Eidgenossen ihn ohne
seine schuld überzogen, während sie wohl hätten vermitteln können,
da er doch immer ihr freund gewesen etc. Des Herzogs bote habe,
da man ihm zugemutet, den eroberten platz wieder gehörig zu decken,
die frage gestellt, ob er die knechte, die den V Orten gedient, dahin
schicken dürfte; man habe das nicht bewilligt und ernstlich gefordert,
dass der platz versehen werde; denn die Wälschen haben ohne alle
not die brücke aufgegeben, und der Müfser sei mit fünf schiffen wieder auf dem see; der Herzog tue nicht, was er sollte, und seine leute
halten wenig stand, wo sie keinen rücken wissen. In Lecco seien
kaum mehr als 200 mann, aber wohl gerüstet, und neigung zum frieden bemerke man nicht... Das angezeigte versprechen Berns sei noch
nicht erfüllt; er, Rahn, habe die gröfste mühe, die knechte zu trösten,
« es köme, es köme »... Man liege nun wieder in Dongo...

Zürich, A. Müsserkrieg.

1180. **Dec. 10** (Sonntag nach Nicolai), Dongo. (Stephan Zeller) an
BM. und Rat in Zürich. Er müfse abermals klagen über seinen
mangel an geld, da er bei den wirten und einzelnen knechten, die
etwa übriges gehabt, sich selbst « verpfändet » habe, um die leute bezahlen und behalten zu können; aber länger gehe es nicht, und wenn,
wider seinen willen, ein aufbruch geschähe, so müfste er seine ehre
bewahrt haben; denn Bern habe seit 2—3 monaten kein geld geschickt und sei ihm 24 kronen samt 30 kr. geliehenem schuldig, Glarus 28, Freiburg 36, Solothurn 67, Appenzell 34½, Thurgau 26 gl.,
Toggenburg 26 kr... Er bitte daher nochmals, den genannten Orten
zu schreiben, damit er keinem schmählichen abzug ausgesetzt werde;
« denn wenn ich also müefst abziechen, so wette Gott, dass ich Müfs
nie gesehen hette; (ir) mügend ouch wol gedenken, was grofsen nachteil und geschrei ich von den knechten erwarten bin, wenn si also
unbezalt ufbrechen müefsend »...

Zürich, A. Müsserkrieg.

1181. **Dec. 10** (Sonntag nach Nicolai), nachts, Mandello. Thomas
Spiegelberg an Heinrich Rahn zu Dongo. « Lieber comissari, wüssend
dass uff die nächst vergangen nacht der castellan ist gefaren den kleinen see under Legg ab in ein dorf, (da?) ist gelegen der Barisell, mit
hundert pferden; die hat er ufgenomen, etlich gefangen und gan Legg
gefüert, ouch hundert und sechzig pränten wyn darmit genomen; hand
wir uff hütt aber in einem sturm abhin müefsen loufen gan Legg,
aber vergeben und grad widerkert gan Mandäll »....

Zürich, A. Müsserkrieg.

1182. **Dec. 10** (Sonntag nach Mariä Empfängniss). Schultheifs und
Rat von Walenstadt an die V Orte. « Frommen, etc. etc. Wie

und ir mine herren wol bericht sind unser spänn und stöfs (so wir)
zuo Walenstatt diss jar hand gehan von wegen des gloubens halb,
hand wir ein mers gemacht mit einer ganzen gmeind mit allen burgern, die in allen händlen je gemeret hand, und ist das mer worden,
by dem alten glouben zuo beliben und einen priester anzuonemen,
der dem statt tuo, und nachdem ir (jet) min herren zuo W. bekennt
hand, was das mer ge(be)n heig, uns schützen und schirmen darby;
uff sömlichs hand wir ein zit lang ein priester gehan, (der) uns wol
gefallen, und hand in an unser lieben Frouen tag zuo Merzen an wellen nemen, sind etlich lutersch hinzuo gestanden an der gemeind und
begert, dass man in(en) ein ganzi gemeind hab mit den hindersäfsen
und mit den(en) von Quinten, dess wir in(en) (nit hand) wellen (ge)-
statten, besonder ein priester annemen, wie und das mer gangen ist.
Uf sömlichs sind etlich lutersch von uns ab der gmeind gangen, by
xij, und uns tröwt, sy wellend uns vor den Zürchern verklagen. Der
hindersafsen halb ist unser antwurt, sy sollend mit uns ganz nüt meeren noch handlen, wann sy uns nie nüt gen noch ton hand und noch
gend, und ist unser statt recht, wenn wir wend, so mügend wir in(en)
verbieten wun, weid, holz und feld, und ist jetz beschechen, und vermeinend, der landsfriden geb zuo, ein jeder sölli by sinen briefen (und)
altem harkomen beliben und gerechtigkeit und brüchen, und bitten
üch, ir wellend uns bi brief und siglen schützen und schirmen, die ir
uns geben hand und vor hand getan. Der von Quinten halb, die sind
nie burger noch landlüt und noch hüt zum tag und nie kilchgnossen
(gsin), dess sy zuo W. üch .. bekanntlich sind gsin, dass (sy) an unser kilchen kein stür noch bruch nie nüt hand gen, sömlichs vor üch
min herren ratsbotten (sic) bekennt hand, und was wir in(en) ton
hand, hand sy nit mögen zuo irer rechten pfarr kon von wegen was-
sers not gen Quarten über den see, dess wir vermeint, uss fründschaft
solli kein gerechtigkeit werden, das wir in(en) zuo einer fründschaft hand
ton, weder in dem noch in anderm, und vermeinend, sigend wir denen
von Quinten etwas schuldig, und sy uns ansprechend, so mügend sy
ein landvogt anruofen um ein unpartig gericht, so wend wir guot antwurt gen. Bittend üch ..., ir wellend die sach zuo herzen nemen,
als wir wol vertruwend, und uns behulfen sin ».... — Das original
ist von sehr ungeschickter hand.　　　　　　Lucern, A. Religionshändel.

1183. **Dec. 10,** Rom. Papst Clemens VII. an die V Orte. «Dilecti, cet. Litteræ vestræ nobis significantes de concordia et pace cum
Turricensibus (sic) per vos inita, per quam illi armis contra vos de-
positis se vobis adjunxerunt, nobis tanto gaudio filii fuerunt, | quanto
desiderio vestræ tranquillitatis et quietis semper flagravimus. Preter-
quam enim quod inclytum auctoritate et primarium cantonem vestræ
nationis vobis adjunxistis hostibusque ademistis, spem nobis Dei mi-
seri- | cordia ostendere apertem videtur, sicut ex victoriis vestris ad
hanc cum Turricensibus pacem, ita ex hac ad concordiam cum reliquis
gradum fore, ut illi non solum vobis, sed etiam Deo et fidei sanctæ
suæ | reconcilientur, tunc enim pax verior et vobis etiam gloriosior

erit, si illi cum Deo pariter in gratiam redierint. Nos quidem qui omnem
istam nationem in pari dilectione, salva religionis ratione, | habemus,
nihil audire possumus letius quam robustum hoc vestræ gentis corpus
discordiis discissum redire inter se ad ejusdem orthodoxæ et catholicæ
fidei unitatem, cum parum stabilis et diu- | turna pax videri posset
inter eos qui humanis inter se compositis in divinis dissentirent. Quamobrem id, filii, tantum defuit ad explendum id gaudium nostrum,
quod neque victoriæ vestræ neque | reconciliatio per benivolentiam eos
cunctos ad salutis viam reducere potuerunt. Sed tamen cum recolimus
pietatem in Deum vestram, non possumus ambigere quin reliqua sa-
pienter et pie per- | ficiatis eamque gratiam Deo habeatis pro victoriis
vobis præstitis, ut in omni pactione humana rationem divini honoris
precipuam ducatis. Quod ad nos attinet, etsi vestram concordiam, | quæ
tamen cum Dei et huius sanctæ sedis honore conjuncta foret, longe
preoptaremus, bellum tamen vobis pro sancta fide gerentibus seu potius
propulsantibus nunquam neque nos neque hæc s[ta] | sedes fueramus
aut sumus defuturi eaque jam dederamus initia quæ majoribus con-
tinue viribus augere decreveramus, quemadmodum hec omnia plenius
ex oratore nostro intelligetis.» | (Blosius).   Lucern, Breven.

Abgedruckt im «Archiv f. schweiz. Reformationsgeschichte», II. 18, 19.

1184. Dec. 11 (Montag vor Luciä), Dongo. Heinrich Rahn an BM.
und Rat in Zürich. Antwort auf das schreiben vom Samstag nach
Andreä. Kurze wiederholung seiner besorgnisse und klagen über
mangel an geld, drohenden abzug der knechte, etc.

Zürich, A. Müsserkrieg.

1185. Dec. 11. Schaffhausen an Zürich. Bitte die boten zum
nächsten tag in Baden zu instruiren, bei den V Orten um freie ledigung der gefangenen, ohne ranzung, zu bitten und die boten von Bern
zur unterstützung dieses gesuches zu bewegen... Zürich, A. Capp. Krieg.

1186. Dec. 11 (Montag vor Luciä). Solothurn an Bern. Es
wisse, wie die von Grenchen und Bettlach seit langer zeit einen pfarrer entbehrt haben; nun bitten sie heute durch eine botschaft, ihnen
dazu beholfen zu sein, dass sie der «sterblichen läufe» wegen mit
einem hirten versorgt würden, der sie mit dem gotteswort, der messe
und andern christlichen ceremonien versähe. Da man schuldig sei,
sie bei ihrem mehr zu schirmen, und Bern daselbst eine ansehnliche
nutzung habe, so bitte man es freundlich, diese guten leute nicht länger
ohne hirten zu lassen und besonders dem Wilhelm Werdenberg, der
ihnen etliche Sonntage gedient habe und auch wohl gefalle, die pfründe
gewähren zu wollen, etc.

Bern, Solothurn-B. D. 15. Solothurn, Miss. p. 857, 858. Ratsb. 20, p. 490.

1187. Dec. c. 12, Zürich. Instruction für die botschaft nach Baden
(ausgewählte artikel). 1. Verwendung für Philipp Brunner, landvogt
im Thurgau, mit betonung dass er als zünftiger burger (von Z.!) befugt gewesen, (persönlich?) zu feld zu zieheen, und dass er der arrestirten habe wegen recht biete. 2. Empfehlung des commenturs von
Hitzkirch zu einer «provision». 3. Ablehnung des wiedereintritts von

Schnewli zu Wettingen, da er doch von den Eidgenossen selbst, weil
er das kloster verbrannt, weggeschickt worden. 4. Unterstützung einer
bittschrift des custers von Zurzach. 5. «Herr Wolfgang Wyfsen, predicanten zuo Vislispach, anliggen hand die botten ouch in geschrift
und sollent im nit allein vor den Eidgnossen, sunder ouch vor denen
von Baden das best tuon: so die undertanen wyter bim Evangelio belyben (wellen), dass er widerum zuo siner pfrund gelassen und im
das sin, das im es sige von den Eidgnossen oder von puren entweert,
widerumb ersetzt, darzuo sin verdiente pfruond nach margzal geben;
wo er aber je nit widerum zur pfruond komen möcht, dass im doch
das sin güetlich widerumb geben und die verdiente nutzung der
pfruond gelassen werde.» 6. Aehnliche empfehlung für den w. prädicanten zu Rohrdorf, Hans Bullinger, besonders wegen eigentums-
schädigung. 7. Vermittlung zu gunsten der als frevler beklagten Kai-
serstuhler, dessgleichen für Heinrich Buchter, prediger von Zurzach,
und denjenigen von Tägerfelden. 8. Antrag auf erlass eines allgemeinen verbots gegen parteizeichen, schmähungen und tätlichkeiten, wie
ein solches «landsbott» nach dem «vorganden Cappelkrieg» auch ergangen. 9. Fürsprache betreffend die evangelischen Wettinger kirchgenossen; ebenso für Mutschli von Bremgarten, den untervogt von
Wohlen, die gemeinden von Weesen und Gaster, für letztere jedenfalls
besonders dringlich. 10. Bitte um erlass eines lösegeldes für die gefangenen Schaffhauser. 11. Wenn die V Orte des Müfserkriegs halb
um frieden werben, so soll mit den andern beteiligten Orten darüber
geratschlagt werden, wobei man sich des handels mit ehren gerne entledigt; dessgleichen sollen die boten sich mit andern beraten über das
ansuchen des mailändischen boten, eine botschaft zu dem r. König zu
senden und um versagung aller kriegshülfe für den Müfser nach Innsbruck zu schreiben. 12. Verwendung für den abt von Fischingen
und schultheifs Mörikofer. 13. Schreiben an Bern wegen etlicher bu-
ben, die gedungen sein sollen, um die vier Städte zu verbrennen.

Zürich, A. Landfrieden.

1188. Dec. 12. Zürich an den hauptmann zu St. Gallen, Jacob
am Ort von Lucern. Laurenz Appenzeller, der bisher das schaffner-
amt zu Wyl versehen, beklage sich, dass der hauptmann ihm das seinige vorenthalten wolle, bis er dem abt über seine verwaltung rechnung gegeben, sei aber erbötig, dies vor den IV Orten zu tun, und
bitte desshalb um hülfe. Da er nicht des abtes, sondern der IV Orte
und der landschaft amtmann gewesen, denen er jede stunde rechenschaft abzulegen bereit, und man ihn als burger zu schirmen schuldig
sei, so ersuche man hiemit den hauptmann, sich mit dem getanen
ehrlichen erbieten zu begnügen und ihm weib und kinder und haus-
rat gütlich verabfolgen zu lassen; sobald die IV Orte zusammentreten,
um von den amtleuten rechnung einzunehmen, werde man dann nicht
versäumen, ihn auch dazu anzuhalten... Darüber begehre man schriftliche antwort bei diesem boten. *Zürich. Missiven.*

1189. Dec. 13. Lucern an Zürich. Auf ein früheres schreiben
(8. Dec.) betreffend die auslösung der gefangenen sei noch keine ant-

wort gekommen; nun habe heute Thomas Meyer von Wülflingen, der schwer verwundet sei, angezeigt dass er sich armut halb nicht lösen könne, und längere gefangenschaft die kosten nur vermehren würde, demnach zum demütigsten gebeten, ihn ledig zu lassen; weil man sonst grofse kosten gehabt, die von den gestorbenen und andern nicht bezahlt werden, so begehre man hiemit, die armen gesellen auszulösen und die atzung zu bezahlen... Schriftliche antwort bei diesem boten.

Zürich, A. Capp. Krieg.

1190. Dec. 13. Zürich an (Winterthur). «Wir haben üch in vergangener empörung fründtlicher warnungswys berichtet, wie etlich böfswicht von hr. Egken von Ryschachs heifsens wegen uff dem Schwarzwald bestelt, die vier stett Zürich, Bern, Basel und Winterthur mit brand zuo verwüesten und an himmel ze hängken. Sidtenmal nun diser böfswichten einer by unsern eidgnossen von Basel in die richti gefallen, und uff die überigen dryg, wie sy gestaltet und bekleidet, anzöigung geben, dessglichen er ouch dises ufsatzes halb bekantlich, wie ir das uss hieby verwareter copy haben zuo erlernen, so haben wir üch sölich anzeigung unüberschigkt nit wellen lassen, dest bas wissen mögen uff dise buoben acht ze haben, und üwer statt vor wyterem unfaal zuo vergoumen»...

Zürich, Missiven.

1191. Dec. 13 (Jodoci). Schwyz an Zürich. Da Hans Dettling, landmann, jetzt (auch) burger zu Walenstadt, bei Zürich in ungnade stehe und dessen gebiet meiden oder schwere strafe gewärtigen müfse, weil er während des proviantabschlags verkauftes salz geliefert..., worin er nichts unrechtes getan haben wolle..., mit Gottes hülfe aber der handel nun zum frieden gebracht und alle feindschaft abgetan, und desshalb auch viele gefangene ohne entgelt ledig gelassen worden, so bitte und ermahne man Zürich dringlich und zum höchsten, um besserer freundschaft willen dem Dettling stadt und land wieder zu öffnen und ihm sichern wandel nach seinem bedürfniss zu gestatten. Bitte um schriftliche antwort.

Zürich, A. Capp. Krieg.

1192. Dec. 14 (Donstag nach St. Lucien). Jacob am Ort, hauptmann des gotteshauses St. Gallen, an Zürich. Antwort auf die zuschrift betreffend Lorenz Appenzeller. Er bedaure, dass dieser vorgegeben, er habe ihm weib und kind etc. verheftet; das sei nicht geschehen. Wohl habe er demselben gesagt, er sollte keine schriften des gotteshauses zu sich nehmen, sondern alle briefe liegen lassen, bis rechenschaft gegeben sei; da jetzt der abt persönlich gegenwärtig sei, so lasse er übrigens diesen in der sache handeln. Appenzeller habe rechnung vor Zürich und Glarus zu geben anerboten; dessen nehme er sich aber nicht an und möge ihm übrigens eine gute rechenschaft vor dem abt oder andern herren wohl gönnen, etc.

Zürich, A. Abtei St. Gallen.

1193. Dec. 15. Bern an Solothurn. Antwort auf dessen zwei zuschriften betreffend die pfründen zu Grenchen und Egerchingen. 1. Da heute Wilhelm Werdenberg um die pfarre G. gebeten und sich erboten habe, das gottswort zu verkündigen, so lasse man ihn dazu kommen mit dem beding, dass er nur predige, was er mit dem neuen

und alten Testament zu bewähren wisse; sonst würde man ihn da
nicht dulden; messe zu halten wolle man ihm weder gestattet noch
abgeschlagen haben. 2. Da die von E. durchaus einen messpfaffen
haben wollen, so mögen sie oder Solothurn einen solchen suchen; nur
behalte man die collaturrechte vor.   Bern, Teutsch Miss. T. 278.

1194. Dec. 15. Bern an Lucern. Antwort auf dessen beschwerde
über die schmähworte, die auf dem letzten markt zu Hutwyl gefallen
sein sollen. Nach gepflogener untersuchung könne man nichts anderes
finden, als dass etliche Lucerner tanngrötzchen dahin gebracht, die
ihnen abgezogen worden seien; sei etwas mehr geschehen, und werden die täter angezeigt, so wolle man dermafsen handeln, dass Lucern
erkenne, wie (der obrigkeit) hierin missdient worden sei, und falls sich
jemand damit nicht begnügte, erbiete man sich zu gutem recht; man ermahne dagegen Lucern, bei den seinigen zu verschaffen, dass tann-
grotzen und andere herausfordernde zeichen nicht in diesseitigem gebiet getragen werden; denn letzter tage habe ein läufer tannäste bis
hieher getragen.   Bern, Teutsch Miss. T. 279.

1195. Dec. 15, Murten. Wilhelm Farel an Bern.* « Heil, gnad
und frid, etc. etc. 1. Anfangs des unglücklichen kriegs, in welchem ich
besorg den waffen me dann der kraft Gottes zuo(ge)geben sin, hat Petrus
Maior, vermeinende guote ursach (ze) haben sins fürnemens, mich für
üch betagt, daruf ich gehorsam gsin, vor üch erschinende, aber min
widerpart ussbliben, und hab also ungeschaffter sach und mit vergeb-
licher arbeit widerumb hinweg keren müefsen und hab verstanden,
dass unser sach ufgeschoben biss uff üwer zuokunft uss dem feld.
Dwyl nun der Herr üch glücklich widerumb zuo hus bracht, wirt üch
nit überlägen sin, ine zuo berüefen, wo er etwas an mich ze sprechen
hat, dass er das vollstrecke oder aber mich ledig lasse etc. 2. Wyter
ist, dass ir gegen üwern undertanen, so zuo Granson wonend, bewysen sollend, namlich, das ouch von Türken zuogelassen wurd, dass
die so rechts begären und das anrüefen, gehört werdind; dann ir zuo
Granson einen sölichen vogt hand, der weder Gott förchtet noch die
men; dann das sin eid wyst, namlich jeklichem rechtsbegerenden das
folgen ze lassen und halten, und das mer ist, das ir im gepotten, will
er nit erstatten; dann er die guotwilligen, so allen gefarlicheiten un-
derworfen, geslagen und gesmächt ze werden, und aber die diebschen
Barfuofser und die huorer Benedictiner, ouch des priors diener an(e)
alle straf hingand, ungeachtet dass üwer potten in üwerm namen den
guotwilligen schirm zuogseit, daran aber nüt ist. Zuo dem so wirt
dem letsten abscheid üwerer potten nit gelebt, vermögende, wo die
mess ufgehebt, dass die an denen orten nit mer sollte gehalten werden. Es was denen von Provence uss üwerer potten bewilligung verpotten; aber die messpfaffen und münchen, als sy vermeintend, üch
in vergangnem krieg vil böfs und unfals begegnet sin, haben sy ire

---

* Herminjard gibt das lateinische original dieses actes (II. 378—381);
wir haben dasselbe nicht aufgefunden und legen dafür die von Cyro gefertigte
übersetzung vor.

hörner erhebt und widerum angefangen messen. Sodenne ist von üch und den herren von Fryburg dem vogt befolchen, dem abscheid ze geläben ze verschaffen, das er aber nit tan, als er ouch den wirt nit bezalt der zerung, so die predicanten by im tan hand. Harumb, christenlichen gottsäligen fürsten, wellend üwerm beruof gnuog tuon und üwern gwalt bruchen, und damit die gottlosen mit billicheit und nit mit waffen, mit vernunft und nit mit gwalt darzuo halten, dass sy ir mess uss Gott ze sin erhaltind oder aber abstandind, und wiewol sy der potten abscheid zerbrochen, nüt dester minder inen verzigen werde, und sich bekennend, dass sy ein ungöttliche sach, von Gott und üwern gesandten verpotten, uss verachtung Gottes und üwer widerumb ufgericht habind, damit sy sechind, dass üch Gott nit habe vergebenlich den gewalt befolchen zuo straf der bösen und schirm der guoten. Und wellend damit die messpfaffen, so an denen orten sind, da die mess abgetan, hinweg wysen und an ir statt glöubig hirten setzen, und üwer halssterriger vogt niemands recht abslache, sonders üwern billichen gepotten gehorsame. Wo ir dann üwer undertanen nit verlassend, sonders als vätter inen hilflich und rätlich sind, damit die tat den verheiſsungen glych sye, wirt der güetig Gott, so warhaftig ist, als liebhaber der grechtigkeit und eer Gottes überflüssenklich hilf bewysen, üwer wonung und land bevestnen, üch im friden erhalten etc. Sunst ist zuo besorgen, mit was maſs wir messen, dass uns hinwiderumb der himlisch vatter ouch messen werde, welicher üch luter im glouben, ufrecht in der billicheit und von der grechtigkeit keinerlei wys abfellig, sonders ufgericht und in allen dingen dem obristen fürsten dienende und üwern undertanen ratende erhalten well. Gott bewar üch säliklich und leite üch mit dem geist Christi. «

Bern, A. Kirchl. Angelegenb.

1196. **Dec. 15** (Freitag nach Luciä). **Solothurn an Bern.** Die von Selsach und ihr kirchherr haben sich über die schlechte pfründe beklagt und um verwendung für aushülfe gebeten, zumal die gemeinde diesen geistlichen gerne behalten würde. Man finde dieses ansuchen nicht unziemlich und bitte daher in betracht zu ziehen, wie man diesseits die stiftsherren veranlasst habe, die ihnen zuständigen pfründen im Berner gebiet zu bessern, und dass dem priester bekanntlich viel von seinem früheren einkommen abgegangen, etc. etc.

Solothurn, Miss. p. 860, 861.

Ebendort ein ansuchen, nach altem brauch etwa 40—50 mütt dinkel in dem zehntenspeicher (des abtes von Gottstatt) der teurung wegen liegen zu lassen, um damit einzelnen bauern (in Selsach) auszuhelfen. — Neue verwendung für die äufnung der Selsacher pfründe erfolgte am 29. Dec. (Freitag nach Weihnacht), ib. p. 870, 871.

1197. **Dec. 16** (Samstag nach St. Lucien). **Zürich an Lucern.** «Als dann Conrat Keller, von Heerliberg (sic) ab unserem see bürtig, vergangener empörung von den unsern gan Brämgarten fänklich bracht und by drygen wuchen gefangen enthalten, dardurch er by üch verdacht und verargwont worden, als ob er sich eigens muotwillens und gefarlicher oder kundschafts wys in der unsern gefangenschaft geben

und etwas untrüw wider ſich gebrucht habe, darus im sovil erwachsen, dass er üwerer ungnad gewarnet worden, und so dann unser
houptmann Heinrich Werdmüller zuosampt sinen miträten nit allein
uns, sonder ouch üwere eeren(-)ratsbotten, so üweren houptman gan
Wyl jetz ufgefüert, gloubwürdiklich und in warheit berichtet, dass e
sich keiner dingen gegen inen wäder vor noch nach ufgetan und sich
ganz unverdacht gehalten, keiner untrüw noch kundschaft nie merken
lassen, sy in ouch nie nützit gefragt noch an im zuo erkonnen under
standen, sunder als einen anderen schlächten gefangenen gehalten, un
als sy von Brämgarten verruckt, in gefänkniss verlassen, und er ine
kein anzöigung nienaruf nie geben, desshalb er unsers bedunkens alle
gefaar und untrüw üwerenthalben ganz änig und unschuldiklich b
üch verdacht, so ist von sinen und der billigkeit wegen an üch uns
gar fründtlich bitt, ir wellint allen unwillen, darin er villicht gege
üch gefallen sin möcht, güetiklich ablassen, in für entschuldiget z
haben, fründtlich widerumb und fry gesichert by üch wonen und zu
dem sinen kommen ze lassen, oder wo das je nit sin möcht, in doch
in üwer statt und land und widerumb darus an sin gewaarsami mo
begleiten und das sin on intrag güetiklich gefolgen und in in gnaden
von üch fründtlich abscheiden zuo gestatten», etc. etc. Lucern, Mittwo.

1198. Dec. 16, Ingolstadt. Dr. Johann von Eck (sic) an Lucern.
«Mein willig dienst und was ich guots vermag sei euer erberkait und
weishait höchstes fleifs zuo voran berait. Grofsgünstig gebietend herren, ich sage Gott dem herren lob und ehr (sic) im höchsten tron,
der durch sein gnad und beistand euch und euern Aidgenossen von
den fünf eltisten Orten hat sig, triumph und überwindung geben gegen
euern fienden, oder aigentlich zuo reden, unsers hailigen glauben widersächern, und so aller sig von GOTT ist, so hat doch er durch sein
Maiestet sonderlich beistand (wie man sagt) euch in disem kriegshan-
del erzeugt, und fürwar ich mich oft zuo euch gewünscht habe, euch
im christenlichen gemüet zuo stärken; so ich aber abwesend bin gsein,
so hab ich doch in allen predigen das volk ermanet, für euer hail
und wolfart GOTT den allmächtigen ze bitten. Nun so ihr ehrlich
als die notvesten und manhaften gestritten habt und obgesigt, dardurch
ihr grofsen ruom, ehr, preis und lob in aller christenhait erjagt habe,
so er(h)aischet Gott auch dankbarkait von euch, dass ihr sein hailige
namen auch benedeien und ehren und den neuen unglauben gar abstellen; dann sunst kan nimmer ain ganzer frid beleiben und ainigkait, da zerspaltung im glauben bleibt. Dan also geben heraus (sie)
die Luterischen für, dass der frid vermög, dass jetlicher glaub, was
er wölle, dardurch der greuel des antichristischen glaubens nit ausge-
löscht, sonder in kurzer zeit gröfser erwachsen möcht dann jetz gewesen, und mer unrats erfolgen und zerrüttung in (den) Aidgenossen
gebären, dann es laider jetz gebracht hat. Nun sey disem wie e
wöll, dann ain jeder sagt bei uns darvon, wie er ain gmüet zuo disem
oder jenem glauben hat, so söllt doch ihr dess euch billich freuen
dass ihr vor kaisern und königen, fürsten und herren zuo dem ersten

len waren glauben gefochten habt. Gott wöll euch hie
n und im himmel ewigklich belonen. Wie aber ich mich
i gmainer Aidgnosschaft in sachen unsers hailigen uralten
l glauben erbotten hab vor 5, 6 und 7 jaren, dess söllen
idige günstige herren von den fünf Orten noch zuo mir
: tröstlich; dann ich ain sunder begierd hette, e. g. und
disem christenlichen handel zuo dienen. Ich schick hie-
it und weishait zuo ainem anzaigen meines undertänigen
: ain arbait, die ich verschines jar zuo erbauung unsers
en gemacht habe; das sind die predigen über jar von
und der lieben hailigen tag; ist wol ain ringe gab, aber
ganz fläblich (sic) und fleifsig, (ihr) wöllen mer ansehen
zenaigten willen, den ich gegen euch allen christenlichen
in ich jedem Ort gern ains geschickt hett, wa der bott
hwert gewesen, sölichs zuo tragen. Will mich hiemit
: und weishait befolhen haben. • Lucern, A. Religionshändel.

ec. 16 f. Absch. p. 1236 f.). Die Lucerner instruc-
er) zeigt mehrere tractanden, die (in fünförtischer con-
lelt worden sein müfsen, neben (10) andern, die viel-
ir sprache gekommen sind. 1. Wenn die neugläubigen
i sich nicht gebessert haben und schicklicher verhal-
• bote. ermächtigt, mit andern Eidgenossen ihnen eine
aufzulegen. 2. • Item ir söllen uff disem tag anzüchen,
:hoff von Costanz geschriben werd, dass er den wych-
rlich harzuosände, und dass er mit dem wychbischoff
hen gestalt der löufen und die biderben lüt nit über-
:. Vollmacht die frevler in Kaiserstuhl nach verdienen zu
essgleichen gegen den prädicanten von Zurzach. 5. • Und
ermeister Ziegler von Schaffhusen für sines sunes ranzon
la ist unser meinung, soferr die statt Schaffhusen die
müeste, dass man ein erbere ranzon hiesche und nit
häuschen wurde. Wo aber der vatter die ranzon uss
zalen müeste, alsdann wöllen wir dem vatter zuo eren
von dem sune nützit häuschen. Gelycher gestalt sol
ser gehalten werden. • 6. Bestrafung des prädicanten
i und der leute von Wettingen, welche die • gauklerei
icht dulden wollen. 7. • Als dann obgenanter von Solo-
i Thoman Schmid einen kelch, grofsen hafen und etliche
zuo Muri in dem kloster genommen, wölichs, so er dess
sin wöllt, mit kuntschaft besetzt mag werden etc., söl-
in, dass gedachten von Solotorn geschriben werd, dass
m Thoman Schmid verschaffen, dass er dem gottshus
gebe. • 8. • Und diewyl die von Basel uff nächstem
argkrecht nit alle gehept, soferr si dann die uff jetzigen
i wie abgeredt ist, bringen, söllen ir in unserm namen
: inen wie (mit) andern beschliefsen. Wo si aber etc.•
rs von Zurzach halb haben ir gewalt, dass derselb ge-

v.   26

straft werd.» 10. Hans Heinrich Verren (Feer) halb, so da bittet
umb das amman ampt im Thurgöw, haben ir unserthalb befelch, im
das best ze tuon, damit und im solich ampt werde.» 11. «Sofern
ouch unser eidgnossen von Uri abermalen kommen und begeren wurden, si ouch in die vogty der fryen Ämptern zuo vergrifen und kommen lassen, söllen ir inen anzöigen, soferr si uns in Bellatz, das Bo-
lenzertal und Rapperschwyl, so wir inen haben geholfen gewünnen,
ouch lassen und uns an denselben enden regierung vergonnen, wöllen
unsers teils wir si in die vogty in den gemeinen ämpteren lassen.»
Bemerkung von R. Cysat: «Sy sind daryn gelassen worden, (hand)
aber weder Bellenz, Bolenz noch Rapperswil bewilligen wöllen.»
12. «Und soferr ir mitsampt der übrigen unser eidgnossen botten sovil
an rat möchten finden, dass sömlichs ze tuond wäre, mögen ir unser
eidgnossen von Zürich, Bern und ander botten anzüchen und fragen,
ob es geschickt oder guot wäre, dass man ire herren und oberu hätte
und ermante, dass si zuo uns in unsern gelouben stüenden etc., wie
ir das wol wüssen.» 13. Vollmacht zur bestrafung des schultheiß
Mörikofer (von Frauenfeld), «sampt andern botten.» 14. «Uff schriben Merk Sittich von Embs, von wegen des geleits etc., söllen ir gedachts von Embs botten, so zuo Baden erschinen würt, fragen, was
doch der fürtrag und was meinung derselb inhalte, so man an uns r
Ort begert zuo bringen. Wann ir dann den gehören, söllen ir demnach dasselb wider an uns langen lassen, uns wyter darüber beraten
mögen.» 15. «Und als dann unser botten vor der gemeind zuo Glaris
erschinen, wüssen ir, was daselbs funden worden. Aber des vogts
im Thurgöw halb, soferr si denselben nit dannen tuond, söllen ir unserthalb den friden (?!) mit gemelten Glarnern nit ufrichten noch beschliefsen. Aber des kostens halb wöllen wir si dess, in ansächen
deren uff dem alten gelouben und denselben zuo dienst und gefallen,
güetlich ledig lassen, und söllen die übrigen der guoten geniefsen.» —
Aus den nicht angezeichneten (resp. absolvirten) artikeln ist folgender
zu bemerken: (16.) «Und nachdem man sich (in) Zug in teilung der
büchsen nit hat mögen vereinbaren, ist unser meinung, dass die büchsen am ufhar ryten noch nit geteilt, sunders unser eidguossen von
den übrigen vier Orten ersuocht und erfordrot werden, ob si uns des
grofsen kosten, den wir mer gehept und erlitten dann sy, es sye mit
fertigung des geschützes, stein, bulfer und anderm, wöllen helfen tragen. Wann si dann antwurten geben ja, dass si uns harin beholfen
sin wöllen, sölle demnach in der teilung wyter gehandelt werden. Wo
si aber an (die) kosten nützit geben, ouch uns gar kein vorteil an
unseren grofsen kosten tuon wöllen, alsdann söllen ir inen sagen, dass
unser will sye, dass ein büchsenhus etwa an einem gelegnen orte gebuwen und das geschütz alles zuo unser der fünf Orten handen darin
getan werde, damit, wann es harnach aber zuo krieg kommen, si all
sament und sunderlich helfen, gelychen kosten und burde tragen.»

Hierauf folgt die copie eines kaiserlichen mandats, betreffend die verkündung
eines reichstages in Speyer, auf den 14. September, d. d. Brüssel 1. Juli 1531,
— und eine «zeitung» über den Türkenkrieg in Ungarn, nach mitte September
geschrieben.

1200 a. Deo. 17, Bern. Der botschaft von Genf wird auf ihren schriftlich eingelegten vortrag geantwortet, man wolle bezahlt sein, da die angehörigen nicht mehr warten wollen, und gemäfs der verschreibung den sold gemeinsam berechnen.

1200 b. Deo. 18. 1. Mit den Genfer boten ist der sold zu verrechnen. 2. Auch soll des burgrechts halb mit ihnen geredet werden.

1200 c. Deo. 19. Die gestrige soldrechnung (genehmigt). Die Genfer sollen bis Lichtmess bezahlen; haben sie dann das (geld) nicht, so (will man?) wieder das beste tun.   Bern, Ratsb. 281, p. 230, 232, 236.

1201. Deo. 17. Bern an den landvogt zu Baden. 1. Auftrag zu verschaffen, dass in Birmensdorf und Gäbistorf die schmähungen gegen die anhänger des gotteswortes aufhören. 2. Da dem in die Reufs gesprengten und ertränkten pfarrer zu Birmensdorf, der eine frau und ein kleines kind hinterlasse, noch etwas (an seiner competenz) ausstehe, so begehre man, dass dies ohne verzug von den schuldnern eingezogen und den hinterlassenen zugestellt werde.
                                                     Bern, Teutsch Miss. T. 286.

1202 a. Deo. 17, Bern. «Den amptlüten in geheimd.» «Uns langt an, wie der küng von Frankenrich einer anzal knechten uss der Eidgnoschaft begäre, die in Italien ze füeren; so wir nun states willens, by der ordnung der pensionen und reisgeläufen ze belyben, wellend wir üch hiemit ernstlich befolchen haben, acht, ufsechen und sorg ze haben, und ob jemands käme, der die unsern ufwiglen wellt, zuo denselben grifen, und ouch die unsern, so hinweg züchen, wellend fenklich annemen; hierin söllend ir niemands verschonen und diss unser schriben in höchster geheimd (für) üch selbs behalten.»

1202 b. Deo. 17. Bern an Freiburg. Da verlaute, dass die französischen anwälte einiges kriegsvolk anwerben, wofür in F. als hauptleute bestellt sein sollen Walter Heid, Caspar Werli u. a., und vermutlich beabsichtigt werde, auch angehörige Berns aufzuwiegeln, so begehre man, dass diese personen davor gewarnt werden, indem man sie oder andere werber auf betreten an leib und leben strafen würde, etc.   Bern, Teutsch Miss. T. 280, 281.

1203. Deo. 17. Bern an die untervögte in den freien Aemtern. «Uns langt wie lauds an, wie etlich uss den fryen Aemptern unserm vogt zuo Lenzburg und unserm grofsweibel Bendicht Schützen, alt vogt, an ir lyb und leben tröuwen von wegen dass sy üch gmeinlichen söllend zuogseit haben, das inen aber nit geleistet (sig). Nun wüsst ir an(e) zwifel wol, dass obbemeldt beid unser amptlüt vor dem krieg sich mit üch vereinbaret, wann sich begäb, dass unser eidgnossen von den v Orten üch von wegen der profand überfallen welltend, so sölltend ir üch zuosamen tuon zuo Sarmistorf und alldann die unsern uf unserer eidgnossen von Zürich manung ouch ufsin und üch entschütten und zuospringen. So es nun zuo fal komen, hand die unsern das best tan und (sind) mit dryen fänlinen gen Sengen zogen, die üwern aber gan Bremgarten und nit gan Sarmistorf, ... desshalb nit die unsern, sonders ir gefält hand. Harum wir üch dess gern ge-

warnet wellen haben, obbemeldt unser beid amptlüt ungetratzet, ungeschmächt und unbeleidigt ze lassen verschaffen wellend; dann söllte
inen hierüber etwas begegnen und zuogefüegt werden, das inen überlägen und schädlich an lyb, eer oder guot, wurden wir dermafsen
darzuo tuon, dass menklich gespüren (möcht), dass uns sölichs ze
liden ganz nit gelegen.» Begehren schriftlicher antwort.
Bern, Teutsch Miss. T. 284, 285.

1204. Dec. 18. Bern an den propst zu Münster im Aargau. Der
vogt zu Lenzburg zeige an, wie er schon mehr als einmal ersucht
worden, die im vergangenen krieg verbrauchten früchte zu ersetzen;
darüber (müfse) man sich verwundern, da der propst doch wohl wisse,
wie es in solchen umständen gehe; darum möge er die sache einfach
ruhen lassen, um so mehr als man diesseits solche abgänge auch nicht
fordere.   Bern, Teutsch Miss. T. 287.

1205. Dec. 18 (Montag vor St. Thomas), Baden. Geleitsbrief der
VIII alten Orte für Johann de Medicis, als unterhändler im namen
des castellans von Musso, für fünf oder sechs pferde, bis nach Baden,
mit der bedingung, dass er sein begehren und die zeit seiner ankunft
an Schwyz melde, zu handen der übrigen Orte, und mit niemand
practicire oder arguire, sondern sich geleitlich verhalte und nach eröffnung seiner anliegen und geschehener abfertigung ohne aufenthalt
wieder zurückreise.   Eidg. Arch. in Aarau: Abschiedsacten I.

1206. Dec. 19. Bern an den bischof von Lausanne. 1. Man
nehme wahr, dass sein münzmeister ungeachtet des letzthin zu Payerne
gefassten entscheides und zuwider der mit den drei städten getroffenen übereinkunft münze schlage und dieselbe in fremde lande fertige,
was sowohl diesen als der stadt Lausanne in zukunft schaden bringe.
Darum ersuche und ermahne man den Bischof, denselben zur beobachtung der aufgestellten vorschriften anzuhalten. 2. Mit Freiburg
habe man ihm öfter geschrieben, er möchte zur verbesserung der
rechtspflege in Lausanne gestatten, dass zwölf verständige burger als
beisitzer verordnet würden, was bisher noch nicht geschehen sei; das
befremde um so mehr, als den burgern die entscheidung der sachen
(la cognoissance des causes) gehöre, und sie sich erbieten, die bischöf-
liche gerichtsbarkeit aufrechtzuhalten. Desshalb bitte man nochmals
dringend, in dieser angelegenheit zu willfahren, was dem Bischof selbst
zum vorteil gereichen werde. Ueber beide artikel begehre man antwort bei diesem expressen.   Bern, Welsch Miss. A. 228 b, 229 a.

Am 18. December hatte eine botschaft der stadt L. über diese dinge vortrag gehalten, lt. Ratsb. 231, p. 232.

1207. Dec. 19 (Dienstag vor Thomä), Solothurn. An die boten
in Baden. In dem ersten artikel, das recht betreffend, möge man
wohl «begriffen sein» (?). Der hauptmann sei jetzt abwesend und
krank. ... Den V Orten soll auch vorgestellt werden, wie viel arbeit
und kosten man (sonst) gehabt; dass man nicht in dem christl. burgrecht gewesen und immer das beste gefördert habe, etc. — Vgl. Absch.
p. 1242, cc.   Solothurn, Ratsb. 20, p. 508. Miss. p. 862, 863.

1208. Dec. 19 («Dienstag»), abends, Bremgarten. M. Klaus Brunner und m. Vital an BM. und Rat in Zürich. Nachdem sie heute morgen um 3 uhr hier angelangt und einlass erhalten, habe schultheiss Schodeler sie gefragt, ob sie vor die Räte zu kommen begehrten; sie haben es verneint und ihren auftrag eröffnet, zu sehen was die V Orte hier tun wollen. Heute sei aber noch nichts geschehen; die gutwilligen vermuten, dass die boten auf die ankunft der noch in Baden versammelten warten, um dann desto entschiedener handeln zu können. Dem schultheiss habe man vorgestellt, dass es nicht recht zu gehen scheine; dem kleinen Rat zugesprochen, dass er das (früher) ergangene aufrecht erhalten solle, worauf er gute worte gegeben, auf die frage, was die V Orte hier vorhaben, keinen bestimmten bescheid wissen wollen, dem ansinnen, weiter keine boten einzulassen, nur teilweise entsprochen habe; man höre wohl viele gute worte, müsse aber spüren, dass nicht viel dahinter sei; auf morgen sollen nun beide Räte versammelt und die V Orte gehört werden; darum bitte man dringendst um eilige nachricht und rat, was in der sache zu tun wäre. ... Von Baden sei noch keine anzeige eingelangt, ob Bern eine botschaft hieher abordnen wolle.... Die hier weilenden boten seien: von Lucern Fleckenstein, der heute nach Lucern geritten, vogt Haas; von Uri Brosi Püntiner und noch einer; von Schwyz Joseph Amberg, der auf heute abend noch einen andern erwarte; von Unterwalden ammann Lussi und Melchior Fruonz; von Zug seckelmeister Jörg und noch einer; im ganzen bei 20 mann, ohne diejenigen in Baden, deren zuzug man nicht habe gestatten wollen; man dringe unabläßig auf erhaltung des alten mehrs.   *Zürich, A. Capp. Krieg.*

1209 a. Dec. 20, Vigevano. Herzog Franz II. an Zürich. Antwort auf dessen schreiben zu geben sei dem secretair J. D. Panizono befohlen; für den er um günstiges gehör bitte; er wolle den sachen seinerseits obliegen, in der hoffnung, dieselben zu glücklichem und siegreichem ende zu führen. ...   *Zürich, A. Mayerhofer.*

1209 b. Dec. 20, Vigevano. Herzog Franz II. an (die acht Orte). Antwort auf die zu Aarau an seinen gesandten gestellte zumutung, dass er den krieg allein übernehme etc. Wie er früher schon einläßlich habe dartun lassen, dass ihm diese bürde zu schwer sei, müsse er (nochmals) an seine vielfältigen lasten erinnern, namentlich an die zahlungen für den Kaiser, auch an die verheerung des landes; zudem wäre das nicht billig, da er den krieg nicht für sich selbst unternommen, sondern (den acht Orten) zu gefallen auf ihr ansuchen. An dem unfalle, der seinem kriegsvolke vor Lecco widerfahren, habe er grosses missfallen; er wolle indess auch ferner alles mögliche tun, damit sich zeige, dass es an ihm nicht fehle; des gleichen und aller freundschaft versehe er sich zu ihnen, etc.

Bern, Allg. Absch. EE. 437 (copie, zwischen 1532 und 1533 versetzt). Freiburg (Berner copie).

1210. Dec. 20 (St. Thomas Abend), Wyl. Diethelm, abt etc., an St. Gallen. Nachdem zwischen den Eidgenossen ein landfrieden aufgerichtet worden, laut dessen jedermann wieder zu dem seinen

kommen solle, könne die stadt wohl gedenken, dass er zu dem gotteshaus, das seine vorfahren seit jahrhunderten innegehabt, mit samt
allem was dazu gehöre, wieder zu gelangen hoffe; wie er und der
convent davon gedrängt worden, und wie man seither damit umgegangen mit käufen, bauten etc., sei nicht nötig auszuführen. Nun begehre
er ernstlich, dass ihm alles eigentum und alle gerechtigkeiten, welche
die stadt zeitweise verwaltet und besessen habe, wieder zu handen
gestellt werden, wogegen er sich so erzeigen wolle, dass es ihm un-
verweislich sei. Wenn dies aber gütlich nicht bewilligt würde, . . . so
müfste er an orten und enden, wo sich gebühre, weiteren rat und
beistand suchen, damit er zu seinem recht etc. käme. . . . Schriftliche
antwort bei diesem boten.   Zürich, A. Abtei St. Gallen (copie aus St. Gallen).

1211. Dec. 20. Bern an vogt, venner und statthalter in Schwarzenburg. Man vernehme, dass dort nach der heimkehr der boten
ab(?) der landschaft eine gemeinde gehalten und beschlossen worden sei,
das Ave Maria zu läuten; zudem haben hauptmann Jordi und andere
den prädicanten zur rede gestellt in der meinung, dass die laster auf
der canzel nicht gestraft werden sollten. Man möchte wünschen, dass
Jordi die wahrheit gesagt hätte, und befehle nun, dass jenes geläute
schlechthin abgestellt, der prädicant auf der canzel nicht widersprochen
und verstöfse gegen die hl. schrift hier angezeigt werden. Auch verlange man, dass Jordi auf nächsten Samstag hieher gewiesen werde,
da man wissen wolle, wer ihm gewalt gegeben, hinterrücks den vor-
stehern eine gemeinde zu versammeln; haben andere dazu geholfen,
so sollen sie auch erscheinen. Endlich dringe man darauf, dass die
rechtsprecher, die jetzt verordnet werden, bei dem gewöhnlichen eid
beschwören, alle mandate und satzungen der hier geltenden reformation zu handhaben, damit jedermann darnach lebe.
    Bern, Teutsch Miss. T. 290, 291.

1212. Dec. 21. Bern an Freiburg. Es habe (wohl) noch nicht
vergessen, was auf der letzten jahrrechnung des vogtes zu Grandson
der prädicanten halb verabschiedet worden; man vernehme aber, dass
er darin saumselig sei, indem besonders der wirt Guignan (?) für die
von ihm gegebene zehrung noch nicht befriedigt sei, und die prädicanten, auch die anhänger des gottesworts bei dem vogt keinen schirm
finden; man bedaure dies und habe ihm desshalb ernstlich geschrieben, begehre auch, dass Freiburg das gleiche tue.
    Bern, Teutsch Miss. T. 289. Freiburg, A. Geistl. Sachen.

1213. Dec. 21, Mailand. Ennius, ep. Verulanus, an die V Orte.
«Magnifici cet. Ex literis v. d. quae xx. die mensis praesentis mihi
redditae fuerunt, incredibilem accepi laetitiam, cum animos vestros ita
in me benevolos esse perspexi, qua de re immortales gratias ago, certiores vos faciens, hac de me optima concepta opinione nulla ex
parte se defraudari; nam tanti vos facio, ut rebus meis saepenumero
oblitus vestris solum incumbam: sed de his satis. Quod d. v. scribunt,
ne Italicis militibus quicquam pecuniarum depromam, eo quod ipsi
fortasse plus acceperint quam meruerint, hoc ipsum sine his admoni-

tionibus etiam ipse deliberaveram, præsertim cum intellexerim, eos ita male se gessisse, ut potius suspendio quam stipendio dignos judicem. Quod vero ipsam summam ad vos mitti petitis, scire debent m^on d. v. hanc rem non minori curæ mihi esse quam vestrorum cuilibet, quod verum sit, ego cum animadverterem apud me· tantum pecuniæ non esse quantum vobis elargiri optarem, d. Stephanum Insulam (sic) statim Romam misi, ut apud ipsum pont(ificem) negotium vestrum maiore cum diligentia ibi facesseret, et ego insuper ea in favorem vestrum scripsi, quæ nostra vetus amicitia et amor in vos omnesque vestros meus incredibilis expostulare videbatur.; quare dignentur præstolari donec ultima nobis conclusio missa fuerit; sed velim quod omissum est et si hoc negotium secretario meo demandaveram, literas fidei credentiales ex senatus consulto ipsi d. Stephano mitteretis, quæ ultimæ petitionis auctoritatem continerent, ut res ipsa melius claudi queat. Interim d. Franciscus Corsinius, meus secretarius, computationes totius expensæ per me pecuniæ vobis monstrabit, v. autem d. rogo, velint ad ·modestiorem, summam quam fieri poterit descendere, mei habentes rationem, ne pontifex de me conqueri possit, præsertim cum vos non lateat, quicquid egi meo consilio absque ullo mandato me egisse, vobis ut prodessem, et hoc maxime considerantes, quod si male de me senserit M. Pontifex, id non minori damno vobismet ipsis quam mihi futurum, quamobrem oro atque obsecro, ut meo et vestro commodo consulatis et quicquid ordinatum fuerit id absolutum sit, ne ulla restet querela, quæ deinceps nos perturbet, quod si (ut spero) feceritis, neminem ·habebitis qui vobis rebusque vestris ex animo melius cupiat et honori vestro magis incombat (sic) quam Verulanum vestrum »....

Lucern, A. Religionshändel.

1214. **Dec. 22** (Freitag nach Thomä). Glarus an Schwyz. Antwort auf die aus Baden eingelangte missive der V Orte, worin sie fordern, dass vogt Brunner heimberufen und durch einen statthalter ersetzt werde, etc. Man habe desshalb für sie und ihn einen endgültigen rechtstag bestimmt auf Dienstag nach dem zwölften tag (1532, 9. Jan.), und zwar hieher; den rechtlichen· entscheid· wolle man in Gottes namen erwarten, bitte nun aber, den vogt bis dahin im amte bleiben zu lassen, und begehre auch, dass die übrigen Orte benachrichtigt werden, damit sie zu erscheinen wissen.

Lucern, Missiven (copie).

1215. **Dec. 22** (XI. calend. Januar.), Mailand. Der bischof von Veroli an Lucern und die boten der vier (übrigen) Orte. «Magnifici cet. Ego vix tabellario proximas literas ad vos dederam, cum præsens diploma, quod vobis mitto, a s^mo D. N. mihi redditum fuit cum quibusdam etiam literis mihi scriptis, quibus lectis optimum suæ s^tis animum in vos facile perspexi, et quemadmodum initam inter vos pacem comprobavit, ex quo non solum vobis de rebus omnibus satisfacere cupit, verum etiam nationem vestram et titulis, et muneribus in quantum potest augere et hoc qui ex vestris operibus quantum catholicæ fidei studeatis, nuper cognovit, etsi alias de vestra fide exploratum fuit. Parat insuper sua s^tis istuc ad vos aucta dignitate me destinare, ut co(mmun)i consilio rebus ipsis oportunius provideri possit, verum ego qui jam annis sum gravis, hoc onus minime subire vellem, nisi prius quicquid querelarum est extinctum esset, ut cum ibi essem, sedatiore animo agere possem, quam ob rem vos iterum rogo quid faciundum sit expedite concludatis, quo si me istuc proficisci oportuerit, res omnes in vado comperiam et hoc vobis utilitati, mihi maxime erit quieti. — Unum est etiam quod vos scire volo, ne quicquam preteream, mᶜᵘˢ d. Baptista (de) Insula impense a me petiit, ut aliquam pecuniarum summam pro suis stipendiis sibi numerarem, quo quædam onera, quibus se gravari asserebat, removere posset, ego et quia iusta postulare videbatur, quia hoc bello semper studui, ducenta auri scuta, bene rebus tamen consultis, ei numeravi, et eo maxime quod vobis id gratum fore existimavi, quibus gratificari semper percupio, sed de his hactenus. Reliquum erit vos rogem, eam de me habeatis rationem quam de vobis ego quoque habeo ».... « P. S. Multa omisi quæ præfatus d. Baptista (de) Insula coram vobis referet, cui fidem non minorem quam mihi adhibebitis »...   Lucern, A. Religionshändel.

1216. Dec. 23. Bern an castellan, venner und geschworne von Oesch. In dem streit zwischen Anton Bornet, vicar oder admodiator des pfarrers, und dem prediger der kirche zu Ormont (dessus la jour) (?) sei ein tag vor dem bischof von Lausanne anberaumt gewesen, worauf die parteien nach Vivis gekommen, aber der hiesige stadtschreiber im namen des Rates sich dazwischen gelegt und den herrn Anton (B.) bewogen habe, dem burgrecht gemäfs auf einen tag nach Bern zu kommen, sobald er geladen würde; dies wäre geschehen, wenn nicht der krieg eingefallen; da nun Bornet sich rühme, seine sache behaupten zu können, und den diesseits geltenden glauben gescholten habe, so begehre man hiemit, dass er gewiesen werde, auf den 14. Januar hieher zu kommen, wofür man ihm gutes geleit gebe, etc.
Bern, Welsch Miss. A. 229 b.

1217. Dec. 24, Bern. Eine botschaft nach Schwarzenburg (zu senden), weil Freiburg beabsichtigen soll, die « gutwilligen » aus dem gericht zu treiben. Der bote soll das verhüten und bei dem eide fordern, die wahl aufzuschieben, wenn (die landleute) das gericht nicht besetzen wollen wie von alters her.   Bern, Ratsb. 232, p. 1.

1218. Dec. 24. Uri an Lucern. Dringliche bitte, auf nächsten Samstag (30. Dec.) vollkommenen Rat und gewalt zu besammeln, um eine diesseits abzuordnende botschaft anzuhören, etc.   Lucern, Missiven.

Vielleicht handelte es sich um die auch in andern Orten betriebene aufnahme Uri's unter die oberherren der Freiämter.

1219. Dec. 24. Uri an Zürich. Antwort auf die verwendung für Pankraz Mötteli (von Bischofzell).... Derselbe habe vor dem krieg längere zeit im lande gewohnt, ohne beruf, bei den wirten viel zehrung « aufgeschlagen » und allerlei getan, was man nicht zu dulden vermocht; darum sei ihm das land verboten worden; seitdem habe er der obrigkeit etwas zugeredet, das man ihm ohne recht nicht nachlassen werde, und wolle, sobald man ihn betreten könne, wo er dies

getan, ihn rechtlich dafür belangen; denn der friede könne hieran nicht
hindern, da solche reden diesen nicht berühren.. Dennoch wolle man,
der bitte Zürichs zu gefallen, durch den boten auf dem nächsten tag
zu Baden ihm anzeigen, wann er ins land kommen könne, und ihm
frist geben, um seine ansprachen und « rechueten » nach bedürfniss
zu erledigen.   Zürich, A. Capp. Krieg.

1220. Dec. 26, im lager zu Pescharena (bei Mandello?). Lud. (Viscarino?) an' die eidgen. und bündn. commissarien und 'hauptleute 'zu
Dongo. Bericht über ein am Weihnachttag stattgefundenes gefecht,
in welchem die « Medeghiner » bis an die mauern von Lecco getrieben
und schwer geschädigt werden... (Italienisch).   Zürich, A. Mässenbrieg.

1221. Dec. 26 (St. Stephans tag xxxij). Schwyz an Lucern.
Uebersendung einer copie der zuschrift von Glarus, betreffend den
vogt im Thurgau. Man könne sich nicht dazu verstehen,' das recht
in Glarus anzunehmen; darum sollte man sich auf dem nächsten tage
zu Baden vereinbaren, wie man das recht' von ihm nehmen wolle;
den 'diesseitigen boten werde man bezügliche aufträge geben. In gleichem sinne habe man an die « vier » Orte geschrieben." Wenn aber
Lucern etwas anderes wüsste, so möge es solches berichten. Glück-
wunsch zum jahreswechsel.   Lucern, Missiven.

Eine abschrift des Glarner schreibens liegt bei; — vgl. nr. 1214, 1222.

1222. Dec. 26, Glarus. Philipp Brunner, vogt im Thurgau, an
Zürich. Es werde bereits wissen, welchen unwillen die V Orte gegen ihn tragen; sie haben ihm desshalb mehrmals geschrieben, dass
er die vogtei aufgeben solle, da sie ihn schlechterdings nicht mehr
dulden 'würden, demnach hier an der landsgemeinde begehrt, ihn 'ab-
zusetzen und einen andern hinaus zu verordnen; weil er aber so
ernstlich recht 'geboten, so haben seine herren die V Orte gebeten und
ermahnt, ihn dabei bleiben zu lassen etc....', allein umsonst, indem sie
abermals auf seine entsetzung und abordnung eines statthalters gedrungen, und im fall der weigerung selbst einen solchen verordnen
wollen; 'weil nun seine herren so hart angefochten werden, so haben
sie endlich den V Orten einen rechtstag gesetzt auf den Dienstag nach
dem 12. tag (9. Jan.);.. sie haben ihm aber geraten,' Zürich um fürbitte anzugehen, die wohl am meisten wirken werde. Da es ihm nun
höchst beschwerlich wäre, von dem landfrieden ausgeschlossen zu sein,
und' er alles, was die V Orte ihm nachtragen, mit wissen und gunst
Zürichs oder aus' dessen geheifs getan, so bitte er hiemit um eine botschaft oder fürschrift an jene Orte, damit er, der doch im frieden nirgends genannt oder ausgeschlossen sei, desselben zu geniefsen habe..;
dabei möge es sie auch bitten, ihn seine jahre ausdienen zu lassen,
indem er sich erbiete, sich gebührend zu halten. Ueber die steuer,
die er angelegt, wie über anderes sei er bereit, sich gehörig zu verantworten... .i   Zürich, A. Capp. Krieg.

1223. Dec. 26. Bern an Solothurn und Biel, mut. mut. auch
an die vögte der ämter im Aargau und Seeland etc. Durch gute
freunde vernehme man, dass während des letzten krieges etliche böse-

wichte auf befehl von Eck von Reischach bestellt worden seien, um die städte Bern, Zürich, Basel und Winterthur «an den himmel zu hängen»; nun sei einer dieser menschen zu Basel gefangen worden, der die drei andern beschreibe, wie der beiliegende zeddel ausweise; auf die möge also acht gegeben und nach notdurft gegen sie verfahren werden. **Solothurn, Berner Schr. Bern, Teutsch Miss. T. 293.**

Am 3 Jan. 1582 wurde Solothurn benachrichtigt, dass ein Hans Rudolf Bader, harnischfeger, von Trimbach, als verdächtig gefangen sei, der unschuldig sein möge, aber dem bettel «nachstreiche» und ungleich rede, jedenfalls nicht «zum frömmsten» sei, wesshalb auskunft über ihn gewünscht werde. ib. ib. 304.

1224 a. Dec. 26. Bern an Biel. Rückforderung der seiner zeit aus der kriegskostenzahlung der V Orte übergebenen 100 kronen, und zwar binnen acht tagen, da die ganze summe von 2500 kr. auf Sonntag nach Drei Königen erlegt werden müsse.

1224 b. Dec. 27. Bern an Zürich. Es wisse, dass man von den 2500 kr., welche die V Orte nach dem vorletzten kriege zu entrichten gehabt, 1000 kr. empfangen und davon 300 den Thurgauern gegeben habe; da nun jene summe zurückerstattet werden müsse, so bitte man Zürich, den Thurgauern um ersatz der 300 kr. zu schreiben; man schreibe desswegen auch an den landammann und wünsche, dass Zürich demselben die betreffende missive zukommen lasse und die erfolgende antwort mitteile. **Bern, Ratsb. 281, p. 294—296.**

Dec. 27. Bern an den landammann im Thurgau (sachlich vorigem gleichförmig).

1225. Dec. 26 («ipsa Stephani inganden xxxij. jares»). Freiburg an Lucern. Wiewohl man früher schriftlich begehrt habe, dass Hans Hug zur erledigung des langwierigen rechtshandels zwischen dem könig von Frankreich und dem herrn von Font auf den bestimmten tag nach Solothurn abgeordnet werden möchte, sei doch aus gewissen ursachen ein aufschub eingetreten; da nun aber durch die parteien ein anderer ort, nämlich St. Urban, gewählt und der 12. Januar bestimmt worden, so bitte man, den altschultheissen dahin zu vermögen und die sache des diesseitigen burgers günstig zu bedenken, etc. **Lucern, Missiven.**

1226. Dec. 27 (St. Johanns tag zu Weihnachten). Zürich an Lucern. Ansuchen um freundliche förderung diesseitiger burger, die in Lucern etliche rosse und geschirr zu lösen haben, damit sie bei dem wiederkauf so billig wie möglich gehalten werden, — mit erbietung williger gegendienste. **Lucern, Missiven.**

1227. Dec. 27, Lecco. Jacob de Medici an graf Maximilian Stampa (in Mailand). Antwort auf dessen schreiben: Er begehre nichts anderes als dem Herzog zu dienen, . . . wünsche aber auch, dass er dabei bestehen könne. . . . Der Graf wisse, wie er (Medici) Musso und Lecco und «die länder» erworben, dass er dem Herzog nichts genommen und von ihm die drei Ploven als pfand erhalten habe für eine summe geld, die der graf Gerhard von Arc (?) im dienst des Herzoge bei ihm (Medici) verzehrt; das andere gebiet habe er von den feinden erobert. Daher wünsche er, dass ihm der Herzog die plätze mit einem teil des Comersees liefse, doch auf bedingungen hin, die dem Herzog gefielen; in seinem dienst und gegen bürgschaft mit seinem eigenen leibe; wenn aber der Herzog jene plätze haben wolle, so werde er sich auch darein fügen, doch nur im austausch gegen andere plätze oder entsprechendes einkommen. Er wünsche, dass der friede zu stande komme; wenn aber der Herzog ihn nicht als diener annehmen wollte, so werde er sich so weit entfernen, dass man seinen namen nicht mehr hören solle. Nehme der Herzog das nicht an, so betrachte er das als göttliche fügung und werde tun, was er vermöge. Er wisse wohl, dass seine gegner witzig seien; sie werden aber die not der armen leute bedenken (und den frieden vorziehen)....

Bern, A. Müsserkrieg (dta.), Zürich, A. Müsserkrieg (copie).

1228 a. Dec. 27, Lecco. Johann Jacob de Medicis an Graf Maximilian Stampa. 1. Versicherung seines ernstlichen willens, sich mit dem Herzog zu vertragen und ihm zu dienen. 2. Darlegung des wunsches, einen teil seines gebietes zu behalten und für den abzutretenden andere herrschaften zu bekommen oder eine entsprechende summe geldes oder gesicherte einkünfte. Anerbieten zu mündlicher erörterung dieser fragen, und gesuch um verwendung bei dem Herzog, etc.

1228 b. Dec. 30. Maximilian Stampa an den herrn von Musso. Antwort: Der Herzog begehre, dass er seine vorschläge schriftlich fasse, betreffend das jahreseinkommen, die auskaufssumme (hier blofs dinarj), die termine und die bürgschaften, alles unter der voraussetzung, dass Musso und Lecco dem Herzog übergeben werden müfsen, da dieser seinen vertrag mit den Schweizern und den Graubündnern nicht zu brechen gedenke; auch sei auf einen auswechsel von plätzen nicht einzutreten, u. s. f.

Bern, A. Müsserkrieg (dta.), Zürich, A. Müsserkrieg (ital. copien).

1229. Dec. 28 (Donstag vor Neujahr 1532). «Der puren von Horgen und am Zürichsee usschriben der landsgmeinden, die sy understanden ze han um der hl. dry Küngen tag anno 1532». — «Unser meinung ist, dass wir wend wüssen uf das, so uns der houptman Laffeter und Göldin hand ein nüwe ordinanz gebotten, mit dem eid zuo Gott geschworen, und wyst die ordinanz und der eid, dass man den fygend soll suochen zum nächsten, wo man sy mög finden; uff sölichs ist es heiter das mer worden by allen rottmeistern mit sampt den houptlüten, dass man den nächsten soll ziehen ab dem Albis in das fryg Amt. Uf sölichs so ist dem eid nach dem mer nit statt tan und gelebt, dann dass ir von stund an sind zogen ab dem Albis für Zürich um gen Bremgarten, so schantlich und lasterlich eid und alle mer nit gehalten, ist unser ernstlich meinung, alle die daran schuldig sind, es sygen houptlüt, Burger oder Rät, rottmeister, gar niemand usgeschlossen, dass die selbigen werdind anzeigt, zuo deren lyb und guot zuo gryfen, mit recht dieselben zuo strafen je nach gestalt der sach und syl verdient hand. Uf sölichs, wie ir dann von Bremgarten sind

zogen durch das fryg Ampt uf gen Tan in wald, das wüssend ir all
wol, darnach wie alle ding sind beschechen mit der schlacht am Berg,
ist jederman leider wol ze wüssen. Uf sölichs so hand ir gmein rottmeister beschickt, mit inen einen anschlag tan, wie dass die fünf Ort
wellind einen friden mit üch machen, sofer dass man ab irem erdrich
soll ziehen von stund an; das ist das mer worden under allen rott-
meisteren, dass man ab irem erdrich soll ziehen; dem mer ir aber
nit gelebt hand, ursachen halb, ir sind inen grad widerum uf ir erdrich zogen gen Bremgarten, das ist zwo myl; ist abermals unser meinung, wer der ist, der den rat hat geben, gen Bremgarten ze ziehen,
der soll gstraft werden, wie obstat, an lyb, eer und guot, es sygend
houptlüt, burger oder rät, gar niemand usgelassen, dann ursach halb,
dass uns dieselbigen hand bracht um lyb, eer und guot am Hirzel
und zuo Horgen; dann wir vermeintend, wir heigen göttlichs recht
zuo denen, die an der sach schuldig sind, damit dass Gott und die
welt und ein jetlich biderman möge sechen und spüren; so sind wir
von unsern fygenden gwarnet, dessglichen von dem biderman von
Basel, dass wir uns keins andren versechen söllind, dann die fünf Ort
werdind uns gwüsslich am Hirzel besuochen. Und so wir so gnuogsam kundschaft und warnung hand gehebt, so hand wir tan als die
üweren und hand üch sölich ernstlich warnung tan wüssen, durch lüt
und brief üch anzeigt unser grofse not und üch darby vertruwt, wie
bald ir sölich not und hilf vernemend, so tatind ir als die frommen
und kämind üweren biderben lüten zhilf, die und wie wir allen trost
und hoffnung und hilf zuo üch hettend versechen. Uf das so sind
wir von üch verlassen und hand uns also lan undergan und unser
fygend lassen über uns ziehen, von wegen des zugs gen Bremgarten;
dess wir sind kommen um lyb, eer und guot, dess wir uns gegen
unseren herren und oberen nie versehen hettend, die daran schuldig
sind. Wir sind ouch in hoffnung, die frommen in der statt und uf
dem land werdend uns helfen die strafen, die daran schuldig sind, an
iro lyb und guot und darmit dass uns dasselbig widerleit und bezalt
wurdi, darum sy uns hand bracht. Uf sölichen unfall und schaden,
der uns, einer gmeind von Horgen, ist zuo handen gangen von wegen
aller zügen, es syg ab dem Albis gen Bremgarten, als ir frommen biderben lüten wol wüssend, ist unser ernstliche anligende not und
schaden, der uns zuo handen gangen ist, bitt und beger, dass ir uns
wellind raten und helfen in disen stucken und artiklen und händlen,
als die frommen, (und) darby ansechen, wo uns Gott nit so trülich
gewarnet hett, dass ir mit uns wärind um lyb, eer und guot kommen
am Hirzel, von wegen dass unser (herren?) uns also hettend verlon
mit irem ziehen gen Bremgarten; dann wir der meinung sind, mit
üch, dass die selben sollend gestraft werden an ir lyb und guot, darmit dass menklich mög gspüren, dass wir sölichs nit haben wellind.
Darum, lieben frommen lüt, so sechend an unsers vatterland und dass
die eer Gotts gfürderet möge werden, und wir in ruowen mögind blyben und sitzen»…. Nachschrift: «Es ist unser meinung, dass ir
uf Sonntag gen Meilan kommind, ein oder zwen man, so wit dass der

brief vor einer gmeind glesen werden soll, und was dann das mer wirt, das selbig ouch gen Meilan bringen und den brief ouch. ▪

Zürich, Tigurin. litern (ungefähr gleichzeitige abschrift).

1230. Dec. 28 (Iunocentum xxxij). Zürich an Bremgarten. «Es ist vor uns erschinen herr Cuonrat Schärer, pfarrherr zuo Oberwyl, und hat uns fürgetragen, wie er umb ein schwere zuored, im durch einen von Underwalden mit namen Uoli Fryg beschochen und zuogelegt, von üch angefochten werde, sich dero vor üch rechtlich zuo verantwurten und zuo entschlachen oder aber die pfarrpfruond ze ramen und abzuotretten, mit bitt, im darin beholfen und beraten zuo sind etc. Und diewil wir der sach nit grundlich bericht, und doch uns anlangt, wie obberüerte zuored von des glouhens wegen harfliesse, so ist an üch unser ernst geflissen beger, ir wellint vermelten herra Cuonraten in günstiger befelch halten und schaffen, dass er wider vermög und inhalt des nüw gemachten fridens nit geträngt, sonders sin widerteil darzuo gehalten werde, in an orten und enden, da er gesähen, um ein vermeinte zuospruch anzuolangen, oder aber, wo die sachen anders gestaltet, uns fürderlich dess schriftlich ze verständigen»...

Stadtarchiv Bremgarten.

1231. Dec. 29. Bern an Lausanne. Antwort auf dessen zuschrift. Nachdem man die antwort des Bischofs empfangen, habe man sich auf die gestellte bitte gerne entschlossen, eine abschrift mitzuteilen, wobei man überdies bemerke, dass man eine allfällig erscheinende botschaft des Bischofs in abwesenheit städtischer boten nicht verhören werde.

Bern, Welsch Miss. A. 250 b.

1232. Dec. 29, Zürich. Panizono an Zürich. Uebermittlung von zuschriften des herzogs von Mailand. Es schade zwar nichts, den von Ems zu beobachten, wiewohl man nicht bestimmt wisse, dass er dem von Musso hilfe leiste. Die wälschen banditen* seien zerstreut, also nicht mehr zu fürchten. Der Herzog wolle es an nichts fehlen lassen, und wenn er sein ganzes gebiet daran setzen müsste. Wie es zu Musso und Lecco stehe, werde Zürich auf dem letzten tag zu Baden aus den schriften der beidseitigen commissarien vernommen haben; inzwischen habe sich der oberste hauptmann des Herzogs gerüstet, die brücke zu Lecco wieder zu erobern, was ihm bald gelingen sollte, sodass der see aufs neue geschlossen und die belagerung stärker würde als je. Des Herzogs antwort auf die ab dem tag in Aarau an ihn gestellten zumutungen liege schriftlich bei. Er bitte recht dringlich, von dem kriege nicht abzulassen, sondern ihn gemeinsam zu ende zu führen, was in bälde geschehen könne, und begehre desshalb schriftliche antwort... (Lat. u. deutsch).

Zürich, A. Müsserkrieg.

* Die aus dem dienst der V Orte zurückgekehrten landleute?

1233. Dec. 29 (Freitag nach Weihnachten), Solothurn. Thomas Schmid, gewesener hauptmann, verantwortet sich auf die klagen der V Orte, will dieselben nicht anerkennen und gewärtigen, dass sie ihn überweisen, und beurteilt werden wie ein bösewicht, wenn diese beschuldigungen wahr befunden würden; daher wünscht er, auf dem tag zu Frauenfeld entschuldigt zu werden; und da auf der landschaft mancherlei von der sache geredet werde, so begehrt er, dass man seine verantwortung kundmache, etc.　Das wird ihm bewilligt. . .

Solothurn, Ratsb. 20, p. 511. Vgl. Miss. p. 872, 873.

1234. Dec. 29. Bern an Jörg Zumbach, gen. Hubelmann, vogt im Maiental. Den knechten, die man gemäfs dem vertrag mit dem herzog von Mailand besolden müfse, sei man beinahe drei monatsölde schuldig, die man längst entrichtet hätte, wäre nicht hier zu lande krieg gewesen. Um indess das seinige zu tun, übergebe man jetzt dem läufer Hans Fermecker 800 kronen, mit dem befehl, in Bellenz auf ihn, den vogt, zu warten. Da man besorge, dass die zu besoldende zahl von 112 knechten nicht vollständig besetzt sei, so schicke man das geld nicht dem hauptmann und begehre, dass er, der vogt, von Bellenz sich nach Dongo verfüge, da eine musterung vornehme und nur die wirklich dienenden knechte bezahle, das übrige geld daher zurückbehalte, und dabei die mannschaft ermahne, ehrlich und wohl zu dienen, mit der zusicherung, dass man sie gütlich zufriedenzustellen geneigt sei, etc.　　　　　　Bern, Teutsch Miss. T. 297, 298.

1235. Dec. 30. Brremgarten an Zürich. Antwort auf das schreiben wegen Konrad Scherer, pfarrer zu Oberwyl. . . . Der untervogt und etliche b. leute von da haben sich über dessen zureden beklagt und hülfe begehrt, um seiner los zu werden. Man habe darauf ihnen und dem pfarrer recht in der stadt anerboten und letzterem erklärt, dass er erwarten müfse die pfründe zu verlieren, wenn er dies nicht annähme; er habe aber schriftlich erwidert, dem Uoli Frei nur an seinem (des pfarrers) wohnsitz recht schuldig zu sein etc. Dies könne nun nicht angehen, auch nicht ungestraft bleiben; man habe ihn aber noch nicht beurlaubt, sondern nur auf einiges gut gegriffen...

Zürich, A. Landfrieden.

1236. Dec. 30 (penult. d. Dec.). Solothurn an den herzog von Savoyen. Erneuerte mahnung, die stadt von der für ihn übernommenen bürgschaft zu ledigen, wie man es auch von Frankreich begehre, etc. etc.　　　　　　Solothurn, Miss. p. 872 (lat.).

1237. Dec. 30. Bern an den statthalter in Neuenburg, Georges de Riva. «Uns ist fürkommen, wie dann der vicari zuo Sant Bläsi nächst vergangner tagen understanden, daselbs mess ze halten und widerumb ufzerichten, über dass in einem halben jar an dem ort kein mess gsin ist. So nun unser burger von Nüwenburg solichs nit gestatten wellen und üch ouch pittlich ankert (haben), darvor ze sin, da ir inen geantwurt söllend haben, ir heifsends nit und werends nit, damit nun nit gnuog ist, harumb wir üch vermant wellen haben, . . . dass ir verschaffind, dass (da) stillgestanden werde, bis unser potschaft, die in kurzem da änen sin wirt, wyter hierin handle, grofsen unstatten und unruowen vorzesin. »　　　　Bern, Teutsch Miss. T. 300.

1238. Dec. 30, Mailand. Maxim. Stampa an den von Musso. Antwort: Wie er früher schon geschrieben, solle er (Medici) schriftlich anzeigen, was er begehre, um frieden zu machen, doch jedenfalls mit dem geding, dass er Musso und Lecco aufgebe und keine andern plätze anspreche, damit die capitel mit den Eidgenossen und Graubündnern in kraft bleiben... Er, der Graf, sei zur unterhandlung gern bereit... — Vgl. nr. 1228.   Zürich, A. Müsserkrieg („cople").

1239. **Dec. 30** («1532»), Innsbruck. Statthalter und Regenten etc. an gemeine Eidgenossen. Antwort auf ihr schreiben vom 19. d. (Dienstag vor Thomä), betreffend den durchpass von knechten für den markgrafen von Musso. Man wisse gar nichts davon, dass demselben hierseits pass oder knechte bewilligt worden, gedenke auch die erbeinung in dem und anderm zu halten; desshalb begehre man, dass die Orte, die von des Königs vorfahren gestiftete oder begabte gotteshäuser wider die erbeinung des ihren entsetzt haben, dieselben vollständig restituiren, und dass die fünf christlichen und die übrigen Orte, die hierin unbeteiligt seien, die andern dazu weisen, dass sie ohne verzug willfahren und der erbeinung nachkommen.

Zürich, A. Müsserkrieg.

1240. **Dec. 31** (Sonntag vor Circumcis. 1532). Uri an Lucern. «Wir hand üwer schriben verstanden von wegen des kostens, so mit den Dalianeren (Italienern) ufgeloffen, (und) füegent üch ze vernemen, dass wir ein eignen botten gen Belletz geschickt, so bald wir den abscheid von Baden verhört, die rechnungen allenthalben ufzenemen, werdent die selbigen durch unser botten uff nächst künftigen tag zuo Baden überantwurten, denn es ee nit müglich ist, üch hiemit dem Allmächtigen befelchend, der üch ein guots glückseligs nüws jar verlichen well.»   Lucern, Missiven.

1241. **Dec. 31** (Sonntag vor Neujahr «xxxj»), Zollikon. Niklaus Brunner, (vogt zu «Regenspurg»), an BM. und Rat in Zürich. Antwort auf die mitteilung der zu Baden erhobenen klagen, die viel gröfser seien als die schuld. 1) Dass er dem landvogt daselbst in sein amt gegriffen habe: derselbe werde «wol ungesumpt bliben.» 2) «Der syden halb, die ich zum fänli gemacht soll han, bekenn ich dass ich verwilget hab zuo einem fänli syden ze nemen, aber nüt wyter, und ist das fänly noch vorbanden; so ir mine g. herren wend, so muofs üch das zhanden (kommen); da mögend irs denn wol beschetzen, wie kostlich und was es wert sye, ouch damit verschaffen nach üwerm gefallen.»   Zürich, A. Zurzach.

1242. (Dec. ?), Zug. Kundschaften über Claus Heglin's verhalten in dem treffen «am Berg» (Gubel). 1. «Heini zur Witwen hat gseit, dass sy mit dem Göldi habend znacht gessen, habend sy gseit von der schlacht am Berg, und hab Claus geredt, wie houptman Bolsinger geseit, welcher von den guoten fromen gsellen am Berg gflochen sye, dem müefse man ein britti anhenken, und do Bolsinger das gredt, da sye im ein röti durchs antlit uf gloufen; dann er hab ouch müefsen wichen, und sye nochtan als redlich als ein andern; du hab Bolsinger geredt, Claus, bistu dan geflochen, so muofs ich dir darin reden; wan welicher von denen guoten redlichen gsellen am Berg geflochen sye, den achten ich nit als redlich; sust red ich dir in dfromkeit nüt.

Demnach redte Claus, muofs mich botz wunden schenden, dass ich
nit mocht schwigen, es hette sust niemants nüt gwüsst. 2. Steffan
Züricher hat gseit mit den brittlinen wie Witwer, (dass) Claus ouch
geredt, als er an (den) Berg zogen sye, habe er gredt, im sye im buch
we, und ander gangent gan schifsen, aber er welle nit gan. Demnach
hab im Claus geseit, wie er hab müefsen wichen, und sye by Cuoni
Rättichs hus uff ein bachru(n)sen oder gstüd komen, da sye er gsässen und hab ghört ein klapf (streich, knall) um den andern gan, bis
dass er hab ghört einen rüefen, redlich tran, die kelchdieben fliend,
und hab das hörnli ghören plasen; da syend im die trän über die
baggen inhin gloufen underm kinni zuosamen von fröiden, und sye do
ufgstanden und uff die walstatt gangen.» — Folgen auch aussagen zu
gunsten Heglins.　　　　　　　　　　　　　Zug (mitget. Jan. 1879).

1243. (??). Instruction für einen gesandten von propst und capitel
der stift Münster in Granfelden an Solothurn. 1. Bitte um hülfe
zu ihrer rückkehr; 2. um verwendung wegen der reben zu Landeron,
deren verlust zu befürchten sei; 3. um entlassung von der pflicht,
einen vogt zu halten, da das neue burgrecht bestimme, dass keiner
gesetzt werden solle, wenn das gotteshaus ihn nicht mehr bedürfe, etc.
　　　　　　　　　　　　　　　　　Solothurn, Curiosa (Bd. 39).

1244. (Dec. ?). «Iudicium Jo. Coclei: (1) Pacis commoda.
. . . (Art. 3:) «Ea pacê (cum Electore Saxoniæ et Marchione Branden-
burgensi) firmata poterunt nunc commodissime Helvetii ad debitam re-
digi obedientiam, dum propter fidem inter se divisi sunt. Qui alias
dictis principibus opem validam contra nos ferre possent Catholicis
ibidem oppressis.» (2) Incommoda belli: (Art. 5:) «Helvetii non
solum addent vires principibus et civitatibus, verum etiam fines suos
egressi vicina domus Austrie loca invadent et omnem cultum divinum
extinguent.» — Folgen: «Obiecta zeli» und «responsio charitatis.» —
(Copie von Hch. Utinger).

　　Beilage (anfang einer übersetzung von Beyel): . . . «So diser friden
gemacht wirt, möchtend die Eidgnossen, diewyl die jetz on das des gloubens
halb under inen selbs zertränt sind, lychtlich und mit grosser komligkeit zuo
schuldiger gehorsamkeit bezwungen werden, die sunst den gemelten fürsten ein
starke hilf, so die römischglöubigen undergedrugkt wärind, tuon und bewysen
möchten.»　　　　　　　　　　　　　　Zürich, A. Capp. Krieg.

1245. (Dec.), Grandson. 1. «Le disieme jour de Decembre aprez
disner, cependant que lon preschoit, les petis cordeliers encomencerent
de crier, busser et corir, si que ils troublerent tout, entre lesquels et
en la presence desquels estoit Pierre Fratris. 2. Item la dimanche
apres, en preschant apres diner, les mesmes enfans du susdit vinrent
de rechief a crier et brayre comme des loups et tripper et busser
comment des enragez. 3. Item ils chantent tous les jours a Gie, et
Marc de Pierre ou sa femme les fournist dabillemens a cela et dautres
choses semblablement propres a cela faire. 4. Item le cure de Bin-
villard (sic) est alle ces jours a Fribourg demander puissance de
messer ces festes de Noel et est delibere du tout de chanter incontinent qui(l) sera de retour, dencomancer de chanter et chante tous-

jours, si on ny met remede. 5. Nos premiers articles qui soyent veus
et traictes droictement ainsy que vous semble estre necessaire » (?).

Bern, A. Kirchl. Angelegenh.

1246. (??). Bittschrift der evangelischen partei zu G r a n d s o n (an
B e r n). « Nos tresredoubtez, haults et puissans seigneurs. Il vous
plaise admonester nos bourgeois de Granson de ne tenir leur conseil
a lheure, de nostre sermon, comme jusques a present ils ont faict,
mettans ban a ceulx qui ne si (s'y) trouveront. 2. Ils font ici venir
les processions dIverdun et vont la et y font prescher ung cordelier
qui nest mal alors quil ne dise de vous. 3. Item ils portent enseignes
en leurs pourpoints ou sur leurs bonnets des fiues(?), ausquels quand
nous disons quils font ce en vous meprisant, ils respondent que nulluy
ne les en gardera et quils ne vivent pas de vous. 4. Item quand nous
recevons la cene, ne pouvons avoir ancun calice et se moquent de
nous; aussi font chascun jour les serviteurs de monseigneur le prieur
durant le sermon. 5. Item comme les cordeliers ont rompu la chaire,
quils en facent refaire une autre pour y prescher. 6. Item que moines
et cordeliers se tiennent en leurs abbayes, sans donner mauvaise
exemple pour la ville, lesquels aussi a lheure du sermon se mettent
devant la porte du temple, se moquans et empeschans ceux qui y
veulent entrer. 7. Item en plain midi ils nous ferment les portes et
ny pouvons entrer pour bacher nos enfans, et a la foire derniere ny
eusmes predication. Et quand demandasmes la clef, ung moisne dit
que allissions prescher aux fourches. 8. Et en demandant justice a
monseigneur le chastelain, il nous menasse de frapper et par quatre
fois se jecta sur lun de nous. 9. Par quoy, nos tres honorez sei-
neurs, nous vous supplions tres humblement nous vouloir faire delyrer
la clef dudit temple, pour y entrer a toute heure, que ne leur ferons
empeschement, et en liberte y bascher nos enfans et oyr la parole de
Dieu »... — (Undatirt).   Bern, A. Kirchl. Angelegenh.

1247. (Dec. ?). Instruction für Hans Hugi, venner, und Hans Ochsenbein, als gesandte von S o l o t h u r n nach B e r n (1.) in der angelegenheit betreffend die kostenforderung der V Orte. Beschwerde über die
vorschläge des letzten abschieds von Baden... Nun wisse Bern, wie
sich Solothurn des christlichen burgrechts nie beladen, sondern immer
in guten treuen zwischen den parteien gemittelt habe, mit vielen kosten, wie andere schiedleute; an dem (letzten) kriege habe es auch
nicht weiter teil gehabt als mit einem zuzug für Bern, auf dessen
ernstliches mahnen hin. Unter den fraglichen artikeln erscheine der
erste besonders bedenklich; falls nämlich Bern mit einem andern Orte
des rechtens halb in zerwürfniss käme, und seine weigerung, das recht
anzunehmen, zu einem kriege führte, müfste Solothurn darin gegen
Bern partei nehmen, was ganz unleidlich wäre. Auch die kosten (anerkenne man nicht); Bern habe in dem frieden alle seine helfer eingeschlossen; wenn nun Solothurn abgesöndert würde, so könnten auch
andere derart beansprucht werden; man verhoffe aber, von Bern hierin
genügend bedacht und gesichert worden zu sein. Die boten sollen es

zum höchsten um rat ersuchen, wie den V Orten schicklich zu antworten wäre, und darauf dringen, dass Bern sich bei denselben ver-
wende und sie vermöge, von ihren ansprüchen abzustehen. (2.) Eine
nachschrift bespricht die pfrundverhältnisse von Egerkingen und
führt darüber klage, dass der in dem pfarrhause sitzende prädicant
gegen die zumutung, dasselbe zu räumen, damit es dem messpriester
übergeben werden könnte, recht geboten habe; um ihm widerwärtigkeiten zu ersparen, sollte Bern ihn abberufen; die minderheit könne
dann einen prädicanten in der capelle zu Herchingen haben. — (Datum fehlt).   Solothurn, Reform.-A. — Absch. Bd. 18.

1248. (Dec. ?). ‹Capitel so der von Muss hat übergeben.› 1. ‹Zum
ersten, dass sollen in ewig stillschweigen gelegt werden alle und jede
handlung durch mich und meine gebrüeder, auch verwandten im herzogtumb Mailand, es sey in kriegs oder andern sachen geüebt, und
dass auch aufgehebt werden die aufgelegten ausbot unser halben bescheen, und alle die so in meinem dienst gewest und noch sein, wider gelassen werden frei und sicher zu iren haben und güetern zu
kommen, die selben zu niefsen und gebrauchen in oder aufserhalb des
herzogtumbs Mailand. 2. Zum andern, dass das so rechtlichen gehandelt, dieweil ich das land besessen, solle beständig sein. 3. Zum
dritten, dass mir umb nachlassung und übergebung (von) Muss und
Leck, auch der schiffe, geben werden sollen 70^m kronen in gold, den
halben tail zuvor und ehe ich obbemelte stuck übergibe, und den andern halben tail zu gemachten fristen und zeiten, wie wir uns dan
der selben vergleichen (möchten), und dass ich hab gute gewisse sicherheit in einem (der) hernach benemmten orten, welche mir gefallen,
nemlich Venedig, Genua, Roma oder Lyon; auch dass mir solle geben
werden ain jerlich einkommen von 4^m kronen, welchs solle frey sein.
4. Zum vierten, dass ich solle haben das gelt, und järlichem einkommen, so von schulden im lande, seidher ich dasselb besessen und
innengehabt, onangesehen, ob von irer f. Dt. commissarien etwas derselben were einbracht und eingenommen; dass mir auch fürderlich
recht zu bezalung desselben gestattet und verholfen werde, dass ich
müge das salz so ich jetzt hab, zu gelt machen. 5. Zum fünften, dass
ich müge tragen meine feudlin aufgericht, so ich zu Muss, auch zu
Leck habe, auch alle und jede munition und güter, welcherlai gestalt
die sein, sy seyen zu Muss oder zu Lecke, darzu auch alles und jedes
geschütz, so ich hab, allain die stücke, so kurz vergangner tag(e) irer
f. Dt. abgedrungen, ausgenommen; — die selben bin ich zufriden ir
zu lassen, — mit mir müge füeren, und ob ir f. Dt. mein geschütz
auch haben wolt, will ich derselben solche, darzu auch munition, um
zimlich gelt auch widerfaren lassen. Zum sechsten, dass mir gegeben
werden wagen und ochsen, zu füren obgemelt geschütz und güeter, on
meine zalung, aus dem land und herzogtumb Mailand, nemlich oder
(entweder) auf das Venedigisch, Mantuam oder Placenti(am) oder Vercelli, wo mir dan gelieben wirt, dass ich also mit meinem volk samenthaft müge ziehen, und dass ich dess hab gute und gewisse sicherheit. 7. Zum sibenden, dass zuvor und ehe Muss geraumet werde,

die selben so darin sein, sich zusamen tuen mit mir, zuovor und ehe ich aus Lecke tritte, damit wir samentlichen mit ainander mügen abziehen. 8. Zum achten, dass das lande schuldig sei, die güeter, so ich erkauft, in ainer zimlichen zeit zu bezalen, dass ich deshalben auch mit dürfte) kriegen, und mir deshalben (um) bezalung der schulden, so (ich) in Mailand habe, fürderlich recht gestattet werde. »

Zürich, A. Müsserkrieg.

Die übersetzung — das original ist italienisch und liegt ebenfalls vor — stammt aus der fürstlichen canzlei; die handschrift ist die bei diesen acten mehrmals erwähnte. (Marbeglio). — Vgl. nr. 1262.

1249. (1531, 1532, Jan. ?). (Aus einem andern project, «Vordrungen und begere des von Muss» betitelt, entnehmen wir noch folgende artikel: (1.) «Dass fürstlich durchleuchtigkeit zu Mailand gebe fünfzig tausend kronen, wie und wem solchs verordent, und ain drittail entricht vor der überantwortung und zustellung der vesten zu sichern handen erlegt werde, und die überigen in zwayen fristen, das ist, ain ander frist oder drittail innerhalb zwayer monaten, und das überig innerhalb ander zwayer monaten, doch dass desshalb genugsame und gute versicherung geschee..., und deshalben zu Vercelle der contract gemacht und schriften aufgericht werden, und solten sein die von Adda und Ansaldo Grimaldo, so sich baide ainer für den andern verpflichten. (2.) Dass er hab die marggraveschaft Mortara mit erstattung bis in die tausend kronen järlichs einkommens für den von Muss und seine eeliche und rechten manlichen erben, und ob er mit söne verliefse, alsdan (an) seine brüeder fallen und derselben erben und nachkomen, und dass derselb von Muss damit möge handlen under den lebendigen und todten, wie im gefalt, und austailen, wie er will; dass auch solchs, um was sachen es wäre, der fürstlichen camer mit möge heim fallen, sonder an seine nächsten erben.» (3.) Abzug mit geschütz und munition nebst aller übrigen habe. (4.) «Dass die prevande fürstlich Dt. im solle bezalen oder sunst lassen zu gelt machen oder hinweg füeren wie obstat. Gleichermafsen das salz, so er zu Lecke hat, möge im herzogtumb verkaufen oder gen Lugan füeren, oder ir f. Dt. im solchs bezale, und so ir f. Dt. solchs wolt behalten, dass dieselbe solchs anfangs vor der überantwurtung der vesten bezalte; wo dieselb aber solchs nit wolt haben, dass dem von Muss ain zimlich zeit und fristen, in welcher er dasselbe verkaufen und zu gelt bringen möge, solle gegeben und angesetzt werden, oder dass er versichert werde, dass im nichts entfüeret werde. » (5.) Bestimmungen über die ausdehnung der amnestie. (6.) Sicherung der privaten einkünfte etc. (7.) Wahrung der gesprochenen urteile. (8.) Bezahlung der auf dem see liegenden habe durch die gemeinden (?), in monatsfrist. (9.) Ehrenvoller und gesicherter abzug mit Gabriel und allen kriegsleuten, etc. (10.) Vorbehalt ungehinderten genusses aller erworbenen recht ein oder ausser dem lande. (11.) Unentgeltliche herberge und unterhalt für die abziehende mannschaft im gebiet des herzogtums. (12.) Frist für die zahlung der rechtmäfsigen forderungen. (13.) «Dass der protonotar Caraciolo von sein selbs wegen und als

ain schaffuer und bott kais. Mt. verheifse und zusage, dass alles und
jedes onzerbrochenlichen solle gehalten werden; gleichermafsen aller
und jeder herschaften botschaften, so jetz bei f. Dt. sein, sonderlichen
der herschaften Venedig und des Bapsts, auch grafe Maximilian Stampa,
sollen auch tun und jede deshalben ire brief darumb geben. »

Zürich, A. Müsserkrieg (copie aus der fürstl. canzlei). St. Bibl., Simml. Samml. T. 29
(Fragm. v. 4 seiten bis § 9; die letzten 13 zeilen von Stephan Zeller copirt).

1250. (1531). «Artikel so die acht Ort der Eidguossen, namlich
Zürich, Bern, Glaris, Basel, Fryburg, Soloturn, Schaffhusen, Appen-
cell, Doggenburg und der Grawpunt mit (dem) durchlüchtigisten Herzogen von Meiland ufgericht hand im 31. jar. — Gott zuo lob und
eer sind wir erstlich zuo beden teilen wol einmündig und eins guoten
willens, dass zwüschen uns söll sin ein guote stete liebe früntschaft
und nachburschaft, ouch dass wir söllend und wellend einanderen behulfen und beraten sin, alles nach userm vermögen. 1. Anfangs,
dass die unseren zuo beden teilen söllend und mögend fry sicher
wandlen und faren, als (wenn) sy gemeinlich under einer herrschaft wären.
Demnach zuo merer liebe und fründschaft und gröfserer sicherheit ist
angese(he)n, ob es sich begeb, dass einer oder mer sich uss sinem
land üsserte und in des anderen land käme, so söllend dann die selbigen panditen und flüchtigen schuldig sin in das recht ze stan; es
sol (ouch) jeder dem anderen die sinen zuo recht halten; die selbigen
söllen sich ouch dann desselbigen rechten benüegen etc. 2. Zum anderen so söll Hans Jacob von Medicis, castellan zuo Müfs, mit allen
sinen fründen, dieneren und anhäugeren irer zuo beden teilen abge-
seiter füge(n)t sin und sterben etc. 3. Zum dritten so söllend und
wellend wir allen flis und ernst, ouch müeg und arbeit ankeren, den
obgenanten castellan von Müfs mit sampt sinem anhang zuo vertriben
uss allen sinen stetten, schlösseren und landen; wir wellen ouch nit
ablan, bis er ganz und gar usgerütet, verjagt und vertriben ist. 4. Zum
vierten, es soll ouch kein teil mit disem obgenannten castellan thein
fründschaft, friden, büntnus noch capitel ufrichten noch machen, weder
mit im selbs noch mit den sinen, an(e) des anderen gunst, wüssen
und willen. 5. Zum fünften, von anfang bis an das end des kriegs
so söll ein teil dem anderen schuldig sin hilf und rat, jetlicher nach
sinem vermögen. Es soll ouch jeder teil mit allem sinem vermögen
allen denen widerstand tuon, so dem egedachten castellan hilf und rat
geben und erzeigen wetten. Und ob es sich begeb, dass die not er-
hiesche, so sol jeder teil dem anderen schuldig sin hilf zuozeschicken
und bystand ze tuon wider menklich, damit und diser krieg zuo end
gebracht werd. Es sol ouch jeder teil sich keins kriegs beladen an(e)
des anderen wüssen und willen bis zuo end des angefangnen kriegs.
6. Zum sechsten, alle die stett, schlösser, plätz und land, so der herr
von Müfs hat ingehan, vor und eb die Pündter den letzten krieg angefangen haben, so vor bis uf dise zit zuo dem herzogtum gehört
hand, die selbig(en) söllend widerum zuo des Herzogen handen gestellt werden. Wir als die houptlüt und botten hand ouch uss kraft
diser kapitlen verheifsen und von stund an die land, so wir eroberet

hatten, dem Herzogen oder sinen anwälten überge(be)n und ingeant-
würtet, dessgelichen alle die land, so wir witer überkon möchten, die
söllen wir dem obgenannten Herzogen ouch widerkeren und ge(b)en,
usgenommen und vorbehalten das Veltlin und Cleva mit sampt aller
zuogehörd, das sol den Pünteren beliben wie vor. Witer, ob sach
wir, dass das schloss Müfs mit sampt dem turn am wasser gewunnen wurd, so soll das selb nider geschlissen und uss dem fundament
gerütet werden und sol zuo ewigen ziten niemer mer gebuwen werden. 7. Zum sibenden so söllen alle Eidgnossen und Pündter mit
sampt iren undertanen, so in diser capitulation vergriffen sind, zollfry
und sicher us und in wandlen mit allen iren geschäften und handtie-
rungen, as lang as dise capitulation wert. 8. Zum achten soll der
herzog von Meiland alle schiff, so der(selb?) uff dem Cumer see zuo
wegen mug bringen, zuorüsten mit geschütz, spis und aller provant,
so darzuo gehört, in sinen kosten. 9. Item zuo dem nünten soll der
Herzog ein zitmliche zal kriegslüt uf dem land ouch ha nmit geschütz,
spis und allen notwendigen dingen, so zum krieg gehört, und das
alles in sinem kosten. Er sol ouch inen ein redlichen kriegsman zuo
einem obristen houptman gen, damit sy versorgt sigent. 10. Demnach
so sond die obgenannt(en) acht Ort mit sampt den Pündten zweitusig
man han mit sampt iren houptlüten; die selben söllen wol gerüst sin
mit geschütz, harnist und gewer und anderen notwendigen dingen.
Dargegen und wider sol der Herzog uss den zwei tusigen zwölf hundert besölden und jedem knecht fünfthalben riuscher gulden gen, und
die selb zal soll han dri houptman, welichen er git drifsig übersöld,
jedem houptman x söld; darus sol er bezalen houptman, lütiner, fen-
rich und doppel söldner. Der obgenant Herzog sol ouch sömlich gelt
inzien von der landschaft, so sy dem von Müfs abgewunnen hand in
disem krieg; darzuo soll der Herzog ein geschickten commissari verornen und setzen. Es sol aber der Herzog nit schuldig sin, dise
knecht ze bezalen, bis dass vor und ee (sic) dise capitulation ufgericht
und besiglet sig. 11. Witer sol ouch diss obgezelt volk gebrucht
werden in den gemeinen nutz, nach guotdunken deren, so darzuo ver-
ornet sind in disem krieg; sy sond ouch zuo beden teilen einanderen
fürsetzen spis, trank, munition und was dem anderen notdürftig ist,
desgelichen hilflich sin nach irem guoten bedunken, so es (die) not
erforderete. 12. Zuo letst so soll der Herzog den obgenannten acht
Orten und Pündten gen drifsig tusig gulden an gold um das land, so
sy überkomen hand vom castellan, und sol die bezalig gesche(he)n in
den nächsten dri jaren nach usgang des kriegs, und wann der krieg
ein end hat, so sol dann der Herzog in sechs maneten x tusig gl. legen und demnach alle jar x tusig, bis dass die 30 tusig bezalt werden.
13. Item alles das geschütz, gewer und munition, ouch was zuo einem
krieg gehört, das zuo Müfs oder Legg oder zuo Belee(?) und anderen
orten funden wurd, das des castellans oder siner anhängeren gsin wär,
das soll an(e) allen intrag dem Herzogen ingeantwurt werden und beliben. Was aber von gold, silber oder alle andere ding funden wurd,
das sollend sy (die kriegslüt?) früntlichen teilen; man sol ouch uf

dise ding ein comissari verornen. Und zuo (in?) kraft diser obgemelten kapitlen söllend die botten von Glaris, Basel und Schaffhusen zwo copien nemen und iren herren den acht Orten anzeigen und die selbigen ufrichten und besiglen. Dessgelichen sols Hans Travers ouch sinen herren den dri Pünden anzeigen und ufrichten wie obstat; demnach so sol dann der durchlüchtigist Herzog soliche capitulation ouch mit sinem eignen sigel besiglen. (Actum) zuo Meiland im 1531. »

Luzern, A. Mailand.

Es liegt eine gleichzeitige abschrift vor; wie und wann dieselbe nach Lucern gekommen, ist nicht ersichtlich geworden. — Dieselbe ist ein auszug des vertrags vom 7. Mai.

1251. 1532, (Jan.?). Instruction für die Freiburger botschaft nach Orbe und Grandson: Jacob Wicht und Hans Studer. 1. «Des ersten, dass die abscheiden verlesen und gehalten werden, und die kilchengüeter, so noch vorhanden, widergekert werden und den (sic) predicanten by den klosterfrowen abgetan werde(n?), wie das veranlasset ist. 2. Demnach dass den geistlichen herren von Peterlingen (mög?) verlangen des so sy bishar in gewalt gesin und des guot brief und sigel hand, und (die botten) daran sigen, dass unser mitburger von Bern glicher gestalt ouch handlen. 3. Denne dass sy nach erfarung des landvogts denen, so schaden beschechen ist vom schne, dass sy gewalt haben, inen holz und anders zuo geben nach billichkeit. 4. Die botten sollen ouch daran sin, dass zuo Granson miner herren abscheid verlesen und gehalten werde, ouch den karthüsern ire güeter wider ingeben und ander kilchengüeter durch die lutherischen entpfrömb(de)t, so sy vorhanden, ouch widerkert werden, und wo die mess nit abgemeret, wider ufgericht werde, und die karthüser (von) dem predicanten gemüefsiget sigen. 5. Demnach dass wo das mer beschechen, dass man die mess abstelle, lassen min herren beschechen; si wellen aber nit verstan, dass es niendert gemeret sig dann zuo Fiez, so Farellus gemert, und aber die undertanen sich erklagen, man hab es inen nit recht zuo verstan geben; davon(!) sollen die botten daran sin, wo (es) die biderben lüt begeren, dass es noch gemeret werde. So aber unser mitburger von Bern das überein nit gestatten wellten, lassen es min herren beliben by dem, so vor gemeret syg. 6. Darnach aber, Concissa halb, sind min herren bericht, dass es nit gemerot syg; davon(!) sollen die botten daran sin, dass es noch gemerot werde; was dann das mer gibt, daby es beliben und sol niemants meren dann die kilchgnossen desselbigen kilchspels, (da) sollen die botten guot erfarung tuon, dass sunst niemants mere. 7. Und ouch an andern enden, so es darzuo kompt, glyche meinung gestattot werde. 8. Und zuo Yvonant ist verlassen, dass' die undertanen, (so) beiden Stetten zuogehörig, da sollen meren, die da kilchgnossen sind, und sunst niemants andern. 9. Die botten sollen ouch gewalt haben, den ziegleren uf ir klag (ze) begegnen in zimlichkeit, dass sy nit so gar verlurst halb sigen, diewyl sy minen herren ouch gan Chumaulx(?) dienent. 10. Sy sollen ouch ansechen, dass pfäl oder schwellen gemachot werde(n), uf dass miner herren salzhus versichert sige, und das schiff kumlichen mög geladen werden. 11. (Nachschrift:) Die botten sollen sy (sich!) ouch heimlich an commissarien Lucas, an Ritton, an (dem) vicarien zuo Concisa und an den karthüser herren zuo der Lance erkunden, wie der von Wattenwil zuo Concisa und in der Lance verbotten hat, dass man nit mer solle mess haben, . . . damit solichs erzöugt möge werden, so es die notdurft erfordert. ›   Freiburg, Instr. II. 55, 66.

1252. (Jan. ?), · Basel. Notiz betreffend die pensionen von Sa- voyen; je für ein jahr 150 kronen, auf S. Verena (1. Sept.) fällig; rückständig die jahre 1526—1532, zusammen 1050 kr. Basel, A. Savoyen.

1253. (Jan. ?). Der vicar des bischofs von Chur an Theodor Zopfi, leutpriester zu Wesen. · Ad ea que tuam tuorumque parochianorum seu subditorum commoditatem animarumque salutem concernunt, libenti- ter animum nostrum inclinamus intensisque desideriis partes nostras impedimus. Hinc est, cum plures et maior pars tuorum subditorum prefatorum, proh dolor, scismatica factione Luterana et Zwingliana ac diabolica fraude decepti necnon depravati fuerint, sacrosancta et con- secrata ecclesie tue parochialis in Wesen sacellorum seu aliarum filia- lium ecclesiarum altaria, ubi Christi, salvatoris nostri, frequentabantur et celebrari solita fuerunt mi(ni?)steria, unacum ecclesiis diabolico in- stinctu temerario ausu, postposito Dei timore, violarunt funditus diruendo, imagines crucifixi aliorumque sanctorum divellentes igni comburendas tradiderunt, calices, vestes sacras et alia ad sacra Christi et ecclesie, sue sponse, ministeria pertinentia in prophanos usus converterunt, sin- gula prophanando contaminarunt, unde ipse facto merito etiam divino jure excommunicationis sententiam maiorem inciderunt; cum autem (ut asseris) huiusmodi prevaricatores christiane religionis de premissis compuncti intimo corde de commissis doleant et ad gremium sancte matris ecclesie catholice reversi existant, reconciliari ordini cupiant· et velint, tibi auctoritate nostra ordinaria nobis commissa (in quantum'se de jure seu sacris canonibus extendit) facultatem concedimus, ut eos, dum petierint a predictis excessibus, quantumcunque· etiam enormibus aliisque casibus publicis vel occultis nobis vel superiori nostro specia- liter reservatis, injuncta eis et cuilibet eorum insolidum publica· vel occulta juxta delicti qualitatem excessusque gravitatem, prout tibi visum fuerit eorum saluti convenire, penitentia vel emenda in domino salu- tari, et quod similia amplius non committant nec attemptent, et alia que fuerint injungenda, propterea injungas, in quibus tuam (ve)uerandam duximus conscientiam. Hac vice in forma ecclesie consulto absolvas sacreque sancta Christi corporis communione et misteriis participes fa- cias et communices, aliaque sacramenta eccl(esi)astica eis (servatis de ritu ecclesie servandis) in Dei nomine ministres. Si quos tamen im- penitentes et in erroribus obstinatos perspexeris, omnino repellas et indignos judicatos non admittas· . . . Gültig bis Pfingsten, und nicht länger, etc. — Siegelspur auf der rückseite. Schwyz, A. Gaster (original).

1254. (Jan. A.?), Zug. Verzeichniss gefangener Zürcher. I. (33 per- sonen). · Item und diewyl dann die vorgeschribnen personen der me- renteil zuo Cappel gefangen und wund worden, sind sy gmeinlich xiiij

tag und etliche dry wuchen zuo Zug in miner herren kosten gelägen
in wirtshüsern, uf dem ratshus und in dem spital, desshalben ein
grofsen kosten ufgangen. Aber darmit und man gesäche, dass mine
herren nüt unzimlichs begerend, hand sy einem jeden für sin zerung
und kosten ufgeleit ee und ob (sic) sy gen Lucern komen syend, dry
guldin Zuger wärung. » II. (6 personen, von anfang his ende des
krieges in Zug gebliebeu). Für jede person ist aufgelaufen 6 gld.
Burkhard Wirz, unterschreiber, hat für 12 tage im spital 2 gld. zu
bezahlen. (Sig. Jacobus Koly).   Zürich, A. Capp. Krieg.

1255. Jan. 2 (Dienstag nach Neujahrstag). Zürich an Lucern.
Erinnerung an den artikel des friedens, der die parteigänger Zürichs
bei dem abschlag des proviants und andern schritten vor strafen sichere etc. Nun hätte man gemeint, dass Philipp Brunner, landvogt
im Thurgau, der als burger nur seine schuldige pflicht getan, des friedens auch geniefsen sollte; daher bedaure man zum höchsten, dass
Lucern auf dem letzten tage und bei Glarus auf seine absetzung
dringe, zumal er nicht namentlich ausgeschlossen sei, sondern durch
jenen artikel billig geschirmt werden sollte. Desshalb begehre man
nochmals des ernstlichsten, dass Lucern seinem versprechen gemäfs
den frieden treulich halte und gegen den landvogt, der jetzt noch burger und zünfter von Zürich sei, nichts ungütliches unternehme, damit
man spüre, dass es samt den vier Orten den frieden in allen treuen
vollziehen wolle; darüber erbitte man antwort auf den nächsten tag
in Baden, etc.   Lucern, Missiven.

1256. Jan. 2 (Dienstag vor hl. drei Königen). Jacob Werdmüller,
commissari(us) zu Luggaris, an Zürich (eigenhändig). « Frommen,
etc. etc. Nachdem und mir ein brief worden ist, uf Saut Thomas tag
(21. Dec. 1531) zuo Baden usgangen von minen herren den zwölf
Orten, dess inhalt lutet, wie ich mit sampt dem comissari von Bellez (!)
söll das schloss Luggaris schlifsen, doch sol ich die behusung eins co-
missaris stan lassen, das hab ich den Lugarnern von stund an kund
tan, und, als ich acht, sy werdend im statt tuon; witer so söll ich
die schlossknecht urlouben, das ich ouch getan han allen denen, so
noch zuo Lugaris sind gesin, und als im brief stat, ich söll üch . .
herichten und kund tuon, wele schlossknecht wider mich gehandlet
und tan habind, dem ist also. An Sant Gallen abind (15. Oct.) bin
ich und ander, so im schloss Lugaris sind gsin, am morgen unverwart
überfallen von houptman Jacob de Bro von Ure, (so) mit einer zal
Bellezer in das schloss gefallen und mich J. W. fenklich angenommen
zuo miner herren der fünf Orten handen; uf das han ich geredt, was
ist das für ein ding, ich bin doch miner herren von den fünf Orten
geschworner und frommer diener; uf das mir der houptman zuoseit
sichrung libs und guots, das er mir trüwlich gehalten, und sovil me
geredt, wo mir am guot abgieng, wett er es mir uss dem sinen erstatten; ouch ob man mir wett am lib wider sin geheifs etwas zuo-
suochen, so wett (er) mir steg und weg gen, und so (es) not wär,
mit mir vom land, doch sinen herren das schloss mit eim statthalter

versorgen. Semlichs hat er ouch geschriftlich gegen sinen herren erstattet, damit ich nit gan Uri ward gefüert. Aber das so mich billich beduret, darum dann im brief zuo Baden von m. h. den zwölf Orten usgangen, wist, ich söll inen anzeigen, wele schlossknecht ungehorsam sind gesin als meineid und an mir verräter, das ist der Blesi Schuomacher von Bar, (so) der gesin, der die schlüssel genommen und sy (die Bellenzer) am morgen uss eignem gwalt ingelassen, und sind sin mitwüssend gesin der Studer von Luzern, schlossknecht, schriber Gering von Ure, schlossknecht, und Pfil von Schwiz; wie sy es geratschlaget hand, wüssend sy am basten. Und ist ir bott hin und wider gesin ein schnider von Ure, ist von Rinegg bürtig, und ist ir keiner so erlich gesin, der weder zuo mir noch wib und kind seite, erschrick nit, es sind unser herren von (den) fünf Orten; wie sy zesamen sind gangen, mich also uf den fleischbank zuo gend, wüssend sy am basten, sy hand sin nie gelougnet. Nach disem allem ist der Studer von Luzern an mich geraten, dermafs mir tröwt und mich bochet, dass ich uss dem schloss gieng, des willens nit me darin. Also stallt uns houptman de Bro von Ure in frid und hiefs sy ushin gan und mich hinin; über das sind sy in das schloss gangen mit iren geweren. Und zum selben hand (sy) mir vilfaltig tröwt und zuogeredt so vil und schwer, dass es mir lib, eer und guot berüert. Also nam ich Lugarner zuo mir in das schloss in namen m. h. der zwölf Orten und wolt also sy nit me darin lassen, ursach wie vorstat; ouch so hat der Zuger uf Sant Gallen tag urloub gehebt. So muofs es sich gnuogsam finden, dass der Luzerner, der Studer, vor zweimal hat frid brochen, und der Pfil von Schwiz vorlangest mir geseit, er hab ob fünfhundert pfond verschlagen; darum ich mich keinswegs wott me an sy lassen. Uf das sagend sy, ich sündri si von wegen ir herren und obren, sol sich mit warheit nimmer finden; sy sagend ouch offenlich, hettend sy nit die Bellezer ingelassen, so hett ich das schloss eim frömden herren gen; soll sich weder lützel noch vil nimmerme finden. Und uf das alles ist min bitt an mine herren von allen Orten, dass man sy ab der herschaft Lugaris wise; dann wer wott inen me truwen. Ich tarf keins schribers, ich will ouch aller nit, weder lützel noch vil; ich han inen sunst allen urlob gen, und ob man diss alles nit wette glouben, so beger ich, dass man es lass die vögt hie im land erfaren und erkundigen, sond sy es dryfach alles finden; dann mir wird billich schutz und schirm; dann muos ich also stan, so wird ich ir kein wüssen (?) im land Lugaris; dann so ich den Studer von Luzern hab heifsen uss dem schloss züchen, so bitt er mir recht. Uf diss alles beger ich geschriftlich antwurt jetz ab dem tag von Baden.

Zürich, A. Lucern.

1532. Jan. 3, Bern. Instruction für die botschaft nach Frauenfeld. 1. (zu o:) Da fünf Orte (hier auch Freiburg mitgezählt?) auf bewilligung, sogar auf begehren der V Orte den vertrag zwischen den gerichtsherren und den gemeinden (im Thurgau) gemacht haben, so sollte es billig dabei bleiben; die parteien, die sich nicht darein fügen wollen, mögen dazu angehalten werden. 2. Man will gar nicht ge-

statten, dass der landammann den neuen frieden in den kirchhören
des Thurgaus verkünden lasse, da jedermann sonst genug davon weifs,
und der friede selbst nichts der art zugibt. . . . (Andere artikel über-
gaugen).   **Bern, Instr. B. 130.**

1258. Jan. 4. Vortrag (resp. missive) von Panizonus an Zürich.
Erinnerung an die letzte zuschrift des Herzogs. Als jener brief ausgegangen, sei das fürstliche heer bereits wieder verstärkt und alles
vorbereitet gewesen, um die brücke zu Lecco wieder zu erobern; es
sei auch die führung des krieges dem durch viele siege bewährten
oberst Viscarino wieder übertragen worden, so dass ein baldiges ende
zu hoffen stehe. Da nun verlaute, dass Baptist, des castellans bruder,
ein geleit zur unterhandlung erlangt habe, so bitte er, der gesandte,
zum höchten, den capiteln zuwider mit demselben nichts zu verhandeln, und weise auf den ursprung des krieges und (namentlich) auf
die durch den castellan selbst zerschlagenen friedensbesprechungen hin
(hier einläfslicher berührt, doch nur wiederholend); dieser verlauf habe
den Herzog bestimmt, von jenen verhandlungen abzustehen und mit
aller kraft den krieg zu ende zu führen, um sich sowohl als die Eidgenossen von einem bösen nachbarn freizumachen; die (acht Orte)
mögen nur nicht zweifeln, dass der castellan sie jetzt, wo sie durch
die vergangenen unruhen ermüdet seien, zu schädigen unternähme,
wenn er nicht belagert würde. Das alles mögen sie wohl bedenken
und sich darüber zu günstiger antwort entschliefsen, etc.
                                   Zürich, A. Müsserkrieg (latein. orig., nebst übers.).

1259. (Jan. c. 5 f.). Die Freiburger gesandten (nach Bern)
sind beauftragt, zunächst vorzustellen, dass es zweckmäfsiger wäre,
die späne in den herrschaften Grandson und Orbe an ort und stelle
(»uff der hofstatt«) zu untersuchen; weil aber Bern erklärt habe, jetzt
dazu nicht hand bieten zu können, so gebe man nach und ermächtige die
botschaft, so gut wie möglich die schwebenden händel entscheiden zu
helfen; wenn sie aber etwas zu schwer oder ungebührlich findet, so
soll sie es heimbringen. Dabei soll sie darauf dringen, dass die
mutwillige übertretung der gemachten verständnisse geahndet werde.
Wird nichts entscheidendes gehandelt, so ist nochmals zu begehren,
dass ein gelegener tag (nach Grandson etc.) anberaumt, dann die
mehrheit ermittelt und die ruhe hergestellt werde, etc.
                                                    Freiburg, Instr. II. 31 b.

1260. Jan. 5 (Freitag nach der beschneidung Christi). Solothurn
an die gesandten der V Orte in Frauenfeld. Verteidigung des Thomas
Schmid gegen die über ihn erhobenen klagen betreffend kirchenschä-
digung etc.   **Solothurn, Miss. p. 362, 363.**

1261. Jan. 5, Lecco. Joh. Jacob de Medici an graf Max. Stampa.
Antwort: Er lasse sich die gestellte bedingung, dass er alle festungen
verlasse, ohne andere dafür zu erhalten, gefallen und schicke nun hiebei eine copie der artikel, die er fordere; wenn sich etwas unbilliges
darin fände, so möge der Graf zum besten vermitteln. . .
                    Zürich, A. Müsserkrieg (italien. copie, nebst übersetzung aus der Herzogs canzlei).
Eine abschrift der »capitel« liegt bei: s. nr. 1262.

1262. Jan. 5. Friedensvorschlag des herrn von Musso an graf Maximilian Stampa, zu handen des herzogs von Mailand. • 1. Dass alle findschaft tod, hin und ab sin solle für in und sine brüeder, für alles das si ton hand ald hand heifsen tuon, es sig vor disem krieg ald in disem krieg, dass (dess) ewiglich nit me sol gedacht werden. 2. Dass ouch solle durchton werden und ab sin die schnitz und pott, die uff mich ald mine brüeder geleit sind worden. 3. Dass alle, die in minem dienst sind xin ald noch sind, wider zuo iren güeteren kumen mügind und geliberiert sigind, ouch die nutzen und bruchen mögend, si sitzend im land oder da ussethalb. 4. Dass alle urteil, die geben sind, rechtlich, diewil ich das land hab genossen, die selbigen also bliben sollind. 5. Dass mir solle geben werden für alles, das ich verlass, Müfs, Legg und die armaden, sibenzig tusend kronen in gold; dise sum halb sol mir werden, wenn ich die pletz verlan, das ander halb teil uff ein billich zil, und dass ich hab gnuogsame bürgschaft, wo dan mir gefallen wirt, zuo Genouw, zuo Venedig, zuo Rom ald zuo Leyon, ouch darzuo mir jerliche gült sol geben werden in diser bürgschaft fier tusend kronen in golt one alle widersag; ouch dass man mir solle geben und nachfolgen lassen alle die schuld ald intrada, die man mir schuldig ist gesin ald schuldig wirt biss uff die zit, dass ich das land verlassen wird, und ob schon des Herzogen comissari das inzogen hettind, dass man mir das wider erstatten solle, und dass man mir um dise schuld guot recht sumarie haben solle, damit mir das gelt unverzogenlich werde. 6. Dass ich mich mit minen zeichen, die ich hab ze Müfs und Legg, uff recht müg hinweg ziechen, ouch geschütz und munition und alles das ich darzuo bruchen soll, one alle entgeltnuss, usgenomen das geschütz, das ich nüwlich dem Herzogen angewunnen hab, und ob sin gnad etwas geschützes ald munition von dem minen begerte zuo koufen, dass ich das siner gnad um ein zimlich gelt solle und welle lassen werden. 7. Dass man mir schuldig sig ze geben ochsen und wagen, da mit ich min geschütz und munition müge füeren uss dem herzogtum Meiland, es sig uff das Venediger land ald uff Mantua, uff Plesenz ald uff Werzell, wo das mir aller basest gefallt und gelieben wurd, und dass ich ouch müge mit minem volk (abziehen?), ouch dass ich um das guot sicher geleit hab, damit ich mit dem minen also volfaren müg one alle entgeltnuss. 8. Dass ich müg die von Müfs gen Legg bringen, vor und ee ich Legg verlassen müefse, damit ich mich rüsten müge und samenthaft hin weg ziechen. 9. Dass mir das land schuldig sig zuo besalen alle die güeter, die ich kouft han in mittler zit, dass ich (darumb?) nit hab zuo rechten. 10. Dass man mir solle recht und (das) summarie haben umb alle die schuld die ich im herzogtum Meiland hab. •

Zürich, A. Müsserkrieg.

• Abgeschrift der missiven und gesetzter artiklen, so der tiran von Müfs uff letst verschinem bytag gehalten fürgeschlagen hat, die Heinrichen Rhanen, dem obersten comissari der Eidgnossen und drygen Pündt, in sinem bisin zuo handen überantwort(et) uff der hl. drig Küng tag Anno 1532. •

1263 a. (Jan. c. 5). ‹Ordinanz gesetzt den schlossknechten zuo Raperschwil, die sy schweeren und (sich) darnach halten sollen.›
1. ‹Item des ersten sollend die schlossknecht, so von den 4 Orten gemeinlich oder sonderlich in das schloss Raperschwil verordnet, schweren der 4 Orten gemeinlich und sonderlich eer und nutz zuo fürdren, iren schaden (zuo) warnen und wenden mit guoten trüwen, als fer inen müglich. 2. Dass sy ouch dem burgvogt in den sachen, händlen und geschäften, so dem schloss Raperschwil ufzuoenthalten dienstlich und von nöten, darnebent ouch in allen zimlichen billichen sachen gewertig und gehorsam sin wellint. 3. Dass sy ouch das schloss Raperschwil verhüeten, verwarten und vergoumen und das durch theiner hand sach, weder durch miet, mietwan (?), gaben oder schenken hingeben oder übergehen, sunder das zuo der 4 Orten gemeinlich oder des merteils under inen handen ufenthalten wellend und sich (weder durch) schrecken noch thein ander sach, wie nötig die jemer wärent, davon (dannen?) tringen lassen, so fer ir jedes lib und leben langt. 4. Dass ouch ir jeder, so die wacht an in kompt, guot wach und wart haben und by nacht all stunden melden well (?) und darin sin best und wägstes tuon. 5. Dass ouch ir keiner ane erlouben des burgvogts uss dem schloss gan, all gferd hindan gesetzt, und wenn einem harus zuo gan erloubt, dass er sich flifs, (zuo) der stund, so im angezeigt, wider inhin ze gan, dass er die nit übersech, und sunderlich dass ir theiner nachts usserthalb dem schloss sin soll. 6. Und zum letsten, dass ir theiner einich gemeinen dirnen noch ouch sunst thein argwenig personen, davon schad oder geprästen erwachsen möchte, in das schloss füeren söllend. 7. Und in disem allem ir bestes und wägstes tuon mit guoten trüwen, on all gefärd.›

Schwyz, A. Rapperschwyl.

Es liegt ein von Balthasar Stapfer sehr flüchtig geschriebenes exemplar und eine nicht ganz correcte abschrift von anderer hand vor; bei letzterem ist, von fremder hand, auch der eid des burgvogtes eingetragen, den wir nachfolgen lassen:

1263 b. (1532 f.). 1. ‹Der burgvogt sol schweren, — (diewil der vertrag, so im 1532. jar ufgericht, vermag, welcher gstalt ein burgvogt sol angenomen und bestät werden) — dass er der 4 Orten und der statt Rapperschwil nutz fürderen, schaden wenden, mit allen trüwen das schloss zuo handen der 4 Orten oder der merteil under inen und der statt Rapperschwil ufzeenthalten, als lang sin leben wärt. 2. Er sol ouch keine ussländische personen in das schloss lan, weder tags noch nachts; sömlichs soll er ouch allen den sinen verbieten. Zuo ungewonlicher zit sol er nit vom schloss gan; ob aber er zun ziten ussert dem schloss bliben (müefst) siner geschäften halb, sol er ein erenman in das schloss die wil verordnen, darmit das schloss versorgt sie. Ob in dann (wie dann der vertrag vermag) notwendig bedüechte, knechte zuo ime in das schloss ze nemen, das soll er an(e) verzug den 4 Orten oder dem meren teil (!) under inen ze wüssen tuon. Er sol ouch nieman das gschütz noch bulfer zeigen, und ob im etwas in

gheim anzeigt wurd, das sol er niemants anzeigen, darvon den (4)
Orten und der statt Raperschwil nachteil entsprmgen möcht. »

1264. (Jan. c. 5), Rappersweil. (Vgl. Abschiede, zu e). Aussagen
über die flüchtlinge: 1. S t a p f e r: 1. «Zum allerersten lit offenlich
am tag, dass der Stapfer all sin vermögen und flifs ankert in allen
sachen, die dem luterschen handel zuogehört und unsern herren zum
nachteil hat (haben) mögen dienen. 2. Zum andern hat der schiff-
wächter in siner kundschaft geseit, dass weder frömd noch heimsch
im schiff siend gsin,* dann der Stapfer; er hat ouch die schiffknecht
gefragt; die habend im geseit, wo der brief glegen sig; da haben sy
geseit, dass sy den brief habend grad da funden, da der Stapfer sye
gestanden, under demselben salz. 3. Zum dritten hat er das sacra-
menthüsli, ouch die alter heifsen hinwegtuon und zerschleizen uss
sinem eignen gwalt, und das nie wäder den Räten noch der gemeind
anbracht, und als der stattknecht in daran gestöubt, hat er im zuo
antwurt geben, es muofs uffem füdloch dannen. 4. Zum vierden lit
am tag, dass er offenlich ussem Rat hat geseit, über dass ers zuo
Gott und den helgen verschworen, dem Hensi Cläusli in des Landen-
bergs hus. 5. Zum fünften lit am tag, dass er etlich botten zum
dickermal gen Zürich und in das läger geschickt, hinder den Räten,
und über dass es ouch von der gemeind was gemeret. 6. Zum sechsten hat er etlichen puren anleitung ge(be)n, und zuo eim, den man
hat in fenknus gehan, geredt, sy söllend die bild redlich verbrennen,
so welle er tuon, als im das leid sig (?). 7. Zum sibenden so legend
all die, so die bild hand verbrennt, schuld uf in und sprechend, er
hab sy das geheifsen; da habend sy gemeint, sy haben im glich recht
tuon. 8. Zum achtenden, als dann etlich kuntschaft über Heini Vogt
etlicher ganz groben und uncristenlichen worten ingenomen, hat niemand vermögen, dass er denselben handel wölt anbringen lut der
kuntschaft, darmit Heini Vogt gestraft wurd; daby zuo gedenken, dass
er im daran gedient. 9. Zum nünden hat er, als die alten herren
und Rät sind abgesetzt worden, helfen den nüwen Rat setzen, das im
nit gezimpt, dwyl er von einer gmeind zuo einem amptman gemacht;
wäre im wol angestanden, er hette tuon wie ander, die abgesetzt warend. 10. Zum zehenden, als dann das mer im Rat worden und übergeben, man söllt die bilder zuo Wurmspach dannen tuon und behalten (durch?) guot gesellen, hat er inen nach lassen schicken uss sinem
gwalt, es sig der Räten meinung, man solle lassen die bild verbrennen
und heifsen die frowen den orden abtuon; wo das nit beschech, welle
man dess an ir lib und guot zuokomen, und zwen geschickt, die ha-
bents verbrennt. » II. S u t e r: 1. «Zum ersten ist Heini Suter der
gsin, der allerlei praticiert, und namlich hat er offenlich an der gemeind geraten und mit sinem geschwätz das mer gemacht, dass niemand nüt sölle schaden, was einer rede und handle, und söllen all
eid tod und ab sin. 2. Zum andren hat man botten von Räten und
gemeinden gen Zürich geschickt; da sind der Stapfer, der Suter und

---

* Es bezieht sich dieser paragraph auf verhandlungen vom Mai 1531.

Buocher in abwesen der andren zum Zwingti gangen und etwas mit
im pratiziert, und als sy darum angezogen (worden), dess bekanntlich
gewesen. 3. Zum dritten hat er offenlich an den gemeinden geredt,
er hab vor vier jaren die Luterschen geholfen strafen und aber wol
gewüsst, dass er unrecht getan; er müefste es aber tuon, dass er unser
herren die drü Ort nit erzürnte; damit hab er ein straf wol verdient;
er welle ouch gern usstan und sich (durch) ein gemeind darum lassen
strafen und der erst sin, der sich strafen welle lan. 4. Zum vierden
hat er offenlich praticiert und zum ersten geraten, dass man die xxiiij
zuo minen herren den Räten satzte, und sunst zum dickern mal darob
und daran gesin, dass der Rat entsetzt wurd. 5. Zum fünften hat er,
Conrat Hager und Claus Züger sich nachts uss der statt gemacht und
die puren ufgewiglet, den Ziegler darum allenthalben im hof umge-
schickt, dass sy am morgen früe under dem tor mit gewer und har-
nescht, alles hinder minem herren einem schulthess und Rat. 6. Zum
(sechsten) hat er aber ein gemeind ufbracht und anzogen, dass man
botschaft von gemeinden und Räten hat gen Zürich geschickt, umb
dass er ein bott gen Zürich und uns der merkt wurd, und dass man
unsern herren den fünf Orten und unsern nacbpuren den merkt mit
dem selben meren abschluog, und kouft der Suter uf derselben fart,
als er bott was, ein ledi win und bracht das mit im. 7. Zum sibenden hat er praticiert und geraten, dass ein gemeind die schlüssel zuo
allen toren zuo ir handen näm, und die mit sinem meren einem
schultheifs und Rat uss irem gwalt, den sy jewellen har gehept, genomen, darzuo was er an allen meren gewüsst, das unsern herren
leid wäre gewesen und denen von Zürich lieb, hett er tuon. 8. Zum
achtenden hat er offenlich an der gemeind geredt, man habe dick botschaft zuo unsern herren von Schwiz geschickt; hette man die gemeinden darfür gehan, wäre wäger gsin; man hab ouch etwen guot
xellen verargwonet, sy haben von hie dannen ussem Rat gen Zürich
geschriben, was man gemacht, das aber nit, sonder so sye das allweg
von Schwyz gen Zürich komen; zuo dem hab ein guot gesell im Rat
nit dörfen raten noch reden, das guote nachpurschaft hett mögen (bringen); dann man hab xellen im Rat gehan, die habends eim im hals
ersteckt; aber er welle hinfür raten, welle im das nit me im hals
lassen erstecken. 9. Zum nünden hat er offenlich angezogen und gemert, dass man ein eid söll schweeren, kein Ort hinder dem andren
inher zuo lassen; dann der vertragbrief vermög das nit; doch wellen
sy unsern herren den vertragbrief halten bim hindersten buochstaben,
und namlich das tüpfli ob dem i; aber mine herren die alten haben
dem gemeinen man bishar den vertragbrief verhalten, und etlich lüt
(die letz?) verstan und anders uslegen, dann der buochstaben zuogeb.
10. Und zum letsten, als am Fritag (21. Juli 1531?) der uflouf was, und
etlich guot eerenlüt, namlich Heini Uolrich von Schwyz, obervogt in
Höfen, und ander einer statt Rappreschwyl zuo guotem der statt zuo-
gloffen, hat er denselbigen etlich schmachwort erpotten und geredt, er
sige jetz herr zuo Rappreschwyl. Dessglichen als unser lieb herren
die drü Ort uns geschriben, wie der muotwillig zwang, so mit inen

geprucht, sy verursache, mit ir paner uszeziechen, und uns von Rapp-
preschwil geschriben, dass wir lut der pflicht by inen bliben wellen,
und als der selb ,brief verlesen, hat er wellen (wo er dess folg funden) unser herren für fiend haben, dwyl im absagbrief, den sy denen
von Zürich geschickt, gestanden dass unser herren allen denen, so
den nüwen glouben angenommen, ouch absagind. » — III: (Zu g:)
•Heini Vogts halb weifst menklich, mit was grofser buobery er
ist umbgangen, und was pratiken er gebrucht, was schantlicher worten er usgossen, darum geschworne kuntschaft über in ingenommen,
wie hienach folgt: 1. Namlich Jacob Cuonz hat gseit, dass er uf der
brugg vom H. V. hat gehört, dass er zum hoptman Klein hat xeit,
welicher an die mess gloubt, dass die grecht sig, der hat als gewüss
ein kuo angangen. Demnach hab er wyter xeit, es hab einer uf der
Schmidstuben geredt, welicher an die mess und an fürbitt der heiligen
globt, der sye ein ketzer. » 2. (Bestätigung durch Jacob Klein, mit
dem zusatz, dass auch der an die fürbitte der heiligen glaubende eine
kuh müfste angegangen haben). 3. •Uf Zinstag nach Galli (17. Oct.)
im xxxj hat Felix Sattler xeit, dass er vom H. V. hab gehört zur
Sonnen, dass er offenlich geredt, wenn ein gemeind wüsste die red
von •unsern herren den drü Orten, so wäre sy nit wol mit inen zefriden, und hab Heini Vogt darzuo geredt, wenn unser herren in für
ein meineiden böswicht habind, so rede er von inen, dass sy küege-
higer siend, und sovil me geredt, er sye ein porner Schwyzer, und ee
er sy für herren wellt han, ee wölt er den Türken annemen. 4. Sodann hat Berchtold Schmid xeit, er hab vom H. V. gehört ob dem
tisch, dass er offenlich geredt, welicher in meineid schelt, derselb
müefs im ein meineider böswicht sin. »
Schwyz, A. Rapperswyl.

1265. Jan. 5. Schwyz an Weesen und Gaster.* •Wir der
landammann und zwyfacher landsrat zuo Schwyz geben üch von Wesen und im Gaster zuo vernemen: Nachdem und ir mit üwer maniger
gstalt handlungen wider uns, als wider üwer natürliche oberherren
getan, es sig mit worten, abschlachung der profiant und (in) ander
weg, ouch wider uns und gegen uns gezogen und· zuo feld gelegen,
derohalben ir an uns trüwlos, eerlos und eidbrüchig worden, (und
wir?) üch mit tätlicher handlung darum ze strafen underwunden ge-

---

* Es liegt leider nur eine moderne und nicht sonderlich gute copie vor, die
häufig der verbesserung bedarf. Zu guter aushülfe diente aber nachträglich eine
abschrift, die ungefähr auf den 12. März datirt werden kann. Sie enthält zwar
die einleitung und den schlussabsatz nicht; dagegen bietet sie für den wichtigern
teil des textes, die eilf artikel, zahlreiche varianten, die wir teils als correcturen,
teils als zusätze verwerten konnten; doch ist im hinblick auf die geringere be-
deutung dieses actes nur das wesentliche berücksichtigt worden; was hier fehlt,
ist oben in eckige klammern eingeschlossen. Characteristisch für diese copie
ist der häufige wechsel im gebrauche der personalpronomen, indem die von
Weesen und Gaster bald förmlich angeredet, bald in dritter person angeführt
werden; bemerkenswert ist auch die beinahe durchgängig befolgte umstellung
in •Gastaler und Wesner» u. s. w., die in der missive vom 5. Januar noch
vermieden wurde; eben die stadt Weesen musste ja am schwersten für ihren
abfall gezüchtigt werden. — Vgl. Absch. 12. März.

hebt, habend ir üch in sölchem wider uns unredlich und unrechtlich
gehandlet (ze haben) bekennt und das an unser gnaden und ungnaden
libere ergeben, ungezwytlet (dass) ir das der vergessenheit noch mier
(? nit) befolen; habend wir zuo anfang euer straf etlich artikel gesetzt,
die ir also annemen und denen geleben vermeinen, und so dann die
euch annemlich, die ze halten und zuo volstrecken sin, söllen es (ir?)
demnach unser straf nit desto weniger erwarten witer sin, und ob ir
die annemen oder nit, uns bi disem unserem geschwornen potten angents prichten, und sind namlich diss artikel, lutend von wort zuo
wort also. 1. Des ersten, dass ir von Wesen und Gaster menigklich
den waren alten ungezwifleten christlichen glouben widerum annemen,
die kilchen, so vil uch müglich, zieren angents, ordnungen und satzungen der helgen christlichen kirchen, als das ampt der heiligen mess,
der heiligen siben sacrament und ander al(l) cermonia halten und
widerum ufnemen und darvon niemermer zuo stan, ouch darwider
weder reden noch handlen, in sonderheit sampt und sonders dem
stif (als unser und üwer frommen altvordern getan) anhangen und byständig sin by schwerer pen und straf, ouch verlierung leben etc.
2. Zum andern, dass wir von Schwyz (und Glarus) als oberherren in
der herrschaft Windeck, in Wesen und im Gaster, einen jeden übeltäter, eerlosen, eidbrüchigen, meineidigen und verlümpten, in was gstalt
einer das malefitz verwürkt hetti, dessglichen ouch jeden ufrürer, so
uns widerwärtig oder ungehorsam wäri, in was gestalt das zuo nachteil unser herlikeit und oberkeit furgenomen wurdi oder werden
möchte, den und die wol fenklichen annemen mögent one beschirmung
oder behelfung einicher [ver]tröstung und versperrung, es wäri dann
unser beider Orten verwilligung, und mögent ouch sölich vorgelütert
personen bifangen, türnen, plöchen, pinlichen fragen und gichtigen und
die für gricht stellen und berechtigen vor dem stab und gricht, darinnen sy gesessen sind, ob uns guot dunkt; ob uns aber gefelliger wäri,
so mogen wir sölich vorgemelte gefangen fenklichen angents in unser
länder gen Schwyz oder gen Glarus füeren, alda bifangen, türnen,
plöchen, pinlichen fragen und gichtigen, ouch über sy zuo richten und
rechtzesprechen; dann wir harin gwalt haben (sollen) ze tuon, weders
uns geliebt, one hinderung und intrag allermenklichs, ouch one beschirmung und behelfung einicher trostung und inreden. Wann ouch
vor ziten graf Fridrich von Toggenburg, der dozemalen (ir) oberherr
gewesen, bi inen söliches gebrucht und dess ze tuon recht gehebt,
welche rechtspflicht(?) wir bede Ort [als oberherren daselbs billich]
ouch haben und bruchen söllent; dann ob wir schon uss gnaden lang
zit und jar in dem und anderem unser vollmächtig gerechtigkeit und
herrlicheit ze gebruchen nachhinläfsig und zuo güetig gewesen, wellend
wir dardurch an unser gerechtigkeit nichts verloren oder durch lange
verschinung hingeben haben, diewil es (doch) nit bas angelegt an üch
gewesen. 3. Zum dritten, als ir bishar vermeint nit witer schuldig
ze sin ze reisen, dann beider Orten landmarch ze schirmen, wellend
wir dass ir nun hinfür allweg schuldig und pflichtig sin söllen, mit
uns beden Orten und jedwedrem Ort insonders mit lyb und guot ze

reisen, es sig innert oder ussert lands, wohin wir üch manen, an alle
ort und end, da wir von Schwyz oder wir von Glarus unser zeichen
und knechte hinschicken, und söllend ouch allweg under unser(n) zeichen züchen und gehorsam erschinen mit der anzal, so üch ufgelegt
wirt, und sönd üch ouch under uns keins gewalts beladen, sonders
wie undertanen sich halten und ufmerken, was ir von houptlüten oder
usgesandten gewalthaberen unser beider Orten ze tuon geheifsen werden, demselben statt tuon und nit witer nachzefragen, als undertanen
zuostat und gepürt. Ob ouch wir bede Ort oder jetweders insonders
üwer in zuosatz zuo gebruchen bedörfent, wohin es wäri, söllend ir
uns gehorsam sin, alls wie obstat in üwerm kosten, wo wir dannze-
mal ouch kosten haben. Ir söllend ouch kein houptman noch zeichen
ufwerfen noch bruchen, es werdi dann üch von uns beden Orten (erloubt und) nachgelassen. 4. Zum vierten, als ir dann bishar zuo Wesen und im Gaster burgerrät und landsrät, ouch gemeinden gebrucht
unerloubt und one heifsen unser beider Orten, söllend ir nun hinfür
zuo ewigen ziten (weder) in noch ussert lands, in kriegen noch da-
heimen, kein burgerrät noch landsrät, ouch kein gmeinden noch ratun-
gen, heimlich noch offenlich sampt noch sunderbarlich, niemermer haben
noch gebruchen und ouch das ze tuon kein fuog, recht, macht noch
gwalt haben, sonder aller dingen üch dess müefsigen (und keins wegs
zuo tuon fürnemen); dann so man sölich Rat und gmeinden hat, gibt
allein anzeigung, dass (es) uns zuo nachteil und ingriff an unser herlikeit sig, diewil doch ir unser undertonen (sind) und weder lüt noch
land zuo versechen noch ze regieren habend, sunders unser eigen lüt
(sind) und beherschet und von uns geregiert söllen werden und nit
üch selbs regieren; dann uns als der oberhand gepürt und zuostat,
Rät und gemeinden ze gebruchen; dann wir selbs herren (sind), ouch
land und lüt zuo versechen haben und (ob Gott will) üch und andere
unsere undertonen nach gebür regieren mit unseren Rät und gemeinden nach eren und notdurft, als uns guot bedunken wirt und uns zuostat, in sölchen dingen fürsorg zuo tragen, und nit den undertonen;
dann das land und die oberkeit bi üch unser und nit üwer ist. Ob
aber üch oben oder unden im land etwas angelegen sin wurdi, söllend ir üweren mangel uns als üweren herren und oberen oder unserem obervogt old houptman zuo kriegs ziten anzeigen, so mögen
alsdann wir üch um sölich üwer mangel Rat oder gemeind ze haben
vergönnen oder abschlagen nach unserem guot bedunken. Welcher
zit aber Rät oder gemeinden vorgerüerter gestalt vergunnt (wurdind),
so sol doch allweg unser obervogt oder verordneter gewalthaber darbi
sin, und ane dess bisin nichts gehandlet noch fürgenomen werden mit
Rät(en) noch gemeinden. Und ob dann in sölcher rathandlung und
gemeindsversamlung ützit fürgebracht oder angezogen wurdi mit worten oder werken, das beder Orten herlichkeit und gewaltsame berüeren möchti und ingrifung gepären, das sol er augents widerrüefen und
in unserem namen widersprechen und sy (üch) by iren (üweren) eiden
erfordern, (dess) abzuostan; dem söllend ouch dann ir gehorsam sin
und üch vor sölchen hüeten und goumen, by schwerer pen und un-

gnad; dann üch in solchen sachen kein Rat noch gmeind vergonnet
wirt noch werden soll, sonder söllend ir in üwerem stat als undertonen leben und handlen (bliben); dann ouch zuo der herschaft Oestrich und dess von Toggenburg ziten ir obgenannter dingen kein fuog,
gwalt noch macht gehebt, sonders von unser hinlefsigkeit und gedult
willen üch sölichen gebruch und gerechtigkeit und rechtung gemacht,
ingeflickt, gepflanzt und (üch) selbs zuoeignen wellen. 5. Als zuo dem
fünften die grafen von Rapperschwyl vor ziten, Lenzburg, Kyburg,
Habspurg, Toggenburg, fürsten von Oesterrich und ander, so mithin
das zit der jaren nach Wesen und Gasteren als recht natürlich oberherren beherschet, und namlich die samnig in Widen ze Wesen von
gerüerten herren von Rapperschwyl, Habspurg und Oestrich, ouch das
gotshus Schennis und etlich kilchen ouch von inen und anderen obgemelten herren gestift, die gült daran uss ir herlichkeit begabt, da
jetz etlich zit die (ir) von Wesen über der samnung gült die hand
geschlagen und darüber gewalt ze haben vermeint, dessglichen an dem
gottshus zuo Schenis ouch sölich ingriff beschechen, und so nun wir
bede Ort an statt obgenanter grafen und fürsten jetz die rechten natür-
lichen oberherren sind und glich so vil als dero herren rechten erb-
genossen in gerüerten orten zuo Wesen und Gasteren ze achten, dann
wir alle oberkeit, gerechtigkeit und herligkeit, so sy daselbs gehebt,
an uns erkouft (und ouch dess inhabende gwaltige und rechtliche besitzer sind), darum söllend ir von Wesen und Gasteren fürterhin niemermer üch keiner sölchen gwaltsame underwinden und kein zuospruch darzuo haben noch ze haben vermeinen, sonders uns beden
Orten als der oberkeit inzesechen und nach unserm guoten willen darin
und darmit ze handlen gepüren, diewil es doch von den oberkeiten
harrüert, und uss den herlikeiten gestift, begabt und harkomen ist.
Ouch söllend ir von Wesen der samnung friheit und brief, so ir in
üwer handen genomen, zuo unseren handen antwurten. Dessglichen
söllend ir von Wesen und Gasteren aller gottshüser, kirchen, pfrüenden und gestiften under üch gelegen brief und schriften einmal (zuo)
unseren handen antwurten, [und uns gepüren, den priesteren, so wir
verordnen, gült darus ze schöpfen;] doch uns von Schwyz vorbehalten
unserem gottshus Einsidlen Oberkilch, das lehen (?) und allen anderen
friheiten, gerechtigkeiten, gricht und herlikeiten unabbrüchig und unnachteilig. 6. Zum sechsten, ob sich iemer füegti, das Gott ewiklich
wende und in hoffnung zuo Gott nimer beschechen sölle, dass wir
von Schwyz und Glarus spän und stöfs mit einanderen gewünnen
oder zuo krieg mit einanderen kämend, so söllend ir von Wesen und
Gasteren sich twederem teil fürer anheuken und twederem teil helfen
den anderen zuo schedigen noch zuo überziechen, sonders nach üwerem vermögen helfen friden, scheiden und das best darzuo reden.
Doch söllend ir nüt desto minder zuo solchen ziten uns beden Orten
und jetwederem insonders in anderweg alle pflicht leisten und gehorsam sin und ouch derwil an ander ort, da unserem jetwederem Ort
ouch (einich?) krieg zuo handen stossen möchti, schuldig sin ze helfen, in mafsen wie der ander artikel lutet, allein usgesündert krieg

und stat, so wir bede Ort gewunnind, als vor stat, ouch unser jetweders eigen lüt und landschaft, so jetwederem Ort mit eigenschaft zuo versprechen stat. 7. Zum sibenten so söllen ir von Wesen und Gasteren hohe pot noch verpot fürt(er)hin niemermer [machen noch] gebruchen; denn sölichs uns ze tuon gepürt als oberherren. Ir söllend ouch kein artikel, landssatzungen, erbrecht, burgerrecht, landsrecht, ordnungen noch gesetzt ufrichten, ze ordnen noch zuo setzen haben. Dessglichen söllen ir der unseren keinem von Schwyz noch von Glarus an iren gewerben noch geschäften, koufen und verkoufen, haudlungen und wandlungen kein intrag, versperung noch entwerung ze tuon gewalt haben weder durch üch selbs noch die üweren, sonders uns und die unseren als üwer natürlich herren ungehindert by iren (durch üwer!) gemächten und satzungen unbekümmert bliben lassen und uns und den unseren zuo dienen und zuo wilfaren nüt koufen und verkoufen und in ander weg und den iren (dess) keins wegs vorzesin. Ir von Wesen und Gasteren söllend ouch üwer burgrechtbuoch, lantrechtbuoch, rödel und brief in unser beder Orten handen antworten und wir gwalt haben, alle und jeden artikel nach unserem willen und gefallen darin zuo änderen, uszetuon und darin ze tuon nach unserem guotbedunken. Und söllend ir von Wesen und Gasteren nimmermer kein burger noch lantrecht old gmächt noch ordnungen zuo setzen haben, sonders bi dem lassen bliben, wie jetz von uns gemacht wirt, und ob [üch in] künftigen [ziten] etworan mangel wurd, söllen ir das uns beden Orten anzeigen; da mögen dann wir üch nach unserem guot bedunken gesatz und recht machen und geben. Ouch söllen ir [von Wesen und Gasteren] alle üwer fryheitsbrief (und) privilegien, so von könig(en), keiseren, fürsten oder herren und ouch von uns hargebracht, uns harus zuo unseren handen geben, die alle unnütz, tot, hin und ab sin und üch dero niemer mer gebruchen und also unser gnaden erwarten, ob wir üch nüwe und andere fryheiten und privilegien geben oder nit, damit (ob) üch hernach fryheiten von uns wurdint, ir und üwere nachkomen erkennen sölich gnaden und fryheiten von uns har gewachsen syn; dann einmal ir alle alte fryheiten verwürkt und uns verfallen haben. Ir in Gasteren und zuo Wesen söllen ouch all üwer haggenbüchsen und all ander geschütz, so gröfser denn haggen sind, zuo unser beden Orten handen und gewalt antwurten und geben und fürt(er)hin kein anspruch niemermer darzuo haben. *8. Zum achten so söllen und mögen wir bede Ort, wen oder welches jar wir wellen, oder allwegen ob uns guot dunkt, gen Wesen und in Gasteren undervögt uss unseren Länderen ordnen und setzen. 9. Zum nünten, als ir uss dem Gastel und von Wesen uns von (Schwyz und?) Glarus uf unserem ertrich lüt gefangen und aber in kurzem inen (üch?) von uns von Glarus, doch in unrüewiger zit, (nachgelassen), (ouch?) nachlassung der fällen und anders beschechen, die selbe begnadung sol unnütz, tot und ab sin (und) sönd fürohin wie von alter har die fäll und anders geben uns und anderen, wo ir die schuldig sind; dan sy (ir?) sölche begnadung an uns verwürkt. 10. Zum zehenten so söllen alle dise artikel jerlichen, so man unserem obervogt schwert, verlesen werden und ouch ze halten geschworen werden. (11.) Item ob (in) einichem diseren artikel unser lieben eidgnossen von Glarus sich von uns sünderen und die nit halten wellten, so ist unser von Schwyz will und fürnemen, dass wir so vil gerechtigkeit, als sölches jedem Ort gepürt und bringt, in disen artiklen allein haben und dero gebruchen; ob aber unser getrüw lieb eidgnossen von Glarns mit uns sömlichs ufnemen wend, wellend wir sy gern in allen sölchen ze teil und gemein mit uns haben und inen gefolgen lassen. Doch dass fürterhin eintweder Ort on das ander Ort kein gwalt mer haben söll an herrlikeiten und anderem, so wir mit einanderen unzerteilt haben, ützit zuo verschenken oder nachzelassen haben, und ouch söliches von uns beden Orten in brief und sigel gegen einanderen verschriben werden; damit wirt jetweders Ort fürohin allweg bi siner herlikeit und oberkeit mögen bliben und nit so torlich durch ufruor der gmeinden und um nid und hass und anheukens willen von den unseren beret(?) und gelüngeret(?), als vormals beschechen ist. — Der obgeschribnen artiklen und stuck zuo merer kreftigung und gloubsami habend wir obgemelten lantamman und zwyfachen Rat unsers gemeinen lants secret insigel ufgetruckt »...   <small>Schwyz, A. Gaster.</small>

     * In der copie vom 12. März sind die artikel 8—10 so versetzt, dass sich diese reihenfolge ergibt: 10, 8, 9. — Vgl. hiezu **Blumer**, Staats- und Rechtsgeschichte II. I, 13.

1266 a. **Jan. 5 u. 6,** **Bern.** Verhör mit dem vogt von Schwarzenburg über den statthalter und den venner. (Betreffend beobachtung der alten oder neuen kirchengebräuche, einzelne freie äußerungen etc. — im ganzen kleinlich).

1266 b. **(Jan. 6).** Bezügliches schreiben an **Freiburg:** Der vogt habe nicht alles genügend verantworten können; man lasse es für einmal auf sich beruhen, in der erwartung, dass er künftig seinen pflichten besser nachkomme, behalte sich aber für andere fälle die entsetzung vor.   <small>Bern, Ratsb. 232, p. 29, 30, 34, 35.</small>

1267. **Bern** an die gräfin von **Valendis.** Antwort auf ihr schreiben betreffend den venner Guillaume Gerbe, nämlich den zwischen ihm und dem prädicanten von Neuenburg waltenden span. Man könne den angesetzten tag nicht abrufen, weil der venner den prädicanten hier verklagt habe, und begehre daher, dass derselbe gewiesen werde, hier zu erscheinen; übrigens gedenke man zwischen den parteien nicht zu entscheiden, sondern sie nur zu verhören, so dass die herrschaftsrechte der Gräfin nicht beeinträchtigt werden.   <small>Bern, Welsch Miss. A. 231 a.</small>

1268. **Jan. 6.** **Zug** an **Zürich.** ... 1. Da leider zu Cappel viele gute gesellen gefangen und nach Zug geführt worden, zu denen auch etliche am Berg gefangene gekommen, habe man mit denselben grofse kosten gehabt, indem man die erstern bis nach der schlacht am Berg verpflegt, worauf dann die gesunden und andere nach Lucern gebracht worden, die kranken und wunden aber in Zug geblieben, bis sie genesen und auch dahin gekommen seien, und nach dem frieden, um der freundschaft willen, zu Hägglingen auf die bitte Zürichs bewilligt worden, seine angehörigen ohne lösegeld ledig zu lassen, gegen das früher und damals getane versprechen, alle kosten für zehrung, ärzte etc. abzutragen, habe man einen ausschuss des Rates verordnet, um alle kosten genau zu verrechnen und jeder person ihren anteil aufzulegen, wie aus beiliegendem zeddel zu ersehen; dabei sei aber der arztlohn nicht gerechnet, da man nicht von sich aus eine summe habe ansetzen wollen, indem Zürich an der forderung der scherer vielleicht ein bedauern hätte; desswegen habe man mit ihnen abgeredet, dass Zürich einen tag bestimmen solle, wo sie alle umstände vortragen könnten, und bitte nun, einen solchen tag umgehend anzuzeigen; würden dann die ansprecher unbilliges fordern, so wolle man sie zur bescheidenheit weisen. Die übrigen kosten bitte man unverzüglich zu schicken, damit man jedermann, der hülfe geleistet mit speise, trank etc., seine forderung abtragen könne. 2. M. Niklaus Schärer klage, dass die ehefrau Marx Murer's sel., der ihm schriftlich 12 kr. versprochen, ihm letzthin solche abgeschlagen, und bitte dringend, mit ihr oder den verwandten zu verschaffen, dass er dieses geld erhalte. 3. Da die von St. Gallen, die Gotteshausleute und Toggenburger auch im frieden begriffen, und etliche ihrer gefangenen auch hier gelegen, und man sie auf kosten der stadt nach Lucern fertigen müfsen, so habe man, wie der zeddel laute, denselben auch die geziemenden kosten auferlegt, und bitte nun abermals freundlich, dahin zu wirken, dass sie solche gütlich und ohne verzug bezahlen. 4. Endlich habe Konrad Geering von Mettmenstetten, der wegen seiner missetat ins gefängniss gekommen, auf die fürsprache Zürichs aber mit einer urfehde entlassen worden, die binnen monatsfrist zu leisten versprochene zahlung der kosten noch nicht getan... Antwort bei diesem expressen.

Zürich, A. Capp. Krieg.

1269. Jan. 6, Bern. (Der) «vogt von Granson soll die mit recht (anlangen), so geseit, er habe sy geheifsen harüberfallen; wo sy es nit erhalten mögend, dass er es sy geheifsen hat, söllend sy in entschlachen; wo es aber sich erfindt, dass er es getan, soll er entsetzt werden etc.»

Bern, Ratsb. 232, p. 85.

1270. Jan. 7, Mandello. Simon Ferber, hauptmann von Bern, an seine obern. Verweisung auf den letzten bericht. Seither habe der Castellan abermals von dem Herzog frieden begehrt und gehör gefunden; die artikel, welche (der Herzog) sich vorbehalte, seien in abschrift beigelegt, da verlaute, dass jetzt in Baden ein tag gehalten werde. Sobald etwas weiteres vorgehe, wolle er wieder berichten, etc.

Bern, A. Mailänderkrieg.

1271. Jan. 7 (Sonntag nach Epiphaniä). Solothurn an den vogt zu Dorneck. 1. «Wir haben din schriben berüerend die von Arlessen (Arlesheim) (ains) inhaltes verstanden, und ist nit ane, wir hätten grofs begirde, mit inen ze handlen, damit si uns verpflicht worden (wären); diewyl aber du magst wüssen, dass wir ander geschäft, daran uns nit wenig gelägen, mit dem Bischof (von Basel) uszetragen haben, so will uns nit geschickt bedunken, in von des dorfes wegen zuo widerwillen

zuo bewegen, und doch darby den handel nit zuo verwarlosen. Desshalb so ist an dich unser begere, dich zuo vorbemeltem herrn Bischoffen angends ze füegen und im anzuozöigen das, so im mit dem burgrechten (dero) von Basel allenthalben begegnot, und wie er desselben,
wo wir die von Arlassen nit in pflichte des burkrechten annämen, an
dem ort ouch wärtig sye; (ine) daruf bittlich ankeren, uns zuo vergonnen, si also anzenämen, sinen fürstlichen gnaden an ir(er) herrligkeit und oberkeit unschädlich; dann unser meinung gar nit ist, dieselb
sin gnad an ir(er) gerechtigkeit ze sumen noch ze irren; darzuo, so
sich dise löuf ändren, und andre burkrecht in siner fürstlichen gnaden
oberkeit dannen getan, uns harin ouch der geschicklikeit nach ze halten, als wir achten siner gnaden und dero gestiftes gröfser nutze sin,
dann wo wir uns (der) gemelten von Arlassen nützit belüeden, und
si den schirme zuo Basel wie ouch ander suochten und annämen. ›
Daneben soll der vogt die beschwerden der Arlesheimer (zu erfahren
suchen) und diese mit freundlichen worten vertrösten und einstweilen
hinhalten. 2. Ennet der Birs einen landtag zu halten, könne man den
Bischof nicht wohl hindern.   **Solothurn, Miss. p. 876, 877.**

1272. (Jan. c. 7), Zürich. Instruction für Rudolf Stoll und Joh.
Haab, als boten auf den tag in Frauenfeld. 1. Vollmacht, bestmöglich
in sachen der klöster und der daraus getretenen personen handeln zu
helfen, die evangelischen zu schützen etc. 2. Auftrag zur verwendung
bei den drei mitschirmorten, dass der abt von St. Gallen ersucht
werde, dem Hans Zingel und andern ausgetretenen conventherren die
leibgedinge für die zwei letzten fronfastenziele nachzuzahlen und dieselben bei den erlangten rechten ohne umtriebe bleiben zu lassen.
3. Mit Glarus, bei dem man sich dafür auch schriftlich verwendet,
sollen die rechte der stadt St. Gallen, betreffend ihren kauf, und die
Gotteshausleute bei dem evangelischen glauben verteidigt werden.
4. Dessgleichen will man die von Bischofzell gemäfs den eingelegten
artikeln bei ihrer freiheit handhaben, zumal sie im frieden begriffen
sind und nicht zu den gemeinen herrschaften zählen. 5. Dem vogt
auf Blatten soll das seinige unangefochten nachfolgen, da er nur den
befehlen der obern gehorcht hat. 6. Den landammann sollen die von
Frauenfeld wie von alter her in ihrem Rat sitzen lassen. 7. Entgegen
dem ansinnen des bischofs von Constanz, in seinen gebieten die altgläubigen für ämter zu bevorzugen, will man bei dem eidg. mandat
und dem frieden bleiben, der jedem seine freiheit lässt. 8. In betreff
der häfte, die man diesseits nur zur gegenwehr verfügt hat, ist bei
den Eidgenossen ernstlich anzuhalten, dass sie dem bischof nicht entsprechen, ohne auch Zürich bei seinen rechten zu handhaben und durch
fürschriften bei dem r. König oder anderswie zu vermitteln. 9. Empfehlung des zieglers von Steckborn... 10. Die gerichtsherren sollten
von den vier Orten ermahnt werden, bei dem gemachten vertrag zu
bleiben... 11. Die verkündigung des neuen friedens durch den landammann will man, wenn es den andern Orten gefällt, geschehen lassen. 12. Dem weihbischof geleit zu geben sei bedenklich, da man

nicht jedermann zu meistern vermöge; man wolle ihm daher nichts wehren und nichts befehlen, sondern die sache ihm anheimstellen; wenn er es wagt, durch das Zürcher gebiet zu reisen, will man es in Gottes namen geschehen lassen. Zürich, Instruct. U. 809, st.

1273. Jan. 7. «DECANVS ET CAPITVLVM ECCLESIÆ CATHE-DRALIS CONSTAN. | (tiensis), provinciæ Moguntinæ, ad præsens pastoris solatio destituti, universis et singulis domi- | nis, Abbatibus Collegiatarumquo præpositis, Decanis, Custodibus, Cantoribus Decanatuumque ruralium Decanis et Camera- | riis et parochialium Ecclesiarum rectoribus, plebanis, viceplebanis, cæterisque præsbyteris curatis et non curatis, per diocesim Constan(t.) ubivis constitutis, Salutem in domino. Inter tot perfidias et nephandissimos errores (qui heu modo infœlici seculo in diocesi Constant. grassantur; inter tot tantaque pericula que nos circumstant, haud illud est minimum, quod Ecclesia Constant. infra unius anni curriculum bis sit humano rectore destituta. Piæ enim memoriæ dominus Balthasar etc., cum paululum supra annum Episcopatui præfuisset, naturæ debitum soluit, vir a quo (si vita longior contigisset) maxime salutaria omnibus catholicis fuerant speranda; successit domino Balthasari venerandus Antistes Hugo de Landenberg, qui et præcesserat. Postquam enim mansuetissimus, prudentissimus atque integerrimus præsul Ecclesiam Constant. non sine magna omnium laude usque in XXXIIII. annum rexerat, ob virium destitutionem ægramque valetudinem longis id annis afferentibus, resignavit domino Balthasari, quo defuncto, ob præclaras res gestas pientissimus pater unanimis suffragiis denuo fuit electus et postulatus, at non diu nobis optimum pontificem fata faverunt. Cum enim jam longam vitæ explesset ætatem, a domino visitatur gravique admodum morbo laborare cœpit, de quo tamen nullum impacientiæ signum dedit, sed cum divinæ vocationis horam (quæ gratia fuit singularis) adesse sentiret, integerrimi christiani omnibus in rebus ostendit indicia, vitæ anteactæ maculas per ferventem contritionem puramque confessionem abstersit, sicque innocentia fretus et sincera conscientia devotissimo animo salutaria sacramenta suscepit creatorique suo spiritum intrepide reddidit anno ordinationis suæ XXXVI., ætatis pene octogesimo, Incarnationis vero dominicæ M.D.XXXII, mensis Januarii die septimo. Vos ergo omnes et singulos in domino cohortamur, ac vobis et cuilibet vestrum sub debito obedientiæ mandamus, quo die Mercurii post præsentium præsentationem aut alio die eiusdem septimanæ magis opportuno, in monasteriis et ecclesiis vestris venerandos nostros antistites, pastores et patres pro more et ritu Ecclesiæ catholicæ justis exequiis peragere et dominica præcedente animas eorum subditis vestris commendare velitis. In quo Deo omnipotenti opus meritorium, animabus defunctorum saluberrimum, nobis vero gratissimum facietis. Datum in oppido imperiali Ueberlingen dictæ diocesis, ubi nunc cum clero nostro residemus, anno et die supra specivocatis, inditione vero quinta, sub sigilli nostri secreti præsentis impressione.

Zürich, B. Constanz (besieg. druckexemplar).

1274. Jan. 7. Statthalter und Rat von **Bremgarten** an **Zürich**. Antwort auf die anzeige, dass die V Orte auf ansuchen von Zürich und Bern gestattet haben sollen, andere prädicanten zu verlangen etc. Man gebe nun gütlich zu bedenken, was für ein schmerzlicher schaden und wie grofse ungunst und strafe der armen burgerschaft um dieser zwieträchtigen prädicanten willen zugestofsen, wovon noch der kleinste teil vergolten, die geldbufse noch gänzlich unbezahlt, und wie man von aller welt verlassen, ja bis ans ende getrieben worden wäre, wenn nicht durch Gottes barmherzigkeit die V Orte gnade gewährt hätten, während man sonst nicht nur zeitliches gut, sondern auch leib und leben hätte verlieren können, wie man es denn durch abschlag des proviants und andere handlungen wohl verdient, wozu man eben durch diese neuen «anhetzigen» prädicanten nicht wenig verleitet worden; hätte man keine neuerung vorgenommen, den obern die schuldige pflicht geleistet, so hätten sie die stadt ohne zweifel ruhig bleiben lassen... An einem christlichen prädicanten sei nun hier kein mangel; denn einer, der wie der jetzige leutpriester die burger zu gottesfurcht, brüderlicher liebe, friede und einigkeit, gehorsam gegen die hl. christliche kirche und die oberkeiten ermahne, sei für einen christlichen zu halten, und so scheine nicht nötig, ceremonien in der kirche, als messe, singen, lesen, das lob der Mutter Gottes und seiner auserwählten abzuschaffen und zu verkleinern. Man zwinge jedoch niemand zur messe oder zu andern gottesdiensten, wie es etwa früher hier geschehen, verbiete auch niemandem, anderswohin zur predigt zu gehen; allein in einem so kleinen flecken zweierlei prädicanten zu haben und ihnen dafür noch lohn zu geben, dass sie die burger wider einander verwirren, finde man gar nicht füglich; indessen wolle man darüber noch rat einholen...   *Zürich, A. Landfrieden.*

1275. Jan. 7, («1531»), **Zürich.** Vortrag von Panizonus. «Secretarius ill^mi Ducis (**Mediolani**) mei residens apud ser^mum Regem Romanorum ad me scribit, quod Baptista frater et Augustinetus agens castellani Mussi cum mag^co domino march(i)o de Emps et eius filio Vuoldricht(!) instarunt apud ser^m Regem Romanorum, ut illa m^te ferret aut per ipsos ferri permitteret auxilium castellano Mussii, offerendo quod ipse castellanus deponeret unam ex duabus arcibus vacuam militibus et tormentis in manibus prefate m^tis et dimitteret unum fratrem in curia eius m^tis, ut cognosceretur de juribus suis; modo interim fieret quod ill^mus Dux meus arma deponeret. P^tus vero ser^mus Rex remisit rem cæs. Maiestati, quæ cæs. m^tas idem negotium remisit ill^mo Duci meo et oratori suo Carraciolo Mediolani residenti, ut si cognoscerent in hoc aliquid esse utile communi bono, facerent prout eis videretur. Sed Mussiani de hoc non contenti secundo comparentes oblationem ampliarunt, quod is castellanus deponeret unam ex duabus arcibus in manibus p^ti ser^mi Regis, et ipsemet castellanus in persona iret ad tractandum reliquum in Insprugh, modo arma deponerentur; sed ser^mus Rex Romanorum et cæs^a M^tas secundo responderunt, ut prius fecerant. Mussiani autem superbientes jactarunt rogari a ch^mo Rege

Franciæ, et quod dictas arces traderent illi m⁰ et quod jam ob hoc esset aliquid complicatum inter ch. Regem et d. Elvetios. Ideo ser. Rex Romanorum, visa Mossianorum insolentia, dixit illi de Emps quod castellanus Mussii nullum jus haberet, et sic prohibuit denuo, ut nullum auxilium afferret, et p. m. nuntiavit ill. Duci meo hanc Mussianorum jactationem, et jactatio certe dici potest, quia ill. Dux meus est bonus servitor, et in bona gratia x. Regis, et eadem x. m., contribuit cum d. Retis in hoc bello. Itaque videmus totum orbem pro nobis esse contra hunc castellanum Mussii; et ill. Dux meus in hoc bello recto pede procedit, et videre potestis, quia ille desperatus dicit velle dare dictas arces x⁰ Regi, et sic finem brevi sperare possumus.

Zürich, A. Müsserkrieg.

1276. Jan. 8, Mailand. Maximilian Stampa an den herrn von Musso. Er habe dessen friedensartikel empfangen und wider seinen willen dem Herzog zugeschickt. . . . Nun begehre er, dass der Markgraf ihm künftig weder schreibe noch boten sende. . . .

Zürich, A. Müsserkrieg („copie").

1277. Jan. 8, «Viglia». Herzog Franz II. an Jeronimo Merrinone(?), hauptmann des lagers. Er werde durch den (boten) Tanzio die auf die friedensartikel des Medighin schriftlich gegebene antwort vernehmen; da dessen anschläge immer auf « anderes » zielen, so gebe man hiemit den befehl, keine boten oder briefe aus Lecco geben zu lassen, sondern solche umtriebe gänzlich abzuschlagen und mit dem kriege fleissig fortzufahren, was dem oberst Viscarino zu vermelden sei.

Zürich, A. Müsserkrieg („copie").

1278. Jan. 8, Dongo. Stephan Zeller an BM. und Rat in Zürich. Wie er schon öfter geschrieben, sei er in der gröfsten not, am mehr als 800 kronen verschrieben und nicht im stande, die knechte weiter mit verheifsungen zu vertrösten; er bitte daher, ihm urlaub auszuwirken und seine rechnung abzunehmen; ebenso schreibe er den acht Orten gemeinsam. Er habe seinen herren und sich selber ehre zu erwerben gehofft; allein er fürchte, dass es in solchen umständen nicht gelinge. . . Denn Bern, Freiburg und Appenzell haben ihm auf all sein schreiben keinen heller geschickt, und es lasse sich denken, als sähen einige gern, wenn ihre knechte nur heimzögen. Daher bitte er, auf dem tage tapfer in der sache zu handeln; denn geschähe ein aufbruch, so müfsten doch Zürich und er schuld sein. . . Zürich, A. Müsserkrieg.

1279. Jan. 8 (Montag nach hl. 3 Königen), Dongo. Stephan Zeller an die boten der acht am Müfserkrieg beteiligten Orte. Sie werden wissen, wie er seit neun monaten als hauptmann im lager vor Musso gedient; wie ihm « im letzten abscheid uff dem berg ze Müfs » 30 übersölde bewilligt, bisher aber nur 28 bezahlt worden, und jetzt an den Thurgauern und Toggenburgern 4 sölde abgegangen; wie er, um die knechte zu bezahlen, geld aufgenommen und sich für sie bei den wirten verbürgt und verschrieben habe, so dass er mit 800 kronen dafür kaum bezahlt wäre; auch stehen ihm bekanntlich noch viele sölde aus, mit denen er die doppelsöldner befriedigen sollte. Darum

bitte er «manigfaltig», ihm darin zu helfen und das fehlende geld zu
schicken, damit er sich ehrlich auslösen könne, und seine langen redlichen dienste anzusehen; wollte man ihm das nicht gewähren, so bitte
er um freundlichen urlaub, wofür er sich zur rechnung erbiete; denn
er wüsste den krieg mit ehren nicht zu vollenden, da er die knechte
nicht mehr zurückhalten könne. Bitte um antwort. **Zürich, A. Müsserkrieg.**

1280. **Jan. 8,** Dongo. Heinrich Rahn und Stephan Zeller an BM.
und Rat in Zürich. Nachdem sie jüngst geschrieben, wie sie von
den obersten feldherren des Herzogs «berufen» worden, sei Rahn
wieder in das lager gekommen und melde nun, dass auf dem gesetzten tage einige briefe und andere schriften verlesen worden, welche
den frieden betreffen; er (Rahn) habe aber in weitere unterhandlung
nicht eintreten wollen ohne vorwissen und zustimmung seiner obrigkeit; er schicke nun alle schriften und den abschied zu gründlicher
prüfung, damit listen und fünde verhütet werden können; der beiliegende abschied sei auch dem Herzog mitgeteilt worden; er habe aber
dessen antwort nicht erwarten wollen, da er noch keine vollmacht
habe, über den frieden zu handeln. Er bitte dringend, den abschied
auch den andern beteiligten vorzulegen, da derselbe in dem schreiben
an sie erwähnt sei; handle der Herzog weiter, so werden sie, die
schreibenden, es bei zeiten melden. Sie bitten indess um treues aufsehen,
um einen prädicanten und einen nachrichter. . . . Von Bern und Freiburg sei bis heute kein geld gekommen, so dass man sich in der
grössten not befinde, . . . besonders jetzt, da niemand wisse, ob es krieg
oder frieden werde. . . . **Zürich, A. Müsserkrieg.**

1281. **Jan. 8** (Montag nach hl. 3 Königen), Dongo. Heinrich Rahn
und Michel Luchsinger an die boten der acht Orte. «Unser etc. etc.
1. Wir füegend üch ze vernemen, (dass wir) nechst verschiner tagen
sampt dem houptman der drigen Pündten von f. g. ze Mailand obersten feldherren in ein dorf ze nechst under Legg berüeft worden, desswegen dass etlich hin und wider schriben zwischend unserem figend,
ein friden betreffende, in handen gewesen, welche brief der herr dem
von Müfs one unser vorwissen lesen und verhören nit hat wellen lassen zuokumen; solichs alles ist f. g. widerumb zuogeschickt und haben
wir in (im?) keines wegs gestatten (wellen) noch darin verwillget,
dass dem von Müfs witer antwort solle geben noch mit im, ein friden
(zuo) erlangende, ze handlen, dann wir solichs von üch noch nit in befelch entpfangen. Wir hand ouch noch unvergessen des zuoschribens
von üch uns ton, dorus wir erlernet hattend den unwillen, dass wir
vormals dem Baptista ze Mailand gleitlich geloset und mit im sprach
gehalten; desshalb wir jetz unser hand abton und witer in einem friden nit handlen wellen, wir werdind denn solichs von üch als unsern
herren und obern geheissen und ze tuon bericht. Sodenn wellend wir
harin alles handlen, tuon und lassen, üwer aller nutz und eer zesin
erkennende. . . . Der figend wirt ouch harzwischend one underlass ge-
engst(et) und genötiget und ze allen orten wol belägert.» 2. Die (beiliegenden) briefe, die man Zürich zugesendet, habe man dem Herzog

nach Mailand geschrieben; man hoffe auch, dass er nicht einseitig
handeln werde. . . . 3. Dem befehle, keinen aufbruch zu gestatten, sei
man immer mit grofsem ernste nachgekommen; aber man dürfe sich
billig wundern, dass die knechte so schlecht mit geld versorgt werden,
indem manchem 4 monatsölde ausstehen; «wo ist doch gehört, dass
knecht vier monat unbezalt sollind dienen?» Daher stelle man die
dringendste bitte, unverzüglich geld zu schicken und, zu berichten,
was man tun solle, auch was mit Baptista von «Muss» gehandelt
werde, der auf den nächsten tag «begleitet» sein solle. . .

Zürich, A. Mässerkrieg.

1282. (Zu Jan. 8, Absch v. Baden, dd:) Basel hat einen gestriche-
nen abschnitt, der eine abweichende fassung zeigt, vielleicht eine spur
von andern beschlüssen: «Uf disem tag hat uns der herzog von Meiland geschriben und gänzlichen abgeschlagen, dass er sich des müfsischen kriegs nit allein underwinden noch annemen wölle, und als wir
sölichs verstanden, so habent wir zuo guot der sach einen tag uf Sant
Paulus bekerung tag nächst komend ,gan Arow gesetzt, daselbs hin
jeden Ort einen botten mit vollem gwalt fertigen (soll), witer harin
zuo handlen, als sich würt gepüren, und jeder bott witer davon zuo
sagen weist.»

1283. (Zu Jan. 8, Absch. v. Baden). Aus der Basler instruction
sind folgende abschnitte hervorzuheben: 1. «Hieneben wellte uns gefallen, dass wir unsern teil der herrschaften jensit dem gebirg zuosampt dem geschütz mit nutz verkoufen (und) uns deren abtuon möchten, uss allerlei ursachen, (so) unserem botten wol wüssend. Desshalben unser bott mit andern gesandten, wo er meint guot sin, in ge-
helm reden, iren willen vernemen (und) uns dessen witer verständigen
mag.» 2. Die armen untertanen in Luggaris und Lauis mit einer
steuer («schatzung») zu beladen, billigt man nicht, da sie durch die
langwierige teurung gar hart gestraft sind; die bestrafung einzelner
fehlbaren personen wird jedoch vorbehalten.   Basel, Abschiede.

1284. (Zu Jan. 8, Absch. v. Baden, kk). In seiner instruction auf
diesen tag beschwerte sich Basel über den letzten abschied von Baden (un, betr. das haus Beuggen), der ohne verhörung der städtischen
botschaft gemacht worden sei, und erzählte dann den verlauf des ganzen handels, um sich vor den VIII (und besonders den V) Orten zu
rechtfertigen; den schluss des vortrags bildet die ermahnung, in zukunft nicht so eilig zu verfahren, die obrigkeit zuerst anzuhören,
fremde personen von geistlichem oder weltlichem stande nicht (derart)
in schutz zu nehmen, sondern die stadt bei den bünden und den hergebrachten freiheiten bleiben zu lassen und zu bedenken, dass man
das recht noch niemandem abgeschlagen, etc.   Basel, Abschiede.

Bezügliche schreiben von Basel sind uns begegnet in den Missiven unter
folgenden daten: 1531, 27. März, an Jörg von Andlau; 31. Mai, an Rudolf von
Frödingen; 28. Juni, an J. v. Andlau; 19. Juli, an die oberösterreichische Regierung zu Innsbruck; 13. September, an dieselbe; 17. November, an J. v. Andlau.
Ein anderes, vom 27. September 1532, ist in Absch. p. 1403—1405 gedruckt,
(worin der gegenstand einlässlich dargestellt wurde).

1285. (Zu **Jan. 8**, Absch. v. Baden, 11, resp. nr. 1161 oben:) Auf die bezügliche instruction der **Basler** botschaft (dem abschied vorausgehend), die beigelegte abschrift des am 27. Juli 1529 von Klaus Harnesch(er) geleisteten abzugseides und die in den **Missiven** der späteren jahrgänge enthaltenen acten kann nur verwiesen werden.

1286. Jan. 8. Instruction für Hans Golder von **Lucern.** (Nach den beigesetzten zeichen zu schliefsen und nach vergleichung mit den benachbarten abschieden sind folgende puncte als besprochen auszuheben:) 1. Da Wallis der grofsen kosten des letzten krieges wegen begehrt hat, ihm beholfen zu sein, dass ihm die ausstehenden pensionen von Frankreich bezahlt werden, man aber hierin selbst nichts tun kann, so soll der bote dies anbringen, damit ernstlich und tapfer in der sache gehandelt werde etc. 2. (Die verhandlung mit dem boten des bischofs von Verulam mufs einige tage früher bei Lucern eingeleitet worden sein). 3. Da man nicht willens ist, den von Glarus angesetzten rechtlichen tag wegen des vogtes im Thurgau zu besuchen, so soll der bote samt denen der andern (4) Orte mit Glarus nochmals ernstlich reden, dass es jenen vogt abberufe, was allen teilen zu gutem gereichen werde; wollen die Glarner nicht entsprechen, sondern auf ihrem rechtbieten beharren, so soll man sich beraten, vor wem man mit dem Brunner ins recht stehen wolle; letzterer soll auch gar nicht mehr amten, sondern der (provisorische) statthalter. 4. Weil die Freiämtler sich «freiwillig» begeben haben, den alten und wahren glauben wieder anzunehmen, so sollen diejenigen, die nicht nach der heiligen und christlichen satzung tun wollen, des geweihten erdreichs beraubt sein. 5. Vor den vier (andern) Orten ist anzuziehen, dass etliche Zuger den bruder des abtes von St. Gallen, den sie gefangen, um 100 kronen geranzet, woran sie auch schon etwas empfangen haben; dies sollte aber nicht geduldet werden etc. 6. Weil die Luggarner und Lauiser in dem letzten krieg weder boten zur vermittlung geschickt noch (den V Orten) hülfe, rat oder trost bewiesen, und aus der zollbüchse geld für ihre teilnahme am «nächsten» Müfserkrieg genommen haben, so sollen sie, wenn die mehrheit der übrigen Orte dafür ist, eine strafe und steuer tragen. 7. Den priestern ist eine ordnung zu «machen», dass sie künftig nicht mehr so ärgerlich, sondern ehrbar und ihrem berufe gemäfs leben sollen; mit den andern vier Orten. 8. Denen von Bremgarten sollen die prädicanten, die sie vormals gehabt, nicht mehr zugelassen werden... 9. Wenn die Solothurner sich weigern, den frieden anzunehmen wie Bern und kosten zu geben, so soll ihnen von den V Orten der bund abgefordert werden. 10. Der abt von Pfäffers soll, weil er einmal vom alten glauben abgefallen, das gotteshaus verwirkt haben... 11. Sofern die andern «vier» (drei?) Orte Uri in die vogtei der Freien Ämter zulassen wollen, so stimmt auch Lucern bei. 12. Die andern vier Orte sind um ihre verwendung für die Lucerner burger Jacob Marti und Hans Krämer bei der botschaft des von Musso, wegen ihres früher erlittenen schadens, zu ersuchen. 13. Begehren an Zürich, den vogt zu **Luggarus,**

dar den Lucerner burger Caspar Studer verräter etc. geschollen, zum widerruf anzuhalten. 14. Verhandlung mit Unterwalden wegen der 3000 sonnenkronen (von Bern); bitte von weitern forderungen abzustehen etc.

1287. Jan. 8. Bern an Freiburg. 1. «Uewer ersam potten, so nächst verschinen Frytags by uns gesin, habend üch an(e) zwyfel ungutlime wol bericht dess, so wir mit inen in üwerm namen der unendigkeit halb zuo Orbach und Granson gehandlet und söliche unruow ze stillen übereinkommen sind, weliche ordinanz wir in geschrift stellen lassen, wie ir an byligenden hriefen sechen mögind, begärende ir die glich wie wir mit üwerm sigel ze bewaren und eine dem vogt von Eschallens und die andere dem vogt von Granson zuozeschicken, die ze publicieren; ir wellind dann die den potten, so uns nach erlüterter ursachen halb hinin ze fertigen von grofsen nöten bedunkt, ufgeben, die ze exequieren, und ist namlichen dem also. Erstlich, dwyl erst kurzlich zuo Orbach ein ufruor gewesen, und (die) obbemelten üwern potten, ouch uns für guot angsechen, unser beider syt potschaft darzeschicken, und hiezwüschen die tat zuo Eschallens, wie ir uns geschriben, fürgehalten, pitten wir üch, ir mit den zweyen von Granson, so zuo Eschallens von nächstbemelten handels wegen (darab wir hit gefallens) gefangen, nit gachen und mit pinlicher gichtung sy nit erfocken wellend, sonders gegen inen stillzestan bis ankunft üwer und unser potschaft, und damit anfangs irenthalb gehandlet, haben wir einen tag angesetzt, namlich uf jetzkünftigen Sonntag zuo Eschallens nächts an der herberg se sin und morndess mit den gefangnen daselbs ze handlen, demnach gan Orbaz sich ze verfüegen, daselbs ze erkunden, welich gefrevlet und letzter ufruor ursächer, sy nach irem verschulden ze strafen, dadannen gan Granson, ouch glicher gestalt ze handlen von der ufruor wegen, so zuo Vugell verloffen, und daby ze erfaren und usfündig ze machen, ob die kilchen daselbs uf üwer und unser herrschaft Granson oder des herrn von Verge ertrich stande etc., und ander sachen, die den potten begegnen werden, uszeführen; harumb an üch unser pitt und begär, üwer potschaft nit ze hinderhalten.» 2. Dem amtmann zu Grasburg habe man in gegenwart der Freiburger boten mehrere artikel vorgehalten, die er zum teil verantwortet, zum teil aber bestritten habe; am Samstag seien ihm zeugen vorgestellt worden, nämlich der venner und der statthalter, und in etlichen stücken wisse er sich so wenig zu entschuldigen, dass man wohl strenge gegen ihn verfahren dürfte; man unterlasse dies aber mit rücksicht auf Freiburg, hätte auch gern gesehen, wenn dessen boten zugegen gewesen wären, habe sie aber nicht hindern wollen heimzueilen. Man ersuche es nun, den vogt anzuweisen, künftig seinen eid besser zu beachten; denn würde er sich später wieder verfehlen, so müfste man wirksamere mittel ergreifen, etc.

Freiburg, A. Bern. Bern. Teutsch Miss. T. 306—310.

1288. (Zu Jan. 8, Absch. v. Frauenfeld). Die Freiburger instruction gedenkt auch des vorhabens, etliche ungehorsame von Luggaris und Lauis zu bestrafen und den gemeinden eine steuer aufzulegen, empfiehlt dann zwar die ahndung wirklicher vergehungen, rät aber von der erhebung einer telle ab, damit den untertanen nicht ursache gegeben werde, «dass si sich an ein ander herrschaft hankten.» Der bote mag auch wohl, wenn es sich fügt, die ansicht äufsern, dass wenn andere gemeine herrschaften sich gleich (gut?) gehalten, wohl kein krieg entstanden sein dürfte.   **Freiburg, Instr. II. 30 b.**

1289. Jan. 8. Bern an Biel. Erwiderung auf dessen antwort wegen der 100 kronen. Da man die 1000 kr., die man diesseits empfangen, zurückzahlen müfse, so sei billig, dass Biel zu deren ersatz behülflich sei, ungeachtet der kriegskosten, da es wohl wisse, dass man seinetwegen («üch») viel mehr getragen («verreiset») habe; wo man dies in anderm vergelten könne, werde man sich dann auch willig erzeigen.   **Bern, Teutsch Miss. T. 811.**

1290. Jan. 9 (Dienstag nach 3 Königen). Zürich an (Zug). Antwort auf dessen schreiben betreffend die kosten der gefangenen. Man habe, um sich nicht den schein zu geben, gegen den neuen frieden zu handeln, zwei ratsfreunde verordnet, um mit den benannten personen zu reden und zu verschaffen, dass alles in kürze bezahlt werde, und für die scherer einen tag gesetzt auf den zweitnächsten Montag, um in der sache endlich zu handeln, etc.   **Zürich, Missiven.**

1291. Jan. 9 (Dienstag nach hl. drei Königen), Zürich. Schultheifs Schodeler und Jacob Hoffmann legen als gesandte von Bremgarten eine schriftliche antwort auf ein schreiben Zürichs betreffend die gemeinde Oberwyl ein, worin zu verstehen gegeben wird, dass dieselbe nicht weiter gedrängt werden würde, falls sie andern keinen anstofs oder ärgerniss gäbe; doch behalte sich die stadt ihre rechte vor. — Man erwidert, man sei nicht gesonnen, eingriffe in jemands rechte zu tun und mehr zu fordern, als der landfriede vermöge, und versehe sich daneben aller treue und freundschaft von seiten Bremgartens, wolle also dem getanen erbieten vertrauen, in der hoffnung, dass demselben stattgetan werde; sonst müfste man sich die hand auch offen behalten, etc.   **Stadtarchiv Bremgarten.**

Den wortlaut gibt Argovia VI. 92. (Nr. XXII).

1292. Jan. 9 (Dienstag nach Trium Regum). Glarus an Schwyz. Die artikel des zu Rapperswyl gemachten abschieds lasse man gelten mit ausnahme der bestimmung, dass man die abgetretenen nicht im lande sollte wohnen lassen. Schwyz wisse wohl, dass das land Glarus denselben zu abgelegen sei und (die burger) sonst nie dahin kommen. Man wünsche aber, dass Zürich schriftlich ersucht werde, die flüchtigen von ihren drohungen abzumahnen und zur ruhe zu weisen. Den Heini Vogt würde man diesseits auf betreten gefangennehmen und vor recht stellen; an Zürich wäre desswegen zu schreiben, es solle demselben keinen aufenthalt geben, etc.   **Schwyz, A. Glarus.**

1293 a. Jan. 9 (Dienstag nach Trium Regum), «in der ersten stund», Baden. Hans Ziegler an BM. und Rat in Schaffhausen. Hier (zufällig?) angelangt, habe er vernommen, dass die boten der Eidgenossen hier seien; er habe sich desshalb bei dem stadtschreiberl erkundigt und höre jetzt, dass sie meinen, Schaffhausen sollte auch einen boten senden, da Zürich und Bern und ihre mithaften der kosten halb (mit den V Orten) verhandeln sollen; auch die botschaft des herzogs von Mailand und der bruder des von Musso seien angekündigt. Die von Basel haben auf dem letzten tag, als jedermann verreist gewesen, sich stille mit den V Orten vertragen und die früher empfangenen 400 kronen zurückgegeben. — Nachschrift: Seckelmeister Edlibach von Zürich zeige ihm soeben an, dass ohne Freiburg und Appenzell (schon) alle Orte da seien, und briefe von den hauptleuten zu Musso vorliegen, des inhalts dass sie des krieges gern los wären.

1293 b. Jan. 9 (Dienstag vor Hilarii), Baden. Die boten der V Orte an Schaffhausen. 1. Anzeige des begonnenen tages und des hauptgeschäftes: über die kriegskosten zu verhandeln, und ansuchen um sofortige abordnung einer bevollmächtigten ratsbotschaft, etc. 2. Empfehlung der klage von Zug über rückständige kosten laut des beigelegten rodels, u. s. f. Besiegelt von Konrad Bachmann, landvogt. — (Der brief von Ziegler verweist auf den andern).   *Schaffhausen, Corresp.*

1294. Jan. 9, Vigevano. Herzog **Franz II.** an die acht am müsischen krieg beteiligten Orte. *Unsern etc. etc.* Durch Panizonum, unsern secretarien bei euch, haben wir verstanden, durch euch Baptista, des von Muss bruder, one ainiche unser verwilligung oder vorwissen ain glait zugesagt und gegeben sein, welchs uns fürwar nit wenig missfallen, angesehen dass ir wisset, mit was betruge, umbfürung und geswinde(r) listigkeit (er) umbgat mit uns und euch, und mehr, wie wol wir vilfaltiger weise heftiglichen durch denselben von Muss angetastet, geschmächet und verfolget, durch welchs wir mehr dan übermefsige ursachen gehabt, uns gegen demselben schnöden böswicht zu rechen, aber erwegen die unbequemlicheit der zeit und geschwechte macht, auch unsere erschöpfung, hat uns für gut bedäucht, mit der rache ain klaine zeit zu beruehen, aber ganz kains gemüets, (sy) nachzulassen. Nachdem aber ir nach uns von demselben verreter auch geschmecht und zum krieg wider ine[n] bewegt, haben wir uns auf ewer ansuchen und bitte, euch wider den von Muss, als gemeinen feind, hilf, beistand und fürschube zu tan, euch zu sonderm wolgefallen ganz zuruck gesetzt die ungelegenheit der zeit, dis mals ganz gern und gutwilliglichen in dises kriegs fürnemen eingelassen, in willen und meinung zu strafen und ganz auszureuten ainen solhen übeltäter, als wir dan fürwar, wie nit anders gesagt mag werden, unsers tails nicht(s), weder in kosten noch anderm, underlassen und noch nit nach unserm vermögen underlassen wellen. Und als uns vergangner zeit obgemelter Baptista hat durch vilerlei wege strenglichen angelangt, verhöre zu vergunnen, haben wir doch in solhs nie wellen on vorgende mittailung, vorwissen und ewer verwilligung zugeben, wie dan solhs alles dieselbig vergangen handlung genzlichen ausweiset, und warlichen, hetten wir wellen das widerspil durch uns selbe und allein tun, on ewer vorwissen, vergünstigung, auch ewr selbs dorbei sein,

wir hetten mit demselben von Muss [ain] leidliche mittel und gedinge
treffen mügen. Aber unsern eeren nach inhalt gemachter capitl zwischen uns und euch were solhs nit gemefs gewest, haben es alles
abgeschlagen und nit mer zugelassen, dan sovil durch euch bewilliget
und zugeben. Gleicher mafsen hetten wir uns auch (von euch) versehen, hierinnen bescheen sein, als wir ganz darfür achten, durch euch
werde auch nit anders gehandelt werden. Das hat uns notdurftig-
lichen angesehen euch zu schreiben das missfallen, so wir des halben
haben empfangen, gewisslichen wissende, dass alle und jede Johan
Baptisten anhalten und ersuchen nit anders dan eitel lauter betruge,
böse und hindergängliche geschwinde listigkeit seyen, ganz keiner mainung vertrag zu begeren noch zu suchen, wie wir dan des halben
haben befolhen unserm secretarien mit euch nach der lenge ze reden»....

Zürich, A. Müsserkrieg (orig.).

Der Herzog scheint von der intervention der 'V Orte nichts gewusst zu
haben. — Vgl. nr. 1295.

1295. **Jan. 10,** Mailand. Verulan an die V Orte. «Mag^ci ac po-
tentissimi domini mei observandi. Vellem quod m^ce d. v. ob singu-
larem fidem meam erga eas iam sæpius perspectam crederent, me rebus suis in omni occasione non minus studere quam propriis negotiis
ipsius s^mi d. n., quod quidem, et si taceo, p^te m^ce d. v. non semel
expertæ sunt, maxime dum apud ill^mum d. ducem Mediolani ago, cog-
novere me semper eis servivisse et nunquam decipisse, mea fides
et(iam) comprobata est in principio belli, quod a vobis contra octo
Cantones nuper gestum est; nam cum p^te m. d. v. timere sensi, ne
dolus aliquis ex partibus p^u ill^m d. ducis in opidum Bellizonam con-
ciperetur, statim ut hunc metum eximerem, nuntios vestros allocutus
sum iniunxique ut meo nomine vos securos redderent, quod nullo unquam tempore s. exc. permitteret dolo malo agi contra dictum opidum,
insuper significarent eam optimo animo semper fuisse futuramque erga
eos, servato tum fœdere quod cum octo Cantonibus iam percusserat;
nam sibi nihil est antiquius quam semel initam pacem omni studio
conservare, quod quidem, cum p^te m. d. v. probe noscant, incredibili
afficior admiratione eas posse existimare p^tum d. ducem non recto tra-
mite esse ambulaturum; ego vero qui vos tanti facio quanti alium neminem, amice et ex animo quod sentio dicam non possum, non vehementer adimirari (sic) quod v. m. d. deliberaverint, ut ex certis nuntiis relatum est, salvum conductum Jo. Bap^te, castellani Mussi(i) fratri,
concedere, ut libero in vestris conciliis tractare possit, de his rebus,
quibus sibi placuerit, atque præterea, quod magis est odiosum, etiam
octo Cantones sollicitare, ut idem faciant atque pacis conditiones cum
dicto Castellano ineant. Scio profecto easdem m. d. v. scire, quibus
principibus id ingratum futurum sit, si modo fiat, et quot ruinæ hinc
nascentur, cum vos non lateat, ut alias scripsi, hanc familiam omnibus
fere christianorum principibus odiosam esse, itaque, cum ab his opem
petierit, repulsam reportavit. Quam ob rem ego, qui m. d. v. et suos
liberos diligo et observo, hortor, ut æquissima bilance recte prius perpendant, quam sine p^u ducis consensu hanc periculosam provinciam

ineunt, sciantque sine causa hæc me non loqui; nam dubito, quod vel
si vos pura fide procederetis, ne pessimus consequeretur finis; unum
est ad hæc considerandum, ne hac in pace tam insigni parta et cum
vicinis inita concordia, Dei opt. max. auxilio et amicorum in negotium
difficilius priore ingrediamini, ex quo nisi inimicitiæ et odia nasci possunt et fortasse flamma excitari, quæ adinventis fomentis postea extin-
gui nequiret, quamobrem pᵐ m. d. v. iterum exhortabor, ne in eius-
modi pelagus se trahi patiantur, præsertim cum recte norint dictum
castellanum nullum ius habere, quo se tueatur, sed rebellem esse pᵘ
illᵐᵗ d. ducis et omnibus vicinis ob suam tyrannidem odiosum. Notum
est insuper quid damni mᵈᵉ d. Grisonibus et ipsis octo Cantonibus in-
tulerit; omitto vicinorum quærelas, quæ, si recte inspiciantur, innu-
meræ sunt. Iccirco pᵗ m. d. v., qui justitiæ protectores semper
appellati sunt, hæc considerent atque quo essent animo, si aliquis
subditorum suorum sine causa defecisset atque in suos dominos arma
convertisset; respondebunt fortasse, se id agere, ut tandem pacem con-
sequantur; concedatur istud; verum meo juditio tale negotium primo
cum illᵐ duce nostro communicari debebat, ut s. exc. cognovisset vos
eiusdem esse animi, cuius ante hac fuistis, et præsertim, cum vobis
sit perspicuum, eandem vestræ pacis semper fuisse studiosissimam, ut
etiam ex literis suis, quas ad suos nuntios dedit, percipi potest, et sic
multa forsan nata fuissent, quæ et s. exc. et vobis multum profuissent,
si vestri consilii eam participem, ut æquum erat, fecissetis. Illud
sciatis volo per pᵐ s. exc. nunquam destitisse quin pax secuta sit
cum dicto castellano; nam semper ei honestissimas obtulit conditiones,
verum is, quia fraudulenter agit, nunquam voluit intelligi, sed quanto
plus d. dux se mitem et humilem præbebat, tanto magis castellanus
superbiebat et bonis obaudiebat consiliis, multaque alia fecit impuden-
ter, quæ si intelligetis, admirabimini, et hac in re ineunda circumspec-
tius agetis facietisque, ut pᵐ d. dux fecit, qui nullas unquam pacis
conditiones temptavit, quin prius mᵉᵒ d. octo Cantonum consuluerit,
et ita faciendo, servata cum s. exc. bona amicitia, res bene se habebit
et vobis omnibus honori et utilitati cedet; illud præterea m. d. v. mo-
nebo (ut cautius agatis) dictum castellanum Mussi vos nisi in vestris
dissensionibus requisivisse non quod diligeret, sed ut rem suam facesseret; quamobrem, cum mali animi esse judicetur, omittendus est, et
illᵐ d. dux, qui vos semper observavit, amplexandus, quod si feceritis,
ut spero atque ut facintis exhortor, promitto vos indies magis magis-
que contentos futuros maioremque habituros utilitatem quam scribi
possit, et mihi maximam afferretis consolationem; scio etiam quod cum
m. d. v. aliquas meas opiniones intellexerint, dicent me sibi recte con-
sulnisse atque offitium veri amici præstitisse et ob id maiorem fidem
quam hactenus deinceps mihi præstabunt. Has opiniones et multa
alia id genus brevi per dom. Franciscum, secretarium meum, vobis
aperiam. Nunc satis est·, cet. Lucern, A. Müsserkrieg.

1296. (**Jan. 10?**). Entwurf einer verordnung der städte Bern und
Freiburg über den gottesdienst in Orbe. — (Dieselbe stimmt zum

teil mit der am 30. Januar vereinbarten (s. Absch. p. 1278, 1279),
indem sie §§ 1—5 und 10, wenn auch in kürzerer fassung, enthält;
wir glauben sie daher nicht mitteilen zu sollen, zumal sie vermutlich
gar nicht in kraft getreten oder nur wenige wochen gültig gewesen
ist. Die uns vorliegende abschrift stammt aus der Berner canzlei).
Freiburg, A. Geistl. Sachen.

1297. **Jan. 11.** Zug an Lucern. Die boten (der V Orte) zu Baden haben soeben durch einen läufer den auf den 20. tag (13. Jan.)
bestimmten rechtstag wegen der streitigen fähnchen abgekündet und
verlangt, dass Unterwalden davon auch benachrichtigt werde; daher
bitte man, dies unverzüglich zu tun, damit unnütze kosten vermieden
werden, etc.   **Lucern, Missiven.**

1298. **Jan. 11,** Chur. Die ratsboten. der III Bünde an die boten
der acht am Müfserkrieg beteiligten Orte. 1. Die hauptleute und
Räte zu Dongo haben einige ihnen von Mailand zugekommene schriften geschickt, welche die zwischen dem Müfser und dem Herzog durch
Maximilian Stampa eingeleitete friedenshandlung berühren;· man wolle
dieselben nicht verbergen, sondern hiemit den Eidgenossen behändigen,
damit sie desto besser aufmerken können, ob bei den V Orten durch
des Castellans bruder oder andere um frieden geworben werde, und
darauf antwort zu geben wissen, um zu verhüten, was etwa nachteiliges gehandelt würde. 2. Ferner berichten die commissarien und gesandten bei dem Herzog, dass dieser mit geschütz und anderer rüstung,
pulver ausgenommen, genügend versehen sei, um die brücke zu Lecco
wieder einzunehmen etc., und den krieg in kurzem zu ende zu bringen hoffe, sofern ihm pulver vorgestreckt werde; da man vernommen,
dass die acht Orte ein solches gesuch abgeschlagen, so möchte man
hiemit bitten, von allfälligem vorrat gegen gute verschreibung das nötige abzutreten, damit der krieg nicht gehindert würde; sofern aber
der Herzog seine zusage nicht hielte, so würden die III Bünde ihren
teil der last übernehmen...   **Zürich, A. Müsserkrieg.**

1299. **Jan. 12,** Dongo. Jörg Zumbach, (al. Hubelmann), vogt im
Maiental, und hauptmann Simon Ferber an Bern. Der pflicht gemäfs
«füegen wir üweren gnaden zuo wissen, 1. dass diss nächst verschinen tagen der von Müfs, unser figend, von Leck mit etlichen schiffen
uf den see gefaren, und in sömlichem ein wind und fortuna ingefallen,
dass unserem fyend ein schiff versenkt und undergangen mit einem
stuck büchsen uff rederen, sömlichs zuo unseren händen komen; ouch
uf gester .. die bruck zuo Leck von den unseren mit gewalt erobert
und der fyend(en), in der selbigen bruck gelegen, keiner entrunnen, und
man inen ein fänli angewunnen hat, und darnach der oberst des Herzogen ilents ein botten gan Leck geschickt, dem von Müfs die statt
anerfordert in des Herzogen namen, und wo er dieselbige nit ufgen
wellt, dass er in sinem harnisch ushin komen und mit im fier stich
mit dem spiefs tuon (sölt); hat der fyend uf sömlichs geantwurt, er
wellte sich uf sömlichs besinnen.» 2. Abschriften von briefen des

Herzogs und graf Max. Stampas betreffend den frieden mit dem feinde, beide vom 9. Jan. datirt. Bern, A. Mässerthälg.

1300. Jan. 12. Bern an Freiburg. 1. Antwort auf den vortrag von dessen boten Ulrich Nix, betreffend die letzthin wegen der glaubenszwietracht in Orbe und Grandson getroffene ordnung. Nachdem man die von Freiburg beigefügte erläuterung erwogen und die von dem hiesigen stadtschreiber aufgesetzte schrift verhört, habe man die beklagte veränderung nicht finden können; da nun die boten vollmacht zu haben erklären, so lasse man es dabei bleiben, bemerke aber als zusätzliche erläuterung, dass denen, welche die messe wollen, die ihr anhängenden ceremonien nicht abgestrickt seien; anders habe man es (überhaupt) nicht gemeint, und der name messe bringe das mit sich, aber (nur) sofern die verkündung des göttlichen wortes dadurch nicht gehindert werde; den prädicanten wolle man dabei freilassen, alles zu lehren, was sie mit biblischer schrift erweisen mögen. Man schicke jetzt also die ordonnanz zur besieglung und begehre, dass Freiburg den boten befehle, sie den vögten zu Echallens und Grandson zu übergeben. 2. Dem vogt zu Grasburg habe man so viel vorgehalten, dass er nicht widersprechen könne, dass man wohl ursache hätte, ihn schärfer zu strafen, als es geschehen; man unterlasse dies aber, weil man besserung hoffe; desshalb sei nicht nötig, in dieser sache weiter zu handeln, etc. Bern, Teutsch Miss. T. 312, 313. Freiburg, A. Geistl. Sachen.

1301. Jan. 12 (Freitag vor Hilarii). Ulrich von Hohensax an Zürich. Es begehre bericht über die äufserungen des prädicanten im Sennwald; darüber sei folgende auskunft zu geben. Nachdem zwischen Zürich und den V Orten letzthin ein landfriede geschlossen worden, habe er eine abschrift desselben («einen fr.») nach Forsteck geschickt, damit seine dortigen «hintersäfsen» sich darein zu schicken wüssten; als dann der prädicant denselben verlesen, habe er öffentlich gesagt, Zürich habe diesen (solchen) frieden nicht gemacht, als ob er, der freiherr, hierin etwas betrügliches gehandelt hätte, was ihm an ehre, leib und gut nachteilig sein müfste, sich aber nicht erweisen werde; er berufe sich desshalb auf den (wortlaut des) friedens. Da er hiezu nicht schweigen könne, so gedenke er den prädicanten nach der herrschaft recht zu beklagen, damit derselbe genötigt werde zu bekennen, dass er ihm unrecht getan. Er bitte nun Zürich, ihn an diesem vorhaben nicht zu hindern und bei dem alten herkommen bleiben zu lassen, etc. Zürich, A. Sax und Forsteck.

1302. Jan. 13. Bern an den bischof von Basel. Erinnerung an die frühern verhandlungen betreffend die gemeinde und die stift zu Münster. «Das (alles) aber gar wenig erschossen (hat), dann etlich (der herren) ir kellerin noch by inen, der gmeind Gottes zuo grofser ärgernuss, habend; zuodem so ist herrn propsts sun mit sinem anhang nächst verruckter tagen by nacht und nebel zuogefaren und den predicanten zuo Münster in siner herbrig gwaltiklich überfallen, vil muotwillens und gwalts mit im und siner eefrouen gebrucht und sich dess nit benüegt, sonders glich derselben nacht mit siner rott und etlichen

chorherren in das wirtshus, mit büchsen, schwertern und harnesch bewart wie kriegslüt, gangen und daselbs mit den kilchgnossen, die uf
einem brutlouf by einandern warend, iren muotwillen geüebt, sy mit
worten getratzet und dermafs gehandlet, dass sich den eeren nit zimpt.
So nun obbemeldt unser burger, ouch der predicant, solichs an uns
klags wys langen lassen und uns hieruf um hilf und rat angerüeft,
sind wir not halb und uss kraft der burgerlichen verwandtnus verursachet worden, ü. f. g. dess ze berichten, mit pitt und begär, dwyl
die des orts oberherr, und sy zbeden syten partyg, dass ü. f. g. so
wol tuon und ein unpartysch gricht und richter dahin ze verordnen,
obbemeldt frävel mit recht ze erörtern und einen rechtlichen tag darumb anzesetzen und uns den by disem harumb allein gesandten potten schriftlichen ze verkünden», etc. etc.   Bern, Teutsch Miss. T. 314—316.

1303. **Jan. 13, Bern.** In der klagsache des edlen Pierre Mayor
von Avenches, derzeit ansäfsig in Grandson, gegen W. Farel, wegen
einiger von letzterm hierselbst geäufserten scheltworte, wird, nachdem
ein desshalb bestimmter rechtstag durch den krieg, ein anderer durch
des klägers krankheit verschoben worden, abermals tag gesetzt auf
Montag nach Mittefasten zur ratszeit und dem beklagten gestattet, in
form rechtens die nötigen kundschaften aufzunehmen in gegenwart
Mayors oder eines anwalts desselben.
                   Bern, Teutsch Spruchbuch EE. 437 (französisch).

1304. **Jan. 13.** Bern an statthalter und kirchgenossen in Guggisberg. 1. Sie sollen den prädicanten ausrichten wie von alters her;
sonst würde man das recht anstrengen. 2. Die bauern auf den (Freiburger) spitalgütern sollen sich halten wie andere leute der herrschaft
Grasburg; wenn nicht, so würde man ihnen (die nutzung des) Schit-
waldes abschlagen, wesshalb man eine antwort begehrt. 3. Guggisberg soll sich nach den Berner mandaten richten; wer sich dem entziehen will, gegen den behält man sich weitere entschlüsse vor.
                                  Bern, Ratsb. 232, p. 57.

1305a. **Jan. 13, Dongo.** Heinrich Rahn und Stephan Zeller an
Zürich. Sie schicken beiliegend die dem von Musso gesendete antwort, damit die herren des feindes listen desto besser erkennen, und
melden dabei, dass man («die unsern») dem Müfser ein grofses schiff
und eine schlange (die er vorher dem Herzog genommen) abgewonnen;
alles bewaffnete volk sei aber daraus entflohen. Am 11. d. sei die
brücke zu Lecco beschossen und gottlob im sturm erobert und nichts
entronnen, sondern alles gefangen oder getödtet worden. ... Es sei
auch etwas geld von Bern gekommen. ... Bitte, den Eidgenossen
«ihren brief» beförderlich auf «den tag» zu schicken. ...
                                    Zürich, A. Müsserkrieg.

1305b. **Jan. 13, mittags.** Heinrich Rahn, Michel Luchsinger, Stephan Zeller, Simon Ferber von Bern, Thomas Spiegelberg von Schaffhausen und Johann Stampa von «Purgel», hauptmann der III Bünde,
an die boten der acht Orte und der Bündner auf dem tag zu
Baden. 1. Seit ihrem letzten bericht seien ihnen weitere schriften

zwischen dem Müfser und Max. Stampa mitgeteilt worden (folgen abschriften von nr. 1276, 1277). 'Daraus mögen die herren die"geschwindigkeit des feindes erkennen. Man bitte sie, in der sache recht
ernstlich zu handeln und fleifsig zu berichten, wie man sich halten
solle. 2. Die «unsern» haben ein schiff und eine schlange erobert,
am 11. d. auch die brücke zu Lecco eingenommen, ein fähnlein gewonnen und nur einen mann verloren... Zürich, A. Müsserkrieg.

1306. Jan. 13, Vigevano. Herzog F r a n z II. an die a c h t O r t e als
mithaften im Müfsischen kriege. Sie werden durch Panizono bericht
empfangen haben, dass die brücke zu Lecco mit gewalt erobert worden, was er dennoch melden wolle, wenn auch die commissarien und
hauptleute ohne zweifel darüber schon berichtet haben. Nun begehre
er nichts anderes, als den feind einzuengen und zu belagern, was auch
dermafsen geschehe, dass man vielleicht bälder als man erwarte, zu
einem glücklichen sieghaften ende gelange. Daraus sei zu erkennen,
dass der ausgestreute verdacht, als sei er mit dem verräter von Musso
im einverständniss und suche den krieg in die länge zu ziehen, eitel
und unwahr sei; er hoffe daher, dass die Eidgenossen solches nicht
glauben werden. — Obwohl die XIII Orte auf die verwendung des
herrn von Ems dem Johann Baptista ein geleit gegeben, so dünke ihn
doch gut, es demselben wieder abzukünden, da es mehr als gewiss
sei, dass er unter dem schein des verhörs allen betrug und verrat betreiben werde zwischen den Eidgenossen, dem Herzog und andern,
seiner angebornen boshaften natur gemäfs... Zürich, A. Müsserkrieg (orig.).

1307. Jan. 13 (Samstag vor Sebastiani), Baden. Fridolin Dolder von
Glarus an F r e i b u r g. Auf dem jetzigen tage haben die V Orte von
Zürich und Bern die kriegskosten gefordert; in folge der gegebenen
antwort sei nun ein anderer tag angesetzt, den Freiburg auch besuchen
werde; desshalb bitte er es, die dannzumal abzuordnenden boten zu
bevollmächtigen, mit Appenzell und Glarus nach bestem vermögen zu
mitteln, etc. — (Handschrift des alten stadtschreibers von Baden). [1]
Freiburg, A. Glarus.

1308. («xxxj»), Jan. 13, Arques. König F r a n z I. an die V O r t e.
1. Bezeugung seiner freude über den frieden... 2. «Wir haben hievor
ouch von üch brief empfangen, durch welche ir uns erfordert hilf ze
tuond wider die von Zürich und Bern nach inhalt und form des bunds,
der do ist zwischen uns und üch. Desselbigen halb wüssend ir wol
den tractat des fridens, der do gemacht ist gemeinlich zwischen .. der
Eidgnoschaft (und uns?), denselben wir geschworen und verheifsen
hand zuo enthalten, darum wir kein mittel haben mögen finden, 'üch
wider die einig hilf ze tuon, ... und durch solichs mittel mögen wir
üch nit hilf tuon wider (sy), noch inen wider üch, wenn wir den rechten weg und unseren trüw und glouben tuon wellen, das doch ein
sach wäre, da uns nit zwyflet, dass ir uns darzuo (nit?) nötigen wöllten, zuo dem dass die herren von Basel und Schaffhusen, die unser
bundsgnossen sind, uns hetten mögen ouch ein söliche fordrung tuon
als ir; wenn wir üch dess verwilget hetten, (so) hetten wir müefsen

als wol as üch wider üch zuo hulf komen, das aber ein sach wäre
wider unser eer »... Hinweisung auf seine vermittlerdienste. 3. «Wir
habend ouch verstanden durch unser botten die anfordrung, so ir inen
tuond um die bezalung, so man üch schuldig; des selben halb so habend ir wenig durch die selben botten und ouch durch ander, so zuo
üch geschickt, verstanden die ursachen, darum bishar wir habend üch
verlengert die bezalung ...; sofer das gelt zuo üch geschickt worden,
wär es wol geteilt worden (?), als ir wol mögend erkennen, in welchen
nöten wir gestanden, üch zuo bezalen. Nüt dester minder so warten
wir von tag (zuo) tag, wann der bischof von Doranschet (d'Avranche?),
den wir hievor zuo üch geschickt hand, zuo uns komme von wegen
des fridens, und verston mögen, wo unser gelt hinkommen sig, und
wann der also zuo uns kompt, werden wir uns versechen in sölicher
gestalt, dass er üch möge zuofriden halten », etc. etc.

Lucern, A. Religionshändel (gleichzeit. übersetzung).

1309. Jan. 14. Bern an Strafsburg. Bericht über die von Dr.
Wolfgang Fabricius Capito in der ausgebrochenen kirchlichen zerrüttung (durch die leitung des synodus) geleisteten dienste und entschuldigung des dadurch verursachten aufenthalts, nebst erbieten zu brüderlicher vergeltung.

Bern, Teutsch Miss. T. 317, 318.

1310. Jan. 14, Freiburg, sitzung des grofsen Rates. An die (am
12. Januar abgeordneten) boten zu Echallens (Künzi und Wicht), «dz
si protestieren, dz solichs an der publication nützig schaden, und die
predicanten ouch den glouben nützig schelten; wo das nit, sollen si
mit inen sunst handlen nach inhalt ir instruction, was zuo frid und
ruow dienet, doch mit der publication still ze stan. »

Freiburg, Ratsbuch nr. 49.

1311. Jan. 15 (Montag nach Hilarii). Zürich erteilt dem Jacob
Gyfslinger, burger von Lucern, auf die fürbitte seiner herren (resp.
der V Orte?) geleit zur erledigung seiner geschäfte. Zürich. Missiven, f. 5.

1312. Jan. 15. Bern an Lucern. «Es wirt uns nit allein von
den unsern, sonders ouch von andern verwysens wys ufgehebt, wie
dann (in) vergangner empörung üwer alt-schultheifs und mitrat Hans
Hug sich merken lassen und offenlich harus gesagt, wie er einen brief,
mit unserm sigel verwart, von uns habe, inhaltende dass wir uff üwer
ertrich nit zûchen noch üch schedigen wellend. Dwyl nun der krieg
gericht, und uns aber dahar etwas widerwertigs zuostan will, und wir
aber dess kein wüssen haben, dass wir üch in nächstvergangnem krieg
sölichen brief zuogeschickt haben, aber villicht in vordrigem krieg
etwas möcht derglichen meinung von uns schriftlich usgangen sin,
pitten und vermanen wir üch zum höchsten wir das tuon könnend
und mögend, uns desselbigen briefs gloubwürdige abschrift by disem
harumb allein usgesandten botten zuozeschicken. Das wellend wir zuo
ewigen ziten umb üch früntlichen haben zuo verglichen. »

Bern, Teutsch Miss. T. 319. Lucern, Missiven.

1313. Jan. 16 (St. Antonis Abend), Luggaris. Jacob Werdmüller
(landvogt) an Stephan Zeller und Heinrich Rahn, vor Musso. In dieser

stunde vernehme er durch einen glaubwürdigen kaufmannsdiener, dass
des Müfsers bruder, der in Piemont liege, volk annehme, was kaum
zu etwas gutem diene; auch habe er täglich kundschaft auf dem
schloss Musso. Da könne man immer wieder sagen, der Müfser habe
im lande bessere freunde als die Eidgenossen (»ir»); sie mögen sich
daher wohl verwahren. . .   Zürich, A. Müsserkrieg.

1314. Jan. 17 (Mittwoch nach St. Hilarien t.). Zürich an (einen
Constanzer ratsherrn?). »Fürsichtiger, unser lieber und guoter fründ.
Als dann, unser eidgnossen von den fünf Orten nebent dem bericht, so
wir jüngst uff ergangene empörung gegen einander ufgericht, güetlich bewilligt, ob uns unserer vertruwten lieben und guoten fründen halb
von Costenz, die mit wyterem verstand einer Eidgnoschaft früntlich
zuozefüegen, etwas angelegen sin wurde, dass sy mit uns über den
handel ze sitzen und einer Eidgnoschaft lob und eer zuo betrachten
geneigt sin wölten, und wir daruf mitsampt unsern lieben eidgnossen
von Bern den handel uff vergangenem und jetz jüngst gehaltenem tag
zuo Baden zum trungenlichisten angezogen, haben gemelt unser Eidgnossen den uf jetzigem tag früntlich genommen hinder sich ze bringen und sich dermafs geneigt und guotwillig erzeigt, dass wir guoter
hoffnung, (dass) sy uns uf nächstem tag mit wolgeneigter guoter antwurt begegnen und das handlen werdent, das gemelten unsern fründen
von Costenz und uns allen loblich und zuo ewiger früntschaft fürständig sin werde. Dess wolten wir üch .. in gemelter unserer eidgnossen von Bern und userm namen gar guoter wolmeinung unverstän-
digt nit lassen, ob etwas widriger pratik vorhanden, die dest bas
wissen mögen mit hilf guoter fründen ufzuohalten».....
                                        Zürich, Missiven, f. 8.

1315. Jan. 17 (Mittwoch nach Hilarii), Pruntrut. Der bischof von
Basel an Bern. Antwort auf dessen bericht über die vorgänge (zu
Münster etc.). Er habe das alles mit grofsem befremden vernommen und hätte gar kein gefallen an solchen dingen; wiewohl er dem
erwähnten schreiben glauben schenke, sei doch nötig, zuvörderst genauer zu ermitteln, wer daran schuld habe, wie es sich zugetragen,
welcher von des propstes söhnen, der chorherr oder der weltliche,
diesen mutwillen begangen; gerne würde er hierüber von Bern etwas
mehr erfahren haben. Es wisse übrigens, dass den verträgen zufolge
der propst, und nicht er, die niedern gerichte habe, so dass eine irrung zu erwarten wäre, wenn er da eingreifen wollte; daher bitte er,
die sache einstweilen ruhen zu lassen, da doch niemand so hart geschädigt worden, und ihm die bestrafung anheimzustellen; er gedenke
darin so zu handeln, dass dergleichen nicht mehr geschehen würde.
Wenn es weiteres fordere, so werde er sich nach gebühr verhalten,
um hoffentlich vorwürfe nicht zu verdienen. Metzen zu halten habe
er den zu Münster verpfründeten bei hohen strafen verboten und wolle
nun (strenger) darauf halten, dass sie solche von sich tun, etc.
                                        Bern, Münstertal J. 97.

1316. Jan. 17. Bern an Zürich. Bescheinigung des empfangs der vou hauptmann Ferber gesandten schriften und antwort auf die mahnung betreffend die rückständigen sölde. Man habe den vor Musso liegenden knechten eine «ehrbare» summe zugeschickt, die der vogt im Maiental ihnen überreichen werde, wobei er auch abzurechnen habe; was weiter zu tun sei, wolle man ohne fehlen erstatten.

Bern, Teutsch Miss. T. 320.

1317. Jan. 17 (Mittwoch nach St. Hilarien). Zürich an Lucern. «Es beklagen sich die biderwen lüt von Lunkhofen, demnach sy in vergangener empörung den zechenden zuo iren nöten angriffen und verbrucht, werde doch understanden, jetz denselben widerum von inen inzuozüchen; diewil aber den biderwen lüten ouch grofser schaden beschechen und der gemacht friden nit des vermögens, wo ein teil den andern an üfsiger spys mit roub oder nam angriffen oder geschädiget, dass sölichs widerkeert werden sölle, so langet an üch unser gar fründtlich pitt, ir wellint die guoten lüt umb unser und der billigkeit willen güetlich befolchen haben und sy gemelts zechendens halb, sovil dann darvon entwert, unersuocht lassen, inen das best tuon und (üch) so fründlich gegen inen, vorab Gott und uns zuo gefallen, bewysen, dass sy befinden und uns rüemen mögend, die billigkeit und geneigte fründschaft von üch empfangen haben»...

Lucern, Missiven.

1318 a. Jan. 18. Bern an den könig von Frankreich. «Megrets halb, in entschuldigen, dass er sin best tan in der underhandlung, uff friden gestellt; (wie) houptman, lütiner und Rät im dess kundschaft» (geben).

Bern, Ratsb. 232, p. 75.

1318 b. (Jan. ?). Ein französischer gesandter (Maigret?) an (Lucern?). Er vernehme, dass dessen boten auf einem tag der V Orte zu Brunnen sich geäufsert haben, wie er etlichen personen zu Freiburg geschrieben habe, «dass si sich in dem lutherischen glouben wol halten, so wöllt ich verschaffen, dass es als wol zuo Solothurn gienge; es stüende ouch wol in Frankrich.» Das verletze nun seine ehre empfindlich, da er ausdrücklichen befehl vom König habe, nach kräften zwischen Lucern und den Eidgenossen den frieden zu erhalten; hätte er aber einen solchen brief geschrieben, so wäre er mit seinem leben strafwürdig, welches urteil er selbst fällen wollte; weil er aber wohl wisse, dass er das weder getan noch zu tun gesonnen sei, so begehre er, dass die betreffenden ratsboten verhört und ihre namen ihm angezeigt werden, falls sie der rede geständig seien; denn er halte dafür, dass diejenigen, die solches behaupten, lästerlich wider die wahrheit reden; er hoffe das auch zu erweisen und für diese schmach «ergetzt» zu werden, etc.

Lucern, A. Frankreich.

Deutsche abschrift ohne datum, unterschrift und adresse.

1319. Jan. 18, Zürich. Vortrag von Panizonus. «Magnifici cet. Hac nocte ex litteris ducalibus habeo quod dum tractatur pax de consensu capitaneorum vestrorum inter ill^{mum} Ducem meum et castellanum Mussii, is castellanus ex Leuco exivit una nocte et cum navibus suis invasit naves nostras Mandelli, sed melior navis Mussiana remansit capta in manibus nostrorum militum, et céteræ naves sunt fugatæ usque in Leucum. Paulo post nostri pontem etiam Leuci per vim recuperarunt. Deinde exhibeo vobis temeraria capitula. pacis ipsius castellani et responsionem exclusivam pacis factam de mandato Ducis mei, quia sua exc. non vult facere pacem sine honore vestro et suo, prout is castellanus cogetur facere, si vos in audiendo eius fratre omnia facietis de consensu Ducis mei, sicut ipse omnia facit de consensu vestro, ut capitula serventur et rebus omnibus consulatur, et in bello ita acriter procedetur, quod brevi videbitur optatus finis..... Zürich, A. Müsserkrieg.

1320. 'Jan. 16,' Freiburg. Verhandlung mit einer botschaft des herzogs von Savoyen (betreffend die rechte in Genf; s. Absch. p. 1267, 1268; bote der herr von Steffis).

[1] Am 21. klagte vor dem grossen Rat eine gesandtschaft der Genfer über bedrängnisse von seiten des Herzogs. (Bezügliche acten folgen). Es knüpfen sich hieran ein schreiben nach Bern, eine sendung nach Genf und ein aufruf an die landschaft, betreffend rüstungen. Freiburg, Ratsb. nr. 49.

1321. Jan. 18. Basel an den landgrafen von Hessen. «Durchleuchtiger etc.» Uewer f. g. credenzbrief und instruction, am dato Sontags nach Luciä anno etc. xxxj, by ûwer f. g. hofdiener Petern Baldell, genannt Batt (?), uf das schriben, (so) wir ü. f. g. den letzten tag Novembris jüngst hingeflossen überschickt, uns zuogesandt, habend wir den xiij. tag Januarii empfangen, und als ü. f. g. darin anzöigt, wie sy die beschwerliche handlung, dass die von Zürich sölchen unlidenlichen und schmelichen vertrag mit den fünf Orten angenomen, missdenlich und nit gern vernomen, und wie ü. g. uns davor zuogeschriben, dass sy mit denen von Strafsburg und andern oberländischen stetten drü tusent allein underhalten und uns also mit gnediger und trostlicher hilf und bistand nit lassen wölten, des gemüets und willens ü. f. g., die von Strafsburg, Ulm und die andern ü. g. mitverwandten oberländische stett domals gewesen, und wie û. g. uss deren von Strafsburg schriben, neben uns an ü. g. getan, vermerken noch gewilt sin, so sye ü. g. uns solche hilf zuo erzeigen nochmals gneigt; darum so wölle û. g. sich zuo uns versechen, dass wir solchen beschwerlichen unlidenlichen schmechlichen vertrag nit annemen, vil weniger unser pündtniss brief harusgeben werden; dann solche pündtniss ufzeheben und dieselb einungsverschribung den fünf Orten harus zuo übergeben, sye ü. g. nit gelegen, können oder wellen solichs ouch nit tuon noch uns deren loslassen, wüssten ouch nit, wo solichs hierüber von uns geschehen, was uns verwislicher sin möchte; darum, nachdem û. g. und gemelte stett uns hilf zuo erzeigen gneigt syen, und uns vermög unser christenlichen einung nit lassen, welle ü. g. sich zuo uns entlich versehen, dass wir solche schmeliche unlidenliche rachtung nit annemen und uns darin der billicheit gehalten werden; wo wir aber je uss gezwungener unvermidenlicher not die verständniss harus geben hetten, versehe sich ü. g., wir werdend uns nunmals dargegen stellen, dass uns solche handlung leid sye, und wir unser (eer?) harwider erholen mügen, etc. Daruf ü. f. g. wir dienstlicher meinung zuo erkennen geben, dass wir ungezwifelt, es habe ü. g. disen beschwerlichen handel

mitlidenlich und nit gern vernomen; dass es aber leider also ergangen,
müefsend wir Gott, der alle ding nach sinem göttlichen willen an-
richtet, ergeben und tragend aber, gnediger fürst und herr, von dheiner schrift wüssen, darin sich ü. g. mit sampt den oberländischen
stetten uns der zyt, (da) wir mit den fünf Orten in offener vechd gestanden, drü tusent knecht uns zuo hilf ze schicken erbotten; aber war
ist, dass ü. f. g. uf Sontag nach Simonis und Judä Apost. anno etc.
xxxj uns von wegen der knechten, so die röm. keis. Mt., unser allergnedigister herr, domals annemen (und) gen Cöln bescheiden lassen,
ouch der practicierenden anschlegen halben, so daruf gemacht, zuogeschriben, deren wir mit antwurt, wie dann e. f. g. ungezwifelt guot
wissen, begegnet und sidhar von ü. f. g. nützit witers empfangen. Es
habend aber unser insonders fürgeliebte fründ von Strafsburg in unser
letsten not, so wir inen durch unser botschaft und ratsfründ ausagen
lassen, neben irem früntlichen erbieten uns verständiget, wie ü. f. g.,
die von Ulm und sy von Strafsburg üch gegen denen von Zürich
zwelftusent gl. zuo underhaltung dryer tusent knechten ein monat lang
zuo hilf fürzuostrecken guotwillig erbotten. Und so nun die sachen
also gestalt(et), dass die von Zürich den friden angenomen (und) solicher hilf nit me bedürftig gewesen, wellend sy by ü. f. g. und denen
von Ulm mit getrüwem flifs und ernst ansuochen und werben, ob vilicht ü. f. g. und die von Ulm soliche hilf ouch uf uns verwenden
wurden. So vil und nit me ist uns von vilgenannter hilf angezöigt.
Und wölte Gott, dass wir solche hilf in unsern nöten gehept, oder
dass andere, so dises kriegs die anfänger, den so trostlich und mannlich, als wir unsers teils gern getan, beharret, den friden hinder uns
nit angenomen, sonder eins witern glücks mit uns erwartet hetten,
müefste an uns, was den eeren gezimpt, mit Gottes hilf nützit erwunden sin. Diewyl es aber leider dahin kommen, dass unser eidgnossen
von Zürich, Bern und andere, so uns mit irer macht entschütten söllen, friden angenomen, uns in aller not allein verlassen und (wir)
alle stund, dass unser land und arme lüt verherget, gewarten müefsen,
darvor uns die hilf, so ein statt Strafsburg by ü. f. g. und denen von
Ulm ze (er)werben sich erbotten, ob uns die glich verwilliget, behilflich nit sin mögen, sonder nachdem sich die sachen so schnell und
unversehenlich zuogetragen, uns zuo spat worden wär, und wir dann
uf den schaden, den wir leider an unser burgerschaft und geschütz
uf gedachtem Zuger berg erlitten, nit bedenken können, so wir glichwol den krieg allein beharren, unsere arme lüt und landschaft verschetzen, ein gemeine Eidgnoschaft uf uns laden wellten, dass wir ein
so schweren krieg in die lenge beharren oder mit unser macht one
gewaltige hereskraft, so uns zuo bekomen nit möglich, etwas sighafter
eeren darob erjagen mögen, so haben wir uss tringender unvermidlicher not, wie gern wir unser püntnis und burkrecht erhalten oder
zum wenigsten ü. f. g. antwort uf unser zuogeschriben anligen und
begeren erwartet, mit den fünf Orten, wiewol (Gott hab lob) nach gestalt der sachen ein lidenlichern friden dann Zürich annemen, unsere
püntniss und burkrechtbrief cassieren (und) hinusgeben müefsen, we-

liebs wir mit solicher bescheidenheit getan, dass wir ü. f. g., ouch der statt Strafsburg ingesigel unversert by unsern handen behalten, die den fünf Orten nit übergeben haben. Und wiewol uns dise handlung und gezwang am höchsten beschwerlich und leid, so ist uns doch , zuo disen zyten, da wir sampt andern mit dem marggrafen von Mü noch in tödlichem krieg stand, nit möglich, unser (brief?) harwiderum zuo erholen und ein gemeine Eidgnoschaft, so wider versüent, mit krieg uf uns ze laden, sonder wellend wir disen handel Gott dem herren befelchen, den darüber walten lan und hoffnung haben, er werde alle sachen zum besten schicken und uns by sinem ewig pli- benden wort onverruckt gnedenklich erhalten. Wir sagen aber ü. f. g. ires trostlichen zuoschribens und gnedigen erbietens undertenigen dank, mit erbietung, solich gnedig gemüet in dheinen vergess zuo stellen, sonder nach unserm vermögen allezit willig ze verdienen. Und so dann . . die sachen wie obstat ergangen, wir unsere pündtniss und burkrechtbrief abzetuond uss tringender unvermidlicher not gezwungen, gelangt an ü. f. g. unser ganz undertenig bittlichs begeren, sy wölle ab sölichem dheiu ungnad empfahen, den handel zum besten, und dass uns Gott frylich umb unser sünden willen also gedemüetiget, beden- ken, uns damit entschuldiget haben und nochmaln die genannte pünt- niss gegen uns gnedenklich ufheben (und) uns deren loslassen, aber bieby ü. f. g. christenlich gemüet und herz von uns nit abwenden, sonder uns und die unsern, wie wir uns uss angeporner ü. g. milti- keit getrösten, in gnediger befelch haben. Dargegen sind wir ü. f. g. dienstliche dankbarkeit ze bewysen, sy unsers vermögens in allen trü- wen zuo gemeinen, unsere herzen von iren nit abzewenden und alles guotes umb ü. f. g. ze verdienen geneigt und urbütig; (umb) ü. f. g. gnedige antwort bittende. »   Basel, Miselven.

1322. Jan. 19 (Freitag nach Antonii), (Dongo). Stephan Zeller an BM. und Rat in Zürich. Auf sein vielfaches schreiben habe er noch keinen bericht oder geld empfangen; Bern habe nicht mehr als zwei sölde für die knehte geschickt und sei den dritten schon wieder schul- dig; Freiburg schulde schon den 5. monat; auch leiden die leute von Basel, Solothurn und Appenzell grofsen mangel; . wie viel man ihm schuldig sei, sei zu ersehen aus dem beiliegenden zeddel (fehlt). Seine häufige klage, dass er nicht lange mehr im feld bleiben könne, wenn ihm nicht geholfen werde, müfse er aufs dringendste wiederholen, da er ehre einlegen, aber nicht so jämmerlich um das seine kommen wolle. . . Die rottmeister von jedem Ort mafsen sich beinahe die ge- walt des hauptmanns an, und hätte er nicht an dem commissarius Ruhn einen festen rücken, so würde er für gar nichts geachtet. Er merke auch wohl, dass einige Orte ihm misstrauen zeigen, boten schicken, die knechte mustern, die rechnung fordern,* ohne dass solche leute eine vollmacht zeigen; aber seiner herren wegen habe er in allem willfahrt, damit jedermann spüre, dass er ehrlich handeln wolle. Er bitte um eilige antwort (geld betreffend?) und bericht, ob

* Dieses moment ist durch nr. 1234 belegt.

Baptista von Musso in deutschen landen sei; denn vogt Werdmüller schreibe in mitfolgendem brief, derselbe liege mit einigem volk im Piemont. Des kriegs halb werde Rahn das weitere melden.

Zürich, A. Müsserkrieg.

1323. **Jan. 19,** Dongo. Heinrich Rahn an Zürich. Der von Musso habe (die flottille) des Herzogs zertrennt, fünf schiffe mit gewalt den see hinauf nach Gravedona getrieben und sie mit acht schiffen dermafsen bedrängt, dass man sie habe retten müfsen, also den see (wieder) in seine gewalt gebracht und in guter ruhe den hafen zu Musso erreicht und das schloss vermutlich neu versehen. Aus dem lager könne man solches leider nicht wehren, da der weg abgegraben und die basteien wieder aufgerichtet, die feinde mit steinen gerüstet, einige wege auch mit fufseisen verlegt seien. Der Müfser sei wieder nach Lecco gefahren; breche er wieder aus, um arme leute zu plündern, so könne man wegen mangel an geschütz nichts tun, zumal die Bündner ihre schützen heimberufen haben; die neue mannschaft sei «fromm genug», aber zu diesem krieg nicht tauglich. Dagegen seien etwa 300 gute unerschrockene kriegsleute von den Eidgenossen da, die gerne ausharren werden.... Wenn aber der krieg fortgesetzt werden solle, so werde eine verstärkung nötig sein, da der feind so gewaltig auf dem see regiere; greife man die sache nicht anders an, so liege man noch ein jahr (vergeblich) da; das pulver wäre doch wohl zu bekommen; geschütz hätten die Bündner in Cläven und Misox genug, das bald herbeigeschafft wäre; aber man sehe nur, dass die, die der krieg am meisten angehe, am allerwenigsten tun. Den Wälschen sei überall nicht zu trauen, so dass man nicht wisse, wer freund oder feind sei... Dem Herzog mangeln geschütz, pulver, schiffe etc., und die unsern haben «nichts in die hände zu nehmen», womit man stadt und schloss bezwingen könnte. Die wider Zürich gezogenen leute seien ohne entgelt heimgelassen, drei fähnchen sogar zu Lecco gemustert worden, und ein hauptmann, Joh. de Menigi, ein Neapolitaner, mit 80 mann zu dem Müfser übergegangen. Indessen habe man den hafen wieder eingenommen, die basteien zerbrochen, viele fufseisen aufgelesen, und bitte die herren, in der sache ferner tapfer zu handeln. ...

Zürich, A. Müsserkrieg.

1324. **Jan. 20** (Sebastiani), Dongo. Heinrich Rahn an Zürich. (Gestern) abend habe er von hauptmann Spiegelberg die mitfolgenden briefe empfangen, dann von Simon Ferber mündlichen bericht erhalten, endlich von Lud. Viscarin(o) selber, woraus sich ergebe, dass dem Müfser die zufahrt bei Lecco verlegt und (in hartem kampf) über 30 mann in den schiffen getödtet und viele verwundet worden; namentlich sei Gabriel von Musso erschossen; des feindes schiffe seien bis an zwei versenkt; der von Musso drohe aber, bald wieder zu kommen... Bitto den beigelegten brief an Schaffhausen (von Spiegelberg) weiter zu fertigen...

Zürich, A. Müsserkrieg.

1325. **Jan. 20.** Bern an die gräfin von Valendis. «Sy bittlich ankeeren, dass sy dem gelebe und nachgange, wie es Tribolet gemacht hat.» Fürbitte betreffend N. Belper.

Bern, Ratsb. 232, p. 85.

1326. Jan. 20. Diethelm, abt von St. Gallen, an »Burgermeister« und Rat in Lucern, dessgleichen an Zürich. Nachdem Lucern einen gütlichen tag nach Wyl angesetzt, habe er den hauptmann Jacob am Ort nach St. Gallen gesandt, um mit der stadt in der güte zu verhandeln, aber wenig entgegenkommen gefunden; desshalb wolle er Lucern nicht bemühen, den tag zu besuchen. Da er nun das recht brauchen müfse, und bereits auf den nächsten tag in Baden die gegenpartei geladen sei, so bitte und begehre er hiemit, dem dahin zu verordnenden boten gewalt zu gütlicher und rechtlicher verhandlung zu geben; denn ohne Lucerns vorwissen und zustimmung wolle er in dieser sache nichts tun; erachte es aber für gut, noch vor dem tage zu Baden etwas zu handeln, so wolle er dem auch nachkommen, etc.

Zürich, A. Abtei St. Gallen. Lucern, Missiven.

1327. Jan. 20. Jacob Feer, landvogt zu Lauis, an die boten der XII Orte. Antwort auf die weisung vom 21. December (St. Thomas), den ungehorsamen in der landschaft Lauis nachzufragen und die namen derselben anzugeben, damit sie nach verdienen bestraft werden könnten, auch dem vogt zu Mendris diesen auftrag kundzutun etc. An ungehorsam und ungeschickten händeln sei hier kein mangel, da viele todschläge und andere bübereien geschehen, die er nicht zur strafe ziehen könne, weil die täter gewarnt und in der flucht begünstigt werden. Beide vögte bitten nun um anzeige, was für händel oder personen gemeint seien, damit sie desto gründlicher nachzuforschen wüssten. Dass er so spät geschrieben, erkläre sich daraus, dass er nicht wisse, wann die boten zusammenkommen, etc.

Zürich, A. Lauis.

1328. Jan. 20. Schaffhausen an Lucern. Der landschreiber von Schwyz, Balthasar Stapfer, habe heute die friedbriefe gebracht und um ihre besieglung gebeten; man habe sie verhört und der »copie« gleichlautend befunden, fühle sich aber durch gewisse artikel beschwert und schiebe daher die besieglung auf bis zu dem nächsten tag in Baden, um den V Orten die beschwerde zuvor anzuzeigen, in der hoffnung, dass sie das nicht verargen, da man von herzen begehre, mit ihnen in frieden und freundschaft zu leben; »wäre diss sach ouch je an uns gestanden, so hett es des alles ongezwifelt nünts bedürfen.« Darum bitte man, den boten nach Baden vollmacht zu geben, die diesseitige botschaft gütlich zu verhören und freundlich zu entsprechen, etc. — Nachschrift: »Wir sind des fürnemens gewesen, wo der tag gen Baden nit so kurz angesetzt, unser ratsbotschaft zuo üch und andern u. l. E. von den fünf Orten abzuofertigen; das wöllen, dwil sölichs nit beschechen, nit in arger meinung ufnemen etc. «...

Lucern, Missiven.

1329. Jan. 21 (Sonntag nach Sebastiani). Solothurn an die V Orte. Ihre von den letzten tagen heimgekehrten boten haben wohl schon angezeigt, aus welchen gründen man die vorgeschlagenen artikel nicht annehmen wolle, fürwahr nicht in der meinung, mit ihnen nicht im frieden zu leben; da man vielmehr gesonnen sei, ihnen in allen treuen anzuhangen, erachte man für unnötig, einen frieden zu machen, indem man sich nicht bewusst sei, feindlich gegen sie gehandelt zu haben. Von den drei artikeln könne man die zwei ersten ... wohl annehmen und sage sie zu; auch zum dritten verstehe man sich, bitte aber zu bedenken, wie viel mühe und kosten man mit den botschaften gehabt; dass man den krieg nicht verursacht oder angefangen, auch die ins feld geschickten knechte nicht zur schädigung der V Orte, sondern zur vermittlung bestimmt habe, was sie denn auch erstattet haben, wie man nötigenfalls des nähern zu erweisen hoffe; desshalb begehre man, dass die V Orte das beste tun. Da man endlich, wie bekannt, sich des christlichen burgrechts nicht beladen, auch am abschlag des proviants keine schuld habe, und somit der fall ein anderer sei als bei den übrigen städten, so meine man, dass man in ihren frieden nicht hineingezogen werden könne, sondern mit den V Orten allein zu verhandeln habe. Hierüber bitte man um bescheid bei diesem boten, etc.   **Lucern, Missiven.**

1330. Jan. 21. Jost von Diefsbach, vogt zu «Scherlen», an Freiburg. «Ich füeg euer gnaden zuo wüssen, dass ich bericht bin, wie etlich von Morges uszogen sind uf Jenf zuo; nit weis ich, was sy da guots schaffen wend. Desglichen bin ich bericht, wie die Löffler sollen vj schiff nidergeworfen haben uf dem see. Desglichen sol der Herzog vil lichter pferden annemen; ouch hat mir uf heut einer von Orbach geseit, wie zuo Sant Glaude (sic) sollen by xᵐ man ligen; doch so gib ich im nit ferrenklichen glouben; jedoch so will ich sin mich erkunden und solichs euer gnaden zuo wüssen tuon in guoter zit. Darumb, gnedig lieb herren, ist min früntlich bitt an euer gnaden, (dass) ir mich wellent lassen wüssen, wie ich mich in der sach halten solli, ob sach wäri, (dass) etwar hie für ziechen wolt und uf die von Jenf, als vor jaren beschach, ob ich die selbigen sol bassieren lassen oder nit. Ich acht ouch wol, euer gnaden sy(g) dess alles ouch wol berichtet, wie es ein gestalt umb die von Jenf hab. Ich bitt ouch euer gnaden, ir wellen solichs minen herren und obren (von Bern) ouch ze wüssen tuon, ob es echter die notdurft erfordren will »...

         Bern, A. Savoyen II. (original, von Freiburg übersendet).

1331. Jan. 21, Mandello. Simon Ferber an Bern. Verweisung auf sein letztes schreiben, vom 17. d. Nun sei zu melden, «dass dozemal unser widersächer der tyrann von Müfs mit x schiffen gewaltiklichen von Leck bis gan Balan gefaren, daselbst etwas wins in sine schiff geladen, darnach sinen bruoder Gabriel, so zuo Müfs in dem schloss gelegen, gereicht und in gan Leck wöllen füeren, und demnach wider heim wöllen faren, und ist also uf den xvj. tag diss monats (um) ein stund in der nacht wider den see abgefaren und gan Leck gewöllen; do sind im unser schiff nachgefaren und im das geleit geben vij ganzer weltschen mylen und zuo im geschossen und unser büchsenschützen uff beden siten uff dem land am see ouch in sy geschossen, in mafsen, dass inen by den x ,x erschossen ist und by den xxx sust geschändt, und ist des herren bruoder der Gabriel, so er zuo Müfs gereicht hat, selbs erschossen worden, dess wir gewisse kuntschaft habent, und wär es mit in der nacht gesin, so hättents unsere schiff angriffen, so wär darnf gestanden, sy hättents gar eruibrigot; doch so söndt sy fast die gewaltigosten verloren han. Wyter so hat unser widersächer sythar eine schiff alle wider versenkt bis an zwei. Wir habent ouch gewisse kuntschaft, dass er und alles sin volk fast unmuotig und trurig ist. Bitte zu entschuldigen, dass dies nicht am 17. schon geschrieben worden; es sei damals noch nicht näher bekannt gewesen, etc.

Bern, A. Müsserkrieg.

1382. Jan. 22. Bern an Freiburg. 1. Antwort auf dessen anfrage. Der zur verhandlung über die kriegskostenforderung der V Orte bestimmte tag in Baden beginne mit nächstem Sonntag (Montag); du komme auch der müfsische krieg in frage, wesshalb man einen artikel aus dem jüngsten abschied und eine copie von dem schreiben des herzogs von Mailand beilege. 2. Da die boten, die in Echallens und Grandson gewesen, nichts abschlüssiges ausgerichtet haben, so erachte man für gut, einen andern tag und zwar hier zu halten, den man auf nächsten Sonntag (28. Jan.) anberaume, etc.

Freiburg, A. Bern. Bern, Teutsch Miss. T. 323.

1383. Jan. 22. Bern an vogt und venner zu Grasburg. 1. Eine botschaft der Guggisperger habe hier das gesuch angebracht, sie bei der herkömmlichen gerichtsbesetzung bleiben zu lassen; als man zu wissen begehrt, warum sie den statthalter entsetzt, haben sie drei oder vier artikel erwähnt; desswegen herberufen, sei er mit dem ammann von Albligen, dem wirt Hans Zwalen, erschienen und habe sich dann in gegenwart des alten vogtes Hertenstein teils mündlich, teils durch kundschaften so weit verantwortet, dass man damit wohl befriedigt sei und ihn solcher sachen wegen nicht entsetzen könne; darum fordere man, dass er in amt und ehren bleibe, und der gemeinde Guggisberg diese rechtfertigung kundgemacht werde. 2. Auf nächsten Sonntag sollen sich vogt und venner dahin verfügen, um diejenigen personen, die ins gericht gewählt worden, aber die mandate übertreten haben, indem etlichen uneheliche kinder geboren worden, andere (ihre) kinder in Plafeyen taufen lassen, zu entsetzen und andere zu wählen und sie bei der beeidigung auf die reformation zu verpflichten, wie man es kürzlich befohlen habe (nr. 1304). 3. Man höre, dass zu Guggisperg etliche gespielt haben und sonst die mandate verachten; die übertreter sollen nun gestraft und öffentlich verkündigt werden; man erwarte, dass die mandate besser beobachtet werden, und behalte sich weitere mafsregeln vor. 4. Etliche Guggisperger weigern sich, dem pfarrer den primiz zu geben; die seien zu ermahnen, denselben wie von alters her zu entrichten, sonst würde man sie rechtlich belangen. 5. Die hofleute, die auf den gütern des spitals in Freiburg sitzen, widerstreben der reformation und dem kirchgang; denen soll vorgestellt werden, dass sie mit den landleuten von Grasburg bisher gereist, lieb und leid getragen haben und nach Guggisperg kirchgenössig gewesen, wesshalb man sie ermahne, zu tun wie die andern; sonst würde man ihnen den «Schidwald» abschlagen und sich (vielleicht) zu anderen schritten entschliefsen.

Bern, Teutsch Miss. T. 326—338.

1334. Jan. 22. Bern an Bremgarten. «Es ist an uns gelangt,
wie der schmid by üch, dem das hus vergangnen kriegs geslissen worden, kurz verruckter tagen zuo Münster im wirtshus gsin sye und da
ungeschickte wort, die uns berüerend, usgelassen habe, und namlich
uns kilchen oder kelchdieben genempt und gescholten, das etlich der
unsern von Lenzburg von im gehört. So nun dem also, vermanen
wir üch, dass ir in nach sinem verdienen strafen, dermafs (dass) wir
daran benüegen haben; sunst wurden wir witer insechens tuon.»

Bern, Teutsch Miss. T. 324.

1335. Jan. 22 (Montag nach Sebastiani), Zürich. Abschied: Vor
Burgermeister und Rat erscheinen die schärer von Zug einerseits und
etliche aus dem Freien Amt anderseits, die einige zeit bei den V Orten gefangen gelegen. Jene fordern noch etwas arztlohn und begehren,
dass man die schuldigen anweise, solchen zu bezahlen. Letztere antworten, sie haben in Lucern alles bezahlt und dafür quittung erhalten,
die sie vorweisen können. Die meister schärer entgegnen, die von
Lucern hätten für sie nichts zu quittiren gehabt; die Freiämtler glauben aber, im namen der V Orte quittirt zu sein. Beide teile setzen
die sache zum entscheid der genannten obrigkeit. Nachdem man die
quittungen verlesen und darin gefunden, dass die angesprochenen im
namen der V Orte gefangen gehalten und darauf quittirt worden, so
hat man erkannt, dass die angehörigen den schärern von Zug nichts
schuldig seien, was letzteren auf ihr begehren in einem besiegelten
briefe eröffnet wird.

Zürich, A. Capp. Krieg.

1336. Jan. 23, Zürich. Vortrag von Panizonus. 1. Ueberreichung
einer missive des Herzogs (9. Jan.) betreffend die unterhandlung mit
Baptist von Medicis.... 2. «Sed quia pluries ea vobis dixi, ne sim
molestus, amplius non replicabo, maxime quia vos fecistis me securum,
quod nihil fiet sine consensu Ducis mei. Nihilominus melius esset
illum Baptistum non audire, quia videtis istas praticas suas non esse
nisi fraudes. Hoc autem vobis dico quod omnes principes dederunt
repulsam istis Mussianis; si vos etiam dabitis eis repulsam, bellum
cito finietur, quia in Leuco patiuntur de victu et non habent nisi pecunias falsas, ita quod milites derelinquent castellanum, ut cogitare
possumus. Si vero illum Baptistam audire decrevistis, de novo rogo,
ut nihil fiat sine consensu Ducis mei.»

Zürich, A. Müsserkrieg.

1337. Jan. 23. Bern an Freiburg. Antwort auf dessen zuschriften vom 21. und 22. d., die mit dem brief des vogtes von Echallens
(«Scherlin») verlesen worden. Man stehe jetzt in unterhandlung mit
den savoyischen boten und werde, sobald dieselbe geschlossen sei, darüber bericht geben.

Bern, Teutsch Miss. T. 325.

1338. Jan. 23. Bern an Genf. «Nobles etc. Nous avons entendu
ce que nous avez d;erierement escript, sur quoi vous faisons scavoir,
comme nous sommes en quelque tractement avec les ambassadeurs de
lexcellence de monseigneur de Savoye, et incontinent qua(n)rons con-
clus, vous en advertirons.»

Bern, Welsch Miss. A. 231 b.

1339. Jan. 23, Freiburg. Nach Genf werden abgeordnet Hans Guglenberg, Niclaus Vögeli, Peter Zimmermann und Hans Kürsenbart (?). Sie erhalten den auftrag, den Genfern zu eröffnen, dass man auf ansuchen Berns bewilligt habe, eine botschaft zu senden, um die zu Bern aufgesetzten artikel zur annahme zu empfehlen; dabei soll ihnen die ganze sachlage vorgestellt werden mit der erklärung, dass es Freiburg, wenn Bern sich der sache entlüde, ganz unmöglich wäre, den handel allein zu übernehmen, wogegen es alles tun wolle, was es vermöge, wenn die Berner in ihrem beistand beharren; sei das nicht der fall, so protestire man, dass Freiburg es seinerseits an nichts hätte fehlen lassen. Wenn die artikel nicht angenommen würden, so haben die boten vollmacht, andere mittel, welche leidlich und gebührlich erscheinen, aufstellen zu helfen. Freiburg, Ratsbuch nr. 49. Instr. II. 36 b.

1340. Jan. 23, Lucern. Die boten der V Orte an (den bischof von Veroli). «Humiliter, cet. cet. 1. In proxima dieta Badensi proposuit inter alia coram nobis rev. d. vestre secretarius, dominus Franciscus Corsinius, quod S. D. n. exoptat totam nationem nostram helveticam ad pristinam unitatem ac fidem redigere, et ut hoc melius fiat, velit Sanctitas sua rev. d. vestram ad nos destinare, verum quum rev. d. vestra annis gravis sit, velit eadem onus hoc minime subire sine consilio nostro. Propterea debeamus concludere ac deliberare, an existimemus hanc profectionem rev. d. vestre ad nos nobis (ac?) reipublice christiane fructum, gloriam et augmentum afferre, ac an reliqui confederati nostri possint eo medio ad antiquam unionem ac fidem reduci. Preterea proposuit coram nobis et alia que jam brevitatis causa omittuntur. Quam propositionem accepimus de dieta Badensi referendam ad dominos et superiores nostros et super eandem in hac dieta dare responsum, eam (?) itaque domini et superiores nostri presatam propositionem audierint, nesciunt ipsi, an adventus rev. d. vestre in nationem nostram futurus sit fructuosus vel non, propterea remittunt hoc negotium rev. d. vestre prudentie ac sapientie, quamvis ipsi putent S. D. n. ad ea et reliqua que conducunt reipublice christiane causa officii sui obligarium (!) esse, et si eadem existimaret quod aliquid boni reipublice christiane inde consequeretur, esset nobis res longe omnium gratissima nihilque magis optaremus. Ideo, si rev. d. vestre visum fuerit in nationem nostram venire, velit ipsa nobis id scribere; mittemus eidem confestim salvum conductum in meliori (sic) forma, qua fieri potest, ita ut remotis omnibus querelis, secure ac tute ad nos venire redireque possit et sine ullo impedimento tractare ea que rev. d. vestre placuerint. 2. Insuper cum quottidie informemur illos capitaneos et milites, qui nobis in auxilium venere, se conqueri de stipendiis suis non solutis, rogamus atque precamur rev. d. vestram summo quo possimus studio et diligentia, ut velit providere, quo prefati milites de stipendiis suis contentur (!); efficiet rev. d. vestra rem nobis perquam acceptam». .. Empfehlung etc. Stiftsarchiv Lucern (concept).

1341. Jan. 23 (Dienstag vor Convers. Pauli). Lucern. Die boten der V Orte an (den herzog von Mailand). Sie vernehmen, dass er

einigen unwillen hege über das geleit, das dem bruder des herrn von
Musso gegeben worden, um in die Eidgenossenschaft zu kommen etc.
Dieses geleit sei nicht in böser meinung, sondern zur förderung des
friedens zwischen den acht Orten und dem von Musso erteilt, und
desswegen haben auch die acht Orte dazu eingewilligt und es ihrerseits in gleicher gestalt gegeben, dass nämlich Johann Baptist einen
öffentlichen vortrag tun und nichts heimlich practiciren solle; der Herzog solle sich auch zu den V Orten versehen, dass sie nichts tun wollten, was ihm oder dem herzogtum widrig und nachteilig wäre, indem
sie der in dem letzten kriege und sonst bewiesenen freundschaft und
guttaten eingedenk seien, sodass es ihnen übel anstünde, ihm dagegen
etwas ungelegenes zuzufügen; sie selbst haben auch (von der sache)
keinen nutzen, da (die gemachte einleitung) allein zur ersparung von
unruhe, arbeit und kosten diene, damit jedermann zu frieden und
einigkeit komme, was man zum höchsten begehre, etc. etc.

Stiftsarchiv Luzern (deutsches concept).

Unter gleichem datum wurde in ziemlich genau entsprechendem sinn an (den
bischof von Veroli) geschrieben, zur antwort auf dessen zuschrift vom 10. d. m.;
schliesslich wird er gebeten, die V Orte bei dem Herzog zu entschuldigen und
demselben gute nachbarschaft zuzusichern; mit hinweisung auf das an ihn direct
gerichtete schreiben.   ib. (Lat. concept).

1342. Jan. 24 (Mittwoch vor Convers. Pauli), Lucern. Die V Orte
an Solothurn. Antwort auf dessen zuschrift wegen des friedens.
Die diesseitigen beschwerden betreffend beharre man bei der frühern
erklärung. Im übrigen seien die boten jetzt nicht für eine (bestimmte)
antwort bevollmächtigt; auf dem nächsten tage zu Baden werden die
herren weitern bescheid geben.   Es meine wohl, nicht in gleicher
stellung zu sein wie die übrigen städte; dennoch müsse es wie andere
Orte einen frieden (förmlich) schliefsen; die artikel, zu denen es keine
ursache gegeben, mögen dabei allerdings wegfallen, wogegen es diejenigen, wodurch es jetzt oder in zukunft gebunden werden möchte,
ohne einrede annehmen sollte.   Solothurn, Reform.-A.

Diese missive ergänzt Absch. p. 1269, b.

1343. Jan. 24 (Mittwoch nach Vincentii). Die Räte von Zurzach
an Zürich. Dessen burger Simon Halbeisen habe auf dem letzten
hiesigen markt eilf hakenbüchsen zu behalten gegeben mit der bestimmten erklärung, dass man sie im fall der not, wenn Zürich bedrängt wäre, brauchen dürfte; das sei nun geschehen. Während des
krieges habe er die büchsen durch knechte zurückgefordert; aber der
vogt zu Regensberg habe dieselben nicht wollen abgehen lassen; als
er dann persönlich gekommen, um die büchsen zu holen, habe man
ihm erklärt, man vermöge sie nicht zu kaufen, wolle ihm aber nach
dem kriege gern bei Zürich behülflich sein. Darauf habe er die Räte
ins recht gefasst; da sei jedoch das urteil ergangen, dass man ihm
nichts schuldig sei. Nun unterstehe er sich, sie vor fremde gerichte
zu laden, was man beschwerlich finde; daher bitte man Zürich, mit
seinem burger gütlich zu verschaffen, dass man seinetwegen von frem-

den gerichten nicht beunruhigt werde; denn die büchsen könne man gar nicht bezahlen, etc.   Zürich, A. Zurzach.

1344. Jan. 25, Bern, sitzung des großen Rates. Es werden die artikel zur sicherung der Genfer verlesen und mit der mehrheit genehmigt,* jedoch vereinbart, darüber noch nichts zu beschliefsen, sondern zuvor die Genfer durch eine botschaft um annahme zu bitten, wozu auch Freiburg mitwirken sollte; wenn sie diesen vorschlag verwerfen, so will man ihnen recht bieten und entscheiden lassen, ob man in dem burgrecht bleiben müfse, das sie doch der besoldung halb nicht halten können.   Bern, Ratsb. 232, p. 101.

* Cyro bemerkt hier: et pauco calculo adprobatum; am schlusse: delirium infœlix, was ohne zweifel sein urteil über diese verhandlungen erkennen läfst, da die vermutung, dass diese worte in keiner beziehung zu dem texte stehen, nicht wohl statthaft ist. — Vgl. nr. 1367.

1345. (Jan. c. 25 f.), Schaffhausen. Instruction für die (hier auch genannten) gesandten auf den nächsten tag in Baden, behufs einer verhandlung mit den boten der V Orte. 1. Es sei letzter tage der landschreiber von Schwyz mit den friedbriefen erschienen und habe um deren besieglung ersucht; da man dieselben «der copie» gleichlautend befunden, so mangle hierin nichts; dass man die briefe dennoch nicht besiegelt habe, erkläre sich aus dem folgenden. Die boten, die auf dem tag in Zug gewesen, haben unter anderm heimgebracht, dass ihnen bestimmt und ausdrücklich gesagt worden sei, man werde einen brief erhalten, der dem Basler, von den namen abgesehen, ganz gleich laute. Das habe man nun erwartet, inzwischen aber vernommen, dass der Basler und der Schaffhauser friedbrief nicht übereinstimmen; der eigene nämlich enthalte viele artikel, welche Sch. nicht berühren, indem (die V Orte) unter anderm die freien Aemter etc. etc. ausschliefsen, was die meinung (erwecken könnte), man habe sich dieser herrschaften angenommen und ihnen beistand geleistet, was doch gar nicht geschehen sei, da dieselben Schaffhausen nichts angeben. 2. Zudem finde man, es werden die diesseitigen angehörigen als gefangene (für welche man übrigens grofsen dank sage) anders gehalten, als die übrigen am krieg beteiligt gewesenen Eidgenossen. 3. Daneben soll erzählt werden, wie man in den krieg hinein gekommen; man wollte nicht wenig opfern, um das den V Orten gründlich darzutun; denn diesseits sei man ihnen nie feind gewesen, und wäre es nur bei Sch. gestanden, so hätte man «des alles» nicht bedurft. Nun haben auf tagen die städte Zürich, Bern und Basel des neuen burgrechts halb, das sie unter sich eingegangen, viel gehandelt, von dem man weniger wisse als die V Orte; nachdem dann diese mit Freiburg und Wallis auch in ein burgrecht gekommen, sei man dahin gedrängt worden, dass man sich mit den drei Städten auch eingelassen, da dringlich vorgestellt worden, dass man dazu wohl berechtigt sei; desshalb hoffe man dies nicht entgelten zu müfsen. In der folge habe man sich dem proviantabschlag widersetzt, nie (förmlich) dazu eingewilligt, sondern sich immer um frieden und ruhe bemüht, was mit vielen abschieden, besonders mit dem von der Pfingstwoche v. j. (Absch. p. 1016, f),

zu erweisen sei. Nachdem dann der krieg begonnen, sei man hoch
um zuzug gemahnt worden, und des burgrechts wegen ausgezogen;
dem hauptmann und den Räten habe man aber befohlen, zum frieden
raten zu helfen, doch sich ehrbar zu halten, wenn (ein vergleich) nicht
erreichbar wäre; wie das geraten, habe man übel entgolten.   Dabei
sollen die boten erinnern an die kosten und mühen, die man im Ittin-
ger auflauf und zu Cappel gehabt, indem man (an diesen unruhen)
und allen diesen sachen keine freude gehabt; da man am unschuldig-
sten sei, so hätte man wohl auf den allermildesten frieden hoffen dürfen. Man wolle daher die V Orte auf das freundlichste und dring-
lichste bitten, das alles zu würdigen, nicht das härteste zu fordern,
sondern den für Basel bewilligten frieden gemäss ihrer zusage auch
zu gewähren, die gefangenen ohne lösegeld ledig zu lassen und sich
als freundliche treue eidgenossen zu erweisen; das werde man hinwider um sie nach vermögen zu verdienen suchen, etc.

Schwyz, Abschiede (original!). Schaffhausen, Abschiede, auch Correspondenzen.
(Reine concepte).

1346. (Jan. c. 25, z. Absch.). Aus der Basler instruction ist folgender abschnitt (§ 1) herbeizuziehen: «Es sollend unsere botten unsern getrüwen lieben eidgnossen von den fünf Orten anzeigen, wir
habend vergangene tag zwo schriften, deren eine von inen den fünf
Orten, die andere von u. E. von Luzern uf anruofen Cristan Duben-
essers von Münster an uns usgangen, empfangen und ab dem, dass
uns der Dubenesser by u. l. E. von den fünf Orten verklagt und neben der warheit anzogen hat, wie wir in vor nächster empörung ge-
fänklichen angenomen etc., ein grofs beduren empfangen. Dann es ist
ein warheit, dass wir in nit vor dem krieg, sonder erst in aller erpö-
rung, da wir zuo feld gelegen, und dennoch erst der zyt, als der Dubenesser sich so gar argwenig gehalten, die rechten strafsen verlassen,
in unsern oberkeiten unbrüchig argwenig nebenweg gefaren, annemen
und in ein herberig schweren lassen; wir habend aber im sines guots
weder haller noch pfennig entwert, ouch uf sin begern, damit er nit
zuo schweren kosten käme, verwilliget dass er sin ross, wagen und
knecht für und für gebrucht, win uss dem Elsass haruf güert, darum
er nit so grofsen kosten erlitten. Sobald ouch der friden zwüschen
den fünf Orten und Bern, darin wir ouch beschlossen, angenommen,
haben wir in kraft desselbigen .. (11. Art.) ... den Dubenesser siner
gelübt und gefangenschaft, doch dass er die zerung und nit anders
abtragen, ledig gelassen. Und so nun die sach also gestalt(et), achten
wir, der D. habe sich nützit zuo beklagen, (und) bitten unser Eidgnossen, (dass sy) wellen den handel by dem friden bliben etc.»...

Basel, Abschiede.

1347. (Jan. c. 25). Die Basler instruction berührt noch folgende
geschäfte: «Gedenken», 1. an Pauli Grafen, unsern zuosätzer zuo
Luckarus lut siner hieby gebundener missive (fehlt), des grofsen schadens, den er für andere schlossknecht erlitten, das best gegen den
Eidgnossen ze reden und darob (ze) halten, dass im sin verlurst und
schaden, wie im jetz nüw ufgerichten friden, dass menklichem, dem

das sin vor und in disem krieg entwert, nach billicheit widerum ersetzt werden sölle, luter meldung gschicht, widerum gekert werde.
2. Zum anderen, mit denen von Solothurn ze reden der spännen halb
des dörflins Wisen und dessen rütenzinsen, dass sy iren herren und
oberen anzöigten, dass sy ein bequemliche tagsatzung gen Wisen, den
span entlich ze entscheiden, benennen und uns denselben tag by ziten
zuoschriben welten... 3. Zum dritten, mit denen von Schaffhusen ze
reden, was wir mit graf Jörgen von Würtemberg der strafsen halb
durch sin land handlen lassen, (und) wie er uns mit antwurt begegnet, dass er sin land sins vermögens frig und suber halten, aber sich
in dheinen weg gegen niemant verschriben welle. 4. Zum vierten,
dem lantschriber von Schwiz uf die vertragsbrief noch zehen kronen
uszerichten, dann er vormals ouch zwo kronen empfangen, damit im
xij kronen für den briefkosten bezalt werdint, achtende dass er daran
guot vernüegen haben solle. »　　　　　　　　　**Basel, Abschiede.**

1348. **Jan. 26.** Jost von Diefsbach, vogt zu Echallens, an F r e i -
b u r g. « Es ist uf hüt datum der specher, so ich usgeschickt hatt,
wider kommen und mir anzöigt, wie zuo Ges der Herzog wider inge-
ritten sie und treffenlichen vil adels da selbsten sig, und die wol gerüst zuo ross; dessgelichen hat er mir ouch anzöigt, wie vil Piemon-
teser zuo ross und zuo fuofs sigent gan Gess kommen, und die selbigen
treffenlichen wol gerüst. Ouch hab der Herzog das schloss Galliard
treffenlichen gesterkt mit einem zuosatz, dessglichen mit geschütz.
Demnach hat er den sinen after(?) dem land lassen gebieten, dass jek-
licher gerüst sie, wann man sy beruofen, dass sy gerech sien. Demnach hat er mir anzöigt, wie des Herzogen bruoder sol mit xvᵉ landsknechten durch Burgund kommen wäre (!); das geschrei Sant Glande
halber hab er nit können vernemen, dass da dhein züg lig. Jedoch
so hab ich durch das Burgund allenthalben geschickt; was mir dann
begegnet, will ich üwer gnaden zuo wüssen tuon »....
　　　　　　　　　Bern, A. Savoyen II. (Freiburger copie).

1349. **Jan. 26.** F r e i b u r g an den bischof in W a l l i s. « Hoch-
würdiger etc. etc. Uewer schriben, uns by diserm üwerm botten der
handlung halb, so sich zwüschen herren herzogen ze S a v o y e und
unsern mitburgern von Bern, ouch uns des J e n f i s c h e n burkrechtens
halb haltet, übersendet, haben wir alles inhalts vermerkt, daruf wir
üch füegen zuo vernemen, dass wir in solichem fal anders nie begert
dann was zuo friden und guotem dienlich sin möcht, begeren ouch
nochmalen nit anders, wo wir wyters nit geursachet, insonders wider
das one recht nit getrengt werden, so uns in jüngster rechtsüebung ze
Petterlingen durch etlich unsrer Eidgnoschaft Orten und üwers lands
botten zuobekannt, by dem wir nochmaln vermeinen zuo beliben und
fürnemlich begeren, dass bemelter herr Herzog sich desselben benüege
und die guoten biderben lüt der statt Jenf ferrer nit trenge noch be-
suoche. Dass aber wir in by oder zuo sinem erlangten rechten beliben und komen lassen, sagen wir uns dheins andern gemüets nie gewesen sin, dann in by dem, so im zuobekannt oder von recht zuoge-

hörig und durch in erzöugt werden möcht, beliben ze lassen, da wir verhoffen, (dass) er gelicherwys ouch tuon werd, vertruwen ouch, ob uns semlichem zewider etwas begegnen und fürfallen, ir uns bystand erzöugen wurden. Und ob ir bemeltem herren Herzogen obbemelt unser meinung und beger guoter früntlicher gestalt entbüten, wurde uns (das) zuo gefallen langen», etc. **Freiburg, Miss- Bd. 9 u. 10.**

1350. (Zu Jan. 27, Absch.). Zur charakteristik des vortrages der Urner botschaft (in Zürich) geben wir die einleitung wörtlich: «Uf disen tag haben unser lieb eidgnossen von Uri ir ersam botschaft vor uns gehebt und durch dieselb erstlich ganz früntlicher und geflissner wys erinnern und vermanen lassen, wie dann sy je und je zuo uns als iren sondern vertruwten lieben eidgnossen besondern gunst, früntschaft und liebe getragen und ouch noch trüegen, welten ouch solichs fürer tuon, dess wir uns gänzlich zuo inen vertruwter wys versechen möchten, inen ouch unzwyfelich glouben geben, soferr und es nit sunst neifswan Gottes will oder uss desselben machtheit (!) vor angeschirret gewesen, soliche vergangene empörung zwüschen uns, inen und andern unsern und iren Eidgnossen vermitten und underwegen beliben; dann sy für und für die gewesen wärint, so da nit vermeint, sich wider uns in ungunst und findschaft ze begeben, sonder vil mer uf frid und ruow betrachtet (!), ouch unsere und ire Eidguossen von den vier Orten nit nun einmal darzuo vermant. » **Zürich, Ratsbuch·**

1351. Jan. 27, Bern. Beschluss der Sechszig, die friedbriefe (mit den V Orten) zu besiegeln. — 28. Januar. Dem schreiber von Schwyz werden 18 kronen, dem diener (überbringer der briefe?) 2 kr. gegeben. **Bern. Ratsb. 232, p. 110, 112.**

1352. Jan. 27. 1. Bern an (die gemeinden? von) Münster. In der verfügung über die erledigten jahrzeiten soll den vorschriften der reformation nachgekommen werden. 2. Dasselbe an den bischof von Basel. Er möge (mit den chorherren zu M.) verschaffen, dass sie ihre metzen entfernen, der prädicant beschirmt und die frevler bestraft werden, um gröfsere verlegenheiten zu ersparen. **Bern, Ratsb. 232, p. 111.**

1353. Jan. 27. Freiburg an Bern. 1. Mitteilung neuer nachrichten von dem vogt in Echallens, betreffend den herzog von Savoyen. 2. Weil man glaube, dass Bern in seinem jüngsten schreiben an vogt und venner zu Schwarzenburg zu weit gegangen sei, so habe man den boten, die morgen zum tag erscheinen werden, bezügliche weisungen gegeben und dem vogt befohlen, bis auf weiteren bescheid in der sache stillzustehen. **Bern, A. Freiburg.**

1354. Jan. 27 (Samstag nach Convers. Pauli). **Basel an Lucern.** Antwort auf dessen schriftliche beschwerde, dd. Dienstag nach Circumcisionis (2. Jan.), über scheltworte des hiesigen burgers Lienhard Rott (Roth?) gegen Baptist de Insula, und den desshalb gestellten strafantrag. Man habe sich über den hergang erkundigt und unzweifelhaft befunden, dass die worte, welche der beklagte mit Rickenbach(?) geredet, vor dem beschluss des friedens gefallen, und hätte also wohl erwarten dürfen, dass Lucern sie mit dem frieden aufgehoben sein liefse; dennoch habe man den Rott verhaftet und dermafsen gestraft, dass andere sich hoffentlich vor ähnlichem hüten werden. Wiewohl von den Lucernern auch seit dem frieden allerlei getan worden, worüber man billig zu klagen hätte, lasse man es derzeit doch ungeahndet und bitte Lucern, die seinigen zu (besserer) beobachtung des friedens anzuhalten, etc.   Basel, Missiven.

1855. Jan. 27. Bern an den hauptmann zu Dongo, Stephan Zeller. Antwort auf die zuschriften von ihm und den (angehörigen) knechten. Man habe den bericht des vogtes im Maiental verhört, wie er das (ihm übergebene) geld verteilt, und was man noch schuldig sei, und würde nun gerne den rest gleich jetzt versenden, wenn es möglich wäre; man habe aber so viel verkriegt, dass man die knechte ersuchen müfse, um so viel noch eine weile geduld zu haben; in kurzer zeit hoffe man geld (bereit zu haben) und hineinschicken zu können, um jedermann zufrieden zu stellen.   Bern, Teutsch Miss. T. 367.

1856. Jan. 27 (Samstag nach Convers. Pauli). Schwyz an Lucern. 1. Antwort auf die letzte zuschrift, betreffend die zehrung der gefangenen Toggenburger, die dort gelegen. Da sie ihre versprechungen noch nicht erfüllt haben, so werde man auf dem bevorstehenden tag in Einsiedeln mit ihnen desshalb handeln, in der hoffnung, dass sie «ihre worte mit werken erfüllen.» 2. Für die 125 pfund blei schicke man 5 gl. rh., wie es verlangt sei.   Luzern, Missiven.

Auf ein späteres schreiben Lucerns in gleicher sache erwidert Schwyz am 21. Februar (Mittwoch nach Invocavit), es sei wegen abwesenheit des landammanns und anderer ratspersonen nicht im stande, eine einlässliche antwort zu geben.   ib. ib.

1857. Jan. 28, Solothurn. Meigret (französischer gesandter) an Lucern. 1. Ablehnung gewisser schändlicher reden, welche die boten von Schwyz auf einem tage zu Brunnen den V Orten über ihn vorgebracht haben. Er wisse sich desshalb überall zu rechtfertigen und lege hier eine copie des an Schwyz gerichteten «artikels» bei; erfinden sich die beschuldigungen wahr, so wolle er sein leben darum «geben», etc. etc. 2. Der König habe dem herrn von Boisrigault und ihm unter andern geschäften geschrieben, dass ihn die unterhandlung wegen eines bündnisses zwischen dem herzog von Mailand und den V Orten beschwere, und ernstlich befohlen, in erfahrung zu bringen, wie es sich damit verhalte, und namentlich ob ein solches capitulat der vereinung schädlich wäre etc. Infolge dessen bitte er Lucern, von allfällig vorhandenen artikeln glaubwürdige abschriften zu schicken und hierin nichts zu verbergen, etc.   Luzern, A. Mailand (deutsches original).

1858. Jan. 29. Instruction für Golder von Lucern. 1. Betreffend schultheifs Mörikofer bleibt es bei dem frühern beschluss. 2. Die «stöllinen» der chorherren von Zurzach (zinse davon) soll der landvogt einziehen. 3. Die ansprache Heinrich Göldlis auf die propstei daselbst oder entschädigung ist gänzlich abzuweisen. 4. Mit denen von Constanz will man «aus vielen ursachen» nichts zu schaffen haben. 5. Der abt von Muri soll nach gebühr das gotteshaus mit priestern versehen. 6. Weil das haus des Jacob Scherer von Sarmenstorf schon verkauft ist und der käufer jedermann recht bietet, so lässt man es dabei bleiben. 7. Döttinger brandschaden: vollmacht. 8. Soldforderung der Freiämtler: Vollmacht darin zu handeln. 9. Verwendung für Hans Ulrich Heinserli bei den französischen gesandten. 10. Empfehlung Damian Eggli's als chorherr in Zurzach, bei den vier andern Orten. 11. Zu verschaffen, dass dem grofsherr Hans die ausstehenden zinse auf dem haus zum «Bluomen» in Baden bezahlt werden.

1359. (Zu **Jan. 29,** Absch., p). In seiner instruction kehrte **Basel** geflissen hervor, was zur entlastung (in betreff der kriegskosten) dienen konnte, unter anderm dass es kraft eines burgrechts, welches die V Orte im (ersten) landfrieden «bestätigt» hätten, den hauptsächern habe zuziehen müfsen, etc. Basel, Abschiede.

Viel einlässlicher wurde diese frage in der instruction für den folgenden tag behandelt.

1360. (Zu **Jan. 29,** Absch. dd). **Bern** wendet ein, es habe das haus **Leuggern** vor den Oesterreichern und den Rotweilern geschirmt, die vermutlich mehr verwüstet hätten als seine besatzung. Bern, Instruct. B. 142ᵃ.

1361. (**Jan. c. 29**). Bitte der stadt **Bremgarten** an die V **Orte**, durch schultheifs Schodeler und Hans Meyenberg mündlich angebracht auf Mittwoch vor Lichtmess und dann zum heimbringen auch schriftlich übergeben. Die gemeinde wisse wohl, dass sie die ihr auferlegte strafe verschuldet habe, und klage nicht über diese, sondern über ihre vergehung, die ihr eine solche plage zugezogen; sie bitte aber die herren, zu bedenken wie grofsen, ja beinahe verderblichen schaden die stadt erlitten, und dass an solchem unfall nicht jedermann schuld sei; sie möchten auch berücksichtigen, dass man sich in zukunft nach ihrem willen richten werde, in der wiederaufrichtung der alten christlichen ordnung sich befleifsen und alles tun wolle, was sich gezieme; daher bitte man, die 600 münzgulden, die man jetzt bereit habe, anzunehmen und weiter nichts zu fordern, mit dem vorbehalt indess, die 1000 gulden vollends einzuziehen, wenn sich die stadt nicht hielte, wie zugesagt worden, etc. — (Reinschrift aus der Bremgarter stadtkanzlei, von einem der abgeordneten stellenweise corrigirt. . . . Von anderer hand ist nachgetragen:) «Lieber herr schulthess, die botten sind der antwurt nit benüegig, ursach (dass) ir geredt hand, sofer man üch die summ nachliefs, und ir üch nit wol hielten, dass man dann üch um die summ witer söll ansuochen, wie es stat, und so vil witer, dass man üch witer strafen söll und mög, etc. Das ist aber (also?) pliben in disem abscheid.» Abermals von anderer hand: «Nolumus ☞.» Stadtarchiv Bremgarten. Lucern, A. Religionshändel (nur die bittschrift enthaltend).

Den haupttext gibt wörtlich **Argovia** VI. 92, 93.

1362. Jan. 30. **Mühlhausen** an die boten von **Zürich, Bern, Basel, Solothurn, Schaffhausen** etc. in **Baden**. «Uns haben unser lieb eidgnossen von den V Orten ein tagsatzung zuogesandt by einer unbekannten frawen, die den briefe für unser statt halber bis

gen Ensisheim getragen und am herufgan erst überantwort, darin wir
die tagsatzung, die uf denselben tag gestanden, vernomen, desshalb
uns nit möglich gewesen, disen tag zuo verstan, darumb üwer liebe
demüetiglichen bittende, solich unser ussenbliben in keiner verachtung,
sunder im besten zuo vernemen, und uns üwers abscheids und handlung zuo verständigen, damit wir hienach des kostens halb mit üch,
wie sich gebürt, zuo handlen wissen, dess wir uns ouch erbotten haben
wellen, wie wir den fünf Orten ouch zuogeschriben. »

Zürich, A. Mühlhausen.

1363.　Jan. 31. Bern an Freiburg. Mit dessen boten, die letzter
tage hier gewesen, habe man sich wegen der späne in Grandson und
Orbe über eine verordnung beraten und bis auf einen artikel sich verglichen; nun bitte man, nicht abzuschlagen, dass an sonn- und feier-
tagen in den klöstern nach dem imbiss eine stunde lang das göttliche
wort gepredigt werde; man schicke also beide ordonnanzen zur besieglung und begehre, dass Freiburg einen tag für die vollziehung, und
andere geschäfte bestimme.　*Freiburg, A. Bern. Bern, Teutsch Miss. T. 330.*

1364.　Jan. 31 (Mittwoch vor Purif. Marie). Solothurn an Bern.
Statthalter und capitel der stift Münster in Granfeld berichten, wie sie
mit den untertanen um güter und zinse im span seien, und die gegner
die sache vor den richtern der landschaft wollen entscheiden lassen;
dabei beschweren sie sich auch über das bezügliche schreiben von
Bern, da es nicht zu ertragen, dass die landsäfsen richter und partei
zugleich wären. Da sich nun Bern erboten habe, die herren bei ihren
gerechtsamen bleiben zu lassen, so bitte man es freundlich, seine burger anzuweisen, ihre pflichten gütlich zu leisten; geschähe dies aber
nicht, so erbiete sich die stift zum recht vor dem Bischof, als dem
oberherrn des landes, oder dem gericht, das er bestimmen würde; gefiele (auch) dies den landleuten nicht, so könnten zwei abgeordnete
von dem Bischof und je zwei von den beiden städten die sache entscheiden; wenn dieser vorschlag nicht gebilligt würde, so erbieten sich
die herren, vor gemeine Eidgenossen zu kommen. Man bitte Bern,
die angelegenheit zu bedenken und dahin zu wirken, dass einer dieser
rechtswege angenommen werde, etc.　*Bern, Münstertal J. 95.*

1365.　(Jan. E.), Basel. Summarische aufzeichnung betreffend die
französischen pensionen, von 1523 bis 1532. 1. Daran wurden bezahlt 1500 kronen zwischen Fasten und Johanni 1527; — 1500 kr.
auf Samstag post Francisci (5. Oct.) 1527; — 1500 kr. zwischen
Weihnachten (1527) und Fastnacht 1528; — 1500 kr. von Ostern
bis Johannis 1529; 1000 kr. am 1. Juli 1530; — 1000 kr. «zuletzt»
durch m. Bastian Krug. 2. «Gedenken der v⁰ und etlicher kronen,
so uns der Franzos by Lowers und Luckarus noch schuldig ist, ze
höuschen.» 3. «Item ze wüssen, dass der general Megret herr Bernharten Meigern, als er letstmals (s. § 4) zuo Solothurn by ime gewesen, zuogesagt hat, dass er uns uff nechstkomenden September diss lou-
fenden xxxijisten jars usrichten und bezalen welle xxv⁰ kronen.» 4. Auf
Samstag S. Sebastians tag 1532 hat Bernhard Meyer zu Solothurn mit

general Maigret abgerechnet, wobei sich ergibt, dass der König, die auf Lichtmess fällige pension für 1532 inbegriffen, noch 7000 kr. schuldig bleibt. — (Die folgenden notizen betreffen eine zahlung von 1533 und eine neue abrechnung von 1534). — (10 j. à 1500 kr. = 15000; davon ab bezahlte 8000, bleiben richtig 7000 kr.).

Basel, A. Frankreich.

1366. (Jan. E.?), Genf. «Memoire des torts que les princes de Savoye ont de Geneve, pour en faire plaintif devant messieurs des Ligues. Premierement seront records que du temps des bonnes foires se tenant a Geneve leur pays en estoit riche et fructile et leur paysage en (avoit, tiroit) beaucoup davantage. Pour quoi, au pourchas du duc Philippe, pere du duc Charles a present regnant, ont este perdues et abolies au grant domage et detriment du pays de messieurs des Ligues, tant en passage, peage, pontonage, vivres, logis, que en toute autre choze. Et tout cela a este fait soub lombre de detruire Geneve, pensant plus fors a detruire le pays des Ligues. Et non content, le duc present, son successeur, depuis lestat de sa discretion, a cherche de detruire Geneve, cognoissant que pour (par) la destruction du dit Geneve les pays des Ligues seroient detruits par les causes susdites. Et cela non faisant assez, a bien voulu et souffert detrosser les marchans dAllemagnie sus son pays et autres marchans estrangers allant traffiquant sus le dit pays des Ligues, comme de ce(la) est a chacun notoire principalement. Plus, non content de cela, veu quil ne pouvoit venir a ses atteintes, a bien voulu et souffert que les marchandizes des marchans dAllemagnie et autres (ont) este destrossees, les balles ouvertes, la marchandise dispersee, egaree et mal traitee. Et, qui pis est, dedans les draps et autre bonne marchaudize (a souffert?) mettre les (des?) mandosses (?), gevelines et autres bastons, pour les gaster, percer et tallier, au grant prejudice des marchans estrangers et (des) prives allans et venans sus le dit pays, pour mieux destour(n)er les marchans et marchandises de passer sus le pays des Ligues, au grant detriment du pays de messieurs des Ligues, pour mieux destruire leur pays et la povre ville de Geneve. Davantage, depuis la sentence donnee par messieurs des Ligues a defendu les vivres et fait defendre par ses officiers de non point aporter vivres a Geneve, soub grosses peines. Davautage devant la borgesie (??) a fait defendre la cour de lofficial sus son pays et de non point executer lettres dexcomuniement en son dit pays, soub les peines contenues en le statut dominical. Et pour mieux detruire la ville de Geneve et le pays des Ligues, a bien voulu souffrir et permettre excomunier tous allans et venans a Geneve par sus son pays, soub grosse peine, pour mieux detruire la dite ville de Geneve et le pays des Ligues et rompre et faire perdre le passage, comme a un chescun est notoire. Par quoi, magnifiques seigneurs, vous plaira faire assurer le passage des marchans allans et venans par sus le pays du Duc, tirant depuis Lion jusques en vos pays, afin de maintenir bons les passages, peages, pontonage de vos pays et pour le bien public.»   Genf, Portal. hist.

Abgedruckt bei *Turrettini & Grivel*, les archives de Genève, p. 31, 32: zu

Dec. 1530 gestellt, — aber wohl eher hieher zu weisen. — Unser text ist puri-
ficirt, weil die originalorthographie sehr roh ist.

1367. (Februar A. ?). Entwurf eines sicherungsbriefes für Genf.
«Karolus, dux Sabaudie etc., universis facimus manifestum: Cum nos
certis moti respectibus, volentes cives, homines et communitatem Ge-
bennatum solita bonitate et clementia nostra potius quam aliquo rigore
prosequi, intuitu maxime magnificorum benedilectorum amicorum⁹ et
confederatorum nostrorum, dominorum sculteti, consulum et totius
universitatis inclite urbis Bernensis, pro nostra veteri in eos benevolentia mutuique federis nostri vinculo; ex nostra igitur certa scientia
eisdem hominibus et communitati Gebennarum serie presentium remit-
timus et quittamus omnia et singula delicta, crimina et forefacta per eos
alterumve ipsorum coniunctim vel divisim contra nos (• eos •) quomodolibet perpetrata et attemptata respectu officii nostri vicedompnatus
ac ex eo dependen(tium); ita et taliter, quod nullo unquam tempore
per nos et officiarios nostros propterea molestari, impeti aut alias quomodolibet inquietari valeant in personis vel bonis; quin imo volumus
et declaramus, quod ipsa civitas cum ipsis civibus et communitate sit
esseque debeat et remaneat in suis privilegiis, franchesiis et libertati-
bus, prout eisdem antiquitus gaudebat et gaudere solebat, quas quidem
franchesias, libertates et privilegia sub suis immunitatibus et oneribus
eisdem observare promittimus, bona fide nostra, et in verbo principis;
pollicemur insuper, quod per nos et officiarios nostros nihil violente
eisdem Geben(natibus) inferetur aut indebite innovabitur, nisi prout
iuris et iustitie fiunt. Mandantes propterea consiliis nobiscum Chamberiaci
et Thaurini residen(tibus), ballivis, judicibus et castellanis, clericis curia-
rum ac ceteris universis et singulis officiorum et subditis nostris mediatis
et immediatis, ad quos spectabit et presentes pervenerint, seu ipsorum offi-
ciariorum locumtenen(tibus) servientesque generalibus et cuilibet eorun-
dem, sub pena indignationis et ulterius quinquaginta marcharum ar-
genti pro quolibet, quatenus huiusmodi nostras eisdem sindicis, civibus,
hominibus et communitati Gebennarum et ipsorum cuilibet observent,
observarique faciant [illeque] in nulloque contraveniant quomodolibet
vel opponant, verum ad penarum predictarum exequutionem contra
quoscumque huiusmodi mandatorum nostrorum transgressores debite
procedant, quoniam sic fieri volumus quibuscumque. •

Bern, A. Savoyen II (undat.).

Gef. mitg. abschrift von Dr. Emil Blösch. — Vgl. Absch. p. 1267, 1268. Ob
dieser aufsatz nach Bern gebracht oder erst dort verfasst wurde, kann leider
diesseits nicht ermittelt werden; übrigens kam derselbe nicht zur geltung.

1368. Febr. 1, Baden. Die eidg. botschaften (ohne Bern, Freiburg
und Solothurn) an den herzog von Savoyen. «Durchlüchtiger hoch-
geborner fürst, etc. etc. Uff disem tag sind vor uns erschinen der
statt Jenf anwält sampt unser getrüwen lieben eidguossen von Friburg ratsbotten und (hand) uns mit hochem ernst klagt, wie ü. f. g.
kurz verschiner tagen mit einer grofsen zal kriegslüten zuo rofs und
zuo fuofs zwo myl wegs wit von der statt Jenf komen und an si begert, ü. f. g. in die statt Jenf mit lieb oder mit gwalt riten ze lassen

und daselbs tuon und handlen lassen nach sinem gefallen; darzuo
wölle ü. f. g. von inen gehept haben, dass si die burgrecht, so si mit
unsern eidgnossen von Bern und Friburg gemacht, sampt den abscheiden und urteilen, so durch unser Eidgnoschaft ratsbotten zuo Bätterlingen geben, sollent widerruofen und vernichten; dann wo das nit
bescheche, wölle ü. f. g. inen ein scharpfen krieg anrichten, und als
die von Jenf solichs nit haben wöllen tuon noch darin bewilligen,
habe ü. f. g. inen die spis und provand abgeschlagen, darzuo schiff
voller koufmanschaft ab dem see gewaltiglich gnomen und hinfüeren
lassen und ouch die strafs von Jenf bis gan Losan begwaltiget, und
(sich?) täglichen sterke mit kriegslüten. An sölicher handlung und
begwaltigung wir an statt unser herren und obern ein beduren und
befremden empfangen und (hetten) vermeint, ü. f. g. und ire edellüt
hetten bas betrachtet, wie si vorhin an unser herren und obern begert,
inen zum rechten zuo verhelfen, dess unser herren und obern geneigt
(gewesen) und daruf ir treffenlich botschaft, darzwüschent zuo handlen, verordnet, die nach aller müy und grofser arbeit (es) kümerlich
dahin gebracht, wie dann die sach zuoletst zuo Bätterlingen mit urteil
und recht usgesprochen, daby ü. f. g. es billichen hette lassen bliben,
und ob iren (!) oder dero edellüten witer an die statt Jenf oder die
iren zuospruch hetten, dass si billichen das recht gegen inen gsuocht
und gebrucht hetten und nit also gwaltiglich gehandelt etc. Und diewyl dann die gemelten von Jenf nützil anders begerent und uff das
höchst anruofent, sy by usgangner urteil zuo Bätterlingen zuo schirmen, und ob dann ü. f. g. oder die iren an gmeine statt oder sunder
personen zuosprüch hetten, so wöllen si inen des rechten geständig
und gewärtig sin. Und diewyl nu niemand wider recht getrengt sol
werden, und die von Jenf nützit anders dann recht begerent, so ist
an ü. f. g. unser trungenlich und hochgeflissen bitt, si wölle obgemelt
artikel eigentlich betrachten und ermessen, was die urteil zuo Bätterlingen usgangen der Wat halben zuogibt, und was desshalb ü. f. g.
in langen tagen darus erwachsen und entspringen möcht etc., und die
vilgenannten von Jenf solicher gwaltigen handlung vertragen und si
by der billigkeit und dem rechten bliben lassen. Ob dann unser herren und obern fruchtbarlichen darzwüschent handlen mögent, achtent
wir, si werdent dess willig erfunden werden, und ü. f. g. wölle sich
darin bewisen nach unserm vertruwen; das begeren wir um si willig
[haben] zuo verdienen. » Datum etc. Siegel von Konrad Bachmann,
landvogt zu Baden, angerufen.

Freiburg, Affaires fédér. (gleichz. cop.) — Galiffe, B. Hugues, p. 294. 295.

Derselbe autor teilt p. 293 ein schreiben des französischen gesandten an
Hugues mit, dd. Burgdorf 27. Januar (1532), das wirklich hieher gehört. Den
Genfern wird freundschaftlich geraten, auf dem bevorstehenden tage zu Baden
durch eine botschaft, nicht bloss durch schriften sich vertreten zu lassen, « afin
de repliquer et dupliquer, si besoin est. » Ebendort folgt p. 298, 299 ein erlass
von kaiser Karl V. an den bischof von Genf, dd. Regensburg 14. April
1532.

1369. Febr. 1 (Donstag vor Purificat. Mariä). Landammann und
Landrat der grafschaft Toggenburg an Zürich. Erinnerung an

den von Zürich und Glarus bewilligten und besiegelten loskauf. Nun sei, desshalb von Schwyz ein gütlicher tag nach Einsiedeln angesetzt auf nächsten Montag; da nun die beiden Orte als vollmächtige regenten (»gewaltfüerer») des gotteshauses St. Gallen die grafschaft verkauft haben, so bitte man dringend und ernstlich, eine botschaft zu diesem tage abzuordnen und in der sache das beste handeln zu helfen, damit die landleute bei dem kaufe bleiben mögen, etc.   Zürich, A. Toggenburg.

1370. Febr. 1. Freiburg an Bern. «Wir haben das mundlich fürbringen üwer usgesandten anwälten mit sampt den artiklen by üch des Jenfischen burgrechtens und handels halb gestellet, alles inhalts verstanden, da nun wir an dem ersten, dass (der) herr herzog von Savoye daselbs ze Jenf in allen fryheiten und rechten siner vorfaren sölle ingesetzt werden, nit missfallens tragen, erachten aber die übrigen, die sichrung bemelter Jenfern inhaltend, ganz schimpflich; dann wir vermeinend üch (nit!) unwüssend sin, in was mafs und gestalt er die beträg und anläss hievor durch üwer und unser lieben Eidgnossen anwälte, (ouch?) üch, ander und uns gemachet, gehalten hab. Damit aber ir gesechen, wie gern (wir) alles das tuon, so dem handel dienlich, so haben wir üch zuo gefallen ein erber botschaft der üwern nachgesendet mit gebner befelch, (dass) si iro obhemelt angesechen artikel fründlicher güetiger gestalt bemelten von Jenf helfen eroffnen und fürleggen und damit den handel zuo irem gefallen und erwegen setzen; sofer si dann sölich anzuonemen widrig befunden wurden, können wir nit erachten, si mit einicher sach fürer ze wysen, sonders by dem, so inen und uns von irowegen jüngst ze Petterlingen zuobekannt, und by recht vermög unser gelübden ze beschirmen sigen, darzuo wir dann üch nit mindern willen dann uns vermeinen (ze) tragen, wann wir zuo beschirmung desselben uns mit einem uszug der unsern gerüstet, ob etwas nötigs hierüber fürfallen, dass wir alldann versechen und mit üch das erhalten und tuon mögen, so uns gebüret. So aber ir je nit dran und etwas anders, semlichem widrig, fürzuonemen willens, wöllen wir hiemit bezüget und heiter protestiert haben, dass wir unser vermögen ganz nit gespart und an uns ganz nützit erwinden haben lassen, dess wir üch bester meinung hiermit verständigen.»   Freiburg, Miss. Bd. 9 u. 10.

1371. Febr. 2, Mandello. Simon Ferber, hauptmann, an Bern. «Grofsmächtigen, etc. etc. 1. Ich füeg üch zuo wüssen, wie dass ein houptmann, capitaine Cesar von Naples genannt, derselbig ist usgeschickt worden vom Antoni de Leva, dass er sölli ein hufen knecht annemen und die selbigen unserem fyend zuofüeren; uf das selbig sind wir eigenlich bericht worden, wie dass er um Präss und daselbst umbin allenthalben als vil als iiij° mann gesammlet habi, in willen dieselbigen in Legg zuo füeren. Uf semlichs ist unserem obristen herrn vom providador zuo Bergen warnung kommen, wie sölichs vorhanden sye, er sölle luogen und denken und alle päss wol versechen; er habi ouch iiij oder fünf büchsenmeister und vier Nappeltener gefangen, die selbigen haben ouch dem castellan wöllen zuoziechen; ouch so sind

brief funden worden, die der castellan geschriben hat dem capitaine
Cesar, dass er im ylends zuozieche, wann es tüe im not etc. Uf semlichs hat unser obrister herr dem selben botten, so im die brief vom
providador zuo Bergen gebracht hat, xx kronen geben und in zuo
demselben hufen geschickt, dass er daselbst ouch dienst anneme und
by inen belybe, bis dass er eigenlich möge wüssen, wie oder was sy
handlen oder tuon wöllen; dann so söll er wider von inen fallen und
semlichs unseren herren berichten, so wirt man denn luogen, ob man
inen könn etwan· darvor sin und den weg versechen, so sy ze tuon
understanden haben. Des selbigen glichen so habent sich alle die
weltsche houptlüt, so vor Legg liggen, gegen unseren herren embotten,
er sölle sy nemen und all vierteilen, wo sy sy nit iren erweren; dann
sy haben ein guoten starken festen platz und begeren keiner entschüttung nit; doch so hat unser herr verschaffet und verordnet, dass noch
ij⁰ büchenschützen zuo inen kummen werden; dann wir eigenlich bericht sind, wo unser fyend noch einist möchti die weltschen schlachen,
dass dann sin nächster anschlag an uns hin wäre; aber desselbigen
dörfent ir ... unser gar nüt bsorgen, dann wir nit schlafen wöllent,
sonders guot sorg haben, es sy mit wachen, schanzen oder anderem,
so sich dann zuo sölchen dingen gebürt, dass wir inen mit der hilf
Gottes stark gnuog sin wellent. 2. Wyter so füeg ich üch ... zuo
wüssen, wie dass der Hispanieren obrister, Marquis del Guast genannt,
so dann diss ganz jar in Romanien gelegen, hat wöllen gan Rom zum
Bapst ryten; do ist er uf der strafs vom apt von Farden (so allzit
guot französisch gesin ist) erstochen worden etc. 3. Sust nüwer zy-
tung halb da füeg ich üch ... zuo wüssen, dass unser fyend all die
schiff, so er versenkt, sit dass sin bruoder erschossen ist, wider ufgezogen hat, und rüstet sy wider zuo; was er aber im sinn hat ze tuon,
ist uns nit zuo wüssen; aber unser herr, der lat ein ketti zuorüsten;
dieselbig will er an unserem läger über den see spannen und zuo beden siten grofs geschütz leggen und sust büchsenschützen und dieselbigen inschanzen, das selbig nun in einem kurzen zit beschechen wirt;
dann der merteil schon zuogerüst ist; dann so wirt er nit mer uf dem
see mögen faren. 4. Der castellan hat ouch jetz Donstag vergangen
den ersten tag dis monats mit den weltschen obristen houptlüten einen
sprach gehalten und an in bracht und begert, dass man im guot kriegsrecht halti; desselben glichen wölle er ouch tuon; er hat ouch den
obristen herren, so er vor Legg gefangen, zuo dem Herzogen geschickt;
was derselbig handli, ist mir noch nit zuo wüssen; doch so bald ich
das vernimm, will ich semlichs üch .. in yl berichten »....

1372 a. Febr. 2 (Lichtmess). Zürich befiehlt dem vogt Konrad
Escher zu Eglisau, mit Cornel Schulthess (in Kaiserstuhl)* zu dem
landvogt von Küssenberg zu gehen und für die leute von Lienheim,
deren bittschrift beiliege, zu handeln, damit sie nach altem herkommen
des landgerichtes enthoben werden.

1372 b. Febr. 2. Zürich an Hans Jacob von Heideck, vogt zu
Küssenberg. Da die von Lienheim samt andern den VIII Orten mit

steuern und reisen verwandt seien, der vogt im namen seines herrn, eines burgers von Zürich, über sie nichts zu gebieten habe, als was ihm vor den niedern gerichten des bischofs von Constanz zuerkannt werde, und sie nichts malefizisches begangen haben, so ersuche man ihn ernstlich, die leute ruhig bei ihrem alten brauche zu lassen, etc.

Zürich, Missiven, f. 12, 23.

1373. Febr. 2. Bern an Solothurn. Antwort auf drei briefe. 1. Betreffend die besserung der pfründe zu Selsach sei man zu einer verhandlung bereit, sofern hinwider verschafft werde, dass man bei der verleihung der pfarre Egerchingen bleiben könne, und die prädicanten, die man dahin verordne, ihre wohnung in dem pfarrhaus haben. 2. Dem ansuchen in sachen des Niklaus von Wengi würde man gern willfahren, wenn die bussen nicht schon bezogen wären; eine rückgabe sei nicht tunlich. 3. Dem propst und capitel zu Münster habe man nicht geschrieben, dass sie wegen der zinse und zehnten, welche die landleute zu entrichten schuldig, vor den rechtsprechern der landschaft recht suchen sollen; dagegen habe man ihnen zugemutet, der kirchengüter halb das recht anzunehmen; denn was die landleute kraft der angenommenen reformation beziehen können, haben sie billig zu fordern und darüber auch zu entscheiden, da die chorherren hierin partei seien; die übrigen zinse und güter wolle man der stift nicht abziehen lassen und habe desshalb den landleuten ernstlich geschrieben; • den brief wellend inen zuoschicken • (?).

Bern, Teutsch Miss. T. 331, 332.

1374. Febr. 3 (Samstag nach Purif. Mariä), Solothurn. Aufzeichnung der mit dem schloss Blamont gehabten kosten, behufs einer kaufsunterhandlung mit dem Kaiser (durch schultheiss Hebolt sel. angeknüpft). — (Deutsch und französisch).   *Solothurn, Absch. Bd. 19.*

1375. Febr. 3 (Samstag nach Lichtmess), Baden. Die boten der VII Orte an Gilg Tschudi, landvogt zu Sargans. Man vernehme, dass etliche in seiner vogtei seit dem landfrieden gehandelt haben, was demselben zuwider sei, und befehle ihm ernstlich, der sache nachzuforschen, um sie den boten, die auf die alte Fastnacht bei ihm erscheinen sollen, anzuzeigen, damit sie darin gebührlich zu handeln wissen. Siegelt Kd. Bachmann von Zug.   *Zürich, A. Sargans.*

1376. Febr. 4, (Dongo?). Heinrich Rahn von Zürich an BM. und Rat. Sie haben ihm mehrmals geschrieben und zum ernstlichsten befohlen, gänzlich allen zuzug für die V Orte zu verhüten und bei dem herzog von Mailand und anderswo dahin zu wirken. Er habe alles mögliche getan; wie viel es aber gefruchtet, sei bekannt. Nun werde er bei den V Orten verklagt, wie er mit dem Herzog unterhandelt haben solle, um dem aufgerichteten frieden zuwider den bischof von Verulam zu vertreiben. Er sei vor dem frieden, noch während des krieges, nach Mailand gekommen, um den zulauf für die V Orte abzustellen; da habe er erfahren, wie jener bischof im namen des papstes dort geld ausgegeben; dies habe aber der Herzog mit hohem schwur geläugnet; seitdem sei er nie mehr dahin gegangen, habe auch

des bischofs wegen nichts mehr gelan . . .; dies dürfe Zürich den V
Orten fröhlich und tapfer sagen und ihn gehörig verteidigen, wo es
nötig sei; hätte er vor dem frieden den bischof und andere vertreiben
und den zuzug wehren können, so würde er freilich nichts gespart
haben. . . .   **Zürich, A. Capp. Krieg.**

1377. Febr. 4, Mailand. Herzog Franz an die hauptleute und commissarien der acht Orte und der III Bünde in Dongo. Als er vor-
gestern spät noch in Vigevano, aber zur abreise entschlossen gewesen,
sei der bischof von Vercelli mit einem credenzbrief des herzogs von
Savoyen eingetroffen, um über den handel mit dem von Musso zu reden, zum frieden zu raten und dessen forderungen zu eröffnen, welche
welsch und deutsch hier beigelegt seien. Er habe dem bischof geantwortet, ohne vorwissen und zustimmung der mithaften könne er sich
nicht einlassen, und dessalb eilboten zu den Eidgenossen etc. geschickt,
um dies anzuzeigen und ihre meinung zu vernehmen; der bischof gehe
unterdessen nach Vercelli zurück, um später wieder zu kommen. Obwohl er, der Herzog, mit dem von Musso ungern unterhandle, müfse
er doch wünschen, des kriegs und der kosten entledigt zu werden,
zumal auch die Eidgenossen zum ende zu kommen begehren; wenn
es also in ihrem willen läge, so wäre er geneigt, dem Müfser 25000
kronen in drei fristen zu geben, dazu ein jährliches einkommen von
1000 kr., ihm auch 2—3 büchsen, die er selbst herstellen lassen, zu
verabfolgen, die entlehnten jedoch den Venedigern zurückzuerstatten;
dagegen müfste derselbe die beiden festungen mit sämtlichem kriegs-
zeug, das salz ausgenommen, abtreten; ihm, seinen brüdern und dienern würde verzeihung gewährt und alle (übrige) habe restituirt; dazu
kämen einige andere bedingungen, an denen nicht viel liege. Damit
werden die Eidgenossen, wie er hoffe, zufrieden sein, da sie keinen
nachteil zu besorgen haben; doch mögen sie sich stofsen an des Castellans begehren, mit aufgerecktem fähnchen, waffen und trommeln abzuziehen; darüber erbitte er ihr gutbefinden und möchte raten, eine
unterhandlung anzunehmen, wenn keine gröfseren hindernisse sich
zeigen; denn es sei zu bedenken, was die fortsetzung des krieges auf
sich habe; doch wolle er sich ihrem willen gleichförmig machen. Nun
bitte er, die sache zu fördern, damit man zu baldigem ende komme, etc.
               Zürich, A. Müsserkrieg (original, deutsch).

1378. Febr. 5, Dongo. Stephan Zeller an BM. und Rat in Zürich.
Er habe schon öfter die ihm vorenthaltenen ehrensölde berührt und
nichts anderes erreichen können, als dass ihn die acht Orte an den
herzog von Mailand gewiesen, von diesem aber auf wenigstens sechs-
maliges ansuchen noch keine antwort erhalten, nur etwa mündlich
vernommen, dass er seine kriegsleute und «ämter» treulich bezahlen
wolle, was die Eidgenossen gegen die ihrigen auch tun sollen etc.
Rahn habe desshalb mit dem Herzog persönlich geredet und den bescheid erhalten, Lud. Viscarino, der oberste feldherr, habe wohl auf
dem Berge zugesagt, die ehrensölde zu bezahlen, und Maxim. Busseto,
commissar der III Pleven, befohlen, «diese» ämter zu besetzen, dafür

auch ein besiegeltes creditiv vorgewiesen; aber jetzt wolle die zusage nicht gehalten werden, und die sache laste daher auf dem hauptmann allein, der die amtleute gesetzt habe und sie bezahlen sollte; einige Orte wollen die ihrigen selbst bezahlt machen, indem sie ihn verkürzen, obwohl er (details . .) schaden genug gelitten. . . . Darum bitte er nochmals dringendst, ihm darin beholfen zu sein und auf dem bestimmten tage seine umstände (recapitulation . . .) treulich darzutun, damit er mit allen ehrlich aus dem felde komme. . . . Er lege einen rodel der ämter und besoldungen bei, damit die boten um so besser in der sache zu handeln wissen. . . .   **Zürich, A. Missenkrieg.**

1379. Febr. 7. St. Gallen an Lucern. Seine boten werden berichtet haben, was auf dem tage zu Baden in dem span zwischen dem Abt und der Stadt gehandelt worden; infolge dessen habe man von den boten der IV Orte einen abschied erhalten, der auf die alte Fastnacht einen rechtlichen tag nach Wyl ansetze, aber den botschaften freistelle, zuerst in St. Gallen an einem gütlichen vergleich zu arbeiten und erst nach fruchtlosem versuch zu rechtlicher verhandlung zu schreiten. Diesem abschied nachzuleben sei man ganz geneigt; weil aber die angelegenheit wichtig und schwer sei, und Lucern wohl wisse, wie der kauf vor sich gegangen, wie viel unruhen, kosten und arbeit die stadt zu jener zeit gehabt, wie beflissen man das gotteshaus in allem geschont und gröfsern verlust verhütet habe, so ersuche man Lucern, diese umstäude wohl zu herzen zu fassen und seiner botschaft nach Wyl entsprechende befehle zu geben, damit in der sache nach billigkeit verfahren und das beste gehandelt werde, etc.   **Lucern, Missiven.**

1380. Febr. 8 (« Januar »?). Bern an Neuenstadt. Wiewohl die gemeinde gutwillig das hl. gotteswort angenommen und desswegen eine verordnung aufgesetzt habe, scheine sie doch nicht dabei bleiben zu wollen, da sie diejenigen, die nach Landeron zur messe gegangen, völlig straflos lasse, was man befremdlich finde; man wolle sie daher brüderlich gebeten und ermahnt haben, in dem christlichen glauben zu beharren und die widersacher zu bestrafen, wodurch sie vor allem Gott diene; dabei erinnere man an die pflicht, die man diesseits kraft des burgrechts habe, die anhänger des göttlichen wortes zu schirmen, etc.   **Bern, Welsch Miss. A. 232 b.**

Herminjard (II. 396) hält sich an das originaldatum; wir dürfen aber, nach der bestehenden reihenfolge und den sonst an den Berner Missiven gemachten beobachtungen, vermuten, dass ein versehen obwalte, das ja leicht begegnet und wirklich nicht selten vorkommt; eine nachträgliche einreihung ist freilich auch annehmbar. — Das Ratsbuch erwähnt unter dem 8. (auch 5. und 6.) Jan. nichts, dagegen unter dem 8. Febr. das folgende: . . . « Min herren befrömdet, dass sy fürgebind, der letst friden vermöge, (dass) wir (uns) iren nüt annemen söltind; ist uns nit wüssent(!); dass sy unser burger (sind), ouch unser reformation angenommen hand; mit pitt, dess zuo geleben und die, so guotwillig sind, darby (ze) handhaben. »   Rb. 232, p. 150.

1381. Febr. 8. Bern an Solothurn. 1. Erinnerung an die antwort, die man letzthin dessen boten wegen der pfründe Egerchingen gegeben, dass man nämlich den bisherigen prädicanten wegzunehmen und einen tauglichern dahin zu setzen gedenke, und an das jüngste

schreiben wegen des pfarrhauses. Nun höre man, dass die anhänger
der messe nächsten Sonntag mit gewalt einen pfaffen da einführen
wollen, und bitte, dem zuvorzukommen; denn aus der verletzung der
diesseitigen rechte würde nichts gutes erfolgen. Solothurn möge bedenken, dass die parteien nahezu gleich stark seien, und dass es in
der stadt ähnlich verfahre. Man habe jetzt einen geschickten prädicanten gefunden, der da hoffentlich viel gutes wirken und zur beruhigung beitragen werde; daneben wolle man nicht hindern, dass auch
ein messpriester aufgestellt werde. Hierüber begehre man schriftliche
antwort. 2. (Angelegenheit eines Hans Misteli von Aeschi, wegen
reiskosten).   Bern, Teutsch Miss. T. 339—341.

1382. Febr. 8. Bern an Freiburg. Dessen schreiben samt den
beiden ordonnanzen habe man gestern früh empfangen, aber nicht sofort darauf eintreten können; zu freundlicher willfahrung habe man
nun etwas nachgelassen («teilet»?), nämlich beschlossen, die kloster-
frauen in Orbe und die Karthäuser in la Lance ruhig zu lassen; da
Freiburg (überdies) mit den prädicanten keine kosten haben wolle, wo
nicht das mehr für sie entschieden habe, so ermahne man es, zu bedenken, dass man ihm in vielen stücken entgegengekommen und auch
für die messe kosten bewillige. In der zuversicht, dass es sich mit
der billigkeit begnüge, schicke man die ordonnanzen wieder zur be-
siegelung und erneuere das ansuchen, zur vollstreckung einen tag zu
bezeichnen.   Bern, Teutsch Miss. T. 338. Freiburg, A. Bern.

1383. Febr. 8. Zürich an den könig von Frankreich. «Wir
sind durch den herren generalen Megret, üwern gesandten, underricht,
es sigend etlich, die sich berüempt habend üch fürzegeben, an statt
dass er ein friden mittlen sollt zwischend unsern eidgnossen von (den)
fünf Orten, Bern und uns, hab er sich inglegt ze praticieren und uns
in krieg und gfar ze füeren, daruf er uns gepetten, wir wöllend uns
mit den unsern kleines und grofsen Rats und vorus dero, die sich
ouch des fridens undernomen habend, berichten, ob die anklag, die
im ufgelegt wirt, war sige oder nit; söliches (ist) beschehen; demnach habend wir erfunden, dz gemelter general Megret in disem handel wol und trüwlichen sin best(s) geton als ein gmeiner fründ zuo beiden partyen. Er hat uns ouch nie nützit geraten, das zuo kriegen
diente, sonder uns ermanet und anzöigt alles dz in erlich und guot
bedunkt, darmit (der span?) zuo frid und einikeit komen und gebracht
möcht werden. Dess wir üch zuo siner entladnuss bericht(en) habend
wöllen, üch pittende, üch wöll nit gefellig (sin), denen die das widerspil fürbringend, glouben ze geben, dann sy wider die warheit reden
wurden», etc.
    Abschrift (anscheinend aus der canzlei der französischen gesandtschaft), mit
einigem aufputz ins lateinische übertragen von stadtschreiber Beyel; dieser setzte
obiges datum.   Zürich, Missiven f. 270—272.

1384. Febr. 8. Ammann und Rat von Zug an Zürich. Man habe
die auf früheres schreiben erhaltene freundliche antwort und den bescheid, der den schärern geworden, nach Lucern geschickt und dieses
ersucht, gütlich abzutragen, was es für Zug eingenommen hätte, darauf

aber die beiliegende missive empfangen, des inhalts, dass es nichts für Zug bezogen; auch wissen die zu Baden gewesenen boten wohl, was schultheiß Golder dort erklärt habe ..; sollte man nun zwischen zwei stühlen niedersitzen, so müßte man sich hoch beklagen, da doch jedermann wohl wisse, dass man mehr als sonst jemand kosten, arbeit und sorge mit den armen gefangenen gehabt, zumal man die schärer gezwungen, die wunden zu verbinden, und etliche ganz verpflegt, ehe sie nach Lucern gekommen, auch manche leute ihr brot, fleisch und anderes vorgestreckt, um sie am leben zu erhalten. Darum wolle man Zürich nochmals freundlich bitten und ermahnen, gemäß dem frieden und den zusagen mit seinen angehörigen zu verschaffen, dass sie unverzüglich ihre zehrung etc. bezahlen. ... Um aber geneigten willen zu beweisen, sei man bereit, für die personen, die von anfang bis zu ende hier gewesen, nur je 3 gulden, für die andern, die nach Lucern gekommen, je 1 krone, obwohl man dabei wahrlich viel hinterhaben müße, zu nehmen; zudem sollte Zürich die schärer befriedigen, so weit es die seinigen dazu bringen könnte; wäre solches in güte nicht möglich, so hoffe man die ganze ansprache mit dem recht zu erlangen. Antwort bei diesem boten.   Zürich, A. Capp. Krieg.

1385. Febr. 9. Bern an Solothurn. Zusendung des jüngsten abschieds von Baden nebst 150 gl. verfallener pensionen von der burgundischen botschaft, laut eines artikels im abschied.   Bern, Teutsch Miss. T. 343. Solothurn, Berner Schr.

1386. Febr. 9. Freiburg. 1. Jacob Gouch hat geredt, was er von Bastian zum Stein geredt, hab er in zornigem muot geredt und uss ursach des missverstands des briefs, und weiß nützig von im dann alle eer und frommkeit und als von einem biderman. 2. An die von Bern, dass si die ufgerichten anlass des inderlappischen handels halb erleggen vermög des fridens. 3. Uf warbung Nx Closen, deron von Lucern anwalte, in namen Richermuots, Zayen und Fruenzen hand, W. Arsent, herr Peterman Amman und Paukraz Tächterman im pfänder lut der erfordrung und verschribung gewilligot. 4. An dieselben dry, dass si solicher sach halb vj wuchen in beit beliben.   Freiburg, Ratsbuch nr. 49.

1387. Febr. 9. Freiburg an Bern. Demnach ir die gewarsamen, bericht und anlass zwüschen üch, üwern und unsern eidgnossen von Underwalden des inderlappischen handels und zuges halb ufgericht, vermög jüngst ergangens betrags und fridens harus von üwern zuo unsern handen geben und antwurten sollten, sind uss verzug desselben unser anwält uf gehaltnem tag ze Baden darumb ersuocht worden, ob wir solich behandot, da nun bester gestalt ein entschuldigung fürgewendt worden. Diewyl aber semlichs zuo vollendung kommen sol, daby zuo guotem erschießlich sin mag, wo es unverzogenlich beschicht, bitten wir üch brüederlicher meinung, (dass) ir uns solich zuosenden oder aber, üwern anwälten, so ir uf nächstkommenden tag fertigen werden, ufgeben wellen, damit dieselben vermög ufgerichter bekomnuss geantwurt (und) daby ursach geben werd, den handel in guoter fründlicher gestalt hinweg kommen ze lassen. 2. Erneuerung des erbietens, jedem ansprecher gegen Löubli recht zu halten, etc.   Freiburg, Miss. Bd. 9 und 10.

1388. **Febr. 9.** Freiburg an Bern. 1. «Durch üwer schriben,
so ir uns gestrigs tags mit sampt den ordinanzen der üwern und unsern halb von Granson und Orbe ufgericht, wider übersendet, haben
wir vermerkt, wess ir uns zweyer artiklen halb gewilligot, welichs
wir zuo gefallen angenommen. Dass aber ir vermeinen, wir die billikeit betrachtent und üch (in?) dem, dass wir der predicanten, so an orten
unergangens meres predigen, burde tragen, nit vorsin und ansechen
wellen, dass ir der mess halben ouch geliche beladnuss tragen, erachten wir üch wol wüssen, dass wir der priestern, so mess halten, dhein
beschwerd noch kosten haben; in ansechen desselben und diewyl hierumb in merer unser versampnung und verwaltung beschlüsslich rat-
schlagung beschechen, können wir demselben zuowider anders nit fürnemen, sonders lassen es daby und wie wir üch darumb schriftlich
bescheide zuogesandt, gänzlich beliben, und sofer üch anmüetig und
gefellig, disers also beliben zuo lassen, so mögen ir einen tag fürderlichen verrumen und ansechen, uns ouch desselben verständigen, damit derselb besuocht, der handel geendet, (ouch) ir und wir desselben
gerüewiget werden. 2. Sodann langt uns gloublich an, wie dann Farellus hinderrucks der vilfaltigen müeg und handlungen, so ir und wir
den unsern zuo guot getan, zuofare und an etlichen enden in üwer
und unser herrschaft Granson understande zuo meren, und wiewol
wir üch hievor und bishar (zuo) mereumaln gebetten und ersuocht,
(dass) ir semlichem vorsin und in zuo müefsigung sölicher siner händlen wysen wölten, jedoch, diewyl wir anders vernemen, so wellen wir
üch endtlichen hiemit gebetten und vermant haben, (dass) ir uns sölichen unrüewigen menschen abnemen wellen, damit wir nit geursachet,
wo wir in also handlende ergrifen und erfaren wurden, ferrer handlung mit und gegen im fürzuonemen, als dann wir, wo er sich nit
müefsigen, ze tuon willens, dess wir üch hiemit bericht (und) daby
gebetten haben wellen, güetig insechen hierin ze tuond, damit wir dess
vertragen beliben.»   Freiburg, Miss. Bd. 9. u. 10.

1389. **Febr. 10.** Bern an Freiburg. Antwort auf dessen zwei
schreiben von gestern. 1. Man sende hiebei den «rechten spruchbrief»
zwischen Bern und Unterwalden, nämlich ganz «cancellirt»; Freiburg
möge damit verfahren gemäfs dem neuen landfrieden. 2. Da es wider
verhoffen den prädicanten der minderheiten nichts bewillige, so finde
man eine aushülfe in den absenten und pensionen, die sonst aufser
landes gingen; wenn ihm das gefalle, so möge es bericht geben und
einen tag zur erledigung des geschäfts ansetzen. 3. Betreffend Farel
wissen die boten, die zuletzt hier gewesen, dass man sich entschlossen habe, den prädicanten zu schreiben, sie sollen sich der ordonnanz
unterziehen; man hege auch die hoffnung, dass sie gehorsam leisten
werden.   Freiburg, A. Bern. Bern, Teutsch Miss. T. 342.

1390. **Febr. 10,** 19, 28; März 2, 9; April 3, wurden von verschiedenen ämtern der landschaft Basel die im j. 1525 (vgl. Absch. p.
641—645) ertrotzten freibriefe an die obrigkeit zurückgegeben.
                        Basel, Erkanntnissb. 104, 105, 107.

1391. Febr. 10, Zürich. Bericht von Panizonus. «Hodie intelligo ex litteris domini mei, ducis Mediolani, quod postquam nostri recuperarant·pontem Leuci per vim et interfecerunt Gabrielem, fratrem castellani Mussii, in ultima scaramutia navali; ipse Castellanus fuit semper quasi mente captus et nunquam amplius est ausus exire extra Leucum, et non exibit nisi cum suo damno, quia Dux meus jussit (collig)eri exercitum suum in terra et in aqua. D. (Antonius de) Leiva nuntiavit Duci meo quendam capitaneum (Cæsarem) Neapolitanum velle exercitum comparare in dominio Venetorum vel Papæ ad succurrendum castellano Mussii; sed Dux meus statim obtinuit fieri opportunas prohibitiones et ita providit, quod amplius non est dubitandum de dicto capitaneo Cæsare. In pratica pacis cum prefato castellano, in qua Rex Romanorum pro mediatore se obtulit, Dux meus expectat resolutionem vestram dietæ preteritæ, ut illam p[te] Regi nuntiet, ut in dicta pratica pacis procedere possit; sed interim Dux meus in bello acerrime procedit et sic rogat, ut et vos ex latere vestro faciatis. »

Zürich, A. Müsserkrieg.

Einige wörter sind durch feuchtigkeit völlig erloschen.

1392. Febr. 10 (Samstag nach Agathe). Solothurn an Bern. Antwort auf die heute empfangene missive, resp. die zumutung, den prädicanten für Egerchingen in dem pfrundhause wohnen zu lassen, etc. Wiederholung aller bisher vorgebrachten motive für die ablehnung, und bitte um beachtung der beidseitigen rechte, etc. etc.

Bern, Solothurn-B. M. 79.

1393. Febr. 11, Zürich. Vortrag von Panizonus. «Ego presento vobis istas litteras Ducis mei cum requisitionibus castellani Mussii, qui pacem petit a Duce meo, medio ducis Sabaudiæ. Sed Dux meus, priusquam respondeat, consensum vestrum postulat. Judicat autem Dux meus posse dari dicto castellano viginti milia ducatorum in tribus terminis et mille scuta quolibet anno in statu Mediolani cum duabus vel tribus bombardis, restitutis quibusdam aliis bombardis dominis Venetis, modo ipse castellanus dimittat Leucum et Mussium cum aliis bombardis et munitionibus et instrumentis bellicis aquæ et terræ; facta gratia ipsi castellano, fratribus et servitoribus suis de patratis hactenus, cum restitutione bonorum suorum; considerando id quod sit melius de recessu ipsius castellani cum ve illis erectis et armis ac tamborris. Super omnibus Dux meus cupit habere statim opinionem vestram, ut duci Sabaudiæ respondere possit, et ut commissarii vestri sint presentes dictæ praticæ pacis, potestis subito mittere eis facultatem opportunam. — (Postscriptum:) Interim non cessat bellum, et licet capitaneus noster in loco Malgrati proditus a suis fuerit interfectus, tum Dux misit ad illum locum duos alios capitaneos et opportune provisum est.»

Zürich, A. Müsserkrieg.

1394. Febr. 11, Pruntrut. Philipp, bischof von Basel, an Bern. Als dann wir bisshär unsers vermögens darvor gewesen, (dass) unsere undertonen, so uch, nit, mit, burgrechten, verwandt, gegen jemans, den euweren predicanten oder anderer des Evangeliums oder predigens halben in etwas unwillens sich ynlossen, wie wir ob Gott will ferrer tuon wöllen, uns auch nit zwyflet, (dass) ir gemelten euweren predicanten nit befelch geben, usserthalb üwer verwandten ir ampt zuo volbringen, vor us und an, do sy die undertanen nit gern haben wöllen, auch iren gar nichts begeren; destminder nit hat sich begeben, dass solcher predicanten einer, namlich der von Court, mit etlichen syner anhengeren ongeforlich innerthalb zehen oder vierzehen tagen in unser dorf Vix, Telsperger tals, uf ein tag, als altem bruch nach kilchwiche da gewesen, komen, sich eigens fürnemens frevenlich uff die canzel gestellt (und) angefangen predigen, do in die erbar(en) lüt in der kilchen heifsen schwigen und herabgon, (und ist) ze besorgen, wo er nit gehorsamet und herab gangen, von sinem fürnemen abgestanden, wär dorus unrat und bluotvergiefsen erwachsen, welches doch uns in ganzen trüwen leid. Er ist auch selbigen tags in ein ander unser dorf, genannt Rennendorf, kommen, doselbst, wo es nit dem imbis zuo nach gewesen, über der undertonen willen auch wöllen predigen, (und) soll sich dorneben haben lossen merken, der tagen ein(s) widerumb ze kommen. Desshalben langt an üch unser früntlich beger, mit gemeltem und anderen sinen mitpredicanten ze verschaffen, (dass) si an orten und enden blyben, dohin ir sy verordnet, auch von der oberkeit berieft worden, dormit inen nichts widerwertigs zuogeflegt werde»... Ablehnung der verantwortlichkeit für den fall, dass einer beleidigt würde, etc.   Bern, Münstertal, J. 92.

1395. **Febr. 12,** Solothurn. **Maigret an Lucern.** Antwort auf dessen zuschrift, die er in abwesenheit des nach Baden verreisten herrn von Boisrigault empfangen habe. Was derselbe letzthin geschrieben, werde unfehlbar gehalten werden, und zwar von dem nächstens zu erwartenden geld, und diejenigen, die noch streit haben, sollen auf abschlag je eine jahrespension erhalten, bis ihre quittanzen aus Frankreich zurückkommen, etc.   Lucern, A. Frankreich.

1396. **Febr. 12.** **Freiburg an Bern.** 1. «Wir haben gesechen ein schriftlich befelch, so ir üwerm und unserm vogte ze Grasburg jüngst zuogesandt, under anderm melden(d), dass er üwerm vordrigen schriben des gerichts halb ze Guggisperg folg tuon, die so üwer mandata übertretten, büefsen und den statthalter Gilgen wider an das gericht solle setzen und kommen lassen. Und wiewol wir vermeint, (dass) es by altharkomner üebung one ferrer äfrung beliben wäre, ir ouch hierumb erkundung by alten desselben endes lüten getan hetten, wie ir dann unsern anwälten, so jüngst by üch gewesen und hierumb anzug getan, geantwurt; jedoch in ansechen solichs üwers schribens und diewyl wir nit wüssen mögen, ob semlich erkundung durch üch ergangen sye oder nit, so bedüecht uns guot, dass ein tag an obbemelt ende Graspurg verrumt und allda durch üch und uns erkundung getan wurd, wess ein vogt desselben endes in üebung gewesen, im ouch ze tuond gebürig und zuogehörig sye»..... Bitte um ansetzung eines solchen tages und einstweiligen stillstand. 2. «Sodann haben wir ouch gesechen das schriben, so ir uns abermaln von wegen der händlen ze Granson und Orba übersendet, und besonders wie ir vermeinen, die predicanten, so an orten und enden, da das mer nit ergangen, predigen, uss und von den absenten und pensionen, so usserthalb lands fallen und geben werden, ze versehen und se begaben sin. Diewyl dann wir achten nit komlich, geschickt noch ze tuond sin, dass sollich absenten anders dann si bisher gewont, angewendt werden, so können wir hierin nit gewilligen noch gan, sonders wellen es also und by vordrigem bruch beliben lassen, vertruwen ouch, diewyl wir üch in disem stuck, dass man an orten, da das mer nit ergangen, predigen mög, gewillfaret und ingangen, ir es ansechen und (uns) ferrer nit trängen werden. Dann ob etlich personen derselben unabgemerten orten und enden die predig haben, vermeinen wir, (dass) si der predicanten beladnuss, kost und burde tragen sollen. Und ob üch gefellig, semlichs also beliben ze lassen, mögen ir hierumb ouch einen tag bestimmen und uns desselben mitsampt dem bievorgenden verständigen, damit die sach an beiden orten zuo guotem ende gezogen (und) üch, ouch uns abgenommen werde.　　　　　- Freiburg, Miss. Bd. 9 s. 10.

1397. Febr. 14. Bern an Freiburg. Antwort auf dessen zuschrift vom 12. d. 1. Man sei des friedens nicht weniger begierig denn es und bedaure, dass der vogt in Grasburg dem gegebenen befehl nicht nachkomme; desshalb habe man den freiburgischen boten versprochen, sich des statthalters wegen noch weiter zu erkundigen, was seither freilich nicht möglich gewesen, aber beförderlich geschehen werde. So aber die sach nit anders still gestellt dann mit gedingen, dass der statthalter Gilgen, dwil er mit unschulden des grichts und amts entsetzt, daby bis ustrag des handels blyben sölte, können wir sölichs nit ändern, vermeinen ouch, obgedachter vogt unser schriben damit nit sölle hinderstellig machen, sonders siner eidspflicht nach dem gnuog tuon etc. 2. In dem handel betreffend Grandson und Orbe habe man viel mehrern stücken nachgegeben, als Freiburg; man wolle es bei gleichen herrschaftsrechten gerne bleiben lassen, hoffe aber, dass es hinwider keinen eintrag tue, und bitte es nochmals zum allerhöchsten, dem letzten ansuchen zu willfahren und einmal unabschlägige antwort zu geben; sonst müsste man sich über andere mittel beraten.　　　　　Freiburg, A. Bern. Rern, Teutsch Miss. T. 346, 347.

1398. Febr. 14. Freiburg, versammlung der Räte und Burger. h. Sind dero von Jenf botten erschinen und min herren gebetten, si by recht zuo schirmen und nit zuo verlassen. 2. Ist abgeraten und geordnet, dass wo min herren mit ir macht zuo feld züchen, und die von Murten und Schwarzenburg mit irem zeichen erschinen wurden, dass alldann die Schwarzenburger den stand und gang uf der rechten sytun miner herren paner haben sollen. Wo aber die von Gryers und ander burger erschinen werden, söllen dieselben eeren halb vorgan.　　　　　Freiburg Ratsbuch. 49.

1399. (Zu Febr. 14.) (Absch.). Instruction der Freiburger botschaft (Ulrich Nix, Walter Heid): Den Eidgenossen geflissen zu danken für das auf die bitte der Genfer an den herzog von Savoyen erlassene schreiben. Man bemerke aber, dass er nicht viel darauf

achte, sondern gleich nach dessen empfang bei verlust von leib und
gut den Genfern neuerdings den feilen kauf abgeschlagen, was dieselben sehr belästige und vielleicht zu einem ausbruch nötigen könnte,
woraus dann ein krieg erwachsen dürfte. Damit das aber verhütet
werde, bitte Freiburg nochmals um erlass eines 'dringlichen schreibens
an den Herzog, mit erinnerung an den abschied von St. Julien und
den spruch von Päterlingen. — Die boten sollen auch mit gehörigem
ernste anziehen, wie der präsident Lambert offen geredet, des Herzogs oder des herrn von Challant schreiber sei durch die boten der
Eidgenossen und der Walliser gezwungen worden, den abschied von
St. Julien (19. Oct. 1530) zu besiegeln, und darum habe der Herzog
protestirt, denselben nicht anzuerkennen, etc.

Freiburg, Instr. B. II., auch XXIX.

Die übrigen artikel sind nicht erheblich.

1400. Febr. 14. Freiburg an Bern. «Es hand üwer und unser
mitburger der statt Jenf durch ir ersam anwält hüt datumbs uns
abermalen vil bedurlicher und kläglicher worten fürbringen und under
anderm lassen ersuochen und bitten, (dass) wir si by gebner pflicht
und irem rechte handhaben und schirmen wöllten, welichs wir nun
achten si by üch gelicher wys tuon werden. Und diewyl wir uns
vormaln erlütert, (dass) wir mit üch in allem dem, so uns gebürlich,
gern underwinden wölten, so lassen wir es nochmaln daby beliben,
und soferr ir etwas an inen haben old befinden möchten, das dem
handel und inen zuo ruowen dienlich und fruchtbar sin, möchten wir
wol gedulden, dass desshalb ein tag durch üch verrumt und uns angezöngt, damit underredung gehalten und die sach abgeleint, si ouch
nit geursachet wurden, sich des handels vor gemeinen Eidgnossen zuo
beklagen, zuo wölichem dann wir schuldiger pflicht nach villicht fürdrung geben und etwas dem handel dienlich(s) fürwenden müeſsten.
Hierumb wellen die sach im besten bedenken.»

Freiburg, Miss. Bd. 9 u. 10. — Ratsb. nr. 49.

1401. Febr. 14. Basel an Bern. Auf dem letzten tage zu Baden
haben die V Orte ausdrücklich angezeigt, dass Zürich und Bern auf
dem nächsten tage der kriegskosten halb nur je für sich selbst zu
handeln gedächten. Ueber ihre forderung und diese absönderung emp-
pfinde man nicht wenig befremden, weil man den V Orten keine kosten glaube schuldig zu sein, und man besorgen müſse, dass die trennung bei diesen verhandlungen, wie sie schon bei den friedensschlüssen
den städten wenig nutzen gebracht, zu keinem vorteil dienen werde;
man hielte also für besser, dass Bern für sich und alle mithaften geantwortet und die gütlich oder rechtlich bestimmte summe nach verhältniss bei den helfern gesucht hätte. Wiewohl man nicht bezweifle,
dass es den schaden, der aus solcher teilung erwachse, noch rechtzeitig («vor der türen») bedenke, habe man die eigene meinung doch
nicht verbergen wollen und bitte mit allem ernst, diese dinge und
deren folgen (wohl) zu erwägen und demgemäſs zu handeln, etc.

Basel, Missiven.

1402. Febr. 14 (Aschermittwoch), Zürich. Auf dem letzten tag zu Baden hat der abt von Pfäffers angezeigt, dass unter den zu seinem gotteshaus gehörigen gemeinden allerlei uneinigkeit und ungehorsam herrsche, und desshalb einen schirmbrief begehrt; es wurde dieser angelegenheit wegen ein tag in Sargans angesetzt auf die alte Fastnacht, zu welchem man m. Hans Haab verordnet; er erhält nun vollmacht, mit andern botschaften nach billigkeit und bedürfniss zu handeln, jedoch mit vorbehalt der göttlichen wahrheit. Da das kloster in der herrschaft Sargans liegt, und damit auch den schutz der oberherren geniefst, dessen aber jedermann daselbst ebenso teilhaft sein soll, und man bisher noch niemand unbillig hat belästigen lassen, so findet man nicht nötig, dem abt einen besonderen schirmbrief zu geben, zumal er jederzeit, wenn ihm etwas nachteiliges begegnet, seine zuflucht zu den Eidgenossen oder deren landvogt nehmen kann. Dieses begehren ist also in geschickter form abzulehnen.　　　　Zürich, A. Pfäffers.

1403. Febr. c. 14, Zürich. Instruction für einen boten (Haab). Der prädicant zu Stein soll auf St. Andreas tag zu Burg gepredigt haben, "die Eidgenossen haben einen « unehrlichen » frieden gemacht, und nach nicht gar langer zeit werde es sich wenden, der arme in die güter des reichen sitzen und ihm ein (bettel-)stäblein in die hand geben; die messe werde nur von den grofsen « küben » gehandhabt, damit sie nicht um die pensionen kommen, etc. Bei ernstlicher nachforschung hat man nichts (aufrührisches) finden können; der bote soll daher den prediger zum treulichsten verteidigen und erklären, was etwa gegen die messe geredet worden, sei vor dem frieden geschehen.　　　　Zürich, A. Pfäffers.

¹ Zufällig nachtrag zu einem aufsatz betreffend Pfäffers; s. nr. 1402.

1404. Febr. 15. Bern an Basel und Solothurn. Erinnerung an die letzten verhandlungen über die von den V Orten geforderten kriegskosten. Da man bemerke, dass Basel und Solothurn ebenfalls um kosten belangt werden, so zeige man hiemit in guter meinung an, dass man, falls hierüber das recht ergehen müfste, hinter ihnen nichts handeln würde; desshalb mögen sie ihre boten auf den nächsten tag anweisen, sich mit den diesseitigen zu unterreden, wie sich die mithaften in der angelegenheit ferner verhalten wollen.　　　　Bern, Teutsch Miss. T. 348. Solothurn, Reform.-A.

1405. Febr. 16 (Freitag vor Invocavit), Bürglen. Ulrich von Hohensax an Zürich. Antwort auf dessen schreiben. 1. Zu freundlichen diensten sei er bereit; er bitte aber Zürich, sich des prädicanten im Sennwald nicht anzunehmen, da er nur rechtlich gegen denselben verfahren werde; wenn aber der prädicant ihm etwas zu leisten schuldig (erkannt) würde, werde er die zuschrift von Zürich nicht vergessen. 2. (Betreffend ein geliehenes pferd).　　　　Zürich, A. Sax und Forsteck.

1406. Febr. 16 (Freitag nach Valentini). Schwyz an Glarus. (Uewer) « jüngst schriben uns getan, » betreffen(d) die üwern und unseren zuo Gams der zwo pfronden halben, so sy die eini zuo einem predicanten für und für begeren, haben wir wyters inhalts verstanden, (und) nimpt uns desshalb frömd, dass ir so angents und stet uns ir̄o halben dergstalt zuoschriben, so doch ir guot wüssen haben, dass wir die herrschaft, darzuo die Gamser ouch gehören, (lut) unser(s) fridens vorbehalten und ouch theines predicanten, weder dess noch eines anderen, darin fürer nüt wellen haben noch dulden; mit bitt, ir wellend uns dero halb berüewigen und fürohin üwer fürschriften abstan».....

Schwyz, A. Gams.

Original, von Aeg. Tschudi am kopf datirt «15. Februar» und vielleicht auch nach Schwyz zurückgeliefert.

1407. Febr. 16, Bern. Instruction für die botschaft nach Baden. (Schlussabschnitt:) «Und als der pfruondhüsern halb in gmeinen vogtyen*zum nächsten verabscheidet, bedüechte min herren billicher und zimlicher sin, wo das mer wäre des gottsworts halb, dass der predicant das pfarrhus besäfse; hinwiderumb wo der merteil kilchgnossen die mess haben (wellen), dass der messpfaff im pfruondhus wonete.»

Bern, Instruct. B. 147 a.

1408. Febr. 16, Mailand. Herzog Franz II. dankt den V Orten für das schreiben aus Baden vom 4. Februar, womit sie ihre vermittlung in dem streite zwischen «dem von Musso» einerseits und anderseits den 8 Orten, Mailand und den III Bünden anerboten; «(wir) achten aber darfür, die sachen (seyen) dahin kommen, dass keiner weitern underhandlung von nöten sey, wie ir dann dasselbe von unsern gesandten, so wir auf den tag gen Baden geschickt, auch von unsern lieben mitverwandten der acht Orten und dreyer Pündten ratsboten bafs vernemen werdet.»

Stadtarchiv Luoern (beelag. orig.).

Gef. mitg. v. Th. v. Liebenau.

1409. Febr. 17. Bern an Freiburg. Nachdem gestern boten des herzogs von Savoyen und der Genfer erschienen, habe man sich entschlossen, das bündniss mit herzog Philibert gern zu erneuern, doch mit der bedingung, dass das burgrecht mit den Genfern für die verschriebene zeit auch in kraft bleibe; nichts desto weniger wolle man freundlich unterhandeln; von diesem ratschlag habe Freiburg, wie man aus seinem schreiben ersehe, nichts gewusst; indessen werde man sich bei der savoyischen botschaft verwenden, damit gegen die Genfer nichts unfreundliches unternommen werde; hinwider ermahne man Freiburg, nicht zu hitzig zu sein und die Genfer auch zur ruhe zu weisen; denn ob die angehörigen jetzt ausziehen würden, wo sie für den früheren feldzug noch nicht befriedigt worden, wisse man nicht.

Bern, Teutsch Miss. T. 352. Ratsb. 232, p. 189. Freiburg, A. Bern.

1410. Febr. 17, Dongo. Hans Streler von Bern, Hans Weibel von Glarus, Wilhelm Guidola von Freiburg, Hans Ratz von Solothurn, Franz Tanner von Appenzell an die zu Baden versammelten boten der genannten Orte. Klage über mangel an geld und desshalb herrschenden unwillen; daher bitte um schleunige zusendung von geld, damit man nicht zuletzt mit unehren abziehen müfse; geschähe aber ein aufbruch doch, so wollen sie und die knechte ihre ehre bewahrt haben.

Freiburg, Instr. B. XXIX.

1411. Febr. 18, Rom. Papet Clemens VII. an die V Orte. «Dilecti, cet. Ex pluribus Devotionum vestrarum litteris prudentique et assiduo sermone dilecti filii Stephani de Insula, oratoris vestri multos jam dies apud nos commorati, perspeximus studium, | fidem et observantiam vestram erga nos et apostolicam sedem, quæ etsi erant nobis antea explorata dignaque sunt virtute et pietate vestra, cum semper alias tum his proximis mensibus cognita, et victoriis | a Deo, bonarum mentium muneratore, illustrata, nobis tamen summo gaudio fuerunt, ut qui nostrorum predecessorum exemplo vos semper de apostolica sede et ecclesiastica libertate benemeritos | peculiariter diligimus et magnifacimus, vobiscumque non minus quam ipsi predecessores nostri conjunctissimi esse cupimus, cum presertim ad vetera vestra hec etiam novissima merita pro Dei ho- | nore et sanctæ fidei defensione fortissime impensa accesserint, quibus adducti non modo eorumdem predecessorum nostrorum erga vos benivolentiam conservare, sed etiam auctis vestris meritis | augere debemus. Itaque quod dilectum filium Adrianum de Rietmat, Comitem Valesii, qui vobiscum vires et pietatem suam pro sancta fide conjunxit, nobis commendastis, libenter et operam et auctoritatem | nostram interposuimus cum his cardinalibus qui jus in ecclesia Sedunensi habebant, ut ad nostram instantiam jus suum nobis pro vobis condonarent, quod illi, ut ad effectum perducant, curabimus, deinde | in expeditione litterarum apostolicarum, quantum ad nos pertinebit, ac cum justitia et honestate facere poterimus, nostram erga vos et ipsum Adrianum benignitatem desiderari patiemur. Venerabilem | etiam fratrem episcopum Verulanum per vos nobis commendatum, cum antea virtute et fide sua charissimum haberemus, deinceps vestra causa multo habebimus cariorem, et quicquid aliud vobis placere | intellexerimus, modo id cum Deo facere possimus, semper ostendemus, magni momenti apud nos fore auctoritatem et voluntatem vestram, quemadmodum hec et alia plenius nostrumque paternum | et peculiarem erga vos amorem nulli predecessorum nostrorum cessurum, ex dicto Stephano, oratore vestro, intelligetis.» — (Blosius). Lucern, Brevan.

¹ Abgedruckt im «Archiv f. schweiz. Reformationsgeschichte», II. 19.

1412. Febr. 19 (xij Kal. Martias), Rom. Maius an die V Orte. «Illustres et magnifici domini. Quæ fuerint hactenus cæsareæ Mtis, domini nostri clementissimi, vota et officia in christianæ Re(i)publicæ favorem et benificium, est omnibus manifestum; quod etiam in proximo bello, quod inter dominationes vestras ill. et octo Cantones lutheranos superioribus diebus commissum est et etiam testatur, quando per me significavit sanctissimo domino nostro nichil magis cupere Matem suam quam expenere in vestrum et christianæ religionis commodum omnia quæ in vestram rem forent et defensionem, jussitque Neapolitani regni viceregi et consiliariis, ut omnem pecuniam ad id necessariam et colligerent et transmitterent, quas ego postmodum rmo domino protonot(ari)o Caracciolo, apud excellentissimum ducem Mediolanorum oratori, ut feci transmitterent ad contributionem una cum nuncio apostolico faciendam. Cumque sit eiusdem sententiæ etiam et nunc communicato iterum con-

silio cum sanctissimo pontifice statuerunt insimul communiter suscipere
et defensionem vestram et ire suppetias ad omnia quæ in futurum
superiorum bellorum similia possent occurrere, quod s^{tas} sua prope
diem per r^{mum} episcopum Verulanum, s^{ue} sue nuncium. et cæs^t Ma^{tas}
per mag^{cum} ma^{tis} suæ secretarium Cornelium eisdem d. v. significabunt.
Volui tamen eadem interea ill. d. v. notum(?) facere, ut sciant, si quid
ad hec peragenda potero, dum ego hic apud pontificem ago cæsareæ
M^{tis} oratorem esse vel auxilio vel servicio me esse semper ad vota ill.
d. paratissimum, prout etiam audient ex mag^{co} domino Stephano vestro,
presentium latore. Bone valeant », cet.   Lucern. A. Kaiser.

1413. (Febr. c. 19). Nach B e r n sind (von F r e i b u r g) abgeordnet
Lorenz Brandenburger und Hans Guglenberg. Sie sollen zunächst erinnern an die jüngsten verhandlungen mit dem herzog von S a v o y e n,
besonders an die botschaft nach Genf. Nun erachte man für fruchtbar und notwendig, dass dem Herzog von beiden Städten beförderlich
und ernstlich geschrieben werde, er solle den guten leuten in Genf
die freie zufuhr gewähren und den abschied von St. Julien, wie auch
den rechtsspruch von Peterlingen halten, wobei zu erklären wäre, dass
die zwei Städte durch die nichtachtung dieser sprüche veranlasst würden, die Eidgenossen um deren handhabung anzusprechen und auf die
gesetzten pfänder zu greifen, was man aber lieber vermeide, wesshalb
man ihn gewarnt haben wolle und endliche antwort begehre, ob er
das tun wolle oder nicht. Wenn Bern für gut hält, diese meinung
durch eine botschaft an den Herzog zu bringen, so haben die boten
befehl, in der sache zu handeln. Den vorwurf der Berner, dass man
zu hitzig sei, wissen die boten damit zu erwidern, dass man keine
unruhe erheben wolle, wenn der Herzog nicht dringende ursache dazu
gebe.   Freiburg, Instr. II. 39.

Es folgen noch weisungen betreffend den vogt zu Grasburg und den statthalter Gilgen daselbst, dem bezüglichen schreiben vom 12. Februar gemäss;
auch werden die erklärungen über die händel in Grandson und Orbe bestätigt.

1414. Febr. 20. B e r n an S o l o t h u r n. 1. Ausdruck des befremdens über die entsetzung des prädicanten zu Ernlisbach, da die im
kriege geschehene wegnahme etlicher bogen pergament im kloster Muri
nicht mit verwirkung der pfründe bestraft werden könnte; als collator
der pfarre begehre man nun, dass er dabei belassen werde, sofern
er sonst nichts unehrbares begangen hätte; sonst würde man die
sache aus recht kommen lassen, wesshalb man um eine schriftliche
antwort ersuche. 2. Verwendung für den prädicanten zu Stüfslingen.
Bern. Teutsch Miss. T. 355, 356.

1415. Febr. 20. B e r n an den prädicanten in Court. Man erfahre,
dass er letzthin, ohne von den kirchgenossen berufen zu sein, nach
Viques gegangen sei, um da zu predigen, und auf dem rückweg in
Courrendelin (»Rennendorf«) das gleiche versucht habe, was dem bischof von Basel zuwider sei; desshalb wolle man ihn wohlmeinend
gewarnt haben, damit er an orten, die mit Bern nicht mit burgrecht
verwandt seien, und wo die pfarrgenossen seiner nicht begehren, (nicht
eigenmächtig handle) und sich in gefahr begebe, etc.
Bern, Welsch Miss. A. 233 a.

1416. Febr. 21, nachts, Sargans. Die boten von Zürich an ihre
obern. ‹Uewer› schriben an uns getan, antreffend die straf der biderben lüten zuo Salgans, habend wir uf Mitwuch den xxj. tag Hornungs um die dritt stund nach mittag empfangen (und) füegend üch
daruf zuo vernemen, dass wir uf Mentag den xix. Hornungs nachmittag gon Salgans kumen sind, dann uns des wetters halb zuo faren
nit e müglich gsin ist, alda der sechs Orten botten funden, und als
wir nu zemen kumen, und wir vermeint, allein von des abts zuo Pfäfers wegen ze handlen sin, habend daruf gemelte sechs Ort uns angsuocht, mit inen niderzesitzen und da helfen etlich reden und handlungen, so sidhar dem landsfriden bschechen und vergangen, nach zimlichkeit (ze) strafen. Und als wir nun unser befelch, dass wir von sömlichem ze handlen kein gwalt hettind, seitend sy, dass wir söliches ze
tuon schuldig wärind. Daruf leit der landvogt von Sangans ein gschrift
in, so im von Baden in namen der siben Orten zuogschickt, welicher
gschrift wir üch hiemit ein copig zuoschickend, ... und als wir gestrax by unserem befelch, so vil den Abt antreff, zuo handlen, bliben
woltend, meintend gedachte sechs Ort nach lut des landfridens, ouch
gedachtem schriben, so von Baden usgangen, uns das ze tuon nit fuog
noch gwalt ze haben, daruf uns obgemelte Ort abermals zum höchsten
ermant, dass söliche sünderung und abtretten nit wol erschossen, mit
inen niderzesitzen und da allein (die sachen), so sid dem verlesnen
friden gehandlet, für dhand ze nemen. Sidmal dann in unser instruction vergriffen, uns in fürfallenden händlen nach unserem besten vermögen (ze handlen) gwalt zuo haben; ouch habend wir in der warheit fürnemlich betrachtet, so wir von inen abträtind, (dass) sy dest
minder nit mit der sach fürfüerind, und dann by inen niemand, der
der biderben lüten halb wäre, so habend wir uns by inen ze sitzen
begeben, doch mit dem heiteren anhang, dass alles, so vor gedachtem
landsfriden beschechen, nach lut desselben nit fürzuoziechen noch (ze)
strafen (wär), ouch die biderben lüt, so nachmalen bim gottswort (ze)
bliben willens, nit darum zuo fehen noch hassen, sunder söliche daby
bliben, ouch nach lut des fridens lassen welltind, weliches sy sich begeben, ouch sy kein ander befelch dann sölichs ze tuon hettind. Daruf
nun sy sölich personen, so sid vilgemeltem friden wider den (II.) artikel gehandlet, für sich gstellt und die nach irem bedunken, ouch
etlich predicanten irs amts halb still gestellt und gstraft habend, doch
mit dem anhang, dass die biderben lüt, so des gottsworts begerend,
um ander cristenlich predicanten, die inen das gottswort verkündind,
wol werben (mögind) lut des fridens, wie dann wir üch .., so uns
Gott wider heim hilft, wol berichten wellend. Wir mögend ouch das
mit Gott wol zügen, so wir nit by inen gsessen, (dass) etlich vil rü-
cher gestraft wärind, da es danocht sunst zimlich nach gestalt der
sach zuogangen ist, .!. da wir, als schuldig, den biderben lüten zum
trungenlichisten fürgehept und gscheiden, dess wir üch ... von einem
an das ander gruntlich berichten wellend ...., 2. Dem befehl, mit
denen von Weesen des zurückgehaltenen geschützes wegen zu reden,
seien sie nachgekommen; dieselben zeigen aber an, dass ihre herren

dasselbe schlechthin für sich beanspruchen, da es gegen sie (eigentlich nur Schwyz) gedient habe; das erscheine nun als dem frieden zuwider; die Weesener wenden aber ein, dass sie des geschützes wegen den frieden nicht haben ausschlagen können, etc. etc.

Zürich, A. Landfrieden.

1417. Febr. 22, Freiburg. «In verluffnem span zwüschen miner herren undertanen von Aultenach (?) und Andra (?) einer und dero von Peterlingen zuogehörigen ze Corcelles ist ... also gemittlet und angesechen: Namlich diewyl usfündig worden, dass miner herren undertanen an mererm unglimpf erfunden, und der schmid von Chey(?)nin anfenger mit denen worten gesin, ob etwas lutherischer daselbs ze Corcelles vorhanden und er es wüsste, wellte er ein büchsenstein durchin (?) lassen loufen, uss ursach desselben er zuo stür der gewundten geben soll xxv lbr., und umb willen dass dero von Corcelles einer sich eröugt und gesprochen, in den grösten lutherischen in dem land sin und gar nach ein bessern glouben dann die jenigen haben, darnach ouch nach angefengtem gezenk ein sturm lassen schlagen, dass uss ursach desselben er den gewundten ze stür ouch geben soll xx lb., und das ouch in ansechen dess, dass desselben bruoder sich angends partigisch erzöugt; damit diser span hin sin und jede party ferrern kosten an iro selbs haben soll. Aber die von Petterlingen sollen die, so mine herren canallie und mit andren dingen geschulten, für si schicken und daran wysen also zuo reden, dass si solich wort in zornigem muot geredt und minen herren unrecht tüegen etc., darumb minen herren schriftlich gewarsame werden (soll). Ist minem herren stattschriber angehenkt, so er dahin nechstmalen rytet, (das) zuo volfüeren.»

Freiburg, Ratsbuch nr. 69.

1418. (Zu **Febr. 22,** Absch., o ist die **Basler** instruction zu bemerken:) ... «Und nachdem am tag ligt, dass der herzog von Meiland (als dann Heinrich Ran von Zürich, commissari zuo Tunk, einen des Herzogen botten nidergworfen und capitel einer bericht, so der Herzog mit dem von Müfs hinder uns den Eidgnossen annemen wellen, funden) vilfaltig gepraticiert und hinder uns .., wie des von Müfs bruoder selbs offenlich gsagt, mit dem castellan, wo er selbs wellen, ein friden angnomen hette und dann sunst wider unsere ufgerichten capitel, indem er mit siner munition die schloss in drigen monaten zum sturm beschossen haben sölte, das aber noch nit geschechen, gehandelt und erst jetz in dem krieg wider die fünf Ort zwei ufrechte zeichen uss der statt Meilant wider uns offenlich ziechen lassen», sollen die boten unter der bedingung, dass die bisherigen kosten ersetzt werden, zum frieden raten, u. s. f.

Basel, Missiven.

1419. (Zu **Febr. 22,** Absch., u). **Basel** hat einen specialabschied, der im ersten teil mit dem gewöhnlichen text übereinstimmt, im zweiten aber wesentlich verschieden lautet, weil er nur einem zwischenstadium der verhandlung entspricht. Die V Orte geben Basel zu bedenken, dass sie mit Zürich und Bern so gut wie verglichen seien und nicht von Baden scheiden wollen, bevor sie mit allen Orten einen gütlichen vertrag erreicht oder einen rechtstag angesetzt hätten. Die (Basler) boten mögen daher ihren herren des ernstlichsten schreiben und vollmacht zu einem abkommen oder zur einleitung des rechts begehren; denn länger wolle man die sache nicht aufschieben lassen. — Die zweite redaction, die dem hauptabschied einverleibt ist, weist auf die bezüglichen gesandtschaftsberichte der Basler boten und die ihnen darauf zugegangene antwort hin, welche die bitte um nachlassung der kosten wiederholt, jedoch auch vollmacht zu einem erträglichen abschluss gegeben hatte. Sodann wird der weitern verhandlungen und besonders der bemühungen der schiedorte gedacht und die summe der kosten auf 1800 kronen bestimmt, u. s. w. Wenn Basel dies annimmt, so soll es unverzüglich an Lucern schreiben; für den fall des abschlags wird auf Dienstag nach Judica ein rechtstag in Einsiedeln (!) angesetzt, etc. etc. Findet überhaupt ein rechtstag statt, so soll Caspar Bodmer, der sohn des stadtschreibers von Baden, gemeiner schreiber sein. Für alle vorhandenen geschäfte ist ein tag in Baden anberaumt auf Sonntag nach Ostern. *m Basel, Abschiede.*

1420. Febr. 22. Instruction für Golder von Lucern. 1. «Und als dann die Genfer sich träffenlich ab dem herzogen von Savoy klagen, und zuo besorgen, wo unser eidgnossen von Bern die hand von inen züchen, dass der Herzog villicht gemelten Genfern etwas anstatte, das inen schwär möchte werden etc., desshalb söllen ir darob und daran sin, dass vorbertuerten Genfern gegen dem Herzogen zum aller besten geschehten und verzigen werde.* 2. Vollmacht zwischen dem alten propst von Zurzach, m. Jacob Edlibach, und Damian Eggli mit der mehrheit zu entscheiden. 3. Von dem voranschlag der drei Waldstätte, wie das geld von Bern zu verteilen und zu verwenden sei, will man einstweilen nichts wissen. 4. Hans Widmer's gesuch um ein fenster; vollmacht. 5. Dem commentur in der Mainau braucht man keinen brief zu geben. 6. Von Golders hand: «Peter Prünlers halb gan Prämgarten zuo riten, in um sin ranzung, namlich lxxxx gl.» (zu belangen); «desshalb anträffen (sic) dz so zuo Mellingen genomen, sy nit witer ersuochen etc.»; «item der von Mellingen halb die löcher zuo machen»; «item von bulfer und antri rüstung».

* Note von R. Cysat: «Man hat den Jenfern ir sach also verblüempt und verstrichen, sonst wär ein ander meinung gefallen, uff ir schandtlich handlen gegen den Hertzogen fürgnomen.»

1421. Febr. 22. Bern und Freiburg an den herzog von Savoyen. «Illustissime etc. Nous summes assez advertis et certifies comme vostre ill. excellence ait deffendu les vivres a nos combourgeois de Geneve, aussi comme aucunes marchandises leur sont arrestees sur vos pays. A ceste cause vostre excellence tres affectueusement prions et supplions, vouloir considerer les bonnes paroles que vos ambassadeurs nous ont plusieurs fois portees, et pour lamour de nous et a nostre requeste, lesdits de Geneve, pour bon de paix et tranquillite laisser en bonne paix et leur laisser parvenir les vivres comme par ci devant; pareillement si aucunes marchandises leur sont arrestees et prises, que leur soient restituees. En ce nous ferez grand plaisir et gratuite a de-

servir, sur ce vostre benigne response attendant.» Siegel von Bern.
(Erst am 24. ausgefertigt!). <small>Bern, Welsch Miss. A. 268 b.</small>

1422. Febr. 22 (Donstag nach der alten Fastnacht), Wyl. Rudolf
Stoll und Caspar Nasal an Zürich (gesandtschaftsbericht). 1. Da der
abt von St. Gallen über das geld, das der hauptmann Frei sel. eingenommen und ausgegeben, rechnung begehre, so seien die beteiligten
amtspersonen bereits dazu aufgefordert; desshalb erscheine nötig, des
hauptmanns rechnungen auch vorzulegen, damit auf Zürich und Glarus
kein verdacht falle. Darum bitten die boten für sich selbst und die
andern drei Orte, die witwe des hauptmanns anzuweisen, die rechnungen sofort hieher zu senden oder jemanden zur rechnungsablage
abzuordnen. 2. An dem ungeschickten gerede, das zu St. Gallen ausgegangen sein sollte, sei nach eingezogener erkundigung nichts.
<small>Zürich, A. Abtei St. Gallen.</small>

1423. Febr. 23 (Freitag nach der alten Fastnacht), (Baden). Ulrich
Kambli und Hans Edlibach an Zürich. Heute haben der schreiber
von Luggaris und der ammann von Uri geklagt, dass der commissar
(Werdmüller) ungeachtet des befehls der Eidgenossen, die schloss-
knechte zu «entschlagen», das nicht tue und ihnen auch das recht nicht
gewähren wolle; sie begehren zum dringendsten, dass er ihnen genugtuung leiste, etc. Darauf haben sie beide (die boten von Zürich) gesagt, sie wüssten nichts anderes, als dass der landvogt dem gefallenen
erkenntniss nachkommen wolle und eine solche entschlagniss nach Zürich
geschickt habe; warum diese dort geblieben, sei ihnen aber unbekannt.
Infolge dieses berichts haben die V Orte gebeten, ein solches schreiben, wenn es vorhanden sei, herabzuschicken, damit man die be-
schwerdeführer zufriedenstellen könne, und dem landvogt aus dem
handel nichts ärgeres erwachse; nun raten sie, diesem ansuchen zu
entsprechen, da die begehrte schrift vermutlich in (Werdmüllers) hause
liege, etc. <small>Zürich, A. Luggaris.</small>

1424. Febr. 23 (Freitag nach Invocavit), Wyl. Rudolf Stoll und
Caspar Nasal an Zürich (gesandtschaftsbericht). Der abt von St.
Gallen habe mit der stadt gar nicht unterhandeln wollen, bevor der
kauf (des klosterplatzes) abgetan, die bezüglichen briefe vernichtet, und
er kraft des landfriedens wieder eingesetzt sei; so beschwerlich das
der stadt und den boten (von Zürich) gewesen, habe es durch die vielfältige und ernstliche bemühung der boten von Bern und Appenzell doch
nicht weiter gebracht werden können, und die stadt desshalb eingewilligt. Die erledigung der übrigen streitfragen sei den gesandten der
sechs Orte anvertraut worden zu freundlicher vermittlung oder den IV
Orten zu gütlichem spruch, und es werde das beste in der sache gehandelt werden. Da nun die briefe hinausgegeben werden sollen,
nämlich der revers des kaufbriefs und der zinsbrief um 550 gl., so
bitte man, dieselben durch diesen boten anher zu schicken, damit sie
sofort vernichtet werden können, etc. <small>Zürich, A. Abtei St. Gallen.</small>

1425. Febr. 24. Bern an Freiburg. 1. Da es in seinem schreiben bewilligt habe, dass man im namen beider Städte der Genfer

wegen an den Herzog (schreibe), so werde man das beförderlich und mit einem expressen boten tun und antwort verlangen. 2. Zur vollziehung der ordonnanz für die von Grandson und Orbe und andere ungelegenheiten habe man den ersten Sonntag im März bestimmt, so nämlich dass die boten abends in Orbe sein sollen, etc.

Freiburg, A. Bern. Bern, Teutsch Miss. T. 357.

1426. Febr. 24 (St. Matthias). **Zürich** an (Meilen etc.). Schwyz habe das ansuchen gestellt, laut des friedens dem gotteshaus Einsiedeln wein und zehnten, was etwa in beschlag gewesen, wieder abzulangen; da man auf dem tage zu Richterswyl, nächsten Montag (26. Febr.), darüber antwort zu geben habe, so sollen die gemeinden, als die den wein für sich verbraucht, ihre botschaft dahin schicken, um die sache bestmöglich zu verantworten; auch die boten des Rates haben befehl, ihnen nach kräften beholfen zu sein. Ebenso sei an die zu Männedorf und Stäfa geschrieben.   Zürich, Missiven, L 34.

1427. Febr. 25 (Sonntag Reminiscere), **Zürich.** Vor Rät und Burgern wird ein bericht der boten in Baden über die unterhandlung wegen nachlass der kriegskosten verlesen. Es sind daraus folgende puncte anzumerken: Sie haben alles mögliche versucht, um die V Orte zu bewegen, aber nichts ausgerichtet, auch den entschluss angezeigt, eine botschaft in städte und länder zu schicken, um den erlass der kosten zu erwirken; allein die V Orte haben, mit äußerung des bedauerns über die erteilten antworten, erklärt, es würde ein solcher schritt fruchtlos sein, ja ohne zweifel nur schlechterer bescheid folgen, da man verdacht hege, dass einige Zürcher umtriebe machen; dabei zeigen sie an, die leute von der landschaft hätten zu Deinikon förmlich gebeten, sie zu berichten, wenn je die obern die bünde und den frieden nicht halten würden, damit sie dann deren beobachtung erzwingen könnten; wollte nun die stadt die sache länger hinausziehen, so würden die V Orte genötigt, einen solchen schritt zu tun... — Darauf wird den boten vollmacht gegeben, so »nahe« wie möglich mit den Eidgenossen zu »tädingen«.   Zürich, A. Capp. Krieg.

1428. Febr. 26 (Montag nach Reminiscere). Ulrich von Hohensax etc. an **Zürich.** Antwort auf dessen letzte zuschrift wegen des prädicanten zur Rotenkirche in der herrschaft Forsteck, worin es begehrt, die sache selbst zu entscheiden, und einen tag dafür bestimmt. Er setze voraus, dass es die zwei vorausgegangenen schreiben besitze; inzwischen habe er den prädicanten rechtlich belangt, da seine ehre dies erfordere, und keine andere ansprache erhoben; die richter in Forsteck haben dann ihm als dem herrn, gemäfs dem frieden, die befugniss zuerkannt, den beklagten zu strafen; wiewohl er mit demselben viel zu handeln hätte, lasse er ihn gütlich mit seiner habe fahren, um weiteren zank und unruhen zu vermeiden. Hienach bitte er hochgeflissen, zu bedenken wie er sich bisher gegen Zürich gehalten, und ihn bei dem landfrieden zu schirmen, da es doch selbst ermessen werde, dass der prädicant sich freventlich vergangen, und dass ihm, dem herrn, seiner ehre halb gebühre, denselben zur rechenschaft zu

ziehen. Den landfrieden gedenke er zu beobachten; aber den vertrag
(von 1529, 1. Dec.) lasse er. als nicht hieher dienend und an ihm
schlecht gehalten, «bestehen und bleiben». Zürich möge ihn darin
nicht dergestalt drängen, dass er zwischen zweien stühlen («stucken»?)
niedersitzen müfste, und ihn, auch seinen sohn, bei dem herkommen
schützen, was er seinerseits verdienen wolle, etc.

Zürich, A. Sax und Forsteck.

1429. Febr. 26 (Montag nach St. Matthias), Baden. Hans Brattler
und Balthasar Hiltbrand an Basel (gesandtschaftsbericht). «Edlen
etc. etc. (Uewerm) befelch .. sind wir von stund an nachkomen, als
bald wir hie ankomen sind, und sind zuo unseren eidgnossen von Bern
gangen und mit inen red gehalten, ob ire herren inen kein befelch
geben haben, mit uns als den mithaften zuo handlen, und uf die
missif, die ir .. iren herren zuogeschickt haben, do haben si (immer
sig!) uns ein geliche antwurt geben, wie vormals üch zuogeschriben
ist worden von denen von Bern, dass si in der güetlichheit wellen
fürfaren; wo aber die güetlichheit nit verfache, so wellen si dann mit
uns (und?) ander(n) rot halten, wie der sach witer zuo duon sigé,
und hinder uns nit handlen. Hat uns gar nit gefallen, und hand inen
gar kein antwurt wellen haruf geben; kein antwurt ist ouch eine.
Aber g. herren, si erbieten sich vil glatter worten, müefsen wir ouch
duon; aber worlich, wir versechen uns kein anders, dann dass eben
gehandlet werde, als vor mit dem friden. G. u. h., nochmols haben
wir mit den botten von Schaffhusen red gehalten uf das schriben, (so)
üwer streng wisheit iren herren zuogeschriben haben, do si uns mit
antwurt begegnot sind und uns geseit, ir herren wellen nit verguot
ansechen, dass wir zuosamen standen, dann der handel sige nit gelich;
si wellen uns nüt verhalten und uns anzeigt, was ir befelch sige; ist
namlichen, dass si sich ouch in die güetlicheit in wellen lassen. (Daruf) hand wir bed uns underredt und inen unseren befelch ouch anzeigt und si dorbi betten, dass uns für guot anseche, dass wir mithaften mit gelicher antwurt kämen; (das) hat den botten von Schaffhusen wellen gefallen, und hands von stund an iren herren heim geschriben, haruf ire herren inen widerumb geschriben haben, si söllen
den v Orten ouch mit antwurt begegnen wie wir, doch insonders.
Also warten wir stets, wann man uns beschick. Aber . . . wir haben
uns dorneben erfaren, woruf die von Zürich beharren und Bern, hand
wir uns durch vertrut barsonen erfaren, dass die von Zürich luogen,
ob es möcht uf iijᵐ kronen komen; dann die botten hand nach mer
gewalt geschickt; hat man inen Klotz Escher zuogeschickt, den kennen
ir wol. So befinden wir worlich bi denen von Bern ouch in gelicher
gestalt, doch dass die von Bern dasselb hinder sich schriben. So haben
wir uns ouch harneben erfaren, wie sich die v Ort in den handel
schicken werden. Do befinden wir, dass si sich der handlung fast
nächeren und gelouben wir, si werden vertragen; dann die schidlüt
werden nun den handel an die hand nemen, und achten, wir werden
ouch beschickt. .. Wir haben ouch den burgermeister betten, dass er
üwer st. w. anzeig, was inen begegnet sig, und üch ouch iren abscheid

loes hören, der inen gefallen ist ».... Bitte um fernere weisungen.
«Dann worlich wir gern von statt wären, dann wir kleine kurzwil
hand dann stets in der stuben sitzen. Wir wissen ouch nüts nü(w)s
zuo schriben, dann doktor Sturzel lit hie in unser herberg, ist werder
dann wir»... Nachschrift: «Wir haben der von Zürch und Bern
handlung in grofser geheim erfaren; dorum bitten wir üch, diss ouch
heling zuo halten, domit uns nüts dorus entstüende.»   **Basel, Abschiede.**

Das original ist teilweise sehr ungeschickt geschrieben.

1430. Febr. 26. Bern an Freiburg. Die Murtner haben vor
einigen jahren, eine ordnung für die müller gemacht, die man damals
bestätigt habe; nun zeige sich infolge einer untersuchung, dass die
müller, dieselbe trotz dem gelübde nicht wohl gehalten haben, wesshalb, (die gemeinde) bitte, sie dabei handhaben zu wollen. Da jetzt
der zug an Freiburg gehe, so weise man (die boten) dahin und gebe
hiemit gewalt, die verordnung zu verbessern und zu bestätigen, und
halte dafür, dass die müller mit einem eide darauf zu verpflichten
seien.   **Bern, Teutsch Miss. T. 369.**

1431. Febr. 27 (Dienstag nach Matthias), nachts, Baden. Die gesandten von Basel an ihre obern. 1. Verweisung auf den gestrigen bericht. «Demnoch so hand uns die v Ort uf Mentag gestern nochmit-
tag beschickt und aber .. vor mittag mit Zürich und Bern gehandlet,
nud in bisin der schidlüt (von) Glarus, Friburg, Appenzell an uns
früntlich begert ein antwurt noch lut dem nächsten abscheid. Do
(sind) wir inen mit früntlicher antwurt begegnet und worlich alls harfür gesuocht, was lieb und leid ir ... mit inen (bis)har (er)litten haben; hat alls nüts mögen helfen. Do haben wir inen zuo letzte die
meinung (?) an die hand genomen, haruf diser abscheid (1. redaction)
uns worden ist, den wir üch hiemit schicken, domit üwer wisheit
sieht, woruf diser handel beruogt; dann .. wir haben vermeint, wir
wellten uf nächstkomen(den) tag antwurt geben; hat nit mögen sin,
und dorumb .. so bitten wir üch, ir wellen uns zuoschriben, wie wir
uns witer söllen halten; dann ir hand wol befunden bi den von Mülhusen, ouch wie ir abscheid lutet. Gnädig unser lieb herren, domit
ir eigentlichen wissen, was uf gesterigen (tag) mit Zürch (und) Bern gehandlet ist worden; dan die zwo stett ston(d) bi einauderen und ist
ein ding; aber wir anderen armen mithaften sind hindan gesetzt, wiewol wir ouch nit eins sind; doch gent sy uns guote wort, duont wir
ouch und müeßen es duon; doch luogt jeder für sich selb, es ist frig-
lichen zuo erbarmen. Aber .. wir haben uns zuo denen von Bern
tow und zuo den schidlüten und uns eigenlichen erfaren, wie do ir
kosten der beden Stetten vertragen werde. (Folgt eine gedrängte erzählung, die den bezüglichen acten entspricht). Witer .. so ist denen
von Schaffhusen in gelicher gestalt ouch ein abscheid worden; die
werden fürderlich antwurt geben; wann wir sy mit hetten dorvon genomen, so was ir befelch zuo frogen, was sy inen hieschen; doch so
achten wir, sy werden jetz dormit komen.» Bitte um absendung anderer boten; wegen ermüdung etc. 2. Heute sei die nachricht einge-

gangen, dass der herzog von Mailand mit dem Müßer einen frieden
geschlossen habe; dabei müße man es bleiben lassen, obwohl man
darin nicht viel gewinne. 3. Dass kein bote heimgekommen, möge
die obrigkeit damit entschuldigen, dass in so schwierigen umständen
keiner habe hier bleiben wollen. Bitte um beförderliche antwort.

Basel, Abschiede.

Von gleicher hand wie der vorausgegangene bericht.

1432. Febr. 27. Bern an Freiburg. 1. Dessen boten, die letzthin hier gewesen, haben über Hans Jacob von Wattenwyl geklagt,
wie derselbe als bote zu Grandson die messe abzustellen und die
altäre zu schleifen befohlen habe an orten, wo das mehr noch nicht
gemacht worden; das habe man ihm vorgehalten; er behaupte aber,
es geschehe ihm unrecht, und rufe (um hülfe?) an. Da er früher
schon mit unwahrheit verunglimpft worden, dass er nämlich seinem
diener befohlen, die bilder aus der kirche zu Echallens wegzufertigen,
was ihm jetzt wieder zur last gelegt werde, so begehre er, dass ihm
die verleumder genannt werden, damit er sie rechtlich belangen könne.
Das verlange man nun seinetwegen, da Freiburg ohne zweifel wisse,
wer solches angegeben, worüber man umgehend antwort erwarte.
2. Dieselben boten haben vorgetragen, wie Farel in Grandson gemeinden gehalten und «gemehrt» habe, was Freiburg nicht dulden wolle
etc. Darüber habe man den prädicanten ernstlich geschrieben, sie
sollten dergleichen händel vermeiden. Farel zeige nun heute an, dass
ihm ungütlich geschehen, da er weder etwas geheißen noch dabei gewesen sei; indem man seine entschuldigung annehme, müße man um
so mehr bedauern, dass er so verklagt worden, was man nicht verbergen wolle, damit Freiburg künftig solchen anzeigen nicht ohne verhörung des gegenteils glauben schenke. Denn die vereinbarte ordnung
sei man fest zu halten gewillt und hoffe, dass Freiburg nicht weniger
dabei bleibe und demgemäß den boten, die es nächstens «hinein»
sende, befehl gebe, den (gemeinden), welche die messe etc. abgemehrt
haben, prädicanten setzen und die messe abtun zu helfen, etc.

Freiburg, A. Bern. Bern, Teutsch Miss. T. 663—665.

1433. Febr. 27 (Dienstag nach Reminiscere), Baden. Hans Golder
an Sch. und Rat in Luzern. 1. Bericht über die unterhandlung
wegen der kriegskosten. Zürich habe nochmals begehrt, dass man
dieselben erlasse, und die absicht eröffnet, desswegen an die V Orte
eine botschaft zu schicken etc. Man habe über diese antwort missfallen geäußert und sofortige ansetzung eines rechtstages verlangt,
wenn keine andere käme. Bern habe wieder freundliche worte gegeben; wie es solche bisher gehalten, sei man freilich wohl inne geworden; da es sich über die instruction der Zürcher unwillig gezeigt, so
haben diese «hindersich geschickt», und infolge dessen haben sich die
beiden Städte zu 3000 kronen erboten und dabei zu erkennen gegeben,
dass sie wegen 1000 kr. mehr sich mit den V Orten nicht zerschlagen
würden. Da die boten der letztern sich darauf nicht eingelassen, so
sei als mittel 6000 kr. bestimmt worden; aber die schiedleute besorgen, das sei nicht zu erheben, dagegen vielleicht 5000, wie sie selbst

es schreiben. Er bitte nun um schriftlichen umgehenden bescheid und bemerke, dass aufser Lucern kein Ort in der sache rechten wolle;. nur Unterwalden sei noch geneigt, die früher an Bern bezahlten 3000 kr. (zurückzufordern). Die andern (evang.) Orte sagen, sie wollen zuerst Zürich und Bern als die hauptpartei zum vergleich kommen lassen und dann sich auch nach gebühr verhalten; man habe ihnen erwidert, der friede gebe eine solche trennung nicht zu; doch erklären Zürich und Bern, sie wollen nur für sich selbst unterhandeln und die andern «für sich selbst machen lassen», was sie können. Nun reiten sie eilends heim, um eine vollkommene antwort zu bringen, oder dann gleich einen rechtlichen tag zu bestimmen, da man sich zu längerm verzuge nicht verstehen wolle... 2. Mitsendung eines briefes von dem herzog von Mailand, betreffend den Müfsischen handel. Der Müfser berichte auch mündlich, dass es so ergangen sei, jedoch mit einem betrug, was den V Orten glaublich erscheine, aber nicht klar sei; denn die Zürcher und Berner seien darüber hochmütig geworden. 8. Die boten von Frankreich und Savoyen seien auch zu Baden; doch wisse man noch nicht, was sie (zu handeln) im sinne haben...

Lucern, Ungeband. Absch.

1434. Febr. 28. Bern an Freiburg. Erinnerung an die früheren schreiben betreffend die kirchengüter in Murten und wiederholung der angeführten motive. Da nun die sache unerledigt geblieben, und die prädicanten ihren lohn begehren, auch die armen inzwischen mangel leiden; da endlich etliche güter (einkünfte) den Orten entgehen («verschimen») möchten, weil man sie nicht jährlich beziehe, und der commissarius trotz dem jahrrechnungsabschied die bezüglichen erkenntnissbriefe nicht ausfertige, so werde Freiburg nochmals zum freundlichsten ermahnt, zu bedenken, woher eigentlich jene güter gekommen, und wem sie (billigerweise) gehören, und demgemäfs dieselben den Murtnern nicht zu entziehen; wenn es aber wider verhoffen den abschlag gäbe, so erwarte man eine bevollmächtigte botschaft auf nächsten Sonntag abend, und damit die Murtner an der verhandlung auch teilnehmen können, möge Freiburg sie benachrichtigen.

Freiburg. A. Bern. Bern. Tetsch Miss. T. 30, 301.

1435. Febr. 28 (Mittwoch nach Matthiä Ap.), Sitten. Bischof, Hauptmann und Rat von Wallis an die V Orte insgesamt und einzeln. Antwort auf ihre zuschrift vom Dienstag nach der Herren-Fastnacht. 1. Von briefen oder botschaften, die einer gewissen kuh wegen hergekommen wären, wisse man gar nichts; man nehme auch nichts anderes wahr, denn dass die leute mit den V Orten wohl zufrieden seien. 2. Mit bezug auf die gemeldeten verhandlungen der Zürcher und Berner etc. mit den reichsstädten und dem herzog von Savoyen hätte man um treues aufsehen und zeitige nachrichten; das wolle man diesseits auch erstatten. 3. Durch Gottes gnade lebe man hier in guter ruhe, ohne span und unwillen; nur die seit vielen jahren schuldig gebliebenen jahrgelder des Königs und die in den beiden letzten auszügen (gegen Cappel etc.) ... erlittenen kosten beschäftigen den gemeinen mann; da man von den anwälten des Königs keine bezahlung erlange, so bitte man die V Orte zum höchsten, denselben diese angelegenheit zu empfehlen und ihnen zu sagen, dass sie einmal alle rückstände bezahlen sollen, wenn sie die landschaft in «andacht, liebe, freundschaft und dienst» dem König zu erhalten begehren; wenn das nicht in kurzer zeit geschähe, so würde der gemeine mann gegen den König unwillen schöpfen und die bundbriefe herausfordern, wie andere Eidgenossen es auch tun, was dem König zu grofsem nachteil gereichen würde; desshalb habe man dem general Maigret auch geschrieben. 4. Des eroberten fähnleins halb besitze man diesseits gute kundschaft und habe den ritter Niklaus von Meggen bevollmächtigt, dasselbe zu fordern und hieher zu schicken; einen rechtstag werde man nicht besuchen und hoffe, dass die diesseitigen ansprüche beachtung finden; das würde unter dem gemeinen mann viel liebe und freundschaft wecken. 5. In betreff des eroberten geschützes bitte man ernstlich und zum höchsten, dasselbe nach marchzahl zu teilen, obwohl die Walliser an der tat zu Cappel nicht teilgenommen. «Und ob schon ir uns ein stuck oder zwei der bügkschen (sic) über den unsern teil witer zuo einer schankung gebent, diewil wir nit so vil grofs geschütz als ir .. in üwern landen und herrschaften hand, üch ouch gar kleinen schaden bringen mag, und by uns .. under dem gemeinen man ein grofs lob und eer dorus mag erfolgen und zuo einer gedächtnus in die ewigkeit in guotem niemer vergessen und ein inderliche (sic) ingebilte liebe darus erwagschen (!) mag, üch desshalben nit wöllent lassen beduren.» Es würde dann in weiteren kriegsfällen der gemeine mann noch williger zu den V Orten ziehen. 6. Bitte um glaubwürdige abschriften der friedbriefe mit Zürich und Bern, um im fall des bedürfnisses sich derselben bedienen zu können, etc.   Lucern, Missiven.

1436. **Febr. 29.** Bern an seine boten in Baden, Peter Stürler und Hans Pastor. Antwort auf ihren bericht nebst dem schreiben der schiedleute. Da in einem artikel des friedens mit den V Orten ausdrücklich alle kriegshelfer eingeschlossen seien, so haben sie auch gemeinsam für die geforderten kosten zu haften; darum befehle man hiemit, den schiedboten in schicklicher weise und insgeheim zu erklären, dass man sich verpflichte, mit Zürich 5—6000 kronen zu geben, unter der bedingung, dass dann die mithaften nicht weiter angesprochen würden; wenn sich aber die sache nicht dergestalt erledigen liefse, so sollen die boten eröffnen, dass sie jetzt nicht weiter eintreten könnten und heimzureiten befehl hätten, um auf dem nächsten tag gebührliche antwort zu geben; inzwischen würde man sich mit den beteiligten auf einem tage beraten; (letzteres) sollen sie für sich behalten, aber den gesandten von den mitverhafteten städten in höchstem geheimniss diese meinung zu wissen tun.   Bern, Teutsch Miss. T. 366, 367.

1437. **März 1.** Bern an Freiburg. Antwort auf dessen rückschreiben betreffend Hs. Jacob von Wattenwyl. Dieser begnüge sich damit nicht, sondern rufe weiter (um beistand) an. Da nun nach gemeinem recht, auch den burgrechten gemäfs, derjenige, der eine klage führe, besonders wo es die ehre angehe, den beklagten, der an (seinem heimatort) das recht anrufe, dessen geständig sein müfse, so begehre man dringlich, dass Freiburg boten verordne, die dem beklagten rede und antwort geben, oder wenigstens einen « vorsager » (versager, verleumder?) oder mehrere stelle, da er jene anzüge schlechterdings nicht auf ihm haften lassen, sondern sich gebührlich rechtfertigen und seine unschuld dartun wolle. Wenn Freiburg oder sonst jemand ihn zu überweisen versuche, so sei er dessen gewärtig. In seinem namen erbitte man hierüber schriftliche antwort.

Bern. Teutsch Miss. T. 268, 269. Freiburg, A. Bers.

1438. März 1 (? p° Mart.). Z ü r i c h. Bericht von Ritius und Panizonus. 1. Nach der letzten zuschrift des Herzogs habe der castellan von Musso den zu Mailand mit seinem bruder verabredeten frieden angenommen. 2. In der gegenwärtigen tagleistung zu Baden haben sie beide im namen des Herzogs eine freundschaftliche verbindung mit der ganzen Eidgenossenschaft angetragen, die beiden teilen zum vorteil gereichen sollte; die antwort wollen sie bis zum nächsten tage hier erwarten.

Zürich, A. Müsserkrieg (lateinisch).

1439 a. März 2, Bern. (Die) « potten » von Savoye anzeigt, (sy babint) miner herren antwurt verstanden; den Herzogen bedüret und befrömdet; begert, ime die ursach anzezeigen; wirt sin potschaft hie lassen; was sich je zuo zyten zuotreit, werden sy min herren berichten, mit pitt (dass) m. h. das ouch tuon wellent; (hat ouch) anzeigt von wegen des gelts, so schon vorhanden sin (soll), werde fürderlich usgericht und min herren vernüegt; minen herren lyb und guot zuogesagt.

Bern, Ratsb. 255, p. 19.

1439 b. März 6. Den boten von Savoyen weist man nach Freiburg und lässt es bei dem (letzten?) briefe bleiben, in der hoffnung, dass der Herzog (das verlangte) tun werde!

Ibid. 10 ??

1440 a. März 8, F r e i b u r g. Anwälte von G e n f bitten abermals, die stadt zu bedenken, und stellen vor, wie grofser schaden ihr, besonders den handwerksleuten, aus der sperre erwachse. Es wird beschlossen, die antwort des Herzogs abzuwarten.

1440 b. März 5. An die von L a u s a n n e (zu begehren), dass sie berichten, was sie über des Herzogs rüstungen erfahren können.

Freiburg, Ratsb. nr. 49.

1441. März 3 (Sonntag Oculi). Räte und richter von Z u r z a c h an Z ü r i c h. Frommen etc. etc. Euwer schriben vormals, dass wir by unser appellation mit Simon Halbisen belibind, ouch wyter jetz schribind, dass wir uf nächst Zinstag nach Mitfasten vor üch zuo erschinend, vernen (band wir vernomen?). Dwil nun unser eid uswist mit dem zug gen Klingnow, von Klingnow gen Costenz uf die pfallätz wist, ist an üch unser g. h. bitt und beger, ir wellend mit vermälten Halbisen verschaffen, damit er uns by unserm bruch und rechten beliben lasse, dann im der zug abkeunt ist, darum dass er uit usbracht hat, dass da ein louf (?) beschechen; aber nünt idester minder, wenn

er zuo Costenz von unserem g. h. ein zug erlangt, wellend wir im
da one verzug billichs rechten sin, wie dann biligend copi uswist. •

Zürich, A. Zurzach.

1442. März 4, Baden. Die V Orte an Solothurn. Verkündung
des auf Sonntag nach Ostern angesetzten tages in Baden, um über die
streitigen kriegskosten ein gütliches abkommen zu treffen oder einen
rechtstag zu bestimmen. — Vgl. Absch. p. 1288, v. — (Der tag scheint
also über den 1. März hinaus gedauert zu haben). Solothurn, Reform.-A.

1443 a. März 4 (Montag vor Lätare). Rudolf Stoll und Caspar Nasal,
boten von Zürich auf dem (letzten) tag zu Wyl, bescheinigen den
empfang der vertädigten summe dienstgelder für Hans Konrad Escher,
(statthalter des hauptmanns Frei), und Hans Escher (landschreiber),
für erstern 17, für letzteren 30 gulden Constanzer währung, und quittiren demzufolge den abt von St. Gallen. (Handschrift von Lorenz
Appenzeller).

1443 b. März 4 (Montag vor Lätare). Quittung von L. Appenzeller
für 23 gl. 12 schl. pfg. Const. w. nebst 4 malter 2 mütt 2 viertel 3
vierling fäsen, 1 mlt. 1 mt. 3 vtl. haber und 6 vtl. kernen, Wyler
mafs, infolge der abrechnung etc.

Stiftsarchiv St. Gallen (besiegelte originale, papier).

1444. März 5 (Dienstag vor Lätare), Burgdorf. Kundschaften über
reden eines Lucerners (Clos), in Bern zur Krone nach dem nachtessen
geschehen (datum fehlt). Lobsprüche auf j. Anton von Erlach, (neu-
burger und) ratsherr in Lucern; freude über die siege gegen Zürich
und die verbrennung Zwinglis, nebst androhung weiterer niederlagen
etc.; vorwürfe gegen Basel (zu einem boten) über proviantabschlag
und nichtbeachtung der bünde; dabei jedoch anerkennung für Bern.
(Die zeugen suchten diesem gerede auszuweichen).

Bern, A. Kirchl. Angelegenh.

Montag nach Lätare (11. März) von Anton Tillier, schultheiss zu Burgdorf,
nach Bern geschickt laut begleitschreiben.

1445. März 7 (Donstag nach Oculi). Zürich an Bern und Basel.
Erinnerung an den letzten abschied von Baden betreffend das österreichische erbeinungsgeld, die häfte etc. Da die (drei) städte aufgefordert seien, sich auf dem nächsten tage weiter zu erklären, und
früher vereinbart worden, dass keine für sich allein die häfte lösen
solle; da zudem Dr. Sturzel zu verstehen gegeben, dass eine gütliche
unterhandlung zu einem vergleich führen möchte, so habe man für
nötig erachtet, über diese händel zuvor gemeinsam zu ratschlagen, und
zu diesem zwecke einen tag nach Aarau angesetzt auf Donstag nach
Mittefasten (14. März), und bitte, denselben zu besuchen, damit man
handeln könne, was die umstände erheischen.

Zürich, Missiven. Basel, Abschiede.

1446. März 7. Bern an Basel, Schaffhausen, St. Gallen
und Mühlhausen. Hinweisung auf die jüngsten verhandlungen wegen der kriegskosten. •Dwyl nun üwer und unser eidgnossen von
Zürich irs teils mit den v Orten (des) obberüerten reiskosten halb

übereinkommen, will uns bedunken, dass ir, ouch ander unser mitverwandten und wir die fürgeslagen mittel der schidlüten nit sollind usschlachen, damit wir einmal uss der sach komind und wyter kosten, müeg, arbeit, unfrüntschaft, unwill und unruow, so uss der rechtsfertigung erwachsen möcht, vermitten blybend. Harumb an üch unser ganz früntlich, trungenlich, ernstlich pitt und vermanen langet, ir wellend glich wie wir von friden und ruowen wegen üch begeben, die summ kronen, so üch desshalb durch die schidlüt ufgeleit, güetiklich uszerichten und üch in dem fal von uns nit ze sündern, als unser ungezwifelte hoffnung zuo üch stat, ir werdind von sölichen kleinen guots wegen die sach nit zerslachen, sonders uns hierinne willfaren, dadurch ir und wir einmal der sach abkomind. «   Bern, Teutsch Miss. T. 371, 372.

Am 10. März hatte Bern eine bezügliche zuschrift von Schaffhausen mit dem hinweis auf die (inzwischen) abgegangene missive (ohne zweifel oblge) zu erwidern; beiläufig wurde das ansuchen um beitritt zu der entwickelten ansicht erneuert.   ib. ib. 376. Schaffhausen, Corresp. (beide).

1447. März 8 (Freitag vor Lätare), St. Gallen. Abt Diethelm an Hans Ulrich von Surgenstein oder Jos von Laubenberg. 1. Aeusserung seiner freude über die neue ordnung in der Eidgenossenschaft, und wunsch dass in Deutschland ein gleiches geschähe, etc. 2. «Witer, lieber vetter, so wärs min drungenlich bitt und beger, dass ir in der sach handletind und fürfuorind; dann ich und ir werdind gar letz ston, und besunder ich, dann ich jetz vor den Aidgnossen offenlich geredt, ich nem mich des zins und gelts gar nünt mer an, ist ouch nit mer min; darum, wirt denen von Sant Gallen etwas daran geschenkt oder nachgelassen, so söllend si mir nit darum danken, sunder denen, die inen das schenkid; ich heig ganz nünt mer an dem zins. Lieber vetter, uf sölicher red bin ich vor den Aidgnossen gänzlich beharrt und bestanden; darum müefst ich letz ston (und) wurd mir nit wol erschiefsen; darum so ist nachmals min fründlich beger und pitt, ir wellind mit ainander fürfaren und üch kain kosten lassen beduren, dann ich den selbigen erlich und redlich will usrichten mit sampt der müeg und arbat etc. 3. Witer, l. v., so wiss dass ich sunst aller sachen mit denen von Sant Gallen gericht bin . . .; sy hettind aber gern den zins ouch wellen darin ziechen, aber es hat nit mügen sin; (si) gend mir für allen schaden xᵐ gl., ist inen an zins gestellt; ist das nit ain elendi sach, dass si sond so ain klain gelt geben so für ain grofsen schaden, aber ich muofs es liden »....
          Stiftsarchiv St. Gallen (pr. mem.).

1448. März 8 (Freitag vor Mittefasten). Solothurn an Bern. Beschwerde über den abgeschiedenen prädicanten von Egerchingen, der die schlüssel zum pfarrhaus dem vogt zu Aarwangen übergeben, und das rechtbieten des letztern gegen die einsetzung eines (messpriesters); erinnerung an die gegenseitige ansprüche Berns, und begehren, dass das haus geöffnet werde, da doch die parteien sich gütlich vertragen haben, etc. etc.   Bern, Solothurn-B. B/ 12

1449. März 8. Mühlhausen an die boten der V Orte, jetzt in Zug. Wiewohl man die als kriegskosten auferlegte summe von 400 kronen so schwer finde, dass man besorge, die stadt desshalb « versetzen » zu müfsen, wolle man sich jetzt doch dem vorgeschlagenen mittel der schiedleute unterwerfen, indem man bedenken' trage, mit Eidgenossen zu rechten, und freundliche einigkeit allezeit höher schätze als zeitliches gut; man verzichte also hiemit auf eine rechtfertigung, etc. Lucern, A. Religionshändel.

1450. März 9. Bern an Solothurn. Antwort auf dessen zuschrift betreffend die zwietracht unter den kirchgenossen zu Egerchingen. Nachdem man den bericht des vogtes zu Aarwangen gehört, begehre man, dass da nochmals eine abstimmung stattfinde, da längst ein mehr gemacht worden, und jetzt ein neues vorzunehmen gewünscht werde; wenn dann die mehrheit bei der messe bleibe, so werde man, mit vorbehalt der verleihung, dem priester das pfarrhaus nicht vorenthalten, der andern partei aber einen prädicanten nicht entziehen; falle dagegen das mehr auf Berner seite, so werde billig der prädicant das pfarrhaus beziehen. Um des nachlaufens (einmal) entledigt zu werden, erbitte man sich schriftliche antwort. Bern, Teutsch Miss. T. 373.

1451. März 9, 11 uhr mittags. Basel an Schaffhausen. Antwort auf dessen ratsbegehren betreffend die kriegskosten für die V Orte etc. Man schicke hiebei eine copie des bezüglichen schreibens von Bern (7. März) und wolle nicht verhalten, dass man sich in dieser stunde entschlossen habe, um des friedens willen die geforderte summe auszurichten und somit Bern zu willfahren, etc. (Die copie liegt vor). Schaffhausen, Corresp.

1452. März 9. Bern an Basel und Solothurn. Erinnerung an die früher begonnene, wegen anderer angelegenheiten unterbrochene vermittlung in dem zwischen den zwei Orten hängenden span. Nun bitte man freundlich, gemäfs dem bezüglichen abschied zu fortgesetzter unterhandlung einzuwilligen; würde dies wider verhoffen abgeschlagen, so müfste man einen rechtstag bestimmen, wesshalb man umgehend schriftliche antwort erwarte. Bern, Teutsch Miss. T. 374. Solothurn, Berner Schr.

1453. März 10. Bern an St. Gallen. Antwort auf dessen dankschreiben für die gütliche unterhandlung der diesseitigen botschaft in dem streit mit dem Abt. Man vernehme mit höchstem gefallen, dass die boten sich so (ernstlich) um die sache bemüht haben, und sei auch sonst allezeit zu freundlichen diensten bereit. Man verdanke auch die den boten bewiesene ehre und das ihnen zugedachte geschenk und wolle solches bei anlass vergelten. Bern, Teutsch Miss. T. 377.

1454. März 10. Bern an Zürich. Antwort auf dessen zuschrift, nämlich den vorschlag, wegen des erbeinungsgeldes einen (bereits angesetzten) tag in Aarau zu halten. Nachdem man die bezüglichen abschiede aus dem Thurgau und Baden und das schreiben des r. Königs erwogen, halte man für unnötig, mit Zürich und Basel hierüber « vorrat » zu pflegen; dagegen werde man den boten nach Baden befehl geben zu eröffnen, dass man sich nicht viel darum kümmere, ob der

König das geld entrichte (oder nicht); den tag in Aarau werde man also nicht besuchen, etc. Bern, Teutsch Miss. T. 575.

1455. März 11. Basel an die V Orte auf dem tag in Zug. Aus dem letzten abschied und dem bericht der boten habe man vernommen, was die schiedleute der reiskosten wegen gesprochen haben; wiewohl man sich nun eines mildern willens vertröstet, habe man sich doch um des friedens und pflanzung alter treue und liebe willen entschlossen, das recht nicht zu brauchen, sondern den diesseitigen boten auf den nächsten tag befehl zu geben, desshalb mit den V Orten freundlich abzuschliefsen, indem man hoffe, dass sie sich dann milder zeigen, etc. Lucern, Misulven, Basel, Misulven.

1456. März 11, Thonon. Herzog Karl von Savoyen an die boten der Eidgenossen auf dem nächsten tage. • Illust. et magnifici amici et confederati nostri precipui. Litteras mag. v. recepimus sub dato primæ huius, et quoad factum victualium, intelligant omnino nihil ex eis ad dampnum cuiquam inferendum fuisse gestum, sed pro necessaria curie nostre provisione, verum postquam priores vestre nobis redditæ fuerunt, curavimus etiam novissime ita rei providere e mag. v. intuitu, ut nulla superfuisset scribendi occasio; si ordinis dati ratio (ro) eisdem nota fuisset, prout latius referent oratores nostri ultro ad proximam dietam destinandi; de cuius institutione et termino certiores effici rogamus per e. mag. v., quibus nos semper plurimum offerimus ... Lucern, A. Savoyen (orig.).

1457. März 12. Basel an die boten von Zürich in Aarau. Am 9. d. habe man von Zürich ein schreiben empfangen, das wegen der irrung mit dem römischen König auf nächsten Donstag einen tag in Aarau verkünde etc. In der erklärung, welche dr. Sturzel als anwalt des r. Königs zu Baden gegeben, finde man nun Basel nicht erwähnt, obwohl es im abschied auch genannt sei, und da sich Sturzel vor gemeinen Eidgenossen ausgesprochen, so müfse man glauben, dass man in keinem spane stehe; daher erachte man nicht für nötig, sich weiter in diese sache zu mischen und sende demgemäfs keine botschaft, etc. Basel, Misulven.

1458 a. März 12. Bern an Freiburg, zur antwort auf dessen schreiben von gestern. Da der gesandte des herzogs von Savoyen, herr von Bellegarde, begehre, dass man die alten bündnisse erneuere, wesshalb sich derselbe in die nähe verfügt habe und jetzt in Thonon verweile, und wünsche, dass man Freiburg ersuche, ebenfalls eine botschaft zu senden, so bitte man es freundlich, dies zu tun; den morgen verreisenden boten befehle man nebenbei, zu Lausanne auch in sachen der Landsknechte zu handeln. Freiburg, A. Bern. Bern, Teutsch Miss. T. 576.

1458 b. März 15. Bern an dasselbe. Man vernehme wider erwarten, dass es keine botschaft abgefertigt habe, und ersuche es nun freundlich, die seinige nachzuschicken, um gemeinsam zu verhandeln, was der stadt Genf zu gutem diene, und zugleich des Herzogs anliegen kennen zu lernen. ib. ib. 581.

1459. März 12. Bern an die V Orte, jetzt in Zug versammelt.
Infolge verhörung des letzten abschieds von Baden habe man sich entschlossen, die bestimmte summe der reiskosten auf das genannte ziel
zu erlegen, wiewohl man das recht nicht gefürchtet hätte und etwas
schuldig zu sein nicht glaube; aber in würdigung der vielfältigen bemühung der schiedboten und der bitte der Eidgenossen habe man dazu
eingewilligt und den rechtstag abgekündet, wolle indessen hiebei erklären, dass man jedenfalls nicht nach Einsiedeln zum recht gekommen wäre, da man nirgends finde, dass man dazu verbunden sei, und
desshalb protestirt haben, dass das (geschehene) den diesseitigen rechten keinen schaden bringen solle.

Bern, Teutsch Miss. T. 370. Lucern, Missiven (original).

1460. März 12 (Dienstag nach Lätare). Schaffhausen an die
boten der V Orte auf dem tag in Zug. Die von Baden heimgekehrten boten haben die auch im abschied erwähnte kriegskostensumme
angezeigt; da man nun die freundschaft der V Orte viel höher schätze
als hab und gut, so habe man sich entschlossen, die von den schiedleuten bestimmte summe, nämlich 1000 kronen, auf die genannten
ziele auszurichten und das recht zu ersparen, wiewohl man unschuldig
in diesen handel gekommen. Empfehlung etc.

Lucern, Missiven. Schaffhausen, Ratsb. f. 89.

1461. März 13. Basel an Bern. Antwort auf dessen schreiben
betreffend die noch unentschiedenen späne mit Solothurn. Es wisse
ohne zweifel, dass man eine gütliche unterhandlung auf grundlage des
abschieds von Aarau nicht abgeschlagen, worüber man auf das schreiben vom 21. (20.) September (1531) verweise; desshalb wolle man,
Bern zu ehren, einen von ihm angesetzten tag besuchen und einer
gütlichen verhandlung gehör geben, indem man hoffe, mit Gottes beistand zu einem austrag zu kommen oder, wenn es an Solothurn fehlen sollte, dem anlass gemäfs einen rechtlichen entscheid zu erhalten,
etc.

Basel, Missiven.

1462. März 13 (Mittwoch nach Lätare). Zürich an Bremgarten.
»Wiewol die hohe oberkeit im Kelleramt zuo Lunkhofen, wie üch das
wol bewüsst, on mittel uns zuoständig, und die biderwen lüt nit mit
üch usgesetzt, sunder als die, so uns hoher oberkeit halb zuo versprechen stand, in nüw ufgerichtem friden mit anderen uns verwandten
und zuogehörigen vergriffen und beschlossen und desshalb ... gefryt
und gesichert sind, sich unserer religion ze halten und daby ze belyben, vernemen wir doch darneben, wiewol nit on sunder beschwerlich
missfallen, dass ir sy by solichem friden und fryheit nit belyben ze
lassen, sunder von göttlichem wort und unserer religion uf päpstische
wys ze bychten, zum sacrament ze gan und sich des alten gloubens
(wie man in nennet) ze halten, wider iren willen und ire conscienzen
mit gewalts gebotten ze trängen, inen ouch daby ein cristenlichen predicanten abzestricken gedenkind, dess ir unserer achtung (nach) weder
vor Gott noch uns ... glimpf noch fuog hand. Sidten mal dann gar
nach der meerteil gemelter undertanen zuo Lunkhofen unserer religion

bedacht (sind), und sy ersternempter frid daby schirmt, wir ouch je nit gedenken können, dass ir üch, vorab Gott und uns zuo verachtung, wider denselben friden ze setzen und uns, mit unseren Eidgnossen ze unrüewigen, sunder vil mer uf frid und ruow ze trachten begirig sigind, so langet an üch unser gar ernstlichs begeren, ir wellind Gott und uns zuo gefallen üwers fürnemens gegen gedachten biderwen lüten abstan, sy bym friden und göttlichen wort belyben, inen ouch dasselb durch ein cristenlichen predicanten wie vornaher fry verkünden lassen und sy wider ir conscienz zuo päpstlicher wys nit tringen noch sy unserer religion halb in keinen weg strafen ald deren entgelten lassen, sunder üch hierin so geschickt und fründlich gegen inen bewysen, als gemelter friden und die billigkeit das erfordert, und wir spüren mögind, dass ir üwer und unser aller ruow begirig, und üch unser fründschaft vil höher dann zank und unruow angenäm syg·, etc. Begeren schriftlicher antwort. Zürich, Missiven. Stadtarchiv Bremgarten.

Einen andern abdruck hat Argovia VI. 94, 95.

Diese missive teilte Bremgarten den V Orten mit, laut deren antwort vom 19. d. m.

1463. März 14, Freiburg. 1. «Herr(en) Wicht und Studer hand widerbracht, was si mit der statt Bern botten in den gemeinen herrschaften Granson und Orba von wegen des spännigen wesens, der (sic) sich des gloubens halb zwüschen inen haltot, verhandlet. 2. An die von Bern, klein und grofs Rat, als im missivenbüoch. 3. An dieselben von ires ratfründes, des von Wattenwyl wegen, ob er mine herren oder ir botten (der) ansprach getanes anzugs halb nit vermeint ze erlassen, dass er alhar komme. 4. An si von der kilchengüeter vou Murten wegen. 5. An die von Murten, dass si minen herren iren teil derselben güetern unverzogenlichen entrichten und antwurt geben, ob si das tuon wöllen oder nit.» Freiburg, Ratsbuch nr. 49.

1464. März 14. Freiburg an Bern. «Uewer schriben, so ir uns uf des herren von Bellagarde fürbringen ... getan, haben wir sampt sinem mündlichen anlangen verstanden und füegen üch darnf zuo vernemen, dass wir in allem dem, so den eeren zimlich, uns ze underwinden ganz nit beduren wollten lassen. Aber in disem fal, diewyl üwer und unser mitburger, der statt Jenf allweg gefechd(o)t stand, können wir in uns nit befinden ze tuond sin, dass einich ferrer anlass mit bemelter f. D. von Savoye inzuogand oder zuo machen syen, vor und ee er solich fechd ablass, den abscheid (von) Sant Julyn und die urteil ze Petterlingen ergangen erstatte; dann üch unsers bedunkens unverborgen, wie wir üwer und unser lieben Eidgnossen uf nächstgehaltnem tag ze Baden zuo handhabung derselben stucken ersuocht; haben also dissmalen dhein anwalt usgeschossen noch abgefertigt, sonders wöllen bescheid desselben halb erwarten und demnach tuon das so sich gebürt.» Freiburg, Miss. Bd. 9 a. 10.

1465. März 14. Freiburg an den landvogt in der Waat. «Nous avons entendu le contenu de vos lettres que les vivres estoient relacher (sic) à ceux de Geneve, dont sommes este adverti que le cas n'est pas si ample à la relaxation, coment nous donnez (a) entendre, et

le semblable monseigneur de Estavayer nous a faict entendre par monseigneur le duc, avecque ce que dussions envoyer nos ambassadeurs
devers son excellence, laquelle chose ne scaurions faire et ne ferons
pas, jusques a ce que monseigneur de Savoye aie de tout relacher a
ceux de Geneve vivres, boix et toutes autres choses, coment labscheid
de St. Jullin devise, et la sentence de Payerne soit observee avecque
ce que avons escript a son E(xcellence), que des deniers qui nous sont
deus, fussions paye, dont ne voyons point dexperience, pourquoi ne
serions (sic) envoyer devers son E. que ne soyons contente et satis-
faict de ce que nous a este accorde, et ce estre fait, sommes tousjours
de bon vouloir que tout ce que avons accorde et promis, lobserver, de
laquelle chose en porrez bien advertir lexcellence de monseigneur de
Savoye. »   **Freiburg, Miss. Bd. 9 und 10.**

1466. März 14 (Donstag nach Lätare), Rapperswyl. Stephan Zeller
an Zürich. »Min früntlich gruofs, etc. etc. Demnach ich abgemanet
bin, wird ich uf hütt heimkumen, und (werden) mit mir inziechen
etlich redlich kriegslüt, so üch und üwer mandaten übersehen und anderen herren zuozogen sind; ist um solichs an üch min undertenig
pitt, die selben in gnaden wider heim kumen (ze) lassen, denn si mir
redlich und erlich gedienet; ouch solichen iren heimzug mir und inen
in kein übermuot, hoffart noch tratz ziehen (deuten!), sunder alles uff
üwer gnad ufnemen; wo ich denn solichs underteniklich verdienen
mag, wird ich keiner zit unwillig erfunden werden.« ...
                                             Zürich, A. Müsserkrieg.

1467. März 14. Freiburg an Bern. »Wir haben nach getanem
widerbringen unsrer lieben miträten, so jüngst von uns in üwer und
unser gemeinen herrschaften Orba und Gransen gefertigot gewesen,
verstanden alles, so durch üwer daselbs gewesnen botten und si verhandlet worden, und wiewol wir vermeint, es alles güetiger wys und
gestalt nach form und vermög der anlässen, (so) zwüschen üch und uns
hievor ergangen, insonders inhalt letst ufgerichter ordinanz, vollendet
und zuo beschluss gebracht wäre worden, so vernemen wir doch semlichs eben schimpflich verbracht und geacht sin. Dann nachdem und
wir zuo beiden syten übereins kommen, dass wir unser botschaft zuo
guot und betrag aller spennigen händlen an bemelt end fertigen und
ob not an etlichen ungemerten orten das mer durch si verhandlen sölten lassen, verstand wir obbemelten die üwern hierumb endlichen ingang nit haben wellen tuon und fürnemlich nit haben wöllen beschechen lassen, dass an orten und enden, da das mer nit ergangen, und
aber die altar mit andren kilchenzierden gewaltiger wys hindan getan
und zerbrochen worden, solich wider nach beger etlicher (der) enden
wonhaften biderben lüten ufgericht wurden, und das uss kraft dess,
dass es nit mit eignen und lutern worten in obbemelten ordinanzen
erklärot und usbescheiden; da aber wir vertruwt, (dass) solichs nit so
geferlicher wys ermessen, insonders dem volkomnen inhalt sölte nachkommen werden, so vermag, dass an orten und enden, da das mer
nit ergangen, und der merteil nochmaln der mess mit iro gebrüchen

und cerimonien begirig, dieselb wider gehalten werden solle. Wie
dann solichs ergan und statt haben möcht, so man die altär und ire
zierden, an solichen enden umgeworfen, nit wöllt zuo ufrichtung kommen lassen, mag ein jeder ermessen. Ueber wölichs wir ouch vermerkt, wie etlich in gegenwürtikeit üwer und unser botten und sunst
offenlich harus geredt, ob diejenigen, so solich ampt der mess lieben
und begeren etlich umgestürzt altar wider ufrichten, dass dieselben
von inen wider zerschlagen und zerbrochen; insonders ob si einichen
priester, so mess hielt, ergriffen, dass si solichen umbringen und erstechen wurden. Zuodem ouch mengerlei andrer klegden von geistlichen und weltlichen; in bemelten üwern und unsern herrschaften
wonend, syt verrytung obbenennter üwer und unser botten für uns
gebracht, und namlich ist uns angezöugt worden, wie etlich die ge-
sangbüecher der kilchen ze Orbe und anders sidhar zerrissen und zerbrochen, die aber zuo bruch der kilchen wider gestellt söllten werden,
sich all dem inhalt gemachter ordinanz widrig erzöugend; das uns
eben schmächlich und hinfür zuo hören und fürgan ze lassen unlydlich sin und ganz unstattlich bedunken will. Diewyl nun ir uns bishar oftermaln mit glietigem anlassen abgeleint, dermafs ir mit uns
semlichem vorain wellten und zuo sterke desselben hie obgemeldt ordinanz mit uns versiglot und ufgericht, und aber solich hievorgemelt
verhandlungen derselben inhalt ganz widrig, bitten und begeren wir
an, üch ganz trungenlich und höchster gestalt, (dass) ir darby beliben
und nach vermög solicher ordinanz uns byständig und hilflich sin
wöllen, sölich fräfen muotwiller und ungehorsamen nach irem verdienen und beschulden ze strafen, insonders dem fürzuosechen, dass uns
der Farellus noch dhein andere geistlich noch weltlich person eigens
gewalts noch fürnemens hinderrucks üwer, ouch unser, zuofare und
understande zuo meren, als aber bishar zum teil verbracht und durch
si understanden worden, und fürnemlich dass bemelter ordinanz nachkommen, gelebt und menklichem vermög getaner verkomnussen genueg
getan, besonders den herren beider gottshüsern ze Lance und Barfuofsen ze Gransen, ir entfrömdote hab und kilchenzierd, diewyl by
inen das mer by altem wesen zuo beliben, wider zugestellt und überantwurt werde. Bitte um schriftliche antwort von kleinem und
grofsem Rat, bei dem gegenwärtigen boten.　　Freiburg, Mba. 84. 9, u. 10.

1468. **März** 14. (Donstag nach Lätare), St. Gallen. Hans Vogler an
Heinrich Bullinger in Zürich. Bericht über seine angelegenheiten. Dem
landvogt im Rheintal habe er hier die 200 gl. bereits bezahlt; die
widersacher, die ihn weiter haben ansprechen wollen, seien einstweilen
abgewiesen; von den hildern werde vielleicht noch etwas gefunden.
Inzwischen habe er sich bei dr. Watt und etlichen andern heimlich
erkundigt, ob der hiesige spital die zu Altstätten liegenden habe in
einem kauf übernehmen wollte; er hoffe das zu erlangen und damit
desto sicherer za werden. Gestern habe er vor Rat das gesuch gestellt, ihn als hintersäfsen oder burger aufzunehmen; auf morgen mi

er desshalb vor kleinen und grofsen Rat gewiesen. . . Vermischte kleine
nachrichten.　　　　　　　　　　　　　Zürich, K.-Arch. Scripta Sangall. 150.

1469. März 14, Zürich. Bericht von Ritius und Panizonus. «Hodie
habemus litteras ab ill^mo d. Duce nostro, qualiter castellanus Mussii
dimisit arcem Mussii ad manus p^u ill^mi Ducis, et sua exc^e statim jussit admitti dominos Grisones in dicta arce, ut eam incipiant destruere
secundum capitulata. Die lune proxime preterita prefatus castellanus
oppidum Leuci pariter ad manus Exc. suæ dimittere debebat et sequuta
restitutione etiam dicti Leuci nos certiores reddet, ut de omnibus suc-
cessibus d. vestras more solito participes faciamus». . . .
　　　　　　　　　　　　　　　　　Zürich, A. Müsserkrieg.

1470. März 15. Freiburg an Bern. Verweisung auf das gestrige
schreiben betreffend die Genfer. Man wisse wohl, wie viel die anwälte des Herzogs behauptet und vorgegeben haben, vernehme aber
auch immer, dass das gegenteil stattfinde. Da nun die boten der
Genfer (der sperre wegen) Bern wieder um rat und hülfe ansprechen
werden, so wolle man es geflissen ersuchen, ihre angelegenheit gütig
zu bedenken, etc.　　　　　　　　　　Freiburg, Miss. Bd. 9 u. 10.

1471. März 15. Freiburg an Bern. 1. Antwort auf dessen zuschrift betreffend die kirchengüter von Murten. Es berufe sich darin
auf zusagen diesseitiger boten; man habe aber dieselben mit vergleichung ihrer instruction verhört und gefunden, dass ihnen nichts
derart aufgetragen worden, und sie auch gar nichts verheifsen haben.
Da man es nun billig finde, den zuständigen teil der überschüssigen
güter zu handen zu nehmen, so sei jede weitere beratung und übereinkunft unnötig, und um die vollziehung zu fördern, sende man
schriftliche gebote nach Murten, damit ein gelegener tag dafür bestimmt
und hieher gemeldet werde. 2. Auf das schreiben in sachen v. Wat-
tenwyls erkläre man nochmals: «Wo er die, so in verhandlung solichs
anzug by üch unser gesandten gewesen, ansprach nit vermeint zuo
erlassen, dass er alhar kommen und das recht besuochen mag». . . .
　　　　　　　　　　　　　　　　Freiburg, Miss. Bd. 9 u. 10.

　　März 15. Freiburg an Murten. Entsprechende weisung, mit dem
begehren einer antwort.

1472. März 16. Bern an Freiburg. Verwendung für Hans Gilgan
von Guggisberg, behufs entledigung von der ihm zugemuteten schriftlichen erklärung über seine zu Bremgarten geäufserten reden, da er
fürchten müfse, dass seine ehre dadurch geschmälert würde; zum
mindesten möge diese (dabei) verschont werden, etc.
　　　　　　　　　　　　　　　　Freiburg, A. Geistl. Sachen.

1473. März 16. Bern an Basel. Erwiderung auf dessen antwort
betreffend die späne mit Solothurn. Dieses habe geantwortet, es sei
von den V Orten auf Sonntag nach Ostern zu einem tag in Baden geladen, um des letzten krieges halb gütlich oder rechtlich mit ihnen
übereinzukommen, und wünsche, dass das andere geschäft noch ruhe,
bis dieses erledigt sei; das könne man nicht abschlagen und bitte nun

dringlich, bei dem abschied einstweilen zu bleiben und nichts unfreundliches anzufangen.   **Bern, Teutsch Miss. T. 385.**

1474. März 16 (Samstag nach Mittefasten).   Z ü r i c h an Sebastian
Kretz, landvogt im R h e i n t a l. «Es langt uns an, wiewol unser Eidgnossen uf dem tag zuo Frowenfeld zwischen den partyen des alten
und nüwen gloubens von T a l einen bescheid und lüterung geben, so
die biderwen lüt einen priester und einen predicanten haben und überkommen, sollen sy die pfruond mit einanderen teilen nach marchzal
der lüten und in lut des fridens, mögind doch die biderwen lüt unsers
gloubens zuo sölicher bekanntniss nit kommen, sunder understandest
du den priester, so dem alten glouben anhängig, ins hus, ouch in gewalt und geweer aller nutzung der pfarr ze setzen und den predicanten deren zuo verschalten, das, wo dem also, ganz wider den friden
und der Eidgnossen bekanntniss, ouch uns von der biderwen lüten
wegen, die wir bim friden und dem gottswort ze handhaben schuldig,
unlydenlich wäre. Sydtenmal aber der friden und unserer Eidgnossen
lüterung heiter des vermögens, dass die kilchengüeter und was den
pfrüenden zuogehört, nach marchzal der personen teilt werden, und das
überig den predicanten gefolgen soll, und du dich dann zuo Sant Gallen gegen unseren botten vil guots, dass du nemlich dem friden styf
nachkommen wellist, erbotten, und uns dann ouch nit zwyfelt, dann
dass du beiden teilen lut des fridens schutz und schirm ze geben und
zwytracht abzuostellen geneigt sygest, so ist unser beger und meinung
an dich, du wellist den predicanten und die biderwen lüt bim friden
und dem abschied, ouch der lüterung zuo Frowenfeld und anderswo
der pfrüenden güetern halb ... usgangen, früntlich belyben lassen, sy
(als du schuldig bist) daby schützen und handhaben und den guoten
predicanten von dem hus und der pfruond nutzungen nit verschalten,
sunder im nach anzal deren, so unsers und sines geloubens sind, güetiklich und on intrag verfolgen lassen. Mag dann dem priester nach
an oder marchzal siner anhänger ouch etwas gebüren, darin wellent
wir im ouch nützit abgeschlagen haben, sunder den friden styf und
stät an menklichem halten, der hoffnung, (dass) du derglychen ouch
besinnt syn und fry unpartysch durchhingan, ouch wider den friden
nützit handlen werdest. Dann soltest du anders .. für handen nemen,
müefstind wirs unsern Eidgnossen dermafs fürhalten, dass wir geloub-
end, (dass) du der sach nützit geniefsen (wurdest). Diewyl du ouch
an unser botten begert, wo du verklagt wurdest, (dass) wir allweg
die antwort von dir vernemen, so haben wir dir sölichs guoter meinung unanzöigt nit lassen wellen und begerend ouch hierüber diner
verschribenen antwurt by disem botten »...   **Zürich, Missiven.**

1475. März 16 (Samstag nach Mittefasten).   Z ü r i c h an Schultheifs
und Rat zu W y l im Thurgau. «Uns zwiflet nit, üch sygind die wort
des nüwgemachten fridens, so under anderem lutend, dass nun hiemit
alle fechd, fygentschaft, nid, hass und aller unwill, so sich durch wort
oder wärk in und vor disem krieg erhaben und begeben, zwischen
beiden teilen hin, tod und ab und ufgehept sin, etc. So aber etlich

den üweren Theobald Fitzen etlicher reden und sachen halb, so mit
dem landsfriden hingenomen sind, erst understand mit recht umbze-
züchen und dess bi üch (das wir doch nit gemeint) gestand findend,
desshalb er ersorgen (muofs), dass er villicht vergangener sachen jetz
uf unsern unfaal witer dann billich entgelten müefse, will in bedunken, üch und im wäger und fridlicher sin, disem ufsatz ein zit ze
wichen. Und so wir im dann uf sin truogenlich beger unser statt
und land, wo er sich darin ze erneren wisse, ufgetan und darin ze
wonen erloupt, ist daruf an üch unser gar früntlich bitt, ir wellint in
bedenkung gemelts fridens und umb unseretwillen im so früntlich sin
und in bim friden beliben, dessglichen das sin früntlich nachfolgen
lassen und im das nit sperren, und ob jemands an in ze sprechen
vermeinen (wurd), dieselben in vor uns und den unsern ze suochen
güetlich wisen », etc.   Zürich. Missiven.

1476. März 16 (Samstag nach Mittefasten). **Zürich an Lucern.**
«Wie die botten, so wir die (l. hie) oben zuo Sanct Gallen by üwern
gesandten gehept, anheimisch kommen, haben wir von inen, ouch uss
dem abscheid verstanden, den herrn Abt villicht des vorhabens sin,
das gelt und die summen, so die amptlüt uss gemeiner landschaft ordnung und ansechen allenthalben vor und in diser empörung usgeben,
in den rechnungen nit anzuonemen, sunder solichs uf die amptlüt ze
trächen, als er ouch gestattet, Peter Wäbern, so statthalter im hof
zuo Wyl gewesen, amman Voglern und andere, über dass sy nützit
für sich selber, sunder allein ampts halb gehandlet, umb etlich summen von den gemeinden angefochten und über ufgerichten friden bekümbert ze werden; zuo dem syge er villicht ouch des willens, den
gemeinden keinen predicanten zuo vergönnen, sunder an jedes ort
einen priester zuo verordnen, der mess habe und vor oder nach der
mess predige, darab wir, lieben Eidgnossen. sunder beschwerniss empfangen, vermeinen ouch, dass solichs in beschluss des fridens üwer
meinung nie gewesen, sunder gänzlich wider den friden und üwern
willen syge, und ir dess ganz kein gefallen habind. Und diewyl dann
der herr Apt mit sampt sinen land und lüten uns den vier Orten gemeinlich mit schutz, schirm, ouch ewigem burg- und landrechten verwandt und der friden heiter des vermögens ist, wo man an denen
enden, die uns gemeinlich zuo versprechen stand, unseren, so man
nempt den nüwen glouben, angenommen und daby belyben welle,
dass man das wol tuon, doch dass der ander teil als wol einen priester
nach irem glouben haben als äne (jene!) den predicanten, und die
pfruond nach margzal der personen geteilt werden sölle, daby ouch
jetzgemelter friden alles, was sich vor und nach disem krieg zuo beiden syten erloufen, hinnimpt und ufhebt, und ouch die billigkeit uf
ir treit, so der Apt den friden an eim ort annemen und sich dess behelfen will, dass er im den in den übrigen ouch gefallen lasse, und
sidtenmal uns dann gar nit zwyfelt, [dann] dass ir gemeltem friden
styf gelebt werden ze verschaffen und uf gemeinen vatterlands ruow
und wolfart ze stiften nit minder dann wir und frylich niemand ge-

stand darwider ze geben geneigt sigind, so ist an üch .. unser gar
fründtlich bitt, ir wellint unser altharbrachte fründschaft, wie wol uns
die erschossen, darneben ouch bedenken, so gemelter herr Apt uf solichem sinem fürnemen understüende zuo beharren und biderw lüt
wider den friden ze trängen, was fridens, ruowen ald guots darus
erwachsen, dass er ouch nit vil ruowen by und umb die sinen gehaben möcht; zuo was arbeitseligkeit, angst und not uns ouch das bracht,
dass vorigem friden nit gelebt worden, und also gemeinem vatterland
und uns allen zuo guotem, künftig zwytracht und uneinigkeit (dess
wir zum höchsten geneigt) damit ze verhüeten, üweren botten, so ir
uf nächstkünftigen tag gan Baden schicken werdent, gewalt und befälch geben wellent, mitsampt uns und den übrigen zweyen Orten
wyter der notdurft nach von disen dingen ze reden, ze handlen
und ze trachten, das zuo hinlegung gemelter spännen und verhüetung
wyterer zwytracht dienstlich geachtet werden mag, und besunder den
herren Apt früntlich ze wysen und zuo vermögen, sines fürnemens
güetlich abzestan, die biderwen lüt bim gottswort und inen die predicanten, dessglychen hin hin sin ze lassen und an den rechnungen
und amptlüten ein benüegen ze haben, die rechtfertigungen wider sy
abzeschaffen und sy günstiklich ze begnaden; daran, achten wir, tüegend ir Gott ein sunder hoch gefallen und das, das der landsfrid und
unser aller gemeine ruow erfordert ... '　　　　　　‹ Luzern, Mission.›

　'' Ueber diese angelegenheiten wurde unter obigem datum ein gutachten verfasst von Konrad Escher, Caspar Nasal, Hans Escher und Konrad Rollenbutz.
Neben den ohnehin reichlich vorliegenden acten erscheint es nicht nötig, auch
von diesen ratschlägen einen auszug zu geben, da alles wesentliche schon in
obiger missive angedeutet ist.

1477. **März 16.** Freiburg an Lucern. «Uff das (so) ir uns gewillfaret, dem d. f(ürsten) von Savoye zuo schriben, unsern mitburgern von Jenf den feilen kouf ufzetuond, sagen und wüssen wir üch
und andren üwern und unsern lieben Eidgnossen hochen und flyssigen
dank, mit erbietung solichs zuo verdienen etc. Hieruf so senden wir
üch sin schriftlich antwurt, die uns zuo handen kommen, verschlossen
zuo, des versehens, so ir üch mit andren üwern und unsern lieben
Eidgnossen in besampnung füegen (als wir achten in kurzem ergan
und beschechen werden), ir solich(e) übersechen und demnach das, so
sich gebürt, tuon werden. Und wiewol wir achten, solich(s) sye dergestalt, als er uns durch sine amptlüt schriftlich, ouch durch sine
botschaften zum dickermalen verständigot, namlich dass er den feilen
kouf ufgetan habe, so wollen wir doch üch gern angezöugt haben,
dass daran nützit ist; dann noch nächst verrucktes Zinstags inen feiler kouf verhalten, sonderlich das holz, so gemelt von Jenf aller bast
bedörfen. Diewyl wir nun nützit anders können erachten, dann dass
der Herzog uss geschwindigkeit ein ufzug suoche, damit er in etliche
weg sinem fürnemen statt geben möge, die Jenfer zuo beschädigen,
dann wir ouch von den französischen herren, ze Solotorn liggend, bericht sind, wie etlich Landsknecht daselbs gan Jenf zuo fürzächen, sig
aber inen nit wüssend, warumb oder wölichem (herren) si dienen

wöllen, so besorgen wir gemelts Herzogen ufsatze darus zuo fürgang
kommen. Und als wir dann üch vormals ersuocht und gebetten haben,
ob sach wäre, dass gedachter Herzog gemelten Jenfern den feilen kouf
nit ergan, (ouch) den abscheid (von) St. Julyn (sic), daby die urteil,
zuo Petterlingen ergangen, nit erstatteu, begeren wir nochmalen, so ir
(und) ander .. Eidgnossen zesamen komen, üwer und iro früntlichen
antwurt nach unserm gänzlichen vertruwen, uns nit wyter dann zuo
dem rechten byständig ze sin, daby dass ir mitsampt andren .. Eidgnossen uns nit verlassen, sonders behilflich syen zuo erstatten das,
so von üch und den üwern geurteilt und erkannt worden ist. Und
von wegen dass gemelt unser mitburger von Jenf durch ufzug der zyt
in grofsen geferden und mangel stand, so es echt nit besser würt, und
solichs nit langen ufzug erhalten mag, wollen wir üch nochmalen
gebetten haben, so uns etwas begeguen wurd, uns für befolchen zuo
haben und nit zuo verlassen».... Erbietung zu gegendiensten etc.

Lucern, Missiven. Freiburg, Miss. Bd. 9 u. 10.

1478. März 17. Die gemeinde vou **Sornental** an **Bern**. Bitte,
den zeiger, alt-pfarrer Vuillin (?), vor dem chorgericht prüfen zu lassen,
ob er befähigt sei, das evangelium zu verkündigen, bejahenden
falls denselben als hiesigen prediger abzuordnen; denn jetzt seien sie
irrende schafe. Er habe ihnen auch früher gedient «durant la messe»,
und sie wissen von ihm uur gutes und ehrbares, wesshalb sie ihn
(bestens) empfehlen, zumal er einheimisch sei, und Gott ihm die gnade
gegebeu, zu dem licht der wahrheit zu kommen und alle abgötterei
zu verlassen, etc.   Bern, Münstertal L. 61.

1479. März 18 (Montag nach Judica). **Zürich** an die prädicauten
zu **Hägglingen** und **Niederwyl** iu den «Aemtern». Auf ihr begehren
habe man nach Zug um geleit und um verabfolgung ihrer habe und
verdienten «pfründen» geschrieben; die erfolgte antwort schliefse man
hier ein, damit sie sich weiter zu entschliefsen wissen, etc.

Zürich, Missiven.

1480. März 18 (Montag nach Judica). **Zürich** an die gemeinden
Stäfa, **Männedorf** und **Meilen**. 1. Ermahnung, die unverbrauchten
zinse und zehnten, die dem gotteshaus Einsiedeln zustehen, zu erlegen
und zusammenzubringen. 2. Des verbrauchten wegen mögen sie auf
den nach Ostern in Uerikon stattfindenden tag ihre botschaft senden,
um da um freundlichon nachlass zu werben; man werde sich dafür
nach möglichkeit auch verwenden, etc.   Zürich, Missiven.

Am gleichen tage schrieb Zürich an den vogt zu Grüningen, er solle mit
seinen untergebenen verschaffen, dass der abt von Einsiedeln unverzüglich zufriedengestellt werde.

1481. März 18. **Bern** an den herzog von **Savoyen**. «Illustrissime etc. Nous avons entendu ce que le seigneur de Bellegarde, vostre
ambassadeur, nous a de vostre part expose touchant nos combourgeois
de Frybourg, comme iceux soient deliberes de invadir vos pays, a
cause que a ceux de Geneve avez deffendu les vivres etc. Dont vous
voulons bien prier et supplier dy mettre ordre et auxdits de Geneve
lacher les vivres et marchandises et aussi la somme descus selon la

sentence de Payerne echeute delivrer, affin que plus grands inconve-
nients soient evites. En ce ferez vostre profit; car certes, si cela na
lieu, et laffaire doit tomber en emotion et fait de guerre, sommes en
crainte de non pouvoir retenir les nostres, dont a vous et a nous pourroient survenir grands dommages, troubles et ennuys; car les pratiques
sont, comme pouvons suspicioner, dangereuses. Pour autant y veuillez,
comme vostre excellence le scait bien faire et considere(r), mettre fin
par les moyents susdits. En ce ferez vostre et nostre profit et honneur. Nous en avons aussi adverti nos ambassadeurs qui sont par
dela, de vous en tenir plus ample propost, ce que nous garde de faire
plus longue lettre. »

Bern, Welsch Miss. A. 234 a.

Am gleichen tage schrieb Bern an seine gesandten bei dem Herzog, Graffenried und Nägeli, mit der weisung, von dem Herzog die bezahlung der zu
Payerne bestimmten kostensumme zu fordern und ernstlich auf massregeln zu
dringen, die zur erhaltung des friedens dienen, u. s. f.

Bern, Teutsch Miss. T. 386. — Ratsb. 283, p. 81.

Diese schreiben ergingen infolge einer mündlichen beschwerde der savoyischen botschaft. —, Vgl. Absch. p. 1298 etc.

1483. (März 19?), Lucern. Project eines schreibens der V Orte an
den bischof von Veroli (von der hand seines secretärs?). » R^me.
1. Et si alias, r. d. v. in nos benivolentiam et charitatem multipliciter
cognoverimus, nihilominus ex relatione domini Stephani, oratoris nostri,
cumulatissime percepimus, quid in nostrum commodum ac honorem
apud s^em d. n. et Cæsareos effecerit, pro quibus referre pares gratias
desiderantes et quam eandem r^mam v. tanquam patrem amamus et co-
limus speramusque eam posse nos et totam nationem nostram ad pristinam unionem veramque fidem reducere, diu adventum suum optavi-
mus et expectavimus; sed, ut ad nos Car^lis et facultatibus amplissimis
ac rebus oportunis ad tantam et tam sanctam expeditionem, sicuti no-
vimus oportere, munitus accederet, alias s^mo d. n. per litteras et oratorem nostrum supplicavimus, ut ad huiusmodi dignitatem illam pro-
movere dignaretur, idque iterum per litteras petimus et supplicamus
eiusque animi sumus, ut, nisi re confecta ab incepto non desistamus,
cum id presertim sancte sedi apostolice conducere plurimum pro com-
perto habeamus et nostre unioni ac fidei christiane instaurationi pro-
futuram facile cognoscamus. 2. Sed, ut ad nos venire velit, sicuti eam
rogamus, salvum conductum liberum et ab omni molestia exemptum
ex publico omnium nostrorum decreto libenti animo expediri manda-
vimus eumque ad r. d. v. per oratorem nostrum transmittimus, quo
possit, quandocunque libuerit, secure ad nos accedere, volumusque illi
innotescere quod eam, habita ratione s^ai d. n. et eiusdem r^me d. v.
erga nos meritorum, ut debemus, honore ac reverentia semper habebimus. 3. Duo millia scutorum in auro et argento recepimus per manus domini Stephani, oratoris nostri, et cum ære alieno obstricti simus,
rogamus r^mam d. v., ut reliquam summam eidem domino Stephano nu-
merare ac tradere dignetur, quem hac de causa Mediolanum denuo
mittimus, sicut s^mo d. n. et r^mo proto(notario) Carraciolo scribimus, et
eadem, a prefato domino Stephano intelliget, cui fidem adhibend:"

rogamus. 4. Ad hec accedit quod cum dominus Baptista fortiter ac
strenue nobiscum in bello se gesserit, cupimus de residuo stipendii
sibi factum satisfieri, proinde r^{mam} d. v. rogamus, ut reliquam stipendii
sui summam solvere velit, quod, et si justum ac honestissimum fore
scimus, pro singulari gratia recipiemus, uti etiam s^{mo} domino n. de
eodem et domino Stephano, eius fratre, scribimus, qui pro nobis per
annum diversis in partibus suis sumptibus laboravit, et cum illi expensas ob inopiam solvere non possimus, r^{mam} d. v. rogamus, ut cum
s^{mo} d. n. agere velit, quo s$^{ta(s)}$ sua saltem expensas illi solvere dignetur, et nos r^{me} d. v. plurimum commendamus, quæ felicissime diu va-
leat. Lucerne cet. »   Stiftsarchiv Luzern, Missivenband, (P. 96—100).

1483. **März 19** (Dienstag nach Judica). **Lucern an Freiburg.**
Antwort auf dessen schreiben vom 16. d. Als man es empfangen,
seien eben die » Eidgenossen und mitburger von den vier Orten » hier
gewesen; (darum) habe man ihnen den brief vorgelegt, worauf sie beschlossen haben, die sache heimzubringen und dann gebührliche antwort zu geben, was man hiemit (vorläufig) melde.   Freiburg, A. Luzern.

1484. **März 19** (Dienstag nach Judica). **Zürich an Bern.** Die V
Orte haben Bremgarten und Mellingen an geld und an ihren freiheiten
gestraft und neulich, dem landfrieden zuwider, mandate dahin geschickt,
durch welche sie die leute drängen wollen, zu beichten, nach päpstlicher weise zum sacrament zu gehen und sich gänzlich dem glauben
der V Orte zu unterwerfen oder mit leib und gut wegzuziehen. Da
sie nun erst kürzlich die »angen und tigel» aus den toren und mauern
zu Mellingen haben wegreifsen lassen, was den rechten der andern
Orte abbruch tue, und ihnen nicht gezieme, den gemeinsamen untertanen eine strafe nach der andern aufzuerlegen, so habe man die diesseits nach Aarau verordnete botschaft beauftragt, diese angelegenheit zur
sprache zu bringen; weil aber Bern den tag nicht habe besuchen wollen, und die bedrängten leute jämmerlich um hülfe schreien, so habe
man für gut erachtet, dass beide städte den V Orten ernstlich schreiben und sie ermahnen sollten, von ihrem vorhaben abzustehen etc.
Nun bitte man Bern, »diese drangsal der armen leute zu herzen zu
nehmen und namens beider städte den V Orten des eiligsten zu schreiben, und zwar in der angedeuteten oder anderer füglicher meinung,
etc.   Zürich, A. Landfrieden.

1485. **März 20** (Mittwoch vor dem Palmtag). **Wyl an Zürich.**
Antwort auf dessen beschwerdeschreiben in sachen des Theobald Fitz.
Man bedaure den vorwurf, wider den landfrieden gehandelt zu haben;
denn man begehre diesen treulich zu halten. Fitz habe etliche an
ihren ehren geschmäht, wofür ihn jetzt einer rechtlich belange; man
habe aber nicht rechtlich prodediren wollen, sondern auf dem letzten
hier gehaltenen tage von den boten der IV Orte rat begehrt und den
bescheid erhalten, es möge um alle sachen, die nicht die (allgemeine)
feindschaft und den krieg berühren, das recht ergehen. Infolge dessen
sei Fitzens sache von dem stadtgericht an die obrigkeit gewiesen worden, und habe er gelobt, den schultheifs um einen rechtstag zu bitten

und diesen dann zu besuchen. Man hätte also erwarten dürfen, dass er dieses gelübde und den seit Weihnachten geschwornen burgereid besser beachten und die stadt nicht an fremde gerichte laden würde. Man wolle ihm aber verabfolgen, was er hier gelassen; doch müfse er zuvor seine schulden bezahlen. Nun bitte man, weiteren klagen von ungehorsamen leuten nicht (sofort) glauben zu schenken, sondern sie anzuzeigen und die antwort freundlich zu gewärtigen, etc. etc.

Zürich. A. Abtei St. Gallen.

1486. März 20 (Mittwoch nach Judica). Zürich an den prädicanten zu Seengen. Die gemeinde Küsnacht wolle ihre jahrzeiten und seelgeräte bereinigen. Der conventherr Oswald daselbst zeige nun den adressaten als kenner dieser verhältnisse an, wesshalb er vor alt-burgermeister Heinrich Walder und die mitverordneten zur auskunfterteilung geladen werde.   Zürich, Missiven.

Zürich (resp. das johanniterhaus Küsnacht) besass die collatur und zugehörige rechte in S. bis ins 19. jahrhundert.

1487. März 20. Bern an Stephan Zeller, hauptmann. Antwort: Da jetzt der krieg beendigt und über die besoldung der knechte eine abrechnung zu treffen sei, so möge er gleich nach der heimkehr sich mit den rödeln anher verfügen, damit man wisse, woran man sei, und die knechte der rückstände halb befriedigen könne.

Bern, Teutsch Miss. T. 398.

1488. März 20. Bern an Freiburg. Ein bote von Yvonand habe angezeigt, dass die gemeinde den vicar rechtlich belange, weil er trotz dem befehl der boten beider städte die briefe der pfarrei nicht herausgegeben; auf sein betreiben habe dann Freiburg dem vogt zu Grandson befohlen, den rechtshandel aufzuheben (niederzuschlagen?), was aber der pfarre schaden bringen könnte; darum habe man dem vogt geschrieben, er solle das recht ergehen lassen, und wünsche, dass Freiburg dasselbe tue.   Freiburg, A. Bern.

1489. März 21 (Donstag vor Palmstag), Rheineck. »Baschion« Kretz, landvogt im Rheintal, an Zürich. Antwort auf dessen schreiben. Er werde nun die sache anstehen lassen bis auf den nächsten tag zu Baden und dort selbst erscheinen; die pfarre zu Thal stehe nämlich den VIII Orten zu, und dem befehl »seiner gn. herren« gemäfs habe er sie verliehen; es seien aber noch drei pfründen vorhanden, die wohl so viel eintragen, dass sie den prädicanten erhalten können. . . . Den landfrieden werde er treulich halten wie bisher, da es niemand »schädier« wäre als ihm selbst, wenn er's nicht täte; er gedenke aber mit Gottes hülfe gegen keinen teil parteiisch zu handeln, woran Zürich nicht zweifeln möge.   Zürich, A. Thal.

schmach und schandbüechli dem friden gemäfs, mit beger, insechens
daru: ze tuond und dem dichter nach sinem verdienen den lon ze geben. » Bitte um schriftliche antwort.

Bern, Teutsch Miss. T. 395. Lucern, Missiven.

1491. März 21 (Donstag post Judica). Diethelm, abt von St. Gallen, an Zürich. Antwort auf dessen zuschrift in sachen Peter Weber's. Er wisse wohl, dass die vordern von Zürich dem Gotteshaus
viele gute dienste geleistet haben, und getröste sich noch viel gröfserer
wohltaten; nachdem er jetzt aber zu dem seinen gekommen, und die
Gotteshausleute um recht anrufen, was nicht versagt werden könne,
habe er den widersachern Weber's solches nicht abgeschlagen, sondern
es ihnen auf gebräuchliche trostung hin gestatten müfsen; er hoffe,
damit den neuen landfrieden gar nicht verletzt zn haben, und gedenke
weder den Weber noch andere zu hindern, zu dem ihrigen zu kommen; denn er wünsche friede, ruhe und einigkeit zu erhalten und
nicht verargwöhnt zu werden, dass er darauf nicht achte. Er begehre
nun freundlich und ernstlich, dass Zürich denen, die ihn und das
Gotteshaus zu verunglimpfen wagten, kein gehör und keinen glauben
schenke, sondern jederzeit eine verantwortung annehme, etc. etc. (Der
verfasser resp. schreiber ist völlig Schwabe, dessen name uns aber
unbekannt).

Zürich, A. Abtei St. Gallen.

1492. März 22. Bern an Zürich. «Es ist by uns ein geschrev
und starker lümbden usgangen, wie dann etlich der üwern an üch
begärt söllend haben, inen ein mess ze erlouben, nnd wiewol wir dem
gar keinen glouben gebend, nütdesterminder haben wir üch dess ganz
früntlicher getrüwer meinung berichten wellen, mit bitt und begär,
uns hieruf (des) grund(s) der warheit schriftlichen ze verständigen, damit wir söliche red, die grofsen anstofs by uns bringen möcht, ablei-
nen und widerleggen könnind, und die böswilligen darus erlernen,
dass wiewol ir und wir libs und eeren halb schaden empfangen, und
Gott uns mit dem krüz besuocht hat, dass wir doch nit darumb so
abschüch worden, dass ir und wir von dess wegen einen abtritt von
göttlichem wort tuon, sonders siner gnaden erwarten wellind etc.
2. Sodenne . . . ist an uns gelanget, wie an beiden orten, zuo Bremgarten und Mellingen die, so göttlichem wort anhängig, durchächtet und
inen gebotten sye bichten, zuo der mäss und sacrament nach bäpst-
lichem insatz ze gand, oder aber dannen ze züchen und ze rumen,
das nun, wo dem also wäre, dem jüngsten friden gestracks zewider
und nit ze gedulden wäre etc. So wir aber nit mögen wüssen, ob
die v Ort söliches gepott getan, oder die von Bremgarten und Mellingen von inen selbs sölichs gemechts eins worden, haben wir üch dess
nit bergen wellen, mit begär hierüber grundtliche erfarung ze tuond
und uns demnach, was ir an dem ort befunden, nit verhalten, gepürlich und notwendig insechen ze tuond und ze haben, damit die biderben lüt nit so gar undertruckt, sonders by ufgerichtem landsfriden
blyben mögind ».

Bern, Teutsch Miss. T. 389, 590. Zürich, A. Religionssachen.

Ebendaselbst, von gleichem datum, ein ermahnungsschreiben von Caspar

Grossmann in Bern an Zürich, durch den abfall von der seit acht jahren behaupteten evangelischen wahrheit sich nicht zu entehren etc.

1493. **März 22,** Zürich. Vortrag von Ritius und Panizonus. 1. Nach der übergabe von Musso und Lecco sei Johann Jacob von Medicis mit seinen brüdern, kriegsleuten und gütern nach Vercelli abgezogen, sodass der Herzog wie auch die Eidgenossen etc. in zukunft vor dessen angriffen gesichert sein werden. 2. Der Herzog werde nicht unterlassen, den acht Orten die schuldigen summen in den bestimmten fristen abzutragen, was er gerne noch früher täte, wenn es in seinen kräften stünde, etc.   Zürich, A. Müsserkrieg (latein. orig. und übers.).

1494. **März 23.** Freiburg an Bern. «Es haben die üwern und unsern von Granson uns durch einen gesandten, ouch iren kilchherren lassen fürbringen, wie ir üwerm und unserm amptman desselben ends schriftlichen befelche übersendet, dass er dem predicanten ze Gy (Giez) den halben teil aller absenten mitsampt ligender und farender nutzung und zuogehörd, der cur daselbs zuoständig, gefolgen lasse und ingebe, das inen zuo beschwerde lange, mit trungenlichem ansuochen, (dass) wir güetig insechen hierin haben wöllen. Diewyl dann wir achten, üch in guotem wüssen tragen, wie an demselben ort vil der minder teil die reformation anzuonemen begirig, befrömdet und beduret uns nit wenig, dass semlich gebieten ergangen. Dann nachdem und wir üch uff üwer vilfaltig besuochen gewilliget, dass die predicanten uss dem halben teil der selligen absenten versechen sölten werden an orten und enden, da das mer si zuo haben ganz nit ergangen, hetten wir wol vermeint, (dass) es daby beliben und ferrer inbruch nit getan wäre worden, besonders so das mer si zuo haben an dem ort ganz nit ist. So nun semlichs uns beschwerlich und ze beschechen komlichen nit gemeint sin, will, bitten und vermanen wir üch ganz hochgeflissner gestalt und brüederlicher meinung, (dass) ir es in solichem fal hy hemelter üwer und unser ergangnen verkomniss one einich weigrung noch znotnon beliben lassen, uns ouch hierin güetig antwurt sampt dem, so wir üch hievor uns anzeliggen und ze beschweren verschriben, von üwer meren verwaltung (gewalt?) übersenden wöllen, uns darnach wüssen ze leinen und ze handlen.»   Freiburg, Miss. Bd. 9 u. 10.

1495. **März 23.** Bern an Zürich. Antwort auf das schreiben betreffend Bremgarten und Mellingen. Man habe den V Orten, jedem besonders, geschrieben laut beiliegender copie, die man hier mitteile, damit Zürich in gleicher oder besserer form auch schreiben könne, da es so besser geschienen, als es in gemeinem namen zu tun; dessgleichen habe man nach Bremgarten und Mellingen geschrieben, wesshalb Zürich dies nun auch tun könne, damit die anhänger des neuen glaubens nicht beunruhigt und vertrieben werden....   ' Bern, Teutsch Miss. T. 396.   Zürich, A. Capp. Krieg.

Ein entsprechendes schreiben wurde auch an Bremgarten und Mellingen erlassen, mit der ermahnung, die anhänger des evangelischen glaubens nicht zu verjagen, etc.   Bern, Teutsch Miss. T. 396.

Abdruck in der Argovia, VI. 98 (nr. XXIV).

1496. März 23. Bern an die V Orte. «Wir sind gloublich be_
richt, wie ir von den v Orten den üwern und unsern von Bremgarten
und Mellingen ein ustrücklich mandat zuogeschickt habind, wysende
dass sy sich üch im glouben verglichen, zur mess und sacramenten
gan und die wie ir bruchen oder aber, welich das nit tuon, mit lib
und gout von dannen züchen und rumen söllind, das nun dem nüw
ufgerichten friden gestrags zewider, der da in einem artikel zuogibt,
dass jederman in gemeinen herschaften des gloubens halb fry sin und
beliben sölle, darzuo dass wir by unsern gerechtigkeiten, herligkeiten
und oberkeiten der enden blyben, das aber nit erstattet wirt, darab
wir nit unbillichen bedurens und befrömbdens tragen, desshalb in üch
unser trungenlich bitt und beger langet, (dass ir) die biderben lüt der orten,
die uns glich wie üch ze versprechen stand, by ufgerichtem friden ungefecht und ungetrengt bliben lassind und desshalb von üwerm fürnemen abstandind, die usgang(n)en mandat widerruofind und in summa
uns by unser gerechtigkeit und dem landsfriden ungeschwecht beliben
lassind. und damit wir uns wyter höuschender notdurft nach wüssen
ze halten, begeren wir hierüber üwer verschriben antwurt.»

Bern, Teutsch Miss. T. 391. Zürich, A. Religionsa. (Berner copie).

1497. März 24 (Palmtag). Zug an Lucern. «Als üch dann wol
zuo wüssen ist, als wir in krieklicher enbörung gestanden, und künk-
liche Mt. uss Frankrich sin erlich botschaft, namlich den hochwirdigen
herren Johannes de Langach, bischof zuo Daveranche etc., harus geschickt als ein früntlichen mittler und schidman, welicher also von uns
fünf Orten so getrungenlich ist angesuocht und gebetten worden, dass
er uns zwei tusend kronen an barem gelt dargelichen hat, darvon wir
von stund an gmeinlichen mit einandern üwern und unsern getrüwen
lieben eidgnossen, mitburgern und landlüten von Wallis geben und
dargelichen land jm kr.; demnach hat unser lieber und getrüwer amman Toss hundert kr. zuo der fünf Orten handen behebt, darum er
guote rechnung geben wirt, und das überig gelt hat vogt Fleckenstein
und seckelmeister uff der Mur von Schwiz zuo Inwyl den Wältschen
gäben, vermeinend wol, (dass) sy dess guot wüssen tragend etc. Und
diewyl aber von sölichs gelts wegen jetz in letstem abscheid nützit
angezeigt, so gehandlet sye, mögend wir nit wüssen, ob jedes Ort besunders für sich selbs die summ, so im harin zuo bezalen gebürte,
angezeigt hat, oder ob die ganz summ mit einandern erfordert sye
worden, wan wir von des selbigen gelts wegen in unser restanz gar
nützit gemeldet oder angezeigt habent. Und darum, .. diewyl und
dann die botschaft, so jetz mit dem gelt kommen, noch harussen ist,
so wellend wir üch ganz fründlich gebetten und ermant haben, ist
sachen, dass sölich summ gelts, so wir mit einandern den Weltschen
von dem entlenten gelt dargelichen hand, nit gemeinlichen ist angezeigt worden, dass ir nochmalen so güetig sin wellend und durch unsert willen in den sachen zum besten handlen, darmit und sölichs
ouch vollendet werde; wann wir wurdent sust dess zuo grossem nachteil komen und das gelt uss unserm seckel nach anzal bezalen»
(müefsen). . . .

Lucern, Missiven.

1498. März 25. Bern an Freiburg. Verweisung anf das gestrige
schreiben betreffend die abschiede von Orbe und Grandson. Eine einläfsliche erklärung gedenke man am Mittwoch (27. dies) zu geben;
da sich aber unterdessen an beiden orten etwas ungeschicktes zutragen könnte, so halte man für sehr notwendig, dringlich und ernstlich
dahin zu schreiben, man verlauge, dass die parteien ruhig bleiben und
nichts tätliches gegen einander, beginnen, sofern sie ungnade nnd
schwere strafe vermeiden wollen. Freiburg möge sie in gleichem
sinne ermahnen. Bern. Teutsch Miss. T. 397. Freiburg, A. Bern.

1499. März 25 f. («in der wuchen Palmarum»). Freiburg an
den vogt zu Grandson. 1. Abschriftliche zusendung der letzten antwort von Bern. 2. «Hieruf gebieten wir dir und vermanen dich der
schuldig(en) pflicht und dines getanes eids, dass du disem an(e) alles
mittel nachgangest, und diewyl sithar dass die botten by dir gesin
sind, die von Bonvillard und ouch die von Concisa gemert hand, by
unserm alten glouben zuo blyben, dass du dieselbigen sollest daby
schützen und schirmen. Wo dann an andern orten das mer nit von
kilchgnossen allen gemacht ist, gemert werde und daby blybe, wie die
geschrift wyst, und da dann das mer wirt, by dem gottswort ze beliben; alsdann so wellest den predicanten noch andren gestatten, dass
sy wyter handlen mit der curen oder kloster güeter, dann die obgemelte schrift inbalt, und so du disem nit statt gäbest, so bis unser
straf zuo erwarten. Dess bis gewarnet. » Freiburg, Miss. Bd. 9 und 10.

1500. März 25, Freiburg. «Monseigneur le conte de Gruyere en
est comparu accompagnie de monseigneur d'Aubonne, son fils, du seigneur de Villarsel et dautres, demandant justice envers Ruof Tächterman pour ces paroles quil doit avoir dit lestre lache et mechant. Sur
quoi le dit Ruof Tächterman, accompagnie de ses parens, en a faict
responce, entre autres choses contenante, quil prent merveille de la
demande faicte par le susdit seigneur conte; neantmoings il laisse les
choses a present en tieux estre et pretend pas estre entenu den faire
responce sus icelle, vehu que ces paroles (sont) desja passe deux ans
et peuvent estre passees et dictes, donc les estatuz de messeigneurs
devisent que chacun quil laisse tieux affaires plus loing que un an
sans les pourchasser, que la contrepart ne soit pas entenu den faire
responce plus ample; de quoi il predent mieux valoir et pas estre
entenu lui faire responce. — Sur ce ledit seigneur conte en a plus
avant laisse proposer et dire, quil ne soye pas du tout informe des
droits et estatuz de messeigneurs; neantmoings il pretende que ceste
responce produite par ledit Ruof ne lui doye nuyre; mais depuis quil
aye incontinent apres information prise envoye son officier de Gruyere
et a icelui par messeigneurs fusse et estoit (?) faict responce que quand
il venisse, on vouldroit pour chasser cet affaire, que luiseroit tenu bonne
et brieve justice, il pretend que ledit Ruof doye publier, sil veuille
estre requis ou davoir dit ces paroles ou non. Sur quoi ledit Ruof
a propose comment par avant quil pretend selon le contenu des esta-
tus et franchises de mes seigneurs pas estre entenu lui faire responce,

en desirant sur ce donner et faire la cognoissance. — Hieruf die partyen umb vertruwen angelangot, daruf der Graf verwilliget, dessȝelich
Ruof Tächterman, mit dingen dass es sinen eren unbeladlich. Uf das
(ist) ein spruch gemachot, als in libro « contractuum Senatus » vergriffen. »   **Freiburg, Ratsb. nr. 49.**

1501. März 25 (Montag nach dem Palmtag). **Zürch an Bern.**
1. Antwort auf dessen nachricht betreffend das gerücht, dass hier
etliche sich bei der obrigkeit um gestattung einer messe beworben
haben sollten etc. Dass Bern einem solchen gerede («reden und lümbden») keinen glauben schenke, vernehme man mit freuden, wie es
denn einer so ansehnlichen herrschaft gebühre, dergleichen erdichtete
und schädliche reden nicht blofs nicht zu glauben, sondern auch den
urhebern nachzuforschen, um sie dann zu bestrafen. Hier habe man
solche von niemandem gehört; es wäre einem auch recht übel genommen worden, wenn er dessen (öffentlich) gedacht hätte; denn nach
dem « unfall » habe man sich mit den angehörigen fest verbunden, bei
dem gotteswort und der evangelischen wahrheit zu beharren und mit
leib und gut dafür einzustehen; man wisse auch von der landschaft
noch nichts, dass ein mensch andern sinnes sei. Bern sei übrigens
verständig genug, um zu erkennen, was auf solche betrügliche reden
zu bauen sei; müfste man allen verunglimpfungen, die man erfahre,
gehör geben, so hätte man ja gar nicht zeit genug, darauf zu antworten; man hoffe aber zu Gott, dass er zuletzt seinen zorn « zu gnaden
bewege »; wenn also jemand weiter sagte, man neige der messe und
andern verkehrten gottesdiensten zu und wolle von der christlichen
wahrheit auch nur um ein wörtchen abweichen und nachgeben («lug-
ge(be)n»), so möge Bern dem so viel beachtung schenken wie anderem unbeständigen wind, etc. Man vermute eben, es gebe leute, die
damit unrat säen möchten und freude (an einer trennung zwischen
Bern und Zürich) hätten. 2. Hinweisung auf ein früheres schreiben
betreffend Bremgarten und Mellingen; wie dasselbe durch den boten
« verliederlicht » worden, so dass Bern es nicht vor abgang seines eignen schreibens empfangen habe, wisse man nicht; da man aber begierig sei, solcher und anderer dringender angelegenheiten halb mit
Bern sich freundlich zu unterreden, zumal man finde, dass die christliche sache und das lob der beiden Städte schaden leide, wo man dies
nicht tue, und weil man auch die vorwürfe des röm. Königs (ablehnen
sollte), so bitte man zum geflissensten, die kosten nicht zu scheuen,
um auf Osterdienstag eine botschaft nach Aarau zu senden, um da
die beschwerden zu hören, die man vorbringen möchte, und freundlich
zu ratschlagen, was die notdurft erheische, etc. **Bern, A. Kirchl. Angelegenh.**

1502. März 25 (Montag nach Palmarum). **Solothurn an Bern.**
Dem letzthin geäufserten begehren, die von Egerchingen (nochmals)
über den glauben mehren zu lassen, habe man entsprochen, und das
mehr sei für die messe gefallen. Darum habe man einen priester dahin verordnet, und da Bern sich bereits erboten, das pfarrhaus dem
messpfaffen nicht vorzuenthalten, so bitte man es, dafür zu sorgen,

dass die schlüssel unverzüglich herüberkommen; da es sich (zudem)
vorbehalten, der minderheit einen prädicanten zu geben, so möge es
auch sie versehen, etc.　　　　　　　　　　Bern, Solothurn-R. D. 19.

1503. März 27 (Mittwoch nach dem Palmtag). Zürich an die V
Orte. «Ir hand guot wissen, dass der nüw ufgericht friden in dem
andern artikel heiter des vermögens ist, dass wir zuo beiden teilen einander by allen unsern fryheiten, herligkeiten und gerechtigkeiten, so
wir in den gemeinen herschaften und vogtyen hand, genzlich belyben
lassen, und wyter, dass in denselben gmeinen herschaften ein jeder
teil by sinem glouben belyben solle und möge. Nun wirt aber solichem artikel durch üch nit statt getan, sonder demselben gestrax zuowider gehandlet; dann als wir warhaftig bericht, so hand ir .. unangesächen berüerten friden, ouch über das, dass üwere .. gesandten uf
Thome nächstverruckt zuo Baden den üweren und unseren von Bremgarten und Mellingen in kraft jetzbedachts fridens vergonnt und nachgelassen, ouch solichs in abscheid genommen haben, dass sy, ob sys
begärent, predicanten, doch usgeschlossen die, so vorhin da gewesen,
es were dann sach, dass dieselben sich ouch in dstraf, glych wie der
arm man getan, begeben wölten, anstellen möchten, denselben .. ein
ernstlich mandat zuogeschickt, dise meinung wysende, dass namlich
sy sich schickend zur bycht, mäss und sacramenten ze gand und genzlichen üwerem glouben ze verglychen oder aber mit lyb und guot von
dannen zuchen und wyte machen söllent, zuodem uns ouch der enden
an unsern herligkeiten und oberkeiten etwas ingriffs und abbruchs getan, das uns warlichen an üch zum träffenlichesten und höchsten bedüret, hetten uns ouch solichs in ansehung eegerüerts fridens gar
keins wegs zuo üch versächen; wie dem aber, so langt doch an üch
unser ernstgeflissen und trungenlich bitt und begär, bemelten friden
und üwer nachlassen ernstlichen zuo bedenken und demnach üwers
fürnemens gegen den guoten biderben lüten vorgemelt, die dann uns
nit minder dann üch zuo versprächen stand, abzestan, üwere an sy
usgeschickten mandaten widerumb durchzetilken, ze widerrüefen und
ze nüte machen und sy by gemachtem friden und irem glouben ungefecht und unbezwungen früntlich belyben ze lassen, dessglychen uns
ouch an unsern fryheiten und herligkeiten und bemeltem friden keinswegs ze beschwechen noch zuo bekränken», etc. etc., mit dem begehren schriftlicher antwort.　　　　　　　　　Zürich, Missiven, f. 47.

　Mit unerheblichen abweichungen, an Lucern adressirt: Lucern, Missiven.
— Auch die andern Orte erhielten eine solche zuschrift direct.

1504. März 27 (Mittwoch nach Palmtag). Zürich an Bremgarten. «Uns kompt gloublich für, wie ir die jenigen, so göttlichem
wort und unserm glouben anhängig, by üch zuo der mess, den sacramenten und der bycht ze zwingen understandint, und weliche sich das
ze tuon widerint, dieselben von und uss üwer statt hinweg verwysint,
das uns an üch nit wenig befremden und beduren tuot. Diewyl dann
diss handlung dem nüw ufgerichten friden zuowider, so ist an üch
unser gar hoch und ernstgeflissen trungenlich ansinnen und vermanen,

üch obermelts gezwangs zuo entschütten, dess abzetuond und niemands
by üch zum glouben ze nötigen, sunders dise ding in ruow anstan ze
lassen; dann wir desshalb gegen und mit unsern lieben eidgnossen
von den fünf Orten mit solichem getrüwem flyfs (so) schriftlich so
mundlich ze handlen in willen, dardurch wir guoter hoffnung sind,
uns uss vermög obangeregts fridens schwebender irtungen halb güetlich
mit einandern zuo betragen; dem wellint nachkomen und wyters nit
ze handlen (für)nemen, so dem zuo verletzung in einichen weg möchte
reichen, als wir uns ouch dess zuo üch der billigkeit und gemachtem
friden nach styf unabschlegig versechen ... und begerent hierüber
üwer verschribnen unverzognen antwurt by disem botten. »

Stadtarchiv Bremgarten.

1505. **März 27** (Mittwoch vor Ostern). **Bern** an **Freiburg.** Nach
verhöruug seiner zuschriften betreffend Orbe und Grandson, des jüngsten abschieds und der diesseitigen boten habe man sich entschlossen,
bei der besiegelten verkommniss unverrückt zu bleiben und die übertreter gemäfs dem wortlaut derselben zu strafen, wie es dem vogt·zu
Echallens bereits befohlen sei; Freiburg solle daher auch den vogt zu
Grandson schriftlich benachrichtigen, dass man zu Concise, Bonvillars
und an andern orten, wo das mehr streitig scheine, nochmals eine abstimmung wolle stattfinden lassen; ergebe sich dann ein mehr für die
annahme der (Berner) reformation, so solle es dabei bleiben; falle das
mehr « auf die seite » der messe, so lasse man dies auch geschehen,
doch mit dem beding, dass personen, die des gotteswortes begehren,
es hören dürfen, und den prädicanten die hälfte der an Bern gehörenden absenten zukomme; aber an orten, wo das mehr unzweifelhaft
für das gottcswort (gewesen), wolle man kein neues mehren gestatten.
Da zu Orbe ein grofser span walte, aus dem noch schlimmeres erwachsen könnte, so ersuche man Freiburg zum freundlichsten, mit
rücksicht auf die wünsche beider parteien, die obere kirche völlig den
anhängern der reformation zu überlassen und die drei andern, nämlich
die pfarrkirche bei der brücke, der spital und das frauenkloster,
(den anhängern des alten glaubens), indem hiedurch unruhen (leichter) vermieden würden. 3. Den hiesigen boten sei vorgeworfen worden, sie haben·in diesen sachen schimpflich gehandelt; man bemerke dagegen, dass sie nur ihren befehlen gemäfs getan haben, etc.
— (Nachschrift:) Erinnerung an die frage betreffend die kirchengüter
von Murten, und gesuch, den einseitig bestimmten tag zur einziehung
derselben (Mittwoch nach Ostern) um vierzehn tage, nämlich bis 14.
April, zu verschieben, da man früher keine botschaft abordnen könnte.
— (Nur in den Berner Teutsch Miss. (T. 401) erhalten).

Bern, Teutsch Miss. T. 398—400. Freiburg, A. Geistl. Sachen.

1506. **März 28** (Donstag vor Ostern). **Bern** an **Basel.** Zürich
habe zum zweiten mal gebeten, wegen der eingriffe und nachteile, die
den evangelischen städten an ihren rechten und ehren widerfahren,
auch wegen des von dem r. König erhobenen vorwurfs, dass sie die
erbeinung nicht gehalten, gemeinsam ratschlagen zu helfen, und dafür
einen tag nach Aarau angesetzt auf Osterdienstag. Man habe sich nun

entschlossen, den zu besuchen, und begehre hiemit freundlich, dass Basel da auch erscheine, damit man auf dem nächsten tage zu Baden eine gebührliche antwort zu geben wisse.   Bern, Teutsch Miss. T. 404.

1507. März 28 (Donstag vor Ostern). Bern an Solothurn. Antwort auf die nachricht von der abstimmung in Egerchingen. Weil nun das mehr für die messe entschieden, so lasse man zu, dass der messpriester das pfarrhaus besitze, behalte aber die leheurechte vor und bedinge, dass der prädicant, den man dem andern teil zugesagt, auch mit einer wohnung versehen werde und in der pfarrkirche je vor der messe das gotteswort predige. Wenn Solothurn dies annehme, wie es denn billig sei, so wolle man es für einige zeit gelten lassen, und bitte desshalb um endliche antwort.   Bern, Teutsch Miss. T. 408.

1508. März 30 (Oster-Abend). Zug an Zürich. Antwort auf dessen beschwerde wegen Bremgarten und Mellingen: Man hoffe den frieden bisher unverbrüchlich gehalten zu haben; die beiden städte seien übrigens samt den Freien Aemtern davon ausgeschlossen. Nachdem ihnen die V Orte eine strafe auferlegt, haben sie sich um milderung beworben und dafür zu tun erboten, «das uns lieb und dienst wäre»; darauf habe man ihnen jene mandate geschickt und die strafe erleichtert, etc. etc. (wie im abschiedtext). Eine endliche antwort wolle man mit den vier andern Orten abgeben, mit der man Zürich zu befriedigen hoffe.   Zürich, A. Landfrieden.

1509. März 30. Bremgarten an Zürich. Antwort auf das jüngste schreiben: Man habe bisher des glaubens wegen noch niemand vertrieben oder zu irgend einem glauben gezwungen. Es verhalte sich so: Nachdem man infolge des letzten krieges mit den V Orten habe frieden machen müfsen, so gut es möglich gewesen, sei man verpflichtet, der damals gegebenen zusage nachzukommen, wofern man nicht weitere strafe gewärtigen wolle. Wenn aber etliche dies nicht tun wollen, so könne man sich nicht um einzelner willen jeden tag der gefahr aussetzen, wesshalb bereits einige, aber ohne zwang von seite der stadt, (auch keine burger), gewichen seien. Man sei eben ganz schutzlos dahin gedrängt, sich an jenen frieden zu halten, sehe übrigens, dass Zürich etwa übertriebene berichte empfange. Darum bitte man es ernstfreundlich, sich nicht durch jedes vorgeben beunruhigen zu lassen und solche kläger abzuweisen, der stadt ruhe zu gönnen und ihr zu vertrauen, dass sie nichts unbilliges tun werde....   Zürich, A. Landfrieden.

1510. März 30 (Oster-Abend). Bern an Lucern. Erwiderung auf desse 1 antwort wegen des büchleins etc. Da es zu wissen begehre, wo dasselbe gedruckt worden, so schicke man das original bei diesem boten, damit es den verfasser selbst darüber verhören könne; darauf möge es tun, was zu der sache diene, und wie man es früher begehrt; das büchlein habe der bote mitzubringen nebst bericht, was desshalb gehandelt worden.   Bern, Teutsch Miss. T. 407. Lucern, Missiven.

1511 a. April 1. Jos von Laubenberg und H. U. von Surgenstein au St. Gallen. Beschwerde über den fortwährenden aufzug der bezahlung der zinse etc. und nochmaliges ansuchen, sämtliche rückstände beförderlichst zu entrichten, damit sie nicht genötigt werden, der hauptverschreibung gemäfs zu verfahren, wesshalb sie umgehende unabschlägige antwort erwarten, etc.   Stiftsarchiv St. Gallen (original u. copie).

1511 b. April 2. St. Gallen an die edlen von Laubenberg und Surgenstein. Da laut früherer schreiben Zürich diese angelegenheit zu vertreten habe, so teile man diesem ihre zuschrift mit, in der hoffnung, dass es nach gebühr darin handeln werde, bitte also die ansprecher, dessen entschlüsse abzuwarten und sich mittlerweile von niemandem zu etwas argem anreizen zu lassen, etc.

Stadtarchiv St. Gallen. Stiftsarchiv St. Gallen (besieg. orig.).

1512. April 1 (Ostermontag). Solothurn an Bern. Antwort auf die jüngste zuschrift betreffend Egerchingen. ... «Uff sölichs ... ist nit ane, nachdem unser mandat inhaltet, dass die unsern des gloubens halb mögen meren, und das so je das mere würt, zuo fürgang solle kommen, von dem mindren teil unverhindrot, ist die mess an etlich orten gar durch wenig personen abgemeret; nüts dester minder haben wir die messpriester allenthalben von denselben orten gefertigot, damit solich mere dester bas sinen fürgang erfolgete; da billichen hinwider, wo das mere by der mess sampt dem gotsworte zuo belyben, dehein andrer predicant sin söllte. Dester minder nit, üch zuo willfarung, haben wir dem mindren teile zuo Egerchingen zuogelassen, einen predicanten von üch anzenemen; dass aber wir im siner behusung fürsechung tuon können oder die unsern zwingen, in in der pfarrkilchen predigen ze lassen, will sich nit schicken noch füegen; desshalb, wo üch gefällig, einen predicanten an dem orte zu halten, ... mag derselb das göttlich wort in der capell zuo Herchingen predigen ».... Bern, Solothurn-B. M. 63.

1513. April 2 (Dienstag in Osterfeiertagen). Zug an Lucern. Antwort auf die zuschrift wegen des unverteilten büchsleins, das den Wallisern zukommen sollte, etc. Da der ammann nicht daheim sei, so haben die sonst versammelten ratspersonen sich darüber nicht entschliefsen wollen, sondern einen aufschub von acht tagen vereinbart, um dann die sache an eine höhere behörde zu bringen, deren entscheid man gütlich anerkennen werde.   Lucern, Missiven.

1514. April 2 (Osterdienstag). Lucern an (die Aemter?). Ankündigung einer wallfahrt nach Einsiedeln, auf den 2. Mai (hl. Kreuzes Abend) daselbst in der herberge zu sein, um dem Allmächtigen, seiner w. mutter Maria und den heiligen für den im letzten krieg reichlich bewiesenen beistand dankzusagen, und dringliche bitte, dass jeder der erfahrenen barmherzigkeit eingedenk sei, den nächsten weg nach Einsiedeln ziehe und diese «gottesfahrt» mit andacht vollbringe, etc.

Stiftsarchiv Lucern (concept).

1515. April 2 (Osterdienstag). Zürich an Konrad Heggenzer zu Wasserstelzen. Der caplan zu Kaiserstuhl klage, dass er, Heggenzer, ihn von der pfründe zu verstofsen gedenke, weil er nicht messe halte; da nun der friede vermöge, dass niemand der bei dem evangelischen

glauben (« unserer religion ») bleiben wolle, davon gedrängt werden
dürfe, so erscheine jenes vorhaben als ungeziemend, und stelle man
desshalb die freundliche bitte, Gott zu ehren, dem frieden gemäfs und
der freundschaft zu liebe den guten mann bei seiner kleinen pfründe
bleiben zu lassen, etc.   Zürich, Missiven.

Am gleichen tage empfahl Zürich den caplan dem Schultheiss und Rat von
Kaiserstuhl zu freundlichem schirm.

1516. April 3. Die kirchgenossen von Tavannes an Bern. Bitte
um rat behufs ermittlung eines (genügenden) pfrundeinkommens für
ihren prädicanten. Denn beständig der landarbeit nachzugehen vertrage sich nicht mit dem amt, wie es die hl. schrift erfordere; die
pfarre trage auch nicht mehr so viel ein wie früher, als die (kirch-
herren) eine wirtschaft betrieben, auch viel vieh gehalten, wesshalb
sie die güter haben reichlich düngen können; jetzt werfen dieselben
nicht ab, was ein pfarrer brauche. Man bitte daher Bern, dies zu
berücksichtigen und zu verhelfen, dass auch die zehnten zu dem einkommen beitragen (müfsen), etc.   Bern, Münstertal, J. 161.

1517. April 3, Bern. Die botschaft von Savoyen zeigt an, dass
die V Orte ihr der Genfer und der pensionen wegen geschrieben haben,
und bittet um rat, ob (der Herzog) auf den nächsten tag seine botschaft schicken sollte.   Bern, Ratsb. 233, p. 132.

1518. April 4. Bern an die untervögte in den Freien Aemtern.
Auf das bald nach dem kriege an sie erlassene schreiben wegen der
drohungen gegen den hiesigen grofsweibel und den jetzigen vogt zu
Lenzburg habe man keine antwort empfangen; da man nun vernommen, dass etliche mit solchen schmähungen und drohworten fortfahren,
und was kürzlich zu Vilmergen einem hiesigen burger begegnet sei,
was man nicht länger dulden werde, so fordere man unverzügliche
antwort, nach der man sich dann richten werde.
                                    Bern, Teutsch Miss. X. 413.

1519. April 4, Bern. 1. Boten von Luggaris, Lauis und Mendris bitten, bei der steuer, welche die acht Orte ihnen auferlegt haben, gnädige rücksicht walten zu lassen. 2. Man will (die landschaften) bei ihren freiheiten bleiben lassen und den boten zu dem tag in
Baden befehlen, in der sache zum besten zu raten. Bern, Ratsb. 233, p. 134.

1520. April 4. Bern an Freiburg. Antwort auf dessen zuschrift
von gestern* nebst abschriftlich beigelegter kundschaft. Man sei des
unverrückten willens, bei der aufgerichteten ordonnanz zu bleiben und
übertreter strafen zu helfen, und damit solches geschehe, habe man
beschlossen, auf nächsten Sonntag über acht tage eine botschaft dahin
zu senden, die zuerst in Concise zu handeln haben werde. Da der
vogt daselbst ein mehr « gemacht », das auf die seite der messe gefallen, wie er selbst geschrieben, könne man nicht verhindern, dass
die altäre dort und anderwärts, wo es sich gleich verhalte, wieder
aufgerichtet werde, und halte sich an die ordonnanz, die dabei ausdrücklich sage, dass auch an solchen orten das gotteswort verkündet

* Im Freiburger Ratsbuch unter dem 3. erwähnt, aber textuell nicht erhalten.

werde, und wo das mehr dafür ergangen, dasselbe bestehen bleibe.
Man begehre nun, dass Freiburg seiner botschaft befehle, mit beiden
parteien zu reden, damit sie der ordonnanz nachleben, dessgleichen
mit dem vogt, « dass er das schwert glichlich zuo beiden siten houen
lasse »... 2. Dass den Barfüfsern und Carthäusern zu Grandson ihre
güter wieder zugestellt werden, wolle man nicht anfechten, bedinge
aber, dass die briefe, rödel, zinsbücher und dergleichen schriften in
dem schloss zu Grandson bei dem jeweiligen vogte liegen sollen, der
dieselben in notfällen wohl ausleihen könnte, aber wieder rechtzeitig
zurückfordern müfste. 3. Betreffend die von Orbe bitte man nochmals freundlich, die bekanntlich von beiden parteien gewünschte sönderung zuzulassen; wer das gegenteil vorgespiegelt, werden die boten,
die nach Grandson reiten, in Orbe erfahren; wenn es sich dann anders
erfinde, so wolle man einfach die ordonnanz vollziehen, wiewohl man
die sönderung billiger finde, die auch mehr zur beruhigung helfe, zumal doch die anhänger des göttlichen wortes jede kirche, die man
ihnen überweise, gern annehmen... 4. Da Freiburg andeute, wie die
boten von Bern in diesen dingen « schimpflich » gehandelt, so müfse
man erwidern, dass sie nur ihren befehlen nachgekommen, indem sie
gewisse artikel, über welche sie keine instruction gehabt, dem entscheid der beidseitigen herren anheimgestellt haben. Man hätte sich
wohl versehen, dass Freiburg das alte herkommen brüderlichen ver-
kehrs etwas mehr bedenken und einen verdacht, wie dass man gegebenen zusagen nicht genug getan, nicht äufsern würde, indem man
sich aller billigkeit beflissen habe; von seiten der freiburgischen vordern sei man doch bisher (solcher verunglimpfungen) überhoben gewesen. 5. Den der Murtner wegen angesetzten tag werde man (auch)
besuchen.   Bern, Teutsch Miss. T. 409—412. Freiburg, A. Bern.

1521. April 4. Zug quittirt Bern für 3000 sonnenkronen, die es
laut artikel 5 des friedens den V Orten zu handen der klöster und
kirchen zu Muri, Merischwanden, Baar, Cham, Steinhausen und Bein-
wyl sowie für den zu Blickenstorf verübten schaden gütlich zu bezahlen versprochen; alles mit mehrerm.
          Bern, Perg.-urk. mit wohlerhaltenem siegel.
     Am 30. März (Osterabend) schickte Bern 1500 kronen und ersuchte Zug um
quittung für die ganze summe.   Bern, Teusch. Miss. T. 408.

1522. April 5, Bern. Instruction für die botschaft nach Baden.
Dem meister Caspar von Aa die schreiberei zu Lauis zu verleihen will
man nicht unterstützen, weil er bei dem castellan von Musso während
des krieges gedient hat; wenn er das bestreiten wollte, so wird man
ihn dessen mit seiner eigenen handschrift überweisen.
          Bern, Instruct. B. 154 a.

1523. April 5, Bern. Befehl an die amtleute in Aarau, Lenzburg,
Brugg, Eigen und Schenkenberg, dem reisgeläuf zu dem könig in
Frankreich, das durch einen vorgeblichen einfall des Türken in die
Provence beschönigt werde, entgegenzutreten und die bezügliche ver-
ordnung strenge zu handhaben.   Bern, Teutsch Miss. T. 415.

1524. April 5 (Freitag d. Osterwoche). Z ü r i c h an Ulrich Stoll, landvogt in Sargans. Er habe der verhandlung, welche die hiesigen seckelmeister mit den vier «posten» aus seinem amt ihres lohnes halb ge-
pflogen, selbst beigewohnt, wisse also dass sie beharrlich bei ihrer
forderung geblieben; obwohl man glaube, dass sie so viel nicht verdient haben, und sehe, dass jedermann sich befleifse, Zürich in seinem
unfall zu übervorteilen, gebe man hiemit dem vogt gewalt, mit beihülfe biderber leute so billig als irgend möglich abzumachen, jedoch
auf diesseitige prüfung hin; sei dann die abrede annehmbar, so werde
man, um des nachlaufens und klagens loszuwerden, die leute befriedigen. 　　　　　　　　　　　　　　　　　　　Zürich, A. Sargans.

1525. (April c. 5), B a s e l. Instruction für die botschaft nach Baden... 1. «Gedenken des schribens halben, so uns der landschriber
von Schwiz geton von wegen der fridbriefen, mit dem botten von
Schwiz ze reden, dass wir ab sölchem schriben nit ein klein befrömdens tragen; dann wir achten, demnach wir ime für solche brief xij
kronen, dem botten, so uns die gepracht, zwo kronen (geben), darzuo
in by uns ab der herberg gelöst, es sye der sachen nit ungemefs; das
zeigen wir inen an, damit sy mit im reden, dass er sich billicher sachen benüegen lasse etc.» 2. «Reden mit dem botten von Luzern,
dass sy uns die xxxvj gl., so wir inen der gefangenen halben zuo vil
geschickt, wider gebind.» 　　　　　　　　　　　　Basel, Abschiede.

1526. April 6. B e r n an L u c e r n. Antwort auf dessen zweites
rückschreiben. An dem druckort liege dabei wenig; aber das bedaure
man hoch, dass ein hintersäfse von Lucern solche schmachbüchlein
(gedichtet), die doch vorher nicht viel gutes gebracht haben; desshalb
ermahne man es kraft der bünde und des friedens, den dichter nach
verdienen und dermafsen zu strafen, dass jedermann spüre, dass ihm
solche dinge zuwider seien, dass es den landfrieden zu halten begehre,
und solches nicht mehr geschehe; es möge daher mit einem «edict»
verschaffen, dass dergleichen büchlein ferner nicht an den tag kommen.
　　　　　　　　　　　　Bern, Teutsch Miss. T. 416. Lucern, Missives.

1527. April 6. B e r n an F r e i b u r g. Erwiderung der letzten antwort wegen J. J. von Wattenwyl. «Uff sölichs, dwyl ime nit gelegen, üwer potten, so in hie vor uns mit unschulden vertragen haud,
vor üch ze berechtigen, und daby heiter harus gesagt, dass sy im gewalt und unrecht daran getan habind, wellend wir in daruf für wol
entschuldiget haben. Das haben wir üch guoter meinung verständigen
wellen, sölichs gesagten üwern potten anzeigen, sich darnach haben
fürer ze richten.» 　　　　　　Bern, Teutsch Miss. T. 417. Freiburg, A. Bern.

1528. April 8. Instruction für Golder von L u c e r n. 1. Den andern (4) Orten anzuzeigen, dass die leute, die zu Mellingen etwas
weggenommen, sich zum recht erboten haben, wenn jemand ihnen
zumuten würde, etwas weiteres zu ersetzen, als was sie selbst angezeigt. 2. Für den Kessler von Münster, boten der V Orte im krieg,
sollen 22 kronen gefordert werden zur entschädigung. 3. Dem Wilhelm Blarer will man von den 100 kr. nichts nachlassen oder zurück-

geben. 4. Da Zug 4000 gld. erhalten hat, so soll es daraus die geschädigten unterstützen. 5. Die strafen für die Freiämtler betreffend will man, wo möglich, bei der früheren antwort bleiben. 6. Weil der vogt auf Gottlieben gestorben ist, so soll der bote sich ernstlich dafür verwenden, dass j. Wilhelm von Peyern auf das schloss komme. 7. Die gesandten von Lauis, Luggaris und Mendris haben dem Rate wohl vorgestellt, dass ihre capitel zusagen, sie mit keinen neuerungen zu beschweren; so lange sie aber nicht briefe und siegel darlegen können, dass sie von steuern befreit seien, bleibt man bei der forderung. 8. Dem Caspar von Aa soll heimlich, damit andere es nicht hindern können, zu der schreiberei in Lauis verholfen werden. 9. Bern ist um die bezahlung der 1500 kr. wegen des schadens zu Blickenstorf zu ersuchen. 10. Das schreiben von Zürich und Bern, wegen Bremgarten und Mellingen, soll nicht blofs gerügt, sondern auch den schiedleuten angezeigt und darauf gedrungen werden, dass solches künftig unterbleibe, etc.

1529. (April 8 f.?). Die gesandten von Zürich an ihre obern (undatirte nachschrift). Soeben haben sie sich für landvogt Brunner (von Glarus) verwendet, aber nicht mehr erreicht, als dass die Eidgenossen die kosten der besatzung übernehmen und (diese meinung) im abschied heimbringen wollen; etliche äufsern dabei die besorgniss, dass ihre herren dazu nicht gar willig sein werden; die taggelder für die reisen im Thurgau schlagen sie rundweg ab und erklären, besonders Lucern, die vorgelegte rechnung gar nicht gelten zu lassen, wenn er ihnen weiteres zumute; denn es sei da viel verrechnet, was sie zu bezahlen nicht schuldig gewesen wären; alle einwendungen seien fruchtlos geblieben. Dies mögen nun die herren nach ihrem ermessen dem landvogt anzeigen; inzwischen wollen sie, die boten, noch mit Bern, Solothurn und Glarus über die sache reden, da doch das schloss (Gottlieben) im auftrag der vier Orte besetzt worden sei. — Vgl. nr. 1530.

Zürich, A. Tagsatzung.

1530. (April 8 f.?). Bericht von Hans Hab, bote von Zürich, an seine obern. Datumlose nachschrift: « Als wir dise geschrift beschlossen, hand wir von landvogt Brunners wegen vor den zehen Orten siner usstenden summen ernstlich erforderung tan, aber mer nit mögen zuo wegen bringen, dann dass die Eidgnossen, so vil das zuosatz gelt antrifft, um unsert willen in die abscheid genommen, (und) besorgend iren etlich dennocht, (dass) ire herren dess nit fast willig sin werdend; so vil aber die tag (betrifft), so er in der grafschaft verritten, wellend sy im glatt nüt geben; ob aber er sy by sölichem nit vermein bliben ze lassen, schlahind sy im das recht für, mit dem anhang, sunderlich Luzern, dass sy sin gegebne rechnung ufheben und nüt gelten lassen wellend; dann er irs bedunkens vil verrechnet hab, das sy zuo bezalen nit schuldig gwesen wärind, und wiewol wir mengerlei darzuo geredt, sind sy by sölicher irer gegebnen antwurt bliben. Sidmal nun gedachter landvogt in üwer statt ligt, mögend ir im dise antwurt, ob es üch .. guot dunkt, geben. Wir werdend ouch witer mit Bern,

Solothurn und Glaris davon reden, sidmal doch sy sampt üch .. das
schloss zuo besorgen geheifsen habend, wiewol sy vermeinend im nüt
witer ze geben ».   Zürich, A. Thurgau.

1531. April 8 f. (zu Absch. d). Basel verteidigte sich in seiner
instruction energisch gegen den vorwurf von österreichischer seite, dass
es in dem streit zwischen Jörg von Andlau und Ludwig von Reischach
um die comturei Beuggen die erbeinung verletzt habe, mit wiederholung der wesentlichen momente und verweisung auf den bezüglichen
abschied von Baden, u. s. f. Doch lehnte es ab, mit Bern gemeine
sache zu machen, behielt sich aber vor, nach weiteren zumutungen
sich anders zu entschliefsen.

Bei dem artikel betreffend die kriegskosten wurde bedauern geäussert darüber, dass die V Orte den besiegelten abschied, den sie dem comtur L. v. Reischach gegeben, «so bald aufgehoben» (wann?), und das ansuchen gestellt, dass
sie denselben in kraft bestehen lassen.   Basel, Abschiede.

1532. (Zu April 8 f., Absch.). Freiburger instruction: I. «Die
botten söllen ouch min herren die Eidgnossen ankeeren und bitten
von frid und ruowen wegen, dann min herren nützit begeren dann
frid und einigkeit, dass .. die Eidgnossen dem .. herzogen von Savoye dapfer schryben, dass er lut der urteil von Peterlingen die bezalung tüye, wann min herren ouch vormals geschriben umb gedachte
bezalungen und andre schuld(en), da inen nützit entgegen wirt gangen
weder mit gelt noch antwort, das inen ganz verachtlich ist; damit
aber min herren nit geursachet werden, uf ire underpfänder ze fallen,
dass er obgenanntem urteil und andren irem usständen gelts entgegen
gange lut ir brief und sigel, und so er das nit tuon wurd, werden
min herren uf ire underpfänder fallen, und so (es) die weg begrift,
(wellen si) jetz und dann ire getrüwen lieben Eidgnossen gemant haben lut ir(er) bünden, inen zuo solichem zuo verhelfen.» — Wenn
Bern sich an diesem geschäfte nicht beteiligen wollte, so soll die botschaft von Freiburg es allein vorbringen. (Der vorausgehende absatz
anerkennt, dass der Herzog neulich den verkehr wieder freigegeben,
und leitet auf obige zumutung über). II. Dieselbe instruction enthält
ein begehren an die V Orte: «Die botten söllen ouch ingedenk sin,
wie der herr Peter Bollard, techan zuo Friburg, ist versehen worden
mit einer korherren pfruond zuo Jenf, so er by dryen jaren besessen
hat, uf das herr Nicolard Ransche, des künigs uss Frankenrichs bott
zuo Rom, hat derselb von bäpstlicher heiligkeit erworben die selben
pfruond, und demnach hat ers übergeben herren Peter Lambert, abre-
viator des bl. röm. stuols zuo Rom, welich(er) den obgemelten unsern
dechan bekümbert um gemeldte pfruond. Darum so wellen min herren die fünf Ort ankeren und bitten, dass sy mit üch (an) bäpstlicher
heiligkeit botschaft (begeren), dass er well die beladnuss nemen und
mit b. heilikeit verschaffen, dass gemelter unser techan gerüewiget
werde. ... Item dass die fünf Ort ouch wellen disen brief, so bäpstl.
heiligkeit zuodienet, dise handlung berüerend, versiglen wellen (!)» ...
                                        Freiburg, Instr. B. II. und XXIX.

1533. April 9, Aarwangen. Jacob Koch an Sch. u. R. in **Bern.**
Antwort auf die zuschrift betreffend die pfrundstreitigkeit in Egerchingen. Bericht über seine bezüglichen verhandlungen mit den kirchgenossen. Die altgläubigen haben den prädicanten nicht wollen predigen
lassen und erwarten bescheid von Solothurn bis nächsten Freitag (12.
d.), wesshalb die evangelischen von Bern einige beihülfe erbitten, damit sie einen prädicanten haben können, etc. Dabei klagen sie über
beteiligung von vertriebenen bei der abstimmung, auch über andere
umtriebe der anhänger der messe, um die mehrheit zu behaupten, etc.
(Der detail wird hier übergangen).　　　　　Bern, A. Kirchl. Angelegenh.

1534. April 9, 3 uhr nachm. **Bern an Freiburg.** Anzeige dass
der propst von Wyler auf dem wege nach Murten, als er auf seinen
schreiber gewartet, von Joh. Ottie (?) und dessen sohne nach einem wortwechsel schändlich ermordet worden, und bitte, die täter bei betreten
zu fangen und nach verdienst zu bestrafen, etc. Freiburg, A. Getstl. Sachen.

1535. (April c. 10 f.), Freiburg. «Instruction de noble spectable
messire Antoine Pavilliard, chevallier, a parler a messieurs de Payerne.
1. Apres les recommandations leur dire que messeigneurs ont entendu
de leur inconvenient de leur precher, de quoi ils sont fort desplaisant,
et ainsi (?) coment par cy devant leur ont promis de maintenir et observer nostre ancienne foy vraie, catholique, que messeigneurs lont
envoye par dela pour les admonester de leur promesse et les prier
de rester a leur ancienne foy et (que) ce faisant feront plaisir a messeigneurs et leur devoir, laquelle chose messeigneurs auront a deservir
envers eux. 2. Vous aurez souvenance de la lettre pour le different
dAutignie etc. 3. Aussi vous direz a messeigneurs du couvent de
Payerne que messeigneurs ont contremande la journee de vhuyt (?) et
quelle se tiendra en ceste ville. »　　　　　Freiburg, Instr. II. 42 a.

1536 a. April 10, (Lucern). Lucern und Uri verhören gemeinsam
die ältesten der unter einander streitig gewordenen schiffleute über
ihre herkömmliche übung und bestätigen dann die so ermittelten
bräuche in aller form; es werden darüber zwei gleichlautende briefe
unter den siegeln der beiden Orte errichtet und jeder partei der schiffleute einer zugestellt — (Es liegt blofs eine abschrift vor, die ungefähr gleichzeitig sein dürfte. — Die fragliche kundschaft lassen wir
im wortlaut folgen und bemerken nur, dass dieselbe dem texte ohne
unterbruch einverleibt ist:) 1. «Und namlichen so hand des ersten die
schiffsellen im mercht nawen ze Ure anzeigt, wenn sy in ir nawen
teilguot gon Lucern bracht habint, es sy(g) lützel oder vil, wenn denn
koufmansguot oder teilguot zuo Lucern gewäsen, hab man sy das mit
inen gen Ure füeren lassen, doch dz sy die fürleite davon gäbint; aber
was lüten oder guot nit zuo teil gienge, das sye fry gsin und unbezwungen, wellten die mit inen faren und das iren verferggen, das
möchtint sy tuon; wellten sy mit denen schiffsellen von Lucern faren, möchtint sy ouch tuon. Glicher gstalt sient die schiffsellen im
pfisternawen von Lucern zuo Ure ouch gehalten. 2. Zum andren hand

die schifflüt im teil zuo Flüelen anzeigt, dass sy jewälten den bruch
gegen den schifflüten zuo Lucern gehebt, wenn sy teilguot usi gon
Lucern gfüert, wenn denn teil guot zuo Lucern gewäsen, das zoll und
fürleite gäbi, so habint sy das selbig guot, es sy(g) ochsen, ross oder
anders, welcherlei joch das gewäsen, vor menklichem dannen mögen
füeren, doch dz sy die fürleite davon gegäben, unangesächen, ob es
joch an einer Mitwuchen gsin, dass der pfisternawen von Lucern
und der merchtnawen von Ure ouch hinin gon Ure gefarent. In glicher gestalt habint ouch die ferren von Lucern fryheit und gwalt zuo
Ure gehept und noch. Was aber güeter, die nit zuo teil gegangen,
die habint faren mögen, mit wem sy habint gwellen, es syent lüt oder
guot gewäsen. 3. Als sich denn ouch witer etwas spans erhept,
welche lüt zuo teil gangen oder nit, sind wir bericht, dass von alter
(har) gebrucht, wenn frömbd fuofslüt, es sient bilgerig, kouflüt oder
sust wolhabent lüt, mit den Lucernern gon Ure oder mit den Urneren
gon Lucern gefaren, wenn denn der selbigen fuofslüt syent gsin vier
oder me, so habint sy einandern den teil davon ge(be)n; wenn aber
dry oder minder gewäsen, so hab dewäders Ort dem andren den teil
davon gen. 4. Dess sind ouch die schiffgsellen im pfisterschiff und
die andren schifflüt zuo Lucern bekanntlich gewesen, von alter also
gebrucht sin. »

1536 b. (April ?). Hieher mag noch ein anderes, leider datumloses
actenstück gehören, das auf weiter ausgreifende verhandlungen schliefsen
lässt. Die handschrift ist diejenige G. Zurgilgens. Wir gebeu zunächst
den haupttext wörtlich: «Des spans halb zwüschen minen herren von
Lucern und Uri, uss herrn seckelmeister a Pros instruction geschriben
als folget, von wort zuo wort: 1. Des ersten dass jewälten und von
alter har gehalten, wann irer nauw am Frytag koufmans guot zuo
Flüelen funden hab, hab man inen (das) ungewert lassen füeren, dessgelychen si den unsern ouch. Darbi begerent wir nochmal zuo beliben lut der abredung, wie dann wir mit einandern güetlich und früntlich sind eins worden und darum brief geschriben, und aber das besiglen sich bishar verzogen.* 2. Item des seegelts (halb), sig uss ver-
gunsten nachgelassen, und nit länger, bis ir statt geledigot, und ob si
mit antwurt begegnen, (das) ufgelegt sin von der strafsen wegen, dargegen unser bot sagen mag, wir verbuwind ein jar mer mit den strafsen
dann sy in zweyen etc. mit verbesserung. 3. Item der zöllen halb
sye von alter har (bruch) gesin, wer in (den) hof (zur kilchen) gehört
hab, der hab hie zuo Uri kein zoll ge(be)n, und dargegen, was von
unsrem land ist gsin, zuo Lucern ouch kein zoll gen, als durch die
alten hie und da ussen wol kuntlich gemacht mag werden. Demnach
haben unser eidgnossen von Lucern anfachen zoll nemen von käs,
anken, ochsen und anderm; haben wir zuo inen geschickt und ge-
fraget, warum sy also nüw zöll ze nemen understandint, diewyl doch
die iren mit tuoch, rys, ross und anderm by uns zollfry farind. 4. Uf
solichs, als vogt von Niderhofen und Hans Zimmerman gan Lucern

---

* Bezieht sich dies vielleicht auf obige übereinkunft?

geschickt und solichs nüwen zolls halben erfraget, hab inen schultheifs
Hug zun Barfuofsen vor Rat dis antwurt geben, ire kouflüt müefsend
von ir koufmanschatz zollen, dessgelych die unseren inen ouch zollen;
wöllind wirs den iren gern schenken, das mögen wir tuon. 5. Darum,
diewyl wir mer kostig habend strafsen ze buwen und bruggen ze machen, dann kein Eidgnossen, darum, uss solicher und andrer gerechtigkeit und obangezöigter ursach so haben wir von den iren wie ouch
von andren lüten gewonlich zoll gehöuscht und ingezogen. 6. Ob
aber sach wurd, dass unser bott mit inen nit möcht überein kommen,
wie oblut, so söllen sy artikel mit einandern setzen uf hindersichbringen. 7. Der bott achtet für sich selbs, wann man die rechten insäfsen
im land Uri lasse zollfry faren, werde man die, (so) in (den) Hof zuo
kilchen gehörent, ouch fry lassen faren. 8. Kouflüten halb etc. »
　　Auf diese artikel bezieht sich eine antwort von Lucern, die wahrscheinlich
mündlich gegeben und nur flüchtig von G. Zurgilgen aufgezeichnet wurde; die
lücken ergänzte später R. Cysat mit allerlei zusätzen. Von den einleitenden
sätzen abgesehen, ist etwa folgendes herauszuheben: Es habe etwa ein Ort mehr
rechte als das andere; nun vermögen die bünde, dass man dieselben gelten
lasse; man sei in besitz und herkommen, und bis vor wenigen jahren habe es
niemand angefochten; alte rechte sich durchlöchern zu lassen, sei beschwerlich.
Uri habe seiner strassen wegen nicht bloss kosten, sondern auch grossen nutzen.
Des seegelds halb habe man vor zeiten, um unwillen zu verhüten, den für die
häuser gebrauchten wein freigelassen; nur die wirte geben es, u. s. f (Einzelne
stellen können nicht sicher construirt werden).

1537. **April 10,** Bern. Nach verlesung von zwei instructionen der
Genfer botschaft wird in betracht gezogen was folgt: « Min herren beduret, dass sy (die Jenfer) im ersten anzug sich merken lassen, m. h.
sollen eid und eer an inen halten, vermeinend, (sy selbs haben das?)
minder gehalten, und sy heigend im gelebt, wiewol sys stan lassend
und witer nit melden. .. Min herren besorgen, die von Fryburg (syent)
nit begirig, den Jenfern ze helfen; ist allein umb die Wat ze tuon,
wüssent ein ruggen an (den) v Orten und Wallissern. So nun die
Jenfer gan Baden wellen, kumpt uns ze vermerken, dass die von Fryburg sy (darzuo) underwisen (haben?), das m. h. nun wol gespüren
an den gemeinen herrschaften mit dem meren; da vor gemeret, wellend die von Fryburg (noch) einest meren, da dann von nütsöllenden
lüten das mer gemacht wurd wider gottes wort, da vor es (sic) bim
gottswort ist bliben. Und so ein mer by den v Orten gemacht, (hin)in
zuo züchen, (ist ze besorgen dass) min herren ire lüt ouch nit behalten möchtend, darus vil buofs (? böses) entstanden (sic) und folgen
wurd, ouch zuo besorgen, sy. die von Fryburg und die v Ort, in die
gemeinen herrschaften wurden fallen, das gottswort umzestofsen, ouch
mit besorg unser landen, dann min herren mengerlei lüten haben, dwil
m. h. in zwiträchtigkeit mit den v Orten standind, da wol zuo bedenken, was sy m. h. zuofüegen könnend, wurden sy nit sparen. Der
Herzog vermeint gewalt (ze haben) in sinem land, die spis uzzenthal-
ten nach siner notdurft ».... Hier schliefst sich die im Abschied p.
1328 gegebene antwort an die Genfer an. 　　Bern, Ratsb. 233. p. 162, 163.

1538. April 11, Freiburg. 1. «Der von Yvonand, so eines bilds halb by Sant Jacobs capell unnütze wort gebrucht, soll uf ein zimlich urfecht usgelassen und geeidet werden, sich miner, herren statt und land ze müesaigen. 2. Deessglichen ist der von Corcelle, so understanden ze disputieren, ouch usgelassen.» 3. Verhör mit denen von Plafeyen, die zu Einsiedeln gewesen (am 8. April geladen). «Henz Brucker von Plafeyen, der hat geredt, wie er mit sinen mitgesellen von Einsidlen gan Undersewen spat uf der nacht kommen, da si nach einem wirtshus gefragt, käme einer, der seite, er wölte inen ein guot würtshus zöugen, daruf sy in eins komen, in dem vil lüten waren; (da) wurden si gefragt, wannen si har wären; antwurtent si, wie si von F. wären; (daruf) spreche einer, ob si die schwarze capellen und das rostig und ruofsig holz befunden hetten, mit mer worten; nach demselben (hette) man inen zuo essen geben. Da fienge einer an zuo singen und berichten vil worten; da stüende er, diser gezüg, uf mit sinen mitgesellen, haten den wirt, inen ruo zuo verschaffen, si wären nit von disputierens wegen da; spreche der wirt, si sollten guoter dingen sin, inen müeste nüt beschechen, seite daruf zuo den andren, si sölten rüewig sin, in dem si schlafen giengen. Da wäre einer, den nampten si Heini, der käme zuo inen in die kammer, berichte vil worten und spreche under anderm, ja ir von Fryburg sind zum sibenden mal meineidig an minen herren von Bern worden, fluochet und schwüere daruf, si hetten es mit den Welschen und wäre kein biderman in Fryburg. Daby syen noch zwen von Thun gesin, wüsse aber ir namen nit und bekenne si nit.» Drei andere zeugen «similiter».

Freiburg, Ratsbuch nr. 49.

1539. April 11. Basel an Bern. «Uns langt gloublich an, wie dass einer, (so) zuo Gempen gesessen, verruckter tagen das hochgricht, so ir, ouch ander über und unser trüw lieb Eidgnossen .. daselbs .. ufgericht, umgworfen, welchen der vogt zuo Dorneck gefenklich annemen und gen Solothurn füeren lassen, da wol zuo erachten, (dass) sy mit dem armen menschen dermafsen handlen, als ob wir darunder verdächtlich und ime villicht gelt, soliehs zuo volbringen, geben hetten. Diewil und aber uns hierunder ungüetlich geschechen, wir ouch der handlung gar und ganz unschuldig und dem anlass, wie der zwüschen uns beiden teilen abgeredt, ze geleben ganz gesinnet, wellen wir üch als den underledingern solichs, sich witer in der sach, damit der handel zum fürderlichisten zuo end gezogen., im besten unangezöigt nit lassen, mit pitt dass ir uns gegen denen von Solothurn (so es sich begeben und der arm mensch durch ir pinlich erfragen etwas uf uns angeben wurd) entschuldigen, ouch mit inen, dass sy dhein ander hochgricht uss irem eignen gwalt widerum ufrichten, sonder dem abgeredten anlass witer geleben und nachkommen wellen, verschaffen»...

Basel, Missiven.

1540. April 11, Freiburg. Es werden nach Grandson und Orbe abgeordnet Hans Guglenberg und Peter Arsent mit folgender instruction: 1. Wenn zunächst in Concise versucht werden wollte, von neuem zu mehren, so ist dafür zu sorgen, dass niemand anders zuge-

lassen werde, als die dahin gehörigen untertanen der beiden Städte;
des herrn von Vauxmarcus leute, die zum teil daselbst kirchgenossen
sind, sollen die boten abweisen, weil Freiburg ihre teilnahme nicht
gestatten wolle, und ihnen sagen, «dass si tüegen, wie miner herren
undertanen von Cheiry, so glich wie dieselben beider Stetten gemeinen landschaft nit underwürfig, und aber darin kilchgenossen sind,
denen von Yvonant getan haben.» Sodann soll dem herrn von Vauxmarcus und seinen untertanen gesagt werden, sie sollen (überhaupt)
die von Concise und andere gemeine untertanen in ruhe lassen. 2. Zu
Giez, wo das mehr für den alten glauben ergangen ist, verlangen
(trotzdem) die anhänger des «neuen wesens» die hälfte der «cur» zur
erhaltung eines prädicanten; die boten sollen verschaffen, dass sie abgewiesen werden; wenn aber etliche einen prediger begehren, so soll
derselbe aus der hälfte der absenten erhalten werden laut der verkommniss beider Städte. 3. Da zu Champagny und zu Onnens, wo
früher ein mehr für den neuen glauben ergangen, seitdem für das alte
wesen gestimmt worden ist, einige kirchgenossen sich aber nicht fügen
wollen, so sollen die boten, ungeachtet der zuschrift Berns und des
ansuchens seiner boten, wenn das letzte mehr nicht anerkannt würde,
ein neues veranstalten, an welchem alle eingesessenen mannspersonen
von 14 jahren und mehr sich zu beteiligen hätten, während bei der
ersten abstimmung nur von jedem hause eine person zugelassen worden; wollten die boten von Bern weder mitwirken noch beiwohnen.
so sollen die diesseitigen das mehr allein vornehmen. 4. In betreff
des zehntens von Provence ist darauf zu dringen, dass derselbe dem
herrn von Vauxmarcus nicht überlassen werde, da derselbe im gebiet
der beiden Städte erhoben wird, und die pflichtigen nicht dem neuen
glauben anhangen; vielmehr sollten sie und ihre capelle mit einem
tauglichen priester versehen werden. 5. Der commissär Lucas, der
von seiten der neugläubigen an seinem leibe bedroht ist, soll nach gebühr gesichert werden. 6. Sodann haben die boten gewalt, den in
Orbe waltenden zwist (des glaubens halb) zu vertragen. 7. Sie sollen
indessen namentlich dafür sorgen, dass die von beiden Städten aufge-
richtete ordonnanz gehalten und übertreter gestraft werden. 8. Was
sie zu tun haben, ersehen sie zum teil aus den zwei missiven von
Bern, die man ihnen zu handen gestellt hat. 9. Bei Clado Ryton und
dem schaffner sollen sie sich des von Wattenwyl wegen erkundigen.

Freiburg, Instr. II. 42 b, 43.

1541. April 12. Bern an den herzog von Savoyen. Eine botschaft von Genf habe kürzlich über die sperre geklagt und um hülfe
gebeten. Nun bedenke man, dass es dem Herzog zu grofsem nachteil
gereichte, wenn die Genfer auf dem tag in Baden ihre beschwerde
vortrügen; darum habe man versprochen, ihnen zu gutem recht behülflich zu sein gemäfs dem abschied von St. Julien; einen rechtstag
habe man aber nicht sofort ansetzen wollen und bitte nun den Herzog
angelegentlich, sich nicht zu widersetzen, um gröfsere händel zu vermeiden, und hierüber gute antwort zu geben. Bern, Welsch Miss. A. 235 b.

1542. April 12. Bern an Freiburg. 1. Antwort auf dessen schreiben betreffend Champagny und Onnens. Da dort früher in gegenwart des jetzigen vogtes ein mehr ergangen, und zwar auf die Berner seite, so könne man ein neues nicht zulassen und gebe daher den boten desshalb keine befehle, sondern ermahne Freiburg, bei dem klaren wortlaut der ordonnanz zu bleiben. 2. Mit den zu Concise gehörigen untertanen des herrn von Vauxmarcus wolle man reden lassen, damit sie sich halten, wie die von Cheire gegen Yvonnand.

Bern, Teutsch Miss. T. 432. Freiburg, A. Geistl. Sachen.

1543. April 12. St. Gallen an Zürich. Nachdem die beiden herren von Laubenberg und Surgenstein kürzlich in einem scharfen schreiben auf bezahlung der zinse gedrungen, und man desshalb eine ratsbotschaft nach Zürich geschickt, habe dieses selbst durch eine gesandtschaft mit dem Abt darüber reden lassen, dessen antwort man aber nicht kenne; man stehe indessen in sorgen, es möchte die sache in die länge gezogen werden und daraus erfolgen, dass die edelleute kraft des hauptbriefs, den sie zu besitzen sich rühmen, die st. gallischen kaufleute und güter ennet des Sees anzufallen und zu beschädigen wagen; wie grofsen nachteil das dem gewerbe der stadt bringen würde, könne Zürich selbst ermessen, und würde man um die zinse weiter gedrängt, so sähe man sich genötigt, das wieder von andern einzufordern, was man lieber ersparen möchte. Mit rücksicht auf Zürichs vielfältige zusagen und verschreibungen bitte man es nun dringlich und ernstlich, zu verschaffen, dass jene verschreibung um die 6000 gl. beförderlich der stadt zu handen gebracht, St. Gallen also derselben entledigt und vor schaden bewahrt werde, worüber man freundliche antwort begehre, etc.

Stadtarchiv St. Gallen.

1544. April 13. Bern an Freiburg. Dem von Jehan und Hänsi Sentier von Münchenwyler an den vogt zu Laupen gerichteten schreiben über ihr verbrechen gegen den propst sel. schenke man so viel glauben als sich gebühre; da man nun erfahre, dass sie sich in Freiburg zu den Barfüfsern aufhalten, und gründlich wisse, dass sie acht tage vor dem tod des propstes einen anschlag gemacht, ermahne man Freiburg, zu tun was dieser fall erfordere, damit das übel bestraft werde; denn fürwahr würde man, wenn eine gleiche missetat auf freiburgischem boden geschähe, und die täter auf diesseitigen flöhen, nach gebühr verfahren.

Bern, Teutsch Miss. T. 434. Freiburg, A. Bern.

1545. April 13 (Samstag nach Quasimodo). Zürich an seine boten in Baden. Der schmied (Schmid?) von Koblenz, dem der landvogt zu Baden wegen sachen, die vor dem letzten kriege vergangen, einen eid aus dem lande gegeben, beklage sich über diese strafe; da nun der friede alles aufhebe, was vor und nach der «empörung» geschehen mit hülfeleistung und vorschub für irgend eine partei, und dieser bestimmung in dem falle Schmids nicht nachgelebt werde, so soll das den Eidgnossen ernstlich vorgehalten und der gute geselle nach kräften zur begnadigung empfohlen werden, etc.

Zürich, Missiven.

1546. **April 13** (Samstag nach Quasimodo). **Zürich an Schwyz.**
Antwort auf dessen zuschrift betreffend den spital zu Rapperswyl.
Man sei zu guter nachbarschaft mit jedermann sowie zur beobachtung
der bünde und des friedens geneigt, müfse aber nähere angaben gewärtigen, inwiefern die von Rapperswyl beschwert worden seien;
dann werde man sich gebührend erklären und dergestalt handeln, dass
man hoffe, Schwyz werde die ihm zugekommene klage als unbegründet erkennen, etc.   Zürich, Missiven.

1547. **April 13.** **Bern an Solothurn.** Obwohl verlaute, dass es
bei dem mehren zu Egerchingen nicht lauter zugegangen, wolle man
doch um des friedens willen bei der früheren zusage beharren, ermahne aber Solothurn, bei den anhängern der messe zu verschaffen,
dass sie den prädicanten in der rechten pfarrkirche predigen lassen;
das werde viel mehr zur ruhe beitragen, als wenn das göttliche wort
verachtet und in einer feldkirche (capelle) verkündet werden müfse;
es werde auch keines das andere irren, wenn das eine voraus, das
andere später gehalten werde, und jeder frei sei, zu der messe oder
zur predigt zu gehen. Sofern dies geschehe, wie man zuversichtlich
erwarte, wolle man dem messpfaffen das pfrundhaus nicht verschliefsen.
                              Bern, Teutsch Miss. T. 425.

1548. **April 13.** **Bern an Basel.** Antwort: Man habe dieser angelegenheit wegen eine botschaft nach Solothurn abgeordnet, um zu
begehren, dass auch dortseits der abschied gehalten und nichts unfreundliches unternommen werde. Die erfolgende antwort werde man
nicht verbergen und im fall des abschlags einen rechtstag ansetzen. —
Zu nr. 1539? — Vgl. nr. 1556.   Bern, Teutsch Miss. T. 423.

1549. **April 13** (Samstag nach Quasimodo). **Zürich an St. Gallen.** Antwort auf dessen schreiben wegen der 6000 gl. etc. Man
habe den boten in Baden befohlen, bei den Eidgenossen ernstlich dahin zu arbeiten, dass sie den Abt weisen, die allenthalben für die
landschaft verbrauchten gelder freundlich « gut zu machen und hin
hin sein zu lassen »; was sie erreichen, gewärtige man; wenn sie aber
nicht den gehofften bescheid erhalten, werde man ferner tun, was die
sachlage erfordere, und darin nichts versäumen, etc.
               Zürich, Missiven. Stadtarchiv St. Gallen.

1550. **April 14,** Bayeux. **K. Franz I. an Freiburg.** Antwort auf den
vortrag des überbringers (Bm. Küenzi). 1. Dass es von seinen gesandten
nicht gleich behandelt werde wie die andern Orte, liege nicht in seinem willen; er schreibe desshalb denselben sofort, damit sie erkennen,
wie sehr er Freiburg geneigt sei. 2. Die pensionen, zu denen er nicht
durch verträge verpflichtet sei, gebe er den personen, die ihm bisher
dienste erwiesen haben und es auch in zukunft tun. 3. Die zinse
und die bürgschaft betreffend werde er seinen gesandten befehlen,
Freiburg nach gebühr zu befriedigen. 4. In der sache Arsents (»Harzan»)
sei dem statthalter des prevost zu Paris befohlen, die fraglichen
blancs, die von general Morelet sel. unterzeichnet seien, herauszugeben.
5. Die ansprachen des protonotars von Pontereuse, die ihm unbekannt

seien, bedürfen einer genauen prüfung durch die personen, die je mit
den zahlungen für die Eidgenossen zu tan gehabt haben, etc.

Freiburg, A. Frankreich (perg.).

1551. April 14, Regensburg. Kaiser Karl V. an den grafen von
Montrevel, neffe des bischofs von Genf. 1. Ausdruck des bedauerns
über die streitigkeiten zwischen dem herzog von Savoyen und den
Genfern, und anerbietung gütlicher vermittlung, mit hinweis auf den
von der Herzogin betriebenen plan, den bischof zum verzicht auf seine
herrschaft, zu gunsten ihres zweiten sohnes, gegen hinreichende entschädigung oder garantie für die bisherigen einkünfte, zu bewegen.
2. Vollmacht und auftrag, mit dem Bischof in diesem sinne zu verhandeln, ihm die aussicht auf die coadjutorstelle und nachfolge im
erzbistum Besançon zu eröffnen, desshalb auch mit dem bruder des
bischofs, herrn von St. Sorlin und marschall von Burgund, zu reden,
und beförderlich über seine mission bericht zu erstatten; — alles mit
mehrerm.

Galiffe, B. Hugues, p. 396, 399 (frz.).

1552. April 15 (Montag nach Misericord.). Solothurn an Bern.
Antwort auf dessen schreiben betreffend Egerchingen. In den letzten
tagen seien beide parteien vor Rat erschienen, und zwar die minderheit mit einem begehren, das dem von Bern gestellten ähnlich sei;
man habe dann aber verfügt, es solle bei dem mehr bleiben, der messpriester also zuerst das göttliche wort verkünden und hernach messe
halten, der prädicant dagegen, welchen Bern dahin schicken wolle, in
der capelle zu Herchingen predigen. Das haben beide teile mit be-
friedigung angenommen. Sodann habe man sie ermahnt, sich ruhig
und freundlich gegen einander zu verhalten. Da nun Berns gesuch
dem mandat zuwider wäre und keineswegs ruhe, sondern gröfsere
zwietracht stiften würde, so bitte man es, die getroffene anordnung
gelten zu lassen, und da man der minderheit ausnahmsweise einen
prädicanten gestatte, so möge es das pfarrhaus demjenigen priester,
der dem mehr gleichförmig sei, öffnen (und übergeben) lassen, damit
man endlich zur ruhe komme, etc.

Bern, Solothurn-B. D. 55.

Noch im j. 1533 fanden hierüber verhandlungen statt.

1553. April 16, Freiburg. An vogt zuo Grasburg, wie minen
herren fürkommen, dass er mitburger von Bern understanden und willens syen, die güeter, der früemess ze Schwarzenburg zuogehörend,
für sich selbs zuo verkoufen, das minen herren unlydlich in ansehen,
dass sy daran und darzuo nit minder teil und rechtsame dann dieselben ir mitburger vermeinen zuo haben, und sofer sömlichs also vorhanden, dass er daran sig und den kouf in namen und zuo handen
beider Stetten ergan lasse; wo das nit, dass er den kouf nit gestatte,
sonder den handel wyter an mia herren langen lasse.

Freiburg, Ratsbuch nr. 49.

1554. April 17. Schwyz an Lucern. Uech ist ungezwyflet nit
vergessen, wie dass etlich der üweren in der statt den koufherren von
Cuma (et)was hab und guot nidergelegt; ist jetz Ciprianus, ir gewalthaber, vor uns erschinen und anzeigt abermalen den handel zuo üeben

und dem nachzuowerben, uns früntlich angesonnen, inen zuo recht (ze) verhelfen, das wir inen und jeden rechts begerenden nit vorsin können, soferr er mit güetlicher underhandlung by üch nit vernüegt werden möcht; langt desshalb an üch unser früntlich bitt (und) begeren, ir wellen insechung tuon, angesechen der billigkeit, und lüt darzuo verordnen und mit der güetlikeit sy zuo beden teilen, die üweren und ouch disen zöiger, zuo betragen und zuo vereinigen understan und verhelfen, damit und dass kost, müey und arbeit, so zuo beder syt uss den rechten erfolgen, vermitten und erspart wurd».....

Lucern, Missiven.

1555. **April 17.** Bern an seine boten in Grandson. Aus ihrem schreiben vernehme man, dass die freiburgischen gesandten befehl haben, in Champagny nochmals zu mehren, trotz der diesseitigen erklärung, das nicht mehr zuzulassen, da der vogt von Grandson selbst dabei gewesen, und das mehr auf Berner seite gefallen sei, wobei man voraussetze, dass nach altem brauch von jedem hause nur ein mann, nämlich der älteste hausvater, teilgenommen; sei aber das mehr nicht diesem herkommen gemäfs ergangen, so lasse man des glaubens halb eine neue abstimmung vornehmen. Bern, Teutsch Miss. T. 427.

1556. **April 17.** Bern an Basel. 1. Der diesseitigen botschaft habe Solothurn wegen des hochgerichts zu Gempen keine einläfsliche antwort geben wollen, weil viele ratspersonen abwesend seien, und schriftlichen bescheid versprochen. 2. Daneben höre man, dass es den (bauern), der das hochgericht umgestofsen, peinlich gefragt, aber nur folgendes herausgebracht habe: Da er gesehen, dass dasselbe teilweise abgehauen gewesen, so habe er aus besorgniss, dass es umfiele und schaden täte, wenn sich das vieh daran riebe, es vollends gefällt, nicht aber auf antrieb Basels. Desswegen habe man an Solothurn dringlich geschrieben und es gebeten, mit dem armen menschen nicht zu streng zu verfahren, an der ihm auferlegten strafe (gefangenschaft) ein genügen zu haben und beförderlich antwort zu schicken, damit man (eventuell) den rechtstag ansetzen könne. Bern, Teutsch Miss. T. 428, 429. Solothurn, Berner Schr.

April 17. Bern an Solothurn. 1. Fürbitte wegen des oberwähnten. 2. Ansuchen um bestimmte antwort über den haupthandel.

1557. **April 17, 18.** Grandson, Abschied. Gesandte: Bern. Stürler, Ant. Tillier. Freiburg. Peter Arsent, Hans Guglenberg. 1. «Premierement touchant Yvonant estre propose devant laudience desdits seigneurs ambassadeurs par aucuns dudit Yvonant estre dernierement fait le plus a icelui Yvonant a la poursuite des evangelistes; non obstant qui(l) fut casi (sic) nuyt et ny estoient pas trestous les subjets et habitans dudit Yvonant, ignorans la venue des seigneurs ambassadeurs la estans non vouloir admettre lesdits evangelistes plusieurs subjets et parochiens dudit Yvonant, combien quils fussent ...(?)... dautres seigneurs, pourquoi prioient que le plus fust reveu et que un chescun se deust trouver, sus cela a este declaire par lesdits seigneurs ambassadeurs que lesdits dYvonant debvoient demourer au plus dernierement fait pour levangile presens les ambassadeurs, et les laisse-

rent en tel estre jusques a la bonne disposition de leurs dits superieurs. 2. Item a trois ou quatre de Nouvalles parochiens de Vougelle
demandans un predicant, a este ordonne que bien pouvoient aller a
Fiez ouyr la parole de Dieu, que leur estoit aussi prochain que Vougelle, et aussi les fruits de la cure dudit Vougelle estans riere la seigneurie de nosdits seigneurs, nestoient soufflsans a entretenir le prestre
et predicant une sepmaine; mais si aucune fois venoit aucun predicant, bien le pouvoient ouyr audit Vougelle sans troubler nulli. 3. Montagnye a este laisse en la messe et en levangile, combien que les parochiens en plus grant partie requeroient ne donner aucun predicant
pour cinq ou six qui le demandoient. 4. Giez pareillement est de-
meure en tel estre comme Montagnye, avoir la messe, et aussi la parole de Dieu. Item semblablement a Concise et Bonvillars, ayans le
plus pour la messe, sont demeures en icelles et es autres le moins
levangile. 5. Item sont este punis et mis en prison aucuns de Concise rebelles et inobediens et empeschans le chastellain de Grandson qui
dernierement vouloit mettre en execution aucun mandement desdits
nos redoubtes seigneurs sadressant esdits de Concise. 6. Item donne
pour lhonneur de Dieu a une pouvre femme de Giez nommee Glande
Rutilliat pour debvoir nourrir plusieurs petits enfans, j coupe (kopf?) (de)
froment et une coupe (d)avoine. 7. Item est assavoir que Fiez, Giez,
Montagny, Concise, Saint Moris et Vougelle sont dependantes et a la
collation de monseigneur le prieur de Granson. 8. Item touchant
Champaigne sont este sus le lieu les prenommes seigneurs ambassadeurs comparissant tous les paroichiens dudit Champaigne, les uns
pour le plus et en somme vingtcinq demandans avoir la messe, et les
autres en moindre partie, estans six en nombre total, deffendans du
contraire, et avoir deja cidevant fait le plus pour levangile, se tenans
a icelui. Replicque sur ce par les autres demandans la messe, que
quant dernierement a Granson fut fait le plus, ny estoient presens
que les ambassadeurs de nosdits seigneurs de Berne, et non ceux de
Fribourg, auquel plus pour adonc fait navoient estes admis sinon les
maistres principals et chefs de maisons, et non autres, combien quils
fussent de legitime age, pourquoi ne devoit estre valide le preallegue
plus, mais bien celui que presentement avoient veu et ouy iceuy mo-
dernes seigneurs ambassadeurs de Fribourg, les quels finablement non
estre accordans en ceci, ont laisse tant uns que autres en leatre ques-
toient pour le present, jusques a devoir en brief refferir la matiere
devant leurs superieurs seigneurs et en ordonner selon leur bon vouloir, non consentans au plus fait, iceux ambassadeurs de nos seigneurs
de Berne ont proteste ... que le plus fait audit Champaigne par les
ambassadeurs de Fribourg ne doje pourter prejudice esdits seigneurs
de Berne. 9. Item a tous lieux dicelle seigneurie de Granson, ou le
plus sest trouve pour la messe et arreste sus icelle, est ordonne finablement et inviolablement observer, tenir et garder les arrests et ordon-
nances faictes et passees entre lesdits nos redoubtes seigneurs des
deux villes publiees audit lieu de Granson. » — Für ähnliche verhandlungen in Orbe wird auf das gedächtnise der gesandten verwiesen.

1558. April 18, Zürich. Bericht von Ritius und Panizonus. 1. Der herzog von Mailand habe sie schriftlich beauftragt anzuzeigen, dass die zwei unteren schlösser bei Musso und der turm zu Ologna von grund aus zerstört seien, und dass ohne unterbrechung fortgearbeitet werde, um das dritte und letzte schloss zu schleifen, etc. 2. Nach dem abzug habe sich der castellan in das herzogtum Savoyen begeben und wohne jetzt in Gaianini, einem ort der dem bischof von Vercelli zugehöre; da bleiben nur wenige leute bei ihm, die ihm schon lange zeit gedient haben. 3. Auf der letzten tagleistung zu Baden haben sie artikel zu einem freundschaftsvertrage mit der ganzen helvetischen nation vorgeschlagen; da sie nun auf dem nächsten tag eine antwort zu erhalten hoffen, so wünschen sie unterdessen hier zu verharren und bitten Zürich, dieses geschäft zu begünstigen, indem andere Orte seinem entschlusse ohne zweifel folgen würden, etc.

Zürich, A. Mussorkrieg (latein. original).

1559. April 18, Freiburg. 1. Vor den Sechszig «ist der landvogt der Vault in namen des herzogen von Savoye erschinen und hat minen herren gedanket der güetigen antwurt, so si dem herren vornacher geben, demnach glich wie derselb herr von Bellagarde anzug getan. 2. Soll die antwurt, vornacher dem herren von Bellagarde geben, beliben und im gelicher gestalt geben werden.»

Freiburg, Ratsb. nr. 49.

1560. April 18. Bern an venner Hugi (in Solothurn). Die boten, die auf dem letzten tag zu Baden gewesen, haben in höchstem geheimniss angezeigt, was die botschaft von Solothurn der von den V Orten geforderten kriegskosten halb vorgebracht (ihnen mitgeteilt?) habe; nun habe man sich entschlossen, desshalb eine ansehnliche botschaft nach Solothurn abzuordnen, um da zu handeln, was die umstände erheischen, möchte aber zum voraus wissen, wann dies am besten geschehen könnte; daher bitte man hiemit um bericht, wann die botschaft erscheinen sollte; da hoffe man dann etwas auszurichten, was der ehre Gottes förderlich wäre und den anhängern des göttlichen wortes zu gutem und jedermann zu frieden dienen würde.

Bern, Teutsch Miss. T. 430.

1561. April 19, Solothurn. Hans Hugi, venner, an Bern. Antwort auf dessen schreiben. Er habe dasselbe den gleichgesinnten gezeigt und grosse freude daran gehabt; wenn Bern seinem (erbieten) «nachgehe», so hoffe man, dass dies für stadt und land erspriefslich sein werde. Darum sei nun rätlich, eine botschaft auf nächsten Sonntag abend hieher zu schicken, um morndess früh vor Rat zu erscheinen; es mögen indess nur zwei boten kommen, einer von den Räten und einer von den Burgern, etc.

Bern, A. Kirchl. Angelegenh.

1562 a. April 19, Bern. Weisung an alle amtleute betreffend die knechte, die im müfsischen kriege gedient haben. Bei der abrechnung mit hauptmann Zeller habe sich gezeigt, dass man ihm und er den knechten schuldig sei; nun wolle man, dass er dieselben hier ausbezahle; dafür sei ein tag bestimmt auf den 1. Mai, zu dem sich die (ansprecher) einfinden sollen, etc.

Bern, Teutsch Miss. T. 441.

1562 b. April 20. Bern an die wälschen bundesverwandten. Infolge des friedens mit dem castellan von Musso habe man dem hauptmann von Zürich für die abrechnung einen tag bestimmt; desshalb
seien alle söldner, die unter ihm und in bernischem sold gedient haben
und noch etwas fordern können, auf den 1. Mai hieher zu weisen,
um sie zufrieden zu stellen.   Bern, Welsch Miss. A. 236 b.

1563. April 20. Bern an **Basel.** Antwort auf dessen zuschrift
betreffend die kostenforderung der V Orte gegen **Solothurn.** Infolge
des berichtes der diesseitigen boten habe man bereits beschlossen, eine
botschaft nach S. zu senden, die auf morgen abends dort eintreffen
werde, und hoffe da mit Gottes hülfe .etwas zu schaffen, das dem
göttlichen worte förderlich sei; dies melde man, damit Basel auf tagen
sich darnach zu verhalten wisse; denn zur hinderung arglistiger practiken wolle man allen möglichen fleifs anwenden; indessen sage man
für die bewiesene wachsamkeit den höchsten dank.
          Bern, Teutsch Miss. T. 436.

1564. April 20, Solothurn. Maigret und Dangerant an **Lucern.**
Gemäfs der letzten abrede mit dessen boten schicken sie eine jahrespension für den stadtsäckel kraft des friedens und der vereinung;
gerne hätten sie auch mehr getan, wenn sie nicht der kriegsleute und
etlicher zinse wegen so sehr (»wunderbarlichen») gedrängt würden.
Sie bitten Schultheifs und Rat, sich dermalen zu begnügen; denn
sobald der König mit den kriegsleuten und den zinsen ins reine gekommen sei, was hoffentlich bis ende dieses jahres geschehe, werde
er nur noch mit den pensionen zu tun haben; übrigens wolle er bis
auf den letzten heller alles bezahlen, was er schuldig sei; daher bitten
sie gar freundlich, die freundschaft und vereinung zu halten, etc.
          Lucern, A. Frankreich (deutsches original).

1565. April 20 (Samstag nach Misericordia). **Zürich** an Rudolf
Stoll, auf dem tag zu Wyl, oder wo er auf dem wege betreten wird.
Er wisse, was bisher mit dem abt von St. Gallen und den andern
drei schirmorten in sachen Peter Webers gehandelt worden, damit derselbe seiner amtshandlungen wegen unbehelligt bleibe. Nun haben
die boten zu Baden die drei Orte bewogen, dem hauptmann ernstlich
zu befehlen, den Abt im namen der IV Orte zu bitten, dass er die
gemeinden ihm »abnehme» und ihn unangefochten lasse. Da auch
der hofammann klage, wie ihm das seine verheftet werde, so habe
man den botschaften der drei Orte, die jetzt »die oben» (hie
oben?) seien, wegen beider .freundlich geschrieben und begehre jetzt,
dass er, Stoll, falls er schon auf dem heimweg wäre, wieder umkehre,
den Abt an die eingelegte fürbitte erinnere und allen möglichen fleifs
anwende, damit jenen leuten geholfen und die ruhe wieder hergestellt
werde, etc.   Zürich, Missiven.

1566. April 20 (Samstag nach Misericordia). **Zürich** an die gesandten von **Lucern, Schwyz** und **Glarus** auf dem tag in Wyl
(Rapperswyl?). Man setze voraus, dass der jetzige hauptmann die ihm
aufgetragene fürbitte der IV Orte für Peter Weber bei dem abte von

St. Gallen zum treulichsten ausgerichtet und dabei angezeigt habe,
dass sie an dessen verhalten gar kein missfallen haben, indem sie gefunden, dass sich derselbe nirgends vergangen, sondern in aller ehrbarkeit die befehle, die er von Glarus und Zürich und der ganzen
landschaft empfangen, vollzogen habe. Nun sei dem hofammann ungeachtet des zu Wyl geschlossenen friedens und vertrages das seine
verheftet worden, was unruhen verursachen könnte. Daher bitte man
die boten, in beiden angelegenheiten mit dem abte so freundlich (und
nachdrücklich) zu reden, dass er sowohl den Weber als den hofammann ihrer amtsverrichtungen wegen nicht weiter belange, etc. etc.

Zürich, Missiven (concept und besiegelte ausfertigung).

1567. **April 20.** Bern an Payerne. 1. Es erinnere sich, wie
man bei der letzten erneuerung des burgrechts den glauben vorbehalten, worauf es versprochen habe, das gotteswort in der stadt verkünden zu lassen; dann sei ein Barfüfser von Lausanne berufen worden,
der bis jetzt gepredigt habe; nun er den wahren christlichen glauben
angenommen, werde er abgestellt, was sehr befremde. Man bitte und
ermahne daher die gemeinde dringend, denselben ferner predigen zu
lassen bis zur zeit der bundesbeschwörung, wo man hierüber weiter
handeln werde. 2. Man vernehme auch, dass zwei personen gefangen
worden, weil sie ein kreuz gefällt haben; man bitte, sie freizulassen,
etc.

Bern, Welsch Miss. A. 236 a.

1568. **April 20** (Samstag vor Georg). Schwyz an Lucern. Em-
pfehlungsschreiben für vogt Amberg, dem von bischof und domcapitel
zu Constanz die vogtei auf Gottlieben angetragen worden, damit er
von seiten der V Orte bevorzugt und der wichtige posten zu ihrem
vorteil besetzt würde, etc. etc. — (Vermutlich ebenso an die übrigen
Orte).

Lucern, Missiven.

1569. **April 22,** Freiburg. «An die von Bern, diewyl ze Cham-
pagnie in der herrschaft Granson vil das mer, by dem alten glouben
ze beliben, dass si bewilligen, die altar, so durch das vordrig mer,
das hinderrucks miner herren botten ergangen, wider sampt der mess
und andern alten gebrüchen wider ufgericht werden etc.»

Freiburg, Ratsb. nr. 49.

1570. **April 24.** Schuldverschreibung des herzogs von Savoyen
um 2000 gl. rh. capital und 100 gl. jährlichen zins für Bernhard
Mornach, burger zu Mühlhausen, mit besonderer verbindlichkeit für die
städte und herrschaften Romont, Thonon, Iferten, Gex, Morsee, Neus,
Rue und Cudrefin («Guderfingen»); als bürgen und «mitverkäufer»
verpflichten sich Humbert von Perroman, Walter von Lanten, genannt
Heid; Jacob Vögeli, Wilhelm Arsent, Hans Lenzburger und Hans Sai-
tenmacher, alle von Freiburg; statt Lenzburgers verschreibt sich besonders Anton Bütschelbach.

Freiburg, A. Savoyen (deutsche copie).

1571. **April 24.** Freiburg an Bern. «Uns ist durch die üwern
und unsern von Orba anzöügt worden, wie dann vergangens Sonntags sich begeben, dass der predicant by inen sich des predigens underwunden und also dieselbig verfüert habe (uff?) die stund, (so) in

üwer und unser gemachten ordinanz benampset. Da nun die übrigen, nachdem dieselb stund verruckt, zuogefaren und den priestern befolchen, das ampt der mess zuo volfüeren, uff welichs, als dieselben priester dasselbig zuo volstrecken fürgenommen, und der ein priester ein tröglin old genterlin, die zierd darufs zuo nemen, ufgetan, habe dasselbig tröglin, nachdem er darvon, die zierden uff den altar ze leggen, gangen, einen uhversechnen luten zuofal genommen, in dem Cristoffel Holard zuo demselben priester gangen und in mit tratzlichen ruchen worten angefallen sye, der meinung, (dass) er sy mit geferden die predig ze hindern käme (sic), daruf nun der priester sich der sach mit güete entschuldigot, das aber nit vil geholfen, sonders habe derselb Holard ein bildniss uff dem altar erwütscht und mit howen verwüestet, daby unersettiget desselben in willen gehept, des priesters zierden, so uff dem altar gelegen, mit andrem dannen ze werfen, insonders den bemelten priester mit einem fuofs gestofsen etc. Uf welichs der handel üwerm und unserm amptman sye fürgetragen worden, der soliche handlung vermög obbemelter ordinanz ze strafen sich dahin gefüegt und von erst (zuerst) bemelten priester und demnach bemelten Holard fänklichen angenommen und ingeleit habe etc. Diewyl nun soliche sach (wo si in mafsen, wie si uns fürbracht, ergangen) unsers bedunkens höcher(er) straf, dann in bemelter ordinanz begriffen, underwürfig, und wir eines möntschen halb, der daselbs fänklich ingeleit und uns als ein·felscher unser münz angezeigt worden, ein botschaft hinin gefertigot, haben wir derselben in befelch geben, hierumb eigenliche erkundung zuo tuond und demnach daran zuo sind, dass die täter und anfänger vermög ires verdienens gestraft werden.· Bern möge nun nach seinem gefallen auch eine botschaft abordnen, etc.

Bern, A. Kirchl. Angelegenh.

1572. April 25 (Donstag nach St. Jörgen). Christoph Kramer, schultheifs zu Sargans, an Moriz von Mettenwyl, spitalmeister etc. in Lucern. «Frommer, fürsichtiger etc. etc. Als dann ir mir uf Graplang etwas befolchen hend von wegen der unghorsamen lüten etc., füeg ich zuo vernemen, dass es vil böser ist dann vor, als namlich mit den predicanten und andern, wie ir dann in einer copia, so ich üch hiemit zuoschick, heiter vernemen werdent; darumben, wo miné herren nit ernstlich zur sach tuond, dass die predicanten, so also ussert dem ewangelio widern landfriden predigent, abgeton oder ussem land gejagt, dessglichen ire anhenger umb ir verspottung, schmützen und schmechen, so sy den anhengern des waren alten cristenlichen gloubens, priestern und anderen, tags und nachts zuofüegend, ouch nit nach irem verdienen gestraft werdent, so müefsend die frommen alten cristen zuo Ragatz und Meils widerumb von der mäss ston. Dann die nüw glöubischen zuo Ragatz, Meils und Flums halten den alten cristen die pfarrhüser, ja zun ziten die schlüssel zun kilchen vor. Darumb, gnediger lieber herr spitalmeister, tuond das best und helfend, dass die priester, so mess hend, in die pfarrhüser komend; dann sy könnend ire oras und sibenzit in wirtshüseren nit betten. Derhalben pitt ich um Gotts und siner Muoter willen, helfent dass die jetzigen beid predicanten, und namlich ouch der Träyer zuo Meils, ussem land komend, so hoff ich, es werd besser, und besonder so ouch die priester in die pfarrhüser komend. Lond üch kein kostung beduren; ir werdent in der copy befinden, wie (die) von Ragatz den, so den altar gemuret, dessglichen die von Meils einen, so zur mäss gangen, hinweg gemeret habent; hend die den landsfriden ghalten, gib ich denen, so in gemacht, zuo ermessen. Wann man dann den gemeinden sölichs schenkt, nemend die anderen vor bispel by inen, und je lenger es anstat, je erger es wirt. » Bitte um ausrichtung von grüfsen und zusendung gnädiger antwort. (Von des landschreibers oder stadtschreibers hand).

Lucern, Missiven.

1573. April 25. B e r n an F r e i b u r g. Antwort auf dessen zwei zuschriften über das mehr zu Champagny und die verhandlung in Orbe. 1. Weil das in gegenwart des vogtes früher gemachte mehr nicht in geltung gekommen, so lasse man (ein neues) vornehmen unter dem vorbehalt, dass dies in anderen fällen der ordonnanz keinen abbruch bringe. 2. Betreffend den messpfaffen und Hollard, die zu Orbe gefangen liegen, könne man nicht finden, dass sie mehr strafe verdienen, als in der ordonnanz festgesetzt sei; man lasse es also dabei bleiben und werde keine boten dahin verordnen.

Bern, Teutsch Miss. T. 442. Freiburg, A. Geistl. Sachen.

1574. April 25, «Gatanie in Piedmont.» Johann Jacob von M e d i c i an die V O r t e. «Edlen gestrengen vesten fürsichtigen wysen herren, günstigen lieben fründt, min fründtlicher gruoz, ouch was ich mit lib und guot vermag, sig üch alzit ze vorau bereit. Edlen und gestrengen herren, ich hab verstanden durch minen bruoder signor Baptista üweren guoten willen und früntschaft, so ir zuo mir tragend und bewisen habend, als ich dann alzit üch vertruwet han, dess ich üch grofsen dank sag, und (wie) wol nit alle ding sind nach unserem begird und willen verfaren, nüt desster minder so wird ich allzit üch verbunden sin, üch ze dienen, wo ich mag, mit lib und guot, ouch mit den minen, und das mit ganz geneigtem herzen, in welcher gstalt es üch wurde nothaft sin. Dess sond ir üch zuo mir versehen und mir vertruwen als wol als keinem fründ, den ir uff erden haben, nach allem minem vermügen. Es möcht sich ouch kürzlich begeben, dass ich villicht einem fürsten wurde dienen und mich anhengig machen; aber sic wird mich mit keinem verbinden witer, dann wo ir minen bedörften in kriegsnöten, darvor üch Gott behüet, dann dass ich allzit üch mög ze hilf komen, und wo ich wird sin, so erbüt ich mich gänzlich in üwer dienst ze sin, und wiewol ich von Müfs und derselbigen herlikeit (vertriben) bin, nüt dessderminder werdend ir mich alzit erfinden (willig, sofer mir?) möglich üch ze dienen; dann ich da dennen nüt bin vertriben mit tapferkeit miner fienden, sonder in minem vermügen ist üch ze dienen glich als wol als vor je. Harmit bin ich mich an üwer gnad befelchen, » etc.

Lucern, A. Mailand.

Original, mit der eigenhändigen unterschrift Jo. Jacobo di Medizi.

1575. April 26 (Freitag nach Jubilate). Zürich an den landvogt zu Baden, Heinrich Schönbrunner. 1. Aus seinem freundlichen schreiben betreffend die von Dietikon erkenne man mit gutem gefallen, dass er sich dem frieden gemäfs verhalten und weitern bescheid von den Eidgenossen erwarten wolle; zugleich ersehe man daraus, dass die sache anders vorgebracht worden, als sie an sich sei. 2. Heinrich Buchmann, früher prädicant zu Rohrdorf, beklage sich, wie Peter Schnell von Baden aus den 18 gl., welche die gemeinde auf Martini hätte bezahlen sollen, gewisse kosten fordere, obwohl die hauptsache appellationsweise an die Eidgenossen gezogen und noch nicht entschieden sei. Nun wisse man, dass Buchmann durch Jos von Knonen sel., der damals bote gewesen, der zahlreichen geschäfte wegen abgewiesen worden, aber noch des willens sei, die appellation auf der nächsten jahrrechnung zu vollziehen, und da es billig wäre, dass ihn Schnell den bünden gemäfs an seinem wohnsitz belangte, so begehre man, dass der vogt der kostenklage kein gehör leihe, den entscheid der Eidgenossen gewärtige und die verheftete forderung (»schuld«) des beklagten freigebe; wenn dann Schnell etwas erlange, so werde man ihm zu dem, was ihm gebühre, auch verhelfen; desgleichen möge er den Murer (maurer?), der einen haft veranlasst habe, zum rechten hieher weisen, das verbot aufheben und mit den leuten von Rohrdorf verschaffen, dass sie mit Buchmann wegen der habe, die sie ihm während des krieges entrissen, sich verständigen, da der friede und die noch im feld gefassten beschlüsse das ausdrücklich erheischen, etc.

Zürich. Missiven.

1576. April 27 (Samstag nach Jubilate). Zürich an den abt von St. Gallen. Erinnerung an die mehrfach eingelegte fürbitte zu gunsten Peter Webers. . . . Man hätte sich eines abschlags gar nicht versehen; jetzt höre man (überdies), dass wider des hofes brauch in einer woche zwei gekaufte gerichte gehalten worden, wegen einer ansprache, die sich auf 26 gl. 13 kreuzer belaufe; dass sein vieh aus dem stalle weggeführt und etwa 9 gl. kosten darauf getrieben worden; vor welchem allem weder Zürichs bitte noch gemeiner landesbrauch ihn habe schirmen können, was man um so schwerer empfinde, als der Abt wohl wisse, dass man bei den andern schirmorten unabläfsig dafür wirke, diese rechtshändel abzustellen, da leicht eine unruhe daraus erwachsen dürfte; Zürich zu ehren hätte also der Abt wohl einstweilen ruhig bleiben dürfen. Da man nun bald dieser geschäfte wegen einen tag zu verkünden gedenke, so bitte man den Abt nochmals freundlich, die processe gegen Weber und andere amtleute einzustellen, weitere beschlüsse der Eidgenossen abzuwarten und hierüber umgehend eine freundliche antwort zu geben, etc.   *Zürich. Missiven.*

1577. April 27, Orbe. Kundschaftsaufnahme über einen streit zwischen Christoph Holard und dem priester Dom. Pierre Bovey (?); — besonders über die von H. verübte zerstörung eines bildes von St. Peter; als bote von Freiburg war gegenwärtig Anton Pavillard. (5 seiten enger flüchtiger schrift in französischer sprache).

Freiburg, A. Geistl. Sachen.

1578. April 28, Solothurn. Die französischen gesandten, Meigret und Dangerant, an Zürich. Anzeige von der bevorstehenden zahlung einer summe friedgeldes für 1528, nämlich 1500 kronen. Empfehlung zu fortdauernder freundschaft und versprechen baldiger nachholung der rückständigen gelder.   Zürich, A. Frankreich.

1579. April 28. Bern an den herzog von Savoyen. Die antwort seiner gesandten auf das letzte diesseitige schreiben habe man den boten von Genf vorgelegt, die sich aber nicht damit begnügen, sondern auf anberaumung des verheifsenen rechtstages dringen. Zu gunsten des Herzogs habe man ihnen dagegen die absicht erklärt, die sache bis zum abschluss des bündnisses zu verschieben, indem man hoffe, dass dann der Herzog, Bern zu gefallen, zu einem gütlichen spruche einwilligen würde, was aber auch verworfen werde. Dennoch habe man einen aufschub erwirkt und bitte nun den Herzog, teils in der bündnissfrage, teils in dem streit mit Genf sich beförderlich zu entschliefsen, damit die Genfer ihre klagen nicht in Baden anbringen, wo nach der Auffahrt ein tag stattfinde; sonst hätte er grofsen nachteil zu gewärtigen; da eine weitere verschiebung nicht möglich sei, so solle nun der Herzog tun, was ihm nutzen bringe, etc.

Bern, Welsch Miss. A. 237.

1580. April 29. Basel an Lucern. Antwort auf dessen zuschrift betreffend Christian «Tubenesser», dd. Montags vor Georgii (22. April). Dass derselbe den auf Freitag davor gesetzten rechtstag in Lucern nicht besucht habe, wolle man hingehen lassen; dass man ihn aber für kosten und schaden befriedige, sei nicht annehmbar; denn erst nach der schlacht zu Cappel habe man ihn, da er die rechten strafsen gemieden und abwege gebraucht, niederlegen lassen, ihm aber nicht mehr bufse auferlegt, denn dass er in die herberge habe schwören müfsen, ihm jedoch gestattet, seine rosse an den hiesigen bollwerken zu brauchen oder wein aus dem Elsafs herzuführen, womit er viel habe verdienen können. Da man ihm viel gnade bewiesen, und ihm ein schaden nur daraus erwachsen, dass er mutwillig etliche zeit nicht habe an den bollwerken arbeiten wollen, so werde man ihm dafür nichts abtragen und hoffe, es werde Lucern darin keine beschwerde finden, dass er nach eid und gelübde die aufgelaufenen kosten bezahle.

Lucern, Missiven. Basel, Missiven.

1581. April 29. Bern an Basel. Antwort auf dessen schreiben vom 27. d. Die nach Solothurn verordnete botschaft habe keine bestimmte antwort erhalten, sondern nur den bescheid, dass die sache vor den grofsen Rat gebracht werden solle; die instruction habe man (desswegen) abzuschreiben bewilligt; es sei nun zu erwarten, dass der grofse Rat noch in dieser woche versammelt werde, und vielleicht auch eine antwort zu hoffen; die werde man nicht verbergen.

Bern, Teutsch Miss. T. 444.

1582. April 30, St. Gallen. Hans Vogler an Heinrich Bullinger, prediger in Zürich. Antwort und dank für dessen zuschrift. «Demnach (wüssend) nüwe zitung von der lantsgmaind Appenzell Sontag

(28. April?) gehalten. Es habend die evangelisch gnannten für meren
nügen, Gott syg dank. Es habend m. h. die v Ort ain brief ab dem
tag Ainsidlen an die gmaind geschriben, summa der inhalt, dass ir
ernstlich pitt, dass sy im land Appenzell in allen kilchhörinen in jeder
mess halten lassend, wer der(o) beger; ist haiter abgemert, nit zuo
tuon, sonder dass sy blibend ston, wie sy standend und vormals
gmainden und grofs Rät angenommen habend etc. Es hat och Berweger, der redlich on glichsnery, Gott durch in, ernstlich trutzlich
ghandlet und sin helden gmüet, über den Apt, dess amptlüt etwas
wort etlicher brucht, und die suppenesser under inen bim Apt inke-
rend, redlich antastet, desshalb mich nit gruwen, dz ich in oft ent-
schul(di)get gegem meister Haben und andern; Gott wellt, dass als
wenig falsch in viler herzen steckte, als ich in im hoff. Ich acht ouch,
ain prediger uss dem land, so es Gott will, werd uff (die) Synodi zuo
üch kommen. O Bullinger, ir wüssend, was ich üch oft gsagt, wenn
der tüfel tuot, als ob er tapfer sin, ob der warheit zuo halten, so ist
er am aller ergsten; das hand ir jetz zwai drü mal in schwärem
gsechen, dess fall alle frommen klagend und ergerend; wol hin, es ist
aber überhin, der Herr (well) uns nit drü mal lognen oder gar zuo
schanden werden. Es ist warlich not, mit grofsem ernst Herodianum
ins angsicht zuo sagen, Gott bhüet uns vor der haimlichen pestilenz.
Ich hab noch nüt verkoft, will nit gon; ich bin ouch noch (bis)har
witer onangefochten bliben, so lang Gott will», etc. etc.

Zürich, Kirchenarchiv, Scripta Sangallensia, f. 147.

1583. (April f. ?). «Hienach folgent die artikel, so mein g' herr
von Sant Gallen auf hindersichbringen seiner gn. convent mit denen
aus der grafschaft Toggenburg angenomen, doch jedem tail, wo
das nit angenomen wurd, sein recht vorbehalten.» (Nicht blofs die
schreibung, sondern auch der schriftcharacter verrät eine in deutschen
canzleien geschulte hand). Zur nähern beschreibung dieses actes werden folgende angaben genügen. Im allgemeinen ist die fassung ähnlich, aber dem standpunct des Abtes mehr angepasst und etwas aus-
führlicher als der abschied vom 30. April. Art. 1 entspricht a, § 1,
mit ausnahme des satzes über die teilung der bufsen und gerichts-
kosten, der hier art. 2 bildet und bedeutend weitläufiger redigirt ist.
— Art. 3 ist gleich § 2, art. 4 gleich § 3, mit dem zusatz: «Doch so
mag ain herr allweg ainen landvogt nemen und haben in seim kosten,

summen «jahr und tag» haben soll. — Art. 6 ist ungefähr gleich
§ 5. — Art. 7 setzt fest, dass in jeder kirchhöre die anhänger der
messe bei ihrem glauben bleiben mögen und hinwider die (neugläub-
gen) ungehindert prädicanten halten dürfen; dass die nutzungen der
pfründen ungefähr nach der zahl der leute geteilt werden, und die
parteien einander unangefochten dulden sollen; wer dies überträte,
sollte ohne ansehen der person gestraft werden. Diesen artikel haben
beide parteien für vier ganze jahre angenommen; nach ablauf derselben mögen sich die parteien weiter entschliefsen, und zwar jede, sofern sie diese übereinkunft nicht mehr halten will, sie abschlagen,
wobei jedem teil das recht vorbehalten sein soll. Die übrigen sechs
artikel sollen davon unabhängig stet beobachtet werden, etc.

Lucern, A. Abtei St. Gallen.

1584. **(April f. ?),** Zürich. Vortrag einer botschaft der «diener
des wortes Gottes» in der landschaft des gotteshauses St. Gallen
und dem Rheintal. Dank für den einschluss in den landfrieden....
Zum 1. beschwere sie, dass sie des friedensbruchs geziehen werden,
wenn sie ihre predigt aus dem gotteswort bevestnen, z. b. wenn sie
kraft dessen sagen, das rechte nachtmahl Christi sei die wahre erinnerung
an seinen tod, da Christus selbst es so eingesetzt und die apostel es auch
so gefeiert haben, und es möge von menschen, auch päpsten und concilien
keine bessere form erfunden werden; ferner wenn sie den rechten verstand und dagegen den missbrauch des w. sacraments anzeigen; der
partei aber, die sie desshalb falsche propheten schelte, die messe und
alles papsttum für göttlich ausgebe, werde solches nicht so «verrechnet». Können sie nun nicht reden, was die schrift vermag, und wie
Gott sie heifse, so müfsen sie lügner und betrüger werden und die
wahrheit fälschen.... Zum 2. sehen sie, dass, um ihre lehre zu hindern, etliche kirchen geschlossen, etliche prädicanten ohne besondere
ursache abgestellt, z. t. ganz vertrieben werden, woraus Zürich wohl
sehen könne, was zuletzt folgen würde, wenn es ihnen nicht kraft des
landfriedens beistand täte. Zum 3. begehren sie, dass ihnen nicht abgeschlagen werde, zusammenzukommen und einander «der schriften,
der predigt und der geschäfte ihrer kirchen zu erinnern», da man
keinerlei conspiration beabsichtige. Zum 4. wollen sie durchaus niemanden verklagt haben, sondern einzig ihrer pflicht gemäfs die gefahr
der ihnen befohlenen schäflein Christi abwenden; wenn sie aber von
jemand verunglimpft würden, so bitten sie Zürich und andere herren
von den VIII Orten um gehör. Zum 5. rufen sie Zürich, zu dem sie
besonderes vertrauen haben, um Gottes und seiner ewigen wahrheit
willen an, ihnen beholfen und beraten zu sein, vermöge des landfriedens, dass sie frei dürfen lehren und predigen, was sie mit Gottes
wort darzutun wissen; sie begehren niemand zu schmähen, sondern
allein die wahrheit ungebunden zu wissen, und erbieten sich hiemit
zu gebührlicher strafe, wenn sie etwas wider die ewige wahrheit
lehrten, damit das volk in christlichem frieden erhalten werde....

Zürich, A. Abtei St. Gallen.

1585. **Mai 1** (Philipp und Jacobi), **Rapperswyl.** Die gesandten von Lucern, Uri, Schwyz, Unterwalden, Zug und Glarus an Zürich. 1. «Uns begegnet, wie der unsern von Rapreschwyl panditen, so in üwer landen gerichten und gepieten allenthalb umherschweifend, grob ungeschickt reden und sachen bruchen, [die] aber des rechten (uf vilfaltig znoschriben gleits und sicherheit) nit erwarten noch besuochen wöllen, und namlich ist Heini Vogt verschiner zyt eim guoten erlichen gesellen in gemelter von Rapreschwyl gericht by nacht und nebel frävenlichs gwalt(s) an sin hus gloffen, im gerüeft und ussem hus geladen, und als der guot gesell nit ussem hus wellen, hat genannter Heini Vogt geredt, er sölle gan und sinen herren sagen, wo im einer ald mer werdint, die welle er vom leben zum tod bringen und so lang hindern hegen ligen, bis im einer werde, und welle darmit sin eer bewart haben etc., welichs uns etwas beduret; desshalb wir üch .. lut der geschwornen bündten sag ermanen, harin der gepüre nach handlen mit genanntem Heini Vogt und ouch den andern, wie wir üch vertrauwen und ir ouch dess schuldig.» 2. Der prädicant zu Elgg versperre dem spital zu R. den zehnten und wolle bei dem jüngst errichteten briefe betreffend seine competenz nicht bleiben, und das ehegericht habe ihm gestattet, den zehnten anzugreifen, was man etwas befremdlich finde; desshalb begehre man, dass Zürich ihn weise, den zehnten dem spitalmeister zu verabfolgen; hätte er an denselben etwas zu fordern, so sei er vermöge der bünde und des friedens verpflichtet, ihn an seinem wohnsitze zu suchen. — Ueber beide puncte begehre man schriftliche antwort bei diesem boten. — Besiegelt von Melchior Gysler von Uri.   Zürich, A. Rapperswyl.

1586. **Mai 1** (Philipp und Jacobi), 6 uhr nachmittags, **Rapperswyl.** Die gesandten von Lucern, Uri, Schwyz, Unterwalden, Zug und Glarus an Zürich. Wegen des spans zwischen abt und convent von St. Gallen und der grafschaft Toggenburg habe Glarus einen gütlichen tag hieher beschrieben; da nun (auch) Zürich des abtes schirmherr sei, so bitte man es freundlich, ebenfalls eine botschaft anher zu schicken, um gütlich handeln zu lassen, etc. Siegel von Jos Hösli (abgefallen).   Zürich, A. Toggenburg.

Auch Zürich hat ein (in Rapperswyl gefertigtes) exemplar des abschieds; es fehlen aber demselben c—g, resp. i. -- Mit rücksicht auf obiges schreiben ist nun anzunehmen, dass der eingang, der sieben Orte als anwesend bezeichnet, richtig, die einschaltung also hinfällig sei.

1587. **Mai 1.** **Bern** an die französischen gesandten. Peter Lucas habe die allgemeine pension als friedgeld für das jahr 1530 überbracht gemäfs ihrem eigenen schreiben; es bleiben aber noch 2000 kronen (escus!) rückständig für 1531, welche summe man bald möglichst auch zu empfangen begehre.   Bern, Welsch Miss. A. 236 a.

1588. **Mai 2,** **Freiburg.** Sitzung des grofsen Rates. 1. Bericht der boten ab dem letzten tag zu Baden. 2. «An herzogen von Savoye, wie min herren sin willen durch sine gesandten (zuo) mer enmaln verhört und darunder verstanden haben, wie er mine herren von des gelts wegen, so er inen ze tuond ist, entrichten wolle, das aber

nit bescheche; desshalb si in nochmaln ersuocht und gebetten wellen
haben, dass er si dess, so usständig und verfallen ist, entrichten wölle;
wo das bescheche, tüeg er minen herren fürschuob, im lieb und dienst
zuo bewysen; wo das nit, werden min herren verursachet, ir Eidgnossen umb hilf zuo besuochen, damit sy zuo entrichtung mögen kommen etc. 3. Als die Ort von einer Eidgnoschaft, so zwüschen dem
h. v. Savoye und minen herren geschidiget und gemittlet, von minen
herren ersuocht, wess si sich zuo inen versechen sollen, und aber bishar dhein endlich lütrung geben haben, soll der obbenennt bott (Ulman
Techterman, nach Baden) semliche nochmaln fordern. »

Freiburg, Ratsbuch nr. 49.

1589. Mai 2. B e r n an Jörg Zumbach, vogt im Maiental. «Wir
haben din schriben, trüwe warnung inhaltend, zuo dank empfangen,
und damit du dest rüewiger syest, sollt (du) wüssen, dass wir mit
unsern eidgnossen den v Orten wol ze friden sind, und gar nüt an
dem ist, so man seit der wachten und anderer sachen halb. Als du
uns aber schribst des zügs halb um Bononien und des Türken ländung
in Apulia, ouch der Aeschentalern halb, befelchen wir, dess alles
gruntliche und gwisse erfarung ze tuond und ungesparts kostens kundschaft ze machen, und was du je mit warheit erkundest, uns dess
berichtest ». . . .

Bern, Teutsch Miss. T. 445.

1590. Mai 2, F r e i b u r g. «Als der predicant ze O r b a lenger dann
die gesatzte stund geprediget, und darüber Christopher Holard mit
einem bild und dem priester, so das ampt der mess versechen wollt,
etwas verhandlet, als dann durch kundschaft erlütert und befunden
worden, ist abgeraten dass derselb Christopher ein ander glichförmig
bild solle lassen machen und darzuo zuo handen beider Stetten xx lb.
ze buofs geben. »

Freiburg, Ratsbuch nr. 49.

1591. Mai 2 (Donstag nach Maitag). Z ü r i c h an die boten der sechs
Orte auf dem tag zu Rapperswyl. Antwort auf ihre zuschrift betreffend Heinrich Vogt etc. 1. Man habe an dessen benehmen wenig gefallen und werde ihn ernstlich ermahnen, von solchem unfug abzulassen. 2. Obwohl die seelenhirten billig aus dem zehnten, d. h. dem
gemeinen jährlichen almosen der christen, erhalten werden, und man
den eherichtern vertraue, dass sie in solchen sachen sich aller billigkeit befleifsen und keinen überfluss vergeben («gestattind »), habe man
doch den ratsfreunden, die auf nächsten Montag zu Rüti die rechnung
einnehmen, befohlen, die von Rapperswyl und den prädicanten von
Elgg gegen einander zu verhören und wo möglich zu vertragen; man
hoffe auch, dass mittel gefunden werden, welche weitere verhandlungen unnötig machen. 3. Der Toggenburger angelegenheiten halb werde
man auf morgen mittags eine botschaft nach Rapperswyl abordnen,
etc.

Zürich, Missiven.

1592. Mai 3. B e r n an F r e i b u r g. Hans Spiritus (Geist?), der an dem
schloss zu Murten gearbeitet und die mauer gemacht, habe heute um
ein geschenk, nämlich um einen rock gebeten; man stelle nun Frei-

burg anheim, ihn so zu bedenken, dass er spüre, durch diesseitige empfehlung gefördert zu sein. · Freiburg, A. Bern.

1593. Mai 3. Bern an die boten in Solothurn. «Es ist hüt für uns komen der fryweibel Brunner von Copingen und uns anzöugt die unruow, so zuo Soloturn ist, und fürnemlich was uf Zinstag nächst verschinen daselbs verluffen, und insonders als er uf demselben tag zuo Soloturn gsin, habind etlich in ab der gassen heissen gan, daran wir nun nit klein beduren (haben); dann wir vermeinen die pünd und burgrechte, so wir mit gedachten unsern lieben eidgnossen und mitburgern von Soloturn haben, me früntschaft ertragen, dann dass wir oder die unsern in ir(er) statt nit mer sicherheit haben söllind, wie dann sy und die iren by uns ouch billichen haben söllend; solt es aber wyter beschechen, wurden wir ouch demnach handlen, und wann inen hiegegen etwas unzucht by uns begegnen, das uns doch leid wär, könntend wir im nützid tuon; das söllend ir inen fürhalten, vor sölichem ze sin, damit wyter unwill vermitten blybe.» Bern, Teutsch Miss. T. 446.

1594. Mai 4. Schultheiss, kleiner und grosser Rat von Diessenhofen an Zürich. «Strengen frommen, etc. etc. Nachdem zwischen e. gnad und gunst, ouch andern unsern gnedigen herren und obren vor verschiner zit ain landsvertrag und friden ufgericht, und aber in solichem vertrag under anderm ain artikel die mess berüeren(d) ist, deren nun vermög desselben artikels etlich sonder personen under uns begerend, und wiewol wir inen die zuo halten nie vorgewesen und allweg begert, mit inen die kilchen und pfrüenden güeter nach anzal der personen und lut des landsfridens ze tailen, jedoch nüt dest minder habend die selben, so der mess (be)gerend, jemerdar vermeint, wir sölten inen mer und witers geben und zuolassen, dann der friden vermöchte, dardurch wir mit inen gen Baden für unser gnedig herren und obren in grossen kosten müessen, da wir vor denselben unsern g. herren mit etlichen unbegründten fürgeben von unsern missgönnern verklagt und dermassen verunglimpft, dess wir villicht ietzo oder hienach, wo wirs nit verantwurten könden, entgelten und nachtail empfahen möchten, demnach wir umb frid und ainigkait willen, damit wir nit mer um sölich händel euch und ander unsre herren und obren überloufen müessend, uns mit denen, so der mess begerend, güetlich vertragen und inen zuo underhaltung ains bestäten messpriesters meer geben, dann inen (so man dem landsfriden nach mit inen getailt) hette mögen werden, und wiewol wir uns also vertragen und vermaint, sy (bettend) ain geschickten stäten priester angenomen, so haben sy unwissent unser uff heut dato ain priester entlechnet, der vor jaren in unser statt ain pfruond gehept und davon on not und zwang geloffen, sein arm alt vatter und muoter, so sich zuo ime verpfründt hatten, in armuot, bettel und schulden bracht, das ir verton und sy allhie hinder uns sitzen lassen, und darzuo in sim abwesen bishär den unsern schmächlichs und unlidlichs zuogeredt; desshalb, als er uff heut dato, um dass er nun ain mess oder zwo hie lese, und demnach wider haimzüche, allhie erschinen, die unseren zuogefaren und haben rechts gegen ime begärt. Dwil wir dan niemans in solichen fälen uns anrüefende rechtens vor sein könden, haben wir an gemelten pfaffen gan lassen, dass er uff der unseren anrüefen (ge)lobe, inen umb ir ansprach nach unser statt bruch ains rechten ze sin, das er nit tuon wellen, sonder wider zur statt hinus zogen, und ist ime nit gewert, alhie mess zuo halten. Wir besorgend aber uff den ungunst, so wir laider haben, dass wir möchten verschrait oder verdacht werden, als ob er sunst, von mess haltens wegen vertriben wär, das dann, dess wir uns uff Gott bezügent, darumb nit bschehen ist. Uff solichs, g. herren, haben wir die, so der mess gerend, abermal zum allerfrüntlichisten angesuocht und gepetten, dass sy ansehint, dass wir irem messpfaffen in der güetigkait ain erlich uskomen und corpus geschöpft, und desshalb luogind und ain bestäten pfaffen, der inen mess und ire brüch halte, annement und gmain burgerschaft mit solichen liechten entlechneten pfaffen (die nun gerent under uns widerwärtikait ze machen und doch die selbst(?) guot pfrüenden haben) unbeschwärt lassen. Uff das wir uns versehen, sy hettens ton, so haben sy doch glich angends dis tags ain andren beredt, der inen vesper und nun ain mess oder zwo wellen haben. Als man nun des tags vesper gelütet, welches nun dem vorigen lüten unglich, seind etlich personen (wie uns fürkomen) zesamen gestofsen, von des unglichen lütens wegen mit ainanderen geredt und gewörtlet, solichs ain wyb gehört und gesehen, geschruwen loufend, sy werden ainanderen schlan, dardurch ain uflouf beschähen, das uns in trüwen laid, aber doch von den genaden Gotts ist niemands geschediget und die sach zuo friden gestellt worden, mit dem anhang dass wir understan, dass die so ursächer und anfänger an der sach erfunden, nach lut des landfrides und irem verdienen nach gestraft werden. Darumb wir e. g. und gunst underteniglich bitten, den fürnemen und wysen Hansen Eschern desshalb selbs mundlich zuo verhörende, wann er solichs handels von uns wol bericht und zum tail selbst darzuo komen ist, ouch das best darzuo geredt hat, wie e. g. das selbst von ime vernemen werden.» Desshalb die bitte, auf dem nächsten tag zu Baden oder später, wenn die widersacher die stadt resp. deren behörden zu verklagen wagten, durch die gesandten jederzeit das beste darin handeln zu lassen, etc.

Zürich, A. Diessenhofen.

1595. Mai 4, Innsbruck. Kundschaftsbeurkundung von Statthalter, Regenten und Räten der oberösterreichischen lande zu gunsten Joseph Ambergs von Schwyz betreffend die verdächtigung, dass er als landvogt im Thurgau für die auslieferung von vier flüchtlingen im bauernkrieg von Christoph Fuchs einen silbernen und vergoldeten kopf mit dem inhalt von 300 gld. empfangen habe. (Um solche kundschaft bewarb sich Amberg persönlich, und der Rat von Schwyz mit schreiben vom 21. März. Es wurden dann die personen und behörden, die von den bezüglichen tatsachen genauere kenntniss haben konnten, um getreuen bericht angegangen; schriftlich gaben solchen Adam von Homburg zu Langenstein, Burgermeister und Rat zu Radolfzell, der dortige stadtschreiber Alexander Bollstetter und Peter Ofner, landschrei-

ber der landvogtei Schwaben; mündlich Fuchs. Wir lassen die für
unsere sammlung wesentlichen stellen wörtlich folgen:) 1. «Erstlich
so laut(et) herr Cristoff Fuchsen sag also, wie er . . zu der zeit hie
oben gemelt (j. 1525), als er von kün. Mt., dazumal fürstlicher durchleuchtigkeit, zu obristem kriegscommissarien gen Zell verordnet worden, obgedachten Josephen am Perg, derselben zeit landvogt im Turgew, schriftlich ersuecht und an ine begert habe vier personen, welche
über die begnadung nit huldigung tun wellen und ander, so huldigung
getan, nidergeworfen, geschätzt und gezwungen, fenklich anzunemen;
das wäre beschechen, dieselben von dem landvogt zu Stegporn angenomen und gen Frawenfeld gefüert, daselbs sy auch auf etlich frag-
artikel, die er, herr Cristoff durch seine gesandten vorbenanntem Josephen am Perg . . . zugeschickt, peinlich geichtiget (sic) worden, die
auch ire misshandlungen bekennt inhalt der vergichten, so noch zu
Zell vorhanden. Nachfolgends hab er herr Cristoff auf fürstlicher
durchleuchtigkait, jetz küniklicher Majestat, befelh bei bemelts landvogts herrn und obren, so auf ainem tag, nemlich Conceptionis Marie
im fünfundzwainzigisten jar zu Lucern bei einander gewest, durch sein
botschaft ersuchung getan, begerend im dieselben gegen ainem revers
überantworten ze lassen; das seye also fürstl. Durchl. zu eeren bewilliget* und darauf durch benannten Josephen am Perg . . die gedachten vier banditen seinem, des herrn Cristoffen gesandten überantwort, die auch zu Zell für malefitzrecht gestellt und vom leben zum
tod verurtailt und solh urtl an inen volzogen worden. Dagegen er
im dem landvogt küniklicher Majestat und sein revers durch seinen
gesandten zustellen lassen. Aber er herr Cristoff habe bemeltem landvogt von desswegen, dass er .. dise banditen fenklich angenommen, peinlich geichtigt und ime überantwurt, nichts geben noch ime darumb
kainen verhaifs getan » . . . . 2. (Aus den eingelegten geständnissen der
vier verurteilten). Martin Ver bekennt unter anderm: «Nachdem
den(en) von Zell in der belägerung ir vich vor der statt genomen und
vil davon gen Baden in das Ergew getriben, aber gemain Aidgenossen
solich vich zu Baden aufhalten und den von Zell um zimlichen ringen
kosten und schier one entgeltuuss wider darumb verhelfen und lösen
lassen, hab er Ver sambt andern sein(en) abgewichnen helfern inen
dess am herauftreiben bei Rainssen (Rheinheim?) wider nemen, fürter
in das Kleckgew, dessgleichen gen Waldshut treiben und verkaufen
helfen, davon im zu seinem tail achthalben guldin peut worden.»
3. (Aus Ofners antwort:) . . . «Nachfolgend hab herr Cristoff auf
fürstl. Durchl., jetz kün. Mt. befelhe den edlen und festen Fridrich
von Enzberg zu Mülhain und in, Ofner, mit credenz und instruction
zu gemainer Aidgenossen ratsbotten und gesandten, so auf ainem tag
im winter vor Weichnecht im fünfundzwainzigisten jar zu Lucern bey
einander versamelt gewesen, geschickt und durch sy werben lassen;
er Ofner hab auch dasselb vor gemainen Aidgenossen zu Lucern in
der ratstuben, aufserthalb der von Zürch ratsboten, die stunden domals vor der ratstuben, müntlich geredt und fürgetragen, ersuchung

---

* Vgl. Abschiede IV. 1 a, p. 810, art. o.

getan und begert, inen dieselben (banditen) gegen ainen revers überantwurten ze lassen; dasselb sei auch also durch gemainer Aidgenossen ratsboten und gesandten aufserthalb der(en) von Zürch . . . fürstl.
Durchleuchtigkait zu eeren bewilligt und dess schriftlich abschid, nemlich ainer ime Ofner und seinem mitverordneten, und der ander gedachtem Josephen am Berg . . gegeben; fürter were solher ir schriftlicher abschid an die künklich Majestat bracht; ir Mt. hette auch darauf ain(en) revers, wie die Aidgenossen begert, fertigen lassen. Darnach wär er Peter Ofner durch herr Cristoffen gen Frauenfeld geschickt
worden, hett oftgemeltem landvogt solch revers geantwurt und dagegen
er landvogt seiner herren und obern der Aidgenossen obangezaigtem
schriftlichem befelh nach ime Ofner sölh vier gefangen zu Frauenfeld
aus dem turn geben und ime Martin Werlin, domals landtwaibl im
Turgew, und ander seine knecht zugeben, die ime Ofner sölh gefangen
bis an Rein under Steckporn füren und belaiten helfen, daselbs er
Ofner mit inen in ain jagschiff, so ime auf dem Bodensee und Rein
mit knechten von Zell entgegen komen, gesessen und sy darinnen gen
Zell bracht, die auch fürter zu Zell für malefitzrecht gestellt und auf
ir misshandlung vom leben zum tod verurtailt und solhe urtl an inen
volzogen worden. Und wiewol er Ofner als herr Cristoffs mithandler
alles gelt, so über solh ritt gen Lucern und Frawenfeld, zerungen und
darzu atzung über die gefangen, ir hüter, waibel, schreiber und ander
geloffen wär, abgerait und zalt, ime dess auch der jung landschreiber
zu Frawenfeld, wie und welher gestalt alle ding aufgeloffen wären,
mit seiner hand in ain register verzaichnet, welhes auch nacher in
herr Cristoffs kriegsausgab komen und gegen küniklicher Mt. verrait,
so wisste doch er Ofner, dass weder herr Cristoff noch er Ofner noch
ander bemeltem landvogt . . . nichts (ichts?) gegeben . . .; dann Joseph
am Berg sey im register solher ausgaben, so über die gefangen geloffen, niendert weder um wenig noch vil begriffen gewesen; es haben
auch weder herr Cristoff Fuchs noch er Ofner, wiewol sy sonst all
empfeng und ausgaben, so solh kriegsempörung und dise vier gefangen
berüert, nichts ausgenumen, gehandelt und getan, in iren raitungen
weder wenig noch vil, so under diser handlung gedachtem Josep am
Berg worden seye, verrait; dann wo sy im etwas geben, so hett es
im Ofner, als der die raitung gestellt und getan, wissend gemacht
werden und auch wie ander ausgaben darein kumen müfsen; dann
wol zu glauben und gedenken, wo sy im ichts ausgeben, sy hettens
nit aus iren selbs secklen, sunder von kün. Mt. gut getan und des
auch wie ander ausgaben in raitung gestellt und verrait . . . Aber (es
sei) nit minder, herr Cristoff hab nacher auf fürbitt des landvogts und
ander(er) Aidgenossen einen pruchschneider, genannt maister Jacob
Mair von Oeningen, so auch ain bandit gewesen sey, one straf aus
sorgen gelassen, dann er ain gueter maister seins handtwerchs und
darumb den Aidgenossen im Turgew und andern lieb gewesen und
vil fürbitts bracht, damit er hernach dest fürter aller zeit frey sicher
zu und von in(en) wandlen und sy sich seiner kunst und arzeney getrösten möchten. Derselb maister Jacob mög hernach den landvogt

wol umb etwas wenigs verert (haben); er Ofner hab aber. nie über
dreifsig oder vierzig guldin ·wert gehört. So vil und nit. weiter sey
ime umb dise handlung wissend. »

Schwyz, A. Thurgau (libell mit grossem canzleisiegel an roten schnüren).

Hiezu vgl. Bd. I. nr. 1345, und Absch. 1529—32, p. 1330, (709), b.

1596. Mai 5, Hallwyl. « Uff nächsten Sontag (28. April) syend by
zwenzig abhin komen von Schangow gan Farwangen, etlich mit büchsen, und sich da zum win gesetzt; da ist under inen einer gsin, hatt
ein tannast umbknüpft für ein hofsband; do ist der wirt zuo im gangen und gesprochen, lieber fründ, du treist da ein zeichen, das tuo
von dir, damit nit unruow darus erwachse; da heig er(s) getan, und
vermeintend, es were alles überhin; do hat es sich begäben, dass ein
wäberknecht, hat jetz zuo Arouw gedient und etwan vorhin hinder
inen ze Schongow gesässen, ist einer an in gefaren, hat im tannäst in
den bächer geworfen und zuo im gesprochen, du muost das trinken;
antwurtet er im, ich bin von Schwiz erborn und bin ein guoter Lucerner und den Bernern nit fiend; do hand sy in wellen zwingen, den
becher uszetrinken; hat er gesprochen, ich trink nit gern ab tannesten;
do hand sy in nit wellen rüewig lan; hat er ein mit dem glas in das
antlit geworfen und geschlagen, ist aber gestillet worden. Demnach
hat der, der vorhin den tannast umb das bein gehebt hatt, mit namen
Kretz von Schangow, den tannast wider umbgebunden und mit sampt
sinen gesellen inhin komen und gesprochen, mit fürgestrecktem bein,
wo ist der man, der mir den tannast abzücht, dass in götts fünf liden
schänd, hie tannast, grund und boden. Es hat sich ouch etwas spans
zuogetragen eins (s)esters halb, soll einer von Schangow zerhuwen
han, deren sach und der tannast sind by (und?) an einandren komen,
dass sy einandern übel gehuwen und geschlagen, da sy meinent, einer
von Schangow sterb der wunden; demnach beklagend sich die von
Farwangen, wie etlich(er) von Schangow sag, er well fünf Berner bestan. »   Lucern, Allg. Absch. I. 2. f. 400 (Berner copie).

1597. Mai 6 (Montag nach Vocem).   Zürich an Bremgarten.
« Es beklagend sich die unsern von Zufiken, wiewol sy mit uns in
nüw ufgerichtem friden vergriffen und dardurch göttlichs worts, ouch
unsers cristenlichen gloubens halb billich gefrygt, dessglychen iren
etlich in der grafschaft Baden und etlich under unser hochen oberkeit
gesessen, sygind doch ir der meinung, sy von sölichem friden und
göttlichem wort mit gewaltigen eids gebotten, so ir an sy geleit, ze
trängen, das uns nit wenig beschwert, und (hetten) wol vermeint,
(dass) ir üch sölichs gewalts gegen inen gemüefsiget hetten. Diewyl
aber der merteil noch unsers gloubens und dem, so vil Gott gnad
gibt, styf anhängig ze syn besinnt, und ir inen sid ergangener empörung nit nun einest zuogeseit, sy by fryheit des fridens und göttlichs
worts unangefochten blyben ze lassen, darneben ouch üwer vermes-
senlich unbegründt fürnemen uns und den biderwen lüten beschwerlich und unträgenlich, ouch dem friden ganz abbrüchlich sin will, so
langet an üch unser gar ernstgeflissen bitt, ir wellint sölichs fürne-

mens und üwer gebotten fründtlich abstan und die biderwen lüt bim
gotswort und üwerem vilfaltigen zuosagen belyben . . und ungevechd(et)
lassen ». . . Begehren umgehender antwort.   Zürich, Missiven.

     Abdruck in A r g o v i a, VI. 93, 94 (nr. XXV).

1598. Mai 6. B e r n an S o l o t h u r n. Die erklärung, die es kürzlich den diesseitigen boten in betreff des zwistes mit B a s e l gegeben,
habe man vernommen und wäre zu allen opfern an mühe und kosten
bereit, um die sache zu friedlichem austrag zu bringen; jetzt könne
man aber nichts dafür tun, weil die personen, die hierin früher gehandelt, abwesend oder unvermögend seien, und bitte daher, die angelegenheit eine weile ruhen zu lassen, namentlich bis man den V
Orten gegenüber und sonst mehr ruhe habe.
     Solothurn, Berner Schr. Bern, Teutsch Miss. T. 448. Vgl. Ratsb. 233, p. 251, 252.

1599. Mai 6. B e r n an Z ü r i c h. Gerüchtweise vernehme man,
wie die Zuger letzthin einen kreuzgang getan, und der fahnenträger
seinen hut mit tannästen besteckt habe, als der zug auf zürcherischen
boden gekommen, und wie dann etliche landleute denselben erschlagen
hätten. Da hieraus etwas (übles) erfolgen möchte, so bitte man um
bericht über den sachverhalt.   Bern, Teutsch Miss. T. 449.

1600. Mai 6, B e r n. Instruction für die boten nach Baden, (schluss-
artikel:) «Sodenne des kosten halb, so die xij gefangnen zuo Bremgarten ufgetriben, wüsst ir, herr venner Pastor, was min herren uf
dero von Bremgarten schriben geraten hand, namlich dass die gefangnen denselben kosten lut und vermög des landsfriden bezalen söllind,
wie dann miner herren lüt, so by den v Orten gfangen gelegen, ouch
tuon müefsen. »   Bern, Instr. B. 168 a.

1601. Mai 7. B e r n an G e n f. «Lambassadeur de monseigneur de
S a v o y e quest ici, nous a donne (a) entendre, comme ces jours passes
certains compaignons de vostre ville soient sortis et alles sur les pays
dudit seigneur et en un village battu un homme en sorte quils lont
blesse et laisse bien malade, et davantage alle a Gay et autres villages
environ, atout de coulouvrines et use plusieurs vouluntes, laquelle
chose (si ainsi est) nous est tres deplaisante, et pouvons bien considerer que desirez et serchez tousjours facheries et troubles plus que
tranquillite et paix; dont vous prions et admonestons dy mettre ordre
et vous deporter de tieulles facheries, en sorte que tieuls et semblables
plaintifs ne viennent a nostre notice. En ce ferez vostre profit et
honneur et a nous grand plaisir. »   Bern, Welsch Miss. A. 238 b.

1602. Mai 7 (Dienstag vor der Auffahrt), S c h a f f h a u s e n. «Hernach folgt das ansprechen, so mine herren an hoptman, lütiner, feud-
rich, schriber und ander von des müfsischen kriegs wegen umb ir
misshandlung geton, ouch die straf, so jedem ufgelegt. » 1. Hauptmann Thomas Spiegelberg, (9 klagartikel); 2. Hans Sifrid, lütiner, (2
artikel); 3. Alexander Giger, fendrich, (6 artikel); 4. Hans Strafser,
schriber, (3 artikel); 5. etliche andere; — aufzählung von allerlei
pflichtversäumnissen; besonders erscheint der hauptmann als nachläfsig,
träg und seines amtes überhaupt unwürdig; indessen wurde ihm zur

verantwortung eine frist gegönnt und schliefslich (Sept.) nur 20 gl. bufse auferlegt. Dem fähndrich fielen übermäfsiger stolz, hoffart, völlerei, umgang mit schnöden weibern, versäumniss militärischer pflichten, begünstigung von raub und dgl. zur last; er wurde um 80 pfd. (40 gl.) gestraft; doch scheint im Sept. eine ermäfsigung dieser »grossen bufse « eingetreten zu sein. — (Anderes kann hier nicht verfolgt werden; nur auf die soldansprachen gegen Spiegelberg, z. t. von freinden, sei noch hingewiesen).   **Schaffhausen, Raub. t. 112—118.**

1603. (Mai c. 7), Basel. Instruction auf den tag in Baden. 1. Aus dem umstand, dass Oesterreich die pensionen bezahlt hat, schliefst man, dass es der häfte wegen keine ansprüche mehr erhebe; darum soll der bote sich der verhandlungen mit Zürich und Bern nicht annehmen und nicht dazu stehen; falls aber die boten desshalb rat begehrten, soll er darin das beste handeln helfen, doch ohne beistand. 2. In der klage über Salat soll er sich von Zürich und Bern nicht söndern; wird dann erwirkt, dass (Lucern) ihn strafen will, so ist nichts weiter zu fordern, wohl aber zu erklären, dass man schmähungen gegen andere bestrafen werde, wobei man erwarte, dass dies von andern seiten auch geschehe. 3. Ablehnung einer verständniss mit dem herzog von Mailand, — begründet teils mit beschwerden über »die schlange« von Mailand, besonders die umtriebe während der letzten kriege, teils mit dem hinweis auf die vereinung mit Frankreich; nur zu guter nachbarschaft lässt man sich willig finden. 4. Bestreitung der ansprüche hauptmann Zeller's, da jeden monat der sold für 40 knechte bezahlt worden, während nur 38 da gewesen, so dass ihm je 2 sölde zugekommen aufser den 10, die er von Zürich gehabt. 5. Beschwerde über eine lohnforderung des scherers Hans Jenni in Zürich für zwei im Müfserkrieg verwundete Basler (10 fl.), und ansuchen an Zürich, dieselbe zu ermäfsigen. 6. Verwendung für Ludwig von Reischach, gemäfs einem » beigebundenen « brief, (der aber fehlt).   **Basel. Missiven.**

1604. Mai 8. Freiburg an Lucern. Es wisse um den handel Wilhelm Arsents mit den anwälten des Königs; er sei desshalb nach Frankreich gewiesen worden, aber zum teil unverrichteter dinge heimgekommen und demnach mit seinen verwandten vor dem Rat erschienen mit dem begehren, an Lucern zu schreiben, dass es den für die Eidgenossenschaft erwählten zusätzer auf Sonntag nach U. Hergotts tag (2. Juni) nach Solothurn abordnen möchte. Man bitte nun freundlich, diesem gesuche zu willfahren, indem man dem französischen procurator in dieser sache auch schreibe, damit sie rechtlich ausgetragen werde.   **Lucern, Missiven.**

Am 25. Mai wurde obige fürbitte in kurzem schreiben wiederholt.

1605. Mai 9. Bern an seine boten in Baden, Stürler und Pastor. 1. Die (vorgeschlagenen) artikel eines verständnisses mit dem herzog von Mailand habe man billig gefunden; doch finde man es jetzt nicht gelegen, etwas der art mit ihm zu beschliefsen, weil man sich vereinbart habe, aller bündnisse mit fürsten und herren müfsig zu gehen, und dieser vertrag gegen etliche fürsten gerichtet sein möchte, die mit andern Eidgenossen verbündet seien; nichts desto weniger wolle man mit dem Herzog freundliche nachbarschaft unterhalten, in der hoffnung, dass er es hinwider tue; dies soll den mailändischen boten eröffnet werden. 2. Verweisung auf den beiliegenden zeddel betreffend die unruhe zu Fahrwangen. Der vorfall soll vor allen boten angezeigt werden, damit solcher mutwille abgestellt werde. — Vgl. nr. 1597.

Bern, Teutsch Miss. T. 453.

1606. Mai 9 (Donstag der Auffahrt u. H.), Sitten. Bischof, Hauptmann und Rat in Wallis an Lucern. Die ab dem tag zu Baden heimgekehrten boten, Johannes zen Triegen und Jost Kalbermatter, haben die ihnen bewiesene liebe und geneigtheit in der verteilung und schenkung des geschützes, sowie auch in der zusage, die von den widerwärtigen zu erlegenden kosten zu teilen, gerühmt, was man zum allerhöchsten verdanke und in ewigkeit nicht vergessen, sondern jederzeit mit leib und gut freundlich verdienen wolle. Man habe nun alle gemeinden davon schriftlich benachrichtigt und bemerke, dass die schenkung in dem gemeinen volk eine besondere innige liebe und freundschaft erwecke, so dass es sich hinwider erbiete, wenn je die stadt Lucern in ungemach und kriegsnöte gedrängt würde, sie nicht zu verlassen, etc. In gleichem sinne schreibe man den übrigen Orten und bitte sie, die confirmation der bischofswahl bei der päpstlichen Heiligkeit freundlich fördern zu wollen, etc. Lucern, Missiven.

1607a. Mai 9. St. Gallen an Zürich. Antwort auf dessen schreiben vom 13. v. m. Seither habe man keinen weitern bescheid erhalten, sodass man nicht wisse, wie die sache stehe; da man aber den beiden edelleuten nicht zum besten trauen könne, und der stadt ihres gewerbs wegen viel daran liege, so bitte man abermals fleißig und dringend um bericht, was bisher gehandelt worden, und ferner um die nötigen schritte, damit man die hauptverschreibung zu handen bekomme, etc. Stadtarchiv St. Gallen.

1607b. Mai 11 (Samstag nach der Auffahrt). Zürich an St. Gallen. Antwort: Man habe bisher auf tagen mit allem möglichen fleiße handeln lassen, aber noch keine bestimmte antwort erhalten und desshalb den boten auf der gegenwärtigen tagleistung abermals ernstlich befohlen, die Eidgenossen um freundliche verwendung bei dem Abte zu bitten, worauf man jetzt hoffen dürfe; wenn aber dieser nicht willfahrte, so gedenke man dieser und anderer forderungen wegen unverzüglich einen besonderen tag auszuschreiben und mit dem Abt und den übrigen schirmorten so viel zu handeln, dass die späne alle gütlich geschlichtet und St. Gallen der fraglichen summe halb beruhigt werde; man nehme auch an, dass der Abt die edelleute unterdessen nicht fürfahren lasse, etc. Stadtarchiv St. Gallen.

1608. Mai 10. Bern an die boten der V Orte in Baden. Man empfange glaublichen bericht, wie schultheiß Honegger, Uoli Mutschli und andere gesonnen seien, die personen, die während des letzten krieges das regiment verwaltet haben, wegen etwas wein, der damals wegge-

trunken worden, rechtlich anzusprechen. Da dies befremdlich sei, so
begehre man dringlich, dass dieses vorhaben abgewendet und die guten
leute in ruhe gelassen werden, da jener wein zu der zeit verbraucht
worden sei, als eidg. kriegsvolk dort gelegen, und die Bremgartner daran keine schuld haben; zudem vermöge der friede nicht, dass solche
« wüstung » von der einen oder andern partei ersetzt werden solle;
man zähle auf freundliche willfahrung um so mehr, als man unruhen
zu vermeiden wünsche, etc.　　　　　Bern, Teutsch Miss. T. 458, 459.

1609. Mai 10. Bern an Bremgarten. « Uns langt an, wie Hans
Honecker und Uoli Mutschli und villicht ander mer understandind und
fürnemens syend, die biderben lüt, so vor üch am regiment gesessen
sind, rechtlich anzelangen von wegen des wins, .. der inen in vergangner kriegsempörung usgetrunken und verwüest ist worden, darab
wir nit wenig bedurens, in ansehen, dass söliche wüestung durch
unser und anderer unserer eidgnossen kriegsvolk, so domals zuo Bremgarten gsin, beschechen ist, und die guoten lüt daran kein schuld tragen, ja vil lieber sölichs gewert hättind. Dwyl nun der friden ...
heiter zuogibt, dass kein party der andren ersetzen sölle das, so in
demselben krieg veratzt worden, wellent wir üch in kraft des selbigen
vermant haben, die obgemeldten ansprecher und irs gelichen abzewy-
sen »...　　　　　Bern, Teutsch Miss. T. 457. Stadtarchiv Bremgarten.

1610. Mai 10. Bern an Lucern. 1. « Uns hat unser vogt zuo
Lenzburg bericht einer unruow, so zuo Farwangen in unser grafschaft
Länzburg und in dero von Hallwyl gerichten gelägen, lut hieby ligen-
den zedels, zuogetragen und verloffen hat, darab wir höchst missge-
fallen (haben). Dwil nun an dem und andern orten, als zuo Rorbach
und anderswo uff unserm ertrich die üwern mit ufzeichnungen der
tannesten und sunst mit worten und gebärden vil tratzens, muotwillens und hochmuots bruchen, darus dann nützit guots folgen mag,
wellent wir üch vermant haben, sölichs by den üwern abzestellen und
ze strafen, dann es in unserm und der unsern erliden nit ist, solichs
also fürfaren ze lassen, ist ouch dem friden ganz widrig, dem wir
doch unsers teils gern geläben, in hoffnung, (dass) ir glicher wys ouch
tuon werdend, als wir ouch erachten, (dass) solich muotwillen an(e)
üwer wüssen beschächind und üch leid syend. Darumb so tuond darzuo; dann wo den üwern über sölichs uff unserm ertrich etwas widerwertigs begägnen söllt, wellend wir hiemit unser eeren bewart
haben, etc. 2. Sodenne .., wiewol etwas berednuss eins tuschs halber
der kilchensätzen und andrer stucken, so wir hinder einandern ligen
haben, beschächen und darumb tag angesetzt, solichen sleich (= tusch)
ze vollstrecken, will uns, demnach wir uns erkundet haben, nit ansechen, dass sölich abwechsel komlichen üwer und unserthalb beschächen mög, desshalb wir angesetzten tag uff xv. diss hiemit abkündt wellen haben und die sach diser zit in ruow angestellt. »
　　　　　Bern, Teutsch Miss. T. 455. Lucern, Missiven.

1611. Mai 10 (Freitag nach der hl. Auffahrt u. l. H.). **Bischof,
Hauptmann und Rat in Wallis an die V Orte. 1.** Dank für die

schenkung des geschützes (dem schreiben an Lucern entsprechend).
2. «Wir danken üch ouch zem höchsten des früntlichen schribens und
fürbittung, so ir gegen bäpstlicher S¹ (sic) und dem h. herren bischoffen Verulan vor und nachmalen zuo Zug ab dem tag für uns getan
hant, berüerent unser confirmation (o)der bestetnus unsers bistumbs,
die uns aber noch bifshar nit zuokommen ist, und wiewol wir das
gelt zuo Meilant erlegt hant und dieselben unser confirmation zuo erlangen, so werden wir nit dester minder von tag zuo tag mit vilfälti-
gen schriben ufzochen und umbgetriben zuo merglichem nachteil und
verdörblichen kosten. Harumb, g. l. h., dwil aber der jetz gemelt h.
herr Verulan, der unser guoter fründ ist und in dem handel sich dapferlich gebrucht, ouch uns dorumb vil zuogeschriben hat, er habe
bäpstlicher S¹ geschriben, er welle nit in die Eidgnoschaft zuo den v
Orten komen, bis dass im zuogeschickt die bullen und expedition umb
unsere gemelte confirmation, wie ir werdent erfinden in sinen eignen
briefen uns zuogeschriben ...; so aber ... der h. herr Verulan uss
sunder gnad gegen uns bewegt und des geneigten willens und fürnemens ist, desshalben (langet) unser früntlich ernstlich bitt und beger
an üch, ir wellent abermalen mit ernstlicher bitt und beger an (die)
bäpstlich S¹ schriben, ouch dem herren Verulan in der gestalt, wa sin
S¹ mit üch .. und mit einer landschaft Wallis in fürnemen und willens sye, ützit zuo handeln, dass solich confirmation und bestetnus
des bistumbs zuo Sitten vor und ee und fürderlich abgefertiget und
zuogeschickt werde, und witer mit sömlicher declaration dem herren
Verulan (der doch dessen selbs lut siner briefen begeren ist) zuogeschriben werde von üch, dass er dem Bapst dapfer und ernstlich
schribe umb solich confirmation unverzochen und unverhindert uns
zuozuoschicken lasse nachkomen; sunst so werde er by den v Orten
nützit fruchtbars handlen etc. »   Die briefe möge Lucern aufsetzen
und durch den geschwornen stadtläufer in eile nach Mailand schicken
und den herrn Verulan zugleich schriftlich ersuchen lassen, die schriften beförderlich dem Papste zuzusenden, etc.   Lucern, Missiven.

1612. (Zu **Mai 10 f.**, Absch.).   Der bote von Freiburg ist beauftragt, über das an die Eidgenossen gestellte ansuchen betreffend aufrechthaltung ihres urteils in Peterlingen antwort zu fordern.
                                                Freiburg, Instr. II. 45 a.

1613. **Mai 10** (Freitag nach der Auffahrt), Altstätten.   Caspar Nasal
von Zürich an BM. Diethelm Röist. Er erfahre auf ganz vertrautem
wege, dass etliche von Altstätten, ammann Zenz und ammann Murer,
nach Zürich kommen wollen, um einige urteile, die m. Seebach (U.
Stoll) seiner zeit als kläger veranlasst, herauszubegehren; es sei zu
besorgen, dass sie damit Zürich (das sie früher beschimpft) und einigen richtern verlegenheiten zuziehen wollen. .. Erscheinen sie wirklich,
so sollte gründlich erfragt werden, wozu sie diese briefe wollen, da
man gehört, dass etliche vorgeben, sie wären wider recht bestraft. ...
Bitte um eiligen bericht. .... — Vgl. III. 82, note.   Zürich. A. Rheintal.

1614. **Mai 10.** Instruction für Golder von L u c e r n. 1. Dem schu-
ler, der etwas verstudirt hat, will man nichts dafür geben. 2. Wenn
Zürich und Bern die wegen Bremgarten und Mellingen gegebene antwort nicht annehmen, so soll ihnen das recht laut der bünde geboten
werden. 3. Dem schreiber Geering zu Luggarus, den der zürcherische
vogt zu beseitigen vorhat, soll mit allem fleifs geholfen werden. 4. Die
stadt Baden ist anzuhalten, ihren metzgern die gleichen preise wie
anderwärts vorzuschreiben. 5. Mit Freiburg soll der bote ernstlich
reden, damit es von dem burgrecht mit Genf abstehe. 6. Den priestern,
die sich nicht verehelicht und nicht als prädicanten gedient haben, will
man zur erlangung des priesterlichen amtes verhelfen. 7. Die eheleute
im Thurgau, die von dem ehegericht Zürich zusammen erkannt worden, sind an das geistliche recht zu weisen. 8. Nachdem man die
zeitumstände gründlich erwogen, findet man, wie früher die andern
(der V) Orte, jetzt nicht gut, das bündniss mit dem König zu lösen
und einen feind aus einem freund zu machen; • wo sich aber zuotragen, dass sich die zyt bas schicken und wir mit glimpf und fuogen
von solicher vereinung komen möchten, wölten wir uns nit lang besinnen, die abzuokünden, sonders darvon stan. • 9. Nach Lauis soll
geschrieben werden, dass dem vogt das im letzten krieg ausgegebene
geld aus der zollbüchse ersetzt werde. 10. Albert von Luggarus soll
für sein gütchen bezahlen wie andere, damit kein • eingang • gemacht
werde. 11. Vogt Vogel und m. Hans Zimmermann von Glarus sollen
jeder für ein fenster 2 kronen erhalten. 12. Der ungeschickten handlungen wegen, die wider den landfrieden im Sarganserland durch den
vogt und etliche untertanen geschehen, und weil der weibel von Flums
wieder an sein amt gekommen, so ist eine botschaft dahin zu schicken
etc. 13. Weil die von St. Gallen vielerlei wider den zwischen ihnen
und dem Abt aufgerichteten vertrag handeln, so soll dies den andern
Eidgenossen angezeigt und dorthin geschrieben werden, ob sie dem
landfrieden und den ergangenen sprüchen nachleben und die übertreter
strafen wollen oder nicht, worüber man unverzügliche antwort verlange; wenn sie nicht strafen wollten, so wird der bote darauf dringen, die bünde von ihnen heraus zu fordern. 14. Die artikel des herzogs von Mailand findet man nicht annehmbar, weil sie etlichen frühern verständnissen • widerwärtig • sind; aber den alten vertrag, der
mit dem vorigen Herzog geschlossen worden, den feilen kauf etc. betreffend, ist man bereit zu erneuern.

1615. **Mai 11** (• Samstag 12. Meyens •), B a d e n. Die gesandten von
Z ü r i c h an ihre obern. • Uf hüt habend uns ammen Berelinger und
ammen Richmuot uss befelch und gwalt der überigen zweig Orten
angsuocht und betten, inen die missiven, so Hans Bilgeri von Landenberg siner basen der klosterfrowen zuogschriben, an üch .. zuo vermögen hören ze lassen, darin er sich etwas begeben, mit gedachter
siner basen güetlichs ze handlen, deren er jetz gänzlich lougnet und
nit geschriben haben will, und soferr dann sy, die beid botten, sölich
missiven ... verstandind, wellind sy in abwysen und sich diser hand-

lung witers nüt beladen. So dann wir sölich ir ansuochen nit habend
können abschlahen, wär unser undertänig bitt und beger an üch ...,
uns sölich missiven, so frow von Landenberg oder Alexander hinder
inen ligen habend, zuozeschicken, damit wir inen die anzöigen könn-
tind, und der handel einmal abweg tan wurde»....

Zürich, A. Tagsatzung.

1616. Mai 11, Bern. 1. (Die) «potten von Savoye (hand) anzeigt,
(wie) min herren ime (dem Herzog) geschriben von wegen der gefangnen zuo Bätterlingen; der Herzog befrömdet sich, dass sy sich minen
herren also anhenken, mit pitt, inen kein ruggen (ze) geben, damit
sy (nit) halsstarch gemacht werden.» 2. (Antwort?) «Dwil min herren pündtnuss mit inen hand, sind sy verbunden, inen in zimlichen
sachen beraten und fürständig ze sin.» Bern, Ratsb. 233, p. 272.

Am 22. Mai wurde auf gestelltes begehren denen von Payerne eine doppelte
botschaft' bewilligt, «von des predicanten wegen»; nämlich Nägeli und Schöni,
(zur bundesbeschwörung etc.).

1617. Mai 13 (Montag nach Exaudi). Zürich an Vogt und Rat in
Einsiedeln. Es habe sich Johannes Holzhalb, des Rats, beschwert,
«wie dann verschiner tagen sin sun und knecht bi üch mit schwynen
gewesen, syge denselben nun gar ungeschickte spitzige wort, die wir
umb des besten willen ungenampset lassen, von den üweren begegnet,
zuodem inen ouch, bi gar noch, alle die schwin, so si gehept, genommen, doch nach langem inen soliche alle (usgeschlossen zwei) widerumb worden.» Man verlangt daher, dass dem geschädigten die zwei
schweine oder deren preis zurückerstattet und die schuldigen auch
wegen der spottreden nach verdienen gestraft werden. Zürich, Missiven.

1618. Mai 14. Bern an Basel. «Uewer schriben der unruow halb,
so by üwern und unsern eidgnossen von Soloturn der tannesten halb
verloffen (sin) soll, darinne einer gelibloset etc., haben wir alles inhalts verstanden; daruf füegen wir üch berichts wys ze vernemen,
dass nit an(e), vergangner tagen, als etlich von den v Orten zuo Soloturn (gewesen) und tannestli getragen, sind etlich burger von Soloturn zuogefaren und ouch tannestli ufgesetzt und also mit trummen
und pfyfen umzogen; dass aber domals ützit unrüewigs, anders dann
dass sy den predicanten getröwt, dermafs dass er ouch stillgestellt,
sich zuogetragen, ist uns nit wüssig. Demnach aber hat sich gefüegt,
dass einer, genannt Graf, von Soloturn, der ouch einen tannast vergangner tagen zuo Soloturn wie oblut getragen, gan Frouwenbrunnen
uf unser ertrich kommen, an den der unsern einer, genannt Jörg Fry,
der schmid zuo Frowenbrunnen, uffem feld nächst by F. gestofsen
und als uns fürbracht ist, in von des tannasts wegen, den er zuo Soloturn getragen, ze red gestellt und mit einandern gewortet, dermafsen
dass sy zuosamen geslagen, und der von Soloturn den unsern erstochen hat; daruf des umgebrachten fründ uns angerüeft, inen zuo recht
ze helfen. Uf sölichs (haben) wir den handel unsern eidgnossen und
mitburgern von Soloturn zuogeschriben, die nun urpüttig, guot fürderlich recht, wie sich in solichen sachen gepürt, ze halten; dess sich

des gelibloseten fründ benüegt (haben); also ist es ergangen und uns von keiner andern unruow ze wüssen. • **Bern, Teutsch Miss. T. 462, 463.**

Am 5. Juni erliess Bern ein schreiben an Solothurn betreffend aufnahme bezüglicher kundschaften. **Ib. ib. 473.**

1619. Mai 14 (Dienstag nach Exaudi). Zürich an seine boten in Baden: Diethelm Röist und Johannes Haab. 1. «Wir werdent in geheim ganz vertruwter meinung von der kilchgnossen von Keiserstuol wegen berichtet, wie sy bim landsfriden und göttlichem wort nit belyben, und wiewol sy willig sygend, den andern teil by der mäss und iren ceremonien beliben ze lassen, mögind sy doch, wiewol iren ob den vierzig, und vil uss unsern gebieten, syge uss dem nüwen Ampt und anderswo här, dahin kilchgnössig sygend, keinen predicanten erlangen, und müefsind also nit allein sy, sonder ouch die unsern göttlichs worts und irer seelen heil beroubt sin; sy dörfind sich ouch des grofsen ufsatzes und der gfaaren halb, so inen täglichs von unserem burger Cornelen (Schulthess vom Schopf) und sinem anhang begegnet, der sach gegen niemand merken lassen, das inen nit höcher beschwärlich sin könne. Und so dann gar unlydenlich, dass die unsern zins und ander gerechtigkeiten an die pfarr geben und doch göttlicher rechten nach unserm glouben manglen söllten, so wellint solichs unsern Eidgnossen (doch deren von Keiserstuol unvermäret) und besonder den landsfriden, und dass sy allweg angezogen, sy sorgen nummen, wir haltind den friden nit, und begertind sy nit mer, dann dass ja ja wäre, da uns (nu) wol bedunken, dass solichs an inen fälen well, zum ernstlichsten fürhalten und sy vermanen, dass sy bedenkind, wie gern sy habind, dass wir inen jetz zuo Pfingsten die tusent kronen leistind und also dem friden geläbind, als wir ouch das ze tuon willig sind, und dass sy darob und daran sygind, dass dem friden gelebt und den biderwen lüten ein predicant, der inen das göttlich wort verkünde, vergönnt, ouch die pfruond güeter nach vermög des artikels geteilt werdint. Dargegen sind sy urpütig, den andern teil ouch nach lut des fridens by irem glouben und der mäss belyben ze lassen und inen daran kein sumnuss ze tuon. Mögend wir dann hieby nit belyben, so müefsend wir trengender not halb erdenken, wie doch der sach ze tuon, dann es je in unserm erlyden die lenge nit sin mag. • 2. Auftrag zu einer besprechung mit dem landvogt wegen der klage des gotteshauses Wettingen, dass ihm am Katzensee eintrag geschehe, indem die leute im Regensdorfer amt ihn nicht wollen fischen lassen, etc. etc. (Ablehnung der bezüglichen angaben etc.). **Zürich, A. Keiserstuhl.**

1620. Mai 15. Bern an Freiburg. Niklaus von Graffenried habe mündlich und schriftlich angezeigt, dass Freiburg den dritten teil der 7000 kronen, die der herzog von Savoyen jetzt erlegt, zur hälfte zu behalten begehre wegen einer von den Genfern gegebenen zusage. Das könne man aber nicht gestatten; denn die von Genf haben ihren teil an den 21000 kr., nämlich 7000, an die soldbeträge, die sie zu entrichten schuldig, ausdrücklich zugesagt; desshalb schreibe man ihnen, sie sollen ihrem versprechen genugtun; ihre antwort gewärtige man, wenn Freiburg nicht von sich aus jenen teil herausgeben wolle.

Bern, Teutsch Miss. T. 464. Freiburg, A. Bern.

1621. Mai 15. Bern an Genf. 1. Erinnerung an die kosten der geleisteten kriegshülfe und die darüber gegebenen verschreibungen... Nun habe der Herzog die erste zahlung in 7000 kronen erlegt; aber Freiburg wolle den anteil Genfs, der doch Bern versprochen sei, nicht verabfolgen und wende ein, es habe die gleiche zusicherung. Man verwundere sich nun höchlich über ein solches auf zwei seiten hin getanes versprechen und begehre, dass Genf diese irrung berichtige und dafür sorge, dass Freiburg den streitigen teil herausgebe, damit man keinen anlass bekomme, auf schritte zu denken, die der stadt schädlich wären. Auch ermahne man sie, die übrige summe, die sie schuldig sei, abzutragen, etc. 2. Ferner höre man, dass die ihrigen im gebiet des Herzogs sich ungebührlich benehmen, woraus man schliefse, dass Genf nicht gesonnen sei, die gute nachbarschaft zu erhalten; in seinem interesse wolle man es desshalb ermahnen, hierin abhülfe zu schaffen, damit schlimme folgen vermieden werden.

Bern, Welsch Miss. A. 239.

1622. Mai 15 (Mittwoch vor Pfingsten). Ulrich Stoll, jetzt in Sargans, an BM. und Rat in Zürich. Antwort auf ihren befehl: Es sei ihm jetzt nicht möglich «gehorsam zu sein», da vogt Gilg (Tschudi) von Glarus heute wieder komme und mit den landleuten verschiedene geschäfte abmachen wolle; auch das maiengericht und «der Rhein» geben allenthalben so viel zu schaffen, dass er (nicht ins Rheintal gehen könne). Des Landrats auf Rosenberg habe er sich nie beladen, sowie mancher andern dinge, (die nun hervorgezogen werden); «ich kond etlichen zellen nit ruch gnuog sin, die ietz im spil sind; darum lan ich sy antwurt gen».... Mit bezug auf Caspar Nasals brief sei folgendes anzuzeigen: Ammann-Zenz habe vertröstet, sei aber nie zum recht gefordert worden; die urfehden ammann Maurers und anderer (4 oder 5) müfsen in Zürich liegen..; sie seien unter vogt Kretz, vor seinen (Stoll's) augen zu Altstätten aufgerichtet worden; während des krieges haben die verurteilten bei dem Landrat verzeihung erbeten; die dort liegenden urfechdbriefe seien «unnütz» gemacht und dabei versprochen worden, auch die in Zürich vorhandenen abtun zu helfen; darum sei es rätlich, dieselben zu beseitigen, da sonst die leute keine ruhe finden würden und sie Zürich doch nichts nützen....

Zürich, A. Rheintal.

1623. Mai 15 (Mittwoch nach Exaudi). Zürich an den abt von Kreuzlingen. Ulrich Tobler von Sommri bringe vor, er habe seiner zeit im auftrag der Zwölfer in dem gotteshaus K. etwas zu schaffen gehabt und, weil ihm da etwas schärfer geantwortet worden, als es ihm ziemlich geschienen, etliche worte gegen den Abt fallen lassen, die er jetzt wünschte vermieden zu haben, und bitte nun um eine empfehlung, damit ihm ein process vor landgericht erspart werden könnte. Da nun der friede alles vergangene aufhebe, und man diesseits viel schwerere zureden habe ruhen lassen müfsen, so hoffe man, dass der Abt hierin willfahre, zumal jene äufserung seine ehre nicht geschmälert habe, und bitte ihn also freundlich und geflissen, von seiner klage abzustehen und den guten Tobler gütlich bei dem frieden und seinen ehren bleiben zu lassen, etc. etc.   Zürich Missiven.

1624. Mai 15 (Mittwoch nach Exaudi). Zürich an Cornel Schultheas vom Schopf, vogt zu Kaiserstuhl. «Es beklagt sich Conrat Büel, burger zuo Keiserstuol, wiewol er aller dingen unschuldig, sich allein gewalts halben, diewil er gesechen, wie die so unsers teils gehalten worden sind, etwas zits entüssert und doch nun zuo vil malen trostung unz in etlich hundert guldin zum rechten erbotten, möge im doch solichs nit gedyhen, noch er zuo recht kommen, mit bitt, ime gegen dir mit fürschriften, damit er verhört und zum rechten vergleitet werde, behelfen ze sin. Sidtenmal nun uns sin erbar erpieten zimlich und aller billigkeit gemäfs, dargegen aber unbillich dunkt, dass eim, der nit mer dann diser verwürkt, gleit und recht abgeschlagen werden soll, so man doch eim übeltäter gleit zum rechten gipt, und dann dir als einem amptmann gezimpt, menklichen, besunder dine amptsverwandten, so dich umb recht anschrygend, bim rechten zuo beschirmen, so ist an dich unser gar ernstlich begeren, du wellest nit, dass er uns und der warheit günstig und anhäugig, sunder die billigkeit und die pflichten dines ampts, dass er ouch erpülig ist, was im das recht gibt, ze lyden, ansechen, die erpottne trostung von im annemen, in zum rechten vergleiten und zuo verantwurtung kommen lassen und unser nit entgelten lassen, dich ouch so ufrecht gegen im hierin bewisen, als eins unpartyischen amptmans ampt erfordert und wir uns aller billigkeit zuo dir versechend; dann sollte sich der erber man wyter ... erklagen, hast du lichtlich zuo erkennen, dass solichs on dinen unglimpf nit beschechen möcht.»   Zürich, Missiven.

1625. Mai 15. Jacob Feer, landvogt zu Lauis, an die V Orte. «Frommen etc. etc. Ze nechst vergangner wuchen han ich üch ... geschriben gan Baden, wie dann der vogt von Lugaris, des glich der von Meintal in posten wis gan Meiland geritten, des glich vil posten gan Zürich us und in ritend; uf das han ich gan Meiland geschickt ze erkunnen, was doch durch si möcht prattiziert und gehandlet werden, ouch ob etwas vorhanden wär, das üch .. ein nachteil bringen möcht. Uf das het mir der herr von Weralan (Veroli), dess glich ander ouch, geschriben und anzöugt, dass man jezmal nit könn spüren, dass da nit (üts?) gehandlet, das wider üch .. möcht sin; denn si mir sölichs ze wüssen in üwerm namen tuon wöllten. Der Herzog si(g) ouch dem luterschen glouben gar widerwertig, als villicht der herr von Werelan üch witer berichten wirt; (das) tuon ich üch im besten anzöugen, denn mich dunkt dennocht weger, einem ding nachfragen und erkunnen, do man argwon hett, denn underwegen gelan ....»   Lucern, Missiven.

1626. Mai 17 (Freitag vor Pfingsten), 9 uhr vormittags. Zürich an seine boten in Baden. «Als dann unser lieber ratsfründ Jörg Göldlin uss unserem befälch den biderwen lüten zuo Brämgarten wider

schultheifsen Honegker, Uolrichen Mutschlin und andere der entwerten
oder veranderten kilchengüeteren und (des) usgetrunkenen wyns halb
im rechten ein bystand getan und alle sachen uff nächstkünftigen tag
gan Baden gewisen worden, kompt doch den biderwen lüten warnung
darneben, wie die Eidgnossen (von den fünf Orten!), so sy jetz ab
dem tag verrytend, gan Brämgarten kommen und sy erst wyter strafen, diewyl sy sich doch ires willens nit halten wellind. Und so sy
aber etwas fürnemen, das villicht den biderwen lüten ze schwer sin
möchte, so wellint dest bas acht uff die sach han. und so ir vermerken, dass es die gestalt haben wöllte, als denn üwer einer, nemlich
du Hans Hab, mit inen darryten und das best du jemer kanst zur
sachen reden, ouch inen zum trüwlichisten byständig. beraten und beholfen sin und zum fründtlichesten scheiden, darneben ouch darob und
daran sin wellest, dass sy wyter nicht gefechd(et) noch gestraft werdint,
dann wir je vermeinend, sy dess kein fuog meer, sunder wir als vil
als sy teil und gerechtigkeit da habind und biderw lüt nit also um
rechttuons willen durchächten und bekümbern lassen könnind » . . . . .

Zürich, A. Landfrieden (original).

1627. Mai 20 (Montag Pfingsten). Hans Berger, vogt zu Knonau,
an Zürich (durch P. Simler in Cappel). «Als ich uf hüt gan Cappel
komen, üwer befelch zuo vollstrecken, ist mir under anderm fürkommen, wie dass etlich uss dem fryen Ampt von Hedingen, Ottenbach
und da umb sich uff vergangne nacht zesamen gerottet, ongfarlich uf
ijᶜ, und sind gan Lunkhofen ins dorf gefallen, habend da pfaffen kel-
leren gejagt (sic). und demnach dem priester in das hus gefallen, habend fenster und öfen zerschlagen und demnach den selben priester
barfuofs über die brach hingfüert gan Ottenbach und nach vil muotwillens, mit im gebrucht, habend sy in über Rüfs hinweg gefergget
und befolchen, nit wider ze kommen. Und dwyl sölichs vergangen,
hat kein Lunkhofer keiner sach sich nützit beladen. Es habend ouch
(als ich vernim) die unsern dem priester nützit genommen, sonder
allein hand an sinen lib gelegt; doch so ist jederman wider heimkert.
Sölichs hab ich üwer wysheit nit wellen verhalten, will aber ylends
in der sach handlen, und was ich in diserm und vordrigem handel
mag erkonnen, will ich handlen als ein trüwer diener, der geneigt ist
unruow abzestellen. »

Zürich, A. Knonau.

Eine reihe bezüglicher acten folgen.

1628. Mai 20 (Pfingstmontag). Heinrich Schönbrunner, landvogt zu
Baden, an Zug. 1. Am Pfingsttag habe der priester zu Lunkhofen
messe gehalten, und in der nacht darauf sei er durch etliche personen
aus dem hause weggeführt, und seine ganze habe zerschlagen worden;
wohin er gekommen, wisse noch niemand. Darauf haben die von
Bremgarten eine botschaft nach Zürich geschickt, um zu erfahren, ob
von dort aus befohlen worden, den priester derart zu verhaften, oder
ob man dort darum wisse. Den herren sei aber dieser handel ganz
fremd und leid gewesen, und sofort haben sie ihre botschaft, « den
sew ul und an dem andern ort hinab zuo faren », abgeordnet, um der

sache nachzufragen; sie wollen die täter, wenn sie dieselben ergreifen, nach verdienen und hart bestrafen. 2. Es sei von gewissen personen in der stadt und landschaft Zürich ein anschlag gemacht worden, in dieser nacht 2000 mann im Sihlwald zu sammeln, morndess (der stadt Zug) abzusagen und die erfahrene schmach zu rächen; den anschlag solle «das büebli» pfaff Asimus gemacht haben. Als die obrigkeit das vernommen, habe sie desswegen fast den ganzen tag Rat gehalten, etliche verdächtigte personen verhaftet und mit der marter gefragt und nach vermögen den handel abgestellt. Das melde er, damit aus allfälligen andern berichten keine «empörung» erwachse; doch möge desshalb nicht weniger vorsicht walten, damit solche nichtsnutzige leute keinen schaden tun können. 3. Am abend vor Pfingsten habe Benedict May (von Bern) dahier geredet: «Ja ir, min herren von den fünf Orten, wöllent den esel übergürten, und eb si sich also wöllent zwingen lassen, so werde es der Bär kretzen.» Daraus sei wohl die vermutung zu schöpfen, dass nichts gutes hinter ihnen stecke, etc. — (Von des landschreibers hand).   Luzern, Missiven (original).

1629. Mai 20. Basel an Solothurn. «Demnach üwer vogt von Göfsgen und Hemman Offenburg, unser vogt zuo Varsperg, vergangener tagen zuo Wisén erschinen, den vertrag (so) wir darum bedersits angenommen, erstatten und vollziehen wöllen, doch ongeschafft gescheiden, so gelangt an üch unser begern, ir wöllend ein ratsbotten verordnen, die (sic) sampt obgenanntem üwerm vogt uf Montag den zehenden tag Brachmonats früeger tag zyt mit sampt dem alten rodel, so ir von der rütizinsen wegen by handen haben, zuo Wisen erschinen; wöllend wir unser botschaft und vögt ouch dahin verordnen, der hoffnung denselbigen vertrag zuo vollziehen; ob üch aber solcher tag nit gelegen, dess wöllend uns by disem botten verständigen»....   Basel, Missiven.

1630. Bern an Solothurn. Man vernehme glaublich, dass der vogt zu Gösgen die prädicanten zu Stüfslingen und Erulisbach in unleidlicher weise bedränge; daher bitte man, mit diesem amtmann zu verschaffen, dass er sie unbekümmert lasse, da sie doch nichts anderes tun, als was ihrem amte zustehe; falls sie sich aber nicht nach ihrem stande hielten, würde man sie wegnehmen, durch tauglichere personen ersetzen und überdies bestrafen.   Bern, Teutsch Miss. T. 476.

1631. Mai 21. Heinrich Schönbrunner, landvogt zu Baden, an BM. Diethelm Röist in Zürich. Da in den (Zürcher-)Abschied vom letzten tage (die weisung) gesetzt worden, über die vergleitung des weibbischofs in die freien Aemter und (andere) gemeine vogteien bescheid zu geben, bitte er um schriftliche anzeige bei diesem boten, ob Zürich das geleit gewähren wolle oder nicht. Auch möge (der Burgermeister) die «aufgesetzten» (resp. noch bestehenden) feiertage melden lassen, damit er (der vogt) sie zu verkünden wisse, etc.   Zürich, A. Grafsch. Baden.

1632. Mai 21 (Dienstag in Pfingstfeiertagen), 1 uhr nachm. Ammann und Rat von stadt und amt Zug an Bremgarten. Antwort auf die

mitteilung der zuschrift von Zürich betreffend den leutpriester zu Luukhofen, etc. Man werde auf morgen eine botschaft zu dem tag in Lucern schicken mit dem befehl, samt den boten der übrigen Orte zu
handeln, was sich gebühre. Und weil jetzt mancherlei gefährliches
vorhanden sei, so begehre man freundlich, dass gutes aufsehen gehalten werde, etc.   Stadtarchiv Bremgarten.

1633. Mai 22 (Pfingstmittwoch). **Zürich an Bremgarten.** «Uns
ist ungezwyflet, üwer schultheifs und· ratsfründ, so ir vergangens
Pfingstags der unfuoren halb, so die unsern mit dem priester zuo
Luukhofen fürgenommen, zuo uns geschickt, habind üch bericht, dass
sölichs hinder uns, ouch wider unser wissen und willen beschechen
und uns von herzen leid und schwerlich missfällig syge; wir möchten
ouch lyden, dass die unsern sich unsers willens geflissen, so wäre
dise sach wol erspart. Und wiewol wir nit gemeint, dass villicht so
vil der sach verhaft, und desshalb unsern ratsfründen befolchen haben
hinüber ze ryten und zuo verschaffen, dass uns dise ufrüerer zuo unsern handen wurden, habend doch dieselben so vil befunden, dass sy
nit bedunken wellen, mit der sach ze gahend, sunder die mit fuogen
anzegryfen sin, denen wir ouch fürderlich nachtrachten und dermafs,
so wir uns der anhebern und wigleren erkundend, hierunder handlen,
dass menklich spüren muofs, dass wir merklich missfallen hieran gehebt habind und uf ruow, so wyt wir mögend, ze trachten geneigt
sygend.» Folgt das ansuchen, allfällige unruhe zu beschwichtigen und
Zürich freundlich zu verantworten, etc.
       Zürich, Missiven. Stadtarchiv Bremgarten.

1634. Mai 22 (Pfingstmittwoch). **Zürich an Bremgarten.** «Als
dann der unsern von Zufiken erbar botschaft uns vergangner tagen
fürtragen lassen, wie ir inen die fyrtag ze halten, hinder der mess ze
stan und mit krüzen ze gan sölicher mafs, nemlich welicher das nit
tüege, ir denselben an lyb und guot strafen wellint, item ouch an die
eid gebotten, einen vogt, der nit irs geloubens ist, anzenemen, ist das
alles um der kürze willen under dem wörtlin eidsgebotten in unserm
schryben zuosammen vergriffen, und doch durch gemeldte botten nit
anders dann mit underscheid, nemlich die fyrtag und krüz by der
straf an lyb und guot ze erwarten und des undervogts halb bim eid
fürtragen worden; hat uns ouch wellen bedunken, wenn eim bim eid
gebotten werde, einen amptman, der nit sins geloubens, ze nemen.
dass sölichs gnuog wol bim eid vom gottswort getränkt syge. So aber
die biderwen gesellen hierin wider ir verschulden und uss einem missverstand, als ob sy uns die unwarheit fürgeben, vergriffen und gestraft werden wellent, und sy doch in der warheit gar kein schuld
daran hand, ... so bitten wir üch gar fründlich, ir wellind sy sölichs
missverstands nit entgelten, sunder uss sorgen und gefänkniss, üch
fründlich zuo gnaden befolhen sin lassen und gemelter ursach halb
nit strafen noch inen einiche buofs abnemen», etc. etc.
       Stadtarchiv Bremgarten. Zürich, Missiven.

1635. Mai 22 (Pfingstmittwoch). Zürich an Heinrich Schönbrunner, landvogt zu Baden. Dem letzthin zu Baden gestellten ansuchen, der V Orte, dem weihbischof von Constanz geleit zu geben, wolle man hiemit, wiewohl das eigentlich unnötig sei, willfahren mit der bedingung, dass dasselbe ausdrücklich nur für die gemeinen herrschaften gelten solle. Zugleich schicke man, dem letzten abschied gemäss, das verzeichniss der hier gültigen feiertage («unsere fyrtag»), damit er den empfangenen weisungen zu folgen wisse, und bitte ihn, allweg das beste zu tun. *Zürich, Missiven.*

1636. Mai 22. Heinrich Schönbrunner, landvogt zu Baden, an die boten der V Orte in Lucern. 1. Heute habe Zürich geschrieben, dass es ihnen zu gefallen dem weihbischof von Constanz das geleit geben wolle; es werde nun demselben beförderlich zukommen. 2. Ueber das am letzten Montag nachts an Zug berichtete habe er weiter nichts erfahren können, wolle aber nicht unterlassen, bei tag und nacht zu melden, was er vernehme, und bitte seinerseits um nachricht, wenn etwas begegnen sollte. *Lucern, Missiven.*

1637. Mai 22 (Pfingstmittwoch). Zürich an Lucern. Es wisse wohl, wie sich die leute von Rorschach, Gossau und Waldkirch auf dem letzten tag zu Baden beklagt haben, dass der Abt ihre prädicanten zu vertreiben gedenke, um sie damit von dem göttlichen wort zu drängen; das halte man für friedenswidrig und unerträglich und habe daher den Abt mehrmals freundlich ersucht und gebeten, den frieden und gemeine ruhe zu bedenken, namentlich dass er den frieden zu halten schuldig sei; desshalb habe man ihm auch recht geboten und wolle an gebührlichen orten die sache austragen lassen; dabei habe man auch das begehren gestellt, dass er einstweilen nichts weiteres gegen die leute unternehme etc. Darauf habe er durch eine botschaft abschriften des burg- und landrechts und der hauptmannschaftsbriefe vorlegen und bitten lassen, ihn dabei zu schützen, mit hinweisung darauf, dass er ein freier herr sei. Seine freiheiten wolle man ihm nicht vorenthalten; weil aber der friede ausdrücklich sage, dass künftig, wo geistliche oder weltliche personen einander recht bieten, die gegenpartei es annehmen solle, so bitte man Lucern dringlich, zu bedenken, dass es nichts gutes bringen könnte, wenn der Abt das rechtsbot umgehen und die biderben leute mit gewalt bedrängen wollte; um der ruhe willen möge es daher den Abt von seinem vorhaben abweisen und ihn anhalten, einen rechtlichen austrag zu erwarten. Denn sollte man nicht zum recht gelangen, so hätte man wohl ursache und befugniss genug, zu andern mitteln zu greifen, was man in bester meinung verhüten möchte, etc. *Lucern, Missiven.*

1638. Mai 22 (Pfingstmittwoch). Zürich an Bernhard Schiess(er), landvogt im Thurgau. Die von Sulgen zeigen an, dass das jahrzeitbuch von jeher in ihren handen gelegen, auch die jahrzeiten und dergleichen gestiftete zinse immer für erhaltung des priesters oder notwendige kirchenbauten verwendet und nie nach Bischofzell hinein gezogen worden seien, was jetzt aber die chorherren ohne alles recht beanspruchen. Da diese angelegenheit etlichermafsen den frieden berühre und einer erörterung durch die Eidgenossen bedürfe, so habe man dieselbe in guter meinung auf die nächste jahrrechnung in Baden gewiesen und begehre nun ernstlich, dass der vogt inzwischen sich nicht darauf einlasse, sondern die parteien auf die jahrrechnung weise, etc. **Zürich, Missiven.**

1639. Mai 22. Bern an Wallis. Antwort auf das eben gesandte schreiben betreffend die zu Lucern liegenden büchsen. So gerne man (sonst) dem gestellten gesuche willfahren würde, finde man es jetzt doch untunlich, indem man wohl wisse, woher jene büchsen kommen, und wie die angehörigen durch leute aus den V Orten (noch öfter) mit tannasten beleidigt werden; wenn nun jenes geschütz durch diesseitiges gebiet geführt würde, so möchte dies leicht zu einer unruhe anstofs geben, was üble folgen haben dürfte, zumal die sache noch nicht so « gar erkaltet » sei; man bitte also, noch einige zeit zu warten, bis (die stimmung) besser geworden, etc. **Bern, Teutsch Miss. T. 478.**

1640. Mai 22 (Pfingstmittwoch). Zürich an schultheifs Golder in Lucern. « Unsern fründlichen gruofs, mit erpietung alles guots zuovor. Frommer fürsichtiger wyser insonders lieber und guoter fründ. Wir haben die ungeschickte gewaltshandlung, so die unsern vergangens Pfingsttags mit dem priester von Lunkhofen eigens frävels hinder uns und wider unser wissen und willen fürgenommen, zuosampt der fründlichen meinung, dass wir nach gepür hierin insechen tuon und vor wytern unruowen sin wellint, sampt wyterm inhalt mit schmärzlichem beduren verstanden, hetten uns solichs frävels zuo den unsern in keinen weg, sonder wol versechen, (dass) sy vergangen sachen bas bedacht und meer uff ruow dann solicher gestalt uff unfriden trachtet hettind, und ist minders nit, so erst wir diser dingen durch die unsern von Bremgarten, so ir ratsbotschaft gedachts Pfingsttags zuo uns geschickt, verstendigt worden, haben wir angends zwen unserer ratsfründen hinüber ryten und den handel, was da für oder wie es zuogangen, erkonnen lassen und inen ernstlich befolchen, so sy jemands der unsern schuld daran haben vernemen, (dass) sy dieselben alsbald fenklich zuo unsern handen überantwurten söllend, der meinung sy nach irem verdienen ze strafen. So sy aber ein soliche anzal funden, dass also in einer gächi nit mit inen ze ylen gewesen, haben sy unserm vogt befolchen, allen müglichen flyfs anzekeren, damit wir der ursächern und anfängern gedachten muotwills berichtet werden mögind; dessglychen ouch wir unsere undervögt daselbs umb gesessen als uf morndrigen tag ylends für uns beschriben, der meinung, (dass) wir durch solich und ander mittel disen fräveleren zuokommen, inen nit fyren, sonder sy dermafs strafen wellent, dass man spüren muofs, uns solich ir unzimlich fürnemen trüwlich und von herzen leid gewesen und noch sin, und dass wir daran kein gefallen habind. Und sidtenmal wir in üwerm schryben über guot gemüet, dass solichs zuo frid, ruowen, wolfart und uneinigkeit (sic!) unserer lieben Eidguoschaft in trüwen geneigt, bedanken wir uns dess gegen üch zum fründtliche-

sten wir jemer söllend und mögend, mit gar geflissner pitt, so solichs
üwer herren und ander unser lieb Eidnossen anlangen, dass ir das
best darzuo reden, und dass solichs hinder uns, wider unser wissen
und willen beschechen, daran wir kein schuld noch gfallen, sonder
herzlich beduren und missfallen habiud, (dass) uns ouch der handel
zum trüwlichesten leid, den wir nach gepür ze strafen und alles das,
so zuo friden und ruowen, ouch styfer vollstreckung ufgerichten fridens dienen mag, höchst flyfses ze fürdern geneigt sygent, zum fründtlichesten versprechen und dermafs verantwurten wellind, als die warheit an im selbs ist und die notdurft erfordert, damit wyter uuruow
verhüetet, und ob uns jemand verleiden wölt, demselben kein glouben
geben werde; kompt uns umb üch fründtlich zuo verdienen. Wir sind
ouch des unverruckten sinnes, nach erkundigung dises handels so styf
mit straf hindurch ze gan, dass sy spüren söllen, unrecht und wider
unsern willen ... getan haben », etc. etc. — Nachschrift: « Diewyl
ouch der lütpriester von Lunkhofen jetz by üch ist und villicht aller-
bast bescheid und anzöigung geben kan, wer die fürnemern im spil,
und wie sy genempt sygind, so ist unser pitt an üch, solichs an im
ze erkunden und uns solichs zuo berichten », etc. etc.

Lucern, Missiven. Zürich, Missiven.

Noch am gleichen tage wurde ein untervogt auf morndess vor Rat geladen,
um bezügliche befehle zu vernehmen. (Adresse fehlt). An den vogt zu Knonau
erging gleichzeitig die weisung, den urheber und die beteiligten oder mitwissen-
den mit allem eifer zu erfragen und unverzüglich bericht zu geben.

Bemerkenswert ist ferner, dass gleich in den nächsten tagen boten des Rates
in alle ämter der landschaft abgingen, um (gemäss dem kürzlich errichteten
« Cappeler brief ») über den bewiesenen ungehorsam zu klagen, über den ganzen
handel bericht zu geben, vor solchen üblen streichen zu warnen und die allfällig nötige unterstützung der gemeinden zur bestrafung trotzender frevler nach-
zusuchen. Die bezüglichen acten sind noch vorhanden.   Zürich, A. Fürträge.

1641. Mai 23 (Donnerstag nach Pfingsten), Zürich. « Geschworne
kundschaft ufgenommen über die schädlich unruow, so sich durch
etlich muotwillig knaben uss den frygen Aemptern gegen dem priester
zuo Lunkhofen ... erhept hat, » in gegenwart der hh. Jörg Göldlin,
m. Holzhalb, m. Jacob Pur. Erster zeuge vogt Blickenstorf(er) von
Hedingen, der beteiligte angibt und berichtet, wie er vor solchen streichen gewarnt; dann die untervögte zu Bonstetten (Rudolf Huber) und
Aesch (Rudolf Huser). « Nach solicher irer aller sag (haben) mine
herren inen ernstlichen befolchen, dass ein jeder in sinem dorf die
sinen ganz ernstlichen fragen söllte, wer doch sölichen unfuor uftrölet
und dess ein anheber, wer ouch daran schuld hette, und wie die sach
zuogangen ».... Darauf erfolgte eine zweite abhörung, deren resultat
auf dem gleichen bogen notirt ist; ihr datum fehlt. — (Die übrigen
acten geben des sachlichen vollkommen genug).   Zürich, A. Nachgänge.

Hiemit steht in einigem zusammenhang eine andere reihe von kundschaften
betreffend umtriebe eines Rudolf Schinz zu einem angriff gegen Zug, vom Sihlwald aus.

1642. Mai 23 (Donstag nach Pfingsten). Die boten von Lucern
und Schwyz an Zürich. Auf ansuchen der drei Orte Uri, Unterwalden und Zug habe man dem abt von St. Gallen schreiben lassen,

er solle in dem span wegen der prädicanten das recht gestatteu; weil aber das burg- und landrecht • auf kein recht veranlasset • sei, so soll dasselbe laut des neuen landfriedens vor sich gehen und beförderlich ein rechtstag angesetzt werden; auch sei dem Abte zugemutet, bis zu austrag des rechten mit verweisung der prädicanten stillzustehen. Dagegen ersuche man Zürich, mit aufstellung von prädicanten innezuhalten, indem verlaute, dass es die von Rorschach geheifsen, einen aufzustellen, und ihnen schriftlich zugesagt habe, sie dabei zu schirmen und schadlos zu halten, was man auch nicht billigen könne. Jedoch wolle man für die prädicanten, die dem frieden ungemäfs predigen und reden, nichts zugesagt haben, sondern ihre bestrafung vorbehalten.

Zürich, A. Abtei St. Gallen.

1643. Mai 24 (Freitag nach Pfingsten), Lucern. Die gesandten von Uri, Unterwalden und Zug an Zürich. Man vernehme, dass es mit dem abt von St. Gallen in einem span stehe wegen etlicher prädicanten, die er zu verweisen gedenke, und ihm desshalb recht erboten habe. Darüber habe man mit Lucern und Schwyz so viel geredet, dass man hoffe, sie werden den Abt schriftlich (ermahnen), die abstellung der prädicanten zu verschieben bis zum austrag des dargeschlagenen rechts, derjenigen nämlich, die dem frieden nicht zuwider predigen und handeln; aber andere sollte der Abt bestrafen und hierin tun, was sich gebühre. Hinwider begehre man nun, dass Zürich auch stillstehe, keine neuen prediger aufstelle und den entscheid des rechts gewärtige, zumal es nach Rorschach geschrieben haben solle, es wolle die einsetzung eines prädicanten selbst vertreten, etc.

Zürich, A. Abtei St. Gallen.

1644. Mai 24 (Freitag nach Pfingsten), Lucern. Verschreibung der V Orte gegenüber den katholischen Glarnern. — Absch. p. 1347, r.

Neugart, Cod. dipl. Alem. II. 528, 529.

1645. Mai 25. Bern an den abt von St. Gallen. Man vernehme, dass er das von Zürich angebotene recht wegen der klagen deren von Rorschach, Gofsau und Waldkirch abschlagen und die prädicanten an jenen orten nicht dulden wolle, was einigermafsen befremdlich erscheine, da wohl zu bedenken sei, was daraus erfolge, wenn das rechtbieten und der jüngst geschlossene friede nicht gelten sollen. Daher wolle man den Abt zum dringlichsten ermahnt und gebeten haben, um der ruhe willen die genannten untertanen bei dem frieden bleiben zu lassen, von dem göttlichen wort nicht zu drängen oder denen, die desshalb das recht erbieten, solches zu erstatten und bis zu dessen austrag die b. leute nicht anzufechten, da es billig sei, dass er, als durch den landfrieden eingesetzt, andere auch dabei bleiben lasse.

Bern, Teutsch Miss. T. 480, 481. Stiftsarchiv St. Gallen.

Juni 1. Bern an Zürich. Mitteilung der antwort des Abtes auf obiges schreiben.

ib. ib. 488.

1646. Mai 25 (St. Urbans t.). Schwyz an Lucern. 1. •Wir haben uss jetzigem abscheid, by üch usgangen, (vernomen?) dass wir verhelfen söllten, dass die Toggenburger das gelt, so ire gefangnen by üch verzert, schickten, wolches wir zuo tuon ganz wol geneigt; damit wir aber der sach ein ingang habend und wüssen mögent, was, wie vil und von wem wir fordern söllent, so langt an ü. e. w. unser früntlich begeren, ir wellend uns der gfangnen namen, ouch wie vil ein jeder verzert, zuoschriben; so das beschicht, wellend wir nach bestem vermögen helfen, damit bezalung bescheche. 2. Zum andern . . . so begegnent uns jetzo sachen, dero wir beschwert und fast bekümbert sind, namlich dass uns so vil erlicher personen der massy verlümdet werden, dass wir schier nit wüssen, wo wir j(e)nen daran sind, und will uns ouch gebüren, in der sach zuo handlen, dardurch an den verlümdeten schuld oder unschuld erfunden werd. Sond wir dann die personen von land füeren, so gits ein grofsen kosten und noch vil ein gröfser geschrei. Semlichs fürzuokomen und dass es in still beliben möcht, so langt an ü. e. w. unser fründtlich bitt und ernstlichs begeren, dass ir die geschwornen personen, so über dise krankheit zuo versuochen gesetzt, sampt und sunders vermögen wellent, dass die zuo uns koment, und namlich, dass sy uff jetz Zinstag zuo nacht by uns zuo Schwyz sin, uns da helfen und tuon, so zuo sölichen sachen gehört, und das uf unsern kosten » . . . . Lucern, Missiven.

1647. Mai 26 (Sonntag nach Urbani), 8 uhr nachm. Schwyz an Luoern. »Uff dise stund hat uns der unser, vogt Föisy im hof Pfeffiken, ilents kuntschaft zuogeschickt, die meinig, dass im einer uns der (von) Zürich ämpter, so ime hievor alle warnung zuo wüssen getan und im nie gfält, ilents enbotten habe, dass er uns warnen und berichten sölle, dass der anschlag und ouch das volk gerüst sye, uns zuo überfallen uff hütt oder morn; an welichem ort aber, sy(e) im noch nit wüssent, ob sy uff Zug, uff uns oder uff Rapperschwyl zuo wellen. Der bott, so uns die märe bracht, hat uns ouch bericht, dass er ghört hab drüy oder vier grofse stuck büchsen zuo Rapperschwyl ablan; was aber da vorhanden, wüss er nit. Dwyl wir dann vorhar dick gewarnet, will uns nötlich bedunken, dass ir in üwern ämptern verschaffent guot sorg zuo haben und nach guoter kuntschaft zuo werben und zuo erfaren, was die Berner puren vor handen haben. Dwyl uns nun semlichs vor ougen, und wir noch kein lutern anschlag haben, wo wir uns mit unser macht zuosamen füegen, hat uns für nötig augsechen, dass wir fünf Ort uns zuosamen tuon, ein anschlag zuo machen, was uns anlangen, dass menklich wüsst, wo man zuosamen komen, dessglichen ouch angsechen, wer nach hilf in Italia schicken und schriben söllt. Dorum haben wir ein ilenden tag angsechen uff morn Mentag zuo früyer ratszit zuo Brunnen zuo erschinen, mit ernstlicher bitt, üwer vollmächtig anwalt mit vollem gwalt in disem entlichen anschlag zuo beschliefsen, hie(ha)r zuo schicken und nit usszuobliben, dann wir gliche meinung den übrigen dryen Orten ouch zuogeschriben. . . . Wir ermanen üch ouch, ob mitt(l)er zyt infiel, dass semlicher tag nit möcht erlangt werden, dass ir ein getrüw ufsehen uff uns haben, derglichen wir zuo tuon ouch gesinnet » . . . . Nachschrift: »Wir sind ouch bericht, dass sy allenthalb endert dem Zürichsee ir glogken gestellt habent. »

Lucern, Missiven.

A tergo: » Jllentz jllentz tag und nacht. »

1648. Mai 27 (Montag nach Trinitatis). Zurich an Bernhard Schiefser, landvogt im Thurgau. Man hätte sich versehen, dass er in dem handel zwischen dem abt von Kreuzlingen und Ulrich Tobler sich für eine gütliche erledigung verwenden und ein strenges rechtsverfahren verhüten würde; da er sich sonst bisher freundlich und schiedlich gehalten, so hoffe man, dass er auch in diesem falle Zürichs ausuchen ehren werde, und begehre nun dringlich, dass das recht einstweilen einstweilen eingestellt werde; man wolle mittlerweile für einen gütlichen ausgleich wirken, etc.   Zürich, Missiven.

1649. Mai 27 (Montag nach Trinitatis). Zürich an den abt von Kreuzlingen. Erinnerung an die früher eingelegte fürsprache für Ulrich Tobler. Da nun das bezügliche schreiben dem Abte nicht zu handen gekommen, und man doch in der hoffnung stehe, dass er den frieden bedenken und Zürich in diesem falle nicht missachten (« enteeren ») werde, so bitte man ihn nochmals recht freundlich, in betracht zu ziehen, dass in den letzten zeiten gar viel geschehen, das man gleichmütig aufheben müfse, und den Tobler nicht so streng zu verfolgen, sondern mit dem rechten etwas innezuhalten; man werde inzwischen auf mittel denken, die des Abtes ehren genugtun sollen, und gewärtige desshalb eine willfährige antwort, etc.   Zürich, Missiven.

1650. Mai 27 (Montag nach Trinitatis). Zürich an Mauriz Eckhart, unterschreiber in Bern. «Wir haben din fründtlich und getrüwe warnung verstanden, und ist nit minder, es hattend nächstverruckter Pfingsten etlich unrüewig lüt, denen allweg lieber unglück dann frid und gnad ist, hinder uns .. ein tröl angerichtet, darus by den Ländern erschollen und inen warnung zuokomen, als ob wir die von Zug unversechener dingen überfallen wölltten. So nun dise sach mit dem priester zuo Lunkhofen von ungeschichten darzuogeschlagen, sind sy in ein dest stärker verdenken gefallen, als ob etwas an der sach syge, und also uf ein fürsorg villicht bewegt, einen uszug ze tuon; desshalb wir nit gedenken könnend, sy der meinung sin, einichen krieg mit uns anzefahen, als wir sy ouch wills Gott nit darzuo verursachen, sunder die unsern, so fast wir jemer mögend, zuo ruowen wysen, darneben guot sorg haben und Gott der sinen walten lassen».....   Zürich, Missiven.

1651. Mai 27. Diethelm, abt von St. Gallen, an Zürich. Antwort auf das letzte schreiben. Der vorwurf, dass er die Gotteshausleute von dem gotteswort zu drängen begehre, befremde ihn, da er christliche zucht und ehrbare alte bräuche gerne pflanzen und äufnen möchte, wozu er in seiner landschaft auch befugt zu sein glaube. Dass er etliche neue prädicanten abgewiesen, sei nicht ohne erhebliche ursache geschehen; denn hätten sie nicht öffentlich und grob wider den landfrieden geredet, so wäre es ohne zweifel unterblieben. Seit dem rechtsvorschlag Zürichs sei kein prädicant mehr abgestellt worden, obwohl es unbilliger weise neue habe aufstellen heifsen; er wolle aber die sachen ruhen lassen, indem er hoffe, dass Zürich bis zu rechtlichem entscheid auch ruhig bleibe, und ungeachtet des eben von

Bern in einer missive geäufserten verdachtes, dass er das recht nicht annehmen wolle, begehre er, dass dasselbe zu beförderlichem austrag komme. Dafür möge sich Zürich auch verwenden; denn er bedaure in ganzen treuen, dass es sich dergestalt « einlasse »; viel lieber hätte er freundlich als rechtlich gehandelt. Hierüber begehre er schriftliche antwort, etc.

Zürich, A. Abtei St. Gallen.

1652. Mai 27 (Montag nach Trinitatis). G l a r u s an Z ü r i c h. Antwort auf dessen beschwerde, wie der abt von St. Gallen die prädicanten aus seiner landschaft vertreibe etc. Am Dienstag nach Pfingsten sei der hauptmann des Gotteshauses hier vor Rat erschienen, um den desshalb schwebenden handel vorzutragen; der Abt begehre bei dem landfrieden zu bleiben und das recht nicht zu verweigern, aber auch bei seinen freiheiten und dem alten herkommen geschirmt zu werden. Darauf habe der dreifache Rat einhellig erkannt und geantwortet, man wolle den landfrieden, die bünde und andere verschreibungen an dem Abte treulich halten, ihn auch bei seinen privilegien und gerechtigkeiten bleiben lassen. Dem vorgeschlagenen recht zwischen ihm und Zürich wolle man den lauf lassen und gewärtigen, wer darin gewinne, sich aber dessen nicht selbst beladen und überhaupt nicht weiter eingreifen. Damit aber der span in güte beigelegt werden könnte, was man von herzen begehre, würde man, falls die andern zwei Orte dafür einen tag ansetzten, dazu auch eine botschaft schicken, um gütliche mittel zu einem austrag suchen zu helfen, etc.

Zürich, A. Abtei St. Gallen.

1653. Mai 27, Wyl. Diethelm, abt von St. G a l l e n, an B e r n. Antwort auf die zuschrift betreffend die prädicanten zu Rorschach, Gofsau und Waldkirch etc. Er habe wohl einen oder mehrere « hinwegziehen lassen », aber nicht ohne erhebliche gründe, und hoffe, dass (Bern), wenn es über die sache gründlich berichtet wäre, sich nicht dergestalt eingelassen hätte. Dass Zürich, wie es scheine, sich über verweigerung des rechts beklagt habe, bedaure er höchlich, da er solches niemandem abschlagen wolle. Auch sei es nicht seine absicht, dem landfrieden nicht nachzuleben, indem er sich auf diesen stütze; auch von dem gotteswort jemanden zu drängen, begehre er gar nicht, etc. etc. — (Adresse fehlt).

Zürich, A. Abtei St. Gallen (copie aus Bern).

1654. Mai 27 (Montag nach Trinitatis). Z ü r i c h an Z u g. « Uns langt an, wie ir in etwas sorgen, rüstung und gewarsami sin, ouch unserthalb starke wacht halten söllend, das uns warlich treffenlich verwundert, wer üch doch sölich mären zuo oren trage; dann wir gar nienarvon nüt wissend, ouch keins andern gegen üch gesinnet sind, dann in aller fründschaft und guoter geneigter nachburschaft mit üch ze leben und dem ufgerichten friden getrüwlich stattzetuon, und muofs uns denacht billich beduren, dass ir üch glych in ein so stark missvertruwen gegen uns bewegen lassend; dann ob wir glychwol unrüewig lüt zuo beiden teilen hand, hoffend wir doch, wenn ein oberkeit die andern güetlich höre, wir einander ob Gott will allweg fründtlich bezühen und dermafs by den unsern zuo beider syt insechen tuon,

dass damit wyter unruow und empörung (die nut anders dann grundt-
lich verderbung einer frommen Eidgnosschaft bringen möcht) verhüetet
werde; bittend üch ouch darby, dass ir allweg das besser glouben,
uns, wo ich etwas angelegen, berichten und nit eim jeden orenträger
(die uns vor in lyden und jamer bracht und es gern wyter tätind)
glouben geben, sunder uns für fromm getrüw Eidgnossen, guot fründ
und nachburen achten und halten, derglychen ouch wir allzyt gegen
üch geneigt sin wellend. Verstand (dis) von uns on alle farb und
betrug, dann gemeinen friden und ruow zuo erhalten sind wir begirig. »
Zürich, Missiven. Lucern, Missiven.

1655. Mai 27 (Montag nach Trinitatis). Zürich an den abt von
St. Gallen. Er habe auf die eingelegten fürbitten hin den Peter Weber
mit schriftlichem geleit auf Freitag nach U. H. Fronleichnamstag (31.
Mai) zu gütlicher unterhandlung vorgeladen; weil aber derselbe durch
krankheit verhindert sei, diesen tag zu besuchen, und solche not jeden
zu entschuldigen pflege, so bitte man freundlich, ihn nicht zu übereilen, sondern den tag bis zu seiner genesung («unz er wider zuo im
selbs komen mag», al. «zuo gesundheit k.»), indem man hoffe, dass
sich alsdann gütliche mittel finden, durch welche der handel erledigt
werde, etc. *Zürich, Missiven.*

1656. Mai 27, Freiburg. Erneuerung des bündnisses mit Payerne
(alljährlich). Die boten dieser gemeinde erklären deren entschluss, bei
dem alten glauben zu beharren, zu leben und zu sterben.

Am 24. Mai hatte Freiburg eine botschaft (Jacob Rudella) nach Payerne
abgeordnet, sei es für einen entsprechenden act oder für verhandlungen in glaubenssachen. — Vgl. nr. 1668. *Freiburg, Ratsb. nr. 49.*

1657. Mai 27 (Montag vor Corp. Christi). Heinrich Schönbrunner,
landvogt zu Baden, an Lucern. 1. «Uff hütt habent mir min herren von Zug embotten, wie inen warnung zuokomen, wie etlich uss
Zürichpiet understan söllen, die fryen Aempter zuo überfallen, und
dass ich daruf die iren, so uff dem merkt Zurzach sind, ilends heim
mane, das nun beschechen (ist). Und als ich Zurzach gewesen, habent mir erlich personen uss Zürich warlich in ganzen trüwen anzeigt,
wie dann etlich unrüewig personen in der statt Zürich und iren gepieten understandent, ir beschechne schmach zuo rechen, darumb sölle
ich üch min herren warnen, dass ir guot sorg habent, damit üch ..
den fünf Orten dehein untrüw widerfare; er achte aber, wo ir .. ein
botschaft ilents gan Zürich und an (den) Zürichsew schickte(n) und
si vermante(n), dass si nach lut des landfridens mit üch lebte(n) und
handlete(n), dass söliche unruow dadurch abgestellt möcht werden.
Darumb ich üch .. fründtlichen pitt (sofer es üch gefallen), ir wöllent üwer botschaft wie obstat ilents verordnen, so achten ich, min
herren von Zug werden ouch dahin schicken, dann ich si der sachen
ouch bericht hab, desshalb ich üch fründtlichen pitten, mich zuo berichten, was üch .. gefallen, und was üch begegne oder an die hand
stosse, damit ich mich, ouch die biderben lüt zuo Baden, so sich willig
erbieten, ir lib, eer und guot zuo üch .. den fünf Orten zuo setzen,
zuo halten wüssen. » 2. Peter Jos von Birmenstorf am Albis habe

zu Degerfelden unter andern worten geredet, die priester, welche messe halten, und alle leute, die dabei stehen und daran glauben, seien diebe. Darüber sei geschworne kundschaft aufgenommen, der täter bereits gefangen, die fürbitte etlicher Züricher um ledigung abgewiesen, weil er, der vogt, darüber von den V Orten befehl erwarte. Da diese nicht gerade versammelt seien, so bitte er Lucern um bescheid, ob es ihn berechtigen wolle (was er für das beste halte), oder ob er den gefangenen vor landgericht stellen und die klage selbst führen solle.

Lucern, Missiven.

1658. Mai 28 (Dienstag nach der hl. Dreifaltigkeit). Zürich an Zug. « Es langt uns an, wie die unsern uss dem frygen Ampt, (so) neiłswa diser tagen hinyn zuo üch in üwer statt kommen, da fast schmächlich überloufen, gebocht und übel gehalten worden sygend, und nemlich der Löfyne (?) zuo des Schürers, unsers wirts zuo Knonow sun, über dass er nützit anders dann liebs und guots mit im zuo schaffen gebept und im weder laster noch leid nie getan, fräfenlich gehowen und dermaſs ein unlust mit den unsern fürgenommen, dass sy jüngst zur statt hinus entrinnen müeſsen, zuo dem inen vilerlei tröuwungen und hochmuots allenthalb von den üwern begegnend, dess sy treffenlich beschwert und vermeinend, (dass) sy sölichs in vermög nachpürlicher fründschaft und nûw ufgerichten fridens billich überhept belibind. Nu können wir (lieben Eidgnossen) wol wissen, dass uns zuo beider syt unrüewiger lüten nit manglet, die uns gern understüendind wider in last und kumber zuo bringen, wellichem wir aber sovil jenan müglich unsers teils gern in trüwen vorsin' und in guoter einigkeit mit üch leben wölten, und so dann wenig guots darus gefolget, dass den muotwillern ir frävel und hochmuot vorgeher ze vil vertragen worden ist, und wol bald, wo derglychen verachtungen nit abgestellt werden sölten, gröfser nachteil und unruow gemeinem vatterland folgen möcht, so bitten wir üch ufs aller trungenlichest, fast innerlich und fründtlich, so trüwlich ein Eidgnoss den andern bitten sol, ir wellind um Gotts und gemeinen fridens willen sölichen hochmuot und tratz by den üwern abstellen, sy ouch fründtlich dahin vermögen und wysen, dass die unsern bim friden rüewig belyben mögint und nit sölicher unfründschaft, tröuwung und verachtung von den üwern gewarten müefsind; darzuo uns by disem botten güetlich berichten, wie doch der handel erloufen, uud wer dem andern anlass oder ursach geben habe. Findent dann wir die unsern schuldig, werdent wir inen das nit schenken, guoter hoffnung, (dass) ir glychergstalt die üwern zuo friden wysen », etc. etc.

Zürich. Missiven.

1659. Mai 28 (Dienstag vor Corp. Christi). Zug an Lucern. Antwort auf dessen zuschrift und das aus Baden gekommene schreiben von vogt Schönbrunner, namentlich auf die anfrage, ob man diesseits eine botschaft nach Zürich zu schicken geneigt wäre. Man lege hier eine eben eingelangte missive von Zürich bei, antworte jetzt darauf schriftlich (folgt ein auszug) und fertige damit den boten freundlich ab. Desshalb finde man nicht nötig, so eilends eine botschaft zu senden; aber nächsten Freitag mögen sich die V Orte in Lucern vereinbaren, um unverzüglich ihre botschaft dahin zu fertigen und vor stadt oder land zu handeln, was sich gebühre. Wenn aber Lucern vermeinte, dass sich die sache damit zu lang verzöge, so wolle man in Gottes namen vollziehen helfen, was es für das beste ansehe. Denn das wisse man sicher, dass gestern boten von Bern, Basel, Schaffhausen und aus dem Thurgau in Zürich gewesen, jedoch nicht, was sie da gehandelt haben. Darum verdanke man das freundliche aufsehen und alles gute, was man täglich von Lucern erfahre, und erbiete sich das zu vergelten, etc. *Lucern. Missiven.*

1660. Mai 30. Bern an Freiburg. Antwort auf dessen zuschrift und das eingeschlossene schreiben des Carthäuser capitels. Zu entsprechen finde man nicht tunlich; weil nämlich der prior de la Lance ohne wissen der beiden Orte die gewahrsamen weggeführt habe, so sollen sie nicht ihm wieder zugestellt werden, sondern bei dem vogt zu Grandson liegen bleiben; wenn er sie zur einziehung von zinsen brauche, gebe man zu, dass er sie auf wiedererstattung in empfang nehmen möge. *Bern, Teutsch Miss. T. 483. Freiburg, A. Bern.*

1661. Mai 30 (Donstag nach der hl. Dreifaltigkeit). Zürich an den landvogt im Thurgau. Die kirchgenossen von Aawangen, größernteils diesseitige angehörige, haben dem abt von Kreuzlingen recht geboten, weil er ihren pfarrer entsetzen wolle; dennoch habe der landvogt die parteien vor sich geladen, um rechtlich in dieser sache abzusprechen. Weil es aber nicht gebräuchlich, dass ein landvogt solche händel an sich ziehe und urteile, und die angelegenheit von den Eidgenossen zu erörtern sei, so begehre man, dass er den Abt freundlich anweise, den pfarrer bei seiner pfründe bleiben zu lassen, zumal die untertanen mit ihm zufrieden seien; wenn das aber nicht erreicht würde, so solle der handel auf die nächste jahrrechnung in Baden geschoben werden, etc. *Zürich, Missiven.*

1662. Mai 31, Payerne. Instruction für eine botschaft der abtei an Freiburg. 1. Dank für den bisher bewiesenen schutz und bitte, darin zu beharren, da es sich um den hl. glauben handle. 2. Verweisung auf einen schirmbrief vom j. 1225, und vorstellung dass jetzt eine solche schirmgewalt nötig sei. 3. Wo es möglich, sei für einige zeit geheimhaltung der sache wünschbar, um die gnade des Fürsten und des Prälaten nicht zu verlieren; «non par ce entendant a perpetuante vous quitter du devoir que avez a nous.» *Freiburg, Urk Payerne.*

Papier; das siegel ist abgefallen.
Später, jedoch durch die gleiche hand, setzten die conventherren einige besondere artikel auf, die aber vielleicht erst durch die ereignisse von 1536 veranlasst wurden; dennoch reihen wir sie hier ein.
1. Bitte um erhaltung des gotteshauses in personen und vermögen etc. gemäss dem erneuerten (dernierement confirmee et renouvelee) schirmbrief. — 2. «Pour la dite garde et protection nous vous constituons et mettons superieurs supremes et souverains seigneurs en toutes les seigneuries de la dite abbaye, sans y rien reserver, tant qui touche a nous et a nostre convent. 3. Item reservons que .. la justice ordinaire demoure a son estre, et que la correction

des religieux, ait (aymaᵗ) a demourer a labbe et prieur, et a nulle autre (auto-
riteᵗ), aussi que les dismes, les censes et vendes (rentesᵗ) autres (ᵗ) demeurent
au dit abbe et convent, pour faire le divin office. 4. Auf den todesfall des
abtes oder priors die stiftungsmässige wahl des nachfolgers.

Das original ist ein kleines, durch feuchtigkeit beschädigtes stück papier,
ziemlich flüchtig geschrieben.

1663. Juni 1 (Samstag nach der hl. Dreifaltigkeit). Zürich an die
richter zu Altstätten, Oberriet und die vier Höfe. Man habe den ratsfreund Caspar Nasal abgeordnet gehabt, um dem ammann Vogler und
dem alten vogt von Blatten, in ihren händeln behülflich zu sein; da
aber das recht bis auf die letzte woche verschoben worden, was verdächtig erscheine, und da der landvogt dem Vogler vorwerfe, das geleit gebrochen zu haben, so sei es diesem beschwerlich, ferner das
recht im Rheintal zu suchen, und habe sich desshalb erboten, es vor
den acht Orten zu bestehen; darum habe man den ganzen handel auf
den nächsten jahrrechnungstag in Baden verwiesen, wolle und heisse
daher, dass das recht eingestellt, nichts mehr gehandelt und geurteilt
werde, was den beklagten nachteilig wäre, und also schlechterdings
die entscheidung der Eidgenossen erwartet werde, etc. etc.

Zürich, Missiven.

1664. Juni 1 (Samstag nach der hl. Dreifaltigkeit). Zürich an
Sebastian Kretz, landvogt im Rheintal. Dem ammann Vogler von
Altstätten habe man einen boten beigegeben in der zuversicht, dass
dessen angelegenheit zum freundlichsten erledigt würde. Da es nun
aber scheine, dass nicht redlich mit ihm verfahren und ihm ein ge-
leitsbruch zur last gelegt werde, sodass es ihm beschwerlich sei, in
der heimat recht zu suchen; so habe man sich entschlossen, den ganzen handel an die acht Orte auf die jahrrechnung in Baden zu weisen; desshalb begehre man, dass der vogt alle angesetzten rechtstage
aufhebe und nicht weiter gegen Vogler zu klagen oder sonstwie zu
handeln gestatte, was demselben zum nachteil gereichen könnte; er
wisse, wer über weitere kosten rede und antwort geben müsste, etc.

Zürich, Missiven.

1665. Juni 1 (Samstag nach der hl. Dreifaltigkeit t.). Zürich an
Lucern. Gesuch um verwendung bei den chorherren, für die leute
von Lunkhofen, Jonen und Oberwyl, die während des krieges, nämlich nachdem sie durch die Lucerner geschädigt worden, etwas von
den zehnten der stift verbraucht haben, den geforderten ersatz aber
nicht zu leisten vermögen und desshalb um nachlass bitten, etc. etc.

Lucern, Missiven.

1666. Juni 2, Lenzburg. (Der obervogtᵗ) an (Bern). Letzten Mittwoch (29. Mai) seien ihm reden vorgekommen, wie die Lucerner ihr
geschütz hervorgezogen haben, der sage nach um ins Aargau zu fallen;
es sollen auch 500 Walliser in Uri liegen, die V Orte bereits einen
zusatz bei der Sihlbrücke (am Hirzel) haben. Da er dem allem nicht
habe glauben wollen, so sei er am Donstag mit dem schultheiss von
Lenzburg nach Reinach geritten, wo sie den ammann von Münster
und andere getroffen; jener habe auf ihre frage erklärt, beide schultheissen von Lucern hätten ihm am letzten Dienstag gesagt, sie und

die andern Orte begehren mit niemandem krieg anzufangen, sondern
die bünde und den frieden zu halten; wenn aber jemand dawider täte,
so müfsten sie sich wehren; er hätte daher befehl, mit den nachbarn
in der Berner landschaft freundlich zuverkehren. Am Freitag sei jener
ammann wieder nach Reinach gekommen und habe einen brief von
Lucern an propst und burger zu Münster vorgelesen, des inhalts, es
haben etliche Zürcher einen anschlag auf Zug gemacht; darum sollen
sich alle gerüstet halten und die grofsen sturmglocken stellen, damit
sie, wenn etwas an der sache wäre, aufbrechen könnten; sie wollen
aber keinen krieg anfangen und bitten um gute nachbarschaft. . . Ein
desshalb nach Lucern gesendeter bote berichte, es gehe dort die rede,
hauptmann Rahn von Zürich wolle Zug einnehmen; desshalb seien in
den V Orten die sturmglocken gestellt und alles gerüstet; von Lucern
seien 4 büchsen nach Willisau geführt worden, weil man dort einen
überfall von Bern her befürchte. Der sage nach sollen in Lauis und
Luggaris 4000 Eschentaler liegen. . . Endlich vernehme man häufig die
rede, wenn es zu einem kriege komme, so müfse es anders gehen als
das letzte mal; denn der Papst, der ihnen geld und leute verheifsen,
um den neuen glauben auszureuten, sei mit ihnen nicht zufrieden, da
sie nicht gehalten hätten, was sie ihm zugesagt.

Zürich, A. Landfrieden (Berner copie).

1667. Juni 2, Mailand. Verulan an die V Orte. « M^{ci} et excelsi
domini mei obser^{mi}, comendatione (sic). 1. Heri vesperi accepi literas
d. v. xxiij. mensis Maij ad me scriptas, quibus illæ mihi gratias agunt
de bono erga se animo; scire debent id quod egi hactenus nihil esse
respectu eorum que facturus sum, si quanquam vires et facultas mihi
dabuntur; nam tantum p^{tas} d. v. observo ob suas inclytas virtutes et
præclara gesta, quod profecto in omni occasione honorem suum et
commoda propriæ utilitati semper præponerem. Sed hæc et alia quam-
plura et ex domino Baptista de Insula, quem iam istuc pervenisse
credo, et ex me, cum ibi adero, quod brevi futurum credo, diffusius
intelligent et ipsa (ut aiunt) manu tangent. 2. De r^{mo} d. meo, domino
electo Seduneusi, quem ita anxie d. v. mihi comendant, dico jam ultra
annum esse, quod ego cum nepote meo Romæ commanente ita stu-
diose laboro atque insudo, ac si esset res mea; verum ob maximas
difficultates quæ occurrerunt, non ita facile expediri potuit, sicuti nostrum erat desiderium; sed nunc tandem Dei opt. max. gratia et ope
rem ad finem deductam esse non dubito, prout spero brevi sentient
nos voti compotes esse; nam per literas ipsius nepotis ex urbe xviij.
Maii ad me datas pollicetur, quod procul dubio infra dies octo vel
decem ad plus expeditæ ad me mittentur bullæ et ita ad capellanum
p^{ti} r^{mi} in Villa nova existentem scrip(s)i, hortans hunc terminum expectare, ne vacuis manibus dominum suum et item meum repetat, de
quo tanto minus dubito, quanto s. d. n. certiorem feci, sine bullis ipsis
me non posse hinc ad vos transire. 3. Verum, ut p^{tas} d. v. intelligant,
quantum gratiæ quantumque clementiæ s^{tas} d. n. elargiatur p^{to} r^{mo} .d.
Sedunensi, scire debent ex quinque millibus scutorum, quæ ipsa confir-
matio exigebat, ad minimam summam rem ipsam redactam esse et hoc,

quod solvent non in s. b^{tis} benefitium, sed quorundam Cardinalium, qui jure aliquid postulant, justissimis de causis, quas postea illæ ex me cognoscent. Quare, cum ita res se habeat, d. v. bono animo esse debent, cum res ipsa iam in portu sit, spero (enim?) quod decem non præteribunt dies, quod ipsas bullas præ manibus habebimus. Interim illis me plurimum commendo et offero », oet. 4. (Postscriptum:) Multa præterea significanda viderentur, nisi confiderem dominum Baptistam de ipsa bene instructum relaturum esse omnia cumulatissime, cui fidem adhibere placeat atque sustinere malignorum insidias usque quo tempus adsit, quod simul colloqui et consulere possimus. 5. Præter ea quæ referet p^{tus} d. Baptista, dominus Franc(iscus), secretarius meus, quædam nova, quæ nuper ad me scripta sunt ex urbe, recensebit, ei et fidem adhibete et iterum valete »...   Lucern, A. Wallis.

1668. Juni 3, Freiburg. Nach Payerne wird Anton Pavillard geschickt wegen der unruhe, die sich dort in der kirche erhoben. — Vgl. nr. 1670. Am 17. scheint der bote noch dort gewesen zu sein; es wurde ihm jetzt Jacob Rudella beigegeben. Freiburg, Ratsbuch nr. 49.

1669. Juni 4, St. Gallen. Wolfgang Wetter, al. Jufli, an (Bullinger). « Min herr doctor Vadianus hat mir anzaigt, ir begärind, den Gotzhuslüten zuo guot etc., was man funde, an euch ze schicken. Uff sölichs han ich etlich glouplich copien uss der landschaft (von guotwilligen) ze wegen bracht, och ain original von denen zuo Waldkilch, und sind dis copien von des Apts schribern uss den originalen zogen und in die lantschaften geschickt; man kennt och die hantschriften gar wol, darum ich achten fast guot werden im rechten; bitt euch früntlich, mich nit ze vermären und still (ze) sin, damit wir nit zuo mererem hass bracht werdind; dann wir sy(n) sust fast gnuog und ze vil hand. Wissend ouch hiemit, dass gmainen gotshuslöten zuo Raperschwil under abt Francisco von den vier Orten ain urtail ist ergangen, dass der Abt sy wyter mit kainen nüwen beschwärden mer beladen söl; (ob sin handlung ytz an die Gottshuslüt, den glouben und gwüssne beträffende, nit ain beschwärd sye, mögend die gläubigen urtailen etc.). Ob die selb erkantnuss möchte zuo disem handel dienen, wisste ich wol das ort, da brief und sigel wärind; doch lond sölichs by euch, damit es nüt lutpräch werd; dann des Abts amptlüt möchtind den brief veraberwand(l)en und villicht verschlahen; dann sy gnaigt sind, dem Abt (und) nit den Gotshuslüten ze dienen etc. Es wär ouch min bitt, wir hettind deren mandaten etlicher me, so euer herren hand lassen usgon; dann die harkomnen nit klainen trost bracht hand, und so wir mer hettind, wurdind wir sy hin und wider in die lantschaft schicken etc. Item, so ir die brief brucht hettind, dass sy mir widerum zuo minen handen werdind etc. » (Dieser satz von dem autor unterstrichen)... Grufs von Jacob Riner, w. prädicant zu Thal, jetzt hier wohnend, etc. Zürich, K. Archiv (Sangall. 202).

1670. Juni 4, Freiburg. 1. « An herrn (Anton) Pavilliard gan Peterlingen, wie min herren bericht, dass ein botschaft von Bern gan Betterlingen komme, da er soll ufluogen, und so si understüenden

des gloubens halb etwas ze handlen, dass er verschaffe, dass der
schirmbrief den botten zöugt werde, daruf er inen sagen (soll), dass
si sich in ansechen solichs schirms der handlung müefsigen, daby er
inen soll anzöugen den landsfriden, so vermag, dass niemands sich
andrer herrschaften in solchem fal annemen sol, und so das nützit
beschiefsen wolt oder möcht, dass er si alldann inhalt des burgrechten zum rechten mane, und dass si vor verfüerung desselben nützit
anfachen. 2. An herrn Studer gan Murten, dass er bis morn verharre, dann min herr(en) morn bis mittag im antwurt der kilchengüetern halb zuosenden werden. » Freiburg, Ratsbuch nr. 49.

1671. Juni 5, Freiburg. (Beratung wegen der kirchengüter zu
Murten). «Ist abgeraten, dass miner herren botten daselbs vorus
und vorab den zechenden ze Favernach, den teil des zechendens ze
Chandou und x lb. gelts, so si hinder minen herren haben, fordren
und darzuo tusent guldin; doch sollen si in den tusent guldin gewalt
haben, was sy darin zuo den obbenennten dryen stucken harus bringen mögen, dass sy es tüegen; doch dieselben dry stuck nit dabinden
lassen, und ob solich minen herren nit gefolgen möchti, sollen die
botten sich erlütern, dass mine herren den halben teil durch den bank
haben wellen, es sye in ligendem oder farendem. (Darum) soll herr
Wicht wider hinüber und mit herr Studer semlichs verhandlen. »
Freiburg, Ratsb. nr. 49.

1672. Juni 5. Bern an Genf. Es habe auf das letzte schreiben,
betreffend die rückständigen zahlungen, schriftlich erwidert, es werde
ohne verzug eine botschaft senden; das sei aber nicht geschehen, und
da man dies befremdlich finde, so wolle man es für ein- und allemal
ermahnt haben, die sache ungesäumt in ordnung zu bringen; denn die
untertanen wollen nicht länger warten und drohen bereits, ihr geld
zu holen, was beiden Städten zu nachteil und verderben gereichen
würde. Darum begehre man, dass alsbald die ganze summe bezahlt
und gröfseres übel verhütet werde; darüber erwarte man antwort bei
diesem boten. Bern, Welsch Miss. A. 240a.

1673. Juni 5. Bern an Zürich. Antwort auf dessen rechtsgesuch
gegen Jacob Baumgartner. Man wolle es des freundlichsten gebeten
haben, sich damit zu begnügen, dass man ihn nach prüfung dieses
höchst missfälligen handels zum widerruf anhalten werde, sodass den
ehren Zürichs genug geschehe, und weitere kosten unnötig seien, zumal man ihn gestraft habe. 2. Mitteilung eines berichtes von dem
vogt zu Lenzburg. Obwohl man diesem geschrei keinen glauben
schenke, bitte man doch freundlich, solches abzustellen und unruhen
zuvorzukommen. Bern, Teutsch Miss. T. 472. Zürich, A. Bern.

1674. Juni c. 5 («nach Erasmi»). Hans Berger, vogt zu Knonau,
an BM. Röist in Zürich. «Ich füeg ü. w. in geheim ze wissen, wie
der Hans Steiner, den ir min herren in gefengnuss hand, hat zum
Kindli offentlich geredt, wie er dry wuchen vorhin von dem anschlag,
zuo Lunghofen mit dem pfaffen vergangen, wol gewüsst hab. Zum
andern so ist Peter Sutor von Affoltern by der nacht gen Ottenbach

geluffen und dieselben ufgeweckt; Zum dritten hat sich Heini Schnewli
vor mir versprochen, er sy(g) der meinung geluffen, ob etwas unge-
schicks zuo handlen fürgenommen wurd, dasselbig abzestellen, und hat
aber die urteil geben, dem priester den kopf abzehowen etc. . . Zum
vierden so sind Hans Steiner und Peter Sutor obgenannt ouch im
ratschlag zue Affoltern, im wirtshus Bernhart Sutors vergangen, und
by der tat gesin, als sy herr Jos Hasen sin hus by nacht gestürmpt
und mit steinen hinin geworfen, dass der herr hat mordio geschruwen
und die nachpuren ufgeweckt. Item so hat Bernhart Sutor der wirt
ein leibigen kue gemetzget und das fleisch biderwen lüten ze koufen
geben. In summa, es wirt grofser muotwill da verbracht, und wo ir
.. nit bantlich strafen, mag niemants vor inen gnesen, und ist ze besorgen, dass ein ufrupr und grofser jamer der tagen eins entspringen
werd etc. . . . . Zürich, A. Knonau.
 „Am 7. (Freitag vor Medardi) meldete Berger dem Rat genauer, wie er die
erste aussage über Steiner erfahren habe.

1675. Juni 6 (Donstag nach Erasmi). Zürich an den abt von
Kreuzlingen. Antwort auf seine zuschrift betreffend Ulrich Tobler.
Man wünsche wohl, dass dieser etwas gemäfsigter (= hübschlicher =)
verfahren wäre und des Abtes ehre besser geschont hätte; da nun
aber der friede solche und viel schärfere zureden, mit denen auch
Zürich = übergossen = worden, aufhebe, und der Abt jener äufserungen
ungeachtet von jedermann als ein frommer prälat geachtet werde; so
bitte man ihn nochmals dringend, zu bedenken, dass er um Gottes
willen den feinden gutes zu beweisen schuldig sei, der christen- und
ordenspflichten wegen zu verzeihen und den Tobler nicht so strenge
mit dem recht zu verfolgen, sondern etwas zuzuwarten, bis der neue
landvogt (von Zürich) aufreite; dieser werde dann in der sache so
freundlich handeln, dass des Abtes ehren hoffentlich genug geschehe,
etc. etc. Zürich, Missiven.

1676. Juni 8; = Vigleven =. Franz II., herzog von Mailand, be-
glaubigt als gesandten an die V Orte seinen kammersecretär Johann
Angel Ricio. Stadtarchiv Lucern, original (mitg. v. Th. v. Liebenau).

1677. Juni 8 (Medardi). Glarus an Schwyz. 1. Antwort auf
das jüngst aus Brunnen erlassene schreiben der V Orte, betreffend
eine seitdem vorübergegangene unruhe und die an der letzten landsgemeinde gegebenen zusagen etc. Man wolle dem verheifsenen in
allen puncten und artikeln treulich nachkommen; dessen dürfen die
V Orte sich wohl versehen. 2. Den Utznachern wolle man an die
im letzten kriege erlittenen kosten, an den sie von den beiden Orten
40 gl. begehren, 15 gl. gütlich ausrichten, sofern sich Schwyz dies
auch gefallen lasse. 3. In betreff der groben zureden von seiten der
Gasteler sei man mit rücksicht auf den landfrieden, der (vergangene)
schmähungen des glaubens wegen aufhebe, geneigt, den Utznachern
brief und siegel zu geben, dass jene reden ihnen an der ehre nicht
schaden sollen etc. 4. = Dessgleichen = habe man den Toggenburgern
ernstlich geschrieben, dass sie den Utznachern den ihnen zugefügten

schaden ersetzen und mit ihnen sich desshalb vertragen sollen; die
antwort werde man unverzüglich berichten, etc. — Nachschrift: «Dem
Wäli habent wir die pfruond in Tonier hus glich wie ir zuogelassen.»
　　　　　　　　　　Schwyz, A. Glarus. Luzern, A. Glarus (copie).

1678. Juni 8. Bern an Hans Mutschli, alt-schultheiſs zu Bremgarten. Er wisse ohne zweifel, was man den alten Räten, die von
Honegger und Ulrich Mutschli des weins wegen belangt werden, zugesagt habe, wobei man beharre; wenn aber, wie auf tagen behauptet
worden, etliche personen den wein verkauft und den erlös für sich
behalten («besecklet») hätten, so könnte man solches nicht auf sich
nehmen und müfste sie billig dafür genugtun lassen; desshalb bitte
man um bezügliche auskunft an die boten in Baden.
　　　　　　　　　　　　　　　Bern, Teutsch Miss. T. 489.

1679. Juni 8. Bern an Zürich. Seit dem letzten schreiben habe
man durch einen hintersäſsen, der kürzlich in Wallis gewesen, bericht
erhalten, wie zwei läufer von den V Orten dem bischof von Sitten
briefe gebracht, worauf sogleich ein gemurmel und grofse unruhe entstanden sei, indem es geheifsen, die V Orte haben zu treuem aufsehen
gemahnt, da Zürich einen messpfaffen von Zug ertränkt, und etliche
einen anschlag gemacht, Zug zu überfallen etc. Bitte um genauen bericht... — Vgl. nr. 1657 etc. Bern, Teutsch Miss. T. 490. Zürich, A. Landfrieden.

1680. Juni 8, Wyl. Diethelm, abt von St. Gallen, an Schwyz.
Es kenne den zu tagen verhandelten span mit der grafschaft Toggenburg; nun sei es dahin gekommen, dass er um der ruhe willen
einen vergleich anzunehmen geneigt wäre, wofür die beiliegenden artikel* aufgesetzt seien. Wiewohl dieselben an sich nicht billig erscheinen, würde er doch auf den rat von Schwyz sich einstweilen damit gedulden; er bitte daher, sie gründlich zu erwägen, auch die
möglichen folgen zu bedenken und umgehend schriftlichen bescheid zu
geben, damit später kein nachteil daraus zu erwarten stehe, zumal die
leute so ernstlich auf die prädicanten und den neuen verführerischen
glauben («asten»? und) halten; denn so viel auch versucht worden sei,
um ihnen die prädicanten zu «erleiden», habe es doch nichts gefruchtet.
Väterlichen rates gewärtig, begehre er solchen dienst jederzeit zu vergelten. 　　　　　　　　　　　Luzern, Missiven (original).
　* Diejenigen in nr. 1583?

1681. Juni 8 (St. Medardus). Urkunde von Schultheifs und Rat in
Lenzburg über die von Jos Summer von Schwyz auf begehren von
Uoli Küenzli von Ober-Lunkhofen gegebene und eidlich bekräftigte
kundschaft betreffend die äufserungen des pfaffen von Lunkhofen. Derselbe erzählt: «Wie er am Sunntag vor der Uffart (5. Mai) syge zuo
Lunkhofen in die kilchen kon, und als der pfaff an die kanzel syge
gangen und angfangen habe predigen, habe er vom bätten geredt, wie
dann das im Evangelio stat, da Cristus hat gelert bätten; da habe der
pfaff geredt, sehend ir, hie hat uns Cristus glert bätten, und ist es
nit ein arm ding, dass etlich das bätten werend, und hiemit dieselbigen kätzer geschulten zwei oder drü mal. Zuoletst habe er nach der
predig geredt, lieben fründ, vornaher sind ir gan Luzern mit krüz

gangen; da anderredend auch mit einandern, ob ir aber gan wellint;
wend ir gan, so will ich mit üch gan, damit unser nachpuren uns
nit aber ketzerind wie vorhin. . . . .

1682. Juni 9, Bern. Instruction auf den tag in Baden. (§ 5). Betreffend die wiedertäufer hat man hier ein allgemeines mandat erlassen; das sollen die boten den Eidgenossen vorlegen mit dem begehren,
dass sie gestatten, dasselbe auch in den gemeinen herrschaften zu
brauchen, da es göttlich und billig sei und niemand dadurch übereilt
werde; wenn aber das mehr für den bezüglichen artikel des abschieds
(p. 1389, k) entscheidet, so lässt man es gelten; nur willigt man nicht
dazu ein. **Bern, Instruct. B. 172.**

Zu bemerken ist auch, dass Bern sich unablässig für die glaubensfreiheit
in Bremgarten und Mellingen verwendete. . . . . **vgl. 1701**

1683. Juni 10 (Montag nach Medardi). Balthasar Stapfer, landschreiber zu Schwyz, an Glarus. Mitteilung eines entwurfes der artikel,
welche die IV Orte sich in dem abschied von Rapperswyl, vom
Donstag vor hl. Dreikönigen, vorbehalten und die genannte stadt denselben schriftlich zugesteben soll. Auf anforderung Uri's habe Schwyz
befohlen, copien aus jenem abschied auszuziehen und jedem Ort eine
zur prüfung mitzuteilen; sein gutachten darüber möge Glarus schriftlich eröffnen. . . . . **Zürich, Tschud. Doc. Sammlg. X, 2**

1684. (Zu Juni 10 f., Absch. u). Der savoyischen botschaft scheint
ein weitläufiger abschied über die gepflogene verbandlung zugestellt
worden zu sein, dessen hauptinhalt in schlechter copie durch einen gesandtschaftsbericht nach Bern gelangte, und zwar unter dem datum
22. Juni von unbekannter hand. Als gesandter des Herzogs wird herr
von La Garda (Bellegarde?) genannt. . . . . **Bern. A. Savoyen II.**

1685. Juni 10. Instruction für Golder von Lucern. 1. Der bisherige schaffner zu Tobel soll beseitigt und einer gewählt werden, der
nicht blofs des gotteshauses' güter verwaltet, sondern auch die christlichen gebräuche wieder äufnet. 2. Das bündniss mit dem bischof von
Constanz will man erneuern. 3. «Unseren burgeren», Ulrich Mutschli
und schultheifs Honegger, ist zum recht gegen die von Bremgarten zu
verhelfen. 4. Der untervogt Kaltwetter (zu Baden) soll durch einen
andern ersetzt werden. 5. «Der klosterfrowen' uss dem Luggarner-
land halb, so etwas rechtsfertigung mit etlichen klosterfrowen von Meiland einer capell halb haben' und begert, den handel zuo Baden usze-
nehen etc., sollen ir mit andern botten gewalt haben ze' tuon, was
harian das geschicktest sin' würt.» 6. Die faule wälsche' münze möchte
man 'gänzlich' verrufen; dass aber die V Orte gemeinlich münzten,
findet man nicht gelegen. 7. Verwendung für Marti Wernli. 8. Die
täufer in den gemeinen herrschaften, die von ihrer «unlehre» nicht
abstehen wollen, sind ohne' alles 'weitere rechtfertigen' an leib und
leben zu strafen. 9. Das gotteshaus Ittingen' soll wieder in den alten
stand gesetzt werden etc. 10. Des handels zwischen dem röm. König
und den städten Zürich und Bern will man sich nicht mehr beladen,
da kaum etwas zu erreichen ist; wenn er, der stärkere, nichts aus-

richtet. 11. Da die prädicanten in den «grauen Bünden» die messpriester im Sarganserland heftig schmahen und ketzern, so soll dahin
freundlich geschrieben werden, damit solche schmäbungen vermieden
bleiben.

1686. **Juni 10** Bern an Neuenstadt. Der dortige prädicant,
Johann Holard, zeige an dass etwelcher unwille gegen ihn herrsche,
weil er gegen die wiederherstellung des fronleichnamsfestes gepredigt,
und dass ihm sogar seine pfründe aufgesagt worden, was man befremdlich finde. Man ersuche daher den Rat, — weil er doch diesen
prediger auf empfehlung von hier aus augenommen, — ihm die stelle zu
lassen oder wenigstens gebührliche frist zu geben, um sich auderswo
zu versehen, oder, falls auch dies nicht beliebte, ihm ein schriftliches
zeugniss zu behändigen, aus welchen gründen die entlassung geschehen, damit dem gottesworft seinethalb kein nachteil geschehe, etc.

Herminjard, IV. 451, 452.

Die originalquelle vermag ich nicht zu bezeichnen.

1687. **Juni 11** (Dienstag nach St. Medardus), Zürich. M. Pur und
m. Breitenstein sind beauftragt, die anwälte der gemeinde Lunkhofen
und h. Niklaus Lendi der von erstern geforderten kosten wegen wo
irgend möglich gütlich zu vergleichen; ist aber die güte fruchtlos, so
soll Lendi angehalten werden, die hälfte der streitigen summe abzutragen; mehr soll von ihm dagegen auch nicht gefordert werden.

Zürich, Ratsb. f. 198a.

1688 a. **Juni 11,** Freiburg. Sitzung des grofsen Rates. 1. «An
die von Murten, dass min herren die letst abrednuss der kilchengüetern von Murten (halb) annemen, doch uf nächstkomende jarrechnung die volzüchung schieben. 2. An die von Bern glichermafs. »

1688 b. **Juni 13.** (Vor dem Rat) «ist ein erber anzal von der gemeind ze Murten erschinen und hand minen herren ein handel mit
langen worten lassen anzöugen, in dem si beschwert gegen und von
einer erber und oberkeit daselbs ze Murten in dem, dass dieselb oberkeit etlich matten, so vornacher holz gewesen, inen mer zuozüchen
und zuostandig ze sin vermeinen dann einer gemeind, zuo demselben
darus und von andren etlich holz und gras verkoufen, das inen zuo
einer beschwerd lange, mit bitt (dass) wir inen hilf erzeigen wellen,
dass si semlichs inbruchs vertragen beliben etc. — Daruf der burgermeister, ouch stattschriber und spitalmeister in namen (der) Räten und
Burgern geantwurt, wie semlichs vornacher geüept sye worden, benantlich sye der platz, da dann solich matten liggen, diewyl er holz
gesin, also usgeteilt, 2 den Räten, 3 der Burgern und 4 den gemeinden glichlich zesamen; so sye ouch etlich gelt erlöst worden von etlichen ungelegnen plätzlinen und das gelt in den gemeinen seckel kert
worden, da si nun aber die alte üebung nützit vermeinen wider ein
gemeind fürgenomen haben etc. Ist der handel uf die künftig jarrechnung geschlagen. »

Freiburg, Ratsb. nr. 49.

1689. **Juni 12.** Bern an Zürich. Wiederholung des ansuchens,
auf der klage gegen Baumgartner nicht zu beharren, da er einen all-

gemeinen widerruf geleistet und gebührende strafe erlitten habe, etc.
etc. •　　　　d .   .   .   .   Bern, Teutach Miss. T. 497. (Zürich, A. Bern.

1690 a. Juni 12. B e r n an F r e i b u r g. »Wir sind wartlich bericht,
wie by üch ein offne gassenred gauge, dass der herzog von S a v o y e
uns xj^m kronen geben und damit verschaffet (hab), dass wir wider in
von der Jenfern wegen nit zuchen oder tuon wellend; das sye unserm
venner und mitrat Niclaus von Graffenried in sin antlit geredt, habs
aber ein guote sach lassen sin und nit widersprochen. So nun sölich
reden uns zuo grofsem nachteil reichen möchtend, und uns aber daran
unrecht beschicht, will uns gepüren, mit recht die abzeleinen; uf sölichs (langt) an üch unser früntlich pitt und beger, (dass) ir Niclaus
Wernli, der sich dero merken lassen, zuo recht halten und uns rechtlichen tag wider in ansetzen »   . . .

1690 b. Juni 22. B e r n an F r e i b u r g. Antwort auf zwei eben
empfangene schreiben. 1. Den angesetzten rechtstag wider N. Wernli
werde man besuchen. 2. Ueber den zu Murten gefangenen jungen
Sontier (?) gebe das gestern erlassene schreiben bericht.
Bern, Teutsch Miss. T. 496, 514. Freiburg, A. Bern.

1691. Juni 12, Baden. Die gesandten von Z ü r i c h an ihre obern.
»Als wir üwerem schriben nach amman Richmuot fürghalten, wie er
und die sinen jetz zuo mermalen am durchriten die gätter oder türli
uf dem feld zuo Ottenbach nach im nit zuotan, dudurch die biderben
lüt in unwillen bewegt, will er dess keinswegs nit geständig sin, dann
er .. ouch güeter habe; wo im dann einer sölichs mit gfärden täte,
wurde ers übel vergüot haben. Wol sige war, uf jetzigem durchriten
sige ein welscher im amman nachgritten, habe ein frow ab einem
boum gschruwen, sy söltind die türli zuotuon; daruf er amman hinder
sich gluogt und zuo dem welschen mit ernst gredt, er sölle die türli
nach im zuozüchen, dann es schädlich sig, die offen ze lassen; begert
daruf, die üwern dess zuo berichten, dann es sich anders nit finden
werd »   . . .
Zürich, A. Landfrieden.
§§ 1 und 3 sind mitgeteilt in nr. 1692.

1692. Juni 12, Baden. Rudolf Stoll und Hans Haab an Z ü r i c h
(gesandtschaftsbericht). Da die V Orte antwort gefordert, ob man
ihnen helfen wolle, in Baden, Mellingen und Bremgarten wie von alters her die eide einzunehmen und den anfang am Sonntag (16. Juni)
in Baden zu machen, habe man ihnen der instruction gemäfs geantwortet, man habe keine gewalt dazu, indem man, wie Bern, noch
immer der meinung sei, die städte Mellingen und Bremgarten sollten
nicht dergestalt von dem gotteswort abgedrängt werden; und da Bern
desshalb recht erbiete, so müfse man hierin zu ihm stehen, wesshalb
man dringlich bitte, von diesem vorhaben abzustehen. Die V Orte
haben darauf erwidert, sie werden die eide aufnehmen, sobald die
jahrrechnung vollendet sei. Hienach habe Bern erklärt, es wolle bei
der huldigung teilnehmen, jedoch ohne nachteil für den rechtsvorschlag.
Da nun die boten nicht weiter bevollmächtigt seien, so erbitten sie
sich bezügliche weisungen vor dem Sonntag; denn sollte (der aus-

schluss) nachteilige folgen haben, so würde es ihnen zum vorwurfe gereichen, wenn sie das nicht angezeigt hätten. 2. (s. nr. 1691). 3. Nachschrift: Bitte um zusendung des alten landfriedens, der vorigen instruction und der letzten abschiede; • dann wir dess notdürftig sind gegen etlichen, die gern wider hindersich griffind. •

Zürich, A. Landfrieden.

1693. (Juni c. 12), Freiburg. Instruction von Petermann von Perroman und Lorenz Brandenburger, als gesandte nach Romont zu dem herzog von Savoyen. 1. Nach verrichtung der empfehlungen sollen sie eröffnen, dass sie den Herzog persönlich zu treffen erwarten etc. 2. Dann haben sie an zwei schuldposten zu erinnern, über welche die briefe das nähere sagen. (Der text der instruction ist mangelhaft). 3. Ferner sei vorzubringen, dass der Herzog vermöge des bündnisses mit den Eidgenossen und der mit ihm am 20. Mai 1528 getroffenen abrede 2000 gl. schulde, und seitdem seien wieder 600 gl. aufgelaufen; für das alles sollen schriftliche sicherungen ausgewirkt werden. 4. Man habe nachricht erhalten, dass der Herzog hakenbüchsen und anderes geschütz habe herbeiführen lassen, was wenig gutes verspreche, wesshalb man zu wissen wünsche, wie er gesinnt sei. (5, 6, 7: drei wesentlich private angelegenheiten).

Freiburg, Instr. II. 48 b, 49 a.

1694. Juni 12 (Mittwoch nach Medardi), 3 uhr nachmittags. Zürich an seine boten in Baden. 1. Sie wissen, wie die Eidgenossen auf dem letzten tag mit den Kaiserlichen geredet haben, dass die zum gotteshaus Stein gehörigen einkünfte, die in Zürichs niedern gerichten liegen, wie früher verabfolgt werden sollen; dennoch führen sie solche (•das unser•) hinweg, wie aus der beigelegten missive des amtmanns zu Stein des nähern zu entnehmen sei. Da nun dieses verfahren unfreundlich und nicht zu ertragen sei, die Eidgenossen dergleichen nie geduldet haben, die erbeinung solche tätlichkeiten verwehre, und man sich zudem zum rechten erbiete, so soll das den Eidgenossen dringlich vorgebracht werden in dem sinne, dass sie die Kaiserlichen bewegen sollten, das abzustellen, und den verwaltern zu Zell geschrieben würde; denn man sei schlechthin entschlossen, sich mit gewalt nichts nehmen zu lassen, sondern nach gebühr dagegen einzuschreiten, und für den fall, dass etwas (übleres) daraus entspringen würde, ersuche man um getreues aufsehen und begehre zugleich eine antwort; denn in gleichen fällen würde man diesseits zu ihren gunsten auch nichts sparen, etc. 2. Der landvogt zu Baden habe dieser tage den prädicanten von Zurzach verhaften wollen; derselbe sei aber durch ein gehölz entronnen; auch haben die knechte dem prediger von Tägerfelden in gegenwart des landvogtes gedroht, sie müsten ihn auch einmal holen, ihn dem ross an den schwanz binden und wie mit einem hunde mit ihm davon fahren, was er nun nicht erwarten wolle, sodass nun beide vertrieben seien. Das finde man wahrlich dem frieden und den zusagen der Eidgenossen nicht gemäfs, und da man von beiden prädicanten nur ehrbares vernehme, die kirchgenossen sie •von herzen begehren•, und der landvogt selbst den Zurzachern keinen andern bescheid zu

geben gewusst, denn dass er den prädicanten dort gar nicht dulden
wolle, so soll dies den Berner gesandten angezeigt und, dann gemeinsam an die Eidgenossen die ermahnung gerichtet werden, bei dem
frieden zu bleiben, und die prädicanten wieder heimkehren zu lassen;
wenn der landvogt sie zu verunglimpfen versuchte, so soll ihnen sicheres geleit zu offenem verhör verschafft und hieher geschickt werden;
denn sie glauben sich wohl verantworten zu können. ..(Nachschrift:)
3. Es sei sofort zu melden, was die Eidgenossen wegen der zehnten
zu Stein beschliefsen, damit man sich zu verhalten wisse.

Zürich, Missiven.

Zu § 1. Am 3. Juli (Mittwoch nach Peter und Paul) erliess Zürich in dieser
angelegenheit ein ernstes abmahnungsschreiben an Radolfzell.　　ib. (1532, f. 174).

1695. Juni 13 (Donstag nach Medardi). Zürich an Bernhard Schiefser,
landvogt im Thurgau. «Der predicant von Summeri ist berichtet
worden, wie du in fänklich anzuonemen bestelt habest, über, dass er
nit wissen könne, ützit unerbars oder wider den friden gehandlet haben, und so dann die erbaren kilchgnossen der pfarr Summeri, so
usserthalb dem dorf sind (als wir berichtet), by göttlichem wort und
unserem glouben zuo belyben, ouch gemelten predicanten zuo behalten
begerend, dessglychen der friden heiter zuogibt, wer by unserem glouben belyben welle, dass der daran nit gehindert werden solle, so ist
unser früntlich bitt an dich, du wellest mit gemeltem predicanten nit
gachen, sunder in früntlich by versechung siner predicatur, unz zuo
ustrag der sach, bis man die biderwen lüt zuo Summeri mit einander
verrichten, und unser landvogt hinuf kommen mag, belyben lassen,
güetlich uns zuo eeren gegen im stillstan und keinen gwalt an in leggen».

Zürich, Missiven.

1696. Juni 13 (Donstag nach Medardi). Zürich an Ulrich Stoll,
landvogt zu Sargans. Schwyz und Glarus beabsichtigen, der schiff-
fahrt und des oberwassers halb das recht anzuwenden; da nun verlaute, dass er als vogt etliche bezügliche schriften gefunden habe, so
begehre man, dass er dieselben, oder copien davon, mit diesem boten
schicke, damit man erfahre, was für rechte man an dem fahr besitze,
etc.

Zürich, Missiven.

' Ein anhang, den der stadtschreiber für sich selbst an Stoll richtet, erteilt ihm
den rat, von den umlaufenden nachrichten nur so viel zu glauben, als ihm gut
und der wahrheit gemäss erscheine; dann die welt schwebt voll luginen, dass
es überloufen möcht ....

1697. Juni 13, Baden. Rudolf Stoll und Hans Haab an Zürich
(gesandtschaftsbericht). § 2. «Witer .. hat uns schultheifs Golder
anzöigt, wie dan unser instruction inhalt, dass dem houptman von des
Abts wegen lieber die gütigkeit dann das recht wäre; daruf er, herr
schultheifs, ime, dem houptman, etliche mittel fürgschlagen, die doch
der houptman nit wil gworfen, namlich also, ob ir .. von der biderben lüten wegen nachlassen möchtend, dass der Abt sy, die am göttlichen wort sind, nit zuor mess noch bicht und andern iren brüchen
zwingen noch nöten sölle, wiewol er, (der) Abt, inen die bredikanten
nit lassen welle anders deren, die da mess habend; welicher dan nit

zuor mess gan, (den) welte er nit noten; so boffte er, dass dann der
amptlüten halb in der rechnung guote mittel funden wurdind, damit
sy nit schadens halb sin müestind. Als wir nun mit im, schultheissen
(Golder), witer gredt, wir bsorgind, so die bredikanten nit mögind da
bliben, werde solich mittel nüt angnommen; hat doch (der) schulthess
uns gebetten, üch söliche ze wüssen (ze) tuon, welichs wir üch hiemit anzöigend, daruf ir .. uch witer beraten mögend, was ir für guot
ansehend. 3. Fürer habend wir mit inen, den Eidgnossen, hüt und
gester ghandlet von amman Voglers und des alten vogts uf Blatten
wegen, antreffend die götzen und ander kilchenzierd, darum sy bald
von den gweinden angsuocht, in(en) bezalung um obgedachte götzen
und zierden ze tuon, unangsehen den spruch, so sy die Eidgnossen
uf nächst verschinem tag zuo Baden geben, dass sölich ding uss gmei-
nem kilchenguot bezalt sölle werden; daby (hand wir) inen ouch fürghalten, dass sy anders nüt tan, dann dass wir sy gheifsen lut des
alten landsfridens, alles nach der leuge, nit not ze melden . . .; daruf
uns vilgmelte Eidgnossen geantwurt, dass der alt landsfrid vermöge,
wo man mit der meren hand die götzen und anders dannen tan, sölte
es daby bliben; das aber amman Vogler und (der) vogt uf Blatten
nit getan, sunder etlichen wider iren willen sölich götzen dannen
gnommen, und ob glich unser houptman sy sölichs gheifsen, habe er
doch sölichs uss ir beider fürgeben getan und nüt uss im selbs; darum sy die gmeinden an irem rechten nit hinderen wellend, mit der
lüterung, dass wo die götzen mit der meren hand dannen tan, sy beid
.. darum nit ersuocht söllind werden. Fürer ist der Eidgnossen meinung, die Rintaler söllind ir beider güeter anlangen und suochen, so
wit die reichen mögend, und irer wiber und kinder güeter nützit ansprechen noch suochen. Sóliche meinung schribend sy hinuf in das
Rintal, damit sölichem irem gfallen glebt werde. Witer habend wir
es dissmals nit mögen bringen, wiewol wir für und für daruf trungen,
dass wir obgedachte beid amman und vogt hierin vertretten, wellend
sy doch das nit bschechen lassen etc. 4. Uf hüt ist herr Caspar
Göldlin an uns beid kumen, in für die Eidgnossen ze lassen begert
von wegen des hafts, so im sin tochter an die gült, so er zuo Stein
habe, glegt, dann er siner tochter ganz nützit schuldig sige; ob aber
sy vermein etwas rechts an in ze haben, sölle sy in lut der pfinden
gichtig machen, er schlahe iren ouch das recht (dar) für sine herren
gon Rapperschwyl, gon Schwiz oder für die acht Ort. Als wir sölich
sin meinung verstanden, habend wir vermeint nit not (sin), söliches
für die Eidgnossen (komen) ze lassen, sunder wellind üch .. (das) zuoschriben, weliches er begert, und darum uns antwurt gon Baden ze
schicken, damit er sich witer ze halten wüsse; er will aber vor üch
das recht nit suochen, dann er das ze tuon nit schuldig sin vermeint;
mögend ir unser herren hierin ouch üwerem gfallen nach handlen.
5. Wir habend hüt dem schriber anzöigt, dass wir nit wellind, (dass)
er (für?) das gottswort luterisch schribe; daruf sy (die fünf Ort?)
üwere jüngst usgangne mandat herfürzogen und die lesen lassen und
ganz nit gern habend, dann es dem landsfriden ganz widerig, inen

ouch nachteilig und unlidenlich sige; dann je sy bishar in iren landen
sölliche mandat uf iren glouben nie usgan lassen habend etc. Daruf
wir vermeint, dass wir als in unsern landen söllchs ze tůon gůot fuog
und recht habend, ouch lut des landfridens, uf welliches sy geantwurt,
wir habind uns doch im landsfriden bekennt, dass wir sy by irem
alten waren cristenlichen ungezwifleten glouben ungearguiert und disputiert
bliben lassen wellind; doch so werdend ir .. in irem schriben,
was ir beger sige, wol verstan etc. · Bitte um bezügliche weisungen.

'Zürich, A. Tagsatzung.

1698. Juni 14, Baden. Die boten (der sieben Orte) an Zürich.
· Als dann wir oftmals üch mundtlich und gschriftlich gebetten, von
wegen herr Caspar Göldlis ritters, berůerend siner schwöster seligen
erbgůot, so ir ettliche jar zuo üweren handen guommen, im das gůetlichen
verfolgen ze lassen, uf das jetz üwere ratsbotten by uns sich
irer antwurt entschlossen, dass ir, unser lieb Eidgnossen, von unser
pitt wegen und uns zuo gefallen, gemeltem herr Caspar Göldli die
vierhundert guldin houptguots sampt dem järlichen zins wöllent lassen
verfolgen, also dass ir an dem end hand abziechen, und er die zins
hinfür innemen möge; doch was zinsen verfallen und ingenomen, dass
die hin und ab sin söllent. Und als wir söliche antwurt gedachtem
herr Caspar anzeigt, hat er sich dero zuo beschwärd angenommen und
vermeint, ob schon ir .. hand abzogen habent, wölle in bedunken,
dass villicht sine kind lut siner schwöster seligen testament (das doch
nach sinem bedunken nit kreftig, dann sy desselben lut des hyrathbriefs
nit gwalt noch macht gehept, dann derselbig luter vermöge, dass si
sölich gůot an ir recht und eigen erben sölle lassen fallen) sölich gůot
widerumb in haft und verbott legen, dadurch er in lengere rechtfertigung
kommen möchte, das aber im nit lidenlich; dann er in üwer statt noch
land nit komen bedörfe; darzuo syent im sölich vierhundert gůldin houptguots
noch der zinse, wo die standent, nit anzeigt noch die brief zuo sinen
handen geantwurt, desshalb er uns um Gottes und der gerechtigkeit
willen gebetten, wir wöllten im gegen üch zum rechten verhelfen, so
schlüege er recht für anfencklich für sine herren von Raperschwyl, da
er gesessen, zum andern für die vier Ort als oberherren der statt R.,
zum dritten für uns die acht Ort, und zuo überfluss, soferr ir .. dess
begerten, gemeinlich für die zwölf (resp. XIII) Ort. Und als wir nun
söllchs alles verstanden und das üwern botten anzeigt, die nit witern
befelch haben dann wie obstat, dass ir üwer hand davon abziechen
wöllen, und aber er besorgt, dass im söllchs witer verhefft möge werden
durch sine kind, die doch in by lebendigem lib nit erben mögen;
desshalb so langt an sich unser geflissen und fründtlich pitt, ir wöllent
gemeltem herr Caspar Göldli sölich vierhundert guldin houptguots,
oder waruf die stand, und die houptbrief zuo sinen handen fry überantworten
und in damit als den rechten erben verfaren lassen, so
zwyflet uns nit, wir wöllen sovil an im vermögen, dass er die versessnen
zins nachlassen, und als er vermeint, dass der erbfall noch
grösser sin sölle, dass ers doch ouch by den vierhundert guldin bliben
liefse, und üch umb unser willen darin so günstig bewisen, als wir

nch sunders wol vertruwen, . . . und wiowol wir uns abschlags nit
versechen, begeren wir doch üwer verschriben antwurt by disem botten; dann, als ir ermessen, kan er nit rechtlos verlassen werden. »

Zürich, A. Personalien, II.

1699. **Juni 14,** Bern. «Hertenstein (hat) anzeigt, wie er bericht
sye, (dass) der herzog (von Savoy) sin potschaft bin v Orten gehaben (sic), niemand wüsse, uss was grund, verheilse inen hilf wider
min herren, wo sy dero bedörfen. Den potten, so zum Herzogen ryten, (ist zuo) befelchen, im das fürzehalten. »   Bern, Ratsb. 234, p. 80.

1700. **Juni 14.** Bern an die vögte im Aargau. «Als sich aber
by unsern lieben eidgnossen von Soloturn etwas unruow von wegen irs predicanten, den sy stillgestellt, zuotragen will, langt uns an,
dass die widerwertigen rucken, bystand und hilf by den v Orten funden, die inen zuogesagt söllen haben, wo sich die sach zuo unruowen
tragen, dass sy inen mit einem fennli lüt zuozüchen welliud. Uf sölichs, wiewol wir dem gar kleinen glouben geben, nüt dester minder,
zuo guoter fürsorg wellen wir dir in höchster geheimd und ernstlichen
befolchen haben, daruf ze achten, und wo sich die v Ort obbestimpter
gstalt erhüeben, uns dess by tag und nacht (ze) berichten. Es ist ouch
hieby unser ernstlich will und meinung, dass du diss unser schriben
by dir selbs behaltest und gar keinem mönschen, wie lieb, vertruwt
und heimlich der dir sye, darvon sagest und dheins wegs merken lassest, glich als du hieramb gar nützit wüsstest. ».   Bern, Teutsch Miss. T. 501.

1701. **Juni 14.** Bern an die boten von Lucern, Uri, Schwyz,
Unterwalden, Zug und Glarus in Baden. Antwort auf ihre zuschrift wegen des geleits für den weihbischof von Constanz. Man
bleibe bei der in der instruction eröffneten meinung und wolle in dem
geleitsbrief schlechtweg nicht genannt werden, wogegen man nicht
hindere, dass die sechs Orte denselben in ihrem namen ausstellen;
man halte sich (dabei) an den landfrieden.   Bern, Teutsch Miss. T. 500.

1702 a. **Juni 14** (Freitag nach Medardi), Zürich. Werner Beyel,
stadtschreiber, an bischof Philipp von Basel. Er empfiehlt seinen
bruder, herrn Caspar Fischer, prädicant, zur versetzung von der armen pfründe Mätzerlen an die ledig gewordene pfarrei Tärwylen (Thar-
wyl). (Das schreiben ist sehr angelegentlich und höflich gehalten).

Zürich, Missiven.

1702 b. **Juni 15** (Samstag nach Medardi), Zürich. Werner Beyel,
stadtschreiber, an bischof Philipp von Basel. Beyel empfiehlt den
von seinem bruder ihm zugesandten herrn Christoffel, gewesenen leutpriester zu Gempen, zur erlangung der pfründe Reinach. «So were
an dieselb ü. f. G. min ernstlich bitt, den guoten herrn ein zit lang
uf gemelter pfarr zuo versuochen. Will doch wider üwer Gnad gar
nüt gebetten, sunder mich deren ganz undertäniklich zuo gnaden und
gunst befolchen haben ».   Zürich, Missiven.

1703. **Juni 15** (Samstag nach Medardi). Zürich an die boten der
acht (sieben?) Orte in Baden. Antwort auf ihre zuschrift betreffend

Caspar Göldli. In dieser sache etwas zu rechten finde man nicht notwendig; denn diesseits habe man, den Eidgenossen zu besonderm gefallen, den künftig fallenden zins zu verabfolgen bewilligt für seine lebenszeit; der gemachte vorbehalt stütze sich darauf, dass die vermächtniss nur als leibding gegeben und seinen kindern verschrieben sei; diese habe man als burger zu schützen, also briefe und haupte nicht herauszugeben; übrigens sei er selbst noch burger, da er sein burgrecht noch nie (in herkömmlichen formen) aufgegeben habe, weshalb er die obrigkeit nirgendshin vorfordern könne; zudem liege die gült in diesseitigem gebiet, und da man (um solche dinge) anderswo ins recht zu stehen laut der bünde nicht schuldig sei, so bitte und begehre man hiemit ernstlich, den kläger zu weisen, das verordnete leibding gütlich anzunehmen und die stadt an ihren rechten nicht zu bekümmern. Wolle er dann seine kinder oder andere, deswegen rechtlich befangen, so könne er seine anwälte hieher schicken; man werde ihm gutes recht ergehen lassen und tun, was man kraft der bünde schuldig sei. Die Eidgenossen werden es ja selbst als unerträglich ansehen, wenn einer irgendwo abtrete und dann erst seine obrigkeit oder eine gegenpartei wider den beschwornen burgereid anderwärts rechtlich verfolge, etc. etc.   *Zürich, Missiven.*

1704. Juni 15 (St. Vits tag). Statthalter und Rat zu S c h w y z an G l a r u s. 1. Antwort auf dessen schreiben betreffend ansetzung eines nahen rechtstages zwischen dem seckelmeister (Hans Wichser?) und vogt Amberg etc. Man habe nun einen solchen bestimmt auf Donstag vor der 10000 Ritter tag (20. Juni) und werde letzteren anhalten, ihm recht zu gestatten, «wofern Gottes gewalt ihn nicht beschirme», wozu er übrigens sonst bereit gewesen; auch das begehrte sichere geleit, obwohl ein solches schwerlich nötig gewesen, schicke man hiebei mit. 2. Sodann habe man, nachdem schon auf mehreren tagleistungen davon gehandelt worden, eine botschaft zum Kaiser abzufertigen beschlossen, um die freiheiten bestätigen zu lassen, und da nicht nur Schwyz, sondern auch dem gotteshaus Einsiedeln viel daran liege und die sache nicht länger aufzuschieben sei, eine botschaft bezeichnet, die bis nächsten Freitag (21. Juni) wegfertig sein werde; dies melde man Glarus, damit es, wenn ihm solches gefalle, auch jemand mitschicken könne.
                                Zürich, Tschud. Doc. Samml. X. 3.

1705. Juni 15, B e r n. 1. «Potten (von) Bätterlingen (haben) minen herren anzeigt, (dass) der Herzog morn gan B. komme, da zuo besorgen, (er werd) etwas gwalt mit inen bruchen, mit pitt, min herren (wellen iren) potten schryben (und) sy d(er)wil ouch da lassen.» 2. Es wird in dem sinne entsprochen, dass sie befehl erhalten, auf kosten der Peterlinger sich bei dem Herzog für sie zu verwenden.
                                Bern, Ratsb. 234. p. 32, 33.

1706. Juni 15 (Samstag nach Medardi). Z ü r i c h an die gesandten der V O r t e in Baden. Antwort auf ihre zuschrift betreffend das neue mandat, den priester zu Lunkhofen etc. Diese zumutungen habe man nicht ohne grofse beschwerniss vernommen, da man nichts anderes

wisse, denn dass man den frieden bisher treulich und ehrlich und
wohl so genau gehalten, als es von anderer seite geschehen sei. Dass
man die messe in dem mandat päpstisch nenne, sei niemandem zu
leid und in keiner argen absicht gesagt; da die messe, wie die römische
kirche sie brauche, ihren ursprung von den päpsten habe, könnte man
sie nicht wohl anders bezeichnen, und da man den angehörigen eine
weisung habe geben wollen, wie sie das sacrament brauchen sollten,
so habe man einen unterschied aufstellen müfsen; dazu glaube man
vermöge des friedens befugt zu sein, indem dieser den noch nie wider-
legten christlichen glauben Zürichs vorbehalte wie denjenigen der V
Orte; man habe damit den letzteren nicht gescholten und hoffe nicht,
dass sie die absicht hegen, gebote betreffend den glauben zu verhindern, da man ihnen für ihre eigenen lande auch keinen eintrag tue.
2. Dem priester zu Lunkhofen habe man nicht verboten, messe zu
halten; wer ihn hindere, wisse man nicht, wohl aber, dass vielleicht
die mehrheit eines prädicanten begehre, die man nicht dazu gelange;
ob das dem landfrieden gleich oder ungleich sei, gebe man den V Orten zu ermessen; man glaube aber, dass den andern bereits entsprochen wäre, wenn dieser teil (die neugläubigen) nicht zurückgesetzt
würde. 3. Von den drohungen gegen den landvogt wisse man nichts,
habe kein gefallen daran, hindere auch weder die von Dietikon noch
andere, messe zu halten, wenn dem landfrieden gemäfs, den die V
Orte beständig ohne anlass (« on not ») hervorziehen, die pfrundgüter
geteilt und die angehörigen Zürichs in ihrem glauben nicht beeinträchtigt werden; wo habe man denn einen messpriester vertrieben und
was den altgläubigen leides getan, und doch werde immer die schuld
auf Zürich geschoben, während man viel mehr zu klagen hätte als
jemand anders. Desshalb bitte man die V Orte, sich nicht so (eifrig)
dem (neuen) glauben zu widersetzen, die liebhaber des gotteswortes
bei dem frieden bleiben zu lassen, bei irrungen die fehler genau zu
untersuchen, bevor sie den frieden hervorkehren, und besonders mit
denen von Lunkhofen zu verschaffen, dass den (neugläubigen) ein prädicant nicht verweigert werde; dann werde man besser zur sache
kommen; denn den frieden treulich zu halten und die eintracht zu
fördern, sei man ganz aufrichtig geneigt und erwarte, dass die V Orte
sich auch befleifsen werden, den landfrieden pünktlich (« styf ») zu halten,
etc.　　　　　　　　　　　　　　　　　　　　　　　　Zürich, Missives.

1707. Juni 15, Rom. Papst Clemens VII. an die V Orte. «Dilecti cet. Quanti apud nos ponderis commendatio vestra fuerit in di-
lecto filio Adriano Rietmatten ad ecclesiam Sedunensem promo-
vendo, illud vobis indicio esse poterit quod tam multæ difficultates,
quas et vos audistis, et nos | præsentes perspeximus, nos non retar-
darunt quin vos et illum omnibus difficultatibus superatis voti compotes redderemus, in quo gaudemus ut debemus non solum utilitate
et securitate illius ecclesiæ, cui in tali pastore optime consultum spe-
ramus, sed etiam quod vobis | gratificandi in eo habuimus occasionem,
quibus semper gratificari et placere summe cupimus. Vestra enim in-

elyta merita erga Deum et nos, id merito exigunt, quorum virtute et pietate impietas repressa est hactenus, nec si se rursum moverit, meliorem exitum sortietur in futurum. Quod igitur ad expeditionem, ipsius Adriani electi attinet, vestræ devotiones habent sua commendationis affectum, et si qua in re alia ostendere vobis possimus, benevolentiam nostram, hortamur (ut experiamini; para-) tam enim vobis semper esse volumus nostram et huius sanctæ sedis benignitatem, cum qua optantes uvos in solita conjunctione, et amore persistere, dedita opera misimus ad vos nuntium nostrum, venerabilem fratrem Epnivm, episcopum Verulanensem; quo studiosiorem | omnis vestri commodi et honoris mittere non poteramus, qui cum sit vobis paternam, et singularem nostram benivolentiam cum plenis mandatis nostris allaturus et diffuse explicaturus, hortamur vos id quod et aliis nostris literis fecimus, ut benigne et honorifice ho- |cminem nobis gratum vestri amantissimum suscipientes (?) et fidem eius verbis indubiam nunc et deinceps præstare et vicissim studium, amorem et promptitudinem, vestram nobis et sanctæ romanæ Ecclesiæ in continuatione benivolentiæ et conjunctionis nostræ | veteris ad catholicæ fidei tutelam exhibere velitis, sicut vos esse facturos non dubitamus; nos enim, ut debemus, et vestro merito faciemus quæcunque in re vestra pietas ope, opera vel authoritate nostra indiguerit; neque curam neque studium; neque amorem | nostrum in vobis alacriter tuendis et in sanctæ fidei cultu ac sedis apostolicæ conjunctione conservandis unquam a vobis desiderari patiemur, sicut hæc plenius | et particularius idem episcopus Verulan.; nuntius noster, devotionibus vestris explicabit, | cui fidem summam habebitis. Datum cet. | — (Blosius). — L a n e r a, Breve.

-1) Ethen abdruck hat auch das »Archiv f. schweizer. Reformationsgeschichte» II. 19, 20.

1708 a. Juni 15 (Samstag nach St. Medards t.), Zürich. Bestellung von drei (genannten) bürgen (aus dem Freiamt) für den seit drei wochen gefangen gehaltenen Hans Steiner, um 100 gulden, damit die obrigkeit, falls sich ergäbe, dass der beklagte an dem unfug mit dem priester zu Lunkhofen auch schuld hätte, die aufzulegende strafe zu bekommen wüsste.

1708 b. Juni 29 (Samstag nach Joh. Bapt.). Vogt Welti Pur zu Wettswyl, Jacob Widmer von Hedingen, Jörg Lupfer von Aesch und Jacob Schürer von Birmenstorf tragen im namen der an dem auf Pfingsten zu Lunkhofen begangenen freuel beteiligten vor, sie seien dazu gereizt worden durch jenen messpfaffen selbst, indem er die herren von Zürich, auch sie und andere, die den wahren christlichen glauben angenommen, ketzer gescholten habe, laut der darüber verhärten beschwornen kundschaft. Desshalb bitten sie, mit rücksicht auf den leidigen krieg, in dem sie um leib und gut gekommen, um gnädige bestrafung, die sie mit willigem gehorsam verdienen wollen. In erwägung der ursachen, und dieser demütigen bitte, wird beschlossen, den tätern insgemein nur 200 gulden zur strafe aufzulegen, wobei ihnen ausdrücklich gestattet ist, die anfänger und hauptschuldi-

gen unter ihnen zu suchen, damit die wahrheit desto besser an den
tag komme, und die unschuldigen entledigt werden können. Ferner
ist vorbehalten, die ermittelten urheber höher oder niedriger zu bestrafen. Da der untervogt zu Aesch, der seine beteiligung eidlich ab-
geläugnet hat, dadurch meineidig geworden ist; da er aber mit seinen
brüdern unverteilt haushaltet, sodass man die anteile der einzelnen
nicht so leicht bestimmen kann, so wird der obervogt, nämlich seckelmeister Berger, beauftragt, genau zu erfragen, was dem untervogt ge-
bühren würde, und diesen teil zu handen der herren auszusöndern
und zu verheften; wenn der beklagte inzwischen betreten werden mag,
so soll er gefangen und anhergebracht werden.

1708 c. Oct. 9 (Mittwoch nach Leodegarii). Bernhard Suter ist in
haft genommen worden als vermuteter urheber des handels mit dem
messpriester zu Lunkhofen, indem der anschlag in seinem hause geschehen sein soll. Da er dies beharrlich bestreitet, dabei erklärt, dass
er jederzeit, sofern über kurz oder lang die behauptete schuld erwiesen würde, die strafe tragen wolle, und um gnade bittet, so wird jetzt
das bessere geglaubt und erkannt, ihn auf eine urfehde ledig zu lassen; doch soll er die kosten der gefangenschaft zuvor abtragen und
für 100 gl. trostung geben. Darauf hat Felix Götschi von Rifferswyl
dem stadtschreiber in die hand gelobt, der bürgschaftspflicht genugzutun.

1708 d. Oct. 12 (Samstag nach Dionysii). Heini Schneuli (o. Schnee-
beli?) von Affoltern ist teils geständig, teils durch kundschaft überwiesen, geredet zu haben: «Gottswunden, unser herren sind nüt, ein
landschaft muofs ein fart darzuo tuon, die sach in dhand nemen und
für die statt gehygen, dann sy, unser herren, byfsend die fünf Ort nit.»
Dessgleichen hat er geraten, den messpfaffen von Lunkhofen zu um-
ringen und ihm den kopf abzuhauen. In berücksichtigung der fürbitten aus dem Freien Amt und der verwandten wird aber nach gnaden geurteilt, er solle vor seiner ledigung 300 gulden als bufse bezahlen, dazu alle kosten der gefangenschaft abtragen; seine zunge solle
künftig niemandem «weder gut noch schad sein»; jahr und tag dürfe
er keinen degen mehr tragen und bis auf weitere begnadigung weder
abendbrot noch schlaftrunk (öffentlich) nehmen, und da in seiner wirtschaft zwei böse anschläge beraten worden, erstens berührend den
priester zu Lunkhofen, zweitens einen überfall auf Baar zu machen,
so ist ihm bis auf andere verfügung auch das wirten abgestrickt.

1708 e. Oct. 14 (Montag vor S. Galli). Auf die bitte der verwandten Schnewlis und Adam Schmids von Affoltern (der zu 100 gl. bufse
verfällt worden), die bis jetzt mit grofser mühe zusammengebrachten
300 pfd. für einmal anzunehmen und ihnen für die übrigen 500 pfd.
bis Martini zeit zu geben, wogegen sie einen gültbrief von 15 gl. rh.
pfandweise bei dem obersten stadtknecht hinterlegen und überdies zwei
(städtische) bürgen stellen, wird die erwähnte frist bewilligt, mit dem
beding, dass auf Martini der rest ohne fehlen bezahlt und weder um

weitere. ziele noch, um einen „nachlass gebeten werde,„, da solche gesuche. kein gehör finden würden,„, , Zürich, (Ratab. f. 190 b, 209, 236 a, 237 b, 238.

Erwähnenswert ist hiebei noch ein undatirtes actenstück, in welchem ein
ausschuss des Rates klagt, dass die bussfälligen personen ihre schuld noch immer
bestreiten, und ernste massregeln empfiehlt, um ihren eigenwillen zu brechen.
Es soll ihnen nochmals geschrieben werden, sie hätten in acht tagen 300 gl.
bar auszurichten, 200 als vorgängige strafe und 100 gl. zur busse für ihren unfug
und ungehorsam, wobei ihnen schwerere ahndung angedroht werden soll. Dabei ist berathschlagt, auf den fall weiterer widersetzlichkeit im stillen sowohl in
der stadt als ausserhalb eine anzahl vertrauter leute zu bestellen, um die beklagten gehorsam zu machen. Zürich, A. Knonau.

Die noch übrigen acten sind an zahl und inhalt unerheblich.

1709. Juni 16, Baden. Die boten von **Bern, Uri, Unterwalden
und Zug an Zürich.** «Nachdem verschiner tagen üwere ratsbotten
anzogen von, wegen der spennen, so sich haltent zwüschent herren apt
des gottshus Sant Gallen und etlichen sinen. gottshuslüten, berüerend
die predicanten etc., ouch die alten amptlüt irer rechnuugen halb, daruf
her schulthes Golder von Luzern etlich mittel und artikel inen fürgehalten, wie dann in dero von üwern ratsbotten gschriftlichen bericht
sind, nun, uff hüt habent üwere gsandten den selben handel widerumb nach ir befelch anzogen, daruf genanter herr schulthes Golder
(als der so gern die sach guot säche) vermeint, wo es by den mittlen,
so er üwern ratsbotten anzöigt, üwers teils möchte beliben, zwyfle im
nit, es wurde by genantem herr Apt ... erfunden, dass ers ouch, annemen wurde, mit hilf siner herren und unser l. eidg. von Schwiz,
dann irem botten sölich anschlag ouch gefallent, und als uns sölche
mittel für zimlich und billich und üch beidersyt von frid und ruowen
wegen anzuonemen sin bedunkent, damit witer rechtfertigung, kost,
müey und arbeit vermitten und erspart blibe, so pitten wir üch fründtlichen mit flis, ir wöllent sölich früntlich artikel güetlichen annemen,
damit und der handel hin und abweg getan werde, etc. etc.; und pitten, deas ir verschriben antwurt» (ze schicken). Zürich, A. Abtei St. Gallen.

ᴸ A tergo: «Daruf antwurtend mine herren inen nt in libro missiuarum.» —
Vgl. nr. 1697, 1717.

1710. Juni 16. Bern an Solothurn. «Uss jüngsten abscheiden,
ab gehaltnen tagen zuo Baden usgangen, und sunst ouch gemeinem
geschrei nach mögen wir lichtlich vermerken, dass sich etwas unruow
by üch zuotragen möchte, darus nützit guots folgen (wurd); wer daran
schuld treit, ist uns unwüssend. So wir nun sölichs zuo herzen füeren und betrachten, dass wo uneinigkeit under üch entstan söllt, villicht bluotvergiefsen und sünst vil unrats darus entspringen, das uns
(söllend ir wüssen) von herzen und in guoten trüwen leid wäre, dem
wir gern, wo wir jenen köntend und vermöchtend, vorsin welltend,
als die nit minder üwern, dann unsern eigenen trüebsal mit ganzen
trüwen abzewenden sonders geneigt, ja ouch mit unserm zitlichen
schaden, als wir ouch uss brüederlicher altharbrachter liebi, fründschaft und einmüetigkeit gegen einandern gesinnet sin söllend, daran
an uns (ob Gott will) nützit erwinden wirt; desshalb an üch unsere
höchste trungenlichoste und früntlichoste pitt und hochgeflissen bege-

so pitten wir ûch sunders fißes fründtlichen, ir wöllent umb unser
willen sölich artikel ïgüetlichen wannemen und daran sin, dass deßen
also gelebt werde, wo dann ir uns in einem sölichen (fall, sin?) mindern oder merern snoben ermanent, wöllent wir ûch ûne zwyfel dess
ergetzen und umb ûch beschulden. • 2. Antwort auf die erklärungen
betreffend ammann Vogler etc. Wiewohl man die kläger auf niemand
anders anweisen könne, als auf die wirklichen täter, die dann, der
ihnen erteilten verheißungen wegen, sich an Zürich halten dürften,
habe man jetzt doch dem landvogt im Rheintal befohlen, einen gütlichen ausgleich zu versuchen, etc. etc. • **Zürich, A. Personalion, II.**

1714. Juni 17 (Montag nach St. Vits tag), Maschwanden. Untervogt
Felix Götschi, geschworner richter, beurkundet dass auf begehren von
Jungheini und Konrad Gut, im namen aller an dem aufruhr zu Lunkhofen beteiligten, Hans Steiner von Bünzen als kundschaft verhört
worden, und derselbe bei seinem desshalb geschwornen eide bezeugt
habe, • wie er uf ein zit, namlich uf des heiligen krûz tag (3. Mai),
syg zuo Lunkhofen zuo kilchen gesyn; do hab derselb predicant under anderen worten erzelt, wie das hl. krûz syg vergraben und widerum funden worden, wiewol die lutherischen ketzer solichs nit glou-
bind etc. • **Stadtarchiv Bremgarten (copie).**

1715. Juni 18 (Dienstag nach Viti und Modesti). Zürich an die
boten der sechs Orte (V Orte und Glarus). Erinnerung an die mit
Bern eingelegte fürbitte zu gunsten von Peter Jos von Birmenstorf.
Nun vernehme man durch seckelmeister Edlibach, (dass sie meinen),
man willfahre ihnen selbst in keinerlei sachen, und sie desshalb um
so weniger geneigt seien, (entgegenzukommen). Das finde man beschwerlich, indem man glaube, bisher nichts was möglich gewesen,
versagt zu haben, und auch ferner guten willen zu beweisen gesonnen
sei, wo es nicht gar zu nachteilig wäre. Auch in Caspar Göldlis handel würde man (der Rat) entsprochen haben, wenn es sich geziemte,
hinter der höhern gewalt etwas zu bewilligen. Man bitte nun nochmals dringlich, den Jos nicht zu strafen, sondern mit guade • davon
kommen zu lassen •, etc. etc. **Zürich, Missiven.**

1716. Juni 18 (1533?), St. Gallen. Joh. Vogler, • bruder und
vetter • (?), an Hans Vogler, (derzeit) in Zürich. • Gnad und frid, etc.
etc. etc. Ich sollt dir anzaigen und kund ton vil ungschickter reden
und händel, so hin und wider im Rintal by disem vogt sich verloffen
hat, gedenk ich wol, durch ander lüt dir anzaiget sin. Das hat sich
aber by uns zuo Sant Margreten begeben uf den Sonntag in der lap-
lasswuchen (wie sy in nemen), hat docter Nell von Bregenz prediget
und mess gehept, was och ain grofsi hochzyt unsers tails, die warhait
gottes bekennend, sich mit gedult erzöigt, also dass die widerpart im
nie gschenkt, sonder verspottet, dass er (?) inen nit die spillüt geäzt
hat und nit gewölt tanzen, vermainten, er solt sich vorm messpfaffen
haben lassen zesamen geben. Nach essens (zit?) ruoft der amman,
dass niemant tanzen solt, uss befelch des vogts von Rosenberg, es
wäre ain hailiges zyt, dem gebott solt jederman ghorsam sin, die buofs

wurd niemans gschenkt. In dem kompt der Kretz, überkam ain trunk,
erlopt in(en) durch ir pitt, es solt jederman tanzen, bis sy müed wurden, welches die rädlifüerer der mess hoch beduret hat und ain missfallen darab gehept. Item in siner predig hat er uns hoch verunglimpfet vorm volk und geredt, die nüwen prediger leeren und sagen,
die selen lidend nit pin bis an jüngsten tag, so der lib widerum zuo
der selen kome, das ich doch nie gehört hab; item geredt, er predige
den alten waren christen, die noch bständig syen beliben; item geredt,
die siben sacrament syen uns darum geben, dass wir unser hoffnung
und vertruwen darin setzen söllen; item Christus hab sich ain mal
für aller menschen sünd selbs ufgeopferet, der priester opfere in nit
in der mess, Christus opfere sich selbs; item die Apostel habend mess
gehept, das well er mit der zyt bewysen; item Tütschland habe nie
kain zwifel oder spaltung des gloubens gehept bis erst jetz in x oder
xij jaren; alle nationen habends erlitten, aber usgerütet worden und
der war alt christlich gloub erhalten; aber (sprach er) liden üch noch
an klain, es wird bald besser; item den sig der Aidgnossen hochge-
prisen etc. Uff 10. tag Junij hat by uns geprediget der pfarrer von
S. Johann Höchst, man hab die sacrament jetz lang under die füefs
truckt; es sy ain jetlich mentsch by ainer todsünd schuldig, all Sonntag ain mess ze hören etc., für die todten bitten, den hailgen dienen;
ich kans nit erzelen alles, was erst pfaff Gebhart jetz nächst Sontag
geprediget; Gott welle inen zuo erkennen geben ir elend. Der Apt
hat mir verbotten, alles der pfruond zuogehörig nit veraberwandlen,
und bochend hoch, tröwend mir all tag, vermainen, ich sölt wichen,
dess ich nit willens bin, es sy dann dz die ganz gmaind (es) für guot
ansech»...　　　　　　　　　Zürich, K. Archiv (Scripta Sangall. 171, original).

1717. Juni 19 (Mittwoch nach Viti und Modesti). Zürich an die
boten von Bern, Uri, Unterwalden und Zug auf dem tag in
Baden. Antwort auf ihre zuschrift und die vorgeschlagenen mittel
zwischen dem Abt und den Gotteshausleuten. Man erkenne daraus
ihr freundliches bestreben, zu ruhe und einigkeit zu verhelfen; sie
sollen auch gewisslich glauben, dass man ihnen sehr gerne willfahren
würde, wenn es vor Gott und den guten leuten, die immerdar um
handhabung bei dem gotteswort und dem frieden anrufen, zu verantworten wäre. Aber diese mittel seien dem göttlichen wort so hinder-
lich und dem landfrieden so weit zuwider, dass aus ihrer annahme
mehr zwietracht als ruhe erwachsen würde; man könne sich also dazu
nicht verstehen und beharre bei der meinung, dass der Abt, da er
durch den frieden zur herrschaft gekommen, die untertanen vertröstet,
dabei bleiben zu lassen, etlichen gemeinden prädicanten gegönnt und
dadurch dieselben zur huldigung bewogen habe, an den frieden auch
gebunden sei; sonst würden die leute mit betrug davon gedrängt. Da
man nicht bezweifle, dass die boten die gotteshausleute bei dem landfrieden und dem (von dem Abt) bewilligten bleiben zu lassen und
des vaterlandes ruhe zu erhalten geneigt seien, so ermahne und bitte
man sie nochmals zum höchsten und freundlichsten, Gott und aller

ehrbarkeit zu gefallen, den Abt zu weisen, dass er von seinem vorhaben abstehe, die prädicanten nicht anfechte, die amtleute ihrer verwaltung halb rulig lasse, ihre rechnungen annehme etc., wie die billigkeit und die allgemeine ruhe es erfordern; das würde man dankbar
zu vergelten suchen. Wenn er aber nicht nachgeben wollte, so schlage
man ihm das recht vor und begehre, dass er vor rechtlichem entscheid
nicht weiter vorgehe, etc. Zürich, Missiven.

1718. Juni 19. Basel an Dr. Jacob Sturzel. Jacob Götz habe angezeigt, wie auf dem letzten tage zu Baden in dem span zwischen
Jörg von Andlau und Ludwig von Reischach gehandelt worden, und
wie er, der gesandte des r. Königs, dem von Reischach ein gutes abkommen versprochen habe, falls er die verheßleten zinse verabfolgen
liefse, etc. Wiewohl es schwer falle, einen burger von dem abschied
zu drängen, den er zu Baden in gegenwart des gegners empfangen,
wolle man doch, sobald man von ihm, Dr. Sturzel, die zusicherung
habe, dass er des landcommenturs so weit mächtig oder von demselben vertröstet sei, dass dem von Reischach nach verabfolgung der
streitigen nutzungen ein günstiger vergleich gewährt werde, und zwar
zu solchem in monatsfrist gelangen könne, mit ihm darüber verhandeln,
indem man glaube, er würde dann die zinse und zehnten fahren lassen und eine billige verständigung gewärtigen. Desshalb begehre man
umgehende antwort. Basel, Missiven.

1719. Juni 20. Basel an die eidgenössischen boten zu Baden. Antwort auf ihre zuschrift. Wiewohl in dem letzten abschied kein fan-
derer tag bestimmt sei, wäre man geneigt, eine botschaft abzusenden;
weil man jetzt aber mit wichtigen stadtgeschäften, namentlich mit besetzung des regiments, beladen sei und nichts besonderes wisse, das
auf dem tage zu verhandeln wäre, so wolle man diesmal die botschaft
daheim behalten und bitte, das nicht zu verargen und die verhandlungen in dem abschied mitzuteilen, etc. Basel, Missiven.

1720. Juni 20 (Donstag vor Johannis Bapt.). Zürich an Vogt und
Rat zu Elgg. Nach prüfung der verhandlungen über den nach Rapperswyl fälligen zehnten habe man den s. z. von den eherichtern
gefällten spruch bestätigt und wolle daher den prädicanten weisen, bei
der ihm geschöpften competenz zu bleiben und den spital zu Rapperswyl des zehntens halb in ruhe zu lassen, indem man den spital mit
keinem glimpf von jenem vertrage abweisen noch des prädicanten ansprache fördern könne, etc. Zürich, Missiven.

Am gleichen tage erging ein entsprechender bericht an Schultheiss und Rat
von Rapperswyl.

1721. Juni 21, Bern. •Tössi redt (bezeugt): Ist zuo Bastian Bader
kommen, hat geredt, iss mit mir znacht; ist Sebius darkommen und
geseit, wir hand den krieg von den pfaffen, und man hat (zuo) Zürich
an etlichen orten mess, wirt hie in kurzem ouch darzuo kommen; so
wirt es darzuo kommen in drü jaren, dass die predicanten werden uf
der Schwelli matten verbrennt wie die münchen vor jaren. • (Von
andern auch bezeugt). Bern, Ratsb. 234, p. 101.

1722. Juni 21. B e r n an F r e i b u r g. Es wisse, welche missetat die beiden Sontier (?) an dem propst von Wyler sel. begangen, und die von Murten ... das recht wider den jungen Sontier, der bei ihnen gefangen liege, nicht wollen ergehen lassen, indem sie vorgeben, das wäre ihren freiheiten zuwider, und um entledigung von der sache bitten. Man finde dies sehr befremdlich, da man ihnen dreimal geschrieben, sie sollen ihr urteil geben und dafür, wo nötig, sich rats erholen; das werde ihren freiheiten keinen schaden bringen etc. Da sie sich immer noch weigern, so habe man sie abermals aufgefordert, die parteien zu verhören und ihnen gesagt, wenn sie sich ein urteil nicht zutrauen, so wüssten sie wohl, bei wem sie rat finden. Nun wolle man Freiburg gebeten und ermahnt haben, ihnen in gleichem sinne zu schreiben, damit niemand sagen könne, dass die beiden Städte dem anrufenden nicht zum recht verhelfen. Zu der verhaftung des Sontier, die man auf begehren der verwandten (Störs) verfügt habe, glaube man volle befugniss gehabt zu haben. Die gestellte bitte wiederholend, begehre man hierüber schriftliche antwort.

B e r n, Teutsch Miss. T. 510, 511. F r e i b u r g, A. Bern.

1723. Juni 22 (Samstag vor Johannis Bapt.). L u c e r n an S c h a f f h a u s e n. Verwendung für neun (genannte) angehörige, die im müfsischen kriege unter hauptmann Spiegelberg gedient, aber, weil sie auf die abmahnung der V Orte (ohne urlaub) heimgezogen, einigen sold nicht erhalten haben, u. s. f.

Schaffhausen, Corresp.

1724. Juni 23. B e r n an G e n f. Erwiderung auf dessen antwort wegen der zahlungen. Man könne sich damit nicht begnügen und erinnere nochmals an die gegebenen zusagen, und da die untertanen bezahlt sein wollen, so möge es eine erkleckliche summe schicken, damit man sie zu beruhigen wisse; sonst käme es in gefahr, von ihnen heimgesucht zu werden, was beiderseits unruhen hervorrufen dürfte. Man begehre hierüber umgehende antwort und erkläre, dass man das recht anstrengen werde, um zu erfahren, ob man diesseits durch das burgrecht allein gebunden sei, sofern man jetzt kein geld erhalte.

B e r n, Welsch Miss. A. 240 b.

1725. Juni 24. B e r n an L u c e r n. Antwort auf dessen zuschrift wegen der fuhrleute, deren wein vor dem kriege in beschlag genommen worden. Man habe, so viel man wisse, alle zufriedengestellt mit ausnahme Scheuermanns von Sursee und des Hans von Herznach, von Münster; darüber habe der seckelmeister bericht gegeben, wonach die sachen sich so verhalten: Scheuermann habe zoll und geleit entführt, und der von Herznach den niedergelegten wein bei nacht weggeführt und zwei fasser mit wasser an den ort gelegt. Nun halte man dafür, dass der friede die diesseitigen rechte nicht verkürzen solle; dennoch sei man bereit, dem Scheuermann laut der abrede mit dem seckelmeister für die 90 ohm 80 gulden zu geben, doch nur um des friedens willen; nehme er das nicht an, so wolle man einen rechtlichen spruch darüber gewärtigen. Wolle der von Herznach sich nicht mit dem begnügen, was ihm zu Lenzburg gesagt worden, so werde man die bürgen, die für ihn das recht vertröstet haben, zum recht mahnen. etc.

Bern, Teutsch Miss. T. 518, 519, Lucern, Missiven.

1726. Juni 24 (St. Johanns des Gottstäufers). Basel an die boten der V-Orte auf dem tag in Baden. Antwort auf ihre zuschrift betreffend die seit Pfingsten verfallenen 600 kronen (friedgeld). Aus dringenden gründen habe man keine botschaft auf diesen tag senden können; eine solche summe dürfe man aber einem läufer nicht wohl übergeben; einzig darum habe man die sache anstehen lassen, werde jedoch jene summe auf dem nächsten tag, zu welchem man geladen werde, bezahlen lassen; etc.

Basel, Missiven.

1727. Juni 24, Regensburg. Kaiserliches mandat an Basel: Aufgebot von 20 reitern und 360 mann zu fufs für das zu sammelnde reichsheer gegen die Türken, zu sofortigem auszug.

Juli 18, ebendort. Ermahnung an alle reichseinwohner, dem Kaiser mit zuziehen, sölden, zufuhr etc. gegen die Türken beholfen zu sein.

Juli 19, ebendort. Kaiserlicher befehl, den anziehenden kriegsvölkern alles nötige zuführen und sie allerorten ungehindert durchziehen zu lassen.

Juli 20, ebendort. Ermahnung zu beschleunigtem aufbruch, damit jeder bis mitte August seinen musterplatz vor Wien erreichen könne. etc.

Beilagen: „Artikelbrief", ordonnanz für die reichstruppen; — 2 undatirte zeddel, enthaltend eine allgemeine ermahnung und die aufforderung zu besondern kirchenandachten resp. fürbitten. — Alles in druckexemplaren für Basel (A. Reich).

1728. Juni 24, Regensburg. Karl V. an Schaffhausen. Aufgebot von 14 mann zu ross und 90 zu fufs für den Türkenzug, sofort nach Tuln, 5 meilen oberhalb Wien, abzufertigen, etc. etc. (Druckformular).

Schaffhausen, Corresp.

Beilage: „Artikelbrief" (ordonnanz für die kriegsvölker).

1729. Juni 24, Regensburg. Kaiserliches mandat an St. Gallen, betreffend stellung von 114 fufsknechten, etc. etc. (Beilagen wie oben).

Bundesarchiv St. Gallen.

1730. Juni 25 (Dienstag nach Joh. Bapt.). Hans Berger, vogt zu Knonau, an Zürich. Mir ist anzeigt, wie Cuonrat Kräyer von Ebertschwil sich undernäme, wider ûwer .. mandaten und satzungen zuo wirten und ein grofs schiefsen uf nächst Sunntag angesehen, und das allenthalben uskündt, und ist die sag, wie dass iren wol by den fünfzigen von Bar darkomint. Uf solichs hand das erberen das anzeigt, damit mit etwo sich ein unruow erheb von den unsren, so eben ungeschickt sind; dann inen ouch grofser schad von inen beschechen. Deshalb beger ich ein schriftlich antwurt von ü. w., ob ich in solle heifsen stillstan und mit mer wirten, ouch der buofs halb, ob ich ime (in?) . . (um) die buofs annemen und strafen (solle) etc. . . .

Zürich, A. Knonau.

In dorso (notiz von Beyel:) „Ist im ze halten abgeschlagen und dem vogt gebotten, im die buoss abzenemen."

1731. Juni 27 (Donstag nach Joh. Bapt.). Zürich an Lucern (auch Uri, Schwyz, Unterwalden, Zug?). Aus dem letzten abschied von Baden ersehe man, dass der mehrheitsbeschluss, dem ammann

Vogler auf den tag im Rheintal geleit zu geben, zu ende des tages rückgängig gemacht, und die V Orte den diesseitigen boten in die herberge zum Löwen durch den schreiber haben anzeigen lassen, dass Vogler nur «zu» dem rechten, nicht «davon», geleit haben solle, was nicht wenig befremde; da nun die V Orte selbst immer darauf dringen, dass man ein gemachtes mehr anerkenne, so stelle man hiemit an sie das ernstliche begehren, dem ammann Vogler gemäfs dem zuerst gefassten ratschlag ein freies geleit zu und von dem rechten zukommen zu lassen, was man der billigkeit gemäfs erwarte; dennoch ersuche man um eine (bestimmte) antwort bei diesem boten.

Lucern, Missiven.

1732. Juni 27. Bern an den prior der karthause zu Grandson, «min herren verwundere, dass er sy (sich?) so gwaltiklich zuolass (inlass?) mit werung in der kilchen ze bredigen; (er sölle) sich (dess) muefsigen und hinfür nit darvor sin; das wellend m. h. gehebt han.» 2. Dasselbe an den vogt zu Grandson: Befehl, die zehnten und andere güter, die zu den absenten gehören, einführen und in haft legen zu lassen; würde etwas entfremdet, so hätte er dafür einzustehen.

Bern, Ratsb. 234, p. 116, 117.

1733. Juni 27. Genf an Bern. Creditiv für ungenannte boten, mit hinweisung auf die ihnen übergebenen schriften und der bitte um entschuldigung der eingetretenen verspätung. *Bern, A. Savoyen II.*

1734. Juni 28. Bern an Freiburg. Bericht über gewisse umstände bei der vorbereitung zur verbrennung eines hingerichteten in Orbe, und ansuchen um erlass der bufse von 100 pfund, welche Freiburg dem castellan von Orbe desswegen auferlegt. — (Das verfahren Freiburgs erscheint in diesem falle wirklich sonderbar). *Bern, Teutsch Miss. T. 524, 525.*

1735. Juni 28, Bern. Zwei boten von St. Gallen zeigen an, dass ein diener ihrer kaufleute durch den bischof von Toulouse gefangen worden, weil sie des (evangelischen) glaubens halb verzeigt seien, und begehren, dass man dem König, auch seinen boten in der Eidgenossenschaft, desshalb schreibe, mit berufung auf die capitel des friedens. *Bern, Ratsb. 234, p. 121, 164.*

Eine empfehlung zur begnadigung dieses «guten jünglings» ist unter dem 13. Juli erwähnt.

1736. Juni 29, Bern. (Die) «potten, so zuo Baden gsin, (hand) anzöugt, wie miner herren wapen in einem fenster im Stadhof usgeschlagen worden abents, sind iij von Zürich und ij uss den Pünden da gsin; doch weifs nieman, wer es tan.» *Bern. Ratsb. 234, p. 125.*

1737. Juni 29 (St. Peter und Paul). Zürich an Bremgarten. Antwort auf dessen schreiben betreffend den leutpriester zu Lunkhofen etc. Man habe, wie schon früher gemeldet, an jenem frevel gar kein gefallen gehabt, darum auch nichts gespart, um auf den grund zu kommen und solchen mutwillen nach gebühr bestrafen zu können; heute habe man strafen verfügt, welche ohne zweifel fernere unfugen der art verhüten werden. Da nun aber der friede ausdrücklich

bestimme, dass kein teil des andern glauben angreifen und schmähen
solle, und man vernehmen müfse, wie jener leutpriester in seinen pre-
digten den hier geltenden glauben gelästert und dadurch seinen unfall
(selbst) herbeigeführt habe, so würde es unwillen erwecken, wenn er
allein straflos bliebe. Indem man voraussetze, dass Bremgarten die
ehre Zürichs sowohl wie diejenige anderer herren zu schirmen geneigt
sei, so begehre man hiemit, dass es ein einsehen tue, aus dem man
erkenne, dass ihm solche schmähungen gegen Zürich leid, und dass
es gute nachbarschaft zu halten gesonnen sei; denn es möge selbst
erachten, dass wenig gutes erfolgen könnte, wenn der leutpriester «so
radwäsch hindurchgan» (könnte), die leute aber, die er gereizt und
in strafe und schaden gebracht, ihn täglich vor augen haben müfsten,
etc. etc.   Zürich, Missiven. Stadtarchiv Bremgarten.

1738. (Juni E. 1). Die kirchgenossen von Münster i. G. an Bern.
1. Empfehlung zweier gesellen etc. «Or est il vray que la dimenche
23° de Juing au village de Corrandelin a heure de nuyt apres soppe
les deux presents alloient, ne pensant («pancautz»!) a nul mal, mais
seulement par joyeusette chantants une chanson, sur lesquels vont
sortir aucunes gens, entre lesquels estoit un donsel, nomme Wuylleme,
laine fils du prevost, lequel vint, son baston tire en sa main, a mau-
vaises paroles, disant ainsi, ou sont ils, ces Luthers meschants gens,
et en ce disant sest approche desdits compagnons, lesquels se reti-
roient en luy disant, messieurs laissez nous, car icy ne sommes nous
point pour nous battre; mais iceluy donsel sans autre parole frappa
sur Jehan de Moustier present, lequel recevant et soi deffendant frappa
ledit donsel en se retirant grandement. Et entendons cecy avoir este
emeu («esmehuz») de longtemps par avant, pour tant que iceluy dit
donsel estoit grand fauteur et mainteneur des idoles, les quelles nous
par laide de Dieu avons mis a neant. Nous croyons pareillement que
estes assez advertis de la violence que ledit donsel fist a nostre predicant et aux six compagnons qui buvoient (boyvoient) en lhostellerie,
comment il leur vint sur avec son haqueboutte, accompagne de plusieurs autres ayant aucuns de leurs membres armez.» Folgt die bitte,
den zweien das recht in Bern, Solothurn, Biel oder Münster zu eröffnen, wenn die gegner sie ansprechen würden, und nicht in einem
papistischen orte (diesseitigen gebiets). 2. Auch begehre man, dass
Bern die von Correndelin ermahne, einen prädicanten und das gotteswort friedlich aufzunehmen und zu hören; sonst könnte man hier
nicht ruhig leben, etc.   Bern, Münstertal, J. 107.

Hierauf scheint Bern (am 3. Juli) ein schreiben an die von Courrendelin etc.
wirklich erlassen zu haben, s. u. (21. Juli). — Das original ist besiegelt, aber
undatirt.

1739. Juni E., Zürich. Bericht von H. Bullinger. «27. Junij
ward mir folgende gschrift von m. Johanns Haben und m. Rodolf
Stollen, botten gen Baden, uss klag der v Orten, wider mich da geton, vor Räten und Burgern ze verantwurten dargebotten.» «Uf
Sonntag des xvj. tags Brachmont(e)s hat der predicant Zürich predget,
es nem in nit wunder, dass sy in schmach und schand kummen

syend; dann sy ligind schon daruf und argnierind, worumb das beschähen sye; das gespür er wol an dem, dz der werchtagen nieman
me ze predgi gang; darumb sye inen nit unbillich ein schlappen worden; dann sy sich noch nit nach Gottes willen zuo im kert habind.
Gott straf nun die sinen, und die im widerwärtig syend, denen geb
er einmal glück, damit die sinen sich zuo im kerend; alsdann werd
Gott mit inen sin und inen sterke und dapfergheit yngeben. Es syend
wol etlich, die jetzt irer straf und schmach schantlächlind und vermeinend, es sye wol ggangen; aber dieselben all syend buoben und
schelmen, ja er könn sy nit gnuog boslich nemen, sy syend die grösten böswicht. Und vil andere ufrüerische wort, die alle ze ufruor
(dienend), ja in summa nüt dann draan draan lutend, grad als ob sy
nit so dapfer syend, dz sy dran gedörind. Er hat ouch die, so er
inen widerwertig sin vermeint, katkäfer, rägenwürm und alles unzyfer
genempt und gänzlich die mess und alle ceremonien ein gottlos din(g)
sin angezeigt. »
» Diss geschrift verantwurtet ich donalen mundlich vor beiden
Räten, und hernach, als man widerum gen Baden m. Johann Haben
und m. Heinrich Raanen verordnet, hab ich diss folgend gschrift herren stattschrybern uf sin begär gesandt:
„Antwurt den v Orten gen Baden uff den tag 22. Julij:
1. » Dass ich ufrüeriger worten gezygen, verzüg ich mich uf die
ganzen gemeind Zürich, dero ich ze predgen fürgestellt, dass mir
gwalt und unrecht beschicht. Dann wie wol ich an ufruoren und
unbillichem bluotvergiefsen sye, wüssend alle, die mich täglich hörend
von dem jomer predgen, das (wo wir nit buofs würkend) über uns
kummen werde unsers unbillichen kriegens, ufruorens und bluotvergiefsens halben. 2. Die aber hab ich böswicht gescholten, die eer und
träw einer statt Zürich geschworen, lieb und leid mit iro ze lyden,
die sich ouch guote Züricher nemmend und aber an iro schmach und
schand ein lust habend; hab den frömden nit gepredget, die schuldigen und nit (die) unschuldigen vermeint. 3. Dass Gott die sinen
etwan strafe und den bösen glück gebe, hab ich uss der epistel des
heiligen apostels Petri geläsen, ist desshalb nit min, sunder Gottes
wort. Es ist ouch zuo unsern zyten ougenschynlich waar worden am
künig Ludwigen ze Ungern, den der Türgg mit vil tusend christen
erschlagen hat, darus aber nit folgt, dass unser christlicher gloub
falsch und der türggisch gerecht sye. 4. Dass ich aber hieruf ein
christliche statt Zürich ufzesin gehetzt habe oder geredt, Gott werde
sy jetzdann stärken und syg geben, ist nit: ja ich hab sy (sin?) nie
gedacht; dess ist wol gedacht, wo wir uns nit seer besserind, werdent
wir all mit einandren ze grund gon. (Dann) Gottes hand sye ze
schlahen usgestreckt, und alle starken diser wält syend vor sinen
ougen wie die blöden käfer und rägenwürm etc. 5. Die mess hab
ich nit seer gerüemt, bitt ouch Gott, dass er mich den tag nit erleben
lasse, dass ich sy jemer rüeme, sam sy von Gott, apostolisch und
1500 järig sye, in dero der waar natürlich lychnam Jesu Christi von
dem priester under den gstalten wyns und brots für die sünd todter

und läbender täglich ufgeopfert werde; dann sömlichs der ordnung, dem priestertum, opfer und lyden Christi in aller heiliger biblischer gschrift nit gmäfs, aber seer zewider und abbrüchlich ist. So dann unser warer christlicher gloub uf Gottes wort, in der uralten heiligen biblischen geschrift begriffen und gegründt, ouch min gnädig herren von Zürich als ein christliche obergheit uns, die das göttlich wort fürtragend, geeidet, allein alt und nüw Testament ze predgen, und aber der mess darin nit gedacht, anders dann dz (sy) iro zewider ist, hoff ich zno Gottes warheit, ich habe in disem, ouch andern artiklen nützid wider christlichen glouben, nützid wider die warheit, gschrift, eer, und eid, wider billichs und rechts, onch nützid wider den landsfriden gepredget. Dann unser gloub, der uf Gottes wort, uf alt und nüw Testament, die aller heiligest, warhaftest und ältist geschrift gegründt, im landsfriden vorbehalten ist, und ob glich das nit, so ist doch Gottes wort gar nit angebunden.» — (Sig. Heinrich Bullinger, predicant Zürich»).   Zürich, A. Religionsacben.

Vollständig von Bullingers haud. Abdruck in a. Chronik III. 326—328 (z. t. abweichend).

1740. (Juli A.?), Freiburg. Instruction für Anton Pavillard und Peter Mürsing als gesaudte zu dem herzog von Savoyen. 1. «Apres la reverence et recommandation faicte diront les susdits commis a lexcellence de monseigneur de Savoye, comment mes tres redoubtes seigneurs soyent fort. esbahis et desplaisants de ce que elle jusques icy par plusieurs fois les a faict entendre et enformer quelle veulle estre leur bon ami et voisin, et outre cela laisse ventiller paroles concernants a lencontre, cest que mesdits .. seigneurs doyent estre payes et contentes delle des deniers et payemens a eux deues, dont lexcellence .dudit seigneur monseigneur de Savoye peut bien savoir et sait souffisament que le contraire est devant les mains, a cause de quoi elle pourroit bien douner ordre et pourvoir que tieulles paroles et divulgations de sa part et des siens fussent retenus et evites, par maniere que lesdits mes .. seigneurs pourroient entendre den estre a bonne voisinance avec elle... 2. En apres dev(r)ont .. demander a lexcellence dudit seigneur monseigneur de Savoye le paiement de tous deniers que elle jusques en ça auxdits mes tres redoutes seigneurs peut devoir, et au cela dire et enformer quils ne savent ne peuvent ni veullent plus outre et plus longuement atteudre, mais estre payes et contentes. 3. Et premierement mille florins dor de Rin de principal (capital?), lesqueux furent assignes sus Rolle, laquelle piece depuis en ca en est vendue par lexcellence de mons. de Savoye, dout mesdits seigneurs demandent leur principal susdit. 4. Item mais trois mille escus dor, lesqueux auxdits mes .. seigneurs en sont deues et echutes pour cause de lappointement faict de la tiree de Morge.... 5. Item mais deux mille florins dor, lesqueux la susdite excellence de monseigneur de Savoye en devoit bailler et expedier auxdits mes .. seigneurs ou assigner et assurer dy recevoir diceulx la cense annuelle, cest cinq pour cent, et ce pour cause de lalliance generale de messeigneurs des Ligues, comment larrest dentre les ambassadeurs dudit seigneur mons. de Savoye et lesdit mes . . seigneurs faict sus le xxᵉ de May lan xxviij devise, outre quoy sont passees trois annees, lesqueux se montent a six cent florins dor, lesqueulx les susdits seigneurs commis pareillement devont demander. 6. Et finalement tant que touche le payement que ledit seigneur de Savoye en doit faire a mesdits seigneurs par vigueur de la sentence dernierement a Payerne donnee, devont les susdits seigneurs commis demander la part aux- dits mes . . seigneurs deja echuite ». . . . Freiburg, Instr. II. 49 b, 50 a.

Am 19. Juli referirten die obgenannten boten über ihre sendung (woruber näheres fehlt); Ratsb. nr. 50.

1741. (Juli ?), Freiburg. Instruction für Petermann von Perro- man, als gesandten zu dem könig von Frankreich (mit andern eidg. boten abgeordnet). Als gegenstände von allgemeinerem interesse sind folgende zu bemerken: 1. Mit dem König zu reden der schwebenden glaubenshändel wegen. 2. Anzuziehen ist mit den andern boten ge- meinsam der grofse nachteil, den die Eidgenossen durch die « steige- rung » des goldes erfahren, und desshalb das ansuchen zu stellen, dass die bezahlungen (für pensionen, sölde etc.) wieder geschehen wie zum teil früher, nämlich je 1 goldkrone oder vier dickpfenninge für zwei franken. 3. Auch Wilhelm Arsent's handel ist gemeinsam an- zubringen. — Es folgt eine reihe von persönlichen angelegenheiten und ansprachen; es mag darunter noch die pension erwähnt werden, die früher einer anzahl « Burger » verabreicht wurde; man bittet um fortdauer, resp. wiedereintragung in den «stat». Freiburg, Instr. II.

1742. Juli 1, Freiburg. 1. Brandenburger gibt bericht über die verhandlungen in Genf. 2. Arsent und Tossis berichten über die in Salins etc. gepflogenen unterhandlungen betreffend den salzkauf.
Freiburg, Ratsbuch nr. 50.

1743. Juli 1. Glarus an Zürich. Untervogt Scherer von Wee- sen habe abermals angezeigt, wie die Zürcher schiffleute denen von Weesen und Walenstadt im obern see empfindlichen abbruch tun, wie es früher nicht geschehen, und wiederholt um abhülfe gebeten, wobei die letztern erklären, sie müfsten am ende mit gewalt eingreifen, wo- raus nichts gutes erfolgen könnte. Nun habe man diesseits mehrmals den boten zu (eidgen.) tagen befohlen, das dem Burgermeister vorzu- bringen; aber bisher sei befremdlicher weise noch nichts gehandelt und beratschlagt worden. Darum bitte man Zürich nochmals ernst- lich, mit seinen schiffleuten zu verschaffen, dass sie von ihren eingrif- fen auf dem Obersee abstehen, damit unrat verhütet werde. Wenn es die fahrordnung (« das far »), welche früher durch die drei Orte ent- worfen worden, wider verhoffen nicht annehmen wollte, so werde man mit Schwyz in der sache nach notdurft handeln; desshalb be- gehre man eine schriftliche antwort bei diesem boten.
Zürich, A. Oberwässe ·

1744. Juli 1. Schwyz an Zürich. Antwort auf dessen schrei- ben, ammann Vogler betreffend. Nachdem man die boten und den abschied von Baden verhört, finde man dessen handlungen so unehrbar, dass die V Orte einig geworden, ihm das geleit nicht zu bewilligen, was der bote von Schwyz für seine person dem schreiber angezeigt, die andern aber vielleicht zu tun vergessen haben. Man werde nun den handel morgen an den «Grofsen Rat» bringen und den boten ins Rheintal befehl geben, wie man hoffe, glimpf und fug zu haben, und Zürich sich damit begnügen könne... Zürich, A. Rheintal.

1745. Juli 1. Freiburg an Lucern. Der herr von Font sei nach langwierigem rechtshandel mit dem procurator des königs von Frankreich wegen einer sache in das Delphinat gewiesen, dort aber gefunden worden, dieselbe gehe den König an. Da nun der kläger willens sei, das recht vor den früher erwählten («erkosnen») richtern weiter zu verfolgen, so bitte man, die dazu bestellten personen auf den nächsten Sonntag nach Solothurn zu senden. In gleicher weise werde der anwalt des Königs dahin berufen, etc. Lucern, Missiven.

1746. Juli 1. Bern an die verwandten des Hans Ulrich Stör sel., w. propst zu Münchenwyler. Franz Iseli, ihr anwalt, habe heute das gefallene urteil gegen den jungen Sentier («Souter»?) angezeigt und um rat gebeten; wiewohl man zu der rechtlichen verfolgung (der mörder) behülflich gewesen, müfse man doch raten, weitere kosten, wie die appellation nach Freiburg sie mit sich brächte, zu ersparen, indem zu besorgen sei, dass da nicht viel gewonnen würde; um aber die täter nicht straflos zu lassen, erbiete man sich, in diesseitigem gebiet auf sie zu achten und sie im betretungsfalle zu verhaften und vor recht zu stellen. Bern, Teutsch Miss. T. 188.

1747. Juli 1, Bern. Schultheifs und Rat urkunden: «Als dann Jacob Boumgarter, unser burger, sich vergangner tagen mit etwas eerverletzlichen worten, als man Salats von Lucern spruchbüechli, inhaltende nächst verluffnen kriegs, allhie gelassen merken(?)», nämlich «die von Zürich haben uns von Bern in diserm krieg (wider die V Orte) verraten», was er zu beweisen anerboten, habe Felix Seiler von Zürich, der dies gehört, im namen seiner freunde diese rede rechtlich «versprechen» wollen; dieselbe sei von neun genannten zeugen eidlich constatirt und Baumgarter deren geständig geworden; um grofse kosten der rechtfertigung zu vermeiden, habe er eine gütliche vermittlung eintreten lassen, die erwähnte äufserung vor gesessnem Rat in des Schultheifsen hand widerrufen als erdacht und von Zürich nicht verdient etc. Die anwälte von Zürich haben ihn aber rechtlich belangen und mit dieser genugtuung und seiner gefangenschaft sich nicht begnügen wollen, aber auf angelegene bitten nachgegeben, mit dem beding dass ihnen eine gehörige urkunde und verwahrung ausgestellt werde, die ihnen jederzeit als zeugniss dienen könne; was ihnen bewilligt ist etc. — Vgl. hiezu nr. 1673, 1689. Zürich, (Perg.-urk. m. häng. siegel). Bern, Teutsch Spruchbuch EE. 620—628.

1748. Juli 3 (Mittwoch nach Peter und Paul). Zürich an Conrad Lanzhainger, amtmann des klosters in Stein. «Wir haben ein schreiben der regierung von Insbruck empfangen, und dargegen denen von Radolfszell ein antwurt zuokommen lassen, als du ab hieby verwarter

copy witer hast zuo vernemen. Und diewyl wir dir dann vornaher
empfolhen, dest besser acht und ufsechen ze haben, und was dir in
unsern nidern gerichten, da du den zechenden, sidt der span gewesen
ist, vor genommen hast, werden möcht, lut unser Eidgnossen fürschlag,
den wir dir vornaher ouch zuogeschriben, inzesammlen, so lassend
wirs noch bi demselben befelch und gedachter unser Eidgnossen fürschlag beliben etc. Wirt dann mitler zit etwas güetlichs an uns gesuocht, darin werden wir uns aller gepür halten und, was uns zimlichs begegnet, nit usschlahen. »   Zürich, Missiven.

1749. Juli 3 (Mittwoch nach St. Peter und Paulus). Zürich an
Glarus. Antwort auf dessen zuschrift wegen der schiffahrt im Obersee und der angelegenheit untervogt Schärer's von Weesen. Man wundere sich über die geäufserte ansicht, dass die diesseitigen schiffleute
eine neuerung unternommen haben, da doch dieselben die schiffahrt
bis Walenstadt schon seit langer zeit ungehindert und unwidersprochen
benutzt haben; auch glaube man, als freie reichsstadt wohl noch so
hoch gefreit zu sein wie Wesen und Walenstadt. Weil man aber
viel geneigter sei, in güte und freundschaft mit Glarus zu verhandeln,
jedoch die jüngst zugeschickten artikel der vielen andern geschäfte
wegen noch nicht habe prüfen können, so gedenke man die sache beförderlich in beratung zu ziehen, die artikel den schiffleuten vorzulegen, um ihre meinung darüber zu vernehmen, und dann unverzüglich antwort zu schicken; darum bitte man freundlich, diese ent-
schliefsung zu erwarten, den etwa obwaltenden üblen willen abzustellen
und dafür zu sorgen, dass die (Glarner) schiffleute nichts tätliches
unternehmen; hinwider werde man die angehörigen auch zu aller
billigkeit weisen und lebe der hoffnung, den span in der gütlichkeit
beilegen zu können, etc. etc.   Zürich, Missiven.

1750. Juli 3 (Mittwoch nach Petri und Pauli), Knonau. Landvogt
Berger an BM. und Rat in Zürich. «Als dann ü. w. mir ernstlich
geschriben uf etlich ungeschickt händel und schmachwort, den unsern
zuo Merischwand begegnet, darus die unsern verursachet und geratschlaget, uf nechst Sunntag mit macht gen Merischwand an die kilchwiche ze ziechen willens sind, darus vil nurats entspringen möcht etc.,
sy fründlichen ze vermanen, üch minen herren zuo eeren, sofer sy die
und andere kilchwiche heimsuochent, sich fründlich und gschicklich
haltint etc., will ich gern alle nmüglichen flyfs ankeren. Darzwüschen
aber ist mir uf gestrigen tag anzeigt worden von frommen erlichen
lüten von beiden partyen von Merischwanden und von den unsern, sy
besorgint ein grofse unruow, diewil dhein bitt und warnung nütz be-
schüfst und zuo beiden teilen vil ungeschickts volks versamlet werdint,
namlich uss dem Rotenburger ampt und da um, darum dann ein erberkeit uf beiden partyen mich angerüeft, üch min herren zuo bitten,
künftig unruow ze vermiden, den üwern daheim zuo bliben gebie-
tint »... Bitte um schriftliche antwort.   Zürich, A. Freiämter.

1751. Juli 3, Solothurn. Die französische gesandtschaft an
Zürich. Ersucht es — wie andere Orte — da der König die «zu-

kunft • des Türken durch einen raschen feldzug verhindern und dabei auch Schweizer verwenden möchte, eine günstige antwort zu geben, indem jeder christ zu einem solchen unternehmen bereit sein sollte; in Baden soll auf des Königs kosten am 9. Juli ein tag desshalb gehalten werden, wo man auch von Zürich eine entsprechende zusage zu erhalten hoffe. — Vgl. nr. 1759.   Zürich, A. Frankreich.

1752. Juli 4. Bern an Freiburg. « Es ist uf hüt dato dis briefs vor uns erschinen Jacob Agasse von Orbach in namen Dom Pierre Agasse, kaplan im convent zuo Sant Claren zuo Orbach, sin bruoder, und uns under anderm ze erkennen geben, nachdem er von üch und uns brief erlanget, wie ime die capleni übergäben und denselben mit unserm secret insigel in üwerm und unserm namen verwart, welliches nun ein zal jaren bishar also gestanden, wie dass ir jetz willens und fürnemens sind, ime, bemeldtem Dom Pierre Agasse berüerte caplani . . ab(zuo)züchen und den priestern daselbs zuolegen und ordnen wellend, welliches wir noch bishar nit gemeint, sonders ine by brief und sigel wellend blyben lassen, . . wellend ouch denselbigen brief und übergebnuss der caplany hiemit bestätiget haben und ime sy vergönnen, mit bitt und begär, (dass) ir ine ouch darby wellend blyben lassen und (den) üwers teils ouch bekreftigen » . . .
                    Bern, Teutsch Miss. T. 529. Freiburg, A. Geistl. Sachen.

1753. Juli 4. Iteleck von Rischach zum Meytberg und Dr. Jacob Sturzel von Buchheim an Zürich. Der Kaiser habe ihnen befohlen, mit den botschaften der XIII Orte laut ihrer instruction zu handeln in einer sache, an welcher ihm, der deutschen nation und andern viel gelegen sei. Da sie nun vernommen, dass die Eidgenossen auf den 21. d. m. zu Baden einen tag halten wollen, ihr geschäft aber nicht so langen aufschub erleide, so bitten sie hiemit Zürich, die andern Orte von stund an auf Sonntag den 13. d. zu beschreiben, und bei diesem boten schriftliche antwort zu schicken.   Zürich, A. Kaiser.

1754. Juli 5 (Freitag nach Ulrici). Lucern an Freiburg. Antwort auf dessen zuschrift wegen des rückständigen zinses, den Franz Affri dem gotteshaus Engelberg leisten sollte. Die pfleger des klosters wollen den begehrten stillstand (bis Michaelis) nicht gestatten, indem sie meinen, der jetzt anhängige process der schuldner könne die verwalter nicht hindern, das ihrige einzubringen, zumal das Gotteshaus nicht eben vermöglich (« nit zuo dem vermögenlichosten ») sei; sie verlangen daher, dass Freiburg die seinigen anhalte, weitere kosten zu verhüten, etc.   Freiburg, A. Lucern.

1755. Juli 7, mittags. Bern an Basel. Antwort auf die heute um 4 uhr morgens empfangene zuschrift betreffend unruhen in Solothurn. Man wisse von solchen spänen nicht mehr, als was Joh. Jacob von Wattenwyl nach seiner rückkehr soeben angezeigt habe, dass nämlich die gegner des göttlichen wortes einige artikel aufgesetzt haben, die sie den « gutwilligen » anzunehmen zumuten; diese wollen aber bei den erlangten gewahrsamen bleiben und sich nicht weiter einlassen; von (anderweitiger) hülfe habe er nichts vernommen. Indessen wolle man fortfahren, sich zu erkundigen, über die dortigen verhältnisse wieder zeitig bericht geben und sich alles dessen befleifsen, was zum frieden und zur ehre Gottes diene. Für die gegebenen nachrichten erstatte man grofsen dank, etc. Bern, Teutsch Miss. T. 534.

1756. **Juli 8.** Bern an Zürich. Antwort auf dessen schreiben vom 5. d. Auf eine zuschrift der französischen anwälte in gleicher sache habe man bereits eine botschaft nach Baden verordnet und nach eingang obigen schreibens derselben schriftlich befohlen, wie sie sich gegen die Kaiserlichen verhalten solle; weil man aber besorge, dass eine «besondere» practik dahinter stecke, und nicht wisse, wo der Türke landen werde, so wolle man Zürich in bester meinung ermahnen, die sache gründlich zu bedenken und nicht auf einen eilends gemachten vortrag hin etwas zu unternehmen, damit immer mit vorbedacht gehandelt werde, etc. Bern, Teutsch Miss. T. 536. Zürich, A. Türkenkriege.

1757. **Juli 8.** Bern an seinen boten in Baden. Nachricht über das eingegangene schreiben von Zürich. Obwohl man glaube, dass das hülfsbegehren der Kaiserlichen gegen die Türken nachdrücklich («streng und nötlich») angebracht werde, befehle man doch, ihren boten herauszusagen, er müsse vor allem begehren, dass die häfte zu Waldshut aufgelöst und auch in andern dingen die erbeinung gehalten werde; wenn dann die boten das alles zusagen, so möge ihrem anbringen gehör gegeben, jedoch nicht weiter gegangen werden, als die übrigen eidgen. boten sich einlassen; wenn aber jene bedingung nicht erfüllt würde, so habe der bote nicht mitzusitzen und sofort bericht zu erstatten. Bern, Teutsch Miss. T. 587.

1758. **Juli 8.** Bern an Freiburg. Antwort auf dessen forderung, dass der minderheit zu Onnens kein prädicant bewilligt, sondern die mehrheit ruhig bei der messe gelassen werde. Man sei ganz geneigt, nicht weiter einzugreifen, als der vertrag zugebe, und habe dem vogt zu Grandson entsprechende befehle erteilt; Freiburg werde, wie man hoffe, es dabei bleiben lassen. Bern, Teutsch Miss. T. 588. Freiburg, A. Bern.

1759. (Zu Juli 9 u. 10, Absch. e). Der Lucerner Abschiedband I. 2. enthält eine beilage (f. 481), von der hand eines Lucerner schreibers, lateinisch, ohne unterschrift und datum, wahrscheinlich auszug von dem dahin gelangten schreiben der französischen gesandten, vielleicht behufs mitteilung an andere Orte, und auf der rückseite des blattes die copie einer lateinischen missive von könig Franz I. an seine gesandten Boisrigault und Meigret, d. d. 25. Juni, das als veranlassung zum ersteren zu betrachten ist. Dasselbe meldet nämlich, dass nach den neuesten nachrichten aus Rom etc. der anzug der Türken gegen Italien als gewiss zu betrachten sei; da er seinerseits nichts unterlassen wolle, so begehre er, dass solches den «Helvetiern» angezeigt und antwort verlangt werde, wie viel mannschaft zu diesem zwecke sie bewilligen würden etc. (Diese missive wird den Eidgenossen deutsch mitgeteilt). Mit bezugnahme auf dieselbe und mit weitern erläuterungen wünschen die gesandten auf Dienstag den 9. «d. m.» (Juli) eine tagsatzung in Baden zu besuchen, die auf des Königs kosten gehalten

werden soll, und sogleich die erklärungen aller obrigkeiten zu vernehmen etc.

1760. (Juli 10 ·f.), Rheintal (Absch. p. 1374, l). Den entscheid (über
die marchen zwischen den Höfen, nebst Altstätten und Oberriet), der
uns fehlte, gibt Wartmann p. 117; rechtlich wurde der in Absch.
p. 713 mitgeteilte spruch im hauptinhalt bestätigt, aber in § 2 eine
kleine änderung bewilligt. — Vgl. W. p. 105, 106, wo der erste spruch
ebenfalls verarbeitet ist.   Wartmann, d. Reichhof Kriessern.

1761. Juli 10, Luggaris. Verkauf des schlosses an Baptist Appian:
Ergänzung des in Absch. p. 1365, 1366 (m, und note) gegebenen auszuges. «Und namlich so begere er (A.) ouch der bhusung, so da ist
usserthalb an des landvogts hus, und lit under dem grofsen saal, so
da luogt gegem garten, so man genempt hat der gemein gart, in welchem hus die von Schaffhusen in gsin sind, sampt dem gewelbten
käller, so darunder ist, mit sampt aller der wite, so usserthalb des
landvogts hof und bhusung ist, es sige gärten, bhusung, ställ, und mit
sampt allem schlossgraben und des selben wite und ouch sampt dem
wyer, so da ist, und alles das, so daruf und darin ist, als namlichen
stein oder holzwerch, und alles das, so dann unsern gnädigen lieben
herren sy(g), harin nüts vorbehalten dann allein des landvogts bhusung
und hof, was inderthalb denselben vier muren sind und die selbigen
vier muren inhalten, und mit sampt der rechten strafs, so dann von
des landvogts hus gat und allwegen gangen ist, und ouch mit sampt des
landvogts garten. Und also uff sölich sin begern so hand wir obbe-
meldten herren und botten mit gemeltem miser Batista Aplan ein ufrechten fryen merkt gemacht und habend im also söliches alles, wie
ers begert hat, zuo koufen geben, und habent im das geben umb zwei
hundert und achtzig goldkronen, gewichtig und guot; welche summ er
uns harum usrichten und geben soll, und gebend im sölichs alles . .
zuo koufen für sin fry ledig eigen und guot und (also) dass er damit
mög schalten und walten wie mit anderm sim eignen guot, und dass
er daruf mög buwen hüser und wonungen, doch dass er dhein veste
noch für dhein gwalt noch macht buwe; ouch soll er dem landvogt
sin obbemelte frye strafs lassen, und ist ouch harin luter vorbehalten,
dass die obbemelt strafs des landvogts sie und sin sölle, und dass er
die selbig mög beschliefsen und inhan nach sim guoten gefallen, und
genanter miser Batista in da niendert (hindern) noch inred tuon sölle...
                                          |Lucern. Danelbrg. Vogt.

Erst im Nov. 1876 kam mir eine vollständige copie dieses actes zu
handen; die anderwärts fehlende mittlere stelle ist nuo absichtlich im wortlaut
gegeben. Diese abschrift ist erheblich älter als die früher gesehenen, vielleicht
sogar gleichzeitig; in den namen der boten enthält sie aber fehler (Ziegler st.
Zigerli; Ludman st. Leitman[?]).

1762. Juli 10, Rheintal, Abschied. «WIR von Stett und Landen
der acht Orten unser Eidgnoschaft, so teil und gmein an der vögty
Rintal und grafschaft habend, nam- | lich von Zürich meister Ruo-
dolf Stoll und meister | Felix Wingarter, des Rats; von Lucern
Hans Golder, jetz schultheis; von Uri Mansuetus zum | Brunnen,

seckelmeister; von **S c h w i z** Jacob an | der Rüti, vogt; von **U n d e r -
w a l d e n** Claus | Amli, vogt; von **Z u g** Uolrich Bachman, vogt; | von
G l a r u s Bernhart Schiefser, vogt, und | von **A p p e n z e l l** Heine Buw-
man, altlantamman, | uss befelch unser aller heren und obern jetz | zuo
Altstetten und im Rintal mit vollem gewalt | by einandren versampt,
bekennen und tuond | kundt allermenklichem hiemit in kraft ditz ꞏ
offnen briefs: Als dann uss der grafschaft Rintals | von den obern und
undern höfen der mererteil | durch ire botten und anwälten vor 'uns
er- | schinen und anbracht, ouch an uns erfordret | umb ein lüterung
der pfarrpfruonden halb, dess- | glich der caplonypfruonden und an-
ders, so | inen notwendig syge, zuo entscheiden, das wir | hiemit ge-
tan, und ist solichs unser lü- | terung, namlich von der pfarrpfruonden
wegen | und güeter, so darzuo dienend[e], dass (si) die selbigen | söllind
nach marchzal der manschaft und der | personen mit einandren teilen,
iro sygend | wenig ald vil, nach lut des landtfridens. Zum | andren,
von wegen der caplonyen pfruonden, | so ist das unser lüterung, ob
die so dz lechen | empfangen, noch in leben, dass den selbigen, | sy
habind mess oder nit, ire lechen und | pfruonden also verfolgen söllen;
sofer sy aber ab- | gestorben oder sust darvon gestanden, dass dann
die | rechten natürlichen lechenherren söllen macht und | gwalt haben,
söliche caplonypfruonden zuo | verlichen, wem sy wellind, einem mess-
priester oder | einem predicanten, nach der lechenherren gefallen. | Zuo
dem dritten, dass sy söllind den kilchen satz | und die kilchenpfleger
zuo beiden partygen | mit einandren besetzen und zuo ziten, so | das
notwendig, sin rechnung tuon und | geben, als dann frommen zimpt
und gꞏbürt, | und söllind die kilchen zierde uss dem kilchen | guot in
zimlicheit ersetzen und ufrichten, | wie das vormals von unsern gnä-
digen | herren und obern zuo Baden ouch erlüteret ist | worden, doch
in alwegen dz das houptguot ꞏ weder von pfarer und kilchenguot und
caplonyenpfruonden in | keinen weg sölle vertan werden. Zum vier-
den | habind ouch wir uns witer erlüteret und erkennt, | dass die so
mess haben wellind, sollend zuo | summers ziten umb die sibenden
stund und | zuo winters ziten umb die achtenden stund | anfachen
mess haben und fürfaren; dar- | nach die predicanten ouch fürfaren,
ob | sy wellind etc. Und zuo letst, ob dann | etlich höf zuo ziten je
zuo gmeinden hettend, | so söllend sy die selbigen gmeind und kilch-
höri | stellen und haben enzwüschet der mess und | des predicanten
predig, und sol kein teil | hinder rugs des andren teils nit gmeinden,
oder so sy on einandren wurdin(t) gmeinden, | so sölle es nüts gelten.
Datum und mit des | frommen wysen unsers getrüwen lieben land-
vogts | im Rintal, Götschy Zhag von Zug, insigel in | namen unser
aller verwart und beschlossen uff | Mitwuchen den zechenden tag Höw-
monats im | jar als man zalt von der geburt Christi unsers | säligma-
chers fünfzechen hundert dryfsig und | zwey jar ꞏ — (sig. Georius
Graff, Notarius).   Zürich, A. Pfrund.

    1. Eine vidimirte copie von einem ꞏabschiedꞏ d. d. Montag nach Quasimodo
1532 gibt in drei artikeln einen vorläufer zu diesem spruch: 1. Die altgläubigen
sollen die altare und kirchenzierden aus gemeinem kirchengut wieder herstellen,

die kirchenpfleger über den verbrauch der güter, z. b. für arme, rechnung ablegen, und künftig beide parteien pfleger setzen, die jährlich rechnung zu geben haben. 2. Die pfarren und pfründen sollen nach marchzahl der leute geteilt werden. 3. Die messe soll, wo jemand sie begehrt, im sommer um 6, im winter um 7 uhr vormittags, immer vor der predigt gehalten werden. ib. ib.

2. Diese «erläuterung» vom 8. April ist auf dem nächsten tage zu Baden, d. Freitag nach der Auffahrt, bestätigt worden.

1763. Juli 10. Bern an die vögte zu Bipp, Wangen, Aarwangen, Zofingen, Aarburg und Lenzburg. Bericht über ein zu «Winouw» liegendes schiff, das etwa 150 mann zu tragen vermöchte, mit andeutung des verdachtes, dass dasselbe bestimmt sei zur aufnahme von leuten aus den V Orten, um den «böswilligen» in Solothurn hülfe zu bringen, und demzufolge befehl, auf alle bewegungen zu achten, die einen durchpass von dorther erkennen liefsen; nebst eingehender weisung, wie ein solcher versuch zu verhindern wäre.

Bern, Teutsch Miss. T. 540—542.

1764. Juli 13. Bern an Zürich. Erinnerung an die von schultheifs Honegger und U. Mutschli erhobene forderung gegen die gemeinde von Bremgarten, betreffend den im kriege verbrauchten wein. Nun haben bekanntlich die boten der Eidgenossen (der V Orte?) zu Baden den klägern 330 gulden für ihren verlust zugesprochen, welche die stadt entrichten sollte; weil aber der wein durch die mannschaften aus beiden Orten verbraucht worden, so sei es unbillig, dass die von Bremgarten diese summe zu bezahlen haben; darum habe man sich entschlossen, für die hälfte einzustehen, und darüber eine schriftliche versicherung gegeben; da man nun nicht bezweifle, dass Zürich den andern teil übernehme, so halte man für nötig, sich deshalb (gemeinsam) auf den frieden zu berufen, der solche ansprüche nicht zulasse, und glaube also nichts schuldig zu sein; es sollte daher den beidseitigen botschaften befehl gegeben werden, darauf zu dringen. Weil (aber) zu vermuten, dass (die kläger?) von ihrer forderung nicht abstehen werden, so möchte man Zürich ersuchen, sich in Bremgarten genau zu erkundigen, wie viel wein eigentlich verbraucht worden, und wie es dabei zugegangen, und darüber den boten nach Baden genauen bericht zu geben, worauf gestützt man sich unterreden könnte. Man glaube zwar nichts schuldig zu sein; falls aber damit nichts erreicht würde, bitte man Zürich, seine botschaft zu ermächtigen, die (hälfte der) genannten summe zuzusagen, jedoch so viel möglich daran abzubrechen. Weil die sache beide Orte berühre, so habe man zu guter zeit den hier gefassten ratschlag eröffnen wollen, damit Zürich alles nötige erfahren könne und sich desto sicherer zu verhalten wisse, etc. Bern, Teutsch Miss. T. 548—550. Zürich, A, Bern.

Unter dem 6. Juli hatte Bern zu handen der stadt Bremgarten eine entsprechende zusage ausgefertigt laut Teustch Spruchbuch EE. 626.

1765. Juli 13, Regensburg. Kaiser Karl V. an gemeine Eidgenossen. Creditiv für Franz Bonvallot, schatzmeister der kirche Besançon, und n. von Comenailles, landvogt in Dole, als gesandte.

Solothurn, Urkunden.

1766. **Juli 14.** Constanz an Zürich. Antwort auf dessen schreiben: Die verwandten der christlichen verständniss (von Schmalkalden) stehen seit etlichen wochen mit des Kaisers verordneten in Nürnberg in unterhandlung; es sei aber noch nichts beschlossen. Des Türken halb sei man gesonnen, die der stadt auferlegte zahl zu ross und fufs wie andere stände und städte beförderlich abzufertigen.

Zürich, A. Konstanz.

1767. **Juli 15.** Bern an Strafsburg und Constanz. Bericht über die von dem könig von Frankreich und dem Kaiser angebrachten hülfsgesuche gegen den Türken... Da man aber von den dingen nicht mehr wisse, als was die botschaften darüber vorgetragen, und daneben ernstlich besorge, dass heimliche anschläge im werke seien, um das göttliche wort und dessen bekenner und förderer zu unterdrücken, so bitte man geflissen um zuverläfsige kundschaft betreffend die Türkengefahr und auch über andere feindliche pläne, dessgleichen wie die evangelischen reichsstädte sich in diesem falle zu halten gedenken, was sie überhaupt davon denken und zu handeln raten; darüber wünsche man heimlich bei diesem boten verständigt zu werden; hinwider sei man geneigt, was den städten fromme und zur äufnung des gotteswortes diene, mit leib und gut, was man vermöge, beizutragen, etc.

Bern, Teutsch Miss. T. 553, 554.

1768. **Juli 15,** Bern. Erlass für stadt und land: 1. Herabsetzung der Churer batzen (von 16 angstern) auf zwei plaparte, gemäfs der in benachbarten Orten geltenden wertung. 2. Warnung vor fremden münzen, wie sie besonders im herbst durch allerlei kaufleute ins land gebracht werden.

Bern, Teutsch Miss. T. 555, 556.

1769. **Juli 15.** Die V Orte an Solothurn. Durch angehörige, welche kürzlich dort zu schaffen gehabt, vernehme man, wie neugläubige burger und landleute die gegner beschuldigen, dass sie die V Orte reizten, auf ihren vorschlägen (so fest) zu beharren, wobei behauptet werde, man hätte sonst keinen anlass dazu. Es zieme sich nun, die unschuldigen zu verantworten und die wahrheit zu schirmen; darum sehe man sich ernstlich gedrungen, die diesseits bestehenden gründe darzulegen... Zuerst sollte Solothurn bedacht haben, wie die V Orte in seinem span mit Basel boten geschickt und ihm hülfe zum recht, nötigenfalls auch tätlichen beistand versprochen. Wie das vergolten worden, zeige sich in dem ganzen verlauf der händel mit Zürich, Bern etc. Die gegenpartei habe das recht abgeschlagen; obwohl man die schiedleute gemahnt, zum rechten zu helfen, sei dies nicht geschehen; man habe gewalt und unrecht ertragen müfsen, bis man zur tat geschritten, wo dann Gott gnädig geholfen; statt freundschaftliche hülfe zu leisten, sei Solothurn offen bei den feinden gestanden und auf diesseitiges gebiet gezogen; der hauptmann habe im gotteshaus Muri etliche habe entwendet und nur zum teil zurückerstattet; seine verantwortung erscheine als ungenügend; Solothurn habe man durch die schiedleute zugemutet, aus dem felde zu ziehen oder eine gleiche zahl knechte zu den V Orten zu stellen; unter dieser bedingung hätte man es als vermittler anerkannt; es habe dieselbe nicht erfüllt, und wäre den V Orten ein unfall begegnet, so möchten die Solothurner sich auch vorgedrängt haben, um sie vollends niederzudrücken. Das alles könne man nicht so leicht hinnehmen, wie Solothurn meine; wenn es aber frieden und freundschaft begehre, so möge es unter den drei vorschlägen einen wählen; denn diesseits beharre man gänzlich dabei. — Alles mit mehrerm. **Solothurn, Reform.-A.**

Schreiber ist Stapfer, das siegel von Schwyz; — fand dieses rates wegen ein tag in Brunnen statt? Der brief selbst lässt dies gar nicht erkennen, während dieses moment sonst nicht selten deutlich ist.

1770 a. Juli 16, Regensburg. Ausschreiben des Kaisers betreffend den Türkenkrieg: Allgemeine aufforderung, das christliche werk des unternommenen zuges durch persönlichen dienst oder besoldung anderer, zufuhr von geschütz, pulver, proviant und andern kriegsbedürfnissen zu fördern, etc. — (Besieg. druckblatt, ohne adresse und handschriftliche ergänzungen, von den unterschriften abgesehen). **Zürich, A. Türkenkrieg.**

1770 b. Juli 16, Regensburg. Ausschreiben des Kaisers betreffend den Türkenkrieg (handschriftlich).

1770 c. Juli 19. Besiegelter befehl (placat im druck), den durchziehenden, zur abwehr der Türken bestimmten kriegsvölkern alles nötige zuführen und billig verkaufen, und die mannschaft samt ihren gütern zollfrei und unbelästigt passiren zu lassen. **Bers. A. Türkenkrieg.**

bZur ergänzung von nr. 1727—1729.

1771. Juli 17 (Mittwoch nach Margarethe), Solothurn. Vor den französischen und eidgenössischen richtern erscheinen die hauptleute aus Neapel; sie legen dann eine missive vor, die an dem vorletzten (?, vordrigen?) tage zu Baden an die boten des Königs ergangen, und begehren kraft derselben, dass nach dem ersten urteil der controleur erweise, dass sie für die fünfzehn streitig gewesenen tage bezahlt worden, oder sie jetzt noch befriedige. Hinwider weisen die französischen anwälte einen abschied von dem jüngsten tage zu Baden vor, laut dessen die sache wieder vor die vier richter gebracht und durch diese entschieden werden sollte; auch meinen sie, dass dies den capiteln gemäfs wäre. Da nun die eingelegten schriften einander entgegengesetzt sind, so haben die richter keine entkräften wollen, sondern verabredet, beide auf den nächsten tag in Baden zu bringen, damit die Eidgenossen hierüber entscheiden; die französischen richter erklären dabei, sich nur an die capitel binden zu wollen, etc. **Solothurn, Absch. Bd. 12.**

1772. Juli 17, Zürich. Vortrag von Leo Jud und Heinrich Bullingen betreffend die von dem Kaiser und dem könig von Frankreich verlangte hülfe gegen die Türken. (Autographon von Bullinger). 1. Bersam, frommn, fürsichtig, wyse herr burgermeister und gnedige, liebe herren. Es hat awer wysheit uns nun oftermals befolhen, so uns etwas gegen iro angelägen, söllend wir sömliches güetlich anbringen. Diewyl dann der fürtrag von dem türggischen zug eben gferlich, will

uns unsers ampts und göttlichs worts halben geburen, diss kurze meinung anzebringen; bittend, ir wellends güetlich verhören; dann wir
nutzid me begärend, dann das üch, der statt und ganzen landschaft
heilbar und loblich ist. 2. Sidmal und die, so vor zyten denocht nit
unlust gehept an frömdländigen herren und kriegen, ouch jetzdan den
zug nit ungern sähend, sam sy christlichen glouben und biderbe lut
vor unbillichem zwang schirmen wöllend, die doch bisshar nit so bereit und willig gewesen, da es uns selbs an unsern waren christlichen
glouben und an die biderben lüt gieng, die uns zuo versprechen stuon-
dent, und denen zuogesagt was, ist ghein unbill, wenn schon diser
fürtrag von disem zug ü. w. nit so gar one argwon sin will, insonders
so ouch sust mancherlei reden sind. Und ob der Franzos und (der)
Keiser schon jetzdan schwäger, doch nit unlang hievor ein lange zyt
totliche fintschaft gegen (ein)andren von wegen Napels, Meilands und
Gennow gehept; desshalben ouch noch hüt by tag einandren truwend,
wie dann söllcher herren und fürsten bruch ist. 3. So nun villicht
ein prattik möchte funden werden, als wir denocht etwas jaren har
eben grofse list gesehen und empfunden habend, dass diewyl der
Keiser an dem Ungerland widerzebringen arbeite, dem Künig knecht
under der gstalt des Dürggenzugs zuoluffend, mit denen er sinen nutz,
wie vormalen mee, schaffen möchte, es wäre dann ze Cayeta, Gennow,
in Meiland oder Neapolis, das etwan des Künigs gewunnen, jetzdan
aber des Keisers erbgnot ist, uss welichem allem uns hernach grofs
schad und prasten an seel, eer, lib und guot entston möchte. 4. Bittend wir und vermanend ü. w. zum hochsten, ir wöllind in dem handel ernst gebruchen und umbsichtig sin und betrachten, wie uns vormalen etliche herren angesetzt und allweg mit glatten worten anders
furggäben, dann sich hernach erfand. Dann im 1510 jar wurdent
6000 man uss der Eidgnoschaft vom Cardinal gefüert under der gstalt,
der heiligen (wie sy es namptend) kilchen land ze beschirmen, da sich
aber im Iyas (Piasv? Chiasser zug?) an der tat erfand, dass es wider
Alphonsen von Aest und künig Ludwigen von Frankrych ze tuon
was; deshalben man den züg widerumb mit schand, spott und schaden heim manen muost. So weist üwer ersam wysheit, was bösen
uneinigheit in aller Eidgnoschaft, ouch was träffenlichen bluotvergies-
sens vermitten, wo der letst unselig Bapstzug erspart wäre. 5. Hierumb sind um gottswillen ermanet üch umzesehen, dass ir in ghein
blind spyl durch glatte, fule, falsche wort, dero das hofgsind der
herren voll, wir aber als einfalte lüt ungebracht, gefüert werdint, dardurch ir und üwer fromm biderb lüt in not, schand und schad vor
Gott und der welt kummind, darumb ir ouch rechenschaft geben, und
iro und alles unschuldigs bluot von üwern händen gefordert werde.
Gnädige liebe herren, goumend üch vor frömden herren; gäbend üwere
oren Gott, der warheit, dem friden und nit denen sirenen, die üch
niemer singend, denn wenn sy umb ires nutzes willen üwers bluots
begerend. Ermessend doch, was guots einer Eidgnoschaft von der
herrschaft (der fürsten?) entsprungen sye, dass sy allweg unser fryheit
ufsetzig und an allen unsern unfällen schuldig gsin. Ermessend, was

glücks und heils ein Eidgnoschaft mit dem Franzosen gehept, ja dass
er uns nie wol erschossen hat; wüssend alle die, so ze Nawerren, ze
Dysion, ze Marion in Meiland, ze Pavy und anderschwo gewesen sind.
Es ist noch in menschen gedächtnuss der grofs verlurst, den wir um
des Franzosen willen eben in disem Napels, da wir villicht aber ligen
söltend, erlitten habend, da uns nit zwyflet, dann dass über unser
herren' etlich da sitzend, die ire vätter, brüeder und liebe fründ verloren habend. Woltend wir dann sömlichem fürrer (füerer?) aber ze
willen werden? Sind ingedenk, gnädig herren, des geschwornen briefs,
in dem ir fürsten und herren, miet, gelt und gaben verschworen habend. Sind yngedenk über eeren und eiden, mit denen ir als ein
rychstatt des heiligen Rychs eer schwerrend. 6. Nun ist es je vil
weger, ü. w. erfare alle händel, ee und man in einigen zug verwil-
lige, dann dass man uf wolvertruwen und uf ein versuochen ein sömlichen trefflichen handel anhebe, den man hernach one schaden nit
me gewenden mag. 7. So nun glych alle sach richtig und one falsch
ist, dass man üch .. herus sagt, keiserlich Majestet will iro bruoder
künig Ferdinanden widerumb in Ungern ynsetzen, und graf Johansen
Weywodn, der das Ungerland mit hilf des Dürggen innhalt, vertryben,
dennocht will ü. w. als einer christlichen obergheit gepüren, ernstlich
nachfrag ze haben, mit was rechten er graf Hansen, jetzt künig in
Ungern, understande ze vertryben, ee und ir keis. Majestet darzuo helfind, da ir doch nit wüssen mögind, was rechts er habe, oder mit
was bill oder unbill er den Dürggen in das Ungerland gebracht habe,
und ob joch der Dürgg neiswas wyterer ansprach an das heilig Rych
habe. In welchem allem nun nit allein der keiserischen part ze glouben ist, sunder beid teil ze verhören, insonders wess sich graf Hans
gegen dem Ferdinando uf dem rychstag ze Spyr embotten, und wie sich
Ferdinand gegen 'im gehalten habe. 8. Und so nun glich erfunden
wurde, dass künig Ferdinand fuog und recht zuo dem Ungerland wider den Weywoda hätte, ist ouch das ü. w. eigentlich ze erwägen,
wem ir zuozühend, under welche höupter und füerer, item under was
heerzügs ir über fromm volk stellend. Hie weist nun ü. w., dass
keis; Maiestet unserm glouben seer zuowider ist, als der des Bapsts
geschworner und der pfaffen eigen ist; dessglich dass künig Ferdinand
alle bischoff, äpt, prelaten, etliche der fürsten und meerteil des adels,
ouch die Italiener und Hispanier iro kriegsvolk die unsern als kätzer
haltend, vehend und hassend. Es weist ü. w. üwers volks gemüet
gegen den v Orten und iro tratzen gegen uns; item den hass aller
lanzknechten gegen der Eidgnoschaft, desglich dass die Behem und
Unger, zuo denen man aber zühen muofs, einen anerbornen hass zuo
allen Tütschen tragend. Soll nun ü. w. iro kleins völklin in so ferre
land' wider so grusammen fynd, und doch under die schicken, die
uns eben' kätzer und Dürggen sin gloubend und schmähend, wie der
ist, der der recht find ist, mag ü. w. wol ermessen, was guoter botschaft von den unsern ze erwarten sye. 9. So hat Gott oftermals
alles volk gestraft von wegen der künigen, herren und houptlüten,
under denen das volk was. So wir dann söltind under denen zühen,

von denen alle welt weist, wie sy mit fahen, töden, brennen die warheit verfolgt und vil tusend üben jämerlich erschlagen habend und noch, als ze sorgen ist, tätend, wo sy möchtend und fuog hättend; ist es offenbar, dass wir uns in grofse gfaar stellend. 10. Insonders so unser aller sünd vor Gottes ougen so grofs, und unser unbuofsfertig leben Gott also erzürnet hat, dass wo nit unser leben guot und gar geänderet wirt, wenig glücks ze erwarten ist. 11. Dises und anders wöllend bedenken, guädige herren, und so ferr es mit Gott gsin mag, von dem kriegen üwer volk zühen, in ghorsamme bewaaren, iro bluot hochschetzen, sy nit lychtlich loufen lassen und in das spyl eigentlich sehen; (das) habend wir in allem guoten antragen, bittend, ir wellends gnoter meinung wie es beschehen ufnemen. Ue. w. undertänige | predicanten und leser | der heiligen gschrift: | D. Heinrich Engelhart. | Leo Jud. | D. Anderes Carolstatt. | Erasmus Schmid. | Conrat Pellican. | Theodorus Buochman. | Heinrich Bullinger. »

Zürich, Kirchenarchiv, Corresp.

Auch die unterschriften sind alle von Bullingers hand.

1773. Juli 17. Bern an Freiburg. Der prädicant in Guggisberg habe angezeigt, wie der amtmann zu Grasburg ihn vorbeschieden und dann verhaftet habe im namen Freiburgs. Da man erkenne, dass dies auf seine weisung geschehen, aber die ursachen nicht kenne, jedoch wirkliche vergehungen nicht ungestraft lassen wolle, begehre man bericht, inwiefern er sich verschuldet habe; denn obwohl er der gefangenschaft entronnen, habe man ihn doch noch in der gewalt, sodass man ihn nach verdienen strafen könne.

Bern, Teutsch Miss. T. 557. Freiburg, A. Bern.

1774. Juli 17 (18†). Freiburg an Bern. Antwort auf die zuschrift betreffend den prädicanten zu Guggisberg. Derselbe habe gepredigt, wer kerzen opfere, die heiligen anrufe und « segen brauche », gehe mit ketzerwerk um; die hexen erzeugen den hagel mit dem linken fufs, indem sie diesen in einen bach stecken, und ein kreuz machen im namen des Vaters, des Sohnes und des hl. Geistes. Da er nun den (alten) glauben geketzert habe, was wider den landfrieden sei, so wolle man ihn fangen, wo man ihn zu handen bekomme, und ihn dann ausfragen und strafen, wo er gelernt den hagel zu machen.

Bern, A. Kirchl. Angelegenh.

1775. Juli 18. Bern an Zürich. Nachdem man fort und fort bei Zürich verunglimpft worden wegen des briefes, den man im letzten krieg den Lucernern gegeben haben solle, dass man sie auf ihrem gebiet nicht schädigen werde etc., und besonders Hans Wyg von Merischwanden dies im wirtshaus zum Schwert in Zürich dem Niklaus Sträler ins gesicht vorgehalten, es auch auf dem rathaus gesagt, so sehe man sich genötigt, solche erdichtete reden zu beseitigen. Weil nun die und die ... solches gehört, so bitte man ernstlich, dieselben zu befragen; könne dann Wyg mit kundschaft « bestellt » werden, so wolle man ihn rechtlich belangen und vor jedermann augenscheinlich erweisen, dass man unschuldig sei. — Ferner sei dem Niklaus Sträler und dem beigegebenen ratsfreund. venner Im Hag, die kürzlich gegen

schultheifs Jacob Meifs einer pfründe zu Bremgarten halb in Zürich
erschienen, ein rechtsspruch geworden, über welchen er sich beschwere
und um hülfe rufe; da er nun die pfründe «erjagt» und desshalb
viele kosten gehabt, so sei wohl nicht billig, dass er diese allein tragen solle (wenn ihm jetzt doch die pfründe entgehe?), zumal er vormals in Bremgarten um die hauptsache und die kosten ein anderes
urteil erhalten; die sache wieder dahin zu schieben, wie Zürich erkannt, möchte ihm nachteilig sein, da die Bremgartner jetzt ganz anders gesinnt seien; darum bitte man Zürich zum freundlichsten und
dringendsten, zu bedenken, dass früher zu Bremgarten dem Sträler
die kosten aus dem pfrundgut zugesprochen worden, und mit Jacob
Meifs zu verschaffen, dass er sich mit der billigkeit begnüge... — Von
Zürich ablehnend beantwortet; s. nr. 1781.

Bern, Teutsch Miss. T. 560—562. Zürich, A. Capp. Krieg.

1776. Juli 19. Bern an Freiburg. Antwort auf dessen schreiben wegen des prädicanten zu Guggisberg. Aus dem verhör ergebe
sich, dass seine äufserungen nicht so roh gelautet haben, wie gemeldet
worden; dass er gelehrt den hagel zu machen, bestreite er ganz und
gebe nur zu, dass er ein gleichniss davon gegeben; da er in einem
stücke gefehlt, so werde man ihn gebührlich strafen. Da nun hinwider der pfarrer zu Rechthalten gepredigt, wer einen Lutherischen
erschlage, tue gleich viel wie wenn er einen hund umbringe, und der
alte schultheifs von Perroman ihn gestraft, so begehre man, dass
Freiburg den pfarrer von Guggisberg nicht weiter verfolge.

Freiburg, A. Geistl. Sachen.

24. Juli. Bern an Freiburg. Erneuerung des begehrens, auf eine bestrafung des prädicanten zu verzichten, und bitte um antwort.
b. A. Bern.

1777. Juli 19. Constanz an Bern. Antwort: Der Türken halb
habe man noch keine andere kundschaft als was auf dem reichstag
zu Regensburg den ständen vorgetragen worden. Da der Türke mit
einem starken heere im anzug begriffen sein soll, so sei man neben
andern gliedern der christlichen einigung bisher willens gewesen, die
bestimmte anzahl mannschaft (ins feld) zu schicken; nun sei aber gestern abend die nachricht gekommen, dass die städte Ueberlingen,
Ravensburg, Rotweil und Kaufbeuren, sowie auch die prälaten des
schwäbischen kreises des auszugs entlassen und dafür mit geld be-
steuert werden. Das erwecke einige zweifel, wiewohl einige städte
den ihrigen erlauben, zu laufen wohin sie wollen; man werde sich
desshalb weiter beraten, ob, wann oder wie man die angehörigen abfertigen wolle, etc. etc. — Nachschrift: Bei dem kaiser sei noch
kein friede erlangt und der ausgang der verhandlungen ungewiss;
darum werde man das eigene volk zurückbehalten, etc. etc.
l19 // Bern, A. Türkenkrieg (orig. und copie). Basel, Abschiede (copie im abschied).

1778. Juli 19. Constanz an Zürich. Zur ergänzung des letzthin gegebenen berichtes melde man, dass der friede noch nicht hergestellt worden, und noch nicht gewiss sei, was man bei dem kaiser
erlangen möge. Da nun schon einige städte, als Ueberlingen, Ravensburg, Rotweil und Kaufbeuren die angeworbenen knechte wieder be-

urlaubt haben, und der Kaiser von den prälaten des schwäbischen
kreises nicht mehr truppen, sondern nur geld fordere, so sei man
auch entschlossen, das aufgebotene volk anheim zu behalten und
nicht auszurücken, bis man von Nürnberg bessern bericht empfange.
Dieser meinung werden auch andere oberländische reichsstädte sein.
Zürich, A. Constanz. Bern, A. Türkenkrieg (copie).

1779. Juli 19, Glarus. Fridolin Mathys an Zürich. Antwort auf
die einforderung der von der st. gallischen hauptmannschaft her rückständigen geldsumme. Er bestreite die schuld nicht; da ihm aber
dieses geld während des letzten krieges ohne seinen nutzen aus der
hand gegangen, und er den Eidgenossen wie früher zu diensten erbötig sei, so bitte er geflissen, es ihm nachzulassen; wenn dies aber
nicht gütlich geschähe, so bitte er zum allerdringlichsten, die gesetzte
frist zu verlängern, da er diesen betrag so bald nicht ohne grofsen
nachteil aufbringen könnte; habe er in der (verwaltung der) hauptmannschaft nicht getan, was er Zürich schuldig gewesen, so möge es
ihm das verzeihen, etc. Zürich, A. Abtei St. Gallen.

1780. Juli 20. Strafsburg an Bern. Antwort auf dessen zuschrift wegen der Türkengefahr. Nachdem der Kaiser von den reichs-
ständen einen zuzug von 40,000 mann zu fufs und 8000 zu pferde
erworben, habe er an die städte das ansinnen gestellt, zur deckung
der österreichischen grenzen noch (je) zwei fähnchen auf 2—3 monate
zu schicken, bis das reichsheer (in Ungarn?) ankommen werde; Nürnberg, Augsburg und Ulm haben schon entsprochen, und obwohl es
noch ungewiss sei, ob zwischen den evangelischen ständen und dem
Kaiser ein friede erreicht werde, sei man diesseits auch entschlossen
und bereits beschäftigt, das kriegsvolk aufzubringen, um für den fall
eines schlimmen ausgangs keine vorwürfe erwarten zu müfsen... Andere nachbarstädte tun dies ebenfalls. Daneben vernehme man, dass
Frankreich keine hülfe senden wolle, indem es glaube, dass die Deutschen stark genug seien; auch von England habe der Kaiser keinen
beistand zu hoffen. Könne man künftig etwas erfahren, was dem
göttlichen wort und den Eidgenossen nachteilig wäre, so wolle man
es nicht verhalten, wie man sich hinwider des gleichen getröste, etc.
Bern, A. Türkenkrieg.

1781. Juli 21 (Sonntag vor Jacobi). Zürich an Bern. 1. Antwort auf die verkündung des tages in Aarau. Man wolle diesen besuchen und da beraten helfen, was die notdurft erfordern werde, und
schicke hier vorläufig abschriftlich einen brief von Constanz (v. 19. Juli).
2. Ueber die reden, welche Hans Wyg von Merischwanden hier geäufsert haben soll, finde man nicht zuläfsig, jetzt jemand darüber zu
verhören; wenn aber in rechtsform eine kundschaft begehrt werde,
wolle man tun, was die billigkeit erheische. 3. Die beiden urteile
zwischen Niklaus Sträler und schultheifs Jacob Meifs könne man nicht
wohl ändern und lasse sie also bestehen, etc. Bern, A. Türkenkrieg.

1782. Juli 22 (Maria Magdalena). Schaffhausen an Bern. Antwort auf die tagverkündung der Türken wegen. Es sei desshalb ein

tag in Baden anberaumt, zu dem man bereits eine botschaft mit der
weisung verordnet habe, sich nicht zu tief einzulassen, wie es Bern
ohne zweifel gefalle; man könne daher den tag zu Baden nicht unterlassen zu besuchen und wolle dagegen den in Aarau «stillstehen»
lassen und bitte, dieses ausbleiben nicht zu verargen und erhebliche
nachrichten über den Türkenzug schriftlich mitzuteilen, etc.

Bern, A. Türkenkrieg.

1783. Juli 21, Pruntrut. Philipp, bischof von Basel, an Bern.
Er habe vernommen, wie es am 3. d. m. den untertanen der meyer-
tümer Rennendorf und Battendorf geschrieben, dass sie sich Bern in
der religion gleichförmig machen und die prädicanten, die es ihnen
schicke, gütlich aufnehmen und hören sollten, und empfinde darüber
einiges befremden, zumal es ohne zweifel mehrmals berichtet worden,
dass jene untertanen öfter über diese dinge sich beraten und abge-
stimmt und immer beschlossen haben, bei dem glauben ihrer eltern
zu bleiben, bis ihnen und andern Gott mehr gnade verleihe etc.; diese
meinung haben sie auch ihm, dem bischof, angezeigt in der hoffnung,
dass Bern sie nicht davon drängen werde, und glauben dabei, es habe
ihnen bisher am gotteswort und ordentlichen pfarrherren nicht gefehlt.
Da es sich so verhalte, und er keineswegs annehme, dass Bern die
angehörigen anderer zu einer andern religion durch drohungen, gebote
oder gewalt zu nötigen trachte, was den frühern verhandlungen zuwider
wäre, und die burgrechte mit den bischöflichen untertanen alle geistlichen
und weltlichen rechte der herrschaft vorbehalten, (woraus folge, dass
sie auf den bischof und die von ihm verordneten zu achten haben),
so bitte er freundlich und dringlich, jene leute nicht weiter zu drängen, sondern bei ihren mehren bleiben zu lassen, damit fernere unruhe und uneinigkeit aus so kleinlichen dingen nicht erwachsen, etc.
etc.

Bern, Münstertal, J. 99.

1784 a. Juli 22, 9 uhr nachts. Bern an (Peter) im Hag und (Peter
von) Werd. «Uns sind diser stund von den guotwilligen zuo Soloturn ernstlich brief zuokommen, inhaltend wie sich ein unruow und
zweispaltung hüt by inen zuogetragen hab, dermafs dass sy in sorgen
stand irs lybs und läbens, uns anrüefende, unser potschaft zuo inen
ilends ze schicken und ein getrüw ufsechen uf sy ze haben, wie üch
dann unser miträt Chrispinus Vischer und Jacob Wagner wyter berichten werden, denen wir üch zuogeordnet hand, mit ernstlichem befelch, üch samenthaft gan Soloturn ze füegen, dass ir morn (zuo)
früer tagzyt an(e) alles hindersichsechen und fälen da syend und an
dem ort alles das handlind, so zuo fürdrung der eer Gottes und befridung zwüschen inen dienen mag.»

Bern, Teutsch Miss. T. 567.

1784 b. Juli 24. Bern an seine (vier) boten in Solothurn. Antwort auf das begehren, den besiegelten abschied der Solothurner (?)
herüberzuschicken. Da man ihn jetzt nicht finde, so sei es unmöglich, denselben zu senden; aber sobald er zum vorschein komme,
werde man ihn mitteilen, etc.

ib. ib. 568.

1785. Juli 22 (Dienstag vor Jacobi). Zürich an Bremgarten. Antwort auf dessen schreiben betreffend die baarschaft und andere habe, die dem leutpriester zu Lunkhofen soll entwendet worden sein. Man wisse von bezüglichen klagen desselben noch nichts, habe nun aber dem vogt zu Knonau befohlen, ernstlich nachzufragen, wer etwa dabei beteiligt, und was dem priester entfremdet worden sei; nach eingang näheren berichtes werde man dann handeln, was sich gezieme, etc.   Zürich, Missiven.

1786. Juli 23 (Dienstag nach Magdalene). Freiburg an Bern. 1. Antwort auf dessen neues schreiben für den prädicanten von Guggisberg. Die worte, die man letzthin gemeldet, habe derselbe wirklich geredet; wie Bern ihn dafür strafe, wolle man gewärtigen. 2. Die beschwerde gegen den kirchherrn zu Plafeyen habe man geprüft und gefunden, dass mehr geklagt worden, als getan; denn dass er auf der canzel ungeschickte worte gebraucht, finde man nicht; wohl habe er im wirtshaus («in ürtinen») über den prädicanten von Guggisperg gesagt, «er ketzeret und mörderet mich, aber ich wills im nit nachlassen; wirt er mir, ich will in ze tod stechen, und ob ich (in) ze tod stäch, hoff ich gegen Gott nit witer verschuldt han, dann so ich ein hund ze tod stäch.» Niemand anders habe er lutherisch oder ketzerisch gescholten; ... würde man mehr finden, so würde man ihn derart strafen, dass Bern (wohl) spürte, dass man schmähungen gegen dasselbe nicht dulden wolle.   Bern, A. Kirchl. Angelegenh.

1787. (ad Juli 23, Absch. v). Instruction für Golder von Lucern. 1. Betreffend beeidigung der vögte: Den amtleuten des alten glaubens sollen die boten von den V Orten den eid geben und bei «eröffnung der antworten» auch immer einen bei den boten von Zürich haben, damit er, wenn etwas anderes gesagt würde, als sich gebührt, das weitere reden könnte. 2. Dem bischof von Como ist auf seine anmutung zu antworten, dass man gänzlich bei dem frühern abschied bleibe, doch dass er jetzt «des ablas stillstande».

1788. (Zu Juli 23 f., Absch. v). Bern will jedermann bei den hergebrachten rechten bleiben und die altgläubigen «zuo Gott in schwerung der eiden, wen sy wöllent, henken lassen.»
Bern, Instruct. B. 176 a.

1789. (Zu Juli 23 f., Absch. n). Basler instruction: Die einleitung äufsert bedauern über die gefahr der christenheit und gibt zu bedenken, dass man eine solche strafe durch die überhand genommenen laster wohl verdient habe; dass man als christen auch schuldig sei, dem verfolger des christlichen glaubens widerstand zu tun, zumal wenn es in des Kaisers kosten geschehen soll. wobei man nichts versagen will. Da nun aber der könig von Frankreich durch seine botschaft den entschluss erklärt, in eigener person und mit einem starken heere auszuziehen, und desshalb um knechte wirbt, so entsteht das bedenken, dass man die angehörigen in einer sache an mehr als zwei orte in weite lande hin senden sollte. Weil aber der Kaiser und der König leibliche schwäger sind, so meint man, sie sollten sich zuvor verständigen, wer die Eidgenossen zu führen hätte; wenn das bestimmt sein wird, will man sich so gebührlich halten, dass die (eine oder andere) majestät daran gefallen haben kann. Bis dahin wäre von allen Orten die mannschaft zurückzubehalten und eigenmächtige aufbrüche zu verbieten und ·schwer zu bestrafen. Will die kaiserliche botschaft durchaus eine antwort haben, und bewilligt ihr die mehrheit der Orte ihre·knechte, so will man sich nicht widersetzen, wiewohl man einen aufschub viel lieber sieht. **Basel. Abschiede.**

Die instruction zum 2. Aug. weicht von obiger teilweise ab: Den seltsamen (verdächtigenden) reden, die hin und wider umlaufen, will man keinen glauben schenken, sondern vielmehr bedenken, dass man von dem Reich alle freiheiten hat und vor Gott und aller welt zum höchsten verhasst würde, wenn man in solcher not nicht ausziehen wollte... Wenn aber der Kaiser und der König sich nicht vergleichen, so zieht man vor, sich dem Kaiser anzuschliessen, dem man mehr schuldig ist. Wollen die Eidgenossen das nicht tun, so empfiehlt man, auch dem König keine knechte zukommen zu lassen, sondern das volk daheim zu behalten und das weglaufen bei den schwersten strafen zu verbieten, damit die knechte nicht an beide orte laufen und zum spott und schaden (der Eidgenossen) ungehorsam werden. Diese meinung dürfen die boten der kaiserlichen gesandtschaft besonders eröffnen, um ihr guten willen zu zeigen. **ib. ib.**

1790. Juli 23 (Dienstag nach Magdalena), Solothurn. Peter von Werd, Crispin Fischer, Jacob Wagner, Peter im Hag, (gesandte), an Bern. «Nach üwerm («wuirem» etc.) schriben, so ier uf Mentag ze nacht uns zuogeschriben sampt minen herren Fischer und h. Wagner, sind wir alhie zuo Soloturn und haben den handel in guoter ruow funden und hand uns zum statthalter gefüegt und begert, uns uf Mitwuchen für iren Rat ze kommen lassen und unser(n) fürtrag, so wier von üch («wuich») .. habind, güetlichen hören etc., das uns also zuogeseit, und wiewol wir achten, es werde des tags nuit entlichs gehandlot, sunders der sach ein ufschuob bis uf Donstag für Rät und·Burger, ursachen halb dass sy einen botten usgeschickt, als uns anzeigt ist, und man achtet zuo den v Orten darzwischen ouch komen mögend botschafts wis, muos man erwarten. Zum andern .. manglet uns'des rechten abscheids, ... daruf die guotwilligen tringen, als namlich den sy inen zuogeseit hand, do sy zuo Uetzistorf wareud, darumb junker Hans Franz Negely wol weist; der sol besiglot sin; (den) sölleud ier uns harab schicken; dann an(e) denselben wier nuit machen könnend. Wir lassend üch ouch wissen, dass ir lantlüt uf Mitwuchen allenthalben niden und ob der statt komeu werden und darzuo reden, und als wiers hören, kömend sy vom land ouch uff beden partien, dass wir nit mögend wissen, wie sich der handel zuotragen wirt. Darumb habend ir ouch acht; ob es etwan ein pratik wär oder nit, setzen wir üwern gnaden heim·... **Bern. A. Kirchl. Angelegenh.**

1791. Juli 24 (St. Jacobs abend). Zürich an die boten der sieben (andern) im Rheintal regierenden Orte, jetzt in Baden. Mit dem jetzt im Rheintal gefassten beschluss, den ammann Vogler auf einem tag in Baden zu verhören, könne man sich für einmal beruhigen; weil aber die klagartikel zahlreich und zum teil so schwer seien, dass sie, wenn begründet, ehre, leib und gut berühren, und niemand besser

als er selbst sich darüber verantworten könne, wozu ihm bekanntlich
etliche Orte mit geleitserteilung behülflich sein wollen, so bitte man,
obwohl vermutend, dass die boten jetzt diesfalls keine weisungen haben, des rechts und der billigkeit wegen ernstlich und freundlich, zu
bedenken, dass dem guten mann gar viel zur last gelegt werde, und
jedermann zum ritter an ihm werden möchte, weil er im unglück sei,
und mancher eine klage habe, die er vor dessen augen nicht anzubringen wagen würde; damit nun der handel besser untersucht und
niemand verkürzt werde, begehre man, dass dies alles treulich heimgebracht und dem beklagten ein sicheres geleit zur verantwortung und
wieder nach Zürich ausgewirkt und ihm rechtzeitig zugeschickt, oder
wenigstens den botschaften die nötige vollmacht zur vergleitung gegeben werde; besser wäre es freilich, wenn ihm schon ab dem jetzigen
tage entsprochen würde. Indem man hoffe, dass die boten das als
billig nicht abschlagen, wolle man hinwider in allen dingen guten
willen beweisen, etc.   Zürich. Missiven.

1792. Juli 25, abends 9 uhr. Bern an seine boten in Solothurn.
Antwort auf ihr schreiben von heute 2 uhr nachmittags. Man vernehme mit dem höchsten bedauern und missfallen, dass die sachen
nicht besser stehen; darum befehle man ernstlich, die Solothurner des
dringlichsten zu ermahnen, die folgen dauernder zwietracht zu bedenken, um so mehr als auch die unterdrückung einer partei nichts gutes
brächte, sondern zur zerrüttung des regiments ausschlagen würde, was
man sehr bedauern müfste; es sei ihnen nochmals zu raten, dass sie
zu herzen fassen, was man ihnen früher geschrieben, und sich nicht
durch etliche leute verführen lassen, die ohne zweifel nur ihr gänz-
liches verderben suchen. Nebst dem allem sei besonders darauf zu
dringen, dass sie bei ihrer zusage, den anhängern des gotteswortes
dasselbe verkünden zu lassen, unverändert bleiben, wogegen die andern wie bisher bei ihrem wesen bleiben mögen, und niemand zum
glauben gezwungen werden soll. Dass die boten die leute von Uetzistorf etc. weggewiesen haben, billige man vollständig und begehre,
dass sie nicht wegreisen, bevor sie die unruhe gestillt haben; dafür
sollen sie keine mühe sparen und was ihnen (neues) vorkomme, eilends
berichten.   Bern, Teutsch Miss. T. 570—572. Ratsb. 234, p. 208, 204.

1793. Juli 27. Bern an den bischof von Basel. Antwort auf
dessen zuschrift betreffend seine untertanen in Rennendorf (Courrendelin) und Battendorf. Allerdings sei man angerufen worden, dahin
zu schreiben, da man vernommen, dass jene leute des gotteswortes
begehren; denn das zu fördern sei man geneigt und schuldig; aber
weder sie noch andere habe man versucht, mit gewalt oder drohungen
dazu zu zwingen, da man wohl wisse, dass der glaube in Gottes
gnade stehe; man habe also das burgrecht nicht verletzt, etc.

Bern. Teutsch Miss. T. 575.

1794. Juli 27. Bern an Solothurn. Hinweis auf ein früheres
schreiben über den span zwischen dem herrn von Boisrigault und
Jacob May. Da jener die gütliche vermittlung Solothurns abschlage,

dieser aber es um recht anrufe, und die sache dort vorgefallen, so
bitte man, demselben gutes und beförderliches recht zu gewähren, etc.

Bern, Teutsch Miss. T. 576.

1795. Juli 27 (Samstag nach St. Jacobs tag) Heinrich Schönbrunner von Zug, landvogt zu Baden, quittirt im namen der V Orte **Bern**
für 1000 sonnenkronen kriegskosten.   Bern, Pap. Urk. (siegel abgefallen).

1796. Juli 27, Baden. Diethelm Röist, Heinrich Rahn und Hans
Haab an **Zürich** (gesandtschaftsbericht). 1. «Nachdem wir vergangens Mentags (22.) gon Baden kummen, sind doch etliche Ort so lang
ussbliben, dass wir erst uf verschinen Mittwuch nach imbis zemen
gangen; habend also allerleig uss der instruction und fürfallende
gschäft usgricht und ghandlet. Gester nach imbiss habend wir nach
den Keiserischen gschickt, und wir von den beiden stetten Zürich
und Bern habend sy erstlich um ein antwurt, unsere häft zuo ent-
schlahen, erfordert; (nu) ist inen dieselb von irem Küng noch nit
kummen, sind aber deren all stund warten. Demnach habend alle
Ort von inen begert ein offnen ires witern entschluss antreffend den
türgischen zug, lut des nächsten abscheids, welichen sy ouch nit gehept, mit beger noch hüt Samstag zuo warten, (so) werdind inen
gwüsslich beid antwurten kummen, deren wir also noch hüt warten
wellend. So dann habend wir die ratschläg, von üch getan, die cristenlichen Stett hören lassen, die ab sölichen ein grofs wolgfallen tragend, sind ouch ganz nit hitzig, also ufzebrechen, sy wüssind dann
wohin, wie vil und in summa aller gfaren hinlegung. Das rintalisch
mandat habend wir uf das treffenlichist anzogen, ouch unser mandat
verantwurt und anders, so uns befolchen, volstreckt; wie und was
uns daruf geantwurt, werdend wir üch .. ob Gott will alles morn
heimbringen (und) üch dess eigenlich berichten; wir sind aber wol
erstoubet (worden); doch sind wir inen hinwider mit antwurt begegnet, dess wir getruwtent fuog ze haben etc.»....   Zürich, A. Tagsatzung.

1797. Juli 29. **Bern an Payerne.** Erinnerung an die bisherigen,
sowohl mündlichen als schriftlichen verhandlungen wegen des glaubens, an die desshalb von der gemeinde gegebenen antworten, die von
dem herzog von Savoyen getanen äuserungen und die darauf erfolgte
diesseitige erklärung. Nun vernehme man, dass Payerne das älles bei
seite setze, indem es den prädicanten vertreiben wolle, was den erteilten zusagen nicht gemäfs sei; darum wolle man es ermahnt haben,
von dieser absicht abzustehen, damit üble folgen verhütet werden,
also den prediger unangefochten das gotteswort verkündigen zu lassen
für diejenigen, die es zu hören wünschen, da doch niemand zum glauben gezwungen werde, etc.   Bern, Welsch Miss. A. 241 b.

1798. Juli 29. **Bern an Solothurn.** «Demnach unser ratspotten, so vergangner wuchen by üch gewesen, anheimsch worden, haben
sy uns nach der länge anzögt, was sy gehandlet, darby uss der
schriftlichen antwurt, die sy von üch usbracht hand, die ganze summ
wol verstanden. So nun vergangne unruow gestillet, dess wir dem
Allmächtigen lob und dank sagen, wellend wir üch zum allerfrünt-

lichosten, trungenlichosten und erustlichosten gebätten haben, (dass)
ir als die hochwysen wellend betrachten, wann die sach lut obange-
reckten abscheids uf jetzigen tag zuo Baden kommen solit. und ir
beider syt üwer anliggen fürtragen. was unwillens darus folgen, bar-
umb uns bedüechte, ir sunst, dwil ir jetzmal gefrulet und vereinbaret
sind, die sach fur uch selbs mit einandern vertadigen söiltend; dann
wo es an die Ort kommen soll, mogend ir wol gedenken, dass vil
mer unglimpfs üwerthalb darus entsprungen und damit uch nit geholfen sin wirt. Das wellend, wie obgsagt ist, als die hochverstandigen
von uns im besten und mit (als) underwysung, sonders getrüwer warnung wys von uns vermerken. Das wirt ane zwyfel zuo üwer aller
wolstand, lob, nutz und eer reichen. (ouch) uwern löblichen fryheiten
zuo handhab; wo ir aber nit moehtend uber-inkomen. alldann wäre
hienach noch komlichen und zitlichen gnuog. die sach gmeinen Eidgnossen furzebringen zuo ander zyt dann jetz in disen sorglichea löufen, in welichen wir gemeinlich in einer löblichen Eidgnoschaft und
gemeine tütsche nation des Turken anzugs halb stand. Das und anders wellend ansechen und die sach in ru-w stellen ». . .

Bern. Teutsch Miss. T 578, 579. Solothurn. Berner Sesr.

1799. **Juli 29.** Bern an Freiburg. Antwort auf dessen schreiben und die eingelegten missiven des vogtes zu Grandson und des
commissars Lucas Dumaine, betreffend den zehnten zu Provence. Nach
verhorung des anwalts des herrn von Vauxmarcus müise man erinnern, dass diese sache voriges jahr erledigt und dem vogt befohlen
worden, den zehnten dem curaten von St. Aubin wie von alter her
verabfolgen zu lassen. und konne also ohne rechtlichen entscheid den
herrn von V. oder den pfarrer der traglichen putikel nicht entsetzen;
demgemafs habe man dem vogt geschrieben, er solle den zehnten nicht
verhetten lassen. Wenn aber Freiburg etwelche anspruche darauf zu
haben glaube, so möge es sie bei der nächsten jahrrechnung kundgeben.

Bern Teutsch Miss. T 577. Freiburg. A. Bern.

1800. **Juli 30** (Dienstag nach Jacobi Ap.). Solothurn an Bern.
1. Antwort auf dessen bruderliche zuschrift betreffend den obwaltenden span, etc. Man sage fur diese warnung sowie fur die sen lung
einer so ansehnlichen botschaft den hochsten dank. wisse auch wohl,
dass dies (alles) aus gutem herzen fliesse, und erbiete sich hinwider
zu jedem moglichen dienst, u. s. w. Allerdings konne man ermessen,
wie ungimpflich es ware. Bern und andere Eidgenossen mit diesen
(inneren) handeln zu belästigen, und dass es viel ehrenvoller sei, sie
seibst auszutragen. Weil dies aber derzeit nicht tunlich sei, und aus
einer anderung des vertrages aufruhen erwachsen könnten, so sei man
beiderseits gesonnen, bei demselben zu bleiben, in guter hoffnung, dass
der Herr seine gnade dazu geben werde, und bitte nun Bern, seine
boten mit desto ernstlicherm befehlen abzufertigen, auf dem kunftigen
tage gutliche mittel zu suchen, damit man allerseits einem rechtshandel enthoben wurde. 2. Beschwerde über die offene parteinahme der
angehorigen von Landshut (fur die neuglaubigen), und ansuchen, das
für die zukunft zu verhuten, etc.

Bern. Solothurn-B. D. 21.

1801 a. Juli 30, Freiburg. 1. «An die von Bern, vermanung inhalt des burkrechten, dass si verschaffen und dem vogt ze Granson schriben wellen, (dass) er den zechenden von Provence zuo siuen handen neme und bis uf die jarrechnung und zuo recht enthalte, und dess ir antwurt (begeren). 2. An vogt zuo Granson, dero von Cheiry wegen, dessgelichen meldung des schribens gan Bern, dass er demselben nachkomme. •

1801 b. Juli 31. 1. «An herrn Bischofen ze Losan, dass er denen von Cheire ein ewige curat by inen vergönne, diewyl die von Yvonant altharkomens gloubens halb abgefallen, und si denselben nochmalen nach christenlichem bruch ze halten lieben. •

1801 c. August 1. An commissar Lucas Dumaine, «dass er die gerechtsame über den zechenden von Provence ersuoche und derselben min herren fürderlich berichte. • — Vgl. a und nr. 1799, 1802.

Freiburg, Ratsb. nr. 50.

1802. Juli 31. Bern an Freiburg. Sein letztes schreiben betreffend den zehnten zu Provence habe man während der sitzung erhalten. Da es die sache so schwer nehme und kraft des burgrechts mahne, so lasse man ihm zu gefallen geschehen, dass der vogt und der herr von Vauxmarcus je einen (vertrauten) verordnen, um den heurigen zehnten zu gemeinen handen einzuziehen und in Provence liegen zu lassen, jedoch dem herrn ohne schaden, bis zur jahrrechnung; in diesem sinne habe man beiden geschrieben.

Bern, Teutsch Miss. T. 588. Freiburg, A. Bern.

1803. Juli 31, Freiburg. «Bartolome Rüter, der sattler von Bern, so in miner herren biet ein bild uss einer capell geworfen, daby anderschwa sich hat lassen merken, wie das paner miner herren ze Bern sye etc., ist uf schriben dero von Bern, ouch bitt der fründschaft usgelassen mit gedingen, dass er verbürge, das bild von nüwem dahin ze machen etc., dessgelich dass er an (den) stab lob, minen herren um obbemelt red des paners halb ze Bern des rechten ze sind. • Ane Bern, um anberaumung eines rechtstages (zu schreiben).

Freiburg, Ratsb. nr. 50.

1804. Juli 31, Bern. Instruction für die botschaft nach Baden. (Zu c.:) Die kaiserlichen boten sollen vor allem erklären, ob der Kaiser die zu Waldshut und anderswo angelegten häfte lösen und die erbeinung halten wolle; bejahen sie dies, so soll ihnen die nachfolgende antwort gegeben werden; im andern fall ist dieselbe nicht zu eröffnen. Den Eidgenossen soll anfangs zum allerhöchsten gedankt werden für den entschluss, keinen einläslichen bescheid zu geben, bevor sich der Kaiser über die häfte und die erbeinung ausgesprochen hätte. Hierauf soll der bote mit ihnen niedersitzen und ratschlagen helfen, wie man den gesandten des Kaisers und des Königs antworten könnte, und namentlich diesen vorschlag anbringen: Man vernehme durch wahrhafte kundschaft, dass der Kaiser etliche der obersten prälaten des zuges entheben, wesshalb sie die zu besoldenden knechte bereits entlassen haben; dessgleichen werden etliche wohl gelegene reichsstädte und gewisse fürsten daheim bleiben; die not erscheine daher nicht so grofs, und sei man darum nicht geneigt, hülfe zu schicken. Den französischen boten soll gesagt werden, man schlage dem Kaiser einen zuzug ab, obwohl man ihm mehr schuldig sei als dem König; es gebühre sich daher nicht, die knechte ihm zu bewilligen, etc.

Bern, Instr. B. 186; 194 a.

Am 3. September wurde erklärt, mit rücksicht auf die vorhandene not die frage betreffend die häfte einstweilen ruhen und den Eidgenossen zur entschliessung über die hülfeleistung freie hand zu lassen.

1805 a. Juli 31, Freiburg. «An her Uolman Tächterman, wo dero von Solotorn botten anzug ires gehabten spans halb tuon wurden, dass er mit andren botten alles das handle, so inen zuo guotem dienlich, daby (zuo) dem reiche, dass das mer belibe und der handel vor gemeinen Eidgnossen usgemacht werde.»

1805 b. Aug. 1. «An die von Solotorn, es sye miner herren predicant inen uf ir bitt gewilligot, mit bitt (dass) si in vor gewalt und beleidigung beschirmen wöllen.» Freiburg, Ratsb. nr. 50.

1806. (Juli? Aug. A.?), Solothurn. Instruction für Hieronymus von Luternau und Hans Rudolf Vogelsang. Sie sollen sich nach Yverdon, Cudrefin, Romont und Beaumont verfügen und den amtleuten des Herzogs sowie den Räten jener orte anzeigen, wie der herzog Karl im jahr 1513 die stadt S. bewogen, 24000 gulden für ihn aufzunehmen, und verheifsen habe, sie in 4 jahren wieder zu ledigen; wie desshalb die Stadt sich gegen vielen personen schriftlich verpflichtet und später noch 2000 gl. rh. dazu entliehen habe. Nach ablauf jener frist habe man sich vielfältig bemüht, dieser last loszuwerden, aber trotz vielen zusagen und allerlei zielen, die dafür verabredet worden, dazu nicht gelangen können. Um zwietracht und unruhe zu verhüten, sehe man sich nun genötigt, auf die unterpfande, nämlich jene städte und schlösser, zu greifen; die boten sind desshalb bevollmächtigt, die abschrift der bezüglichen verschreibung vorzuweisen, und die vögte und Räte kraft derselben aufzufordern, die rechte des Herzogs ihnen zu überantworten. Würde dies wider verhoffen abgeschlagen, so wäre man genötigt, zu andern mitteln zu greifen.

Solothurn, Absch. Bd. 19 (deutsch und französisch).

1807. August 1 (St. Peter, Kettenfeier), Bürglen. Ulrich von Hohensax an Zürich. Er habe heute durch den prädicanten im Sennwald einen brief von Zürich empfangen, der ihn persönlich oder mit bevollmächtigter botschaft vorlade. Das sei ihm beschwerlich, und da er nicht weiter zu gehen begehre, so bitte er, ihn des prädicanten wegen nicht weiter zu bemühen, sondern bei seinen rechten bleiben zu lassen; wenn dies aber nicht möglich wäre, so wünsche er bei dem frieden und seinem erbieten zu bleiben, etc.

Zürich, A. Sax und Forsteck.

1808. Aug. 1, Vauxmarcus. Claudius von Neuenburg an Freiburg. 1. Der vogt zu Grandson ersuche ihn abermals wegen eines kleinen zehntens, der vor mehr als hundert jahren an die kirche zu St. Aubin vergeben und seither unangefochten besessen worden sei; da Freiburg

ihn rechtlich beklagt und die herrschaft zu eigenen handen habe ziehen
wollen, sei auf dem von Bern gesetzten tage der spruch gefallen, dass
er 1500 pfd. Berner währung herausgeben müfse, um Freiburgs ansprache für ein und allemal abzuwenden, wobei aber das burgrecht
vorbehalten sei. Er zweifle nicht, dass ihn Freiburg bei seinen herrlichkeiten nicht unbillig betreiben, sondern dies andern gegenüber verhüten wollte, erwarte also, dass es ihn bei seinen rechten treulich
handhaben werde. 2. Er vernehme, wie er und sein sohn verdächtigt
werden, womit ihnen unrecht geschehe; denn er sei gesonnen, mit
leib und gut der stadt Freiburg zu dienen, wo sich anlass finde.
3. Würde nun dieses schreiben nicht genehm gehalten, und der zehnten weiter beansprucht, so erbiete er sich zum recht an gebührenden
orten, u. s. f.   Freiburg, A. Neuenburg (deutsch!).

1809. Aug. 1 (Donstag nach St. Jacob). Zürich an Diethelm Röist,
alt-burgermeister, derzeit in Baden. Freundliches ansinnen, der wichtigen jetzt vorliegenden geschäfte wegen den jetzigen tag zu besuchen
und zwar den vorsitz zu übernehmen, die angelegenheiten selbst vorzutragen und als haupt (der botschaft) in allem rede und antwort zu
geben, etc.   Zürich. Missiven.

1810. Aug. 1. Constanz an Zürich, dgl. an Bern. Nachdem
die gesandten von den tagen zu Regensburg und Nürnberg gestern
abend heimgekommen, habe man zu melden, dass die einungsverwand-
ten städte auf nächsten Montag und Dienstag ihr kriegsvolk gegen den
Türken absenden werden, und dass durch vermittlung zweier chur-
fürsten ... der protestirenden stände halb ein frieden gemacht sei,
der von dem Kaiser im Reich verkündet werden solle; wann das geschehe, und ob die nichtevangelischen stände darein willigen werden,
wisse man nicht.   Zürich, A. Konstanz. Bern, A. Türkenkrieg.

1811. Aug. 1, Frauenfeld. Hans Edlibach, landvogt im Thurgau,
an Zürich. «Herr BM. etc. etc. Es sint uf hüttigen tag vor mir
erschinen dry guoter erlicher herren und verkünder des heligen göttlichen wortes uss den dryen capitlen im Durgi und mir anzöigt und
mich gebetten und ouch rats gefragt, wie das etlich unordenlich predicanten des göttlichen worts halb unglich lerint, desglichen ouch unerberlich lebint, damit sy ire zuohörenden verergerent und also ein
bös exempel füerint, und so man sy brüederlich wölti strafen, wöltent sy nüt darum gen, und wäri zuo bsorgen, dass zuoletst dem helgen w(ort) Gottes grofser nachteil darus folgen möcht, diewil und man
kein sinodum mer dörfti haben, gebents nienerum nüt. Und uff das
sind wir eins worden, üch ... diss unser meinung zuo schriben und
üwer wybeit rat harin haben. Wol düechti uns all guot, man schrib
sölichs gan Baden und deren botten von Bern rat ouch herin (zuo
vernemen?), und sofer es üch gfallen wölti, dass man es den zechen
Orten fürhielti und sy betti, den cristenlichen predicanten ein gspräch
mit einanderen zuo halten, in irem, der predicanten, kosten, und dass
ein landvogt und landamman darby würint, und sofer einer unordenlich larte ald lebte, den selbigen zuo miner herren der x Orten han-

den zuo strafen ein landvogt gwalt hetti; dann wo sölichs nicht beschicht, so ist zuo bsorgen, es folg nüt gnots darus; das verstand von
mir im besten ».... *Zürich, A. Landfrieden.*

A tergo: Der Zürcher stadtschreiber schliesst seine minute mit der bemerkung: «Mag aber jetz kein rymen han.»

1812. Aug. 2. Bern an seinen boten in Baden. Da Solothurn,
trotz der diesseitigen freundlichen ermahnung, den waltenden zwist
für sich zu vergleichen, denselben gemäfs dem (letzthin) gefassten beschluss («abscheid») auf den tag zu Baden bringen wolle, so wolle
man hiemit ernstlich befohlen haben, allen möglichen fleifs anzuwenden, damit die parteien gütlich vertragen werden; besonders sei darauf zu dringen, dass die «gutwilligen» bei dem, was ihnen früher zugesagt worden, bleiben mögen, zumal sie sich erboten haben, die von
den V Orten geforderten kriegskosten allein zu tragen.

Bern, Teutsch Miss. T. 586, 587.

1813. Aug. 2. Bern an Freiburg. Antwort auf dessen schreiben
betreffend Bartholome Rüter. Man bitte zu bedenken, dass er bekanntlich nicht «witzig» sei, wie er gezeigt, als er sein handwerk
(sattler) in Freiburg gelernt habe. Wenn die äufserungen, derentwegen er rechtlich beklagt werden wolle, strafwürdig seien, so werde
man ihn nicht ungestraft lassen; falls aber Freiburg auf die klage
nicht verzicht tun wolle, so setze man dafür einen tag auf nächsten
Donstag früh. — Vgl. nr. 1803. *Bern, Teutsch Miss. T. 588.*

1814. Aug. 2. Instruction für Golder von Lucern. «Und als dann
Gabriel von Muntsch stats hin und für rytet und postet, und niemand
eigentlich wüssen mag, was er handlet und praticiert, darum so mögen
ir mit den übrigen Orten beratschlagen, was gegen im fürzuonämen
sye, und dess haben ir von uns .. vollen gewalt.»

1815. (Zu Aug. 2, Absch. p. 1357. 1358. i). Bern verwendete sich
bei Solothurn mehrmals schriftlich für May. und zwar unter dem 11.
August bestimmter in dem sinne, dass der handel nicht vor gemeinen
Eidgenossen, sondern in Solothurn auszutragen wäre, da er dort vorgefallen, und May nur recht begehre, was Boisrigault abschlage; sonst
würde Solothurn an seiner freiheit und herrlichkeit gekränkt. etc. —
Am 26. September, nachdem auf zustimmung des Königs hin der streit
den zwei städten zu einem gütlichen schiedspruch anheimgestellt worden, und Solothurn den entwurf eines bezüglichen schreibens an den
König mitgeteilt hatte, beschwerte sich Bern über den parteiischen ton
desselben, nämlich zu ungunsten von May, und begehrte daher, dass
neutraler geschrieben werde, was es auch seinerseits zu tun versprach.

Solothurn, Berner Schr.

1816 a. Aug. 4. Bern an Zürich. Nachdem kürzlich in Zofingen
ein öffentliches gespräch «wider» die Täufer gehalten worden, habe
man sich entschlossen, diese verhandlung im druck ausgehen zu lassen,
und desshalb meister Caspar Grofsmann abgefertigt, das originalexem-
plar dem Christoph Froschauer in Zürich zu übergeben. Man bitte

nun, mit diesem zu verschaffen, dass er den druck der acten übernehme, etc. Bern, Teutsch Miss. T. 592, 593.

1816 b. Aug. 4. Dasselbe an Froschauer. Gesuch um besorgung
des druckes, mit hinweisung auf die instruction Grofsmanns.

1817. Aug. 5. Bern an den bischof von Basel. Die landleute
des Münstertals haben schriftlich angezeigt, dass er ihnen geboten, auf
ihre kosten eine anzahl kriegsleute auszuheben, die er in des Kaisers
dienst gegen den Türken schicken wolle, was sie beschwere, da sie
meinen, nur im gebiet des Bischofs dienen zu müfsen. Da nun auch
die Eidgenossen wider die Türken aufgemahnt worden, und im fall
eines auszuges die Münstertaler infolge des burgrechts mit Bern ziehen
müfsten, so bitte man, ihnen nicht mehr zuzumuten, als sie schuldig
seien; denn im fall weiteren drängens könnte man sie nicht verlassen.
Bern, Teutsch Miss. T. 594.

Am 14. August übersandte Bern an Meyer und Rat im Münstertal die antwort des Bischofs, damit sie erkennen, « mit was fuogen er (inen) so ein kleine
anzal kriegsvolch ufgeleit, » und desto geziemender zu antworten wissen.
ib. ib. 604.

1818. Aug. 5. Basel an Liestal. Für die gutwillige rückgabe der
vor jahren (1525) mit den untertanen errichteten vertragsbriefe, auf
deren gebrauch sie für immer verzichtet haben, bewillige man zu (einigem) ersatz, wiewohl mit grofsem verlust, dass künftig ein sester salz
um 10 schl. 4 pfg., ein halber sester um 5 schl. 2 pfg., ein vierling
um 6 kreuzer 1 pfg. gegeben werde, was den verkäufern zu verkünden sei. Basel, Missiven.

Zur vollen würdigung sind unter andern noch zu vergleichen die missiven
vom 7. März, 14. März (Donstag nach Lätare), besonders die vom 19. April d. j:

1819. Aug. 5 (Montag ipsa die Oswaldi). Statthalter und Rat von
Zürich an BM. Diethelm Röist, Hans Haab und Heinrich Rahn, boten auf dem tage zu Baden. 1. Die botschaft deren von Thal werde
anzeigen, was ihnen « da oben » begegne; da nun alles, was dort vergangen, kraft des vorigen landfriedens und des landgebots der XIII
Orte geschehen sei, und jene leute daran keine schuld haben; da zudem ammann Egli und Brüllisauer ihr unrecht in offenen urfehden
eingestanden und nur nach gnaden gestraft worden; da in das « un-
parteiische » gericht nur leute von Oberried, die vorher immer gegner
gewesen, und nicht aus allen Höfen gewählt worden, so sollen die
boten diese umstände den Eidgenossen vortragen und darauf dringen,
dass die appellationen aufgehoben oder wenigstens für diesmal verschoben würden; inzwischen wolle man sich noch mit Glarus, das
dort auch gehandelt, unterreden und beraten, wie den guten leuten
zu helfen sei. 2. Wenn der handel mit dem pfaffen von Lunkhofen
vorgebracht werde, so sollen die boten eröffnen, man frage der sache
ernstlich nach, finde sie aber nicht so ungeschickt, wie sie dargestellt
werde, indem der pfaffe auch manches verkehrt und zu viel gesagt
habe; man wolle jedoch mit den leuten dergestalt reden, dass sie sich
künftig ruhig verhalten werden. Zürich, Missiven f. 3.

1820. Aug. 6 (Dienstag nach Oswaldi). Zürich an Lucern. Es sei durch die säumniss deren von Bremgarten veranlasst worden, mit den andern vier Orten denselben ab dem letzten tage ernstlich zu schreiben und auf unverzügliche zahlung zu dringen etc. Das habe nun den biderben leuten die besorgniss eingeflöfst, weitere ungunst zu erfahren, wenn die sache nicht erledigt würde; da sie sich aber bei Bern und Zürich mit allem fleifse um vertretung beworben, die angelegenheit also nicht durch sie in die länge gezogen worden, und die zwei Städte bereit seien, auf dem nächsten tage so weit sich mit einander darauf einzulassen, dass die angehörigen Lucerns ohne weiteren aufschub befriedigt werden, so bitte man, — zumal diese es ja wohl abwarten können — diesen handel bis zum nächsten tag ruhen zu lassen und die gemeinde nicht zu drängen; man schreibe desshalb heute auch nach Bremgarten, damit auf die «leistung» verzichtet werde, etc.   Zürich, Missiven.

1821. Aug. 7 (Mittwoch nach Oswaldi). Zürich an den landvogt zu Baden, Heinrich Schönbrunner. «Wie dann die biderwen lüt von Dietiken, so des altarsturms halb nähermalen in gefänkniss kommen, jetz uf ein trostung der meinung, dass man villicht mittler zyt uf die sach kommen und ein sächer finden werde, (wie du weist) ledig gelassen worden, und der wirt von Dietiken (wie wir von den unseren berichtet werdent) je daruf beharret, dass er diser sach gar unschuldig und des erbietens sige, wenn sich sölichs uf in erfinde, dass er gern der straf on alles verschonen darumb erwarten und in keinen weg wychen welle, und diewyl du dich dann sovil guotwillikeit gegen unsern botten, so wir vornaher diser sachen halb by dir gehept, erbotten, wir ouch gar nit zwyflend, dann (dass) du so eins erbaren gemüets sigest, dass du nit wöltest jemands umb unschuld sin heimat vorhalten, und dann uns gemelts wirts erpieten so eerlich und billich dunkt, dass im sölichs billicher wys nit abgeschlagen werden solle, so bitten wir dich mit allem ernst gar flyfsig, du wellest umb unsertwillen und uns zuo sundern eeren gemelten wirt uss sorgen, widerum zuo sinem hus und hof kommen und dich gemelten sins zimlichen erbietens benüegen lassen und im dess vertruwen», etc. etc. Zürich, Missiven.

1822. Aug. 7, Bern. 1. Eine botschaft von Savoyen zeigt an, der Herzog sei durch (dringende) geschäfte veranlasst, sich nach Piemont zu begeben, und empfehle nun seine (diesseitigen) lande (zu gutem aufsehen). Nochmals bittet sie, der 14000 kr. halb bis Weihnacht frist zu geben. 2. Antwort: Der landschaft gegenüber wolle man (gutes) tun nach vermögen. In betreff der zahlung bleibe man bei dem frühern bescheid.   Bern, Ratsb. 234, p. 233.

1823. Aug. 7 (Mittwoch St. Afra). Diethelm, abt von St. Gallen, an Zürich. «Wegen des bestehenden spans betreffend die prädicanten in seinen landen sei auf nächsten Sonntag ein rechtstag nach Rapperswyl angesetzt, wesshalb nötig sei, einen gemeinen schreiber zu bestellen. Als solchen habe der hauptmann bereits vorgeschlagen den stadtschreiber daselbst oder den schreiber Kollin in Zug; jetzt füge er, der Abt, einen dritten vorschlag bei, nämlich Caspar Bodmer, den jungen stadtschreiber zu Baden; unter diesen dreien möge nun Zürich einen wählen, sich darüber auch beförderlich entschliefsen, bericht geben und den angenommenen vermögen, (das amt zu übernehmen), damit hierin nichts versäumt werde, da an der sache viel gelegen sei, etc.

Zürich, A. Abtei St. Gallen.

1824. **Aug. 7.** Bern an den bischof von Basel. Biel habe das ansuchen gestellt, ihm gegen die Inertaler zum recht zu verhelfen; desshalb bitte man den Bischof, dieselben anzuhalten, in allem was sie von alters her schuldig gewesen, gehorsam zu leisten, damit man diesseits nicht veranlasst werde, sich der sache anzunehmen und das rechtsverfahren einzuleiten; das werde zur erhaltung der ruhe dienen. Hierüber erbitte man sich eine schriftliche antwort.

Bern, Teutsch Miss. T. 597, 598.

Unter gleichem datum erliess Bern ein französisches schreiben an « tous les paysans de la chastellanie dErgue(l) » : Ermahnung zur fügsamkeit etc.

14. A u g u s t. Bern an Biel. Der Bischof habe auf das diesseitige schreiben so geantwortet, dass man für erspriesslicher halte, nochmals eine freundliche unterhandlung zu versuchen, zu deren förderung man keine mühe sparen werde, etc.

ib. ib. 602.

1825. **Aug. 8** (Donstag nach Oswaldi). Zürich an den abt von St. Gallen. Antwort auf dessen zuschrift, unter anderm die namsung von schreibern enthaltend. Man habe die sache noch nicht an den grofsen Rat gebracht, weil man der hoffnung gewesen, dass dieselbe auf dem letzten tage zu Baden freundlich beseitigt würde. Da man nun nicht wisse, wie sich derselbe hierüber entschliefsen werde, so wolle man ihm die ganze angelegenheit am nächsten Samstag vortragen und dann beförderlich melden, was ihm gefalle; darum bitte man, diesen aufschub nicht übel zu deuten und weitere antwort gütlich zu erwarten; denn jetzt den tag zu besuchen, finde man unmöglich, etc.

Zürich, Missiven.

1826. **Aug. 8** (Donstag nach Oswaldi). Zürich an den landvogt zu Baden. Man vernehme, dass in Dietikon die anhänger der messe dem prädicanten zumuten, ihre kinder zu taufen, sowie dass ihm der vogt befohlen habe, das haus zu räumen und dem messpriester zu überlassen, was man befremdlich finde, da es sich mit dem diesseits angenommenen glauben gar nicht reime, nach päpstlicher ordnung zu taufen; wozu komme, dass der prädicant das nicht mehr könne; sodann sei es auch unbillig, dass er, der bei weitem das mehr auf seiner seite habe, dem messpriester weichen solle. Daher bitte man den landvogt, ihm um des friedens willen die altgläubigen « abzunehmen » und sie an den messpriester zu weisen, ihn auch bei dem pfarrhaus bleiben zu lassen, da er kraft des landfriedens es zu räumen nicht schuldig sei. Man hoffe zwar auf billige entsprechung; wenn aber der vogt dazu nicht geneigt wäre, so erwarte man, dass er die dinge gütlich ruhen lasse bis zum nächsten tag, wo man die Eidgenossen genügend zu berichten gedenke. Hierüber, sowie auf

das letzte schreiben wegen des wirts von Dietikon begehre man umgehende schriftliche antwort. — Vgl. nr. 1828.

Lucern, Missiven (copie aus Baden).

1827 a. Aug. 10 (Laurentii), **Zürich.** Gutachten eines ratsaus-
schusses (BM. Röist, m. Kambli, Hans Haab), Konrad Escher, Peter
Meyer, Hans Escher) über den handel mit dem abt von St. Gallen,
besonders dessen jüngste zuschrift, resp. die zuläfsigkeit eines rechts-
verfahrens, die vorläufig noch zu versuchende gütliche unterhandlung
etc. *Zürich, A. Abtei St. Gallen (concept).*
Die antwort an den Abt betrachten wir als das ergebniss dieser vorberatung.

1827 b. Aug. 10 (St. Laurenzen). **Zürich** (grofser Rat) an den
abt von St. Gallen. Dem jüngsten schreiben des kleinen Rates gemäfs habe man heute den handel beraten und sich entschlossen, den
angesetzten tag in Rapperswyl zu besuchen, um da nach erforderniss
der umstände sich weiter einzulassen; wenn der Abt den tag dem
einen oder andern beteiligten abgekündet hätte, so möge er denselben
nochmals verkünden, etc. *Zürich, Missiven.*

1828. Aug. 10 (Laurentii). Heinrich Schönbrunner, landvogt zu
Baden, an **Lucern.** Da er gemäfs dem befehl der acht(?) Orte dem
prädicanten zu Dietikon befohlen, (das pfarrhaus) zu räumen, wie es
anderwärts auch geschehen, so habe er von Zürich einen brief erhalten, den er abschriftlich beilege, mit der bitte, die sache den etwa
nächstens zusammenkommenden boten der V Orte vorzutragen und
bei diesem boten schriftliche weisung zu geben, zumal viele biderbe
leute sich gerne wieder zu dem alten wahren christlichen glauben
bekehren würden, wenn sie dafür schutz und schirm hätten, etc.

Lucern, Missiven.

1829. Aug. 11, Wyl. Abt Diethelm an **Zürich.** Antwort auf dessen schreiben wegen der tagleistung in Rapperswyl. Es sei in einem
missverständniss, das ihn befremde, da es unzweifelhaft durch seine
gesandten zu tagen wohl erfahren haben sollte, wo der handel zu erörtern und zu erledigen sei. Damit aber die entscheidung befördert
werde, so wolle er dennoch seine botschaft nach Rapperswyl senden
und Zürichs anliegen gutwillig anhören und dann nach gebühr darin
handeln lassen, etc. *Zürich, A. Abtei St. Gallen.*

1830. Aug. 11, Solothurn. **Maigret** und **Dangerant** an **Lucern.**
Antwort auf dessen jüngste zuschrift, worin es für das jahr (15)30
die pensionen und zugleich die 1000 kronen für Wallis begehre. Dass
sie die gegebenen zusagen nicht halten können, sei ihnen leid; da
jetzt aber der König mehr als 400 meilen entfernt sei, so lasse sich
in dieser sache nicht so behende fürsorge treffen, wie wenn er näher
wäre; indessen habe er geschrieben, es sei auf «dieses cartier» (vier-
teljahr?) anweisung gegeben, wo man es nehmen solle; daher erwarten sie das geld von tag zu tag, und sie versichern bei ihren ehren,
dass Lucern aus dem ersten, was komme, von stund an und vor
allen andern (Orten) bezahlt werden solle, sowohl für sich selbst als
für Wallis. . . . Der (im eingang erwähnte) substitut habe den befehl

eröffnet, im fall der säumniss zu erklären, dass Lucern dem König
die vereinungsbriefe zurückgeben wolle; aber ehe die botschaft zu dem
König käme, werde das geld hier sein, und man traue den herren so
viel weisheit zu, dass sie so geringen geldes und säumnisses wegen
die vereinung nicht aufkünden werden, zumal der König sie seines
teils nie habe verlassen wollen... Die gesandten können versichern,
dass er den Eidgenossen alles bezahlen wolle und es ohne fehlen
auch tun werde; daher bitten sie noch um etwas geduld, etc.

Lucern, A. Frankreich (original, deutsch).

1831. Aug. 12, 2 uhr früh. B e r n an seine boten in Solothurn,
Hans Jacob von Wattenwyl und Hans Pastor. Ungefähr um mitternacht habe man beiliegenden brief empfangen, den man eilends schicke,
obwohl man voraussetze, dass die boten bericht gegeben hätten, wenn
etwas an der sache wäre. Man begehre nun, dass sie sich ohne verzug über das beraten, was dem venner (Pastor?) allein befohlen sei;
wenn aber die V Orte und Freiburg da wären und des glaubens halb
mehren lassen wollten, so müfste man dies geschehen lassen, obwohl
man glaube, dass es einer abstimmung nicht mehr bedürfe; wenn dabei wahrzunehmen wäre, dass der kürzlich gemachte abschied nicht
gehalten würde, so solte den gutwilligen geraten werden, an dem
mehren nicht teilzunehmen und nicht dazu einzuwilligen, etc.

Bern, Teutsch Miss. T. 599, 600.

1832. Aug. 12. B e r n an Michel Mangero(d), herr von La Sarraz.
Beschwerde über eine am 28. Juli geschehene rauferei zwischen etlichen seiner untertanen und einigen personen von Orbe, veranlasst
durch beschimpfungen von jener seite, und aufforderung, die täter zu
bestrafen, mit dem anerbieten, die eigenen angehörigen, die sich als
schuldig erfänden, auch zu strafen; sollten aber die gebrauchten schmähungen, wie « Juden, Türken, verräter, Sarazenen, falsche Lutherische
und feinde des glaubens », nicht geahndet werden, so würde man
selbst einschreiten; ferner begehre man, dass die angedrohten tätlichkeiten abgestellt werden, worüber man antwort erwarte.

Bern, Welsch Miss. A. 242 b.

1833. Aug. 12. B a s e l an Z ü r i c h, dgl. an B e r n. In dieser
stunde sei von dem Kaiser abermals ein mehr als ernstliches schreiben eingegangen, wie der feind des christlichen glaubens, der Türke,
durch Ungarn herauf gegen Wien vorrücke, um die deutsche nation
und den hl. christenglauben zu vertilgen; desshalb sei man um hülfe
gemahnt etc. Da diese umstände jedem christen billig zu herzen
gehen sollten, und in solcher allgemeinen not sich niemand füglich entziehen könne, so halte man dafür, dass die Eidgenossen, als die, früher
leider um schnödes geldes willen gar viele lande überzogen und geschädigt haben, dem Kaiser ihre knechte nicht versagen sollten, zumal
er deren in seinen kosten begehre; ferner sei zu bedenken, dass man
keinen vorteil haben werde, ob es gut gehe oder nicht. Bei der letzthin zu Baden eröffneten meinung beharre man daher und sei, also dem
Kaiser zu willfahren geneigt; da kein neuer tag bestimmt worden,
und der könig von Frankreich selbst gestatten wolle, dass man dem

Kaiser zuziehe, und die not so gefährlich sei, so habe man dies anzeigen
wollen, damit Zürich erwäge, ob es nicht gut wäre, eilends einen gemeinen tag zu halten und dem Kaiser eine antwort zu geben, aus der
man erkennen würde, dass man sich zu den christen zähle, und allen
unwillen wegen der häfte beiseitzusetzen, damit niemand sagen dürfte.
es werde die hülfeleistung einzig der geistlichen güter wegen «gehindert» (versagt?), etc.

Basel, Missiven. Bern, A. Türkenkrieg. Zürich, A. Türkenkriege.

1834. Aug. 14. Bern an Hans Hugi, Thomas Schmid und Hans
Roggenbach zu Solothurn. Erinnerung an die bisherigen bemühungen zu gunsten der evangelischen burger von S. und erbieten zu
weiteren diensten, ohne rücksicht auf die kosten. «Dwyl nun sich
aber aller handel uff letsten abscheid veranlasset und gezogen ist, desselben inhalt von üwern widerwertigen uss irer erpietung gehalten
sölle werden, und aber derselb abscheid domaln nit vor ougen gewesen, sunders angestellt, wo derselb gefunden, wellend si sich nach
vermög desselben güetlich finden lassen, und so nun wir bemeldten
abscheid funden und verhört, haben wir üch zuo guot der sach desselben ein copy zuokomen lassen, als harinne verslossen ist, und aber
den rechten abscheid, von inen erlangt, jetz zuo diser zyt hinder uns
behalten wellen, es wäre dann sach, dass sich die handlung so wit
erluff, dass es zuo recht komen und ir daselbs des abscheids bedörfen
wurden, welltend wir dann solichen dheins wegs verhalten, sunders
das und anders dartuon und legen, so wir vermeinend üch dienstlich
sin wurde, weliches wir üch brüederlicher meinung unverhalten nit
haben wellen lassen, (damit) ir allzit mit (ge)bürlicher antwurt begegnen könnend, und wir semlichs wüssen. Harumb, lieben brüedern,
so üch etwas angelägen, und wir das by tag und nacht zuo guot verhandlen mögen, werdend wir allzyt dasselbig ze tuond geneigt sin»....

Bern, A. Soloth. Reform. (original).

1835. Aug. 14. Basel an den Bischof. Seine untertanen in den
dörfern («meigertumben») Elsgau, Biero(?) und Kefenach haben eine
botschaft hieher gesandt, um anzuzeigen, dass sie zur hülfeleistung
gegen den Türken aufgeboten worden und sich gerne dem hiesigen
auszug anschliefsen würden. Da man diesseits noch nicht fest entschlossen sei, so habe die botschaft gezeigt, welche freiheiten und
pflichten die ihrigen in kriegszügen haben, und um rat gebeten. Man
habe ihnen zum gehorsam geraten, aber versprochen, bei dem Bischof
zu erwirken, dass er sie in diesem zuge nicht über vermögen beschwere, und stelle nun an ihn das bittliche begehren, die armen leute
gnädig zu halten und ihrem vertrag mit der Stift gemäfs sie nicht
zu nötigen, länger als 2—3 monate im dienst zu bleiben; das werde
zu guter freundschaft dienen und den untertanen desto weniger anlass
geben, an «ungelegneren» orten über verletzung ihrer freiheiten zu
klagen, etc.

Basel, Missiven.

1836. Aug. 14. Bern an Zürich. In seinem schreiben vom 12.
d. habe Basel seinen entschluss betreffend den Türkenzug eröffnet

und eine eilige tagberaumung gewünscht, um dem Kaiser darüber antwort zu geben. Nun sei wohl zu erwägen, dass man etwelches ungemach zu gewärtigen hätte, wenn man die hülfe (geradezu) abschlüge; darum möchte man Zürich raten, einen tag für gemeine Eidgenossen zu bestimmen, wo jedes Ort sich zu entschliefsen hätte, und dann gebührliche antwort gegeben würde.

B e r n, Teutsch Miss. T. 601, 608. Z ü r i c h, A. Türkenkriege.

Aug. 14. B e r n an B a s e l. Antwort: Anzeige dass es Zürich um ausschreibung eines tages ersucht habe, etc. etc.

1837 a. (Aug. 15 ?) (Unser Frauen tag). Hans German, landvogt der grafschaft T o g g e n b u r g, an den stadtschreiber von Z ü r i c h (name fehlt). 1. Antwort auf dessen schreiben wegen des kaufbriefs. Er habe dasselbe dem Landrat vorgelegt und sich dafür bestens verwendet, dass der verdiente «lidlohn» ausgerichtet werde, auch zuwege gebracht, dass abermals 10 kronen geschickt werden; ohne diese bemühung wäre es kaum so weit gekommen, da man schlecht mit geld versehen sei; aber man wolle (den schreiber) redlich zufriedenstellen, sodass er nichts verlieren werde, etc. 2. Erneuerte bitte um schriftlichen bericht, ob er im gebiet von Zürich sicher wäre, etc.

1837 b. Oct. 29 (Mittwoch nach Simon und Judä). Hans German, landvogt, und der Landrat von Toggenburg an den stadtschreiber von Zürich (wieder nur N.). Antwort auf dessen neue zuschrift, an ammann Künzli und ammann an der Wies, betreffend den kaufbrief... Man bitte nochmals, die sache im besten anstehen zu lassen; denn er wisse ohne zweifel, dass mit dem herrn von St. Gallen ein anstand gemacht worden; wenn nach ablauf der gesetzten frist der kauf gehalten werde, so wolle man (den schreiber) befriedigen, im andern fall mit ihm abkommen; jetzt schicke man (wieder) 10 kronen, damit er spüre, dass man es (das geleistete?) nicht vergebens begehre, und er desto leichter warten könne, etc.   Z ü r i c h, A. Toggenburg.

1838. Aug. 16 (Freitag nach U. l. Frauen Himmelfahrt). Z ü r i c h an B e r n. Antwort auf den gemeldeten vorschlag Basels in betreff des Türkenzugs. Man halte für ganz unnötig und unfruchtbar, einen andern als den bereits angesetzten tag in Baden auszuschreiben, und schreibe in diesem sinne nach Basel, mit dem begehren, die Eidgenossen schriftlich um beschickung jenes tages mit allen erforderlichen vollmachten anzugehen, etc.   B e r n, A. Türkenkrieg.

1839 a. Aug. 17. Z ü r i c h an den bischof von V e r u l a m. Erneuertes gesuch um baldige bezahlung der noch ausstehenden sölde und pensionen kraft der erteilten verschreibung etc. (Lateinische copie von der hand eines Lucerner schreibers, mit vielen correcturen. Concept eines auszugs?). — Vgl. Egli, A.-S. nr. 1877 (antwort hiezu).

Lucern, Absch. I. 2. f. 491.

Auf dem folgenden blatt befindet sich ein ratschlag (lateinisch), ohne titel, unterschrift und datum, von derselben hand:

1839 b. «P r i m o quod pecunia et stipendia Turicensibus debita, de quibus ipsi a toto sancto collegio et camera apostolica litteras obli-

gatorias habent, pro qua s(umm)a ipsis Placentia ac Parma obligata(e)
sunt, solverentur, efficeret conciliaretque hoc, tam in civitate quam
apud subditos Turicenses multum favoris ac benevolentie, et cum s^{mm}
D. N. hoc debitum et hanc pecuniam solvere vellet, committeret Turicenses rogari atque precari quod apud predicantes suos precaverent
ac curarent, ne ipsi S^{tem} suam ac dignitatem pontificiam vituperarent
et maledictis lacesserent, et de fide ac missa omnino nullam mentio-
nem facerent nec in quicquam de hisce introducerent. — Secundo
quod S^{tas} sua modicam pecuniam non multi estimaret, sed flori (?)
penderet, cum qua secrete practice possent fieri in civitate ac in dominio Turicensium et presertim jam cum Turicenses et quinque Cantones propter fidem de missa discordes sunt, ita quod timetur quod
bellum inter ipsos oriatur, ubi etiam praticandum esset, quod quinque
Cantones essent pertinaces constantesque ac in proposito (eorum?) per-
sisterent, et cum talis pratica, ut supra fertur, inter Turicenses esset
facta, quod tunc tantummodo dissimularetur quod vellint contra ipsos
arma movere; sperarem ego quod res perduceretur ad bonam finem,
nam non omnes sunt prompti ac voluntarii ad bellum. — Tertio fertur omnino de reve^{mo} domino Verulano ac est totalis fama, quod reve^{mm}
D. sua ea de causa Lucerne sit, ut incitet quinque Cantones ad mo-
vendum bellum contra nos(?), detque illis ad hoc pecuniam, ut fides
nostra aboleatur ac extinguatur, videretur aliquibus utile ac bonum
quod prefatus reve^{mus} Dominus se erga Turicenses excusaret, ad hoc
declararetque se pro bono pacis advenisse; nam cum intellexerit inter
Turicenses atque quinque Cantonos ad huc aliquas controversias esse,
et quod ad istas componendas se libenter vellet interponere, taliter
quod iste amicabiliter amoverentur. »

1840. Aug. 17 (Samstag nach Assumpt. Mariä), **Lucern.** Die boten
der V Orte an Zürich. 1. Es habe schon mehrmals zugesagt, die
seinigen aus dem Freienamt, die bei dem frevel an dem kirchherrn
zu Lunkhofen betiligt seien, nach gebühr zu strafen, tue das aber
nicht, sondern wende vor, es könne die täter nicht erfahren, was man
spöttlich und schimpflich finde, wenn von zweihunderten keiner schuldig sein sollte; zudem habe man die namen von einigen angezeigt, die
nicht läugnen können, bei der tat gewesen zu sein. 2. Sodann werden die boten ab dem letzten tag in Baden angezeigt haben, was man
des jüngsthin dem frieden zuwider erlassnen mandates wegen an Zürich zu fordern gedenke. 3. Ferner vernehme man, wie etliche aus
dem Zürcher gebiet in Dietikon einen neu aufgerichteten altar zerstört
haben, was man höchst befremdlich finde. 4. Dem allem nach begehre man, dass Zürich in betracht des friedens und seiner zusagen
von solchen dingen abstehe und die seinigen anhalte, in sachen, welche
sie nicht betreffen, ruhig zu bleiben, um frieden und einigkeit zu erhalten und nicht unglück zu stiften; dass es die schuldigen nach verdienen bestrafe und das fragliche mandat widerrufe, überhaupt beweise,
dass es gemeine wohlfahrt zu fördern wünsche; denn führe es fort,
wie es in etlichen stücken angefangen, so würde der frieden nicht ge-

halten. Wie es desshalb gesinnt sei, und ob ja ja sein solle, wie es
mehrfach verheifsen, möge es auf dem nächsten tage zu Baden eröffnen.   Zürich. A. Religionssachen. Stiftsarchiv Lucern (concept).

1841. Aug. 17 (Samstag nach Assumpt. Mariä). Zürich an den abt
von St. Gallen. Den tag zu Rapperswyl habe man diesseits besucht, um ihm gewisse beschwerden in betreff der richter zu eröffnen;
aber sein gesandter habe erklärt, er bleibe bei dem eidg. erkenntniss
und habe weiter keine befehle als zu vernehmen, was man einwenden
wolle, und da der Abt weder persönlich noch durch eine bevollmächtigte botschaft erschienen, so habe man das vorhabende anliegen nicht
vortragen können; daher gezieme sich nun, dass man dieses vor den
Eidgenossen eröffne, die den abschied gemacht haben. Es möge desshalb der Abt auf den nächsten tag in Baden eine botschaft senden,
um dasselbe anzuhören; man gedenke die Eidgenossen dergestalt zu
berichten, dass hoffentlich sie und der Abt die billigkeit der sache
anerkennen. Man bitte nun, diesen kleinen verzug mit der not zu
entschuldigen, mittlerweile gegen die prädicanten keine neuerung zu
brauchen, sondern sie bis zum austrag des rechtes bei den abschieden
und ihrem einkommen bleiben zu lassen; denn diesseits hege man gar
nicht die absicht, den process aufzuschieben, und wünsche (vielmehr)
der sache baldigst ledig zu werden, etc.   Zürich, Missiven.

1842. Aug. 17. Bern an Hans Reif, vogt zu Grandson. Jemand
von Concise habe angezeigt, dass letzthin dort und anderswo während
der nacht die heiligen(bilder) und altäre umgeworfen worden seien;
wer das getan, wisse aber die gemeinde nicht; desshalb fordere man,
dass er nichts ohne recht gegen sie unternehme; die täter wolle man
freilich der strafe nicht entledigen, wesshalb er sie ernstlich suchen
und dann gemäfs der verordnung bestrafen solle. Und da etliche von
Concise gerne «den prädicanten» hätten, so begehre man, dass dem
beschluss der beiden Orte nachgelebt werde, was zur ruhe viel beitragen werde.   Bern, Ratsb. 234, p. 267. Freiburg, A. Bern.

1843. Aug. 18 (Sonntag vor Bartholomäi). Heinrich Schönbrunner,
landvogt zu Baden, an ammann Toss in Zug. «Als ir wol wüssend,
wie dann vil seltsamer löufen sind, und uff sömlichs haud sy zuo
Zürich ein wilden handel ghan und uff jetz Fritag ein heimlichen anschlag gemacht, und ist der predicant von Bern ouch mit eim ratsbotten da gesin, und so vil sind die nacht in iren hüsern nit wol sicher gsin. Aber jedoch so bin ich bericht uff hütt, dann er zuo mir
nit hat können kommen, dann hie zuo Bremgarten ein erenman hat
mir anzeigt, dass der anschlag sig, dass die puren an beden orten,
Zürich und Bern, wider ire herren söllind ufbrechen, und wenn dann
ir min herren von den v Orten wellten scheiden, dass sy dann den
nächsten über üch züchen söllend, darmit und ir .. ungewarnet überzogen wurdind; sömlichs ich ganz guote kundschaft han. Darum mögind ir üch dester bas versehen» . . .   Lucern, Missiven (copie).
Am Montag 7 uhr morgens von Zug an Lucern mitgeteilt. Das bezügliche begleitschreiben ist übrigens unerheblich.

1844. **Aug. 19** (Montag nach Assumpt. Mariä). Solothurn an
Bern. Es wisse, wie voriges jahr zwischen dem capitel der stift zu
Münster i. G. und dessen dortigen untertanen verhandelt worden, wie
auch seine botschaft denselben mehr als einmal gesagt habe, dass sie
dem propst und capitel die schuldigen zinse, zehnten etc. ausrichten
sollen. Nichts desto weniger klagen die herren, dass ihnen in vielen
stücken tätlicher eingriff geschehe, wobei sie sich auch über anderwärts versuchte neuerungen mit den zehnten beschweren, dessgleichen
über bestreitung der zinspflicht. Da ihnen dies alles an ihrer herrlichkeit abbruch tue, so haben sie Solothurn kraft ihres burgrechts
angerufen, sie bei den rechten der stift zu handhaben, zumal die
schreiben und befehle von Bern in der sache nichts geholfen, und sie
den ungehorsamen gegenüber zu keinem unparteiischen recht gelangen.
Weil nun Bern schon mehrmals zugesagt habe, dass die änderung (im
glauben) dem capitel an seinen alten gerechtigkeiten, zinsen und zehnten nicht nachteilig sein solle, und die personen, die sich als widerwärtig erweisen, sich auf Bern berufen, so habe man sie samt dem
vogt nach Bern gewiesen, und bitte es nun, zu bedenken, wie grofsen
nachteil es aller ehrbarkeit mit der zeit bringen würde, wenn einzelne
personen ihren willen durchsetzen könnten; man begehre also, dass
es seine burger anhalte zu leisten, was sie schuldig seien, besonders
auch zu verschaffen, dass die kläger gegen die ungehorsamen ein un-
parteiisches recht finden, etc. *Bern, Münstertal J. 103.*

1845. **Aug. 19,** Wyl. Abt Diethelm an Zürich. Wie der span
wegen der prädicanten zu Rorschach und Baden besprochen worden,
werde es ohne zweifel noch wissen; da nun die rechtsverhandlung
des platzes, der rechtsprecher und des schreibers halb wider erwarten nicht in gang gekommen, wolle ihn bedünken, dass Zürich diesen
verzug nicht in böser meinung voranlasst habe, und zwar der sache
zu gut, damit man hoffentlich ohne ein recht vertragen würde, was
er für seinen teil lieber sähe. Weil aber grofser ungehorsam und
ungeschickte dinge sich täglich zeigen, könne er die landschaft um
des verzugs im rechten willen nicht «unregiert und ungestraft» lassen,
wie Zürich wohl zu ermessen wisse; er begehre daher, ihm dies nicht
arg zu deuten. Der bericht, den die Zürcher gesandten auf dem tage
zu Rapperswyl versprochen haben, sei noch nicht eingegangen; desshalb bitte er nochmals um antwort und zwar bei diesem boten, etc.
Zürich, A. Abtei St. Gallen.

1846. **Aug. 20** (Dienstag nach U. l. Frauen Himmelfahrt). Zürich
an den landvogt im Thurgau. Jacob Hubendobler, früher hofam-
man zu Wyl, beklage sich über Hans Grüter, der ihn rechtlich belange und kosten fordere, obwohl er an dem «abweichen und schaden» nicht schuld sei, indem der kläger, als miturheber des auflaufs
in Wyl, nach dem desshalb gemachten vertrag zwischen der landschaft
und der stadt, das recht geflohen habe, etc. Da es am tage liege,
dass H. hierin nicht für seine person gehandelt, und an den kosten
der banditen keine schuld habe, was man aus den abschieden von

Baden erkenne, weil die flüchtigen immer nur Zürich um gnade angerufen, so könne man ihm das zeugniss der wahrheit nicht versagen
und ersuche daher den landvogt freundlich, diesem berichte glauben
zu schenken, den beklagten gegen Grüter zu schützen und diesen an
andere beteiligte zu weisen, etc.   Zürich, Missiven.

1847. **Aug. 21** (Mittwoch nach Bernhardi). Hans Edlibach, landvogt
im Thurgau, an die V Orte. «Edlen etc. etc. Euer wyshait
schriben, inhaltende dass e. w. bericht werden, wie ich ain diener
und knecht hab, der in der grafschaft Thurgöw vil widerwertigkait
zwüschen den biderben lüten des gloubens halb mache, von ainer gemaind zuo der andern ryt(e) und uff unruow und zwytracht stifte (!),
das üch von ainem stallknecht, und ob er joch höchers stands, nit
zuo erlyden sig, darumb ich mit im ver*schaffen (söllt), dass er sich
dess müefsige und die geschäft, so im zuostanden, tractiere, und als
dann ain abschaid von e. w. und andern minen herren den siben Orten, die im Thurgöw zuo regieren (hand), usgangen und gemacht sige,
lange e. w. an, dass dem nit nachgangen werde, dessbalb ich dem
gläben und gegen den üwern im Thurgöw darau sin söll, dass sy
dem statt und gnuog tüegen etc., mir zuogesandt, hab ich alles inbalts
verstanden und etwas verwundern und beschwärd darab empfangen,
angesechen dass gemelter min knecht, der vorher bi Antonin Adackers
(sic) von Underwalden, vogt zuo Baden, gedient, sich unzhar (anders
ich nit waifs) bi mir still und wol gehalten, kainer geschäften, dann
die im zuostond, beladen, ouch nienderthin in kain gemaind geritten
ist, dann wahin ich geschäften halb hab müefsen ryten. Ich hab ouch
uff dis e. w. landamman, landschriber und landwaibel, die mit mir
und im ryten und täglich umb uns sind, für mich beschickt und sy
erkonnet, ob sy je von im gehört, dass er hinderrucks mir uff unruow
stelle und im den landsfriden nit gefallen lasse; so sagen sy all dry,
dass sy derglychen nie von im gesechen noch gehört, sonder haben
sy vil mer von im verstanden, dass er ab allen sachen, die zuo unruow dienten, ain grofs missfallen trage und unrüewigen lüten ganz
ungünstig (sig), dessbalben ich achten, dass diser min knecht unbillicher, wyse gegen e. w. verklagt sige, darumb ich nüts gegen im
handlen kan. Sofer aber ainer oder mer under minen landgerichts-
knechten, deren ich etwen mengen im Thurgöw hab, obbegriffner
mafsen unrüewig wären, und ir mir den oder die anzaigten, ald ich
das von inen oder dem obgedachten minem knecht sunst vernäme,
wellt ich so vil mit inen verschaffen, dass sy dess abstüenden, oder
sy urlouben. Dann e. w. wüssen und mir vertruwen söllen, dass
min sinn und gemüet stat uff frid und ruow zuo stellen und die unrüewigen, so mir zuo versprechen stond, nach allem minem vermögen
abzuowysen, damit e. w. und gemaine Aidgnoschaft mit enandern in
ainigkait läben und beliben mögen. Und denne von wegen des gerüerten abschaids ... füeg e. w. ich zuo vernemen, dass ich nit waifs,
dass mir der von jemand erschaint sig, oder dass ich mich gewidert,
dem oder andern abschaiden, so ir min herren von den siben oder

zechen Orten unzhar erkennt und mir zuogeschickt haben, statt ze
tuond oder ouch biderb lüt nit darzuo ze halten, dass sy das täten.
wurde sich ouch mit warhait nit uff mich erfinden, sunder bin ich
des willens und unzhar allwegen urbüttig gewesen, menklichen bi
dem landsfriden und erlangten abschaiden, briefen und siglen zuo
handhaben und alles das ze tuond, das ich in namen e. w. und ander
miner herren der Aidgnossen ampts halb schuldig bin, darumb ich
diser verklagung gegen e. w. billich vertragen wäre», etc. etc. — (Von
landschreiber Lochers hand).   Lucern, Missiven.

1848. **Aug. 22,** «Vigleven». Franz II., herzog von Mailand, be-
glaubigt als seinen gesandten an Lucern seinen kammersecretär Johann
Angelus Ricio.   Stadtarchiv Lucern (orig.).

1849. **Aug. 22,** Bern. «Antwort den chorherren von Münster».
«Wenn sy also gemacht, minen herren missfalle; (sy) wöllent iren
potten befelchen, inen (den gemeinden?) ze sagen, wie sy nit (mit?)
zins und zenden geben, matten inschlachen, mülinen machen, fische-
zen, hagen und jagen, ouch inen dheins rechtens sin vor den beiden
Stetten, inen sagen, dass sy sömlichs tüent, oder wo nit, min herren
sy nit beschirmen wöllent; den pfaffen ouch sage, dass sy den predicanten die pfruond gebent, dass sy uskommen habint, und sich ouch
gegen den puren geschicklich haltint etc. Potten in der chorherren
kosten. »   Bern, Ratsb. 234, p. 278. 279.

1850. **Aug. 22,** Freiburg. 1. «Gan Bern, von deren wägen, so
zuo Concisa in der kilchen die helgen gestürmpt, min herren bedure,
dass dem (vertrag?) nit gelebt werde; darum so wöllen min herren
ir botschaft (uf) Sonntag da haben, mögen si ouch die ire da haben,
und dess ir antwurt etc. » (begert). 2. «Zwüschen denen von Ibri-
storf und Alblingen, als von der jarzytmeistern beider kilchen haben
min herren erkannt, dass die von Alblingen ein jarzytmeister setzen
sollen wie von alter har. Fiat litera pronunt. Doch sollen jetz die
gesatzten jarzytmeister usdienen, und habens die von Alblingen ut
miner herren beger nachgelassen. »   Freiburg, Ratsbuch nr. 50.

1851. **Aug. 22.** Bern an Freiburg. Täglich vernehme man, wie
der vogt zu Grandson die anhänger des gotteswortes und der Berner
reformation, weil sie etliche bilder oder götzen abgetan, wider die vereinbarte ordnung vielfältig anfechte. um sie zu strafen, und an diesseitige befehle sich nicht kehre. Um zwietracht zu vermeiden, bitte
man desshalb Freiburg freundlich, den amtmann zu weisen, dass er
die schreiben von Bern nicht dergestalt missachte, die armen leute
nicht auf jeden argwohn hin türme und martere, sondern sie zuvor
mit genügender kundschaft überweise und dann erst mit strafen vorgehe, aber nicht strenger als die verordnung bestimme, etc.
                                   Bern. Teutsch Miss. T. 610. Freiburg. A. Bern.
    Am 23. erwiderte Bern die anzeige Freiburgs, dass es eine botschaft nach
Grandson abgefertigt, mit der nachricht, dass es nun das gleiche getan habe.
                                                       ib. ib. 612.

1852. **Aug. 26.** Bern an Freiburg. Tagansetzung für die jahrrechnung mit den vögten zu Grasburg und Grandson auf den ersten Sonntag im Herbstmonat (Sept.), und zwar hieher. — Ebenso an die genannten vögte.   Bern, Teutsch Miss. T. 615, 616.

1853. **Aug. 28.** Bern an die französischen anwälte. Louis Bordet von Peterlingen sei mit einem briefe von der stadt erschienen, dessen copie man beilege, und habe sich beklagt, wie die boten auf begehren Freiburgs ihn von der postei entlassen haben aus dem einzigen grunde, dass er einem evangelischen mann oder prädicanten aufenthalt gegeben, was er aber auf diesseitiges geheifs getan, wesshalb er um hülfe bitte, damit jener dienst ihm wieder zu teil würde. Da die boten wohl wissen, dass ihm die diesseitigen gesandten in Peterlingen ausdrücklich schutz versprochen haben, so finde man ihre verfügung höchst befremdlich; man hätte sich nicht versehen, dass sie mit so kleinlichen mitteln beschäftigt wären, dem christlichen vorhaben Berns und dem göttlichen wort zu widerstreben. Daher ersuche man sie dringlich, die postei dem Bordet wieder zu übergeben, damit er nicht sagen müfse, er habe den geleisteten gehorsam zu entgelten gehabt. Falls aber dieser bitte nicht willfahrt würde, so werde man zu seiner zeit ›gar treulich‹ daran denken, etc.   Bern, Teutsch Miss. T. 617, 618.

1854. **Aug. 28,** Freiburg. Auftrag an Anton (Pavillard), nach Yverdon, Moudon und Vevey zu reiten und zu protestiren.
                                                      Freiburg, Ratsbuch nr. 60.
Leider fehlt hiezu ein aufklärender act. — Vgl. nr. 1869.

1855. **Aug. 30,** Bern. Instruction auf den tag in Baden. 1. ›Uech ist unvergessen, was die von Zürich minen herren zuogeschriben hand von des predicanten von Zurzach wegen, den der landvogt von Baden gebalget und gescholten hat; (da) söllend ir mit dem potten von Zürich dieselbige handlung den übrigen potten trungenlich anzöngen, dass sy mit gedachtem landvogt redind und verschaffind, dass er sich sölichen gwalts und überprachts müefsige, denselben predicanten und ander ungekatzbalget lasse, so er doch nüt dann die warheit geprediget; ob aber er oder ander predigoten, das sy mit göttlichem wort nit erhalten möchtend, oder jemands glouben ketzrisch etc. schultend, alldann wellend min herren daran sin, dass sy gestraft werdind, aber dheins wegs liden, dass die amptlüt dergstalt mit den predicanten bochind oder inen tröuwind. 2. Ir söllend üch am vogt zuo Lenzburg erkunden, ob der vogt in fryen Aemptern geredt hab, als er den landsfriden in den kilchen lesen lassen, (dass) der artikel so da zuogibt, man möge zur mess oder (zum) gottswort gan, die gmeinen herrschaftlüt nit begrife, sonders allein die von Bern etc., und wo irs also findent, alldann vor den Eidgnossen widersprechen und verschaffen, dass dem gesagten vogt geschriben werde, sölichs ze widersagen.‹
                                                      Bern, Instr. B. 192.

1856. **Aug. 30.** Bern an venner Stürler. Anzeige wie zu Lyon piemontesische kaufleute falsche Bernerbatzen auszugeben versucht haben; da nun zu besorgen sei, dass dieselben nach Zurzach kommen, so sollen die kaufleute und wechsler davor gewarnt und personen, welche in grofsen summen solche batzen geben wollten, verhaftet werden, damit man die fälscher zur strafe ziehen könne. Desswegen habe man dem herzog von Savoyen geschrieben und werde die angelegenheit auch nächstens in Baden zur sprache bringen.

Bern, Teutsch Miss. T. 619, 620, 631.

Aug. 30. Bern an die ämter im Oberland (Unterseen bis Aelen). Nachricht und warnung.

Sept. 7. Bern an „kaufherr" Schiffmann in Lyon. Dank für die gemachte anzeige und empfehlung des boten, der einen bezüglichen brief an die „Justice" abzugeben habe, etc. — 25. Sept. Bern an denselben; ib. 652.

1857. **Aug. 30,** Freiburg. 1. «Der paner halb, so der Tischmacher geredt hab, min herren haben eine verloren, (die) sig in irem gewelb, söllen die botten min herren von Bern ankeren und bitten, haben si etwas, dass si (es) minen herren anzöugen; dann by menschen gedechtnuss können min herren nit erfaren, dass je dhein zeichen verloren sig etc., und ob inen etwas angezöngt wurde, sollen si dartuon, dass min herren vermeinen, dass die verträg, so gemacht sygen, inhalten, dass man solichs zuo dheiner party verwysen solle; darum begeren sy, dass man in darzuo halte, (dass) nach inhalt des vertrags minen herren wandel bescheche; doch so si ankert wurden in fründlichkeit, haben die botten gewalt, nach gestalt der sachen ze handlen». . . 2. «Die so die kilchen (zuo Concise?) gebrochen hand, sollen die botten am vogt erkunden, was anzöugen er erfunden hab, und nach gestalt der sach handlen, was die notdurft erfordret.»

Freiburg, Ratsb. nr. 50.

1858. **Aug. 30.** Bern an den herzog von Savoyen. Man vernehme mit grofsem bedauern, dass in seiner stadt Chieri (? «Kier»; z. t. auch in Dezano bei Vercelli) die Berner batzen (rollenbatzen) nachgemacht und gefälscht worden seien, wesshalb man ihn bitte, den tätern nachzuforschen und sie nachdrücklich zu bestrafen; sonst müfste man zur bewahrung der ehre selbst einschreiten, etc. Darüber begehre man umgehende antwort, etc.

Bern, Welsch Miss. A. 243, 244 b, 246 b, 247 b, 248 b.

Am 7. Sept. schrieb Bern desswegen auch an Lyon, am 16. und 25. wieder an den Herzog, am 25. nochmals an Lyon, alles mit bestimmteren angaben, die hier nicht aufgenommen werden können.

1859. **Aug. 30** (Freitag vor Verene). Baden. Hans Escher und Hans Balthasar Keller an Zürich. Antwort auf die schriftliche weisung betreffend die behausung des prädicanten zu Dietikon. Sobald der landvogt heimgekommen, haben sie mit ihm darüber geredet und ihn gutwillig gefunden, die vollziehung aufzuschieben, weil eine tagleistung so nahe sei, wo dann weiter in der sache zu handeln wäre. — obwohl die V Orte ihm vormals (bereits bestimmten?) befehl gegeben haben, etc.

Zürich, A. Grafsch. Baden.

1860. **Aug. 31.** Bern an die kirchgenossen von Dietikon. «Es ist an uns gelanget, wie under dem namen der acht Ort ein brief an uch usgangen sye, (des) inhalts dass ir die mess wider ufrichten sol-

lend. So wir nun, ouch unser potten, so zuo tagen gsin, darum kein
wüssen tragen und darzuo wäder rat, gehäll noch getat geben, dann
uns sölich gepolt ganz widrig und zum höchsten missfellig, haben
wir üch dess guoter meinung berichten und hiemit unsern teil versprechen wellen, üch demnach haben ze richten. •

Bern, Teutsch Miss. T. 621.

1861. September 2. ·Schwyz an Lucern. 1. Es wisse ohne
zweifel, dass der abt von St. Johann noch nicht zu seinem besitze
gelangt sei, wiewohl er Schwyz und Glarus zu schirmherren angenommen; in der soeben in Wyl gepflogenen verhandlung habe er sich
nun diesem schirm entzogen und auf das ansinnen der grafschafter
dem abt von St. Gallen ergeben, wie es vorhin gewesen; der letztere
habe die aunahme um der einigkeit willen zugesagt, aber die beratung
mit den vier schirmorten vorbehalten, ohne die er nichts entscheiden
wolle; er bitte nun, dies an Lucern zu melden, damit er auf dem
nächsten tag zu Baden antwort erhalte. Bitte um bezügliche instruction etc. 2. (Ansuchen um zusendung des nachrichters etc.).

Lucern, Missiven.

1862. (Zu Sept. 4 f., Absch. m). ·Die abred(ung) und artikel mit des
herzogs von Meiland botschaft. • 1. ·Erstlich dass f. Dt. uns disen
nachgeschribnen Orten, namlichen ... (zwei zeilen leer) ... und allen
unsern undertanen und zuogehörigen hie disent und ennetbalb dem ge-
bürg ¹ sollen lassen zuogan aller feiler (sic) kouf, es sye vych und
sunst alle audere bewegliche und farende güeter, es sye weizen, rocken,
hürfs, fassmuss und gemüefs, ouch alle andere güeter, wie die namen
hand, alles in zimlikeit, darinnen nützit usgenommen, zuo koufen und
uss dem herzogtumb Meiland in ire gepiet und land zue füeren ou
alle beschwerung einicherlei zöllen, gleiten, tellen, tratten oder anders,
wie die genempt möchten werden, fry vergeblichen vergunnt und zuogelassen werden, ¹) doch dass sy licentia und erloubnuss von siner f.
Dt., deren amptlüten oder statthaltern nemen söllent; ²) doch mit solicher vorbehaltung, wo einer obgemelt geträtt (sic) koufte, dass er
die nit solle lassen ligen, ufschütten oder im herzogtum widerum verkoufen noch wechslen, sunder gestracks iren weg in der zyt und frist,
(in) der licentia oder erloubung bestimpt, hinfüeren. ³) Hinwiderumb
so söllent und wöllen wir von den obgenampten Orten gedacht(er) f.
Dt. und siner undertanen ouch zuogan lassen aller feiler kouf, es sye
vich oder anders, darin ouch nützit usgenommen, dass sy solichs in
nnsern lauden ouch koufen und hinfüeren mögen, alles in zimlikeit.⁴)
2. Zum anderen, dass ir f. Dt. wölle vergunnen den durchzug des
salzes, so obberüerten Eidgnossen und derselben undertanen wie vorgemelt werden heben und laden in tütsch landen, mit nachgemelter
ordnung, das ist, dass solichs salz sölle ufgeladen werden am turn
Olonga und gefüert uff den Chumer see bis gen Menas (Menaggio)
und daselbs an, dann witer zuo landen gan Proletz (Porlezza) und
Lugano, und wo sy (es) wöllten witer füeren gan Lugarno, söllen sy
gan die rechte geuge strafs gen Luino und also fürau sinen rechten
wege, söllen ouch, zuovor und ee sy laden, die licentia, das ist er-

loupnuss, von f. Dt. darüber gesetzten amptlüten oder statthalter zuo Lecke
oder Belasy nemen, wöliche inen zoll (und) gleit fry und on tratta
vergeblichen unabschleglich sölle gegeben werden. 3. Zum dritten,
dass f. Dt. erloube und vergunnen solle uns obgenampten Orten und
allen unseren undertanen, wie ermelt zollfryung an irer f. Dt. zöllen,
gleiten durch das ganz herzogtum Meiland mit iren liben und allen
koufmansgüetern, darin nützit usgenomen, bis an den graben zuo Meiland usschließlichen; [5]) doch ob etlich in der statt Meiland etwas
koufmanschatz, was das sye, koufen und dasselbig in beschlossnem
welschger oder bulga hinder im uf sinem ross füeren, dass der selbig
ouch zoll und gleit fry uss der statt Meiland sölle und möge faren.[6])
4. Zum vierden, ir f. Dt. welle vergunnen und verlichen soliche zollfryung allen den obgemelten Eidgnossen, undertanen, dero flecken,
dörfer und enden gelegen am berge Sant Gotthard herwerts und ennethalb; doch hierin usgenommen alle die, so do angefangen in obgemelten enden und orten hushablichen zuo wonen von dem xv⁼ und
xxjsten nächst vergangen jar her. 5. Zum fünften, zuo verhüeten betruge, so entschliefse(?) man, dass jede, so vermeinen zuo genüfsen solicher zollfryung, sich hüeten sollen, kein betrug zuo gebruchen, in
sunderheit mit gemeinschaft oder gesellschaft oder durch alle andere
wege, gewerbshandlung mit jemant (so) nit in diser zollfryung begriffen
oder schuldigen zuo bezalen, dass derselbe oder die selben sollen
ewiklichen der geniefsung der zollfryung verwürkt und verloren haben
und zuo merer strafe und buofs, so denselben von irer oberkeit sölle
ouch ufgelegt werden. 6. Zum sechsten, dass wo sich wurde zuotragen einiche spänn und irrung zwüschent sunderen personen der
land und gepiete irer f. Dt., ouch obbemelter Eidgnossen, dass jedes
mals der kleger den beklagten vor sinem ordenlichen richter an ge-
bürenden enden und orten suochen und beklagen und nit gewaltiger
noch verbottlicher handlung gebruchen sölle, und demselben kleger
sölle ouch fürderlichen recht gehalten werden in monats frist nach
gelegenheit der sachen. Und wo zwüschen irer f. Dt., ouch vilgemel-
ten Eidgnossen um gemeiner oder sunderer sachen willen spänn und
irrung erwüechsen, in sölichem falle dieselben spänn und irrungen
sollen erforderet (erörtert) und entschlossen werden durch gliche zuo-
setz, namlichen ([7] bim Klösterle oder an der Abläsch,[7]) und so an den
zuosetzern im urteilen zweispaltung wäre oder wurde, dass alsdann
erkoren und erwölt söllte werden einhelliklich ein obman uss der
landschaft Wallis oder von den dryen Grauen Pünten, wie solichs von
alter har mit den alten Herzogen ouch gebrucht ist. 7. Zum sibenden, ob einer oder der ander teil hette ungehorsam undertanen, so
flüchtig wurden in des andern teils gepieten und landen, dass dieselben
uff jede ersuochung des andern teils schuldig syent, soliche flüchtigen ufzehalten uff des begärenden kosten und uff die klag unverzogen recht zuo ergan lassen. 8. Zum achtenden, dass alle irer Dt.,
ouch obgemelter Eidgnossen undertanen sollen und mögen geniefsen
und gebruchen alle ire güeter, sy syent geistlich oder weltlich, so ein
teil in des anderen landen und gepieten hat, on dass uff söliche güe-

ter söllen gelegt oder geschlagen werden einiche beschwerd und stür,
umb was sachen es wäre. 9. Zum nünten, dass zwüschent irer f. Dt.
und den Eidgnossen obgemelt sölle gehandlet werden gegenwürtige
fründschaft, guote nachpurschaft mit liebe, guotwilligkeit und diensten
einer dem anderen, wie sich gezimpt guoten waren fründen und nachpuren zuo tuond. [6]) — Und als wir die botten von allen Orten mit all
befelch und gewalt gehebt, sölich artikel zuozesagen, so soll jeder
bott die nochmalen an sin herren und obern bringen und uff nächstem
tag zuo Baden mit vollem gwalt erschinen, die ab oder zuozesagen, wie
jeder bott witer weist, diewyl es doch unser und unser armen lüten
ennet dem gepürg grofser nutz ist. »

Bern, Allg. Absch. EE. 129—136.   Lucern, A. Mailand (cople aus Baden).   Basel, Abschiede.
Solothurn, Absch. Bd. 19.

Aus dem am Mittwoch nach der hl. drei Königen tag (8. Jan.) 1533 ab-
geschlossenen vertrag, von welchem ein besiegelter entwurf vorliegt, heben
wir einige bemerkenswerte abweichungen hervor:

Die einleitung entwickelt die gewöhnlichen motive und lässt ausser den
genannten V Orten noch raum für andere; auch nennt sie die bei dem abschluss
handelnden gesandten beider parteien.

[1]) Zusatz: Das sölle verstanden werden von den güetern und koufman-
schaften, so wachsen oder genrbeitet werden uss der ware, (so) im herzogtumb
Meiland gewachsen.

[2]) Zusatz: Soliche licentia sol ouch nit gekouft, sonders fry vergebenlichen
zuogelassen werden.

[3]) Zusatz: Doch ouch vorbehalten, dass in der zyt der türung und andrer
notdurft vorgemelter fürstlicher Durchlüchtigkeit und derselben undertanen ir
Durchl. egemelten Eidgnossen noch iren undertanen einicherlei summa getreids
und bladen wie obgemelt zuo geben nit schuldig noch pflichtig sye.

[4]) Zusatz: Das sölle verstanden werden, so in landen und gebieten berüerter Eidgnossen nit türung sin werden.

[5]) Von obbemelten wachsenden oder gearbeit(e)ten güetern uss der ware,
so im herzogtumb Meiland gewachsen oder gearbeit worden, nichts usgenomen,
und soliche zollfryung in den obgeschribnen capitlen begriffen sölle verstanden
werden bis an den vorgraben zuo Meiland usschliesslichen.

[6]) fehlt. [7]), namlichen zuo Chiasso oder Mendris.

[8]) Zuoletst so haben beid vorbemelt teil inen vorbehalten und behalten inen
vor mit gegenwürtigem brief statt (raum) den übrigen Orten der Eidgnoschaft,
namlich denen von Zürich, Bern, Glaris, Basel, Friburg, Solotorn, Schaffhusen
und Appenzell, damit si ingan und annemen mögen gegenwürtige früntschaft
und guote nachpurschaft mit allen und jeden capitlen oberlütrot und begriffen.
— (Folgen beglaubigung, datum, siegel von Rizio und Lucern und schlussformel,
abermals mit lücken für die noch nicht beigetretenen Orte).

1863. (Zu Sept. 4 f., Absch. ss). Basel verteidigt sich in seiner, instruction wieder ausdrücklich gegen den vorwurf, dass es die einkünfte
des hauses Beuggen für sich bezogen etc., und bestritt denselben mit
verweisung auf vier zu verlesende schreiben von Jörg von Andlau,
indem alles noch « in stiller wer » beisammen liege. Da Ludwig von
Retschach seit dem (ersten) abschied von Baden durch falsche angaben
Dr. Sturzel's von den häften zu Langnau und dem erlangten urteil
gedrängt worden, so soll sich der bote ernstlich für ihn verwenden,
damit er wieder zu seinen rechten gelange.   Basel. Abschiede.

1864. (Zu **Sept. 4 f.**, Absch.). Merkwürdig erscheint folgende äusserung der **Basler** instruction: (1.) . . . «Und nachdem aber, wie dass sich die v Ort inen zuo glimpf und fürstand, wo die von Zürich und Bern wider den Türken zogen, dass sy alsdann ouch wider inn hilf geschickt wellten haben, vernemen lassind, landmerwis, ja schier für ein eigenschaft geredt wirt, soll unser bott daran sin, dass soliche reden, zuokünftige uneinhelligkeit und zwitracht ze verhüeten, by inen abgestellt werdint.» (2). Sodann wird in erinnerung gebracht, dass der Papst noch 2325 gl. pensionen schuldig sei, die der bote von dem bischof von Verulan gütlich fordern soll mit der vorstellung, dass die zahlung zu grofser freundschaft verhelfen werde, etc. **Basel, Abschiede.**

1865. Sept. 6 (Freitag nach St. Verenen), **Solothurn.** Instruction für die botschaft nach Egerchingen, Hans Ochsenbein. Am Sonntag soll er den kirchgenossen anzeigen, dass die obrigkeit, da die gemeinde lange hirtenlos gewesen, in Rudolf Honauer einen pfarrer gewählt habe, der das heilige gotteswort verkündigen und dann jeweilen auch messe und andere christliche ordnungen halten werde; man hoffe, dass er tun werde, was einem priester gebühre, und begehre, dass die kirchgenossen ihm weder unehre noch gewalt antun, ihm leisten, was sie der pfründe wegen schuldig seien, und es anzeigen, falls er in lehre und wandel sich unziemlich hielte; dann würde man einschreiten, wie sich geziemte. Besonders soll die minderheit ermahnt werden, das mehr (für die alte ordnung) bleiben zu lassen; wer mit worten oder werken dawider handelte, den würde man strafen, etc. **Solothurn, Abschiede, Bd. 19.**

Im November wurden Konrad Glutz und Hans zu der Matten nach E. abgeordnet, weil der pfarrer durch beschimpfungen (von seiten der minderheit?) weggetrieben worden war; den schuldigen sollte nun strafe angekündigt und beiden parteien ernstlich geboten werden, mit einander frieden und ruhe zu halten, priester oder prädicanten unangefochten zu lassen, überhaupt dem mandat gemäss zu leben, etc.

1866. Sept. 6. Bern an Zürich. Es sei mit dem von Zürich übersandten mandat gegen die wiedertäufer einverstanden und gebe vollmacht, dasselbe in seinem wie der andern damit einverstandenen Eidgenossen namen zu drucken. Nur behalte es sich vor, geldstrafen nach personen und sachen frei zu beschliefsen und möchte die geldstrafen nicht in einer bestimmten angabe aufgenommen wissen. Es bestellt hundert exemplare. **Zürich, A. Wiedertäufer.**

1867. Sept. 7. Bern an Freiburg. Heute habe man durch den vogt von Echallens vernommen, dass ihm die auf nächsten Montag angesetzte jahrrechnung durch niemand verkündet worden sei, dass er also auch niemanden habe dazu berufen können. Dadurch sehe man sich bewogen, den tag um eine woche zu verschieben und die verordnete botschaft zurückzuhalten; desshalb sei auch dem amtmann zu Murten geschrieben, er solle die geladenen personen auf jenen späteren tag berufen, etc. **Freiburg, A. Bern.**

1868. Sept. 9. Bern an den herzog von Savoyen. Antwort auf das neuerdings durch seine gesandten angebrachte gesuch um eine

längere frist für die zahlung der kosten für die Genfer händel, und
zwar bis Weihnachten. Wiewohl man es lieber gesehen hätte, dass
die sache jetzt erledigt würde, sei man doch zum besten geneigt und
habe die gesandten nach Freiburg gewiesen; wenn sie dort ein willfahren erwirken, so gebe man sich damit zufrieden, wolle aber nicht
für sich allein entsprechen, da die angelegenheit ebenso nahe Freiburg
berühre. Nachdem man die desshalb gefallene antwort vernommen,
finde man sich dadurch veranlasst zu melden, dass es für den Herzog
vorteilhafter wäre, wenn er die zahlung nicht verschöbe, indem man
die obwaltenden absichten nicht völlig kenne und bedauern würde,
wenn dem Herzog (aus der zögerung) hass und schaden erwüchse,
wie sich besorgen lasse; man wolle ihn also in guter meinung;be-
nachrichtigt haben, damit er nach bestem ermessen zu handeln wisse
und bei widrigen folgen nicht Bern einer mitschuld zeihe, etc.

Bern, Welsch Miss. A. 245 b.

1869. Sept. 11. Bern an Freiburg. Aus dem heute empfangenen schreiben ersehe man, dass die jahrrechnung verschoben sei, was
man sich gefallen lasse; dem dazu verordneten boten (habe) man indessen bereits befehl gegeben, wegen des herzogs von Savoyen mit
Freiburg zu beraten, was zu nutzen und ehren diene; inzwischen ersuche man es freundlich, bis dahin stillzustehen und nichts übereiltes
anzufangen, auch nicht auf die unterpfänder zu greifen; es möge bedenken, was daraus erfolgen könnte, zumal die savoyische gesandtschaft meine, der spruch von Peterlingen habe nicht solche tragweite;
ferner bitte sie um frist für die bezahlung des rückständigen geldes,
und zwar bis Weihnachten; das finde man freilich recht schwer; doch
möge jetzt Freiburg noch ruhig bleiben; den diesseitigen boten befehle
man, auf der jahrrechnung einen bestimmten ratschlag zu vereinbaren,
wie die angelegenheit zu behandeln sei, damit die beiden städte einig
gehen, etc. Bitte um schriftliche antwort.

Bern, Teutsch Miss. T. 638, 639. Freiburg, A. Bern.

1870. Sept. 11. Bern an Zürich. Ansuchen um geflissene verwendung für rechtzeitige bezahlung des friedgeldes für den Müserkrieg,
gemäfs den bestimmten zielen, die man zwar nicht bestimmt kenne;
es verlaute aber, dass das (erste) schon verfallen sei, und ohne unterlass dringen die angehörigen auf bezahlung, etc. Desshalb bitte man
um bescheid bei diesem boten, was etwa in der sache zu tun wäre.

Bern, Teutsch Miss. T. 640. Zürich, A. Bern.

1871. Sept. 12 (Donstag nach Nativ. Mariä). Solothurn an Bern.
Es wisse, wie durch die boten der beiden Städte zu Münster in
Granfeld abgeredet worden, dass in der unteren kirche, als in der
alten pfarrkirche, das gotteswort zu verkünden sei, die obere dagegen
der stift dienen sollte. Dessen ungeachtet beabsichtigen die untertanen,
die obere auch zu öffnen, was die herren von der stift bedauern; sie
haben desshalb (die gegner) schriftlich aufgefordert, nicht eigenmächtig
vorzugehen, sondern eine botschaft der Städte abzuwarten; diesseits
bitte man nun, die kirchgenossen anzuweisen, sich mit jener abrede
zu begnügen, und über allfällige ansprüche an die stiftskirche den

entscheid der Städte zu gewärtigen, etc. Hierüber erbitte man eine
schriftliche antwort. Bern, Münstertal, J. 101.

1872. Sept. 12. Bern an Solothurn. 1. Billigung der den diesseitigen boten gegebenen antwort über die kirchlichen verhältnisse der
gemeinden, in denen Bern den kirchensatz und die oberherrlichkeit
besitze... 2. Beschwerde über einen messpfaffen, der mit etlichen andern personen aus der stadt nach Deitingen gezogen, um dort, wo die
päpstlichen bräuche abgetan seien, dieselben wieder aufzurichten und
messe zu halten, und forderung nachdrücklicher bestrafung der beteiligten, da die kürzlich gegebenen zusagen Solothurns offenbar verletzt worden seien; im wiederholungsfall würde man sonst, von seinen
oberherrlichen rechten gebrauch machend, solche leute verhaften und
nach gebühr gegen sie verfahren, etc. etc. Bern, Teutsch Miss. T. 641—43.

Sept. 16. Bern an Solothurn. Klage über einen ähnlichen vorgang in
Kriegstetten, u. s. f. ib. 649; (655).

1873. Sept. 13. Freiburg an Genf. Verwendung für Martin
Sesinger, als vormund der erben des Hans Heid, sodann Walter Heid,
Caspar Werli und Wilhelm Chesaux, zur belohnung der früher (als
söldner?) geleisteten dienste, für welche sie trotz mehrfachem ansuchen
noch nicht befriedigt worden, mit verkündung eines eventuellen rechtstages auf den 6. October nach Lausanne, etc. Freiburg, Miss. Bd. 9 u. 10.

1874. Sept. 13 (Freitags vor Nicomedis). Kundschaft über aussagen
Fridli Frei's gegen Zürich: «Der Tüfel sig besser dann unsere her-
ren von Zürich; dann der Tüfel näm nun das sin, das tüegint unser
herren nit»; es sei im Rat niemand frommer; die V Orte haben ihm
(Frei) «die sach lieber gwunnen» als seine herren, etc. etc.
Zürich, A. Relig. Schmähungen.

1875. Sept. 14 (Samstag nach Felicis und Regule). Zürich an die
V Orte, auf dem nächsten tag in Lucern. 1. Sie wissen ohne zweifel, was auf dem letzten tag zu Baden in sachen ammann Voglers gehandelt und verabschiedet worden; da er nun eines sichern geleits in
das Rheintal bedürfe, um etliche kundschaften aufzunehmen, die er
auf dem tag im Thurgau brauchen werde, darum ausdrücklich geworben und heute dahier die bitte vorgetragen habe, ihm dazu förderlich
zu sein, wobei er verspreche, sich gleitlich zu halten und ohne wissen
und willen des landvogtes nichts zu handeln; da er auch mit dem
abt von St. Gallen vor beginn der weinlese wegen etlicher ämter viel
abzurechnen habe, so begehre man freundlich und ernstlich, dass ihm
an beide Orte gutes geleit gegeben und solches ihm sofort schriftlich
zugesandt werde. 2. Sodann zeigen die von Baden zurückgekehrten
boten an, wie die V Orte ungeachtet aller mit ihnen gepflogenen un-
terredungen gesonnen seien, dem schultheiß Mörikofer und seinen
bürgen die bezahlung der 200 gulden in kurzer frist abzufordern.
Man bedaure das höchlich, und nicht unbillig, und wolle die Orte
nochmals zum allerdringendsten ermahnt und gebeten haben, sich mit
dem bereits bezogenen lösegeld zu begnügen; denn da sie noch nicht
dargetan, dass er sie mit worten oder werken seit dem frieden ange-

tastet, so halte man dafür, sie sollten die bürgen in ruhe lassen und zu herzen nehmen, dass Mörikofer mit seinen kindern an den bettelstab gebracht würde, wenn er die 200 gulden bezahlen müſste; hienach erwarte man auf den nächsten tag in Baden freundliche antwort, etc.

Lucern, Missiven.

1876. **Sept.** 14 (Samstag nach Felicis et Regule). Z ü r i c h an S c h a f f h a u s e n. «Es hat sich unser burger Ruodolf Schinz vor etwas verruckten zyts etlicher treffenlichen ursachen halb, namlich dass er gegen uns hoch und bschwärlich verlümbdet worden, wie er und andere sine anhänger einen anschlag mit einandern getan, also dass sy uff ein zyt gemeinlich sich heimlich in den Silwald verschlachen und eines morgens üwer und unser eidgnossen von Zug unversechner dingen überfallen wellten etc., von unser statt abschweifig gemacht, und diewyl aber solicher übelbedachter und ganz ungeschickter anschlag hinderrucks uns . . . . beschechen ist, und desshalb wir bedacht sind, soliche ufrüerer und praticierer (soferr und wir uff dieselben kommen mögind) darumb unserm gfallen und irem verdienen nach zuo belonen; so dann obgenannter Ruodolf Schinz by üch (als wir vernement) herumb schwept und wandlet und sich ouch merken lasst, dass er nit der fürnempst, sonder schier der mindst in disem spil . . gewesen syge, so langt daruf an üch unser fründlich flyſsig pitt, (dass) ir uns zuo gfallen megezeltem Schinzen in geheimb nachfrag halten und so ir in erfarend, alsdann in für üch beschicken und nach geschydigkeit(?) und wie üch am geschigktesten sin bedunken tuot, damit ob er hierus fallen und üch anzeigen wurde, wer joch soliche sine anhänger und mitpraticierer sygend, erkundigen lassen und dannathin das, so ir also by im fundent und er üch anzeigen wirt; uns schriftlichen zuokommen lassen» . . . . Schaffhausen, Corresp.

1877 a. **Sept.** 14. B e r n an S o l o t h u r n. Antwort auf dessen zuschrift wegen der Münstertaler. Man sei zu handeln geneigt, was zu ruhe und einigkeit diene, und da früher vereinbart worden, botschaften dahin zu senden, so möge Solothurn hiefür einen tag bestimmen. Man hoffe auch, dass die Münstertaler, wenn sie den beiliegenden brief erhalten, bis dahin nichts unfreundliches beginnen werden.

Solothurn, Berner Schr.

1877 b. **Sept.** 14. Bern an die M ü n s t e r t a l e r. Abmahnung von dem vorhaben, auch die obere stiftskirche in besitz zu nehmen, nebst ankündigung einer botschaft aus den zwei Städten, etc.

Bern, Teutsch Miss. T. 646, 647.

1878. **Sept.** 14 (Exalt. Crucis). S o l o t h u r n an B e r n. Antwort auf dessen schreiben (nr. 1872?). 1. Ablehnung des angeführten, gerüchtweise verbreiteten verdachtes, dass man in den gemeinden, welche die messe abgestellt, dieselbe wieder aufzurichten gedenke; die dem Berner boten desshalb gegebene antwort gehe dahin, dass man von niemandem wisse, der das jetzt unternehmen würde; könnte man so etwas erfahren, so würde man es zu verhüten versuchen, etc. Auch die (erwähnte) «zusage», den gemeinden, die sich später gutwillig zu

einem andern mehr entschliefsen würden, das abzuschlagen, kenne
man nicht, da es dem mandat zuwider wäre, in dem man den angehörigen alle freiheit gelassen habe. 2. Den vorgang in Deitingen betreffend habe Bern nicht die wahrheit vernommen; denn dort sei seit
längerer zeit keine messe mehr gehalten worden; zudem stehe das
dorf in diesseitigen hohen gerichten; es möge ein missverständniss ob-
walten und Kriegstetten gemeint sein, obwohl die grofse mehrheit für
die messe und die alte ordnung gestimmt habe, die messe aber nie
abgestellt worden, während ein priester, der da gewohnt, davon abgestanden sei. Man bitte also freundlich, solchen reden keinen glauben zu schenken, die (Solothurner) gemeinden von ihrer freiheit nicht
zu drängen und im übrigen den vertrag betreffend die hohen und
niedern gerichte zu besichtigen, etc. etc. Bern, Solothurn-B. M. 61.

1879. Sept. 16. Freiburg an Lucern. Es haben die boten der
V Orte auf einem tage zu Baden bewilligt, zu gunsten des decans und
der hiesigen stiftskirche ein schreiben an die päpstliche Heiligkeit zu
erlassen, wofür man gebührlichen dank sage. Nun habe der decan
kürzlich angezeigt, dass der span noch nicht entschieden, und sein
gegner noch immer beflissen sei, (den process zu gewinnen); desshalb
bitte er um verwendung bei Lucern, damit nochmals ein freundliches
fürschreiben an den Papst ergehen möchte. In der voraussetzung,
dass dieses begehren nicht abgeschlagen werde, habe man einen bezüglichen entwurf aufgesetzt, den man beilege, und bitte nun freundlich, falls die boten der V Orte nicht gerade versammelt wären, sich
der andern Orte soweit zu vermächtigen, dass Lucern die missive mit
seinem siegel abgehen lasse. Auch begehre man, dass dem hauptmann
der päpstlichen garde desshalb geschrieben und die sache ihm zur
förderung empfohlen werde, etc. etc. Lucern, Missiven.

1880. Sept. 16 (Montag nach Exalt. Crucis), abends spät, (Cappel).
Petrus Simler an Heinrich »Bulli« (Bullinger), Zürich. »Min fründtlich dienst zuovor. Ersamer wolgelerter lieber herr gfatter. Wiewol
ich mich genzlich hatt verwägen, ich welte mich diser gfarlichen ziten
keiner hendlen beladen, dergstalt dass ich die gschrei, so zuo ziten
under den v Orten fürgond, wellte erfaren und minen herren fürtragen, angesähen dass vergangne zit trüwe warner nit allein veracht,
sonder ufrüerisch geschulten sind; jetz aber zwingt mich der yfer des
vatterlands, dass ich disen handel, welcher mich nüt anders dann ein
ufrüerischer tuck (damit die büebery unersuocht und die frommen un-
derdruckt) sin bedunkt, anzöuge, namlich den handel: Ich bin uff hütt
gan Bliggenstorf gangen zuo den räben und rodren(?) ze luogen; da
ist mir on gfärd ein vertruwter gsell von Bar begegnot, hat mir gseit,
sy habind vergangner nacht unruow und ein wacht gehept; die ursach
diser wacht hab im einer des Rats gseit, also dass inen sye ein brief
warnungs wys von den herren von Zürich komen, dass sy söllind
guot sorg han, dann sy mögint die iren nümmen gemeisteren, und
habe derselbig des Rats zuo im gseit, Summer bocks lyden, uns ist
nun warnung gnuog kommen; dwyl uns ein oberkeit warnung tuot,

so hettind wir rechts gnuog, dass wir uf wärint; wenn sy nit wend
ruow han, so ist wäger, wir gryfint sy an, dann dass wir von inen
werdind überfallen. Es seit mir ouch diser gsell, sy arguierint allerlei
nes diser warnung; etlich sagent, die in der statt fürchtent, die gmeind
(das landvolk) falle inen für die statt, und damit sy ruow haben mögint, wöltend sy uns wider die landschaft richten. Sölichs hab ich
üch als einem trüwen wechter nit wellen verhalten, darin ze handlen
nach üwerm bedunken und nach gstalt der löufen. Ich schrib sunst
niemant nüt zuo; es sind vil (der) lüten also corrupt oder den cor-
ruptis dermaß anhengig, dass niemant weifst, hinder wem er sicher
ist. Lassent mich, ob etwas infallen wurd, üch nach minem vertruwen befolchen sin »...   Zürich, A. Landfrieden.

1881. **Sept. 19,** Rom. Papst Clemens VII. an die V Orte. Antwort auf ihr schreiben vom 28. August. Versicherungen besonderer
zuneigung etc. Verweisung auf die dem gesandten befohlenen eröff-
nungen, etc.   Lucern, Breves.

Einen wörtlichen abdruck gibt das » Archiv f. schweizer. Reformationsgeschichte «, II. 20 (nr. 18).

1882. **Sept. 19** (Donstag vor Matthäi). Uri an Lucern. Antwort
auf dessen zuschrift betreffend ein aus Baden erhaltenes schreiben in
sachen der beraubten kaufleute von Como. Es verantworte die seinigen, als ob sie das recht nicht abgeschlagen hätten; man könne aber
in ihrer antwort nicht finden, dass sie es dem Ciprian erstatten wollen, indem sie einen vorbehalt machen. Den diesseitigen beteiligten
sei vorgehalten worden, dass der krieg, den sie vorschützen, nicht ein
eidgenössischer gewesen sei, und dass laut des pfaffenbriefes die
strafsen frei und sicher sein sollen; demgemäß seien sie ernstlich gemahnt, den kaufmann gütlich zufriedenzustellen oder, das recht zu erwarten. Nun hätte man sich versehen, dass Lucern die sache der
seinigen in gleicher weise erwäge, merke aber wohl, dass weder es
noch seine angehörigen von ihrem vorhaben abstehen wollen, so dass
man befugt wäre, es auch zu mahnen; das tue man nicht, bitte es
aber nochmals zum allerfreundlichsten, die seinigen anzuweisen, dem
Ciprian zu handen der kaufleute billig zu begegnen oder das recht
anzunehmen. Man sei, wie auf dem tag zu Baden durch die boten
erklärt, entschlossen, nicht mehr neben Lucern zu tagen zu sitzen, bis
dem kaufmann recht gestattet werde; man wolle auch keinen tag mehr
besuchen; sobald es aber dem kaufmann zum recht verhelfe, werde
man alles tun, was sich frommen Eidgenossen gezieme, etc.
                                                   Lucern, Missiven.

1883. **Sept. 19,** Lumersdorf (?). Bastian Scherteli zu Burtenbach an
Augsburg. Kriegsbericht aus dem lager gegen die Türken. (6 seiten fol., abschrift).

Oct. 5. Jacob Zeller, burgermeister zu Constanz, an BM. Diethelm Röist
zu Zürich. Verschiedene nachrichten über den verlauf des Türkenkrieges
(copie). — Ein undatirtes fragment von kriegsberichten, in Zürich copirt (von
Lorenz Appenzeller).   Bern, A. Türkenkrieg.

1884. **Sept. 20.** Bern an Genf. Antwort auf dessen beschwerde über die soldforderung. Man verwundere sich über die einwendung, dass man langer geduld haben sollte, da es durch die gesandten verheifsen habe, sich so zu halten, dass man zufrieden sein könnte, und da letzthin hier durch seine boten erklart worden, die zur verrechnung der sölde bestimmte botschaft habe keine vollmacht gehabt, jene zusage zu geben, so möchte man nur gerne wissen, ob Genf bei der vereinbarten rechnung bleiben, sich darnach richten und sofort eine zahlung leisten wolle, worüber man umgehend eine antwort erwarte.

Bern, Welsch Miss. A. 247a.

October 7, Bern. Quittung für 1000 goldkronen als abschlagszahlung, überbracht durch Claude Savoie, Claude du Molart, Michel Guilliet und Dominic Franc.

ib. ib. 249a.

1885. **Sept. 20** (Freitag nach Kreuzerhöhung). «Zwüschen dem hochwürdigen fürsten und herrn, herrn Johannsen, erwölten des hochstift Costanz, und gemainer kilch- | genossen gesandten seiner fⁿ gⁿ pfarr zue Arbon seien diss hienach bestimpten artikel auf hindersich bringen abgeredet. Erstlich, dass die von Arbon der pfarr daselbst, auch aller derselben rent. zins und gülten allerding abtretten, sonder hinfüro meinen g. herrn, seiner f. g. nachkommen und stift an ordenlicher belech(n)ung, besetzung, entsetzung und aller verwaltung der pfarr und gottsdiensts, irs gefallens wie von alter her damit ze schalten und ze walten, unverhindert beleihen lassen, desgleichen auch all und jed berüerter pfarr rent. zins, güeter, gülten, brief und ander gewarsame, sovil sy deren der pfarr entzogen und sunst hinder inen haben, meinem g. herrn und ainem pfarherrn, den sein f. g. daselbst hin verordnen werden, wider einantworten, zuostöllen und übergeben, aller mafs, weis und gestalt, die zue zeiten herr Othmar Fröwis, letzten pfarrherrns, vorhanden gewesen und an sy gelangt seyen. Zum andern, nachdem die altär, taflen, kelch, auch ander gottszierd und beraitschaft zue Arbon zerstört und verunnützet, so sollen durch die von Arbon von und ausser des hailigen und der kirchen gemainen guet zwen altär, zwen kölch, vier messgewände(r), zwai messbücher mit aller andern notdürftigen beraitschaft zue volnziechung der göttlichen ämpter und christenlichs gottsdiensts gehörig, wider ernewert, ouch die kirch mit wachs und öl jetzt und hinfüro daraus versechen und die altär, taflen und messgewandt hiezwüschen und Sant Gallen tag nächstkünftig aufgericht und verordnet; sunst aber soll des hailigen guet weder zue des pfarherrens noch predicanten underhaltung gebraucht, sonder allain zue nutz, notdurft und fürslag der kirchen ordenlich angelegt und verwalten werden. Zum dritten, dieweil der merer tail der kilchgenossen in die pfarr Arbon gehörig, in der grafschaft Thurgew gesessen und also dem bericht und landfriden des nächstverruckten ain und dreifsigisten jars zwüschen den fünf Ländern der Aidtgnoschaft und der statt Zürch aufgerichtet, einverleibet seyen, wölcher landfriden under anderm in sich haltet, dass den underthanen in den gemainen vogteyen gesessen, so den alten christenlichen gottsdienst nit annemen wöllen, zuegelassen sein sölle, predicanten ze hal-

ten, darumb so mügen die kilchgenossen der pfarr Arbon, so sich des pfarrherrns, den mein g. herr inen daselbst hin jeder zeit verordnen würdet, mit bengegen lassen, daneben einen predicanten haben und underhalten, von meinem g. herrn, seiner f. g. nachkommen und stift daran unverhindert; doch so soll solche underhaltung des predicanten kains wegs von meins g. herrn seiner f. g. pfarr noch der kirchen und Sant Martins zue Arbon zins, rent und gülten genommen, sonder in allwege, ausserhalb derselben nachtail und, darraichen geschöpft und verordnet werden. Zum vierten so soll der pfarrherr mit volnbringung der ämpter des althergebrachten christenlichen gottsdiensts je allwegen in solcher früe anfachen und fürfarn, damit die bis um die achtende stund vor mittag ungefarlich geendet werden. Zum fünften so söllen der pfarr rent und gülten, so vil der von Sant Martius tag des nächstverschinen xxxj^en jars bis auf Martini dies gegenwürtigen jars verfallen, gleichlich getailt und dem angenden newen pfarherrn der halb tail und der ander halb tail dem predicanten zuegestöllt werden; doch so soll der pfarherr dem predicanten den halbtail des kostens, so er zue erbawung seins tails der pfarr reben fürgesetzt, auch erstatten, und dann dem pfarrherren die gült, so nach Martini nächstkompt gefallen würdet, ainig werden und beleiben. Zum sechsten will mein g. herr die kilchgenossen der pfarr Arbon von widerlegung der barschaft, rent, zins und gülten, so sy berüerter pfarr abgenommen, und in ir missbreuch bewendt, zue seiner f. g. gelegenhait rechtlich ze ersuechen diser zeit beruewen lassen und vorbehalten haben. (7.) Zum letzten, ob und wann über kurz oder lang durch ain gemain christenlich concilium das hailig Reich oder gemaine Aidgnossen in den sachen, unsers hailigen glaubens, ichzit, anders fürgenommen und geordnet wurde, alsdann soll diser vertrag auch tod und ab sein, sonder demselben gemainen fürnemen und ordnung gelebt werden. Es söllen auch die obgedachten kilchgenossen der pfarr Arbon meinem g. herrn disen vertrag hiezwischen und Sant Michaels tag (29. Sept.) schierist, kommende zuesagen oder abschlagen · · · · · · .t
                                   Zürich, A. Bisch. Koestanz.

    Das original ist als chirograph (doppelt) ausgefertigt; die vorliegende eine seite aber durch vier schnitte entkräftet; wann dies geschah, muss noch ermittelt werden.*

1886. Sept. 21 (Matthäi). Zürich an Zug. Durch den letzten abschied von Baden aufgefordert, über die annahme des gütlich festgesetzten vergleichs mit dem abt von St. Gallen sich gegen Zug zu erklären, zeige man an, dass man auf dem nächsten tage zu Baden den herrn Orten insgesamt, die sich schiedlich in der sache bemüht haben, eine antwort zu geben gedenke, die man hoffentlich annehmbar finden werde; gegenwärtigem schreiben bitte es nun keine schlimme absicht unterzulegen, sondern es durch die umstände freundlich zu entschuldigen.
                    Zürich. Missiven. Stiftsarchiv St. Gallen (copie aus Zug).

1887. Sept. 21 (Matthäi Ap. und Ev.). Hans Edlibach, landvogt im Thurgau, an Zürich. Antwort auf dessen schreiben betreffend Welschans Marti von Buacker bei Sulgen. Vor einigen jahren sei

Marti auf befehl der X Orte gefangen in Lucern gelegen, aber auf
dringende bitte hin entlassen worden; seither habe er sich gegen die
(ihm auferlegte) urfehde vielfältig vergangen, wesshalb die eidg. boten
auf dem (letzten) tag zu Frauenfeld nahe daran gewesen, ihn zu richten; doch haben sie sich für diesmal begnügt mit der erneuerung des
eides und mit der drohung, bei weiteren fehltritten ihn hinzurichten.
Auf die anzeige hin, dass er neuerdings der urfehde zuwidergehandelt,
haben dann die Eidgenossen ab dem tag zu Baden um Jacobi schriftlich befohlen, denselben zum letzten mal zu warnen, und bei weiteren übertretungen ihn zu fangen und verurteilen zu lassen. Infolge
dessen habe er, der vogt, ihn vorbeschieden und zum freundlichsten
gewarnt; dessen ungeachtet habe derselbe seither den Caspar von Sulgen einen schelm, den Martin Wehrli einen mörder gescholten und
die urfehde auch sonst verletzt, und trotz dem verbote, ein gewehr zu
tragen und aufserhalb seines kirchspiels zu wandeln, tue er das gegenteil und halte sich in worten und werken so unschicklich, dass er,
der vogt, nicht unterlassen dürfe, ihn zu fangen, wenn er ihn in der
landgrafschaft betrete, damit ehrbare leute vor ihm sicher seien. Sollte
er (desshalb?) verklagt werden, so bitte er, ihn zur verantwortung
kommen zu lassen, etc.　　　　　　　　　　　　Zürich, A. Thurgau.

1888. Sept. 21, Turin. Herzog Karl an Bern. Creditiv für den
herrn von Lullin, landvogt der Waat, mit versicherungen freundschaft-
licher zuneigung etc.　　　　　　　　　　　　Bern, A. Savoyen II.

1889. Sept. 21. Schwyz an Lucern. 1. Antwort auf dessen schreiben vom letzten Freitag, worin es um die bestimmung eines endlichen
rechtstages zwischen seinen burgern und Ciprian und um benachrichtigung der drei andern Orte nachsuche. Man habe nun den rechtstag
auf nächsten Freitag (früh) nach Lucern anberaumt und die drei Orte
auf Donstag abend dahin geladen. 2. Das atzgeld von den gefangen
gewesenen Toggenburgern treibe man fortwährend ein und wolle es
schicken, sobald man es (beisammen) habe. 3. Die zwei zurückver-
langten büchsen werde man binnen kurzem behändigen, etc.
　　　　　　　　　　　　　　　　　　　　　　Lucern, Missiven.

1890. Sept. 22 (Mauricy). Heinrich Schönbrunner, landvogt zu Baden, an Zürich. Antwort auf dessen zuschrift betreffend den prädicanten zu Zurzach etc. Derselbe sage ohne grund, dass er dort
nicht sicher sei; wohl habe er denselben einmal vor die Räte berufen
und im besten gewarnt, inskünftig den alten («unsern») glauben nicht
zu schelten und dem landfrieden gemäfs zu predigen; sonst müfste
mit strafe gegen ihn verfahren werden etc. Der prediger, der denselben ersetzen sollte, habe den brief von Zürich, den er ihm, dem
vogt, hätte übergeben sollen, behalten, sei («unerloupt minen») nach
Zurzach gegangen, habe da zwei tage gepredigt, und heute, da er von
ungefähr dahin gekommen, haben ihm etliche personen angezeigt, wie
der prädicant mutwillig gegen den landfrieden gepredigt, und nach
einer erlaubniss gefragt; darauf habe er denselben geladen, ihm vorgehalten, wie er so frevel sei, und ihn aufgefordert, sich zu entfernen;

da erst habe derselbe den brief von Zürich gezeigt, was ihn sehr befremde; doch lasse er jetzt die sache bleiben und gebe hiemit über den verlauf bericht, damit Zürich dem prädicanten, wenn er anderes vorbrächte, keinen glauben schenke.   **Zürich, A. Zurzach.**

1891. Sept. 23, Freiburg. « Nota den handel ze Murten durch den Schultheifsen und demnach dero von Bern anwält am rechten und mit gefänknuss gegen etlichen uss derselben herrschaft erluffen, um (dess) willen dass si gemeindet, etlich artikel an beid Stett uf der jarrechnung zuo bringen, nechstmalen, so min herren wol versampnot, anzuobringen. »   **Freiburg, Ratsb. nr. 50.**

1892. Sept. 23. Johann von Hattstein, meister des St. Johanns ordens in deutschen landen, an die VII Orte. Antwort auf ihre zuschrift vom 13. September, die er heute empfangen, betreffend den kauf um Biberstein. Bern habe das haus mit gewalt eingenommen und dem orden, der mehr als alle christlichen stände gegen die Türken und heiden kriege und desshalb vor allen andern verschont werden sollte, seine einkünfte entrissen. Was nun dem orden hierin zu tun gebühre, hoffe er in 5—6 wochen durch botschaft oder schreiben melden zu können, etc.   **Bern, Allg. Absch. EE. 273 (copie aus Baden).**

Eine copie der zweiten antwort, dd. Donstag vor Simonis und Judä (24. Oct.), aus der Frauenfelder canzlei, hat derselbe Abschiedband (EE. 321—323).

1893. Sept. 24 (Dienstag nach Matthäi Ap.). Glarus an Zürich. Vogt Brunner habe angezeigt, dass er während seiner verwaltung im Thurgau für die amtleute tuch gekauft von Hans Huber von Augsburg, wofür er diesem 72 gulden schuldig geworden, von denen nur 40 gl. bezahlt seien; da er diese durch versehen nicht in die rechnuug gesetzt, und Huber ohne aufschub bezahlt werden wolle, so bitte man nun gar freundlich, dem jetzigen vogt im Thurgau zu befehlen, den rest jener summe auszurichten und in seine rechnung zu nehmen, etc.   **Zürich, A. Thurgau.**

1894. Sept. 24 (Dienstag nach Mauritii). « Abscheid und abredung der güetlichen handlung zwüschend minen herren von Einsidlen und siner gnaden gotshus eins teils, und den predicanten der dryen kilchörinen, namlich Meila, Mänidorf und Stäfa, betreffend die ablösung und rechtung, so genannter herr von Einsidlen . . . an genannte predicanten nach irem tod und abgang haben mag, zuo Einsidlen durch mine herren beder Orten Zürich und Schwyz gesandten botten güetlich vertragen. »   **Zürich, A. Einsiedeln.**

1895. Sept. 25, Turin. Herzog Karl an die gesandten der XIII Orte auf dem nächsten tag in Baden. Antwort auf die zuschrift betreffend die rückständigen jahrgelder. Er wolle dieselben baldigst ausrichten, wie der gegenwärtige gesandte des nähern anzeigen werde, und bitte, demselben glauben zu geben und die bundesmäfsige freundschaft aufrechtzuhalten, etc.   **Bern, A. Savoyen II. (latein. original).**

¹⁾ Das folgende blatt enthält einige nachrichten über den verlauf des türkischen feldzugs, geschöpft aus briefen vom 21. und 22. September, — mitgeteilt, der schrift nach zu schliessen, von der canzlei des Herzogs.

1896. Sept. 25, Rom (ex urbe). «A! frater Jacobus Salviator» an
die V Orte. «Magnifici ac spectabiles domini tanquam fratres hono-
randi cet. Ex vestris et reverend. domini episcopi Verulani litteris,
qua erga me omnes sitis voluntate quantumque de me vobis pollice-
amini magna animi cum voluptate intellexi, nihil certe neque amantius
neque quo spem de me vestram maiorem ostenderetis scribi a vobis
poterat. Ago eas vobis gratias quas possum atque Deo in primis, qui
tante nationis partem dilectam sibi suaque pro religione ac nomine
omni cum virtute et gloria certantem adeo in me propensam esse voluit. Ac quod ad voluntatem amoremque attinet, cumulate quidem
perpetuoque respondeo; quod vero ad ea quæ a me expectare vide-
mini, utinam æquæ vobis ac vestra expectatio postulat possem respondere, declararem profecto quale nam meum sit studium erga vos. Sed
tamen sive apud s^mam d. n. sive ubicunque opus erit, nullum officii genus
a me prætermittetur, quod vobis vel honori vel commodo fore intellexero.
Quanquam paterna s^tis eius in vos benivolentia atque in omnibus rebus
quæ cum Deo ab ea fieri possunt gratificandi vobis desiderium eius
modi semper est, ut neque mea apud cum neque ullius opera vobis
opus esse magnopere videatur, quemadmodum idem episcopus melius
declarare vobis potuit, ad quem cum de omnibus iis, quæ a s^mo d. n.
expetitis copiose scribatur, ut eadem his repetantur minime necessa-
rium existimo. Valeant felicissime vestre m^te eamque de suis et orthodoxæ fidei inimicis victoriam vel concordiam potius reportent, quæ
Deo in primis sit grata cunctæque vestræ nationi ac christianæ rei-
publicæ salutaris.»　　　　　　　　　　　　Lucern, A. Religionssachen.

1897. Sept. 26 (Donstag vor Michaelis). Zürich an Baden. «Es
ist vor uns erschinen herr Wolfgang Wyfs, predicant zuo Fislispach,
und hat uns angezöugt, wie er mit einer behusung nit versechen, und
syge aber der pfarrpfruond hus der zyt lär, mit anrüefen, im darin ze
züchen gegen üch durch unser fürgschrift ze bedenken (beholfen ze
sin?), und wann wir in ze fürdern geneigt, so langt an üch unser
fründtlich begär, ir wellint güetlich gestatten und zuolassen, dass genanter herr Wolfgang das vorbestimpt pfruondhus inhaben und besitzen müge»....　　　　　　　　　Zürich, A. Stadt Baden (original mit siegelspur).

1898. Sept. 26. Bern an Lucern. Hans Wyg von Merischwanden habe letzthin an mehrern orten (im gebiet von?) Zürich über einen
brief, den man vor der letzten unruhe nach Lucern geschickt haben
solle, reden ausgegossen, die man ehren halb nicht ungeahndet lassen
könne; daher begehre man, dass Lucern den genannten zum rechten
handhabe und dafür einen tag bestimme, dessen anzeige man ungehends
erwarte.　　　　　　　　　Bern, Toutsch Miss. T, 653. Lucern, Missiven.

1899. Sept. 27, Bern. Instruction für die botschaft zur jahrrechnung in Freiburg. (§ 1). Da von den 21000 kronen, die der herzog
von Savoyen kraft des urteils von Peterlingen den drei Städten zu
entrichten hat, 7000 bezahlt, und die ziele für die übrigen 14000 kr.
verflossen sind, so soll mit Freiburg dringlich an ihn geschrieben werden, er möge diese summe ohne verzug erlegen; man wolle sie haben

etc. Wenn boten von Genf da sind, so soll auch von ihnen ernstlich
bestimmter bescheid gefordert werden. Falls die Freiburger sofort
auf die landschaft Waat greifen wollten, sollen sie davon (förmlich)
abgemahnt und in keiner weise dazu eingewilligt werden.

(Bern, Instruct. B. 213 b.)

1900. **Sept. 29.** Die edeln und burger von O r b e an den stadtschreiber von F r e i b u r g. 1. Klage über Christoph Hollard, der ein
bild von St. Peter beschädigt habe, worüber ritter Pavillard kundschaften aufgenommen, aber trotz wiederholten befehlen dasselbe nicht
wieder herstellen wolle; bitte um mitteilung an die herren, damit das
bild erneuert werde. 2. Der prädicant handle der verordnung der
zwei Städte auch zuwider, indem er am Sonntag (nicht bloss am morgen, sondern auch) nach vesper predige; da begehve man, dass neuerungen (der art) nicht geduldet werden, etc. *(Freiburg, A. Gen. Sachen.)*

1901. **Sept. 30.** S c h w y z a n L u c e r n. Es wisse, dass auf dem
letzten tag zu Baden verabschiedet worden, den Franz Miles von Lichtensteig wegen seiner reden über die V Orte zu berechtigen, und Lucern und Schwyz damit beauftragt seien. Unterdessen haben Schultheiss und Rat von Lichtensteig gebeten, das bessere zu glauben; aber
man habe schriftlich erwidert, man wolle das nicht (hingehen lassen),
und dabei selbst einen rechtstag bestimmt auf den 9. October. Daher
bitte man Lucern, seine botschaft auf Dienstag früh dahin zu senden;
es sollte der tag auch dem widersächer angezeigt werden, etc.

Lucern, Missiven.

1902. **Sept. 30,** B e r n. 1. (Es ist ein) potschaft von B ä t t e r l i y-
g e n erschinen, anzeigende, sy siend eins worden und wellend eth predicanten haben, der inen das göttlich wort verkünde all tag; der her-
zig von Savoy werd inen ein sölichen geben; wo er aber nit gnuogsam, das göttlich wort ze verkünden, wellend sy umb ein andern
werben, der gnuogsam sye, mit pitt, (dass) min herren ein benügen
daran haben wellend. 2. Wellend min herren ouch berichten, die
von Fryburg syend da gsin vor Rat und inen anzeigt, sy haben ein
brief, dass sy das kloster bevogten mögen, und daruf ein vogt dahin
gesetzt. Der brief, so die von Fryburg haud, sye ir sigel allein daran;
mögen nit wüssen, wie es zuogangen, achten wol, es sye inen dicta-
gen; pitten min herren, sy für empfolchen ze haben, und dwyl sy
siderhar ein pündtnuss und beredtnuss mit inen gehalten, inen nüt vorbehalten; syend guoter hoffnung, sölicher brief sölle inen wider werden etc. *Bern, Rathm. 233, p. 2, 3.*

1903. **Sept. 30.** B e r n an seine boten in F r e i b u r g. 1. Der gubernator der Waat habe heute als gesandter des Herzogs angebracht,
wie dieser von dem Kaiser ernstlich aufgefordert worden sei, ihm
hülfe gegen die Türken zu schicken, wesshalb er bitte, ihn der zahlung halb nicht zu drängen; er gedenke (aber) auf mitte October 7000
kronen zu erlegen, die übrigen 7000 auf Weihnachten. In wirdigung
der allgemeinen gefahr habe man diesem ansuchen entsprochen und
befehle nun den boten, dies in Freiburg anzuzeigen mit der freund-

lichen ermahnung, das gleiche zu tun und zu bedenken, dass es schimpflich wäre, wegen so kleinfüger dinge krieg anzufangen, besonders zu dieser zeit, wo der Türke die ganze christenheit so schwer bedrohe; wollte man den Herzog bekriegen, wahrend er dem Kaiser zuzöge, und die Eidgenossen (desshalb) stillsäfsen, so würde daraus, wie jedermann ermessen könne, ein (böses) geschrei entstehen. 2. Mit Freiburg sei ferner zu reden, dass es die Genfer anhalte, die sölde auszurichten. **Bern, Teutsch Miss. T. 656, 657.**

1904. (October A. ?). «Die ordnung des zolns von **Murten.**»

Item des ersten von einem wagen	v ß.
dann von einem karren	iiij ß.
Item von einer ballen läders	ij gross
Item von einer ballen rower huten	ij »
Item von einer halben ballen	»
Item, welcher in der statt tuoch feil hat, gibt, so dick er usleit, iij d. guoter münz	
Item welcher ein ganze ballen tuoch hie durchfüert, gibt davon	v kart.
Item von hundert oder achtzig schafen, so hie durchgefüert werden.	v ß.
Item von einem ross, so hie durch zuo feilem kouf gefuert wirt,	iiij d. g. (m.)
Item welcher in der statt ein ross verkouft, gibt davon	iiij d. g. (m.)
Item von einem houpt vych, das hie verkouft wirt,	iiij d. g.
Item von einem zentner ysens	iiij d. g.
Item von einem soum salz	iiij d. g.
Item von einem kramer, so hie durch mit sinem kram furfart,	iiij d. g.
und wenn er usleit hie in der statt, so dick es beschicht,	j d. g.
Item welicher glaser usleit, gibt dem zolner	j glas
Item von einem fass mit win, es sige gross oder klein,	viij d. g.
Item von einem hundert schwynen, die hie durchgefüert werden,	v ß.
Item von einem schwyn, so hie verkouft wirt,	iiij d. g.
Item von einem ross mit dem bast (?)	iiij d. g.
Item welicher wullen hie verkouft, soll von jedem lod (geben)	j d. g.
Item von einem zentner werchs	iiij d. g.

Freiburg, Murtner Abschiede (Bd. 144).

1905. Oct. 3, Freiburg, sitzung des grofsen Rates. 1. Verlesung des abschieds und bericht von U. Techtermann über den tag zu Baden. 2. «Als der v Orten schriben meldot, wie inen von dero von Zürich puren bishar vil tratzlicher anschlegen begegnet und wider si vorhanden gewesen, daby noch stäts in sorgen standen etc., ist abgeraten, dass die (den!) botten, so nechst gan Baden verordnet, befelch angehenkt und geben werd, sich zuo den andren Orten botten, so vormaln schidigungswys zwüschen inen gehandlet, zuo fügen und inen obbemelt begegnen furzuohalten, der meinung dass solichs deuen von Zürich angezougt werde, mit ankeren, dass si semlichs zuo verkommung und myden ferrers ubels abstellen und die, so bishar ungebürlichen gehandlet, nach irem verdienen, ouch inhalt des landsfridens büefsen und strafen etc. 3. Uf dass si mine herren inhalt des burkrechten erinnert und ermant, darumb ouch antwurt uf disen tag erfordert, haben mine herren abgeraten, inen uf ir begeren zuo entdecken, wie min herren der hoffnung, (dass) semlichs mit straf abgestellt werde; so aber das je nit sin möcht, und inen ferrers begegnen, wurden min herren das, so si pflichtig und das burkrecht halten. Damit aber ein wüssen sin möge, in was weg, form und gestalt doch si vermeinen, (dass) inen die hilf mög bewisen werden, soll den botten an-

gehenkt werden, 'mit iren botten uf gefallen und hindersichbringen da-
rutnb '(ein) verstand anzuosechen. » 4. Auf den tag sind verordnet
Brandenburger und Techtermann. ' Freiburg, Ratsb. nr. 50.

Zu 'g 3. Die boten erhielten über dieses geschäft eine etwas mehr ausge-
führte instruction, die aber in sachlicher beziehung nichts neues gibt.
Ild ' . . . . Ib. Instr. II. 63 a.

1906. Oct. 3. Bern an Peter Stäubi, vogt zu Grasburg. «Schultheifs etc. etc. Es ist unser will und befelch, dass du denen von Alblingen kund und zuo wüssen tüegest, dass sy ir, potschaft, verórdnind
und uf nächstkünftig Mentag allhie vor uns zuo rechter gewonlicher
ratszyt habind; dann wir etwas mit inen ze reden notwendig sind »...
Freiburg, A. Geistl. Sachen (original).

1907. Oct. 3, Freiburg. «Beid Stett» (d. h. beratung über angelegenheiten der bernisch-freiburgischen herrschaften). 1. «Amman
Schick und sinen mitgenossen, so den galm enpfaugen und sich ver-
lurstes beklagt, ist bis an fünfzig mütt zuo geben nachlass beschechen.
2. Denen von Murten ist gewilligot, dass die güeter den lächenherren
sollen verfallen sin, so die durch die besitzer verwürkt werden, nach
inhalt ir fryheiten. 3. Der zechenden halb sollen beid seckelmeister
inen etwas ersatzung tuon, doch uf gefallen ir(er) herren und obern.
4. Der briefen halb, dass man die brief der güetern halb hinus geb,
so inen übergeben; die übrigen sollen hinder beid Stett geleit werden.
5. Berüerend die rechnung der kilchengüetern, sollen beid seckelmeister (die) verbören. 6. Es wüssent die botten die bitt miner herren
von wegen des zechendens von Onnens, dass solicher den carthüsern
zuodiene. 7. Es söllen die vögt zuo Orba und Grauson mit den predicanten reden, dass sy nit wyter predigen, dann der vertrag wyst,
insonders an fyrtagen nit mer dann zweimol; sunst soll man si strafen.» 8. Die frow von Murten soll des falschen eids halb dry tag in-
liggen und dry manot leisten. » Freiburg, Ratsb. nr. 50.

1908. Oct. 4, Bern. Boten von Genf erscheinen vor dem grofsen
Rat mit einer schriftlichen supplication.

Oct. 6. Der grosse Rat bestätigt die von den vennern gemachte soldrechnung für die Genfer. Bern, Ratsb. 255, p. 15, 21.

1909. Oct. 4. Bern an Zürich. Aus den jüngsten abschieden
von Baden sei u. a. zu verstehen, wie die V Orte sich über das von
Zürich erlassene mandat beschweren etc. und darum das recht fordern, Zürich dagegen das recht über das mandat im Rheintal anrufe...
Nach erwägung der folgen dieses handels habe man den V Orten geschrieben, sie sollen Zürich desshalb ruhig lassen, da sie selbst in
ihren landen nach ihrem gefallen regieren und gebieten wollen. Desshalb solle Zürich, da es sich um den glauben handle, sich in kein
recht einlassen, indem dabei nichts zu gewinnen sei, also seinen boten
befehl geben, nicht weiter zu gehen, sondern die sache heimzubringen
und mit den boten von Bern, Basel und Schaffhausen etwa einen tag
in Brugg zu besuchen, um da gemeinsam zu beraten, was in dem so
wichtigen handel zu tun sei. Des Rheintaler mandates halb haben

die boten die instruction, so viel möglich am landfrieden festzu-
halten. Bern, Teutsch Miss. T. 661, 662. Zürich, A. Landfrieden.

Das schreiben an die boten der V Orte in Baden, ebenfalls d. d. 4. October, lautet im wesentlichen dem obigen gleich, betont indess, dass das fur das
Rheintal erlassene mandat dem landfrieden zuwiderlaufe, und dringt auf nachlass der bürgschaftssumme; schliesslich werden die boten ersucht, dieses begehren auch an ihre obern zu bringen. ib. ib. 663—665.

1910. Oct. 4. Zug an Lucern. Mitteilung von briefen an die V
Orte, betreffend die Türken, von junker Balthasar von Ramschwag
an schultheifs Kramer in Sargans eingesendet. Von deren inhalt möge
Lucern nach seinem gefallen auch die andern Orte in kenntniss setzen,
etc. Lucern, Missiven.

1911. Oct. 5 (Samstag nach St. Michels tag). Rapperswyl an
Uri. Präsentation des neuerwählten pfarrers Johannes Ofner zur oberherrlichen bestätigung etc. Schwyz, A. Rapperswyl (neuere copie).

1912. Oct. 7, Ilanz. Landrichter, Burgermeister und Räte des Grauen
und des Gotteshausbundes an die V Orte. «Unser früntlich
willigen dienst, etc. etc. Euer schriben sampt dem fürbringen euer
ersamen wysen botschaft, so letst landtags by uns ze Ilanz gewesen,
haben wir verstanden, dasselbig darby unsern herren und obren den
gemeinden als pillich angezaigt, euers früntlichs erbietens zum aller
trüwlichosten, wie sy es ouch der müe und arbait zum höchsten
danknem angenomen, uns unser gemeinden meinung entschlossen und
befunden, alles das euer und unser lieb alt vordern sich gegen einandern verbunden, gesetzt und beschlossen, das alles trüwlichen ze
halten und nachzekomen, wir und unser nachkomen, unzwyfenlich
(dass) ir euers teils an uns ouch erhalten und gleben werden; dann
sonder zwyfels, wo wir euch harin ald in andern sachen früntschaft
und guoten willen bewysen könnden, wöllten wir ganz guotwillig befunden werden. Nit mer, dann Gott der hab uns all in siner göttlichen huot. » Lucern, Missiven.

1913. Oct. 7 (Montag nach Francisci). Zürich an seine gesandten
in Baden (Röist, Haab, Rahn). 1. Ueber die beiden streitig gewordenen mandate habe Bern laut beilage seine meinung eröffnet. Dieser
sollen nun die boten treulich nachkommen, indem man hoffe, dass das
diesseitige anerkannt, das rheintalische aber aufgehoben werde; auf ein
rechtsverfahren sollen sie sich nicht einlassen, sondern die sache zuvor
wieder heimbringen. Falls die V Orte auf ihrem anspruch beharren,
gebe man vollmacht, mit andern evangelischen städten einen tag in
Brugg zu bestimmen, um darüber zu ratschlagen. Man glaube doch,
in den eigenen landen gebieten und verbieten zu können, wie man es
geziemend und christlich finde, und zwar von den V Orten ganz ungehindert. Auch wissen die boten wohl, wie man täglich erfahre,
dass die V Orte gerüstet und entschlossen seien, in bälde eine unruhe
anzufangen, und soeben habe ein mann, dem es anderswoher in treuen
zugeschrieben worden, angezeigt, dass sie des glaubens halb eine rasche
entscheidung fordern (»spitz oder gupf mit uns machen«) und bischof
oder bader werden wollen. Wiewohl man dies nicht (recht) glaube,

könne man es nicht verschweigen, weil alle reden zusammenstimmen, damit die boten desto schärfer auf die äuserungen der V Orte achten, weil doch die welt voll untreue sei. 2. Da man die meister der schiffleute, die heute des Oberwassers wegen erschienen, auf Mittwoch vor den grofsen Rat gewiesen, so sei hierüber (in Baden) nichts zu verhandeln, sondern weiterer bescheid zu erwarten. **Zürich, Missiven.**

1914. Oct. 8, Baden. Angelus Ritius, gesandter des herzogs von Mailand, an die eidg. boten. 1. Der Herzog sei des festen glaubens gewesen, es werden eidgen. anwälte zur empfangnahme der (ersten) 10,000 gl. kriegskosten abgefertigt, und habe das geld auf den 15. September zu erlegen verordnet; nachdem er dann erfahren, dass die Eidgenossen es hier zu empfangen begehren, habe er, wiewohl er laut der capitel das nicht schuldig, allen fleifs angewendet, um kaufherren zu finden, die eine solche summe hier, oder in Constanz oder Lindau bezahlen könnten; da sich aber keiner getraut, diese bürde zu übernehmen, und die umstände gefährlich aussehen, so habe der Herzog es nicht gewagt, das geld hieher zu liefern. Desshalb bitte und ermahne er (der secretär und kämmerer) die (acht Orte) dringlich, bevollmächtigte boten abzuordnen, um jene summe in Como zu empfangen, und zwar erbiete sich der Herzog, die kosten dieser botschaft geziemend zu ersetzen. 2. In betreff der besoldungen für die commissarien und die richter bedaure derselbe nicht wenig, dass seine öfter erklärte meinung den Eidgenossen nicht gefalle.

Basel, Abschiede (deutsche abschrift aus Baden).

1915. (Zu Oct. 8 f., Absch.). Beachtenswert sind folgende instructionsartikel von Basel: 1. «Des bischoffs von Costanz verein (belangend) sollend unsere botten anzöugen, dass wir uns deren nit annemen, beladen noch darin gan wellend. Es sollend ouch unsere botten (die von) Zürich und Bern erinnern, dass sy sich glich wol bedenken, ee sy die verein annemen, dann sich die eben wit strecken will.» 2. Das mandat der V Orte findet man dem landfrieden nicht gemäfs, der für übertretung nur strafe androhe; es wäre daher am besten, (zu gewärtigen, ob jemand dawider predige, und dann) die fehlbaren zu strafen, also keine bürgschaft zu fordern. Die beschwerde über das Zürcher mandat erscheint als unbegründet; ... doch will man gerne vermitteln helfen, besonders wenn Zürich (den V Orten) mit einer (beruhigenden) zusage entgegenkommt.* 3. «Uff unserer eidgnossen von Zürich anbringen, sonderlich an Bern, Basel und Schaffhusen beschehen, sollen unsere botten sich zuo den botten von Bern und Schaffhusen verfüegen, des ersten was sy hierunder (sic) für befelch habend, vernemen und demnach mit inen daran sin, dass mit den botten von Zürich geredt und inen früntlich zuogesprochen werde, ires fürnemens abzestan, ein Eidgnoschaft unzerschrenkt ze lassen, sich ze liden, der hoffnung, es werde ob Gott will besser.. Dargegen wellen wir mit den fünf Orten reden, sich etwas früntlicher gegen inen zuo schicken, damit wir by einandern pliben mögen.» **Basel, Abschiede.**

* In der instruction für den tag in Frauenfeld regte Basel eine klage an über die täglichen schmähungen von seiten der fünförtischen prediger.

1916. Oct. 10. Freiburg an Bern. «Uns kompt für, wie dann ir die von Alblingen ersuocht und inen fürgehalten haben, diewyl si an üwer und unser herrschaft Graspurg gehören, dass si sich des bishar gehabten wesens abtuon und sich bemelten von Grasburg old Schwarzenburg in irem bruch des gloubens und der kilch glichförmig machen und halten sollen, das uns befrömdet in ansechen dess, so inen vormaln bewilligot worden. Aber wie demselben, diewyl die guoten lüt den kilchgang daher in unser herrschaft gebrucht und (als wir vermerkt) ein abrednuss getan haben, daby zuo beliben, langt an üch unser ganz fründtlich bitt und begeren, (dass) ir si soliches anlangens halb gerüewigot und by irem bisher geüebten bruch ungeweigert wöllen beliben lassen»... Bitte um schriftliche antwort.

Freiburg, Miss. Bd. 9. u. 10.

Ein anderes schreiben von Freiburg betraf privathändel mit Genfern. Bern antwortete auf beide am 11. October: 1. Der handel wegen Albligen müsse an den grossen Rat gebracht werden, ohne dessen einsehen kein entscheid gefasst werden dürfte. 2. In betreff des andern geschäfts bleibe man bei dem wortlaut des burgrechts.

Freiburg, A. Bern.

1917. Oct. 10, Freiburg. 1. «Herr Pavilliard und Cünzy sind gan Granson geordnet. 2. Die befelch, den zechenden von Provence zuo miner herren (handen?) den halben teil on recht nit nach(ze)lassen. 3. Den undergang mit dem herrn von Vauxmarcus ze tuond. 4. Die botten sollen daran sin, wo das mer ist, die mess zuo behalten, dass man den kilchherren alle ding usrichte und gebe. 5. Si sollen den carthüsern erschiefslich sin von wegen des zechendens ze Onens, dass inen derselbig gelange. 6. Die botten söllen ein andren salzdiener ze Granson in miner herren hus setzen, und Barilliet den schiffknecht wider annemen. Si sollen mit commissari Luca(s) ernstlich red halten und erfragung by inn tuon, was gerechtsame min herren haben mögen in dem span und stofs mit Wyblispurg. 8. In den übrigen artiklen, den span zwüschen denen von Frondevillen und Losan, den buw ze Eschallens am schloss, und die gefänknuss ze Orba, ouch ander berüerend, haben die botten gewalt ze mittlen und ze handlen nach gebüre und gestaltsame der sach.»

Freiburg, Ratsbuch nr. 50.

1918. Oct. 12 (Samstag nach Dionysii). Schultheifs, Rat und Vierzig von Bremgarten an Zug. «Frommen etc. etc. Als dann unserer gnädigen herren von den fünf Orten ersamen ratsbotten vor unser gemeind erschinen sind und von inen und uns allen ein luters zuo wüssen begert, ob wir unserm zuosagen, inen schriftlich und mundtlich getan, geleben wellen oder nit, und dass die gehorsamen und ungehorsamen solicher gestalt sich ufschriben und wir sölichs üch .. in geschrift überantworten sollten, wie üwere botten das wol wüssend, was doch gestern etwas spans; hüt aber sind dieselbigen spännigen vor uns erschinen und haben sich begeben, dass sy sich nit von uns sündern, sunder gehorsam sin und wie üch zuogseit syg, dass sy dasselb halten wellen; wäre aber etlicher under inen, der sömlichs nit wellte tuon, der welle sich doch anderschwa setzen und albie dhein sunders oder widerwertigs machen. Das verkünden wir üch guoter

meinung, mit bitt, dess die überigen unser herren von den vier Orten
ouch zuo berichten und uns allzit in gnaden befolen ze haben. »

Lucern, A. Bremgarten (original).

1919. Oct. 12 (Samstag nach Dionysii). Zürich an Zug. « Es
haben uns unsere potten, wie sy ab jetzigem tag kommen, der handlung früntlicher pitt von wegen der müllern, denen der wyn zuo
Lunkhofen entweert worden, an uns gelanget, mit allem flyfs berichtet,
und wiewol die erkanntnuss, von unsern lieben Eidgnossen vornacher
gedachts wyns halb zuo Baden ergangen, unsern gerechtigkeiten, so
wir zuo Lunkhofen hand, etwas und nit wenig abbrüchlich, so wöllent wir doch, so und wenn ir uns ein versiglete bekanntnuss, dass
sölich nachlassen uns vor und nach an unsern fryheiten keinen schaden gebären sölle, zuostellend, üch und andern unsern lieben Eidgnossen zuo sunder geneigtem gfallen, damit ir sehend, dass wir nit geneigt sygent, spenn mit üch ze haben, gemelten spruch zuo Baden
ergangen zuo fürgang kommen und es güetlich daby blyben lassen »...

Zürich, Missiven.

1920. Oct. 12. Bern an Freiburg. Da verlaute, dass der prädicant zu Laupen in dessen gebiet nicht sicher sei, was ihm höchst
beschwerlich falle, so bitte man freundlich, den guten mann in gnaden
zu bedenken und ihm für stadt und land die nötige sicherheit zu gewähren, etc.

Freiburg, A. Bern.

1921. Oct. 14. Bern an Lucern. Aus dem letzten abschied von
Baden und dem bericht der gesandten habe man die für Hans W(yg)
von Merischwanden getane fürbitte vernommen. Da nun die sache
fortwährend bedenkliche reden hervorrufe, so erheische die unvermeid-
liche notdurft, dies ohne recht nicht durchgehen zu lassen, und bitte
man daher um anzeige eines rechtstages, da der früher bestimmte abgekündet sei.

Bern, Teutsch Miss. T. 671. Lucern, Missiven.

1922 a. Oct. 14, Freiburg. 1. « Sind der schultheifs, vänner,
stattschriber und noch einer von Petterlingen in namen derselben
statt erschinen und hand min herren nach getaner commendation under
anderm des schirmbriefs halb, der hinder den geistlichen herren daselbs befunden worden, ersuocht und gebetten, inen denselben verschaffen zuo handen ze komen; dann ires bedunkens derselb vor etwas
zyte hinder inen gelegen und mittler zyt entfrömdet sye worden, und
dass damit künftig intrag und irtumb, so sich in die güetig vereinung
zwüschen inen und minen herren intragen und mischen möchten, beliben gemitten, und es inen one nachteil sye etc. 2. Ist abgeraten
inen ze antwurten, dass min herren nit vermeinen, dass solichs, inen
nachteilig; dann das die geistlichen herren getan, dess haben si lut ir
fondatz gewalt und fuog gehebt, daby es mine herren jetzmal beliben
lassen.

1922 b. Oct. 21. 1. « Herr Jacob Werli soll gan Bern ryten von
der herren von Betterlingen (wegen) und die antwurt erforderen uns
(und ?) die urteil deren, so uf der kilwiche» (?...). 2. « Herr Antoni
(Pavillard) und Hans Amman sollen gan Betterlingen, dem stattschry-

ber den brief ze höuschen von des widerruofs wegen und alle die berechtigen, so wider min herren geredt oder gehandlet und wider iren
schirin » (? . . .).   Freiburg, Ratsbuch nr. 50.

1923. **Oct. 14.** Bern an den stadtschreiber in Baden. Anzeige
dass Hans Franz Nägeli zu der nach Mailand verordneten botschaft
erwählt sei, behufs (genauer) ausfertigung des credenzbriefes und der
quittanz, etc.   Bern, Teutsch Miss. T. 670.

1924. **Oct. 16** (S. Gallen t.). Zug an Lucern. « Uss sonderlichen
grofsen gnaden, die der allmechtig Gott (dem wir billich lob und
dank zuo sagen schuldig sind) unser loblichen cristenheit täglichen
mitteilt, verkünden wir üch, dass uns üwer und unser landvogt zuo
Baden in yl hat zuokomen lassen, dass im unser lieb eidgnossen von
Rotwyl hüt dato morgens um die vierden stund dise meinung, wie ir
sy hie in bygelegter copy verhören werden, zuogeschickt, mit fründlichem begären, üch die überigen vier Orten sölichs ouch zuo verständigen, dess wir üch guoter meinung nit verhalten, mit früntlichem
begeren, üwern und unsern getrüwen lieben eidgnossen von Underwalden diss meinung ouch zuokomen (ze) lassen, dann wir den übrigen zweyen Orten glicher gestalt zuogeschriben habend ». . . .
                                                        Lucern, Missiven.
    Die „zeitung", 2 seiten füllend und bis 7. October reichend, liegt bei.

1925 a. **Oct. 18,** Bern. 1. Biel klagt durch eine botschaft, dass
der herr von Prangins (landvogt in Neuenburg) einen zehnten sperre.
2. Der St. Imerstaler halb wird ein rechtstag angesetzt, und an den
herrn von P. freundlich geschrieben, er möge da keine neuerung unternehmen, sondern um guter nachbarschaft willen freundlich unterhandeln lassen. Wenn Biel die Imertaler bewegen kann, hieher zu
kommen, so will man zum besten verhelfen.   Bern, Ratsb. 285, p. 52.

1925 b. **Oct. 18.** Bern an (den statthalter der gräfin von Neuenburg). Vortrag der beschwerde von Biel über den auf einen wein-
zehnten zu Serrieres gelegten arrest und erinnerung an die eidg. anerkennung der bezüglichen rechte der stadt im namen der stift St.
Imer. Demzufolge werde die bitte gestellt, jenen zehnten dem herkommen gemäfs verabfolgen zu lassen, und desshalb eine (schriftliche)
antwort bei dem gegenwärtigen läufer begehrt. Bern, Welsch Miss. A. 249 b.

1926. **Oct. 19** (Samstag nach Galli). Zürich an Basel, Schaffhausen und Appenzell. Auf dem letzten tage zu Baden sei verabschiedet worden, dass man sich auf dem bevorstehenden tag zu
Frauenfeld über die mittel betreffend (den span mit dem) abt von St.
Gallen erklären solle; man sei gesonnen dies zu tun, (bedenke aber),
dass die sache weiter aufgeschoben werden müfste, wenn die boten
der (drei) Orte nicht zugegen wären, vor denen man sich zum recht
erboten habe. Da man bisher wohl gespürt habe, dass sie für die
gütlichkeit keine mühe sparen, und hoffe, dass sie darin beharren
werden, so bitte man recht freundlich, den genannten tag auch zu besuchen und der botschaft auftrag zu geben, zum besten zu verhelfen,
etc.   Zürich, Missiven. Basel, Abschiede,

1927 a. **Oct. 21.** Bern an Solothurn. Es habe etlichen prädicanten auf ihr anrufen einen rechtlichen tag gegen den prediger von Freiburg angesetzt auf nächsten Donstag früh; da nun dieser auch Bern (an seiner ehre) angetastet habe, wie Solothurn von den diesseitigen boten vernehmen werde, so begehre man, dass es die rechtsverhandlung aufschiebe, bis die boten zurückkommen; je nach der antwort, die es ihnen gebe, werde man dann weiter handeln, was die notdurft erheische, und die sache gemeinsam führen; desshalb bitte man um schriftliche antwort.

1927 b. **Oct. 21.** Bern an Tillmann und Noll. Die prädicanten zu Lüfslingen und Aettingen haben heute einen brief vorgelegt, welchen Solothurn dem prädicanten zu Oensingen und den mithaften geschickt, und darüber rat begehrt; darauf habe man nach Solothurn geschrieben, wie die beilage weise; auch von dem (ersterwähnten) briefe gebe man eine copie; (die boten) haben sich darnach zu richten, da eben viel an der sache gelegen sei. Bern, Teutsch Miss. T. 672, 673.

1928. **Oct. 21** (Montag vor Simonis und Judä). Lucern an Johann (Faber), bischof zu Wien. 1. Angabe des inhalts des von den V Orten an den Kaiser und den (r.) König gerichteten schreibens (§§ 1, 2). 2. Es befinden sich im gebiet Lucerns und den anstofsenden landschaften etliche gotteshäuser des deutschen und des St. Johanns ordens, die durch die landcommenture in der letzten zeit mit neugläubigen commenturen und schaffnern besetzt worden seien, nicht ohne grofse beschwerde der obrigkeit und der untertanen; man nehme zwar an, es sei das nicht absichtlich, sondern aus unwissenheit, oder weil es anders nicht möglich gewesen, geschehen; damit man aber in zukunft dessen enthoben und das volk mit bekannten priestern versehen werde, die es nicht mit verführischer lehre vergiften, und für die schweren kosten, die man zur erhaltung des wahren glaubens eingesetzt habe, einigermafsen ersatz gewinne, möchte man folgendes gesuch an Kaiser und König tun, und weil man immer gespürt, dass der bischof sehr geneigt und begierig sei, die diesseitigen anliegen zu fördern, so wage man es, ihm die freundliche bitte zu eröffnen, dass er mit dem Kaiser oder König vorläufig darüber rede, ob es «erfunden» werden möchte, dass die «lehen» solcher ordenshäuser der obrigkeit zu handen gestellt würden, damit man sie mit genehmen schaffnern versehen könnte; man bitte ihn auch um väterlichen rat, ob es derzeit gelegen wäre, in dieser sache zu unterhandeln, und was sich dabei zu tun gebührte, etc. etc. Stiftsarchiv Lucern (concept).

1929 a. **Oct. 21.** Basel an Zürich und Bern. Die stadt Constanz habe wegen ihres spans mit den domherren geschrieben und dabei gebeten, sie bei den zu Baden gemachten abschieden bleiben zu lassen; da sie (den beiden Orten) in der gleichen angelegenheit schreibe und durch eine ratsbotschaft gründlichen bericht gebe, so sei nicht nötig, hier mehr davon zu sagen. Weil man aber auf dem tag zu Frauenfeld nicht erscheinen werde und denen von Constanz doch gern alle freundschaft beweise, und der handel wichtig sei, indem später die hier abgewichenen domherren und pfaffen das gleiche begehren stellen möchten, so bitte man, die sache recht gründlich zu erwägen und dahin zu wirken, dass die bezüglichen abschiede von 1527 und 1528 in kräften bleiben oder zum wenigsten die botschaft von Constanz (nochmals) verhört werde, etc.

1929 b. Oct. 21. Dasselbe an Constanz. Antwort auf dessen schreiben und die beigelegten acten (instruction, abschiede). Bezeugung herzlichen mitleidens und guten willens, solche anfechtungen abwenden zu helfen; hinweisung auf die bezüglichen schritte bei Zürich und Bern, etc.
                                                                    Basel, Missiven.

1930. Oct. 22, Freiburg. 1. «Des herzogen von Savoy botschaft, so hie ligt, soll gesagt werden, dass si die bezalung tüegen, oder man werde uf das underpfand fallen 2. An die von Jenf, uf beger Amey Girarden, mit begriff, dass si ires fürsten gebotten und verbotten gehorsam syen; dann so das nit beschechen, wurden mine herren one fälen und fürderlichen mit inen übersitzen und luogen, ob si das burgrecht gehalten haben oder nit.» (Vgl. 9. Nov.).
                                                                    Freiburg, Ratsb. nr. 50.

1931 a. Oct. 23 (Mittwoch vor Simonis und Judä). Zug an Lucern. Dessen ratsanwälte, die auf der letzten tagleistung zu Baden gewesen, werden ohne zweifel gemeldet haben, wie die V Orte mit dem hauptmann von St. Gallen geredet haben, damit der Abt jedem Ort 200 gulden verabfolgen liefse. Nun habe dieser heute 1000 gulden, je 15 Constz. btz. für 1 gl. gerechnet, anher geschickt mit dem freundlichen begehren, die sache geheim zu halten. Desshalb habe man den ammann Oswald Toss, statthalter Brandenberg, vogt Bachmann und seckelmeister Wulflin (?) verordnet, das geld zu empfangen und jedem Ort 200 gl. zuzuteilen; Lucern erhalte seinen anteil durch diesen boten und möge berichten, ob es befriedigt sei. Dem überbringer habe man auf jedes Ort ½ gl. geschenkt, was man nicht verschweigen wolle, etc.
                                                                    Lucern, Missiven.

1931 b. Oct. 23 (Mittwoch vor Simonis und Judä). Zug an den abt von St. Gallen. Bescheinigung des empfanges von 1000 gulden, an Schwyzer und Constanzer batzen, zu handen der V Orte, mit verbindlichem dank und erbieten von guten diensten in angelegenheiten des Gotteshauses, etc.
                                                                    Stiftsarchiv St. Gallen.

1932. Oct. 23. Bern an Biel. 1. Anzeige wie Solothurn durch eine botschaft ersucht worden, den prediger in Freiburg wegen gewisser äufserungen ... zum rechten zu verpflichten, was aber abgeschlagen sei. Da nun dies den glauben berühre, und der prädicant auch Biel beschimpft habe, so wünsche man, dass es auf ihn achte und in seinem gebiet ihn auf betreten verhafte, indem man vernehme, dass er sich nächstens nach Freiburg zurück verfügen werde. Das sei aber ganz geheim zu halten, damit er nicht gewarnt werde; man begehre auch, dass Meyer und Rat alles mögliche tun, um seiner habhaft zu werden. 2. Mitteilung der antwort des statthalters in Neuenburg...
                                                                    Bern, Teutsch Miss. T. 674, 675.

1933. Oct. 23 (Mittwoch vor Simonis und Judä). Schwyz und Glarus (LAA. und Räte) an Zürich. Man habe schon öfter, schriftlich und durch boten freundlich gebeten, zu der abrede einzuwilligen, dass jedes Ort einen schiffmann (schiffmeister) einsetze; es sei aber bisher bei seinem vorsatz geblieben und habe zu einigem befremden noch keine antwort gegeben; es möge bedenken, dass die angehörigen der zwei Orte die schiffsfuhr in seinem gebiete nur anderthalb meilen weit brauchen, und das fahr in diesseitigem gebiet mehr als vier meilen weit reiche, woraus sich ergebe, dass man nichts unbilliges anspreche, zumal dies alles zu gemeinem vorteil diene. Darum stelle man nochmals das ernstliche und dringliche begehren, dass es hierin gütlich willfahre, damit man beiderseits zur ruhe komme und grössere kosten und mühe vermieden werden. Wenn aber diese vielfältigen bitten und ermahnungen fruchtlos blieben, so begehre man desshalb umgehende schriftliche antwort, nach welcher man sich zu verhalten wisse. (Aus der Glarner canzlei).   Zürich, A. Oberwasser.

1934. Oct. 23, Solothurn. Maigret und Dangerant an Lucern. «Grofsmächtigen erenden günstigen lieben herren. Ir mögend durch die herren euer gesandten, so am letsten zuo Baden gewesen, die anzöigung, so hoptman Hans Junker und ich Megret inen erzelt, verstanden haben, wie man uss der summ gelts, die usgang dises monats komen sol, den kriegslüten uf ir schuld einich summen geben möcht, darus sy iren nutz schaffen könntend, wenn die herren von Solothurn und etlich besonder lüt von Bern und Fryburg nit verwilgen weltend einer ablösung umb zwanzigtusent rinscher gulden bis nach Wienacht nechst künftig ze warten, uff welches zil der Küng hat verheifsen aber fünfzigtusend kronen ze schicken, uss welcher summ wir vermeintend die gemelt losung ze tond; derselbigen anzöigung nach min herren die Eidgnossen die potten von gesagtem Bern, Fryburg und Soloturn batend, dass sy weltend die, so die sach angat und berüert, pitten, also nach gedult (ze) haben und stilston bis zuo obbenauntem zyt, weliches etlich, und etlich (aber) nit verwilgot habend, desshalb wir gezwungen sind, die obberüert summ zuo lösen mit unser grofser beschwerd; dann wir gern gehapt hettend, dass die selb summ den kriegslüten worden wäre inhalt des künglichen willens, so da ist, die kriegslüt allen dingen vorab zuo achten und halten, sofer das vermögen darby sy(g). Nünt dester minder .. so pittend wir, üch well gefallen, euern und euers Orts hoptlüten zuo sagen, dass sy nit harkomend, zerung und zyt vergebens zuo verlieren, und wellend sy berichten, glich nach Wienacht, so die fünfzig tusend kronen harus geschickt, werden wir sy (es) lassen wissen, dass si söllend komen reichen ir teil, den wir inen so guot machen wellend, dass si und ir knecht ursach haben müefsen, sich zuo benüegen».. .

Lucern, A. Frankreich (deutsches original von ungeschickter hand).

1935. Oct. 23 (Mittwoch vor Simonis und Judä). Glarus an Lucern. Es wisse, wie Gallus Eglin, wirt zum Schwert, und Hans Streuli von Weesen bei den herren von Schwyz in ungnade stehen.

Nun vernehme man, dass auf Sonntag den 27. d. m. eine ganze landsgemeinde in Schwyz verkündet worden, und wolle dahin eine botschaft fertigen, um für die beiden um gnade zu bitten; desshalb bitte
man Lucern, auch eine botschaft dahin zu schicken, um diese fürbitte
zu unterstützen, indem man auf einige rücksicht hoffe; ebenso ersuche
man die drei andern Orte, etc. **Lucern, Missiven.**

1936. Oct. 23. Bern an Solothurn. «Unser potten, so gester
vor üch erschinen, habend uns die antwurt, so ir inen uf iren fürtrag
geben, nach der länge entdeckt, dero wir uns dheins wegs versechen
hettend, desshalb wir nit unbillich höchst bedurens darab tragend,
dass uns recht abgeslagen soll werden; an(e) zwyfel, wir wären dess von
üwern vordern, wann wir sy so trungenlich solicher, ja vil ringfüeger(er)
sachen halb vermant, in ansechen alter fründschaft, trüw und liebi, so
wir doch nützit dann rechts und berichts begerend, gewärt worden;
wir hetten ouch üch, wo wir dergestalt von üch umb derglichen oder
unachtbarer sachen angesuocht, eeren halb solichs nit können noch
wöllen versagen. So es aber jetz also ein gstalt hat, müefsends wir
diser zyt Gott befelchen und doch darneben uns dess vor allen recht
verständigen und frommen unser notdurft nach ze erklagen nit underlassen und darab ursach nemen, wo üch oder den üwern albie by
uns oder in unsern gepieten gliche, ja ouch mindre schmach begegnete
und zuogeredt wurde, und desshalb um recht angerüeft, so gemäch-
lichen darzuo ze tuond, als ir in disem fall getan hand. Wiewol wir
erachten, wann gesagter predicant von Fryburg sinem erpieten und
rüemen gnuog tuon wellte und sin sach getrüwte zuo erhalten, ir und
er hettend üch nit gewidriget, dem rechten ze gestan und doch zum
wenigosten understanden, mit heiliger geschrift nüws und alts testaments sin sach ze bewären und uns irtumbs ze bewysen. Dwyl es
aber an üch und im erwindt, ist die schuld nit unser, sonders üwer.
Was darus folgen mag, dass uns recht abgeschlagen, und gesagter
predicant von Fryburg sinem erbieten nit statt gibt, geben wir üch
ze ermessen und wellen hiemit nach aller notdurft protestiert haben,
dass an uns nit erwunden, vilgesagten predicanten anzelangen. So
nun uns soliche abslachung begegnet, wellen wir nit gestatten, dass
die predicanten, so in üwern nidern und in unsern hochen gerichten
gesessen, sich wyter inlassind. Kriegstetten halb lassends wir by
unser vorgebner antwurt blyben.»

Bern, Teutsch Miss. T. 677, 678. Solothurn, Berner Schr.

1937. Oct. 24, Freiburg. 1. «Ist ein erber botschaft von einer
statt Constanz erschinen und nach verlesner und verhörter instruction von iro in fast langem erzellen etwas beschwerd erzelt worden
von wegen des Tumbs und iro priesterschaft, die von inen und ir(er)
statt abgetretten, die nun inen und denen, so by inen beliben, etwas
abbrüchigs tüegen an den gülten und renten, so einer stift und fabrique
im Thurgöw fellig; da (sye) siner herren bitt, (dass) min herren mit
andren Eidgnossen güetig insechen tuon und inen gewilligen wellen,
dass die belibnen priester iren teil haben und empfachen mögen etc.

2. Ist abgeraten, ime ze antwurten, dass mine herren irem botten uf
disen tag gan Frowenfeld mit andren Eidgnossen befelch werden geben ze haudlen etc. 3. Der bott soll mit andren Eidgnossen daran
(sin), was von singens und lesens wegen geben, daby an ein Tum
und stift Constanz vergabet oder erkouft worden ist, dass solichs dahin und dem meren teil zuogelassen werde. » **Freiburg, Ratsbuch nr. 50.**

1938. Oct. 25 (Freitag vor Simonis und Judä). **Zürich** an **Schwyz**
und **Glarus.** Antwort auf ihre zuschrift betreffend das fahr. Man
bedaure, nicht weniger als sie (ihrerseits), dass sie dem begehren betreffend den vierten schiffmann noch nicht entsprochen haben, indem
man verhofft hätte, dass sie die hiesigen schiffleute bei ihrem langwierigen besitze des fahrs im Oberwasser bleiben lassen oder wenigstens
um der freundschaft willen die einsetzung von zwei schiffmeistern gestatten würden, und noch erwarte, dass sie das nicht abschlagen, sondern die verabredeten artikel freundlich annehmen werden. Gerne
gäbe man nun eine bestimmte antwort; allein die zuschrift (der beiden Orte) sei an einem markttag eingetroffen, wo man diese angelegenheit einer höhern behörde nicht vortragen könne; man bitte daher
freundlich um einen kleinen aufschub; dann wolle man beförderlich
eine antwort senden, in der zuversicht, dass der handel in guter eintracht erledigt und ein process nicht nötig werde, etc.

Zürich, A. Oberwasser.

1939. Oct. 26, Bern. Eine botschaft von Solothurn bringt die
späne betreffend den prädicanten von Freiburg und die kirchlichen
verhältnisse von Kriegstetten zur sprache. In jenem bestätigt man
das bezügliche schreiben; in letzterem bleibt man bei dem mehr und
dem erklärten rechtsvorschlag.   **Bern, Ratsb. 235, p. 80.**

    Boten von Solothurn waren Urs Hugi und Niklaus Ludmann. Ihre instruc-
tion, die besonders den ersten artikel weitläufig erörtert, findet sich (undatirt)
im Solothurner Abschiedband 19.

1940. Oct. 26 (Samstag vor Simonis und Judä). **Zug** an **Lucern.**
Der bote, der auf dem letzten tag in Baden gewesen, habe angezeigt,
dass Bern beabsichtige, den Hans Wigg von Merischwanden gewisser
reden wegen rechtlich zu beklagen. Man bitte Lucern, demselben beholfen und beraten zu sein, damit er seiner ehren halb unverletzt
bleibe; denn was ihm hierin leides geschähe, würde man als eigene
kränkung empfinden, und könne man ihm in dem oder anderm «etwas
hilf oder güetigkeit bewisen», so sei man dazu bereit, etc.

Lucern, Missiven.

1941. Oct. 28. Bern an Zürich. Man habe aus den letzten abschieden ersehen, dass der span wegen der 6000 gld. mit dem abt
von St. Gallen sich freundlich vertragen liefse, wenn Zurich einwil-
ligte, 4000 gld. zu geben; betrachte man alle umstände, so finde man
nun besser, die sache nicht rechtlicher weise abzutun...; desshalb
wolle man in ganz getreuer meinung gebeten haben, auf dem nächsten tag in Frauenfeld eine freundliche unterhandlung anzunehmen....

Zürich, A. Abtei St. Gallen. Stiftsarchiv St. Gallen.

In entsprechendem sinne schrieb Bern unter gleichem datum auch an den abt von St. Gallen.

Die concepte für beide schreiben haben die Berner Teutsch Missiven T. 680, 681.

1942. Oct. 28 (Simonis et Jude). Heinrich Schönbrunner, landvogt zu Baden, an Zürich. «Es ist uff gester Sunntag in Sant Anna capellen vor der statt Baden kilchwichi gwesen, ist der üwer Ruodolf Seholzer ab der obern strafs uff dem abent darin gangen und angefangen mit sinem schwert die ampelen zerschlachen und ganz ungeschicktlich handlen, und als er durch etliche wyber beschruwen, ist er uss der kilchen flüchtig worden, sind im etlich nachgeilt und (hand) in mir gfenklichen überantwurt, und diewyl aber ich in nach vermög des lantfrides und miner befelch von minen g. herren den fünf Orten für ein landgricht stellen (sollt), da aber ich besorg, dass im das recht zuo schwer wurde, hab ich sölichs üch .. unangezeigt nit wöllen lassen, damit, ob ir pittlicher oder andrer gstalte gegen m. g. h. den fünf Orten handlen wöllten, (sic); dann in allem dem mir möglich üch zuo gedienen und willfaren wäre ich geneigt.»

Zürich, A. Grafsch. Baden.

1943. Oct. 28, Bern. Instruction auf den tag in Frauenfeld (schlussabschnitt:) Verweisung auf die beigelegte abschrift der botschaft von Constanz, und auftrag zu nachdrücklicher verwendung für die stadt, da es schimpflich wäre, besiegelte abschiede durch spätere beschlüsse zu vernichten. «Und damit die sach gar zuo end bracht und beid partyen ab einandern kämind, bedüechte min herren ganz fruchtbar sin, dwyl der ämptern vil, dass die durch unpartyg lüt, als den landvogt im Thurgöuw und den vogt uf Gottliebe(n) zerleit wurde(n) also, dass beid partyen, eine nach der andern, durch bemelt schidlüt in irem anligen verhört, und demnach durch sy ein fründliche schidigung und teilung der zinsen und gülten bescheche, und jeder party zuogeteilt wurde das so ir gepüren mag»...

Bern, Instr. B. 22¹ b.

Am 12. December äussert sich Bern über diese angelegenheiten ebenso entschieden und tadelt scharf, dass die beschlusse der X Orte und der vier (im Thurgau vermittelnden) Orte nicht mehr gelten sollen, als der von den geflüchteten pfaffen zu Kreuzlingen erwirkte (separat-)abschied, gibt auch zu bedenken, dass der Thurgau und die ganze Eidgenossenschaft zu leiden hätten, wenn dieser händel wegen unrat entstünde.   ib. ib. 236 b.

1944. Oct. 29 (Dienstag vor Allerheiligen). Heinrich Schönbrunner, landvogt zu Baden, an Zürich. 1. Antwort auf dessen (rück-)schreiben betreffend R. Seeholzer. Zürich zu ehren habe er denselben nicht sofort vor das landgericht stellen wollen, um freundliche unterhandlung eintreten zu lassen... 2. Sodann verlaute, dass morgen in sachen Ofrion Setzstabs endgültig gerichtet werden solle. Nun erinnere er an die dringliche fürbitte, welche venner Pastor von Bern mit ihm im namen der zwölf Orte, und er (Sch.) allein in namen der sieben Orte getan; da Setzstab in eidg. kriegen sich öfter wohl gehalten, in den sieben jahren, die er aufserhalb Zürich zugebracht, seine herren gegen mancherlei reden verantwortet habe und für äufserungen, die er gegen sie getan haben möge, an gnädige verzeihung geglaubt habe, so bitte er nochmals, der fursprache der zwölf Orte eingedenk zu bleiben, Setzstab ledig zu lassen und an dessen langer gefangenschaft ein genügen zu haben; das wolle er jetzt als vogt und später dankbar zu vergelten suchen, etc.　　　　　　　　　Zürich, A. Grafsch. Baden.

1945. Oct. 30, Speyer. Kaiserliches mandat an St. Gallen wegen entrichtung der rückständigen auflagen für das kammergericht, in drei wochen frist, etc. etc.　　　　　　Stadtarchiv St. Gallen.

1946. Oct. 30. Bern an Solothurn. «Wir haben üwer lang schryben, berürend die beschward, so ir ab unser antwurt und rechtpott Kriegstetten halb tragend, alles inhalts verstanden. Dwyl ir nuu vorhabens sind, desshalb in dhein recht ze stan, mit fürhalt, wie ir wyters rates pflegen wellend, müefsends wir beschechen lassen und Gott befelchen, sind ouch der guoten hoffnung, so wir mit üch mit pünden und burgrecht verbunden und üch lut derselben das recht anpieten, uns werde niemands den unglimpf zuolegen; harumb wir es nochmalen by vordriger antwurt bliben lassen, so wir doch an dem ort nützit unbillichs begeren, (sunder?) allein dass dem so abgemeret gelebt werde, namlichen dass zuo Kriegstetten nebend der mess das gottswort verkündt werde»...　　　　Bern, Teutsch Miss. T. 682.

1947. Oct. 30. Bern an den herzog von Savoyen. Erneuerung des begehrens, von der seiner zeit mit Lucern, Freiburg und Solothurn übernommenen bürgschaft befreit zu werden, mit der androhung, auf die verschriebenen pfande zu greifen, sofern die bezüglichen verpflichtungen nicht ohne aufschub erfüllt würden, und forderung bestimmter antwort, etc.　　　　　　　Bern, Welsch Miss. A. 251 a.

Dieses begehren war die folge einer eben von Basel getanen mahnung zur «leistung».

1948 a. Oct. 31. Bern an die kaiserlichen gesandten, Franz Bonvallot, tresorier der kirche von Besançon, und herr von Comenailles, landvogt zu Dole. Aus dem vortrag derjenigen (ratsglieder), die ihnen gestern die diesseitige antwort eröffnet haben, erkenne man, dass sie gesonnen gewesen, ihre aufträge nochmals vorzubringen. Desshalb zeige man ihnen an, dass man in nächster zeit boten nach Neuenburg schicken wolle,*) um dahin zu wirken, dass der im tal Mortes-Aigues(?) gemachte raub zurückerstattet werde; die antwort, die man da erhalte, werde man dem parlament in Dole notificiren. Die erbeinung sei man zu beobachten ganz geneigt gegen alle, die sie nicht ihrerseits verletzen.　　　　　　　Bern, Latein. Miss. I. 307 b.

1948 b. Dec. 23. Bern an das parlament in Dole. Antwort auf das begehren um auskunft über den viehraub in Mortes-Aigues. Man hätte die von den Neuenburgern desshalb gegebene erklärung schon früher mitgeteilt, wenn nicht die supplication der frau des Johannes Hardi**) dazwischen gekommen wäre; da diese den ihr gegebenen

*) Noch am gleichen tage wurde Joh. Jacob von Wattenwyl dahin abgeordnet.

**) Ueber die früheren verwendungen für Joh. Hardi gibt Herminjard II. einige acten und notizen.

empfehlungsbrief nicht überreicht habe, so begehre man nochmals, den
früher angebrachten gesuchen zu entsprechen. «Quod si fieri non
possit, scribimus gubernatori Novicastri, ut reparationem factam curet.»

Bern, Latein. Miss. I. 309 a.

1949. November 1. Bern an Neuenburg. Am letzten Mittwoch
haben der vogt von Dole und der schatzmeister Bonvallot als gesandte
des Kaisers angezeigt, wie «Loys Maistre Jehan» (Hardi) und seine
gefährten zu Morteau gefrevelt haben, worüber Joh. Jacob von Wattenwyl genaueres vortragen werde; man bitte, ihm darin glauben zu
schenken und eine antwort zu geben, mit welcher sich der hof zu
Dole befriedigen könne.

Bern, Welsch Miss. A. 251 b.

1950. Nov. 1. Bern an Solothurn. Erinnerung an die klage
über den prädicanten zu Freiburg und den abschlag des rechts... Man
sei dadurch zu dem entschlusse gebracht worden, den beklagten im
fall des betretens selbst zum recht zu nötigen, vernehme jetzt aber
gerüchtweise, dass etliche Solothurner es wagen wollen, ihn mit gewalt durch diesseitiges gebiet zu führen; wiewohl man das nicht recht
glaube, wolle man doch vor einem solchen unternehmen ernstlich
warnen, damit nicht-weiterer unrat aus dem handel erwachse, etc.

Bern. Teutsch Miss. T. 686, 687.

1951. Nov. 2 (Samstag nach Aller Heiligen). Zürich an Freiburg
(und sechs andere Orte). Die (ersten) 10,000 gulden von dem «müs-
sischen geld» seien hier erlegt; da nun der ehren- und gerichtssölde
wegen ansprachen erhoben seien, und die Thurgauer auch bedacht zu
werden begehren, so sei nötig, sich darüber zu beraten und über die
teilung des geldes freundlich zu vereinbaren; dafür habe man auf
Sonntag nach St. Othmar (17. Nov.) einen tag hieher bestimmt, den
man den Eidgenossen rechtzeitig verkünden wolle, etc.

Freiburg, A. Zürich. Basel, Abschiede. Zürich, Missiven.

1952. Nov. 2. Bern an Freiburg. «Uf üwer missive, gester an
uns üwers predicanten halb usgangen, fügen wir üch antwurts wys
ze wüssen, wie dann bemeldter üwer predicant zuo Solothurn an der
kanzel und an andern orten offenlich usgeschruwen und sich berüemt,
er welle die, so die mess und ceremonias der kilchen verwerfen, mit
iren eignen büechern besetzen, dass sy falschlich geleert und lütver-
füerer syend. So nun unser predicant Berchtoldus Haller (in) vergangnen jaren zuo Solothurn uf ir beger geprediget, dessglichen ander
predicanten in unsern hochen und unserer mitburger von Solothurn
nidern gerichten glyche leer, wie dann by uns allenthalben, fürgetragen, desshalb uns gebüret hat, dwyl wir und unser predicanten von
dem üwern wie obgehört angezogen, unsern eeren nach darzuo ze
tuon, und haben uf sölichs bemeldt üwer und unser lieb mitburger
von Solothurn zum höchsten angesuocht, dwyl üwer predicant sich so
dapfer dargestellt und berüemt, dass sy in darzuo halten, dass er dem
statt gebe und sinem erpieten nach uns mit göttlicher schrift nüws
und alts testaments irrtumbs berichtote, wöllten wir uns wysen lassen,
und hieruf recht angerüeft, und dass sy in darzuo handhaben und hal-

ten wellend, das sy uns glatt abgeslagen, dess wir uns billichen beklagen müefsend. So nun uns an dem ort das recht abgeslagen, haben wir höuschonder notdurft nach unser eer ze bewaren wyter insechen tuon müefsen, und ist nit an(e), wann wir vilbemeldten üwern predicanten uf unserm ertrich beträtten mögen, (dass) wir in zuo worten stofsen werden und von im begeren, uns mit biblischer schrift ze underrichten, dass wir irren. Wo er das nit tuon mag (als wir nit hoffen), darumb wandel zo tuond, wie sich gepürt. Dass wir aber fürgenomen ützit gewaltigs oder unfrüntlichs ze bruchen, das wirt sich mit der warheit und tat nimmermer erfinden, allein von im berichts erwarten, wie obgeseit ist, sinem hoch(en) erpieten und rüemen nach. Wann er uns dann in gestalten wie obstat irtums besetzt, haben wir uns in usschribung unserer reformation begäben, uns ze wysen lassen und besserer bericht ze erwarten, des erpietens wir noch sind. Wir wellend ouch hiemit das versprochen haben, dass wir im unser land und gepiet verbotten habind; dann wir dess keinswegs gesinnet. Als ir aber in üwerm schriben meldent, dass unser predicanten üch wider üwer mandat vilfaltig scheltend und schmächend, wellend wir uns dess jetz und zuo allen zyten erpotten haben, wann ir ab unserer predicanten leer und predig beschwert und vermeinend, dass sy ützit predigend, das wider Gott sye, und ir sy darum rechtlich anlangen, wellend wir üch dieselben sampt oder sunders zuo recht halten und das fürderlich gedyen lassen. Fürer, als ir vermeinend, habend wir an üwern predicanten ützit ze sprechen, söllend wir in vor üch anlangen, werde er uns red und antwurt geben, wüsst ir wol, dass all recht und besunders unser loblich pünd vermögend, dass an denen orten, da der frävel beschicht, abgetragen sölle werden. So nun oftgesagter predicant zuo Solothurn obangereckte wort usgelassen, und aber uf unser ersuochen an dem ort uns das recht abgeslagen, müessen wir unser hochen notdurft nach zuo errettung unser eeren nach gestalt der sach tuon und doch, wie obgehört ist, nützit gewaltigs noch unfrüntlichs wider in fürnemen etc. Wyler, getrüwen lieben mitburger und brüeder, langt an uns wie lauds, dass etlich der üwern understandind, vilgesagten üwern predicanten mit gwalt ze reichen (?); wo dem also, müefsten wir luogen, wie dem beschäche und ob wir sölichen gwalt liden müestend. Dess wellend wir üch dennocht gern bericht haben, vor unrat ze sin und hiemit unser eer bewart; dann ir wol ermessen mögend, wo jemands uf unserm ertrich gwalt bruchen söllt, dass es in unserm erliden nit sin wurde. ›

Bern, Teutsch Miss. T. 688–692. Freiburg, A. Bern.

1953 a. Nov. 4. Bern an Payerne. Pierro Mally habe vorgebracht, wie er der messe wegen mit einem mönch in streit geraten sei, worein sich dann die von Freiburg gemischt, indem sie eine klage gegen ihn angehoben und kundschaften aufgenommen haben. Da nun der Rat (von P.) in dieser sache zu urteilen habe, so wolle man ihn ermahnen, die sache reitlich zu bedenken, da Mally mit der meinung, dass die messe in der hl. schrift keinen grund habe, nicht allein stehe, und hinwider nicht Freiburg allein dieselbe für gut halte; es sei also

dahin zu trachten, dass das urteil keine partei verwerfe, sondern die
entscheidung der hl. schrift überweise; diesseits sei man gesonnen,
dem Mally beistand zu leisten. Da er Freiburg nicht ausdrücklich
genannt habe, so konnte der Rat, um größere unruhe zu vermeiden,
sich des entscheids in einer so wichtigen sache enthalten; wolle er
aber ein urteil geben, so sei man entschlossen, zu Mally zu stehen
und nicht zu gestatten, dass er oder andere etwas widerrufen, was
nicht mit Gottes wort entkräftet sei.

Bern, Welsch Miss. A. 252. Ratsb. 235, p. 116.

1953 b. Nov. 27. Bern an Payerne. Antwort auf das durch
venner und stadtschreiber angebrachte gesuch betreffend das gegen P.
Mally gefällte urteil. Durch den gesandten, der letzthin zu Freiburg
gewesen, habe man ausgewirkt, dass sich die Freiburger, statt des
dreimaligen widerrufes auf der kanzel, mit einer erklärung vor dem
Rat (in Payerne) und bezahlung aller kosten begnügen.

Bern, Welsch Miss. A. 260 a.

1954. Nov. 4 (Montag nach Allerheiligen), Lucern, verhandlung
vor Rat. Auf die klage der botschaft von Bern gegen Hans Wy(g)
von Merischwanden wird « nach verhör alles handels » erkannt: « Diewyl und genannten von Bern nit vergessen, dass verschiner jaren uns
derglych briefen einer zukomen, dass sy uns nit uf unser erdrich
züchen wöllen, und ob si schon des vergessen hätten, dass derselb
villicht zügnuss wol zuo finden wäre, und Hans Wy uff denselben
geredt; damit dann wyter kost, müeg und arbeit vermitten und erspart werde, ist durch uns gesprochen, dass Hans Wy by dem eid,
den er unserm vogto in unserm namen getan hat, reden sölle, wo er
diss briefs oder andrer dingen halb etwas gemelten von Bern zuogeredt hette, das inen ir glimpf und eer berüeren möchte, dass er inen
daran ungüetlich und unrecht getan habe, wölicher urteil Hans Wy
angends statt getan. Um den kosten, den die von Bern begert, haben
wir sy gebetten, den Wyen dess zuo erlassen. »

Lucern. Ratsb. 1529–39. f 195.

1955. Nov. 4 (Montag nach Allerheiligen). Zürich an Kaiserstuhl. Es wissen Schultheiß und Rat, wie man in letzter zeit geneigt gewesen, den span zwischen ihnen und den andern kirchgenossen von Hüntwangen, Wasterkingen etc. gütlich beizulegen, damit die
diesseitigen angehörigen bei dem gotteswort und erkannter wahrheit
bleiben könnten. Nun habe man wegen geschäftsanhäufung bisher darin
nichts tun können, und jetzt seien die damit beauftragten nicht zu
hause; man vernehme nun aber, dass die kirchenpfleger den Hans
Hiltbold von Hüntwangen und Konrad Schacher von Wasterkingen
um kirchenzins rechtlich belangen, was doch unbillig sei, da sie die
kirche (in K.) nicht benutzen können; desshalb bitte man, die sache
ruhen zu lassen, bis die bevollmächtigten sie an hand zu nehmen im
stande seien; sobald man müsse finden, wolle man handeln, was sich
gezieme, und hoffe alle dinge in gute ordnung zu bringen, etc.

Zürich, A. Landfrieden.

1956. (Zu **Nov. 4 f.** Absch.). Zu bemerken ist die Freiburger instruction: «Als ouch der bott von Schwyz uss befelch herren dabtes ze Einsidlen ein werbung getan, dass man ime ein clösterlin im Thurgow gelegen an statt dess, so er ze Constanz gehabt, vergonnen wölte, soll der bott .. daran sin, ob hierumb antwurt erfordert wurde, dass si solichs anfordrens abgeleinet werden; ob aber etwas gülten, demselben clösterlin ze Constanz zuogehörig, im Turgöw fellig, wollen ime mine herren dieselben gefolgen lassen.»

Freiburg, Instr. II. 63 b, 65 a.

1957. (Zu **Nov. 4** o. **11 f.** Absch. g). Basel fand es unbillig, die von der stadt Constanz gegebenen abschiede umzustofsen, und wollte laut instruction sich bei Zürich, Bern und Schaffhausen dafür verwenden, damit diese Orte sich in gleichem sinne bemühen würden. Vgl. nr. 1943.

Basel, Abschiede.

1958. Nov. 4 (Montag nach Allerheiligen). Zürich an Heinrich Schönbrunner, des Rats in Zug, landvogt zu Baden. «Unsern früntlich sunders geneigten willen, etc. Wie dann du den unsern Hansen Seeholzer uns, als wir nit (verbergen?), zuo sunderem gefallen uff ein trostung siner gefangenschaft erlassen und dich sunder geneigt, wie er uns das hoch berüempt, gegen im bewisen, das wir uns gar früntlich und zum höchsten von dir gefallen lassen, berichtet er uns doch, so du verständigt, wie und welicher gstalt unser burger Onofrius Setzstab von uns gehalten, du derglichen an im faren wellest, mit gar ernstlicher bitt, ime mit fürschriften (deren er hoch getruwet zuo geniefsen) gegen dir beholfen ze syn. Sidtenmal nun wir den unsern zuo allem guotem biständig ze syn nit allein willig, sunder ouch schuldig, und wir dann gedachten Onofrium Setzstab umb unser lieben Eidtgnossen und diner früntlichen bitt willen hoch begnadet und bim leben gelassen, im ouch kein andere straf wäder an lib noch guot angeleit, dann dass er die schmächlichen zuoreden widerreden und ein zit lang umb merer ruowen willen, ime am allermeisten ze güotem, ins hus schweren müefsen, zuodem gemelter Seeholzer nit so unzimlich ald übel gehandlet, als dir villicht anfangs anzeigt worden, so bitten wir dich mit allem ernst gar früntlich, diewil wir gemelte unser liebe Eidgnossen und dich so gröfslich geeret, du wellest solich liebtat und fründtschaft ouch ansehen, dich gedachts Seeholzers gefangenschaft für ein straf benüegen, in früntlich und güetiklich begnaden, witerer straf und gedachter trostung uss guaden, uns zuo eren, on witer entgältnis fry erlassen, und dich so geneigt gegen ime bewisen, als gewisslich gedachter Onofrius unserer lieben Eidtgnossen und diner bitt zum früntlichesten genossen und damit sin lib und leben erfristet hat, zuodem wir solichs umb dich, wo es sunst ze schulden kompt, ganz williklich wellen haben in aller guotwilligkeit zuo erkennen.»

Zürich, Missiven.

1959. Nov. 5, Freiburg. 1. «Jacob zun Brüedern, so weibel zuo Kerzers gewesen und schmechlich minen herren zuogeredt hat, soll desselben amptes und aller eeren, dero er begabet sin möcht, beroubet sin und belihen, darzuo zuo handen beider Stetten umb xl gulden gebüefst werden und von diser miner herren statt und land mit dem eid gewisen werden. 2. Junkherr W. Arsent, so verruckts jares in dem eidgnössischen gezänk sich wider miner herren willen in der Berner hufen und läger gefüegt und mit vil ungebürlichem tuou und lassen sich sidhar wider miner herren mandat hat lassen merken, ist um hundert rinscher guldin zuo handen miner herren ou gnad ze büefsen abgeraten. » **Freiburg, Ratsbuch nr. 50.**

1960 a. Nov. 5, Freiburg. 1. »Dero von Petterlingen anwält sind abermals erschinen und hand min herren ersuocht, von dem befundnen brief der beschirmung über das gottshus und abty daselbs .. abzestand. 2. Soll inen gesagt werden, die zuosagung und verbriefung sye durch miner herren vorfaren guoter und seliger gedächtnuss beschechen, die nun die kilch und statt antreffe, uf wölichs die kilch min herren inhalt derselben zuosagung angelangot, da min herren willens und gänzlichs gemüets, dasselbig trüwlich ze erstatten, doch inen nützit abbrüchigs fürzuonemen old ze handlen, mit beger, (dass) sy solichs anfordrens abstan wöllen, diewyl si doch nützit anders gehandlet, dann das si (dieselben geistlichen) ires bedunkens halben sollen und mögen tuon, und ob es doch vor altem nit beschechen wäre, dass si guot fuog gehebt und nochmalen haben, sömlichs allzit zuo tuond. Wo si aber das nit vermeinten on recht nachzelassen, wellen min herren inhalt der vereinung desselben inen gestendig sin. Si wöllen si ouch ersuocht haben, die zuo recht ze halten, so minen herren schmächlichen zuogeredt, daby dass sy die guoten herren gerüewiget lassen. »

1960 b. Nov. 8. »An die von Pelterlingen, dass min herren fast bedure und beschwäre, dass si miner herren botten als(o?) offenlich mit tröwung lassen antasten, mit bitt (dass) si die läter angends strafen und den inhalt der püntnuss bas besichtigen wellen, etc.»
Freiburg, Ratsb. nr. 50.

1961. Nov. 5 (Dienstag nach Omnium Sanctorum). Solothurn an Bern. Erinnerung an das letzte diesseitige schreiben betreffend die (erwünschte) verhandlung über die angelegenheiten der beidseitigen burger im Münstertal. Des sterbents und des herbstes wegen sei eine diesfällige tagverkündung bisher verschoben worden; jetzt aber haben die chorherren einen tag anberaumt auf Mittwoch nach Martini (13. Nov.) nach Münster, auf frühe (»gute») tageszeit. Man bitte nun, denselben zu besuchen oder umgehend nachricht zu geben, wenn er nicht gelegen wäre, damit man kosten ersparen könnte, etc.
Bern, Münstertal. J. 105.

1962. Nov. 6. Bern an Freiburg. Antwort auf dessen rückschreiben betreffend den prädicanten. Man hätte wohl erwarten dürfen, dass es sich mit dem diesseits getanen christlichen erbieten begnügen würde, da man doch nur die wahrheit an den tag zu bringen begehre.... Dass sich nun der prediger weigere, seine behauptungen zu erweisen, bedaure man nicht wenig und erkläre sich nochmals freundlich bereit, die sache nach (weisung) der hl. schrift erörtern und sich des irrtums überweisen zu lassen und zwar in Solothurn oder diesseits, und wenn er das hier unternähme, seine aussagen aber nicht bewähren könnte, so solle ihm desswegen doch nichts arges widerfahren; denn in dieser angelegenheit wolle man nichts anderes tun, als was der billigkeit gemäfs sei, und keine gewalt brauchen. Wenn jedoch Freiburg vermeine, dass man das burgrecht diesseits verletze, und recht fordere, so werde man solches gewähren, sonst keinem weiteren ansuchen, dem prädicanten freien durchpass zu geben, folge leisten.   Bern, Teutsch Miss. T. 693, 694.

1963. **Nov. 7,** Solothurn. Maigret und Dangerant an Lucern. Antwort auf dessen schreiben wegen der 1000 kronen, die es den Wallisern geliehen. Der letzten dem stadtschreiber gegebenen zusage erinnern sie sich wohl; unterdessen sei aber starker zulauf gekommen, und namentlich habe ein posten von 20,000 gl. auf einmal abgelöst werden müfsen; desshalb bitten sie um geduld bis Lichtmess. Der zinse wegen solle Lucern mit Wallis abrechnen und eine quittung der Walliser beibringen, so werde dann alles unfehlbar «eins streichs» ausgerichtet werden, was wo möglich jetzt schon geschähe, etc.
                                    Lucern, A. Frankreich (original, deutsch).

1964. **Nov. 7** (Donstag vor Martini). Zürich an Basel. Erinnerung an die bisherigen verhandlungen in dem zwist mit den V Orten wegen des (hier erlassenen) mandats. Nun sei wider alles erwarten diese angelegenheit bei beginn des tages zu Frauenfeld vorgetragen und nachdrücklich eine unverzügliche bestimmte antwort gefordert worden, ob man sich ins recht einlassen wolle oder nicht; darauf haben die boten der schiedorte gütlich in der sache gehandelt und so viel erwirkt, dass dieselbe bis zu einem andern tag, den sie ansetzen werden, ruhen solle. Da nun viel daran liege, so begehre man ernstlich, dass Basel diese frage gründlich erwäge, einen stattlichen ratschlag darüber verfasse und der botschaft, die es auf Sonntag nach Othmari hieher sende, die nötigen befehle gebe, etc.   Basel, Abschiede.
    Entsprechende schreiben gingen wahrscheinlich auch an Bern und Schaffhausen ab.

1965. **Nov. 7** (Donstag vor Martini), 11 uhr nachmittags, Frauenfeld. Die boten von Bern, Uri, Unterwalden, Zug, Basel, Freiburg, Solothurn, Schaffhausen und Appenzell an Zürich. 1. Bericht über das ergebniss ihrer vermittlung in dem streit mit dem abt von St. Gallen. (Folgt eine artikelweise aufzählung der erledigten puncte etc.). 2. «Demnach .. antwurten unser lieb(en) aidgnossen von Lucern und Schwyz gesandten, ir herren boten hinus geschickt haben nach vermög (des) burg und landrechtens, und was inen oder den iren worden, das sig inen das gottshus nach dess uswysung schuldig zuo geben, und betten sy zuo etlichen ziten vor dem hof an einer herberg sin müefsen, das ouch nit gewesen sin sölte; sofer aber sy darby nit beliben möchten, und jemand sy darum anzücho, dem wellten sy guot antwurt geben. Glychermafsen ouch unser lieben aid-

gnossen von Glarus bott antwurt gab, was joch von sinen herren gehandelt, so wäre doch inen ouch nit wyters gelangt, dann das inen
zuogehört; ob aber jemand wyter und mer ingenommen und empfangen hett, den wurden sy das verantwurten lassen. » 3. Die boten
von Zürich haben die erreichten mittel nicht annehmen wollen, weil
an den drei ausstehenden zinsen kein nachlass geschehen; darauf habe
man bei dem Abte mit grofser mühe erwirkt, dass er noch 300 gl.
an den zinsen nachlasse. Zürich möge nun gründlich bedenken, was
für unruhe, kosten und mühe der Eidgenossenschaft aus einem rechtshandel erwachsen würde, und die sache sich desshalb besser gütlich
erledigen lasse; es möge auch wissen, dass die boten, wenn der handel
ihre herren beträfe, diesen vergleich nicht ausschlügen, und darüber
unverzüglich antwort geben, nach der man sich richten könne, etc.

Zürich, A. Abtei St. Gallen.

1966. Nov. 7, 8 uhr nachmittags, Frauenfeld. Die gesandten von
Z ü r i c h an ihre obern. « Unser undertänig etc. etc. Nachdem wir
uf hüt Donstag morgens habend angfangen handlen mit hilf gvatter
landvogts in unserem span gegen dem apt von Sanct Gallen, da wir
erstlich vermeint, die schidort söltind nachmal an herren Apt so vil
vermögen, dass die iiij^m guldin hinweg getan wurdind, welichs wir
die schidort tür und hoch ermant, aber sy, die schidort, sölichs keins
wegs dem Apt habend dörfen zuomuoten; dann gedachter Apt sunst
der mittlen, so zuo Baden gstellt, nüt wellte; sunder nachdem in die
schidort drümal hinin gnomnen, eb er antwurt habe wellen geben,
doch zuoletst gsagt, dass er uns die vj^m guldin nit höischi, lassi die
Edellüt sorgen; er, gedachter Apt, trang ouch stäts daruf, dass wir
unser antwurt in sinem bysin geben söltind, welichs im die schidort
und wir nit habend wellen willgen; dann wir vermeint, dass die abscheid, von (den) schidorten usgangen, nit vermöchtind, dem Apt, sunder inen antwurt ze geben. Nachdem wir nun sölichs lang mit einandern getriben, habend wir erstlich ij^m guldin potten mit dem anhang, dass uns die summ, so wir (und?) die drü Ort brechnen möchtind, daran abzogen wurde, und als sy dem Apt sölichs fürghalten,
hat er der sach nienen ghören wellen denken, vermein(en)de sich der
artiklen, so zuo Baden gemittlet, nützit anzenemen, und als die schidort uns um witeren gwalt ersuocht, habend wir bis uf iij^m guldin
gwalt ze haben eröffnet, inen darby die rechnung fürglegt, dass sölich
gelt an unsern nutz nüt kummen, sy daruf so trungenlich und hoch
wir jemer können ermant und gebetten, uns daby bliben ze lassen,
welichs doch alles nüt beschossen. Obgedachte schidort, sunderlich
von den drigen Stetten, so unsers gloubens, habend uns ufs höchst
ermant und bätten, dass wir überhoupt nüt, so sy es anders uf die
mittel, so zuo Baden abgeredt, (bringen möchtind?), usschlahen söltind; dann sy mit wirfs(?) bsorgtind, wo wir dissmals nit eins, sy
uns zuo sölichem nümen zuo verhelfen wüsstind. Und als es schier
abid, dann wir den ganzen tag nützit anders dann mit disem handel
umgangen, habend sy uns gsagt, so wir witern gwalt nüt hettind,
wüsstind sys nümmen ze handlen; dann der Apt schlechtlich die vj^m

guldin mit über sich nemen wellte; habend wir zuoletst unser ganz
befelch; wiewol fast ungern, inen eroffnet, namlich dass wir die liiij⁰
guldin verzinsen; und dass uns das, so wir (und?) die iij Ort berechnen könnend, von solichem gelt gnommen (und) abzogen sölle, werden; desglich die trostung der bredicanten absin, ouch die biderben
lüt um die predicanten meren lassen; item den predicanten ire gebesserten coinpetenzen und häft ufzetuon; fürer dass er, der Apt, die
bredicanten, so sy wider den landsfriden tätind, mit recht und nit
eigens gwalts ze strafen, ouch uns vorbehalten die anspraoh an alle
die, so wir in disem gelt schuld vermeinend ze haben, mit allen andren artiklen, so ir ..... uns befolhen, darin unsern höchsten müglichen
fliss ankert und, als wir hoffend, nützit dahinden glasson, also sölichs (?)
dass sy die schidort ganz unwillig worden, und sunderlich da wir uns
die puren frig zuo meren und gmeinden, ob sy den predicanten haben
welltind, eroffnetend. Die Urner, ouch Underwaldner und Zuger woltend von den überigen gestanden sin, dann sy kein befelch mer zuo
handlen, hettind, so wider den landsfriden, als dass man den bredicanten ire gebesserten competenzen, ouch die puren meren lassen
welte. Als wir schlechts witer nümen habend wellen gan, habend
sy uns um die sechse zabind wider harin gnomen und uns diss artikel, wie dann die in irem schriben begriffen stand, fürghalten und
daruf von uns ja oder nein wüssen wellen; dann sy, so es ir aller
eigen ding wäre, trüwlicher ze handlen nit wüssind, wellind, ouch
noch wüssind witers am Apt nit zuo haben, und als dann wir nebend
inhin von etlichen äptischen verstanden, müefse er rechten, werde er
nach etwas herfürbringen, das uns nit lidenlich sin wurd; wiewol wir
gern erfaren, was es wäre, hat uns doch sölichs nit eröffnet mögen
werden. Und als wir uns des gwalts nit habend wellen bladen, habend sy üch .. ze schriben (sich) entschlossen, und in derselb (missiv)
werdend ir .. aller dingen irs mittlens ganz bericht, dann allein wie
sy von ij⁰ guldinen, so der Apt nachlassen well, schribend, ist doch
uns entwent (?), sy die schidort wellind noch hundert guldin understan dem Apt abzetädingen. Hieruf ... ist unser früntlich pitt, uns
oder inen witer und on verzug antwurt zuo schicken; dann die drig
Ort sunst üch zuo lieb lang zuo Frowenfeld, da sy sunst nit mer
zuo schaffen, glegen und sich aller trüw und flifs erzöigt hand. Wir
sind ouch nebend inhin von dem botten von Bern bericht, dass alle
Ort von (den) schidpotten sich so gar ernstlich in dsach glegt, dass
er es nit gloubt hette, und gar treffenlich mit dem münch geredt und
ghandlet; es habe aber nit witer bracht mögen werden, so häftig sind
doch etlich der sinen ».... 　　　　　Zürich. A. Abtei St. Gallen.

1967. Nov. 8. Priorin und conventfrauen von St. Katharinental
an Zürich. Beschwerde über ein auf 10 gl. gelegtes verbot, welche
«Nisius» Wirt in Stammheim schuldig sei, und ansuchen um lösung
dieses haftes, dem landfrieden gemäfs; übrigens sei man nötigenfalls
des rechts vor den acht Orten gewärtig.　　　Zürich. A. Katharinental.

Notiz von Beyel: «et sic impetrarunt».

1968 a. Nov. 8, Freiburg. 1. Vor den Sechszig «sind dero von
Saanen und andrer orten anwält erschinen, die hand min herren in
langem erzellen gebetten, (dass) si inen etwas gelt von wegen des
Morge zugs geben und zuokommen wellen lassen, diewyl si domaln
in trüwen minen herren zuogezogen und (das) in künftigem aber ge-
ueigts willens tuon welllen; (wie) sy ouch verstanden, (dass) min herren eins teils des gelts entricht syen etc. 2. Soll inen angezöugt werden, wie der handel gestaltot, namlich dass min herren nit vil uf gemachten betrag empfangen heigen; sobald si aber vernüegt und bezalt
werden, wollen si sich (sic) nach gebüre bedenken. •
1968 b. Nov. 20. «An die von Sanen, dass si des angeforderten
gelts halb des Morge zugs wegen das best tüegen bis Wyhenachten,
alldann minen herren gelt werden solle, werden si nach fuogen inen
teilen und zuokommen lassen. •   Freiburg, Ratsb. nr. 50.

1969. Nov. 8 (Freitag vor Martini), 11 uhr vormittags. Zürich
an die boten von Bern, Uri, Unterwalden, Zug, Basel, Freiburg, Solothurn, Schaffhausen und Appenzell, auf dem
tage zu Frauenfeld. Antwort auf ihre zuschrift, mit freundlichem dank
für ihre vermittlung. Dass ihre mühe so wenig verfange, müfse man
aber herzlich bedauern, da doch das streitige hauptgut für die landschaft des Gotteshauses verbraucht worden, um anderes zu ersparen,
und hätte nicht erwartet, dass sich der Abt so hart bewiese, da doch
seinen vorfahren von Zürich auch gutes zu teil geworden. Nun könne
man heute des marktes wegen den grofsen Rat nicht versammeln und
bitte daher, noch eine kurze frist zu verziehen, da einmal so viel
mühe und kosten aufgewendet seien; man werde morgens früh die
angelegenheit dem grofsen Rat vortragen und dessen beschluss unverzüglich melden, etc.   Zürich, Missiven.

1970. Nov. 9 (Samstag vor S. Martins tag). Ludwig, abt von Einsiedeln, an Zürich. Die von Rapperswyl klagen ihrer fischer
wegen, die die fache bei der brücke innehaben, dass die fischer von
Uerikon und andere ihnen «mit den vesern» (fässern?) grofsen schaden zufügen, wie es bisher nie geschehen. Da er nun nicht den ge-
ringsten teil jener fache besitze, so haben jene das gesuch gestellt,
dass er dies Zürich anzeige mit dem begehren, es möchte die fischer
von Uerikon durch den seevogt anhalten lassen, von solcher art zu
fischen abzustehen; dessgleichen werde er die fischer im hof zu Pfäffikon abweisen, damit die armen gesellen ihre zinse nach allen seiten
ausrichten können und bei der freiheit ihrer fache geschirmt werden.
.Zürich möge daher einen nahen tag bestimmen und dafür sorgen, dass
jeder beteiligte zinsherr seine briefe mitbringe, damit niemand seine
rechte überschreite, etc.   Zürich, A. Oberwasser.

1971. Nov. 9 (Samstag vor Martini), um mittag. Zürich an seine
boten in Frauenfeld. Recapitulation der zuschrift der neun Orte und
ihres besondern berichts, etc. Weil nun die Eidgenossen zu verstehen
geben, dass ein rechtshandel um die streitigen fragen nicht nur den
parteien selbst, sondern allen Orten kosten und unruhen zuziehen

dürften, so wolle man, ohgleich man (an einem erfolg im) rechten gar
nicht zweifle, der freundlichen bitte der Eidgenossen zu ehren, tun
was man nicht schuldig sei, die artikel annehmen, die 4000 gl. dem
Abt auf ablösung hin verzinsen, verlange aber, dass die hauptverschreibung über die 6000 gl. herausgegeben, die stadt St. Gallen gehörig
quittirt und die rechnungen der amtleute endgültig genehmigt, und
dies auch im vertrage aufgenommen werde, damit nicht neue streitigkeiten erwachsen; man setze nämlich voraus, dass die Eidgenossen
die abschiede von Rorschach und Rheintal in kräften bleiben lassen.
Den vermittlern sollen die boten den geflissensten dank erstatten. Dass
man ihnen nicht auch (directe) schreibe, soll damit verantwortet werden, dass man jede verspätung vermeiden und ihnen dadurch kosten
ersparen wolle, etc.　　　　　　　　　　　　　　Zürich. Missiven.

1972. Nov. 9, F r e i b u r g. 1. «Der herr von Challant, marechal
von S a v o y e, ist vor minen (herren) erschinen von der bezalung wegen, der vij^m kronen von des rechtshandels wegen von Petterlingen;
ist lij^m kr. (geben?) in silbergeschirr, begert im solichs ein zil(?) zuo
enthalten. 2. Ist im bewilliget, das silbergeschirr ze hüeten bis zuo
Wienachten, mit dingen dass unser mitburger von Bern solichs verwilligen. 3. Der herr von Lullin, ...(?) und Milliet hand begert ein
quittanz umb die vij^m kronen und ein (ge)bott gan lassen und (in?)
Jenf, dass man den Herzog wider insetze siner gerechtigkeiten, und
man die underpfänder ledige, und den pundt ze schweren. 4. Ist die
antwurt ufgeschlagen. »　　　　　　　　　　Freiburg, Ratsbuch nr. 50.

1973. Nov. 9. S c h w y z und G l a r u s an Z ü r i c h. Antwort auf
dessen jüngste erwiderung, worin leider kein entgegenkommen zu ver-
spüren sei, etc. «Des ersten, als ir in üwerm schryben melden mit
sölicher antastung, wie unser von Glarus botschaft zum dickernmaln
by den üwern verordneten und gesandten gesessen, etlich artikel geholfen stellen, die angenomen, bewilliget und nie darwider geredt; getrüwen lieben Eidtgnossen, habent wir dieselben unsern gesandten gar
eigentlich erkonnet und erfraget, dass sy unserm befelch nach sölich
üwer gestellten artiklen nie habent angenomen noch bewilliget dann
uf hindersichbringen, ouch üch und den üwern allwegen darin geredt,
zwen meister ze haben; darzuo hetten wir bemelt artikel angenomen
(als ob Gott will nit erfunden wirt), wärent wir wol aller müeg und
arbeit zuosampt der vilfaltigen bitt und ermanen, (so) an üch beschechen, gerüewiget und überhept, ouch uns gegen üch rechtens nit not
gewesen, desshalb wir ane wytern ufzug von üch ganz früntlichen und
güetlichen antwurt erfordert, wann wir sölich scharpf schryben uf unser begründt antwurt nit verhofft, in betrachtung wir üch uss alter
getrüwer fründschaft lieber gesin vermeint. Zum andern begerent ir
von uns, üch by üwer fryheit und gerechtigkeit, so wir üch nach vermög unser geschwornen pündten ze tuond schuldig, ze schirmen und
ze handhaben, und (dass) ir gänzlich nit erwegen könnit, uns gegen
üch rechtens not sin, wann ir üch gegen uns vil mer zuo erklagen
hettint etc., mit beger, üch und die üwern by lang hargebrachtem

bruch, rüewiger besitzung und geweer unbekränkt güetlichen belyben
ze lassen. (Nu) sind wir nit des willens, weder üch noch ander unser lieben Eidgnossen von üwer fryheit und gerechtigkeit ze trängen
noch einich ingriff ze tuond, sunders wellent unser zuosamen geschwornen pündt träwlich und eerlich an üch halten, der guoten hoffnung, (dass) ir dieselben an uns ze halten ouch gesinnet, begerent
ouch mit wyter dann by dem, so wir von unsern fromen altvordern
ererbt, mit rechten sachen an sy gewachsen, ane intrag ze belyben.
Und wie lang ir sölicher besitzung des fars geregieret, ist menklichem
wol abzenemen und zuo ermessen, dass ir erst sidt der empörung (?) har
angefangen haben schiffen und die güeter fertigen; was langwirigen
bruchs das sig, mögent ir als die hochverständigen zum teil wol ermessen; zuo dem ir vermeinent, (dass) wir üch ane all ursach lichtlich ersuochent, das ob Gott will im rechten nit darbracht (mag) werden, achtent ouch nit, dass ir mer schiffmeister dann jedes Ort under
uns haben, und hettint ouch wol durch mcrer frid und einigkeit willen, sofer üch gefellig gewesen, unsern entlichen entscheid, darin wir
dheins vorteils begerend, angenomen, damit gröfser kost, müeg und
arbeit zuo beiden teilen vermitten. So es aber nit beschechen, und
ir schlechtlich uf üwerm fürnemen ze beharren willens, und uns der
billichkeit nach inhalt üwers schrybens, dess wir lieber vertragen,
dheins wegs entgegen gondt, ouch unser hoch und fründtlich ermanen
gegen üch nit verfachen, die güetigkeit uns nit helfen (will), könnent
wir der sach dhein lengern ufschuob geben, so manent wir üch nach
lut und sag unser geschwornen pündten by üwern eiden und allem
dem, daby wir üch ze manen habent, dass ir lut derselben pündten
mit uns beiden Orten zuo ustraglichem und entlichem rechten komint
zuo den Einsidlen, wie sich dan gebürt; verkündent und setzent üch
hiemit sölchen rechttag, namlich uf Sontag vor Sant Andresen . . tag
(24. Nov.) nächstkünftig mit üwerm zuosatz gefasset und anderm, so
ir üch not sin vermeinent, nachts an bemelter malstatt an der herberg
zuo erschinen; dessglichen werdent wir ouch tuon und handlen, wie
sich nach auzöug unser geschwornen pündten gebürt » . . . .

Zürich, A. Oberwasser.

Auch dieser act ist aus der Glarner canzlei geflossen.

1974. **Nov. 10** (St. Martins Abend). Jos von Laubenberg und H. U.
von Surgenstein an St. Gallen. Erinnerung an das versprechen vom
2. April, etc. Nachdem sie aus dem Türkenzug heimgekehrt seien
und keine gründe finden können, warum der besiegelten verschreibung
nicht genuggetan worden, der bisherige aufschub der bezahlung aber
grofsen schaden verursacht habe, so erheische die dringende notdurft,
die gebührende zahlung nochmals zu fordern, wesshalb sie lautere un-
verhüllte antwort verlangen, entweder umgehend oder in den nächsten
tagen durch einen boten der stadt; widrigenfalls hoffen sie billige mittel
zu finden, um sich bezahlt zu machen, etc. — Vgl. nr. 1965, 1966, 1971.

Stadtarchiv St. Gallen.

1975. **Nov. 11** (St. Martins tag). Zürich an den abt von St. Gallen. Peter Weber von Waldkirch werde der kosten wegen, die mit

den knechten im Gaster aufgelaufen, abermals rechtlich belangt, was man etwas befremdlich finde, indem man geglaubt habe, es sollten jetzt alle diese händel in Frauenfeld beigelegt werden. Er hätte indessen den rechtstag nicht ungern besucht, wäre dieser nicht zu nahe und er durch leibesumstände verhindert gewesen; da er nun keinen rechtstag zu erreichen im stande sei, und es ersprieslicher scheine, die gütlichkeit zu versuchen, so bitte man den Abt gar freundlich, den rechtstag abzustellen und innert acht tagen eine gütliche verhandlung mit den widersachern anzubahnen; man wolle dann diesseits nichts versäumen, damit ein process verhütet werde und der elende mann zur ruhe komme, etc.   Zürich, Winterv.

1976. Nov. 11 (Martini), Elgg. Hans Vogler an Heinrich Bullinger. 1. Mit seinem handel stehe es so, dass er nicht nach Frauenfeld gegangen, sondern seine frau und die verwandten dahin geschickt habe; mit diesen haben Bern, Basel, Schaffhausen (und Zürich) gebeten und die erklärung eröffnet, dass er sich ergebe, wenn er der ehren und des lebens gesichert werde; das sei nun in die abschiede genommen, um auf dem tage zu Baden weiter zu antworten; doch haben die acht Orte die gegenpartei ohne entscheidung heimkehren lassen, worüber sie unwillig seien. 2. Andeutungen über die verhandlungen zwischen Zürich und dem abt von St. Gallen, etc. 3. Mit Berweger, als boten von Appenzell, hoffe er nächstens nach Zürich zu kommen, etc.   Zürich, K. Archiv, Sengall. 148.

  Es liegen in dem gleichen band eine menge von originalbriefen Voglers aus den folgenden jahren.

1977. Nov. 11, Frauenfeld. Die gesandten von Z ü r i c h an ihre obern. «Frommen etc. etc. 1. Uf Samstag um die 8. stund zuo nacht habend wir üweren witeren entschluss des äptischen spans und güetlichen mittels zuo haudlen enpfangen, denselben unsern Eidgnossen, so wir vertruwend, mordess am morgen eroffnet und nach dem imbiss die schidort alle, nachmals am Apt zuo vermögen, joch die 300 guldin zins nachzuolassen, zum früntlichisten ermant und gebetten, welichs sy die schidort mit allem flifs getan, aber nützit mögen dannen bringen; er (der) Apt klagt sich, dass er nach 900 guldin versessens zins den Edellüten geben müefsi, daran im nützit werdi; zuo dem 2000 guldin an diser täding verlieren sig im güoog. Und als wir witer nüt habend mögen dannen tuon, habend demnach (wir) üwer .. den schidorten güetlich willfaren um merer einigkeit willen mit hoher danksagung irer habenden müeg und arbeit entdeckt und geoffnet, sy darby ermant uud gebetten, mit dem Apt zuo verschaffen, dass er die verschribungen und alli brief und gwarsami, so von den 6000 guldiuen har (rüeren), ouch alle die so harin quitierens notdürftig sind, wolle binus geben und entheben. Uf sölich unsern fürtrag habend sy den Apt hinin guomen (und) im das anzöigt, daruf er geantwurt, sobald ir .. in um die 4000 guldin, ouch die 300 guldin versicherind und (brief) gebind, welle er alsdann quittieren und die brief uns und unseren eidgnossen von Sant Gallen zuozestellen vermögen. 2. Wir habend ouch, nachdem wir der sach eins worden, gedachten

Apt lut des güetlichen entscheids, Petern Wäber nunmer sin ampts-
rechnung abzenemen und in ouch by dem sinen bliben ze lassen erfordert, daruf er geantwurt, er welle nunmer Petern Wäber und andern
amptlüteu ir rechnungen abnemen; aber es habind in, Petern, sunder
personen um etlich gelt rechtlich angsuocht, darfür er nüt könni; dann
wer an den anderen rechtlich zuosprüch habe, lasse er bschechen,
könn ouch darvor nit sin. Daruf wir in bisin aller Orten geantwurt,
wir meinind, sidmal Peter Wäber uss sins ampts pflicht etlich gelt
usgeben, sölle der Apt lut des jetz abgeredten vertrags in abrechnen
lassen und sölich rechtfertigungen gegen Petern abstellen. Als nun
die Eidgnossen sölichen span ghört, habend sy geantwort, sidmal der
Apt sich erbiet, was in ämptern usgeben, so siner hushalt und sinen
wegen brucht, über sich rechnen (ze) lassen, könne man in nit witer
tringen, in hoffnung, er Apt werd sich wol in (die) handlung schicken;
habend witers nit handlen wellen, dann alle artikel in gschrift stellen
und uns die ze geben befolhen, weliche (wir), so bald wir anheimsch
kummend, mit uns bringen werdend. 3. Sodann hand die schidort
ein andern tag von beder mandaten wegen gon Baden, Sonntag nach
nach Lucie angsetzt. 4. Uf hüt Mentag ritend wir gon Ittingen, werdend also, wie vornaher bschehen, in alle klöster und da rechnung
nemen, riten, etc. 5. Fürer, gnädig lieb herren, nachdem üwer wisheit m. Casparn befolhen, acht zuo haben, wie die Eidgnossen mit
den Turgöweren göttlichs worts halb handlen wurdind, üch .. dess
ze berichten, damit ir denen von Oberwil ouch dester bas zuo hilf
kumen möchtind, berichtend wir üch, dass sy nach nüt von keiner
trostung der bredicanten geredt, ouch sunst(?) dann ein sach wider
den landsfriden begerend ze handlen, dass wir ungern, uns ouch fast
dawider gesetzt, darzuo in abscheid gnommen, üch anzuozeigen willens sind ».... Zürich, A. Abtei St. Gallen.

1978. Nov. 11 (St. Martin). Zürich an den vogt zu Knonau, Hans
Berger. Dem gegebenen befehl zufolge hätte man erwartet, dass dem
pfarrer zu Lunkhofen das geraubte geld längst zurückerstattet wäre;
da man nun desswegen zu tagen immer (« einsdar », oister) vorwürfe
hören müfse, habe man sich entschlossen, den betrag vorzuschiefsen.
schicke also hiebei 6 kronen und begehre, dass diese alsbald «in einer
geheimd» dem messpfarrer zugestellt werden, verlange aber, dass der
vogt von den pflichtigen binnen acht tagen diese summe eintreibe, da
man sie schlechterdings wieder haben wolle, etc. Zürich, Missiven.

1979 a. Nov. 11 (St. Martin). Zürich an den abt von Fischingen.
Einladung zu dem auf St. Katharinentag (25. Nov.) nach Rapperswyl bestimmten tag wegen der streitigen fache und fischenzen an der
dortigen brücke, auf ansuchen des abtes von Einsiedeln und anderer
zinsherren, etc.

1979 b. Nov. 11 (dgl.). Zürich an den abt von Einsiedeln. Antwort auf dessen zuschrift. Infolge derselben habe man dem obervogt
zu Männedorf befohlen, solches unredliche fischen · abzustellen, und

einen tag nach Rapperswyl angesetzt, der auch den andern hier bekannten zinsherren verkündigt werde. *Zürich, Missiven.*

1980. Nov. 11 (St. Martin). Zürich an seine gesandten in Frauenfeld. Man wisse nicht, was jetzt in sachen Peter Webers und anderer
amtleute gehandelt worden, ob sie in dem vertrage mitbegriffen seien
oder nicht. Da er nun wieder zum rechten geladen sei, so halte man
dafür, es könne ihm die gütlichkeit am besten helfen, und habe desshalb dem Abt geschrieben, wie die beiliegende abschrift weise; wenn
der Abt oder dessen botschaft noch da wäre, so sollte der brief verschwiegen und nur mündlich von der sache geredet und die erfolgende
antwort anher gemeldet werden, damit man sich weiter zu entschlies-
sen wisse. *Zürich, Missiven.*

1981 a. Nov. 12, Freiburg. «An die von Murten, dass si sich
karrens an fyrtagen müefsigen.»

1981 b. Nov. 18. «Wo Mallie von Betterlingen, der die mess
und all, die si haudhaben, als falsch genennt, minen herren wandel
tuon, die mess guot erkennen und nemmen (sic) will, mit ersatzung
gebürends kostens, soll das best dissmoln mit im getan werden; wo
das nit, alldann das recht an der genommen march gegen im volzogen
werden.» *Freiburg, Ratsb. nr. 56.*

1982 a. Nov. 12. St. Gallen an Zürich. Mitteilung der zuschrift
der herren von Laubenberg und Surgenstein. Man hätte erwartet,
dass dieser handel, soweit er St. Gallen berühre, gänzlich erledigt
wäre; da dies aber nicht der fall, sondern weitere beunruhigung und
vielleicht schwerer schaden zu besorgen sei . . ., so bitte man Zürich
abermals dringlich und ernstlich, beförderlich dahin zu wirken, dass
man den hauptbrief zu handen bekomme und um alles quittirt werde,
etc. *Stadtarchiv St. Gallen.*

1982 b. Nov. 18. Dasselbe an Zürich. Das jüngste schreiben der
edlen von Laubenberg etc., das beiliege, habe man gleich nach empfang mitteilen wollen, aber gerade damals vernommen, dass sich
Zürich mit dem abt Diethelm zu Frauenfeld gütlich vertragen gehabt,
unter anderm in dem sinne, dass der Abt den hauptbrief herausgeben
und alle beteiligten nach erfordern quittiren sollte. Hienach bitte man
Zürich, beförderlich dafür zu sorgen, dass dies geschehe und namentlich auch die vidimus, die der Abt der zinsen halb habe, cassirt und
derogirt werden; habe man dann hinwider etwas herauszugeben, so
werde man tun, was sich gezieme, etc. *Stadtarchiv St. Gallen.*

Sollte das erste schreiben nicht abgegangen sein?

1983. Nov. 12 (Dienstag nach Martini). Glarus an Lucern. «Wir
haben üwer und andrer unser lieben eidgnossen der fünf Orten schriben, belangent allerlei ungeschickter reden und handlungen, so by uns
und den unsern sich zuotragen, al(le)s inhalts verstanden. Diewyl
uns dann dieselbigen zum teil anzögt, haben wir darab nüt minder
erschreckens dann missfallens empfangen und angents aller sachen
halben kuntschaft ingenomen, der meinung, wo sich sölichs und noch

vil minders zuo schwächnng Gottes eer, des ufgerichten landfridens und unser zuosagungen zewider erfunden, dass wir dasselbig ungestraft nüt fürkomen lassen wöllten. Diewyl wir aber noch wenig grunds befunden, werden wir jemerdar ernstlich nachfrag haben und nach erfaren der warheit jedem sin gebürende straf mitteilen, dess ir üch zuo uns gänzlich vertrösten sollen, dann wir zuo allen teilen unser getano zuosagungen gern halten und die übertretter derselbigen strafen wöllen. Diewyl aber üch u. l. E. solichs und anders mit merem anhang, weder es aber an im selbs ist, und wir noch bishar durch kundschaft erfaren, fürgeben sin möchte, bitten wir üch, dasselbig nüt zuo argem ufnemen, sunder den grund erfaren wöllen ».. .

Lucern, Missiven.

1984. Nov. 13. Bern an Constanz. Durch leute, die hier auf dem jahrmarkt gewesen, und etliche andere personen, die den beiden Städten günstig seien, habe man erfahren, dass ein unvorgesehener überfall auf die anhänger des göttlichen wortes und besonders auf Constanz beabsichtigt werde. So wenig glauben man auf diese warnungen setze, wolle man dies doch anzeigen, damit Constanz darüber kundschaft einholen und vorsorgen könne; «dann warlich, wann üch ützit beschwerlichs begegnen, sollend ir wüssen, dass es uns von herzen leid, und dem, als vil an uns gelegen, .. gern vorsin welltend ».. .

Bern. Teutsch Miss. T. 703.

1985. Nov. 13. Bern an Freiburg. 1. Es beschwere sich darüber, dass man etliche Murtner ohne dessen mitwissen rechtlich belangt habe, und meine, die gefällten urteile sollten aufgehoben werden; man erinnere aber an die schriftliche antwort, die man dem boten Jacob Wehrli gegeben; darauf sei noch keine antwort erfolgt, wesshalb man um solche bitte. 2. Sodann vernehme man, dass es dem amtmann zu Murten gebiete, die bufsen, welche etliche Murtner verwirkt haben, bis auf die nächste jahrrechnung ruhen zu lassen; das könne man aber diesseits nicht gestatten, sondern habe ihm befohlen, die hälfte sofort einzuziehen; Freiburg möge indess über seinen anteil nach gefallen verfügen. Bern, Teutsch Miss. T. 705. Freiburg, A. Bern.

1986. Nov. 13 (Mittwoch nach Martini), Wyl. Abt Diethelm an Zürich. Antwort auf dessen (jüngste) zuschrift betreffend den rechtstag gegen Peter Weber, etc. Allerdings getröste er sich der meinung, dass auf dem tag zu Frauenfeld alle späne gütlich geschlichtet seien; allein jener rechtliche tag sei auf anrufen der Gotteshausleute bestimmt, und die sache berühre ihn, den Abt, gar nicht; darum könne er ihnen das recht nicht verwehren. Aber mit rücksicht auf die fürbitte Zürichs, die er (den klägern) vorlegen werde, wolle er die auf dem tag erscheinenden Gotteshausleute ernstlich und mit allem möglichen fleifs ersuchen, diesen span in der güte abtun zu lassen, zumal ihm derselbe ganz lästig geworden sei. Ein geleit (für Weber) wäre zwar nicht nötig, da ihn niemand am leibe zu verletzen begehre; dennoch wolle er, falls es zu einer gütlichen verhandlung komme, das geleit auf begehren hin nicht abschlagen, etc. Zürich, A. Abtei St. Gallen.

1987. Nov. 14, B e r n. Den boten des gubernators und der burger von N e u e n b u r g, die wegen der angelegenheit des Hardi erschienen sind, will man raten, dessen verwandte zum ersatz des schadens anzuhalten; darüber ist eine bestimmte antwort zu geben, da man eine solche (den klägern) versprochen hat.   Bern, Ratsb. 235, p. 148.

1988. Nov. 15 (Freitag nach Martini), 2 uhr nachm. Hans Kilchrat, pfleger zu Rüti, an seckelmeister Berger in Z ü r i c h. Antwort auf dessen schreiben (mit junker Bernhard von Cham) von Männedorf aus: Er habe sofort seinen knecht, den Ruotsch, hinauf (nach G l a r u s) geschickt, mit dem befehl, zum stillesten zu erfragen, wie •die sache• verlaufen sei. In Schennis habe derselbe von geschwornen läufern von Glarus vernommen, der aufruhr sei daraus entstanden, dass die gegner der evangelischen deren prädicanten haben aus dem land jagen wollen, dessen haus durchsucht und alles zerrissen und zerbrochen haben, •und ist zuo Malis geschehen•. Die sache sei aber auf den nächsten Sonntag verschoben, wo beide parteien besonders gemeinde halten wollen, die gutwilligen zu Schwanden, die andern zu Glarus, und man höre die rede, die evangelischen müfsen gutwillig oder mit gewalt zur messe gebracht werden...   Zürich, A. Glarus.

1989. Nov. 15. B e r n an L u c e r n, S c h w y z und U n t e r w a l d e n. Antwort auf die zuschrift ihrer gesandten betreffend den zehnten und die pfrundgüter zu Brienz. Das begehren des abtes von Engelberg höre man mit befremden, da wohl bekannt sei, wie man in den letzten jahren die collatur der kirche zu Brienz erobert und seither unbestritten besessen habe; man getraue sich dabei zu bleiben, obwohl man dadurch mehr schaden als nutzen habe; man wolle also die schirmorte ermahnen, vergessene dinge nicht wieder hervorzuziehen, zumal man diesseits um des friedens willen viel nachgelassen habe; übrigens erbiete man sich zum recht nach den bünden.
                    B e r n. Teutsch Miss. T. 706.

1990. Nov. 16. B e r n an die prädicanten zu Aettingen, Lüfslingen und Messen. S o l o t h u r n habe, wie man vernehme, ein mandat ausgehen lassen, dass die prediger die messe nicht schelten sollen, bei entsetzung und landesverweisung. Da nun die prädicanten (zu jedem einzeln: du!) in den hohen gerichten Berns sitzen, so wolle man nicht gestatten, dass sie dieses mandat verlesen oder ihm folge leisten; würden sie desshalb ernstlich bedrängt, so sollen sie recht bieten und hieher bericht geben, damit man hierin zu handeln wisse.
                    B e r n. Teutsch Miss. T. 708.

1991. Nov. 16 (Othmari). S c h w y z an L u c e r n. Ohne zweifel habe es noch in frischem gedächtniss, wie die V Orte seiner zeit zu Inwyl im feld für nötig erachtet haben, eine botschaft mit schriften zu dem (herrn) von Ems zu schicken; diese botschaft habe Valentin Gerngrofs gutwillig übernommen und nicht ohne grofse mühe und gefahr vollzogen; dafür habe man ihm damals treue belohnung verheifsen. Aber so oft auch die sache zu tagen angeregt worden, habe er doch nichts empfangen; da er nun arm sei, so bitte man ganz

freundlich und ernstlich, zu bedenken, wie angenehm sein dienst den
V Orten gewesen und wie wohl er ihnen gekommen, und den Gerngrofs ohne weiteren aufschub zu befriedigen. In gleichem sinne schreibe
man den übrigen Orten und hoffe, dass der gute geselle seines ver-
dienstes geniefsen werde, etc.   Lucern, Missiven.

1992. Nov. 17. Basel an Rudolf von Fridingen, landcommentur
des Deutschordens. Antwort auf dessen zuschrift betreffend Ludwig
von Reischach. Für das den Eidgenossen zu ehren erklärte anerbieten, sich mit demselben in eine gütliche verhandlung einzulassen, sage
man freundlichen dank und wolle in dem, was man dazu beitragen
könne, keine mühe scheuen. •Um aber die sache zu fördern, begehre
man zu vernehmen, welcher tag und ort dem commentur gefiele, und
ob er mit einer hiesigen ratsbotschaft sich begnügen oder noch jemand
anders beiziehen wolle; komme man dann zusammen, so werde man
auf das ansuchen betreffend andere, die noch vom orden abtreten würden, gebührliche antwort geben, etc.   Basel, Missiven.

1993. Nov. 17 (Sonntag nach Othmari). Zürich an Schwyz und
Glarus. Antwort auf ihre mahnung wegen des oberwasserfahrs.
Man bemerke wohl, dass sie das diesseitige schreiben für schärfer genommen, als es gemeint gewesen, indem man der zwei schiffmeister
halb nur eine bitte habe tun und die freundschaft ansprechen wollen.
Da nun aus dem recht mehr unwillen als gutes zu erwarten, und
man über die artikel mit ausnahme der frage betreffend die schiffer-
meister nahezu einig sei, so dass ein zerwürfniss nicht mehr zu fürchten wäre, wenn die botschaften nochmals freundlich zusammenkämen,
so wolle man auf Sonntag vor St. Andreas eine botschaft nach Utznach senden, und zwar mit vollmacht, und begehre, dass die beiden
Orte dasselbe tun; dann hoffe man, es werde dieser span in eidgenössischer freundschaft beigelegt und das rechten erspart, etc.
                                          Zürich. A. Oberwasser.

1994. Nov. 17 (Sonntag nach Othmari), Wyl. Abt Diethelm an
Zürich. Seit dem letzten schreiben betreffend den handel Peter
Webers habe er so angelegentlich eine gütliche verhandlung betrieben,
dass die gegner zu einer solchen eingewilligt haben, und sei dafür auf
nächsten Freitag ein tag bestimmt; doch habe ihnen • der ander tag•
nach des Gotteshauses und der pfalz recht (vorläufig?) auch zuerkannt
werden müfsen. Da es nun so weit gebracht sei, so möge Zürich
dem Weber solches verkünden; in dieser sache wolle er, der Abt,
dann weiter handeln lassen, was sich gebühre, etc.
                                    Zürich, A. Abtei St. Gallen.

1995. Nov. 17 (Sonntag nach Othmari). Zürich an Zug. Infolge
seiner letzten antwort betreffend die kernengülten habe man die pflichtigen angehörigen vorbeschieden und mit allem fleifs versucht, sie zur
ablösung dieser gülten zu bewegen; da es ihnen aber bei diesen teu-
ren und schweren zeiten nicht möglich sei, so bitte man nochmals
zum allerdringlichsten, die guten leute bei dem hier erlassenen mandate freundlich bleiben zu lassen und die (gläubiger) dahin zu weisen.

dass sie das geld annehmen und weiter nichts verlangen; wenn aber
diese bitte fruchtlos sein sollte, so wolle man desshalb das recht erwarten, wiewohl man viel lieber gute nachbarschaft zu beweisen
wünschte, etc.   Zürich, Missiven,

1996. Nov. 17, Zürich. Kundschaft: «Es ist ein guot gesell uss
Zugerbiet uff gesterigen abend zuo eim guoten gesellen uss dem fryen ampt kommen und in gefragt, was das geschrey hie Zürich und
wo der Keiser wäre, und als der uss Zürichbiet im geantwurt, er
wisste von keim sundern geschrey, sunder nüt dann guots, antwurte
im daruf der Zuger, er wisste wol, wo der Keiser, und nemlich so
wäre er zu Mantua, dahin wurde ouch der Bapst zuo im kommen;
die hettind die fünf Ort ouch zuo inen beschriben, weliche schon botten, uszogen, gan Mantua ze schigken, und were nemlich ammann Toss
von Zug der botten einer. Dessglichen wurde der adel zuo Innsbruck
zuosammen kommen und daselbs ouch ratschlagen, damit ein teil
änet und der ander hiediset dem gebirg uff die sach wartetind.»
                                               Zürich, A. Capp. Krieg.

1997. (Nov. 17?), Glarus. «Antwurt der landtlüten, so anhangen
dem göttlichen wort, uf den fürtrag so uuser landtlüt der gegenteil
an uns getan.» 1. «Erstlich, trüwen lieben landlüt, nachdem wir
üwern fürtrag in vilen artiklen und mit langen worten verstanden,
hätten wir vermeint, ir (hettend) uns dieselbigen artikel unserm begeren nach zuogeschickt, dann uns dieselbigen nach der lenge sunst
ze verantwurten nit müglich, ist ouch unsers bedunkens nit von nöten.
Nüt dester minder, so es nüt beschechen, und üwer meiste klag sich
uf unser lieb Eidgnossen die fünf Ort leinen will, wöllen wir die
guoter meinung unverantwurt blyben lassen; dann wir von gemelten
unsern lieben Eidgnossen darum nüt angelangt, ungezwyfelter ursach,
dass der nächstgemacht landsfriden alle fecht und findschaft (in welchen wir ouch bewilligot) hingenomen; zuo dem wir vormals ein eid
zuo Gott geschworn, einandern solich langest ergangen sachen arger
und unfrüntlicher wys noch meinung nüt ufzeheben, sonders die also
hin und ab sin lassen, dem wir nu geleben und ander artikel, so sid
nächstem unserm vertrag ergangen, verantwurten. Dann so wir die
vorigen artikel sampt und sonderlich verantwurten söllten, gäb es doch
wenig fründschaft; es wären ouch alle wettschläg, so wir mit einander geton, darmit ufglöst und vergeblich etc. Wir vermeinten ouch,
ir uns diser üwer verklagung gegen den Eidgnossen wol überhept und
solich langest ergangen sachen ungeäfert glassen hätten, dann uns klagens vil nöter denn üch wäre. 2. Wie ir ouch anziechen, dass wir
den eid, uf dem Sand geton, angends in dem, dass wir über unser
lieb Eidgnossen usgnomen, übersechen, dunkt uns frömd und unbillich; dann ir guot wüssen tragen, dass ir denselbigen ratschlag mit
uns getan, desshalb ir in uns allein unbillicher wys uftrechind; darumb so ir rat und tat darzuo geton, dess ir dann nüt verlougnen können, haben ir dess als vil schuld als wir und nüt minder. 3. Demnach, als wir verganges jars zuo Täniberg des gloubens halben ge-

meret und angenomen, dass man zuo Glarus, Nafels, Schwanden und
in Lintal die mess widerumb annemen, so haben doch die von
Schwanden darby nüt belyben mögen, redend die von Schwanden,
dass inen desshalb ungüetlich beschehe, dann sy inen dess nie vor-
gsin und noch nüt (sigen), sunder wöllen alles, so domals und sidhar
ermeret, gern halten. 4. So aber ir, unser lieb landlüt, zuo Meyen
vor ganzer gmeind üch erklagt, dass dem vorigen zuo Täniberg er-
gang(n)en mer nüt glept, und wir als der merteil an gmeinden und in
räten die übertretter nüt strafind, so haben wir üch ze lieb, wiewol
wir dess vermög der pünden und unsers lantsbuochs nüt schuldig,
nachglassen, dass ir von üwerm teil sechs man und wir ouch sechs
dargeben, die selbigen söllten, was wider solche angenomen verträg
den glouben betreffent gehandlet wirt, strafen und darby den Landammann, der dann ouch üwers gloubens ist, wo die zwölf sich in
iren urteilen zweyen, zum obman gsetzt, darmit ir spüren, sechen und
befinden möchten, dass wir deheins vorteils, sonders aller billicheit
gegen üch gepruchen wöllten. 5. Dass aber der predicant zuo Schwanden siner predig halb spöttlich gstraft, konnen wir die Zwölf, die in
und ander gstraft, nüt lernen; dann sy das by iren eiden geton, und
ob er sid dem wettschlag aber wider sölich mandat predigt, das gend
wir im namen Gottes den Zwölfen aber heim; die können und mögent
in und ander nach sinem verdienen wol strafen, vermeinten ouch den
Zwölfen, was sy uf ir eid geurteilt, nüt zuo spott gerechnet werden
söllt. 6. Wie ir ouch des predicanten halben uf Kirchenzen anzögen,
dasselbig dunkt uns frömd; dann die uf üwer syten, so domals im
Rat gsin, konnen üch wol anzöugen, wer im sölichen eid ze tuon ufgelegt; dann ir dess domals merteils benüegig und zefriden gsin.
7. Des messpriesters halben in Lintal ist nüt minder, wir haben ab
dem, so im zuo leid, schmach und tratz beschechen, ganz kein gfallen,
wöllen ouch denen, so es getan, ganz kein bstand, schirm noch enthalt geben, sonders den Zwölfen ze strafen, nachdem uf jeden erfunden wirt, heimstellen. Es ist aber am tag, dass er der gerüert pfaff allwegen mit tratzen, schmächen und schelten so schamper (schandbar)
gsin, dass es im nüt zuogstanden; dann vormacher me der bruch gsin,
dass ein priester sölcher gstalt mit trummen ziechen und dergleich
üppigen gebärden, das ein erbern priester (und besunder in diser widerwertigkeit) nüt zuostat, sich flyssen sölte; zuo dem dass er biderb
lüt verursacht, dass sy buofsen ob im verschütt, die bezalt, und aber
er um vil buofsen gleidet, deren er keine geben, sonder uss dem land
gfarn und uns gegen biderben lüten vertragen, dess wir zum teil in
dise unruow komen sind. Man weist ouch wol, dass er von unsern
lieben eidgnossen von Uri vertriben und da dannen sins abscheidens
ganz kein urkund pracht; (ist) wol zuo gedenken, wo er erberer gstalt
abgscheiden, im dieselbig nüt verhalten wäre. 8. Und dass her Fridle
(Brunner), predicant in Betschwanden, gerüerten priester uss Lintal,
dessglichen üwern glouben und die mess in sinem schriben geschulten, haben wir ime dasselbig fürghalten, daruf er uns anzöugt, dass
er die mess noch üwern glouben niendert gschulten; dess wölle er

sich ubezügen uf den brief, so von im gschickt und. der Ammann by-
hhändig hat; doch was er in sölichem schriben dem vertrag oder landsfriden zuowider ghandlet, wölle er sich von den Zwölfen gern strafen
lassen, und wir in darzuo handthaben; dass er im aber den brief
zuogschriben, sye uss der ursach bschechen, der pfaff habe von den
bildren und andren dingen predigot und darby an offner canzel gredt,
welchers im mit gschrift umstofsen möge, dass ers tuon sölle, uf das
er im den brief zuogschickt, dann er dess sinem erpieten nach schuldig gsin. 9. Wyter, als ir in üwer klag ouch meldent, es habe unser
ainer gredt und graten, dass man üwer jeden nächsten zuo tod stechen
söllte, wüssent ir, wie in der unruow, so uf nächst Mentag zuo Näfels
beschechen, zuo Glarus und demnach zuo Schwanden heiter und unverholen gredt durch zwo oder dry personen, ir wöllents vor Donstag
mit uns usmachen, uud müefsi gschlagen sin; domals, als die unsern
zuo Schwanden sölichs hörten, karteud sy zesamen, sich über sölich
tröwungen ze beratschlagen, ward wol also in zorn gredt, aber doch
nie graten, so wend wirs hinacht usmachen, ist ouch in unserm willen nie gsin, sonder uf die scharpf tröwung, also in zorn beschechen;
dann die von Schwanden grad morndes ir botschaft hinab für unser
herren schicktend, solich tröwungen abzestellen, dass nüt wyter umrat
darus entsprunge, darus wol zuo gedenken, kein ratschlag hierin beschechen sin. 10. Wyter, als unser Eidgnossen von üwertwegen anzogen, dass ein predicant sölte zum pfaffen uss Lintal gredt han, pfaff,
wenn hast gnuog hergott gfressen, dass dirs der tüfel gseohen, können
wir keinen predicanten erkunden, der es gredt well haben; wo ir in
aber wüsstint, so zeigends den Zwölfen an; die können in sinem verdienen nach wol strafen. 11. Wie ir ouch durch gemelt unser Eidgnossen für uns pracht, dass einer sine gemächt durchs fenster hinus
gstofsen und zuo den frowen gsprochen, das ist üwers sacrament, der
sye noch nüt gstraft, so wüssent ir, dass by sölchem handel siben
oder acht fromm unverlümdet man gsin, die ein eid geton, dass sy sölichs, dass er gredt hab, das ist üwer sacrament, nüt ghört, und ein
liederlich wyb, die in verklagt, habs ghört, dero sölle man glouben
und der andern biderwen lüten sag verwerfen; obs billich, geben wir
üch ze ermessen; das gemelt wib hat ouch demnach selbs bekennt
und gsagt, er habs nüt ton, dess er guote kundschaft hat. Zuodem
hand min herren als die, denen solich reden leid sind, dem handel
nachgfragt, und ist alles noch in anhengendem rechten; hat nöufswar
misshandlet, (der) sol sin entgelten, wie recht ist; darum sich andrer
misshändel mit dem unbillich vertecken söllen. 12. Und wie ir in
üwerm schriben des predicanten halben zuo Graps anzöugen und vermeinen, denselben ze vertriben, hand ir nie anderst verstanden, dann
dass es uns nüt minder dann üch missfallen, und so vil me, so sind
wir willens gsin, in umb solich schantlich reden nüt allein ze vertriben, sonder den handel wöllen erfarn, und so er schuldig erfunden,
in nach sinem verdienen hertenklich (wie das die billicheit und alle
recht erfordert) strafen, welcher handel, damit man dester stattlicher
der sach nachfragen könnt, im rat hin eiden verpotten, jetz aber ge-

offenbaret, desshalb er, wo er schuldig, sich da nüt wyter sumeu wirt,
das aber uns und üch ze strafen, wie das angesehen, wol zimpt und
gepürt hätte. 13. Ir meldend ouch, wie unsere predicanten die güeter,
so von üwern vordern mess ze halten, vigil und jarzit etc. ze begon,
gstiftet, an sich züchen und dasselbig unverdient niefsent. Da wüssent
ir, dass üwere messpriester das, so unser vordern zuo heil irer selen
gstiftet und an gottsgaben verordnet, eben als wol als die unsern das
üwer niefsent und bruchent; so es aber üch nüt gfellig, und dewedrer
teil dem andren das sin bruche, und sich niemant ze klagen habe,
sind wir urputig, gemelte alle und jede kilchengüeter widrumb ze teilen und jederman das sin bis ins viert oder dritt gschlecht wider ze
geben, und was dann noch übrig erfunden, ze Meyen für ein ganze
landsgmeind komen lassen; wohin es dann dieselbigen hin verordnent,
sy gebend und teilends an gottsgaben oder lassinds by der kilchen
blyben, lassen wir bschechen; damit brucht deweder teil dem andern
(das) sin, und werden ouch wyter not halb nüt geunrüewigot; im
namen Gottes gebe dann ein jeder das sin eim predicanten oder priester, weders im anmuotiger und desshalb von Gott guad hat. 14. Lieben landlüt, ir züchen ouch an, wie unser gloub anfenklich durch
den Zwingli und demnach durch wenig lüt ouch under uns kommen,
dess ir aber damit von üwerm glouben getrengt etc., mit mer worten,
wie ir wüssent. Lieben landlüt, unser gloub kumpt weder vom
Zwingli noch andren menschen, sunders von dem waren einigen lebendigen Gott durch Jesum Cristum, welchen wir uss keinem menschen,
sunder uss sinem helgen wort erlernet und gnomen habent, mit ernstlichem begern, uns by demselbigen blyben ze lassen; dann wir damit
üwern glouben ungeschmächt und nüt veracht haben wöllen. 15. Dass
wir aber unsere mer mernteils mit hindersäfsen machiud, wüssent ir,
dass die hindersäfsen in sachen den glouben betreffent, so dick ir es
begert, allwegen von uns gstellt. 16. Lieben landlüt, uss oberzelten
ursachen hoffen wir üwer klag und anmuotung der billicheit nach
gnuogsam verantwurt haben, in welchen artiklen ir wol abnemen mögen, dass wir nüt unbillicher gstalt gegen üch gsunnet, sunder gern
by den pünden, bim landsfriden und verträgen, ouch by allen zuosn-
gungen, unsern eidgnossen den fünf Orten geton, gern blyben und die
übertretter derselbigen, es syen geistlich oder weltlich personen, gern
strafen lassen, ja sofer dasselbig nüt gwaltenklich, sonder mit recht
beschicht, das dann ob Gott will keinem frommen und verständigen
widrig, sonders anmuotig sin sol, und unser landsbuoch heiter vermag
und zuogibt, by dem wir ouch ze belyben begern. 17. Ir wüssent
ouch, lieben landlüt, wie wir nutalame ein guote zyt dahar ein gemeinen landsfriden ghept und noch hand, und über denselben friden
etlich der üwern by nacht und by nebel, ouch ungewarneter sachen,
den predicanten zuo Mullis sampt siner husfrowen in blofsen hemptern uss dem hus gejagt, den kilchgnossen und im das sin zergengt,
zerschlagen und gschleizt, über dass er inen nie kein leid, das die
täter selbs bekennt, geton, ouch wider den landsfriden noch unsern
vortrag nützit ghandlet, gredt noch predigot; wol zuo gedenken, wo

er nüt entrunnen, dass im noch gröfser schad entsprungen, und' aller handlung nach erst in gewer und harnesch zuosamen gloffen, sich über sölchen friden gerottiert, und als wir sidhar bericht, erst hinüberzogen und schwäre tröwungen usgstofsen, das alles dem friden nüt glept noch nachkomen; ist nüt gnuog gsin, sy haben sich darum nüt wöllen strafen lassen, und andre inen dess recht, glimpf und gstand geben; wol zuo gedenken, dass unser land durch sölich ufruor bald geschleizt, und wo wir (ouch) des willens, lichtlich zergan' möchte, das wir aber unsers teils gern verhüeten und demselben vorsin wöllten; achten ouch noch meng biderman an üwer gmeind sin, dem sölich sachen missfallint und in trüwen leid syent. Dass sy aber iren handel mit dem messpriester in Lintal verantwurten wöllen, wie sich das zesamen ryme, geben wir jedem verständigen ze ermessen; dann wir aufangs desselben handels den unsern ganz kein bstand geben, sonder selbs begert, dass die übertretter und unghorsamen nach irem verdienen gstraft und die rüewigen by frid, ruow und einigkeit blyben möchten; über denselben handel ist ouch schon kuntschaft ingnommen und die sach den Zwölfen ze strafen heimgesetzt uss der ursach, die üwern umb iren begangnen frevel nach irem verdienen mit recht billich gstraft werden söllen. 18. So wir aber verstand, dass üwer entlich meinung dahin leinet, dass wir alle predicanten abstellen und von land wysen und üch uns lieber dann sölich (lüt?) sin lassen sölten, dunkt uns frömd, können darus nüt anders ermessen, dann dass ir uns damit von unserm glouben, der doch nüt nüw, sonders wie obstat in Gottes wort grund hat, trengen wöllten; nimpt uns doch wunder, uss was ursachen das bescheche, so ir uns doch darby ze belyben lassen (wie ouch wir üch) verheifsen und zuogesagt hand, und dennocht über das, dass wir vermög der pünden und unsers landsbuoch wol ein anders ermeren möchten, und aber um frid und ruowen willen underlassen, damit wir beidersyts by unserm glouben blyben möchten. 19. Hierumb, trüwen lieben biderwen landlüt, langt an üch unser gar trungenlich hoch und ernstlich pitt, ir wöllen sölich und ander rechtmäfsig unser erpieten zuo herzen fassen und uns durch sölich kleinfüeg ursachen nüt überge(be)n, sonder by unserm glouben güetlich, wie wir einandern verheifsen, blyben lassen; dann ir wol ermessen können, wie billich es wäre, so der merteil dem mindern sich glichförmig machen, insonderheit so es einem jeden siner selen heil antreffen und belangen will; dann als wir verstand, so haben ir lüt, denen vilicht unglück lieber dann frid und ruow sin möcht; die möcht man by uns vilichter ouch finden. Dem land uns, lieben landlüt, vorsin und uns bis uf ein gemein consilium, das dann, als wir verstand, bald sin wirt, by den verträgen, so wir des gloubens halben angenommen, einandren belyben lassen; dann uns warlich in unfriden mit üch, wo es jendert sin mag, ze leben nüt fröut; wir hätten ouch desselbigen zuo beiden teilen wenig eer, so doch allein der vatter wider den sun, der bruoder wider den bruoder, und ein guoter fründ, gsell und nachpur wider den andren sin müeste, der im sunst im herzen nüt fyend sin könte oder möchte. Das wöllen betrachten und allen

zorn, so ir in üwern herzen tragen, von üch tuon und uns von allem,
so wir einandern verheifsen, nüt dermafsen trengen; so wirt, als uns
nüt zwyfelt, der allmächtig Gott, den wir darum von herzen pitten
söllen, mittlerzyt sin barmherzigkeit geben, dass nüt allein wir, sonders
ouch andere, die glicher gstalt zerteilt, in merer frid, ruow und einigkeit komen werden. Lieben landlüt, die sach ist uns vlents uf den
hals gwachsen; desshalb wir alle ding der notdurft nach nüt verantwurten mögen. 20. Ir wüssent ouch, lieben landlüt, so man uns von
unserm glouben, desglichen die predicanten so gwaltenklich wider und
one recht ze vertriben understüende, dass das nüt frid und ruow,
sunder unabläfsliche findschaft geperen wurde. Wäger ist, jetwäder
teil blybe noch einmal by dem sinen im namen Gotts; hand ir oder
wir nöufswan geistlich oder weltlich personen, die unserm vertrag,
dem landsfriden, den geschwornen pünden, unserm landsbuoch und
dem, so man unsern lieben Eidgnossen verheifsen, nüt nachkomen und
gleben wöllt(en), den (die) land uns strafen und des ents niemants
schonen; dann wäger ists, der unghorsam ungligmacher (unglück-
macher!) werde gstraft, dann dass der fridsam und rechtsbegirig sinen
entgelten müefse; üch hierin so guotwillig bewysende, wie wir üch
aller lründschaft und dheins abschlags vertruwend.» Schwyz, A. Glarus.

Es liegt eine gleichzeitige abschrift von der hand des (ersten) Glarner landschreibers vor, von Tschudi überschrieben: „uff Othmari 1532" (doch ist wohl
Sonntag 17. gemeint?). — Die vorausgegangene klagschrift(?) der altgläubigen
scheint verloren gegangen zu sein; indessen sind die wesentlichen momente derselben teils in obiger antwort, teils in der sogleich folgenden replik angedeutet.
Da Tschudi die letztere verfasst hat, so kann ihm auch die urheberschaft des
verschwundenen actes mit grosser wahrscheinlichkeit zugeschrieben werden, und
diese seine stellung erklärt auch leicht, dass die zwei denkschriften der evangelischen partei (vgl. nr. 1999) in seine hand und vermutlich eben durch diese
nach Schwyz gelangten.

1998. (Nov. c. 17 f.). «Gegenantwurt der lantlüten zuo Glarus,
so dem alten waren christenlichen glouben anhangend, uf die verantwurtung, so unser lantlüt des gegenteils uf unsern fürtrag an si geton gegeben habend.» 1. «Lieben lantlüt, uf üwre antwurt, die ir
uns uf unsern getonen fürtrag schriftlich gegeben, und üch selbs gern
vil glimpfs machtind, als ob üch klagens nöter wäre dann uns, kan
uns nit gnuog verwundern, diewil ir doch kein ursach, wenig noch
vil, habend, ab uns ze klagen, und könnend das nit anderst verston,
dann dass ir unser l. eidgnossen die fünf Ort und andre gesandten
gern hiemit blenden welltind und üch selbs glimpf schöpfen. Dann
als ir meldend, wir söltind üch überhept haben der verklagung vor
den Eidgnossen und vergangne sachen mt äfern etc., daruf gebend wir
antwurt, dass uns klagens not gewesen; dann wie dick habend wir
uns vor gesessnem Rat und üch selbs erklagt, dass der zuosagung,
so ir und wir gemeinlich den fünf Orten geton, nit statt geschechi;
item dass man uns unsern alten waren ungezwifleten christenlichen
glouben an predginen und an den gassen schmützo, schmäche und
verachte; item dass der priester in Lintal gestumpliert und verspottet
werd und weder gschützt noch gschirmpt werde, und andre beschwer-

den mer. Aber ir habend uns für und für lassen klagen und nie
nützit darzuo ton, sonder derglichen ton, als ob ir nit gesinnet, den
fünf, Orten die zuosaguug ze halten, und habends ouch nie kein tag
gehalten, darus wir wol mögen abnemen, dass üwer fürnemen uns
nach und nach also abzetöwen (tröwen?) und den alten waren glouben mithin gar uszerüten, welchs wir bishar wol mögen spüren, diewil wir nit besseru schirm und bistand bi üch funden, den geschech-
nen zuosagungen statt ze tuonde. 2. So nun das heiter am tag, dass
ir sölichs für und für gehindert und nit gefürdert, habend wir uns
billich dess vor den Eidgnossen erklagt und ir bilf und rat begert,
und hat uns not getan ze eräfern was ir gehandlet, und wie mänig-
mal von üch und uns an landsgmeinden des gloubens halb den Eidgnossen zuogesagt und allweg von üch nit gehalten und jetz aber nit
gehalten werd; dann ir durch sölich nit halten üch selbs und uns
dermaln einist gegen den Eidgnossen, denen man zuogesagt, in grofs
widerwertigkeit und not bringen möchtind; wann es einer einzigen
person schmächlich und übel anstüende, zuosagen und nüt halten, ze
geschwigen einem land und Ort der Eidgnoschaft. Deshalb söllend
ir alle jetzige unruow üch selbs zuomessen, dann ir ursach darzuo
geben. Hettind ir gehalten, so hettind wir nützit geklagt noch geäfert.
Wir werdend uns ouch nit dahin binden lassen, so ir nit hieltind,
dass wir das nit klagen und vergangne handlung nit äfern söltind
mögen. Wann ir helfend halten, so wirt klagen und äfern vermitten.
3. Dass ir dann in üwer schrift meldend, dass wir üch habind gehulfen, über unser eidgnossen die fünf Ort usnemen, und tragind der
sach als vil schuld als ir etc.; lieben lantlüt, das nimpt uns gar unbillich und frömd, dass ir uns sölchs zuomessend; dann sich das niemer erfinden wirt, als ir selbs bekennen müefsend, wann joch die
warheit dargeton wirt. Dann als wir gemeinlich am Sand ein gemeind
gehalten und zesamen ein eid geschworn, nit ussert lands und wider
dewedern teil ze ziechen, und schidbotten ins feld zuo beiden teilen
schicktend, hettind wir uns unsers teils nit versechen, dass wir darüber witer gemeindet söltind haben, sonder dass es entlich dahy sölt
beliben sin und dem eid gelebt und nachgangen werden. Als aber
über das aber ein gmeind angesechen, das uns unsers teils ganz widrig was (dann wir vermeintend sölchs nit von nöten sin uf den eid,
so wir geton), sind wir ouch an der gmeind beliben und verhofft, es
wurd wider den vorgetonen eid da nützit fürgenommen, und ob es
schon durch unrüewig lüt darwider geraten wurd, so wurdind doch
vil biderber lüten an üwerm teil uns das vordrig mer helfen hanthaben und nit so lucklich (?) davon fallen. Wie nun in der pfarrkilch
zuo Glarus die gmeind gehalten, habend ir frevenlich wider den vordrigen eid und mer gemeret (da wir uns ee des tods versechen hettind),
und habend üch entschlossen, wider unser lieb eidgnossen die fünf
Ort ze ziechen, houptlüt und fendrich gesetzt, über dass wir scheidlüt
ins feld geschickt hattend. Wie erberlich das sigi, gebend wir üch
ze erkennen. Do wir nun gesechen, dass wir das nit erweeren moch-
tend, und ir mit üwerm unbillichen meeren gwaltiklich fürfuorend,

do habend wir unsers teils, so der alten religion anhangend, üch in
der kilchen an offner gmeind heiter harus gesagt, ir söllind uns von
unserm teil nit ein manu usnemen, dann unser entliche meinung si(ge),
wo ir zuo denen von Zürich ald Gaster lut üwers merens ziechind,
so wellind wir unsers teils zuo den fünf Orten ziechen. Also ists
gangen, und wirt sich anderst nit befinden. 4. Demnach, als man
den fünf Orten zuogesagt ze Schwanden, die mess anzenemen und ufzerichten, da die von Schwanden sag(t)end, si wellind sölch zuosagen
halten etc., da wüssend ir, lieben lantlüt, dass das noch bishar nie
kein tag gehalten ist, und ist uns fast lieb, dass ir nochmaln das haltind. 5. Des strafens halb, da ir vermeinend, dass sölichs den Zwölfen, namlich von jetwederm glouben sechs personen, und der amman
richtere, wie wir dess mit einandern überkommen, zuostande, in sachen von des gloubens wegen etc., die selben habind mit urteil den
predicanten von Schwanden gestraft etc., darzuo sagend wir, lieben
landlüt, dass wir unsers teils der überkomnus mit den Zwölfen und
dem richtere wol zefriden; aber dennocht hat uns bedunkt, dass in der
straf des genannten predicanten von Schwanden wenig ernst nach
gstalt siner groben handlung gebrucht; dann als sich unsre sechs richter in zwo unglich urteilen geteilt, da sind üwre sechs richter einhellig zesamen gfallen und durch ir sondre urteil schier nützit uss
der straf gemacht; da ist unser pitt und beger, dass üwer und unsre
richter sölich grob händel, die uns grofs unruow bringend, hertiklich
strafind, es treffe unser oder üwers teils personen an. 6. Des predicanten halb von Mullis, den ir anziechend, wirt sich nit befinden
allenklich also gangen sin, wie irs dartuond; dann wir wol erwysen
wellend, dass er gehandlet, das nützit sol, so es von nöten; als er
ouch mer denn einest siner üppigen reden, so er usgestofsen, gewarnet worden abzeston, und an im nützit helfen wellen, dess wir uns
dick erklagt, und niemand nützit darzuo tuon wolt, do ist im solcher
unrat darus erfolget, das uns nit lieb gesin; wäri aber er rüewig
gsin, so wär es nit geschechen. 7. Witer, als ir in üwer gschrift
meldend, dass ir nüt anders ermessen können, dann dass wir üch
gern von üwerm glouben trängen weltind etc., ist unser antwurt, dass
sich das widerspil befinden wirt, wie das heiter am tag ligt. Dann
als wir lantlüt gemeinlich, namlich ir und wir mit einandern, an
dryen lantsgmeinden den fünf Orten zuogesagt und schriftlich abscheid
geben, dass wir in allem unserm land bim alten waren christenlichen
glouben, bi der mess und andern ordnungen wie unser vordern belyben, und uns von gemelten Orten im glouben nit sündern (welltind),
über das habend ir frevenlich sölch zuosagen gebrochen, den alten
glouben abgeton, bilder und altar uss den kilchen gebrochen und uns
mit gwalt wider alle billigkeit unsers teils vom alten waren glouben
gezwengt und getrengt, und ist nit gnuog am selben gsin, ir habend
über das selb wider alles unsers weren die pündt an gemelten Orten
übertretten, inen spis abgschlagen und wider si wellen kriegklich ziechen, desglich an Sant Gallen (das) gottshus und Toggenburg verkouft,
das nit das üwer was, und ander unbillich sachen fürgenomen, dess

unser land niemermer eer noch lob haben mag, das uns billich wee
tuot, und wir wol in grofse landsgfar und umb unser fryheit dadurch
hettind komen mogen. Das hat nun Gott gnadiklich gewendt, und
sind unser eidgnossen die fünf Ort mit als verbittert (wie wir wol verdient hettind) über uns gsin, als ir über si warend. Dann als ir und
wir inen nach dem krieg versprachend, ir weltind die mess in Lintal,
Schwanden, Glarus und Näfels wider annemen, den priestern schirm
geben, dem landsfriden nachgon und nit gestatten, unsern alten glouben ze schmächen, habend si es güetlich nochmaln daby belyben lassen. Aber ir habend solchs nie kein tag weder an inen noch an uns
gehalten; dann zuo Schwanden habend ir nit mess, und müefsend die
biderben lüt daselbs, so unser religion sind, one mess sin; so ist man
mit dem priester in Lintal schmächlich umbgangen, und lestrend üwre
predicanten und ouch ettlich sonder lüt unsern alten waren glouben
on underlass, und begerend doch wir nit mer, dann dass wir bim
zuosag den fünf Orten geschechen und bim landsfriden rüewig mögind
blyben, und tuond üch an üwerm teil und glouben kein trang. Nüt-
destminder legend ir uns unbillich zuo, als ob wir üch gern von
üwerm glouben trängtind; dasselbig aber ir uns tuond, und wir nit
üch. Dess aber lougnend wir nit, dass wir von Gott nit mer wünschen weltind, dann dass ir und wir einhellig dem alten glouben, wie
den unsere vordern mit vil glückseligkeit und brüederlicher liebe gehebt, anhangetind, so truwtind wir mer eeren, nutz und frucht davon
ze haben und Gott gefelliger ze sinde. Dann, lieben lantlüt, ir rüe-
mend üch des reinen gottsworts und dass üwer gloub (daruf) gegründt
sig etc.; da hoffend und wüssend wir, dass unsre fromme liebe vordren, die ouch üwre vordren gewesen, fromme christen gesin, das evangelium, alt und nüw testament gegloubt und gehalten und ein waren
christenlichen glouben gehept, dem wir begerend anzehangen und irs
gloubens fuofsstapfen nachzefolgen; dann si das luter klar gottswort
mit frid und liebe gehept, dagegen üwer angenommen gottswort vil
unruow und allen unfrid gebracht und bishar erzeigt hat. 8. Der
übrigen artiklen halb ist unnot, alles ze verantwurten, lassend es bi
unserm fürtrag belyben; dann der an im selbs (war?) ist und sich
also befinden wirt. 9. Zuoletst so bittend wir üch als unser getrüw
lieb lantlüt, ir wellind üwer und unser biderb vordern betrachten und
unsern glouben, den si ouch gehalten, nit also verachten und schmächen
lassen; dann es üch und uns wenig eren und den fromen alten, so
begraben sind und uns in die fryheit gesetzt, zuo gröster schmach
reicht. Bittend, ir wellind mit uns in lieb und fründschaft leben, uns
bi unserm glouben ungeecht und unverachtet blyben lassen; das wellend wir üch hinwider ouch tuon; dann wir mit niemant lieber husen
wellend dann mit üch, diewil wir doch lantlüt, brüedern und bluots-
fründ sind. Wir könnend ouch wol bedenken, dass üch und uns frid,
ruow und einigkeit am basten »...   **Schwyz, A. Glarus.**

Vermutlich fehlen noch einige worte oder zeilen, die auf der innern seite
des verlornen blattes gestanden haben mögen. Die handschrift ist durchweg
diejenige Aeg. Tschudi's, der höchst wahrscheinlich als verfasser, nicht etwa

bloss als abschreiber zu betrachten ist, und vielleicht auch das memorial zum 8. December 1531 verfasst hat.

1999. Nov. c. 18 f. Antwort der neugläubigen Glarner an die vermittelnden botschaften.* ·Strengen etc. etc. Nachdem wir uf gester die mittel, so ir zwüschen uns und unserm gegenteil gsetzt, uf hüttigen tag ze verantwurten hindersich gnomen und üch die selbig antwurt zuo schicken, so haben wir dieselbigen für uns genomen, und wiewol wir achten, dasselbig alles allein gnoter früntlicher und getrüwer meinung beschechen (sin), so können noch mögen wir solich unser dargeschlagen mittel gar keins wegs annemen, ursachen halben, ir wüssen dass wir darmit aller erst von unserm glouben, und so wir das merteil, von den pünden, dem landsfriden, unserm landbuoch und verträgen, die wir zuo beiden teilen geschworen und einhellenklich ze halten angenomen, getrengt, das dann ir als die wysen und hochen verstands uns unmüglich, untraglich und unlydenlich anzenemen wol betrachten und abnemen mögen. Darum so wöllen dasselbig nüt arger meinung, sonder der notdurft nach von uns vermerken. Dann wo wir den halben, ja den zechenden teil solichs fürschlags vormals von unsern landlüten annemen wöllen, so wären sy dess zuofriden und wol benüegig gsin, (ouch) diss und ander ufruor vermitten bliben. Uf solichs so haben wir witer nüt bewilligen und ferrer nüt gan können, dann dass wir nochmals by unserm glouben, verträgen, pünden und landsbuoch belyben wöllen, ungezwyfelter zuoversicht, (dass) ir dess wol benüegig, uns ouch darby schützen, schirmen und handhaben werden, dess wir üch dann zum höchsten gepetten und ermant haben wöllen. Lieben eidgnossen, pundtgnossen, landlüt und guoten fründ, wie könte diser unser fürtrag doch der billicheit, allen rechten, landt- ·licher und brüederlicher trüw und eidtgnössischer püntnuss doch mit dem allermindsten pünktli zuowider und ungemäfs sin. Dann nemen(t) zuo herzen, wo wir üwern oder unser landlüten fürschlag solten annemen, wurden wir unträglicher und anderst dann üwer und unser eigen und beherrschet lüt, als in vogtyen, beschwert und beladen, geschwigen dass wir das merteil eins loblichen alten und erlichen lands Glarus und ein Ort der Eidgnoschaft syen. Darumb so wöllen unserm gegenteil um merer frid, ruow und einikeit willen irs fürnemens oberzelter artiklen halben früntlicher gstalt abwysen. Der übrigen artiklen halben, deren dann noch vil sind, und warlich das so mit dem predicanten zuo Mullis über allen friden bschechen, ganz erschrockenlich, in dem allen wöllen wir üch gern wyter und ferrer handlen lassen; dann was wir unserm gegenteil in zimlichen sachen zuo ufenthalt unsers gemeinen lands zuo dienst bewysen könnten, wöllten wir mit guotem willen und gern tuon. Wir wend ouch üch in sachen lib und guot belangent und jetz ufgloffen nützit uss der hand ziechen, sonder gern willfaren. Wo aber diss oberzelt früntlich und recht-

---

* Tschudi überschrieb diesen act wie folgt: „An der Eidtgnossen, Pündtern und Toggenburger botten uff Othmari 1532. Der Luterschen antwurt." (Die datirung ist nicht genau zu nehmen, da drei zusammengehörige acten, die nicht gleichzeitig entstehen konnten, von Tschudi ganz gleich datirt worden sind).

mäßig erpieten by unsern landlüten doch kein statt noch fürgang haben, könnten noch möchten wir unser glimpf und eer halb des ende nüt fürgan, dann dass wir üch, ouch ander üwer (und) unser lieb Eidgnossen und pundtgnossen anruofen, pitten und ermanen müesten, uns, lut der geschwornen pündten und des ufgerichten landsfridens anzeruofen, damit wir by üwern und unsern geschwornen pünden, unsers lands, friheit und gerechtigkeit mitsampt dem angenomnen vertrag belyben möchten. Darumb so wöllen die sach um Gottes und der gerechtigkeit willen, wie die an ir selbs ist, zuo herzen nemen und handlen, wie wir üch aller früntschaft, eeren und guoten wol vertruwen; (das) wöllen wir umb üch getrüwer meinig haben ze verdienen.» «Gemeind zuo Schwanden».   Schwyz, A. Glarus.

, (Von der hand des Glarner landschreibers, vielleicht original).

Etliche andere acten folgen unter diversen daten. — Vgl. besonders nr. 2024.

2000. Nov. 18. Bern an Freiburg. Eine savoyische botschaft habe dieser tage unter anderm vorgebracht, weil sie die 7000 kronen bezahlen werde, so sei billig, dass die quittung darüber ausgefertigt und die verpfändung der Waat aufgehoben werde, weil der größere teil der 21000 kr. erlegt und für den rest genügende sicherung geboten sei; dabei werde vorgewendet, Freiburg überlasse die entscheidung der pfandfrage Bern; man begehre sich aber hierüber mit ihm zu beraten und dann erst antwort zu geben. Zu diesem zwecke habe man einen tag bestimmt, zu dem die Freiburger botschaft auf nächsten Mittwoch abends hier erscheinen sollte, und zwar mit vollmacht zu beschlüsslicher verhandlung; denn die savoyischen boten geben zu verstehen, dass sie die 7000 kr. nicht bezahlen werden, wenn sie der verpfändung halb und wegen der einsetzung des Herzogs in Genf und Lausanne keine gefällige antwort erhalten. Darüber werde nun Freiburg sich zu beraten wissen, etc.
                              Bern, Teutsch Miss. T. 713, 714. Freiburg, A. Bern.

2001. Nov. 18. Bern an Basel. Antwort auf dessen letzte zuschrift über den zwist mit Solothurn. Man habe desshalb an Solothurn geschrieben, jedoch nicht angedeutet, dass dies auf Basels wunsch geschehen; da Solothurn darauf das gesuch getan habe, die sache zu übernehmen, so setze man dafür einen tag auf den ersten Sonntag im December an, etc.   Bern, Teutsch Miss. T. 716.

2002. Nov. 18. Bern an Neuenburg. Abschriftliche mitteilung der beschwerden des grafen von Chalant und Valangin. Auf diesseitige bitte habe er nun zu einem hier zu haltenden tage eingewilligt, nämlich auf Donstag den 5. December, was man hiemit anzeige mit dem begehren, dass Ministrale und Rat eine botschaft abordnen, die klagen beantworten und eine gütliche entscheidung gewärtigen. Inzwischen ermahne man sie, keine neuerungen und keinerlei tätlichkeiten zu beginnen, was zu ihrem vorteil dienen werde, etc.
                              Bern, Welsch Miss. A. 259 a.

2003. Nov. 19, Bern. (Der) «hofmeister von Küngsfelden (hat) anzöugt, wie der wichbischof von Costenz zuo Gebistorf ij alter und das korn und den halben kilchhof gewicht und usgemarchet, (und) der landvogt gebotten, keinen des nuwen glouben in den gewichten teil ze graben oder wider uf-graben etc. Du grofser misthuf.» (Eintrag von Cyro).

Bern, Ratsb. 235, p. 171

2004. Nov. 19 (Dienstag nach Othmarn). Zürich an Caspar Nasal, derzeit im Thurgau. Auf diesseitiges ansuchen habe der abt von St. Gallen dem Peter Weber auf nächsten Freitag einen tag zu gütlicher verhandlung mit den widersachern in Wyl angesetzt, wesshalb man einen ratsboten, nämlich Jörg Göldlin, dahin abordne. Weil aber er (Nasal) die letzten verhandlungen in Frauenfeld näher kenne, so halte man für nötig, dass er auch in Wyl erscheine, zumal Hans Haab bei den klosterrechnungen wohl allein bleiben könne. Man begehre also, dass er mit allem möglichen fleifs versuche, die widersacher Webers von ihren forderungen abzubringen, da derselbe nichts anderes getan, als was ihm (von den landleuten) befohlen worden, wesshalb sie die streitigen kosten billig selbst tragen sollten. Wäre das nicht zu erreichen, so würde der bote doch wenigstens vernehmen, woran es noch fehle, und darüber bericht erstatten; man werde dann ferner nach gutfinden handeln, um dem guten mann einmal ruhe zu schaffen und ihn wieder zu seinen kindern kommen zu lassen. Jedenfalls soll der bote nicht ausbleiben, da Göldli ohne ihn nichts handeln würde, etc.

Zürich, Missiven.

2005. Nov. 20, Freiburg. 1. «Als der herr von Vaulmarculz min herren in geheimd und stille hat lassen besuochen, ine zuo einem hindersefsen und burger anzuonemen, daby ime uf die herrschaft Vergie m oder xij° kronen ze lichen, wöll er inen solich herrschaft, doch uf ablosung siner lyblichen erben, versetzen und verkoufen in gestalten, wo er abgieng one erben von sinem lyb erborn, dass alldann die ablösung minen herren heimdienen solle mit gedingen, dass si etlich geltgabung, so zimlich und billich sin und geordnet werden möchten nach ecrenluten sag, dagegen entrichten, und er sin leben lang die nutzung derselben herrschaft innemen und nutzen und umb das gelt den zins, v vom hundert, geben möge etc. 2. Ist also anzuonemen abgeraten. 3. An commissari Lucas, dass er by demselben herren erkundung tüeg, ob er noch des willens, besonders was manschaft, gestalt und nutzung die herrschaft haben mög etc. »

Freiburg, Ratsbuch nr. 51.

2006. Nov. c. 20, Freiburg. «Bendicht Früyo von Berverschen (Barbareche) hat geredt, er sig vergangner tagen bis gan Frienisberg gangen, ist Brocher von Rottellingen zuo im kummen im wirtshus daselbs zuo Rottellingen, und haben einander heifsen willkumm sin und gefragt, was nüws wäre; da sagt Brocher, sine herren wölllten si zwingen, dass wir mit üch kriegen söllten, das wäre im nit lieb, und wöllte sich ee lassen weifs was tuon. So denne redt er, er hette gehört von Peter Ritter von Brügelle, dass er sagt, er hette gehört sagen in einem würtshus, dass die von Bern wölllten zuo Petterlingen ein zuosatz tuon, und hetten denen von Loupen embotten, dass sy ein uf-

seehen uf .sy hetten; hats by sinem eid geredt.» — Nachschrift:
«Peter Ritter, ist da vornen, hab in beschickt.» (Von Falkners hand:)
«hat, uf den handel, nüt geredt.»   **Freiburg, Rqtsb. nr. 50.**
, Eingehefteter zeddel.

2007. Nov. 20 (Mittwoch nach St. Othmar), Zürich. Die boten
von Zürich, Bern, Basel, Freiburg, Solothurn, Schaffhausen und Appenzell an Glarus. Nachdem sie anderthalb tage
auf dessen botschaft gewartet, haben sie schliefslich ohne dieselbe verhandelt und einen abschied vereinbart, der mitfolge; sie begehren nun
freundlich, dass auf den nächsten tag zu Baden, um Luciä, über alle
artikel endgültige antwort gebracht werde, damit die sache einmal zu
ende komme und weitere kosten erspart werden.   **Zürich, Mandrps.**

Nachschrift der stadtcanzlei Zürich: Der abschied koste 6 batzen, die bei
diesem boten geschickt werden mögen.

2008. Nov. 20, Kreuzlingen. Hans Haab und Caspar Nasal an BM.
und Rat in Zürich. Heute haben sie.den befehl an Nasal erhalten,
nach, Wyl zu reiten; dem er morgen nachkommen werde. Gestern
haben sie zwischen denen von Constanz und den domherren gehandelt,und vielerlei versucht, die parteien zu einigen, aber nichts anderes
erreicht, als dass der bischof und die domherren bei dem letztjährigen
urteil von Kreuzlingen (?) bleiben sollen. Obwohl die von Constanz bei
ihrem umreiten (in den Orten) viele gute versprechungen erhalten, haben jetzt einige boten doch andere befehle, nach denen sie sich richten
müfsen; Zürich und Bern haben desshalb nicht weiter handeln wollen,
und,da die domherren einen schriftlichen abschied gefordert, so habe
man nicht anders darein gewilligt, als dass er von der mehrheit der
X Orte ausgestellt werde. Morgen wollen die boten nach Feldbach,
dann nach Diefsenhofen und Rheinau, und von dort weg heim; dann
werden sie über allen handel nähern bericht erstatten.
Zürich, A. Constanz.

2009. Nov. 21 u. 22, Bern. I. Auf die in den letzten tagen gehaltenen vorträge der savoyischen gesandten geben Bern und Freiburg folgende antwort: 1. «Premierement, touchant (la proposition)
de ledit illustrissime prince, monseigneur de Savoye, mettre en pos-
session de ses preeminences etc. en la cite de Genesve, sont mesdits
seigneurs de Berne et Frybourg contens de cela faire et laccompaig-
ner, moyant (sic) que lasseurance devant toutes choses soit faite et a
ceux de Geneve baillee, tout ainsi que la sentence de Payerne le devise. 2. Secondement, touchant lypotheca (sic) etc., quand ledit ill-me
seigneur fera le dernier payement a Noel prochain des xxj-m escus, al-
heurs sont mesdits seigneurs des deux villes tres contents dy mettre
quelque bon moyant et honeste moderation, en sorte que sont eu espoir
que ledit ill-me seigneur aura occasion de soi contenter, et que eux en
auront honneur. (21. Nov.). II. Sur la replique que les seigneurs ambassadeurs de Savoye ont aujourdhui fait touchant Lausanne, respondent messeigneurs de Berne, que de leur coste, ce que la bour-
geoisie contient, veulent observer, et que cela ait lieu.» (22. Nov.).
Bern, Instr. B. 225 b.

2010. Nov. 21, Bern. «Potten von Bätterlingen haben anzöugt, (was) die mere(r) urteil gsin under inen uf die rechtsforderung deren von Fryburg, so sy gegen einen geüebt, der sy gescholten sollt haben, mit pitt, ein potschaft sinenthalb gan Fryburg ze schicken in sinem kosten, (ze) helfen das best handlen etc. » Bern, Ratsb. 235, p. 180.

Unter dem 27. Nov. ist notirt: «Die entschlachnuss (dess) von Bätterlingen ist gemiltert, namlich dass er den kosten (gebe) und ein entschlachnuss tüege vor Rat oder dem stab.» ib. 198.

2011. Nov. 21 (Donstags vor Katharinä). Glarus an Zürich. Antwort auf dessen anerbieten gütlicher vermittlung in dem kirchlichen zwiespalt, das mit den freundlichsten worten verdankt wird... Man zeige nun an, dass mit Gottes hülfe und durch zutun biderber ehrenleute die sache gütlich vertragen sei, bitte also Zürich, sich desshalb nicht weiter zu bemühen. Ferner ersuche man es, nicht übel zu deuten, dass man die botschaft wegen des herzoglich(-mailändischen) geldes nicht geschickt (den tag in Zürich nicht besucht) habe; das sei einzig durch die angedeuteten späne veranlasst, und was die andern Orte in diesem geschäfte beschlossen haben, wolle man gütlich bleiben lassen. — Bitte, dem so lange zurückgehaltenen boten nicht zu zürnen.
Zürich, A. Glarus.

2012. Nov. 22. Bern an den bischof von Basel, mut. mut. an Solothurn, auch an propst und capitel zu Münster. Nachdem der diesseitige ratsbote angezeigt, dass er und die botschaft von Solothurn zu Münster vergeblich gehandelt, haben gesandte der gemeinde einige artikel vorgelegt; da man früher auch andere verhört habe, so erachte man für nötig, auf das bäldeste einzugreifen, um gröfseren unruhen zuvorzukommen. Dafür habe man einen tag in Biel bestimmt auf Sonntag den 8. December, den man (allen teilen) verkünde mit der bitte, eine botschaft dahin zu senden; man wolle sich hierin weder mühe noch kosten reuen lassen, etc.
Bern, Teutsch Miss. T. 716, 717. Solothurn, Berner Schr.

Notiz am fusse: Propst und capitel sollen ... mit ihren artikeln und gewahrsamen erscheinen.

2013. Nov. 22 (St. Cäcilien tag). Konrad Schärer, pfarrherr zu Oberwyl, an Schultheifs und Rat in Bremgarten. Erörterung seiner pfrundverhältnisse, nebst verantwortung gegen die klage, dass er seine habe nach Zürich geflüchtet, und bitte um samthafte, nicht geteilte verabfolgung seines einkommens, etc. Stadtarchiv Bremgarten.

2014. Nov. 22 (Freitag nach St. Othmars t.), (Rüti). Hans Kilchrat an BM. und Rat in Zürich. Antwort auf ihr schreiben vom 16. d. Er habe den genannten boten sofort morgens früh (nach Glarus) abgefertigt, um die sachen näher zu erkunden. Der handel habe so angefangen: Etliche zu Schwanden haben vermöge des landfriedens einen messpfaffen aufzustellen begehrt; der dazu berufene sei aber sofort vertrieben worden; die widerwilligen, darüber ärgerlich, haben sich entschlossen, der evangelischen prädicanten zu verjagen, und bei dem zu Mollis angefangen. Am letzten Sonntag seien boten von den V Orten, aus Wyl, Toggenburg, Gaster und den Bünden da gewesen,

um gütlich zu unterhandeln; die Eidgenossen haben zuerst die anhänger der messe ersucht, die sache ihnen zu übergeben, was geschehen sei; die andern haben sich darüber zuerst beraten wollen, und so
haben die parteien ihre forderungen schriftlich aufgesetzt, die gutwilligen ernstlich auf den landfrieden und das landbuch gedrungen, aber
um des friedens willen darin nachgegeben, dass der gar verhasste prädicant zu Schwanden das land räumen solle, doch mit dem schriftlichen zeugniss, dass er «redlich und ehrlich» gedient habe; die mess-
gläubigen haben das landessiegel dazu nicht bewilligen wollen und
geklagt, es sei bisher nicht immer nach verschulden gestraft worden,
und zwar weil die gegner in so starker mehrheit seien, dass sie alles
durchsetzen könnten. Die letztern haben erwidert, was man bisher
habe anzeigen und beweisen können, sei dem rechten gemäss bestraft
worden, wozu sie sich ferner erbieten, etc. Darauf haben die V Orte
die parteien bewogen, ihre ausschüsse zu wählen, die gegner der
messe 24 mann, die andern 15, die samt den schiedleuten die späne
vergleichen wollen...   Zürich, A. Glarus.

2015. Nov. 23 (Samstag vor Katharine). Zürich an St. Gallen.
Antwort: Man habe den boten in Frauenfeld ernstlich befohlen dahin
zu arbeiten, dass St. Gallen nach notdurft entledigt werde, nehme
auch an, dass das in dem vertrag mit dem Abte bedingt sei; weil
aber die boten noch nicht heimgekommen, und man also nicht wisse,
wie die abrede laute, so wolle man weitern bericht erwarten und dann
so viel in der sache handeln, dass St. Gallen zum bäldesten beruhigt
werde, etc.   Stadtarchiv St. Gallen.

2016. Nov. 24. Basel an die (13) kriegsverordneten in Strafsburg. Dank für ihre schriftliche «warnung», dass der Kaiser das
winterlager für sein italienisches und spanisches kriegsvolk im herzogtum Mailand aufschlagen wolle etc. Solche treue sei man zu erwidern und zu verdienen geneigt: Es gehen hier wirklich ähnliche gerüchte um, und der päpstliche legat halte sich mit «grofsem pracht»
in Lucern auf; man wisse aber nicht, wohin diese dinge zielen; indessen habe man kundschafter verordnet, um die wahrheit erfahren
zu können, und werde, was man jeweilen vernehme, nicht verschweigen, wie man denn hoffe, dass Strafsburg das gleiche tue, etc.
Basel, Missiven.

2017 a. Nov. 24, Freiburg. Eine botschaft von Bern erscheint
wegen der verhandlungen mit Savoyen, etc.

2017 b. Nov. 25 (Montag ipsa Katharine). 1. Vor Räten und Burgern «hat der herr von Lullin mit bystand des landvogts ze Vengey (?)
und herrn collateraln Milliets abermalen von wegen des fürsten von
Savoye anbracht, wie hievor zum teil beschechen, namlich dass irem
fürsten sin preeminenz old gerechtsame in beiden orten Jenf und Losen ufgericht und er derselben ingesetzt werde; denne dass die abre-
dungen und mode de vivre zwüschen den undertanen und sunst, ouch
gemein und sonder vereinungen geschworn und ernüwert werden, dess
si völligen gwalt von irem fürsten eröugt und geseit ze haben, das-

selbig zuo volstrecken; denne dass man etlich verordne, die 3000 kronen in versichrung gestellt werden, welliches zuo volfüeren si ouch gewalt haben. 2. Hieruf (ist) inen ze antwurten abgeraten, dass min herren fuogklichen uss dem beschluss, (so) zuo Bern diser tagen beschechen, nit wol handlen noch gar können; si syen aber guotwillig, wann f. Dt. von Savoye mine herren aller dingen abrichte, dass si ime dann alles das, so si mit ime beschlossen und ime zuogeseit, halten wellen. Und als si ouch quittung der ypotecation der landschaft Wault begert, lassen (es) min herren by getaner abredung ze Bern aller dingen beliben. »

2017 c. Dec. 3. »An die vögt ze Stefyes, des herren und f. Dt. von Savoye, dass si ire undertanen, so des gloubens halb mit red und sunst misshandlen, strafen und büefsen, damit min herren nit ursach haben, semlichs bemeltem fürsten anzuozöugen. »

Freiburg, Ratsbuch nr. 80.

2018. Nov. 25, Freiburg. Quittung für 7000 kronen, nämlich 3000, die bezahlt worden durch Aymon von Genf (oder) den herrn von Lullin, Claude de Mareste, herr von Loyssel, und Claude Milliet, rat in Chambery, und 4000, die erlegt worden durch Luys de Castellamont, den grafen René von Challant, marschall von Savoyen, über welch letztere summe früher eine besondere quittanz gegeben worden, — als zweite abschlagszahlung des herzogs von Savoyen, kraft des spruchs von Peterlingen, zu handen der städte Bern und Freiburg und ihrer mithaften, etc. etc.   Bern, A. Savoyen II. (copie aus der herzogl. canzlei).

2019. Nov. 26, Strafsburg. D. Wolfgang Capito, Martin Butzer und andere prädicanten .. an Bern. »Uech edlen gestrengen erenvesten frumen fursichtigen wysen und gnädigen herren sye gnad und frid von Gott dem vatter. Wann wir die predicanten zuo Strafsburg an üch in unserm gebett gedenken, das oft beschicht, so sagen wir dank dem allmechtigen Gott und dem vatter unsers herrn Jesu Christi, von welchem ir entpfangen haben, dass ir anfangs mit solichem bestand uf der disputatz die erklärte und bekannte warheit angenommen und mit der tat zuo statt und land in gepruch bracht haben. Hienach aber, als Gott den schweren unfall über uns verhengt, und dasshalb die herzen zuo statt und land gar erschrockenlich wider einander zerteilt waren, da ist nit on sunder gnad Gottes beschehen, dass ir unsern lieben mitbruoder D. Wolfgang Capito früntlich entpfangen, noch sym befelhe Gottes sachen by üch handlen lassen, güetlich verhöret, angenomen und im verholfen haben, den Synodum by üch zuo christlichem friden und zuo fürderung göttlicher eeren zuo enden, durch welchen sunder zwyfel Gottes eer nach dem heiligen Evangelio by üweren gemeinden gefürdert und alle üwere undertonen zuo undertaniger gehorsam(e) und stiller ruow bracht sind; dann üwere predicanten und pfarrer zuo statt und land sich einander bericht haben, wie sy das Evangelium handeln sollen on verletzung des weltlichen regiments, das ouch Gottes ist, und von keinem andern Gottes werk verhindert werden solle. Wes grofser freuden ist es by uns, dass so

vil christlicher ordnungen der zit beschlossen, und die priesterschaft
sampt den kilchen in lidliche ordnung gerichtet und gebracht sind,
welche ir, so vil üch belangt, etlicher mafsen erstattet und, als wir
hoffen, in arbeit stond, ouch das überig zuo vollenden. Was aber
guote sitten, beide der predicanten und gemeinden zuo statt und land
belangt, so vil das einer christlichen oberkeit gebürt, haben ir ouch
fürgenomen zuo handhaben. Der Allmächtig verlyhe sin gnad, dass
ü. g. sampt iren amptlüten uss warer gottsforcht über allen guoten
ordenungen flyfsig halten, die laster strafen, der guoten werk schutz
und schirm syend. Sonst pflägt Gott nach anzeig der geschrift die
oberherren in verachtung zuo bringen und ir regierung kraftlos zuo
machen, dadurch grofse regiment oft sint zerrüttelt worden und elend-
lich zerrissen. Wir sind (aber?) guoter hoffnung, unsere liebe brüeder die predicanten werden uss warem yfer, mit aller senfte und frünt-
licheit, aber dennocht mit dringlichem ernst, wie Gottes sachen zuo
handlen sind, dahin ermanen, und ü. g. werden inen als Gottes botten
flifsig gehorchen, wie ir vor diser zyt geton, als menglich von üch
gloubt, welches üweren türen namen jetzt macht wyt berüempt und
am jüngsten tag, am gericht Christi Jesu, unsers herren, vor aller
welt heerlich (sic) machen würt, wie des gegenteils schand und laster
by den frommen nit verborgen sind und an jenem tag allen menschen
kundtbar werden. — Gnädigen herren, darumb wir aber früntlich jetzt
an ü. g. schriben, ist dises. Es langt uns gloublich an, wie die fünf
Ort die gleubigen wider und für grusam verfolgen, ouch gegen den(en),
so etlicher mafs üch zuo vertedingen wären, und dass solichs nit
werde dermafsen zuo herzen genommen, wie so tapferer herrschaft
gebüret und pflicht christlicher liebe erfordert, welches uns warlich
erschreckt. Dann es gibt ein anzeig, dass die so under üch des heiligen Evangeliumbs verstand und inhalt mit willen haben angenommen, villicht nit so flifsig sind, die gedrängten zuo entschütten, als sy
solten, oder villicht selbs noch nit recht zuosammen stimmen und getrüwlich einander helfen als einhellig glider eins libs und eins regiments personen. Die überigen, so wol an Christum ouch glouben,
aber evangelisch ordinanzen allein darumb haben angenommen, dwyl
es dem merern teil gefallen hat, sind nach art aller policien ouch
schuldig, was angenommen und als ein statt oder burgerrecht worden,
unverruckt zuo halten, welche etwan pflegen mer anzuosehen, wie es
inen gefiele, dann wie es der gemein mit Gott und der billicheit gefallen hat, das da nit sin soll(t)e. Dann sunst wäre aller unbestand,
bewegung und unruo(w) in den regimenten, so jeder uf sin guotdunken handlen möcht, und gesatzte ordinanzen, den gottsdienst und gemein policy belangend, nichts gelten solten. Nun sind ir zwar alle
zuoglich schuldig, dass ir in göttlichen sachen fürnemlich vertädingen
und schützen (die), denen ir schutz und schirm schuldig sind. Ach
wie erschrockenlich ist es, wenn christlich oberherren zuosehen, dass
umb Christus willen andere verfolget werden, denen sy füeglich helfen möchten; wir geschwigen dessen, dass etwan soliche verlassen
plyben, der man sich zitlicher ordnung und rechtem nach billich an-

1532, Nov.Nr. 2019

nemen solte. Wahär kan inbrechen solich hinlessigkeit by frommen oberherren weder allein uss den heimlichen oder öffentlichen partyen, dadurch gewaltige regiment zuo verderben kommen. Die predig von Christo leret einigkeit. Waher kommen by unserm Evangelio die unlidlichen seltsamen köpf, die immer suochen, wie sy trennung anstiften, partyen und secten fürdern, argwänig, hessig und ufgeblasen gegen einander sind. Doch verhoffend wir, es sy besser by üch, sonder diser unflifs zuo retten den betrengten beschehe villicht uss zuo vil vorbetrachtung und flyfs, gemeinen friden zuo erhalten, uf dass man nit abermals anlaufe wie hievor. Aber warlich, es diente mer zuo unfriden und verderben, wider Gott ein friden zuo begeren und umb fridens willen den bekümmerten ungetröstet und in unfriden lassen. Wo plibe das krüz der oberkeit, so es also gult dem wind nach sägeln und ir ampt nit den undertonen und verwandten zuo guot, sunder uf ir selbs sicherheit und ruow zuo richten. Gott hat üch oberherren nit allein in eer, sonder ouch in mühe und arbeit gesetzt umb der undertonen und verwandten willen, das ist deren, so ir ze hilf kommen mügen; Gott will haben, dass man der verlassnen mit tapferkeit nach zitlicher ordnung, uss christlicher lieb und mit ernst sich anneme; Gott nennt sich ein vatter der verlassenen und hasset nichts übelers dann abgöttery oder falschen gottsdienst und also zuosehen, dass die schwachen vergwaltiget werden. Nun haben ü. g. (die) abgöttery abgestellt; herzliche liebe solt folgen gegen des gloubens mitgenossen, und das handtlich und uss warem yfer. Gott erkennt die herzen und hat ein verdruss darab, dass die welt so falsch, ungetrüw, hoffertig und übermüetig gegen einander ist und mer syhet uf den schyn dann uff herzlich fromkeit. Soliche böse begird nimpt das Evangeliumb hinweg und macht, dass die obern rechte götter syen, das ist Gottes befelchhaber und nachfolger, und ir regierung allweg dahin richten, dass Gottes eer dadurch gepflanzt und des nächsten nutz dadurch gefürdert werde. Heidnische oberkeit regiert zuo irem nutz und pracht; aber christen bruchen iren gewalt als Gottes statthalter zur ufbuwung an Gott; dann sy halten über der reinen leer und über straf der laster; sy beschirmen die betrüepten, sy widerstönd den böswilligen, mehr dass sy nit andern beschwerlich syen, weder dass sy für ir person vor in(en) versichert syen. Dann die lieb suochet nit das ir, sonder was andern zuotreglich ist. Es louft etwan mit under menschlich blödigkeit, als jetzt möcht by etlichen des Keisers gewalt und sin kriegsvolk angesehen werden. Aber Gott by uns ist gröfser weder alles; der hilft, wa im vertruwt würt. Zu dem so stot des Keisers sinn und gemüet Hispanien zuo; ouch ist er keins kriegs begirig und weifst, dass er üch nit mag schaden zuofügen on bewegung tütscher nation; dann er ist beredt, dass unser fürsten und stett bedenken, das inen zuo glich ouch gilt, und ir nit mügen schaden liden on jener nachteil. So hat der Keiser sin gelt zuo lieb; er hats nit wöllen angryfen in gröfserm obligen. Auch ist der dem glouben nit als fyent als fürgeben würt; sonst wurde er uns kein solichen friden zuogesagt haben, dwyl sich unsere fürsten und stett nie haben wöllen begehen deren, so usserhalb ires verstands·oder einigung sich des Evangeliums jetzt aunämen oder in zukunft annemen werden, wiewol die pfaffheit häftig getriben hat. Doch ist dem Bapst nichts zuo vil; er möchte etwas anfohen, damit üwer forchtsamen nachburen gar erschreckt und von der warheit abgetriben wurden. Alsdann ist zuo ermessen, ob nit soliche bosheit der fyenden werde fürschryten und ouch dise trutzen, den(en) sy jetzt guote wort geben. Warlich es ligt unserm gegenteil nit an den kilchen geprengen, sonder es ist mehr dann ein ratschlag und mehr dann von eim teil fürgenommen, dass man under diser spaltung üwer fryheit wider abtuon und under etlicher weniger bezwang bringen möcht, das uns herzlich leid wäre, wiewol soliche sorg unsern befelh als dienern des geists nit fürnemlich belangt. Wir sind diener Christi, dess rych predigen wir, das er durch sinen geist in den gewissen üebet; wa Christus oberhand hat und fromme christen sind, da geet es wol und recht, ob sunst schon die welt voller unruow wäre, und himmel und erterich zuo hufen fiele. Aber dwyl ein loblich Eidgnosschaft vor diser zyt hat vil frävel und gewalt der böswilligen abgestellt, der undertonen nutz und frommen gesuocht, und jüngst das mehrer teil ouch hat das Evangelium angenommen, vorab ir unser g. herren zuo Bern, so gebürt uns, ouch des gewissens halb, Gott zuo bitten, dass er üwer regierung sampt andern christlichen herrn und obern beglücken und erhalten wölle. Dann zuoglich bitten wir, dass Gottes eer in üch erhalten werde, so jetzt mit üwer wolfart verhaft ist, sytemal ir üch christlicher worheit anmafsen und vertädingen. Dwyl nun, g. h., ü. g. für andern mit grofsem ansehen und dapferkeit nach gehaltner disputation das Evangelium by üuch vor fünf jaren habt angenommen, den falschen gottsdienst abgeton, waren an (dessen) statt ufgericht, gottselige satzungen für statt und land fürgeben und jüngst bestanden sind in der anfechtung, alle üwer christlich mandat und gottsälig fürnämen erfrischet und von nüwem geschworen, ouch ein solichen Synodum gehalten haben mit bystendigen gnaden Gottes, der vilen kilchen und oberkeiten wol ein herrlich exempel sin mag, und ob Gott will bald werden soll, ja jetzund by etlichen schon ist, dann mehr nutz darus gefolget dann menglich bedenkt, und also ir vor allen oberkeiten des Euangelions halb hoch berüchtiget sind, so ist unser undertänig bitte und ansuochen um Gottes willen, umb üwer selbs wolfart und üwerer selen säligkeit willen, dass ir alle näbenhändel, so zwüschen üch selbs oder wider ander unwill und verdruss mögen uftryben, gar abstellen und üch flifsig und getrüwlich aller deren anmafsen, so wider Gott und üwere büntnuss betrenget werden; dann in aller schrift erfordert·Gott zwei ding, sine erkanntnuss und liebe gegen dem nächsten, wie obgemeldt ist. Dass ir Gott erkennen, haben ir von ussen bewisen in abtuoung der bilder und messen sampt der menschen gebott über die gewissen und ufrichtung eins geschriftlichen gottsdienst und lebens. Das ander, die christlich liebe, mögen ir als ein lobliche christlich herrschaft nit anderst bewysen, dann so ir üwer(n) verwandten und nachburen stattlich handreichung und bystand tuond, uff dass sy nit von

der warheit Gottes uss frävelm gewalt des gegenteils abgetriben werden, welche köstlicher ist und ein christen lieber sin solle dann aller
zytlichen güeter besitzung. Wer unrecht tuon lasset und nit hilft, so
er helfen mag und im zuo helfen gebüret, der ist solicher sünden teilhaftig und als selbs ursacher vor Gottes angesicht geachtet, welcher
gegen beiden, dem täter und bewilliger, sin strenge ouch gepruchen
will. Dann was den synen und umb syns namens willen beschicht,
das nimpt er an als im beschehen. Wer die sinen unwürs antastet,
der tastet an sin ougapfel, spricht der prophet. Der Allmechtig welle
ü. g. behüeten, uff dass ir weder durch üch selbs noch uss bewilligung oder stillschwigen keiner erberkeit überlestig, sunder allem gott-
seligen wesen fürderlichen syend und plyben, damit üch Gott langwirig und gesund in solicher üwerer regierung mit üwern eeren und
nutz zuo sym pryfs und herrligkeit erhalte und nach disem das ewig
leben mit Christo in der herrligkeit synes vatters gebe, Amen. Das
wünschen wir üch von herzen und bitten, dass ü. g. unser einfaltig
schryben als von dienern Christi anneme, bedenke und zuo herzen
füer; dann wolfart üwer und anderer lib und seel daran gelegen sin
will; hiemit uns ü. g. undertäniglich befelhend. › Geben etc.

Bern, A. Kirchl. Angelegenh.

　　Der text ist ohne zweifel von bestellter hand copirt; die unterschrift mag
von Capito für alle beigesetzt sein.

2020. Nov. 28. Heinrich zum Weifsenbach von Unterwalden, landvogt zu Lauis, an Zürich. Die erben des hauptmann Bartholomäus
de Lac (?) sel., burger von Lauis, haben angezeigt, wie sie vernommen,
dass Pankraz Mötteli aus dem Thurgau sie oder ihre anwälte um einigen hier aufgelaufenen lidlohn anspreche, und begehren nun, dass sie
derselbe an ihrem wohnort suche; da wollen sie freundlich mit ihm
rechnen und eine allfällige schuld bezahlen, ‹ wiewol sy vilicht iren
anwalt houptman Jacob Schmidt jetz ein zit zuo Solturen (sic) haben
gehalten um die usstenden sölt zuo bezalen, und ouch nit wyter gewalt habe von inen. › Er, der vogt, bitte diesem ansuchen gemäfs,
die sache hieher zu weisen, weil der (ansprecher) ein ‹ausländischer›
sei, nicht damit er in der sache zu richten habe.

Zürich, A. Lauis.

2021. Nov. 28 (Donstag vor Andree), Oberried im Rheintal. Die
‹ gutwilligen › (folgen sechs namen mit ‹ etc. ›) an Zürich. ‹ Gnad
sye mit üch ›, etc. etc. ‹Von erst an sol üwer liebe wissen, dass
sind für unser gmaind kommen üwer .. botten etwa meng mal, hond
uns ermant, dass wir das gotswort ouch annement; es hat aber laider
lützel beschossen. In dem so sind zuo uns komen maister Uorich
Stoll, statthalter zuo Rinegg im Rintal, und mit im Uorich (Jacob?)
Fry, hoptman (loblicher gedächtnuss), kertend aber für ain gmaind
und ermantent die und batent, sy sölte sich glychförmig machen ainer
landschaft Rintal und (Sant) Gallen oder gotthus Sant Gallen; do
gab sy antwurt, wir wellent uns wol glychförmig üch minen herren von
Zürich und Gloris, aber dem Rintal und (St.) Gallen nit, worum, der
kilchensatz ist herr Merken von Emps. Do jachent die benempt Jacob
Fry und Uorich Stoll, sy wellent uns vor allem schaden sin ge(gen)

Merken von Emps und wellent im schriben, dass er uns gebe ainen christenlichen predicanten; welle er mit, so wellent sy uns ainen ufstellen. Das ist nu do zmal gschechen, dass sy uns ain hand gschickt von Zürich, ainen gelerten biderman, mit namen Melcher Iseli; der prediget lang fast, es wott (aber) nit angnomen sin und wott sich nit meren. Demnach do wurdent etlich personen gfangen; do komet die herren, mit namen maister Manz und Gerster von Sant Gallen an Jacob Fryen statt und der amman Vogler, und sprachent zuo etlichen, ir müefsen die götzen ussi ton und der znosagung guuog ton; do kam der vogt uf Blatten und bott dem amman und dem waibel bym aid und allen denen, die das gern tätent, dass sy käment und hulfent götzen verbrennen; das hand nu wir ton unser etlich mit sampt anderen. Jetzund hond die kilchenpfleger unser etlich lang vor recht umherzogen und uns erloffen mit recht, dass wir müefsent gen vierhundert und sechzig guldi, und ist usdingt der grofs hergott und sacrament und ain tafel in ainer capell, die müefsent wir in ainem jar wider machen, wie sy vor gsin ist, und sind uns unsre recht vorbehalten zuo denen, die uns gholfen hand. Darum, gnädigen lieben herren, wir hoffent, ir verstandent (den) handel bas, denn wir üch künnent schriben, denn unser schriben ist schlecht, und bittent üch um Gottes willen, dass ir uns helfent und ratent, wie wir der sach tuon sollen, darmit dass wir die ouch er(h)aschent, die uns das hand gholfen ton; wann wir sind der mertail alle so arm und hond vil kleine kind, wenn wir müefsent die summ gen, so müefsent wir all gon bettlen. •   Zürich, A. Landfrieden.

2022. Nov. 29. Bern an Zürich, Basel, Strafsburg, Constanz. 1. Erörterung über ehebruch und ehescheidung, und bitte um bericht über die in jedem Orte aufgestellten satzungen. 2. (Beigelegter zeddel). Nachricht betreffend die falschen in Piemont geschlagenen Berner batzen.   Bern, Teutsch Miss. T, 722, 723. Zürich, A. Bern.

2023. Nov. 30 (St. Andreas). Zürich an Johannes Bleuler, landvogt zu Grüningen. 1. (Betreffend bezug von spielbufsen etc.). 2. «Und als dann uuser eidgnossen von Schwyz uns jetz im Thurgow gebetten, mit herr Dietrichen, der etwa zuo Schennis gewesen und aber jetz bi herrn Martin Mannharten zuo Wald ist, zuo verschaffen, der frowen von Schennis siner pfruoden brief widerumb byhändig ze machen, dem wellist disen hieby gelegten zedel bi dinem weibel zuoschicken und im sagen lassen, dass er an Dornstag nächstkünftig allhie vor Rat syge. •   Zürich, Missiven.

2024. (Nov. E.). «Nüwe zitung von (den) Glarnern.» 1. «Lieber vetter, wie du mir empolten hast, dich zuo berichten, wie es zuo Glarus ergangen sye, so wüss disen handel. Es sind etlich trunken süw und büffelvolk von Näfels by zwölfen nachts gefallen gan Mullis in die pfarrkilchen und des predicanten hus umgeben, in ufgeweckt und zuo im geschruwen, du schandtlicher pfaff und böswicht, du muost von unsern händen sterben. Das erhört der predicant vor sinem hus und schnell sin hembd angeleit und zuo inen zum venster us geredt, lieben fründ, ich hab nützit mit üch zuo schaffen und püt üch recht, und ich bitt üch, mich by recht plibeu zuo lassen. Daruf sy im geantwurt, du schandtlicher böswicht, du hast kein recht, du bist ein schölm und buob etc. Darzuo der predicant redt, wir hand ein landsfriden, daby land mich belihen; dawider sy aber gesprochen, du bist ein böswicht, du hast kein friden, und im hiemit sin hustür angerennt mit einem rafenboum und im sin hus angefangen stürmen. Do ist er entrunnen hinden zur propheten (privet; abtritt etc.) us in eins nachpuren hus zuo Mullis, deu ufgeweckt und im sin handel an-zöugt, und hiemit sind die puren im dorf all ufgeweckt, sich mit har-nesch wol besorgt, iren nachpuren in zweien kilchhörinen uf Bigglen und uf Kyritzen, ouch gan Glarus ilents botten geschickt; hieruf in derselben nacht fast ein wild gelöuf und sturm worden; daou die von Mullis hand besorget, dass die von Näfels etwo ein heimliche hinder-huot hetten (als ouch was), und sy nit glich wellen angrifen, bis dass ir nachpuren zuo inen kämeu. In sölichem sind die von Näfels also in der nacht unabgeseit, ungenötet, wider alles rechtpieten, wider den landsfriden in demselben predicanten zuo Mullis hus gefallen und da alles, ofen, pfenster etc. und was ganz gsin ist, zerschlagen. Darzuo sind komen von Glarus der landtammann, landweibel und ander er-sam ratsbotten und inen zuo beider syt frid gebotten und by iren gswornen eiden stillzuostan und niemand den andern zuo schädigen weder an eer, lib, leben und guot bis uf den nächsten Suuntag; da well man ein vollkomne landsgmeind haben und ein sölichen fräflen übermuot mit derselben strafen, und dass sölichs hinfür nimer be-schech, ordenlich abstellen. Also ist die gmeind gehalten worden uff den selbigen Suuntag, zuo welicher die böswilligen, unser widerteil in Glaris und Näfels, der fünf Orten ratsbotten beschickt, ineu zuo gros-sem trost und zur sterke, uns und die unsern hiemit zuo erschrecken. Und als dieselben ir botschaft dahin gefertiget, haben die botten an unser landlüt erfordert, dass sy all ir predicanten uss irem land Gla-rus wellen tuon, damit frid, ruow und einkeit under inen wider werde, das unser part, die guotwilligen, deheins wegs wellen gestat-ten, sunder schlechts ir predicanten wellen haben und hiemit endtlich schlechts und kurz begert antwurt von irem gegenteil ja oder nein, ob sy inen ir predicanten wellen lassen oder nit lut des nüw ufge-richten landsfridens. Und als beid teil, unser widerwärtigen und die gesandten von den fünf Orten gesechen und vernommen unser inprün-stikeit und dapfern yfer, haben die gedachten gesandten bsorgt, dass nüts guots hierus erwüe(ch)se; dann die guotwilligen ganz ergrimmet und erzürnet waren (wo sy (ir widerteil) inen nit gewillfaret), etc. Aber wie dem, nach allem handel haben der fünf Orten gesandten in namen unsers gegenteil(s) schnell antwurt geben (wann es fast not und uff der zit was), ja: sy wellen uns unsere predicanten lassen und die fry uns das gottswort und alles, so sy mit der helgen gschrift war sin erhalten mögen, predigen lassen und nit dawider sin etc. Und haben also in Glarus zwo gmeinden gehept, namlich unser widerpart *zuo Glarus*, deren ungefarlich by ij˚, und unser guotwillig part zuo

Swanden, in mitten unsers lands, ein klein halb myl von einandren, dero by sechshundert gsin sind, und unser part also (Gott sy lob) den sig behalten und den gesandten von den fünf Orten nit ein guot wort geben, wiewol sy gegen den unsern vil guoter worten sich gepruocht, aber witer inen nüt mer zuomuoten wellen, das wider sy was. Und warlich ist unser part des sinns uf den selbigen tag gsin, mit iren widerwertigen zuo schlachen und sy zum land us zuo jagen. Es sind ouch hieby gsin die Grawenpündter, die Toggenburger und eben handtlich und tapfer mit der fünf Orten gesandten geredt, dass sy die guotwilligen im land Glaris by irem waren glouben und predicanten lut des landsfridens pliben lassen; dann sy lib, eer und guot in dem fal und von dess wegen (wer sy davon mit gwalt und an(e) recht triben wöllt) setzen wöllen etc. Also sind sy aber einmal vertädinget worden; wie lang es stat, weist Gott wol, etc. 2. Die Nüerenberger haben jetz nüwlich die tütsche mess, die götzen und ander ceremonien hinweg tan, das ist ein warheit, und gan Zürich gschriben, die cristenlichen stett haben ein fürnüwen pund zuo Ulm zuosamen gmacht und all gesalbeten usgeschlossen, endtlich bym wort gotts zuo sterben etc. 3. Man seit ouch Zürich, der Keiser hab minen herren von Zürich und Bern jedem Ort die ij r. gl. pension geben von der erbeinung wegen und sich vil guots erpotten und begert, dieselb erbeinung an iuen zuo halten etc.

B e r n, A. Kirchl. Angelegenh.

Vorn am rande steht von erheblich späterer hand (Stettler?): »Zinstags vor Nicolai 1532 von Geörg Schöni, schaffner zuo Küngsfelden, minen herren gschickt; hatt Bernbard Brunner, alt stattschriber zuo Milhusen, ime Schöni, sinem schwager, zuogschickt.« Die handschrift ist wirklich diejenige von B. Brunner, der auch der verfasser sein mag.

2025. December 2. B e r n an Niklaus von Diefsbach, prior zu G r a n d s o n. Er wisse, wie mit Freiburg vereinbart sei, neben den zwei prädicanten zu Fiez und Yvonnand noch vier andere zu erhalten und zwar aus den absenten, die nun aber nicht so viel eintragen, dass dieselben daraus leben könnten; desshalb habe man auf die pensionen und absenten in der herrschaft Echallens hand geschlagen, die aber auch nicht ausreichen; darum müfse man den prior ersuchen, etwas beizusteuern und einem der vier prediger jährlich 50 gl., 4 mütt korn und 2 mütt haber zu geben, was man in andern vergelten wolle; er möge dafür einen religiosen weniger haben, zumal er deren nicht so viele bedürfe, als jetzt da seien. Bitte um antwort.

B e r n, Teutsch Miss. T. 734.

2026. Dec. 2. B e r n an den vogt in O r b e, castellan zu Echallens: Jost von Diefsbach. Erinnerung an die von den Eidgenossen auf tagen öfter gefassten beschlüsse betreffend die abweisung von curtisanen; demzufolge befehl, alle zinse, zehnten und (andere) einkünfte, welche die abtei Monteron in der herrschaft Echallens besitze, so lange dieselbe der cardinal (N.) besitze, der sie angefallen, in verbot zu legen, und zwar zur hälfte, da Freiburg nicht dazu stimme; dessgleichen sei bei andern pfrundeinkünften zu verfahren. Jedoch habe der vogt vollmacht, mit den vicaren und pfarrern zu unterhandeln, die güter der

abtei Payerne freizulassen, aber die competenz des prädicanten in Orbe
und die kosten vorzubehalten.   Bern, Welsch Miss. A. 261 a.

2027. (Dec. 3?). Freiburg an (Hans) Guglenberg in Genf. 1. Aufträge betreffend den schuldforderungshandel des Ami Girard. 2. «Und
wyter sond ir ouch unsern mitburgern von Jenf anzöugen, dass wir
grofs missfallen, dass si irem herren dem bischof sine herrlikeit so
gar wöllen vernüten und verachten, das ouch dem burgrecht ganz ungemefs syge und der vorbehaltnuss ganz widrig. Davon (?) so wollen
si bittlich ankeren, dass si vor semlichs (sic) sygen und betrachten,
was inen darus erwachsen mög, als ir solichs mitsampt üweren mit-
herren und gesellen wol zuo handlen wüst und könd, und umb disen
letzten artikel, so üch wöllt not bedunken, für den grofsen Rat ze
keren, so mögen ir solichs tuon. Wir schicken üch ein credenzbrief
an unser mitburger von Jenf, darin niemants genempt würt»...
                                        Freiburg, Miss. Bd. 9 a. 10.
    Auf der folgenden seite ist dieses creditiv, dd. 3. December, eingetragen.

2028. Dec. 3 (Dienstag nach Andreä). Zürich an freiherr Ulrich
von Hohensax etc. «Wolgeborner etc. etc. Uns langet an, wiewol in
jüngst ufgerichtem landstriden heiter beredt, wo die undertanen by
göttlichem wort und unserm cristenlichen glouben belyben und predicanten haben wellint, dass sy das wol tuon mögint, werdint doch die
üwern jetzt daoben in üwer herrschaft Forstegk ,dess von üwern
amptlüten gewaltiklich entsetzt und über dasselb von etlichen banniten
ires vermeinten kostens halb, als sy abwichig worden, mit recht um-
gezogen, und sygent nemlich die zwölf verordneten, so cristenlich ordnungen ze setzen und ze handhaben verordnet gewesen, umb hundert
und etlich guldin ganz unverdienter sach gestraft, darneben ammann
Egli als ein flüchtiger verurteilter man den biderwen lüten widerumb
uff den hals zuo eim amptman gesetzt und etlich genötet worden, sich
uf das landsbuoch zuo verschriben, dass sy solich sachen nienan hin
bringen noch sich deren vor uns beklagen wellint, dessglychen by dem
vertrag, der verruckter jaren zwischen üch und inen durch uns ufgericht, nit belyben mögind, sunder den nächster tagen habind müefsen
hinusgeben, mit vil andern beschwerlichen ufsätzen, die inen täglichs
von iren widerwärtigen, umb dass sy göttlichem wort und uns anhängig gewesen, wider glychs und billichs unverdienter sach zuogefüegt
werdint, das uns (wo dem also) fast übel beduret, hettend uns ouch
sölichs ufsatzes under üwer, als unsers lieben burgers, oberkeit minder dann andern enden versehen, ouch nit gemeint, dass sy unser
und Gottes gefallen so bärlich hettend müefsen entgelten, so sy doch
nützit anders dann billichs und erlichs und das men in kraft vorigs
und jetzigs landsfridens, ouch obgemelts vertrags, ze tuon wol gepürt.
gehandlet. Sydten maal wir aber ganz ungezwyfelt sind, (dass) ir so
vil gunst und liebe zuo uns tragind, dass ir solichs und anders umb
unsernt willen abzuostellen und uns aller billicher müglicher dingen ze
willfaren ganz fründtlich geneigt sygint, so ist an üwer liebe unser
gar ernstgeflissen fründtlich bitt, ir wellint die biderwen lüt by der

billigkeit und göttlichem wort lut gemelts landsfridens, ouch gedachtem vertrag güetlich belyben lassen, handhaben und inen erstermelten
vertrag widerum behändigen, darzuo die ufgeleiten urfechden, buofsen
und kosten, dessglychen gemelte bannyten und vermeinte ansprecher,
besunder ouch gemelten amman, der unsers bedunkens solicher ampts-
verwaltung nit genoss, sonder billicher usser land sin sollt, gnediglich
abnemen und ire vermeinte rechtfertigung abschaffen und ufheben, sy
ouch wider billichs nit umzühen, beschweren noch bekümbern lassen,
sunder üch so geneigt, gnedig und güetig umb unsernt willen gegen
inen bewisen, dass wir spüren mögend, üch unser fründschaft lieber
sin dann disen widersächern ires unbillichen fürnemens zuo beschwerung und underdruckung der armen unschuldigen lüten zuo gestatten,
etc. etc.   Zürich, A. Landfrieden.

2029. **Dec. 4** (Mittwoch vor Nicolai), **Lucern.** Ratsverhandlung
über die klage **Berns** gegen Peter Fankhauser.
Lucern, Ratsb. 1529—33, f. 205.

2030. **Dec. 4.** **Bern an Freiburg.** »Wir haben verstanden das
so ir uns von wegen der herren von Bätterlingen geschrieben, inen die
güeter zuo Orbach gelangen ze lassen, daruf wir üch antwurts wys
begegnen, dass wir ûwerm und unserm vogt von Eschallens befolchen
haben, etwas, den predicanten daselbs damit zuo erhalten, ze hinder-
heben und das übrig gedachten herren unversperrt gefolgen ze lassen.«
Bern, Teutsch Miss. T. 725.

2031. **Dec. 4** (St. Barblen t.). Konrad Schärer, pfarrherr zu Oberwyl, an Caspar Nasal (»Mesal«) in **Zürich.** Die von Bremgarten
wenden immer vor, Zürich habe dahier keine anderen rechte als das
malefiz und den wi(l)dfang(?); dazu komme aber noch die (zweite)
appellation von sachen, die hier im rechten angefangen und nach Bremgarten appellirt worden, und wenn es auch nicht mehr als 5 schlg.
beträfe, sodann die beerbung der unehelichen, der landstreicher und
bettler; ebenso in Lunkhofen. Die Bremgartner gehören vor die VIII
Orte; aber die Oberwyler, die Berker und Lieler seien in den erwähnten sachen zugleich Zürcher und gehören nicht an andere Orte. Wenn
Nasal dies seinen herren anzeigen wolle, so möge dies in abwesenheit
Meinrad Schodelers, des jetzigen stadtschreibersubstituten, geschehen,
was vielleicht gegenwärtig etwas nützen könnte. Zürich möge sich
das arme völklein empfohlen sein lassen; denn es (»wir«) hoffe, dass
der landfriede und die berührten verhältnisse bewirken, dass es bei
dem gotteswort bleiben könne, etc.   Zürich, A. Landfrieden.

2032. **Dec. 6** (Nicolai). Heinrich Schönbrunner, landvogt zu Baden,
an die **V Orte.** »Strengen etc. etc. Ich füeg üch zuo vernemen,
als vergangner zit der priester zuo Birmistorf sinen undertanen geprediget und in der materi, als sich zuogetragen, zuo sinen undertanen
geredt, welicher nit gloube, dass fleisch und bluot unsers herren Jesu
xpj im hochwürdigen sacrament sye, der habe kein rechten glouben,
und wölte im nit ein schlechen umb sin glouben geben. Und als er
sölichs geredt, ist glich einer siner undertanen, so ouch des nüwen

gloubens ist, zum hofmeister von Küngsfelden gangen und im das anzeigt, daruf der hofmeister dem priester ab der pfruond gebotten, dann
er sunst lechenherr der pfruond ist. Und als der priester mir sölichs
anzeigt, hab ich in heifsen da bliben; dann ich wölle in beschirmen,
und er habe recht geredt, und als sich der handel ein zit verloufen,
ist uf gester der hofmeister zuo mir gan Baden kommen und vermeint,
der priester habe mit sölicher predig den friden gebrochen, und er
sölle siner herren pfruond verwürkt haben, und dass ich in dawider
nit schirmen sölle, mit vil andern worten. Daruf ich im geantwurt
und gebetten, nit vil uf sölich predig zuo legen; dann der priester
allein sinen undertanen gepredigt und woder min herren von Zürich,
Bern noch niemand anders genempt, darumb er den landsfriden nit
gebrochen, dann ich ouch den glouben habe; dann der friden ouch
vermöge und darin bekennt, dass ir min herren, den alten waren un-
zwyfloten cristenlichen glouben habent, darumb ich in by der pfruond
schirmen werde; wo er es aber güetlichen nit daby wölle lassen bliben, so möge er uf nächstkomenden tag vor . . der acht Orten ratsbotten erschinen und inen das anzeigen. Uf das (hat) er geredt, er
lasse den Zürichfriden sin, er wölle sine herren verantwurten, und
werde sich nit erfinden, dass sich sine herren bekennt, dass ir . . den
waren alten cristenlichen glouben habent, und er sye ouch ein biderman, und wölle dannocht unsern glouben ungeschulten haben, und
uff siner meinung des priesters halb bliben. Daruf ich im geantwurt,
ich werde den priester da beschirmen und ich gloub es ouch, und der
landfriden vermöge es, wie obstat etc. Und in sölichen reden sind wir
(doch minet halb on not) in friden gnomen. Darnach hat gemelter
hofmeister mir anzeigt, sofern ich den priester uff der pfruond beschirmen (welle), habent im sine herren geschriben, dass er mir by dem
eid gebieten, so ich inen geschworen, dass ich den priester nit beschirmen sölle, uf das ich gesagt, ich lasse es by miner antwurt bliben, und wo min herren von Bern etwas an mich zuo sprechen, wölle
ich inen vor den acht Orten, deren landvogt ich sye, red und antwurt
geben etc. Also sind wir von einandern gescheiden. Und so ich achten, dass min herren von Bern üch . . . uff disern tage zuoschriben
oder aber den handel uff nächstem tag zuo Baden anziehen und villicht mich verunglimpfen, hab ich üch den handel im besten unangezeigt nit wöllen lassen, mit underteniger bitt, mich gschriftlichen zuo
berichten, wie ich mich witer harin halten, und ob ich der sach zuo
vil oder zuo wenig getan habe. . . Genannter hofmeister hat sich ouch
gegen dem priester merken lassen, er müefse ab der pfruond, oder
der Bär kein klawen in tatzen behalten, wie ir uff dem tag zuo Baden von dem priester selber vernemen werden». . . (Von der hand des
landschreibers). *Lucern. Missiven.*

2033. **Dec. 7,** St. Gallen. Sebastian Grübel, (kirchen-)diener zu
Berg, an Heinrich Bullinger in Zürich. «Gnad und frid, etc. etc.
Wie dann uf verschinen Osteren Jacob Riner selig und ich für mine
g. h. von Zürich uss befelch aller brüeder der predicanten im Rintal

und Gotshus abgefertiget warend, damit der ufgericht lantsfriden er-
läteret, ouch was (für) artikel den landsfriden brechen mügend, warend mir in hoffnung, (dass) alle sach in mittler zit dahin gebracht
werd, dass mir Gottes befelch fry unverholen hettend dörfen predigen,
so ist es (doch) je lenger je ferner. Dan ich üch unverhalten will
haben, dass der Apt ain soliche tyrannery (sic) im gotshus brucht,
dass es zuo erbarmen ist. Dann uff jetz verschinen Fritag hat er
sine anwält zuo Berg kain (ghan!) mit solichem boch und trutz, besonders als sich die biderben lüt der mess und des ganzen grüwels
wideretend, dass sy tapfer herus liefsend, mine herren von Zürich hettend im zuo Frowenfeld zuogesait, in by siner herlikait, gerechtikait
und allen sinen brüchen (ze) schützen, schirmen und hanthaben, dass
menger biderman redt, dass Gott müefse geklaget sin, dass sy in by
dem grüwel und aller gottslesterung schützen weltend; habend uns
also (die) pfrüenden abgekündt und schier an allen orten die bäpst-
lichen mess ufgericht, doran ain mechtig missfallen an (in) den biderben lüten ist; dann besonderlichen in miner pfarr (doch nit nur min)
ob 600 personen hörend, und hat sy kain ainige person von wib noch
man me begert; doch so sind die biderben lüt so begirig und yfrig
um Gottes wort, dass sy der merentail die predicanten uff iren aignen
kosten enthalten wend. Doch so ist der trutz und boch so grofs, wo
mine herren von Zürich nit ain besonderlich drinsehen tond, dass mir
nit bliben mügend. Dann des Apts hofmaister, Fridrich von Hadaham
(Heidenheim), hat zuo Berg in des amman hus fry herus geredt, es
tuo nit recht, bis sin g. h. ain 4 oder 5 predicanten in ainen turn zemen salze(?) und inen darnach blatten schere, dass (die) köpf an weg
fallend und (ir) bluot über sich spring. Es hand ouch die biderben lüt
begert, damit der messpfaff um die 8. oder 9. (stund) grech sige, damit sy iren predicanten ouch ufstellen möchtend; ist inen gar abgeschlagen, dann der bricht vermügs nit, sonder man sölle in nit hindern, ob er schon erst umb die 12. stund grecht wurde, dass also ein
Sonnentag verschinen (möcht, als ouch?) der predicant zuo Stainach
nit het können predigen, dann er (der messpriester!) erst um den
mittag grech ist worden. Semlichs hab ich . . . (üch) nit wellen verhalten; es hat michs ouch der from und wis burgermaister von Watt
üch kaifsen (ghaifsen) ze schriben und anzaigend. Ist also min früntt-
lich bitt und beger, mir und uns allen predicanten ze ratend, wie der
sach ze tuond wäre; dann, der Herr sigs gelobt, die predicanten sind
all tapfer und handtlich. So wit und irs ouch rietend, möcht ich
liden, dass (es) vertruwten, als burgermeister Rösten (dann er selbs
in kurz verschinen tagen die handtlichait und yfer by miner gemaind
gesehen hat) anzaigt wurde, damit mir nit gewaltiget und der trutz
und boch abgestellt wurde; dess will ich mich genzlich, ouch alle
brüeder, zuo üch versehen»...   Zürich, K. Archiv, Sangall. 201.

2034. Dec. 9 (Montag nach Nicolai). Lucern an Freiburg. Antwort betreffend den handel Arsents. Man wolle in der sache der gebühr nach handeln, wie es auf dem nächsten tage zu Baden vernehe-
men werde.   Freiburg, A. Lucern.

2035. **Dec. 9.** B e r n an F r e i b u r g. 1. « Es ist abermals der graf von Challang anderer siner geschäften (wegen) erschinen und uns zuoletst, als er abgescheiden, ankert und ze verstan geben, wie er ein zyt lang sich hie und by üch enthalten, da ime von kürze der zit nit möglichen (sic), die bezalung uf künftig Wienacht (als er aber zuogesagt) ze erlegen sye; dann ers wyt reichen und überkommen müefse, ime noch dem zil iij wuchen ze beiten und erstrecken, damit er wider ze land komen möge und das volbringen, so er schuldig. Uf das, so wir sin pitt nit unzimlichen (sic) erachten, haben wir ime gewillfaret und wellend also das best tuon und das silbergeschir bis uf dieselbe zyt unversert lassen, mit pitt und beger, (dass) ir gegen ime (üch) glicher gestalt wellend erzöugen ».... 2. Ferner verlange er eine quittung für die 4000 kronen, die er zu bezahlen habe, und zwar von beiden Städten gleich; man finde aber nicht rätlich, dass jede Stadt für die ganze summe quittire, und empfehle daher Freiburg, um künftigen irrungen zu begegnen, die quittung im namen beider Städte auszustellen, wie es angeordnet sei, womit sich der Graf begnüge.

Freiburg, A. Bern.

2036. **Dec. 9** (Montag nach Nicolai). S o l o t h u r n an L u c e r n. Erst heute habe man den letzten abschied von Frauenfeld verhört, da es wegen abwesenheit einiger ratspersonen nicht früher möglich gewesen, und darin einen artikel gefunden, der die V Orte und Solothurn berühre in betreff des aufzurichtenden friedbriefes . . . (folgt ein auszug). Darüber müfse man sich etwas verwundern, da der befehl des diesseitigen boten sich nicht so weit erstreckt habe, wie aus dem hier beigelegten artikel seiner instruction zu ersehen; auch behaupte er, nicht mehr gesagt zu haben. Zudem sei, wie man glaube, dem anfänglich gestellten artikel, betreffend die abstellung des prädicanten, genug getan, und hoffe man wohl, nicht weiter gedrängt und desshalb von tagen ausgeschlossen zu werden. Man wolle daher den boten als entschuldigt betrachten und bitte Lucern zum allerhöchsten und dringlichsten, das erste erbieten zu bedenken, (dem entsprochen sei), und nicht mehr zu fordern etc., worüber man schriftliche antwort begehre.

Lucern, Missiven.

Ein gleichlautendes schreiben scheint auch an die vier übrigen Orte ergangen zu sein; — antworten von S c h w y z und Z u g liegen vor.

2037 a. **Dec. 10,** F r e i b u r g. Der graf von Challant begehrt (wieder) eine längere frist für die bezahlung. Ist an die Burger gewiesen.

2037 b. **Dec. 11.** Da der graf von Challant drei wochen frist begehrt, und Bern schriftlich angezeigt, dass es dazu eingewilligt, so hat man auch gewillfahrt, mit der bedingung, dass die bürgen haftbar bleiben.

Freiburg, Ratsbuch nr. 50.

2038. **Dec. 11** (Mittwoch vor Luciä). Z ü r i c h an den vogt zu Kyburg, Hans Rudolf Lavater. Man wisse der fünfhundert gulden halb, die er von hauptmann Jacob Frei sel. aus den 6000 gl. als darlehen empfangen, als er in das Rheintal hinauf gezogen, nichts anderes als dass er sie zum nutzen der grafschaft verwendet habe, nämlich zum unterhalt für die mitgeführten knechte; wäre dem aber nicht also, so begehre man unverzüglichen bericht, wem das geld (sonst) zu gut gekommen, damit man sich weiter zu entschliefsen wisse, etc.

Zürich, Missiven.

2039. Dec. 11 (Mittwoch vor Luciä). Zürich an den abt von St. Gallen. Nach verhörung des zu Frauenfeld abgeredeten gütlichen vertrags habe man sich denselben — «nach gstalt der zyten» — gefallen lassen und gedenke ihm nachzukommen, hätte jedoch gehofft, der Abt würde sich etwas milder beweisen, da man von jenem gelde nichts empfangen oder zu eigenem nutzen verwendet habe; man lasse dies aber dahin sein und gestatte, dass der vertrag durch den schreiber zu Frauenfeld ohne verzug aufgerichtet und von beiden teilen besiegelt werde. Mittlerweile werde hier der gültbrief um die 200 gl. zins auch ausgefertigt, um dem Abt behändigt zu werden, sobald der vertrag errichtet und die hauptverschreibung der stadt St. Gallen und alle zubehör herausgegeben sei. Und da die Gotteshausleute wissen sollten, was ihnen der vertrag der prädicanten halb zugebe, so bitte man den Abt gar freundlich, ihnen das bezügliche auf das baldeste verkünden zu lassen, damit sie nicht etwa unwissentlich in strafe und ungnade fallen, woraus nur neuer streit erwachsen dürfte, etc.

Zürich, Missiven.

2040. Dec. 11 (Mittwoch nach Concept. Mariä). Zug an Solothurn. Antwort auf dessen rechtfertigung etc. Man habe gehofft, dass es sich mit der zu Baden gefallenen antwort der V Orte begnügen werde; damit wäre der jetzige span verhütet gewesen. Diesseits sei man freilich nie willens gewesen, ihm an seinen alten freiheiten und rechten etwelchen abbruch zu tun; im gegenteil wäre man mit leib und gut bereit, dessen ehre und wohlfahrt zu mehren. Von der einhellig zu Baden gegebenen antwort könne man (aber) nicht abgehen, falls nicht die vier übrigen Orte sich noch anders entschliefsen; dann würde man sich auch nach gebühr erklären.   Solothurn, Reform.-A.

2041. Dec. 12 (Donstag vor Luciä). Schwyz an Solothurn. Antwort auf dessen zuschrift betreffend den friedbrief etc. Der diesseitige bote, der zu Frauenfeld gewesen, bezeuge, dass der von Solothurn nicht über seine instruction hinaus gegangen, wesshalb dessen rechtfertigung als begründet erscheine. Die hauptfrage betreffend ... (dürfte man fragen), wer denn in dem handel, aus welchem dieser span erwachsen, den andern aus seiner freiheit und gerechtigkeit zu drängen unternommen habe, den bünden zuwider; das gebe man Solothurn auch zu ermessen. Wenn nun solche grofse händel geschlichtet werden, so sei billig, dass man einander verschreibungen gebe, nach denen künftig jeder teil sich zu richten habe. Darum könne man von dieser forderung nicht abstehen, und wenn Solothurn den V Orten eine solche erklärung gebe, so tue das seinen freiheiten keinen abbruch, sondern stärke es die obrigkeit gegenüber solchen, die wieder «neuen samen» ausstreuen möchten; wäre dies vorher nicht geschehen, so hätte Solothurn sich kaum so weit eingelassen und damit auch diese verschreibung unnötig gemacht. Man halte also diese forderung fest, wolle aber auf dem nächsten tage zu Baden mit den übrigen Orten weitere antwort geben. *Solothurn, Reform.-A.*

2042. Dec. 12. Bern an Constanz. «Wir haben die bewärbung, so üwer ratsfründ Cuonrat Zwick uns von Zürich schriftlich überschickt, alles inhalts verstanden, und daruf unsern potten, so wir uf nächsten tag (ze) Baden abgefertiget, in befelch geben, üwer anliggen und zimlich erpieten anzezeigen und trungenlich fürzehalten und gmein Eidgnossen ze vermanen, üch by üwern erlangten abscheiden beliben ze lassen; wo wir aber das nit mögend erheben, muef-end wirs recht liggen lassen und Gott befelchen und uns hiemit bezügt haben, dass wir gern unser bests) taten und unsers teils üch nützit in dem abzüchen welltend, mit erpietung, üch furer wie bishar fründliche nachpurschaft, fründschaft, lieb und dienst unsers vermögens ze bewysen.» *Bern. Teutsch Miss. T. 79.*

2043. Dec. 13, Bern. Gütlicher schiedspruch in dem march-streit zwischen **Basel** und **Solothurn**, zur ergänzung und teilweisen abänderung des spruches von Aarau (1531, Aug. 15; s. Absch. p. 1108, 1109). I. Einleitender rückblick auf die frühern verhandlungen, und andeutung der schwierigkeiten eines ausgleichs, der motive zu gütlicher verständigung. (Vgl. Absch. p. 1445, 1446). II. Erläuterung: 1. «Erstlich, dass unser geträw lieb eidgnossen von Basel die ansprach, so sy gegen iren und unsern geträwen lieben eidgnossen von Solothurn der hochen herlichet halb, so sy unser eidgnossen von Basel von wägen erkoufter landgrafschaft Sisgow in unser eidgnossen von Solothurn herschaften Dorneck, Büren, Sewen, zuo Hawald, Sant Pantaleon und Gämpen haben, fallen und faren lassend und sich der-elbigen der orten genzlich entzüchend. 2. Zum andern, dwyl dahar uss unserer eidgnossen von Solothurn gepieten die biderb lüt uff etlich landtag durch unser eidgnossen von Basel berüeft und erfordert worden, so söllend nochmals und hinfür wie von alter har zuo fertigung des rechten je uss einer herschaft in die andere biderb recht verstendig lut berüeft, und dhein teil dem andern sölchs abslachen noch versagen. Doch dass solche nachlassung von fruntlicher nachpurschaft und dheins rechten oder not wegen ze gestatten [verstatten] verstanden werd, sunst jederman ane intrag. 3. Item zum dritten, dwyl obangerekte zweung mersteils iren ursprung hat von des hochen grichts wägen zuo Gampen, haben wir insunderheit disshalb, darumb dass annemung des Aronwischen abscheids hieran aller mest erwunden, ouch fruntlicher wyse erinnert, usgesprochen und erkennt, dass dasselb hochgricht zuo Gämpen hin dannen getan und zuo ewigen zyten im zwing und bann Gampen nit sölle ufgericht werden. 4. So denne haben wir wyter gesprochen, dass unser lieb eidgnossen von Solothurn noch ir nachkommen daselbs zuo Gämpen ab keinen malefizischen personen, so das laben verwurkt hand, weder mit dem strick, rad, für oder anderer gstalt nach keiserlichem rechten vom laben zum tod

richten söllend, dann allein die so umb, malefizisch sachen im zwing
und bann von Gämpen gefangen werden, so mit dem schwärt gericht
ze werden verschuldt haben, und also keiner anderer gestalt denn mit
dem schwärt (wie gsagt ist) an dem ort zuo Gämpen, über das bluot
richten. 5. Mit der lütrung, wann sy, die von Solothurn, daselbs
zuo Gämpen mit dem schwärt (wie oblut) richten wellend, dass sy
die stüel harfür tragen und stellen lassen mögend, und wann die urteil ergangen ist, die stüel wider dannen tuon söllend. Doch so mögend sy daselbs im zwing und bann von Gämpen ander übeltätig lüt,
so das lühen verwürkt und desshalb anders dann mit dem schwärt
gericht ze werden verschuldt hand, fachen und sy dannen gan Solothurn, Dorneck oder anderswohin uff ir ertrich füeren und da ab inen
richten lassen. 6. Doch so soll erstgemelte unsere lütrung des rich-
tens halb zuo Gämpen weder unsern lieben eidgnossen von Basel an
andern orten der landgrafschaft Sisgöuw der hochen herlicheit halb,
dessglychen unsern lieben eidgnossen von Solothurn in andern iren
hochen gerichten gar keinen schaden gebären, weder jetz noch hienach. 7. Fürer haben wir gesprochen, dass vilgedacht unser truw
lieb eidgnossen von Basel und Solothurn einandern des kostens halb,
so vor und nach hierüber geloffen, ganz unangesprochen und gerüewiget söllend lassen, und also jede party den iren an(e) entgeltnuss
und ersatzung der andern an ir selbs haben und tragen; dessglychen dass hiemit all spänn, stöfs, zweyung und unwill, so verloffner
sachen halb zwüschen inen gsin, ganz hin. tod und ab sin söllend,
dero einandern zuo argem niemermer gedenken, fürziechen, verwysen
noch äfern, sonders ganz verricht, vereinbaret und betragen heifsen,
sin und blyben, einandern für guot lieb eidgnossen, getrüw nachpuren
und fründ halten und in frid und ruow beharren, einandern lieb und
dienst bewysen; das wirt ob Gott will inen zuo beiden teilen zuo
wolstand, lob, nutz und eer reichen und dienlich sin. So nun diser
unser fründlicher usspruch beschächen und uff unser trungenlich vilfaltig ernstlich pitt, vermanen und begär an beiden partyen folg und
statt gefunden, und beid teil von unsertwegen sölichs nachgelassen,
dess wir inen höchsten dank und wüssend, dass sy uns zuo eeren und in
ansechen unserer getrüwen underhandlung und gehabten kosten, müeg
und arbeit, dero wir dhein beduren und desshalb verwysender meinung hie nit mälden, gewillfaret und darnäben uns beider teilen ver-
mechtiget, ist unser will und meinung, dass disem unserm fründlichen
usspruch, lütrung und entscheid in allen punkten und artiklen von
inen und iren nachkommen geläpt wärde an(e) intrag und widerred,
all fünd, uszüg und was hiewider erdacht und fürzogen möcht werden, ganz usbeslossen, alles erberlich, ufrecht und ungefarlich. »

Solothurn. Urkd. Basel, Urkd. (Vertr. m. Solothurn).
Pergamenturkunde in der gewöhnlichen form, mit dem an schwarzrother
schnur hängenden siegel Berns. — Vgl. Absch. p. 1446, n. 7; der dort gemachte
vorbehalt findet sich in obiger urkunde nicht.

2044. Dec. 13, Freiburg. 1. Vor Rat «sind dero von Petterlingen anwält, namlich des schultheifsen bruoder und der vänner

Beney du Molin, erschinen und hand nach dargetaner commendatz dargetan, wie dann sy iren fryheiten nachteilig und abbrüchig sin vermeinten, wann min herren als schirmherren des gottshus allmal und umb ein jeden handel, so sy wider die geistlichen herren desselben gottshus began und haben möchten, an die march gan Pontoux kommen und citiert werden sollten, mit beger desselbigen abzestand, dann es nie geüebt noch gebrucht worden und bemeiten iren fryheiten zuowider sye, die aber min herren inen zuo schützen versprochen hetten, da si des vertruwens, (dass) min herren semlichs erstatten wurden; wo dann aber etlich buoben vorhanden, die sich gegen minen herren in obbemeltem schirm old sunst missbruchten, wolten si nit gestrilen etc. 2. Soll inen geantwurt werden, diewyl min herren den schirm haben, werden und müefsen si darnach handlen, vermeinen aber solichs iren fryheiten unnachteilig sin. •   **Freiburg, Ratsb. nr. 50.**

2045. Dec. 16. Bern an (Bernhard) Tillmann und (Jacob) Wagner, (boten in Solothurn). 1. Zehntmarchen, bodenzinse etc. 2. Sodenne, als die stud des galgens zuo Gempen noch ufrecht stand, und durch üch vermeint ist, dass ir verschaffen solltend, dass die dannen getan, dann weder unser eidgnossen von Basel noch Solothurn das tuon wurdend, bedunkt uns (besser), dass sölichs blybe anstan, bis der vertrag ufgericht und versiglet werde •...   **Bern, Teutsch Miss. T. 732, 733.**

2046. Dec. 16 (Montag nach Luciä), St. Gallen. Abt Diethelm an Zürich. Antwort auf dessen schreiben in betreff des vertrages von Frauenfeld etc. (Recapitulation). Bei dem vertrage wolle er bleiben, wie er früher schon zugesagt, und wünsche auch, dass derselbe bald aufgerichtet werde. Der hauptverschreibung halb habe er dringender geschäfte wegen mit den (personen), die solche innehaben, noch nicht abkommen und die bezüglichen schriften zu seinen handen bringen können; er wolle sich aber ohne verzug darum bemühen und hoffe sie wohl zu empfangen, bis der vertrag errichtet sei; dann werde er dieselben auch übergeben. Den Gotteshausleuten sei der vertrag schon mehrenteils verkündet; wo es noch nicht geschehen, werde er das gleiche tun, etc.   **Zürich, A. Abtei St. Gallen.**

2047. Dec. 16 (Montag nach Luciä). Zürich an die boten der acht am Müfserkriege beteiligten Orte, zur zeit in Baden. Im letzten jahr haben die Thurgauer den überbringer dieses, landvogt Philipp Brunner, mit etlichen andern personen verordnet, um auf den tagen zu Bremgarten vermitteln zu helfen, wobei derselbe einige kosten gehabt, für die er bisher keine vergütung habe erlangen können, während die mitschiedherren bezahlt worden seien; nun bitte er, ihm dazu behülflich zu sein, und zwar aus dem geld, das den Thurgauern von dem müfsischen kriege her zukommen sollte. Da es unbillig wäre, wenn er auf eigene kosten in sachen anderer leute tagen müfste, so bitte man, ihm freundlich zu entsprechen, falls den Thurgauern etwas zufalle, damit er desshalb nicht weitere mühe habe. etc.   **Zürich, Missiven.**

2048. (Zu **Dec. 16 f.**, Absch.). Instruction für Golder von Lucern. 1. •Uff die red so doctor Botzheim der decan(e) halb getan hat, ist

unser antwurt und meinung, dass die decan by uns alles das, so von
alter har komen und gebrucht worden, dasselb erstatten und durch si
gehalten werde; doch dass ouch mit unsern priestern in zimligkeit gehandlet und si nit so gar überschetzt werden in primitien und andern
dingen. • 2. Dem landschreiber zu Frauenfeld 2 kronen für ein fenster. 3. • Antreffend die predig, so der priester zuo Birmlstorf getan,
namlich wölicher nit geloube, dass fleisch und bluot unsers herren
Jesu Christi im sacrament sye, der hab kein rechten geloupen, und
wölte im nit ein schlechen umb sinen gelouben geben etc., . . . haben
ir . . der gebüre nach ze handlen vollen gewalt •. 4. Dem abt zu
Fischingen soll die geschöpfte competenz nicht bewilligt, im gegenteil
er angehalten werden, den schaden zu ersetzen. 5. Von Freiburg ist
antwort auf das schreiben (wegen Genf?) zu verlangen. 6. In Kreuzlingen und Diefsenhofen will man für einmal keine rechnung mehr
fordern, sich jedoch vorbehalten, gegen schlechte haushalter einzuschreiten. 7. • Wir werden ouch bericht, wie die von Bremgarten und
Mellingen das wasser und Rüfs verfachen, nit ane unser feren und
niderwassern merkliche beschwärd, ouch dem urbar zuowider; söllen
ir diss träffenlich anzüchen • etc. 8. Des Kaisers und des Savoyers
halb die meinung der andern Orte zu hören. 9. • Demnach dann verruckter tagen der tumbherren zuo Basel, jetz zuo Fryburg im Brys-
göw wonend, anwält vor uns erschinen und angezöugt, wie wir und
die dry stett Bern, Fryburg und Solotorn gegen inen umb etlich zins
verschriben standen, nach lut der houptbriefen, deren ir copyen by
üch haben etc., desshalb ir by unsern eidguossen von obgemelten
Stetten den handel, wie es ein gestalt hab, erduren und möglichs
flyfses daran sin, dass wir des hinderstands geledigot werden, dann
als uns anlangt, ist das houptguot in fürstl. Durchl. zuo Savoy nutz
kommen •. 10. • Verulani anzöig. Erstlich wüssen ir (den vier
Orten?) zuo sagen, wie das gelt zum teil gan Meiland gelegt, zum
teil harkomen, und des Keisers teil ouch bald erlegt sol werden. Zum
andern, wann wir nit by frid, recht und gelouben beliben möchten,
dass der Bischoff gewalt hab, in städten (?) zuo Plesenz und sunst zuo
unser aller bewarung knecht anzuonämen, als vil im geliebt. Zum
dritten, dass in uss vilen ursachen, üch wüssend, nit bedunke (not
sin?), jetz zuo keiserl. M' zuo schicken, sunders der handel anzuostel-
len sye, uff sin rate. Zum vierten wüssen ir mit herr amman Dossen
allerlei zuo reden, und sunderlich dass er sich erlütre, ob etwas zuo
finden und hoffnung sye oder nit. •

2049. (Zu Dec. 16 f., Absch. a). Solothurn hat folgenden zusatz: «Unser herren von den fünf Orten haben sich ouch an iren botten, so zuo Frowenfeld gewesen, erkundet und warlich erfunden, dass
der bott von Solotorn uss siner instruction nie gangen, sunder strax
dabi bliben, Gott geb, was der schriber gschriben, oder wie der abscheid verstanden werde. •

2050. (Zu Dec. 16 f., Absch.), Freiburg. Instruction für Ulrich Nix...
1. (§ 29). Er soll den rechtshandel jk. Wilhelm Arsent's, den derselbe

seit jahr und tag mit den Franzosen gehabt, den andern Orten anzeigen und ihre boten bittlich ersuchen, sich dafür zu verwenden, dass der handel zum austrag komme. 2. Freiburg vertritt die meinung, dass man dem vogt (Brunner) nicht entgegenzukommen brauche, bis er sich darüber verantwortet hätte, dass er geboten, das vermögen des kirchleins zu Tuttwil anzugreifen und zu verbrauchen zur (bestreitung der kosten des) müßsischen kriegs, und wer ihm das befohlen habe.

Freiburg, Instr. B. II. und XXIX.

Die instruction zählt 30 artikel, von denen sich 12 auf die abrechnung wegen des Müsserkrieges beziehen.

2051. (Zu Dec. 16, Absch. b). Die Basler Abschiedsammlung hat eine weitläufige instruction, die für aufrechthaltung beider mandate (freilich nur als zugeständniss im interesse des friedens) spricht, aber für den fall, dass die V Orte von ihrer zumutung an Zürich gar nicht abstehen wollten, mit den andern evangelischen städten ein rechtsverfahren in solcher frage ablehnen will und behufs einer wirksamen verhandlung in diesem sinne eine vorgängige beratung mit den boten von Zürich, Bern und Schaffhausen empfiehlt. — (Weiteres kann hier nicht wohl angebracht werden).

2052. (Zu Dec. 16 f., Absch. x). Einige aufschlüsse über den tatbestand enthält die Berner instruction: «Es wirt ouch der hofmeister von Küngsfälden vor gmeinen Eidgnossen erschinen und die klag tuon wider den landvogt von Baden von wegen der sachen zuo Birmistorf verluffen, es sye des messpfaffen, der verpotinen zechenden oder sigristen halb, wie er dann minen herren geschriben hat. Wann er die klag eröffnet (hat), söllend ir ufstan und darzuo trungenlich reden, was die notdurft erfordert, namlich dass der messpfaff nach vermög des landsfriden gestraft werde etc. Ir söllend ouch etlicher gstalt des landvogts red versprechen, dass er usglassen, wie min herren im friden erkennt, dass die (v) Ort den waren christenlichen glouben habind; dessglichen dass man minen herren iren zenden unverspert gefolgen lasse; dann sy dem messpfaffen nützit schuldig und dheinswegs geständig, dass sy ime ützit ze tuond svend; desshalb das verbott unbillichen beschechen; harumb sy (die Eidgnossen) verschaffen, dass es ufgehebt werde, ouch mit dem landvogt reden, dass er den sigristen rüewig lasse, dann im nit zuostande, den ze entsetzen noch setzen, ouch sich hinfür solicher ingriffen in miner herren herrlicheit und grechtigkeit müefsige; dann es in irem erliden nit sin wurd und das an(e) recht nit nachlassen könntend, das sy ouch hiemit des verpotts und sigristen halb angerüeft wellen haben. Disen handel sollend ir zum letsten anzüchen.»

Bern, Instruct. B. 238 b, 239 a.

2053. **Dec. 20.** Bern an Freiburg. Antwort auf die zuschrift wegen der curaten von Montenach und Bonvillard. Nachdem man deren vorbringen auch gehört und die vielen kosten bedacht, die man desswegen schon gehabt, bleibe man gänzlich bei dem früher gemachten beschluss und ersuche Freiburg, derartige zumutungen nicht mehr zu stellen.

Bern, Teutsch Miss. T. 735. Freiburg, A. Bern.

2054. Dec. 21. Bern an Freiburg. Die fischer von Grandson haben um einen nachlass an ihrem zins gebeten, weil das wasser dies jahr so klein gewesen, dass sie wenig mehr fische fangen können, als sie den beiden Orten haben geben müfsen. Da der fischfang wirklich sehr gering gewesen, so empfehle man sie (auch Freiburg) zu einem nachlass. Freiburg, A. Bern.

2055. Dec. 27 (j. xxxij). Bern an (den herrn von Bellegarde in) Valangin. Durch m. Anton (Marcourt), prediger in Neuenburg, vernehme man, wie der prädicant in Angollon, Peter Simonin (Simonier), verfolgt werde, weil er ein kind gemäfs der Berner reformation und evangelischer vorschrift getauft, was man sich nicht erklären könne, da doch der graf von Challant kürzlich, als er hier gewesen, versprochen habe, jedermann nach eignem ermessen dem evangelium folgen zu lassen; dem handle nun (der hofmeister) gerade zuwider, was befremdlich erscheine. Man bitte und ermahne ihn nun, davon abzustehen, den Simonin gänzlich in ruhe zu lassen bis Freitag nach Neujahr, welchen tag man bestimme, um beide parteien hier zu verhören und den span abzutun.

1533, Januar 2. Bern an die gräfin von Valangin. Antwort auf ihre zuschrift betreffend die prediger Antoine (Marcourt) und Simonier (hier so!). Mit rücksicht auf die zusicherungen, die ihr sohn (herr von Chalant) letzthin gegeben, könne man sich mit den angeführten gründen nicht begnügen; weil er aber jetzt abwesend sei, so lasse man die sache bis zu seiner heimkehr ruhen, sofern Simonin unterdessen nicht weiter behelligt werde. Bern, Welsch Miss. A. 262 a, b.

2056. Dec. 28 (Kindlein-tag). Zürich an Bremgarten. Antwort auf dessen scharfes schreiben betreffend die gemeinde Oberwyl etc. Einer solchen erwiderung hätte man sich nicht versehen, da doch das gestellte ansinnen den obrigkeitlichen rechten der Stadt unschädlich und dem landfrieden gemäfs sei; denn diesseits halte man dafür, dass Bremgarten samt allen, die unter sein panner gehören, den acht Orten in lieb und leid zugetan und verpflichtet sei, woraus sich klar ergebe, dass wenn andere gemeine herrschaften in dem landfrieden begriffen, auch die leute von Oberwyl, die bis zu ende des krieges bei Zürich im feld geblieben, nicht ausgeschlossen seien, wie denn die V Orte sie desshalb nicht anfechten. Wiewohl man nun die vorgeschützten gründe widerlegen könnte, unterlasse man dies für einmal, da man glaube, dass Bremgarten, wenn es alles gründlich erwäge, selbst finden werde, dass es von rechts wegen keine handhabe besitze. Aus dem schluss seiner zuschrift scheine übrigens hervorzugehen, dass es nur sein mandat über die feiertage festhalten wolle; wäre dem also, so könnte man um der einigkeit willen wohl zugeben, dass die von Oberwyl jenem gebote gehorsam leisten, um anstofs zu vermeiden, und würde sie desshalb freundlich weisen, sich hierin zu fügen; wenn aber beabsichtigt würde, sie später zur messe und zu andern päpstlichen kirchenbräuchen anzuhalten und von ihrem glauben und dem landfrieden zu drängen, so könnte man das nicht gestatten; man hege jedoch die zuversicht, dass Bremgarten darüber nicht rech-

ten, sondern der billigkeit und dem landfrieden nachkommen und gute
freundschaft mit Zürich nicht gänzlich verschorzen (« so gar usschütten ») wolle, etc. etc.   Zürich, Missiven.

2057. Dec. 30, Rom. Papst Clemens VII. an die V Orte. «Dilecti, cet. Cum intellexerimus multos ex clericis, subdiaconibus, dia-
conibus et presbyteris vestris tam secularibus quam regularibus nuper
in conflictibus quos cum aliis Hel- | vetiis habuistis, studio dumtaxat
catholicæ religionis et sanctæ fidei defendendæ ductos in ipsis conflic-
tibus intervenisse et in armis fuisse multosque ex ipsis adversariis
aliena a fide ortho- | doxa sentientibus vulnerasse, mutilasse et forsan
occidisse, nos eorum et vestris precibus nobis super hoc humiliter
porrectis, inclinati attendentesque id eos causa Dei et fidei divinæ
fecisse, eos | omnes ad cautelam ab irregularitate, si quam propterea
contraxerint, in utroque foro absolvimus et absolutos decernimus per
præsentes. Itaque in susceptis etiam sacris et præsbiteratus (sic) or-
dinibus etiam | in altaris ministerio ministrare, beneficia ecclesiastica
obtenta retinere et alia canonice sibi conferenda recipere, libere et
licite valeant, præmissis cæterisque contrariis non obstantibus quibus-
cunque, volumus | insuper præsentium transumptis manu notarii publici
subscriptis ac sigillo personæ in dignitate ecclesiastica constitutæ mu-
nitis plenam fidem in judicio et extra perinde adhiberi, ac si origina-
les literæ | exhiberentur. Datum cet. » — (Blosius).   Lucern, Breven.
Abgedruckt im „Archiv f. schweiz. Reformationsgeschichte", II. 21 (nr. 19).

2058. Dec. 30 (Montag nach Weihnacht). **Zürich an St. Gallen.**
Antwort auf das jüngste schreiben betreffend die abrede mit dem
Abte etc. Man habe desshalb an den Abt geschrieben und darauf
die beiliegende antwort erhalten, hoffe jedoch, dass er allen fleifs anwende, um die hauptverschreibung und andere schriften zu der Stadt
handen zu bringen, dass sie also von den edelleuten nicht weiter bekümmert werde, etc. — Vgl. nr. 2046.   Stadtarchiv St. Gallen.

2059. Dec. 30 (Montag vor Neujahrstag). **Zürich an Zug.** «Unser
früntlich willig dienst, etc. Uns berichtet wilent unsers burgers des
wirts zur Stägen seligen gelassene witwe, wie ir desswegen dass gedachter ir huswirt selig in nächstvergangener empörung wider üch
gewesen, nit gestatten wellind, dass die fründ ire kind nemind, sunder habind ir si mitsampt den kinden widerumb zuo uns, als denen
ir man selig biständig gewesen, gewisen. Und diewil wir aber diser
dingen kein andere wissenheit hand, dann sovil und si uns berichtet
und wir doch wol achtend, üch unverborgen sye, dass alle fechd,
rach und straf mit dem friden ufgehept, dessglichen wo dem also,
dasselb dem friden etwas widerig wäre, so bitten wir üch gar früntlich, ir wellint die gemelten kind unser und des fridens früntlich geniefsen und si bi der früntschaft die si ze nemen schuldig beliben
lassen, oder aber uns früntlicher meinung berichten, was doch der
span syge, damit der guoten frowen mitsampt den kindlinen zuo ruowen geholfen werden möge,» etc.   Zürich, Missiven.

2060. **Dec. 31** (Neujahrs-Abend **xxxij**). Z ü r i c h an S c h a f f h a u -
s e n. In dem « Müfserland » sei es mit dem schreiberamt betraut
worden; da es aber niemanden dafür gestellt, so sei dasselbe durch
den schreiber zu Regensberg, den vorweiser dieses, verwaltet worden.
Gemäfs dem zu Baden gefassten beschluss, dass jedes Ort seine amtleute selbst befriedigen solle, empfehle man nun den guten gesellen,
der dabei viel mühe gehabt, zu freundlicher berücksichtigung, etc.

Zürich. Missiven.

    Die nummern 38, 202, 220, 597, 1016, 1030, 1039, 1065 sind der hier folgen-
den n a c h t r ä g e wegen je mit a zu bezeichnen.

    S. 48, zeile 1 von unten, soll es heissen: nit zuo beheben.
    S. 144, z. 3 von oben ist zu schreiben (st. berner) Berner...
    S. 164, z. 7 von oben „ „   „   antwort ..
    S. 294, z. 12 von unten „   „   houptlüt...

Nachträge.
(Auswahl).

---

38 b. **(1531, Oct. 12 ?)**, nachm. 5 uhr, Lenzburg. Wolfgang von Weingarten und Sulp. Haller an Hauptmann und Räte von Bern im feld. 1. «Uff dise stund sind wir eigentlich bericht, wie dass die paner von Luzern uff nechstverschinen nacht zuo Rotenburg gelegen, und werdent uff dise nacht zuo Boswyl, ist etwan ein viertel mil wegs von Bremgarten, liggen, in (der) meinung, zuo Bremgarten oder zuo Mellingen üch morn anzegrifen, und damit die guoten biderben lüt nit verkürzt werden, ist unser ernstlich pitt, ir wellend üch nit sumen, sonders ylends ziechen, damit und inen geholfen uud (sy) entschütt möchten werden. 2. Sodann, gar gnedigen herren, sind wir uff hütt von Sengen gen Lenzburg geruckt, diewil sy von Hitzkilch gewichen, (in) semlich(er) meinung, (sich) am nechsten uff üwerm ertrich zuo den Bremgart(nern) zo lägern, ob not wurde sin, mit der hilf Gottes sy helfen erretten. Darumb werden ir uns zuo Lenzburg — dahin wellend den nechsten ziechen — finden und alda üwer warten.»

Bern, A. Capp. Krieg.

202 b. **Oct. 16** («uff Sunnentag .. nach mitternacht in der triten stund», resp. Montag früh), Bremgarten. Thomas Schmid (u. a.) an Solothurn. «Ich füeg üch ze wissen, dass diser brief(?) ist mir zuokomen uff Sunnentag zuo nacht noch miternacht, und wiewol er ist an üch gestanden, so hab ich doch den brief ufbrochen; das wöllent im besten ufnemen, und so ich hab ir meinung verstanden, hab ich min herren versamlet, so vil ich hab mögen han, und sind also rätig worden, üch diseren brief ilents zuozeschicken, und wiewol wir achten, dass wir uff hütigen tag, wo wir sy mögent betreten, mit inen werden schlachen — denn es ist ein semlicher hüpscher züg bin einandren, als ich in von Eidgnossen nie hab gesehen, als ich üch vormals hab geschriben gnuogsamlich; aber je doch, so wir schon einandren hand geschlagen, Gott geb weder teil oblig, so muos man doch scheiden; denn die lüt sind in mofsen in ein figentschaft komen, dass do kein nochlossen nit ist; dorum will uns unser eidgnossen von Glaris schriben für guot ansechen, wo das ilents möcht zuogon, dass ir dorzuo düegent. Uns hat der bot, so den brief hat brocht, anzeigt, dass die von Glaris ouch sigen mit einandren bartigesch gesin, doch

habent (si) sich mit einandren vereinbaret und sind (vil, so?) mit der
bauer (band) wellen den(en) von Zürich zuozüchen, und so sy zuo
undrist ins land sind kumen, sind inen die von Einsidlen mit etlichen
fenli engegen zogen, und ligent also gegen einandren, und söllent die
Bünter mit irem züg ouch zuo inen komen. Es hand unser eidgnossen von Zürich ein bösen schaden enpfangen, dorum ist kein nooh-
lossen, wo man nit ernstlich dorzuo duot. Es hand uns unser eidgnossen von Bern trülich und wol empfangen und ist das ganz heer
erfröut worden, dass ir .. sind zuo inen komen; aber wo wir mit
einandren werden schlachen, als zuo besorgen ist es beschech uff den
hütigen tag, so ist ein Eidgnosohaft zerstört. » Solothurn, Berner Sohr.

220 b. (Zu a, § 7). (Oct. 16 f.). Bericht über die verräterische ein-
nahme des schlosses (Locarno) durch Jacob a Pro von Uri mit 60
Livinern und Bellenzern, die mit den Schwyzern und Zugern unter
der besatzung ein verständniss gehabt; ... die knechte von Glarus,
Solothurn und Freiburg seien indessen im schlosse behalten worden.
— Unterschrift, datum und adresse fehlen; auf der rückseite steht:
»Der schlossknecht von Basel hat uns das gschickt, wie es ingenom-
men sy(g) das schloss, Pauli Graf.« « Die hand ist ziemlich ungelenk.
                                                                Bern, A. Capp. Krieg.

532 c. Oct. 25. Hans Rudolf Nägeli, gubernator zu Aelen, an Bern.
1. Das schreiben der obrigkeit·habe er am 24. nachts empfangen; sie
wundere sich über sein schweigen; er habe indess am 23. geschrieben,
wisse aber nicht, ob der bote Mischelberger heimgekommen, berichte
also nochmals, was er damals gewusst ... (vgl. nr. 477). 2. Am 24.
habe er dann vernommen, dass die V Orte die Walliser öfter mahnen
und auf 4000 mann zuzug rechnen; doch spüre man noch nicht, dass
sie Aelen angreifen wollen, so lange es Bern gut gebe, wiewohl ihnen
nicht völlig zu trauen sei. Gerüchtweise höre er, dass der graf von
Savoyen ihnen 600 mann zuschicken wolle; er wolle sich darnach
erkundigen, indem er in diesen gegenden täglich späher habe; er
werde jederzeit melden, was ihm zukomme.   Bern, A. Capp. Krieg.

597 b. Oct. 27. Der tschachtlan zu Frutigen an Bern. «Uff jetzet
Fritag, der do ist der sibenundzwenzigest tag Winmonet, hat uns
Steffan Portiner von Wallis enbotten, dass sy uff den obbestimpten
tag von irem houptman uff Sant Morizen zuo ziehen erfordert (worden), und sind die (lüt) grimm (und) unwillig, und·er sorg, sy werden selber einander schlagen. Ouch so bedörfen mir uns zuo Frutigen
nüts ersorgen; dann wo etwas infiel, well er uns zitlich warnen. Dise
botschaft ist (mir?) by einer frowen zuokumen. Datum (anno) xxxj,
tag als obstot 27. »   Bern, A. Capp. Krieg.

1016 b. Nov. 18 (Samstag nach Othmari). Schultheifs, Räte und
Vierzig von Bremgarten an die houptleute etc. der V Orte. Bitte
um friedliches sicheres geleit· für eine diesseitige botschaft, die etwas
freundliches an sie bringen sollte, etc.   Lucern, A. Religionshändel.

1030 b. Nov. 19, früh. Basel an Zürich. «Uns langt an, wie
ir einen friden mit den fünf Orten angnomen; diewil und aber, weli-

cher gstalten sölicher friden bschlossen, uns verborgen, und aber ungezwifelt, ir habend in bedenkung der trüw, so wir üch in üwern
nöten erzöigt, üch, uns und andere üwere und unsere christlichen
mitburger darin bedacht, so gelangt an üch unser früntlichs begeren.
ir wellen uns by disem allein darumb gesandten schriftlich und gruntlich, wie ir den friden augnomen, und wer darinnen vergriffen sye,
verstendigen ».. .   Zürich, A. Capp Krieg.

1039 b. Nov. 19. Freiburg an die zur vermittlung abgeordneten
boten: Ulman Techtermann, Walter Heid, Wolfgang Hoch und Jacob
Schnewli. 1. Dank für ihre vielfältigen nachrichten und ihre grofse
mühe. 2. Mitteilung des mahnbriefs von Bern und der darauf gegebenen antwort, damit sie, wenn hoffnung für einen vergleich zu
schöpfen, sich ferner dafür bemühen; wenn dies aber nicht der fall.
und neue tätlichkeiten zu erwarten wären, so sollen sie sich zurückziehen. 3. Wenn sie sich noch bei den V Orten aufhalten, so sollen
sie sich von den gefangenen kundschaftsbriefe verschaffen über die
reden (der Berner), dass sie gegen Freiburg zu ziehen gedächten, damit man den abschlag des zuzugs desto besser verantworten könne.
                                                    Freiburg, Miss. Bd. 9 u. 10

1065 b. Nov. 22 (Mittwoch nach Othmari). Zürich an Schaffhausen. «Als wir nähernmalen mit üweren eerenratsbotten, so ir
by uns gehept, verlassen, so erst wir des niuw gemachten fridens durch
unsere botten, und nemlich wie der beschlossen, und wer darin vergriffen, verstandigt wurden, dass wir üch dess ouch berichten wöliten,
daruf geben wir üch zuo vernemen: Als unser eidguossen von den
fünf Orten, so damaln unsere fygend warend, die unsern am Zürichsee überfallen, und die üwern, so damaln mit üwer eer und zeichen
zuo Brämgarten lagend, sich über alles hoch und tür mauen, mündtlich
und schriftlich vilfältiklich an sy, die unseren helfen zuo entschütten,
gelanget, von (den) Berneren nit sünderen noch uns zuozühen wellen.
haben sich die unseren, als sy von niemandem keinen trost befunden,
mit gemelten unsern eidgnossen von den fünf Orten, doch nit hinder
uns, in ein friden gelassen und darin bewilliget, üwers und all andere
burkrecht, so wir mit jemandem inn oder ussert der Eidgnosschaft
gemacht, zuosampt dem landsfriden und dem bybrief, darüber zuo
Baden ufgericht, von handen ze geben, als ouch solichs schon ver-
streckt, und ist niemand in disem friden besorgt noch vergriffen dann
allein die, so jüngst an unserem see mit iren eer und zeichen by unserem paner und den unseren im feld verharret sind; dann die fünf
Ort sunst niemand in disen friden beschliefsen, sunder zuovorderst
friden mit uns träffen, und ob demnach jemands wyter friden an sy
begeren wurde, demselben ouch gern losen und friden mit im machen
wellen, dess sy ouch noch gegen üch und allen, so friden mit inen
ze haben begeren, urpüttig sind; wolten wir üch fründtlicher meinung
nit verhalten, üch dest bas haben wonach ze richten. »
                                                    Schaffhausen, Corresp.

Lightning Source UK Ltd.
Milton Keynes UK
UKHW010847060219
336748UK00007B/420/P